Das ultimative DAX-Handbuch

Marco Russo und **Alberto Ferrari** sind die Gründer von *sqlbi.com*. Hier veröffentlichen sie regelmäßig Artikel über Microsoft Power BI, Power Pivot, DAX und SQL Server Analysis Services. Sie arbeiten mit DAX seit der ersten Betaversion von Power Pivot im Jahr 2009. Seitdem ist *sqlbi.com* zu einer der wichtigsten Quellen für Artikel und Tutorials zu DAX geworden. Ihre Präsenz- und Onlinekurse sind für viele begeisterte DAX-Fans die wichtigste Ressource überhaupt.

Beide bieten Beratung und Mentoring zu Business Intelligence (BI) unter Verwendung von Microsoft-Technologien an. Sie haben zahlreiche Bücher und Artikel über Power BI, DAX und Analysis Services geschrieben. Außerdem unterstützen sie die DAX-Benutzercommunity mit Inhalten auf ihren Websites *daxpatterns.com*, *daxformatter.com* und *dax.guide*.

Marco Russo und Alberto Ferrari treten auch regelmäßig mit Vorträgen auf großen internationalen Konferenzen auf, etwa der Microsoft Ignite, dem PASS Summit und SQLBits. Sie erreichen Marco unter marco.russo@sqlbi.com und Alberto unter alberto.ferrari@sqlbi.com.

Das ultimative DAX-Handbuch

Business Intelligence mit Microsoft Power BI, SQL Server Analysis Services und Excel

Marco Russo
Alberto Ferrari

Marco Russo, Alberto Ferrari

Übersetzung: Christian Alkemper
Lektorat: Sandra Bollenbacher
Copy-Editing: Petra Heubach-Erdmann, Düsseldorf
Satz: Gerhard Alfes, mediaService, Siegen, *www.mediaservice.tv*
Herstellung: Stefanie Weidner
Umschlaggestaltung: Helmut Kraus, *www.exclam.de*
Druck und Bindung: BELTZ Grafische Betriebe GmbH, Bad Langensalza

Bibliografische Information der Deutschen Nationalbibliothek
Die Deutsche Nationalbibliothek verzeichnet diese Publikation in der Deutschen Nationalbibliografie; detaillierte bibliografische Daten sind im Internet über *http://dnb.d-nb.de* abrufbar.

ISBN:
Print 978-3-86490-726-5
PDF 978-3-96910-018-9
ePub 978-3-96910-019-6
mobi 978-3-96910-020-2

1. Auflage 2020

Hinweis:
Dieses Buch wurde mit mineralölfreien Farben auf FSC®-zertifiziertem Papier aus nachhaltiger Waldwirtschaft gedruckt. Der Umwelt zuliebe verzichten wir zusätzlich auf die Einschweißfolie. Hergestellt in Deutschland.

Schreiben Sie uns:
Falls Sie Anregungen, Wünsche und Kommentare haben, lassen Sie es uns wissen: *hallo@dpunkt.de*

5 4 3 2

Inhaltsverzeichnis

Kapitel 2

Kapitel 3

Kapitel 4

Kapitel 5

Kapitel 6

Kapitel 7

Kapitel 8

KAPITEL 9

Kapitel 10

Kapitel 11

Kapitel 12

Kapitel 13

Kapitel 14

Kapitel 15

Kapitel 16

Kapitel 17

Kapitel 18

Kapitel 19

Kapitel 20

Vorwort

Sie haben wahrscheinlich noch nie von uns gehört, aber: Wir sind die Leute, die den Code für die Software schreiben, die Sie tagtäglich einsetzen. Wir gehören zum Entwicklerteam von Power BI, SQL Server Analysis Services ... und ja, wir haben die Sprache DAX und die Verti-Paq-Engine mit entwickelt.

Die Sprache, die Sie in diesem Buch erlernen werden, ist unser Werk. Wir haben viele Jahre in das Projekt gesteckt, die Engine optimiert, nach Möglichkeiten zur Verbesserung des Optimizers gesucht und probiert, aus DAX eine einfache, stringente und stimmige Sprache zu machen – eine Sprache, die Ihr Leben als Datenanalyst einfacher und produktiver macht.

Aber genug davon! Schließlich ist dies das Vorwort zu einem Buch, da sind wir gar nicht so wichtig. Warum schreiben wir ein Vorwort für ein Buch, das von den beiden SQLBI-Jungs Marco und Alberto auf den Markt gebracht wird? Ganz einfach: Wenn Sie anfangen, DAX zu erlernen, dann werden Sie, wenn Sie im Web recherchieren, schon nach sehr kurzer Zeit auf Artikel stoßen, die von den beiden verfasst wurden. Sie werden ihre Beiträge lesen, sich die Sprache aneignen und – hoffentlich – unsere harte Arbeit zu schätzen lernen. Wir kennen Marco und Alberto schon seit vielen Jahren und haben ihr umfassendes Wissen zu SQL Server Analysis Services immer sehr bewundert. Als wir uns dann an DAX machten, gehörten sie zu den ersten, die die neue Engine und Sprache erlernten und übernahmen.

Die Artikel, Aufsätze und Blogposts, die sie in Zeitschriften und im Web veröffentlicht haben, wurden von vielen Tausend Menschen als Informationsquelle genutzt. Wir sind diejenigen, die den Code schreiben, aber wir kümmern uns nicht groß darum, Entwickler mit seiner Verwendung vertraut zu machen. Das Wissen über DAX verbreiten: Diese Aufgabe haben Marco und Alberto übernommen.

Ihr Buch gehört zu den wenigen Bestsellern zu diesem Thema. Mit diesem neuen Leitfaden zu DAX haben die beiden in Sachen Veröffentlichungen zu der Sprache, die wir mit viel Liebe entwickeln, einen Meilenstein gesetzt. Wir schreiben den Code, Marco und Alberto verfassen die Bücher und Sie erlernen DAX – und erhalten damit ein leistungsstarkes Analyse-Tool für Ihr Unternehmen, wie es bislang ohne Beispiel gewesen ist. Denn genau das wollen wir doch alle: als Team zusammenarbeiten, um aus Daten Erkenntnisse mit immer mehr Aussagekraft zu gewinnen.

Marius Dumitru, Architect, Power BI CTO Office

Cristian Petculescu, Chief Architect Power BI

Jeffrey Wang, Principal Software Engineer Manager

Christian Wade, Senior Program Manager

Danksagung

Das Verfassen dieser zweiten Ausgabe unseres Buchs hat ein ganzes Jahr in Anspruch genommen – geschlagene drei Monate länger als die Erstausgabe! Es war ein langer und spannender Weg, und wir haben uns unterwegs mit jeder Menge Leute aus jedem Winkel – und jeder Zeitzone – der Welt vernetzt, um das Werk vorzulegen, das Sie jetzt lesen werden. Die Liste der Menschen, denen wir zu Dank verpflichtet sind, ist so lang, dass es im Grunde genommen unmöglich ist, sie hier komplett aufzuführen. Insofern möchten wir euch allen, die Ihr zu diesem Buch beigetragen habt, unseren tief empfundenen Dank aussprechen – selbst wenn euch dieser Beitrag gar nicht bewusst gewesen ist. Ob Blogkommentare, Forenbeiträge, E-Mail-Diskussionen, Gespräche mit Teilnehmern und Rednern bei Fachkonferenzen, die Analyse von Kundenszenarien oder vieles andere mehr: All dies war für uns von großem Nutzen, und sehr viele Menschen haben wichtige Ideen zu diesem Buch beigetragen. Außerdem möchten wir den Studierenden danken, die unsere Veranstaltungen besucht haben: Indem wir euch Wissen vermittelt haben, sind wir immer besser geworden.

Gleichwohl gibt es natürlich auch eine Anzahl von Personen, denen wir namentlich unseren Dank aussprechen möchten, weil sie ganz besondere Beiträge geleistet haben.

An erster Stelle soll dabei Edward Melomed genannt sein: Er war und ist für uns eine wichtige Inspiration, und hätten wir mit ihm vor einigen Jahren nicht eine so intensive Diskussion geführt, an deren Ende das Inhaltsverzeichnis unseres ersten Buchs über Power Pivot stand – notiert auf einer Serviette –, dann hätten wir unsere DAX-Reise wohl gar nicht angetreten.

Wir möchten uns auch bei Microsoft Press und den Leuten bedanken, die zu diesem Projekt beigetragen haben: Ihre Unterstützung beim Verfassen dieses Buchs war unverzichtbar.

Die einzige Aufgabe, die noch länger dauert, als ein Buch zu schreiben, ist das Studieren der Materie, die zum Schreiben dieses Buchs notwendig ist. Es gibt eine Gruppe von Personen, die wir (in aller Freundlichkeit) als »SSAS-Insider« bezeichnen und die uns geholfen haben, uns auf die Abfassung dieses Buchs vorzubereiten. Einige Leute bei Microsoft verdienen ebenfalls besondere Erwähnung, denn sie haben viel Zeit damit verbracht, uns wichtige Konzepte über Power BI und DAX zu vermitteln. Es sind dies Marius Dumitru, Jeffrey Wang, Akshai Mirchandani, Krystian Sakowski und Cristian Petculescu. Leute, eure Unterstützung ist unbezahlbar!

Weiterhin wollen wir Amir Netz, Christian Wade, Ashvini Sharma, Kasper De Jonge und T. K. Anand für ihre Beiträge in den vielen Gesprächen danken, die wir zum Produkt geführt haben. Wir glauben, dass sie uns bei vielen strategischen Entscheidungen in diesem Buch und bei unserer Karriere enorm geholfen haben.

Einen ganz besonderen Dank möchten wir einer Frau aussprechen, die das Englisch der Originalausgabe auf Vordermann gebracht und ihm den letzten Schliff verpasst hat. Claire Costa hat das gesamte Manuskript korrigiert und dafür gesorgt, dass es jetzt einfach und flüssig zu lesen ist. Claire, deine Hilfe war von unschätzbarem Wert. Tausend Dank dafür!

Die letzte besondere Erwähnung gilt unserem Fachkorrektor: Daniil Maslyuk hat jede einzelne Codezeile, jeden Text, jedes Beispiel und jeden Querverweis sorgfältig geprüft. Dabei hat er einen ganzen Haufen Fehler gefunden, die wir übersehen hätten. Praktisch alle seine Kommentare und Anmerkungen haben zu Änderungen in diesem Buch geführt. Das Resultat hat uns aus den Socken gehauen. Wenn das Buch weniger Fehler enthält als unser Originalmanuskript, dann liegt das einzig und allein an Daniils Bemühungen. Und sollte es immer noch Fehler enthalten, dann ist das natürlich ausschließlich unsere Schuld.

Vielen Dank, Leute!

Einleitung

Als wir zu dem Schluss kamen, dass es Zeit wird, dieses Buch zu aktualisieren, waren wir der Ansicht, dass das eigentlich schnell erledigt sein sollte. Schließlich hatte sich bei DAX noch nicht allzu viel verändert, und der beschriebene theoretische Unterbau hatte nach wie vor Gültigkeit. Wir glaubten, unsere Aufgabe würde hauptsächlich darin bestehen, neue Screenshots in Power BI zu erstellen, um die alten Excel-Screenshots zu ersetzen, und hier und da ein paar kleine Verbesserungen vorzunehmen. Mehr konnte das ja nicht sein, oder? Weit gefehlt!

Als wir anfingen, das erste Kapitel auf den neuesten Stand zu bringen, erkannten wir bald, dass wir im Grunde genommen alles neu schreiben wollten. Das ging uns nicht nur beim ersten Kapitel so, sondern eigentlich bei jeder einzelnen Seite. Insofern ist das eigentlich gar keine zweite Ausgabe, sondern ein funkelnagelneues Buch.

Das liegt übrigens nicht daran, dass sich Sprache oder Tools so drastisch verändert hätten. Der Grund dafür war vielmehr, dass wir uns – als Autoren und als Lehrer – in den letzten Jahren erheblich weiterentwickelt hatten. (Hoffentlich zum Positiven.) Wir haben DAX Tausenden von Anwendern und Entwicklern auf der ganzen Welt vermittelt, hart mit unseren Studenten gearbeitet und immer nach dem besten Ansatz gesucht, komplexe Themen anschaulich zu erläutern. Am Ende standen schließlich verschiedene Methoden, um die Sprache zu beschreiben, die wir so lieben.

Wir haben die Anzahl der Beispiele in dieser Ausgabe deutlich erhöht und präsentieren im Anschluss an die theoretischen Grundlagen zu DAX praktische Anwendungen der verschiedenen Funktionen. Wir haben auch versucht, einen einfacheren Stil zu finden, der aber nicht auf Kosten der Exaktheit gehen durfte. Dann haben wir uns mit dem Verlag angelegt, weil wir mehr Seiten brauchten, um wirklich alle Themen zu behandeln, die uns wichtig waren. Dennoch haben wir das Grundmotiv des Buchs beibehalten: Wir erwarten keinerlei Grundkenntnisse zu DAX, auch wenn sich das Buch keinesfalls an Entwickler richtet, die DAX nur ab und zu und nebenbei nutzen möchten. Dieses Buch ist für Leute gedacht, die diese Sprache von Grund auf erlernen und ein tiefes Verständnis der Leistungsfähigkeit und Komplexität von DAX entwickeln möchten.

Eines muss Ihnen klar sein: Wenn Sie die Power von DAX wirklich nutzen wollen, dann müssen Sie bereit sein, sich mit uns auf eine lange Reise zu begeben. Sie werden das Buch von der ersten bis zur letzten Seite lesen, und dann werden Sie es noch einmal lesen und dabei auf die vielen kleinen Details achten, die Sie bei der ersten Lektüre wahrscheinlich noch übersehen haben.

Einleitung zur 1. englischen Ausgabe

Von uns gibt es bereits eine ganze Menge Material zu DAX: Bücher über Power Pivot und SSAS Tabular, Blogposts, Artikel, Whitepapers und schließlich ein Buch, in dem wir uns DAX-Pattern widmen. Warum also sollten wir uns die Mühe machen, noch ein Buch über DAX zu schreiben, das Sie (mit Verlaub: hoffentlich) dann auch lesen werden? Gibt es wirklich so viel, was man über diese Sprache lernen müsste? Natürlich ist die Antwort auf diese Frage unserer Ansicht nach ein klares Ja.

Wer schon mal ein Buch geschrieben hat, kennt das: Das erste, was der Verlag wissen will, ist die Anzahl der Seiten. Dafür gibt es natürlich auch gute Gründe: Preis, Aufwand, Ressourcenbedarf usw. hängen davon ab. Schlussendlich hängt jeder Parameter eines Buchs irgendwie mit der Seitenanzahl zusammen. Für uns Autoren ist das natürlich ziemlich frustrierend. Schließlich müssen wir dann sorgfältig festlegen, wie viel Seiten auf die Beschreibung des Produkts (in unserem Fall Power Pivot für Microsoft Excel oder SSAS Tabular) und wie viele auf die der DAX-Sprache entfallen werden. Zurück blieb dann immer das bittere Gefühl, dass wir nicht genügend Seiten gehabt hatten, um alles, was wir zur DAX-Sprache zu sagen hatten, vollständig zu vermitteln. Man kann schließlich keinen 1000-Seiten-Wälzer zu Power Pivot schreiben – ein solches Buch würde auf jeden potenziellen Leser abschreckend wirken.

Deswegen haben wir also jahrelang über SSAS Tabular und Power Pivot geschrieben. Unser Projekt, ein Werk zu verfassen, das sich ausschließlich der Sprache DAX widmete, reifte in dieser Zeit heran. Und eines Tages war er gekommen: der Moment, in dem wir beschlossen, als nächstes ein Buch zu schreiben, in dem wir kompromisslos alles und jedes erklären wollten, was in irgendeiner Weise mit DAX zu tun hatte. Das Resultat halten Sie nun in Händen.

Sie erfahren hier sicherlich nicht, wie Sie eine Spalte mit Berechnungen erstellen oder mit welchem Dialogfeld Sie eine Eigenschaft festlegen können. Dies ist kein ausführlicher Leitfaden, um Ihnen die Verwendung von Microsoft Visual Studio, Power BI oder Power Pivot für Excel zu vermitteln. Es geht vielmehr darum, tief in DAX einzutauchen. Dabei arbeiten wir uns ausgehend von den Grundlagen voran und erreichen irgendwann die sehr technischen Ausführungen zur Optimierung von Codes und Modellen.

Beim Verfassen dieses Buchs haben wir uns in jede einzelne Seite verliebt. Wir haben den Inhalt immer und immer wieder gelesen – so oft, dass wir ihn am Schluss sogar auswendig kannten. Immer wenn wir den Eindruck hatten, dass etwas Wichtiges fehlte, haben wir neues Material hinzugefügt. Dadurch wuchs die Seitenanzahl, aber wir mussten nie etwas streichen, weil keine Seiten mehr übrig waren. Dabei haben wir so viel mehr über DAX gelernt und jeden einzelnen Moment genossen.

Es gibt eine Sache, die wir noch nicht erwähnt haben: Warum sollten Sie ein Buch über DAX lesen?

Ganz ehrlich: Das haben sie doch schon gedacht, nachdem sie die erste Demo von Power Pivot oder Power BI gesehen haben. Und damit sind sie nicht alleine. Das war auch unser erster Gedanke, als wir es zum ersten Mal ausprobiert haben. DAX ist so einfach! Es sieht genauso aus wie Excel! Zudem sind Sie, wenn Sie bereits mit anderen Programmier- und/oder Abfragesprachen vertraut sind, vermutlich in der Lage, eine neue Sprache zu erlernen, indem Sie sich einfach Syntaxbeispiele ansehen und darin Muster auszumachen versuchen, die Sie bereits kennen. Wir haben diesen Fehler gemacht, und deswegen möchten wir verhindern, dass Ihnen dasselbe passiert.

DAX ist eine extrem mächtige Sprache, die in einer immer größer werdenden Anzahl von Analysetools zum Einsatz kommt. Sie ist leistungsstark, enthält allerdings einige Konzepte, die sich allein durch induktives Denken nicht unbedingt erschließen. Der Bewertungskontext beispielsweise ist ein Thema, das einen deduktiven Ansatz erfordert: Sie gehen zunächst von einer Theorie aus und betrachten dann einige Beispiele, die deren Funktionsweise veranschaulichen.

Deduktives Denken ist der Grundansatz dieses Buchs. Uns ist bewusst, dass viele Menschen diese Art des Lernens nicht mögen, sondern einen praxisorientierten Ansatz bevorzugen: Sie wollen lernen, wie konkrete Probleme gelöst werden, und dann mit Erfahrung und Praxiswissen die zugrundeliegende Theorie induktiv erfassen. Wenn das Ihr Ansatz ist, dann ist dieses Buch für Sie eher nicht geeignet. Wir haben ein anderes Buch über DAX-Pattern geschrieben, das zahllose Beispiele, aber nicht eine einzige Erklärung zu der Frage enthält, warum eine Formel funktioniert oder warum ein bestimmter Programmieransatz besser ist als ein anderer. Wenn Sie DAX-Formeln einfach nur kopieren und verwenden möchten, dann ist jenes Buch wahrscheinlich eine bessere Anlaufstelle für Sie. Das vorliegende Buch hingegen verfolgt ein anderes Ziel: Es soll Sie in die Lage versetzen, DAX zu beherrschen. Alle Beispiele sollen lediglich das Verhalten von DAX veranschaulichen – es geht nicht um die Lösung eines konkreten Problems. Wenn Sie eine Formel finden, die Sie in Ihren Modellen wiederverwenden können: Schön für Sie! Denken Sie jedoch immer daran, dass das nur ein netter Nebeneffekt, aber nicht der Zweck der Übung ist. Zum guten Schluss: Lesen Sie alle Hinweise, damit Sie in dem Code, der in dem Beispiel verwendet wird, mögliche Fallstricke nicht übersehen. Zu Veranschaulichungszwecken haben wir häufig Code verwendet, der nicht unbedingt den Best Practices entspricht.

Wir hoffen sehr, dass Sie unseren gemeinsamen Weg des Erlernens von DAX genießen werden – so wie wir es genossen haben, dieses Buch zu schreiben.

An wen sich dieses Buch richtet

Wenn Sie DAX nur gelegentlich nutzen, ist dieses Buch wahrscheinlich nicht unbedingt die geeignete Wahl für Sie. Viele Bücher vermitteln eine einfache Einführung in die Tools, die DAX implementieren, ebenso wie in die DAX-Sprache selbst. In diesen Werken wird bei null angefangen, und am Ende verfügen Sie über wesentliche Kenntnisse zur DAX-Programmierung. Wir wissen das genau, denn solche Bücher haben wir auch schon geschrieben.

Wenn Sie es dagegen mit DAX ernst meinen und wirklich jedes kleinste Detail dieser wunderbaren Sprache verstehen wollen, dann ist dieses Buch für Sie bestimmt. Vielleicht stellt dieses Buch Ihren Einstieg in den Themenkomplex DAX dar. In diesem Fall sollten Sie nicht erwarten, die Themen für Fortgeschrittene sofort gewinnbringend einsetzen zu können. Wir empfehlen Ihnen, das Buch von Anfang bis Ende zu lesen und sich die komplexesten Teile dann noch einmal zu Gemüte zu führen, wenn Sie etwas Erfahrung gesammelt haben. Wahrscheinlich werden Ihnen einige Konzepte dann klarer werden.

DAX wird von verschiedenen Menschen zu unterschiedlichen Zwecken genutzt: Power BI-Benutzer verwenden es vielleicht zur Entwicklung von DAX-Formeln in ihren Modellen, Excel-Benutzer entwerfen damit Power Pivot-Datenmodelle und BI-Experten implementieren DAX-Code in BI-Lösungen jeglicher Größe. Wir versuchen in diesem Buch, den verschiedenen Anwendergruppen jeweils geeignete Informationen zu vermitteln. Einige Inhalte (vor allem der Teil zur Optimierung) richtet sich wahrscheinlich eher an BI-Profis, denn das wissen, dass für die Optimierung eines DAX-Measures erforderlich ist, ist ziemlich technisch. Wir glauben allerdings, dass Power BI- und auch Excel-Nutzer mit den Leistungsoptimierungen von DAX-Ausdrücken umfassend vertraut sein sollten, um aus ihren jeweiligen Modellen das Maximum herauszuholen.

Ein letztes Wort: Das hier ist nicht nur ein Lesebuch, sondern ein Studienwerk. Anfangs versuchen wir, einfach vorzugehen und den Weg von null bis zur Beherrschung von DAX logisch zu verfolgen. Wenn es allerdings daran geht, komplexere Sachverhalte zu erlernen, werden wir den einfachen Weg verlassen und stattdessen den pragmatischen gehen. DAX ist einfach, aber nicht leicht. Wir haben Jahre gebraucht, bis wir es beherrschten und jedes Detail der Engine begriffen hatten. Erwarten Sie nicht, den gesamten Inhalt innerhalb von ein paar Tagen erlernen zu können, wenn Sie nur mal ab und zu ins Buch schauen. Dieses Werk erfordert Ihre Aufmerksamkeit auf einem sehr hohen Niveau. Dafür bekommen Sie dann auch im Gegenzug eine Darstellung zu DAX in nie dagewesene Detailtiefe und erhalten so die Möglichkeit, ein echter DAX-Experte zu werden.

Was wir bei Ihnen voraussetzen

Wir erwarten von unseren Lesern Grundkenntnisse in Power BI und eine gewisse Erfahrung mit der Analyse von Zahlen. Wenn Sie schon einmal mit der DAX-Sprache in Berührung gekommen sein sollten: gut. Dann werden Sie den ersten Teil etwas schneller durchgearbeitet haben. Es bleibt aber dabei, dass keinerlei Grundkenntnisse zu DAX vorausgesetzt werden.

Sie werden in diesem Buch hier und dort Verweise auf MDX- und SQL-Code finden. Es ist allerdings nicht nötig, diese Sprachen zu kennen, denn es wird dabei lediglich darum gehen, verschiedene Ansätze beim Formulieren von Ausdrücken zu vergleichen. Insofern ist es kein Problem, wenn Sie diese Codezeilen nicht verstehen; das bedeutet lediglich, dass sich nicht Adressat der betreffenden Abschnitte sind.

In jenen Teilen des Buchs, in denen wir uns den komplexesten Themen zuwenden, wird von Parallelität, Speicherzugriff, CPU-Auslastung und weiteren ausgesprochenen »Geek-Themen« die Rede sein, mit denen Sie vielleicht nicht vertraut sind. Während sich Entwickler hier wie zu Hause fühlen werden, können diese Themen auf Power BI- und Excel-Benutzer vielleicht ein bisschen abschreckend wirken. Trotzdem sind sie unverzichtbar, um die DAX-Optimierung erläutern zu können. Der anspruchsvollste Teil des Buchs richtet sich tatsächlich eher an BI-Entwickler als an reine Power BI- und Excel-Anwender. Allerdings vertreten wir die Meinung, dass jeder, der ihn liest, davon profitieren wird.

Der Aufbau dieses Buchs

Dieses Buch ist in einer logischen Abfolge aufgebaut, an deren Anfang die einführenden Kapitel stehen, auf die die komplexeren folgen. Jedes Kapitel setzt dabei voraus, dass Sie den Inhalt des jeweils vorherigen vollständig verstanden haben – auf Wiederholungen bereits erläuterter Konzepte haben wir weitgehend verzichtet. Aus diesem Grund möchten wir Ihnen dringend empfehlen, das Buch vom Anfang bis zum Ende zu lesen. Lassen Sie sich nicht dazu hinreißen, zu früh zu den anspruchsvolleren Kapiteln zu springen.

Haben Sie das Buch fertig gelesen, dann können Sie es nachfolgend als praktische Referenz verwenden: Wenn Sie beispielsweise nicht mehr genau wissen, wie sich *ALLSELECTED* verhält, können Sie direkt zum betreffenden Abschnitt springen und sich dort schlau machen. Trotzdem sei noch einmal darauf hingewiesen, dass Sie, wenn sie den betreffenden Abschnitt zurate ziehen, ohne die vorangegangenen Inhalte verstanden zu haben, manches frustrierende Erlebnis werden verarbeiten müssen oder – was noch schlimmer wäre – die beschriebenen Konzepte am Ende gar nicht begriffen haben.

Damit wollen wir uns ohne weitere Verzögerung der Inhaltsübersicht zuwenden:

- Kapitel 1 enthält eine kurze Einführung in DAX. Einige Abschnitte richten sich dabei an Benutzer, die bereits über Kenntnisse in anderen Sprachen wie SQL, Excel oder MDX verfügen. Wir stellen hier keine neuen Konzepte vor, sondern skizzieren lediglich grob die Unterschiede zwischen DAX und anderen, dem Leser möglicherweise bekannten Sprachen.
- In Kapitel 2 wird die DAX-Sprache selbst vorgestellt. Wir behandeln darin grundlegende Konzepte wie berechnete Spalten, Measures und Fehlerbehandlungsfunktionen und listen die meisten Grundfunktionen der Sprache auf.
- Kapitel 3 widmet sich den grundlegenden Tabellenfunktionen. Viele Funktionen in DAX bearbeiten Tabellen und geben Tabellen zurück. In diesem Kapitel behandeln wir die grundlegendsten Tabellenfunktionen (die erweiterten Funktionen werden dagegen in den Kapiteln 12 und 13 beschrieben).
- Kapitel 4 beschreibt Bewertungskontexte. Bewertungskontexte bilden die Grundlage der DAX-Sprache, sodass dieses Kapitel zusammen mit dem darauffolgenden das wohl wichtigste im gesamten Buch ist.
- Kapitel 5 behandelt nur zwei Funktionen: *CALCULATE* und *CALCULATETABLE*. Dies sind die wichtigsten Funktionen in DAX, und sie setzen gute Kenntnisse über Bewertungskontexte voraus.
- Kapitel 6 beschreibt Variablen. Variablen verwenden wir in allen Beispielen in diesem Buch. Hier in Kapitel 6 stellen wir die zugehörige Syntax vor und erläutern, wie man Variablen verwendet. Dieses Kapitel wird Ihnen als Referenz gute Dienste erweisen, denn in den nachfolgenden Kapiteln finden Sie zahllose Beispiele, in denen Variablen eingesetzt werden.
- Kapitel 7 behandelt Iteratoren und CALCULATE – zwei Dinge, die wie füreinander gemacht scheinen. Wenn Sie wissen, wie Sie Iteratoren nutzen, und außerdem über die Leistungsfähigkeit von Kontextübergängen Bescheid wissen, können Sie sich einen Großteil der DAX-Funktionalität bereits zunutze machen. Wir zeigen in diesem Kapitel verschiedene Beispiele, mit denen Sie leichter verstehen können, wie man diese Tools sinnvoll einsetzt.
- Kapitel 8 erläutert die Zeitintelligenzberechnungen sehr ausführlich. Jahr-bis-heute, Monat-bis-heute, Vorjahreswerte, wochenbasierte Zeiträume und benutzerdefinierte Kalender sind nur einige der in diesem Kapitel vorgestellten Berechnungen.
- Kapitel 9 widmet sich der neuesten DAX-Funktion: den Berechnungsgruppen. Berechnungsgruppen sind ein sehr mächtiges Modelliertool. In diesem Kapitel beschreiben wir Erstellung und Verwendung von Berechnungsgruppen, die zugrunde liegenden Konzepte und einige Beispiele.

- Kapitel 10 behandelt fortgeschrittene Anwendungen des Filterkontexts, der Datenherkunft, der Überprüfung des Filterkontexts und weiterer nützlicher Werkzeuge zum Berechnen komplexer Formeln.
- Kapitel 11 beschreibt Berechnungen über Hierarchien und die Behandlung hierarchischer Strukturen mithilfe von DAX.
- Die Kapitel 12 und 13 behandeln fortgeschrittene Tabellenfunktionen, die sowohl für Autorenanfragen als auch für die Verarbeitung erweiterter Berechnungen nützlich sind.
- Kapitel 14 erweitert Ihr Wissen über den Bewertungskontext und erläutert komplexe Funktionen wie *ALLSELECTED* und *KEEPFILTERS* mithilfe der Theorie erweiterter Tabellen. Dies ist ein Kapitel für Fortgeschrittene, das fast alle Geheimnisse komplexer DAX-Ausdrücke offenbart.
- In Kapitel 15 geht es um die Verwaltung von Beziehungen in DAX. Dank DAX kann nämlich in einem Datenmodell jeder beliebige Beziehungstyp festgelegt werden. Dieses Kapitel beschreibt viele Arten von Beziehungen, die in einem analytischen Datenmodell üblich sind.
- Kapitel 16 enthält einige Beispiele für komplexe Berechnungen und Ihre Lösung in DAX. Es handelt sich hierbei um das letzte Kapitel zur Sprache selbst. Dieses verfolgt vor allem den Zweck, Lösungen und neue Ideen zu entdecken.
- Kapitel 17 bietet eine ausführliche Beschreibung der VertiPaq-Engine, der am häufigsten verwendeten Speicher-Engine für Modelle, die mit DAX realisiert werden. Das Verständnis dieser Engine ist wesentlich, um in DAX die optimale Leistung zu erzielen.
- Kapitel 18 baut auf dem Wissen aus Kapitel 17 auf und präsentiert mögliche Optimierungen, die Sie auf der Ebene des Datenmodells anwenden können. Sie erfahren hier, wie Sie die Kardinalität von Spalten verringern, Spalten für den Import auswählen und durch Auswahl geeigneter Beziehungstypen und Reduzierung des Speicherverbrauchs in DAX die Performance verbessern.
- Kapitel 19 erklärt, wie Sie einen Abfrageplan lesen und die Performance einer DAX-Abfrage mit Tools wie DAX Studio und dem SQL Server Profiler messen.
- In Kapitel 20 schließlich werden verschiedene Optimierungstechniken demonstriert. Dieses Kapitel baut auf den Inhalten früherer Kapitel zur Optimierung auf. Wir zeigen viele DAX-Ausdrücke, messen ihre Leistung und präsentieren und erläutern dann optimierte Formeln.

Formate und Symbole

In diesem Buch werden die folgenden Formatierungen verwendet:

- **Fettschriftdruck** signalisiert Eingaben, die vom Benutzer vorgenommen werden.
- In *Kursivschrift* stehen neue Begriffe, Measures, berechnete Spalten, Tabellen und Datenbanknamen.
- Die Namen von Registerkarten im Menüband erscheinen ebenfalls in *kursiv*.

- Dialogfeldnamen und -elemente sowie Befehle werden in Anführungszeichen gesetzt. Beispiel: das Dialogfeld »Speichern unter«.
- Tastenkombinationen sind an einem Pluszeichen (»+«) zwischen den Tastenbezeichnungen zu erkennen. Beispielsweise bedeutet STRG+ALT+ENTF, dass Sie die Tasten STRG, ALT und ENTF gleichzeitig drücken müssen.

Begleitmaterialien

Zweck der Begleitmaterialien ist es, die Lerninhalte zu ergänzen und den Lerneffekt zu verstärken. Die Begleitmaterialien zu diesem Buch können von der folgenden Seite heruntergeladen werden: *www.dpunkt.de/DAX*

Das Material umfasst folgende Inhalte:

- Eine SQL Server-Sicherung der Contoso Retail DW-Datenbank, mit der Sie die Beispiele selbst erstellen können. Es handelt sich hierbei um eine von Microsoft zu Vorführzwecken bereitgestellte Standarddatenbank, die wir mit verschiedenen Sichten erweitert haben, um das eigene Erstellen eines Datenmodells auf ihrer Grundlage einfacher zu gestalten.
- Ein separates Power BI Desktop-Modell zu jeder Abbildung im Buch. Es gibt also für jede Abbildung eine eigene Datei. Das Datenmodell ist fast immer dasselbe, aber Sie können anhand dieser Dateien den im Buch beschriebenen Schritten genau folgen.

Errata, Änderungen und Ergänzungen zum Buch

Wir haben alle denkbaren Anstrengungen unternommen, um die Richtigkeit der Inhalte in diesem Buch und dem Begleitmaterial zu gewährleisten. Eine Liste mit Änderungen, die sich aus Errata und den zugehörigen Korrekturen ergeben haben, finden Sie auf Englisch unter *https://MicrosoftPressStore.com/DefinitiveGuideDAX/errata*.

Brauchen Sie weitere Unterstützung oder ergänzende Informationen, dann besuchen Sie *https://MicrosoftPressStore.com/Support*.

Bitte beachten Sie, dass über die obigen Adressen kein Produktsupport für Soft- und Hardware von Microsoft angeboten wird. Wenn Sie Hilfe bei der Verwendung von Microsoft-Software oder -Hardware benötigen, rufen Sie *http://support.microsoft.com* auf.

Mit Anmerkungen, Fragen oder Verbesserungsvorschlägen zu diesem Buch können Sie sich auch auf Deutsch an den dpunkt.verlag wenden: hallo@dpunkt.de

Bleiben wir in Verbindung

Wollen wir weiter kommunizieren? Wir sind auf Twitter: *http://twitter.com/MicrosoftPress* und *https://twitter.com/dpunkt_verlag*.

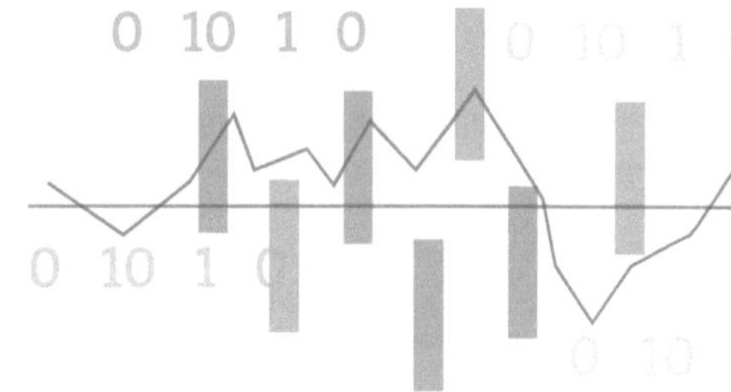

KAPITEL 1

Was ist DAX?

DAX (Data Analysis eXpressions) ist die Programmiersprache von Microsoft Power BI, Microsoft Analysis Services und Microsoft Power Pivot für Excel. Sie wurde 2010 mit der ersten Version von PowerPivot für Microsoft Excel 2010 entwickelt. Im Jahr 2010 wurde PowerPivot noch ohne Leerzeichen geschrieben; das wurde erst 2013 eingeführt, als das Add-In in »Power Pivot« umbenannt wurde. Seitdem hat DAX erheblich an Popularität gewonnen, und zwar sowohl in der Excel-Community, die mit DAX Power-Pivot-Datenmodelle in Excel erstellt, als auch unter den BI-Jüngern (Business Intelligence), die mit der Sprache Modelle für Power BI und Analysis Services erstellen. DAX ist in vielen verschiedenen Tools enthalten, die alle auf derselben internen Engine namens *Tabular* basieren. Deswegen ist oft auch von *tabellarischen* Modellen die Rede – dieser Begriff fasst die vielen verschiedenen Tools unter einer einzigen Bezeichnung zusammen.

DAX ist eine einfache Sprache. Allerdings unterscheidet es sich von den meisten anderen Programmiersprachen, weswegen es etwas Zeit in Anspruch nehmen kann, sich mit einigen der eher ungewöhnlichen Konzepte vertraut zu machen. Die Grundlagen von DAX sind recht einfach zu erlernen und können innerhalb weniger Stunden eingesetzt werden – so zumindest unsere Erfahrung, die allerdings auf der Vermittlung entsprechender Kenntnisse an mehrere Tausend Menschen fußt. Geht es dann aber an die fortgeschrittenen Konzepte – wie etwa Auswertungskontexte, Iterationen und Kontextübergänge –, dann scheint mit einem Mal alles ziemlich kompliziert zu werden. Jetzt heißt es, nicht aufzugeben. Bleiben Sie am Ball. Haben Sie diese Konzepte erst einmal verinnerlicht, dann werden Sie feststellen, dass DAX tatsächlich eine einfache Sprache ist. Es braucht nur etwas Zeit, um sich daran zu gewöhnen.

Am Anfang dieses ersten Kapitels finden Sie eine Zusammenfassung dessen, was ein Datenmodell in Bezug auf Tabellen und Beziehungen ist. Wir empfehlen Lesern jeglichen Erfahrungsniveaus, diesen Abschnitt zu lesen, um mit den Begriffen vertraut zu werden, die im gesamten Buch zur Beschreibung von Tabellen, Modellen und Beziehungen diverser Art verwendet werden.

In den darauf folgenden Abschnitten finden Leser, die bereits Erfahrungen mit Programmiersprachen wie Microsoft Excel, SQL und MDX gesammelt haben, Tipps für den Einstieg. Jeder Abschnitt befasst sich schwerpunktmäßig mit einer bestimmten Sprache, damit neugierige Leser direkt einen Vergleich mit DAX ziehen können. Wenn Sie meinen, dass solche Vergleiche für Sie hilfreich sind, dann lesen Sie die Abschnitte zu denjenigen Sprachen, die Sie kennen. Danach lesen Sie zum Abschluss den letzten Abschnitt »DAX für Power BI-Benutzer« und fahren Sie dann mit dem nächsten Kapitel fort, wo wir endlich richtig in DAX einsteigen werden.

Das Datenmodell verstehen

DAX wurde speziell entwickelt, um geschäftliche Formeln bezogen auf ein Datenmodell zu berechnen. Der eine oder andere Leser weiß vielleicht schon, was ein Datenmodell ist. Für den Fall, dass das nicht so ist, stellen wir eine Beschreibung von Datenmodellen und Beziehungen an den Anfang, um eine Grundlage für den Wissensaufbau zu DAX zu schaffen.

Ein Datenmodell ist eine Anzahl von Tabellen, die durch Beziehungen miteinander verbunden sind.

Wir alle wissen, was eine Tabelle ist: eine Struktur aus Zeilen mit Daten, wobei alle Zeilen ihrerseits in Spalten unterteilt sind. Jede Spalte hat einen Datentyp und enthält genau eine Information. Meistens bezeichnen wir eine Tabellenzeile als Datensatz. Tabellen stellen eine praktische Möglichkeit dar, Daten zu organisieren. Dabei ist eine Tabelle selbst ein Datenmodell, wenn auch in seiner einfachsten Form. Wenn wir also Namen und Zahlen in eine Excel-Arbeitsmappe schreiben, erstellen wir eigentlich schon ein Datenmodell.

Enthält ein Datenmodell viele Tabellen, dann ist die Wahrscheinlichkeit hoch, dass diese durch Beziehungen miteinander verbunden sind. Eine Beziehung ist also eine Verbindung zwischen zwei Tabellen. Stehen zwei Tabellen in einer Beziehung, dann sprechen wir auch von verknüpften Tabellen. Grafisch betrachtet wird eine Beziehung durch eine Linie dargestellt, die die beiden Tabellen verbindet. Abbildung 1.1 zeigt exemplarisch ein Datenmodell.

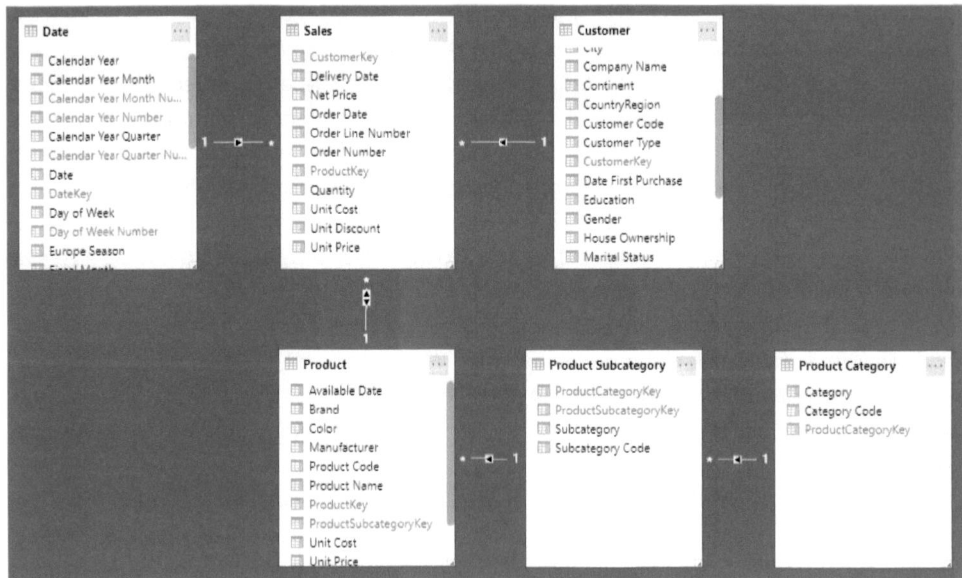

Abbildung 1.1 Dieses Datenmodell besteht aus sechs Tabellen.

Nachfolgend sind einige wichtige Aspekte von Beziehungen aufgeführt:

- Zwei Tabellen in einer Beziehung spielen nicht die gleiche Rolle. Tabellen können entweder auf der *1-Seite* oder der *n-Seite* einer Beziehung stehen. (Statt »n« wird oft auch ein Sternchen »*« verwendet.) Sehen Sie sich beispielsweise die Beziehung zwischen *Product*

(Produkt) und *Product Subcategory* (Produktunterkategorie) in Abbildung 1.1 an. Eine Unterkategorie kann viele Produkte enthalten, während jedes Produkt nur einer einzigen Unterkategorie zugeordnet ist. Daher ist die Produktunterkategorie die 1-Seite der Beziehung, denn jede Unterkategorie ist eindeutig; die Tabelle »Product« hingegen ist die n-Seite, da jede Kategorie mehrere Produkte umfasst.

- Es gibt auch Sonderfälle, namentlich 1:1-Beziehungen und schwache Beziehungen. Bei 1:1-Beziehungen stehen beide Tabellen auf der 1-Seite, in schwachen Beziehungen befinden sich beide auf der n-Seite. Diese Sonderformen kommen nicht allzu häufig vor. Wir werden sie uns in Kapitel 15, »Fortgeschrittene Beziehungen«, vornehmen.
- Beziehungen werden auf Grundlage von Spalten gebildet, die in den beiden betroffenen Tabellen normalerweise denselben Namen haben. Diese Spalten heißen auch *Schlüssel* der Beziehung. Auf der 1-Seite der Beziehung muss die Spalte in jeder Zeile einen eindeutigen Wert aufweisen. Zudem sind leere Werte nicht zulässig. Auf der n-Seite kann – und wird – derselbe Wert sich in vielen Zeilen wiederholen. Wenn eine Spalte in jeder Zeile einen eindeutigen Wert aufweist, wird sie als Schlüssel der Tabelle bezeichnet.
- Beziehungen können auch eine Kette bilden. Jedes Produkt ist einer Unterkategorie zugeordnet, und jede Unterkategorie hat eine Kategorie. Somit hat auch jedes Produkt eine Kategorie. Um die Kategorie eines Produkts zu ermitteln, muss eine Kette von zwei Beziehungen durchlaufen werden. Abbildung 1.1 zeigt ein Beispiel für eine Kette, die aus drei Beziehungen besteht. Sie beginnt bei *Sales* (Umsatz) und erstreckt sich bis zu *Product Category* (Produktkategorie).
- In jeder Beziehung können ein oder zwei kleine Pfeile die *Kreuzfilterrichtung* bestimmen. Abbildung 1.1 zeigt zwei Pfeile in der Beziehung zwischen *Sales* und *Product*, während alle anderen Beziehungen nur einen Pfeil aufweisen. Der Pfeil signalisiert die Richtung der automatischen Beziehungsfilterung (*Kreuzfilter*). Da die Bestimmung der richtigen Filterrichtung zu den wichtigsten Fähigkeiten gehört, die Sie erlernen müssen, werden wir in einem späteren Kapitel ausführlich auf dieses Thema eingehen. Wir raten für gewöhnlich von bidirektionalen Filtern ab (warum, das steht auch in Kapitel 15). Sie sind in diesem Modell nur zur Veranschaulichung vorhanden.

Beziehungsrichtung verstehen

Jede Beziehung kann einen unidirektionalen oder bidirektionalen Kreuzfilter aufweisen. Die Filterung erfolgt immer von der 1- zur n-Seite der Beziehung. Wenn der Kreuzfilter bidirektional ist (also zwei Pfeile hat), kann die Filterung auch von der n- zur 1-Seite erfolgen.

Ein Beispiel könnte hilfreich sein, um dieses Verhalten besser zu verstehen. Wird ein Bericht basierend auf dem in Abbildung 1.1 dargestellten Datenmodell erstellt, wobei die Jahre in den Zeilen und *Quantity* (Menge) und *Count of Product Name* (Produktnamenszähler) im Wertebereich stehen, dann liefert er das in Abbildung 1.2 dargestellte Ergebnis.

Calendar Year (Kalenderjahr) ist eine Spalte, die zur Tabelle *Date* (Datum) gehört. Da *Date* auf der 1-Seite der Beziehung zu *Sales* steht, filtert die Engine *Sales* nach Jahr. Aus diesem Grund ist also die angezeigte Menge nach Jahr gefiltert.

Calendar Year	Quantity	Count of Product Name
CY 2007	44,310	1258
CY 2008	40,226	1478
CY 2009	55,644	1513
Total	**140,180**	**2517**

Abbildung 1.2 Dieser Bericht zeigt die Wirkung einer tabellenübergreifenden Filterung.

Bei *Products* sieht das Szenario etwas anders aus. Die Filterung erfolgt, weil die Beziehung zwischen den Tabellen *Sales* und *Product* bidirektional ist. Wenn wir die Anzahl der Produktnamen in den Bericht aufnehmen, erhalten wir die Anzahl der in jedem Jahr verkauften Produkte, da sich der Filter für das Jahr über *Sales* zu *Product* fortpflanzt. Wenn die Beziehung zwischen *Sales* und *Product* unidirektional wäre, sähe das Ergebnis anders aus – warum, das werden wir weiter hinten erläutern.

Wenn wir nun den Bericht ändern, indem wir *Color* (Farbe) in die Zeilen setzen und *Count of Date* (Datumszähler) im Wertebereich hinzufügen, ist das Ergebnis anders (Abbildung 1.3).

Color	Quantity	Count of Product Name	Count of Date
Azure	546	14	2556
Black	33,618	602	2556
Blue	8,859	200	2556
Brown	2,570	77	2556
Gold	1,393	50	2556
Green	3,020	74	2556
Grey	11,900	283	2556
Orange	2,203	55	2556
Pink	4,921	84	2556
Purple	102	6	2556
Red	8,079	99	2556
Silver	27,551	417	2556
Silver Grey	959	14	2556
Transparent	1,251	1	2556
White	30,543	505	2556
Yellow	2,665	36	2556
Total	**140,180**	**2517**	**2556**

Abbildung 1.3 Dieser Bericht beweist, dass bei inaktiver bidirektionaler Filterung Tabellen nicht gefiltert werden.

Der Filter für die Zeilen ist die Spalte *Color* in der Tabelle *Product*. Da *Product* auf der 1-Seite der Beziehung zu *Sales* steht, wird *Quantity* korrekt gefiltert. Die Spalte *Count of Product Name* wird gefiltert, weil sie Werte aus der Tabelle berechnet, die sich in den Zeilen befindet (also *Product*). Die unerwartete Zahl ist *Count of Date*. Sie zeigt für alle Zeilen immer den gleichen Wert an, nämlich die Gesamtzahl der Zeilen in der Tabelle *Date*.

Der Filter aus der Spalte *Color* pflanzt sich nicht zu *Date* fort, weil die Beziehung zwischen *Date* und *Sales* unidirektional ist. Obwohl also *Sales* einen aktiven Filter hat, kann sich dieser nicht bis zu *Date* fortpflanzen, da dies durch die Art der Beziehung verhindert wird.

Wenn wir nun die Beziehung zwischen *Date* und *Sales* dahin gehend ändern, dass wir eine bidirektionale Kreuzfilterung ermöglichen, sehen wir das Ergebnis in Abbildung 1.4.

Die Zahlen geben nun die Anzahl der Tage an, an denen mindestens ein Produkt der angegebenen Farbe verkauft wurde. Auf den ersten Blick könnte man meinen, es sollten alle Beziehungen als bidirektional definiert werden, denn so könnte man ja eine Fortpflanzung des Filters in jede Richtung ermöglichen und stets sinnvolle Ergebnisse zurückerhalten. Wie Sie aber an späterer Stelle in diesem Buch erfahren werden, ist es meistens alles andere als angemessen, ein derartiges Datenmodell zu entwerfen. Sie werden die geeignete Fortpflanzung von Beziehungen vielmehr abhängig vom jeweiligen Szenario wählen. Wenn Sie unseren Empfehlungen folgen, dann werden Sie bidirektionale Filterungen so weit wie möglich vermeiden.

Color	Quantity	Count of Product Name	Count of Date
Azure	546	14	41
Black	33,618	602	811
Blue	8,859	200	408
Brown	2,570	77	169
Gold	1,393	50	106
Green	3,020	74	188
Grey	11,900	283	499
Orange	2,203	55	142
Pink	4,921	84	226
Purple	102	6	11
Red	8,079	99	286
Silver	27,551	417	722
Silver Grey	959	14	63
Transparent	1,251	1	14
White	30,543	505	750
Yellow	2,665	36	110
Total	**140,180**	**2517**	**2556**

Abbildung 1.4 Wenn wir die bidirektionale Filterung aktivieren, wird die Tabelle *Datum* über die Spalte *Color* gefiltert.

DAX für Excel-Anwender

Sie kennen vielleicht schon die Excel-Formelsprache, die DAX ein wenig ähnelt. Schließlich liegen die Wurzeln von DAX in Power Pivot für Excel, und außerdem versuchte das Entwicklerteam, die beiden Sprachen möglichst ähnlich zu halten. Diese Ähnlichkeit erleichtert den Umstieg auf die neue Sprache. Es gibt jedoch einige wichtige Unterschiede.

Zellen und Tabellen

In Excel werden Berechnungen in Zellen durchgeführt. Eine Zelle wird dabei über ihre Koordinaten referenziert. Folglich können wir Formeln wie folgt schreiben:

```
= (A1 * 1,25) - B2
```

In DAX existiert das Konzept einer Zelle nicht, weswegen es auch keine Koordinaten gibt. DAX arbeitet dagegen mit Tabellen und Spalten. Deswegen beziehen sich auch DAX-Ausdrücke auf Tabellen und Spalten, was bedeutet, dass Code anders geschrieben werden muss. Die Konzepte von Tabellen und Spalten sind in Excel eigentlich auch nichts Neues. Wenn wir mit der Funktion *Als Tabelle formatieren* einen Excel-Bereich als Tabelle definieren, können wir in Excel Formeln schreiben, die Tabellen und Spalten referenzieren. In Abbildung 1.5 wertet die Spalte *SalesAmount* (Umsatzbetrag) einen Ausdruck aus, der Spalten in derselben Tabelle anstelle von Zellen in der Arbeitsmappe referenziert.

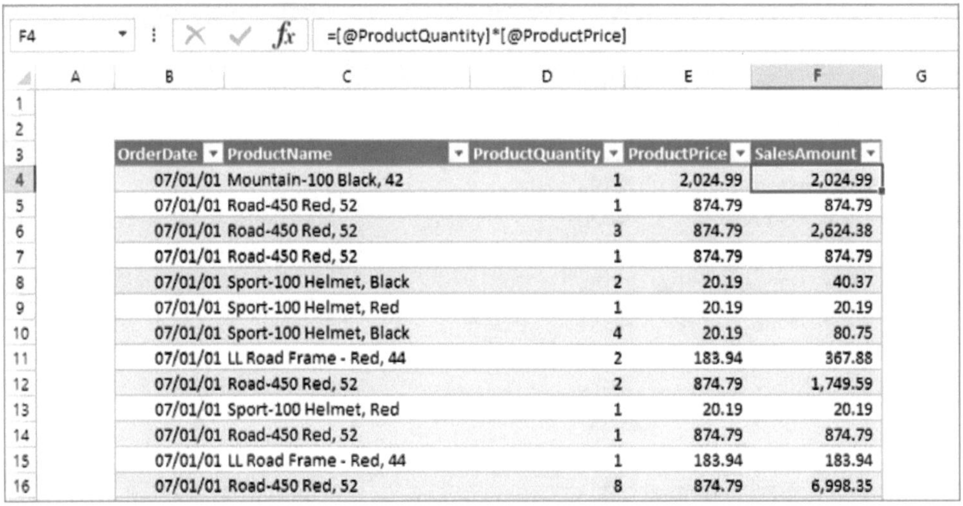

F4 =[@ProductQuantity]*[@ProductPrice]

OrderDate	ProductName	ProductQuantity	ProductPrice	SalesAmount
07/01/01	Mountain-100 Black, 42	1	2,024.99	2,024.99
07/01/01	Road-450 Red, 52	1	874.79	874.79
07/01/01	Road-450 Red, 52	3	874.79	2,624.38
07/01/01	Road-450 Red, 52	1	874.79	874.79
07/01/01	Sport-100 Helmet, Black	2	20.19	40.37
07/01/01	Sport-100 Helmet, Red	1	20.19	20.19
07/01/01	Sport-100 Helmet, Black	4	20.19	80.75
07/01/01	LL Road Frame - Red, 44	2	183.94	367.88
07/01/01	Road-450 Red, 52	2	874.79	1,749.59
07/01/01	Sport-100 Helmet, Red	1	20.19	20.19
07/01/01	Road-450 Red, 52	1	874.79	874.79
07/01/01	LL Road Frame - Red, 44	1	183.94	183.94
07/01/01	Road-450 Red, 52	8	874.79	6,998.35

Abbildung 1.5 Excel kann auf Spaltennamen in Tabellen verweisen.

Mit Excel referenzieren wir Spalten in einer Tabelle im Format *[@Spaltenname]*. *Spaltenname* ist der Name der zu verwendenden Spalte, und das @-Symbol bedeutet: »Verwende den Wert der Spalte in der aktuellen Zeile.« Diese Syntax ist zwar nicht intuitiv, aber normalerweise schreiben wir solche Ausdrücke auch nicht. Sie erscheinen, wenn wir auf eine Zelle klicken, und Excel fügt den richtigen Code dann automatisch für uns ein.

Excel bietet quasi zwei unterschiedliche Möglichkeiten, Berechnungen durchzuführen. Wir können die üblichen Zellenreferenzen verwenden – in diesem Fall lautet die Formel für F4 ganz einfach E4*D4 –, oder wir nutzen Spaltenreferenzen innerhalb einer Tabelle. Spaltenreferenzen bieten den Vorteil, dass wir in allen Zellen einer Spalte denselben Ausdruck verwenden können und Excel für die Berechnung der Formel jeweils einen anderen Wert pro Zeile verwendet.

Im Gegensatz zu Excel verwendet DAX nur Tabellen, das heißt, alle Formeln müssen auf Spalten in Tabellen verweisen. So schreiben wir in DAX beispielsweise die obige Multiplikation wie folgt:

```
Sales[SalesAmount] = Sales[ProductPrice] * Sales[ProductQuantity]
```

Wie Sie sehen, ist jeder Spalte der Name der zugehörigen Tabelle vorangestellt. In Excel geben wir den Tabellennamen dagegen nicht an, da Excel-Formeln innerhalb derselben Tabelle ausgeführt werden. DAX hingegen basiert auf einem Datenmodell mit mehreren Tabellen. Daher müssen wir den Tabellennamen angeben, denn zwei Spalten in verschiedenen Tabellen können durchaus den gleichen Namen haben.

Viele DAX-Funktionen arbeiten genauso wie die entsprechenden Excel-Funktionen. Beispielsweise sieht die *IF*-Funktion in DAX und in Excel mehr oder minder gleich aus:

```
Excel: IF ( [@SalesAmount] > 10, 1, 0)
DAX: IF ( Sales[SalesAmount] > 10, 1, 0)
```

Ein wesentlicher Unterschied bei der Syntax von Excel und DAX ist die Art und Weise der Referenzierung der Gesamtspalte. Tatsächlich hat das @ in *[@ProductQuantity]* die Bedeutung »der Wert in der aktuellen Zeile«. In DAX muss nicht angegeben werden, dass ein Wert aus der aktuellen Zeile stammen soll, denn dies ist ja das Standardverhalten der Sprache. In Excel können wir die gesamte Spalte – also alle Zeilen in dieser Spalte – referenzieren, indem wir das @-Symbol entfernen. Abbildung 1.6 zeigt dies.

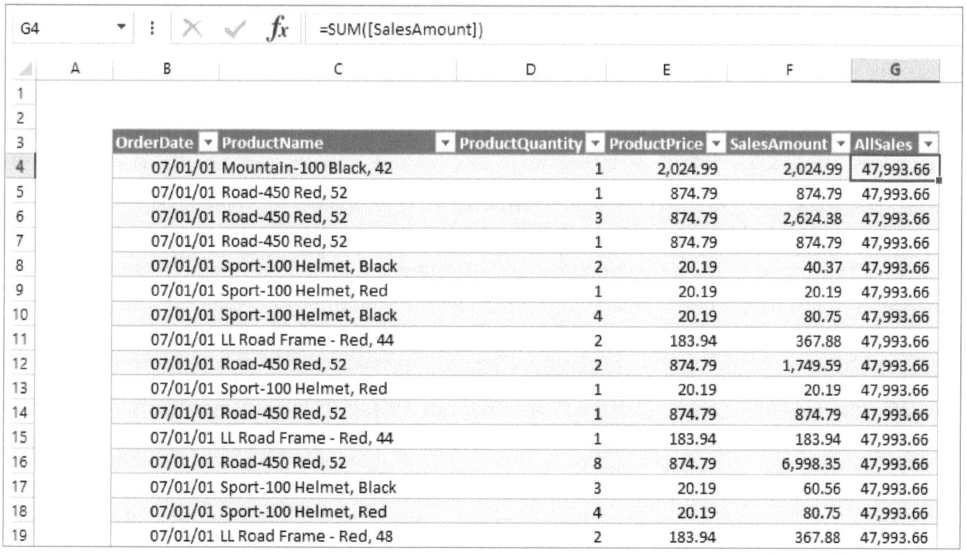

G4 =SUM([SalesAmount])

	OrderDate	ProductName	ProductQuantity	ProductPrice	SalesAmount	AllSales
4	07/01/01	Mountain-100 Black, 42	1	2,024.99	2,024.99	47,993.66
5	07/01/01	Road-450 Red, 52	1	874.79	874.79	47,993.66
6	07/01/01	Road-450 Red, 52	3	874.79	2,624.38	47,993.66
7	07/01/01	Road-450 Red, 52	1	874.79	874.79	47,993.66
8	07/01/01	Sport-100 Helmet, Black	2	20.19	40.37	47,993.66
9	07/01/01	Sport-100 Helmet, Red	1	20.19	20.19	47,993.66
10	07/01/01	Sport-100 Helmet, Black	4	20.19	80.75	47,993.66
11	07/01/01	LL Road Frame - Red, 44	2	183.94	367.88	47,993.66
12	07/01/01	Road-450 Red, 52	2	874.79	1,749.59	47,993.66
13	07/01/01	Sport-100 Helmet, Red	1	20.19	20.19	47,993.66
14	07/01/01	Road-450 Red, 52	1	874.79	874.79	47,993.66
15	07/01/01	LL Road Frame - Red, 44	1	183.94	183.94	47,993.66
16	07/01/01	Road-450 Red, 52	8	874.79	6,998.35	47,993.66
17	07/01/01	Sport-100 Helmet, Black	3	20.19	60.56	47,993.66
18	07/01/01	Sport-100 Helmet, Red	4	20.19	80.75	47,993.66
19	07/01/01	LL Road Frame - Red, 48	2	183.94	367.88	47,993.66

Abbildung 1.6 In Excel können Sie eine ganze Spalte referenzieren, indem Sie das @-Symbol vor dem Spaltennamen weglassen.

Der Wert der Spalte *AllSales* (Gesamtumsatz) ist in allen Zeilen gleich, da er die Gesamtsumme der Spalte *SalesAmount* ist. Es gibt mithin einen syntaktischen Unterschied zwischen dem Wert einer Spalte in der aktuellen Zeile und dem Wert der Spalte als Ganzes.

DAX ist da anders. Hier formulieren Sie den *AllSales*-Ausdruck aus Abbildung 1.6 wie folgt:

```
AllSales := SUM ( Sales[SalesAmount] )
```

Es gibt keinen syntaktischen Unterschied zwischen dem Abrufen des Werts einer Spalte für eine bestimmte Zeile und der Verwendung der gesamten Spalte. DAX versteht, dass wir alle Werte der Spalte summieren wollen, weil wir den Spaltennamen innerhalb eines Aggregators (in diesem Fall der *SUM*-Funktion) verwenden, der die Übergabe eines Spaltennamens als Parameter erfordert. Während also Excel eine explizite Syntax benötigt, um zwischen den beiden Arten abzurufender Daten zu unterscheiden, führt DAX diese Klärung automatisch durch. Diese Unterscheidung kann – zumindest anfangs – verwirrend sein.

Excel und DAX: zwei funktionale Sprachen

Ein Aspekt, bei dem die beiden Sprachen sich ähneln, ist die Tatsache, dass sowohl Excel als auch DAX funktionale Sprachen sind. Eine funktionale Sprache besteht aus Ausdrücken, bei denen es sich im Wesentlichen um Funktionsaufrufe handelt. In Excel und DAX existieren in vielen Programmiersprachen übliche Konzepte wie Anweisungen, Schleifen und Sprünge nicht. In DAX ist alles ein Ausdruck. Dieser Aspekt der Sprache stellt Benutzer, die Programmiererfahrung in anderen Sprachen haben, häufig vor Herausforderungen, sollte aber für Excel-Anwender keine Überraschung darstellen.

Iteratoren in DAX

Ein Konzept, das Ihnen vielleicht neu ist, sind Iteratoren. Bei der Arbeit in Excel führen Sie Berechnungen Schritt für Schritt durch. Das obige Beispiel hat gezeigt, dass wir zur Berechnung des Gesamtumsatzes zunächst eine Spalte erstellen, die das Produkt aus Preis und Menge enthält. Dann summieren wir diese Spalte in einem zweiten Schritt, um den Gesamtumsatz zu berechnen. Diese Zahl könnten wir dann etwa als Nenner verwenden, um beispielsweise den prozentualen Anteil der einzelnen Produkte am Umsatz zu ermitteln.

Bei DAX können Sie den gleichen Vorgang in einem einzigen Schritt mithilfe von Iteratoren durchführen. Ein Iterator tut genau das, was sein Name vermuten lässt: Er iteriert über eine Tabelle und führt eine Berechnung für jede Zeile der Tabelle durch, wobei er das Ergebnis aggregiert, um den angeforderten Einzelwert zu erzeugen.

Wir können unter Bezugnahme auf das obige Beispiel die Umsatzgesamtsumme mit dem *SUMX*-Iterator berechnen:

```
AllSales :=
SUMX (
    Sales,
    Sales[ProductQuantity] * Sales[ProductPrice]
)
```

Dieser Ansatz birgt je einen Vor- und einen Nachteil. Der Vorteil besteht darin, dass wir viele komplexe Berechnungen in einem einzigen Schritt durchführen können, ohne weitere Spalten hinzufügen zu müssen, die am Ende nur für bestimmte Formeln nützlich wären. Nachteilig dagegen ist, dass die DAX-Programmierung buchstäblich weniger anschaulich ist als die Programmierung mit Excel: Sie bekommen die Spalte, die den mit der Menge multiplizierten Preis berechnet, gar nicht zu sehen, denn sie ist tatsächlich nur für die Dauer der Berechnung existent.

Wie Sie später noch sehen werden, können Sie auch eine berechnete Spalte erstellen, die die Multiplikation von Preis und Menge übernimmt. Dennoch ist dies nur in seltenen Fällen eine empfehlenswerte Praxis, denn sie ist speicherintensiv und kann Berechnungen verlangsamen. Eine Lösung für dieses Problem stellen DirectQuery und Aggregationen dar, die wir in Kapitel 18, »VertiPaq optimieren«, erläutern werden.

DAX erfordert theoretisches Wissen

Lassen Sie uns eine Sache klarstellen: Dass Sie für DAX zuerst theoretische Grundlagen studieren müssen, stellt überhaupt keinen Unterschied zu anderen Programmiersprachen dar. Der Unterschied liegt vielmehr in der Denkweise. Sie sind es wahrscheinlich gewohnt, im Web nach komplexen Formeln und Lösungsmustern für Aufgabenstellungen zu suchen, die Sie zu lösen versuchen. Wenn Sie Excel verwenden, stehen die Chancen gut, dass Sie eine Formel finden, die mehr oder minder das tut, was Sie wollen. Sie können diese Formel kopieren, sie an Ihre Bedürfnisse anpassen und dann verwenden, ohne sich allzu viele Gedanken darüber machen zu müssen, wie sie funktioniert.

Bei DAX kommen Sie mit diesem für Excel durchaus pragmatischen Ansatz jedoch nicht weiter. Um guten DAX-Code schreiben zu können, müssen Sie die Theorie zu DAX studieren und ein tiefgehendes Verständnis dafür entwickeln, wie Auswertungskontexte funktionieren. Wenn Sie keine ausreichende theoretische Grundlage schaffen, werden Sie den Eindruck gewinnen, dass DAX entweder Werte durch Zauberei berechnet oder seltsame Zahlen generiert, die keinen Sinn ergeben. Das Problem ist dabei nicht DAX selbst, sondern die Tatsache, dass Sie noch nicht richtig verstanden haben, wie DAX funktioniert.

Zum Glück beschränken sich die theoretischen Aspekte von DAX auf einige wichtige Konzepte, die wir in Kapitel 4, »Auswertungskontexte verstehen«, erläutern werden. Wenn wir bei diesem Kapitel ankommen, sollten Sie sich auf den dort stattfindenden intensiven Lernprozess mental vorbereitet haben. Sobald Sie dieses Sujet jedoch beherrschen, wissen Sie im Grunde genommen alles, was Sie zum Erlernen von DAX brauchen. Alles Weitere ist dann nur noch unter »Erfahrungszuwachs« zu verbuchen. Das dort erworbene Wissen ist Voraussetzung für das weitere Studium, weswegen Sie sich erst dann mit dem nachfolgenden Stoff befassen sollten, wenn Sie sich mit Auswertungskontexten einigermaßen auskennen.

DAX für SQL-Entwickler

Wenn Sie mit SQL vertraut sind, haben Sie bereits mit mehreren Tabellen gearbeitet und Verknüpfungen zwischen Spalten erstellt, um Beziehungen festzulegen. Deswegen werden Sie sich in der Welt von DAX wahrscheinlich gleich wie zu Hause fühlen. Es geht bei Berechnungen in DAX tatsächlich darum, eine Reihe von durch Beziehungen verknüpften Tabellen abzufragen und Werte zu aggregieren.

Mit Beziehungen arbeiten

Der erste Unterschied zwischen SQL und DAX besteht darin, wie Beziehungen im jeweiligen Modell funktionieren. In SQL können wir Fremdschlüssel zwischen Tabellen festlegen, um Beziehungen zu deklarieren; die Engine verwendet diese Fremdschlüssel aber nur dann in Abfragen, wenn wir dies ausdrücklich so angeben. Wenn wir beispielsweise eine Tabelle *Customers* (Kunden) und eine Tabelle *Sales* haben, in der *CustomerKey* (Kundenschlüssel) ein Primärschlüssel in *Customers* und ein Fremdschlüssel in *Sales* ist, können wir die folgende Abfrage schreiben:

```
SELECT
   Customers.CustomerName,
   SUM ( Sales.SalesAmount ) AS SumOfSales
FROM
   Sales
   INNER JOIN Customers
    ON Sales.CustomerKey = Customers.CustomerKey
GROUP BY
   Customers.CustomerName
```

Zwar deklarieren wir die Beziehung im Modell mithilfe von Fremdschlüsseln, doch müssen wir die Join-Bedingung in der Abfrage explizit angeben. Natürlich werden Abfragen durch diesen Ansatz aufgebläht, aber trotzdem ist er nützlich, da Sie in verschiedenen Abfragen unterschiedliche Join-Bedingungen verwenden können. Dies gibt Ihnen viel Freiheit bei der Formulierung von Abfragen.

In DAX sind Beziehungen Bestandteil des Modells – und ausschließlich *LEFT OUTER JOINs*. Und weil sie im Modell definiert sind, müssen Sie den Join-Typ in der Abfrage nicht mehr angeben: DAX verwendet immer, wenn Sie Spalten angeben, die sich auf die Primärtabelle beziehen, automatisch *LEFT OUTER JOIN*. Deswegen würden Sie die obige SQL-Abfrage in DAX wie folgt schreiben:

```
EVALUATE
SUMMARIZECOLUMNS (
    Customers[CustomerName],
    "SumOfSales", SUM ( Sales[SalesAmount] )
)
```

Weil DAX die bestehende Beziehung zwischen *Sales* und *Customers* kennt, führt es den Join automatisch und modellkonform aus. Schließlich muss die Funktion *SUMMARIZECOLUMNS* eine Gruppierung nach *Customers[CustomerName]* durchführen, aber wir haben kein Schlüsselwort dafür: *SUMMARIZECOLUMNS* gruppiert Daten automatisch nach ausgewählten Spalten.

DAX ist eine funktionale Sprache

SQL ist eine deklarative Sprache: Was immer Sie brauchen, definieren Sie, indem Sie die abzurufenden Daten per *SELECT*-Anweisungen deklarieren; wie die Engine die Daten tatsächlich abruft, kann Ihnen dabei völlig egal sein.

DAX hingegen ist eine funktionale Sprache. In DAX ist jeder Ausdruck ein Funktionsaufruf. Auch Funktionsparameter können ihrerseits Funktionsaufrufe sein. Die Auswertung von Parametern kann zu komplexen Abfrageplänen führen, die DAX zur Berechnung des Ergebnisses ausführt.

Wenn wir beispielsweise nur Kunden mit Wohnsitz in Europa abrufen möchten, können wir in SQL die folgende Abfrage schreiben:

```
SELECT
   Customers.CustomerName,
   SUM ( Sales.SalesAmount ) AS SumOfSales
FROM
   Sales
   INNER JOIN Customers
    ON Sales.CustomerKey = Customers.CustomerKey
WHERE
   Customers.Continent = 'Europe'
GROUP BY
   Customers.CustomerName
```

Mit DAX deklarieren wir die *WHERE*-Bedingung nicht in der Abfrage, sondern verwenden zur Filterung des Ergebnisses eine geeignete Funktion namens *FILTER*.

```
EVALUATE
SUMMARIZECOLUMNS (
    Customers[CustomerName],
    FILTER (
        Customers,
        Customers[Continent] = "Europe"
    ),
    "SumOfSales", SUM ( Sales[SalesAmount] )
)
```

Wie Sie sehen, ist *FILTER* eine Funktion, die hier nur die in Europa lebenden Kunden zurückgibt – genau das, was wir wollten. In welcher Reihenfolge wir die Funktionen verschachteln und welche Funktionen wir überhaupt verwenden, hat einen erheblichen Einfluss auf das Ergebnis und die Leistung der Engine. Das ist zwar in SQL auch nicht anders, aber dort können wir darauf vertrauen, dass der Abfrageoptimierer den bestmöglichen Abfrageplan ermittelt. Zwar leistet der Abfrageoptimierer auch in DAX gute Arbeit, aber Sie als Programmierer tragen mehr Verantwortung, denn hier müssen Sie einfach guten Code schreiben.

DAX als Programmier- und Abfragesprache

In SQL gibt es eine klare Unterscheidung zwischen der Abfrage- und der Programmiersprache, d.h. den Befehlen, die zum Erstellen von gespeicherten Prozeduren, Sichten und sonstigem Code in der Datenbank verwendet werden. Jeder SQL-Dialekt hat seine eigenen Anweisungen, damit Programmierer das Datenmodell mit Code erweitern können. In DAX dagegen gibt es praktisch keinen Unterschied zwischen Abfrage und Programmierung. Es ist eine Vielzahl von Funktionen vorhanden, die Tabellen manipulieren und selbst Tabellen zurückgeben können. Die Funktion *FILTER* aus der obigen Abfrage ist ein gutes Beispiel dafür.

Insofern scheint DAX einfacher zu sein als SQL. Wenn Sie es als Programmiersprache erlernen (dafür war es schließlich ursprünglich gedacht), dann wissen Sie bereits alles, was Sie brauchen, um es auch als Abfragesprache zu nutzen.

Unterabfragen und Bedingungen in DAX und SQL

Eine der mächtigsten Funktionen von SQL als Abfragesprache ist die Möglichkeit, Unterabfragen zu verwenden. In DAX gibt es ähnliche Konzepte. Bei DAX-Unterabfragen ergeben sich diese jedoch aus dem funktionalen Charakter der Sprache.

Um beispielsweise Kunden und Gesamtumsätze gezielt für solche Kunden abzurufen, die für mehr als 100 Dollar eingekauft haben, können wir in SQL folgende Abfrage schreiben:

```
SELECT
   CustomerName,
   SumOfSales
FROM (
   SELECT
    Customers.CustomerName,
    SUM ( Sales.SalesAmount ) AS SumOfSales
   FROM
    Sales
    INNER JOIN Customers
     ON Sales.CustomerKey = Customers.CustomerKey
   GROUP BY
    Customers.CustomerName
   ) AS SubQuery
WHERE
   SubQuery.SumOfSales > 100
```

Dasselbe Ergebnis können wir in DAX durch Verschachtelung von Funktionsaufrufen erzielen:

```
EVALUATE
FILTER (
    SUMMARIZECOLUMNS (
        Customers[CustomerName],
        "SumOfSales", SUM ( Sales[SalesAmount] )
```

```
    ),
    [SumOfSales] > 100
)
```

In diesem Code wird die Unterabfrage, die *CustomerName* und *SumOfSales* abruft, später an eine *FILTER*-Funktion übergeben, die nur die Zeilen beibehält, in denen *SumOfSales* größer als 100 ist. Vielleicht verstehen Sie bei der Lektüre des Codes erst einmal nur Bahnhof. Sobald Sie jedoch mit DAX vertrauter werden, werden Sie feststellen, dass die Verwendung von Unterabfragen viel einfacher ist als in SQL: Weil nämlich DAX eine funktionale Sprache ist, entsteht durch Unterabfragen ein vollkommen intuitiver Fluss.

DAX für MDX-Entwickler

Viele BI-Profis lernen neuerdings DAX, weil es der letzte Schrei im Tabular-Bereich ist. Eine große Zahl von ihnen hat zuvor MDX verwendet, um mehrdimensionale Analysis-Services-Modelle zu entwickeln und abzufragen. Wenn Sie zu dieser Gruppe gehören, dann sollten Sie darauf vorbereitet sein, eine völlig neue Sprache zu lernen. DAX und MDX haben nämlich nicht allzu viel gemein. Hinzu kommt: Es gibt in DAX Konzepte, die Sie wahrscheinlich an ähnliche Methodiken in MDX erinnern werden, allein: Sie sind doch ganz anders.

Aus Erfahrung wissen wir, dass das Erlernen von DAX dann am schwierigsten ist, wenn die betreffende Person MDX bereits aus dem Effeff kennt. Um DAX richtig zu lernen, müssen Sie Ihr Denken buchstäblich von MDX befreien. Vergessen Sie alles, was Sie über mehrdimensionale Räume wissen, und bereiten Sie sich darauf vor, DAX als vollkommen neue Sprache zu erlernen.

Mehrdimensional oder tabellarisch

MDX agiert in dem durch ein Modell definierten mehrdimensionalen Raum. Die Form dieses mehrdimensionalen Raums basiert dabei auf der Architektur der im Modell definierten Dimensionen und Hierarchien, die wiederum die Koordinaten des multidimensionalen Raums definiert. Kreuzungen von Members in verschiedenen Dimensionen definieren Punkte im mehrdimensionalen Raum. Es hat vielleicht etwas gedauert, bis Sie erkannt haben, dass der *[All]*-Member einer beliebigen Attributhierarchie tatsächlich ein Punkt im mehrdimensionalen Raum ist.

DAX funktioniert hier wesentlich einfacher. Es gibt schlicht keine Dimensionen, keine Members und keine Punkte im mehrdimensionalen Raum. Was nichts anderes bedeutet, als dass es überhaupt keinen mehrdimensionalen Raum gibt. Stattdessen gibt es Hierarchien, die wir im Modell definieren können, aber sie unterscheiden sich von denen in MDX. Grundlage des DAX-Raums sind Tabellen, Spalten und Beziehungen. Tabellen sind in einem tabellarischen Modell weder Measuregruppen noch Dimensionen: Eine Tabelle ist nur eine Tabelle, und um Werte zu berechnen, können Sie sie prüfen, filtern oder enthaltene Werte summieren. Alles basiert auf zwei einfachen Konzepten: Tabellen und Beziehungen.

Sie werden schnell feststellen, dass tabellarische Modelle weniger Optionen bieten als mehrdimensionale. In diesem Fall zieht die geringere Anzahl der Optionen allerdings keine Leistungseinbußen nach sich, denn mit der Programmiersprache DAX können Sie das Modell anreichern. Die eigentliche Modellierungsleistung tabellarischer Prinzipien ist die enorme Geschwindigkeit von DAX. Versuchen Sie nicht auch ständig, den Einsatz von MDX in Ihrem Modell zu beschränken, weil doch die Geschwindigkeitsoptimierung so komplex ist? DAX hingegen ist erstaunlich schnell. Deswegen liegt die Komplexität der Berechnungen nicht im Modell, sondern in den DAX-Formeln begründet.

DAX als Programmier- und Abfragesprache

DAX und MDX sind sowohl Programmier- als auch Abfragesprachen. In MDX wird der Unterschied durch das MDX-Skript deutlich. Sie verwenden MDX im MDX-Skript zusammen mit einigen speziellen Anweisungen, die nur im Skript verwendet werden können, wie z. B. *SCOPE*-Anweisungen. In Abfragen verwenden Sie MDX, wenn Sie *SELECT*-Anweisungen verfassen, die Daten abrufen. In DAX ist das etwas anders. Sie verwenden DAX als Programmiersprache, um berechnete Spalten, berechnete Tabellen und Measures zu definieren. Das Konzept der berechneten Spalten und Tabellen ist in DAX neu; in MDX ist es nicht vorhanden. Measures ähneln den berechneten Members in MDX. Sie können DAX auch als Abfragesprache verwenden, um beispielsweise Daten aus einem tabellarischen Modell mithilfe von Reporting Services abzurufen. Trotzdem haben DAX-Funktionen keine konkrete Rolle, sondern können sowohl in Abfragen als auch in Berechnungsausdrücken verwendet werden. Zudem können Sie ein tabellarisches Modell auch mit MDX abfragen. Das bedeutet, dass der Abfrageteil von MDX mit Tabellenmodellen funktioniert, aber DAX unsere einzige Option ist, wenn es darum geht, ein tabellarisches Modell zu *programmieren*.

Hierarchien

Bei MDX greifen Sie für die meisten Berechnungen auf Hierarchien zurück. Wenn Sie die Umsätze des Vorjahres berechnen möchten, müssten Sie den *PrevMember* des *CurrentMember* in der *Year*-Hierarchie abrufen und den MDX-Filter damit überschreiben. Beispielsweise könnten Sie die Formel wie folgt schreiben, um eine Vorjahresberechnung in MDX zu definieren:

```
CREATE MEMBER CURRENTCUBE.[Measures].[SamePeriodPreviousYearSales] AS
(
    [Measures].[Sales Amount],
    ParallelPeriod (
        [Date].[Calendar].[Calendar Year],
        1,
        [Date].[Calendar].CurrentMember
    )
);
```

Das Measure verwendet die Funktion *ParallelPeriod*, die den Cousin des *CurrentMember* in der Hierarchie *Calendar* zurückgibt. Es basiert also auf den im Modell definierten Hierarchien. Und nun wollen wir die gleiche Berechnung einmal in DAX mithilfe von Filterkontexten und Standardfunktionen für die Zeitintelligenz formulieren:

```
SamePeriodPreviousYearSales :=
```

```
CALCULATE (
    SUM ( Sales[Sales Amount] ),
    SAMEPERIODLASTYEAR ( 'Date'[Date] )
)
```

Wir können die gleiche Berechnung mit *FILTER* und anderen DAX-Funktionen auf vielerlei andere Weise schreiben, aber die Grundidee bleibt dieselbe: Wir verwenden keine Hierarchien, sondern filtern Tabellen. Dieser Unterschied ist enorm, und Sie werden die Hierarchieberechnungen wahrscheinlich so lange vermissen, bis Sie sich an DAX gewöhnt haben.

Ein weiterer wichtiger Unterschied besteht darin, dass Sie in MDX auf *[Measures].[Sales Amount]* verweisen können und die benötigte Aggregationsfunktion bereits im Modell definiert ist. In DAX dagegen gibt es keine vordefinierte Aggregation. Vielmehr ist, wie Sie vielleicht bemerkt haben, *SUM(Sales[Sales Amount])* der zu berechnende Ausdruck. Die vordefinierte Aggregation ist kein Bestandteil des Modells mehr. Wenn wir sie benutzen möchten, müssen wir sie definieren. Wir können immer ein Measure erstellen, das die Umsatzsumme berechnet, aber dies würde den Rahmen dieses Abschnitts sprengen. Wir kommen an anderer Stelle darauf zurück.

Ein weiterer wichtiger Unterschied zwischen DAX und MDX besteht darin, dass MDX die *SCOPE*-Anweisung umfassend nutzt, um – wiederum über Hierarchien – Geschäftslogik zu implementieren. DAX verfolgt auch hier einen völlig anderen Ansatz. Tatsächlich fehlt in der Sprache die Hierarchiebehandlung völlig.

Wenn wir beispielsweise ein Measure auf der Ebene von *Year* löschen möchten, würden wir in MDX folgende Anweisung formulieren:

```
SCOPE ( [Measures].[SamePeriodPreviousYearSales], [Date].[Month].[All] )
   THIS = NULL;
END SCOPE;
```

DAX hat aber gar keine *SCOPE*-Anweisung (und auch nichts Ähnliches). Um das gleiche Ergebnis zu erhalten, müssen wir das Vorhandensein von Filtern im Filterkontext überprüfen. Das Szenario ist gleich viel komplexer:

```
SamePeriodPreviousYearSales :=
IF (
    ISINSCOPE ( 'Date'[Month] ),
    CALCULATE (
        SUM ( Sales[Sales Amount] ),
        SAMEPERIODLASTYEAR ( 'Date'[Date] )
    ),
    BLANK ()
)
```

Spontan würde man meinen, dass diese Formel nur dann einen Wert zurückgibt, wenn der Benutzer in der Kalenderhierarchie auf Monatsebene oder darunter unterwegs ist. In jedem anderen Fall wird ein *BLANK* zurückgegeben. Sie werden später noch sehen, was genau diese Formel berechnet. Sie ist erheblich fehleranfälliger als der entsprechende MDX-Code. Offen gestanden ist die Hierarchiebehandlung eines der Merkmale, die in DAX wirklich fehlen.

Berechnungen auf Blattebene

Zum guten Schluss: Sie haben sich als MDX-User wahrscheinlich längst daran gewöhnt, Berechnungen auf Blattebene zu vermeiden. Solche Berechnungen erfolgen in MDX derart langsam, dass Sie es, um Ergebnisse zu erhalten, immer vorziehen sollten, Werte vorzuberechnen und Aggregationen zu nutzen. In DAX arbeiten Berechnungen auf Blattebene dagegen unglaublich schnell. Außerdem dienen Aggregationen einem anderen Zweck, der nur bei großen Datasets sinnvoll ist. Deswegen müssen Sie zum Erstellen von Datenmodellen eine vollkommen neue Denkweise entwickeln. In den meisten Fällen ist ein für die mehrdimensionale SSAS-Variante geeignetes Datenmodell nicht das Richtige für einen tabellarischen Ansatz und umgekehrt.

DAX für Power BI-Benutzer

Wenn Sie die vorherigen Abschnitte übersprungen haben und jetzt direkt hier gelandet sind, darf ich Sie herzlich willkommen heißen. DAX ist die native Power BI-Sprache, und wenn Sie keine Erfahrung mit Excel, SQL oder MDX haben, ist Power BI zum Erlernen von DAX die erste Anlaufstelle. Falls Sie keinerlei Vorkenntnisse beim Erstellen von Modellen mit anderen Tools haben, werden Sie nun herausfinden, dass Power BI ein leistungsstarkes Analyse- und Modellierungstool ist, das sich nahtlos in Kombination mit DAX einsetzen lässt.

Vielleicht verwenden Sie Power BI schon eine Zeit lang und möchten Ihre Kenntnisse und Fertigkeiten nun weiter ausbauen. In diesem Fall dürfen Sie sich auf eine wunderbare Reise mit DAX freuen.

Unser Ratschlag an Sie: Sie sollten nicht erwarten, innerhalb weniger Tage komplexen DAX-Code schreiben zu können. Das Erlernen von DAX braucht Zeit und Interesse, und seine Beherrschung erfordert etwas Übung. Unserer Erfahrung nach werden Sie zunächst begeistert sein, nachdem wir Sie mit ein paar einfachen, aber effizienten Berechnungen geködert haben. Diese Begeisterung wird sich dann ebenso schnell wieder legen, wenn Sie sich daran machen, Auswertungskontexte und *CALCULATE* zu erlernen – die wohl komplexesten DAX-Themen. Das ist die Stelle, wo alles extrem kompliziert wirkt. Aber geben Sie nicht auf: Die meisten DAX-Entwickler haben diesen Punkt erfolgreich überwunden. Wenn Sie ihn erreicht haben, stehen Sie ganz kurz davor, DAX richtig zu verstehen. Da wäre es wirklich schade, an dieser Stelle aufzuhören. Lesen Sie, üben Sie, bleiben Sie am Ball – das Aha-Erlebnis wird sich schneller einstellen, als Sie es erwarten werden. Danach werden Sie das Buch ruck, zuck durchgearbeitet haben und den Status eines DAX-Gurus erreichen.

Auswertungskontexte stehen im Mittelpunkt der DAX-Sprache. Sie zu beherrschen braucht Zeit. Wir kennen wirklich niemanden, der in wenigen Tagen alles über DAX verinnerlichen konnte. Außerdem werden Sie, wie bei jedem komplexen Thema, im Laufe der Zeit die vielen Details zu schätzen lernen. Und wenn Sie glauben, dass Sie jetzt alles wissen, arbeiten Sie das Buch noch einmal durch. Sie werden feststellen, dass zahlreiche Einzelheiten beschrieben werden, die Sie beim ersten Mal noch überlesen haben, die aber jetzt dank Ihres geschulten Auges ihr ganzes Potenzial preisgeben.

Wir wünschen Ihnen viel Spaß bei der Lektüre dieses Buchs.

KAPITEL 2

Einführung in DAX

In diesem Kapitel geht es nun ans Eingemachte. Sie werden die DAX-Syntax, den Unterschied zwischen einer berechneten Spalte und einem Measure (das in älteren Excel-Versionen noch als »berechnetes Feld« bezeichnet wurde) und die meistverwendeten Funktionen in DAX kennenlernen.

Da es sich um ein einleitendes Kapitel handelt, werden viele Funktionen anfangs noch nicht ausführlich behandelt. Wir werden jedoch in späteren Kapiteln genauer darauf eingehen. Vorerst soll es genügen, eine Einführung in die Funktionen von DAX und die Sprache im Allgemeinen zu erhalten. Wenn wir in Power BI, Power Pivot oder Analysis Services auf Merkmale des Datenmodells verweisen, verwenden wir den Begriff *tabellarisch* auch dann, wenn das Merkmal nicht in allen Produkten vorhanden ist. Beispielsweise bezeichnet »tabellarisches DirectQuery« den DirectQuery-Modus, der in Power BI und Analysis Services, nicht aber in Excel verfügbar ist.

DAX-Berechnungen verstehen

Bevor wir uns mit komplexeren Formeln auseinandersetzen, müssen Sie erst einmal die DAX-Grundlagen kennen. Hierzu gehören die DAX-Syntax, die verschiedenen Datentypen, die in DAX verarbeitet werden können, die grundlegenden Operatoren und die Referenzierung von Spalten und Tabellen. Alle diese Konzepte werden wir in den kommenden Abschnitten behandeln.

Wir verwenden DAX, um Werte über Spalten in Tabellen zu berechnen. Wir können Zahlen zwar aggregieren, berechnen und nach ihnen suchen, aber am Ende beinhalten doch alle Berechnungen Tabellen und Spalten. Am Anfang der Syntaxbeschreibung soll daher die Referenzierung einer Spalte in einer Tabelle stehen.

Grundsätzlich wird der Tabellenname zu diesem Zweck in einfachen Anführungszeichen notiert, gefolgt vom Spaltennamen in eckigen Klammern:

```
'Sales'[Quantity]
```

Wir können die einfachen Anführungszeichen weglassen, wenn der Tabellenname nicht mit einer Zahl beginnt, keine Leerzeichen enthält und kein reserviertes Wort (wie *Date* oder *Sum*) ist.

Der Tabellenname ist auch dann optional, wenn wir eine Spalte oder ein Measure innerhalb der Tabelle referenzieren, in der wir die Formel definieren. Deswegen ist *[Quantity]* eine gültige Spaltenreferenz, sofern es in einer berechneten Spalte oder in einem in der Tabelle *Sales* definierten Measure steht. Aber auch wenn es möglich ist, raten wir Ihnen dringend davon ab, den Tabellennamen wegzulassen. Wir wollen an dieser Stelle nicht erläutern, warum das so wichtig ist; der Grund wird Ihnen aber einleuchten, wenn Sie Kapitel 5, »CALCULATE und CALCULATETABLE verstehen«, gelesen haben. Trotzdem ist es von größter Bedeutung, beim Lesen des DAX-

Codes zwischen den noch zu beschreibenden Measures und den Spalten unterscheiden zu können. Der De-facto-Standard sieht vor, den Tabellennamen in Spaltenreferenzierungen grundsätzlich zu verwenden, ihn aber in Measureverweisen immer wegzulassen. Je früher Sie sich an dieses Prinzip gewöhnen, desto einfacher wird Ihr Leben mit DAX. Daher sollten Sie sich gleich mit dieser Art der Referenzierung von Spalten und Measures vertraut machen:

```
Sales[Quantity] * 2          -- Dies ist ein Spaltenverweis.
[Sales Amount] * 2           -- Dies ist ein Measureverweis.
```

Den Grund für diesen Standard werden Sie erfahren, nachdem Sie Kontextübergänge kennengelernt haben (auch das kommt in Kapitel 5 auf Sie zu). Vorläufig sollten Sie uns einfach vertrauen und sich an diesen Standard halten.

Kommentare in DAX

Das vorhergehende Codebeispiel zeigt Ihnen erstmals, wie Kommentare in DAX aussehen. DAX unterstützt einzeilige und mehrzeilige Kommentare. Einzeilige Kommentare beginnen mit -- oder //. Der gesamte nachfolgende Teil der Zeile wird dann als Kommentar betrachtet.

```
= Sales[Quantity] * Sales[Net Price]    -- Einzeiliger Kommentar
= Sales[Quantity] * Sales[Unit Cost]    // Noch ein einzeiliger Kommentar
```

Ein mehrzeiliger Kommentar beginnt mit /* und endet mit */. Alles, was zwischen diesen Markern steht, wird vom DAX-Parser als Kommentar betrachtet und folglich ignoriert.

```
= IF (
    Sales[Quantity] > 1,
    /* Erstes Beispiel für einen mehrzeiligen Kommentar.
       Alles, was hier steht, wird von DAX ignoriert.
    */
    "Multi",
    /* Ein häufiger Anwendungsfall für mehrzeilige Kommentare ist das Auskommentieren
       von Codeabschnitten.
       Die nächste IF-Anweisung wird ignoriert, da sie in einem mehrzeiligen
Kommentar steht.
        IF (
            Sales[Quantity] = 1,
            "Single",
            "Special note"
        )
    */
    "Single"
)
```

Sehen Sie davon ab, Kommentare ans Ende eines DAX-Ausdrucks in ein Measure, eine berechnete Spalte oder die Definition einer berechneten Tabelle zu setzen. Solche Kommentare sind anfangs möglicherweise nicht sichtbar und werden von Tools wie DAX Formatter (siehe weiter hinten in diesem Kapitel) unter Umständen nicht unterstützt.

DAX-Datentypen

DAX kann Berechnungen mit verschiedenen numerischen Typen durchführen, von denen es insgesamt sieben gibt. Im Laufe der Zeit hat Microsoft unterschiedliche Bezeichnungen für dieselben Datentypen eingeführt, was ein wenig Verwirrung gestiftet hat. Tabelle 2.1 enthält die verschiedenen Namen, unter denen Sie die einzelnen DAX-Datentypen finden können.

DAX-Datentyp	**Power BI-Datentyp**	**Power Pivot- und Analysis Services-Datentyp**	**Entsprechender konventioneller Datentyp (z. B. in SQL Server)**	**TOM-Datentyp (Tabular Object Model)**
Integer	Ganze Zahl	Ganze Zahl	Integer/INT	int64
Dezimal	Dezimalzahl	Dezimalzahl	Gleitkommazahl/DOUBLE	Double
Währung	Feste Dezimalzahl	Währung	Währung/MONEY	Dezimal
DateTime	DateTime, Datum, Uhrzeit	Datum	Datum/DATETIME	dateTime
Boolesch	Wahr/Falsch	Wahr/Falsch	Boolesch/BIT	Boolesch
Zeichenfolge	Text	Text	Zeichenfolge/ NVARCHAR(MAX)	String
Variant	-	-	-	Variant
Binärzahl	Binärzahl	Binärzahl	Blob/VARBINARY(MAX)	Binärzahl

Tabelle 2.1 Datentypen

In diesem Buch verwenden wir die Namen aus der ersten Spalte von Tabelle 2.1, die den De-facto-Standards in der Datenbank- und BI-Community entsprechen. In Power BI beispielsweise würde eine Spalte, die entweder *WAHR* oder *FALSCH* enthält, *WAHR/FALSCH* heißen, während sie in SQL Server als *BIT* bezeichnet wird. Trotzdem ist der historische und noch immer gebräuchlichste Name hierfür »boolescher Wert«.

DAX verfügt über ein leistungsfähiges Typenbehandlungssystem, weswegen Sie sich in Sachen Datentypen keine Sorgen machen müssen. In einem DAX-Ausdruck basiert der resultierende Typ auf dem Typ des im Ausdruck verwendeten Terms. Das müssen Sie für den Fall wissen, dass der von einem DAX-Ausdruck zurückgegebene Typ nicht Ihren Erwartungen entspricht. In diesem Fall müssten Sie sich den Datentyp der im Ausdruck selbst verwendeten Termen genauer ansehen.

Wenn beispielsweise einer der Termen in einer Summe ein Datum ist, ist das Ergebnis auch ein Datum. Ähnlich ist, wenn derselbe Operator mit ganzen Zahlen verwendet wird, das Ergebnis ebenfalls eine ganze Zahl. Dieses Verhalten wird als *Operatorüberladung* bezeichnet. Ein Beispiel sehen Sie in Abbildung 2.1, wo die Spalte *OrderDatePlusOneWeek* (Auftragsdatum plus eine Woche) durch Hinzuaddieren von 7 zum Wert der Spalte *Order Date* (Auftragsdatum) berechnet wird.

```
Sales[OrderDatePlusOneWeek] = Sales[Order Date] + 7
```

Das Ergebnis ist ein Datum.

Order Date	OrderDatePlusOneWeek
10/08/2008	10/15/2008
10/10/2008	10/17/2008
10/12/2008	10/19/2008
09/05/2008	09/12/2008
09/07/2008	09/14/2008
09/23/2008	09/30/2008
11/05/2008	11/12/2008
11/07/2008	11/14/2008
11/09/2008	11/16/2008
11/17/2008	11/24/2008

Abbildung 2.1 Wird ein Integer zu einem Datum hinzuaddiert, dann ist das Ergebnis ebenfalls ein Datum, das um die entsprechende Anzahl von Tagen später liegt.

DAX führt nicht nur eine Operatorüberladung durch, sondern wandelt Strings auch automatisch in Zahlen um und umgekehrt, sofern der Operator dies erfordert. Wenn wir beispielsweise den &-Operator verwenden, der Strings verknüpft, dann konvertiert DAX seine Argumente in Strings. Die folgende Formel gibt »54« als String zurück:

```
= 5 & 4
```

Im Gegensatz dazu liefert folgende Formel als Ergebnis einen Integer mit dem Wert 9:

```
= "5" + "4"
```

Der resultierende Wert hängt vom Operator ab und nicht von den Quellspalten, die je nach Anforderungen des Operators umgewandelt werden. Das wirkt zwar alles sehr bequem, aber Sie werden im weiteren Verlauf dieses Kapitels sehen, welche Fehler bei diesen automatischen Konvertierungen auftreten können. Außerdem ist dieses Verhalten nicht allen Operatoren gemein. Beispielsweise können Vergleichsoperatoren Strings nicht mit Zahlenwerten vergleichen. Das bedeutet, dass Sie zwar eine Zahl an einen String anhängen können, aber das Vergleichen einer Zahl mit einem String ist nicht möglich. Eine vollständige Referenz finden Sie unter *https://docs.microsoft.com/de-de/power-bi/desktop-data-types*. Da die Regeln so komplex sind, empfehlen wir Ihnen, automatische Konvertierungen ganz zu vermeiden. Wenn eine Konvertierung stattfinden muss, sollten Sie diese aktiv steuern und sie explizit vornehmen. Zur Verdeutlichung: Das obige Beispiel sollte wie folgt formuliert werden:

```
= VALUE ( "5" ) + VALUE ( "4" )
```

Benutzer, die daran gewöhnt sind, mit Excel oder anderen Sprachen zu arbeiten, kennen die DAX-Datentypen vielleicht schon. Einige Eigenschaften der Datentypen hängen von der Engine ab und sind bei Power BI, Power Pivot und Analysis Services eventuell unterschiedlich. Ausführliche Informationen zu den DAX-Datentypen von Analysis Services finden Sie unter *https://docs.microsoft.com/de-de/analysis-services/tabular-models/data-types-supported-ssas-tabular*, die Datentypen in Power BI sind unter *https://docs.microsoft.com/de-de/power-bi/desktop-data-types* beschrieben. Trotzdem ist es sinnvoll, ein paar Überlegungen zu den Datentypen anzustellen.

Integer

DAX hat nur einen *Integer*-Datentyp, der einen 64-Bit-Wert speichern kann. Alle internen Berechnungen zwischen ganzen Zahlen verwenden in DAX ebenfalls einen 64-Bit-Wert.

Decimal

Ein *Decimal* (Dezimalzahl) wird immer als Gleitkommazahl mit doppelter Genauigkeit gespeichert. Verwechseln Sie diesen DAX-Datentyp nicht mit dem Datentyp *decimal* oder *numeric* in *Transact-SQL*. Der entsprechende Datentyp einer DAX-Dezimalzahl in SQL ist *float*.

Currency

Der Datentyp *Currency* (Währung, in Power BI auch als *feste Dezimalzahl* bezeichnet) speichert eine feste Dezimalzahl. Er kann vier Dezimalstellen darstellen und wird intern als 64-Bit Ganzzahl geteilt durch 10.000 gespeichert. Beim Addieren oder Subtrahieren von *Currency*-Datentypen werden alle Dezimalstellen ignoriert, die über die vierte Dezimalstelle hinausgehen, während Multiplikation und Division einen Gleitkommawert erzeugen und so die Genauigkeit des Ergebnisses erhöhen. Grundsätzlich müssen Sie, wenn Sie eine höhere Genauigkeit als die vier angegebenen Stellen benötigen, den *Decimal*-Datentyp verwenden.

Das Standardformat des Datentyps *Currency* beinhaltet das Währungssymbol. Sie können die Währungsformatierung auch auf *Integers* und Dezimalzahlen anwenden, aber auch ein Format ohne Währungssymbol für einen *Currency*-Datentyp verwenden.

DateTime

DAX speichert Datumsangaben als *DateTime*-Datentyp. Dieses Format verwendet intern eine Gleitkommazahl, wobei die ganze Zahl der Anzahl der seit dem 30. Dezember 1899 verstrichenen Tage entspricht, während der Nachkommateil den Anteil eines Tages benennt. Stunden, Minuten und Sekunden werden in Bruchteile eines Tages umgewandelt. Der folgende Ausdruck gibt also das aktuelle Datum plus einen Tag (genau 24 Stunden) zurück:

```
= TODAY () + 1
```

Das Ergebnis ist das Datum von morgen zum Zeitpunkt der Auswertung. Wenn Sie nur den Datumsteil einer *DateTime*-Angabe verwenden möchten, denken Sie immer daran, dass Sie die Nachkommastellen mit *TRUNC* entfernen können.

Power BI bietet zwei weitere Datentypen an: *Date* und *Time*. Intern handelt es sich dabei nur um einfache Varianten von *DateTime*. Tatsächlich speichern *Date* und *Time* lediglich den ganzzahligen bzw. den Nachkommateil von *DateTime*.

Der Schaltjahresfehler

Lotus 1-2-3, eine beliebte Tabellenkalkulation, die 1983 auf den Markt kam, enthielt einen Bug bei der Behandlung des Datentyps *DateTime*. Das Jahr 1900 wurde nämlich als Schaltjahr betrachtet, obwohl es das gar nicht war. Jahrhunderte sind nämlich nur dann ein Schaltjahr, wenn die ersten beiden Ziffern glatt durch 4 teilbar sind, wie 2000. Seinerzeit baute das Entwicklerteam von Microsoft diesen Fehler in der ersten Excel-Version gezielt nach, um für Kompatibilität mit Lotus 1-2-3 zu sorgen. Damit nicht genug: Samt und sonders jede nachfolgende Excel-Version enthält aus Kompatibilitätsgründen diesen Bug. Zum Zeitpunkt der Drucklegung im Jahr 2020 ist er auch in DAX immer noch vorhanden, um die Abwärtskompatibilität mit Excel zu gewährleisten. Dieser Bug (den man mittlerweile durchaus als Feature bezeichnen könnte) kann bei Berechnungen im Zusammenhang mit Zeiträumen vor dem 1. März 1900 zu Fehlern führen. Und aus diesem Grund ist das erste von DAX offiziell unterstützte Datum eben jener 1. März 1900. Datumsberechnungen, die für Zeiträume vor diesem Datum durchgeführt werden, können zu Fehlern führen und sollten mit viel Vorsicht genossen werden.

Boolean

Der Datentyp *Boolean* (boolescher Wert) wird zum Formulieren von Logikbedingungen verwendet. Beispielsweise hat eine berechnete Spalte, die durch den folgenden Ausdruck definiert ist, den Typ *Boolean*:

```
= Sales[Unit Price] > Sales[Unit Cost]
```

Es gibt auch *Boolean*-Datentypen in numerischer Form, wobei *TRUE* den Wert 1 und *FALSE* den Wert 0 hat. Diese Schreibweise ist manchmal zum Sortieren ganz nützlich, da *TRUE* > *FALSE* gilt.

String

Jeder String in DAX wird als *Unicode*-Zeichenfolge gespeichert. Dabei erfolgt die Speicherung jedes Zeichens im 16-Bit-Format. Standardmäßig wird die Groß-/Kleinschreibung beim Vergleich zwischen Strings nicht unterschieden, sodass die beiden Zeichenfolgen *Power BI* und *POWER BI* als gleichwertig angesehen werden.

Variant

Der *Variant*-Datentyp wird für Ausdrücke verwendet, die je nach Bedingung unterschiedliche Datentypen zurückgeben können. Die folgende Anweisung beispielsweise könnte entweder einen Integer oder einen String zurückgeben, das heißt, die Rückgabe erfolgt als Variant:

```
IF ( [measure] > 0, 1, "N/A" )
```

Der *Variant*-Datentyp kann nicht als Datentyp für eine Spalte einer regulären Tabelle verwendet werden. Ein DAX-Measure und grundsätzlich ein DAX-Ausdruck können ein *Variant* sein.

Binary

Der Datentyp *Binary* (Binärzahl) wird im Datenmodell verwendet, um Bilder und sonstige unstrukturierte Informationsformen zu speichern. Er steht in DAX selbst nicht zur Verfügung. Er wurde hauptsächlich in Power View verwendet, ist aber möglicherweise in anderen Tools wie Power BI nicht verfügbar.

DAX-Operatoren

Sie haben bereits gesehen, wie wichtig Operatoren für die Festlegung eines Ausdruckstyps sind. In Tabelle 2.2 finden Sie nun eine Liste der in DAX verfügbaren Operatoren.

Operatortyp	Symbol	Verwendung	Beispiel
Klammern	( )	Verarbeitungsreihenfolge und Gruppierung von Argumenten	(5 + 2) * 3
Rechenoperatoren	+	Addition	4 + 2
	–	Subtraktion/Negation	5 – 3
	*	Multiplikation	4 * 2
	/	Division	4 / 2
Vergleichs-operatoren	=	Gleich	[CountryRegion] = "USA"
	<>	Ungleich	[CountryRegion] <> "USA"
	>	Größer als	[Quantity] > 0
	>=	Größer oder gleich	[Quantity] >= 100
	<	Kleiner als	[Quantity] < 0
	<=	Kleiner oder gleich	[Quantity] <= 100
Textverkettung	&	Verkettung von Zeichenfolgen	"Wert ist" & [Betrag]
Logische Operatoren	&&	UND-Bedingung zweier boolescher Ausdrücke	[CountryRegion] = "USA" && [Quantity]>0
	||	ODER-Bedingung zweier boolescher Ausdrücke	[CountryRegion] = "USA" || [Quantity] > 0
	IN	Vorhandensein eines Elements in einer Liste	[CountryRegion] IN {"USA", "Canada"}
	NOT	Boolesche Negation	NOT [Quantity] > 0

Tabelle 2.2 Operatoren

Darüber hinaus stehen die logischen Operatoren auch als DAX-Funktionen zur Verfügung, deren Syntax der von Excel ähnelt. Wir können beispielsweise Ausdrücke wie die folgenden schreiben:

```
AND ( [CountryRegion] = "USA", [Quantity] > 0 )
OR ( [CountryRegion] = "USA", [Quantity] > 0 )
```

Diese Beispiele sind jeweils äquivalent zu den folgenden:

```
[CountryRegion] = "USA" && [Quantity] > 0
[CountryRegion] = "USA" || [Quantity] > 0
```

Die Verwendung von Funktionen anstelle von Operatoren für die boolesche Logik ist hilfreich beim Formulieren komplexer Bedingungen. Funktionen sind beim Strukturieren umfangreicher Codeabschnitte viel einfacher zu formatieren und zu lesen als Operatoren. Allerdings haben sie den großen Nachteil, dass Sie nur zwei Parameter gleichzeitig übergeben können. Daher müssen Sie Funktionen verschachteln, wenn mehr als zwei Bedingungen auszuwerten sind.

Tabellenkonstruktoren

In DAX können Sie anonyme Tabellen direkt im Code definieren. Hat die Tabelle nur eine Spalte, dann braucht die DAX-Syntax lediglich eine Liste mit Werten (nämlich einen je Zeile), die durch geschweifte Klammern voneinander getrennt sind. Sie können mehrere Zeilen mit Klammern begrenzen, die optional sind, wenn die Tabelle aus nur einer Spalte besteht. Die beiden folgenden Definitionen sind beispielsweise gleichwertig:

```
{ "Red", "Blue", "White" }
{ ( "Red" ), ( "Blue" ), ( "White" ) }
```

Hat die Tabelle dagegen mehrere Spalten, dann sind Klammern obligatorisch. Jede Spalte muss für alle Zeilen denselben Datentyp verwenden, andernfalls konvertiert DAX die Spalte automatisch in einen Datentyp, der alle Datentypen aufnehmen kann, die in den verschiedenen Zeilen für dieselbe Spalte angegeben werden.

```
{
    ( "A", 10, 1.5, DATE ( 2017, 1, 1 ), CURRENCY ( 199.99 ), TRUE ),
    ( "B", 20, 2.5, DATE ( 2017, 1, 2 ), CURRENCY ( 249.99 ), FALSE ),
    ( "C", 30, 3.5, DATE ( 2017, 1, 3 ), CURRENCY ( 299.99 ), FALSE )
}
```

Der Tabellenkonstruktor wird häufig mit dem *IN*-Operator verwendet. So sind beispielsweise folgende Syntaxen in einem DAX-Prädikat gültig:

```
'Product'[Color] IN { "Red", "Blue", "White" }

( 'Date'[Year], 'Date'[MonthNumber] ) IN { ( 2017, 12 ), ( 2018, 1 ) }
```

Das zweite Beispiel zeigt die Syntax, die verwendet wird, um mehrere Spalten (ein sogenanntes Tupel) mit dem *IN*-Operator zu vergleichen. Bei Vergleichsoperatoren kann eine solche Syntax dagegen nicht verwendet werden. Folgende Syntax wäre mithin ungültig:

```
( 'Date'[Year], 'Date'[MonthNumber] ) = ( 2007, 12 )
```

Wir können sie allerdings wie im folgenden Beispiel gezeigt mithilfe des *IN*-Operators mit einem Tabellenkonstruktor, der nur eine Zeile umfasst, neu schreiben:

```
( 'Date'[Year], 'Date'[MonthNumber] ) IN { ( 2007, 12 ) }
```

Bedingungsanweisungen

In DAX formulieren wir Bedingungsausdrücke mit der *IF*-Funktion. So können wir beispielsweise einen Ausdruck schreiben, der je nachdem, ob der Mengenwert größer als eins oder nicht ist, MULTI oder SINGLE zurückgibt.

```
IF (
    Sales[Quantity] > 1,
    "MULTI",
    "SINGLE"
)
```

Die *IF*-Funktion hat drei Parameter, wobei nur die ersten beiden obligatorisch sind. Die dritte ist optional und wird standardmäßig auf *BLANK* festgelegt. Betrachten Sie folgenden Code:

```
IF (
    Sales[Quantity] > 1,
    Sales[Quantity]
)
```

Dies entspricht der folgenden expliziten Version:

```
IF (
    Sales[Quantity] > 1,
    Sales[Quantity],
    BLANK ()
)
```

Berechnete Spalten und Measures verstehen

Nachdem Sie nun einen ersten Eindruck von der DAX-Syntax erhalten haben, möchten wir Sie jetzt mit einem der wichtigsten Konzepte in DAX vertraut machen: dem Unterschied zwischen berechneten Spalten und Measures. Zwar mögen berechnete Spalten und Measures auf den ersten Blick einander recht ähnlich erscheinen, weil man mit beiden bestimmte Berechnungen durchführen kann, doch in Wirklichkeit sind sie unterschiedlich. Das Begreifen dieses Unterschieds ist der Schlüssel, mit dem Sie sich DAX in seiner vollen Leistungsfähigkeit erschließen.

Berechnete Spalten

Sie können eine berechnete Spalte abhängig vom verwendeten Tool auf unterschiedliche Weise erstellen. Das Konzept bleibt dabei jedoch immer dasselbe: Eine berechnete Spalte ist eine neue Spalte, die Ihrem Modell hinzugefügt wird, aber sie wird nicht aus einer Datenquelle geladen, sondern durch Einsatz einer DAX-Formel erstellt.

Berechnete Spalten unterscheiden sich nicht von anderen Spalten in einer Tabelle, und Sie können sie in Zeilen, Spalten, Filtern oder Werten einer Matrix oder eines anderen Berichts verwenden. Außerdem können Sie eine berechnete Spalte verwenden, um ggf. eine Beziehung zu definieren. Der für eine berechnete Spalte definierte DAX-Ausdruck arbeitet im Kontext der aktuellen Zeile der Tabelle, zu der die berechnete Spalte gehört. Jegliche Referenz auf eine Spalte gibt deren Wert für die aktuelle Zeile zurück. Auf die Werte anderer Zeilen können Sie dagegen nicht direkt zugreifen.

Wenn Sie anstelle von DirectQuery den standardmäßigen tabellarischen *Importmodus* verwenden, dürfen Sie im Zusammenhang mit berechneten Spalten keinesfalls übersehen, dass diese Spalten während der Datenbankverarbeitung berechnet und dann im Modell gespeichert werden. Dieses Konzept mag seltsam erscheinen, wenn Sie SQL-berechnete (d. h. nicht persistierte) Spalten gewohnt sind, die zur Abfragezeit ausgewertet werden und keinen Speicher verwenden. Beim tabellarischen Modell hingegen belegen alle berechneten Spalten Platz im Speicher und werden während der Tabellenverarbeitung berechnet.

Dieses Verhalten ist vor allem dann nützlich, wenn wir komplexe berechnete Spalten erstellen. Die Zeit, die für die Berechnung komplexer berechneter Spalten benötigt wird, ist immer Prozesszeit und nicht Abfragezeit. Dies führt zu einer Steigerung der Benutzerfreundlichkeit. Nichtsdestoweniger sollten Sie beachten, dass eine berechnete Spalte kostbaren Arbeitsspeicher verbraucht. Nehmen wir beispielsweise an, wir hätten eine komplexe Formel für eine berechnete Spalte. In diesem Fall könnten wir versucht sein, die Berechnungsschritte auf verschiedene »Zwischenspalten« zu verteilen. Ein solcher Ansatz ist zwar bei der Projektentwicklung nützlich, in der Produktion dagegen nicht empfehlenswert, da jede Zwischenberechnung im RAM gespeichert wird und wertvollen Platz vergeudet.

Basiert ein Modell dagegen auf DirectQuery, dann unterscheidet sich das Verhalten erheblich. Im DirectQuery-Modus erfolgt die Berechnung solcher Spalten quasi »auf Zuruf«, wenn die tabellarische Engine die Datenquelle abfragt. Dies kann zu umfassenden Abfragen durch die Datenquelle führen – das Ergebnis sind langsame Modelle.

Lieferzeitraum berechnen

Angenommen, wir haben eine Tabelle *Sales*, die sowohl Bestell- als auch Liefertermine enthält. Anhand dieser beiden Spalten können wir die Anzahl der Tage berechnen, die für die Lieferung der Bestellung benötigt werden. Da Daten als Anzahl von seit dem 30.12.1899 verstrichenen Tagen gespeichert werden, brauchen wir lediglich eine einfache Subtraktion, um die Differenz zwischen zwei Datumsangaben in Tagen zu berechnen:

```
Sales[DaysToDeliver] = Sales[Delivery Date] - Sales[Order Date]
```

Da die beiden Spalten, die für die Subtraktion verwendet werden, jedoch Datumsangaben sind, ist auch das Ergebnis ein Datum. Um ein numerisches Ergebnis zu erhalten, konvertieren Sie es deswegen wie folgt in eine ganze Zahl:

```
Sales[DaysToDeliver] = INT ( Sales[Delivery Date] - Sales[Order Date] )
```

Abbildung 2.2 zeigt das Ergebnis.

Order Date	Delivery Date	DaysToDeliver
01/02/2007	01/08/2007	6
01/02/2007	01/09/2007	7
01/02/2007	01/10/2007	8
01/02/2007	01/11/2007	9
01/02/2007	01/12/2007	10
01/02/2007	01/13/2007	11
01/02/2007	01/14/2007	12

Abbildung 2.2 Durch Subtraktion von zwei Datumsangaben und Umwandlung des Ergebnisses in einen Integer berechnet DAX die Anzahl der Tage zwischen den beiden Daten.

Measures

Berechnete Spalten sind nützlich, aber Sie können Berechnungen in einem DAX-Modell auch auf andere Weise definieren. Wann immer Sie nicht für jede Zeile Werte berechnen, sondern diese aus vielen Zeilen einer Tabelle aggregieren wollen, werden Sie eine Berechnungsform praktisch finden, die als *Measure* bezeichnet wird.

Sie können beispielsweise in der Tabelle *Sales* einige berechnete Spalten definieren, um den Betrag der Bruttogewinnspanne zu berechnen:

```
Sales[SalesAmount] = Sales[Quantity] * Sales[Net Price]
Sales[TotalCost] = Sales[Quantity] * Sales[Unit Cost]
Sales[GrossMargin] = Sales[SalesAmount] – Sales[TotalCost]
```

Was geschieht nun, wenn Sie die Bruttogewinnspanne als prozentualen Anteil des Umsatzbetrags ausweisen möchten? Sie können eine berechnete Spalte mit der folgenden Formel erstellen:

```
Sales[GrossMarginPct] = Sales[GrossMargin] / Sales[SalesAmount]
```

Diese Formel berechnet den korrekten Wert auf Zeilenebene (Abbildung 2.3), aber das Ergebnis ist auf der Ebene der Gesamtsumme eindeutig falsch.

Der als Gesamtbetrag angezeigte Wert ist die Summe der einzelnen prozentualen Anteile, die zeilenweise innerhalb der berechneten Spalte berechnet werden. Wenn wir den Gesamtwert eines Prozentsatzes berechnen wollen, sind berechnete Spalten keine zuverlässige Lösung. Vielmehr müssen wir den Prozentwert auf der Grundlage der Summe der einzelnen Spalten berechnen. Wir müssen also den aggregierten Wert als Summe der Bruttogewinnspanne geteilt durch die Summe des Umsatzbetrags berechnen. In diesem Fall müssen wir das Verhältnis der aggregierten Werte ermitteln – eine Aggregation berechneter Spalten können Sie schlicht nicht verwenden. Wir berechnen folglich das Verhältnis der Summen, nicht die Summe der Verhältnisse.

SalesKey ▲	SalesAmount	TotalCost	GrossMargin	GrossMarginPct
20070104611301-0002	$72.19	$38.74	$33.45	46.34%
20070104611301-0003	$23.75	$11.50	$12.25	51.58%
20070104611320-0006	$216.57	$116.22	$100.35	46.34%
20070104611320-0007	$23.75	$11.50	$12.25	51.58%
20070104611506-0002	$72.19	$38.74	$33.45	46.34%
20070104611506-0003	$23.75	$11.50	$12.25	51.58%
20070104611914-0002	$64.59	$38.74	$25.85	40.02%
20070104611914-0003	$21.25	$11.50	$9.75	45.88%
20070104611952-0004	$64.59	$38.74	$25.85	40.02%
20070104611952-0005	$21.25	$11.50	$9.75	45.88%
20070104611998-0002	$64.59	$38.74	$25.85	40.02%
20070104611998-0003	$63.75	$34.50	$29.25	45.88%
Total	**$732.23**	**$401.92**	**$330.31**	**551.46%**

Abbildung 2.3 Die Spalte *GrossMarginPct* zeigt in jeder Zeile den korrekten Wert an, aber die Gesamtsumme ist falsch.

Ebenso falsch wäre es, die Aggregation der Spalte *GrossMarginPct* einfach in einen Durchschnitt zu ändern und sich darauf zu verlassen, dass das Ergebnis schon richtig sein wird, denn hierdurch würde es zu einer fehlerhaften Auswertung des Prozentwerts kommen, die die Unterschiede zwischen den Beträgen nicht berücksichtigen würde. Das Ergebnis dieses gemittelten Werts ist in Abbildung 2.4 zu sehen. Sie können hier ganz leicht feststellen, dass 330,31 ÷ 732,23 nicht gleich dem angezeigten Wert (45,96 %) ist – vielmehr sollte dieser 45,11 % betragen.

SalesKey ▲	SalesAmount	TotalCost	GrossMargin	Average of GrossMarginPct
20070104611301-0002	$72.19	$38.74	$33.45	46.34%
20070104611301-0003	$23.75	$11.50	$12.25	51.58%
20070104611320-0006	$216.57	$116.22	$100.35	46.34%
20070104611320-0007	$23.75	$11.50	$12.25	51.58%
20070104611506-0002	$72.19	$38.74	$33.45	46.34%
20070104611506-0003	$23.75	$11.50	$12.25	51.58%
20070104611914-0002	$64.59	$38.74	$25.85	40.02%
20070104611914-0003	$21.25	$11.50	$9.75	45.88%
20070104611952-0004	$64.59	$38.74	$25.85	40.02%
20070104611952-0005	$21.25	$11.50	$9.75	45.88%
20070104611998-0002	$64.59	$38.74	$25.85	40.02%
20070104611998-0003	$63.75	$34.50	$29.25	45.88%
Total	**$732.23**	**$401.92**	**$330.31**	**45.96%**

Abbildung 2.4 Die Änderung der Aggregationsmethode in *AVERAGE* liefert nicht das richtige Ergebnis.

Die korrekte Umsetzung für *GrossMarginPct* erfolgt am besten mit einem Measure:

```
GrossMarginPct := SUM ( Sales[GrossMargin] ) / SUM (Sales[SalesAmount] )
```

Wie bereits erwähnt, kann mit einer berechneten Spalte das richtige Ergebnis nicht bestimmt werden. Wenn Sie nicht zeilenweise, sondern mit aggregierten Werten arbeiten müssen, müssen Sie Measures erstellen. Sie haben vielleicht festgestellt, dass ein Measure mit »:=« statt mit dem Gleichheitszeichen (»=«) definiert wird. Diesen Standard haben wir im gesamten Buch verwendet, um die Unterscheidung zwischen Measures und berechneten Spalten im Code zu erleichtern. Nachdem Sie *GrossMarginPct* als Measure definiert haben, ist das Ergebnis korrekt (Abbildung 2.5).

Sowohl Measures als auch berechnete Spalten verwenden DAX-Ausdrücke; der Unterschied liegt im Kontext der Auswertung. Ein Measure wird im Kontext eines visuellen Elements oder einer DAX-Abfrage ausgewertet. Allerdings wird eine berechnete Spalte auf Zeilenebene der Tabelle berechnet, zu der sie gehört. Der Kontext des visuellen Elements (im weiteren Verlauf des Buchs werden Sie erfahren, dass es sich hierbei um einen Filterkontext handelt) hängt von der Auswahl des Benutzers im Bericht oder vom Format der DAX-Abfrage ab. Wenn wir also *SUM(Sales[SalesAmount])* in einem Measure verwenden, dann meinen wir die Summe aller Zeilen, die unter einer Visualisierung zusammengefasst werden. Verwenden wir dagegen *Sales[SalesAmount]* in einer berechneten Spalte, dann beziehen wir uns auf den Wert der Spalte *SalesAmount* in der aktuellen Zeile.

SalesKey ▲	SalesAmount	TotalCost	GrossMargin	GrossMarginPct
20070104611301-0002	$72.19	$38.74	$33.45	46.34%
20070104611301-0003	$23.75	$11.50	$12.25	51.58%
20070104611320-0006	$216.57	$116.22	$100.35	46.34%
20070104611320-0007	$23.75	$11.50	$12.25	51.58%
20070104611506-0002	$72.19	$38.74	$33.45	46.34%
20070104611506-0003	$23.75	$11.50	$12.25	51.58%
20070104611914-0002	$64.59	$38.74	$25.85	40.02%
20070104611914-0003	$21.25	$11.50	$9.75	45.88%
20070104611952-0004	$64.59	$38.74	$25.85	40.02%
20070104611952-0005	$21.25	$11.50	$9.75	45.88%
20070104611998-0002	$64.59	$38.74	$25.85	40.02%
20070104611998-0003	$63.75	$34.50	$29.25	45.88%
Total	**$732.23**	**$401.92**	**$330.31**	**45.11%**

Abbildung 2.5 *GrossMarginPct*, als Measure definiert, zeigt die korrekte Gesamtsumme an.

Ein Measure muss in einer Tabelle definiert werden. Dies ist eine der Anforderungen der DAX-Sprache. Allerdings gehört das Measure eigentlich gar nicht zur Tabelle. Wir können ein Measure vielmehr aus einer Tabelle in eine andere Tabelle verschieben, ohne seine Funktionalität einzubüßen.

Unterschiede zwischen berechneten Spalten und Measures

Obwohl sie ähnlich aussehen, gibt es einen beträchtlichen Unterschied zwischen berechneten Spalten und Measures. Der Wert einer berechneten Spalte wird bei der Datenaktualisierung ermittelt und verwendet die aktuelle Zeile als Kontext. Das Ergebnis ist unabhängig von Benutzerhandlungen im Bericht. Ein Measure dagegen bearbeitet Aggregationen von Daten, die durch den aktuellen Kontext definiert sind. In einer Matrix oder in einer Pivot-Tabelle werden z. B. Quelltabellen entsprechend den Koordinaten von Zellen gefiltert; Daten werden dann mit diesen Filtern aggregiert und berechnet. Mit anderen Worten: Ein Measure arbeitet immer mit Aggregationen von Daten im Auswertungskontext. Das Konzept des Auswertungskontexts wird in Kapitel 4, »Auswertungskontexte verstehen«, näher erläutert.

Zwischen berechneten Spalten und Measures auswählen

Nachdem Sie nun den Unterschied zwischen berechneten Spalten und Measures gesehen haben, sollte es nun darum gehen, wann Sie das eine, wann das andere verwenden. Manchmal steht tatsächlich beides zur Auswahl, aber in den meisten Situationen bestimmen die Anforderungen der Berechnung Ihre Entscheidung.

Als Entwickler müssen Sie immer dann eine berechnete Spalte definieren, wenn Sie Folgendes tun möchten:

- Berechnete Ergebnisse in einem Slicer anordnen, Ergebnisse in Zeilen oder Spalten einer Matrix oder einer Pivot-Tabelle (statt in einem Wertebereich) anzeigen oder die berechnete Spalte als Filterbedingung in einer DAX-Abfrage verwenden
- Einen Ausdruck definieren, der strikt an die aktuelle Zeile gebunden ist. Beispielsweise funktioniert *Price * Quantity* nicht für den Durchschnitt oder die Summe dieser beiden Spalten.
- Text oder Zahlen kategorisieren. Dies könnte beispielsweise ein Wertebereich für ein Measure, ein Altersbereich für Kunden (z. B. 0–18, 18–25 usw.) oder Ähnliches sein Diese Kategorien werden häufig als Filter oder für Slice-and-Dice-Analysen von Werten verwendet.

Unverzichtbar ist die Definition eines Measures, wenn Sie Berechnungswerte anzeigen möchten, die eine Benutzerauswahl wiedergeben, und die Werte etwa in einem Bericht als Aggregate dargestellt werden müssen, um beispielsweise

- den Gewinnprozentsatz einer Berichtsauswahl zu berechnen oder
- Verhältnisse eines Produkts im Vergleich zu allen anderen Produkten zu berechnen, aber beide nach Jahr und Region zu filtern.

Sie können viele Berechnungen sowohl mit berechneten Spalten als auch mit Measures ausdrücken, auch wenn Sie jeweils unterschiedliche DAX-Ausdrücke verwenden müssen. Beispielsweise kann man *GrossMargin* als berechnete Spalte definieren:

```
Sales[GrossMargin] = Sales[SalesAmount] - Sales[TotalProductCost]
```

Genauso gut könnte man aber auch als Measure definieren:

```
GrossMargin := SUM ( Sales[SalesAmount] ) - SUM ( Sales[TotalProductCost] )
```

Wir empfehlen Ihnen, in diesem Fall ein Measure zu verwenden, da es weder Arbeits- noch Festplattenspeicher verbraucht, weil es erst zur Abfragezeit ausgewertet wird. In der Regel sind Measures zu bevorzugen, wenn Sie eine Berechnung in beide Richtungen ausdrücken können. Berechnete Spalten sollten Sie nur in den (relativ seltenen) Fällen verwenden, in denen Sie nicht umhinkommen. Benutzer mit Excel-Erfahrung bevorzugen in der Regel berechnete Spalten gegenüber Measures, da sie Berechnungen in Excel sehr ähnlich sind. Trotzdem bleiben wir dabei: Die beste Möglichkeit, einen Wert in DAX zu berechnen, ist ein Measure.

Measures in berechneten Spalten verwenden

Naheliegenderweise kann ein Measure eine oder mehrere berechnete Spalten referenzieren. Und auch wenn das weniger intuitiv ist, stimmt auch das Gegenteil: Eine berechnete Spalte kann ein Measure referenzieren. Auf diese Weise erzwingt die berechnete Spalte die Berechnung eines Measures für den durch die aktuelle Zeile definierten Kontext. Dieser Vorgang transformiert und konsolidiert das Ergebnis eines Measures in eine Spalte, die nicht durch Benutzerhandlungen beeinflusst wird. Natürlich können nur bestimmte Operationen sinnvolle Ergebnisse liefern, da ein Measure normalerweise Berechnungen durchführt, die in hohem Maße von der Auswahl des Benutzers in der Visualisierung abhängen. Darüber hinaus greifen Sie als Entwickler immer dann, wenn Sie Measures in einer berechneten Spalte verwenden, auf ein Merkmal namens *Kontextübergang* zurück. Hierbei handelt es sich um eine fortgeschrittene Berechnungstechnik in DAX. Damit Sie ein Measure in einer berechneten Spalte korrekt verwenden, empfehlen wir Ihnen dringend, Kapitel 4, das Auswertungskontexte und Kontextübergänge ausführlich erläutert, zu lesen und zu verstehen.

Variablen

Mit Variablen können Sie beim Schreiben eines DAX-Ausdrucks Redundanzen vermeiden und die Lesbarkeit des Codes erheblich verbessern. Betrachten Sie beispielsweise den folgenden Ausdruck:

```
VAR TotalSales = SUM ( Sales[SalesAmount] )
VAR TotalCosts = SUM ( Sales[TotalProductCost] )
VAR GrossMargin = TotalSales - TotalCosts
RETURN
    GrossMargin / TotalSales
```

Variablen werden mit dem Schlüsselwort *VAR* definiert. Wenn Sie eine Variable definiert haben, müssen Sie in einem *RETURN*-Abschnitt den Ergebniswert des Ausdrucks definieren. Sie können beliebig viele Variablen definieren. Diese gelten stets lokal für den Ausdruck, in dem sie definiert sind.

Eine in einem Ausdruck definierte Variable kann dagegen außerhalb des Ausdrucks nicht verwendet werden. Es gibt also keine globale Variablendefinition. Mithin können Sie keine Variablen definieren, die im gesamten DAX-Code des Modells verwendet werden könnten.

Variablen werden mittels Lazy Evaluation berechnet. Das bedeutet nichts anderes, als dass eine Variable nie ausgewertet wird, wenn sie zwar definiert, aber aus irgendeinem Grund nicht im Code ausgewertet wird. Muss die Berechnung hingegen erfolgen, dann geschieht das nur einmal. Bei allen nachfolgenden Abrufen der Variablen wird der zuvor berechnete Wert ausgelesen. Insofern sind Variablen auch als Optimierungstechnik nützlich, wenn sie in einem komplexen Ausdruck mehrfach verwendet werden.

Variablen sind in DAX ein wichtiges Tool. Wie Sie in Kapitel 4 erfahren werden, sind sie äußerst nützlich, da sie nicht den Kontext, in dem sie verwendet werden, sondern den Kontext der Definitionsauswertung nutzen. In Kapitel 6, »Variablen«, werden wir uns eingehend mit Variablen und ihrer Verwendung befassen. Insgesamt werden wir Variablen im gesamten Buch ausgiebig nutzen.

Fehlerbehandlung in DAX-Ausdrücken

Nachdem Sie nun einige Grundlagen der Syntax kennengelernt haben, wollen wir uns an dieser Stelle einmal der Frage widmen, wie man mit ungültigen Berechnungen sinnvoll umgeht. Ein DAX-Ausdruck kann ungültige Berechnungen enthalten, wenn die Daten, auf die er verweist, für die Formel nicht gültig sind. Möglich sind beispielsweise eine Division durch null oder die Referenzierung eines Spaltenwerts, der in einer Rechenoperation (z. B. Multiplikation) verwendet werden soll, aber gar keine Zahl ist. Es ist gut zu wissen, wie diese Fehler standardmäßig behandelt werden und wie man diese Bedingungen für eine solche Behandlung abfängt.

Bevor es jedoch um den Umgang mit Fehlern geht, wollen wir erst einmal die verschiedenen Arten von Fehlern benennen, die bei der Auswertung einer DAX-Formel auftreten können. Es sind dies:

- Konvertierungsfehler
- Fehler bei Rechenoperationen
- Leere oder fehlende Werte

Konvertierungsfehler

Der erste zu beschreibende Fehlertyp ist der Konvertierungsfehler. Wie Sie in diesem Kapitel bereits gesehen haben, konvertiert DAX String- und Zahlenwerte automatisch ineinander, wann immer der Operator es erfordert. Alle folgenden Beispiele sind gültige DAX-Ausdrücke:

```
"10" + 32 = 42
"10" & 32 = "1032"
10 & 32 = "1032"
DATE (2010,3,25) = 3/25/2010
DATE (2010,3,25) + 14 = 4/8/2010
DATE (2010,3,25) & 14 = "3/25/201014"
```

Diese Formeln sind immer korrekt, da sie mit konstanten Werten arbeiten. Aber wie sieht es mit der folgenden Formel aus, wenn *VatCode* ein String ist?

```
Sales[VatCode] + 100
```

Da der erste Operand dieser Summe eine Spalte vom Datentyp *Text* ist, müssen Sie als Entwickler darauf vertrauen, dass DAX alle Werte in dieser Spalte in Zahlen umwandeln kann. Gelingt es DAX nicht, einen Teil der Inhalte entsprechend den Anforderungen des Operators umzuwandeln, dann tritt ein Konvertierungsfehler auf. Hier einige typische Situationen:

```
"1 + 1" + 0 = Der Wert "1 + 1" vom Typ "Text" kann nicht in den Typ "Zahl" konvertiert
werden.
DATEVALUE ("25/14/2010") = Typenkonflikt
```

Wenn Sie diese Fehler vermeiden wollen, ist es wichtig, in DAX-Ausdrücken eine Fehlererkennungslogik hinzuzufügen, um Fehlerbedingungen abzufangen und ein sinnvolles Ergebnis zurückzugeben. Dasselbe Ergebnis erzielen Sie, wenn Sie den Fehler nachträglich abfangen oder die Operanden vorab auf eine Fehlersituation prüfen. Dennoch ist es besser, proaktiv nach der Fehlersituation zu suchen, als den Fehler geschehen zu lassen und dann erst abzufangen.

Fehler bei Rechenoperationen

Die zweite Fehlerkategorie sind bestimmte Rechenoperationen, z.B. eine Division durch null oder das Ziehen der Quadratwurzel einer negativen Zahl. Es handelt sich hierbei nicht um Konvertierungsfehler: DAX löst sie vielmehr aus, wenn Sie versuchen, eine Funktion mit ungültigen Werten aufzurufen oder einen Operator mit falschen Werten zu verwenden.

Die Division durch null erfordert eine besondere Behandlung, da das Verhalten nicht intuitiv ist (zumindest nicht, sofern Sie nicht Mathematiker sind). Wenn man eine Zahl durch null teilt, gibt DAX den Sonderwert *Infinity* zurück. In den Sonderfällen 0 geteilt durch 0 oder *Infinity* geteilt durch *Infinity* gibt DAX dagegen den Sonderwert *NaN* (»not a number«, also keine Zahl) zurück.

Da es sich um ein ungewöhnliches Verhalten handelt, ist es in Tabelle 2.3 zusammengefasst.

Ausdruck	Ergebnis
10 / 0	Infinity
7 / 0	Infinity
0 / 0	NaN
(10 / 0) / (7 / 0)	NaN

Tabelle 2.3 Spezielle Ergebniswerte für die Division durch null

Es ist wichtig zu beachten, dass *Infinity* und *NaN* keine Fehler im eigentlichen Sinne sind, sondern spezielle Werte in DAX. Tatsächlich erzeugt, wenn man eine Zahl durch *Infinity* teilt, der Ausdruck keinen Fehler. Stattdessen gibt er 0 zurück:

```
9954 / ( 7 / 0 ) = 0
```

Abgesehen von dieser Sondersituation kann DAX beim Aufruf einer Funktion mit einem falschen Parameter, wie z. B. der Quadratwurzel einer negativen Zahl, Rechenfehler zurückgeben:

```
SQRT ( -1) = Ein Argument der Funktion "SQRT" weist den falschen Datentyp auf oder das
Ergebnis ist zu lang oder zu kurz.
```

Erkennt DAX solche Fehler, dann wird die weitere Berechnung des Ausdrucks gesperrt und ein Fehler ausgelöst. Mit der Funktion *ISERROR* können Sie prüfen, ob ein Ausdruck zu einem Fehler führt. Wir zeigen dieses Szenario weiter hinten in diesem Kapitel.

Beachten Sie, dass Sonderwerte wie *NaN* auf der Benutzeroberfläche diverser Tools wie z. B. Power BI als normale Werte angezeigt werden. In anderen Clienttools wie etwa einer Excel-Pivot-Tabelle können sie dagegen als Fehler behandelt werden. Schließlich werden diese Sonderwerte auch von den Fehlererkennungsfunktionen als Fehler erkannt.

Leere oder fehlende Werte

Die dritte Kategorie, die wir untersuchen, ist keine konkrete Fehlerbedingung, sondern das Vorhandensein von Leerwerten. Diese können, wenn sie mit anderen Elementen in einer Berechnung kombiniert werden, zu unerwarteten Ergebnissen oder Berechnungsfehlern führen.

DAX behandelt fehlende Werte, Leerwerte oder leere Zellen auf die gleiche Weise: mit dem Wert *BLANK*. *BLANK* ist kein echter Wert, sondern vielmehr eine spezielle Methode, um solche Bedingungen zu identifizieren. Wir können den Wert *BLANK* in einem DAX-Ausdruck erhalten, indem wir die Funktion *BLANK* aufrufen, die sich von einem Leerstring unterscheidet. So gibt beispielsweise der folgende Ausdruck immer einen Leerwert zurück, der in verschiedenen Clienttools entweder als leerer String oder als »(blank)« angezeigt werden kann:

```
= BLANK ()
```

Für sich genommen ist dieser Ausdruck nutzlos, aber die *BLANK*-Funktion selbst erweist sich jedes Mal als nützlich, wenn es darum geht, einen leeren Wert zurückzugeben. Nehmen wir beispielsweise an, Sie wollten anstelle von 0 ein leeres Ergebnis anzeigen. Der folgende Ausdruck berechnet den gesamten Rabatt für eine Verkaufstransaktion und lässt den Wert leer, wenn der Rabatt 0 beträgt:

```
=IF (
    Sales[DiscountPerc] = 0,              -- Überprüfung auf Rabatt
    BLANK (),                             -- Gibt leeren Wert zurück, wenn kein Rabatt
    Sales[DiscountPerc] * Sales[Amount]   -- Berechnet andernfalls den Rabatt
)
```

BLANK ist an sich kein Fehler, sondern nur ein leerer Wert. Daher kann ein Ausdruck, der *BLANK* enthält, je nach erforderlicher Berechnung einen Wert oder einen Leerwert zurückgeben. Der folgende Ausdruck etwa gibt *BLANK* zurück, wenn *Sales[Amount] BLANK* ist:

```
= 10 * Sales[Amount]
```

Anders formuliert: Das Ergebnis eines Rechenprodukts ist *BLANK*, wenn mindestens ein Term *BLANK* ist. Dies kann problematisch werden, wenn es notwendig ist, auf einen leeren Wert zu prüfen. Aufgrund der impliziten Konvertierungen ist es nicht möglich zu unterscheiden, ob bei Verwendung eines Gleichheitsoperators ein Ausdruck 0 (oder ein Leerstring) oder aber *BLANK* ist. Tatsächlich sind die folgenden logischen Bedingungen immer wahr:

```
BLANK () = 0     -- Gibt immer TRUE zurück
BLANK () = ""    -- Gibt immer TRUE zurück
```

Wenn also die Spalten *Sales[DiscountPerc]* oder *Sales[Clerk]* leer sind, geben die folgenden Bedingungen auch dann *TRUE* zurück, wenn die Prüfung auf 0 bzw. einen Leerstring erfolgt:

```
Sales[DiscountPerc] = 0  -- Gibt TRUE zurück, wenn DiscountPerc BLANK oder 0 ist
Sales[Clerk] = ""        -- Gibt TRUE zurück, wenn Clerk BLANK oder "" ist
```

In solchen Fällen kann man mit der Funktion *ISBLANK* darauf prüfen, ob ein Wert *BLANK* ist:

```
ISBLANK ( Sales[DiscountPerc]) -- Gibt TRUE nur dann zurück, wenn DiscountPerc BLANK ist
ISBLANK ( Sales[Clerk] )         -- Gibt TRUE nur dann zurück, wenn Clerk BLANK ist
```

Die Fortpflanzung von *BLANK* in einem DAX-Ausdruck erfolgt in verschiedenen weiteren Rechen- und Logikoperationen. Die folgenden Beispiele zeigen dies:

```
BLANK () + BLANK () = BLANK ()
10 * BLANK () = BLANK ()
BLANK () / 3 = BLANK ()
BLANK () / BLANK () = BLANK ()
```

Allerdings erfolgt die Fortpflanzung von *BLANK* im Ergebnis eines Ausdrucks nicht für alle Formeln. Bei manchen Berechnungen gibt es keine Fortpflanzung von *BLANK*. Stattdessen geben sie einen Wert zurück, der von den anderen Termen der Formel abhängt. Beispiele hierfür sind Addition, Subtraktion, Division durch *BLANK* und eine Logikoperation mit einem *BLANK*-Wert. Die folgenden Ausdrücke zeigen einige dieser Bedingungen und ihre Ergebnisse:

```
BLANK () – 10 = –10
18 + BLANK () = 18
4 / BLANK () = Infinity
0 / BLANK () = NaN
BLANK () || BLANK () = FALSE
BLANK () && BLANK () = FALSE
( BLANK () = BLANK () ) = TRUE
( BLANK () = TRUE ) = FALSE
( BLANK () = FALSE ) = TRUE
( BLANK () = 0 ) = TRUE
```

```
( BLANK () = "" ) = TRUE
ISBLANK ( BLANK() ) = TRUE
FALSE || BLANK () = FALSE
FALSE && BLANK () = FALSE
TRUE || BLANK () = TRUE
TRUE && BLANK () = FALSE
```

Leere Werte in Excel und SQL

Excel verwendet eine andere Methode zur Behandlung leerer Werte. In Excel werden alle leeren Werte als 0 betrachtet, wenn sie in einer Summe oder in einer Multiplikation verwendet werden. Sind sie jedoch Teil einer Division oder eines logischen Ausdrucks, dann können sie einen Fehler auslösen.

In SQL pflanzen sich NULL-Werte in einem Ausdruck anders fort als *BLANK* in DAX. Wie Sie in den obigen Beispielen gesehen haben, führt ein *BLANK* in einem DAX-Ausdruck nicht immer zum Ergebnis *BLANK*, während *NULL* in SQL oft dazu führt, dass der gesamte Ausdruck *NULL* wird. Dieser Unterschied ist immer dann relevant, wenn Sie neben einer relationalen Datenbank DirectQuery verwenden, da einige Berechnungen in SQL und andere in DAX ausgeführt werden. Die unterschiedliche Semantik von *BLANK* in den beiden Engines kann zu unerwartetem Verhalten führen.

Zur Steuerung der Ergebnisse eines DAX-Ausdrucks ist es wichtig, das Verhalten leerer oder fehlender Werte darin und die Verwendung von *BLANK* zur Rückgabe einer leeren Zelle in einer Berechnung zu verstehen. Sie können *BLANK* häufig als Ergebnis verwenden, um fehlerhafte Werte oder sonstige Fehler zu erkennen. Wir werden das im nächsten Abschnitt zeigen.

Fehler abfangen

Nachdem wir nun die verschiedenen möglichen Fehlertypen ausführlich beschrieben haben, wollen wir Ihnen Techniken zeigen, mit denen Fehler abgefangen und korrigiert werden oder zumindest eine Fehlermeldung mit aussagekräftigen Informationen erzeugt wird. Fehler in einem DAX-Ausdruck hängen häufig vom Wert der im Ausdruck selbst verwendeten Spalten ab. Daher kann es sinnvoll sein, auf diese Fehlerbedingungen zu prüfen und ggf. eine Fehlermeldung zurückzugeben. Das Standardverfahren sieht vor, zu prüfen, ob ein Ausdruck einen Fehler zurückgibt, und einen solchen Fehler ggf. durch eine bestimmte Nachricht oder einen Standardwert zu ersetzen. Für diese Aufgabe gibt es einige DAX-Funktionen.

Die erste davon heißt *IFERROR*-Funktion. Sie ähnelt der *IF*-Funktion, aber statt eine boolesche Bedingung auszuwerten, prüft sie, ob ein Ausdruck einen Fehler zurückgibt. Hier sehen Sie zwei typische Anwendungen der *IFERROR*-Funktion:

```
= IFERROR ( Sales[Quantity] * Sales[Price], BLANK () )
= IFERROR ( SQRT ( Test[Omega] ), BLANK () )
```

Wenn im ersten Ausdruck entweder *Sales[Quantity]* oder *Sales[Price]* ein String ist, der nicht in eine Zahl umgewandelt werden kann, ist der zurückgegebene Ausdruck ein leerer Wert. Andernfalls wird das Produkt aus *Quantity* und *Price* zurückgegeben.

Im zweiten Ausdruck ist das Ergebnis immer dann eine leere Zelle, wenn die Spalte *Test [Omega]* eine negative Zahl enthält.

Eine solche Verwendung von *IFERROR* entspricht einem grundsätzlicheren Muster, das *ISERROR* und *IF* erfordert:

```
= IF (
    ISERROR ( Sales[Quantity] * Sales[Price] ),
    BLANK (),
    Sales[Quantity] * Sales[Price]
)

= IF (
    ISERROR ( SQRT ( Test[Omega] ) ),
    BLANK (),
    SQRT ( Test[Omega] )
)
```

In diesen Fällen ist *IFERROR* die bessere Option. Man kann *IFERROR* nämlich immer dann verwenden, wenn das Ergebnis derselbe Ausdruck ist, der auf einen Fehler getestet wurde; es besteht also keine Notwendigkeit, den Ausdruck doppelt aufzuführen. Zudem macht dies den Code sicherer und besser lesbar. Dagegen sollte sich der Entwickler für *IF* entscheiden, wenn er das Ergebnis eines anderen Ausdrucks zurückgeben möchte.

Außerdem kann man auf diese Weise einen Fehler schon im Vorhinein vermeiden: Man testet Parameter einfach, bevor man sie verwendet. So kann man beispielsweise prüfen, ob das Argument für *SQRT* positiv ist, und für negative Werte *BLANK* zurückgeben:

```
= IF (
    Test[Omega] >= 0,
    SQRT ( Test[Omega] ),
    BLANK ()
)
```

Da das dritte Argument einer *IF*-Anweisung standardmäßig auf *BLANK* festgelegt ist, können Sie denselben Ausdruck auch knapper formulieren:

```
= IF (
    Test[Omega] >= 0,
    SQRT ( Test[Omega] )
)
```

Ein häufiges Szenario ist das Prüfen auf leere Werte. *ISBLANK* erkennt leere Werte und gibt *TRUE* zurück, wenn das Argument *BLANK* ist. Diese Fähigkeit ist insbesondere dann wichtig, wenn ein nicht vorhandener Wert nicht unbedingt bedeutet, dass er 0 ist. Das folgende Beispiel berechnet die Versandkosten für eine Verkaufstransaktion unter Verwendung eines Standardwerts für die Produktversandkosten, wenn in der Transaktion selbst kein Gewicht angegeben ist:

```
= IF (
    ISBLANK ( Sales[Weight] ),            -- Wenn das Gewicht fehlt,
    Sales[DefaultShippingCost],           -- dann gib die Standardkosten zurück
    Sales[Weight] * Sales[ShippingPrice]  -- Andernfalls multipliziere das Gewicht mit den
Versandkosten
)
```

Würden wir einfach nur das Produktgewicht mit dem Versandpreis multiplizieren, dann erhielten wir aufgrund der Fortpflanzung von *BLANK* in Multiplikationen Leerkosten für alle Verkaufstransaktionen ohne Gewichtsdaten.

Bei der Verwendung von Variablen müssen Fehler zum Zeitpunkt der Variablendefinition und nicht erst dann überprüft werden, wenn wir sie verwenden. Tatsächlich gibt die erste Formel im folgenden Code null zurück, die zweite Formel löst immer einen Fehler aus und die letzte führt je nach Version des Produkts, das DAX verwendet, zu unterschiedlichen Ergebnissen (wobei die neueste Version ebenfalls einen Fehler auslöst):

```
IFERROR ( SQRT ( -1 ), 0 )                -- Gibt 0 zurück

VAR WrongValue = SQRT ( -1 )              -- Hier entsteht ein Fehler, das heißt, das
Ergebnis
RETURN                                    -- ist immer ein Fehler
    IFERROR ( WrongValue, 0 )             -- Diese Zeile wird nie ausgeführt

IFERROR (                                 -- Verschiedene Ergebnisse je nach Version
    VAR WrongValue = SQRT ( -1 )          -- IFERROR löst in 2017er-Versionen einen Fehler
aus
    RETURN                                -- IFERROR gibt in Versionen bis 2016 0 zurück
        WrongValue,
    0
)
```

Der Fehler tritt auf, wenn *WrongValue* ausgewertet wird. Somit wird die Engine im zweiten Beispiel niemals die *IFERROR*-Funktion ausführen, während das Ergebnis des dritten Beispiels von den Produktversionen abhängt. Wenn Sie auf Fehler prüfen müssen, treffen Sie ein paar zusätzliche Vorsichtsmaßnahmen bei der Verwendung von Variablen.

Gehen Sie Fehlerbehandlungsfunktionen aus dem Weg

Wir kommen zwar erst an späterer Stelle im Buch zu den Optimierungen, aber Sie müssen sich im Klaren darüber sein, dass Fehlerbehandlungsfunktionen schwerwiegende Leistungsprobleme bei Ihrem Code verursachen können. Es ist dabei nicht so, dass sie an und für sich langsam wären. Das Problem besteht darin, dass die DAX-Engine im Fehlerfall keine optimierten Pfade im Code verwenden kann. In den meisten Fällen ist die Prüfung von Operanden auf mögliche Fehler effizienter als die Verwendung der Fehlerbehandlungs-Engine. Sehen Sie sich einmal Folgendes an:

```
IFERROR (
   SQRT ( Test[Omega] ),
   BLANK ()
)
```

Viel besser wäre es, den Code so zu formulieren:

```
IF (
   Test[Omega] >= 0,
   SQRT ( Test[Omega] ),
   BLANK ()
)
```

Dieser zweite Ausdruck muss den Fehler nicht erkennen und ist außerdem schneller als der vorherige Ausdruck. Dies ist natürlich eine grundsätzliche Regel. Eine ausführliche Erläuterung finden Sie in Kapitel 19, »DAX optimieren«.

Es gibt noch einen weiteren Grund, *IFERROR* aus dem Weg zu gehen: Fehler, die auf einer unteren Ausführungsebene auftreten, werden nicht abgefangen. Der folgende Code fängt beispielsweise jeden Fehler ab, der bei der Konvertierung der Spalte *Table[Amount]* auftritt, wobei ein leerer Wert angegeben wird, wenn *Amount* keine Zahl enthält. Wie bereits erwähnt, ist diese Ausführung ressourcenhungrig und zeitaufwendig, da sie für jede Zeile in *Table* ausgewertet wird.

```
SUMX (
    Table,
    IFERROR ( VALUE ( Table[Amount] ), BLANK () )
)
```

Beachten Sie, dass der folgende Code aufgrund von Optimierungen in der DAX-Engine nicht die gleichen Fehler abfangen kann wie das vorhergehende Beispiel. Wenn *Table [Amount]* einen String enthält, der keine Zahl in nur einer Zeile ist, erzeugt der gesamte Ausdruck einen Fehler, der nicht von *IFERROR* abgefangen wird.

```
IFERROR (
    SUMX (
        Table,
        VALUE ( Table[Amount] )
    ),
    BLANK ()
)
```

ISERROR zeigt das gleiche Verhalten wie *IFERROR*. Verwenden Sie diese Funktionen nur mit Vorsicht und nur zum Abfangen von Fehlern, die direkt durch den in *IFERROR/ISERROR* ausgewerteten Ausdruck und nicht von verschachtelten Berechnungen ausgelöst werden.

Fehler generieren

Manchmal ist ein Fehler einfach nur ein Fehler, und die Formel sollte im Fehlerfall keinen Standardwert zurückgeben. Tatsächlich würde die Rückgabe eines Standardwerts am Ende zu einem echten – aber falschen – Ergebnis führen. Beispielsweise sollte eine Konfigurationstabelle, die inkonsistente Daten enthält, ungültige Werte melden, statt nicht belastbare Zahlen zu erzeugen, die womöglich trotzdem als richtig angesehen werden könnten.

Außerdem sollte statt eines allgemeinen Fehlers eine Fehlermeldung erzeugt werden, die für den Benutzer Aussagekraft hat. Eine solche Nachricht könnte dabei helfen, herauszufinden, wo die Ursache des Problems liegt.

Betrachten wir folgendes Szenario: Berechnet werden soll die Quadratwurzel der in Kelvin gemessenen absoluten Temperatur, um in einer komplexen wissenschaftlichen Berechnung die Schallgeschwindigkeit annähernd anzupassen. Naheliegenderweise erwarten wir nicht, dass diese Temperatur eine negative Zahl ist. Sollte dies aber trotzdem der Fall sein – etwa aufgrund eines Messproblems –, dann müssen wir einen Fehler auslösen und die Berechnung anhalten.

In diesem Fall wäre der folgende Code gefährlich, da er das Problem verbirgt:

```
= IFERROR (
    SQRT ( Test[Temperature] ),
    0
)
```

Stattdessen sollte man zum Schutz der Berechnungen besser wie folgt formulieren:

```
= IF (
    Test[Temperature] >= 0,
    SQRT ( Test[Temperature] ),
    ERROR ( "Die Temperatur darf keine negative Zahl sein. Die Berechnung wurde abgebrochen."
)
)
```

DAX-Code formatieren

Bevor wir weiter auf die DAX-Sprache eingehen, möchten wir an dieser Stelle einen wichtigen Aspekt von DAX behandeln: die Formatierung des Codes. DAX ist eine funktionale Sprache: Ein DAX-Ausdruck – und mag er noch so komplex sein – ist im Grunde genommen nur ein einziger Funktionsaufruf. Die Komplexität des Codes wird in die Komplexität der Ausdrücke übersetzt, die als Parameter für die äußerste Funktion verwendet werden.

Deswegen sind Ausdrücke, die sich über zehn oder mehr Zeilen erstrecken, auch durchaus nicht ungewöhnlich. Auch ein 20-zeiliger DAX-Ausdruck kommt häufig vor. Insofern: Gewöhnen Sie sich schon mal daran. Wenn unsere Formeln jedoch an Länge und Komplexität zunehmen, müssen wir in jedem Fall darauf achten, den Code so zu formatieren, dass er für Menschen lesbar bleibt.

Es gibt für die Formatierung von DAX-Code keinen »offiziellen« Standard, aber weil dieser Aspekt so wichtig ist, wollen wir hier den Ansatz präsentieren, den wir in unserem Code verwenden. Dieser ist vielleicht nicht unbedingt perfekt, und möglicherweise haben Sie ganz andere Vorlieben, aber das ist ja kein Problem: Finden Sie den Standard, der für Sie optimal ist, und bleiben Sie dabei. Nur eine einzige Sache müssen Sie sich unbedingt merken: *Formatieren Sie Ihren Code, statt alles in einer einzigen Zeile zu notieren, sonst kommen Sie schneller in Teufels Küche, als Sie »DAX« sagen können.*

Um zu verstehen, warum Formatierung wichtig ist, wollen wir uns eine Formel ansehen, die eine Zeitintelligenzberechnung durchführt. Diese Formel mag einigermaßen komplex sein, doch werden Sie künftig noch wesentlich komplexere Formeln abfassen. Wenn Sie den Ausdruck völlig unformatiert lassen, sieht er so aus:

```
IF(CALCULATE(NOT ISEMPTY(Balances), ALLEXCEPT (Balances, BalanceDate)),SUMX (ALL(Balances
[Account]), CALCULATE(SUM (Balances[Balance]),LASTNONBLANK(DATESBETWEEN(BalanceDate[Date],
BLANK(),MAX(BalanceDate[Date])),CALCULATE(COUNTROWS(Balances))))),BLANK())
```

Es ist praktisch unmöglich zu verstehen, was diese Formel in ihrer jetzigen Form berechnet. Wir haben keinen Anhaltspunkt, was die äußerste Funktion ist und wie DAX die verschiedenen Parameter auswertet, um den vollständigen Ausführungsablauf zu erstellen. Im Laufe unseres Lebens haben wir definitiv zu viele von Studierenden verfasste Beispiele für solche Formeln gesehen, deren Urheber sich dann irgendwann mit der Bitte an uns wandten, zu erläutern, warum denn ihre Formel ständig falsche Ergebnisse liefert. Dreimal dürfen Sie raten: Damit wir uns diesen Ausdruck erschließen können, müssen wir ihn natürlich formatieren.

Das könnte dann etwa so aussehen:

```
IF (
    CALCULATE (
        NOT ISEMPTY ( Balances ),
        ALLEXCEPT (
            Balances,
            BalanceDate
        )
    ),
    SUMX (
```

```
            ALL ( Balances[Account] ),
            CALCULATE (
                SUM ( Balances[Balance] ),
                LASTNONBLANK (
                    DATESBETWEEN (
                        BalanceDate[Date],
                        BLANK (),
                        MAX ( BalanceDate[Date] )
                    ),
                    CALCULATE (
                        COUNTROWS ( Balances )
                    )
                )
            )
        ),
        BLANK ()
    )
```

Der Code ist immer noch derselbe, aber hier ist es sehr viel einfacher, die drei Parameter von *IF* zu erkennen. Das Wichtigste: Es ist einfacher, die Blöcke, die sich ganz natürlich aus dem Einziehen von Zeilen ergeben, zu erfassen und den vollständigen Ablauf der Ausführung nachzuvollziehen. Der Code ist noch immer recht schwierig zu lesen, aber jetzt ist das Problem DAX und nicht mehr eine ungeeignete Formatierung. Eine ausführlichere Syntax mit Variablen kann Ihnen dabei helfen, den Code zu lesen, aber auch in diesem Fall ist die Formatierung wichtig, um ein korrektes Verständnis der Geltungsbereiche der jeweiligen Variablen zu gewährleisten:

```
IF (
    CALCULATE (
        NOT ISEMPTY ( Balances ),
        ALLEXCEPT (
            Balances,
            BalanceDate
        )
    ),
    SUMX (
        ALL ( Balances[Account] ),
        VAR PreviousDates =
            DATESBETWEEN (
                BalanceDate[Date],
                BLANK (),
                MAX ( BalanceDate[Date] )
            )
        VAR LastDateWithBalance =
            LASTNONBLANK (
                PreviousDates,
                CALCULATE (
                    COUNTROWS ( Balances )
                )
```

```
            )
        RETURN
            CALCULATE (
                SUM ( Balances[Balance] ),
                LastDateWithBalance
            )
    ),
    BLANK ()
)
```

DAXFormatter.com

Wir haben eine Website erstellt, die sich der Formatierung von DAX-Code widmet. Diese Site haben wir eigentlich für uns selbst eingerichtet, weil die Formatierung von Code eine aufwendige Angelegenheit ist, wir aber nicht für jede Formel, die wir schreiben, unsere wertvolle Zeit opfern wollen. Nachdem wir das Tool erfolgreich zum Laufen gebracht hatten, beschlossen wir, es der Öffentlichkeit zur Verfügung zu stellen, damit Benutzer ihren eigenen DAX-Code formatieren können. Außerdem konnten wir so die Werbetrommel für unsere Formatierungsregeln rühren.

Sie finden die Website unter *www.daxformatter.com*. Die Benutzeroberfläche ist einfach: Kopieren Sie einfach Ihren DAX-Code und klicken Sie auf *Format*. Die Seite wird dann neu geladen und zeigt eine ansprechend formatierte Version Ihres Codes an, die Sie dann per Zwischenablage in das Originalfenster kopieren können.

Folgendes Regelwerk legen wir für die DAX-Formatierung zugrunde:

- Trennen Sie Funktionsnamen wie *IF*, *SUMX* oder *CALCULATE* immer durch ein Leerzeichen von jedem anderen Term und notieren Sie sie immer in Großbuchstaben.
- Schreiben Sie alle Spaltenverweise in der Form *Tabellenname[Spaltenname]* ohne Leerzeichen zwischen dem Tabellennamen und der öffnenden eckigen Klammer. Geben Sie grundsätzlich den Tabellennamen an.
- Schreiben Sie alle Measureverweise in der Form *[MeasureName]*ohne Angabe des Tabellennamens.
- Fügen Sie nach Kommata immer ein Leerzeichen ein, niemals aber davor.
- Wenn die Formel vollständig in eine einzelne Zeile passt, wenden Sie keine andere Regel an.
- Passt die Formel hingegen nicht vollständig in eine einzige Zeile, dann beachten Sie Folgendes:
  - Platzieren Sie den Funktionsnamen einschließlich der öffnenden Klammer in eine einzelne Zeile.
  - Führen Sie alle Parameter in getrennten Zeilen auf. Rücken Sie sie um vier Leerzeichen ein und setzen Sie das Komma am Ende des Ausdrucks (ausgenommen ist hierbei der letzte Parameter).

- Richten Sie die schließende Klammer am Funktionsaufruf so aus, dass sie in einer eigenen Zeile steht.

Dies sind die von uns verwendeten Grundregeln. Eine ausführliche Liste mit diesen Regeln ist unter *http://sql.bi/daxrules* verfügbar.

Wenn Sie eine andere Form der Darstellung von Formeln intuitiver finden, die besser zu Ihrer Art des Lesens passt, scheuen Sie sich nicht, sie zu verwenden. Das Ziel der Formatierung ist es, die Lesbarkeit der Formel zu verbessern. Deswegen gilt: Nutzen Sie die Technik, die *für Sie* am besten funktioniert. Der wichtigste Aspekt bei der Definition Ihrer individuellen Formatierungsregeln lautet: Verwenden Sie einen Ansatz, der Sie in die Lage versetzt, Fehler möglichst schnell zu erkennen. Wenn sich DAX beim oben gezeigten unformatierten Code über das Fehlen einer schließenden Klammer beschwert, ist es ziemlich schwierig zu erkennen, wo dieser Fehler liegt. Mit der formatierten Formel lässt sich wesentlich einfacher erfassen, wie die schließenden Klammern dem jeweiligen Funktionsaufruf zuzuordnen sind.

Hilfe bei der DAX-Formatierung

Das Formatieren von DAX ist nicht trivial, denn wir notieren unseren Code oft mit einer kleinen Schrift in einem Textfeld. Je nach Version bieten Power BI, Excel und Visual Studio unterschiedliche Texteditoren für DAX. Dennoch haben wir ein paar Tipps, die beim Schreiben von DAX-Code hilfreich sein können:

- Um die Schrift größer zu machen und das Lesen Ihres Codes so zu vereinfachen, können Sie bei gedrückter STRG-Taste das Mausrad betätigen.
- Um eine neue Zeile in Ihrer Formel hinzuzufügen, drücken Sie UMSCHALTTASTE+EINGABETASTE.
- Wenn die Bearbeitung im Textfeld nicht Ihr Ding ist, kopieren Sie den Code in einen anderen Editor wie z.B. Notepad oder DAX Studio; nach der Bearbeitung gelangt er dann über die Zwischenablage wieder zurück in das Textfeld.

Wenn Sie sich einen DAX-Ausdruck ansehen, ist es auf den ersten Blick möglicherweise schwer zu verstehen, ob es sich um eine berechnete Spalte oder ein Measure handelt. Daher verwenden wir in unseren Büchern und Artikeln ein Gleichheitszeichen (=), wenn wir eine berechnete Spalte definieren, und den Zuweisungsoperator (:=) für die Definition von Measures:

```
CalcCol = SUM ( Sales[SalesAmount] )        -- Ist eine berechnete Spalte
Store[CalcCol] = SUM ( Sales[SalesAmount] )  -- Ist eine berechnete Spalte in der
Tabelle "Store"
CalcMsr := SUM ( Sales[SalesAmount]  )      -- Ist ein Measure
```

Schließlich empfehlen wir bei der Verwendung von Spalten und Measures im Code, immer einen Tabellennamen vor eine Spalte und nie vor ein Measure zu setzen (wir tun das konsequent in allen Listings in diesem Buch und auch sonst).

Einführung in Aggregatoren und Iteratoren

Fast jedes Datenmodell muss mit aggregierten Daten umgehen können. DAX bietet eine Reihe von Funktionen, die die Werte einer Spalte in einer Tabelle aggregieren und einen Einzelwert zurückgeben. Wir nennen diese Gruppe von Funktionen *Aggregationsfunktionen*. Das folgende Measure beispielsweise berechnet die Summe aller Zahlen in der Spalte *SalesAmount* der Tabelle *Sales*:

```
Sales := SUM ( Sales[SalesAmount] )
```

SUM aggregiert, wenn es in einer berechneten Spalte verwendet wird, alle Zeilen der Tabelle. Wird die Funktion dagegen nur in einem Measure verwendet, dann berücksichtigt sie nur Zeilen, die mit Slicern, anderen Zeilen, Spalten oder Filterbedingungen im Bericht gefiltert werden.

Es gibt eine ganze Anzahl von Aggregationsfunktionen (*SUM*, *AVERAGE*, *MIN*, *MAX* und *STDEV*), deren Verhalten sich nur dahingehend unterscheidet, wie sie Werte aggregieren: *SUM* addiert Werte, während *MIN* den kleinsten Wert zurückgibt. Fast alle diese Funktionen arbeiten nur mit numerischen Werten oder Datumsangaben. Nur *MIN* und *MAX* können auch Textwerte verarbeiten. Darüber hinaus berücksichtigt DAX bei der Aggregation keine leeren Zellen. Dieses Verhalten unterscheidet sich von der entsprechenden Funktion in Excel (mehr dazu weiter hinten in diesem Kapitel).

MIN und _MAX_ zeigen noch ein weiteres Verhalten: Wenn sie mit zwei Parametern verwendet werden, geben sie den niedrigeren bzw. den höheren der beiden Parameterwerte zurück. Somit gibt _MIN (1, 2)_ 1 und _MAX (1, 2)_ 2 zurück. Diese Funktionalität ist nützlich, wenn man den kleinsten oder größten Wert in komplexen Ausdrücken berechnen muss, da man so nicht denselben Ausdruck mehrmals in _IF_-Anweisungen schreiben muss.

Alle bisher beschriebenen Aggregationsfunktionen arbeiten mit Spalten. Folglich aggregieren sie Werte nur aus einer einzigen Spalte. Es gibt aber auch Aggregationsfunktionen, die anstelle einer einzelnen Spalte einen Ausdruck aggregieren können. Aufgrund ihrer Funktionsweise werden sie als *Iteratoren* bezeichnet. Diese Funktionen sind insbesondere dann nützlich, wenn Sie Berechnungen mit Spalten verschiedener verknüpfter Tabellen durchführen oder die Anzahl der berechneten Spalten reduzieren müssen.

Iteratoren nehmen immer mindestens zwei Parameter entgegen. Der erste ist die zu durchsuchende Tabelle, der zweite in der Regel ein Ausdruck, der für jede Tabellenzeile ausgewertet wird. Nach dem Durchsuchen der Tabelle und der Auswertung des Ausdrucks für jede Zeile aggregieren Iteratoren die Teilergebnisse entsprechend ihrer Semantik.

Wenn wir beispielsweise den Lieferzeitraum einer Bestellung in Tagen in einer berechneten Spalte namens *DaysToDeliver* berechnen und hierzu einen entsprechenden Bericht erstellen, sieht dieser so aus wie in Abbildung 2.6 gezeigt. Beachten Sie, dass der Endbetrag die Summe aller Tage anzeigt, was für diesen Kennwert eher nicht sinnvoll ist:

```
Sales[DaysToDeliver] = INT ( Sales[Delivery Date] - Sales[Order Date] )
```

SalesKey	Order Date	Delivery Date	DaysToDeliver
200701022CS425-0013	01/02/2007	01/08/2007	6
200701022CS425-0014	01/02/2007	01/09/2007	7
200701022CS425-0015	01/02/2007	01/10/2007	8
200701022CS425-0016	01/02/2007	01/11/2007	9
200701022CS425-0017	01/02/2007	01/12/2007	10
200701022CS425-0018	01/02/2007	01/13/2007	11
200701023CS425-0202	01/02/2007	01/08/2007	6
200701023CS425-0203	01/02/2007	01/09/2007	7
200701023CS425-0204	01/02/2007	01/10/2007	8
200701023CS425-0205	01/02/2007	01/11/2007	9
Total			**848075**

Abbildung 2.6 Der Endbetrag ist eine Summe, während Sie eigentlich einen Durchschnitt benötigen.

Für einen Endbetrag, den wir tatsächlich verwenden können, brauchen wir ein Measure namens *AvgDelivery* (Durchschnittl. Lieferzeit), das die Lieferzeit für jeden Auftrag und den Durchschnittswert aller Lieferzeiten als Endbetrag anzeigt:

```
AvgDelivery := AVERAGE ( Sales[DaysToDeliver] )
```

Das Ergebnis dieses neuen Measures erscheint in dem in Abbildung 2.7 gezeigten Bericht.

SalesKey	Order Date	Delivery Date	DaysToDeliver	AvgDelivery
200701022CS425-0013	01/02/2007	01/08/2007	6	6.00
200701022CS425-0014	01/02/2007	01/09/2007	7	7.00
200701022CS425-0015	01/02/2007	01/10/2007	8	8.00
200701022CS425-0016	01/02/2007	01/11/2007	9	9.00
200701022CS425-0017	01/02/2007	01/12/2007	10	10.00
200701022CS425-0018	01/02/2007	01/13/2007	11	11.00
200701023CS425-0202	01/02/2007	01/08/2007	6	6.00
200701023CS425-0203	01/02/2007	01/09/2007	7	7.00
200701023CS425-0204	01/02/2007	01/10/2007	8	8.00
200701023CS425-0205	01/02/2007	01/11/2007	9	9.00
Total			**848075**	**8.46**

Abbildung 2.7 Das nach Durchschnitt aggregierende Measure zeigt die durchschnittliche Lieferdauer in Tagen als Endbetrag an.

Das Measure berechnet den Durchschnittswert durch Mittelung einer berechneten Spalte. Durch Einsatz eines Iterators könnte man die berechnete Spalte auch entfernen und so etwas Platz im Modell sparen. Allerdings ist *AVERAGE* zwar nicht in der Lage, einen Ausdruck zu mitteln, aber es gibt ein Gegenstück *AVERAGEX*, das über die Tabelle *Sales* iterieren, die Lieferdauer Zeile für Zeile berechnen und am Schluss den Durchschnittswert bilden kann. Der folgende Code kommt zum gleichen Ergebnis wie die vorherige Definition:

```
AvgDelivery :=
AVERAGEX (
    Sales,
    INT ( Sales[Delivery Date] - Sales[Order Date] )
)
```

Der wichtigste Vorteil dieses Ausdrucks besteht darin, dass er nicht auf eine berechnete Spalte angewiesen ist. Deswegen können wir den gesamten Bericht erstellen, ohne aufwendig berechnete Spalten anlegen zu müssen.

Die meisten Iteratoren haben denselben Namen wie ihr nichtiteratives Gegenstück. Beispielsweise gibt es für *SUM* einen Iterator *SUMX* und für *MIN* eine Funktion *MINX*. Allerdings sollten Sie im Hinterkopf behalten, dass es für einige Iteratoren keinen Aggregator gibt. Im weiteren Verlauf dieses Buchs werden Sie mehr über *FILTER*, *ADDCOLUMNS*, *GENERATE* und weitere Funktionen erfahren, die Iteratoren sind, obwohl sie ihre Ergebnisse nicht aggregieren.

Als DAX-Einsteiger könnten Sie auf den Gedanken kommen, dass Iteratoren von Natur aus langsam sind. Das Konzept zeilenweise durchgeführter Berechnungen lässt sofort an CPU-intensive Operationen denken. Tatsächlich jedoch sind Iteratoren schnell, und ihre Verwendung anstelle normaler Aggregatoren geht nicht mit Leistungseinbußen einher. Aggregatoren sind im Grunde genommen nur Versionen von Iteratoren mit zugänglicherer Syntax.

Es handelt sich bei den einfachen Aggregationsfunktionen eigentlich um verkürzte Versionen der zugehörigen Funktion mit angehängtem X. Betrachten Sie beispielsweise den folgenden Ausdruck:

```
SUM ( Sales[Quantity] )
```

Wird dieser intern in diese entsprechende Version des gleichen Codes übersetzt, so erhalten wir:

```
SUMX ( Sales, Sales[Quantity] )
```

Der einzige Vorteil von *SUM* ist die kürzere Syntax. Es gibt jedoch keine Performanceunterschiede zwischen *SUM* und *SUMX*, die eine einzelne Spalte aggregieren. Kein Wunder, handelt es sich doch in jeder Hinsicht um dieselbe Funktion.

Wir werden in Kapitel 4 auf weitere Details dieses Verhaltens eingehen. Dort werden wir das Konzept der Auswertungskontexte vorstellen, das erforderlich ist, um die Funktionsweise von Iteratoren korrekt zu beschreiben.

Häufig verwendete DAX-Funktionen

Nachdem Sie nun die Grundlagen von DAX und den Umgang mit Fehlerbedingungen kennengelernt haben, wollen wir an dieser Stelle die meistverwendeten Funktionen und Ausdrücke in DAX in einer Übersicht zeigen.

Aggregationsfunktionen

In den obigen Abschnitten haben wir grundlegende Aggregatoren wie *SUM*, *AVERAGE*, *MIN* und *MAX* beschrieben. Sie haben beispielsweise gelernt, dass *SUM* und *AVERAGE* nur bei numerischen Spalten funktionieren.

DAX bietet auch eine alternative Syntax für Aggregationsfunktionen an, die von Excel übernommen wurde. Hierbei wird das Suffix »A« an den Namen der Funktion angefügt, wodurch Name und Verhalten aus Excel eins zu eins übernommen werden. Allerdings sind diese Funktionen nur für Spalten mit *Boolean*-Werten sinnvoll, da *TRUE* als 1 und *FALSE* als 0 ausgewertet wird.

Textspalten werden immer als 0 gewertet. Daher ist, wenn man *MAXA* für eine Textspalte verwendet, das Ergebnis immer 0 – egal, welche Inhalte in der Spalte stehen. Darüber hinaus berücksichtigt DAX bei der Aggregation niemals leere Zellen. Zwar können diese Funktionen für nichtnumerische Spalten verwendet werden, ohne einen Fehler zurückzugeben, aber ihre Ergebnisse sind nicht sinnvoll, da es bei Textspalten keine automatische Umwandlung in Zahlen gibt. Diese Funktionen heißen *AVERAGEA*, *COUNTA*, *MINA* und *MAXA*. Wir raten von diesen Funktionen ab. Ihr Verhalten wird sich aus Gründen der Kompatibilität mit vorhandenem Code, der in dieser Hinsicht auf Konsistenz angewiesen ist, auch künftig nicht ändern.

Obwohl die Namen mit denen von Statistikfunktionen identisch sind, werden sie in DAX und Excel unterschiedlich verwendet, denn in DAX hat eine Spalte einen Datentyp, und dieser bestimmt das Verhalten von Aggregationsfunktionen. Excel behandelt für jede Zelle einen anderen Datentyp, während bei DAX der Datentyp für die gesamte Spalte konsistent ist. DAX verarbeitet Daten in tabellarischer Form mit wohldefinierten Typen für jede Spalte, Excel-Formeln hingegen verarbeiten heterogene Zellenwerte ohne klar definierte Typen. Wenn eine Spalte in Power BI einen numerischen Datentyp hat, können alle Werte nur Zahlen oder leere Zellen sein. Wenn eine Spalte einen Texttyp hat, ist sie für diese Funktionen immer 0 (außer *COUNTA*). Das gilt auch dann, wenn der Text in eine Zahl umgewandelt werden kann. In Excel dagegen wird der Wert als Zahl auf Zellenbasis betrachtet. Aus diesen Gründen sind diese Funktionen nicht besonders sinnvoll für Textspalten. Nur *MIN* und *MAX* unterstützen ebenfalls Textwerte in DAX. Die Funktionen, die Sie oben kennengelernt haben, sind für eine Aggregation von Werten nützlich. Vielleicht wollen Sie Werte aber gar nicht aggregieren, sondern nur zählen. Hierfür bietet DAX eine Reihe von Funktionen, mit denen Sie genau dies - also Zeilen und Werte zählen - tun können:

- *COUNT* verarbeitet jeden Datentyp mit Ausnahme von *Boolean*.
- *COUNTA* funktioniert bei Spalten aller Art.
- *COUNTBLANK* gibt die Anzahl der leeren Zellen (BLANKs oder leere Strings) in einer Spalte zurück.
- *COUNTROWS* zählt die Zeilen in einer Tabelle.
- *DISTINCTCOUNT* gibt die Anzahl verschiedener Werte in einer Spalte zurück. Dies schließt ggf. auch BLANK ein.
- *DISTINCTCOUNTNOBLANK* gibt die Anzahl verschiedener Werte in einer Spalte zurück. Hier bleibt der BLANK-Wert unberücksichtigt.

COUNT und *COUNTA* sind in DAX nahezu identische Funktionen. Sie geben die Anzahl nicht leerer Spaltenwerte unabhängig vom Datentyp zurück. Die Funktionen stammen ursprünglich aus Excel, wo *COUNTA* jeden Datentyp einschließlich Strings akzeptiert, während *COUNT* nur numerische Spalten als Eingabewert entgegennimmt. Wenn wir alle Werte in einer Spalte zählen wollen, die einen leeren Wert enthalten, können wir die Funktion *COUNTBLANK* verwenden. BLANKs und leere Werte werden von *COUNTBLANK* gleichermaßen als Leerwerte betrachtet. Wenn wir schließlich die Anzahl der Zeilen einer Tabelle ermitteln wollen, können wir die Funktion *COUNTROWS* heranziehen. Beachten Sie, dass *COUNTROWS* als Parameter keine Spalte, sondern eine Tabelle benötigt.

Die letzten beiden Funktionen *DISTINCTCOUNT* und *DISTINCTCOUNTNOBLANK* sind insofern nützlich, als sie genau das tun, was ihr Name vermuten lässt: Sie zählen die unterschiedlichen Werte in einer Spalte, die als einziger Parameter übergeben wird. *DISTINCTCOUNT* zählt *BLANK*-Werte dabei als einen möglichen Wert, während *DISTINCTCOUNTNOBLANK* den *BLANK*-Wert ignoriert.

DISTINCTCOUNT ist eine Funktion, die in der DAX-Version von 2012 eingeführt wurde. In früheren DAX-Versionen war _DISTINCTCOUNT_ nicht enthalten, weswegen zur Berechnung der Anzahl unterschiedlicher Werte in einer Spalte _COUNTROWS (DISTINCT (Tabelle[Spalte]))_ verwendet werden musste. Die beiden Muster geben das gleiche Ergebnis zurück, nur ist _DISTINCTCOUNT_ einfacher zu lesen und erfordert nur einen einzigen Funktionsaufruf. _DISTINCTCOUNTNOBLANK_ ist eine 2019 eingeführte Funktion. Sie bietet die gleiche Semantik wie eine _COUNT DISTINCT_-Operation in SQL, ohne dass hierfür ein längerer Ausdruck in DAX geschrieben werden müsste.

Logikfunktionen

Unter bestimmten Umständen möchten wir manchmal eine Logikbedingung in einen Ausdruck integrieren, um beispielsweise verschiedene Berechnungen abhängig vom Wert einer Spalte durchzuführen oder eine Fehlerbedingung abzufangen. In diesen Fällen können wir auf die Logikfunktionen von DAX zurückgreifen. Weiter vorn im Abschnitt »Fehlerbehandlung in DAX-Ausdrücken« haben Sie die beiden wichtigsten Funktionen dieser Gruppe bereits kennengelernt: *IF* und *IFERROR*. Die *IF-Funktion* wurde im Abschnitt »Bedingungsanweisungen« beschrieben.

Logikfunktionen sind sehr einfach und tun genau das, was ihre Namen vermuten lassen. Zu ihnen gehören *AND*, *FALSE*, *IF*, *IFERROR*, *NOT*, *TRUE* und *OR*. Wenn wir beispielsweise nur dann den Betrag als Produkt aus Menge und Preis berechnen wollen, wenn die Spalte *Price* einen numerischen Wert enthält, können wir das folgende Muster verwenden:

```
Sales[Amount] = IFERROR ( Sales[Quantity] * Sales[Price], BLANK ( ) )
```

Ohne *IFERROR* wäre, wenn die Spalte *Price* eine ungültige Zahl enthielte, das Ergebnis für die berechnete Spalte ein Fehler, denn wenn eine einzelne Zeile einen Berechnungsfehler erzeugt, pflanzt sich dieser in die gesamte Spalte fort. Durch *IFERROR* wird der Fehler jedoch abgefangen und durch einen Leerwert ersetzt.

Eine weitere interessante Funktion in dieser Kategorie ist *SWITCH*. Sie ist praktisch, wenn wir eine Spalte mit einer geringen Anzahl unterschiedlicher Werte haben und je nach Wert verschiedene Verhaltensweisen generieren möchten. So enthält beispielsweise die Spalte *Size* (Größe) in der Tabelle *Product* (Produkt) die Einträge »S«, »M«, »L« und »XL«. Diese Werte wollen wir nun in einer aussagekräftigeren Spalte decodieren. Das gewünschte Ergebnis können wir in DAX durch Verschachtelung von *IF*-Aufrufen erzielen:

```
'Product'[SizeDesc] =
IF (
    'Product'[Size] = "S",
    "Small",
    IF (
        'Product'[Size] = "M",
        "Medium",
        IF (
            'Product'[Size] = "L",
            "Large",
            IF (
                'Product'[Size] = "XL",
                "Extra Large",
                "Other"
            )
        )
    )
)
```

Es gibt aber auch eine Möglichkeit, die Formel mit *SWITCH* bequemer auszudrücken:

```
'Product'[SizeDesc] =
SWITCH (
    'Product'[Size],
    "S", "Small",
    "M", "Medium",
    "L", "Large",
    "XL", "Extra Large",
    "Other"
)
```

Der Code ist bei diesem zweiten Ausdruck besser zu lesen, aber nicht schneller, da DAX *SWITCH*-Anweisungen intern in einen Satz verschachtelter *IF*-Funktionen übersetzt.

SWITCH wird häufig verwendet, um den Wert eines Parameters zu prüfen und das Ergebnis eines Measures zu definieren. So könnten Sie beispielsweise eine Parametertabelle erstellen, die *YTD*, *MTD* und *QTD* als drei Zeilen enthält, und den Benutzer auswählen lassen, welche der drei Aggregationen er in einem Measure verwenden möchte. Bis 2019 war dies ein gängiges Szenario. Jetzt aber entfällt es durch die neu eingeführten, in Kapitel 9 beschriebenen Berechnungsgruppen. Berechnungsgruppen stellen nun die bevorzugte Form der benutzerseitig parametrisierbaren Berechnung von Werten dar.

Nachfolgend zeigen wir eine interessante Möglichkeit, mit der *SWITCH*-Funktion nach mehreren Bedingungen im selben Ausdruck zu suchen. Da *SWITCH* in eine Anzahl verschachtelter *IF*-Funktionen umgewandelt wird und der erste Treffer »gewinnt«, können Sie mit folgendem Muster mehrere Bedingungen testen:

```
SWITCH (
   TRUE (),
   Product[Size] = "XL" && Product[Color] = "Red", "Red and XL",
   Product[Size] = "XL" && Product[Color] = "Blue", "Blue and XL",
   Product[Size] = "L" && Product[Color] = "Green", "Green and L"
)
```

TRUE als erster Parameter hat die Bedeutung »Gibt das erste Ergebnis zurück, bei dem die Bedingung in *TRUE* ausgewertet wird«.

Informationsfunktionen

Wann immer es notwendig ist, den Typ eines Ausdrucks zu analysieren, können Sie eine der Informationsfunktionen verwenden. Diese Funktionen geben immer einen *Boolean*-Wert zurück und können in jedem Logikausdruck verwendet werden. Sie heißen *ISBLANK*, *ISERROR*, *ISLOGICAL*, *ISNONTEXT*, *ISNUMBER* und *ISTEXT*.

Es ist zu beachten, dass, wenn anstelle eines Ausdrucks eine Spalte übergeben wird, die Funktionen *ISNUMBER*, *ISTEXT* und *ISNONTEXT* abhängig vom Datentyp der jeweiligen Spalte und vom Leerstatus der jeweiligen Zelle immer *TRUE* oder *FALSE* zurückgeben. Dadurch sind diese Funktionen in DAX nahezu nutzlos – es gibt sie lediglich, weil sie aus Excel in die erste DAX-Version übernommen wurden.

Vielleicht fragen Sie sich, ob *ISNUMBER* bei Textspalten verwendet werden kann, um einfach nur zu prüfen, ob eine Umwandlung in eine Zahl möglich ist. Leider wird ein solcher Ansatz nicht unterstützt. Wenn Sie prüfen möchten, ob ein Textwert in eine Zahl konvertierbar ist, müssen Sie die Konvertierung probieren und einen ggf. auftretenden Fehler abfangen. Um etwa zu testen, ob die Spalte *Price*, die den Typ *String* hat, eine gültige Zahl enthält, müssen Sie wie folgt formulieren:

```
Sales[IsPriceCorrect] = NOT ISERROR ( VALUE ( Sales[Price] ) )
```

DAX versucht, einen Stringwert in eine Zahl umzuwandeln. Im Erfolgsfall wird *TRUE* zurückgegeben (weil nämlich *ISERROR FALSE* zurückgibt), andernfalls *FALSE* (weil *ISERROR* dann *TRUE* zurückgibt). Die Konvertierung schlägt beispielsweise fehl, wenn einige Zeilen als Preis die Zeichenfolge »N/A« (»unzutreffend) enthalten.

Wenn wir es jedoch wie im folgenden Ausdruck mit *ISNUMBER* probieren, erhalten wir als Ergebnis immer *FALSE*:

```
Sales[IsPriceCorrect] = ISNUMBER ( Sales[Price] )
```

In diesem Fall gibt *ISNUMBER* nämlich stets *FALSE* zurück, da die Spalte *Price* gemäß der Definition im Modell keine Zahl, sondern ein String ist – unabhängig vom Inhalt der jeweiligen Zeile.

Rechenfunktionen

Die in DAX vorhandenen Rechenfunktionen ähneln denen in Excel: Syntax und Verhalten sind mehr oder minder identisch. Häufig verwendete Rechenfunktionen sind *ABS*, *EXP*, *FACT*, *LN*, *LOG*, *LOG10*, *MOD*, *PI*, *POWER*, *QUOTIENT*, *SIGN* und *SQRT*. Mit *RAND* und *RANDBETWEEN* gibt es auch Zufallsfunktionen. Mit *EVEN* und *ODD* (ungerade) können Sie Zahlen testen. *GCD* und *LCM* gestatten die Berechnung des größten gemeinsamen Nenners und des kleinsten gemeinsamen Vielfachen zweier Zahlen. *QUOTIENT* gibt die ganzzahlige Division zweier Zahlen zurück.

Schließlich gibt es auch einige Rundungsfunktionen, für die wir uns Beispiele ansehen wollen – häufig kommt man damit über unterschiedliche Wege zum gleichen Ergebnis. Betrachten Sie die folgenden berechneten Spalten zusammen mit ihren Ergebnissen in Abbildung 2.8:

```
FLOOR = FLOOR ( Tests[Value], 0.01 )
TRUNC = TRUNC ( Tests[Value], 2 )
ROUNDDOWN = ROUNDDOWN ( Tests[Value], 2 )
MROUND = MROUND ( Tests[Value], 0.01 )
ROUND = ROUND ( Tests[Value], 2 )
CEILING = CEILING ( Tests[Value], 0.01 )
ISO.CEILING = ISO.CEILING ( Tests[Value], 0.01 )
ROUNDUP = ROUNDUP ( Tests[Value], 2 )
INT = INT ( Tests[Value] )
FIXED = FIXED ( Tests[Value], 2, TRUE )
```

Test	Value	FLOOR	TRUNC	ROUNDDOWN	MROUND	ROUND	CEILING	ISO.CEILING	ROUNDUP	INT	FIXED
A	1.123450	1.12	1.12	1.12	1.12	1.12	1.13	1.13	1.13	1	1.12
B	1.265000	1.26	1.26	1.26	1.26	1.27	1.27	1.27	1.27	1	1.27
C	1.265001	1.26	1.26	1.26	1.27	1.27	1.27	1.27	1.27	1	1.27
D	1.499999	1.49	1.49	1.49	1.50	1.50	1.50	1.50	1.50	1	1.50
E	1.511110	1.51	1.51	1.51	1.51	1.51	1.52	1.52	1.52	1	1.51
F	1.000001	1.00	1.00	1.00	1.00	1.00	1.01	1.01	1.01	1	1.00
G	1.999999	1.99	1.99	1.99	2.00	2.00	2.00	2.00	2.00	1	2.00

Abbildung 2.8 Diese Übersicht zeigt die Ergebnisse der verschiedenen Rundungsfunktionen.

FLOOR, *TRUNC* und *ROUNDDOWN* ähneln sich stark; der wesentliche Unterschied besteht in der Angabe der Stelle, auf die zu runden ist. Auf der anderen Seite ähneln sich die Ergebnisse von *CEILING* und *ROUNDUP*. Sie sehen verschiedene Unterschiede in der Art und Weise, wie die Rundung bei den Funktionen *MROUND* einerseits und *ROUND* andererseits durchgeführt wird.

Trigonometriefunktionen

DAX bietet eine Vielzahl von Trigonometriefunktionen, die für bestimmte Berechnungen nützlich sind. Es sind dies *COS*, *COSH*, *COT*, *COTH*, *SIN*, *SINH*, *TAN* und *TANH*. Stellt man dem Funktionsnamen »A« voran, wird die Bogenversion berechnet (Arcussinus, Arcuscosinus usw.). Auf die Details dieser Funktionen gehen wir nicht ein, da ihre Verwendung keinerlei Probleme darstellt.

DEGREES und *RADIANS* führen die Umwandlung in Grad bzw. Bogenmaß durch, und *SQRTPI* berechnet die Quadratwurzel des Parameters, nachdem er ihn mit Pi multipliziert hat.

Textfunktionen

Die meisten in DAX verfügbaren Textfunktionen ähneln bis auf wenige Ausnahmen jenen in Excel. Zu ihnen gehören *CONCATENATE*, *CONCATENATEX*, *EXACT*, *FIND*, *FIXED*, *FORMAT*, *LEFT*, *LEN*, *LOWER*, *MID*, *REPLACE*, *REPT*, *RIGHT*, *SEARCH*, *SUBSTITUTE*, *TRIM*, *UPPER* und *VALUE*. Diese Funktionen sind nützlich für die Textmanipulation und die Extraktion von Daten aus Zeichenfolgen, die mehrere Werte enthalten. So zeigt etwa Abbildung 2.9 ein Beispiel für die Extraktion von Vor- und Nachnamen aus einer Zeichenfolge, die diese Werte durch Kommata getrennt enthält, wobei dazwischen noch ein Titel angegeben ist, den wir entfernen möchten.

Name	Comma1	Comma2	FirstLastName	SimpleConversion
Ferrari, Alberto	8		Alberto Ferrari	Ferrari, Alberto Ferrari
Ferrari, Mr., Alberto	8	13	Alberto Ferrari	Alberto Ferrari
Russo, Mr., Marco	6	11	Marco Russo	Marco Russo

Abbildung 2.9 Dieses Beispiel zeigt Vor- und Nachnamen, die mithilfe von Textfunktionen extrahiert wurden.

Um dieses Ergebnis zu erzielen, beginnen Sie zunächst mit der Ermittlung der Kommapositionen. Unter Verwendung dieser Zahlenwerte extrahieren wir dann den rechten Teil des Textes. Die Spalte *SimpleConversion* (einfache Konvertierung) implementiert eine Formel, die falsche Werte zurückgeben kann, wenn weniger als zwei Kommata in der Zeichenkette enthalten sind; sind überhaupt keine Kommata vorhanden, wird ein Fehler ausgelöst. Die Spalte *FirstLastName* (Vor-/Nachname) implementiert einen komplexeren Ausdruck, der bei nicht vorhandenen Kommata nicht fehlschlägt:

```
People[Comma1] = IFERROR ( FIND ( ",", People[Name] ), BLANK ( ) )
People[Comma2] = IFERROR ( FIND ( " ,", People[Name], People[Comma1] + 1 ), BLANK ( ) )
People[SimpleConversion] =
MID ( People[Name], People[Comma2] + 1, LEN ( People[Name] ) )
```

```
        & " "
        & LEFT ( People[Name], People[Comma1] - 1 )
People[FirstLastName] =
TRIM (
    MID (
        People[Name],
        IF ( ISNUMBER ( People[Comma2] ), People[Comma2], People[Comma1] ) + 1,
        LEN ( People[Name] )
    )
)
    & IF (
        ISNUMBER ( People[Comma1] ),
        " " & LEFT ( People[Name], People[Comma1] - 1 ),
        ""
    )
```

Wie Sie sehen, ist die Spalte *FirstLastName* durch einen langen DAX-Ausdruck definiert. Diesen müssen Sie verwenden, um mögliche Fehler zu vermeiden, die sich auf die gesamte Spalte fortpflanzen würden, sofern auch nur ein einziger Wert einen Fehler erzeugt.

Konvertierungsfunktionen

Sie wissen bereits, dass DAX automatische Konvertierungen von Datentypen durchführt, um sie an die Anforderungen des Operators anzupassen. Zwar erfolgt die Konvertierung automatisch, doch kann sie mithilfe einer Reihe von Funktionen auch explizit durchgeführt werden.

CURRENCY wandelt einen Ausdruck in einen Währungstyp um, während *INT* einen Ausdruck in eine Ganzzahl konvertiert. *DATE* und *TIME* nehmen Datums- bzw. Zeitangaben als Parameter entgegen und geben einen korrekten *DateTime*-Wert zurück. *VALUE* wandelt einen String in ein numerisches Format um; *FORMAT* dagegen erhält einen numerischen Wert als ersten und ein Stringformat als zweiten Parameter und konvertiert die Zahl dann in einen String. *FORMAT* wird häufig mit *DateTime* verwendet. Der folgende Ausdruck gibt beispielsweise »2019 Jan 12« zurück:

```
= FORMAT ( DATE ( 2019, 01, 12 ), "yyyy mmm dd" )
```

Der umgekehrte Vorgang – also die Umwandlung von Strings in *DateTime*-Werte – wird mit der Funktion *DATEVALUE* durchgeführt.

DATEVALUE mit Datumswerten in verschiedenen Formaten

DATEVALUE zeigt ein spezielles Verhalten in Bezug auf Datumsangaben in verschiedenen Formaten. Nach europäischem Standard werden Daten im Format *dd/mm/yy* notiert, während US-Amerikaner lieber *mm/dd/yy* verwenden. So hat beispielsweise der 28. Februar unterschiedliche Stringdarstellungen in den beiden Kulturen. Wenn Sie *DATEVALUE* einen Datumswert übergeben, der mit der regionalen Standardeinstellung nicht konvertiert werden kann, führt die Funktion einen zweiten Konvertierungsversuch durch, bei dem die Angaben für Tag und Monat gegeneinander getauscht werden, statt sofort einen Fehler zu melden. *DATEVALUE* unterstützt auch das eindeutige Format *yyyy-mm-dd*. Die drei folgenden exemplarischen Ausdrücke werten den 28. Februar unabhängig von den Regionseinstellungen aus:

```
DATEVALUE ( "28/02/2018" )    -- Der 28. Februar im europäischen Format
DATEVALUE ( "02/28/2018" )    -- Der 28. Februar im US-amerikanischen Format
DATEVALUE ( "2018-02-28" )    -- Der 28. Februar im eindeutigen Format
```

Manchmal löst *DATEVALUE* keinen Fehler aus, obwohl man es erwarten würde. Das liegt jedoch daran, dass die Funktion genau so entwickelt wurde.

Datums- und Uhrzeitfunktionen

Bei fast jeder Datenanalyse spielt der Umgang mit Datums- und Zeitangaben eine wichtige Rolle. Viele DAX-Funktionen verarbeiten Datum und Uhrzeit. Einige von ihnen entsprechen ähnlichen Funktionen in Excel und führen einfache Transformationen in und aus einem *DateTime*-Format durch. Die Datums- und Zeitfunktionen sind *DATE, DATEVALUE, DAY, EDATE, EOMONTH, HOUR, MINUTE, MONTH, NOW, SECOND, TIME, TIMEVALUE, TODAY, WEEKDAY, WEEKNUM, YEAR* und *YEARFRAC*.

Diese Funktionen sind nützlich, um Werte anhand von Datumsangaben zu berechnen, aber sie werden nicht verwendet, um typische Zeitintelligenzberechnungen durchzuführen – etwa den Vergleich aggregierter Werte gegenüber dem Vorjahr oder die Berechnung eines Measurewerts seit Jahresbeginn. Dazu verwenden Sie eine Anzahl anderer Funktionen, die Zeitintelligenzfunktionen genannt und in Kapitel 8, »Zeitintelligenzberechnungen«, behandelt werden.

Wie bereits an früherer Stelle in diesem Kapitel erwähnt, verwendet ein *DateTime*-Datentyp intern eine Gleitkommazahl, wobei der ganzzahlige Teil der Anzahl der Tage seit dem 30. Dezember 1899 entspricht und der Nachkommateil den verstrichenen (Uhrzeit-)Teil des aktuellen Tages angibt. Stunden, Minuten und Sekunden werden in Bruchteile eines Tages umgewandelt. Wenn Sie also eine ganze Zahl zu einem *DateTime*-Wert hinzuaddieren, wird der Wert um die entsprechende Anzahl von Tagen erhöht. Wahrscheinlich ist es jedoch bequemer, mit den Konvertierungsfunktionen Tag, Monat und Jahr aus einem Datum zu extrahieren. Die folgenden, in Abbildung 2.10 verwendeten Ausdrücke zeigen, wie man diese Informationen aus einer Tabelle mit einer Liste von Daten extrahiert:

```
'Date'[Day] = DAY ( Calendar[Date] )
'Date'[Month] = FORMAT ( Calendar[Date], "mmmm" )
'Date'[MonthNumber] = MONTH ( Calendar[Date] )
'Date'[Year] = YEAR ( Calendar[Date] )
```

Date	Day	Month	Year
1/1/2010	1	January	2010
1/2/2010	2	January	2010
1/3/2010	3	January	2010
1/4/2010	4	January	2010
1/5/2010	5	January	2010
1/6/2010	6	January	2010
1/7/2010	7	January	2010
1/8/2010	8	January	2010
1/9/2010	9	January	2010

Abbildung 2.10 Dieses Beispiel zeigt, wie Datumsinformationen mithilfe von Datums- und Zeitfunktionen extrahiert werden.

Relationale Funktionen

Zwei nützliche Funktionen, mit denen Sie innerhalb einer DAX-Formel durch Beziehungen navigieren können, sind *RELATED* und *RELATEDTABLE*.

Sie wissen bereits, dass eine berechnete Spalte auf Spaltenwerte der Tabelle verweisen kann, in der sie definiert ist. So kann eine in *Sales* definierte berechnete Spalte jede andere Spalte in *Sales* referenzieren. Was aber tun Sie, wenn Sie auf eine Spalte in einer anderen Tabelle verweisen müssen? Grundsätzlich kann man Spalten in anderen Tabellen nur dann verwenden, wenn im Modell eine Beziehung zwischen den beiden Tabellen definiert ist. Stehen die beiden Tabellen zueinander in einer Beziehung, dann können Sie mit der Funktion *RELATED* auf Spalten in der Bezugstabelle zugreifen.

Beispielsweise könnte man in der Tabelle *Sales* eine Spalte berechnen, die prüft, ob das verkaufte Produkt zur Kategorie »Handys« gehört, und in diesem Fall einen Minderungsfaktor auf die Standardkosten anwenden. Zum Berechnen einer solchen Spalte muss eine Bedingung verwendet werden, die den Wert der Produktkategorie überprüft. Diese Angabe ist zwar nicht in der Tabelle *Sales* enthalten, aber es gibt eine Beziehungsabfolge, die bei *Sales* beginnt und über *Product* und *Product Subcategory* (Produktunterkategorie) die Spalte *Product Category* (Produktkategorie) erreicht. Abbildung 2.11 zeigt dies.

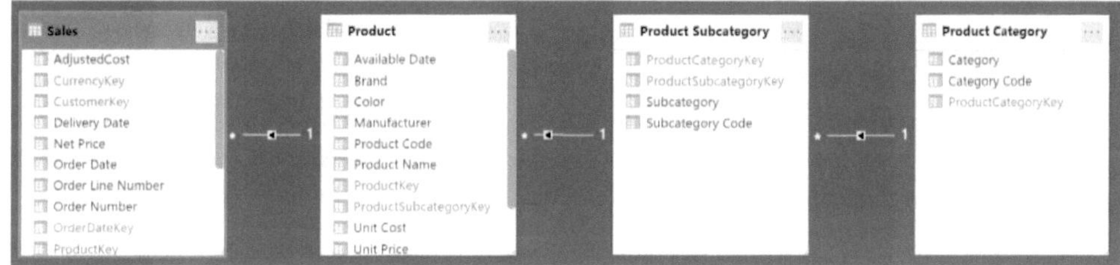

Abbildung 2.11 *Sales* verfügt über eine Beziehungskette zu *Product Category*.

DAX folgt dabei der vollständigen Beziehungskette – wie viele Schritte von der Ursprungs- zur Bezugstabelle erforderlich sind, spielt keine Rolle – und gibt dann den zugehörigen Spaltenwert zurück. Deswegen kann die Formel für die Spalte *AdjustedCost* etwa so aussehen:

```
Sales[AdjustedCost] =
IF (
    RELATED ( 'Product Category'[Category] ) = "Cell Phone",
    Sales[Unit Cost] * 0.95,
    Sales[Unit Cost]
)
```

Bei einer 1:n-Beziehung kann *RELATED* von der n-Seite auf die 1-Seite zugreifen, weil in diesem Fall nur eine Zeile in der zugehörigen Tabelle existiert (wenn überhaupt). Existiert keine Zeile, dann gibt *RELATED BLANK* zurück.

Wenn sich ein Ausdruck auf der 1-Seite der Beziehung befindet und auf die n-Seite zugreifen muss, ist *RELATED* hingegen nicht hilfreich, da für eine einzelne Zeile auf der anderen Seite möglicherweise viele Zeilen vorhanden sind. Deswegen verwenden wir in einem solchen Fall *RELATEDTABLE*. *RELATEDTABLE* gibt eine Tabelle zurück, die alle Zeilen enthält, die mit der aktuellen Zeile verknüpft sind. Wenn wir zum Beispiel wissen wollen, wie viele Produkte in jeder Kategorie vorhanden sind, können wir mit dieser Formel eine Spalte in *Product Category* anlegen:

```
'Product Category'[NumOfProducts] = COUNTROWS ( RELATEDTABLE ( Product ) )
```

Für jede Produktkategorie zeigt diese berechnete Spalte die Anzahl der zugehörigen Produkte an (Abbildung 2.12).

Category	NumOfProducts
Audio	115
Cameras and camcorders	372
Cell phones	285
Computers	606
Games and Toys	166
Home Appliances	661
Music, Movies and Audio Books	90
TV and Video	222

Abbildung 2.12 Sie können die Anzahl der Produkte mithilfe von *RELATEDTABLE* feststellen.

Wie *RELATED* kann *RELATEDTABLE* einer Kette von Beziehungen folgen, die immer von der 1-Seite ausgeht und zur n-Seite verläuft. *RELATEDTABLE* wird oft in Verbindung mit Iteratoren verwendet. Wenn wir beispielsweise die Summe aus einer Anzahl multipliziert mit dem Nettopreis für die jeweilige Kategorie berechnen möchten, könnten wir eine neue berechnete Spalte wie folgt schreiben:

```
'Product Category'[CategorySales] =
SUMX (
    RELATEDTABLE ( Sales ),
    Sales[Quantity] * Sales[Net Price]
)
```

Das Ergebnis dieser berechneten Spalte ist in Abbildung 2.13 dargestellt.

Category	CategorySales
Audio	$384,518.16
Cameras and camcorders	$7,192,581.95
Cell phones	$1,604,610.26
Computers	$6,741,548.73
Games and Toys	$360,652.81
Home Appliances	$9,600,457.04
Music, Movies and Audio Books	$314,206.74
TV and Video	$4,392,768.29

Abbildung 2.13 Mithilfe von *RELATEDTABLE* und Iteratoren können wir die Umsatzmenge je Kategorie berechnen.

Da die Spalte berechnet wird, wird dieses Ergebnis in der Tabelle konsolidiert und ändert sich nicht abhängig von der Benutzerauswahl im Bericht, so wie es der Fall wäre, wenn es in ein Measure geschrieben worden wäre.

Fazit

In diesem Kapitel haben Sie viele neue Funktionen kennengelernt und ein wenig DAX-Code gesehen. Sie werden sich vielleicht nicht sofort alle Funktionen merken können, aber je häufiger Sie sie verwenden, desto vertrauter werden sie.

Die wichtigsten Sachverhalte, die Sie in diesem Kapitel gelernt haben, sind die folgenden:

- Berechnete Spalten sind Spalten in einer Tabelle, die mit einem DAX-Ausdruck berechnet werden. Die Berechnung der Spalten erfolgt bei der Datenaktualisierung, und eine Wertänderung abhängig von der Benutzerauswahl findet nicht statt.
- Measures sind Berechnungen, die in DAX ausgedrückt werden. Sie werden anders als berechnete Spalten nicht bei der Datenaktualisierung, sondern zum Zeitpunkt der Abfrage berechnet. Folglich hängt der Wert eines Measures von der Benutzerauswahl im Bericht ab.
- In einem DAX-Ausdruck können jederzeit Fehler auftreten. Dabei ist es immer besser, Fehlerzustände vorab zu erkennen, statt einen Fehler geschehen zu lassen und ihn erst dann abzufangen.
- Aggregatoren wie SUM sind praktisch, wenn es darum geht, Spalten zu aggregieren; für die Aggregation von Ausdrücken müssen Sie dagegen Iteratoren verwenden. Iteratoren durchsuchen eine Tabelle und werten einen Ausdruck zeilenweise aus. Am Ende der Iteration aggregieren Iteratoren ein Ergebnis entsprechend ihrer Semantik.

Im nächsten Kapitel werden wir uns umfassend mit den wichtigsten Tabellenfunktionen in DAX auseinandersetzen.

KAPITEL 3

Grundlegende Tabellenfunktionen verwenden

In diesem Kapitel lernen Sie die grundlegenden Tabellenfunktionen von DAX kennen. Tabellenfunktionen sind normale DAX-Funktionen, die anstelle eines Einzelwerts eine ganze Tabelle zurückgeben. Sie sind nützlich, wenn Sie sowohl DAX-Abfragen als auch viele fortgeschrittene Berechnungen schreiben, die eine Iteration über Tabellen erfordern. Dieses Kapitel enthält verschiedene Beispiele für solche Berechnungen.

Der Zweck dieses Kapitels besteht zunächst einmal in der Einführung des Konzepts der Tabellenfunktionen. Detaillierte Erläuterungen zu allen Tabellenfunktionen in DAX folgen dann im weiteren Verlauf dieses Buchs. Beschreibungen zu vielen derartigen Funktionen sind in den Kapiteln 12, »Mit Tabellen arbeiten«, und 13, »Abfragen erstellen«, enthalten. Hier werden wir zunächst die Rolle der häufigsten und wichtigsten Tabellenfunktionen in DAX und deren Verwendung in gängigen Szenarien erklären. Dazu gehören auch skalare DAX-Ausdrücke.

Einführung in die Tabellenfunktionen

Sie wissen bereits, dass ein DAX-Ausdruck in der Regel einen einzelnen Wert zurückgibt, z. B. einen String oder eine Zahl. Ein Ausdruck, der in einem solchen einzelnen Wert resultiert, wird als *skalarer Ausdruck* bezeichnet. Wenn Sie ein Measure oder eine berechnete Spalte definieren, dann schreiben Sie immer skalare Ausdrücke. Dies gilt etwa für die folgenden Beispiele:

```
= 4 + 3
= "DAX ist eine schöne Sprache"
= SUM ( Sales[Quantity] )
```

Tatsächlich besteht der wesentliche Zweck eines Measures darin, Ergebnisse zu liefern, die in einem Bericht, einer Pivot-Tabelle oder einem Diagramm dargestellt werden. Letztendlich ist die Quelle all dieser Berichte eine Zahl, also ein skalarer Ausdruck. Nichtsdestoweniger ist es wahrscheinlich, dass Sie bei der Berechnung eines skalaren Werts Tabellen verwenden. Eine einfache Iteration wie beispielsweise die folgende verwendet eine Tabelle als Teil der Berechnung des Umsatzbetrags:

```
Sales Amount := SUMX ( Sales, Sales[Quantity] * Sales[Net Price] )
```

In diesem Beispiel iteriert *SUMX* über die Tabelle *Sales*. Obwohl das Ergebnis der vollständigen Berechnung ein skalarer Wert ist, scannt die Formel während der Berechnung die Tabelle *Sales*. Der gleiche Code könnte aber auch über das Ergebnis einer Tabellenfunktion iterieren. Der folgende Code etwa berechnet den Umsatzbetrag nur für Zeilen, die größer als 1 sind:

```
Sales Amount Multiple Items :=
SUMX (
    FILTER (
        Sales,
        Sales[Quantity] > 1
    ),
    Sales[Quantity] * Sales[Net Price]
)
```

In diesem Beispiel verwenden wir anstelle des Verweises auf *Sales* eine *FILTER*-Funktion. Intuitiv ist *FILTER* eine Funktion, die den Inhalt einer Tabelle basierend auf einer Bedingung filtert. Wir werden *FILTER* später umfassend beschreiben. Fürs Erste ist es wichtig zu beachten, dass Sie immer dann, wenn Sie den Inhalt einer Tabelle referenzieren, die Referenz durch das Ergebnis einer Tabellenfunktion ersetzen können.

Im obigen Code sehen Sie einen Filter, der auf eine Summenaggregation angewendet wird. Dies ist keine Best Practice. Sie werden in den nächsten Kapiteln lernen, wie Sie mit *CALCULATE* flexiblere und effizientere Filter implementieren können. Die Beispiele in diesem Kapitel dienen nicht dazu, Best Practices für DAX-Measures zu vermitteln, sondern sollen lediglich erläutern, wie Tabellenfunktionen mit einfachen Ausdrücken funktionieren. Wir werden diese Konzepte später in komplexeren Szenarien anwenden.

Sie haben in Kapitel 2, »Einführung in DAX«, gelernt, dass Variablen als Teil eines DAX-Ausdrucks definiert werden können. Dort haben wir Variablen verwendet, um skalare Werte zu speichern. Allerdings können Variablen auch Tabellen speichern. Beispielsweise könnte der obige Code mit einer Variablen wie folgt geschrieben werden:

```
Sales Amount Multiple Items :=
VAR
    MultipleItemSales = FILTER ( Sales, Sales[Quantity] > 1 )
RETURN
    SUMX (
        MultipleItemSales,
        Sales[Quantity] * Sales[Unit Price]
    )
```

MultipleItemSales ist eine Variable, die eine ganze Tabelle speichert, weil ihr Ausdruck eine Tabellenfunktion ist. Variablen werden empfohlen, wann immer dies möglich ist, denn sie verbessern die Lesbarkeit des Codes. Indem Sie nämlich einem Ausdruck einen Namen zuweisen, haben Sie bereits den ersten Schritt zur Dokumentation Ihres Codes gemacht.

In einer berechneten Spalte oder innerhalb einer Iteration können Sie auch die Funktion *RELATEDTABLE* verwenden, um alle Zeilen einer verknüpften Tabelle abzurufen. So berechnet beispielsweise die folgende berechnete Spalte in der Tabelle *Product* den Umsatzbetrag für das entsprechende Produkt:

```
'Product'[Product Sales Amount] =
SUMX (
    RELATEDTABLE ( Sales ),
    Sales[Quantity] * Sales[Unit Price]
)
```

Tabellenfunktionen können auch verschachtelt werden. Die folgende berechnete Spalte in der Tabelle *Product* etwa berechnet den produktspezifischen Umsatzbetrag unter Berücksichtigung von Verkäufen mit einer Menge größer eins:

```
'Product'[Product Sales Amount Multiple Items] =
SUMX (
    FILTER (
        RELATEDTABLE ( Sales ),
        Sales[Quantity] > 1
    ),
    Sales[Quantity] * Sales[Unit Price]
)
```

Im Beispielcode ist *RELATEDTABLE* in *FILTER* verschachtelt. Grundsätzlich wertet DAX bei verschachtelten Aufrufen zunächst die innerste Funktion aus und setzt dies dann bis zur äußersten Funktion hin fort.

Wie Sie noch sehen werden, kann die Ausführungsreihenfolge verschachtelter Aufrufe für Verwirrung sorgen, da *CALCULATE* und *CALCULATETABLE* in anderer Reihenfolge ausgewertet werden als *FILTER*. Im nächsten Abschnitt lernen Sie das Verhalten von *FILTER* kennen. Die Beschreibungen für *CALCULATE* und *CALCULATETABLE* finden Sie in Kapitel 5, »*CALCULATE* und *CALCULATETABLE* verstehen«.

Im Allgemeinen können wir das Ergebnis einer Tabellenfunktion nicht als Wert eines Measures oder einer berechneten Spalte verwenden. Measures wie berechnete Spalten verlangen einen skalaren Wert als Ausdruck. Stattdessen können wir das Ergebnis eines Tabellenausdrucks einer *berechneten Tabelle* zuweisen. Eine berechnete Tabelle ist eine Tabelle, deren Wert durch einen DAX-Ausdruck bestimmt wird, statt aus einer Datenquelle geladen zu werden.

Beispielsweise können wir eine berechnete Tabelle erstellen, die alle Produkte mit einem Stückpreis größer als 3.000 enthält. Hierzu verwenden wir einen Tabellenausdruck wie den folgenden:

```
ExpensiveProducts =
FILTER (
    'Product',
    'Product'[Unit Price] > 3000
)
```

Berechnete Tabellen sind in Power BI und Analysis Services verfügbar, nicht jedoch in Power Pivot für Excel (Stand 2019). Je häufiger Sie Tabellenfunktionen verwenden, desto öfter werden Sie sie nutzen, um komplexere Datenmodelle mithilfe berechneter Tabellen und/oder komplexer Tabellenausdrücke innerhalb Ihrer Measures zu erstellen.

Einführung in die *EVALUATE*-Syntax

Abfragetools wie DAX Studio sind für die Erstellung komplexer Tabellenausdrücke ausgesprochen nützlich. Hier stoßen wir auf eine häufig verwendete Anweisung, mit der das Ergebnis eines Tabellenausdrucks geprüft werden kann: *EVALUATE*.

```
EVALUATE
FILTER (
    'Product',
    'Product'[Unit Price] > 3000
)
```

Sie können die obige DAX-Abfrage in jedem Tool ausführen, das die Ausführung von DAX-Abfragen unterstützt: DAX Studio, Microsoft Excel, SQL Server Management Studio, Reporting Services usw. Eine DAX-Abfrage ist ein DAX-Ausdruck, der eine Tabelle zurückgibt, die dann mit *EVALUATE* ausgewertet wird. *EVALUATE* hat eine komplexe Syntax, die wir in Kapitel 13 ausführlich behandeln werden. An dieser Stellen präsentieren wir nur die gebräuchlichere *EVALUATE*-Syntax, die wie folgt lautet:

```
[DEFINE { MEASURE <tableName>[<name>] = <expression> }]
EVALUATE <table>
[ORDER BY {<expression> [{ASC | DESC}]} [, …]]
```

Der erste *DEFINE MEASURE*-Teil kann praktisch sein, um Measures zu definieren, die lokal für die Abfrage sind. In jedem Fall ist er nützlich beim Debuggen von Formeln, denn wir können ein lokales Measure definieren, es testen und dann den Code im Modell bereitstellen, sobald er sich erwartungskonform verhält. Der größte Teil der Syntax ist optional. Tatsächlich ruft die einfachste erstellbare Abfrage alle Zeilen und Spalten aus einer vorhandenen Tabelle ab (Abbildung 3.1):

```
EVALUATE 'Product'
```

```
1 EVALUATE 'Product'
```

Results

ProductKey	Product Code	Product Name	Manufacturer	Brand	Color
1707	0702001	MGS Dal of Honor Airbor...	Tailspin Toys	Tailspin Toys	Silver
1708	0702002	MGS Collector's M160	Tailspin Toys	Tailspin Toys	Black
1709	0702003	MGS Gears of War M170	Tailspin Toys	Tailspin Toys	Blue
1710	0702004	MGS Age of Empires III: T...	Tailspin Toys	Tailspin Toys	Silver
1711	0702005	MGS Age of Empires III: T...	Tailspin Toys	Tailspin Toys	Black
1712	0702006	MGS Flight Simulator X A...	Tailspin Toys	Tailspin Toys	Silver

Abbildung 3.1 Ergebnis der Abfrageausführung in DAX Studio

Die *ORDER BY*-Klausel steuert die Sortierreihenfolge:

```
EVALUATE
FILTER (
    'Product',
    'Product'[Unit Price] > 3000
)
ORDER BY
    'Product'[Color],
    'Product'[Brand] ASC,
    'Product'[Class] DESC
```

Bitte beachten Sie, dass die in einem Modell definierte Eigenschaft »Nach Spalte sortieren« die Sortierreihenfolge in einer DAX-Abfrage nicht beeinflusst. Die von *EVALUATE* angegebene Sortierreihenfolge kann nur Spalten verwenden, die im Ergebnis enthalten sind. Daher sollte ein Client, der eine dynamische DAX-Abfrage generiert, die Eigenschaft »Nach Spalte sortieren« aus den Metadaten eines Modells auslesen, die Spalte für die Sortierreihenfolge in die Abfrage aufnehmen und dann eine entsprechende *ORDER BY*-Bedingung erzeugen.

EVALUATE an sich ist keine leistungsstarke Anweisung. Die Leistungsfähigkeit der Abfrage ergibt sich in DAX erst aus der Möglichkeit, die vielen Tabellenfunktionen zu nutzen, die die Sprache bietet. In den nächsten Abschnitten erfahren Sie, wie Sie mit verschiedenen Tabellenfunktionen und deren Kombination fortgeschrittene Berechnungen erstellen können.

FILTER verstehen

Nach dieser allgemeinen Einführung wollen wir nun die grundlegenden Tabellenfunktionen genauer unter die Lupe nehmen. Tatsächlich können Sie durch die Kombination und Verschachtelung dieser Grundfunktionen bereits viele leistungsstarke Ausdrücke berechnen. Die erste Funktion, die Sie erlernen, ist *FILTER*. Die Syntax von *FILTER* sieht wie folgt aus:

```
FILTER ( <tabelle>, <bedingung> )
```

FILTER nimmt also eine Tabelle und eine logische Bedingung als Parameter entgegen. Daraufhin gibt *FILTER* alle Zeilen zurück, die die Bedingung erfüllen. *FILTER* ist gleichzeitig eine Tabellenfunktion und ein Iterator. Um ein Ergebnis zurückzugeben, wird die Tabelle durchsucht, indem die Bedingung Zeile für Zeile ausgewertet wird. Anders ausgedrückt iteriert die Funktion über die Tabelle.

Die folgende berechnete Tabelle gibt beispielsweise die Produkte von Fabrikam zurück (»Fabrikam« ist eine fiktive Marke).

```
FabrikamProducts =
FILTER (
    'Product',
    'Product'[Brand] = "Fabrikam"
)
```

FILTER wird häufig verwendet, um die Anzahl der Zeilen in Iterationen zu verringern. Wenn ein Entwickler beispielsweise den Umsatz für die roten Produkte berechnen möchte, kann er ein Measure wie das folgende erstellen:

```
RedSales :=
SUMX (
    FILTER (
        Sales,
        RELATED ( 'Product'[Color] ) = "Red"
    ),
    Sales[Quantity] * Sales[Net Price]
)
```

Sie sehen das Ergebnis zusammen mit dem Gesamtumsatz in Abbildung 3.2.

Category	Sales Amount	RedSales
Audio	384,518.16	33,123.82
Cameras and camcorders	7,192,581.95	1,514.39
Cell phones	1,604,610.26	38,227.47
Computers	6,741,548.73	240,222.29
Games and Toys	360,652.81	19,938.31
Home Appliances	9,600,457.04	770,373.33
Music, Movies and Audio Books	314,206.74	6,702.49
TV and Video	4,392,768.29	
Total	**30,591,343.98**	**1,110,102.10**

Abbildung 3.2 *RedSales* zeigt den Umsatzbetrag ausschließlich für die roten Produkte an.

Das Measure *RedSales* iteriert über eine Teilmenge der Tabelle *Sales*, nämlich die Menge der Umsätze, die mit roten Produkten generiert wurden. *FILTER* fügt den bestehenden Bedingungen eine weitere hinzu. So zeigt *RedSales* in der Zeile »Audio« beispielsweise den Umsatz für Produkte an, die sowohl der Kategorie »Audio« angehören als auch rot sind.

Sie können *FILTER*-Funktionen in andere *FILTER*-Funktionen verschachteln. Normalerweise führt die Verschachtelung zweier Filter zum gleichen Ergebnis wie die Kombination der Bedingungen der beiden *FILTER*-Funktionen mit einer *AND*-Funktion. Mit anderen Worten ergeben die folgenden beiden Abfragen das gleiche Ergebnis:

```
FabrikamHighMarginProducts =
FILTER (
    FILTER (
        'Product',
        'Product'[Brand] = "Fabrikam"
    ),
    'Product'[Unit Price] > 'Product'[Unit Cost] * 3
)

FabrikamHighMarginProducts =
FILTER (
    'Product',
    AND (
        'Product'[Brand] = "Fabrikam",
        'Product'[Unit Price] > 'Product'[Unit Cost] * 3
    )
)
```

Allerdings kann die Performance bei großen Tabellen je nach Selektivität der Bedingungen unterschiedlich sein. Ist eine Bedingung selektiver als die andere, dann gilt es als Best Practice, zuerst die selektivste Bedingung anzuwenden, wobei man sich einer verschachtelten *FILTER*-Funktion bedient.

Wenn beispielsweise die Marke Fabrikam ein sehr umfangreiches Sortiment hätte, aber nur wenige dieser Produkte einen Preis hätten, der das Dreifache der Fertigungskosten übersteigt, dann würde die folgende Abfrage den Filter über *Unit Price* (Stückpreis) und *Unit Cost* (Stückkosten) im innersten *FILTER* anwenden. Hierbei wendet die Formel zunächst den restriktivsten Filter an, um die Anzahl der Iterationen zu reduzieren, die zur Überprüfung der Marke erforderlich sind:

```
FabrikamHighMarginProducts =
FILTER (
    FILTER (
        'Product',
        'Product'[Unit Price] > 'Product'[Unit Cost] * 3
    ),
    'Product'[Brand] = "Fabrikam"
)
```

Mit *FILTER* kann ein Entwickler Code erzeugen, der nicht nur leichter zu lesen, sondern auch langfristig einfacher zu pflegen ist. Stellen Sie sich zum Beispiel vor, Sie müssten die Anzahl der roten Produkte berechnen. Ohne Tabellenfunktionen könnte eine mögliche Implementierung wie folgt aussehen:

```
NumOfRedProducts :=
SUMX (
    'Product',
    IF ( 'Product'[Color] = "Red", 1, 0 )
)
```

Das innere *IF* gibt je nach Farbe des Produkts entweder 1 oder 0 zurück, und die Summierung dieses Ausdrucks ergibt die Anzahl der roten Produkte. Das funktioniert zwar, ist aber etwas knifflig. Eine bessere Umsetzung desselben Measures ist die folgende:

```
NumOfRedProducts :=
COUNTROWS (
    FILTER ( 'Product', 'Product'[Color] = "Red" )
)
```

Dieser letzte Ausdruck zeigt besser, was der Entwickler erhalten wollte. Darüber hinaus ist der Code nicht nur für den Menschen besser lesbar, sondern der DAX-Optimierer kann die Absicht auch besser verstehen. So kann der Optimierer einen besseren Abfrageplan erstellen, was wiederum zu einer besseren Performance führt.

Einführung in *ALL* und *ALLEXCEPT*

Im obigen Abschnitt haben Sie *FILTER* kennengelernt – eine ausgesprochen nützliche Funktion, wenn wir die Anzahl der Zeilen in einer Tabelle einschränken wollen. Manchmal aber wollen wir das genaue Gegenteil tun, das heißt, wir wollen die Anzahl der zu berücksichtigenden Zeilen für eine bestimmte Berechnung erweitern. DAX bietet eine Reihe von Funktionen, die genau für diesen Zweck entwickelt wurden: *ALL*, *ALLEXCEPT*, *ALLCROSSFILTERED*, *ALLNOBLANKROW* und *ALLSELECTED*. In diesem Abschnitt lernen Sie zunächst *ALL* und *ALLEXCEPT* kennen. Die beiden letztgenannten Funktionen werden im weiteren Verlauf dieses Kapitels beschrieben, und *ALLCROSSFILTERED* wird in Kapitel 14, »Fortgeschrittene DAX-Konzepte«, vorgestellt.

ALL gibt abhängig von den verwendeten Parametern alle Zeilen einer Tabelle oder alle Werte einer oder mehrerer Spalten zurück. Der folgende DAX-Ausdruck beispielsweise gibt eine berechnete Tabelle *ProductCopy* zurück, die eine Kopie aller Zeilen der Tabelle *Product* enthält:

```
ProductCopy = ALL ( 'Product' )
```

ALL ist in einer berechneten Tabelle nicht notwendig, da es keine Berichtsfilter gibt, die diese Funktion beeinflussen könnten. In Measures dagegen ist _ALL_ jedoch nützlich, wie Sie in den kommenden Beispielen sehen werden.

ALL ist ausgesprochen nützlich, wenn es darum geht, Prozentsätze oder Verhältnisse zu berechnen, denn es ignoriert die Filter, die durch einen Bericht automatisch eingesetzt werden. Stellen Sie sich vor, wir bräuchten einen Bericht wie den in Abbildung 3.3 gezeigten, der in derselben

Zeile sowohl den Umsatzbetrag als auch den prozentualen Anteil des angegebenen Betrags an der Gesamtsumme zeigt.

Category	Sales Amount	Sales Pct
Audio	384,518.16	1.26%
Cameras and camcorders	7,192,581.95	23.51%
Cell phones	1,604,610.26	5.25%
Computers	6,741,548.73	22.04%
Games and Toys	360,652.81	1.18%
Home Appliances	9,600,457.04	31.38%
Music, Movies and Audio Books	314,206.74	1.03%
TV and Video	4,392,768.29	14.36%
Total	**30,591,343.98**	**100.00%**

Abbildung 3.3 Der Bericht zeigt die Umsatzbeträge und die jeweiligen Prozentsätze bezogen auf die Gesamtsumme.

Das Measure *Sales Amount* berechnet einen Wert, indem es über die Tabelle *Sales* iteriert und die Multiplikation von *Sales[Quantity]* mit *Sales[NetPrice]* durchführt:

```
Sales Amount :=
SUMX (
    Sales,
    Sales[Quantity] * Sales[Net Price]
)
```

Zur Berechnung des Prozentsatzes teilen wir den Umsatzbetrag durch die Gesamtsumme. Daher muss die Formel den Umsatzgesamtbetrag berechnen, auch wenn der Bericht gezielt eine bestimmte Kategorie ausfiltert. Dies lässt sich durch die *ALL*-Funktion erreichen. Das folgende Measure generiert nämlich diesen Gesamtumsatzbetrag – und zwar unabhängig davon, welcher Filter auf den Bericht angewendet wird:

```
All Sales Amount :=
SUMX (
    ALL ( Sales ),
    Sales[Quantity] * Sales[Net Price]
)
```

In der Formel haben wir den Verweis auf *Sales* durch *ALL (Sales)* ersetzt und die Funktion *ALL* somit sinnvoll eingesetzt. Nun können wir den Prozentsatz durch eine einfache Division berechnen:

```
Sales Pct := DIVIDE ( [Sales Amount], [All Sales Amount] )
```

Abbildung 3.4 zeigt das Ergebnis der drei Measures gemeinsam.

Der Parameter von *ALL* darf kein Tabellenausdruck sein. Er muss vielmehr entweder ein Tabellenname oder eine Liste mit Spaltennamen sein. Sie haben bereits gelernt, was *ALL* mit einer Tabelle anfängt. Wie aber sieht das Ergebnis aus, wenn wir stattdessen eine Spalte verwenden? Nun, in diesem Fall gibt *ALL* alle eindeutigen Werte der Spalte in der gesamten Tabelle zurück. Die berechnete Tabelle *Categories* wird auf Grundlage der Spalte *Category* der Tabelle *Product* erstellt:

```
Categories = ALL ( 'Product'[Category] )
```

Category	Sales Amount	All Sales Amount	Sales Pct
Audio	384,518.16	30,591,343.98	1.26%
Cameras and camcorders	7,192,581.95	30,591,343.98	23.51%
Cell phones	1,604,610.26	30,591,343.98	5.25%
Computers	6,741,548.73	30,591,343.98	22.04%
Games and Toys	360,652.81	30,591,343.98	1.18%
Home Appliances	9,600,457.04	30,591,343.98	31.38%
Music, Movies and Audio Books	314,206.74	30,591,343.98	1.03%
TV and Video	4,392,768.29	30,591,343.98	14.36%
Total	**30,591,343.98**	**30,591,343.98**	**100.00%**

Abbildung 3.4 Das Measure *All Sales Amount* generiert immer die Gesamtsumme als Ergebnis.

Abbildung 3.5 zeigt das Ergebnis der berechneten Tabelle *Categories*.

Category
Audio
Cameras and camcorders
Cell phones
Computers
Games and Toys
Home Appliances
Music, Movies and Audio Books
TV and Video

Abbildung 3.5 *ALL* mit einer Spalte erzeugt eine Liste mit den eindeutigen Werten dieser Spalte.

Wir können mehrere Spalten aus derselben Tabelle in den Parametern der *ALL*-Funktion angeben. In diesem Fall gibt *ALL* alle vorhandenen Wertekombinationen aus diesen Spalten zurück. Beispielsweise erhalten wir die Liste aller Kategorien und Unterkategorien, indem wir die Spalte *Product[Subcategory]* zur Werteliste hinzufügen. Am Ende steht das in Abbildung 3.6 gezeigte Ergebnis:

```
Categories =
ALL (
    'Product'[Category],
    'Product'[Subcategory]
)
```

Bei allen Variationen ignoriert *ALL* bei der Generierung des Ergebnisses jeglichen vorhandenen Filter. Wir können *ALL* als Argument einer Iterationsfunktion wie etwa *SUMX* oder *FILTER* oder als Filterargument in einer *CALCULATE*-Funktion verwenden. Die Funktion *CALCULATE* lernen Sie in Kapitel 5 kennen.

Wenn wir die meisten, aber nicht alle Spalten einer Tabelle in einen *ALL*-Funktionsaufruf aufnehmen wollen, können wir als Alternative *ALLEXCEPT* verwenden. Die Syntax von *ALLEXCEPT* spezifiziert eine Tabelle, gefolgt von den Spalten, die wir *ausschließen* wollen. *ALLEXCEPT* gibt daher eine Tabelle mit einer eindeutigen Liste vorhandener Wertekombinationen in den *anderen* Spalten der Tabelle zurück.

Category	Subcategory
Audio	Bluetooth Headphones
Audio	MP4&MP3
Audio	Recording Pen
Cameras and camcorders	Camcorders
Cameras and camcorders	Cameras & Camcorders Accessories
Cameras and camcorders	Digital Cameras
Cameras and camcorders	Digital SLR Cameras
Cell phones	Cell phones Accessories
Cell phones	Home & Office Phones
Cell phones	Smart phones & PDAs
Cell phones	Touch Screen Phones

Abbildung 3.6 Die Liste enthält die eindeutigen für Kategorie und Unterkategorie vorhandenen Werte.

ALLEXCEPT ist eine Möglichkeit, einen DAX-Ausdruck zu schreiben, der automatisch auch alle künftig der Tabelle hinzugefügten Spalten in das Ergebnis einbezieht. Wenn wir beispielsweise eine Tabelle *Product* mit den fünf Spalten *ProductKey*, *Product Name*, *Brand*, *Class* und *Color* haben, liefern die beiden folgenden Ausdrücke das gleiche Ergebnis:

```
ALL ( 'Product'[Product Name], 'Product'[Brand], 'Product'[Class] )
ALLEXCEPT ( 'Product', 'Product'[ProductKey], 'Product'[Color] )
```

Fügen wir jedoch später die beiden Spalten *Product[Unit Cost]* und *Product[Unit Price]* hinzu, dann ignoriert das Ergebnis von *ALL* diese, während *ALLEXCEPT* das Äquivalent des Folgenden zurückgibt:

```
ALL (
    'Product'[Product Name],
    'Product'[Brand],
    'Product'[Class],
    'Product'[Unit Cost],
    'Product'[Unit Price]
)
```

Mit anderen Worten: Mit *ALL* deklarieren wir die gewünschten Spalten, während wir mit *ALLEXCEPT* diejenigen Spalten deklarieren, die wir nicht im Ergebnis haben wollen. *ALLEXCEPT* ist vor allem als Parameter von *CALCULATE* in erweiterten Berechnungen nützlich und wird selten bei einfacheren Formeln verwendet. Insofern könnten wir die zugehörige Beschreibung zwar der Vollständigkeit halber hier aufnehmen, doch wird sich Ihnen der Nutzen erst zu einem späteren Zeitpunkt auf Ihrem Lernweg wirklich erschließen.

Übergeordnete und Unterkategorien

Stellen Sie sich exemplarisch für die Verwendung von *ALL* als Tabellenfunktion einmal vor, wir wollten ein Dashboard erstellen, das die Kategorie und die Unterkategorie derjenigen Produkte anzeigt, von denen mehr als doppelt so viel verkauft wurden wie der Durchschnittsumsatz. Um diesen Bericht zu generieren, müssen wir zunächst den durchschnittlichen Umsatz pro Unterkategorie berechnen und nach der Ermittlung dieses Werts diejenigen Unterkategorien aus der Liste abrufen, deren Umsatzbetrag sich mindestens auf das Doppelte dieses Durchschnitts beläuft.

Der folgende Code erzeugt diese Tabelle, und es lohnt sich, sie genauer unter die Lupe zu nehmen, um ein Gefühl für die Leistungsfähigkeit von Tabellenfunktionen und Variablen zu bekommen:

```
BestCategories =
VAR Subcategories =
    ALL ( 'Product'[Category], 'Product'[Subcategory] )
VAR AverageSales =
    AVERAGEX (
        Subcategories,
        SUMX ( RELATEDTABLE ( Sales ), Sales[Quantity] * Sales[Net Price] )
    )
VAR TopCategories =
    FILTER (
        Subcategories,
        VAR SalesOfCategory =
            SUMX ( RELATEDTABLE ( Sales ), Sales[Quantity] * Sales[Net Price] )
        RETURN
            SalesOfCategory >= AverageSales * 2
    )
RETURN
    TopCategories
```

Die erste Variable (*Subcategories*) speichert die Liste aller Kategorien und Unterkategorien. Anschließend berechnet *AverageSales* den Durchschnitt des Verkaufsbetrags für jede Unterkategorie. Zum Abschluss entfernt *TopCategories* aus *Subcategories* diejenigen Unterkategorien, die keinen Umsatzbetrag aufweisen, der größer als der doppelte Wert von *AverageSales* ist.

Das Ergebnis dieser Tabelle ist in Abbildung 3.7 dargestellt.

Category	Subcategory
Cameras and camcorders	Camcorders
Cameras and camcorders	Digital SLR Cameras
Computers	Laptops
Computers	Projectors & Screens
Home Appliances	Washers & Dryers

Abbildung 3.7 Dies sind die meistverkauften Unterkategorien. Hier wurde der Durchschnittswert mehr als doppelt übertroffen.

Wenn Sie *CALCULATE* und Filterkontexte beherrschen, können Sie die gleichen Berechnungen mit einer knapperen und effizienteren Syntax erstellen. Trotzdem können Sie diesem Beispiel bereits entnehmen, wie die Kombination von Tabellenfunktionen zu mächtigen Ergebnissen führen kann, die für Dashboards und Berichte nützlich sind.

VALUES, DISTINCT und die leere Zeile verstehen

Im vorangegangenen Abschnitt haben Sie gesehen, dass *ALL*, wenn es mit einer Spalte verwendet wird, eine Tabelle mit allen eindeutigen Werten zurückgibt. DAX stellt zwei weitere ähnliche Funktionen zur Verfügung, die eine Liste mit eindeutigen Werten für eine Spalte zurückgeben: *VALUES* und *DISTINCT*. Diese beiden Funktionen sehen fast identisch aus, der einzige Unterschied besteht darin, wie sie mit der Leerzeile umgehen, die in einer Tabelle vorhanden sein kann. Sie werden später in diesem Abschnitt mehr über diese optionale Leerzeile erfahren. Zuerst wollen wir uns aber genauer ansehen, was diese beiden Funktionen leisten.

ALL gibt immer alle eindeutigen Werte einer Spalte zurück. *VALUES* dagegen gibt nur die eindeutigen sichtbaren Werte zurück. Sie können den Unterschied zwischen den Verhaltensweisen erkennen, wenn Sie sich die beiden folgenden Measures ansehen:

```
NumOfAllColors := COUNTROWS ( ALL ( 'Product'[Color] ) )
NumOfColors := COUNTROWS ( VALUES ( 'Product'[Color] ) )
```

NumOfAllColors (Anzahl aller Farben) zählt alle Farben in der Tabelle *Product*, während *NumOfColors* (Anzahl der Farben) nur die Farben zählt, die nach der Filterung im Bericht tatsächlich sichtbar sind. Das Ergebnis dieser beiden Measures, aufgeschlüsselt nach Kategorien, ist in Abbildung 3.8 zu sehen.

Category	NumOfColors	NumOfAllColors
Audio	10	16
Cameras and camcorders	14	16
Cell phones	8	16
Computers	12	16
Games and Toys	11	16
Home Appliances	13	16
Music, Movies and Audio Books	8	16
TV and Video	4	16
Total	**16**	**16**

Abbildung 3.8 Für eine bestimmte Kategorie wird von *VALUES* nur eine Teilmenge der Farben zurückgegeben.

Da der Bericht nach Kategorien gegliedert ist, enthält jede vorhandene Kategorie Produkte mit einigen, aber nicht allen Farben. *VALUES* gibt die eindeutigen Werte einer Spalte zurück, die im aktuellen Filter ausgewertet wurden. Wenn wir *VALUES* oder *DISTINCT* in einer berechneten Spalte oder einer berechneten Tabelle verwenden, dann ist ihr Verhalten identisch mit dem von *ALL*, denn es gibt ja keinen aktiven Filter. Im Gegensatz dazu berechnen diese beiden Funktionen, wenn sie in einem Measure verwendet werden, ihr Ergebnis unter Berücksichtigung der vorhandenen Filter, während *ALL* jeglichen Filter ignoriert.

Wie bereits erwähnt, sind die beiden Funktionen nahezu identisch. An dieser Stelle ist es wichtig zu verstehen, warum *VALUES* und *DISTINCT* zwei Varianten des gleichen Verhaltens sind. Der Unterschied besteht darin, wie sie das Vorhandensein einer leeren Zeile in der Tabelle betrachten. Zunächst müssen Sie verstehen, warum eine leere Zeile in unserer Tabelle auftauchen könnte, sofern wir sie nicht explizit erstellen.

Es ist nämlich so, dass die Engine automatisch eine leere Zeile in jeder Tabelle erstellt, die sich auf der 1-Seite einer Beziehung befindet, sofern diese Beziehung ungültig ist. Zur Veranschaulichung dieses Verhaltens haben wir alle silberfarbenen Produkte aus der Tabelle *Product* entfernt. Da es anfangs 16 verschiedene Farben gab, wir aber eine Farbe entfernt haben, sollte man eigentlich erwarten, dass die Gesamtzahl der Farben nun 15 beträgt. Stattdessen erhalten wir – wie in Abbildung 3.9 gezeigt – ein vollkommen unerwartetes Resultat: *NumOfAllColors* ist nach wie vor 16 und der Bericht enthält oben eine neue Zeile ohne Namen.

Da *Product* auf der 1-Seite einer Beziehung zu *Sales* steht, gibt es für jede Zeile in der Tabelle *Sales* eine zugehörige Zeile in der Tabelle *Product*. Da wir jedoch bewusst alle Produkte einer bestimmten Farbe entfernt haben, gibt es nun eine ganze Reihe von Zeilen in *Sales*, die keine gültige Beziehung zur Tabelle *Product* mehr haben. Beachten Sie, dass wir keine Zeile aus *Sales* entfernt haben, sondern lediglich eine Farbe (mit der erklärten Absicht, die Beziehung zu durchbrechen).

Category	NumOfColors	NumOfAllColors
	1	16
Audio	9	16
Cameras and camcorders	13	16
Cell phones	7	16
Computers	11	16
Games and Toys	10	16
Home Appliances	12	16
Music, Movies and Audio Books	7	16
TV and Video	3	16
Total	**16**	**16**

Abbildung 3.9 Die erste Zeile enthält einen leeren Wert für die Kategorie. Die Gesamtzahl der Farben beträgt 16 statt 15.

Um dafür zu sorgen, dass diese Zeilen bei allen Berechnungen berücksichtigt werden, fügt die Engine der Tabelle *Product* automatisch eine Zeile hinzu, die in allen Spalten leer ist. Alle verwaisten Zeilen in *Sales* sind mit dieser neuen leeren Zeile verknüpft.

In der Tabelle *Product* wird nur eine einzige Leerzeile hinzugefügt, obwohl mehrere verschiedene Produkte, die in der Tabelle *Sales* referenziert werden, keinen entsprechenden *ProductKey* mehr in der Tabelle *Product* aufweisen.

Sie sehen in Abbildung 3.9, dass die erste Zeile einen Leerwert für *Category* enthält und für eine Farbe steht. Die Zahl entstammt einer Zeile, die leere Werte für Kategorie, Farbe und alle Spalten der Tabelle enthält. Sie werden diese Zeile nicht sehen, wenn Sie die Tabelle überprüfen, da es sich um eine automatisch erstellte Zeile handelt, die beim Laden des Datenmodells angelegt wird. Wenn die Beziehung irgendwann wieder gültig wird – weil Sie die silberfarbenen Produkte wieder hinzufügen –, dann wird die leere Zeile aus der Tabelle entfernt.

Bestimmte Funktionen in DAX berücksichtigen die Leerzeile in ihrem Ergebnis, andere nicht. Es ist konkret die Funktion *VALUES*, die die leere Zeile als gültig wertet und sie zurückgibt. Im Gegensatz dazu tut *DISTINCT* genau dies nicht. Sie erkennen den Unterschied, wenn Sie sich das folgende neue Measure ansehen, das die Farben mit *DISTINCT* anstelle von *VALUES* zählt:

```
NumOfDistinctColors := COUNTROWS ( DISTINCT ( 'Product'[Color] ) )
```

Abbildung 3.10 zeigt das Ergebnis.

Category	NumOfColors	NumOfDistinctColors	NumOfAllColors
	1		16
Audio	9	9	16
Cameras and camcorders	13	13	16
Cell phones	7	7	16
Computers	11	11	16
Games and Toys	10	10	16
Home Appliances	12	12	16
Music, Movies and Audio Books	7	7	16
TV and Video	3	3	16
Total	**16**	**15**	**16**

Abbildung 3.10 *NumOfDistinctColors* zeigt einen leeren Wert für die Leerzeile an, und die Gesamtzahl der Farben beträgt 15.

Ein gut durchdachtes Modell sollte keine ungültigen Beziehungen aufweisen. Wenn Ihr Modell also perfekt ist, dann geben die beiden Funktionen immer die gleichen Werte zurück. Wenn Sie es jedoch mit ungültigen Beziehungen zu tun haben, müssen Sie sich dessen bewusst sein, denn sonst erstellen Sie am Ende möglicherweise falsche Berechnungen. Stellen Sie sich beispielsweise vor, wir wollten den durchschnittlichen Umsatz pro Produkt berechnen. Eine mögliche Lösung besteht darin, den Gesamtumsatz zu berechnen und ihn dann durch die Anzahl der Produkte zu teilen. Der Code hierfür könnte so aussehen:

```
AvgSalesPerProduct :=
DIVIDE (
    SUMX (
        Sales,
        Sales[Quantity] * Sales[Net Price]
    ),
    COUNTROWS (
        VALUES ( 'Product'[Product Code] )
    )
)
```

Abbildung 3.11 zeigt das Ergebnis. Es ist offensichtlich falsch, denn die erste Zeile ist eine abwegig große Zahl.

Category	AvgSalesPerProduct
	6,798,560.86
Audio	2,959.80
Cameras and camcorders	18,954.27
Cell phones	5,522.99
Computers	9,903.37
Games and Toys	2,242.14
Home Appliances	14,611.76
Music, Movies and Audio Books	3,337.06
TV and Video	14,698.67
Total	**14,560.37**

Abbildung 3.11 Die erste Zeile zeigt einen riesigen Wert, der für eine Kategorie ohne Namen ermittelt wurde.

Der in der ersten Zeile erscheinende Wert, bei dem *Category* leer ist, entspricht dem Umsatz für alle silberfarbenen Produkte, die aber gar nicht mehr in der Tabelle *Product* vorhanden sind. Diese Leerzeile enthält also alle Produkte, die silberfarben sind und sich nicht mehr in der Tabelle *Product* befinden. Der Zähler von *DIVIDE* bezieht also den Gesamtumsatz der Silberprodukte ein. Vom Nenner von *DIVIDE* wird dagegen eine einzelne, von *VALUES* zurückgegebene Leerzeile gezählt. Auf diese Weise sind die Umsätze für viele in der Tabelle *Sales* referenzierten, in der Tabelle *Product* aber gar nicht vorhandenen Produkte in einem einzigen Produkt zusammengeführt, das zudem gar nicht existiert (denn die Zeile ist ja leer). So entsteht dieser riesige Wert. Hier liegt das Problem in der ungültigen Beziehung, nicht in der Formel selbst. Im Grunde genommen ist es sogar vollkommen egal, was für eine Formel wir erstellen, denn in der Tabelle *Sales* gibt es viele Produktumsätze, für die in der Datenbank keine Informationen vorhanden sind. Dennoch ist es sinnvoll, sich anzusehen, in welcher Weise verschiedene Formulierungen derselben Berechnung unterschiedliche Ergebnisse liefern. Betrachten Sie diese beiden anderen Varianten:

```
AvgSalesPerDistinctProduct :=
DIVIDE (
    SUMX ( Sales, Sales[Quantity] * Sales[Net Price] ),
    COUNTROWS ( DISTINCT ( 'Product'[Product Code] ) )
)

AvgSalesPerDistinctKey :=
DIVIDE (
    SUMX ( Sales, Sales[Quantity] * Sales[Net Price] ),
    COUNTROWS ( VALUES ( Sales[ProductKey] ) )
)
```

In der ersten Variante haben wir *DISTINCT* anstelle von *VALUES* verwendet. *COUNTROWS* gibt daher einen leeren Wert zurück, weswegen das Ergebnis leer ist. In der zweiten Variante haben wir *VALUES* zwar noch verwendet, aber diesmal zählen wir die Anzahl von *Sales[ProductKey]*.

Beachten Sie, dass es viele verschiedene Werte für *Sales[ProductKey]* gibt, die sich alle auf dieselbe leere Zeile beziehen. Das Ergebnis sehen Sie in Abbildung 3.12.

Category	AvgSalesPerProduct	AvgSalesPerDistinctProduct	AvgSalesPerDistinctKey
	6,798,560.86		18,474.35
Audio	2,959.80	2,959.80	3,634.18
Cameras and camcorders	18,954.27	18,954.27	20,786.51
Cell phones	5,522.99	5,522.99	6,163.00
Computers	9,903.37	9,903.37	11,416.98
Games and Toys	2,242.14	2,242.14	2,386.79
Home Appliances	14,611.76	14,611.76	16,238.64
Music, Movies and Audio Books	3,337.06	3,337.06	3,883.12
TV and Video	14,698.67	14,698.67	16,687.96
Total	**14,560.37**	**14,567.31**	**13,687.40**

Abbildung 3.12 Bei ungültigen Beziehungen sind die Measures höchstwahrscheinlich falsch – und zwar jedes auf seine Weise.

Es ist interessant zu bemerken, dass *AvgSalesPerDistinctKey* die einzige korrekte Berechnung ist. Da die Aufschlüsselung nach *Category* erfolgte, gab es in jeder Kategorie eine andere Zahl ungültiger Produktschlüssel, und diese landeten samt und sonders in der einen leeren Zeile.

Der richtige Ansatz müsste jedoch darin bestehen, die Beziehung so zu reparieren, dass kein Umsatz mehr ohne zugehöriges Produkt vorhanden ist. Die Faustregel besagt also: Weg mit allen ungültigen Beziehungen im Modell! Demzufolge müssen Sie, wenn Sie aus irgendeinem Grund ungültige Beziehungen haben, äußerst vorsichtig im Umgang mit der leeren Zeile sein und stets beachten, wie sich ihr Vorhandensein auf Ihre Berechnungen auswirken könnte.

Ein Letztes: Beachten Sie, dass die *ALL*-Funktion immer die leere Zeile zurückgibt, sofern diese vorhanden ist. Falls Sie die leere Zeile aus dem Ergebnis entfernen müssen, dann sollten Sie alternativ die Funktion *ALLNOBLANKROW* verwenden.

VALUES bei mehreren Spalten

Die Funktionen *VALUES* und *DISTINCT* nehmen nur eine einzelne Spalte als Parameter entgegen. Anders als etwa bei *ALL* und *ALLNOBLANKROW* gibt es für zwei oder mehr Spalten kein entsprechendes Gegenstück. Für den Fall, dass wir die eindeutigen sichtbaren Kombinationen von Werten aus verschiedenen Spalten erhalten müssen, hilft uns *VALUES* nicht weiter. Später in Kapitel 12 werden Sie sehen, dass

```
VALUES ( 'Product'[Category], 'Product'[Subcategory] )
```

durch folgende Formulierung umgesetzt werden kann:

```
SUMMARIZE ( 'Product', 'Product'[Category], 'Product'[Subcategory] )
```

Sie werden später noch sehen, dass *VALUES* und *DISTINCT* oft als Parameter von Iteratorfunktionen verwendet werden. Wenn alle Beziehungen gültig sind, treten dabei keine Unterschiede in ihren Ergebnissen auf. In einem solchen Fall müssen Sie, wenn Sie über die Werte einer Spalte iterieren, die leere Zeile als gültige Zeile einbeziehen, damit die Iteration in jedem Fall über *alle* möglichen Werte erfolgt. Grundsätzlich sollten Sie hierzu standardmäßig *VALUES* verwenden und nur dann auf *DISTINCT* ausweichen, wenn Sie den möglichen Leerwert explizit ausschließen möchten. Im weiteren Verlauf dieses Buchs werden Sie auch erfahren, wie Sie *DISTINCT* anstelle von *VALUES* einsetzen können, um Zirkelbezüge zu umgehen. Dies werden wir in Kapitel 15, »Fortgeschrittener Umgang mit Beziehungen«, behandeln.

VALUES und *DISTINCT* nehmen auch eine Tabelle als Argument entgegen. In diesem Fall zeigen sie ein jeweils unterschiedliches Verhalten:

- *DISTINCT* gibt die eindeutigen Werte der Tabelle zurück, ohne die leere Zeile zu berücksichtigen. Doppelt vorhandene Zeilen werden aus dem Ergebnis entfernt.
- *VALUES* gibt alle Zeilen der Tabelle zurück, ohne Duplikate zu entfernen. Ebenfalls enthalten ist ggf. eine vorhandene leere Zeile. Doppelt vorhandene Zeilen werden in diesem Fall nicht angerührt.

Tabellen als skalare Werte verwenden

Zwar ist *VALUES* eine Tabellenfunktion, doch verwenden wir sie oft zur Berechnung skalarer Werte. Das liegt an einer Besonderheit in DAX: Eine Tabelle mit je einer einzigen Zeile und Spalte kann so verwendet werden, als wäre sie ein skalarer Wert. Angenommen, wir erstellen einen Bericht wie den in Abbildung 3.13 dargestellten, der eine Anzahl von Marken nach Kategorie und Unterkategorie aufschlüsselt.

Category	NumOfBrands
Audio	**3**
Bluetooth Headphones	2
MP4&MP3	1
Recording Pen	1
Cameras and camcorders	**3**
Camcorders	1
Cameras & Camcorders Accessories	1
Digital Cameras	1
Digital SLR Cameras	3
Cell phones	**2**
Cell phones Accessories	1

Abbildung 3.13 Der Bericht zeigt die Anzahl der für jede Kategorie und Unterkategorie vorhandenen Marken.

Zudem sollen die Namen der Marken neben der jeweiligen Anzahl angegeben sein. Eine mögliche Lösung bietet *VALUES*. Hiermit könnten sich die verschiedenen Marken abrufen lassen, wobei keine Zählung erfolgt, sondern der jeweilige Wert zurückgegeben wird. Dies ist allerdings nur in dem speziellen Fall möglich, dass es nur einen Wert für die Marke gibt. Hierbei könnten Sie das Ergebnis von *VALUES* zurückgeben, woraufhin DAX es automatisch in einen skalaren Wert umwandelt. Um sicherzustellen, dass es nur eine Marke gibt, muss man den Code mit einer *IF*-Anweisung schützen:

```
Brand Name :=
IF (
    COUNTROWS ( VALUES ( Product[Brand] ) ) = 1,
    VALUES ( Product[Brand] )
)
```

Sie sehen das Ergebnis in Abbildung 3.14. Wenn die Spalte *Brand Name* einen Leerwert enthält, bedeutet dies, dass mindestens zwei verschiedene Marken vorhanden sind.

Category	NumOfBrands	Brand Name
Audio	**3**	
Bluetooth Headphones	2	
MP4&MP3	1	Contoso
Recording Pen	1	Wide World Importers
Cameras and camcorders	**3**	
Camcorders	1	Fabrikam
Cameras & Camcorders Accessories	1	Contoso
Digital Cameras	1	A. Datum
Digital SLR Cameras	3	
Cell phones	**2**	
Cell phones Accessories	1	Contoso

Abbildung 3.14 Wenn *VALUES* eine einzelne Zeile zurückgibt, können wir sie wie etwa im Measure *Brand Name* als skalaren Wert verwenden.

Das Measure *Brand Name* überprüft mithilfe von *COUNTROWS*, ob die Spalte *Color* in der Tabelle *Products* nur genau einen ausgewählten Wert enthält. Da dieses Muster in DAX-Code häufig verwendet wird, gibt es eine einfachere Funktion, um zu prüfen, ob eine Spalte nur einen sichtbaren Wert hat: *HASONEVALUE*. Im Folgenden wird eine bessere Umsetzung des Measures *Brand Name* auf Grundlage von *HASONEVALUE* gezeigt:

```
Brand Name :=
IF (
    HASONEVALUE ( 'Product'[Brand] ),
    VALUES ( 'Product'[Brand] )
)
```

Um den Entwicklern das Leben zu erleichtern, bietet DAX außerdem eine Funktion, die automatisch prüft, ob eine Spalte einen Einzelwert enthält, und diesen ggf. als Skalar zurückgibt. Sind mehrere Werte vorhanden, dann ist es auch möglich, einen Standardwert zu definieren, der zurückgegeben wird. Diese Funktion heißt *SELECTEDVALUE*. Das obige Measure kann auch wie folgt definiert werden:

```
Brand Name := SELECTEDVALUE ( 'Product'[Brand] )
```

Durch Einbindung des zweiten optionalen Arguments kann man eine Meldung ausgeben, die besagt, dass das Ergebnis mehrere Ergebnisse enthält:

```
Brand Name := SELECTEDVALUE ( 'Product'[Brand], "Multiple brands" )
```

Das Ergebnis dieses letzten Measures ist in Abbildung 3.15 dargestellt.

Category	NumOfBrands	Brand Name
Audio	**3**	**Multiple brands**
Bluetooth Headphones	2	Multiple brands
MP4&MP3	1	Contoso
Recording Pen	1	Wide World Importers
Cameras and camcorders	**3**	**Multiple brands**
Camcorders	1	Fabrikam
Cameras & Camcorders Accessories	1	Contoso
Digital Cameras	1	A. Datum
Digital SLR Cameras	3	Multiple brands
Cell phones	**2**	**Multiple brands**
Cell phones Accessories	1	Contoso

Abbildung 3.15 *SELECTEDVALUE* gibt einen Standardwert zurück, falls es mehrere Zeilen für die Spalte *Brand Name* gibt.

Wie aber gehen wir vor, wenn wir, anstatt eine Nachricht wie »Mehrere Marken« zurückzugeben, alle Marken auflisten möchten? In diesem Fall besteht die Möglichkeit, per *VALUES* über die Werte von *Product[Brand]* zu iterieren und die Funktion *CONCATENATEX* zu verwenden, die auch bei mehreren Werten ein gutes Ergebnis liefert:

```
[Brand Name] :=
CONCATENATEX (
    VALUES ( 'Product'[Brand] ),
    'Product'[Brand],
    ", "
)
```

Nun enthält das Ergebnis anstelle der allgemein gehaltenen Meldung die einzelnen Marken, die durch Kommata getrennt sind (Abbildung 3.16).

Category	NumOfBrands	Brand Name
Audio	**3**	**Contoso, Wide World Importers, Northwind Traders**
Bluetooth Headphones	2	Wide World Importers, Northwind Traders
MP4&MP3	1	Contoso
Recording Pen	1	Wide World Importers
Cameras and camcorders	**3**	**Contoso, Fabrikam, A. Datum**
Camcorders	1	Fabrikam
Cameras & Camcorders Accessories	1	Contoso
Digital Cameras	1	A. Datum
Digital SLR Cameras	3	Contoso, Fabrikam, A. Datum
Cell phones	**2**	**Contoso, The Phone Company**
Cell phones Accessories	1	Contoso

Abbildung 3.16 *CONCATENATEX* erstellt Strings aus Tabellen und verkettet Ausdrücke.

Einführung zu *ALLSELECTED*

Die letzte der grundlegenden Tabellenfunktionen, die an dieser Stelle erläutert werden soll, ist *ALLSELECTED*. Eigentlich ist *ALLSELECTED* eine ziemlich komplexe Tabellenfunktion – wahrscheinlich sogar die komplexeste in DAX. In Kapitel 14 werden wir alle Geheimnisse von *ALLSELECTED* entschleiern. Trotzdem ist *ALLSELECTED* bereits in seiner einfachen Implementierung nützlich, weshalb wir es in diesem einleitenden Kapitel erwähnen wollen.

ALLSELECTED ist praktisch, wenn es darum geht, die Liste der Werte einer Tabelle oder einer Spalte abzurufen, wie sie im aktuellen Bericht sichtbar ist, und dabei alles und nur die Filter außerhalb des gegenwärtig Sichtbaren zu berücksichtigen. Um zu sehen, wann *ALLSELECTED* praktisch eingesetzt werden kann, betrachten wir einmal den Bericht in Abbildung 3.17.

Category
- ☐ Audio
- ☐ Cameras and camcorders
- ☐ Cell phones
- ☐ Computers
- ☐ Games and Toys
- ☐ Home Appliances
- ☐ Music, Movies and Audio Books
- ☐ TV and Video

Category	Sales Amount	Sales Pct
Audio	384,518.16	1.26%
Cameras and camcorders	7,192,581.95	23.51%
Cell phones	1,604,610.26	5.25%
Computers	6,741,548.73	22.04%
Games and Toys	360,652.81	1.18%
Home Appliances	9,600,457.04	31.38%
Music, Movies and Audio Books	314,206.74	1.03%
TV and Video	4,392,768.29	14.36%
Total	**30,591,343.98**	**100.00%**

Abbildung 3.17 Der Bericht enthält eine Matrix und einen Slicer auf derselben Seite.

Der Wert von *Sales Pct* wird durch das folgende Measure berechnet:

```
Sales Pct :=
DIVIDE (
    SUMX ( Sales, Sales[Quantity] * Sales[Net Price] ),
    SUMX ( ALL ( Sales ), Sales[Quantity] * Sales[Net Price] )
)
```

Da der Nenner die Funktion *ALL* verwendet, berechnet er immer die Gesamtsumme aller Umsätze unabhängig von einem ggf. vorhandenen Filter. Folglich berechnet der Bericht auch dann, wenn man die Anzahl der angezeigten Kategorien mit dem Slicer reduziert, den prozentualen Anteil bezogen auf den *gesamten* Umsatz. Abbildung 3.18 zeigt zum Beispiel, was passiert, wenn man mit dem Slicer einige Kategorien auswählt.

Einige Zeilen sind erwartungsgemäß verschwunden, aber die in den übrigen Zeilen ausgewiesenen Beträge sind unverändert geblieben. Außerdem beträgt die Gesamtsumme der Matrix nicht mehr 100 % . Wenn dies nicht das erwartete Ergebnis ist (also der Prozentsatz nicht auf Grundlage der Gesamtumsatzsumme, sondern nur der ausgewählten Werte berechnet werden soll), kommt *ALLSELECTED* ins Spiel.

Category
- [ ] Audio
- [x] Cameras and camcorders
- [x] Cell phones
- [x] Computers
- [x] Games and Toys
- [x] Home Appliances
- [ ] Music, Movies and Audio Books
- [ ] TV and Video

Category	Sales Amount	Sales Pct
Cameras and camcorders	7,192,581.95	23.51%
Cell phones	1,604,610.26	5.25%
Computers	6,741,548.73	22.04%
Games and Toys	360,652.81	1.18%
Home Appliances	9,600,457.04	31.38%
Total	**25,499,850.79**	**83.36%**

Abbildung 3.18 Auch mit *ALL* wird der Prozentsatz bezogen auf die Gesamtumsatzsumme berechnet.

Tatsächlich berechnet, wenn der Code von *Sales Pct* mit *ALLSELECTED* anstelle von *ALL* geschrieben wird, der Nenner den Umsatz aller Kategorien ausschließlich unter Berücksichtigung der Filter außerhalb der Matrix. Er gibt also die Umsätze für alle Kategorien außer »Audio«, »Musik« und »TV« zurück.

```
Sales Pct :=
DIVIDE (
    SUMX ( Sales, Sales[Quantity] * Sales[Net Price] ),
    SUMX ( ALLSELECTED ( Sales ), Sales[Quantity] * Sales[Net Price] )
)
```

Das Ergebnis dieser neuen Version ist in Abbildung 3.19 dargestellt.

Category
- [ ] Audio
- [x] Cameras and camcorders
- [x] Cell phones
- [x] Computers
- [x] Games and Toys
- [x] Home Appliances
- [ ] Music, Movies and Audio Books
- [ ] TV and Video

Category	Sales Amount	Sales Pct
Cameras and camcorders	7,192,581.95	28.21%
Cell phones	1,604,610.26	6.29%
Computers	6,741,548.73	26.44%
Games and Toys	360,652.81	1.41%
Home Appliances	9,600,457.04	37.65%
Total	**25,499,850.79**	**100.00%**

Abbildung 3.19 Mit *ALLSELECTED* wird der Prozentsatz bezogen auf die Umsätze berechnet, wobei nur die äußeren Filter berücksichtigt werden.

Die Summe beträgt nun 100 % , und die Zahlen im Bericht spiegeln den Prozentsatz bezogen auf die sichtbare Gesamtsumme und nicht auf die Gesamtsumme *aller* Umsätze wider. *ALLSELECTED* ist eine leistungsstarke und nützliche Funktion. Leider ist sie aufgrund dessen auch außerordentlich komplex. Erst sehr viel später im Buch werden wir sie vollständig erklären können. Aufgrund dieser Komplexität liefert *ALLSELECTED* zudem manchmal unerwartete Ergebnisse zurück. Mit »unerwartet« meinen wir nicht »falsch«, sondern eher »auch für erfahrene DAX-Entwickler unfassbar schwer nachzuvollziehen«.

In einfachen Formeln wie der hier gezeigten erweist sich *ALLSELECTED* nichtsdestoweniger als ausgesprochen nützlich.

Fazit

Wie Sie in diesem Kapitel gesehen haben, sind bereits die grundlegenden Tabellenfunktionen immens leistungsfähig und ermöglichen es Ihnen so, viele nützliche Berechnungen durchzuführen. *FILTER*, *ALL*, *VALUES* und *ALLSELECTED* sind extrem häufig verwendete Funktionen, die in vielen DAX-Formeln vorkommen.

Es ist besonders wichtig zu lernen, wie Tabellenfunktionen gemischt werden, um das gewünschte Ergebnis zu erzielen, denn dies ermöglicht es Ihnen, auch fortgeschrittene Berechnungen nahtlos durchzuführen. Darüber hinaus erzeugen Tabellenfunktionen, wenn sie gemeinsam mit der leistungsstarken *CALCULATE*-Funktion und Kontextübergängen verwendet werden, kompakte, übersichtliche und performante Berechnungen. In den nächsten Kapiteln stellen wir Ihnen Auswertungskontexte und die genannte *CALCULATE*-Funktion vor. Nachdem Sie *CALCULATE* kennengelernt haben, werden Sie dieses Kapitel wahrscheinlich noch einmal lesen, um Tabellenfunktionen als Parameter von *CALCULATE* verwenden und deren Potenzial so voll ausschöpfen zu können.

KAPITEL 4

Auswertungskontexte verstehen

Bis hierher haben Sie die Grundlagen der DAX-Sprache gelernt. Sie wissen, wie Sie berechnete Spalten und Measures erstellen, und haben ein gutes Verständnis für häufig verwendete DAX-Funktionen entwickelt. In diesem Kapitel nun werden wir uns auf ein höheres Niveau dieser Sprache begeben: Nach dem Erlernen eines soliden theoretischen Hintergrunds zu DAX werden Sie nun zu einem echten DAX-Champion werden.

Mit dem bisher gewonnenen Wissen können Sie bereits viele interessante Berichte erstellen. Um aber komplexere Formeln zu entwerfen, müssen Sie sich mit Auswertungskontexten auskennen. Tatsächlich bilden Auswertungskontexte die Grundlage aller fortgeschrittenen DAX-Funktionen.

Am Anfang dieses Kapitels richten wir ein paar mahnende Worte an unsere Leser. Das Konzept der Auswertungskontexte ist relativ simpel, und Sie werden es schnell verstanden haben. Trotzdem werden Sie sich gründlich mit verschiedenen subtilen Überlegungen und Details auseinandersetzen müssen. Versäumen Sie dies, dann werden sie früher oder später den Lernfaden verloren haben. Wir haben Tausenden von Benutzern DAX im Schul- und Privatunterricht nahegebracht, und deswegen wissen wir, dass das normal ist. An einem bestimmten Punkt haben Sie das Gefühl, dass die Formeln wie Zauberkraft wirken: Sie funktionieren einfach, aber Sie haben überhaupt keine Ahnung, wieso. Aber keine Sorge: Sie befinden sich da in guter Gesellschaft. Die meisten DAX-Studierenden erreichen diesen Punkt, und viele andere werden in Zukunft ebenfalls dorthin gelangen. Wenn das so ist, dann bedeutet das lediglich, dass Sie die Auswertungskontexte noch nicht hundertprozentig verstanden haben. Die Lösung ist dann naheliegend: Arbeiten Sie dieses Kapitel noch einmal durch! Sie werden dann sicherlich irgendetwas Neues finden, das Sie bei der ersten Lektüre übersehen haben.

Darüber hinaus spielen Auswertungskontexte eine wichtige Rolle bei der *CALCULATE*-Funktion – der wahrscheinlich leistungsfähigsten und am schwierigsten zu erlernenden DAX-Funktion. Wir stellen *CALCULATE* in Kapitel 5, »*CALCULATE* und *CALCULATETABLE* verstehen«, vor und verwenden die Funktion dann im gesamten verbleibenden Buch. Wenn Sie nicht über ein solides Verständnis der Auswertungskontexte verfügen, ist das Begreifen von *CALCULATE* zumindest problematisch. Andererseits ist es fast unmöglich, die Bedeutung von Auswertungskontexten zu verstehen, ohne *CALCULATE* jemals verwendet zu haben. So sind nach unseren Erfahrungen mit früheren Büchern, die wir geschrieben haben, dieses und das folgende Kapitel diejenigen beiden, in denen sich massenhaft Anmerkungen und Eselsohren finden.

Im weiteren Verlauf dieses Buchs werden wir diese Konzepte verwenden. In Kapitel 14, »Erweiterte DAX-Konzepte«, vervollständigen Sie dann Ihr Wissen über Auswertungskontexte mit erweiterten Tabellen. Beachten Sie, dass der Inhalt dieses Kapitels noch keine erschöpfende Beschreibung der Auswertungskontexte ist. Eine detailliertere Erläuterung zu den Auswertungskontexten findet sich in der Abhandlung zu den erweiterten Tabellen, aber andererseits wäre es wohl zu schwierig, erweiterte Tabellen erschöpfend abzuhandeln, bevor Sie ein umfassendes Verständnis von den Grundlagen der Auswertungskontexte entwickelt haben. Deshalb führen wir die gesamte Theorie schrittweise ein.

Einführung in Auswertungskontexte

Es gibt zwei Arten von Auswertungskontexten: Filterkontext und Zeilenkontext. In den nun folgenden Abschnitten erfahren Sie, was sie sind und wie Sie sie zum Schreiben von DAX-Code verwenden können. Zuvor jedoch eine wichtige Anmerkung: Es handelt sich um unterschiedliche Konzepte mit unterschiedlichen Funktionalitäten und völlig unterschiedlicher Einsatzweise.

Der häufigste Fehler, den DAX-Einsteiger begehen, besteht darin, die beiden Kontexte zu verwechseln, so als ob der eine lediglich eine geringfügig veränderte Variante des anderen wäre. Dies ist nicht zutreffend. Der Filterkontext filtert Daten, während der Zeilenkontext über Tabellen iteriert. Wenn DAX iteriert, wird nicht gefiltert; wird gefiltert, dann wird nicht iteriert. Auch wenn es sich eigentlich um ein einfaches Konzept handelt, wissen wir aus Erfahrung, dass es schwierig ist, es sich einzuprägen. Unser Gehirn scheint kurze Lernwege vorzuziehen: Wenn es zwischen zwei Konzepten Ähnlichkeiten zu erkennen glaubt, dann tendiert es dazu, diese beiden zusammenzuführen. Lassen Sie sich nicht hinters Licht führen: Wann immer Sie das Gefühl haben, dass zwei Auswertungskontexte gleich aussehen, halten Sie ein und wiederholen Sie folgenden Satz in Ihrem Kopf wie ein Mantra: »Der Filterkontext filtert, der Zeilenkontext iteriert, das ist nicht dasselbe.«

Ein Auswertungskontext ist der Kontext, in dem ein DAX-Ausdruck ausgewertet wird. Im Endeffekt kann jeder DAX-Ausdruck in verschiedenen Kontexten unterschiedliche Werte zurückgeben. Dieses Verhalten ist intuitiv, und das ist der Grund dafür, warum man DAX-Code schreiben kann, ohne sich im Voraus über Auswertungskontexte zu informieren. Wahrscheinlich sind Sie an diesen Punkt des Buchs gelangt, ohne dass Sie irgendeine Ahnung von Auswertungskontexten gehabt hätten – und trotzdem haben Sie Code geschrieben. Weil Sie aber mehr wollen, wird es nun Zeit, den Grad der Differenzierung zu erhöhen und Ihre Wissensgrundlagen zu DAX in die richtige Richtung zu lenken, damit auch Sie in die Lage versetzt werden, die gesamte Leistungsfähigkeit von DAX zu entfesseln.

Filterkontexte verstehen

Beginnen wir zunächst, indem wir uns klarmachen, was ein Auswertungskontext ist. Alle DAX-Ausdrücke werden innerhalb eines Kontexts ausgewertet. Der Kontext ist das »Umfeld«, in dem die Formel ausgewertet wird. Betrachten Sie beispielsweise ein Measure wie das folgende:

```
Sales Amount := SUMX ( Sales, Sales[Quantity] * Sales[Net Price] )
```

Diese Formel berechnet die Summe aus der Menge multipliziert mit dem Preis in der Tabelle *Sales*. Wir können dieses Measure in einem Bericht verwenden und uns die Ergebnisse ansehen (Abbildung 4.1).

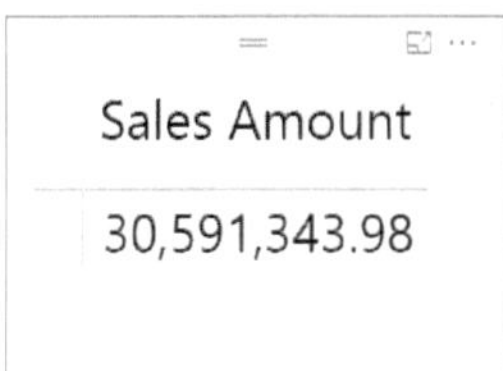

Abbildung 4.1 Das Measure *Sales Amount* zeigt ohne Kontext die Gesamtsumme der Umsätze.

Diese Zahl allein wirkt eigentlich nicht interessant. Wenn Sie jedoch genau darüber nachdenken, berechnet die Formel exakt das, was man erwarten würde: die Summe aller Umsatzbeträge. In einem echten Bericht würde man den Wert wahrscheinlich nach einer bestimmten Spalte aufschlüsseln. So können wir beispielsweise die Produktmarke auswählen und sie in den Zeilen verwenden, und schon lassen sich dem Matrixbericht interessante und aussagekräftige Erkenntnisse entnehmen. Abbildung 4.2 zeigt dies.

Brand	Sales Amount
A. Datum	2,096,184.64
Adventure Works	4,011,112.28
Contoso	7,352,399.03
Fabrikam	5,554,015.73
Litware	3,255,704.03
Northwind Traders	1,040,552.13
Proseware	2,546,144.16
Southridge Video	1,384,413.85
Tailspin Toys	325,042.42
The Phone Company	1,123,819.07
Wide World Importers	1,901,956.66
Total	**30,591,343.98**

Abbildung 4.2 Die Summe von *Sales Amount*, aufgeschlüsselt nach Marken, zeigt die Umsätze für jede Marke in separaten Zeilen an.

Die Gesamtsumme ist noch vorhanden, aber sie ist jetzt eine Summe kleinerer Werte. Jeder Wert vermittelt in Kombination mit allen anderen detailliertere Erkenntnisse. Allerdings sollten Sie beachten, dass hier etwas Seltsames passiert: Die Formel berechnet nicht das, was wir eigentlich wissen wollten. Tatsächlich ermittelt die Formel innerhalb jeder einzelnen Zelle des Berichts nicht mehr die Umsatzgesamtsumme, sondern die Umsätze für eine bestimmte Marke. Schließlich sei darauf hingewiesen, dass an keiner Stelle im Code irgendetwas dazu gesagt wird, dass Datenteilmengen verarbeitet werden können (oder sollten). Diese Filterung erfolgt außerhalb der Formel.

Jede Zelle errechnet aufgrund des *Auswertungskontexts*, in dem DAX die Formel ausführt, einen anderen Wert. Sie können sich den Auswertungskontext einer Formel als Umgebung der Zelle vorstellen, in der DAX die Formel auswertet.

DAX wertet alle Formeln im jeweiligen Kontext aus. Das bedeutet: Auch wenn die Formel dieselbe ist, unterscheidet sich das Ergebnis, da DAX den gleichen Code für unterschiedliche Datenteilmengen ausführt.

Dieser Kontext wird als *Filterkontext* bezeichnet. Er ist, wie der Name schon sagt, ein Kontext zur Filterung von Tabellen. Jede jemals geschriebene Formel hat abhängig vom Filterkontext, mit dem die Auswertung durchgeführt wurde, einen anderen Wert. Dieses Verhalten ist zwar eigentlich intuitiv, aber trotzdem müssen Sie es sich grundlegend klarmachen, denn hier lauern sehr viele Fallstricke.

Jede Zelle des Berichts hat einen anderen Filterkontext. Bedenken Sie also, dass jede Zelle anders ausgewertet wird – so als ob es sich immer um eine andere Abfrage handeln würde, die von den anderen Zellen im gleichen Bericht vollkommen unabhängig ist. Die Engine kann in gewissen Grenzen eine interne Optimierung durchführen, um die Rechengeschwindigkeit zu steigern, aber gehen Sie immer davon aus, dass es für jede Zelle eine unabhängige und autonome Auswertung des zugrunde liegenden DAX-Ausdrucks gibt. Daher ist die Summenzeile in Abbildung 4.2 nicht das Ergebnis einer Summierung der anderen Zeilen des Berichts. Sie wird vielmehr dadurch berechnet, dass alle Zeilen der Tabelle *Sales* aggregiert werden, auch wenn das bedeutet, dass für die anderen Zeilen im gleichen Bericht bereits andere Iterationen berechnet wurden. Abhängig vom DAX-Ausdruck kann in der Summenzeile daher ein anderes Ergebnis enthalten sein, das nicht mit den anderen Zeilen im gleichen Bericht zusammenhängt.

In den Beispielen verwenden wir aus Gründen der Einfachheit eine Matrix. Wir können einen Auswertungskontext auch mit Abfragen definieren; darauf werden wir in späteren Kapiteln eingehen. Im Moment ist es allerdings besser, die Dinge einfach zu halten und nur in Berichten zu denken, um ein einfaches und anschauliches Verständnis der Konzepte zu entwickeln.

Wenn *Brand* (Marke) auf die Zeilen bezogen ist, filtert der Filterkontext eine Marke pro Zelle. Erhöhen wir nun die Komplexität der Matrix, indem wir das Jahr in den Spalten hinzufügen, dann erhalten wir den Bericht in Abbildung 4.3.

Jede Zelle zeigt jetzt eine Teilmenge von Daten, die sich auf eine Marke und ein bestimmtes Jahr beziehen. Der Grund hierfür besteht darin, dass der Filterkontext jeder Zelle nun sowohl die Marke als auch das Jahr filtert. In der Summenzeile bezieht sich der Filter nur auf die Marke, in der Summenspalte dagegen nur auf das Jahr. Die Gesamtsumme ist daher die einzige Zelle, die die Gesamtumsatzsumme berechnet, denn nur hier wird durch den Filterkontext kein Filter auf das Modell angewendet.

Brand	CY 2007	CY 2008	CY 2009	**Total**
A. Datum	1,181,110.71	463,721.61	451,352.33	**2,096,184.64**
Adventure Works	2,249,988.11	892,674.52	868,449.65	**4,011,112.28**
Contoso	2,729,818.54	2,369,167.68	2,253,412.80	**7,352,399.03**
Fabrikam	1,652,751.34	1,993,123.48	1,908,140.91	**5,554,015.73**
Litware	647,385.82	1,487,846.74	1,120,471.47	**3,255,704.03**
Northwind Traders	372,199.93	469,827.70	198,524.49	**1,040,552.13**
Proseware	880,095.80	763,586.23	902,462.12	**2,546,144.16**
Southridge Video	688,107.56	294,635.04	401,671.25	**1,384,413.85**
Tailspin Toys	74,603.14	97,193.87	153,245.41	**325,042.42**
The Phone Company	362,444.46	355,629.36	405,745.25	**1,123,819.07**
Wide World Importers	471,440.71	740,176.76	690,339.18	**1,901,956.66**
Total	**11,309,946.12**	**9,927,582.99**	**9,353,814.87**	**30,591,343.98**

Abbildung 4.3 *Sales Amount* ist nun nach Marke und Jahr gegliedert.

Die Spielregeln sollten an dieser Stelle klar sein: Je mehr Spalten wir für Aufschlüsselungen und Differenzierungen verwenden, desto mehr Spalten werden in jeder Zelle der Matrix durch den Filterkontext gefiltert. Wenn man den Zeilen eine Spalte *Store[Continent]* hinzufügt, sieht das Ergebnis wieder anders aus (Abbildung 4.4).

Brand	CY 2007	CY 2008	CY 2009	**Total**
A. Datum	**1,181,110.71**	**463,721.61**	**451,352.33**	**2,096,184.64**
Asia	281,936.73	125,055.80	145,386.55	**552,379.08**
Europe	395,159.31	165,924.22	146,867.73	**707,951.26**
North America	504,014.67	172,741.59	159,098.05	**835,854.31**
Adventure Works	**2,249,988.11**	**892,674.52**	**868,449.65**	**4,011,112.28**
Asia	620,545.52	347,150.65	414,507.89	**1,382,204.07**
Europe	662,553.70	275,126.51	264,973.65	**1,202,653.86**
North America	966,888.88	270,397.36	188,968.10	**1,426,254.35**
Contoso	**2,729,818.54**	**2,369,167.68**	**2,253,412.80**	**7,352,399.03**
Asia	838,967.94	998,113.24	753,146.22	**2,590,227.39**
Europe	905,295.91	529,596.05	694,250.12	**2,129,142.08**
North America	985,554.69	841,458.40	806,016.47	**2,633,029.56**
Fabrikam	**1,652,751.34**	**1,993,123.48**	**1,908,140.91**	**5,554,015.73**
Asia	640,664.16	727,025.63	783,871.11	**2,151,560.89**
Europe	503,428.83	383,827.59	454,944.80	**1,342,201.22**
Total	**11,309,946.12**	**9,927,582.99**	**9,353,814.87**	**30,591,343.98**

Abbildung 4.4 Der Kontext wird durch die Felder in Zeilen und Spalten definiert.

Nun filtert der Filterkontext jeder Zelle nach Marke, Land und Jahr. Mit anderen Worten, der Filterkontext enthält die Gesamtzahl aller Felder, die man für Zeilen und Spalten des Berichts verwendet.

Ob sich ein Feld in den Zeilen oder Spalten eines Visuals oder aber im Slicer und/ oder einem Seiten-, Berichts- oder Visualfilter oder jeglicher anderen Art Filter befindet, den wir mit einem Bericht erstellen können: All dies spielt keine Rolle. Alle genannten Filter tragen dazu bei, einen einzigen Filterkontext zu definieren, anhand dessen DAX die Formel auswertet. Die Darstellung eines Feldes in Zeilen oder Spalten ist aus ästhetischen Gründen sinnvoll, aber daran, wie DAX Werte berechnet, ändert sich nichts.

Mit sogenannten Visualinteraktionen lässt sich in Power BI ein Filterkontext erstellen. Zu diesem Zweck werden verschiedene Elemente auf einer grafischen Oberfläche kombiniert. Tatsächlich wird der Filterkontext einer Zelle berechnet, indem alle Filter, die aus Zeilen, Spalten, Slicern und jeglichen weiteren für die Filterung verwendeten visuellen Elementen stammen, zusammengeführt werden. Sehen Sie sich beispielsweise Abbildung 4.5 an.

Sales Amount by Occupation

Clerical
Manual
Professional
Management
Skilled Manual

0.0M 0.5M

Continent
Asia
Europe
North America

Brand	CY 2007	CY 2008	CY 2009	Total
A. Datum	57,276.00			**57,276.00**
Adventure Works	77,413.46		8,110.53	**85,523.99**
Contoso	125,596.01	2,638.18	14,156.95	**142,391.14**
Fabrikam	4,340.62	8,640.00	29,854.98	**42,835.60**
Litware	17,910.87		7,956.00	**25,866.87**
Northwind Traders	34,161.39	12,733.92	2,122.32	**49,017.63**
Proseware	13,183.70		10,647.00	**23,830.70**
Southridge Video	27,239.71	774.23	3,874.18	**31,888.12**
Tailspin Toys	4,581.53	3,976.38	5,886.67	**14,444.57**
The Phone Company	1,384.80	864.90		**2,249.70**
Wide World Importers	2,395.37			**2,395.37**
Total	**365,483.46**	**29,627.61**	**82,608.63**	**477,719.70**

Abbildung 4.5 In einem typischen Bericht gibt es verschiedene Möglichkeiten zur Kontextdefinition. Hierzu gehören Slicer, Filter und weitere Visuals.

Der Filterkontext der Zelle oben links (*A.Datum, CY 2007, 57,276.00*) filtert nicht nur die Zeile und die Spalte des Visuals, sondern auch die Form der Beschäftigung (*Professional*) und den Kontinent (*Europe*), die von verschiedenen Visuals stammen. Alle diese Filter tragen zur Definition eines konkreten, für genau eine Zelle gültigen Filterkontexts bei, den DAX vor Auswertung der Formel auf das gesamte Datenmodell anwendet.

Eine formalere Definition eines Filterkontexts besteht darin, dass ein Filterkontext eine Gruppe von Filtern ist. Ein Filter wiederum ist eine Tupelliste, und ein Tupel ist eine Menge von Werten für eine Anzahl definierter Spalten. Abbildung 4.6 zeigt eine optische Darstellung des Filterkontexts, in dem die markierte Zelle ausgewertet wird. Jedes Element des Berichts trägt zur Erstellung des Filterkontexts bei, und jede Zelle im Bericht hat einen anderen Filterkontext.

Der Filterkontext in Abbildung 4.6 enthält drei Filter. Der erste Filter umfasst ein Tupel für *Calendar Year* mit dem Wert *CY 2007*. Der zweite Filter enthält zwei Tupel für *Education* mit den Werten *High School* und *Partial College*. Der dritte Filter schließlich enthält ein einzelnes Tupel für *Brand* mit dem Wert *Contoso*. Sie werden feststellen, dass jeder Filter nur Tupel für eine

Spalte enthält. Später werden Sie lernen, wie man Tupel mit mehreren Spalten erstellt. Mehrspaltige Tupel sind gleichermaßen mächtige wie komplexe Werkzeuge im Arsenal des DAX-Entwicklers.

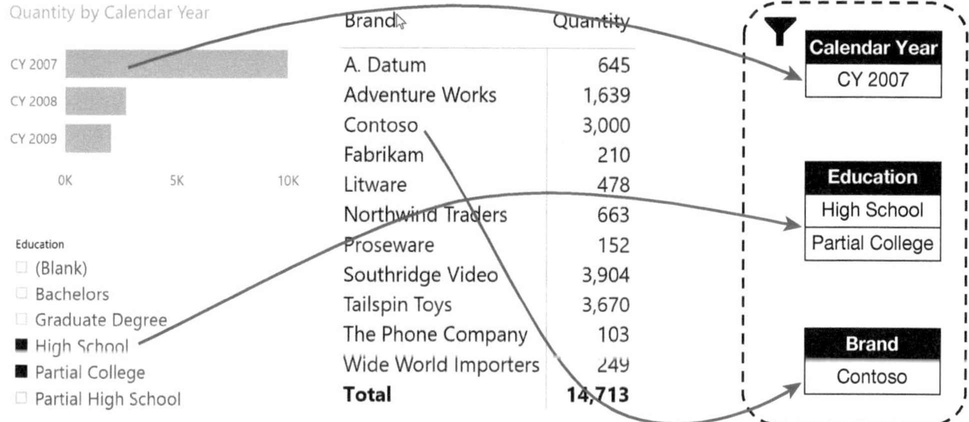

Abbildung 4.6 Die Abbildung schlüsselt einen Filterkontext in einem Power BI-Bericht optisch auf.

Bevor wir diese Einführung beenden, wollen wir noch einmal das am Anfang dieses Abschnitts verwendete Measure in Erinnerung rufen:

```
Sales Amount := SUMX ( Sales, Sales[Quantity] * Sales[Net Price] )
```

Und so wird dieses Measure korrekt gelesen: *Das Measure berechnet die Summe aus QUANTITY multipliziert mit NET PRICE für alle Zeilen im Sales, die im aktuellen Filterkontext sichtbar sind.*

Dasselbe gilt für einfachere Aggregationen. Betrachten Sie etwa das folgende Measure:

```
Total Quantity := SUM ( Sales[Quantity] )
```

Hier wird die Spalte *Quantity* aller Zeilen in *Sales* summiert, die im aktuellen Filterkontext sichtbar sind. Sie verstehen die Funktionsweise vielleicht besser, wenn Sie die entsprechende *SUMX*-Version betrachten:

```
Total Quantity := SUMX ( Sales, Sales[Quantity] )
```

Bei Betrachtung der *SUMX*-Definition können Sie einbeziehen, dass der Filterkontext die Auswertung des *Sales*-Ausdrucks beeinflusst, der daher nur diejenigen Zeilen aus der Tabelle *Sales* zurückgibt, die im aktuellen Filterkontext sichtbar sind. Dies stimmt zwar, aber Sie sollten bedenken, dass der Filterkontext auch für die folgenden Measures gilt, die keinen entsprechenden Iterator haben:

```
Customers := DISTINCTCOUNT ( Sales[CustomerKey] )  -- Kunden im Filterkontext zählen


Colors :=
VAR ListColors = DISTINCT ( 'Product'[Color] )     -- Eindeutige Farben im Filterkontext
RETURN COUNTROWS ( ListColors )                    -- Eindeutige Farben zählen
```

Es mag an dieser Stelle pedantisch wirken, immer und immer wieder zu betonen, dass ein Filterkontext immer aktiv ist und das Formelergebnis immer beeinflusst. Sie dürfen aber auch nicht vergessen, dass DAX von Ihnen ein Maximum an Genauigkeit verlangt. Zum Großteil liegt die Komplexität von DAX nicht im Erlernen neuer Funktionen begründet, sondern im Vorhandensein vieler subtiler Konzepte. Und wenn diese Konzepte kombiniert werden, entsteht ein sehr komplexes Szenario. Derzeit wird der Filterkontext durch den Bericht definiert. Sobald Sie lernen, wie Sie Filterkontexte selbst erstellen – eine Fähigkeit von zentraler Bedeutung, die im nächsten Kapitel beschrieben wird –, wird es für Sie elementar zu verstehen, welcher Filterkontext in welchem Teil Ihrer Formel aktiv ist.

Zeilenkontext verstehen

Im vorangegangenen Abschnitt haben Sie Filterkontexte kennengelernt. Hier nun machen wir Sie mit der zweiten Art von Auswertungskontext vertraut: dem *Zeilenkontext*. Behalten Sie dabei immer im Hinterkopf, dass zwar Zeilen- wie Filterkontexte Auswertungskontexte sind, *sie sich aber konzeptionell unterscheiden*. Wie Sie im vorherigen Abschnitt gelernt haben, besteht der Zweck des Filterkontexts – der Name sagt es ja schon – im Filtern von Tabellen. Dagegen ist ein Zeilenkontext kein Werkzeug, mit dem sich Tabellen filtern lassen. Sie werden vielmehr verwendet, um über Tabellen zu iterieren und Spaltenwerte auszuwerten.

Diesmal verwenden wir für unsere Überlegungen eine andere Formel, die eine berechnete Spalte zur Berechnung der Bruttogewinnspanne definiert:

```
Sales[Gross Margin] = Sales[Quantity] * ( Sales[Net Price] - Sales[Unit Cost] )
```

In jeder Zeile der resultierenden berechneten Spalte steht nun ein anderer Wert (Abbildung 4.7).

Quantity	Unit Cost	Net Price	Gross Margin
1	915.08	1,989.90	1,074.82
1	960.82	2,464.99	1,504.17
1	1,060.22	2,559.99	1,499.77
1	1,060.22	2,719.99	1,659.77
1	1,060.22	2,879.99	1,819.77
1	1,060.22	3,199.99	2,139.77
2	0.48	0.76	0.56
2	0.48	0.88	0.81
2	1.01	1.79	1.56
2	1.01	1.85	1.68

Abbildung 4.7 In jeder Zeile der Spalte *Gross Margin* steht ein anderer Wert, der von Werten in anderen Spalten abhängig ist.

Erwartungsgemäß enthält jede Zeile der Tabelle einen anderen Wert in der berechneten Spalte. Da in jeder Zeile Werte für die drei im Ausdruck verwendeten Spalten angegeben sind, ist es nur natürlich, dass der finale Ausdruck zu unterschiedlichen Ergebnissen gelangt. Ähnlich wie beim Filterkontext liegt der Grund auch hier im Vorhandensein eines Auswertungskontexts. Diesmal filtert der Kontext allerdings keine Tabelle, sondern er gibt die Zeile an, für die die Berechnung erfolgt.

Der Zeilenkontext referenziert eine Zeile im Ergebnis eines DAX-Tabellenausdrucks. Dies darf nicht mit einer Zeile im Bericht verwechselt werden. DAX hat keine Möglichkeit, eine Zeile oder Spalte im Bericht direkt zu referenzieren. Die in einer Matrix in Power BI und einer PivotTable in Excel angezeigten Werte sind das Ergebnis von DAX-Measures, die in einem Filterkontext berechnet wurden, oder Werte, die in der Tabelle als native oder berechnete Spalten gespeichert sind.

Anders ausgedrückt: Wir wissen zwar, dass eine berechnete Spalte Zeile für Zeile bestimmt wird, aber woher weiß DAX, über welche Zeile es gerade iteriert? Ganz einfach: weil es einen anderen Auswertungskontext gibt, der die betreffende Zeile angibt. Und dies ist der *Zeilenkontext*. Wenn wir eine berechnete Spalte über eine Tabelle mit einer Million Zeilen erstellen, legt DAX einen Zeilenkontext an, der den über die Tabelle iterierenden Ausdruck zeilenweise auswertet, wobei der Zeilenkontext als Cursor verwendet wird.

Beim Einfügen einer berechneten Spalte erstellt DAX standardmäßig einen Zeilenkontext. Es ist deswegen in diesem Fall nicht erforderlich, einen solchen manuell anzulegen: Eine berechnete Spalte wird immer in einem Zeilenkontext ausgeführt. Sie wissen bereits, wie man einen Zeilenkontext manuell erstellt, indem man nämlich eine Iteration startet. Tatsächlich können wir die Bruttogewinnspanne auch als Measure formulieren. Der folgende Code zeigt, wie es geht:

```
Gross Margin :=
SUMX (
    Sales,
    Sales[Quantity] * ( Sales[Net Price] - Sales[Unit Cost] )
)
```

In diesem Fall gibt es keinen automatischen Zeilenkontext, da dies der Code eines Measures ist. *SUMX* erstellt als Iterator einen Zeilenkontext, der die Iteration über die Tabelle *Sales* startet. Während dieser zeilenweise erfolgenden Iteration führt *SUMX* den zweiten Ausdruck innerhalb des Zeilenkontexts aus. So weiß DAX bei jedem Schritt der Iteration, welche Werte für die drei im Ausdruck verwendeten Spaltennamen verwendet werden sollen.

Der Zeilenkontext existiert, sobald wir eine berechnete Spalte erstellen oder einen Ausdruck innerhalb einer Iteration berechnen. Eine andere Möglichkeit, einen Zeilenkontext zu erstellen, gibt es nicht. Außerdem ist es hilfreich, sich vorzustellen, dass ein Zeilenkontext immer dann benötigt wird, wenn wir den Wert einer Spalte für eine bestimmte Zeile erhalten wollen. Beispielsweise ist die folgende Measuredefinition ungültig. Sie versucht nämlich, den Wert von *Sales[Net Price]* zu berechnen, aber es gibt keinen Zeilenkontext, der die Zeile angeben würde, für die diese Berechnung durchgeführt werden müsste:

```
Gross Margin := Sales[Quantity] * ( Sales[Net Price] - Sales[Unit Cost] )
```

Dieser Ausdruck, der bei Ausführung für eine berechnete Spalte legitim ist, ist bei Verwendung in einem Measure ungültig. Der Grund dafür besteht nicht darin, dass Measures und berechnete Spalten unterschiedliche Möglichkeiten zur Verwendung von DAX hätten, sondern darin, dass eine berechnete Spalte einen automatischen Zeilenkontext hat, ein Measure hingegen nicht. Möchten Sie einen Ausdruck innerhalb eines Measures zeilenweise auswerten, dann müssen Sie eine Iteration starten, um einen Zeilenkontext zu erstellen.

Eine Spaltenreferenz erfordert einen Zeilenkontext, um den Wert der Spalte aus einer Tabelle zurückzugeben. Außerdem kann eine Spaltenreferenz auch als Argument für mehrere DAX-Funktionen ohne Zeilenkontext verwendet werden. Beispielsweise können *DISTINCT* und *DISTINCTCOUNT* eine Spaltenreferenz als Parameter verwenden, ohne einen Zeilenkontext zu definieren. Dennoch erfordert eine Spaltenreferenz in einem DAX-Ausdruck die Auswertung eines Zeilenkontexts.

An dieser Stelle müssen wir ein wichtiges Konzept wiederholen: Ein Zeilenkontext ist keine Unterart eines Filterkontexts, die eine Zeile filtert. Er filtert das Modell überhaupt nicht, sondern signalisiert DAX lediglich, welche Zeile einer Tabelle verwendet werden soll. Möchten Sie einen Filter auf das Modell anwenden, dann ist das Werkzeug, das Sie brauchen, der Filterkontext. Wenn Sie dagegen einen Ausdruck zeilenweise auswerten möchten, dann ist der Zeilenkontext zuständig.

Lernkontrolle zu Auswertungskontexten

Bevor wir uns den komplexeren Erläuterungen zu Auswertungskontexten zuwenden, wollen wir anhand einiger Beispiele Ihr Verständnis von Kontexten kontrollieren. Lassen Sie sich nicht dazu hinreißen, sich sofort die Lösungen anzusehen, sondern halten Sie nach dem Lesen der Frage einen Moment inne und versuchen Sie dann, sie zu beantworten. Erst dann sollten Sie die Erläuterung lesen, um sie zu verstehen. Denken Sie dabei auch immer an die Faustregel: *»Der Filterkontext filtert; der Zeilenkontext iteriert. Das bedeutet, dass der Zeilenkontext nicht filtert und der Filterkontext nicht iteriert.«*

SUM in einer berechneten Spalte verwenden

Der erste Test verwendet einen Aggregator innerhalb einer berechneten Spalte. Wie lautet das Ergebnis des folgenden Ausdrucks, der in einer berechneten Spalte in *Sales* verwendet wird?

```
Sales[SumOfSalesQuantity] = SUM ( Sales[Quantity] )
```

Denken Sie daran, dass dies intern der folgenden äquivalenten Syntax entspricht:

```
Sales[SumOfSalesQuantity] = SUMX ( Sales, Sales[Quantity] )
```

Da es sich um eine berechnete Spalte handelt, wird diese Zeile für Zeile in einem Zeilenkontext berechnet. Was für eine Zahl wird voraussichtlich zurückgegeben? Wählen Sie aus diesen drei Antworten aus:

- Der Wert von *Quantity* für diese Zeile, d. h. ein unterschiedlicher Wert für jede Zeile.
- Der Gesamtwert von *Quantity* für alle Zeilen, d. h. derselbe Wert für alle Zeilen.
- Ein Fehler, denn wir können *SUM* innerhalb einer berechneten Spalte nicht verwenden.

Unterbrechen Sie an dieser Stelle die Lektüre und treffen Sie eine begründete Vermutung, bevor Sie fortfahren.

Und hier ist die richtige Antwort. Sie haben gelernt, dass die Formel die Bedeutung *»die Summe von Quantity für alle im aktuellen Filterkontext sichtbaren Zeilen«* hat. Außerdem wertet DAX die Formel Zeile für Zeile in einem Zeilenkontext aus, da der Code für eine berechnete Spalte ausgeführt wird. Trotzdem filtert der Zeilenkontext die Tabelle nicht. Der einzige Kontext, der die Tabelle filtern kann, ist und bleibt der Filterkontext. Insofern stellt sich eigentlich eine andere Frage: Welcher Filterkontext gilt für die Auswertung der Formel? Die Antwort auf diese Frage ist ganz einfach: Der Filterkontext ist leer. Tatsächlich wird der Filterkontext durch Visuals oder Abfragen erzeugt; eine berechnete Spalte wird aber erst zum Zeitpunkt der Datenaktualisierung berechnet, wenn überhaupt keine Filterung stattfindet. Somit erfasst *SUM* die gesamte Tabelle *Sales* und aggregiert den Wert von *Sales[Quantity]* für alle Zeilen in *Sales*.

Folglich ist die zweite Antwort richtig: Diese berechnete Spalte ermittelt denselben Wert für jede Zeile, das heißt, die Gesamtsumme von *Sales[Quantity]* wiederholt sich für alle Zeilen. Abbildung 4.8 zeigt das Ergebnis der berechneten Spalte *SumOfSalesQuantity*.

Quantity	Unit Cost	Net Price	SumOfSalesQuantity
1	0.48	0.76	140,180.00
1	0.48	0.86	140,180.00
1	0.48	0.88	140,180.00
1	0.48	0.95	140,180.00
1	1.01	1.79	140,180.00
1	1.01	1.85	140,180.00
1	1.01	1.99	140,180.00
1	1.50	2.35	140,180.00
1	1.50	2.50	140,180.00
1	1.50	2.65	140,180.00
1	1.50	2.79	140,180.00
1	1.50	2.94	140,180.00

Abbildung 4.8 *SUM (Sales[Quantity])* wird in einer berechneten Spalte für die gesamte Datenbank berechnet.

Dieses Beispiel zeigt, dass die beiden Auswertungskontexte gleichzeitig existieren, aber nicht interagieren. Die Auswertungskontexte bearbeiten beide das Ergebnis einer Formel, aber sie tun dies auf unterschiedliche Weise. Aggregatoren wie *SUM*, *MIN* und *MAX* verwenden nur den Filterkontext und ignorieren den Zeilenkontext. Wenn Sie sich für die erste Antwort entschieden haben, ist das vollkommen normal: Das passiert vielen Studierenden. In diesem Fall verwechseln Sie immer noch Filter- und Zeilenkontext. Zur Erinnerung: Der Filterkontext filtert, der Zeilenkontext iteriert. Die erste Antwort scheint die naheliegendste, wenn man intuitive Logik verwendet, aber sie ist falsch – und jetzt wissen Sie auch, warum. Sollten Sie dagegen die richtige Antwort gewählt haben, dann, nun, dann freuen wir uns sehr, dass es uns in diesem Abschnitt gelungen ist, Ihnen den wichtigen Unterschied zwischen den beiden Kontexten zu vermitteln.

Spalten in einem Measure verwenden

Der zweite Test gestaltet sich etwas anders. Angenommen, wir definieren die Formel für die Bruttogewinnspanne in einem Measure statt in einer berechneten Spalte. Wir haben eine Spalte mit dem Nettopreis und eine weitere für die Produktkosten und schreiben nun den folgenden Ausdruck:

```
GrossMargin% := ( Sales[Net Price] - Sales[Unit Cost] ) / Sales[Unit Cost]
```

Wie wird das Ergebnis aussehen? Wie schon weiter vorn stehen drei mögliche Antworten zur Auswahl:

- Der Ausdruck funktioniert korrekt, wir sollten das Ergebnis in einem Bericht testen.
- Fehler, so eine Formel kann man gar nicht schreiben.
- Wir können die Formel definieren, aber sie gibt einen Fehler zurück, wenn sie in einem Bericht verwendet wird.

Ebenfalls wie oben gilt: Hören Sie kurz auf zu lesen, denken Sie über die Antwort nach und lesen Sie dann die nachfolgende Erklärung.

Der Code referenziert *Sales[Net Price]* und *Sales[Unit Cost]* ohne Aggregator. Daher muss DAX den Wert der Spalten für eine bestimmte Zeile abrufen. DAX hat dabei keine Möglichkeit zu erkennen, für welche Zeile die Formel berechnet werden muss, da keine Iteration stattfindet und sich der Code nicht in einer berechneten Spalte befindet. Anders formuliert: DAX fehlt ein Zeilenkontext, der es ermöglichen würde, einen Wert für die Spalten abzurufen, die Teil des Ausdrucks sind. Denken Sie daran, dass ein Measure keinen automatischen Zeilenkontext hat – das tun nur berechnete Spalten. Wenn wir einen Zeilenkontext in einem Measure benötigen, müssen wir eine Iteration starten.

Die zweite Antwort ist also die richtige. Wir können die Formel so nicht schreiben, weil sie syntaktisch falsch ist; versuchen wir, diesen Code einzugeben, dann erhalten wir einen Fehler.

Zeilenkontext mit Iteratoren verwenden

Wie Sie bereits wissen, erstellt DAX einen Zeilenkontext, wenn wir eine berechnete Spalte definieren oder eine Iteration mit einer X-Funktion starten. Bei einer berechneten Spalte ist der Zeilenkontext einfach nachzuvollziehen und auch zu nutzen. Im Grunde genommen können wir einfache berechnete Spalten erstellen, ohne uns überhaupt klarzumachen, dass der Zeilenkontext vorhanden ist. Dieser wird nämlich automatisch von der Engine erstellt, weswegen wir uns keinerlei Gedanken über sein Vorhandensein machen müssen. Auf der anderen Seite sind wir, wenn wir Iteratoren verwenden, für Erstellung und Handhabung des Zeilenkontexts selbst verantwortlich. Zudem können wir durch den Einsatz der Iteratoren mehrere verschachtelte

Zeilenkontexte erstellen, was die Komplexität des Codes erhöht. Es ist deswegen wichtig, dass Sie sich das Verhalten von Zeilenkontexten mit Iteratoren genauer vergegenwärtigen.

Betrachten Sie beispielsweise das folgende DAX-Measure:

```
IncreasedSales := SUMX ( Sales, Sales[Net Price] * 1.1 )
```

Als Iterator erstellt *SUMX* einen Zeilenkontext in der Tabelle *Sales* und verwendet diesen bei der Iteration. Der Zeilenkontext iteriert über die Tabelle *Sales* (erster Parameter) und gibt die aktuelle Zeile während der Iteration als zweiten Parameter an. DAX wertet also den inneren Ausdruck (den zweiten Parameter von *SUMX*) in einem Zeilenkontext aus, der die aktuell iterierte Zeile des ersten Parameters enthält.

Bitte beachten Sie, dass die beiden Parameter von *SUMX* unterschiedliche Kontexte verwenden. Eigentlich funktioniert jeder DAX-Codeabschnitt in dem Kontext, in dem er aufgerufen wird. So kann es sein, dass bei der Ausführung des Ausdrucks bereits ein Filterkontext und ein oder mehrere Zeilenkontexte aktiv sind. Sehen wir uns denselben Ausdruck noch einmal mit Kommentaren an:

```
SUMX (
    Sales,                  -- Externe Filter- und Zeilenkontexte
    Sales[Net Price] * 1.1  -- Externe Filter- und Zeilenkontexte + neuer Zeilenkontext
)
```

Der erste Parameter *Sales* wird anhand der vom Aufrufer übergebenen Kontexte ausgewertet. Der zweite Parameter – der Ausdruck – wird sowohl mit den externen Kontexten als auch dem neu erstellten Zeilenkontext ausgewertet.

Alle Iteratoren verhalten sich gleich:

1. Sie werten den ersten Parameter in den vorhandenen Kontexten aus, um die zu prüfenden Zeilen zu bestimmen.
2. Sie erstellen für jede Zeile der im vorherigen Schritt ausgewerteten Tabelle einen neuen Zeilenkontext.
3. Sie iterieren über die Tabelle und werten den zweiten Parameter im bestehenden Auswertungskontext einschließlich des neu erstellten Zeilenkontexts aus.
4. Sie aggregieren die im vorherigen Schritt berechneten Werte.

Beachten Sie, dass die ursprünglichen Kontexte innerhalb des Ausdrucks weiterhin gültig sind. Iteratoren fügen lediglich einen neuen Zeilenkontext hinzu, ändern aber keine bestehenden Filterkontexte. Wenn beispielsweise der äußere Filterkontext einen Filter für die Farbe Rot enthält, dann bleibt dieser Filter während der gesamten Iteration weiterhin aktiv. Vergessen Sie auch nicht, dass der Zeilenkontext iteriert, aber nicht filtert. Daher können wir den äußeren Filterkontext auf keinen Fall durch einen Iterator überschreiben.

Diese Regel bleibt stets gültig. Es gibt aber ein wichtiges Detail, das nicht ganz trivial ist. Wenn die vorherigen Kontexte bereits einen Zeilenkontext für dieselbe Tabelle enthielten, dann verbirgt der neu erstellte Zeilenkontext den bereits vorhandenen Zeilenkontext für dieselbe Tabelle. Für DAX-Neulinge ist dies ein potenzieller Fallstrick. Daher behandeln wir das Verbergen von Zeilenkontexten in den nächsten beiden Abschnitten ausführlich.

Verschachtelte Zeilenkontexte für verschiedene Tabellen

Der von einem Iterator ausgewertete Ausdruck kann sehr komplex sein. Darüber hinaus kann der Ausdruck selbst weitere Iterationen enthalten. Auf den ersten Blick mag es seltsam erscheinen, eine Iteration innerhalb einer anderen Iteration auszuführen. Dennoch ist dies gängige DAX-Praxis, da verschachtelte Iteratoren ein Mittel zur Erzeugung mächtiger Ausdrücke sind.

Der folgende Code enthält beispielsweise drei verschachtelte Iteratoren und durchsucht drei Tabellen: *Categories*, *Products* und *Sales*.

```
SUMX (
    'Product Category',                  -- Durchsucht die Tabelle "Product Category"
    SUMX (                               -- Für jede Kategorie
        RELATEDTABLE ( 'Product' ),      -- Kategorie "Products" durchsuchen
        SUMX (                           -- Für jedes Produkt
            RELATEDTABLE ( Sales )       -- Umsätze für dieses Produkt durchsuchen
            Sales[Quantity]              --
                * 'Product'[Unit Price]  -- Berechnet den Umsatz für diesen Verkauf
                * 'Product Category'[Discount]
        )
    )
)
```

Der innerste Ausdruck – die Multiplikation von drei Faktoren – referenziert drei Tabellen. Tatsächlich werden bei der Ausdrucksauswertung drei Zeilenkontexte geöffnet, nämlich je einer für jede der drei Tabellen, über die gerade iteriert wird. Erwähnenswert ist auch, dass die beiden *RELATEDTABLE*-Funktionen die Zeilen einer verknüpften Tabelle ausgehend vom aktuellen Zeilenkontext zurückgeben. Somit gibt *RELATEDTABLE (Product)*, das in einem Zeilenkontext der Tabelle *Categories* ausgeführt wird, die Produkte der angegebenen Kategorie zurück. Die gleiche Argumentation gilt für *RELATEDTABLE (Sales)*, das den Umsatz für das jeweilige Produkt zurückgibt.

Der obige Code ist sowohl in Bezug auf die Leistung als auch auf die Lesbarkeit suboptimal. Normalerweise ist es in Ordnung, Iteratoren zu verschachteln, vorausgesetzt, die Anzahl der zu durchsuchenden Zeilen ist nicht zu groß: Mehrere Hundert ist unproblematisch, mehrere Tausend gehen, aber mehrere Millionen funktionieren eher nicht. Im letztgenannten Fall kommen wir früher oder später an die Leistungsgrenzen. Wir haben mit dem obigen Code demonstriert, dass es möglich ist, mehrere verschachtelte Zeilenkontexte zu erstellen; weitere nützliche Beispiele für verschachtelte Iteratoren werden im weiteren Verlauf des Buchs folgen. Die gleiche Berechnung lässt sich aber mit dem folgenden Code, der auf einem einzelnen Zeilenkontext und der *RELATED*-Funktion basiert, sehr viel schneller und mit optimierter Lesbarkeit darstellen:

```
SUMX (
    Sales,
    Sales[Quantity]
        * RELATED ( 'Product'[Unit Price] )
        * RELATED ( 'Product Category'[Discount] )
)
```

Wenn mehrere Zeilenkontexte für verschiedene Tabellen vorhanden sind, kann man damit die iterierten Tabellen in einem einzigen DAX-Ausdruck referenzieren. Es gibt jedoch ein Szenario, das als durchaus anspruchsvoll bezeichnet werden kann. Dieses entsteht, wenn wir mehrere Zeilenkontexte für dieselbe Tabelle verschachteln. Dies ist das Thema des nun folgenden Abschnitts.

Verschachtelte Zeilenkontexte für dieselbe Tabelle

Man mag annehmen, dass das Szenario verschachtelter Zeilenkontexte für dieselbe Tabelle nur selten auftritt, tatsächlich jedoch stößt man ziemlich oft darauf – und noch häufiger in berechneten Spalten. Stellen Sie sich vor, wir wollen Produkte anhand des Listenpreises sortieren. Auf Platz 1 soll das teuerste Produkt stehen, auf Platz 2 das zweitteuerste usw. Wir könnten diese Aufgabenstellung zwar mit der *RANKX*-Funktion lösen, doch zu Schulungszwecken wollen wir uns einmal ansehen, wie man dies mit einfacheren DAX-Funktionen bewerkstelligt.

Um das Ranking zu berechnen, können wir für jedes Produkt die Anzahl derjenigen Produkte zählen, deren Preis höher ist als der des aktuellen Produkts. Gibt es kein Produkt mit einem höheren Preis als dem des aktuellen Produkts, dann ist das aktuelle Produkt das teuerste und sein Rang ist 1. Wenn es nur ein Produkt mit einem höheren Preis gibt, dann haben wir es mit Platz 2 zu tun. Im Grunde genommen berechnen wir den Platz eines Produkts in der Rangliste, indem wir die Anzahl der Produkte mit einem höheren Preis zählen und 1 zum Ergebnis hinzufügen.

So kann man mit dem folgenden Code eine berechnete Spalte erstellen, in der wir **PriceOfCurrentProduct** als Platzhalter verwendet haben, um den Preis des aktuellen Produkts anzugeben.

```
1. 'Product'[UnitPriceRank] =
2. COUNTROWS (
3.     FILTER (
4.         'Product',
5.         'Product'[Unit Price] > PriceOfCurrentProduct
6.     )
7. ) + 1
```

FILTER gibt die Produkte mit einem höheren als dem aktuellen Produktpreis zurück, und *COUNTROWS* zählt die Zeilen des Ergebnisses von *FILTER*. Das einzige noch offene Problem besteht darin, einen Weg zu finden, den Preis des aktuellen Produkts auszudrücken und **PriceOfCurrentProduct** durch eine gültige DAX-Syntax zu ersetzen. Mit »aktuell« meinen wir hier den Wert der Spalte in der aktuellen Zeile, wenn DAX die Spalte berechnet. Das ist schwieriger, als man meinen sollte.

Richten Sie Ihre Aufmerksamkeit einmal auf Zeile 5 des obigen Codes. Der Verweis auf *Product[Unit Price]* referenziert den Wert von *Unit Price* im aktuellen Zeilenkontext. Und welches ist der aktive Zeilenkontext, wenn DAX Zeile 5 ausführt? Nun: Es gibt zwei Zeilenkontexte. Da der Code in eine berechnete Spalte geschrieben wird, gibt es einen Standardzeilenkontext, der automatisch von der Engine erstellt wird, die die Tabelle *Product* durchsucht. Außerdem gibt es, da *FILTER* ein Iterator ist, den von *FILTER* erzeugten Zeilenkontext, der die Produkttabelle erneut durchsucht. Dies ist in Abbildung 4.9 grafisch dargestellt.

Zeilenkontext der berechneten Spalte

```
Product[UnitPriceRank] =

COUNTROWS (
    FILTER (
        Product,
        Product[Unit Price] >= PriceOfCurrentProduct
    )
) + 1
```

Zeilenkontext der *FILTER*-Funktion

Abbildung 4.9 Während der Auswertung des innersten Ausdrucks gibt es zwei Zeilenkontexte für dieselbe Tabelle.

Das äußere Feld enthält den Zeilenkontext der berechneten Spalte, der über *Product* iteriert. Das innere Feld hingegen zeigt den Zeilenkontext der *FILTER*-Funktion, die ebenfalls über *Product* iteriert. Der Ausdruck *Product[Unit Price]* ist kontextabhängig. Daher kann sich ein Verweis auf *Product[Unit Price]* im inneren Feld nur auf die Zeile beziehen, über die aktuell durch *FILTER* iteriert wird. Das Problem besteht nun darin, dass wir in diesem Feld den Wert von *Unit Price* auswerten müssen, der vom Zeilenkontext der berechneten Spalte referenziert wird, die gegenwärtig verborgen ist.

Tatsächlich ist, wenn man keinen neuen Zeilenkontext mit einem Iterator erstellt, der Wert von *Product[Unit Price]* der gewünschte Wert, d. h. der Wert im aktuellen Zeilenkontext der berechneten Spalte. Die folgende simple Codezeile zeigt dies:

```
Product[Test] = Product[Unit Price]
```

Um dies näher zu veranschaulichen, lassen Sie uns *Product[Unit Price]* in den beiden Feldern mit einem Dummy-Code auswerten. Heraus kommen unterschiedliche Ergebnisse. Abbildung 4.10 zeigt dies: Hier haben wir die Auswertung von *Product[Unit Price]* unmittelbar vor *COUNTROWS* nur zur Veranschaulichung eingefügt.

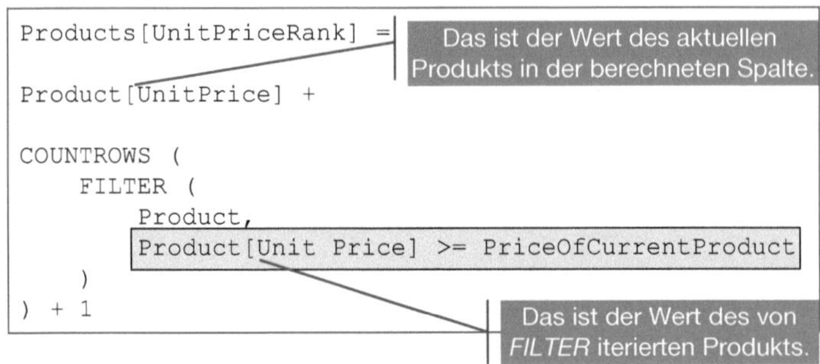

Abbildung 4.10 Außerhalb der Iteration referenziert *Product[Unit Price]* den Zeilenkontext der berechneten Spalte.

An dieser Stelle wollen wir das bisherige Szenario kurz zusammenfassen:

- Der von *FILTER* erzeugte innere Zeilenkontext verbirgt den äußeren Zeilenkontext.
- Wir müssen den Wert des inneren *Product[Unit Price]* mit dem des äußeren *Product[Unit Price]* vergleichen.
- Wenn wir den Vergleich in den inneren Ausdruck schreiben, können wir nicht auf das äußere *Product[Unit Price]* zugreifen.

Da wir den aktuellen Stückpreis abrufen können, wenn wir ihn außerhalb des Zeilenkontextes von *FILTER* auswerten, besteht der geeignetste Ansatz zur Lösung dieses Problems darin, den Wert von *Product[Unit Price]* in einer Variablen zu speichern. So können wir mit dem folgenden Code die Variable im Zeilenkontext der berechneten Spalte auswerten:

```
'Product'[UnitPriceRank] =
VAR
    PriceOfCurrentProduct = 'Product'[Unit Price]
RETURN
    COUNTROWS (
        FILTER (
            'Product',
            'Product'[Unit Price] > PriceOfCurrentProduct
        )
    ) + 1
```

Außerdem ist es noch besser, den Code anschaulicher zu formulieren, indem man mehr Variablen verwendet, um die verschiedenen Schritte der Berechnung voneinander zu trennen. Auf diese Weise können wir dem Code leichter folgen:

```
'Product'[UnitPriceRank] =
VAR PriceOfCurrentProduct = 'Product'[Unit Price]
VAR MoreExpensiveProducts =
    FILTER (
        'Product',
        'Product'[Unit Price] > PriceOfCurrentProduct
    )
RETURN
    COUNTROWS ( MoreExpensiveProducts ) + 1
```

Abbildung 4.11 zeigt eine grafische Darstellung der Zeilenkontexte dieser letztgenannten Codeformulierung. Sie macht es einfacher zu verstehen, in welchem Zeilenkontext DAX die einzelnen Teile der Formel berechnet.

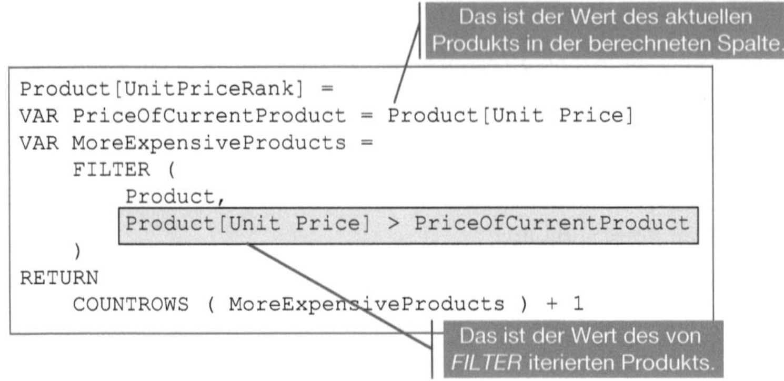

Abbildung 4.11 Der Wert von *PriceOfCurrentProduct* wird im äußeren Zeilenkontext ausgewertet.

Abbildung 4.12 zeigt das Ergebnis der berechneten Spalte.

Product Name	Unit Price	UnitPriceRank
Fabrikam Refrigerator 24.7CuFt X9800 Blue	3,199.99	1
Fabrikam Refrigerator 24.7CuFt X9800 Brown	3,199.99	1
Fabrikam Refrigerator 24.7CuFt X9800 Green	3,199.99	1
Fabrikam Refrigerator 24.7CuFt X9800 Grey	3,199.99	1
Fabrikam Refrigerator 24.7CuFt X9800 Orange	3,199.99	1
Fabrikam Refrigerator 24.7CuFt X9800 Silver	3,199.99	1
Fabrikam Refrigerator 24.7CuFt X9800 White	3,199.99	1
Litware Refrigerator 24.7CuFt X980 Blue	3,199.99	1
Litware Refrigerator 24.7CuFt X980 Brown	3,199.99	1
Litware Refrigerator 24.7CuFt X980 Green	3,199.99	1
Litware Refrigerator 24.7CuFt X980 Grey	3,199.99	1
Litware Refrigerator 24.7CuFt X980 Silver	3,199.99	1
Litware Refrigerator 24.7CuFt X980 White	3,199.99	1
Litware Refrigerator L1200 Orange	3,199.99	1
Adventure Works 52" LCD HDTV X590 Black	2,899.99	15
Adventure Works 52" LCD HDTV X590 Brown	2,899.99	15
Adventure Works 52" LCD HDTV X590 Silver	2,899.99	15
Adventure Works 52" LCD HDTV X590 White	2,899.99	15
NT Washer & Dryer 27in L2700 Blue	2,652.90	19
NT Washer & Dryer 27in L2700 Green	2,652.90	19
NT Washer & Dryer 27in L2700 Silver	2,652.90	19

Abbildung 4.12 *UnitPriceRank* ist ein sinnvolles Beispiel dafür, wie man mithilfe von Variablen in verschachtelten Zeilenkontexten navigieren kann.

Da es 14 Produkte zum gleichen Stückpreis gibt, ist deren Rang immer 1; das fünfzehnte Produkt hat den Rang 15, den es sich mit anderen Produkten mit dem gleichen Preis teilt. Wäre es nicht schöner, wenn wir die Ränge mit 1, 2, 3 statt wie in dieser Abbildung mit 1, 15, 19 vergeben könnten? Dieses Problem werden wir gleich lösen, aber zuvor sollten wir in jedem Fall noch einen kleinen Exkurs unternehmen.

Um ein Szenario wie das beschriebene zu lösen, ist es notwendig, ein grundlegendes Verständnis dafür zu entwickeln, was ein Zeilenkontext ist. Nur so können Sie erkennen, welcher Zeilenkontext in den verschiedenen Teilen der Formel aktiv ist, und vor allem, wie sich der Zeilenkontext auf den von einem DAX-Ausdruck zurückgegebenen Wert auswirkt. Es soll an dieser Stelle unterstrichen werden, dass derselbe Ausdruck *Product[Unit Price]*, der in zwei verschiedenen Teilen der Formel ausgewertet wird, aufgrund der unterschiedlichen Kontexte, in denen die Auswertung erfolgt, unterschiedliche Werte zurückgibt. Entwickler, die sich nicht ausreichend mit Auswertungskontexten auskennen, haben extreme Schwierigkeiten, an einem derart komplexen Code zu arbeiten.

Wie Sie gesehen haben, erweist sich bereits ein einfacher Sortierausdruck mit zwei Zeilenkontexten als problematisch. Später in Kapitel 5 werden Sie erfahren, wie Sie mehrere Filterkontexte erstellen können. An jenem Punkt nimmt die Komplexität des Codes erheblich zu. Wenn Sie sich dann allerdings mit Auswertungskontexten auskennen, sind solche Szenarien einfach umzusetzen. Sie müssen, bevor wir auf die nächste Ebene von DAX wechseln, die Auswertungskontexte auf jeden Fall umfassend verstanden haben. Deswegen möchten wir Sie bitten, sich diesen gesamten Abschnitt – und möglicherweise sogar das ganze Kapitel bis hierher – noch einmal durchzulesen. So oft, bis Sie diese Konzepte wirklich verinnerlicht haben. Dies wird die Lektüre der nächsten Kapitel und auch den Lernprozess wesentlich einfacher gestalten.

Bevor wir dieses Beispiel verlassen, müssen wir noch das letzte Detail lösen: die Rangfolge von 1 bis 3 anstelle der bisher ausgegebenen Folge. Die Lösung ist einfacher als erwartet. Im vorangegangenen Code haben wir uns eigentlich auf die Zählung der Produkte konzentriert, die einen höheren Preis haben. Deswegen zählte die Formel 14 Produkte mit Platz 1, während die Produkte auf der zweiten Ebene Rang 15 erhielten. Allerdings ist das Zählen von Produkten überhaupt nicht sinnvoll. Wenn die Formel anstelle der Produkte die *Preise* zählen würde, die höher sind als der aktuelle Preis, dann würden alle 14 Produkte in einem einzigen Preis zusammengefasst.

```
'Product'[UnitPriceRankDense] =
VAR PriceOfCurrentProduct = 'Product'[Unit Price]
VAR HigherPrices =
    FILTER (
        VALUES ( 'Product'[Unit Price] ),
        'Product'[Unit Price] > PriceOfCurrentProduct
    )
RETURN
    COUNTROWS ( HigherPrices ) + 1
```

Abbildung 4.13 zeigt die neu berechnete Spalte einschließlich *UnitPriceRank*.

Dieser letzte kleine Schritt sorgt dafür, dass Preise anstelle von Produkten gezählt werden. Das scheint auf den ersten Blick sogar komplizierter zu sein als erwartet. Je mehr Sie aber mit DAX arbeiten, desto einfacher wird es Ihnen fallen, in Begriffen von Ad-hoc-Tabellen zu denken, die nur für eine bestimmte Berechnung erstellt werden.

Product Name	Unit Price	UnitPriceRank	UnitPriceRankDense
Fabrikam Refrigerator 24.7CuFt X9800 Blue	3,199.99	1	1
Fabrikam Refrigerator 24.7CuFt X9800 Brown	3,199.99	1	1
Fabrikam Refrigerator 24.7CuFt X9800 Green	3,199.99	1	1
Fabrikam Refrigerator 24.7CuFt X9800 Grey	3,199.99	1	1
Fabrikam Refrigerator 24.7CuFt X9800 Orange	3,199.99	1	1
Fabrikam Refrigerator 24.7CuFt X9800 Silver	3,199.99	1	1
Fabrikam Refrigerator 24.7CuFt X9800 White	3,199.99	1	1
Litware Refrigerator 24.7CuFt X980 Blue	3,199.99	1	1
Litware Refrigerator 24.7CuFt X980 Brown	3,199.99	1	1
Litware Refrigerator 24.7CuFt X980 Green	3,199.99	1	1
Litware Refrigerator 24.7CuFt X980 Grey	3,199.99	1	1
Litware Refrigerator 24.7CuFt X980 Silver	3,199.99	1	1
Litware Refrigerator 24.7CuFt X980 White	3,199.99	1	1
Litware Refrigerator L1200 Orange	3,199.99	1	1
Adventure Works 52" LCD HDTV X590 Black	2,899.99	15	2
Adventure Works 52" LCD HDTV X590 Brown	2,899.99	15	2
Adventure Works 52" LCD HDTV X590 Silver	2,899.99	15	2
Adventure Works 52" LCD HDTV X590 White	2,899.99	15	2
NT Washer & Dryer 27in L2700 Blue	2,652.90	19	3
NT Washer & Dryer 27in L2700 Green	2,652.90	19	3
NT Washer & Dryer 27in L2700 Silver	2,652.90	19	3
NT Washer & Dryer 27in L2700 White	2,652.90	19	3

Abbildung 4.13 *UnitPriceRankDense* gibt eine nützlichere Rangliste zurück, denn hiermit werden Preise anstelle von Produkten gezählt.

Sie haben in diesem Beispiel gelernt, dass die Technik, die am geeignetsten ist, um mehrere Zeilenkontexte für dieselbe Tabelle im Griff zu behalten, die Verwendung von Variablen ist. In diesem Zusammenhang sei erwähnt, dass es Variablen in DAX erst seit 2015 gibt. Deswegen stoßen Sie hier und da möglicherweise auf vorhandenen DAX-Code, der vor der Einführung von Variablen geschrieben wurde und eine andere Technik für den Zugriff auf äußere Zeilenkontexte verwendet: die *EARLIER*-Funktion. Diese wird im nächsten Abschnitt beschrieben.

EARLIER-Funktion verwenden

Mit *EARLIER* bietet DAX eine Funktion, die auf äußere Zeilenkontexte zugreifen kann. *EARLIER* ruft den Wert einer Spalte ab, indem es den vorherigen anstelle des letzten Zeilenkontexts verwendet. Daher können wir den Wert von **PriceOfCurrentProduct** auch mit *EARLIER (Product-[UnitPrice])* ausdrücken.

Viele DAX-Einsteiger finden *EARLIER* etwas beängstigend, weil sie Zeilenkontexte noch nicht gut genug verstehen und deswegen nicht erkennen, dass sie sie durch Erstellen mehrerer Iterationen über dieselbe Tabelle verschachteln können. Sobald Sie die Konzepte von Zeilenkontext und Verschachtelung verstanden haben, verliert *EARLIER* seinen Schrecken. Der folgende Code beispielsweise löst die obige Problemstellung ohne Variablen:

```
'Product'[UnitPriceRankDense] =
COUNTROWS (
    FILTER (
        VALUES ( 'Product'[Unit Price] ),
        'Product'[UnitPrice] > EARLIER ( 'Product'[UnitPrice] )
    )
) + 1
```

EARLIER **nimmt einen zweiten Parameter entgegen, der die Anzahl der zu überspringenden Schritte angibt. Auf diese Weise lassen sich zwei oder mehr Zeilenkontexte übergehen. Darüber hinaus gibt es auch eine Funktion namens *EARLIEST*, mit der ein Entwickler auf den für eine Tabelle definierten Kontext der äußersten Zeile zugreifen kann. In der Realität werden weder *EARLIEST* noch der zweite Parameter von *EARLIER* häufig verwendet. Zwar treten zwei verschachtelte Zeilenkontexte in berechneten Spalten oft auf, doch drei oder mehr Zeilenkontexte findet man nur sehr selten. Außerdem ist *EARLIER* seit dem Aufkommen von Variablen praktisch nutzlos geworden, denn die Funktion wurde durch den Einsatz von Variablen abgelöst.**

Es gibt eigentlich nur einen Grund dafür, dass Sie *EARLIER* kennen müssen: um älteren DAX-Code lesen zu können. In neuerem DAX-Code spricht nichts für die Verwendung von *EARLIER*, denn Variablen eignen sich besser zur Speicherung des gewünschten Werts, wenn der passende Zeilenkontext zugänglich ist. Die Verwendung von Variablen für diesen Zweck gilt als Best Practice und verbessert die Lesbarkeit Ihres Codes.

FILTER, ALL und Kontextinteraktionen verstehen

In den vorhergehenden Beispielen haben wir *FILTER* als bequeme Methode zum Filtern einer Tabelle verwendet. *FILTER* ist eine verbreitete Funktion, die Sie immer dann verwenden können, wenn Sie einen Filter anwenden möchten, der den vorhandenen Filterkontext weiter einschränkt.

Nehmen wir an, Sie möchten ein Measure erstellen, das die Anzahl der roten Produkte zählt. Machen wir uns das bereits erworbene Wissen zunutze, ist die Formel ganz einfach:

```
NumOfRedProducts :=
VAR RedProducts =
    FILTER (
        'Product',
        'Product'[Color] = "Red"
    )
RETURN
    COUNTROWS ( RedProducts )
```

Wir können diese Formel in einem Bericht verwenden. Beispielsweise können Sie die Produktmarke auf die Zeilen legen, um den in Abbildung 4.14 gezeigten Bericht zu erstellen.

Brand	NumOfRedProducts
Adventure Works	6
Contoso	36
Fabrikam	12
Litware	12
Northwind Traders	3
Proseware	7
Southridge Video	13
Tailspin Toys	6
Wide World Importers	4
Total	**99**

Abbildung 4.14 Wir können die Anzahl der roten Produkte mit der *FILTER*-Funktion zählen.

Bevor wir mit diesem Beispiel fortfahren, wollen wir jedoch einen Moment innehalten und uns überlegen, wie genau DAX diese Werte berechnet hat. *Brand* ist eine Spalte der Tabelle *Product*. In jeder Zelle des Berichts filtert der Filterkontext jeweils eine Marke. Daher zeigt jede Zelle die Anzahl der Produkte der jeweiligen Marke an, die ebenfalls rot sind. Der Grund hierfür ist, dass *FILTER* über die Tabelle *Product* in der Form iteriert, wie sie im aktuellen Filterkontext sichtbar ist, und dieser enthält nun einmal nur Produkte der betreffenden Marke. Das mag trivial erscheinen, aber es ist besser, sich dies mehrmals zu vergegenwärtigen, um es ja nicht mehr zu vergessen.

Dies wird umso deutlicher, wenn wir dem Bericht einen Slicer hinzufügen, der nach Farbe filtert. In Abbildung 4.15 sehen Sie zwei identische Berichte mit zwei Slicern, die nach Farbe filtern. Dabei filtert jeder Slicer nur den Bericht auf seiner direkten rechten Seite. Der Bericht auf der linken Seite filtert nach Rot, und die Zahlen sind die gleichen wie in Abbildung 4.14, wohingegen der Bericht auf der rechten Seite leer ist, weil der Slicer nach *Azure* filtert.

Color: Azure, Black, Blue, Brown, Gold, Green, Grey, Orange, Pink, Purple, **Red** (ausgewählt), Silver, Silver Grey, Transparent, White

Brand	NumOfRedProducts
Adventure Works	6
Contoso	36
Fabrikam	12
Litware	12
Northwind Traders	3
Proseware	7
Southridge Video	13
Tailspin Toys	6
Wide World Importers	4
Total	**99**

Color: **Azure** (ausgewählt), Black, Blue, Brown, Gold, Green, Grey, Orange, Pink, Purple, Red, Silver, Silver Grey, Transparent, White

Brand	NumOfRedProducts
Total	

Abbildung 4.15 DAX wertet *NumOfRedProducts* unter Berücksichtigung des durch den Slicer definierten äußeren Kontexts aus.

Im Bericht auf der rechten Seite enthält die Tabelle *Product*, über die *FILTER* iteriert, nur azurblaue Produkte; da aber *FILTER* nur rote Produkte zurückgeben darf, gibt es keine Produkte, die zurückgegeben werden können. Infolgedessen wird das Measure *NumOfRedProducts* immer zu einem Leerwert ausgewertet.

Wesentlich bei diesem Beispiel ist, dass es in derselben Formel zwei Kontexte gibt: einen Filterkontext, der von außerhalb stammt (nämlich die Zelle im Bericht, die von der Slicerauswahl betroffen ist), und einen Zeilenkontext, der per *FILTER*-Funktion in die Formel eingeführt wird. Beide Kontexte arbeiten gleichzeitig und beeinflussen das Ergebnis. DAX verwendet den Filterkontext zur Auswertung der Tabelle *Product* und den Zeilenkontext zur zeilenweise erfolgenden Auswertung der Filterbedingung während der *FILTER*-Iteration.

Wir wollen dieses Konzept noch einmal wiederholen: *FILTER* ändert den Filterkontext nicht. Vielmehr ist *FILTER* ein Iterator, der eine (bereits durch den Filterkontext gefilterte) Tabelle durchsucht und eine Teilmenge dieser Tabelle entsprechend der Filterbedingung zurückgibt. In Abbildung 4.14 filtert der Filterkontext die Marke. Er tut dies – und nur dies – auch, nachdem *FILTER* das Ergebnis zurückgegeben hat. Als wir den Slicer für die Farbe hinzugefügt hatten (Abbildung 4.15), enthielt der Filterkontext sowohl die Marke als auch die Farbe. Aus diesem Grund hat *FILTER* im linken Bericht alle iterierten Produkte und im rechten gar kein Produkt zurückgegeben. In beiden Berichten hat *FILTER* den Filterkontext nicht geändert. *FILTER* hat lediglich eine Tabelle durchsucht und ein gefiltertes Ergebnis zurückgegeben.

An dieser Stelle könnte man nun eine andere Formel definieren, die unabhängig von der Auswahl durch den Slicer die Anzahl der roten Produkte zurückgibt. Der Code muss also die Auswahl des Slicers ignorieren und immer die Anzahl aller roten Produkte zurückgeben.

Hierbei erweist sich die *ALL*-Funktion als hilfreich. *ALL* gibt den Inhalt einer Tabelle zurück und *ignoriert dabei den Filterkontext*. Wir können mithilfe des folgenden Ausdrucks ein neues Measure namens *NumOfAllRedProducts* definieren:

```
NumOfAllRedProducts :=
VAR AllRedProducts =
    FILTER (
        ALL ( 'Product' ),
        'Product'[Color] = "Red"
    )
RETURN
    COUNTROWS ( AllRedProducts )
```

Diesmal iteriert *FILTER* nicht über *Product*, sondern über *ALL (Product)*.

ALL ignoriert den Filterkontext und gibt immer alle Zeilen der Tabelle zurück. Folglich gibt *FILTER* auch dann alle roten Produkte zurück, wenn zuvor nach einer anderen Marke oder Farbe gefiltert wurde.

Das in Abbildung 4.16 gezeigte Ergebnis ist zwar korrekt, mag den einen oder anderen aber überraschen.

Color	Brand	NumOfAllRedProducts
Azure	Adventure Works	99
Black	Contoso	99
Blue	Fabrikam	99
Brown	Litware	99
Gold	Northwind Traders	99
Green	Proseware	99
Grey	Southridge Video	99
Orange	Tailspin Toys	99
Pink	Wide World Importers	99
Purple	**Total**	**99**
■ Red		
Silver		
Silver Grey		
Transparent		
White		

Color	Brand	NumOfAllRedProducts
■ Azure	A. Datum	99
Black	**Total**	**99**
Blue		
Brown		
Gold		
Green		
Grey		
Orange		
Pink		
Purple		
Red		
Silver		
Silver Grey		
Transparent		
White		

Abbildung 4.16 *NumOfAllRedProducts* liefert seltsame Ergebnisse.

Hier gibt es zwei interessante Aspekte, die wir beide näher beschreiben wollen:

- Das Ergebnis ist unabhängig von der in den Zeilen ausgewählten Marke immer 99.
- Die Marken in der linken Matrix unterscheiden sich von denen in der rechten Matrix.

Zunächst einmal ist 99 die Gesamtzahl der roten Produkte, also nicht die Anzahl roter Produkte einer bestimmten Marke. *ALL* ignoriert erwartungsgemäß die Filter in der Tabelle *Product*. Das betrifft nicht nur die Filterung nach Farbe, sondern auch die nach der Marke. Möglicherweise ist das so nicht erwünscht. *ALL* ist eine ebenso einfache wie leistungsstarke Funktion, aber es geht nur alles oder nichts. Wird *ALL* eingesetzt, dann werden *alle* Filter ignoriert, die in der als Argument übergebenen Tabelle angewendet werden. Mit Ihrem bislang erworbenen Wissen sind Sie noch nicht in der Lage, bestimmte Filter gezielt außen vor zu lassen. Im Beispiel wäre es besser gewesen, nur den Filter für die Farbe zu ignorieren. Erst nach dem nächsten Kapitel, wenn *CALCULATE* eingeführt wird, stehen Ihnen bessere Möglichkeiten zur Verfügung, um Filter selektiv zu ignorieren.

Kommen wir damit zum zweiten Punkt: Die Marken in den beiden Berichten sind unterschiedlich. Weil der Slicer eine Farbe ausfiltert, wird die gesamte Matrix mit dem Filter für die Farbe berechnet. Auf der linken Seite ist diese Farbe Rot, auf der rechten Azurblau. So entstehen zwei verschiedene Produktmengen und damit auch zwei verschiedene Markenmengen. Die Liste der Marken, die an der Achse des Berichts aufgeführt werden, wird im ursprünglichen Filterkontext berechnet, der einen Filter für die Farbe enthält. Nach der Berechnung der Achsen ermittelt DAX die Werte für das Measure und gibt als Ergebnis unabhängig von Marke und Farbe immer 99 zurück. So zeigt der Bericht auf der linken Seite die Marken roter Produkte, während auf der rechten Seite die Marken azurblauer Produkte erscheinen, obwohl in beiden Berichten das Measure markenübergreifend die Summe *aller* roten Produkte zeigt.

Das Verhalten des Berichts ist nicht spezifisch für DAX, sondern eher für die von Power BI verwendete Funktion *SUMMARIZECOLUMNS*. Wir werden uns in Kapitel 13, »Abfragen erstellen«, mit *SUMMARIZECOLUMNS* befassen.

Wir wollen dieses Szenario jetzt nicht weiter untersuchen. Die Lösung folgt später, wenn Sie die Funktion *CALCULATE* kennenlernen, denn diese bietet sehr viel mehr Leistung (aber auch

Komplexität) beim Umgang mit Filterkontexten. Bislang sollte an diesem Beispiel vor allem gezeigt werden, dass aufgrund von Kontextinteraktionen und der Koexistenz von Filter- und Zeilenkontexten im selben Ausdruck auch bei relativ einfachen Formeln unerwartete Ergebnisse auftreten können.

Mit mehreren Tabellen arbeiten

Da Sie nun die Grundlagen der Auswertungskontexte kennen, sind wir in der Lage zu beschreiben, wie sich der Kontext in Bezug auf Beziehungen verhält. Tatsächlich enthalten nur wenige Datenmodelle lediglich eine einzige Tabelle. In den allermeisten Fällen gibt es mehrere Tabellen, die durch Beziehungen miteinander verbunden sind. Wenn es eine Beziehung zwischen *Sales* und *Product* gibt, filtert ein Filterkontext, der *Product* filtert, dann auch *Sales*? Und wie sieht es bei einem Filter für *Sales* aus? Filtert dieser auch *Product*? Da es zwei Arten von Auswertungskontexten gibt – nämlich Zeilen- und Filterkontext – und Beziehungen zwei Seiten haben (die 1- und die n-Seite), müssen wir vier verschiedene Szenarien analysieren.

Die Antwort auf diese Fragen ist bereits in dem Mantra enthalten, das Sie sich in diesem Kapitel immer und immer wieder vorsprechen sollen: *»Der Filterkontext filtert; der Zeilenkontext iteriert«*. Und in seiner Konsequenz: *»Der Filterkontext iteriert nicht; der Zeilenkontext filtert nicht«*.

Um das vorliegende Szenario zu untersuchen, verwenden wir ein Datenmodell mit sechs Tabellen, das in Abbildung 4.17 dargestellt ist.

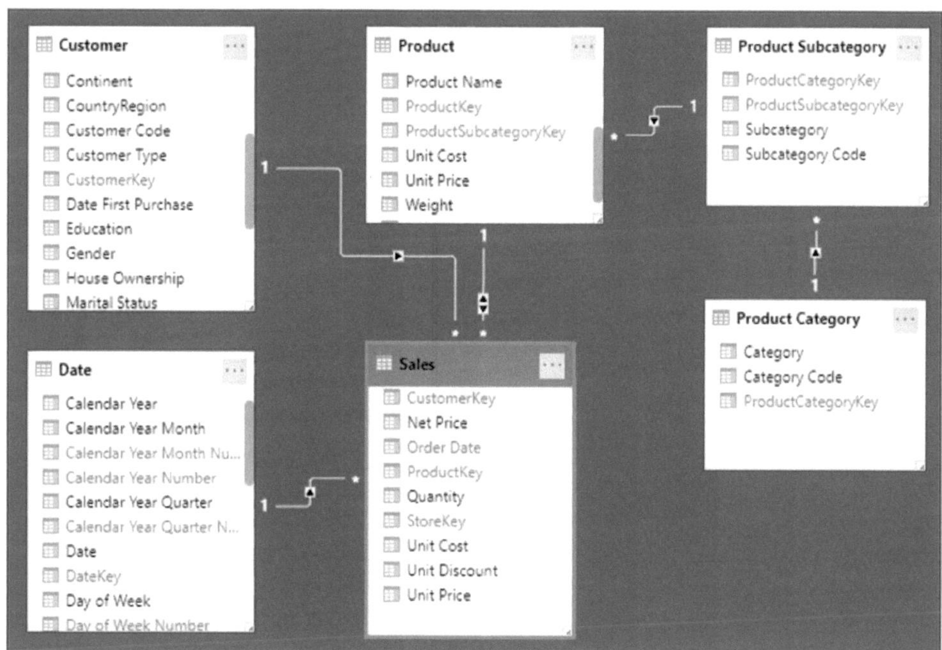

Abbildung 4.17 Datenmodell zum Erlernen der Interaktion zwischen Kontexten und Beziehungen

Dieses Modell enthält einige bemerkenswerte Details:

- Es gibt eine Beziehungskette, die von *Sales* über *Product* und *Product Subcategory* bis zu *Product Category* verläuft.
- Die einzige bidirektionale Beziehung ist die zwischen *Sales* und *Product*. Alle übrigen Beziehungen sind auf eine einzige Kreuzfilterrichtung festgelegt.

Dieses Modell wird uns von Nutzen sein, wenn wir die Details der Auswertungskontexte und -beziehungen in den nächsten Abschnitten betrachten.

Zeilenkontexte und Beziehungen

Der Zeilenkontext iteriert; er filtert nicht. Die Iteration ist ein Vorgang, bei dem eine Tabelle Zeile für Zeile durchsucht und in der Zwischenzeit eine Operation durchgeführt wird. In der Regel wird dabei eine Form der Aggregation angestrebt, beispielsweise eine Summierung oder Durchschnittsbildung. Bei einer Iteration iteriert der Zeilenkontext über eine einzelne Tabelle und liefert einen Wert für alle Spalten dieser – und nur dieser – Tabelle. Andere Tabellen mögen zwar mit der iterierten Tabelle verknüpft sein, haben aber dort keinen Zeilenkontext. Anders formuliert: Der Zeilenkontext interagiert nicht automatisch mit Beziehungen.

Betrachten Sie zum Beispiel eine berechnete Spalte in der Tabelle *Sales*, die die Differenz zwischen dem in der Faktentabelle und dem in der Tabelle *Product* gespeicherten Stückpreis angibt. Der folgende DAX-Code funktioniert nicht, weil er die Spalte *Product[Unit Price]* verwendet und es keinen Zeilenkontext für *Product* gibt:

```
Sales[UnitPriceVariance] = Sales[Unit Price] – 'Product'[Unit Price]
```

Da es sich um eine berechnete Spalte handelt, generiert DAX automatisch einen Zeilenkontext für die Tabelle mit der betreffenden Spalte, in diesem Fall also die Tabelle *Sales*. Der Zeilenkontext für *Sales* ermöglicht eine zeilenweise erfolgende Auswertung von Ausdrücken anhand der Spalten in *Sales*. Obwohl sich *Product* auf der 1-Seite einer 1:n-Beziehung mit *Sales* befindet, erfolgt die Iteration nur für die Tabelle *Sales*.

Iterieren wir dagegen auf der n-Seite einer Beziehung, dann können wir auf Spalten auf deren 1-Seite zugreifen, müssen aber die Funktion *RELATED* verwenden. *RELATED* nimmt einen Spaltenverweis als Parameter entgegen und ruft den Wert der Spalte in der entsprechenden Zeile der Zieltabelle ab. Dabei kann *RELATED* nur eine Spalte referenzieren, und es sind mehrere *RELATED* -Funktionen erforderlich, um auf mehrere Spalten auf der 1-Seite der Beziehung zuzugreifen. Die richtige Version des vorherigen Codes sähe also wie folgt aus:

```
Sales[UnitPriceVariance] = Sales[Unit Price] - RELATED ( 'Product'[Unit Price] )
```

RELATED erfordert einen Zeilenkontext (d. h. eine Iteration) für die Tabelle auf der n-Seite einer Beziehung. Wäre der Zeilenkontext auf der 1-Seite einer Beziehung aktiv, dann wäre *RELATED* nicht mehr sinnvoll, da es der Beziehung folgen und so viele Zeilen finden würde. In diesem Fall – also beim Iterieren über die 1-Seite einer Beziehung – heißt die zu verwendende Funktion *RELATEDTABLE*. *RELATEDTABLE* gibt alle Zeilen der Tabelle auf der n-Seite zurück, die mit der aktuell iterierten Tabelle verknüpft sind. Möchte man beispielsweise die Anzahl der Umsätze je

Produkt berechnen, dann löst die folgende Formel, die als berechnete Spalte für *Product* definiert ist, das Problem:

```
Product[NumberOfSales] =
VAR SalesOfCurrentProduct = RELATEDTABLE ( Sales )
RETURN
    COUNTROWS ( SalesOfCurrentProduct )
```

Dieser Ausdruck zählt die Anzahl der Zeilen in der Tabelle *Sales*, die dem aktuellen Produkt entsprechen. Sie sehen das Ergebnis in Abbildung 4.18.

Product Name	NumberOfSales
A. Datum Advanced Digital Camera M300 Azure	13
A. Datum Advanced Digital Camera M300 Black	23
A. Datum Advanced Digital Camera M300 Green	32
A. Datum Advanced Digital Camera M300 Grey	32
A. Datum Advanced Digital Camera M300 Orange	3
A. Datum Advanced Digital Camera M300 Pink	41
A. Datum Advanced Digital Camera M300 Silver	18
A. Datum All in One Digital Camera M200 Azure	29
A. Datum All in One Digital Camera M200 Black	16
A. Datum All in One Digital Camera M200 Green	19
A. Datum All in One Digital Camera M200 Grey	51

Abbildung 4.18 *RELATEDTABLE* ist bei einem Zeilenkontext auf der 1-Seite der Beziehung nützlich.

RELATED und *RELATEDTABLE* sind nicht auf einen einzigen Wechsel beschränkt, sondern können auch eine ganze Beziehungskette durchlaufen. Beispielsweise könnte man eine Spalte mit dem gleichen Code wie oben erstellen, diesmal aber in der Tabelle *Product Category*:

```
'Product Category'[NumberOfSales] =
VAR SalesOfCurrentProductCategory = RELATEDTABLE ( Sales )
RETURN
    COUNTROWS ( SalesOfCurrentProductCategory )
```

Das Ergebnis ist die Anzahl der Umsätze für die Kategorie, die die Beziehungskette von *Product Category* über *Product Subcategory* und *Product* bis hin zur Tabelle *Sales* komplett durchläuft.

In ähnlicher Weise kann man in der Tabelle *Product* eine berechnete Spalte erstellen, die den Kategorienamen aus der Tabelle *Product Category* kopiert.

```
'Product'[Category] = RELATED ( 'Product Category'[Category] )
```

In diesem Fall durchläuft eine einzige *RELATED*-Funktion die Beziehungskette von *Product* über *Product Subcategory* bis hin zu *Product Category*.

Die einzige Ausnahme von der allgemeinen Regel für *RELATED* und *RELATEDTABLE* sind 1:1-Beziehungen. Wenn zwei Tabellen eine 1:1-Beziehung zueinander haben, dann funktionieren sowohl *RELATED* als auch *RELATEDTABLE* in beiden Tabellen und ergeben je nach verwendeter Funktion entweder einen Spaltenwert oder eine Tabelle mit einer einzelnen Zeile.

Im Hinblick auf Beziehungsketten müssen alle Beziehungen den gleichen Typ aufweisen, also entweder 1:n oder n:1. Wenn die Kette zwei Tabellen durch eine 1:n-Beziehung mit einer Bridging-Tabelle verbindet, auf die eine n:1-Beziehung mit der zweiten Tabelle folgt, dann funktioniert die Filterfortpflanzung in die 1-Richtung weder mit *RELATED* noch mit *RELATEDTABLE*. Auch die bidirektionale Filterfortpflanzung funktioniert nur bei *RELATEDTABLE* – wir werden das an späterer Stelle erläutern. Andererseits verhält sich eine 1:1-Beziehung gleichzeitig wie eine 1:n- und eine n:1-Beziehung. Insofern kann es in einer Kette mit 1:n-Beziehungen (oder n:1-Beziehungen) durchaus eine 1:1-Beziehung geben, ohne dass die Kette hierdurch unterbrochen würde.

In dem von uns als Referenz gewählten Modell ist beispielsweise *Customer* mit *Sales* und *Sales* seinerseits mit *Product* verknüpft. Es gibt eine 1:n-Beziehung zwischen *Customer* und *Sales*, worauf eine n:1-Beziehung zwischen *Sales* und *Product* folgt. So verbindet eine Beziehungskette *Customer* mit *Product*. Die beiden Beziehungen erfolgen jedoch nicht in dieselbe Richtung. Dieses Szenario wird als n:n-Beziehung bezeichnet: Ein Kunde steht in Beziehung zu vielen gekauften Produkten, ein Produkt hingegen ist mit vielen Kunden verknüpft, die es gekauft haben. Wir behandeln n:n-Beziehungen an späterer Stelle in Kapitel 15, »Fortgeschrittene Beziehungen«. Hier wollen wir uns aber zunächst einmal auf den Zeilenkontext konzentrieren. Würde man *RELATEDTABLE* über eine n:n-Beziehung verwenden, wäre das Ergebnis falsch. Betrachten Sie eine berechnete Spalte mit folgender Formel in *Product*:

```
Product[NumOfBuyingCustomers] =
VAR CustomersOfCurrentProduct = RELATEDTABLE ( Customer )
RETURN
    COUNTROWS ( CustomersOfCurrentProduct )
```

Das Ergebnis des obigen Codes ist nicht die Anzahl der Kunden, die dieses Produkt gekauft haben, sondern die Anzahl der Kunden insgesamt (Abbildung 4.19).

RELATEDTABLE kann der Beziehungskette nicht folgen, da die Beziehungen nicht in gleicher Richtung verlaufen. Der Zeilenkontext von *Product* erreicht *Customers* nicht. Anzumerken ist, dass, wenn wir die Formel in umgekehrter Richtung ausprobieren (das heißt, die Anzahl der für jeden Kunden gekauften Produkte zählen), das Ergebnis korrekt ist: Wir erhalten für jede Zeile, die die Anzahl der vom Kunden gekauften Produkte darstellt, einen anderen Wert. Der Grund für dieses Verhalten ist nicht die Fortpflanzung eines Zeilenkontexts, sondern der von *RELATEDTABLE* erzeugte Kontextübergang. Diese letzte Anmerkung haben wir nur der Vollständigkeit halber hinzugefügt; es ist noch zu früh, um darauf näher einzugehen. Sie werden das besser verstehen, wenn Sie Kapitel 5 gelesen haben.

Product Name	NumOfBuyingCustomers
A. Datum Advanced Digital Camera M300 Azure	18869
A. Datum Advanced Digital Camera M300 Black	18869
A. Datum Advanced Digital Camera M300 Green	18869
A. Datum Advanced Digital Camera M300 Grey	18869
A. Datum Advanced Digital Camera M300 Orange	18869
A. Datum Advanced Digital Camera M300 Pink	18869
A. Datum Advanced Digital Camera M300 Silver	18869
A. Datum All in One Digital Camera M200 Azure	18869
A. Datum All in One Digital Camera M200 Black	18869
A. Datum All in One Digital Camera M200 Green	18869

Abbildung 4.19 *RELATEDTABLE* funktioniert bei n:n-Beziehungen nicht.

Filterkontext und Beziehungen

Im vorangegangenen Abschnitt haben Sie gesehen, dass der Zeilenkontext iteriert und somit keine Beziehungen verwendet. Der Filterkontext hingegen filtert. Ein Filterkontext wird nicht auf eine einzelne Tabelle angewendet, sondern bezieht sich immer auf das gesamte Modell. An dieser Stelle können wir das Mantra zu den Auswertungskontexten endlich vervollständigen: *Der Filterkontext filtert das Modell, der Zeilenkontext iteriert über eine Tabelle.*

Weil ein Filterkontext das Modell filtert, verwendet er Beziehungen. Der Filterkontext interagiert automatisch mit Beziehungen und verhält sich abhängig davon, wie die Kreuzfilterrichtung der Beziehung festgelegt ist, jeweils anders. Die Kreuzfilterrichtung wird durch einen kleinen Pfeil in der Mitte einer Beziehung dargestellt. Abbildung 4.20 zeigt dies.

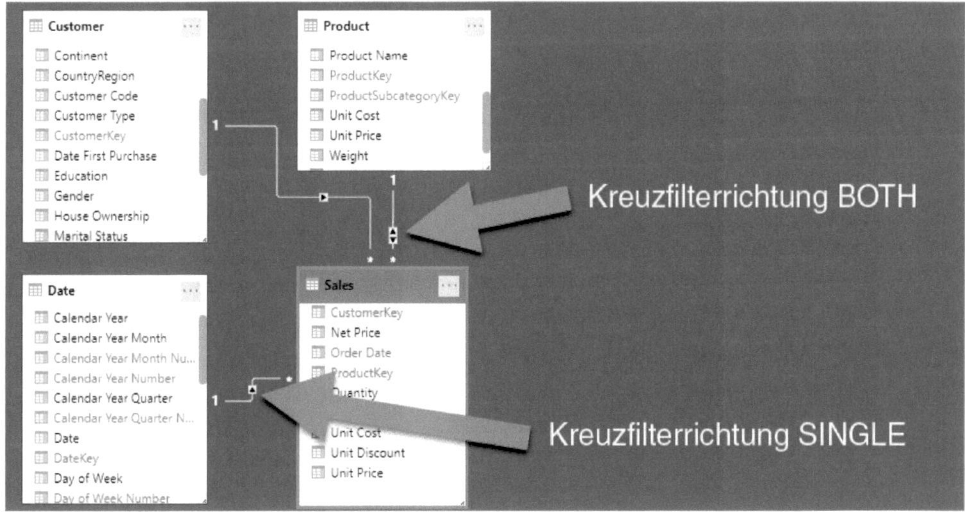

Abbildung 4.20 Verhalten von Filterkontext und Beziehungen

Der Filterkontext verwendet eine Beziehung, indem er der durch den Pfeil zugelassenen Richtung folgt. Bei allen Beziehungen erlaubt der Pfeil eine Fortpflanzung von der 1- zur n-Seite. Ist die Kreuzfilterrichtung dagegen *BOTH*, dann ist eine Fortpflanzung auch von der n- zur 1-Seite zulässig.

Eine Beziehung mit einem einzelnen Kreuzfilter ist eine *unidirektionale Beziehung*, während eine Beziehung mit *beiden* Kreuzfilterrichtungen eine *bidirektionale Beziehung* ist.

Dieses Verhalten ist intuitiv. Obwohl wir dies bislang nicht erläutert haben, fußen alle bisher aufgeführten Berichte darauf. Grundsätzlich würde man in einem typischen Bericht, der nach *Product[Color]* filtert und *Sales[Quantity]* aggregiert, erwarten, dass sich der Filter vom *Product* zu *Sales* fortpflanzt. Folgendes passiert genau: *Product* steht auf der 1-Seite einer Beziehung, weswegen ein Filter für *Product* sich zu *Sales* fortpflanzt – und zwar unabhängig von der Kreuzfilterrichtung.

Da unser exemplarisches Datenmodell sowohl eine bidirektionale Beziehung als auch viele unidirektionale Beziehungen umfasst, können wir das Filterverhalten anhand von drei verschiedenen Measures demonstrieren, die die Anzahl der Zeilen in den drei Tabellen zählen: *Sales*, *Product*und *Customer*.

```
[NumOfSales]      := COUNTROWS ( Sales )
[NumOfProducts]   := COUNTROWS ( Product )
[NumOfCustomers] := COUNTROWS ( Customer )
```

Der Bericht enthält *Product[Color]* für die Zeilen. Daher wird jede Zelle in einem Filterkontext ausgewertet, der die Produktfarbe filtert. Abbildung 4.21 zeigt das Ergebnis.

Color	NumOfSales	NumOfProducts	NumOfCustomers
Azure	398	14	18,869
Black	24,048	602	18,869
Blue	6,277	200	18,869
Brown	1,840	77	18,869
Gold	988	50	18,869
Green	2,150	74	18,869
Grey	8,525	283	18,869
Orange	1,577	55	18,869
Pink	3,518	84	18,869
Purple	75	6	18,869
Red	5,802	99	18,869
Silver	19,735	417	18,869
Silver Grey	675	14	18,869
Transparent	896	1	18,869
White	21,854	505	18,869
Yellow	1,873	36	18,869
Total	**100,231**	**2,517**	**18,869**

Abbildung 4.21 Verhalten von Filterkontext und Beziehungen

In diesem ersten Beispiel pflanzt sich der Filter immer von der 1- zur n-Seite der Beziehungen fort. Er nimmt bei *Product[Color]* seinen Anfang. Von dort aus gelangt er zu *Sales* (befindet sich auf der n-Seite der Beziehung mit *Product*) und darüber zu *Product*, da es sich um die gleiche Tabelle handelt. Dagegen zeigt *NumOfCustomers* immer den gleichen Wert an: die Gesamtzahl der Kunden. Das liegt daran, dass die Beziehung zwischen *Customer* und *Sales* keine Fortpflanzung von *Sales* zu *Customer* zulässt. Der Filter wird von *Product* zu *Sales* verschoben, erreicht aber von dort aus *Customer* nicht.

Sie werden es vielleicht bemerkt haben: Die Beziehung zwischen *Sales* und *Product* ist bidirektional. Insofern filtert ein Filterkontext für *Customer* auch *Sales* und *Product*. Wir können dies durch eine Modifikation des Berichts nachweisen, indem wir nach *Customer[Education]* statt nach *Product[Color]* aufschlüsseln. Das Ergebnis sehen Sie in Abbildung 4.22.

Education	NumOfSales	NumOfProducts	NumOfCustomers
	78,059	2,097	385
Bachelors	5,963	415	5,356
Graduate Degree	3,351	290	3,189
High School	4,721	392	3,294
Partial College	5,747	423	5,064
Partial High School	2,390	263	1,581
Total	**100,231**	**2,517**	**18,869**

Abbildung 4.22 Filterung nach Bildungsgrad des Kunden, wobei auch die Tabelle *Product* gefiltert wird

Diesmal nimmt der Filter bei *Customer* seinen Anfang. Er kann die Tabelle *Sales* erreichen, da *Sales* sich auf der n-Seite der Beziehung befindet. Darüber hinaus pflanzt er sich von *Sales* zu *Product* fort, weil die Beziehung zwischen *Sales* und *Product* bidirektional ist, das heißt, die Kreuzfilterrichtung ist *BOTH*.

Beachten Sie allerdings auch, dass eine einzige bidirektionale Beziehung in einer Kette nicht die gesamte Kette bidirektional macht. Tatsächlich lässt sich mit einem ähnlichen Measure, das die Anzahl der Unterkategorien zählt (wie etwa das folgende), veranschaulichen, dass der bei *Customer* beginnende Filterkontext nicht bis zu *Product Subcategory* reicht:

```
NumOfSubcategories := COUNTROWS ( 'Product Subcategory' )
```

Das Hinzufügen des Measures zum vorherigen Bericht führt zu den in Abbildung 4.23 dargestellten Ergebnissen, bei denen die Anzahl der Unterkategorien für alle Zeilen gleich ist.

Education	NumOfSales	NumOfProducts	NumOfCustomers	NumOfSubcategories
	78,059	2,097	385	44
Bachelors	5,963	415	5,356	44
Graduate Degree	3,351	290	3,189	44
High School	4,721	392	3,294	44
Partial College	5,747	423	5,064	44
Partial High School	2,390	263	1,581	44
Total	**100,231**	**2,517**	**18,869**	**44**

Abbildung 4.23 Wenn die Beziehung unidirektional ist, können Unterkategorien nicht nach Kunden gefiltert werden.

Da die Beziehung zwischen *Product* und *Product Subcategory* unidirektional ist, pflanzt sich der Filter nicht bis zu *Product Subcategory* fort. Wenn wir die Beziehung aktualisieren und die Kreuzfilterrichtung auf *BOTH* festlegen, erhalten wir ein anderes Ergebnis (Abbildung 4.24).

Education	NumOfSales	NumOfProducts	NumOfCustomers	NumOfSubcategories
	78,059	2,097	385	32
Bachelors	5,963	415	5,356	32
Graduate Degree	3,351	290	3,189	32
High School	4,721	392	3,294	32
Partial College	5,747	423	5,064	32
Partial High School	2,390	263	1,581	31
Total	**100,231**	**2,517**	**18,869**	**44**

Abbildung 4.24 Wenn die Beziehung bidirektional ist, können Unterkategorien auch nach Kunden gefiltert werden.

Zur Fortpflanzung des Zeilenkontexts über Beziehungen verwenden wir *RELATED* und *RELATEDTABLE*. Dagegen sind beim Filterkontext keine Funktionen zur Filterfortpflanzung erforderlich. Der Filterkontext filtert das Modell, nicht eine Tabelle. Sobald man also einen Filterkontext anwendet, unterliegt das gesamte Modell dem Filter entsprechend den Beziehungen.

Durch die Beispiele könnte man den Eindruck gewinnen, die bidirektionale Filterung nach allen Beziehungen wäre eine sinnvolle Option, mit der sich der Filterkontext auf das gesamte Modell fortpflanzen ließe. *Das ist definitiv nicht der Fall.* Wir werden fortgeschrittene Beziehungen an späterer Stelle in Kapitel 15 ausführlich behandeln. Bidirektionale Filter weisen eine erheblich größere Komplexität auf als das, was wir in diesem einführenden Kapitel vermitteln können. Wenn Sie nicht genau wissen, welche Folgen ihr Einsatz haben könnte, sollten Sie die Finger davon lassen. Grundsätzlich sollten Sie bidirektionale Filter in bestimmten Measures mit der Funktion *CROSSFILTER* aktivieren, und dies auch nur dann, wenn es unbedingt nötig ist.

DISTINCT und *SUMMARIZE* in Filterkontexten verwenden

Nachdem Sie sich nun ein solides Verständnis für Auswertungskontexte erworben haben, wollen wir dieses Wissen nutzen, um eine Aufgabenstellung Schritt für Schritt zu lösen. Im Rahmen des nun folgenden Vorgehens werden wir ferner einige Details analysieren, die – so steht zu hoffen – die grundlegenden Konzepte von Zeilen- und Filterkontext besser veranschaulichen werden. Außerdem setzen wir in diesem Beispiel die Beschreibung der Funktion *SUMMARIZE* fort, die wir in Kapitel 3, »Grundlegende Tabellenfunktionen verwenden«, bereits angerissen haben.

Bevor wir weiter ins Detail gehen, beachten Sie bitte, dass das folgende Beispiel mehrere unrichtige Berechnungen darstellt, bevor wir am Ende zur richtigen Lösung gelangen. Diese Vorgehensweise dient ausschließlich Schulungszwecken, denn wir wollen nicht nur eine Lösung finden, sondern dabei auch den Prozess des Schreibens von DAX-Code vermitteln. Beim Entwerfen eines Measures werden Sie anfangs wahrscheinlich verschiedene Fehler machen. In dieser exemplarischen Anleitung beschreiben wir die richtigen Gedankengänge, die Ihnen helfen sollen, solche Fehler selbst zu beheben.

Die Anforderung besteht darin, das Durchschnittsalter der Contoso-Kunden zu berechnen. Das sieht für sich genommen zwar wie eine zulässige Spezifikation aus, sie ist aber noch nicht vollständig, denn: Geht es um das gegenwärtige Alter oder um das Alter zum Zeitpunkt des Einkaufs? Soll, wenn ein Kunde dreimal einkauft, dies bei der Durchschnittsermittlung als ein oder als drei Ereignisse zählen? Und was ist, wenn der Kunde dreimal einkauft, dazwischen aber irgendwann Geburtstag hat und ein Jahr älter wird? Wir müssen also präziser formulieren. Hier die Komplettanforderung: *»Berechnen Sie das Durchschnittsalter der Kunden zum Zeitpunkt des Verkaufs, wobei Sie jeden Kunden nur einmal zählen, sofern er mehrere Einkäufe im gleichen Alter getätigt hat.«*

Die Lösung kann in zwei Schritte unterteilt werden:

- Berechnung des Alters des Kunden zum Zeitpunkt des Einkaufs
- Bildung des Mittelwerts

Das Alter des Kunden ändert sich bei jedem Kauf. Daher muss es in der Tabelle *Sales* gespeichert werden. Für jede Zeile in *Sales* kann das Alter des Kunden zum Zeitpunkt des Verkaufs berechnet werden. Hier erfüllt eine berechnete Spalte unsere Anforderungen optimal:

```
Sales[Customer Age] =
DATEDIFF (                               -- Berechne den Unterschied zwischen
    RELATED ( Customer[Birth Date] ),    -- dem Geburtsdatum des Kunden
    Sales[Order Date],                   -- und dem Verkaufsdatum
    YEAR                                 -- in Jahren
)
```

Da *Customer Age* eine berechnete Spalte ist, wird es in einem Zeilenkontext ausgewertet, der über *Sales* iteriert. Die Formel muss auf *Customer[Birth Date]* zugreifen können. Hierbei handelt es sich um eine Spalte in *Customer* auf der 1-Seite einer Beziehung zu *Sales*. In diesem Fall brauchen wir *RELATED*, damit DAX auf die Zieltabelle zugreifen kann. In der Contoso-Beispieldatenbank gibt es viele Kunden, bei denen das Geburtsdatum leer ist. *DATEDIFF* gibt einen leeren Wert zurück, wenn der erste Parameter leer ist.

Da die Anforderung darin besteht, den Durchschnitt anzugeben, könnte eine erste – noch fehlerbehaftete – Lösung in einem Measure bestehen, das den Durchschnitt dieser Spalte bildet:

```
Avg Customer Age Wrong := AVERAGE ( Sales[Customer Age] )
```

Das Ergebnis ist falsch, da *Sales[Customer Age]* mehrere Zeilen mit demselben Alter enthält, sofern ein Kunde in einem bestimmten Lebensjahr mehrfach eingekauft hat. Die Anforderung, jeden Kunden nur einmal pro Lebensjahr einzubeziehen, wird durch diese Formel nicht erfüllt. Abbildung 4.25 zeigt das Ergebnis dieses letzten Measures neben dem erwarteten Ergebnis.

Color	Avg Customer Age Wrong	Correct Average
Azure	46.44	46.44
Black	46.59	46.67
Blue	45.87	45.91
Brown	45.48	45.48
Gold	45.26	45.26
Green	47.26	47.26
Grey	46.44	46.44
Orange	37.27	37.27
Pink	46.18	46.17
Purple	50.09	50.09
Red	45.42	45.45
Silver	45.87	45.82
Silver Grey	49.93	49.93
White	46.00	46.25
Yellow	47.76	47.76
Total	**46.18**	**46.20**

Abbildung 4.25 Ein einfacher Durchschnitt berechnet das falsche Ergebnis für das Kundenalter.

Das Problem ist das folgende: Das Alter jedes Kunden darf nur einmal gezählt werden. Eine mögliche – wiewohl immer noch nicht richtige – Lösung könnte darin bestehen, eine *DISTINCT*-Funktion für das Kundenalter auszuführen und dann mittels des folgenden Measures den Durchschnitt zu ermitteln:

```
Avg Customer Age Wrong Distinct :=
AVERAGEX (                               -- Über die eindeutigen Werte von
    DISTINCT ( Sales[Customer Age] ),    -- Sales[Customer Age] iterieren und den
    Sales[Customer Age]                  -- Durchschnitt für das Kundenalter ermitteln
)
```

Auch diese Lösung ist noch nicht die richtige. *DISTINCT* gibt hier nämlich die verschiedenen eindeutigen Werte für das Alter von Kunden zurück. Zwei gleichaltrige Kunden würden bei dieser Formel nur einmal gezählt. Die Spezifikation legt aber fest, dass jeder Kunde einmal zu zählen ist; hier dagegen würde jedes *Alter* einmal gezählt. Abbildung 4.26 zeigt den Bericht mit der neuen Formulierung von *Avg Customer Age*. Offensichtlich ist auch diese Lösung immer noch falsch.

Color	Avg Customer Age Wrong Distinct	Correct Average
Azure	50.92	46.44
Black	58.38	46.67
Blue	55.33	45.91
Brown	50.15	45.48
Gold	45.14	45.26
Green	50.92	47.26
Grey	54.33	46.44
Orange	38.33	37.27
Pink	53.45	46.17
Purple	53.74	50.09
Red	56.10	45.45
Silver	61.67	45.82
Silver Grey	47.93	49.93
White	58.57	46.25
Yellow	55.83	47.76
Total	**62.00**	**46.20**

Abbildung 4.26 Der Durchschnitt der verschiedenen Kundenalter liefert immer noch nicht das gewünschte Ergebnis.

In der letzten Formel könnten wir nun versuchen, *Customer Age* durch *CustomerKey* als Parameter von *DISTINCT* zu ersetzen:

```
Avg Customer Age Invalid Syntax :=
AVERAGEX (                            -- Über die eindeutigen Werte von
    DISTINCT ( Sales[CustomerKey] ),  -- Sales[CustomerKey] iterieren und den
    Sales[Customer Age]               -- Durchschnitt für das Kundenalter ermitteln
)
```

Dieser Code enthält einen Fehler und wird von DAX nicht akzeptiert. Erkennen Sie, wieso das so ist (möglichst ohne zu schummeln und die Lösung im nächsten Absatz bereits zu lesen)?

AVERAGEX erzeugt einen Zeilenkontext, der über eine Tabelle iteriert. Die Tabelle, die *AVERAGEX* als erster Parameter übergeben wird, heißt *DISTINCT (Sales[CustomerKey]). DISTINCT* gibt eine Tabelle mit nur einer Spalte und allen eindeutigen Werten des Kundenschlüssels zurück. Daher enthält der von *AVERAGEX* generierte Zeilenkontext auch nur eine Spalte, nämlich *Sales[CustomerKey]*. DAX kann *Sales[Customer Age]* in einem Zeilenkontext, der nur *Sales[CustomerKey]* enthält, nicht auswerten.

Benötigt wird ein Zeilenkontext, der die Abstufung von *Sales[CustomerKey]* aufweist, aber auch *Sales[Customer Age]* enthält. Mit der in Kapitel 3 vorgestellten Funktion *SUMMARIZE* können vorhandene eindeutige Kombinationen zweier Spalten erzeugt werden. Jetzt endlich können wir eine Version dieses Codes zeigen, die alle Anforderungen implementiert:

```
Correct Average :=
AVERAGEX (                  -- Über alle
    SUMMARIZE (             -- in Sales vorhandenen
```

```
        Sales,                  -- Kombinationen
        Sales[CustomerKey],     -- aus Customer Key
        Sales[Customer Age]     -- und Customer Age iterieren
    ),                          --
    Sales[Customer Age]         --und das Kundenalter mitteln
)
```

Wie üblich ist es möglich, die Berechnung mithilfe einer Variablen in mehrere Schritte zu unterteilen. Beachten Sie, dass der Zugriff auf die Spalte *Customer Age* noch einen Verweis auf den Namen der Tabelle *Sales* im zweiten Argument der *AVERAGEX*-Funktion erfordert. Eine Variable kann eine Tabelle enthalten, aber nicht als Tabellenreferenz verwendet werden.

```
Correct Average :=
VAR CustomersAge =
    SUMMARIZE (                 -- Vorhandene
        Sales,                  -- Kombinationen
        Sales[CustomerKey],     -- aus Customer Key
        Sales[Customer Age]     -- und Customer Age
    )
RETURN
AVERAGEX (                      -- Über eine Liste mit
    CustomersAge,               -- Customer Age in Sales iterieren
    Sales[Customer Age]         --und das Kundenalter mitteln
)
```

SUMMARIZE generiert alle Kombinationen aus Kunde und Alter, die im aktuellen Filterkontext vorhanden sind. So wird bei mehreren Kunden desselben Alters die Altersangabe mehrfach aufgeführt, nämlich einmal je Kunde. *AVERAGEX* ignoriert das Vorhandensein von *CustomerKey* in der Tabelle und verwendet lediglich das Kundenalter. *CustomerKey* wird nur benötigt, um die richtige Anzahl des Auftretens jedes Alters zu zählen.

Wir möchten ausdrücklich unterstreichen, dass das gesamte Measure im durch den Bericht erzeugten Filterkontext ausgeführt wird. Somit werden nur die Kunden, die auch etwas gekauft haben, von *SUMMARIZE* ausgewertet und zurückgegeben. Jede Zelle im Bericht hat einen anderen Filterkontext, und es werden nur diejenigen Kunden berücksichtigt, die mindestens ein Produkt der im Bericht angegebenen Farbe gekauft haben.

Fazit

Fassen wir nun die relevantesten Themen, die Sie in diesem Kapitel über Auswertungskontexte gelernt haben, zusammen.

- Es gibt zwei Arten von Auswertungskontexten: Filterkontext und Zeilenkontext. Die beiden Auswertungskontexte sind dabei keine Varianten desselben Konzepts: *Der Filterkontext filtert das Modell, der Zeilenkontext iteriert über genau eine Tabelle.*

- Um das Verhalten einer Formel zu verstehen, müssen Sie immer beide Auswertungskontexte berücksichtigen, da beide gleichzeitig gültig sind.
- Für eine berechnete Spalte erstellt DAX automatisch einen Zeilenkontext. Ein Zeilenkontext kann aber auch programmgesteuert mithilfe eines Iterators erstellt werden. Jeder Iterator definiert einen Zeilenkontext.
- Sie können Zeilenkontexte verschachteln. Zudem verbirgt, falls sie sich auf dieselbe Tabelle beziehen, der innerste Zeilenkontext die vorherigen Zeilenkontexte für dieselbe Tabelle. Variablen sind praktisch, um Werte zu speichern, die abgerufen werden, wenn der gewünschte Zeilenkontext zugänglich ist. In früheren Versionen von DAX, in denen es noch keine Variablen gab, konnte mithilfe der *EARLIER*-Funktion auf den vorherigen Zeilenkontext zugegriffen werden. Heute jedoch wird von *EARLIER* abgeraten.
- Beim Iterieren über eine Tabelle, die Ergebnis eines Tabellenausdrucks ist, enthält der Zeilenkontext nur die vom Tabellenausdruck zurückgegebenen Spalten.
- Clienttools wie Power BI erstellen einen Filterkontext, wenn Sie Felder für Zeilen, Spalten, Slicer und Filter verwenden. Ein Filterkontext kann mit *CALCULATE* auch programmgesteuert erstellt werden. Wie das geht, sehen Sie im nächsten Kapitel.
- Der Zeilenkontext pflanzt sich nicht automatisch über Beziehungen fort. Die Fortpflanzung muss vielmehr mit *RELATED* und *RELATEDTABLE* erzwungen werden. Sie müssen diese Funktionen in einem Zeilenkontext auf der richtigen Seite einer 1:n-Beziehung verwenden: *RELATED* auf der n-Seite, *RELATEDTABLE* auf der 1-Seite.
- Der Filterkontext filtert das Modell und verwendet Beziehungen entsprechend ihrer Kreuzfilterrichtung. Er pflanzt sich immer von der 1- zur n-Seite der Beziehung fort. Wenn Sie außerdem die Kreuzfilterrichtung *BOTH* verwenden, erfolgt die Fortpflanzung auch von der n- zur 1-Seite.

Nun haben Sie sich mit den komplexesten konzeptionellen Themen der DAX-Sprache vertraut gemacht. Sie alle bestimmen die Auswertungsabläufe Ihrer Formeln und sind die Grundpfeiler von DAX. Wann immer Sie auf einen Ausdruck stoßen, der nicht das berechnet, was Sie wollen, ist die Wahrscheinlichkeit hoch, dass Sie die Regeln nicht hundertprozentig verstanden haben.

Wie wir in der Einleitung bereits schrieben: Auf den ersten Blick sehen diese Themen alle ganz einfach aus. Und eigentlich sind sie das auch. Komplex werden sie erst dadurch, dass in einem DAX-Ausdruck unterschiedliche Auswertungskontexte in verschiedenen Teilen der Formel aktiv sein können. Das Beherrschen von Auswertungskontexten ist eine Kompetenz, die sich mit zunehmender Erfahrung erhöht. Wir wollen Sie dabei unterstützen und werden deswegen in den nächsten Kapiteln viele Beispiele zeigen. Wenn Sie erst ein paar eigene DAX-Formeln geschrieben haben, wissen Sie intuitiv, welche Kontexte verwendet werden und welche Funktionen Sie benötigen. Am Ende werden Sie die DAX-Sprache beherrschen.

KAPITEL 5

CALCULATE und *CALCULATETABLE* verstehen

In diesem Kapitel setzen wir unsere Entdeckungsreise zur Leistungsfähigkeit der DAX-Sprache mit der ausführlichen Erklärung einer einzigen Funktion fort: *CALCULATE*. Die beschriebenen Überlegungen gelten gleichermaßen für *CALCULATETABLE*, das anstelle eines skalaren Werts eine Tabelle auswertet und zurückgibt. Der Einfachheit halber führen wir in den Beispielen nur *CALCULATE* auf, aber behalten Sie stets im Hinterkopf, dass *CALCULATETABLE* das gleiche Verhalten zeigt.

CALCULATE ist die wichtigste, nützlichste und komplexeste Funktion in DAX, und deswegen verdient sie ein ganzes Kapitel für sich. Die Funktion selbst ist einfach zu erlernen; sie erfüllt nur wenige Aufgaben. Die Komplexität ergibt sich daraus, dass *CALCULATE* und *CALCULATETABLE* die einzigen Funktionen in DAX sind, die neue Filterkontexte erzeugen können. Insofern erhöhen *CALCULATE* oder *CALCULATETABLE* in einer Formel sofort ihre Komplexität, obwohl es sich um einfache Funktionen handelt,

Dieses Kapitel ist eine genauso harte Nuss wie das vorherige. Wir empfehlen Ihnen, es einmal sorgfältig zu lesen, um ein Grundgefühl für *CALCULATE* zu bekommen, und dann mit dem Rest des Buchs fortzufahren. Sobald Sie dann in einer bestimmten Formel nicht mehr zurechtkommen, kehren Sie hierher zurück und lesen das Kapitel von Anfang an noch einmal. Sie werden wahrscheinlich bei jedem Lesen neue Informationen entdecken.

Einführung in *CALCULATE* und *CALCULATETABLE*

Im vorherigen Kapitel wurden die beiden Auswertungskontexte beschrieben: Zeilenkontext und Filterkontext. Der Zeilenkontext ist bei einer berechneten Spalte automatisch vorhanden, Sie können ihn aber auch programmgesteuert mit einem Iterator generieren. Der Filterkontext hingegen entsteht durch einen Bericht. (Die programmtechnische Erstellung eines Filterkontexts haben wir noch nicht beschrieben.) *CALCULATE* und *CALCULATETABLE* sind die einzigen Funktionen, die für das Arbeiten mit dem Filterkontext erforderlich sind. Im Grunde genommen sind *CALCULATE* und *CALCULATETABLE* sogar die einzigen Funktionen, die einen neuen Filterkontext erstellen können, indem sie nämlich den vorhandenen manipulieren. Von hier an werden wir Beispiele zeigen, die nur auf *CALCULATE* basieren. Deswegen noch einmal: *CALCULATETABLE* führt jeweils die gleiche Operation für DAX-Ausdrücke durch, die eine Tabelle zurückgeben. Im weiteren Verlauf des Buchs wird es weitere Beispiele für *CALCULATETABLE* geben, so etwa in Kapitel 12, »Mit Tabellen arbeiten«, und Kapitel 13, »Abfragen erstellen«.

Filterkontexte erstellen

An dieser Stelle wollen wir den Grund dafür, warum man überhaupt neue Filterkontexte erstellen sollte, anhand eines praktischen Beispiels vorstellen. Wie Sie gleich sehen werden, führt das Schreiben von Code ohne die Möglichkeit der Erstellung neuer Filterkontexte zu weitschweifigem und unlesbarem Code. Darauf folgt ein Beispiel dafür, wie die Erstellung eines neuen Filterkontexts den Code, der zuvor noch recht komplex aussah, drastisch verbessern kann.

Contoso ist ein Unternehmen, das weltweit Elektronikprodukte vertreibt. Einige Produkte tragen die Marke Contoso, andere Produkte dagegen laufen unter anderen Marken. Einer der Berichte sieht einen Vergleich der Bruttogewinnspannen von Contoso-Markenprodukten mit den Produkten der Wettbewerber als Betrag und Prozentwert vor. Der erste Teil des Berichts erfordert die folgenden Berechnungen:

```
Sales Amount := SUMX ( Sales, Sales[Quantity] * Sales[Net Price] )
Gross Margin := SUMX ( Sales, Sales[Quantity] * ( Sales[Net Price] - Sales[Unit Cost] ) )
GM % := DIVIDE ( [Gross Margin], [Sales Amount] )
```

Ein attraktiver Aspekt von DAX besteht darin, dass Sie zusätzlich zu bestehenden Measures noch komplexere Berechnungen durchführen können. Nachvollziehbar wird dies anhand der Definition von *GM%* , dem Measure, das den Prozentwert der Bruttogewinnspanne für den Umsatz berechnet. *GM%* ruft einfach die beiden ursprünglichen Measures getrennt voneinander auf. Wenn Sie bereits ein Measure haben, das einen Wert berechnet, können Sie dieses aufrufen, statt den gesamten Code neu schreiben zu müssen.

Mit den drei oben definierten Measures kann der erste Bericht erstellt werden (Abbildung 5.1).

Category	Sales Amount	Gross Margin	GM %
Audio	384,518.16	196,713.38	51.16%
Cameras and camcorders	7,192,581.95	4,162,105.17	57.87%
Cell phones	1,604,610.26	821,136.57	51.17%
Computers	6,741,548.73	3,594,082.52	53.31%
Games and Toys	360,652.81	174,283.26	48.32%
Home Appliances	9,600,457.04	4,939,739.79	51.45%
Music, Movies and Audio Books	314,206.74	180,968.34	57.60%
TV and Video	4,392,768.29	2,173,609.72	49.48%
Total	**30,591,343.98**	**16,242,638.75**	**53.10%**

Abbildung 5.1 Die drei Measures vermitteln in schneller Form Erkenntnisse zu den Gewinnspannen verschiedener Kategorien.

Der nächste Schritt bei der Erstellung des Berichts ist etwas kniffliger. Der von uns gewünschte fertige Bericht ist in Abbildung 5.2 zu sehen. Er enthält zwei zusätzliche Spalten: die Bruttogewinnspanne für Contoso-Markenprodukte als Absolut- und als Prozentwert.

Category	Sales Amount	Gross Margin	GM %	Contoso GM	Contoso GM %
Audio	384,518.16	196,713.38	51.16%	87,279.45	51.28%
Cameras and camcorders	7,192,581.95	4,162,105.17	57.87%	807,222.16	60.79%
Cell phones	1,604,610.26	821,136.57	51.17%	228,309.82	47.49%
Computers	6,741,548.73	3,594,082.52	53.31%	579,245.67	54.95%
Games and Toys	360,652.81	174,283.26	48.32%		
Home Appliances	9,600,457.04	4,939,739.79	51.45%	1,660,590.09	50.40%
Music, Movies and Audio Books	314,206.74	180,968.34	57.60%	92,994.17	57.84%
TV and Video	4,392,768.29	2,173,609.72	49.48%	421,429.28	48.79%
Total	**30,591,343.98**	**16,242,638.75**	**53.10%**	**3,877,070.65**	**52.73%**

Abbildung 5.2 Die letzten beiden Spalten des Berichts zeigen die Bruttogewinnspanne für Contoso-Markenprodukte als Betrag und als Prozentsatz.

Mit dem bisher erworbenen Wissen sind Sie bereits in der Lage, den Code für diese beiden Measures zu erstellen. Da die Anforderung lautet, die Berechnung auf eine einzige Marke zu beschränken, besteht eine Lösung darin, die Berechnung der Bruttomarge mit *FILTER* auf Contoso-Produkte zu beschränken:

```
Contoso GM :=
VAR ContosoSales =              -- Speichert die Zeilen aus Sales, die zu
    FILTER (                    -- Contoso-Waren gehören, in eine Variable
        Sales,
        RELATED ( 'Product'[Brand] ) = "Contoso"
    )
VAR ContosoMargin =             -- Iteriert über ContosoSales, um nur
    SUMX (                      -- die Gewinnspanne für Contoso zu berechnen
        ContosoSales,
        Sales[Quantity] * ( Sales[Net Price] - Sales[Unit Cost] )
    )
RETURN
    ContosoMargin
```

Die Variable *ContosoSales* enthält die Zeilen aus *Sales*, die sich auf jegliche Produkte der Marke Contoso beziehen. Nach Berechnung der Variablen iteriert *SUMX* über *ContosoSales*, um die Gewinnspanne zu berechnen. Da die Iteration über die Tabelle *Sales* erfolgt und der Filter sich auf die Tabelle *Product* bezieht, wird *RELATED* benötigt, um das zugehörige Produkt für die einzelnen Zeilen in *Sales* abzurufen. In ähnlicher Weise kann man die Bruttogewinnspanne von Contoso berechnen, indem man zweimal über die Variable *ContosoSales* iteriert:

```
Contoso GM % :=
VAR ContosoSales =              -- Speichert die Zeilen aus Sales, die zu
    FILTER (                    -- Contoso-Waren gehören, in eine Variable
        Sales,
        RELATED ( 'Product'[Brand] ) = "Contoso"
    )
VAR ContosoMargin =             -- Iteriert über ContosoSales, um nur
```

```
    SUMX (                        -- die Gewinnspanne für Contoso zu berechnen
        ContosoSales,
        Sales[Quantity] * ( Sales[Net Price] - Sales[Unit Cost] )
    )
VAR ContosoSalesAmount =          -- Iteriert über ContosoSales, um nur
    SUMX (                        -- den Umsatzbetrag für Contoso zu berechnen
        ContosoSales,
        Sales[Quantity] * Sales[Net Price]
    )
VAR Ratio =
    DIVIDE ( ContosoMargin, ContosoSalesAmount )
RETURN
    Ratio
```

Der Code für *Contoso GM %* ist etwas länger, folgt aber aus logischer Sicht dem gleichen Muster wie *Contoso GM*. Zwar erfüllen diese Measures ihren Zweck, doch ist leicht zu erkennen, dass die ursprüngliche Eleganz von DAX verloren geht. Tatsächlich enthält das Modell bereits ein Measure zur Berechnung der Bruttogewinnspanne und ein weiteres zur Berechnung des zugehörigen Prozentwerts. Da jedoch die neuen Measures gefiltert werden mussten, mussten wir den Ausdruck ganz neu schreiben, um die Bedingung hinzuzufügen.

Hervorzuheben ist hier, dass die Basismeasures *Gross Margin* und *GM %* bereits die Werte für Contoso berechnen können. Aus Abbildung 5.2 können Sie ersehen, dass die Bruttogewinnspanne für Contoso sich auf 3.877.070,65 und der Prozentsatz auf 52,73 % beläuft. Dieselben Zahlen erhalten Sie durch Slicing der Basismeasures *Gross Margin* und *GM %* nach *Brand* (Abbildung 5.3).

Brand	Sales Amount	Gross Margin	GM %
A. Datum	2,096,184.64	1,231,215.46	58.74%
Adventure Works	4,011,112.28	2,041,254.77	50.89%
Contoso	7,352,399.03	3,877,070.65	52.73%
Fabrikam	5,554,015.73	3,063,160.86	55.15%
Litware	3,255,704.03	1,687,426.65	51.83%
Northwind Traders	1,040,552.13	537,637.20	51.67%
Proseware	2,546,144.16	1,392,412.47	54.69%
Southridge Video	1,384,413.85	685,143.25	49.49%
Tailspin Toys	325,042.42	155,099.09	47.72%
The Phone Company	1,123,819.07	592,826.75	52.75%
Wide World Importers	1,901,956.66	979,391.62	51.49%
Total	**30,591,343.98**	**16,242,638.75**	**53.10%**

Abbildung 5.3 Wenn die Basismeasures nach Marken aufgeschlüsselt werden, berechnen sie den Wert von *Gross Margin* und *GM %* für Contoso.

In den hervorgehobenen Zellen filtert der durch den Bericht erstellte Filterkontext die Marke Contoso. Der Filterkontext filtert das Modell. Daher filtert ein Filterkontext, der in der Spalte *Product[Brand]*, platziert ist, die Tabelle *Sales* aufgrund der Beziehung, die *Sales* und *Product* miteinander verknüpft. Mit dem Filterkontext können Sie eine Tabelle indirekt filtern, da der Filterkontext das gesamte Modell betrifft.

Wenn wir also DAX dazu bringen könnten, die *Gross Margin* zu berechnen, indem wir programmgesteuert einen Filterkontext erstellen, der nur die Produkte der Marke Contoso filtert, dann wäre unsere Umsetzung der letzten beiden Measures viel einfacher. Und genau das macht *CALCULATE* möglich.

Die vollständige Beschreibung von *CALCULATE* folgt später in diesem Kapitel. Zuerst wollen wir uns die Syntax von *CALCULATE* ansehen:

```
CALCULATE ( Ausdruck, Bedingung1, … BedingungN )
```

CALCULATE kann beliebig viele Parameter entgegennehmen. Der einzige obligatorische Parameter ist der erste, d. h. der auszuwertende Ausdruck. Die Bedingungen nach dem ersten Parameter werden als *Filterargumente* bezeichnet. *CALCULATE* erstellt einen neuen Filterkontext basierend auf den Filterargumenten. Zunächst wird der neue Filterkontext berechnet, dann wendet *CALCULATE* ihn auf das Modell an und fährt mit der Auswertung des Ausdrucks fort. Durch die Nutzung von *CALCULATE* wird der Code für *Contoso Margin* und *Contoso GM %* wesentlich vereinfacht:

```
Contoso GM :=
CALCULATE (
    [Gross Margin],                  -- Berechnet die Bruttogewinnspanne
    'Product'[Brand] = "Contoso"     -- in einem Filterkontext mit brand = Contoso
)

Contoso GM % :=
CALCULATE (
    [GM %],                          -- Berechnet die prozentuale Bruttogewinnspanne
    'Product'[Brand] = "Contoso"     -- in einem Filterkontext mit brand = Contoso
)
```

Voilà: Schlichtheit und Eleganz sind zurück! Durch die Erstellung eines Filterkontexts, der als Marke *Contoso* erzwingt, können Sie auf vorhandene Measures zurückgreifen und deren Verhalten ändern, ohne den Measurecode neu schreiben zu müssen.

Mit *CALCULATE* können Sie neue Filterkontexte erstellen, indem Sie die Filter im aktuellen Kontext manipulieren. Wie Sie gesehen haben, führt dies zu einem einfachen und eleganten Code. In den nun folgenden Abschnitten finden Sie eine vollständige und eher formale Definition des Verhaltens von *CALCULATE*. Hier wird ausführlich beschrieben, was *CALCULATE* tut und wie Sie die Merkmale der Funktion zu Ihrem Vorteil nutzen. Tatsächlich haben wir das Beispiel bisher eher allgemein gehalten, obwohl die ursprüngliche Definition der Contoso-Measures mit der endgültigen Definition semantisch nicht übereinstimmt. Es gibt einige Unterschiede, die Sie sich klarmachen müssen.

Einführung zu *CALCULATE*

Nach dieser ersten Berührung mit *CALCULATE* wird es nun Zeit, die Einzelheiten dieser Funktion zu erlernen. Wie bereits erwähnt, ist *CALCULATE* die einzige DAX-Funktion, die den Filterkontext ändern kann. Behalten Sie auch immer im Hinterkopf, dass *CALCULATETABLE* bei jeder Erwähnung von *CALCULATE* »mitgemeint« ist. *CALCULATE* ändert den Filterkontext nicht, sondern erstellt vielmehr einen neuen Filterkontext, indem es seine Filterparameter mit dem bestehenden Filterkontext zusammenführt. Sobald *CALCULATE* beendet ist, wird sein Filterkontext verworfen und der vorherige Filterkontext wird wieder gültig.

Wir haben die Syntax von *CALCULATE* bereits wie folgt eingeführt:

```
CALCULATE ( Ausdruck, Bedingung1, … BedingungN )
```

Der erste Parameter ist der Ausdruck, den *CALCULATE* auswertet. Vor der Auswertung des Ausdrucks berechnet *CALCULATE* die Filterargumente und verwendet sie zur Manipulation des Filterkontexts.

Der erste bei *CALCULATE* zu beachtende Aspekt ist, dass die Filterargumente keine booleschen Bedingungen sind: Es handelt sich vielmehr um Tabellen. Immer wenn Sie eine boolesche Bedingung als Filterargument von *CALCULATE* verwenden, übersetzt DAX diese in eine Wertetabelle.

Weiter vorn haben wir folgenden Code verwendet:

```
Contoso GM :=
CALCULATE (
    [Gross Margin],                     -- Berechnet die Bruttogewinnspanne
    'Product'[Brand] = "Contoso"        -- in einem Filterkontext mit brand = Contoso
)
```

Eine boolesche Bedingung ist lediglich eine Abkürzung für die vollständige *CALCULATE*-Syntax. Dies wird als »syntaktischer Zucker« bezeichnet. Es ist wie folgt zu lesen:

```
Contoso GM :=
CALCULATE (
    [Gross Margin],                     -- Berechnet die Bruttogewinnspanne
    FILTER (                            -- Verwendet als gültige Werte für Product[Brand]
        ALL ( 'Product'[Brand] ),       -- einen beliebigen Wert für Product[Brand],
        'Product'[Brand] = "Contoso"    -- der gleich "Contoso" ist
    )
)
```

Die beiden Syntaxen sind gleichwertig, und es gibt keine Leistungs- oder semantischen Unterschiede zwischen ihnen. Allerdings ist es besonders dann, wenn man gerade damit beginnt, sich mit *CALCULATE* vertraut zu machen, durchaus sinnvoll, Filterargumente immer als Tabellen zu lesen. Dies verdeutlicht das Verhalten von *CALCULATE* stärker. Sobald Sie sich an die Semantik von *CALCULATE* gewöhnt haben, ist die kompaktere Syntaxversion bequemer. Sie ist kürzer und lesefreundlicher.

Ein Filterargument ist eine Tabelle, d. h. eine Liste mit Werten. Die als Filterargument angegebene Tabelle definiert die Liste der Werte, die (für die Spalte) während der Auswertung des Ausdrucks sichtbar sind. Im obigen Beispiel gibt *FILTER* eine Tabelle mit nur einer Zeile zurück, die den Wert »Contoso« für *Product[Brand]* enthält. Mit anderen Worten ist »Contoso« der einzige Wert, den *CALCULATE* für die Spalte *Product[Brand]* sichtbar macht. Daher filtert *CALCULATE* das Modell und berücksichtigt nur Produkte der Marke Contoso. Betrachten Sie diese beiden Definitionen:

```
Sales Amount :=
    SUMX (
        Sales,
        Sales[Quantity] * Sales[Net Price]
    )

Contoso Sales :=
CALCULATE (
    [Sales Amount],
    FILTER (
        ALL ( 'Product'[Brand] ),
        'Product'[Brand] = "Contoso"
    )
)
```

Der Filterparameter von *FILTER* in der *CALCULATE*-Anweisung von *Contoso Sales* durchsucht *ALL(Product[Brand])*, weswegen ein zuvor für die Produktmarke vorhandener Filter durch den neuen Filter überschrieben wird. Dies wird noch deutlicher, wenn Sie die Measures in einem Bericht verwenden, der nach Marken aufschlüsselt. In Abbildung 5.4 sehen Sie, dass *Contoso Sales* für alle Zeilen (Marken) den gleichen Wert meldet wie *Sales Amount* nur für Contoso.

Der Bericht erstellt in jeder Zeile einen Filterkontext, der die entsprechende Marke enthält. So enthält beispielsweise in der Zeile für Litware der vom Bericht ursprünglich erstellte Filterkontext einen Filter, der nur Litware-Produkte anzeigt. Anschließend wertet *CALCULATE* sein Filterargument aus, das eine Tabelle zurückgibt, die nur Contoso enthält. Der neu erstellte Filter überschreibt also den zuvor vorhandenen Filter in der gleichen Spalte. Eine grafische Darstellung des Vorgangs sehen Sie in Abbildung 5.5.

Brand	Sales Amount	Contoso Sales
A. Datum	2,096,184.64	7,352,399.03
Adventure Works	4,011,112.28	7,352,399.03
Contoso	7,352,399.03	7,352,399.03
Fabrikam	5,554,015.73	7,352,399.03
Litware	3,255,704.03	7,352,399.03
Northwind Traders	1,040,552.13	7,352,399.03
Proseware	2,546,144.16	7,352,399.03
Southridge Video	1,384,413.85	7,352,399.03
Tailspin Toys	325,042.42	7,352,399.03
The Phone Company	1,123,819.07	7,352,399.03
Wide World Importers	1,901,956.66	7,352,399.03
Total	**30,591,343.98**	**7,352,399.03**

Abbildung 5.4 *Contoso Sales* überschreibt den bestehenden Filter mit dem neuen Filter für Contoso.

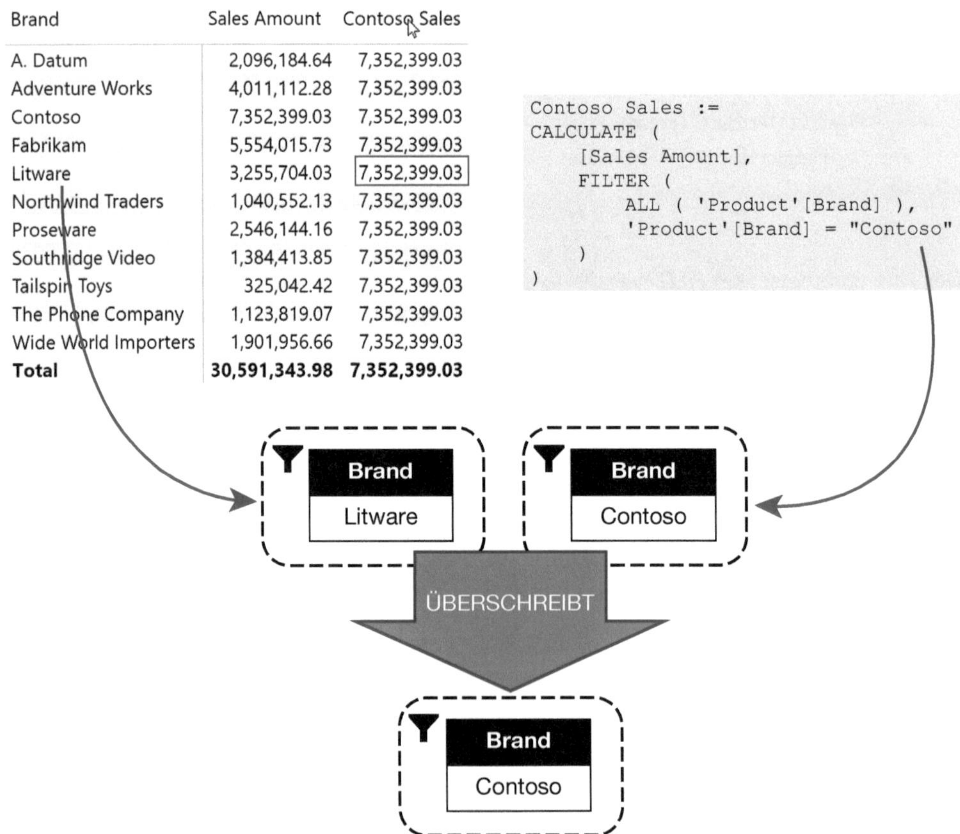

Brand	Sales Amount	Contoso Sales
A. Datum	2,096,184.64	7,352,399.03
Adventure Works	4,011,112.28	7,352,399.03
Contoso	7,352,399.03	7,352,399.03
Fabrikam	5,554,015.73	7,352,399.03
Litware	3,255,704.03	7,352,399.03
Northwind Traders	1,040,552.13	7,352,399.03
Proseware	2,546,144.16	7,352,399.03
Southridge Video	1,384,413.85	7,352,399.03
Tailspin Toys	325,042.42	7,352,399.03
The Phone Company	1,123,819.07	7,352,399.03
Wide World Importers	1,901,956.66	7,352,399.03
Total	**30,591,343.98**	**7,352,399.03**

Abbildung 5.5 Der Filter auf Litware wird durch den Filter für Contoso überschrieben, der von *CALCULATE* ausgewertet wird.

CALCULATE überschreibt nicht den gesamten ursprünglichen Filterkontext. Es ersetzt lediglich vorhandene Filter in den im Filterargument enthaltenen Spalten. Würde man den Bericht so ändern, dass er nun nach *Product[Category]* aufschlüsselt, dann sähe das Ergebnis anders aus (Abbildung 5.6).

Category	Sales Amount	Contoso Sales
Audio	384,518.16	170,194.00
Cameras and camcorders	7,192,581.95	1,327,792.74
Cell phones	1,604,610.26	480,791.19
Computers	6,741,548.73	1,054,179.83
Games and Toys	360,652.81	
Home Appliances	9,600,457.04	3,294,849.09
Music, Movies and Audio Books	314,206.74	160,764.56
TV and Video	4,392,768.29	863,827.61
Total	**30,591,343.98**	**7,352,399.03**

Abbildung 5.6 Wenn der Bericht nach Kategorie filtert, wird der Filter für *Brand* zusammengeführt und es erfolgt kein Überschreiben.

Jetzt filtert der Bericht *Product[Category]*, während *CALCULATE* einen Filter auf *Product[Brand]* anwendet, um das Measure *Contoso Sales* auszuwerten. Die beiden Filter bearbeiten nicht dieselbe Spalte der Tabelle *Product*. Deswegen kommt es auch nicht zu einem Überschreiben, vielmehr entsteht aus den beiden Filtern ein neuer Filterkontext. Infolgedessen zeigt jede Zelle den Umsatz von Contoso für die jeweilige Kategorie an. Das Szenario ist in Abbildung 5.7 dargestellt.

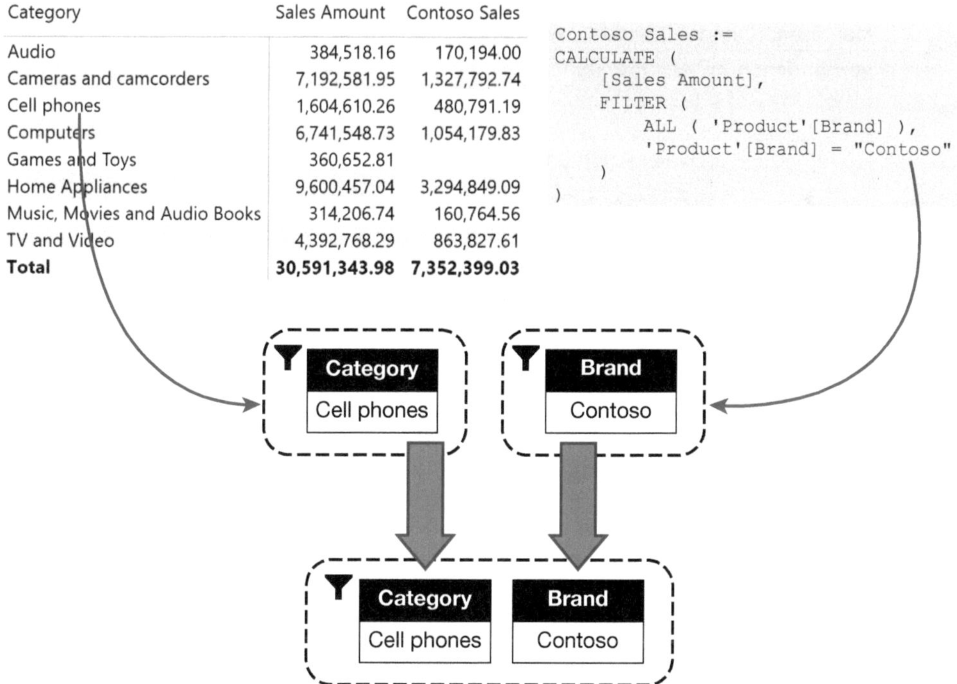

Category	Sales Amount	Contoso Sales
Audio	384,518.16	170,194.00
Cameras and camcorders	7,192,581.95	1,327,792.74
Cell phones	1,604,610.26	480,791.19
Computers	6,741,548.73	1,054,179.83
Games and Toys	360,652.81	
Home Appliances	9,600,457.04	3,294,849.09
Music, Movies and Audio Books	314,206.74	160,764.56
TV and Video	4,392,768.29	863,827.61
Total	**30,591,343.98**	**7,352,399.03**

Abbildung 5.7 *CALCULATE* überschreibt Filter in derselben Spalte. Befinden sich Filter hingegen in verschiedenen Spalten, dann werden sie zusammengeführt.

Nachdem Sie die Grundlagen zu *CALCULATE* kennengelernt haben, können wir seine Semantik zusammenfassen:

- *CALCULATE* erstellt eine Kopie des aktuellen Filterkontexts.
- *CALCULATE* wertet jedes Filterargument aus und erstellt für jede Bedingung die Liste gültiger Werte für die angegebenen Spalten.
- Wenn zwei oder mehr Filterargumente die gleiche Spalte betreffen, werden sie mit einem *AND*-Operator zusammengeführt (mathematisch betrachtet könnte man hier von der Schnittmenge sprechen).
- *CALCULATE* verwendet die neue Bedingung, um für die Spalten im Modell vorhandene Filter zu ersetzen. Wenn eine Spalte bereits einen Filter hat, dann ersetzt der neue Filter den bestehenden. Hat die Spalte dagegen keinen Filter, dann fügt *CALCULATE* den neuen Filter in den Filterkontext ein.
- Sobald der neue Filterkontext bereit ist, wendet *CALCULATE* den Filterkontext auf das Modell an und berechnet das erste Argument: den Ausdruck. Am Ende stellt *CALCULATE* den ursprünglichen Filterkontext wieder her und gibt das berechnete Ergebnis zurück.

CALCULATE erledigt noch eine weitere sehr wichtige Aufgabe: Es transformiert jeden vorhandenen Zeilenkontext in einen äquivalenten Filterkontext. Eine ausführlichere Beschreibung dieses Themas finden Sie weiter hinten in diesem Kapitel im Abschnitt »Kontextübergänge verstehen«. Sollten Sie diesen Abschnitt ein zweites Mal lesen, dann denken Sie daran: _CALCULATE_ erzeugt einen Filterkontext aus den vorhandenen Zeilenkontexten.

CALCULATE nimmt Filter zweier Arten entgegen:

- **Wertelisten** in Form eines Tabellenausdrucks. In diesem Fall geben Sie genau die Liste mit den Werten an, die Sie im neuen Filterkontext sichtbar machen möchten. Der Filter kann eine Tabelle mit beliebig vielen Spalten sein. Nur die vorhandenen Kombinationen aus Werten in verschiedenen Spalten werden im Filter berücksichtigt.
- **Boolesche Bedingungen** wie z. B. *Product[Color] = "White"*. Diese Filter müssen genau eine Spalte bearbeiten, da das Ergebnis eine Liste mit Werten für eine einzelne Spalte sein muss. Dieser Filterargumenttyp wird auch als *Prädikat* bezeichnet.

Verwenden Sie die Syntax mit einer booleschen Bedingung, dann wandelt DAX sie in eine Werteliste um. Wenn Sie also folgenden Code schreiben:

```
Sales Amount Red Products :=
CALCULATE (
    [Sales Amount],
    'Product'[Color] = "Red"
)
```

macht DAX Folgendes aus dem Ausdruck:

```
Sales Amount Red Products :=
CALCULATE (
    [Sales Amount],
    FILTER (
        ALL ( 'Product'[Color] ),
        'Product'[Color] = "Red"
    )
)
```

Aus diesem Grund können Sie nur eine Spalte in einem Filterargument mit einer booleschen Bedingung referenzieren. DAX muss die Spalte, über die iteriert werden soll, in der *FILTER*-Funktion erkennen, die im Hintergrund automatisch generiert wird. Wenn der boolesche Ausdruck auf zwei oder mehr Spalten verweist, dann müssen Sie die *FILTER*-Iteration explizit schreiben. Wir kommen später in diesem Kapitel darauf zurück.

Mit *CALCULATE* Prozentwerte berechnen

Nach dieser Einführung zu *CALCULATE* wollen wir mit der Funktion mehrere Berechnungen definieren. In diesem Abschnitt werden wir Ihre Aufmerksamkeit auf einige Details zu *CALCULATE* richten, die auf den ersten Blick nicht offensichtlich sind. Später werden wir dann auf weiterführende Aspekte von *CALCULATE* eingehen. Jetzt jedoch wollen wir unser Augenmerk auf einige mögliche Probleme richten, die zu Beginn der Nutzung von *CALCULATE* auftreten können.

Ein in diesem Zusammenhang häufig vorkommendes Muster sind Prozentwerte. Bei der Arbeit mit Prozentwerten ist es sehr wichtig, die erforderliche Berechnung präzise zu definieren. In den folgenden Beispielen erfahren Sie, wie die unterschiedliche Nutzung von *CALCULATE* und *ALL* zu verschiedenen Ergebnissen führt.

Wir wollen zunächst mit einer einfachen Prozentberechnung beginnen. Ziel ist die Erstellung des folgenden Berichts, der den Umsatzbetrag zusammen mit dem Prozentwert bezogen auf die Gesamtsumme zeigt. Das gewünschte Ergebnis sehen Sie in Abbildung 5.8.

Category	Sales Amount	Sales Pct
Audio	384,518.16	1.26%
Cameras and camcorders	7,192,581.95	23.51%
Cell phones	1,604,610.26	5.25%
Computers	6,741,548.73	22.04%
Games and Toys	360,652.81	1.18%
Home Appliances	9,600,457.04	31.38%
Music, Movies and Audio Books	314,206.74	1.03%
TV and Video	4,392,768.29	14.36%
Total	**30,591,343.98**	**100.00%**

Abbildung 5.8 *Sales Pct* zeigt den Prozentwert der aktuellen Kategorie bezogen auf die Gesamtsumme an.

Zur Berechnung des Prozentwerts muss man den Wert von *Sales Amount* im aktuellen Filterkontext durch den Wert von *Sales Amount* in einem Filterkontext teilen, der den vorhandenen Filter auf *Category* ignoriert. So wird der Wert von 1,26 % für *Audio* als 384.518,16 geteilt durch 30.591.343,98 berechnet.

In jeder Zeile des Berichts enthält der Filterkontext bereits die aktuelle Kategorie. Somit wird das Ergebnis für *Sales Amount* automatisch nach der angegebenen Kategorie gefiltert. Der Nenner des Verhältnisses muss den aktuellen Filterkontext ignorieren, damit er die Gesamtsumme auswertet. Da die Filterargumente von *CALCULATE* Tabellen sind, genügt es, eine Tabellenfunktion anzugeben, die den aktuellen Filterkontext für die Kategorie ignoriert und immer – also unabhängig von einem ggf. vorhandenen Filter – alle Kategorien zurückgibt. Sie haben bereits gesehen, dass diese Funktion *ALL* ist. Betrachten Sie die folgende Measuredefinition:

```
All Category Sales :=
CALCULATE (                          -- Berechnet den Filterkontext
    [Sales Amount],                  -- des Umsatzbetrags und
    ALL ( 'Product'[Category] )      -- macht ALLE Kategorien sichtbar
)
```

ALL entfernt den Filter in der Spalte *Product[Category]* aus dem Filterkontext. So wird jeder Filter, der für die Kategorien vorhanden ist, in jeglicher Zelle des Berichts ignoriert. Dies hat zur Folge, dass der Filter für die Kategorie, die von der Berichtszeile angewendet wird, entfernt wird. Sehen Sie sich das Ergebnis in Abbildung 5.9 an. Dort stellen Sie fest, dass alle Zeilen des Berichts für das Measure *All Category Sales* konsistent den gleichen Wert zurückgeben: die Gesamtsumme von *Sales Amount*.

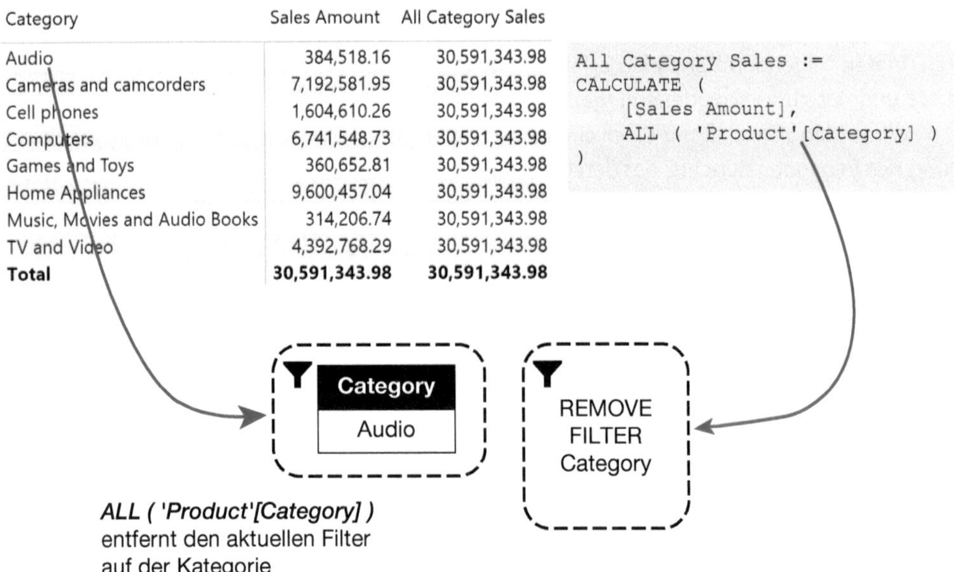

Abbildung 5.9 *ALL* entfernt den Filter auf *Category*, sodass *CALCULATE* einen Filterkontext ohne Filter auf *Category* definiert.

Das Measure *All Category Sales* ist für sich genommen nicht sinnvoll: Dass ein Benutzer einen Bericht erstellen will, der in allen Zeilen den gleichen Wert anzeigt, ist doch eher unwahrscheinlich. Allerdings eignet sich dieser Wert perfekt als Nenner für den Prozentwert, den wir berechnen wollen. Die Formel, die den Prozentwert berechnet, kann ja wie folgt geschrieben werden:

```
Sales Pct :=
VAR CurrentCategorySales =                    -- CurrentCategorySales enthält
    [Sales Amount]                            -- den Umsatz im aktuellen Kontext
VAR AllCategoriesSales =                      -- AllCategoriesSales enthält
    CALCULATE (                               -- den Umsatzbetrag in einem Filterkontext,
        [Sales Amount],                       -- wobei alle Produktkategorien
        ALL ( 'Product'[Category] )           -- sichtbar sind
    )
VAR Ratio =
    DIVIDE (
        CurrentCategorySales,
        AllCategoriesSales
    )
RETURN
    Ratio
```

Wie Sie in diesem Beispiel gesehen haben, ermöglicht das Kombinieren von Tabellenfunktionen und *CALCULATE* es, nützliche Measures ganz einfach zu erstellen. Wir verwenden diese Technik in diesem Buch sehr häufig, da es sich hierbei um das primäre Rechenwerkzeug in DAX handelt.

ALL hat eine bestimmte Semantik, wenn es als Filterargument von _CALCULATE_ verwendet wird. Eigentlich ersetzt es nicht den Filterkontext mit allen Werten, sondern _CALCULATE_ entfernt mithilfe von _ALL_ den Filter in der Kategoriespalte aus dem Filterkontext. Die Nebenwirkungen dieses Verhaltens sind relativ komplex und nicht ganz einfach zu verstehen, weswegen sie nicht in diesen einleitenden Abschnitt gehören. Wir werden sie später in diesem Kapitel näher erläutern.

Wie wir in der Einleitung zu diesem Abschnitt bereits schrieben, ist es wichtig, bei der Erstellung von Prozentwerten wie dem obigen auf die kleinen Details zu achten. Tatsächlich funktioniert die Prozentwertberechnung gut, wenn der Bericht nach Kategorien gegliedert ist. Der Code entfernt den Filter für die Kategorie, lässt aber jegliche anderen vorhandenen Filter so, wie sie sind. Wenn der Bericht also weitere Filter hinzufügt, kommen wir möglicherweise nicht genau zu dem gewünschten Ergebnis. Betrachten Sie beispielsweise den Bericht in Abbildung 5.10, wo wir die Spalte *Product[Color]* als zweite Detailebene in den Berichtszeilen hinzugefügt haben.

Category	Color	Sales Amount	Sales Pct
Audio	Black	61,823.15	1.05%
	Blue	66,799.65	2.74%
	Green	30,731.27	2.19%
	Orange	3,965.88	0.46%
	Pink	21,544.69	2.60%
	Purple	499.95	8.37%
	Red	33,123.82	2.98%
	Silver	97,417.78	1.43%
	White	54,806.65	0.94%
	Yellow	13,805.31	15.39%
	Total	**384,518.16**	**1.26%**
Cameras and camcorders	Azure	97,389.89	100.00%
	Black	1,005,267.83	17.15%
	Blue	698,711.40	28.69%

Abbildung 5.10 Das Hinzufügen der Farbe zum Bericht führt zu unerwarteten Ergebnissen auf der Ebene der Farben.

Betrachten wir die Prozentwerte, so ist der Wert auf der Kategorieebene selbst korrekt, während derjenige auf der Ebene der Farben falsch aussieht. Die aufsummierten Prozentwerte für die Farben stimmen nicht: weder für die Kategorieebene noch für den Gesamtbetrag von 100 % . Um die Bedeutung dieser Werte und ihre Auswertung zu verstehen, ist es immer sehr hilfreich, sich auf genau eine Zelle zu konzentrieren und exakt zu eruieren, was mit dem Filterkontext passiert ist. Betrachten Sie bitte Abbildung 5.11.

Der ursprüngliche Filterkontext, der durch den Bericht erstellt wurde, enthielt sowohl einen Filter für die Kategorie als auch einen für die Farbe. Der Filter für *Product[Category]* wird nicht durch *CALCULATE* überschrieben, das heißt, es wird nur der Filter für *Product[Category]* entfernt. Daher enthält der endgültige Filterkontext nur die Farbe. Das aber bedeutet, dass der Nenner des Verhältnisses den Umsatz für alle Produkte der betreffenden Farbe (Schwarz) und jeglicher Kategorie umfasst.

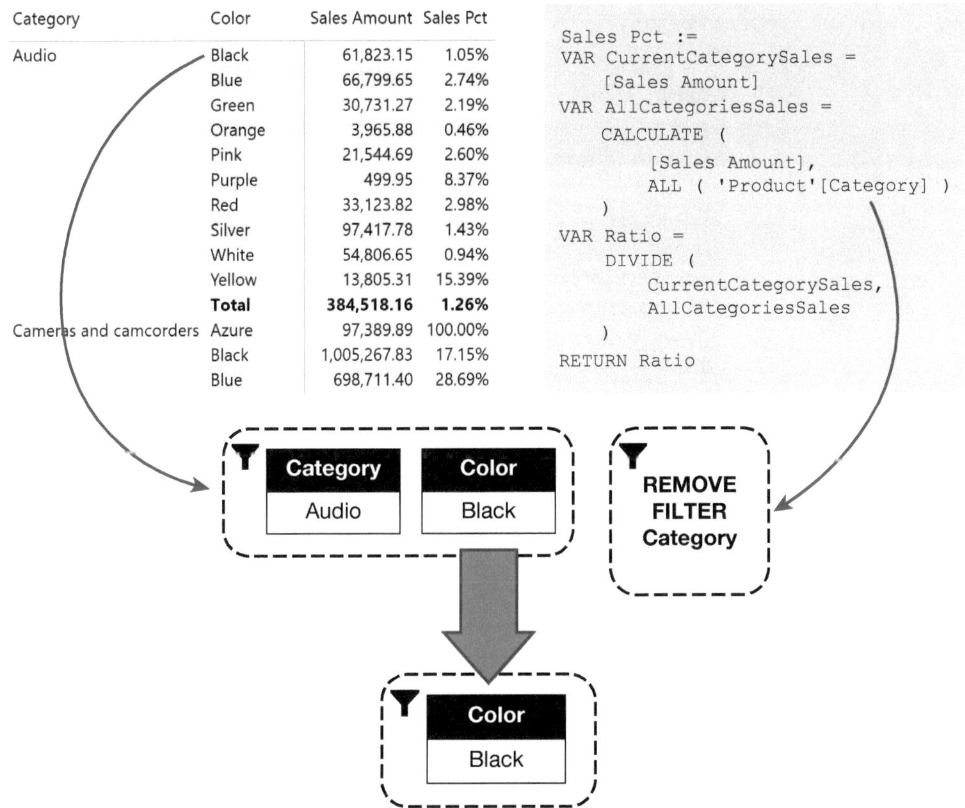

Category	Color	Sales Amount	Sales Pct
Audio	Black	61,823.15	1.05%
	Blue	66,799.65	2.74%
	Green	30,731.27	2.19%
	Orange	3,965.88	0.46%
	Pink	21,544.69	2.60%
	Purple	499.95	8.37%
	Red	33,123.82	2.98%
	Silver	97,417.78	1.43%
	White	54,806.65	0.94%
	Yellow	13,805.31	15.39%
	Total	**384,518.16**	**1.26%**
Cameras and camcorders	Azure	97,389.89	100.00%
	Black	1,005,267.83	17.15%
	Blue	698,711.40	28.69%

```
Sales Pct :=
VAR CurrentCategorySales =
    [Sales Amount]
VAR AllCategoriesSales =
    CALCULATE (
        [Sales Amount],
        ALL ( 'Product'[Category] )
    )
VAR Ratio =
    DIVIDE (
        CurrentCategorySales,
        AllCategoriesSales
    )
RETURN Ratio
```


Abbildung 5.11 *ALL* für *Product[Category]* entfernt den Filter für die Kategorie, lässt aber den Filter für die Farbe intakt.

Die falsche Berechnung stellt kein unerwartetes Verhalten von *CALCULATE* dar. Das Problem besteht hier darin, dass die Formel so konzipiert wurde, dass sie speziell mit einem Filter für eine Kategorie arbeitet und jeden anderen Filter unberührt lässt. In einem anderen Bericht könnte dieselbe Formel in jedem Fall sinnvoll sein. Sehen Sie sich an, was passiert, wenn man die Reihenfolge der Spalten wechselt und einen Bericht erstellt, der wie in Abbildung 5.12 zuerst nach Farbe und erst dann nach Kategorie aufgeschlüsselt ist.

Color	Category	Sales Amount	Sales Pct
Azure	Cameras and camcorders	97,389.89	100.00%
	Total	**97,389.89**	**100.00%**
Black	Audio	61,823.15	1.05%
	Cameras and camcorders	1,005,267.83	17.15%
	Cell phones	556,308.72	9.49%
	Computers	2,195,921.21	37.47%
	Games and Toys	82,000.86	1.40%
	Home Appliances	706,021.60	12.05%
	Music, Movies and Audio Books	102,542.26	1.75%
	TV and Video	1,150,180.50	19.63%
	Total	**5,860,066.14**	**100.00%**
Blue	Audio	66,799.65	2.74%
	Cameras and camcorders	698,711.40	28.69%
	Computers	172,083.09	7.07%
	Games and Toys	85,788.39	3.52%
	Home Appliances	1,411,124.43	57.94%
	Music, Movies and Audio Books	937.66	0.04%
	Total	**2,435,444.62**	**100.00%**

Abbildung 5.12 Das Ergebnis sieht sinnvoller aus, wenn Farbe und Kategorie vertauscht werden.

Der Bericht in Abbildung 5.12 ist sehr viel sinnvoller. Das Measure berechnet dasselbe Ergebnis, ist aber dank des Berichtslayouts intuitiver. Der angezeigte Prozentwert ist der prozentuale Anteil der Kategorie innerhalb der angegebenen Farbe. Rechnet man die Werte für die Farben zusammen, dann ergeben sich immer 100 % .

Anders formuliert: Wenn der Benutzer einen Prozentwert berechnen muss, sollte er bei der Bestimmung des Nenners dieses Prozentwerts besonders sorgfältig vorgehen. *CALCULATE* und *ALL* sind die primären zu verwendenden Werkzeuge, aber die Formelspezifikation hängt ganz klar von den geschäftlichen Anforderungen ab.

Zurück zu unserem Beispiel: Ziel ist es, die Berechnung so zu korrigieren, dass sie den Prozentwert für einen Filter entweder auf die Kategorie oder die Farbe berechnet. Es gibt mehrere Möglichkeiten, den Vorgang durchzuführen. Sie alle führen zu geringfügig unterschiedlichen Ergebnissen, die es wert sind, genauer untersucht zu werden.

Eine mögliche Lösung besteht darin, den Filter durch *CALCULATE* sowohl für die Kategorie als auch für die Farbe entfernen zu lassen. Das Hinzufügen mehrerer Filterargumente zu *CALCULATE* führt zu diesem Ziel:

```
Sales Pct :=
VAR CurrentCategorySales =
    [Sales Amount]
VAR AllCategoriesAndColorSales =
    CALCULATE (
        [Sales Amount],
        ALL ( 'Product'[Category] ), -- Die beiden ALL-Bedingungen könnten ebenfalls
        ALL ( 'Product'[Color] )     -- durch ALL ( 'Product'[Category], 'Product'[Color] )
ersetzt werden.
```

```
    )
VAR Ratio =
    DIVIDE (
        CurrentCategorySales,
        AllCategoriesAndColorSales
    )
RETURN
    Ratio
```

Diese letzte Version von *Sales Pct* funktioniert einwandfrei bei dem Bericht, der die Farbe und die Kategorie enthält, aber sie leidet immer noch unter ähnlichen Einschränkungen wie in den früheren Versionen. Tatsächlich erzeugt sie den richtigen Prozentwert mit Farbe und Kategorie (siehe Abbildung 5.13), aber wenn weitere Spalten zum Bericht hinzugefügt werden, funktioniert sie nicht mehr.

Category	Color	Sales Amount	Sales Pct
Audio	Black	61,823.15	0.20%
	Blue	66,799.65	0.22%
	Green	30,731.27	0.10%
	Orange	3,965.88	0.01%
	Pink	21,544.69	0.07%
	Purple	499.95	0.00%
	Red	33,123.82	0.11%
	Silver	97,417.78	0.32%
	White	54,806.65	0.18%
	Yellow	13,805.31	0.05%
	Total	**384,518.16**	**1.26%**

Abbildung 5.13 Mit *ALL* für Produktkategorie und Farbe werden die Prozentwerte nun korrekt summiert.

Allerdings würde das Hinzufügen einer weiteren Spalte zum Bericht die gleiche Inkonsistenz erzeugen, die wir weiter vorn hatten. Möchte der Benutzer einen Prozentwert erstellen, der alle Filter in der Tabelle *Product* entfernt, dann kann er die Funktion *ALL* trotzdem verwenden, wenn diese eine ganze Tabelle als Argument übergibt:

```
Sales Pct All Products :=
VAR CurrentCategorySales =
    [Sales Amount]
VAR AllProductSales =
    CALCULATE (
        [Sales Amount],
        ALL ( 'Product' )
    )
VAR Ratio =
    DIVIDE (
        CurrentCategorySales,
```

```
        AllProductSales
    )
RETURN
    Ratio
```

ALL in der Tabelle *Product* entfernt alle Filter aus jeder Spalte. In Abbildung 5.14 sehen Sie das Ergebnis dieser Berechnung.

Category	Color	Brand	Sales Amount	Sales Pct All Products
Audio	Black	Contoso	22,696.16	0.07%
		Northwind Traders	8,623.52	0.03%
		Wide World Importers	30,503.47	0.10%
		Total	**61,823.15**	**0.20%**
	Blue	Contoso	19,780.93	0.06%
		Northwind Traders	29,053.82	0.09%
		Wide World Importers	17,964.91	0.06%
		Total	**66,799.65**	**0.22%**
	Green	Contoso	23,475.45	0.08%
		Northwind Traders	1,619.84	0.01%
		Wide World Importers	5,635.99	0.02%
		Total	**30,731.27**	**0.10%**

Abbildung 5.14 Wenn *ALL* in der Tabelle *Product* eingesetzt wird, entfernt die Funktion die Filter aus allen Spalten der Tabelle.

Sie haben bisher gesehen, dass Sie durch die gemeinsame Verwendung von *CALCULATE* und *ALL* Filter aus einer oder mehreren Spalten oder einer ganzen Tabelle entfernen können. Die eigentliche Stärke von *CALCULATE* besteht darin, dass es viele Möglichkeiten gibt, einen Filterkontext zu manipulieren – und das ist noch längst nicht alles. Tatsächlich könnte man Prozentwerte auch durch Aufschlüsselung von Spalten aus unterschiedlichen Tabellen analysieren wollen. Wenn der Bericht beispielsweise nach Produktkategorie und Kontinent des Kundenwohnorts unterteilt ist, ist das zuletzt von uns erstellte Measure noch nicht perfekt. Warum, das zeigt Abbildung 5.15.

Category	Continent	Sales Amount	Sales Pct All Products
Audio	Asia	110,501.26	1.03%
	Europe	132,735.79	1.53%
	North America	141,281.10	1.26%
	Total	**384,518.16**	**1.26%**
Cameras and camcorders	Asia	2,288,813.15	21.34%
	Europe	2,182,339.59	25.18%
	North America	2,721,429.21	24.30%
	Total	**7,192,581.95**	**23.51%**
Cell phones	Asia	557,888.46	5.20%
	Europe	507,813.97	5.86%
	North America	538,907.83	4.81%
	Total	**1,604,610.26**	**5.25%**

Abbildung 5.15 Noch immer erzeugt das Aufschlüsseln mit Spalten aus mehreren Tabellen unerwartete Ergebnisse.

An dieser Stelle nun könnte das Problem für Sie offensichtlich werden. Das Measure beim Nenner entfernt jeden Filter aus der Tabelle *Product*, lässt aber den Filter für *Customer[Continent]* intakt. Daher berechnet der Nenner den Gesamtumsatz aller Produkte auf dem jeweiligen Kontinent.

Wie im vorherigen Szenario kann der Filter aus mehreren Tabellen entfernt werden, indem mehrere Filter als Argumente von *CALCULATE* festgelegt werden:

```
Sales Pct All Products and Customers :=
VAR CurrentCategorySales =
    [Sales Amount]
VAR AllProductAndCustomersSales =
    CALCULATE (
        [Sales Amount],
        ALL ( 'Product' ),
        ALL ( Customer )
    )
VAR Ratio =
    DIVIDE (
        CurrentCategorySales,
        AllProductAndCustomersSales
    )
RETURN
    Ratio
```

Wenn Sie *ALL* für zwei Tabellen verwenden, entfernt *CALCULATE* nun die Filter aus beiden Tabellen. Das Ergebnis ist erwartungsgemäß ein Prozentwert, der die korrekte Summe ergibt (Abbildung 5.16).

Category	Continent	Sales Amount	Sales Pct All Products and Customers
Audio	Asia	110,501.26	0.36%
	Europe	132,735.79	0.43%
	North America	141,281.10	0.46%
	Total	**384,518.16**	**1.26%**
Cameras and camcorders	Asia	2,288,813.15	7.48%
	Europe	2,182,339.59	7.13%
	North America	2,721,429.21	8.90%
	Total	**7,192,581.95**	**23.51%**
Cell phones	Asia	557,888.46	1.82%
	Europe	507,813.97	1.66%
	North America	538,907.83	1.76%
	Total	**1,604,610.26**	**5.25%**

Abbildung 5.16 *ALL* für zwei Tabellen entfernt den Filterkontext für beide Tabellen gleichzeitig.

Wie bei zwei Spalten stehen wir auch bei zwei Tabellen vor der gleichen Herausforderung. Wenn ein Benutzer eine weitere Spalte aus einer dritten Tabelle in den Kontext einfügt, entfernt das Measure den Filter aus der dritten Tabelle nicht. Eine mögliche Lösung zum Entfernen des

Filters aus irgendeiner Tabelle, der die Berechnung beeinflussen könnte, ist das Entfernen eines jeglichen Filters aus der Faktentabelle selbst. In unserem Modell heißt die Faktentabelle *Sales*. Hier nun ein Measure, das unabhängig davon, welcher Filter mit der Tabelle *Sales* interagiert, einen additiven Prozentwert berechnet:

```
Pct All Sales :=
VAR CurrentCategorySales =
    [Sales Amount]
VAR AllSales =
    CALCULATE (
        [Sales Amount],
        ALL ( Sales )
    )
VAR Ratio =
    DIVIDE (
        CurrentCategorySales,
        AllSales
    )
RETURN
    Ratio
```

Dieses Measure nutzt Beziehungen, um den Filter aus jeder Tabelle zu entfernen, die *Sales* filtern könnte. Zum jetzigen Zeitpunkt können wir die Funktionsweise noch nicht im Detail erklären, da sie erweiterte Tabellen nutzt, die wir erst in Kapitel 14, »Fortgeschrittene DAX-Konzepte«, einführen werden. Sie können das Verhalten ungefähr erahnen, wenn Sie Abbildung 5.17 betrachten: Hier haben wir den Betrag aus dem Bericht entfernt und das Kalenderjahr für die Spalten hinzugefügt. Bitte beachten Sie, dass *Calendar Year* zur Tabelle *Date* gehört, die im Measure nicht verwendet wird. Dennoch wird der Filter für *Date* im Rahmen der Beseitigung von Filtern aus *Sales* ebenfalls entfernt.

Category	CY 2007	CY 2008	CY 2009	**Total**
Audio	0.34%	0.34%	0.58%	**1.26%**
Cameras and camcorders	10.71%	7.14%	5.67%	**23.51%**
Cell phones	1.56%	1.51%	2.17%	**5.25%**
Computers	8.70%	6.75%	6.59%	**22.04%**
Games and Toys	0.29%	0.35%	0.54%	**1.18%**
Home Appliances	7.67%	12.95%	10.76%	**31.38%**
Music, Movies and Audio Books	0.29%	0.39%	0.35%	**1.03%**
TV and Video	7.42%	3.01%	3.93%	**14.36%**
Total	**36.97%**	**32.45%**	**30.58%**	**100.00%**

Abbildung 5.17 *ALL* für die Faktentabelle entfernt jeden Filter – auch aus verknüpften Tabellen.

Bevor wir diese lange Übung mit Prozentwerten beenden, wollen wir ein letztes Beispiel für die Filterkontextmanipulation zeigen. Wie Sie in Abbildung 5.17 sehen können, bezieht sich der Prozentwert immer auf die Gesamtsumme – genau das hatten wir erwartet. Aber was wäre, wenn unser Ziel nun darin bestünde, einen Prozentwert lediglich für die Gesamtsumme des laufenden Jahres zu berechnen? In diesem Fall muss der von *CALCULATE* erstellte neue Filterkontext sorgfältig vorbereitet werden. Der Nenner muss die Gesamtumsätze nämlich unabhängig von jeglichem Filter außer dem für das laufende Jahr berechnen. Dies erfordert zwei Aktionen:

- Entfernen aller Filter aus der Faktentabelle
- Wiederherstellen des Filters für das Jahr

Auch wenn es möglicherweise so aussieht, als würden beide Schritte nacheinander erfolgen: Denken Sie immer daran, dass die beiden Bedingungen gleichzeitig angewendet werden. Sie wissen bereits, wie Sie alle Filter aus der Faktentabelle entfernen können. Der letzte Schritt besteht im Erlernen der Wiederherstellung eines vorhandenen Filters.

Der Zweck dieses Abschnitts besteht in der Erläuterung grundlegender Techniken zur Manipulation des Filterkontexts. Weiter hinten in diesem Kapitel werden Sie einen einfacheren Ansatz zu sehen bekommen, um die konkrete Anforderung – nämlich den prozentualen Anteil an der Gesamtsumme – mithilfe von *ALLSELECTED* zu erfüllen.

In Kapitel 3, »Grundlegende Tabellenfunktionen verwenden«, haben Sie die Funktion *VALUES* kennengelernt. *VALUES* gibt eine Liste mit Werten einer Spalte im aktuellen Filterkontext zurück. Da das Ergebnis von *VALUES* eine Tabelle ist, kann diese als Filterargument für *CALCULATE* verwendet werden. Daher wendet *CALCULATE* einen Filter auf die angegebene Spalte an und beschränkt deren Werte auf diejenigen, die von *VALUES* zurückgegeben werden. Betrachten Sie den folgenden Code:

```
Pct All Sales CY :=
VAR CurrentCategorySales =
    [Sales Amount]
VAR AllSalesInCurrentYear =
    CALCULATE (
        [Sales Amount],
        ALL ( Sales ),
        VALUES ( 'Date'[Calendar Year] )
    )
VAR Ratio =
    DIVIDE (
        CurrentCategorySales,
        AllSalesInCurrentYear
    )
RETURN
    Ratio
```

Einmal im Bericht verwendet, weist das Measure für jedes Jahr 100 % aus, wobei der Prozentwert immer noch für jeden Filter außer dem Jahr berechnet wird. Abbildung 5.18 zeigt dies.

Category	CY 2007	CY 2008	CY 2009	**Total**
Audio	0.91%	1.06%	1.89%	**1.26%**
Cameras and camcorders	28.96%	22.00%	18.53%	**23.51%**
Cell phones	4.22%	4.66%	7.10%	**5.25%**
Computers	23.52%	20.81%	21.54%	**22.04%**
Games and Toys	0.79%	1.07%	1.76%	**1.18%**
Home Appliances	20.75%	39.91%	35.18%	**31.38%**
Music, Movies and Audio Books	0.78%	1.22%	1.13%	**1.03%**
TV and Video	20.07%	9.27%	12.86%	**14.36%**
Total	**100.00%**	**100.00%**	**100.00%**	**100.00%**

Abbildung 5.18 Mithilfe von *VALUES* können Sie einen Teil des Filterkontexts wiederherstellen, indem Sie ihn aus dem ursprünglichen Filterkontext auslesen.

Abbildung 5.19 zeigt das Gesamtverhalten dieser komplexen Formel.

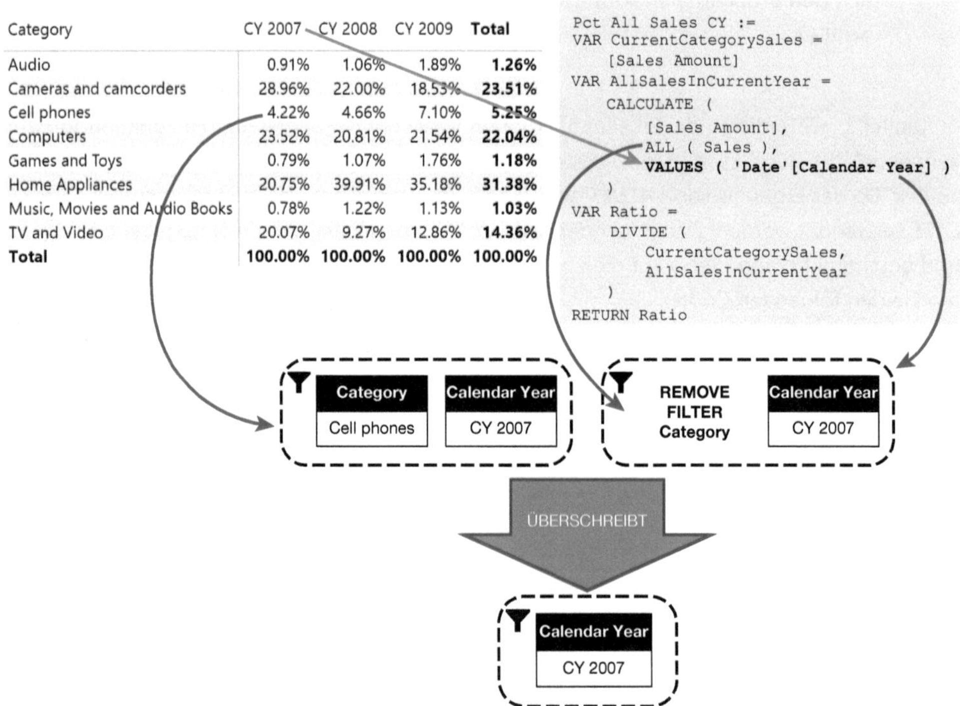

Abbildung 5.19 Der Schlüssel zum Verständnis dieses Diagramms ist das Wissen, dass *VALUES* noch im ursprünglichen Filterkontext ausgewertet wird.

Wir wollen dieses Diagramm noch einmal zusammenfassen:

- Die Zelle mit 4,22 % (Umsatz der Mobiltelefone für das Kalenderjahr 2007) hat einen Filterkontext, der Mobiltelefone für das Kalenderjahr 2007 filtert.

- *CALCULATE* hat zwei Filterargumente: *ALL (Sales)* und *VALUES (Date[Calendar Year])*.
  - *ALL (Sales)* entfernt den Filter aus der Tabelle *Sales*.
  - *VALUES (Date[Calendar Year])* wertet die *VALUES*-Funktion im ursprünglichen Filterkontext aus, auf den das Vorhandensein des Kalenderjahres 2007 immer noch Wirkung zeigt. Deswegen gibt die Funktion das einzige Jahr zurück, das im aktuellen Filterkontext sichtbar ist – also 2007.

Die beiden Filterargumente von *CALCULATE* werden auf den aktuellen Filterkontext angewendet. Hierdurch entsteht ein Filterkontext, der nur einen Filter für *Calendar Year* enthält. Der Nenner berechnet den Gesamtumsatz in einem Filterkontext nur mit Kalenderjahr 2007.

Es ist von größter Wichtigkeit zu verstehen, dass die Filterargumente von *CALCULATE* in dem ursprünglichen Filterkontext, in dem *CALCULATE* aufgerufen wird, ausgewertet werden. Tatsächlich ändert *CALCULATE* den Filterkontext, aber dies geschieht erst *nach* Auswertung der Filterargumente.

ALL für eine Tabelle, gefolgt von *VALUES* für eine Spalte, ist eine Technik, mit der der Filterkontext durch einen Filter für die betreffende Spalte ersetzt wird.

Das obige Beispiel hätte man auch mit *ALLEXCEPT* umsetzen können. Die Semantik von *ALL/VALUES* unterscheidet sich von *ALLEXCEPT*. In Kapitel 10, »Mit dem Filterkontext arbeiten«, finden Sie eine vollständige Beschreibung der Unterschiede zwischen den Vorgehensweisen mit *ALLEXCEPT* und *ALL/VALUES*.

Wie Sie in diesen Beispielen gesehen haben, ist *CALCULATE* an sich keine komplexe Funktion. Das Verhalten ist recht einfach zu beschreiben. Gleichzeitig wird jedoch, sobald Sie *CALCULATE* zu nutzen beginnen, die Komplexität des Codes viel höher. Sie müssen Ihre Aufmerksamkeit dann dem Filterkontext zuwenden, um zu verstehen, wie genau *CALCULATE* den neuen Filterkontext erstellt. Ein einfacher Prozentwert verbirgt viel Komplexität. Oder auch: Der Teufel liegt im Detail. Der Umgang mit Auswertungskontexten in DAX ist ein Mysterium, solange man ihn nicht durchschaut hat. Erschließen lässt sich die volle Leistungsfähigkeit der Sprache nur von dem, der Auswertungskontexte beherrscht. Außerdem mussten wir in all diesen Beispielen nur eine einzige *CALCULATE*-Funktion in den Griff bekommen. Bei einer komplexen Formel sind vier oder fünf verschiedene Kontexte im gleichen Code nichts Ungewöhnliches, denn dann sind zahlreiche *CALCULATE*-Instanzen vorhanden.

Wir empfehlen, den gesamten Abschnitt zu den Prozentwerten mindestens zweimal zu lesen. Unserer Erfahrung nach ist die Zweitlektüre sehr viel einfacher, und Sie können sich auf die wesentlichen Aspekte des Codes konzentrieren. Wir wollten mit diesem Beispiel die Wichtigkeit der Theorie in Bezug auf *CALCULATE* unterstreichen. Eine kleine Änderung im Code hat bereits beträchtlichen Einfluss auf die durch die Formel berechneten Zahlen. Nach Ihrer zweiten Lektüre können Sie dann mit den nächsten Abschnitten fortfahren, in denen wir uns etwas mehr auf die Theorie als auf praktische Beispiele konzentrieren werden.

Einführung zu *KEEPFILTERS*

In den vorangegangenen Abschnitten haben Sie gelernt, dass die Filterargumente von *CALCULATE* jeden zuvor vorhandenen Filter in derselben Spalte überschreiben. So gibt das folgende Measure den Umsatz von Audioartikeln zurück, und zwar unabhängig von einem zuvor vorhandenen Filter für *Product[Category]*:

```
Audio Sales :=
CALCULATE (
    [Sales Amount],
    'Product'[Category] = "Audio"
)
```

Wie Sie in Abbildung 5.20 sehen können, wird der Wert von *Audio* in allen Zeilen des Berichts wiederholt.

Category	Sales Amount	Audio Sales
Audio	384,518.16	384,518.16
Cameras and camcorders	7,192,581.95	384,518.16
Cell phones	1,604,610.26	384,518.16
Computers	6,741,548.73	384,518.16
Games and Toys	360,652.81	384,518.16
Home Appliances	9,600,457.04	384,518.16
Music, Movies and Audio Books	314,206.74	384,518.16
TV and Video	4,392,768.29	384,518.16
Total	**30,591,343.98**	**384,518.16**

Abbildung 5.20 *Audio Sales* zeigt unabhängig vom aktuellen Filterkontext immer den Umsatz der Audioprodukte an.

CALCULATE überschreibt die vorhandenen Filter in den Spalten, in denen ein neuer Filter angewendet wird. Alle übrigen Spalten des Filterkontexts bleiben erhalten. Falls Sie bestehende Filter nicht überschreiben wollen, können Sie das Filterargument mit *KEEPFILTERS* umschließen. Möchten Sie beispielsweise die Menge der Audioproduktverkäufe anzeigen, wenn Audio im Filterkontext vorhanden ist, andernfalls jedoch einen leeren Wert, dann können Sie folgendes Measure schreiben:

```
Audio Sales KeepFilters :=
CALCULATE (
    [Sales Amount],
    KEEPFILTERS ( 'Product'[Category] = "Audio" )
)
```

KEEPFILTERS ist der zweite *CALCULATE*-Modifizierer, den Sie kennenlernen (der erste war *ALL*). Weitere *CALCULATE*-Modifizierer behandeln wir weiter hinten in diesem Kapitel. *KEEPFILTERS* ändert die Art und Weise, wie *CALCULATE* einen Filter auf den neuen Filterkontext anwendet. Statt einen bestehenden Filter für dieselbe Spalte zu überschreiben, fügt die Funktion den neuen Filter zu den vorhandenen hinzu. Daher zeigt sich ein sichtbares Ergebnis nur bei denjenigen Zellen, in denen die gefilterte Kategorie bereits im Filterkontext enthalten war. Dies ist in Abbildung 5.21 zu sehen.

Category	Sales Amount	Audio Sales	Audio Sales KeepFilters
Audio	384,518.16	384,518.16	384,518.16
Cameras and camcorders	7,192,581.95	384,518.16	
Cell phones	1,604,610.26	384,518.16	
Computers	6,741,548.73	384,518.16	
Games and Toys	360,652.81	384,518.16	
Home Appliances	9,600,457.04	384,518.16	
Music, Movies and Audio Books	314,206.74	384,518.16	
TV and Video	4,392,768.29	384,518.16	
Total	**30,591,343.98**	**384,518.16**	**384,518.16**

Abbildung 5.21 *Audio Sales KeepFilters* zeigt den Umsatz für Audioprodukte nur für die Zeilen *Audio* und *Total* (Gesamtsumme) an.

KEEPFILTERS tut genau das, was der Name sagt. Anstatt den bestehenden Filter zu überschreiben, behält die Funktion ihn bei und fügt den neuen Filter dem Filterkontext hinzu. Das Verhalten ist in Abbildung 5.22 veranschaulicht.

Da *KEEPFILTERS* ein Überschreiben verhindert, wird der neue Filter, der durch das Filterargument von *CALCULATE* erzeugt wird, dem Kontext hinzugefügt. Wenn wir uns die Zelle für das Measure *Audio Sales KeepFilters* in der Zeile *Cell Phones* ansehen, stellen wir fest, das der resultierende Filterkontext zwei Filter enthält: einen für *Cell Phones* und den anderen für *Audio*. Die Schnittmenge der beiden Bedingungen ergibt eine leere Menge, die ein leeres Ergebnis liefert.

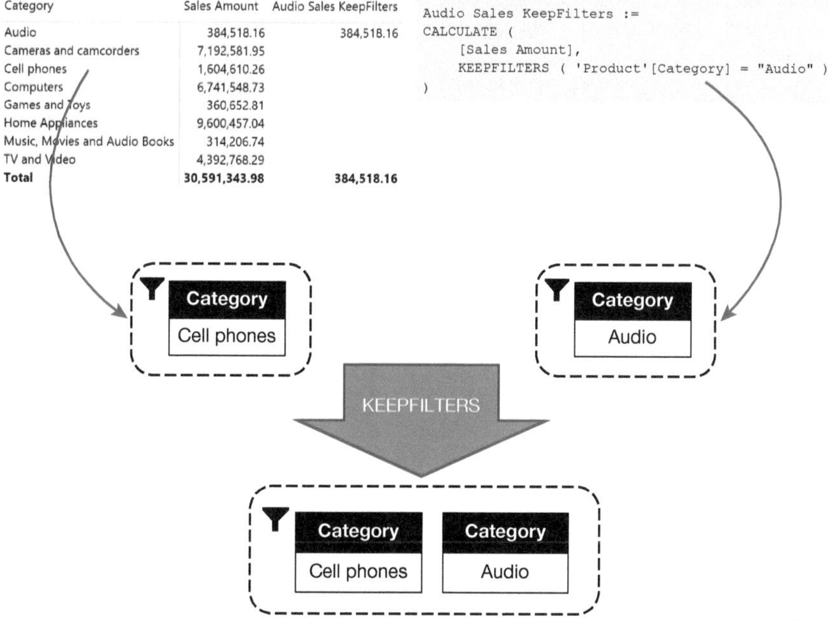

Abbildung 5.22 Der mit *KEEPFILTERS* erzeugte Filterkontext filtert gleichzeitig *Cell Phones* und *Audio*.

Das Verhalten von *KEEPFILTERS* wird klarer, wenn in einer Spalte mehrere Elemente ausgewählt sind. Betrachten Sie beispielsweise die folgenden Measures, die *Audio* und *Computers* mit und ohne *KEEPFILTERS* filtern:

```
Always Audio-Computers :=
CALCULATE (
    [Sales Amount],
    'Product'[Category] IN { "Audio", "Computers" }
)

KeepFilters Audio-Computers :=
CALCULATE (
    [Sales Amount],
    KEEPFILTERS ( 'Product'[Category] IN { "Audio", "Computers" } )
)
```

Der Bericht in Abbildung 5.23 zeigt, dass die Version mit *KEEPFILTERS* nur die Umsatzbeträge für *Audio* und *Computers* berechnet und alle anderen Kategorien leer lässt. Die Zeile *Total* berücksichtigt nur *Audio* und *Computers*.

Category	Sales Amount	Always Audio-Computers	KeepFilters Audio-Computers
Audio	384,518.16	7,126,066.89	384,518.16
Cameras and camcorders	7,192,581.95	7,126,066.89	
Cell phones	1,604,610.26	7,126,066.89	
Computers	6,741,548.73	7,126,066.89	6,741,548.73
Games and Toys	360,652.81	7,126,066.89	
Home Appliances	9,600,457.04	7,126,066.89	
Music, Movies and Audio Books	314,206.74	7,126,066.89	
TV and Video	4,392,768.29	7,126,066.89	
Total	**30,591,343.98**	**7,126,066.89**	**7,126,066.89**

Abbildung 5.23 Mithilfe von *KEEPFILTERS* werden der ursprüngliche und der neue Filterkontext zusammengeführt.

KEEPFILTERS kann entweder mit einem Prädikat oder einer Tabelle verwendet werden. Tatsächlich könnte der obige Code auch etwas weitschweifiger formuliert werden:

```
KeepFilters Audio-Computers :=
CALCULATE (
    [Sales Amount],
    KEEPFILTERS (
        FILTER (
            ALL ( 'Product'[Category] ),
            'Product'[Category] IN { "Audio", "Computers" }
        )
    )
)
```

Dies ist nur ein Beispiel zur Veranschaulichung. Verwenden Sie stets die einfachste Prädikatsyntax, die für ein Filterargument verfügbar ist. Beim Filtern einer einzelnen Spalte können Sie die explizite Angabe von *FILTER* vermeiden. Später werden Sie jedoch sehen, dass komplexere Filterbedingungen eine explizite *FILTER*-Funktion erfordern. In solchen Fällen kann der *KEEPFILTERS*-Modifizierer um die explizite *FILTER*-Funktion herum verwendet werden – der nächste Abschnitt zeigt, wie das geht.

Einzelne Spalte filtern

Im vorherigen Abschnitt haben wir Filterargumente eingeführt, die eine einzelne Spalte in *CALCULATE* referenzieren. Es ist wichtig zu beachten, dass im selben Ausdruck auch mehrere Referenzen auf dieselbe Spalte vorkommen können. Beispielsweise ist die folgende Syntax gültig, da sie zweimal auf die gleiche Spalte (*Sales[Net Price]*) verweist.

```
Sales 10-100 :=
CALCULATE (
    [Sales Amount],
    Sales[Net Price] >= 10 && Sales[Net Price] <= 100
)
```

Dies wird in die folgende Syntax konvertiert:

```
Sales 10-100 :=
CALCULATE (
    [Sales Amount],
    FILTER (
        ALL ( Sales[Net Price] ),
        Sales[Net Price] >= 10 && Sales[Net Price] <= 100
    )
)
```

Der resultierende, von *CALCULATE* erzeugte Filterkontext fügt nur einen einzigen Filter für die Spalte *Sales[Net Price]* hinzu. Ein wichtiger Aspekt von Prädikaten als Filterargumente in *CALCULATE* besteht darin, dass sie zwar wie Bedingungen aussehen, in Wirklichkeit aber Tabellen sind. Wenn Sie den ersten der letzten beiden Codeausschnitte lesen, gewinnen Sie vielleicht den Eindruck, als werte *CALCULATE* eine Bedingung aus. Tatsächlich jedoch wertet *CALCULATE* die Liste aller Werte von *Sales[Net Price]* aus, die die Bedingung erfüllen. Anschließend verwendet *CALCULATE* diese Wertetabelle, um einen Filter auf das Modell anzuwenden.

Wenn zwei Bedingungen durch ein logisches *AND* verknüpft sind, können sie auch als zwei separate Filter dargestellt werden. Deswegen ist der obige Ausdruck äquivalent zum folgenden:

```
Sales 10-100 :=
CALCULATE (
    [Sales Amount],
    Sales[Net Price] >= 10,
    Sales[Net Price] <= 100
)
```

Beachten Sie jedoch, dass mehrere Filterargumente bei *CALCULATE* stets mit einem logischen *AND* verknüpft werden. Daher müssen Sie bei einer logischen *OR*-Anweisung wie im folgenden Measure einen einzigen Filter verwenden:

```
Sales Blue+Red :=
CALCULATE (
    [Sales Amount],
    'Product'[Color] = "Red" || 'Product'[Color] = "Blue"
)
```

Durch das Schreiben mehrerer Filter würden Sie sonst zwei separate Filter in einem einzigen Filterkontext kombinieren. Das folgende Measure führt immer zu einem leeren Ergebnis, da es keine Produkte gibt, die gleichzeitig blau und rot sind:

```
Sales Blue and Red :=
CALCULATE (
    [Sales Amount],
    'Product'[Color] = "Red",
    'Product'[Color] = "Blue"
)
```

Vielmehr entspricht das obige Measure dem folgenden mit einem einzigen Filter:

```
Sales Blue and Red :=
CALCULATE (
    [Sales Amount],
    'Product'[Color] = "Red" && 'Product'[Color] = "Blue"
)
```

Das Filterargument gibt immer eine leere Liste der im Filterkontext erlaubten Farben zurück. Folglich wird immer ein leerer Wert zurückgegeben.

Wenn ein Filterargument auf eine einzelne Spalte verweist, können Sie ein Prädikat verwenden. Wir empfehlen Ihnen, genau dies zu tun, da es die Lesbarkeit des resultierenden Codes erheblich verbessert. Auch bei logischen *AND*-Bedingungen sollten Sie so vorgehen. Vergessen Sie jedoch nicht, dass Sie hier nur auf syntaktischen Zucker zurückgreifen. *CALCULATE* arbeitet immer mit Tabellen, auch wenn die kompakte Syntax etwas anderes vermuten lässt.

Auf der anderen Seite ist es, wenn es in einem Filterargument zwei oder mehr verschiedene Spaltenreferenzen gibt, notwendig, die *FILTER*-Bedingung als Tabellenausdruck zu schreiben. Wir werden im nächsten Abschnitt darauf zurückkommen.

Filterung bei komplexen Bedingungen

Ein Filterargument, das mehrere Spalten referenziert, erfordert einen expliziten Tabellenausdruck. Es ist wichtig, die verschiedenen Techniken zu verstehen, mit denen sich solche Filter schreiben lassen. Denken Sie daran, dass das Erstellen eines Filters mit der minimalen Anzahl von Spalten, die das Prädikat erfordert, in der Regel eine Best Practice ist.

Stellen Sie sich ein Measure vor, das den Umsatz nur für diejenigen Transaktionen summiert, deren Betrag größer oder gleich 1.000 ist. Um den Betrag für jede Transaktion zu erhalten, müssen Sie die Spalten *Quantity* und *Net Price* multiplizieren. Dies liegt daran, dass Sie keine Spalte haben, die diesen Betrag für jede Zeile der Tabelle *Sales* in der Contoso-Beispieldatenbank speichert. Sie könnten versucht sein, so etwas wie den folgenden Ausdruck zu schreiben, der aber leider nicht funktioniert:

```
Sales Large Amount :=
CALCULATE (
    [Sales Amount],
    Sales[Quantity] * Sales[Net Price] >= 1000
)
```

Dieser Code ist nicht gültig, da das Filterargument zwei verschiedene Spalten im gleichen Ausdruck referenziert. Daher kann es von DAX nicht automatisch in eine geeignete *FILTER*-Bedingung umgewandelt werden. Der beste Ansatz, den gewünschten Filter zu schreiben, besteht in der Verwendung einer Tabelle, die nur die vorhandenen Kombinationen der im Prädikat referenzierten Spalten enthält:

```
Sales Large Amount :=
CALCULATE (
    [Sales Amount],
    FILTER (
        ALL ( Sales[Quantity], Sales[Net Price] ),
        Sales[Quantity] * Sales[Net Price] >= 1000
    )
)
```

Auf diese Weise entsteht ein Filterkontext, der einen Filter mit zwei Spalten und einer Anzahl von Zeilen aufweist, die den eindeutigen Kombinationen von *Quantity* und *Net Price* entsprechen, die die Filterbedingung erfüllen. Dies ist in Abbildung 5.24 dargestellt.

Quantity	Net Price
1	1000.00
1	1001.00
1	1199.00
…	…
2	500.00
2	500.05
…	…
3	333.34
…	

Abbildung 5.24 Der mehrspaltige Filter enthält nur Kombinationen aus *Quantity* und *Net Price*, die ein Ergebnis größer oder gleich 1.000 ergeben.

Dieser Filter liefert das in Abbildung 5.25 gezeigte Ergebnis.

Net Price $0.76 – $3,199.99	Category	Sales Amount	Sales Large Amount
	Audio	384,518.16	7,803.95
	Cameras and camcorders	7,192,581.95	3,078,829.16
	Cell phones	1,604,610.26	150,687.21
	Computers	6,741,548.73	3,036,735.73
	Games and Toys	360,652.81	
	Home Appliances	9,600,457.04	5,390,769.53
	Music, Movies and Audio Books	314,206.74	11,873.57
	TV and Video	4,392,768.29	1,256,714.63
	Total	**30,591,343.98**	**12,933,413.78**

Abbildung 5.25 *Sales Large Amount* zeigt nur den Umsatz von Transaktionen über einen großen Betrag an.

Beachten Sie, dass der Slicer in Abbildung 5.25 keinen Wert filtert: Die beiden angezeigten Werte sind der Minimal- und der Maximalwert von *Net Price*. Der nächste Schritt besteht darin anzuzeigen, wie das Measure mit dem Slicer zusammenwirkt. In einem Measure wie *Sales Large Amount* müssen Sie beim Überschreiben vorhandener Filter wie *Quantity* oder *Net Price* mit Umsicht vorgehen. Da das Filterargument *ALL* für die beiden Spalten verwendet, ignoriert es jeden ggf. zuvor vorhandenen Filter für diese Spalten – in diesem Beispiel also den Filter des Slicers. Der Bericht in Abbildung 5.26 ist derselbe wie in Abbildung 5.25, aber diesmal filtert der Slicer nach Nettopreisen zwischen 500 und 3.000. Das Ergebnis ist eine Überraschung.

Net Price $500.00 – $3,000.00	Category	Sales Amount	Sales Large Amount
	Audio		7,803.95
	Cameras and camcorders	4,786,139.80	3,078,829.16
	Cell phones	47,152.49	150,687.21
	Computers	3,717,785.81	3,036,735.73
	Home Appliances	5,839,778.70	5,390,769.53
	Music, Movies and Audio Books		11,873.57
	TV and Video	987,758.58	1,256,714.63
	Total	**15,378,615.38**	**12,933,413.78**

Abbildung 5.26 Es wurden zwar keine Audioprodukte in der aktuellen Preisklasse verkauft, aber trotzdem zeigt *Sales Large Amount* ein Ergebnis.

Die vorhandenen Werte für *Sales Large Amount* für *Audio* sowie *Music, Films and Audio Books* sind unerwartet. Tatsächlich liegen für diese beiden Kategorien keine Umsätze in der Nettopreisspanne zwischen 500 und 3.000 – dem mit dem Slicer erzeugten Filterkontext – vor. Trotzdem zeigt das Measure *Sales Large Amount* ein Ergebnis an.

Der Grund dafür ist, dass der vom Slicer erzeugte Filterkontext für *Net Price* vom Measure *Sales Large Amount* ignoriert wird, das den vorhandenen Filter für *Quantity* wie auch *Net Price* überschreibt. Wenn Sie die Abbildungen 5.25 und 5.26 aufmerksam vergleichen, werden Sie feststellen, dass der Wert von *Sales Large Amount* identisch ist, so als ob der Slicer gar nicht zum Bericht hinzugefügt worden wäre. Tatsächlich ignoriert *Sales Large Amount* den Slicer vollständig.

Gehen wir hinab auf die Ebene der einzelnen Zelle – z. B. den Wert von *Sales Large Amount* für *Audio* –, dann wird der folgende Code zur Berechnung dieses Werts ausgeführt:

```
Sales Large Amount :=
CALCULATE (
    CALCULATE (
        [Sales Amount],
        FILTER (
            ALL ( Sales[Quantity], Sales[Net Price] ),
            Sales[Quantity] * Sales[Net Price] >= 1000
        )
    ),
    'Product'[Category] = "Audio",
    Sales[Net Price] >= 500
)
```

Aus dem Code können Sie ersehen, dass das innerste *ALL* den Filter für *Sales[Net Price]* ignoriert, der vom äußeren *CALCULATE* festgelegt wurde. Dies ist ein Szenario, in dem wir *KEEPFILTERS* verwenden können, um das Überschreiben bestehender Filter zu vermeiden:

```
Sales Large Amount KeepFilter :=
CALCULATE (
    [Sales Amount],
    KEEPFILTERS (
        FILTER (
            ALL ( Sales[Quantity], Sales[Net Price] ),
            Sales[Quantity] * Sales[Net Price] >= 1000
        )
    )
)
```

Das neue Measure *Sales Large Amount KeepFilter* liefert das in Abbildung 5.27 dargestellte Ergebnis.

Net Price

$500.00 $3,000.00

Category	Sales Amount	Sales Large Amount	Sales Large Amount KeepFilter
Audio		7,803.95	
Cameras and camcorders	4,786,139.80	3,078,829.16	2,683,625.23
Cell phones	47,152.49	150,687.21	21,034.71
Computers	3,717,785.81	3,036,735.73	2,656,140.41
Home Appliances	5,839,778.70	5,390,769.53	4,560,035.33
Music, Movies and Audio Books		11,873.57	
TV and Video	987,758.58	1,256,714.63	490,518.59
Total	**15,378,615.38**	**12,933,413.78**	**10,411,354.27**

Abbildung 5.27 Bei Verwendung von *KEEPFILTERS* berücksichtigt die Berechnung auch den äußeren Slicer.

Eine weitere Möglichkeit, einen komplexen Filter zu formulieren, besteht darin, anstelle eines Spaltenfilters einen Tabellenfilter zu verwenden. Dies ist eine der bevorzugten Techniken von DAX-Neulingen, die jedoch erhebliche Tücken hat. Tatsächlich kann das obige Measure mit einem Tabellenfilter wie folgt geschrieben werden:

```
Sales Large Amount Table :=
CALCULATE (
    [Sales Amount],
    FILTER (
        Sales,
        Sales[Quantity] * Sales[Net Price] >= 1000
    )
)
```

Wie Sie vielleicht noch wissen, werden alle Filterargumente von *CALCULATE* in dem Filterkontext ausgewertet, der außerhalb der *CALCULATE*-Funktion selbst existiert. Somit berücksichtigt die Iteration über *Sales* nur die Zeilen, die im bestehenden Filterkontext gefiltert wurden. Hierzu gehört aber auch ein Filter für *Net Price*. Daher entspricht die Semantik des Measures *Sales Large Amount Table* dem Measure *Sales Large Amount KeepFilter*.

Das scheint zwar ein einfacher Ansatz zu sein, aber Sie sollten hierbei mit Umsicht ans Werk gehen, da er schwerwiegende Folgen für Leistung und Richtigkeit der Ergebnisse nach sich ziehen kann. Wir werden in Kapitel 14 ausführlich auf diese Probleme eingehen. Zum jetzigen Zeitpunkt sollten Sie lediglich im Hinterkopf behalten, dass die Best Practice lautet, immer einen Filter mit einer möglichst kleinen Anzahl von Spalten zu verwenden.

Außerdem sollten Sie Tabellenfilter vermeiden, da sie in der Regel aufwendiger sind. Die Tabelle *Sales* kann sehr groß werden, und ein zeilenweise ausgeführtes Durchsuchen zur Auswertung eines Prädikats kann ausgesprochen zeitraubend sein. Der Filter in *Sales Large Amount KeepFilter* hingegen iteriert nur über die Anzahl eindeutiger Kombinationen von *Quantity* und *Net Price*. Diese Zahl ist in der Regel sehr viel kleiner als die Gesamtzahl der Zeilen in der Tabelle *Sales*.

Auswertungsreihenfolge bei *CALCULATE*

Wann immer Sie DAX-Code betrachten, erfolgt die Auswertung natürlicherweise von innen nach außen. Betrachten Sie beispielsweise den folgenden Ausdruck:

```
Sales Amount Large :=
SUMX (
    FILTER ( Sales, Sales[Quantity] >= 100 ),
    Sales[Quantity] * Sales[Net Price]
)
```

DAX muss das Ergebnis von *FILTER* auswerten, bevor mit der Auswertung von *SUMX* begonnen wird. Tatsächlich iteriert *SUMX* über eine Tabelle. Da diese Tabelle das Ergebnis der *FILTER*-Funktion ist, kann *SUMX* erst mit der Ausführung beginnen, wenn *FILTER* seine Arbeit beendet hat. Diese Regel gilt für alle DAX-Funktionen mit Ausnahme von *CALCULATE* und *CALCULATETABLE*.

CALCULATE hingegen wertet zur Ergebnisfindung zuerst seine Filterargumente und erst am Ende den ersten Parameter aus, der der auszuwertende Ausdruck ist.

Zudem liegen die Dinge hier etwas komplizierter, da *CALCULATE* den Filterkontext ändert. Alle Filterargumente werden im außerhalb von *CALCULATE* liegenden Filterkontext ausgeführt, und jeder Filter wird separat ausgewertet. Deswegen ist die Reihenfolge der Filter innerhalb derselben *CALCULATE*-Funktion unerheblich. Somit sind alle folgenden Measures vollkommen äquivalent:

```
Sales Red Contoso :=
CALCULATE (
    [Sales Amount],
    'Product'[Color] = "Red",
    KEEPFILTERS ( 'Product'[Brand] = "Contoso" )
)

Sales Red Contoso :=
CALCULATE (
    [Sales Amount],
    KEEPFILTERS ( 'Product'[Brand] = "Contoso" ),
    'Product'[Color] = "Red"
)

Sales Red Contoso :=
VAR ColorRed =
        FILTER (
            ALL ( 'Product'[Color] ),
            'Product'[Color] = "Red"
        )
VAR BrandContoso =
        FILTER (
            ALL ( 'Product'[Brand] ),
            'Product'[Brand] = "Contoso"
        )
VAR SalesRedContoso =
    CALCULATE (
        [Sales Amount],
        ColorRed,
        KEEPFILTERS ( BrandContoso )
    )
RETURN
    SalesRedContoso
```

Die mithilfe von Variablen definierte Version von *Sales Red Contoso* ist umfangreicher als die anderen Varianten, aber Sie sollten sie trotzdem verwenden, sofern es sich bei den Filtern um komplexe Ausdrücke mit expliziten Filtern handelt. Auf diese Weise ist es leichter zu verstehen, dass der Filter »vor« *CALCULATE* ausgewertet wird.

Diese Regel ist umso wichtiger bei geschachtelten *CALCULATE*-Anweisungen. Es werden nämlich zunächst die äußersten Filter und erst später die innersten Filter angewendet. Dieses Verhalten geschachtelter *CALCULATE*-Anweisungen zu verstehen ist wichtig, da Sie bei jeder Schachtelung auf diese Situation stoßen werden. Betrachten Sie beispielsweise die folgenden Measures, bei denen *Sales Red* von *Sales Green* aufgerufen wird:

```
Sales Red :=
CALCULATE (
    [Sales Amount],
    'Product'[Color] = "Red"
)

Green calling Red :=
CALCULATE (
    [Sales Red],
    'Product'[Color] = "Green"
)
```

Um den Aufruf des geschachtelten Measures zu verdeutlichen, können wir *Sales Green* auf folgende Weise erweitern:

```
Green calling Red Exp :=
CALCULATE (
    CALCULATE (
        [Sales Amount],
        'Product'[Color] = "Red"
    ),
    'Product'[Color] = "Green"
)
```

Die Auswertungsreihenfolge ist die folgende:

1. Zuerst wendet die äußere *CALCULATE*-Anweisung den Filter *Product[Color] = "Green"* an.
2. Nun wendet die innere *CALCULATE*-Anweisung den Filter *Product[Color] = "Red"* an. Dieser Filter überschreibt den vorherigen Filter.
3. Abschließend berechnet DAX *[Sales Amount]* mit einem Filter für *Product[Color] = "Red"*.

Daher ist das Ergebnis sowohl von *Red* als auch *Green calling Red* weiterhin »Red« (Abbildung 5.28).

Category	Sales Amount	Sales Red	Green calling Red	Green calling Red Exp
Audio	384,518.16	33,123.82	33,123.82	33,123.82
Cameras and camcorders	7,192,581.95	1,514.39	1,514.39	1,514.39
Cell phones	1,604,610.26	38,227.47	38,227.47	38,227.47
Computers	6,741,548.73	240,222.29	240,222.29	240,222.29
Games and Toys	360,652.81	19,938.31	19,938.31	19,938.31
Home Appliances	9,600,457.04	770,373.33	770,373.33	770,373.33
Music, Movies and Audio Books	314,206.74	6,702.49	6,702.49	6,702.49
TV and Video	4,392,768.29			
Total	**30,591,343.98**	**1,110,102.10**	**1,110,102.10**	**1,110,102.10**

Abbildung 5.28 Die letzten drei Measures geben samt und sonders dasselbe Ergebnis zurück: den mit roten Produkten erzielten Umsatz.

Die hier gegebene Beschreibung dient nur der Veranschaulichung. In Wirklichkeit verwendet die Engine eine faule Auswertung für den Filterkontext. Werden also wie im obigen Code Filterargumente überschrieben, dann kann es sein, dass der äußere Filter nie ausgewertet wird, da er nutzlos gewesen wäre. Dennoch dient dieses Verhalten nur der Optimierung. Es ändert in keiner Weise die Semantik von *CALCULATE*.

Wir können die Auswertungsreihenfolge und die Auswertung des Filterkontexts mit einem weiteren Beispiel veranschaulichen. Betrachten Sie folgendes Measure:

```
Sales YB :=
CALCULATE (
    CALCULATE (
        [Sales Amount],
        'Product'[Color] IN { "Yellow", "Black" }
    ),
    'Product'[Color] IN { "Black", "Blue" }
)
```

Die Auswertung des von *Sales YB* erzeugten Filterkontexts ist in Abbildung 5.29 dargestellt.

Wie bereits erwähnt, überschreibt der innerste Filter für *Product[Color]* die äußeren Filter. Daher zeigt das Ergebnis des Measures die Summe der Produkte, die gelb oder schwarz sind. Durch die Verwendung von *KEEPFILTERS* für die innerste *CALCULATE*-Anweisung wird der Filterkontext erstellt, indem die beiden Filter erhalten bleiben, statt den vorhandenen Filter zu überschreiben:

```
Sales YB KeepFilters :=
CALCULATE (
    CALCULATE (
        [Sales Amount],
        KEEPFILTERS ( 'Product'[Color] IN { "Yellow", "Black" } )
    ),
    'Product'[Color] IN { "Black", "Blue" }
)
```

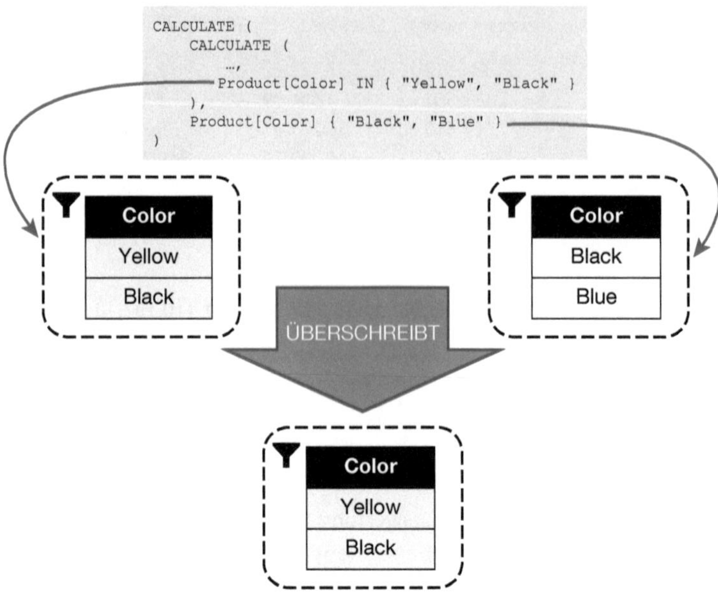

Abbildung 5.29 Der innerste Filter überschreibt den äußeren Filter.

Die Auswertung des von *Sales YB KeepFilters* erzeugten Filterkontexts ist in Abbildung 5.30 dargestellt.

Da die beiden Filter zusammengeführt werden, wird die Schnittmenge aus ihnen gebildet. Daher ist im neuen Filterkontext die einzige sichtbare Farbe Schwarz (*Black*), denn sie ist der einzige Wert, der in beiden Filtern vorhanden ist.

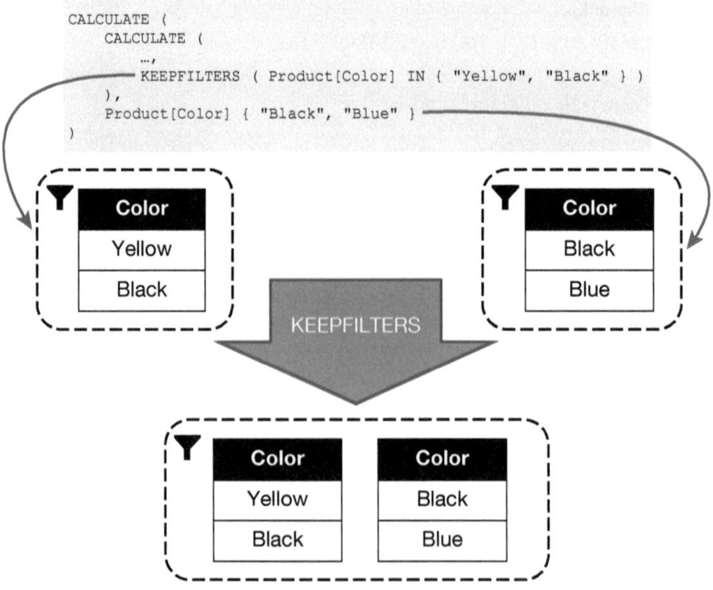

Abbildung 5.30 Dank der Verwendung von *KEEPFILTERS* überschreibt *CALCULATE* den vorherigen Filterkontext nicht.

Die Reihenfolge der Filterargumente innerhalb derselben *CALCULATE*-Anweisung ist jedoch irrelevant, da sie unabhängig voneinander auf den Filterkontext angewendet werden.

Kontextübergänge verstehen

In Kapitel 4, »Auswertungskontexte verstehen«, haben wir mehrfach darauf hingewiesen, dass Zeilen- und Filterkontext unterschiedliche Konzepte sind. Das gilt nach wie vor. Trotzdem gibt es eine von *CALCULATE* ausgeführte Operation, die einen Zeilenkontext in einen Filterkontext transformieren kann. Dies ist der sogenannte *Kontextübergang*, der wie folgt definiert ist:

CALCULATE macht alle Zeilenkontexte unwirksam. Es fügt automatisch alle Spalten, über die aktuell in einem beliebigen Zeilenkontext iteriert wird, als Filterargumente hinzu und filtert ihren tatsächlichen Wert in der zu iterierenden Zeile.

Der Kontextübergang ist anfangs schwer zu verstehen, und selbst für erfahrene DAX-Programmierer ist es eine Herausforderung, alle Auswirkungen eines Kontextübergangs im Blick zu behalten. Die Erfahrung hat gezeigt, dass die obige Definition nicht ausreicht, um den Kontextübergang wirklich zu verstehen.

Daher werden wir ihn anhand mehrerer Beispiele mit zunehmender Komplexität beschreiben. Bevor es jedoch um ein so heikles Konzept geht, müssen wir uns davon überzeugen, dass Sie Zeilen- und Filterkontext genau verstanden haben.

Wiederholung zu Zeilen- und Filterkontexten

Wir wollen einige wichtige Fakten über Zeilen-und Filterkontexte anhand von Abbildung 5.31 zusammenfassen. Die Abbildung zeigt einen Bericht mit *Brand* (Marke) in den Zeilen und ein Diagramm, das den Auswertungsprozess beschreibt. *Products* und *Sales* zeigen in der Grafik keine echten Daten an. Sie enthalten nur wenige Zeilen, um die Punkte besser veranschaulichen zu können.

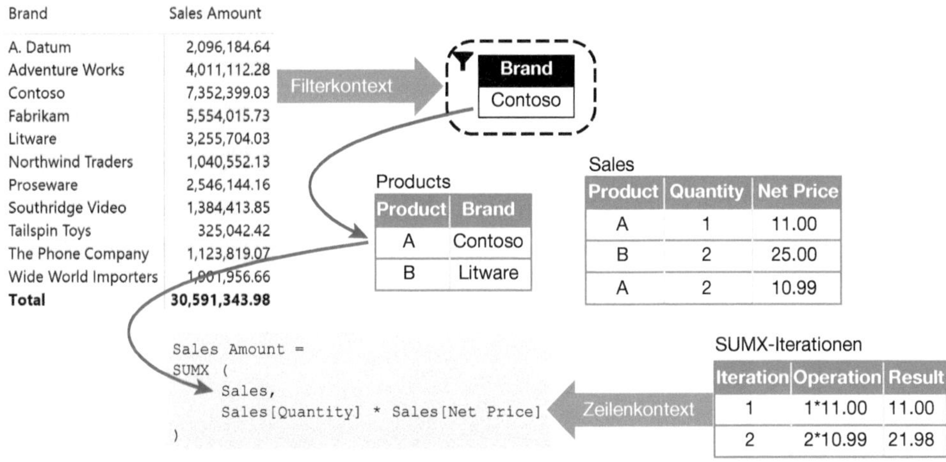

Abbildung 5.31 Das Diagramm zeigt den vollständigen Ablauf eines einfachen Iterationsvorgangs mit *SUMX*.

Die folgenden Ausführungen zu Abbildung 5.31 erlauben es Ihnen, Ihr Verständnis des gesamten Prozesses zur Auswertung des Measures *Sales Amount* für die Zeile *Contoso* zu überprüfen:

- Der Bericht erstellt einen Filterkontext, der einen Filter für *Product[Brand] = "Contoso"* enthält.
- Der Filter gilt für das gesamte Modell und filtert sowohl die Tabelle *Product* als auch die Tabelle *Sales*.
- Der Filterkontext reduziert die Anzahl der Zeilen, über die *SUMX* beim Durchsuchen von *Sales* iteriert. *SUMX* iteriert nämlich nur über jene Zeilen von *Sales*, die zu einem Contoso-Produkt gehören.
- In der Abbildung gibt es in *Sales* zwei Zeilen mit dem Produkt A, das unter der Marke Contoso angeboten wird.
- Folglich iteriert *SUMX* über zwei Zeilen. In der ersten Zeile berechnet es 1*11.00 mit dem Teilergebnis 11.00. In der zweiten Zeile berechnet es 2*10.99 mit dem Teilergebnis 21.98.
- *SUMX* gibt die Summe der Teilergebnisse zurück, die während der Iteration erfasst wurden.
- Während der Iteration über *Sales* durchsucht *SUMX* nur den sichtbaren Teil der Tabelle *Sales* und erzeugt für jede sichtbare Zeile einen Zeilenkontext.
- Wenn *SUMX* über die erste Zeile iteriert, ist *Sales[Quantity]* gleich 1, während *Sales[Net Price]* gleich 11 ist. In der zweiten Zeile sind die Werte anders. Spalten haben einen aktuellen Wert, der von der iterierten Zeile abhängt. Potenziell hat jede iterierte Zeile einen unterschiedlichen Wert für alle Spalten.
- Während der Iteration gibt es einen Zeilen- und einen Filterkontext. Der Filterkontext ist immer noch derjenige, der Contoso filtert, da keine *CALCULATE*-Anweisung ausgeführt wurde, die ihn geändert hätte.

Im Zusammenhang mit dem Kontextübergang ist die letzte Anweisung die wichtigste. Während der Iteration ist der Filterkontext noch aktiv und filtert Contoso. Der Zeilenkontext hingegen iteriert derzeit über die Tabelle *Sales*. Jede Spalte in *Sales* hat einen bestimmten Wert. Der Zeilenkontext stellt den Wert über die aktuelle Zeile bereit. Zur Erinnerung: Der Zeilenkontext iteriert, der Filterkontext nicht.

Das ist ein wichtiges Detail. Mit der folgenden Aufgabenstellung sollen Sie Ihr Verständnis dieser Zusammenhänge noch einmal überprüfen. Stellen Sie sich vor, Sie erstellen ein Measure, das lediglich die Anzahl der Zeilen in der Tabelle *Sales* zählt und dafür den folgenden Code verwendet:

```
NumOfSales := COUNTROWS ( Sales )
```

Wurde das Measure einmal im Bericht verwendet, dann zählt es die Anzahl der Zeilen in *Sales*, die im aktuellen Filterkontext sichtbar sind. Das in Abbildung 5.32 dargestellte Ergebnis ist erwartungsgemäß eine andere Zahl für jede Marke.

Brand	NumOfSales
A. Datum	4,921
Adventure Works	7,819
Contoso	37,984
Fabrikam	7,861
Litware	7,214
Northwind Traders	1,636
Proseware	6,673
Southridge Video	10,658
Tailspin Toys	7,571
The Phone Company	3,106
Wide World Importers	4,788
Total	**100,231**

Abbildung 5.32 *NumOfSales* zählt die Anzahl der Zeilen, die im aktuellen Filterkontext in der Tabelle *Sales* sichtbar sind.

Weil *Sales* 37.984 Zeilen für die Marke Contoso enthält, bedeutet dies, dass eine Iteration über *Sales* für Contoso genau 37.984 Zeilen umfasst. Das bisher von uns verwendete Measure *Sales Amount* würde die Ausführung nach 37.984 Multiplikationen beenden.

Können Sie mit Ihrem bisher gewonnenen Wissen das Ergebnis des folgenden Measures für die Contoso-Zeile erraten?

```
Sum Num Of Sales := SUMX ( Sales, COUNTROWS ( Sales ) )
```

Lassen Sie sich mit der Antwort Zeit. Studieren Sie diesen einfachen Code sorgfältig und in aller Ruhe und stellen Sie dann eine fundierte Vermutung an. Im nächsten Absatz finden Sie die richtige Antwort.

Der Filterkontext filtert Contoso. Aus den vorherigen Beispielen geht hervor, dass *SUMX* 37.984 Mal iteriert. Für jede dieser 37.984 Zeilen berechnet *SUMX* die Anzahl der in *Sales* sichtbaren Zeilen im aktuellen Filterkontext. Der Filterkontext ist immer noch derselbe, sodass das Ergebnis von *COUNTROWS* für jede Zeile immer 37.984 beträgt. Folglich summiert *SUMX* den Wert von 37.984 insgesamt 37.984 Mal: Das Ergebnis ist 37.984^2. Sie können dies in Abbildung 5.33 überprüfen, wo das Measure im Bericht angezeigt wird.

Brand	NumOfSales	Sum Num Of Sales
A. Datum	4,921	24,216,241
Adventure Works	7,819	61,136,761
Contoso	37,984	1,442,784,256
Fabrikam	7,861	61,795,321
Litware	7,214	52,041,796
Northwind Traders	1,636	2,676,496
Proseware	6,673	44,528,929
Southridge Video	10,658	113,592,964
Tailspin Toys	7,571	57,320,041
The Phone Company	3,106	9,647,236
Wide World Importers	4,788	22,924,944
Total	**100,231**	**10,046,253,361**

Abbildung 5.33 *Sum Num Of Sales* berechnet *NumOfSales* zum Quadrat, weil es bei jeder Iteration alle Zeilen zählt.

Nachdem Sie sich nun die wesentlichen Konzepte über Zeilenkontext und Filterkontext noch einmal vergegenwärtigt haben, können wir die Auswirkungen des Kontextübergangs weiter behandeln.

Einführung in Kontextübergänge

Ein Zeilenkontext existiert immer dann, wenn eine Iteration über eine Tabelle stattfindet. Innerhalb einer Iteration finden sich Ausdrücke, die vom Zeilenkontext selbst abhängen. Der folgende Ausdruck, den Sie mittlerweile mehrfach gesehen haben, erweist sich als nützlich:

```
Sales Amount :=
SUMX (
    Sales,
    Sales[Quantity] * Sales[Unit Price]
)
```

Die beiden Spalten *Quantity* und *Net Price* haben einen Wert im aktuellen Zeilenkontext. Im vorherigen Abschnitt haben Sie gesehen, dass, wenn der in einer Iteration verwendete Ausdruck nicht streng an den Zeilenkontext gebunden ist, er im Filterkontext ausgewertet wird. Insofern sind die Ergebnisse zumindest für Anfänger überraschend. Dennoch steht es Ihnen völlig frei, jegliche Funktion in einem Zeilenkontext zu verwenden. Unter den vielen verfügbaren Funktionen scheint eine etwas ganz Besonderes zu sein: *CALCULATE*.

Wenn *CALCULATE* in einem Zeilenkontext ausgeführt wird, wird dieser bereits *vor* der Auswertung seines Ausdrucks unwirksam. Innerhalb des von *CALCULATE* ausgewerteten Ausdrucks sind alle vorherigen Zeilenkontexte nicht mehr gültig. Deswegen erzeugt der folgende Code einen Syntaxfehler:

```
Sales Amount :=
SUMX (
    Sales,
    CALCULATE ( Sales[Quantity] )   -- FEHLER: Kein Zeilenkontext in CALCULATE!
)
```

Der Grund dafür ist, dass der Wert der Spalte *Sales[Quantity]* nicht innerhalb von *CALCULATE* abgerufen werden kann, denn *CALCULATE* macht den Zeilenkontext, der außerhalb existiert, selbst ungültig. Dies ist jedoch nur ein Teil dessen, was der Kontextübergang bewirkt. Der zweite – und wichtigste – Vorgang besteht darin, dass *CALCULATE* alle Spalten des aktuellen Zeilenkontexts mit ihrem jeweiligen aktuellen Wert als Filterargumente hinzufügt. Betrachten Sie beispielsweise den folgenden Code:

```
Sales Amount :=
SUMX (
    Sales,
    CALCULATE ( SUM ( Sales[Quantity] ) ) -- SUM erfordert keinen Zeilenkontext
)
```

In *CALCULATE* gibt es keine Filterargumente. Das einzige *CALCULATE*-Argument ist der auszuwertende Ausdruck. Daher sieht es so aus, als würde *CALCULATE* den bestehenden Filterkontext nicht überschreiben. Der springende Punkt ist aber, dass *CALCULATE* aufgrund des Kontextübergangs im Hintergrund stillschweigend jede Menge Filterargumente erzeugt. Es gibt dann einen Filter für jede Spalte der iterierten Tabelle. Anhand von Abbildung 5.34 können Sie sich einen ersten Eindruck vom Verhalten des Kontextübergangs verschaffen. Zur besseren optischen Darstellung haben wir die Anzahl der Spalten in der Abbildung verringert.

Bei der Iteration beginnt *CALCULATE* mit der ersten Zeile und berechnet *SUM (Sales [Quantity])*. Zwar gibt es streng genommen keine Filterargumente, aber *CALCULATE* fügt für jede der Spalten der iterierten Tabelle ein Filterargument hinzu. Im Beispiel haben wir die drei Spalten *Product*, *Quantity* und *Net Price*. Somit enthält der durch den Kontextübergang erzeugte Filterkontext für jede der Spalten*(Product*, *Quantity*, *Net Price*) den aktuellen Wert (A, 1, 11.00). Der Vorgang erfolgt natürlich während der Iteration von *SUMX* nacheinander für jede der drei Zeilen.

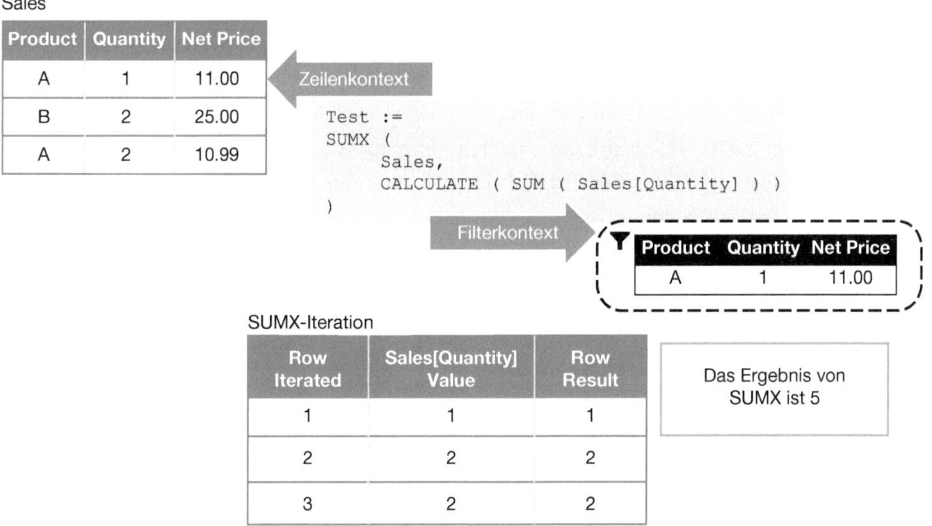

Abbildung 5.34 Wenn *CALCULATE* in einem Zeilenkontext ausgeführt wird, erstellt es einen Filterkontext mit einem Filter für jede Spalte in der iterierten Tabelle.

Mit anderen Worten, die Ausführung der vorherigen *SUMX*-Funktion führt zu den folgenden drei *CALCULATE*-Ausführungen:

```
CALCULATE (
    SUM ( Sales[Quantity] ),
    Sales[Product] = "A",
    Sales[Quantity] = 1,
    Sales[Net Price] = 11
) +
CALCULATE (
    SUM ( Sales[Quantity] ),
    Sales[Product] = "B",
    Sales[Quantity] = 2,
    Sales[Net Price] = 25
) +
CALCULATE (
    SUM ( Sales[Quantity] ),
    Sales[Product] = "A",
    Sales[Quantity] = 2,
    Sales[Net Price] = 10,99
)
```

Diese Filterargumente sind verborgen. Sie werden von der Engine automatisch hinzugefügt, und es gibt auch keine Möglichkeit, sie wegzulassen. Am Anfang wirkt ein Kontextübergang ausgesprochen seltsam. Trotzdem: Sobald man sich daran gewöhnt hat, ist es ein extrem mächtiges Feature. Schwierig zu meistern, aber extrem leistungsstark.

An dieser Stelle wollen wir die zuvor vorgestellten Überlegungen zusammenfassen, bevor wir auf einige davon näher eingehen:

- **Kontextübergänge sind kostspielig.** Wird ein Kontextübergang bei einer Iteration über eine Tabelle mit zehn Spalten und einer Million Zeilen verwendet, dann muss *CALCULATE* zehn Filter eine Million Mal anwenden. Egal wie schnell Ihr System ist: Das dauert. Was allerdings auch nicht heißen soll, dass die Nutzung von Kontextübergängen vermieden werden sollte. Trotzdem wird *CALCULATE* dadurch zu einer Funktion, bei deren Verwendung Sie Sorgfalt walten lassen müssen.
- **Ein Kontextübergang filtert nicht nur eine Zeile.** Der ursprüngliche, außerhalb von *CALCULATE* vorhandene Zeilenkontext verweist immer nur auf eine Zeile. Der Zeilenkontext iteriert zeilenweise. Wird der Zeilenkontext durch einen Kontextübergang in einen Filterkontext verschoben, dann filtert der neu entstandene Filterkontext alle Zeilen mit derselben Wertemenge. Sie dürfen daher nicht erwarten, dass der Kontextübergang einen Filterkontext mit nur einer Zeile erzeugt. Das ist ein sehr wichtiger Aspekt, und wir werden weiter hinten darauf zurückkommen.
- **Der Kontextübergang verwendet Spalten, die nicht in der Formel vorhanden sind.** Auch wenn die im Filter verwendeten Spalten ausgeblendet sind, sind sie doch Teil des Ausdrucks. Dies macht jede Formel, die *CALCULATE* enthält, sehr viel komplexer, als es

zunächst den Anschein hat. Wenn ein Kontextübergang verwendet wird, dann sind alle Spalten der Tabelle als versteckte Filterargumente Teil des Ausdrucks. Durch dieses Verhalten können unerwartete Abhängigkeiten entstehen. Auch dieses Thema werden wir im weiteren Verlauf dieses Abschnitts ausführlicher behandeln.

- **Durch den Kontextübergang entsteht ein Filterkontext aus einem Zeilenkontext.** Vielleicht erinnern Sie sich noch an das Mantra zu den Auswertungskontexten: »Der Zeilenkontext iteriert über eine Tabelle, der Filterkontext filtert das Modell.« Sobald der Kontextübergang einen Zeilenkontext in einen Filterkontext umwandelt, ändert er die Art des Filters. Anstatt über eine einzelne Zeile zu iterieren, filtert DAX das gesamte Modell. So werden Beziehungen Teil der Gleichung. Anders ausgedrückt: Ein in einer Tabelle stattfindender Kontextübergang könnte seine Filterwirkung an ganz anderer Stelle entfalten – sehr weit weg von der Tabelle, der der Zeilenkontext entstammt.
- **Der Kontextübergang wird immer dann aufgerufen, wenn ein Zeilenkontext vorhanden ist.** Verwenden wir beispielsweise *CALCULATE* in einer berechneten Spalte, dann kommt es zu einem Kontextübergang. Innerhalb einer berechneten Spalte gibt es einen automatischen Zeilenkontext, der für das Auftreten eines Kontextübergangs ausreicht.
- **Der Kontextübergang transformiert alle Zeilenkontexte.** Wenn verschachtelte Iterationen über mehrere Tabellen durchgeführt werden, berücksichtigt der Kontextübergang alle Zeilenkontexte. Konkret macht er alle Zeilenkontexte ungültig und fügt für alle Spalten, über die gerade von allen aktiven Zeilenkontexten iteriert wird, Filterargumente hinzu.
- **Der Kontextübergang macht alle Zeilenkontexte ungültig.** Wir haben diesen Umstand zwar schon mehrfach erwähnt, doch lohnt es sich, noch einmal darauf hinzuweisen. Keiner der äußeren Zeilenkontexte ist innerhalb des von *CALCULATE* ausgewerteten Ausdrucks gültig. Alle äußeren Zeilenkontexte werden in äquivalente Filterkontexte umgewandelt.

Wie bereits früher in diesem Abschnitt erwähnt, bedürfen die meisten dieser Betrachtungen weiterer Erläuterungen. Deswegen werden wir im weiteren Verlauf dieses Abschnitts zu den Kontextübergängen eine umfassende Analyse zu diesen wesentlichen Punkten bieten. Zwar werden alle diese Überlegungen als Warnungen angezeigt, aber eigentlich sind sie wichtige Merkmale. Wenn Sie sich nämlich nicht über bestimmte Verhaltensweisen im Klaren sind, dann werden Sie früher oder später zu Ergebnissen gelangen, die Sie so sicherlich nicht erwartet hätten. Trotzdem gilt auch weiterhin: Sobald Sie das Verhalten vollständig verstanden haben, werden Sie es so nutzen, wie Sie es für richtig halten. Zumindest für DAX trifft zu, dass der einzige Unterschied zwischen unerklärlichem Verhalten und einem nützlichen Merkmal ausschließlich Ihr Kenntnisstand ist.

Kontextübergänge in berechneten Spalten

Eine berechnete Spalte wird immer im Zeilenkontext ausgewertet. Daher löst *CALCULATE* in einer berechneten Spalte auch einen Kontextübergang aus. Wir verwenden diese Funktion, um eine berechnete Spalte in *Product* zu erstellen, die alle Produkte, die für sich genommen mehr als 1% des Gesamtumsatzes aller Produkte ausmachen, als »High Performance« ausgewiesen werden.

Um diese berechnete Spalte zu erstellen, benötigen wir zwei Werte: den Umsatz des aktuellen Produkts und den Gesamtumsatz aller Produkte. Ersterer erfordert eine Filterung der Tabelle *Sales*, damit sie nur den Umsatzbetrag für das aktuelle Produkt berechnet, Letzterer ein Durchsuchen der Tabelle *Sales* ohne aktive Filter. Hier ist der Code dazu.

```
'Product'[Performance] =
VAR TotalSales =                            -- Gesamtumsatz aller Produkte
    SUMX (
        Sales,                              -- Sales wird nicht gefiltert,
        Sales[Quantity] * Sales[Net Price]  -- das heißt, hier werden alle Umsätze
berechnet
    )
VAR CurrentSales =
    CALCULATE (                             -- Führt den Kontextübergang durch
        SUMX (
            Sales,                          -- Nur Umsätze des aktuellen Produkts,
            Sales[Quantity] * Sales[Net Price] -- das heißt, hier werden nur die Umsätze
        )                                   -- des aktuellen Produkts berechnet
    )
VAR Ratio = 0.01                            -- 1 %, ausgedrückt als reale Zahl
VAR Result =
    IF (
        CurrentSales >= TotalSales * Ratio,
        "High Performance product",
        "Regular product"
    )
RETURN
    Result
```

Sie werden feststellen, dass es zwischen den beiden Variablen nur einen Unterschied gibt: *TotalSales* wird als reguläre Iteration ausgeführt, während *CurrentSales* denselben DAX-Code innerhalb einer *CALCULATE*-Funktion berechnet. Da es sich um eine berechnete Spalte handelt, wird der Zeilenkontext in einen Filterkontext umgewandelt. Der Filterkontext pflanzt sich durch das Modell fort und erreicht *Sales*, wobei nur der Umsatz des aktuellen Produkts gefiltert wird.

Obwohl die beiden Variablen sehr ähnlich aussehen, ist ihr Inhalt also vollkommen unterschiedlich. *TotalSales* berechnet den Umsatz aller Produkte, da der Filterkontext in einer berechneten Spalte leer ist, weswegen nichts gefiltert wird. *CurrentSales* berechnet den Umsatz des aktuellen Produkts nur dank des von *CALCULATE* durchgeführten Kontextübergangs.

Der verbleibende Teil des Codes ist eine einfache *IF*-Anweisung, die prüft, ob die Bedingung erfüllt ist, und das Produkt entsprechend kennzeichnet. Die resultierende berechnete Spalte können Sie in einem Bericht verwenden, wie er in Abbildung 5.35 zu sehen ist.

Performance	Sales Amount	NumOfProducts
High Performance product	**3,078,318.10**	**4**
A. Datum SLR Camera X137 Grey	725,840.28	1
Adventure Works 26" 720p LCD HDTV M140 Silver	1,303,983.46	1
Contoso Telephoto Conversion Lens X400 Silver	683,779.95	1
SV 16xDVD M360 Black	364,714.41	1
Regular product	**27,513,025.88**	**2513**
A. Datum Advanced Digital Camera M300 Azure	2,723.83	1
A. Datum Advanced Digital Camera M300 Black	5,313.82	1
A. Datum Advanced Digital Camera M300 Green	8,244.99	1
A. Datum Advanced Digital Camera M300 Grey	7,624.83	1
A. Datum Advanced Digital Camera M300 Orange	754.00	1
Total	**30,591,343.98**	**2517**

Abbildung 5.35 Nur vier Produkte sind mit dem Vermerk »High Performance« versehen.

Im Code der berechneten Spalte *Performance* haben wir *CALCULATE* und den Kontextübergang als Feature verwendet. Bevor wir fortfahren, müssen wir überprüfen, ob wir alle möglichen Auswirkungen berücksichtigt haben. Die Tabelle *Product* ist klein, sie enthält nur wenige Tausend Zeilen. Insofern sind die Leistungsanforderungen unproblematisch. Der von *CALCULATE* erzeugte Filterkontext filtert alle Spalten. Haben wir eine Garantie dafür, dass *CurrentSales* nur die Umsätze für das aktuelle Produkt enthält? In diesem speziellen Fall lautet die Antwort ja. Jede Zeile in *Product* ist nämlich eindeutig, da *Product* eine Spalte mit einem anderen Wert für jede Zeile enthält: *ProductKey*. Somit ist gewährleistet, dass der durch den Kontextübergang erzeugte Filterkontext immer nur genau ein Produkt filtert.

In diesem Fall können wir uns auf den Kontextübergang verlassen, da jede Zeile der iterierten Tabelle eindeutig ist. Aber Vorsicht: Das ist bei Weitem nicht immer der Fall. Wir wollen dies mit einem Beispiel veranschaulichen, das gezielt falsch abgefasst ist. Wir erstellen eine berechnete Spalte in *Sales*, die folgenden Code enthält:

```
Sales[Wrong Amt] =
CALCULATE (
    SUMX (
        Sales,
        Sales[Quantity] * Sales[Net Price]
    )
)
```

Als berechnete Spalte wird diese in einem Zeilenkontext ausgeführt. *CALCULATE* führt den Kontextübergang durch, sodass *SUMX* über alle Zeilen in *Sales* mit einer identischen Wertemenge iteriert, die der aktuellen Zeile in *Sales* entspricht. Das Problem besteht darin, dass die Tabelle *Sales* keine Spalte mit eindeutigen Werten enthält. Folglich besteht die Möglichkeit, dass mehrere identische Zeilen vorhanden sind und ggf. auch zusammen gefiltert werden. Es gibt also keine Garantie dafür, dass *SUMX* immer nur über eine Zeile in der Spalte *Wrong Amt* iteriert.

Wenn Sie Glück haben, gibt es eine Menge doppelter Zeilen und der von dieser berechneten Spalte ermittelte Wert ist vollkommen falsch. Dann wird das Problem offensichtlich, und Sie würden es sofort erkennen. In Wirklichkeit kommt es jedoch häufig vor, dass die Anzahl doppelter Zeilen in Tabellen verschwindend gering ist, was Erkennung und Debugging dieser falschen Berechnungen ausgesprochen schwierig macht. Die in diesem Buch verwendete Beispieldatenbank bildet da keine Ausnahme. Betrachten Sie den Bericht in Abbildung 5.36. Dieser zeigt einen korrekten Wert für *Sales Amount*, aber auch einen falschen Wert, der durch Summierung der berechneten Spalte *Wrong Amt* gebildet wurde.

Brand	Sales Amount	Wrong Amt
A. Datum	2,096,184.64	2,096,184.64
Adventure Works	4,011,112.28	4,011,112.28
Contoso	7,352,399.03	7,352,399.03
Fabrikam	5,554,015.73	5,558,757.73
Litware	3,255,704.03	3,255,704.03
Northwind Traders	1,040,552.13	1,040,552.13
Proseware	2,546,144.16	2,546,144.16
Southridge Video	1,384,413.85	1,384,413.85
Tailspin Toys	325,042.42	325,042.42
The Phone Company	1,123,819.07	1,123,819.07
Wide World Importers	1,901,956.66	1,901,956.66
Total	**30,591,343.98**	**30,596,085.98**

Abbildung 5.36 Die meisten Ergebnisse sind richtig, nur zwei Zeilen haben unterschiedliche Werte.

Sie erkennen, dass der Unterschied nur auf der Gesamtebene und für die Marke Fabrikam besteht. Es gibt einige Duplikate in der Tabelle *Sales*, die sich auf ein Fabrikam-Produkt beziehen, und bei diesen wird die Berechnung zweimal durchgeführt. Dass diese Zeilen doppelt vorhanden sind, kann dabei durchaus in Ordnung sein: Vorstellbar ist, dass derselbe Kunde das gleiche Produkt in derselben Filiale am selben Tag einmal morgens und einmal nachmittags gekauft hat – schließlich speichert die Tabelle *Sales* nur das Datum, nicht jedoch die Uhrzeit der Transaktion. Da die Anzahl der Duplikate gering ist, geben die meisten Zahlen den Anschein, richtig zu sein. Die Berechnung ist jedoch falsch, da sie vom Inhalt der Tabelle abhängt. Aufgrund doppelt vorhandener Zeilen können jederzeit unrichtige Zahlen auftreten. Je mehr Duplikate vorhanden sind, desto größer ist die Abweichung bei den Ergebnissen.

In diesem Fall ist es falsch, sich auf den Kontextübergang zu verlassen. Da nicht garantiert ist, dass die Tabelle nur eindeutige Zeilen enthält, ist sein Einsatz nicht sicher. Ein erfahrener DAX-Programmierer sollte sich dessen von Anfang an bewusst sein. Außerdem enthält die Tabelle *Sales* möglicherweise Millionen Zeilen, weswegen diese berechnete Spalte nicht nur fehlerhaft, sondern in der Verarbeitung auch sehr langsam ist.

Kontextübergang mit Measures

Das Verstehen von Kontextübergängen ist auch wegen eines weiteren Aspekts von DAX sehr wichtig.

Jede Measurereferenz ist immer von einem impliziten CALCULATE umgeben.

Aufgrund von *CALCULATE* generiert eine Measurereferenz immer einen impliziten Kontextübergang, wenn sie bei Vorhandensein eines Zeilenkontexts ausgeführt wird. Deshalb ist es bei DAX wichtig, beim Schreiben von Referenzierungen stets die richtige Namenskonvention zu verwenden: Spaltenreferenzen immer mit Tabellennamen, Measurereferenzen immer ohne. Wenn Sie einen DAX-Ausdruck schreiben oder lesen, sollten Sie sich über implizite Kontextübergänge immer im Klaren sein.

Diese einfache Anfangsdefinition verlangt nach einer längeren Erläuterung mit mehreren Beispielen. Zunächst einmal muss für das Übersetzen einer Measurereferenz das betreffende Measure stets von einer *CALCULATE*-Funktion umschlossen sein. Betrachten Sie beispielsweise die folgende Definition des Measures *Sales* und der berechneten Spalte *Product Sales* in der Tabelle *Product*:

```
Sales Amount :=
SUMX (
    Sales,
    Sales[Quantity] * Sales[Net Price]
)

'Product'[Product Sales] = [Sales Amount]
```

Die Spalte *Product Sales* berechnet richtigerweise die Summe für *Sales Amount* nur für das aktuelle Produkt in der Tabelle *Product*. Tatsächlich erfordert die Erweiterung des Measures *Sales Amount* in der Definition von *Product Sales* die *CALCULATE*-Funktion, die die Definition von *Sales Amount* umschließt:

```
'Product'[Product Sales] =
CALCULATE
    SUMX (
        Sales,
        Sales[Quantity] * Sales[Net Price]
    )
)
```

Ohne *CALCULATE* würde das Ergebnis der berechneten Spalte für alle Produkte denselben Wert ergeben, nämlich den Umsatzbetrag für alle Zeilen in *Sales* ohne Filterung nach Produkt. *CALCULATE* hat einen Kontextübergang zur Folge, der in diesem Fall das gewünschte Ergebnis liefert. Eine Measurereferenz ruft immer *CALCULATE* auf. Dies ist ein sehr wichtiger Aspekt, der es Ihnen erlaubt, gleichermaßen kurze und leistungsstarke DAX-Ausdrücke zu schreiben.

Allerdings besteht auch ein erhebliches Fehlerpotenzial, wenn Sie nämlich vergessen, dass der Kontextübergang bei jedem Aufruf des Measures in einem Zeilenkontext erfolgt.

Als Faustregel gilt, dass Sie eine Measurereferenz immer durch den Ausdruck ersetzen können, der das von *CALCULATE* umschlossene Measure definiert. Betrachten Sie die folgende Definition eines Measures namens *Max Daily Sales*, das für jeden Tag den Höchstwert von *Sales Amount* berechnet:

```
Max Daily Sales :=
MAXX (
    'Date',
    [Sales Amount]
)
```

Diese Formel ist intuitiv zu lesen. Allerdings muss *Sales Amount* für jedes Datum berechnet werden, gefiltert wird jedoch nur der Umsatz für den aktuellen Tag. Exakt hierfür ist der Kontextübergang zuständig. Intern hat DAX die *Sales Amount*-Measurereferenz durch die Definition ersetzt, die von *CALCULATE* umschlossen wird:

```
Max Daily Sales :=
MAXX (
    'Date',
    CALCULATE (
        SUMX (
            Sales,
            Sales[Quantity] * Sales[Net Price]
        )
    )
)
```

Wir werden diese Funktionalität in Kapitel 7, »Mit Iteratoren und *CALCULATE* arbeiten«, ausführlich nutzen, wenn wir damit beginnen, komplexen DAX-Code zu schreiben, um bestimmte Aufgabenstellungen zu lösen. Diese erste Beschreibung vervollständigt erst einmal nur die Erläuterung des Kontextübergangs, der in den folgenden Fällen stattfindet:

- Eine *CALCULATE*- oder *CALCULATETABLE*-Funktion wird bei Vorhandensein eines beliebigen Zeilenkontexts aufgerufen.
- Es gibt eine Measurereferenz bei Vorhandensein eines Zeilenkontexts, weil die Measurereferenz ihren DAX-Code intern innerhalb einer *CALCULATE*-Funktion ausführt.

Dieses leistungsfähige Verhalten kann vor allem aufgrund der falschen Annahme zu Fehlern führen, dass Sie eine Measurereferenz durch den DAX-Code ihrer Definition ersetzen können. Das geht nicht! Es würde vielleicht funktionieren, wenn es keine Zeilenkontexte (wie etwa in einem Measure) gäbe, aber wenn die Measurereferenz in einem Zeilenkontext erscheint, ist das nicht möglich. Diese Regel hat man schnell einmal vergessen, weswegen wir ein Beispiel dafür geben wollen, was bei einer falschen Annahme passieren könnte.

Sie haben vielleicht bemerkt, dass wir im vorherigen Beispiel den Code für eine berechnete Spalte geschrieben haben, die die Iteration über *Sales* zweimal wiederholt. Hier ist der Code, den wir dort präsentiert haben:

```
'Product'[Performance] =
VAR TotalSales =                              -- Gesamtumsatz aller Produkte
    SUMX (
        Sales,                                -- Sales wird nicht gefiltert,
        Sales[Quantity] * Sales[Net Price]    -- das heißt, hier werden alle Umsätze
berechnet
    )
VAR CurrentSales =
    CALCULATE (                               -- Führt den Kontextübergang durch
        SUMX (
            Sales,                            -- Nur Umsätze des aktuellen Produkts,
            Sales[Quantity] * Sales[Net Price] -- das heißt, hier werden nur die Umsätze
        )                                     -- des aktuellen Produkts berechnet
    )
VAR Ratio = 0.01                              -- 1 %, ausgedrückt als reale Zahl
VAR Result =
    IF (
        CurrentSales >= TotalSales * Ratio,
        "High Performance product",
        "Regular product"
    )
RETURN
    Result
```

Die von *SUMX* ausgeführte Iteration ist für die beiden Variablen derselbe Code: Die eine ist von *CALCULATE* umschlossen, die andere nicht. Es mag naheliegend erscheinen, den Code umzuschreiben und ein Measure zu verwenden, das den Code der Iteration hostet. Dies könnte umso relevanter sein, wenn der Ausdruck kein einfaches *SUMX* wäre, sondern komplexerer Code. Leider funktioniert dieser Ansatz nicht, weil die Measurereferenz den Ausdruck, den das Measure ersetzt hat, immer in eine *CALCULATE*-Anweisung setzt.

Stellen Sie sich vor, Sie erstellen ein Measure *Sales Amount* und dann eine berechnete Spalte, die das sie umgebende Measure aufruft – einmal mit und einmal ohne *CALCULATE*.

```
Sales Amount :=
SUMX (
    Sales,
    Sales[Quantity] * Sales[Net Price]
)

'Product'[Performance] =
VAR TotalSales = [Sales Amount]
```

```
VAR CurrentSales = CALCULATE ( [Sales Amount] )
VAR Ratio = 0.01
VAR Result =
    IF (
        CurrentSales >= TotalSales * Ratio,
        "High Performance product",
        "Regular product"
    )
RETURN
    Result
```

Zwar scheint die Idee auf den ersten Blick gar nicht so schlecht zu sein, aber diese berechnete Spalte bringt nicht das erwartete Ergebnis. Der Grund dafür ist, dass beide Measurereferenzen jeweils in eine eigene implizite *CALCULATE*-Anweisung gesetzt sind. Daher berechnet *TotalSales* nicht den Gesamtumsatz aller Produkte, sondern nur den Umsatz des aktuellen Produkts, da die versteckte *CALCULATE*-Anweisung einen Kontextübergang bewirkt. *CurrentSales* berechnet denselben Wert. In *CurrentSales* ist das zusätzliche *CALCULATE* redundant: Eigentlich nämlich ist ein *CALCULATE* schon vorhanden – einfach weil ein Measure referenziert wird. Dies wird noch deutlicher, wenn man den Code betrachtet, der sich aus der Erweiterung des Measures *Verkaufsbetrag* ergibt:

```
'Product'[Performance] =
VAR TotalSales =
CALCULATE (
    SUMX (
        Sales,
        Sales[Quantity] * Sales[Net Price]
    )
)
VAR CurrentSales =
CALCULATE (
    CALCULATE (
        SUMX (
             Sales,
            Sales[Quantity] * Sales[Net Price]
        )
    )
)
VAR Ratio = 0.01
VAR Result =
    IF (
        CurrentSales >= TotalSales * Ratio,
        "High Performance product",
        "Regular product"
```

```
    )
RETURN
    Result
```

Wann immer Sie also in DAX auf einen Measureaufruf stoßen, sollten Sie ihn so lesen, als ob *CALCULATE* vorhanden wäre. Denn das ist es auch. Wir haben in Kapitel 2, »Einführung in DAX«, eine Regel präsentiert, nach der es bewährte Praxis ist, den Tabellennamen vor Spalten immer, vor Measures aber nie anzugeben. Der Grund dafür ist das, was wir hier gerade behandeln.

Beim Lesen von DAX-Code ist es für den Benutzer von größter Bedeutung, sofort erkennen zu können, ob sich der Code auf ein Measure oder eine Spalte bezieht. Der De-facto-Standard, an den sich fast jeder DAX-Programmierer hält, sieht das Weglassen des Tabellennamens vor Measures vor.

Die automatische *CALCULATE*-Anweisung macht es ganz einfach, Formeln zu erstellen, die komplexe Berechnungen mit Iterationen durchführen. Wir werden diese Funktionalität in Kapitel 7 umfassend nutzen, wenn wir damit beginnen, komplexen DAX-Code zu schreiben, um bestimmte Aufgabenstellungen zu lösen.

Zirkelbezüge verstehen

Wenn Sie ein Datenmodell entwerfen, müssen Sie einen komplexen Sachverhalt immer im Auge behalten: Zirkelbezüge. In diesem Abschnitt erfahren Sie, was Zirkelbezüge sind und wie Sie sie in Ihrem Modell vermeiden. Vor der Einführung zu den Zirkelbezügen wollen wir einfache lineare Bezüge anhand eines Beispiels beschreiben. Betrachten Sie die folgende berechnete Spalte:

```
Sales[Margin] = Sales[Net Price] - Sales[Unit Cost]
```

Die neu berechnete Spalte hängt von zwei Spalten ab: *Net Price* und *Unit Cost* (man spricht bei einer solchen Abhängigkeit auch von einem *Bezug*). Das bedeutet, dass DAX zur Berechnung des Werts von *Margin* die Werte der beiden anderen Spalten vorab kennen muss. Abhängigkeiten stellen eine wesentliche Komponente des DAX-Modells dar, da sie die Reihenfolge bestimmen, in der berechnete Spalten und berechnete Tabellen verarbeitet werden. Im Beispiel kann *Margin* erst berechnet werden, wenn *Net Price* und *Unit Cost* bereits einen Wert haben. Als Programmierer muss man sich keine Gedanken um Abhängigkeiten machen. DAX behandelt sie elegant und erstellt einen komplexen Graphen, der die Auswertungsreihenfolge für alle internen Objekte bestimmt. Trotzdem ist es möglich, Code so zu schreiben, dass im Graphen zirkuläre Abhängigkeiten auftreten, die meist als »Zirkelbezüge«, in der Microsoft-Nomenklatur auch als »Ringabhängigkeiten« bezeichnet werden. Zirkelbezüge treten auf, wenn DAX die Auswertungsreihenfolge für einen Ausdruck nicht bestimmen kann, weil in der Abhängigkeitsabfolge eine Schleife auftritt.

Betrachten wir beispielsweise zwei berechnete Spalten mit den folgenden Formeln:

```
Sales[MarginPct] = DIVIDE ( Sales[Margin], Sales[Unit Cost] )
Sales[Margin] = Sales[MarginPct] * Sales[Unit Cost]
```

In diesem Code hängt *MarginPct* von *Margin* ab, gleichzeitig aber hängt *Margin* auch von *MarginPct* ab. Hier also liegt eine solche Schleife in den Abhängigkeiten vor. In einem solchen Szenario wird DAX die letzte Formel nicht akzeptieren, sondern die Fehlermeldung »Eine Ringabhängigkeit wurde festgestellt« ausgeben.

Zirkelbezüge treten nicht häufig auf, weil wir Menschen dieses Problem schnell erkennen: B kann nicht abhängig von A sein, wenn gleichzeitig A von B abhängt. Es gibt allerdings ein Szenario, in dem Zirkelbezüge auftreten können – und zwar nicht, weil dies beabsichtigt wäre, sondern einzig und allein deswegen, weil beim Lesen des DAX-Codes bestimmte Auswirkungen nicht berücksichtigt werden. Das folgende Szenario verwendet unter anderem *CALCULATE*.

Stellen Sie sich eine berechnete Spalte in *Sales* vor, die auf dem folgenden Code basiert:

```
Sales[AllSalesQty] = CALCULATE ( SUM ( Sales[Quantity] ) )
```

Die interessante Frage lautet dabei, von welchen Spalten *AllSalesQty* abhängt. Intuitiv würde man antworten, dass das nur *Sales[Quantity]* sein kann, da dies die einzige Spalte im Ausdruck ist. Allzu leicht jedoch vergisst man die eigentliche Semantik von *CALCULATE* und den Kontextübergang. Weil nämlich *CALCULATE* in einem Zeilenkontext ausgeführt wird, werden alle aktuellen Werte aller Spalten in der Tabelle in den Ausdruck aufgenommen, wenn auch nur in ausgeblendeter Form. Deswegen lautet der von DAX tatsächlich ausgewertete Ausdruck eigentlich wie folgt:

```
Sales[AllSalesQty] =
CALCULATE (
    SUM ( Sales[Quantity] ),
    Sales[ProductKey] = <CurrentValueOfProductKey>,
    Sales[StoreKey] = <CurrentValueOfStoreKey>,
    ...,
    Sales[Margin] = <CurrentValueOfMargin>
)
```

Wie Sie sehen, umfasst die Liste der Spalten, von denen *AllSalesQty* abhängt, tatsächlich *alle* Spalten der Tabelle. Sobald also *CALCULATE* in einem Zeilenkontext benutzt wird, hängt die Berechnung plötzlich von allen Spalten der iterierten Tabelle ab. Dies wird bei berechneten Spalten, in denen der Zeilenkontext standardmäßig vorhanden ist, noch viel deutlicher.

Wenn Sie eine einzelne berechnete Spalte mit *CALCULATE* erstellen, funktioniert eigentlich alles einwandfrei. Das Problem tritt erst auf, wenn man versucht, zwei getrennte berechnete Spalten in einer Tabelle zu erstellen, wobei beide Spalten *CALCULATE* verwenden und deswegen in beiden Fällen jeweils ein Kontextübergang ausgelöst wird. Tatsächlich wird bei der folgenden neu berechneten Spalte ein Fehler auftreten:

```
Sales[NewAllSalesQty] = CALCULATE ( SUM ( Sales[Quantity] ) )
```

Der Grund hierfür ist, dass *CALCULATE* alle Spalten der Tabelle als Filterargumente hinzufügt. Das Hinzufügen einer neuen Spalte zu einer Tabelle ändert auch die Definition bestehender Spalten. Könnten wir *NewAllSalesQty* erstellen, dann würde der Code der beiden berechneten Spalten so aussehen:

```
Sales[AllSalesQty] =
```

```
CALCULATE (
    SUM ( Sales[Quantity] ),
    Sales[ProductKey] = <CurrentValueOfProductKey>,
    ...,
    Sales[Margin] = <CurrentValueOfMargin>,
    Sales[NewAllSalesQty] = <CurrentValueOfNewAllSalesQty>
)

Sales[NewAllSalesQty] =
CALCULATE (
    SUM ( Sales[Quantity] ),
    Sales[ProductKey] = <CurrentValueOfProductKey>,
    ...,
    Sales[Margin] = <CurrentValueOfMargin>,
    Sales[AllSalesQty] = <CurrentValueOfAllSalesQty>
)
```

Sie sehen, dass die beiden hervorgehobenen Zeilen aufeinander verweisen. *AllSalesQty* hängt vom Wert von *NewAllSalesQty* ab, gleichzeitig hängt *NewAllSalesQty* vom Wert von *AllSalesQty* ab. Es gibt also einen Zirkelbezug, auch wenn dieser ausgesprochen gut versteckt ist. DAX erkennt diesen und lehnt die Annahme des Codes folglich ab.

Das Problem ist dank einer gewissen Komplexität etwas schwierig zu erkennen, die Lösung ist aber umso einfacher. Wenn die Tabelle, für die *CALCULATE* den Kontextübergang durchführt, eine Spalte mit eindeutigen Werten enthält und DAX dies erkennt, dann filtert der Kontextübergang diese Spalte aus einer Abhängigkeitsperspektive.

Betrachten Sie beispielsweise eine berechnete Spalte in der Tabelle *Product* mit dem folgenden Code:

```
'Product'[ProductSales] = CALCULATE ( SUM ( Sales[Quantity] ) )
```

In diesem Fall ist es nicht erforderlich, alle Spalten als Filterargumente hinzuzufügen. Tatsächlich enthält *Product* eine Spalte, die für jede Zeile dieser Tabelle einen eindeutigen Wert aufweist: *ProductKey*. Die DAX-Engine erkennt dies deswegen, weil diese Spalte auf der 1-Seite einer 1:n-Beziehung steht. Folglich weiß die Engine, dass es bei Auftreten eines Kontextübergangs sinnlos wäre, für jede Spalte einen Filter hinzuzufügen. Der Code würde nun wie folgt übersetzt:

```
'Product'[ProductSales] =
CALCULATE (
    SUM ( Sales[Quantity] ),
    'Product'[ProductKey] = <CurrentValueOfProductKey>
)
```

Wie Sie sehen, hängt die berechnete Spalte *ProductSales* in der Tabelle *Product* ausschließlich von *ProductKey* ab. Daher könnte man mit *CALCULATE* viele berechnete Spalten erstellen, da sie alle nur von dieser Spalte mit eindeutigen Werten abhängen würden.

Die letzte äquivalente *CALCULATE*-Anweisung für den Kontextübergang ist nicht ganz korrekt. Sie dient hier nur der Veranschaulichung. *CALCULATE* fügt alle Spalten der Tabelle als Filterargumente hinzu, auch wenn ein Zeilenbezeichner vorhanden ist. Dennoch wird die interne Abhängigkeit nur aufgrund der eindeutigen Spalte erzeugt. Die Existenz dieser eindeutigen Spalte ermöglicht es DAX, mehrere Spalten mit *CALCULATE* auszuwerten. Trotzdem bleibt die Semantik von *CALCULATE* mit oder ohne eindeutige Spalte gleich: Alle Spalten der iterierten Tabelle werden als Filterargumente hinzugefügt.

Wir haben bereits erwähnt, dass es ein schwerwiegendes Problem darstellt, sich auf einen Kontextübergang bei einer Tabelle zu verlassen, die Duplikate enthält. Zirkelbezüge sind ein weiterer sehr guter Grund, *CALCULATE* und Kontextübergängen aus dem Weg zu gehen, wenn die Eindeutigkeit von Zeilen nicht gewährleistet ist.

Der Rückgriff auf eine Spalte mit eindeutigen Werten für jede Zeile ist nicht ausreichend, um sicherzustellen, dass *CALCULATE* nur für den Kontextübergang davon abhängt. Das Datenmodell muss dies erkannt haben. Wie aber gibt man DAX zu verstehen, dass eine Spalte eindeutige Werte enthält? Es gibt verschiedene Möglichkeiten, diese Information an die Engine zu übermitteln:

- Wenn eine Tabelle auf der Zielseite (d. h. der 1-Seite) einer Beziehung steht, dann wird die Spalte, aus der die Beziehung aufgebaut wird, als eindeutig gekennzeichnet. Diese Technik funktioniert bei jedem Tool.
- Wird eine Spalte in der Einstellung *Als Datumstabelle markieren* ausgewählt, dann ist sie implizit eindeutig. Wir kommen in Kapitel 8, »Zeitintelligenzberechnungen«, noch darauf zurück.
- Sie können die Eigenschaft eines Zeilenbezeichners für die eindeutige Spalte in den Eigenschaften für das Tabellenverhalten manuell festlegen. Diese Technik funktioniert nur in Power Pivot für Excel und Analysis Services Tabular, steht dagegen (zumindest zum Zeitpunkt der Drucklegung) in Power BI nicht zur Verfügung.

Sie können jeden dieser Ansätze verwenden, um die DAX-Engine darüber zu informieren, dass die Tabelle einen Zeilenbezeichner enthält. Dadurch wird die Verarbeitung einer Tabelle beendet, die diese Einschränkung nicht berücksichtigt. Verfügt eine Tabelle über einen Zeilenbezeichner, dann können Sie *CALCULATE* verwenden, ohne sich Gedanken um Zirkelbezüge machen zu müssen, denn jeder Kontextübergang hängt nur von der Schlüsselspalte ab.

Auch wenn dieses Verhalten als Merkmal beschrieben wird, ist es eigentlich der Nebeneffekt einer Optimierung. Die DAX-Semantik erfordert die Abhängigkeit von allen Spalten. Eine spezielle, bereits sehr früh in der Engine implementierte Optimierung erzeugt lediglich die Abhängigkeit vom Primärschlüssel der Tabelle. Da sich heute viele Benutzer auf dieses Verhalten verlassen, ist es zu einem Teil der Sprache geworden. Nichtsdestoweniger bleibt es eine Optimierung. In Grenzszenarien – etwa bei der Verwendung von *USERELATIONSHIP* als Teil der Formel – findet die Optimierung nicht statt, weswegen der Zirkelbezug neu erstellt wird.

CALCULATE-Modifizierer

Wie Sie in diesem Kapitel gesehen haben, ist *CALCULATE* extrem mächtig und erzeugt ziemlich komplexen DAX-Code. Dabei ging es bisher nur um Filterargumente und Kontextübergänge. Es gibt noch ein weiteres Konzept, das Sie kennen müssen, um *CALCULATE* vollständig zu verstehen: *CALCULATE-Modifizierer*.

Wir haben bereits zwei Modifizierer vorgestellt, als es um *ALL* und *KEEPFILTERS* ging. Während *ALL* sowohl ein Modifizierer als auch eine Tabellenfunktion sein kann, ist *KEEPFILTERS* immer ein Filterargumentmodifizierer, ändert also die Art und Weise, wie ein Filter mit dem ursprünglichen Filterkontext zusammengeführt wird. *CALCULATE* nimmt verschiedene Modifizierer entgegen, mit denen die Vorbereitung des neuen Filterkontexts geändert wird. Der wichtigste davon ist jedoch eine Funktion, die Sie bereits gut kennen: *ALL*. Wenn *ALL* direkt in einem *CALCULATE*-Filterargument verwendet wird, ist es keine Tabellenfunktion mehr, sondern wirkt wie ein *CALCULATE*-Modifizierer. Weitere wichtige Modifizierer sind *USERELATIONSHIP*, *CROSSFILTER* und *ALLSELECTED*, die separat beschrieben werden sollen. Die Modifizierer *ALLEXCEPT*, *ALLSELECTED*, *ALLCROSSFILTERED* und *ALLNOBLANKROW* weisen dieselben Vorrangregeln wie *ALL* auf.

In diesem Abschnitt stellen wir sie zunächst einzeln vor und behandeln dann die Rangfolge der verschiedenen *CALCULATE*-Modifizierer und Filterargumente. Am Ende werden wir schließlich das endgültige Schema der *CALCULATE*-Regeln vorstellen.

USERELATIONSHIP verstehen

Der erste *CALCULATE*-Modifizierer, den Sie kennenlernen, ist *USERELATIONSHIP*. *CALCULATE* kann während der Auswertung seines Ausdrucks mit diesem Modifizierer eine Beziehung aktivieren. Ein Datenmodell kann sowohl aktive als auch inaktive Beziehungen enthalten. Inaktive Beziehungen können in einem Modell vorhanden sein, weil es mehrere Beziehungen zwischen zwei Tabellen geben, aber immer nur eine davon aktiv sein kann.

Ein Beispiel: Nehmen wir an, Sie hätten in der Tabelle *Sales* für jede Bestellung das Bestell- und das Lieferdatum vermerkt. Normalerweise wird eine Verkaufsanalyse auf der Grundlage des Bestelldatums durchgeführt, es kann aber sein, dass man für einige bestimmte Measures den Liefertermin betrachten muss. In diesem Szenario besteht eine Möglichkeit darin, zwei Beziehungen zwischen *Sales* und *Date* anzulegen: eine basierend auf *Order Date* (Bestelldatum) und eine weitere basierend auf *Delivery Date* (Lieferdatum). Das Modell sieht dann so aus wie das in Abbildung 5.37 gezeigte.

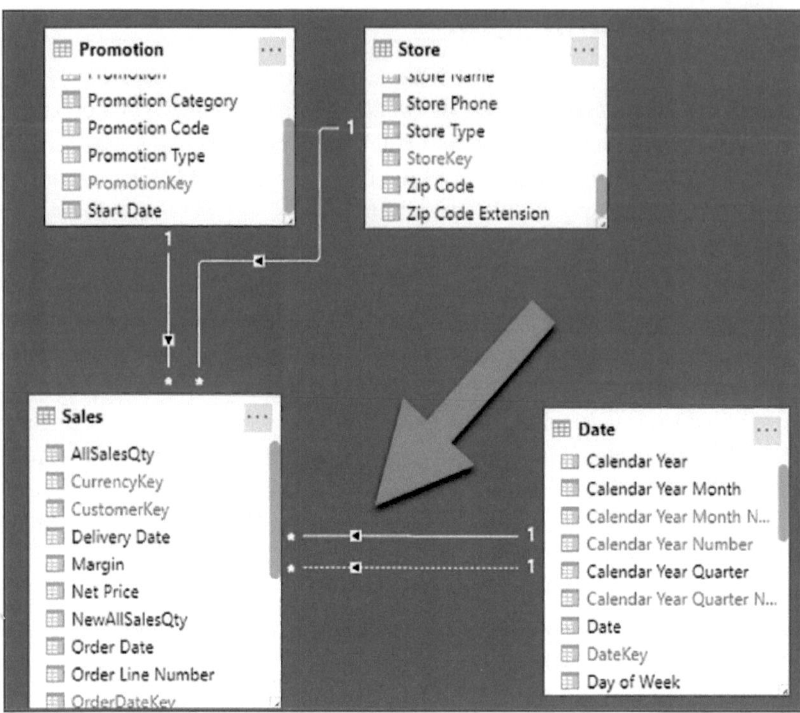

Abbildung 5.37 *Sales* und *Date* sind über zwei Beziehungen miteinander verknüpft, es kann aber nur eine aktiv sein.

Es kann immer nur eine der beiden Beziehungen aktiv sein. In diesem Beispiel etwa ist die Beziehung mit *Order Date* aktiv, während die Beziehung mit *Delivery Date* inaktiv bleibt. Zum Erstellen eines Measures, das den zurückgegebenen Wert in einem gegebenen Zeitraum anzeigt, muss die Beziehung mit *Delivery Date* für die Dauer der Berechnung aktiviert werden. Hierbei ist *USERELATIONSHIP* wie im folgenden Code gezeigt eine große Hilfe:

```
Delivered Amount:=
CALCULATE (
    [Sales Amount],
    USERELATIONSHIP ( Sales[Delivery Date], 'Date'[Date] )
)
```

Die Beziehung zwischen *Delivery Date* und *Datum* wird bei der Auswertung von *Sales Amount* aktiviert. Für diesen Zeitraum bleibt die Beziehung mit *Order Date* deaktiviert. Denken Sie daran, dass immer nur eine Beziehung zwischen zwei Tabellen aktiv sein kann. Somit aktiviert *USERELATIONSHIP* vorübergehend eine Beziehung und deaktiviert so die außerhalb von *CALCULATE* aktive Beziehung.

Abbildung 5.38 zeigt die Differenz zwischen *Sales Amount* basierend auf *Order Date* und dem neuen Measure *Delivered Amount*.

Calendar Year	Sales Amount	Delivered Amount
CY 2007	**11,309,946.12**	**11,034,860.44**
January	794,248.24	624,650.61
February	891,135.91	790,981.53
March	961,289.24	992,760.62
April	1,128,104.82	1,140,575.75
May	936,192.74	839,658.92
June	982,304.46	991,050.56
July	922,542.98	1,078,819.68
August	952,834.59	776,586.75
September	1,009,868.98	1,082,690.27
October	914,273.54	901,968.98
November	825,601.87	872,217.70
December	991,548.75	942,899.08
Total	**30,591,343.98**	**30,591,343.98**

Abbildung 5.38 Die Abbildung veranschaulicht die Differenz zwischen bestellten und gelieferten Umsätzen.

Bei Verwendung von *USERELATIONSHIP* zur Aktivierung einer Beziehung müssen Sie sich über einen wesentlichen Aspekt im Klaren sein: Beziehungen werden definiert, wenn eine Tabellenreferenz verwendet wird, nicht jedoch, wenn *RELATED* oder andere relationale Funktionen aufgerufen werden. Die Einzelheiten dazu werden wir in Kapitel 14 anhand erweiterter Tabellen behandeln. An dieser Stelle soll ein Beispiel ausreichen. Die folgende Formel zur Berechnung aller im Jahr 2007 gelieferten Mengen funktioniert nicht:

```
Delivered Amount 2007 v1 :=
CALCULATE (
    [Sales Amount],
    FILTER (
        Sales,
        CALCULATE (
            RELATED ( 'Date'[Calendar Year] ),
            USERELATIONSHIP ( Sales[Delivery Date], 'Date'[Date] )
        ) = "CY 2007"
    )
)
```

Tatsächlich würde *CALCULATE* den durch die *FILTER*-Iteration erzeugten Zeilenkontext deaktivieren. Daher können Sie innerhalb des *CALCULATE*-Ausdrucks die Funktion *RELATED* überhaupt nicht verwenden. Eine Möglichkeit, den Code zu schreiben, wäre folgende:

```
Delivered Amount 2007 v2 :=
CALCULATE (
    [Sales Amount],
```

```
        CALCULATETABLE (
            FILTER (
                Sales,
                RELATED ( 'Date'[Calendar Year] ) = "CY 2007"
            ),
            USERELATIONSHIP (
                Sales[Delivery Date],
                'Date'[Date]
            )
        )
    )
```

In dieser letztgenannten Variante wird *Sales* referenziert, nachdem *CALCULATE* die gewünschte Beziehung aktiviert hat. Deswegen erfolgt die Verwendung von *RELATED* innerhalb von *FILTER* bei aktiver Beziehung mit *Delivery Date*. Das Measure *Delivered Amount 2007 v2* funktioniert zwar, aber eine sehr viel bessere Variante dieses Measures basiert auf der Fortpflanzung des Standardfilterkontexts statt auf *RELATED*:

```
Delivered Amount 2007 v3 :=
CALCULATE (
    [Sales Amount],
    'Date'[Calendar Year] = "CY 2007",
    USERELATIONSHIP (
        Sales[Delivery Date],
        'Date'[Date]
    )
)
```

Wenn Sie *USERELATIONSHIP* in einer *CALCULATE*-Anweisung verwenden, werden alle Filterargumente mithilfe der Beziehungsmodifizierer ausgewertet, die in derselben *CALCULATE*-Anweisung auftreten – und zwar unabhängig von ihrer Reihenfolge. Beispielsweise wirkt sich der Modifizierer *USERELATIONSHIP* im Measure *Delivered Amount 2007 v3* auf die Prädikatsfilterung *Calendar Year* aus, obwohl dies der vorherige Parameter innerhalb desselben *CALCULATE*-Funktionsaufrufs ist.

Dieses Verhalten macht nicht standardmäßige Beziehungen in berechneten Spaltenausdrücken zu einer komplexen Angelegenheit. Der Aufruf der Tabelle ist in der Definition einer berechneten Spalte implizit enthalten. Daher haben Sie keine Kontrolle darüber und können dieses Verhalten auch durch *CALCULATE* und *USERELATIONSHIP* nicht ändern.

Ein wesentlicher Aspekt ist die Tatsache, dass *USERELATIONSHIP* selbst keine Filter einbringt. Eigentlich ist *USERELATIONSHIP* nämlich kein Filterargument, sondern vielmehr ein *CALCULATE*-Modifizierer, der lediglich die Anwendung anderer Filter auf das Modell beeinflusst. Wenn Sie bei der Definition von *Delivered Amount in 2007 v3* genau hinsehen, werden Sie vielleicht feststellen, dass das Filterargument einen Filter auf das Jahr 2007 anwendet, aber nicht angibt, welche Beziehung dabei verwendet werden soll. Ist es *Order Date* oder *Delivery Date*? Definiert wird die zu verwendende Beziehung durch *USERELATIONSHIP*.

Insofern ändert *CALCULATE* durch Aktivierung der Beziehung zunächst die Struktur des Modells; das Filterargument wird erst später angewendet. Andernfalls – wenn also das Filterargument immer für die aktuelle Beziehungsarchitektur ausgewertet würde – würde die Berechnung nicht funktionieren.

Es gibt bei der Anwendung von Filterargumenten und von *CALCULATE*-Modifizierern Vorrangregeln. Die erste Regel besagt dabei, dass *CALCULATE*-Modifizierer immer vor jedem Filterargument angewendet werden, das heißt, Filterargumente wirken auf die modifizierte Version des Modells. Wir beschreiben die Priorisierung von *CALCULATE*-Argumenten später ausführlicher.

CROSSFILTER verstehen

Der nächste *CALCULATE*-Modifizierer, den Sie kennenlernen, heißt *CROSSFILTER*. *CROSSFILTER* ist *USERELATIONSHIP* in gewisser Hinsicht ähnlich, da auch dieser Modifizierer die Beziehungsarchitektur im Modell manipuliert. Dennoch kann *CROSSFILTER* zwei verschiedene Operationen durchführen:

- Es kann die Kreuzfilterrichtung einer Beziehung ändern.
- Es kann eine Beziehung deaktivieren.

Mit *USERELATIONSHIP* können Sie eine Beziehung aktivieren, während gleichzeitig die aktive Beziehung deaktiviert wird; es ist damit allerdings nicht möglich, eine Beziehung zu deaktivieren, ohne eine andere Beziehung zwischen denselben Tabellen zu aktivieren. *CROSSFILTER* funktioniert da ganz anders, denn es nimmt zum einen die beiden an der Beziehung beteiligten Spalten als Parameter entgegen, zum anderen kommt ein dritter Parameter hinzu, der entweder *NONE*, *ONEWAY* oder *BOTH* sein kann. Das folgende Measure berechnet beispielsweise die eindeutige Anzahl der Produktfarben, nachdem eine Beziehung zwischen *Sales* und *Product* als bidirektionale Beziehung aktiviert wurde:

```
NumOfColors :=
CALCULATE (
    DISTINCTCOUNT ( 'Product'[Color] ),
    CROSSFILTER ( Sales[ProductKey], 'Product'[ProductKey], BOTH )
)
```

Wie *USERELATIONSHIP* bringt auch *CROSSFILTER* keine eigenen Filter ein. Es ändert vielmehr nur die Struktur der Beziehungen und überlässt die Aufgabe der Filteranwendung anderen Filterargumenten. Im obigen Beispiel wirkt sich die Beziehung nur auf die *DISTINCTCOUNT*-Funktion aus, da *CALCULATE* keine weiteren Filterargumente hat.

KEEPFILTERS verstehen

Wir haben *KEEPFILTERS* bereits weiter vorn in diesem Kapitel als *CALCULATE*-Modifizierer vorgestellt. Technisch gesehen ist *KEEPFILTERS* kein *CALCULATE*-Modifizierer, sondern ein Modifizierer für Filterargumente. Eigentlich wird hiermit nicht die gesamte Auswertung von *CALCULATE* geändert, sondern nur die Art und Weise, wie ein einzelnes Filterargument auf den von *CALCULATE* erzeugten endgültigen Filterkontext angewendet wird.

Wir haben bereits ausführlich über das Verhalten von *CALCULATE* bei Berechnungen wie der folgenden geschrieben:

```
Contoso Sales :=
CALCULATE (
    [Sales Amount],
    KEEPFILTERS ( 'Product'[Brand] = "Contoso" )
)
```

KEEPFILTERS hat zur Folge, dass der Filter in *Brand* einen bereits vorhandenen Filter in derselben Spalte nicht überschreibt. Stattdessen wird der neue Filter dem Filterkontext hinzugefügt, wobei der vorherige intakt bleibt. *KEEPFILTERS* wird jeweils auf das einzelne Filterargument angewendet, ändert aber die Semantik der gesamten *CALCULATE*-Funktion nicht.

Es gibt noch eine weitere Möglichkeit, *KEEPFILTERS* zu verwenden, die weniger naheliegend ist: Sie können *KEEPFILTERS* als Modifizierer für die für eine Iteration verwendete Tabelle verwenden. Der folgende Code zeigt, wie das geht:

```
ColorBrandSales :=
SUMX (
    KEEPFILTERS ( ALL ( 'Product'[Color], 'Product'[Brand] ) ),
    [Sales Amount]
)
```

KEEPFILTERS als übergeordnete Funktion, die in einer Iteration verwendet wird, zwingt DAX zu ihrer für die impliziten Filterargumente, die von *CALCULATE* bei einem Kontextübergang hinzugefügt werden. Tatsächlich ruft *SUMX* bei der Iteration über die Werte von *Product[Color]* und *Product[Brand] CALCULATE* im Zuge der Auswertung des Measures *Sales Amount* auf. An dieser Stelle erfolgt der Kontextübergang, und der Zeilenkontext wird durch Hinzufügen eines Filterarguments für *Color* und *Brand* zu einem Filterkontext.

Da die Iteration mit *KEEPFILTERS* begonnen hat, überschreibt der Kontextübergang bestehende Filter nicht. Stattdessen wird die Schnittmenge mit den vorhandenen Filtern gebildet. *KEEPFILTERS* als Funktion der obersten Ebene in einer Iteration ist ungewöhnlich. Wir werden einige Beispiele für diesen fortgeschrittenen Einsatz später in Kapitel 10 behandeln.

ALL in *CALCULATE* verstehen

Wie Sie in Kapitel 3 gelernt haben, ist *ALL* eine Tabellenfunktion. Trotzdem wirkt *ALL* wie ein *CALCULATE*-Modifizierer, wenn es als Filterargument in *CALCULATE* verwendet wird. Der Funktionsname ändert sich nicht, aber die Semantik von *ALL* als *CALCULATE*-Modifizierer weicht durchaus von dem ab, was man erwarten würde.

Bei der Betrachtung des folgenden Codes könnte man zu der Ansicht gelangen, dass *ALL* alle Jahre zurückgibt und den Filterkontext ändert, der alle Jahre sichtbar macht:

```
All Years Sales :=
CALCULATE (
    [Sales Amount],
    ALL ( 'Date'[Year] )
)
```

Stimmt aber nicht. Als Funktion der obersten Ebene in einem Filterargument von *CALCULATE* entfernt *ALL* einen vorhandenen Filter, statt einen neuen zu erstellen. Deswegen wäre *REMOVEFILTER* möglicherweise ein passenderer Name für *ALL* gewesen. Aus historischen Gründen wurde der Name *ALL* aber beibehalten, und deswegen ist es durchaus empfehlenswert, das Verhalten der Funktion genau zu kennen.

Betrachtet man *ALL* als Tabellenfunktion, dann ließe sich das Verhalten von *CALCULATE* wie in Abbildung 5.39 interpretieren.

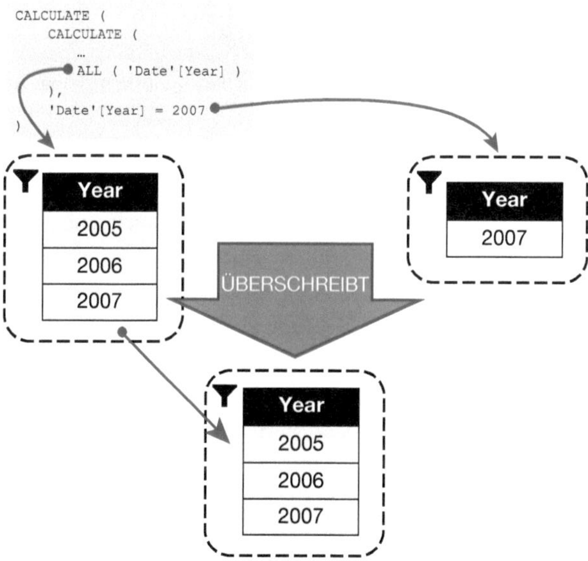

Abbildung 5.39 Scheinbar gibt *ALL* alle Jahre zurück und überschreibt den vorherigen Filterkontext anhand der Liste.

Das innerste *ALL* über *Date[Year]* ist ein *ALL*-Funktionsaufruf der obersten Ebene in *CALCULATE*. Daher agiert es nicht wie eine Tabellenfunktion. Im Grunde genommen wäre der Name *REMOVEFILTER* für die Funktion besser geeignet. Statt jedoch alle Jahre zurückzugeben, fungiert *ALL* in diesem Fall als *CALCULATE*-Modifizierer, der alle ggf. vorhandenen Filter aus seinem Argument entfernt. Was in *CALCULATE* tatsächlich passiert, zeigt Abbildung 5.40.

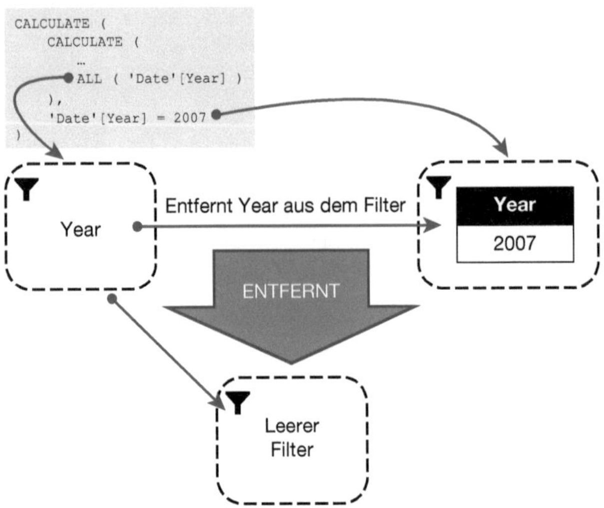

Abbildung 5.40 *ALL* entfernt, wenn es als *REMOVEFILTER* verwendet wird, einen zuvor vorhandenen Filter aus dem Kontext.

Der Unterschied zwischen den beiden Verhaltensweisen ist subtil. In den meisten Berechnungen bleibt dieser Unterschied in der Semantik deswegen auch unbemerkt. Trotzdem wird, sobald wir anfangen, anspruchsvolleren Code zu schreiben, dieser kleine Unterschied großen Einfluss haben. Im Moment besteht das wichtige Detail darin, dass, wenn *ALL* als *REMOVEFILTER* verwendet wird, es wie ein *CALCULATE*-Modifizierer statt wie eine Tabellenfunktion agiert.

Dies ist aufgrund der Filterrangfolge in *CALCULATE* wichtig. Die *CALCULATE*-Modifizierer werden auf den endgültigen Filterkontext, aber vor expliziten Filterargumenten angewandt. Betrachten Sie also einmal *ALL* in einer Spalte, in der *KEEPFILTERS* für einen anderen expliziten Filter für diese Spalte verwendet wird. Hier wird dasselbe Ergebnis erzeugt wie bei einem Filter, der auf dieselbe Spalte ohne *KEEPFILTERS* angewendet wird. Mit anderen Worten ergeben die folgenden beiden Definitionen des Measures *Sales Red* dasselbe Ergebnis:

```
Sales Red :=
CALCULATE (
    [Sales Amount],
    'Product'[Color] = "Red"
)

Sales Red :=
CALCULATE (
    [Sales Amount],
    KEEPFILTERS ( 'Product'[Color] = "Red" ),
    ALL ( 'Product'[Color] )
)
```

Der Grund besteht darin, dass *ALL* ein *CALCULATE*-Modifizierer ist. Folglich wird *ALL* vor *KEEPFILTERS* angewendet. Zudem wird dieselbe Vorrangregelung von *ALL* von allen anderen Funktionen mit dem Präfix *ALL* benutzt: *ALL*, *ALLSELECTED*, *ALLNOBLANKROW*, *ALLCROSSFILTERED* und *ALLEXCEPT*. Wir bezeichnen diese Funktionen im Allgemeinen als die *ALL**-Funktionen. In der Regel sind *ALL** -Funktionen *CALCULATE*-Modifizierer, wenn sie als Funktionen der obersten Ebene in *CALCULATE*-Filterargumenten verwendet werden.

Einführung in *ALL* und *ALLSELECTED* ohne Parameter

ALLSELECTED haben wir in Kapitel 3 vorgestellt – und zwar vor allem deswegen, weil die Funktion so nützlich ist. Wie alle *ALL**-Funktionen wirkt *ALLSELECTED* als *CALCULATE*-Modifizierer, wenn es in *CALCULATE* als Funktion der obersten Ebene verwendet wird. Außerdem haben wir *ALLSELECTED* bei seiner ersten Vorstellung als Tabellenfunktion beschrieben, die die Werte einer Spalte oder einer Tabelle zurückgeben kann.

Der folgende Code berechnet einen Prozentwert über die Gesamtzahl der außerhalb des aktuellen Visuals ausgewählten Farben. Der Grund dafür ist, dass *ALLSELECTED* den Filterkontext außerhalb des aktuellen Visuals in der Spalte *Product[Color]* wiederherstellt.

```
SalesPct :=
DIVIDE (
    [Sales],
    CALCULATE (
        [Sales],
        ALLSELECTED ( 'Product'[Color] )
    )
)
```

Ein ähnliches Ergebnis erzielt man mit *ALLSELECTED (Product)*, das *ALLSELECTED* für eine ganze Tabelle ausführt. Allerdings funktionieren *ALL* und *ALLSELECTED* auch ohne Parameter, wenn sie als *CALCULATE*-Modifizierer verwendet werden.

Daher ist die folgende Syntax gültig:

```
SalesPct :=
DIVIDE (
    [Sales],
    CALCULATE (
        [Sales],
        ALLSELECTED ( )
    )
)
```

Offensichtlich ist *ALLSELECTED* in diesem Fall keine Tabellenfunktion. Es handelt sich vielmehr um einen *CALCULATE*-Modifizierer. Damit wird *CALCULATE* angewiesen, den Filterkontext wiederherzustellen, der außerhalb des aktuellen Visuals aktiv war. Wie konkret diese Berechnung insgesamt funktioniert, ist relativ komplex. Erst in Kapitel 14 werden wir uns deswegen ausführlicher mit dem Verhalten von *ALLSELECTED* befassen. Ganz ähnlich verhält es sich mit *ALL*, das ohne Parameterangabe den Filterkontext für alle Tabellen im Modell löscht und so einen Filterkontext ohne aktive Filter wiederherstellt.

Nachdem wir die Gesamtstruktur von *CALCULATE* behandelt haben, können wir uns endlich ausführlich der Auswertungsreihenfolge der Elemente bei *CALCULATE* widmen.

Die Regeln für *CALCULATE*

In diesem letzten Abschnitt eines langen und schwierigen Kapitels finden Sie nun endlich den ultimativen Leitfaden für *CALCULATE*. Bei der weiteren Lektüre dieses Buchs sollten Sie diesen Abschnitt immer wieder zurate ziehen. Wann immer Sie sich das komplexe Verhalten von *CALCULATE* vergegenwärtigen müssen, finden Sie hier alle benötigten Antworten.

Haben Sie keine Angst, die nun folgenden Seiten bei Bedarf immer wieder aufzuschlagen. Wir arbeiten seit vielen Jahren mit DAX, und trotzdem müssen wir uns diese Regeln für komplexe Formeln immer wieder klarmachen. DAX ist eine klare und mächtige Sprache, aber man neigt dazu, hier und da kleinste Details zu übersehen, die bei bestimmten Aufgabenstellungen für die Feststellung des Berechnungsergebnisses von entscheidender Bedeutung sind.

Wir können also *CALCULATE* wie folgt zusammenfassen:

- *CALCULATE* wird in einem Auswertungskontext ausgeführt, der einen Filterkontext enthält und einen oder mehrere Zeilenkontexte enthalten kann. Dies ist der *Ursprungskontext*.
- *CALCULATE* erstellt einen neuen Filterkontext, in dem es sein erstes Argument auswertet. Dies ist der *neue Filterkontext*. Der neue Filterkontext umfasst nur einen Filterkontext. Aufgrund des Kontextübergangs verschwinden alle Zeilenkontexte im neuen Filterkontext.
- *CALCULATE* nimmt drei Arten von Parametern entgegen:
  - Einen Ausdruck, der im neuen Filterkontext ausgewertet wird. Dieser ist immer das erste Argument.
  - Eine Anzahl expliziter Filterargumente, die den Ursprungsfilterkontext manipulieren. Jedes Filterargument kann einen Modifizierer haben, z. B. *KEEPFILTERS*.
  - Eine Anzahl von *CALCULATE*-Modifizierern, die das Modell und/oder die Struktur des ursprünglichen Filterkontexts ändern können, indem sie einige Filter entfernen oder die Beziehungsarchitektur neu fassen.
- Wenn der Ursprungskontext mindestens einen Zeilenkontext enthält, führt *CALCULATE* einen Kontextübergang durch, wobei implizite und versteckte Filterargumente hinzugefügt werden. Die impliziten Filterargumente, die durch Zeilenkontexte entstehen, die mit als *KEEPFILTERS* gekennzeichneten Tabellenausdrücken iterieren, werden ihrerseits durch *KEEPFILTERS* geändert.

Bei der Verwendung aller genannten Parameter folgt *CALCULATE* einem sehr präzisen Algorithmus. Ein Entwickler, der hofft, bestimmte komplexe Berechnungen sinnvoll durchführen zu können, muss diesen vollständig durchschauen.

1. *CALCULATE* wertet alle expliziten Filterargumente im ursprünglichen Auswertungskontext aus. Dazu gehören sowohl die ggf. vorhandenen ursprünglichen Zeilenkontexte als auch der ursprüngliche Filterkontext. Alle expliziten Filterargumente werden im ursprünglichen Auswertungskontext unabhängig voneinander ausgewertet. Nach Abschluss dieser Auswertung beginnt *CALCULATE* mit dem Erstellen des neuen Filterkontexts.

2. *CALCULATE* erstellt eine Kopie des ursprünglichen Filterkontexts, um den neuen Filterkontext vorzubereiten. Dabei werden die ursprünglichen Zeilenkontexte verworfen, da der neue Auswertungskontext keinen Zeilenkontext enthält.

3. *CALCULATE* führt den Kontextübergang durch. Anhand des aktuellen Werts von Spalten in den ursprünglichen Zeilenkontexten übergibt es einem Filter einen eindeutigen Wert für alle Spalten, über die aktuell in den ursprünglichen Zeilenkontexten iteriert wird. Dieser Filter kann eine einzelne Zeile enthalten, muss es aber nicht. Es ist nicht sichergestellt, dass der neue Filterkontext zu diesem Zeitpunkt eine einzige Zeile enthält. Sind keine Zeilenkontexte aktiv, dann wird dieser Schritt übersprungen. Sobald alle durch den Kontextübergang erzeugten impliziten Filter auf den neuen Filterkontext angewendet wurden, geht *CALCULATE* zum nächsten Schritt über.

4. *CALCULATE* wertet die *CALCULATE*-Modifizierer *USERELATIONSHIP*, *CROSSFILTER* und *ALL** aus. Dieser Schritt folgt auf Schritt 3. Dies ist sehr wichtig, denn es bedeutet, dass man die Auswirkungen des Kontextübergangs mit *ALL* beseitigen kann (dies wird in Kapitel 10 beschrieben). Die *CALCULATE*-Modifizierer werden nach dem Kontextübergang angewendet, sodass sie seine Auswirkungen verändern können.

5. *CALCULATE* wertet alle expliziten Filterargumente im ursprünglichen Filterkontext aus. Das Ergebnis wird auf den neuen Filterkontext angewendet, der nach Abschluss von Schritt 4 erzeugt wurde. Diese Filterargumente werden nach dem erfolgten Kontextübergang auf den neuen Filterkontext angewendet. So können sie ihn überschreiben, nachdem der Filter entfernt wurde (ihr Filter wird von keinem *ALL**Modifizierer entfernt) und die Beziehungsarchitektur aktualisiert wurde. Die Auswertung von Filterargumenten erfolgt jedoch im ursprünglichen Filterkontext und wird durch keinen anderen Modifizierer oder Filter innerhalb derselben *CALCULATE*-Funktion beeinflusst.

Der im Anschluss an Punkt 5 erzeugte Filterkontext ist der neue Filterkontext, der von *CALCULATE* bei der Auswertung des Ausdrucks verwendet wird.

KAPITEL 6

Variablen

Variablen sind in mindestens zweierlei Hinsicht wichtig: zur besseren Lesbarkeit Ihres Codes und aus Performancegründen. In diesem Kapitel vermitteln wir ausführliche Informationen über Variablen und deren Verwendung; Aspekte von Performance und Lesbarkeit sind hingegen im gesamten Buch erwähnt. Im Grunde genommen verwenden wir Variablen in fast allen Codebeispielen, wobei wir manchmal Versionen mit und ohne Variablen zeigen, damit Sie verstehen, wie Variablen die Lesbarkeit verbessern.

Später in Kapitel 20, »DAX optimieren«, werden wir auch erläutern, wie Sie durch Variablen die Performance Ihres Codes drastisch verbessern können. In diesem Kapitel geht es uns in erster Linie darum, alle nützlichen Informationen über Variablen an zentraler Stelle zusammenzuführen.

Einführung in die *VAR*-Syntax

Sie können Variablen in einen Ausdruck einbringen, indem Sie zunächst das Schlüsselwort *VAR* angeben, das die Variable definiert. Darauf folgt ein *RETURN*-Teil, der das Ergebnis definiert. Der folgende Code zeigt einen typischen Ausdruck mit einer Variablen:

```
VAR SalesAmt =
    SUMX (
        Sales,
        Sales[Quantity] * Sales[Net Price]
    )
RETURN
    IF (
        SalesAmt > 100000,
        SalesAmt,
        SalesAmt * 1.2
    )
```

Das Hinzufügen weiterer *VAR*-Definitionen innerhalb desselben Blocks ermöglicht die Festlegung mehrerer Variablen, wobei der *RETURN*-Block stets eindeutig sein muss. Wichtig zu beachten ist, dass der *VAR/RETURN*-Block auch wirklich ein Ausdruck ist. Daher ist eine Variablendefinition überall dort sinnvoll, wo ein Ausdruck verwendet werden kann. So können Sie Variablen während einer Iteration oder als Bestandteil komplexerer Ausdrücke definieren. Betrachten Sie hierzu folgenden Code:

```
VAR SalesAmt =
    SUMX (
        Sales,
        VAR Quantity = Sales[Quantity]
        VAR Price = Sales[Price]
        RETURN
            Quantity * Price
    )
RETURN
    …
```

Variablen werden häufig am Beginn einer Measuredefinition definiert und dann im gesamten Measurecode verwendet. Trotzdem ist dies einzig und allein eine Frage der Notation. In komplexen Ausdrücken ist die Definition lokaler Variablen üblich, die tief in andere Funktionsaufrufe verschachtelt sind. Im obigen Codebeispiel werden die Variablen *Quantity* und *Price* für jede Zeile der Tabelle *Sales* zugeordnet, über die *SUMX* iteriert. Diese Variablen sind außerhalb des Ausdrucks, der von *SUMX* für jede Zeile ausgeführt wird, nicht verfügbar.

Eine Variable kann entweder einen skalaren Wert oder eine Tabelle speichern. Die Variablen können einen anderen Typ aufweisen als der nach *RETURN* zurückgegebene Ausdruck, und sie tun das häufig auch. Auch können mehrere Variablen im selben *VAR/RETURN*-Block von unterschiedlichen Typen sein – skalare Werte oder Tabellen.

Eine sehr häufige Anwendung von Variablen besteht darin, die Berechnung einer komplexen Formel in logische Schritte zu unterteilen, indem man das Ergebnis jedes Schritts einer Variablen zuordnet. So werden beispielsweise in den folgenden Codevariablen Teilergebnisse der Berechnung gespeichert:

```
Margin% :=
VAR SalesAmount =
    SUMX ( Sales, Sales[Quantity] * Sales[Net Price] )
VAR TotalCost =
    SUMX ( Sales, Sales[Quantity] * Sales[Unit Cost] )
VAR Margin =
    SalesAmount - TotalCost
VAR MarginPerc =
    DIVIDE ( Margin, TotalCost )
RETURN
    MarginPerc
```

Der gleiche Ausdruck ohne Variablen erfordert sehr viel mehr Aufmerksamkeit beim Lesen:

```
Margin% :=
DIVIDE (
    SUMX (
        Sales,
        Sales[Quantity] * Sales[Net Price]
    ) - SUMX (
```

```
            Sales,
            Sales[Quantity] * Sales[Unit Cost]
        ),
    SUMX (
        Sales,
        Sales[Quantity] * Sales[Unit Cost]
    )
)
```

Darüber hinaus hat die Version mit Variablen den Vorteil, dass jede Variable nur einmal ausgewertet wird. So wird beispielsweise *TotalCost* in zwei verschiedenen Teilen des Codes verwendet; aber da es als Variable definiert ist, garantiert DAX, dass die Auswertung nur einmalig erfolgt.

Nach *RETURN* können Sie jeden beliebigen Ausdruck schreiben. Es gilt jedoch als Best Practice, nur eine einzige Variable für den *RETURN*-Teil zu verwenden. Im vorherigen Code wäre es beispielsweise auch möglich, die Variablendefinition *MarginPerc* zu entfernen, indem man *DIVIDE* direkt nach *RETURN* schreibt. Allerdings ermöglicht *RETURN* gefolgt von einer einzelnen Variablen (wie im Beispiel) eine einfache Änderung des vom Measure zurückgegebenen Werts. Dies ist nützlich, wenn Sie den Wert von Zwischenschritten überprüfen. In unserem Beispiel würde sich, wenn die Summe nicht korrekt ist, eine Überprüfung der von den einzelnen Schritten zurückgegebenen Werte anbieten. Hierzu verwenden wir einen Bericht, der das Measure enthält. Das bedeutet, dass *MarginPerc* zunächst durch *Margin*, dann durch *TotalCost* und schließlich im finalen *RETURN*-Teil durch *SalesAmount* ersetzt würde. Sie würden den Bericht an jeder Stelle ausführen, um das Ergebnis der Zwischenschritte zu ermitteln.

Variablen, die eigentlich Konstanten heißen müssten

Trotz ihres Namens ist eine DAX-Variable eigentlich eine Konstante: Sobald ein Wert zugewiesen wurde, kann die Variable nicht mehr geändert werden. Wird beispielsweise innerhalb eines Iterators eine Variable konfiguriert, dann wird sie für jede iterierte Zeile neu angelegt und zugewiesen. Außerdem ist der Wert der Variablen nur innerhalb des Iteratorausdrucks verfügbar, in dem sie definiert ist.

```
Amount at Current Price :=
SUMX (
    Sales,
    VAR Quantity = Sales[Quantity]
    VAR CurrentPrice = RELATED ( 'Product'[Unit Price] )
    VAR AmountAtCurrentPrice = Quantity * CurrentPrice
    RETURN
        AmountAtCurrentPrice
)
-- Jeder Verweis auf Quantity, CurrentPrice oder AmountAtCurrentPrice
-- wäre außerhalb von SUMX ungültig
```

Variablen werden einmalig im Geltungsbereich der Definition (*VAR*) und nicht bei Verwendung ihres Werts ausgewertet. Das folgende Measure gibt beispielsweise immer 100 % zurück, da die Variable *SalesAmount* von *CALCULATE* nicht betroffen ist. Ihr Wert wird nur einmal berechnet. Jeder Verweis auf den Variablennamen gibt denselben Wert zurück, und zwar unabhängig von dem Filterkontext, in dem der Variablenwert verwendet wird.

```
% of Product :=
VAR SalesAmount = SUMX ( Sales, Sales[Quantity] * Sales[Net Price] )
RETURN
    DIVIDE (
        SalesAmount,
        CALCULATE (
            SalesAmount,
            ALL ( 'Product' )
        )
    )
```

In letzterem Beispiel haben wir eine Variable an einer Stelle verwendet, wo wir besser ein Measure eingesetzt hätten. Wenn das Ziel darin besteht, die Doppelung des Codes von *SalesAmount* in zwei Teilen des Ausdrucks zu vermeiden, erfordert die richtige Lösung die Verwendung eines Measures anstelle einer Variablen, um das erwartete Ergebnis zu erzielen. Im folgenden Code wird der korrekte Prozentwert durch die Definition zweier Measures ermittelt:

```
Sales Amount :=
SUMX ( Sales, Sales[Quantity] * Sales[Net Price] )

% of Product :=
DIVIDE (
    [Sales Amount],
    CALCULATE (
        [Sales Amount],
        ALL ( 'Product' )
    )
)
```

In diesem Fall wird das Measure *Sales Amount* zweimal ausgewertet, nämlich in zwei verschiedenen Filterkontexten, was erwartungsgemäß zu zwei verschiedenen Ergebnissen führt.

Geltungsbereich von Variablen verstehen

Jede Variablendefinition kann die zuvor innerhalb derselben *VAR/RETURN*-Anweisung definierten Variablen referenzieren. Auch sind alle bereits in den äußeren *VAR*-Anweisungen definierten Variablen verfügbar.

Eine Variablendefinition kann auf in früheren *VAR*-Anweisungen definierte Variablen zugreifen, nicht aber auf die in den nachfolgenden Anweisungen definierten. Somit funktioniert der folgende Code einwandfrei:

```
Margin :=
VAR SalesAmount =
    SUMX ( Sales, Sales[Quantity] * Sales[Net Price] )
VAR TotalCost =
    SUMX ( Sales, Sales[Quantity] * Sales[Unit Cost] )
VAR Margin = SalesAmount - TotalCost
RETURN
    Rand
```

Verschiebt man dagegen die Definition von *Margin* wie im folgenden Beispiel an den Anfang der Liste, so akzeptiert DAX die Syntax nicht. Das liegt daran, dass *Margin* zwei Variablen – nämlich *SalesAmount* und *TotalCost* – referenziert, die noch gar nicht definiert sind:

```
Margin :=
VAR Margin = SalesAmount - TotalCost -- Error: SalesAmount and TotalCost are not defined
VAR SalesAmount =
    SUMX ( Sales, Sales[Quantity] * Sales[Net Price] )
VAR TotalCost =
    SUMX ( Sales, Sales[Quantity] * Sales[Unit Cost] )
RETURN
    Rand
```

Da eine Variable vor ihrer Definition nicht referenziert werden kann, ist es auch unmöglich, einen Zirkelbezug zwischen Variablen oder jegliche Form einer rekursiven Definition zu erzeugen.

VAR/RETURN-Anweisungen können verschachtelt werden, und es können auch mehrere *VAR/RETURN*-Blöcke im selben Ausdruck stehen. Der Geltungsbereich der Variablen ist in den beiden Szenarien unterschiedlich. So werden beispielsweise im folgenden Measure die beiden Variablen *LineAmount* und *LineCost* in zwei verschiedenen Geltungsbereichen definiert, die nicht verschachtelt sind. Somit kann an keiner Stelle im Code innerhalb desselben Ausdrucks auf *LineAmount* und *LineCost* zugegriffen werden:

```
Margin :=
SUMX (
    Sales,
    (
        VAR LineAmount = Sales[Quantity] * Sales[Net Price]
        RETURN
            LineAmount
    ) -- Die Klammer schließt den Geltungsbereich von LineAmount ab
      -- Die Variable LineAmount ist ab hier nicht mehr zugänglich
    -
    (
        VAR LineCost = Sales[Quantity] * Sales[Unit Cost]
```

```
            RETURN
                LineCost
        )
    )
```

Natürlich ist dieses Beispiel nur für Demonstrationszwecke gedacht. Eine bessere Möglichkeit, die beiden Variablen zu definieren und zu verwenden, ist die folgende Definition von *Margin*:

```
Margin :=
SUMX (
    Sales,
    VAR LineAmount = Sales[Quantity] * Sales[Net Price]
    VAR LineCost = Sales[Quantity] * Sales[Unit Cost]
    RETURN
        LineAmount - LineCost
)
```

Ein weiteres interessantes Anschauungsbeispiel wäre die Betrachtung des eigentlichen Geltungsbereichs, in dem eine Variable zugänglich ist, wenn die Klammern nicht verwendet werden und ein Ausdruck mehrere Variablen in separaten *VAR/RETURN*-Anweisungen definiert und liest. Betrachten Sie beispielsweise den folgenden Code:

```
Margin :=
SUMX (
    Sales,
    VAR LineAmount = Sales[Quantity] * Sales[Net Price]
    RETURN LineAmount
        -
          VAR LineCost = Sales[Quantity] * Sales[Unit Cost]
          RETURN LineCost -- Hier ist LineAmount noch zugänglich
)
```

Der gesamte Ausdruck nach dem ersten *RETURN* ist Teil eines einzelnen Ausdrucks. Folglich ist die Definition von *LineCost* innerhalb der Definition von *LineAmount* verschachtelt. Die Klammern zur Begrenzung jedes *RETURN*-Ausdrucks und das Einrücken des Codes machen dieses Konzept transparenter:

```
Margin :=
SUMX (
    Sales,
    VAR LineAmount = Sales[Quantity] * Sales[Net Price]
    RETURN (
        LineAmount
        - VAR LineCost = Sales[Quantity] * Sales[Unit Cost]
          RETURN (
              LineCost
              -- Hier ist LineAmount noch zugänglich
```

```
            )
        )
    )
```

Wie im vorherigen Beispiel gezeigt, kann eine Variable auch innerhalb eines Ausdrucks definiert werden, der einer anderen Variablen zugeordnet ist, da sie für jeden beliebigen Ausdruck definiert werden darf. Mit anderen Worten ist es möglich, verschachtelte Variablen zu definieren. Betrachten Sie folgendes Beispiel:

```
Amount at Current Price :=
SUMX (
    'Product',
    VAR CurrentPrice = 'Product'[Unit Price]
    RETURN -- CurrentPrice ist innerhalb des inneren SUMX verfügbar
        SUMX (
            RELATEDTABLE ( Sales ),
            VAR Quantity = Sales[Quantity]
            VAR AmountAtCurrentPrice = Quantity * CurrentPrice
            RETURN
                AmountAtCurrentPrice
        )
        -- Jeder Verweis auf Quantity oder AmountAtCurrentPrice
        -- wäre außerhalb des innersten SUMX ungültig
)
-- Jeder Verweis auf CurrentPrice
-- wäre außerhalb des äußersten SUMX ungültig
```

Die Regeln für den Geltungsbereich von Variablen sind folgende:

- Eine Variable ist im *RETURN*-Teil ihres *VAR/RETURN*-Blocks verfügbar. Sie ist ferner in allen Variablen verfügbar, die nach der Variablen selbst innerhalb dieses *VAR/RETURN*-Blocks definiert wurden. Der *VAR/RETURN*-Block ersetzt jeden DAX-Ausdruck, und in einem solchen Ausdruck kann die Variable gelesen werden. Mit anderen Worten ist die Variable vom Zeitpunkt ihrer Deklaration bis zum Ende des Ausdrucks zugänglich, der auf die *RETURN*-Anweisung folgt, die Teil desselben *VAR/RETURN*-Blocks ist.
- Eine Variable ist außerhalb ihrer eigenen *VAR/RETURN*-Blockdefinition nie verfügbar. Nach dem Ausdruck, der auf die *RETURN*-Anweisung folgt, sind die im *VAR/RETURN*-Block deklarierten Variablen nicht mehr sichtbar. Werden sie dann noch referenziert, wird ein Syntaxfehler ausgegeben.

Tabellenvariablen verwenden

Eine Variable kann entweder einen skalaren Wert oder eine Tabelle speichern. Der Variablentyp hängt von ihrer Definition ab; wenn beispielsweise der Ausdruck, mit dem die Variable definiert wird, ein Tabellenausdruck ist, dann enthält die Variable eine Tabelle. Betrachten Sie folgenden Code:

```
Amount :=
IF (
    HASONEVALUE ( Slicer[Factor] ),
    VAR
        Factor = VALUES ( Slicer[Factor] )
    RETURN
        DIVIDE (
            [Sales Amount],
            Faktor
        )
)
```

Wenn *Slicer[Factor]* eine Spalte mit einem einzelnen Wert im aktuellen Filterkontext ist, dann kann sie als skalarer Ausdruck verwendet werden. Die Variable *Factor* speichert eine Tabelle, weil sie das Ergebnis der Tabellenfunktion *VALUES* enthält. Wenn der Benutzer nicht mit *HASONEVALUE* auf Vorhandensein einer einzelnen Zeile prüft, funktioniert die Variablenzuweisung einwandfrei; die Zeile, die einen Fehler auslöst, ist der zweite Parameter von *DIVIDE*, wo die Variable verwendet wird und die Konvertierung fehlschlägt.

Wenn eine Variable eine Tabelle enthält, besteht eine recht hohe Wahrscheinlichkeit, dass darüber iteriert werden soll. Es ist wichtig zu beachten, dass man bei einer solchen Iteration auf die Spalten einer Tabellenvariablen über ihre ursprünglichen Namen zugreift. Ein Variablenname ist in Spaltenreferenzen also kein Alias der zugrunde liegenden Tabelle:

```
Filtered Amount :=
VAR
    MultiSales = FILTER ( Sales, Sales[Quantity] > 1 )
RETURN
    SUMX (
        MultiSales,
        -- MultiSales ist kein Tabellenname für Spaltenreferenzen
        -- Der Versuch, auf MultiSales[Quantity] zuzugreifen, würde einen Fehler auslösen
        Sales[Quantity] * Sales[Net Price]
    )
```

Obwohl *SUMX* über *MultiSales* iteriert, müssen Sie über den Tabellennamen *Sales* auf die Spalten *Quantity* und *Net Price* zugreifen. Eine Spaltenreferenz wie z. B. *MultiSales[Quantity]* wäre ungültig.

Eine aktuelle Beschränkung von DAX besteht darin, dass eine Variable nicht den gleichen Namen wie eine Tabelle im Datenmodell haben darf. Dadurch wird die mögliche Verwechslung von Tabellen- und Variablenreferenzierungen vermieden. Betrachten Sie folgenden Code:

```
SUMX (
    LargeSales,
    Sales[Quantity] * Sales[NetPrice]
)
```

Der menschliche Leser versteht sofort, dass *LargeSales* eine Variable sein muss, da die Spaltenreferenzen im Iterator auf einen anderen Tabellennamen – nämlich *Sales* – verweisen. DAX hingegen schafft auf der Sprachebene Eindeutigkeit durch die Unverwechselbarkeit des Namens. Ein bestimmter Name kann entweder eine Tabelle oder eine Variable sein, nicht aber beides gleichzeitig.

Auf den ersten Blick scheint diese Einschränkung eigentlich ganz praktisch zu sein, reduziert sie doch Unklarheiten. Allein: Auf lange Sicht könnte sich dies zum Problem auswachsen. Wenn Sie nämlich eine Variable definieren, dann sollten Sie einen Namen verwenden, der auch in Zukunft niemals als Tabellenname infrage kommen wird. Andernfalls nämlich erhalten Sie, wenn Sie irgendwann einmal eine neue Tabelle erstellen, deren Name im Konflikt zu irgendeiner Variablen steht, die in irgendeinem Measure verwendet wird, eine Fehlermeldung. Jede Syntaxbeschränkung, die von Ihnen eine Zukunftsprognose verlangt (z. B. bei der Auswahl eines Tabellennamens) ist – gelinde ausgedrückt – problematisch.

Aus diesem Grund verwendet Power BI bei der Generierung von DAX-Abfragen Variablennamen mit zwei Unterstrichen (»__«) als Präfix. Diese Vorgehensweise geht von der Annahme aus, dass die Wahrscheinlichkeit der Verwendung desselben Namens in einem Datenmodell sehr gering ist.

Dieses Verhalten kann sich in Zukunft ändern, das heißt, ein Variablenname könnte dann den Namen einer vorhandenen Tabelle überschreiben. Wenn diese Änderung umgesetzt wird, besteht nicht mehr die Gefahr, einen bestehenden DAX-Ausdruck zu ruinieren, indem man einer neuen Tabelle den Namen einer Variablen zuweist. Wenn ein Variablenname einen Tabellennamen überschreibt, können Sie Mehrdeutigkeiten auflösen, indem Sie den Tabellenbezeichner mithilfe eines einzelnen Anführungszeichens abtrennen. Die Syntax hierzu sieht so aus:

```
variablenname
'tabellenname'
```

Sollte ein Entwickler einen DAX-Codegenerator entwerfen, der in bestehende Ausdrücke eingefügt werden soll, kann er mithilfe des einfachen Anführungszeichens Eindeutigkeit bei den Tabellenbezeichnern schaffen. Im regulären DAX-Code ist das nicht erforderlich, sofern der Code keine Mehrdeutigkeiten bei Variablen- und Tabellennamen enthält.

Faule Auswertung verstehen

Wie Sie mittlerweile wissen, wertet DAX Variablen innerhalb des Auswertungskontexts aus, in dem sie definiert sind – und nicht dort, wo sie verwendet werden. Trotzdem wird die Auswertung der Variablen selbst bis zur ersten Verwendung verzögert. Diese Technik wird als *faule Auswertung* bezeichnet. Die faule Auswertung ist aus Leistungsgründen wichtig: Eine Variable, die nie in einem Ausdruck verwendet wird, wird auch nie ausgewertet. Außerdem wird eine Variable, nachdem sie zum ersten Mal berechnet wurde, nie wieder im selben Geltungsbereich berechnet.

Betrachten Sie beispielsweise den folgenden Code:

```
Sales Amount :=
VAR SalesAmount =
    SUMX ( Sales, Sales[Quantity] * Sales[Net Price] )
VAR DummyError =
    ERROR ( "This error will never be displayed" )
RETURN
    SalesAmount
```

Die Variable *DummyError* wird nie verwendet, weswegen ihr Ausdruck nie ausgeführt wird. Daher tritt der Fehler nie auf und das Measure funktioniert einwandfrei.

Natürlich würde niemand jemals so einen Code schreiben. Ziel des Beispiels ist es zu zeigen, dass DAX keine kostbare CPU-Zeit mit der Auswertung einer Variablen vergeudet, wenn dies nicht sinnvoll ist. Beim Schreiben von Code können Sie sich auf dieses Verhalten verlassen.

Wenn ein Unterausdruck in einem komplexen Ausdruck mehrfach verwendet wird, ist das Erstellen einer Variablen zum Speichern seines Werts immer eine bewährte Vorgehensweise. Dadurch wird sichergestellt, dass die Auswertung nur einmalig erfolgt. In leistungstechnischer Hinsicht ist das wichtiger, als Sie vielleicht denken. Wir werden dies in Kapitel 20 näher erläutern, wollen hier aber schon einmal die grundsätzliche Idee skizzieren.

Der DAX-Optimierer verfügt über einen Prozess namens Formelversionserkennung. In einem komplexen Code prüft die Formelversionserkennung, ob sich Teilausdrücke wiederholen, die nur einmal berechnet werden müssen. Betrachten Sie beispielsweise den folgenden Code:

```
SalesAmount := SUMX ( Sales, Sales[Quantity] * Sales[Net Price] )
TotalCost   := SUMX ( Sales, Sales[Quantity] * Sales[Unit Cost] )
Margin      := [SalesAmount] – [TotalCost]
Margin%     := DIVIDE ( [Margin], [TotalCost] )
```

Das Measure *TotalCost* wird zweimal aufgerufen: einmal in *Margin* und einmal in *Margin%*. Je nach Qualität des Optimierers erkennt er, dass sich beide Measureaufrufe auf denselben Wert beziehen, sodass er *TotalCost* möglicherweise nur einmal berechnen muss. Trotzdem erkennt der Optimierer nicht immer, dass eine Formelversion existiert und diese nur einmal ausgewertet werden muss. Als Mensch (und als Autor des eigenen Codes) haben Sie stets einen besseren

Überblick darüber, wann ein Teil des Codes in mehreren Teilen Ihrer Formel verwendet werden kann.

Wenn Sie sich daran gewöhnen, wann immer möglich Variablen zu verwenden, wird die Definition von Formelversionen als Variablen selbstverständlich. Indem Sie ihren Wert mehrfach verwenden, greifen Sie dem Optimierer beim Ermitteln des besten Ausführungspfads für Ihren Code kräftig unter die Arme.

Gängige Muster mit Variablen

In diesem Abschnitt kommen wir zur praktischen Anwendung von Variablen. Die Liste der Szenarien, in denen Variablen nützlich sind, ist nicht erschöpfend, aber auch wenn es viele andere Situationen gibt, in denen sich eine Variable gerade aufdrängt, sind nachfolgend die relevantesten und häufigsten Anwendungen aufgeführt.

Der erste und wichtigste Grund für die Verwendung von Variablen ist die Dokumentation Ihres Codes. Ein Paradebeispiel sind etwa komplexe Filter in einer *CALCULATE*-Funktion. Variablen als *CALCULATE*-Filter verbessern lediglich die Lesbarkeit. Weder Semantik noch Leistung werden beeinträchtigt. Filter würden ohnehin außerhalb des durch *CALCULATE* ausgelösten Kontextübergangs ausgeführt, und DAX verwendet auch für Filterkontexte eine faule Auswertung. Trotzdem ist die Verbesserung der Lesbarkeit eine wichtige Aufgabe für jeden DAX-Entwickler. Betrachten Sie etwa die folgende Measuredefinition:

```
Sales Large Customers :=
VAR LargeCustomers =
    FILTER (
        Customer,
        [Sales Amount] > 10000
    )
VAR WorkingDaysIn2008 =
    CALCULATETABLE (
        ALL ( 'Date'[IsWorkingDay], 'Date'[Calendar Year] ),
        'Date'[IsWorkingDay] = TRUE (),
        'Date'[Calendar Year] = "CY 2008"
    )
RETURN
    CALCULATE (
        [Sales Amount],
        LargeCustomers,
        WorkingDaysIn2008
    )
```

Die beiden Variablen für die gefilterten Kunden und die gefilterten Datumsangaben unterteilen den gesamten Ausführungsablauf in drei verschiedene Teile: erstens die Definition von »Großkunde«, zweitens die Definition des zu betrachtenden Zeitraums und drittens die eigentliche Berechnung des Measures unter Anwendung beider Filter.

Zwar mag es so aussehen, als würden wir uns nur mit Stilfragen beschäftigen, doch sollten Sie nie vergessen, dass eine elegantere und einfachere Formel durchaus auch eine »richtigere« Formel sein kann. Wenn der Autor eine einfachere Formel schreibt, ist die Wahrscheinlichkeit höher, dass er den Code verstanden und mögliche Fehler behoben hat. Immer wenn ein Ausdruck mehr als zehn Codezeilen umfasst, sollte man die Ausführung durch Variablen in mehrere Phasen unterteilen. Diese Vorgehensweise ermöglicht es Ihnen, sich einzeln mit den Bestandteilen der Gesamtformel zu befassen.

Ein weiteres Szenario, in dem Variablen wichtig sind, ist das Schachteln mehrerer Zeilenkontexte in derselben Tabelle. Im folgenden Szenario können Sie Daten aus ausgeblendeten Zeilenkontexten in Variablen speichern und die Verwendung der Funktion *EARLIER* umgehen:

```
'Product'[RankPrice] =
VAR CurrentProductPrice = 'Product'[Unit Price]
VAR MoreExpensiveProducts =
    FILTER (
        'Product',
        'Product'[Unit Price] > CurrentProductPrice
    )
RETURN
    COUNTROWS ( MoreExpensiveProducts ) + 1
```

Auch Filterkontexte können geschachtelt werden. Das Schachteln mehrerer Filterkontexte führt anders als bei mehreren Zeilenkontexten nicht zu Syntaxproblemen. Ein häufiges Szenario, bei dem Filterkontexte geschachtelt werden, besteht im Speichern eines Berechnungsergebnisses, um es an späterer Stelle im Code zu verwenden, wenn der Filterkontext sich ändert.

Beispielsweise würde der folgende Code nicht funktionieren, wenn Sie nach Kunden suchen möchten, die mehr als der Durchschnittskunde gekauft haben:

```
AverageSalesPerCustomer :=
AVERAGEX ( Customer, [Sales Amount] )

CustomersBuyingMoreThanAverage :=
COUNTROWS (
    FILTER (
        Customer,
        [Sales Amount] > [AverageSalesPerCustomer]
    )
)
```

Der Grund hierfür besteht darin, dass das Measure *AverageSalesPerCustomer* innerhalb einer Iteration über *Customer* ausgewertet wird. Daher ist das Measure in ein verborgenes *CALCULATE* eingeschlossen, das einen Kontextübergang vornimmt. Folglich wertet *AverageSalesPerCustomer* jedes Mal den Umsatz des aktuellen Kunden innerhalb der Iteration anstelle des Durchschnitts über alle Kunden im Filterkontext aus. Es gibt keinen Kunden, dessen Umsatzbetrag höher ist als der Umsatzbetrag selbst. Deswegen gibt das Measure immer einen Leerwert zurück.

Zur Korrektur müssen Sie *AverageSalesPerCustomer* außerhalb der Iteration auswerten. Diese Anforderung lässt sich mit einer Variablen perfekt erfüllen:

```
AverageSalesPerCustomer :=
AVERAGEX ( Customer, [Sales Amount] )

CustomersBuyingMoreThanAverage :=
VAR AverageSales = [AverageSalesPerCustomer]
RETURN
    COUNTROWS (
        FILTER (
            Customer,
            [Sales Amount] > AverageSales
        )
    )
```

In diesem Beispiel wertet DAX die Variable außerhalb der Iteration aus und berechnet die korrekten Durchschnittsumsätze aller ausgewählten Kunden. Darüber hinaus weiß der Optimierer, dass die Variable außerhalb der Iteration nur einmal ausgewertet werden kann (und darf). Somit ist der Code wahrscheinlich schneller als jede andere mögliche Implementierung.

Fazit

Variablen sind aus mehreren Gründen praktisch: Sie machen den Code besser lesbar und erhöhen seine Leistungsfähigkeit und Eleganz. Immer wenn Sie eine komplexe Formel schreiben müssen, sollten Sie diese mithilfe von Variablen unterteilen. Dies werden Sie zu schätzen wissen, sobald Sie den Code später einmal bearbeiten müssen.

Natürlich sind Ausdrücke, die Variablen verwenden, tendenziell länger als die gleichen Ausdrücke ohne Variablen, aber das ist nicht grundsätzlich etwas Schlechtes, erst recht nicht, wenn dies die Nachvollziehbarkeit der einzelnen Codeabschnitte deutlich verbessert. Leider erschwert bei verschiedenen Tools zum Verfassen von DAX-Code die Benutzeroberfläche das Schreiben von Ausdrücken mit einer Länge von mehr als zehn Zeilen. Vielleicht glauben Sie, dass eine kürzere Variante desselben Codes ohne Variablen zu bevorzugen wäre, weil es etwa einfacher ist, sie in einem bestimmten Tool – z. B. Power BI – zu schreiben. Dies trifft allerdings nicht zu.

Vielmehr bräuchten wir bessere Tools, um längeren DAX-Code zu schreiben, der Kommentare und viele Variablen enthält. Früher oder später werden solche Tools kommen. Aber bis es so weit ist, sollten wir, statt kürzeren, aber unverständlichen Code in ein kleines Textfeld einzugeben, besser externe Tools wie DAX Studio verwenden, um längeren DAX-Code zu erstellen. Den fertigen Code könnten Sie dann über die Zwischenablage nach Power BI oder Visual Studio kopieren.

KAPITEL 7

Mit Iteratoren und *CALCULATE* arbeiten

In den vorangegangenen Kapiteln haben wir theoretische Grundlagen zu DAX vermittelt: Zeilenkontext, Filterkontext und Kontextübergang. Dies sind die Säulen, auf denen jeder DAX-Ausdruck aufbaut. Wir haben bereits Iteratoren eingeführt und sie in vielen verschiedenen Formeln verwendet. Die tatsächliche Leistungsfähigkeit von Iteratoren zeigt sich jedoch erst, wenn sie in Verbindung mit Auswertungskontexten und Kontextübergängen eingesetzt werden.

In diesem Kapitel gehen wir den nächsten Schritt, indem wir die gebräuchlichsten Anwendungen von Iteratoren beschreiben und viele neue Iteratoren vorstellen. Befassen Sie sich intensiv mit dem Einsatz von Iteratoren in Ihrem Code, denn dies ist eine wichtige Kompetenz. Die gemeinsame Verwendung von Iteratoren und Kontextübergängen ist nämlich ein Merkmal, das es nur in DAX gibt. Nach unseren Erfahrungen haben Studierende häufig Mühe, die Leistungsfähigkeit der Iteratoren zu durchschauen. Das bedeutet aber nicht, dass ihr Einsatz schwierig zu verstehen sei. Das Konzept der Iteration ist recht einfach. Gleiches gilt für ihre Verwendung in Verbindung mit Kontextübergängen. Probleme entstehen eher beim Erkennen von Situationen, in denen die Lösung für eine komplexe Berechnung in einer Iteration besteht. Aus diesem Grund präsentieren wir hier einige Beispiele für Berechnungen, die mithilfe von Iteratoren einfach zu erstellen sind.

Iteratoren verwenden

Die meisten Iteratoren nehmen mindestens zwei Parameter entgegen: die Tabelle, über die iteriert werden soll, und einen Ausdruck, den der Iterator zeilenweise im bei der Iteration erzeugten Zeilenkontext auswertet. Ein einfacher Ausdruck mit *SUMX* soll unsere Erklärung verdeutlichen:

```
Sales Amount :=
SUMX (
    Sales,                              -- Tabelle, über die iteriert werden soll
    Sales[Quantity] * Sales[Net Price]  -- Zeilenweise auszuwertender Ausdruck
)
```

SUMX iteriert über die Tabelle *Sales* und berechnet für jede Zeile den Ausdruck, indem die Menge mit dem Nettopreis multipliziert wird. Iteratoren unterscheiden sich voneinander durch die Verwendung der während der Iteration erfassten Teilergebnisse. *SUMX* ist ein einfacher Iterator, der diese Ergebnisse durch Summierung aggregiert.

Es ist wichtig, den Unterschied zwischen den beiden Parametern zu verstehen. Das erste Argument ist der Wert, der aus einem zu iterierenden Tabellenausdruck resultiert. Als Werteparameter wird er vor Beginn der Iteration ausgewertet. Der zweite Parameter dagegen ist ein Ausdruck, der nicht vor der Ausführung von *SUMX* ausgewertet wird. Vielmehr wertet der Iterator den Ausdruck im Zeilenkontext der Iteration aus. Die offizielle Microsoft-Dokumentation enthält keine genaue Klassifizierung der Iteratorfunktionen. Konkret wird nicht angegeben, welche Parameter einen Wert und welche einen bei der Iteration ausgewerteten Ausdruck darstellen. Auf *https://dax.guide* verfügen alle Funktionen, die einen Ausdruck in einem Zeilenkontext auswerten, über eine spezielle Kennzeichnung (»ROW CONTEXT«), die das in einem Zeilenkontext ausgeführte Argument identifizieren. Jede Funktion, bei der ein Argument mit ROW CONTEXT markiert ist, ist ein Iterator.

Verschiedene Iteratoren nehmen nach den ersten beiden weitere Argumente entgegen. Beispielsweise ist *RANKX* ein Iterator, der viele Argumente akzeptiert, während *SUMX*, *AVERAGEX* und einfache Iteratoren nur zwei Argumente verwenden. In diesem Kapitel werden wir viele Iteratoren einzeln beschreiben. Zunächst jedoch wollen wir genauer auf einige wesentliche Aspekte von Iteratoren eingehen.

Iteratorkardinalität verstehen

Das erste wichtige Konzept, das man im Zusammenhang mit Iteratoren kennen sollte, ist die *Iteratorkardinalität*. Die Kardinalität eines Iterators ist die Anzahl der Zeilen, über die iteriert wird. Wenn beispielsweise in der folgenden Iteration *Sales* eine Million Zeilen hat, dann ist die Kardinalität eine Million:

```
Sales Amount :=
SUMX (
    Sales,                              -- Sales hat eine Million Zeilen, das heißt, der
Ausdruck
    Sales[Quantity] * Sales[Net Price]  -- wird eine Million Mal ausgewertet
)
```

Wenn es um Kardinalität geht, verwenden wir selten Zahlen. Vielmehr hängt die Kardinalität des obigen Beispiels von der Anzahl der Zeilen in der Tabelle *Sales* ab. Daher sagen wir eher, dass die Kardinalität des Iterators die gleiche ist wie die Kardinalität von *Sales*. Je mehr Zeilen *Sales* enthält, desto höher ist die Anzahl der Zeilen, über die iteriert wird.

Bei geschachtelten Iteratoren ist die resultierende Kardinalität eine Kombination der Kardinalität der beiden beteiligten Iteratoren und kann bis hin zum Produkt der beiden ursprünglichen Tabellen reichen. Betrachten Sie beispielsweise die folgende Formel:

```
Sales at List Price 1 :=
SUMX (
    'Product',
    SUMX (
        RELATEDTABLE ( Sales ),
        'Product'[Unit Price] * Sales[Quantity]
    )
)
```

Im Beispiel gibt es zwei Iteratoren. Der äußere iteriert über *Product*, das heißt, die Kardinalität ist diejenige von *Product*. Dann durchsucht die innere Iteration für jedes Produkt die Tabelle *Sales* und beschränkt ihre Iteration dabei auf diejenigen Zeilen in *Sales*, die in einer Beziehung zum jeweiligen Produkt stehen. In diesem Fall ist, da jede Zeile in *Sales* nur für ein Produkt relevant ist, die Gesamtkardinalität diejenige von *Sales*. Steht der innere Tabellenausdruck nicht zum äußeren in einer Beziehung, dann wird die Kardinalität viel höher. Betrachten Sie beispielsweise den folgenden Code. Er berechnet den gleichen Wert wie der obige Code, aber statt sich Beziehungen zunutze zu machen, verwendet er eine *IF*-Funktion, um den Umsatz des aktuellen Produkts zu filtern:

```
Sales at List Price High Cardinality :=
SUMX (
    VALUES ( 'Product' ),
    SUMX (
        Sales,
        IF (
            Sales[ProductKey] = 'Product'[ProductKey],
            'Product'[Unit Price] * Sales[Quantity],
            0
        )
    )
)
```

In diesem Beispiel iteriert die innere *SUMX*-Anweisung immer über die gesamte Tabelle *Sales* und prüft anhand der internen *IF*-Anweisung, ob das Produkt zur Berechnung berücksichtigt werden soll oder nicht. In diesem Fall hat die äußere *SUMX*-Anweisung die Kardinalität von *Product*, die innere dagegen die von *Sales*. Die Kardinalität des Gesamtausdrucks ist *Product* mal *Sales* – ein sehr viel höherer Wert als im ersten Beispiel. Beachten Sie, dass dieses Beispiel nur der Veranschaulichung dient. Wenn wir ein solches Muster in einem echten DAX-Ausdruck verwenden würden, wäre die Folge eine ausgesprochen schlechte Leistung.

Besser ist es, diesen Code wie folgt auszudrücken:

```
Sales at List Price 2 :=
SUMX (
    Sales,
    RELATED ( 'Product'[Unit Price] ) * Sales[Quantity]
)
```

Die Kardinalität des Gesamtausdrucks ist dieselbe wie beim Measure *Sales at List Price 1*, hier aber ist der Ausführungsplan besser. Das liegt daran, dass geschachtelte Iteratoren vermieden werden. Geschachtelte Iterationen treten meist aufgrund von Kontextübergängen auf. So könnte man bei folgendem Code annehmen, dass keine geschachtelten Iteratoren vorhanden sind:

```
Sales at List Price 3 :=
SUMX (
    'Product',
    'Product'[Unit Price] * [Total Quantity]
)
```

Innerhalb der Iteration gibt es jedoch einen Verweis auf ein Measure (*Total Quantity*), das wir berücksichtigen müssen. Und hier sehen Sie die erweiterte Definition von *Total Quantity*:

```
Total Quantity :=
SUM ( Sales[Quantity] )    -- Intern in SUMX ( Sales, Sales[Quantity] ) übersetzt


Sales at List Price 4 :=
SUMX (
    'Product',
    'Product'[Unit Price] *
        CALCULATE (
            SUMX (
                Sales,
                Sales[Quantity]
            )
        )
)
```

Sie erkennen nun, dass eine geschachtelte Iteration vorhanden ist: eine *SUMX*-Anweisung innerhalb einer anderen *SUMX*-Anweisung. Darüber hinaus wird auch die Anwesenheit von *CALCULATE* sichtbar, mit der ein Kontextübergang einhergeht.

Im Hinblick auf die Leistungsfähigkeit kann bei geschachtelten Iteratoren nur der innerste Iterator mit einem effizienteren Abfrageplan optimiert werden. Äußere Iteratoren erfordern die Erstellung von Temporärtabellen im Speicher. Diese Temporärtabellen speichern das Zwischenergebnis des innersten Iterators. Dies führt zu schlechterer Performance und einem höheren Speicherverbrauch. Daher sollten geschachtelte Iteratoren vermieden werden, wenn die Kardinalität der äußeren Iteratoren sehr groß ist – also in der Größenordnung von mehreren Millionen Zeilen.

Bitte beachten Sie, dass das Entfalten geschachtelter Iterationen bei einem Kontextübergang nicht so einfach ist, wie es auf den ersten Blick scheint. Tatsächlich besteht ein typischer Fehler darin, ein Measure zu schreiben, das ein bereits vorhandenes Measure wiederverwenden soll – wodurch dann geschachtelte Iteratoren entstehen. Dies kann gefährlich sein, wenn die bestehende Logik eines Measures innerhalb eines Iterators wiederverwendet wird. Betrachten Sie beispielsweise folgende Berechnung:

```
Sales at List Price 5 :=
SUMX (
    'Sales',
    RELATED ( 'Product'[Unit Price] ) * [Total Quantity]
)
```

Das Measure *Sales at List Price 5* scheint identisch mit *Sales at List Price 3* zu sein. Leider verstößt *Sales at List Price 5* gegen mehrere der in Kapitel 5, »*CALCULATE* und *CALCULATETABLE* verstehen«, beschriebenen Regeln zu Kontextübergängen: Es führt den Kontextübergang für eine große Tabelle (nämlich *Sales*) und – schlimmer noch – für eine Tabelle durch, bei der die

Zeilen nicht garantiert eindeutig sind. Daher erfolgt die Verarbeitung der Formel langsam, und die Ergebnisse sind im Zweifelsfall falsch.

Das soll nicht heißen, dass geschachtelte Iterationen immer schlecht sein müssen. Es gibt verschiedene Aufgabenstellungen, in denen die Verwendung geschachtelter Iterationen durchaus sinnvoll ist. Sie werden im verbleibenden Teil dieses Kapitels viele Beispiele sehen, in denen geschachtelte Iteratoren sich als mächtiges Werkzeug erweisen.

Kontextübergänge in Iteratoren nutzen

Eine Berechnung kann geschachtelte Iteratoren erfordern. Dies ist normalerweise der Fall, wenn Sie ein Measure in verschiedenen Kontexten berechnen müssen. In solchen Szenarien ist der Einsatz von Kontextübergängen ein echter Pluspunkt und ermöglicht das präzise und effiziente Schreiben komplexer Berechnungen.

Betrachten Sie beispielsweise ein Measure, das den maximalen Tagesumsatz in einem bestimmten Zeitraum berechnet. Die Definition des Measures ist wichtig, da sie die Granularität direkt definiert. Zunächst nämlich muss man den Tagesumsatz im gegebenen Zeitraum berechnen und dann den Maximalwert in der Liste der berechneten Werte ermitteln. Zwar mag es naheliegend erscheinen, eine Tabelle mit den Tagesumsätzen zu erstellen und dann *MAX* dafür auszuführen, doch in DAX ist das Erstellen einer solchen Tabelle nicht erforderlich. Stattdessen bieten Iteratoren die Möglichkeit, das gewünschte Ergebnis bequem und ohne zusätzliche Tabelle zu erhalten.

Die Auswertungsreihenfolge ist folgende:

- Wir iterieren über die Tabelle *Date*.
- Wir berechnen den Umsatzbetrag für jeden Tag.
- Wir suchen den Höchstwert aller im vorherigen Schritt berechneten Werte.

Sie können dieses Measure wie folgt schreiben:

```
Max Daily Sales 1 :=
MAXX (
    'Date',
    VAR DailyTransactions =
        RELATEDTABLE ( Sales )
    VAR DailySales =
        SUMX (
            DailyTransactions,
            Sales[Quantity] * Sales[Net Price]
        )
    RETURN
        DailySales
)
```

Ein einfacherer Ansatz ist jedoch der folgende, der den impliziten Kontextübergang des Measures *Sales Amount* nutzt:

```
Sales Amount :=
SUMX (
    Sales,
    Sales[Quantity] * Sales[Net Price]
)

Max Daily Sales 2 :=
MAXX (
    'Date',
    [Sales Amount]
)
```

In beiden Fällen gibt es zwei geschachtelte Iteratoren. Die äußere Iteration erfolgt in der Tabelle *Date*, die voraussichtlich einige Hundert Zeilen enthalten wird. Zudem ist jede Zeile in *Date* eindeutig. Daher sind beide Berechnungen sicher und schnell. Die erste Version ist kompletter, da sie den vollständigen Algorithmus skizziert. Auf der anderen Seite verbirgt die zweite Version von *Max Daily Sales* viele Details und verbessert die Lesbarkeit des Codes, indem sie den Filter mithilfe des Kontextübergangs von *Date* zu *Sales* verschiebt.

Das Ergebnis dieses Measures sehen Sie in Abbildung 7.1, die den maximalen Tagesumsatz für jeden Monat zeigt.

Calendar Year	Sales Amount	Max Daily Sales
CY 2007	**11,309,946.12**	**126,742.18**
January	794,248.24	92,244.07
February	891,135.91	108,923.95
March	961,289.24	122,503.54
April	1,128,104.82	126,742.18
May	936,192.74	102,857.58
June	982,304.46	77,082.30
July	922,542.98	124,176.88
August	952,834.59	85,114.89
September	1,009,868.98	102,588.78
October	914,273.54	81,926.23
November	825,601.87	71,959.23
December	991,548.75	101,708.68

Abbildung 7.1 Der Bericht zeigt *Max Daily Sales*, berechnet nach Monat und Jahr.

Durch intelligente Nutzung des Kontextübergangs und einer Iteration ist der Code in der Regel eleganter und intuitiver zu schreiben. Das einzige Problem, das Sie beachten sollten, sind die mit dem Kontextübergang einhergehenden Kosten. Daher empfiehlt es sich, Measurereferenzierungen in großen Iteratoren zu vermeiden.

Betrachtet man den Bericht in Abbildung 7.1, so stellt sich eine logische Frage: Wann haben die Umsätze ihr Maximum erreicht? So zeigt der Bericht beispielsweise, dass Contoso an einem bestimmten Tag im Januar 2007 Artikel im Wert von 92.244,07 USD umgesetzt hat. Aber an welchem Tag geschah das? Iteratoren und Kontextübergänge sind mächtige Werkzeuge, mit denen sich diese Frage beantworten lässt. Betrachten Sie den folgenden Code:

```
Date of Max =
VAR MaxDailySales = [Max Daily Sales]
VAR DatesWithMax =
    FILTER (
        VALUES ( 'Date'[Date] ),
        [Sales Amount] = MaxDailySales
    )
VAR Result =
    IF (
        COUNTROWS ( DatesWithMax ) = 1,
        DatesWithMax,
        BLANK ()
    )
RETURN
    Result
```

Die Formel speichert zunächst den Wert des Measures *Max Daily Sales* in einer Variablen. Anschließend erstellt sie eine Temporärtabelle mit den Daten, bei denen der Umsatz gleich *MaxDailySales* ist. Wenn es nur ein Datum gibt, für das dies gilt, dann ist das Ergebnis die einzige Zeile, die den Filter passiert hat. Ist die Bedingung hingegen an mehreren Tagen erfüllt worden, dann wird durch die Formel ein Leerwert als Ergebnis festgelegt, wodurch angezeigt wird, dass kein einzelnes Datum ermittelt werden kann. Das Ergebnis dieses Codes sehen Sie in Abbildung 7.2.

Calendar Year	Sales Amount	Max Daily Sales	Date of Max
CY 2007	**11,309,946.12**	**126,742.18**	**04/21/2007**
January	794,248.24	92,244.07	01/03/2007
February	891,135.91	108,923.95	02/03/2007
March	961,289.24	122,503.54	03/15/2007
April	1,128,104.82	126,742.18	04/21/2007
May	936,192.74	102,857.58	05/14/2007
June	982,304.46	77,082.30	06/27/2007
July	922,542.98	124,176.88	07/11/2007
August	952,834.59	85,114.89	08/11/2007
September	1,009,868.98	102,588.78	09/06/2007
October	914,273.54	81,926.23	10/12/2007
November	825,601.87	71,959.23	11/22/2007
December	991,548.75	101,708.68	12/01/2007

Abbildung 7.2 Die *Date of Max*-Measures zeigen deutlich, an welchem eindeutigen Datum der maximale Umsatz generiert wurde.

Die Verwendung von Iteratoren in DAX erfordert es, dass Sie Folgendes immer in dieser Reihenfolge definieren:

- Die Granularität, mit der die Berechnung erfolgen soll
- Den Ausdruck, der bei gegebener Granularität auszuwerten ist
- Die Art der zu verwendenden Aggregation

Im obigen Beispiel (*Max Daily Sales 2*) ist die Granularität das Datum, der Ausdruck ist die Höhe der Umsätze und die zu verwendende Aggregation ist *MAX*. Das Resultat ist der maximale Tagesumsatz.

Es gibt verschiedene Szenarien, in denen dieses Muster nützlich sein kann. Ein weiteres Beispiel wäre die Anzeige des durchschnittlichen Kundenumsatzes. Wenn Sie dies aus der Perspektive von Iteratoren betrachten und dabei das obige Muster zugrunde legen, gilt: Die Granularität ist der einzelne Kunde, der zu verwendende Ausdruck ist der Umsatzbetrag und die Aggregation ist *AVERAGE*.

Sobald Sie diesen Vorgang verstanden haben, ist die Formel kurz und einfach erstellt:

```
Avg Sales by Customer :=
AVERAGEX ( Customer, [Sales Amount] )
```

Mit dieser simplen Formel kann man leicht aussagekräftige Berichte wie den in Abbildung 7.3 erstellen, der den durchschnittlichen Umsatz pro Kunde nach Kontinent und Jahr zeigt.

Continent	CY 2007	CY 2008	CY 2009	**Total**
Asia	2,503.71	3,647.64	7,732.60	**4,972.51**
Europe	1,306.95	2,458.10	1,836.57	**2,253.27**
North America	1,090.43	2,543.29	3,887.40	**2,223.02**
Total	**1,413.92**	**2,841.32**	**3,420.04**	**2,770.70**

Abbildung 7.3 Das Measure *Avg Sales by Customer*, berechnet nach Jahr und Kontinent

Der Kontextübergang in Iteratoren ist ein mächtiges Werkzeug. Er kann auch relativ kostspielig sein, sodass es sich stets empfiehlt, die Kardinalität des äußeren Iterators zu prüfen. Dies führt zu einem effizienteren DAX-Code.

CONCATENATEX verwenden

In diesem Abschnitt präsentieren wir eine praktische Anwendung von *CONCATENATEX*, um die auf einen Bericht angewandten Filter ansprechend darzustellen. Angenommen, Sie erstellen ein einfaches Visual, das die Verkäufe nach Jahr und Kontinent aufgeschlüsselt anzeigt. Dieses Visual setzen Sie dann in einen komplexeren Bericht ein, in dem der Benutzer die Möglichkeit hat, Farben mit einem Slicer zu filtern. Der Slicer kann sich in der Nähe des Visuals, aber auch genauso gut auf einer anderen Seite befinden.

Ist der Slicer auf einer anderen Seite, dann wird bei Betrachtung des Visuals nicht klar, ob die angezeigten Zahlen eine Teilmenge des gesamten Datasets sind oder nicht. In diesem Fall wäre es sinnvoll, den Bericht mit einer Beschriftung zu ergänzen, die die vom Benutzer getroffene Auswahl in Textform zeigt (Abbildung 7.4).

Continent	CY 2007	CY 2008	CY 2009	**Total**
Asia	1,125,060.75	1,708,318.19	1,216,841.47	**4,050,220.41**
Europe	1,062,029.30	912,736.27	981,869.39	**2,956,634.96**
North America	1,148,462.69	1,321,175.78	1,251,710.25	**3,721,348.72**
Total	**3,335,552.74**	**3,942,230.25**	**3,450,421.10**	**10,728,204.09**

Showing Black, Blue, Brown, Green colors.

Abbildung 7.4 Die Beschriftung am unteren Rand des Bildes zeigt die angewendeten Filter an.

Die Werte der ausgewählten Farben lassen sich überprüfen, indem man die *VALUES*-Funktion abfragt. Trotzdem wird *CONCATENATEX* gebraucht, um die resultierende Tabelle in einen String zu konvertieren. Betrachten wir einmal die Definition des Measures *Selected Colors*, mit dem wir die Farben in Abbildung 7.4 dargestellt haben:

```
Selected Colors :=
"Showing " &
CONCATENATEX (
    VALUES ( 'Product'[Color] ),
    'Product'[Color],
    ", ",
    'Product'[Color],
    ASC
) & " colors."
```

CONCATENATEX iteriert über die Werte der Produktfarbe und erstellt eine Zeichenfolge, die eine kommagetrennte Liste dieser Farben enthält. Wie Sie sehen, kann *CONCATENATEX* mehrere Parameter entgegennehmen. Wie üblich sind die ersten beiden die zu scannende Tabelle und der auszuwertende Ausdruck. Der dritte Parameter ist der String, der als Trennzeichen zwischen den Ausdrücken verwendet werden soll. Der vierte und fünfte Parameter geben die Sortierreihenfolge und deren Richtung an (*ASC* für aufsteigende Sortierung, *DESC* für absteigende).

Der einzige Nachteil dieses Measures besteht darin, dass eine lange Liste mit allen Farben erzeugt wird, wenn es keine Auswahl für die Farbe gibt. Außerdem wäre die Liste bei mehr als fünf Farben ohnehin zu lang, was die Übersicht beeinträchtigen würde. Allerdings lassen sich beide Probleme recht unkompliziert beheben, indem man den Code etwas komplexer gestaltet, sodass solche Situationen erkannt werden:

```
Selected Colors :=
VAR Colors =
    VALUES ( 'Product'[Color] )
VAR NumOfColors =
    COUNTROWS ( Colors )
VAR NumOfAllColors =
    COUNTROWS (
        ALL ( 'Product'[Color] )
    )
```

```
VAR AllColorsSelected = NumOfColors = NumOfAllColors
VAR SelectedColors =
    CONCATENATEX (
        Colors,
        'Product'[Color],
        ", ",
        'Product'[Color], ASC
    )
VAR Result =
    IF (
        AllColorsSelected,
        "Showing all colors.",
        IF (
            NumOfColors > 5,
            "More than 5 colors selected, see slicer page for details.",
            "Showing " & SelectedColors & " colors."
        )
    )
RETURN
    Result
```

In Abbildung 7.5 sehen Sie zwei Ergebnisse für dasselbe Visual, wobei für die Farben eine unterschiedliche Auswahl getroffen wurde. Bei dieser letztgenannten Version ist es viel eindeutiger, ob der Benutzer sich weitere Details über die Farbauswahl ansehen muss oder nicht.

Continent	CY 2007	CY 2008	CY 2009	**Total**
Asia	1,156,160.73	1,738,396.65	1,274,148.22	**4,168,705.60**
Europe	1,138,376.83	973,048.39	1,023,358.17	**3,134,783.39**
North America	1,202,649.32	1,386,848.85	1,294,102.82	**3,883,600.99**
Total	**3,497,186.88**	**4,098,293.89**	**3,591,609.21**	**11,187,089.99**

More than 5 colors selected, see slicer page for details.

Continent	CY 2007	CY 2008	CY 2009	**Total**
Asia	3,532,732.93	3,713,296.91	3,479,670.07	**10,725,699.91**
Europe	3,582,341.75	2,391,726.88	2,694,249.12	**8,668,317.75**
North America	4,194,871.44	3,822,559.21	3,179,895.68	**11,197,326.32**
Total	**11,309,946.12**	**9,927,582.99**	**9,353,814.87**	**30,591,343.98**

Showing all colors

Abbildung 7.5 Abhängig von den Filtern zeigt die Beschriftung nun ansprechende Beschreibungen der Filterung.

Auch diese Measureversion ist noch nicht perfekt. Falls nämlich der Benutzer fünf Farben auswählt, aber nur vier in der aktuellen Auswahl vorhanden sind, weil einige Farben aufgrund anderer Filter ausgeblendet werden, zeigt das Measure nicht die vollständige Liste der Farben an. Es wird lediglich die vorhandene Liste ausgegeben. In Kapitel 10, »Mit dem Filterkontext arbeiten«, beschreiben wir eine andere Version dieses Measures, mit der wir dieses letzte Problem in den Griff bekommen. Zur Abfassung der finalen Version müssen wir zunächst eine Reihe neuer Funktionen beschreiben, deren Zweck darin besteht, den Inhalt des aktuellen Filterkontexts zu untersuchen.

Iteratoren, die Tabellen zurückgeben

Bisher haben wir nur Iteratoren beschrieben, die einen Ausdruck aggregieren. Es gibt aber auch Iteratoren, die eine Tabelle zurückgeben, die durch das Zusammenführen einer Quelltabelle mit ein oder mehreren Ausdrücken erzeugt wurde, die im Zeilenkontext der Iteration ausgewertet wurden. *ADDCOLUMNS* und *SELECTCOLUMNS* sind hiervon die interessantesten und nützlichsten. Sie sind Gegenstand dieses Abschnitts.

Wie der Name bereits sagt, fügt *ADDCOLUMNS* dem als ersten Parameter angegebenen Tabellenausdruck neue Spalten hinzu. Für jede hinzugefügte Spalte muss *ADDCOLUMNS* den Spaltennamen und den Ausdruck kennen, der ihn definiert.

So können Sie beispielsweise der Liste der Farben zwei Spalten hinzufügen, die für jede Farbe die Anzahl der Produkte und den Wert von *Sales Amount* in jeweils einer neuen Spalte enthalten:

```
Colors =
ADDCOLUMNS (
    VALUES ( 'Product'[Color] ),
    "Products", CALCULATE ( COUNTROWS ( 'Product' ) ),
    "Sales Amount", [Sales Amount]
)
```

Das Ergebnis dieses Codes ist eine Tabelle mit drei Spalten: der Produktfarbe, die aus den Werten von *Product[Color]* stammt, und die beiden von *ADDCOLUMNS* neu hinzugefügten Spalten (Abbildung 7.6).

ADDCOLUMNS gibt alle Spalten des iterierenden Tabellenausdrucks zurück und fügt die angeforderten Spalten hinzu. Wenn Sie nur eine Teilmenge der Spalten des ursprünglichen Tabellenausdrucks benötigen, können Sie *SELECTCOLUMNS* verwenden, das nur die angeforderten Spalten zurückgibt. Beispielsweise können Sie das vorherige Beispiel von *ADDCOLUMNS* mit der folgenden Abfrage umschreiben:

```
Colors =
SELECTCOLUMNS (
    VALUES ( 'Product'[Color] ),
    "Color", 'Product'[Color],
    "Products", CALCULATE ( COUNTROWS ( 'Product' ) ),
    "Sales Amount", [Sales Amount]
)
```

Das Ergebnis ist das gleiche, aber Sie müssen die Spalte *Color* der Originaltabelle explizit einbeziehen, um dieses Ergebnis zu erhalten. *SELECTCOLUMNS* ist nützlich, wenn Sie die Anzahl der Spalten einer Tabelle verringern müssen, die sich oft aus verschiedenen Teilberechnungen ergeben.

Color	Sales Amount	Products
Azure	97,389.89	14
Black	5,860,066.14	602
Blue	2,435,444.62	200
Brown	1,029,508.95	77
Gold	361,496.01	50
Green	1,403,184.38	74
Grey	3,509,138.09	283
Orange	857,320.28	55
Pink	828,638.54	84
Purple	5,973.84	6
Red	1,110,102.10	99
Silver	6,798,560.86	417
Silver Grey	371,908.92	14
Transparent	3,295.89	1
White	5,829,599.91	505
Yellow	89,715.56	36

Abbildung 7.6 Die Spalten *Sales Amount* und *Products* werden von *ADDCOLUMNS* berechnet.

ADDCOLUMNS und *SELECTCOLUMNS* sind, wie Sie in diesem ersten Beispiel gesehen haben, praktisch, um neue Tabellen anzulegen. Diese Funktionen werden häufig auch zur Erstellung von Measures verwendet, um den Code einfacher und schneller zu machen. Betrachten Sie beispielsweise das zuvor in diesem Kapitel definierte Measure, das darauf abzielt, das Datum mit dem maximalen Tagesumsatz zu ermitteln:

```
Max Daily Sales :=
MAXX (
    'Date',
    [Sales Amount]
)

Date of Max :=
VAR MaxDailySales = [Max Daily Sales]
VAR DatesWithMax =
    FILTER (
        VALUES ( 'Date'[Date] ),
        [Sales Amount] = MaxDailySales
    )
```

```
VAR Result =
    IF (
        COUNTROWS ( DatesWithMax ) = 1,
        DatesWithMax,
        BLANK ()
    )
RETURN
    Result
```

Wenn Sie genau hinsehen, werden Sie feststellen, dass der Code performanceseitig nicht optimal ist. Die Engine muss nämlich im Rahmen der Berechnung der Variablen *MaxDailySales* den Tagesumsatz ermitteln, um den Maximalwert zu finden. Danach muss sie im Rahmen der zweiten Variablenauswertung den Tagesumsatz erneut berechnen, um die Tage herauszufinden, an denen der Höchstumsatz erfolgte. Folglich führt die Engine zwei Iterationen über die Tabelle *Date* durch und berechnet dabei jedes Mal den Umsatzbetrag für jedes Datum. Möglicherweise ist der DAX-Optimierer klug genug, um zu verstehen, dass er den Tagesumsatz nur einmal berechnen muss und das Ergebnis dann beim zweiten Mal verwenden kann, wenn Sie es benötigen – wir wissen es aber nicht genau. Trotzdem können wir durch Refactoring des Codes mit *ADDCOLUMNS* eine schnellere Version dieses Measures schreiben. Dies wird erreicht, indem zunächst eine Tabelle mit den Tagesumsätzen erstellt und in einer Variablen gespeichert wird. Dann wird dieses erste (Teil-)Ergebnis verwendet, um den maximalen Tagesumsatz wie auch das Datum mit dem maximalen Umsatz zu berechnen:

```
Date of Max :=
VAR DailySales =
    ADDCOLUMNS (
        VALUES ( 'Date'[Date] ),
        "Daily Sales", [Sales Amount]
    )
VAR MaxDailySales = MAXX ( DailySales, [Daily Sales] )
VAR DatesWithMax =
    SELECTCOLUMNS (
        FILTER (
            DailySales,
            [Daily Sales] = MaxDailySales
        ),
        "Date", 'Date'[Date]
    )
VAR Result =
IF (
    COUNTROWS ( DatesWithMax ) = 1,
    DatesWithMax,
    BLANK ()
)
RETURN
    Result
```

Der Algorithmus ist dem vorherigen sehr ähnlich, es gibt aber einige auffällige Unterschiede:

- Die Variable *DailySales* enthält eine Tabelle mit Datum und dem jeweils zugehörigen Umsatzbetrag. Diese Tabelle wird mithilfe von *ADDCOLUMNS* erstellt.
- *MaxDailySales* berechnet den Tagesumsatz nicht mehr. Stattdessen scannt es die vorbereitete *DailySales*-Variable, was die Ausführung beschleunigt.
- Gleiches geschieht mit *DatesWithMax*, das die Variable *DailySales* durchsucht. Da der Code danach nur noch das Datum und nicht mehr die Tagesumsätze benötigt, haben wir mit *SELECTCOLUMNS* die Tagesumsätze aus dem Ergebnis entfernt.

Diese Version des Codes ist deutlich komplexer als die ursprüngliche Version. Dies ist oft der Preis, den man für eine Optimierung des Codes zahlen muss: Wer sich Gedanken um die Performance macht, wird komplexeren Code schreiben müssen.

Wir werden uns mit *ADDCOLUMNS* und *SELECTCOLUMNS* in den Kapiteln 12, »Mit Tabellen arbeiten«, und 13, »Abfragen verfassen«, genauer befassen. Es gibt viele Details, die hier wichtig sind. Dies gilt insbesondere, wenn Sie das Ergebnis von *SELECTCOLUMNS* in anderen Iteratoren verwenden wollen, die einen Kontextübergang ausführen.

Häufige Aufgabenstellungen mit Iteratoren lösen

Auch in diesem Abschnitt werden wir Beispiele für bekannte Iteratoren zeigen. Außerdem stellen wir einen weiteren häufig verwendeten und sehr nützlichen Iterator vor: *RANKX*. Hier nun werden Sie anfangen zu lernen, wie gleitende Durchschnitte berechnet werden und welchen Unterschied es zwischen der Verwendung eines Iterators und der einfachen Berechnung eines Durchschnitts gibt. Im weiteren Verlauf dieses Abschnitts finden Sie dann eine vollständige Beschreibung der *RANKX*-Funktion. Diese Funktion ist ausgesprochen nützlich, um ein Ranking auf der Grundlage von Ausdrücken zu berechnen.

Durchschnitte und gleitende Durchschnitte berechnen

Sie können den Mittelwert (also das arithmetische Mittel) einer Wertemenge mit einer der folgenden DAX-Funktionen berechnen:

- ***AVERAGE:*** Gibt den Durchschnitt aller Zahlenwerte in einer numerischen Spalte zurück.
- ***AVERAGEX:*** Berechnet den Durchschnitt eines Ausdrucks, der über eine Tabelle ausgewertet wird.

DAX hat auch eine *AVERAGEA*-Funktion, die den Durchschnitt aller Zahlen in einer Textspalte zurückgibt. Diese sollten Sie aber nicht verwenden. *AVERAGEA* existiert in DAX nur aus Gründen der Excel-Kompatibilität. Das wesentliche Problem von *AVERAGEA* besteht darin, dass anders als bei Excel nicht versucht wird, jede Textzeile in eine Zahl zu konvertieren, wenn Sie eine Textspalte als Argument verwenden. Stattdessen erhalten Sie, wenn Sie eine Stringspalte als Argument übergeben,

immer 0 als Ergebnis. Sie werden mir zustimmen, dass das ziemlich sinnlos ist. Andererseits würde *AVERAGE* einen Fehler zurückgeben, der deutlich darauf hinweist, dass eine Durchschnittsbildung bei Strings nicht möglich ist.

Wir haben bereits früher in diesem Kapitel beschrieben, wie reguläre Durchschnitte über eine Tabelle berechnet werden. Hier wollen wir eine fortgeschrittenere Nutzung zeigen: den gleitenden Durchschnitt. Stellen Sie sich beispielsweise vor, Sie müssten den täglichen Umsatz von Contoso berechnen. Wenn Sie lediglich einen Bericht erstellen, der den Umsatzbetrag nach Tag aufgeschlüsselt darstellt, ist das Ergebnis schwierig zu analysieren. Wie in Abbildung 7.7 zu sehen, zeigt der ermittelte Wert starke tägliche Schwankungen.

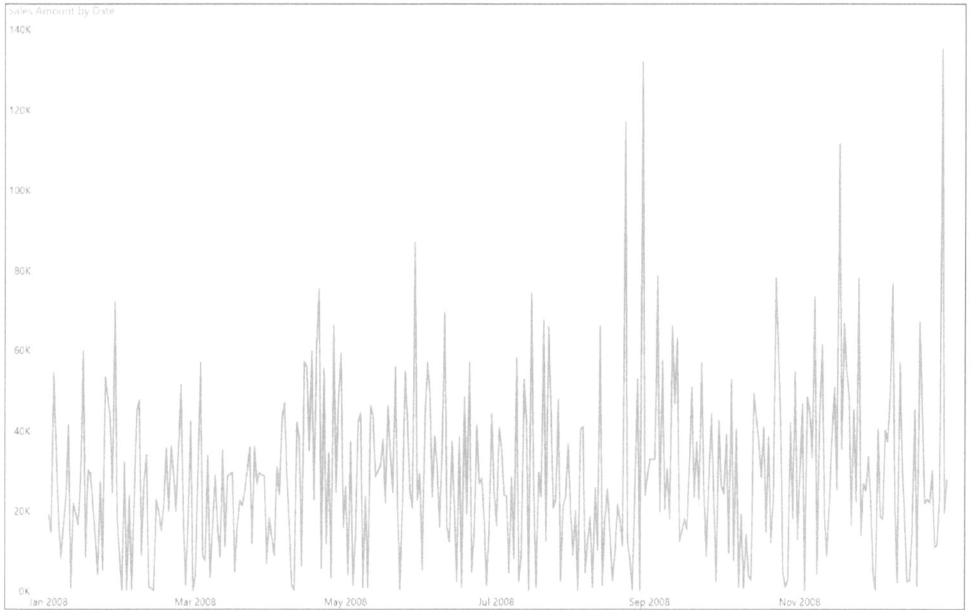

Abbildung 7.7 Ein gezeichneter Bericht zum tagesbezogenen Umsatzbetrag ist schwer zu lesen.

Um das Diagramm anschaulicher zu machen, greift man häufig darauf zurück, den Durchschnitt über einen bestimmten Zeitraum zu berechnen, der länger ist als nur ein Tag. In unserem Beispiel haben wir uns für einen 30-Tage-Zeitraum entschieden. Das bedeutet, dass das Diagramm an jedem Tag den Durchschnitt für die letzten 30 Tage darstellt. Diese Technik hilft uns dabei, Spitzenwerte aus dem Diagramm zu entfernen. Dies vereinfacht das Erkennen von Trends.

Die folgende Berechnung ermittelt den Durchschnitt für die letzten 30 Tage bezogen auf die Datumskardinalität.

```
AvgXSales30 :=
VAR LastVisibleDate = MAX ( 'Date'[Date] )
VAR NumberOfDays = 30
```

```
VAR PeriodToUse =
    FILTER (
        ALL ( 'Date' ),
        AND (
            'Date'[Date] > LastVisibleDate - NumberOfDays,
            'Date'[Date] <= LastVisibleDate
        )
    )
VAR Result =
    CALCULATE (
        AVERAGEX ( 'Date', [Sales Amount] ) ,
        PeriodToUse
    )
RETURN
    Result
```

Die Formel ermittelt zunächst das letzte sichtbare Datum; im Diagramm gibt sie das ausgewählte Datum zurück, da der vom Visual festgelegte Filterkontext auf der Datumsebene liegt. Dann erstellt die Formel eine Menge mit allen Datumsangaben zwischen dem letzten Datum und dem letzten Datum minus 30 Tage. Im letzten Schritt schließlich wird dieser Zeitraum als Filter in *CALCULATE* verwendet, sodass die letzte *AVERAGEX*-Anweisung über den Zeitraum von 30 Tagen iteriert und den Durchschnitt für die täglichen Umsätze berechnet.

Das Ergebnis dieser Berechnung sehen Sie in Abbildung 7.8. Wie Sie sehen, ist die Linie sehr viel ebenmäßiger als die für den Tagesumsatz. Dies erlaubt eine bessere Analyse von Trends.

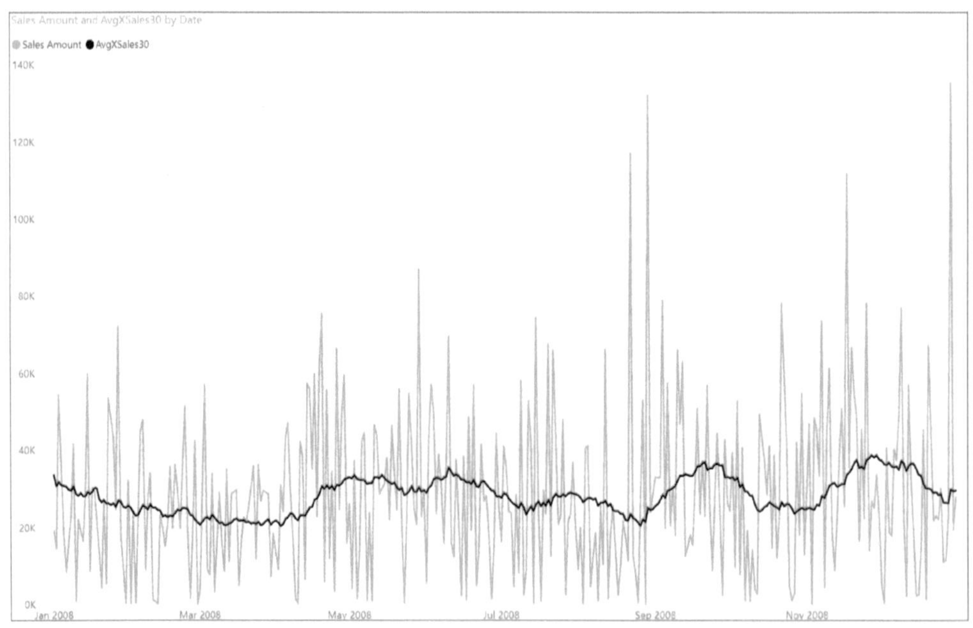

Abbildung 7.8 Der gleitende Durchschnitt über 30 Tage ergibt eine wesentlich ebenmäßigere Kurve.

Wenn der Benutzer Funktionen zur Durchschnittsermittlung wie *AVERAGEX* nutzt, muss er das gewünschte Ergebnis immer im Blick behalten. Bei der Berechnung eines Durchschnitts ignoriert DAX nämlich leere Werte. Wird also an einem bestimmten Tag gar nichts verkauft, dann wird dieser Tag nicht bei der Durchschnittsberechnung einbezogen. Dies ist allerdings grundsätzlich ein korrektes Verhalten. *AVERAGEX* kann nicht davon ausgehen, dass, wenn für ein bestimmtes Datum keine Verkäufe verzeichnet sind, wir stattdessen null verwenden müssen. Bei der Mittelwertbildung über Datumsangaben ist ein solches Verhalten ggf. nicht wünschenswert.

Besteht die Anforderung darin, den Durchschnitt über Datumsangaben zu berechnen und dabei für Tage ohne Umsatz den Wert 0 zugrunde zu legen, dann werden Sie fast immer eine simple Division anstelle von *AVERAGEX* verwenden. Das geht ggf. auch schneller, da der Kontextübergang innerhalb von *AVERAGEX* mehr Speicherplatz und eine längere Ausführungszeit erfordert. Betrachten Sie die folgende Variante für die Berechnung des gleitenden Durchschnitts. Hierbei besteht der einzige Unterschied zur vorherigen Formel im Ausdruck in *CALCULATE*:

```
AvgSales30 :=
VAR LastVisibleDate = MAX ( 'Date'[Date] )
VAR NumberOfDays = 30
VAR PeriodToUse =
    FILTER (
        ALL ( 'Date' ),
        'Date'[Date] > LastVisibleDate - NumberOfDays &&
        'Date'[Date] <= LastVisibleDate
    )
VAR Result =
CALCULATE (
    DIVIDE ( [Sales Amount], COUNTROWS ( 'Date' ) ),
    PeriodToUse
)
RETURN
    Result
```

Wird *AVERAGEX* nicht verwendet, dann werden Tage ohne Umsätze in dieser Version des Codes mit dem Wert null berechnet. Dies spiegelt sich im resultierenden Wert wider, dessen Verhalten dem des vorherigen ähnlich ist, sich aber doch geringfügig unterscheidet. Zudem ist das Ergebnis dieser letzten Berechnung immer etwas kleiner als das der vorherigen, da der Nenner fast immer ein höherer Wert ist (siehe Abbildung 7.9).

Wie es bei betriebswirtschaftlichen Berechnungen häufig der Fall ist, kann man nicht sagen, dass eine Variante besser ist als die andere. Alles hängt von Ihren konkreten Anforderungen ab. DAX bietet verschiedene Möglichkeiten, zum Ziel zu kommen. Es liegt nur an Ihnen, die richtige Wahl zu treffen. Durch *COUNTROWS* berücksichtigt die Formel nun beispielsweise Tage ohne Umsatz, die als null gewertet werden, zählt allerdings auch Wochenenden und Feiertage als Tage ohne Umsatz. Ob das gewünscht ist oder nicht, hängt von den jeweiligen Anforderungen ab. Die Formel muss dann entsprechend aktualisiert werden, um den richtigen Durchschnitt wiederzugeben.

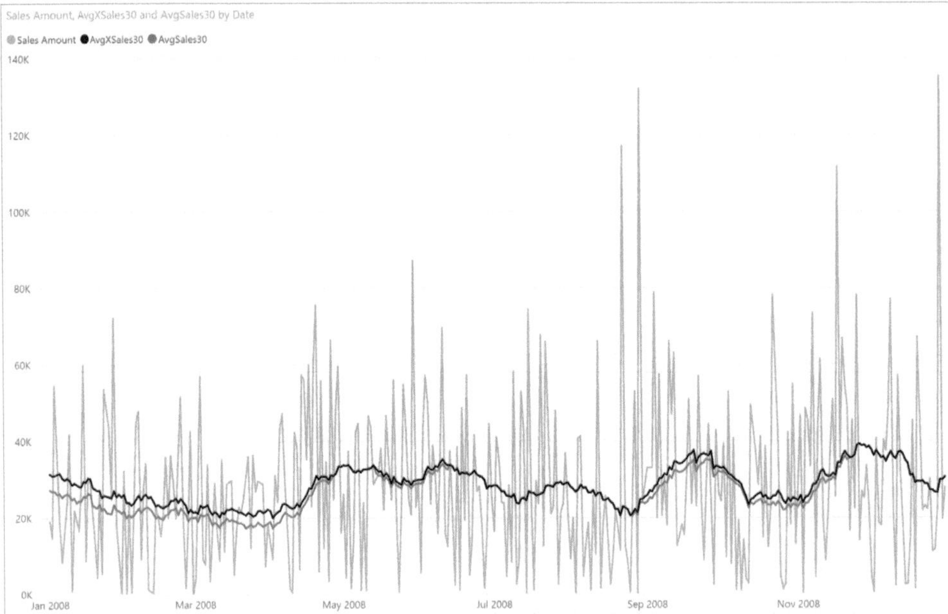

Abbildung 7.9 Verschiedene Berechnungen des gleitenden Durchschnitts führen zu geringfügig unterschiedlichen Ergebnissen.

RANKX verwenden

Mit der *RANKX*-Funktion kann der Wert eines Elements in einer Rangliste gemäß einer bestimmten Sortierreihenfolge angezeigt werden. Eine typische Anwendung von *RANKX* besteht beispielsweise darin, ein Ranking von Produkten oder Kunden auf Grundlage ihres jeweiligen Umsatzvolumens zu erstellen. *RANKX* nimmt mehrere Parameter entgegen, wobei meistens nur die ersten beiden verwendet werden. Alle anderen sind optional und werden selten angegeben.

Stellen Sie sich beispielsweise vor, Sie möchten den Bericht in Abbildung 7.10 erstellen, der die Einstufung einer Kategorie bezogen auf alle anderen entsprechend der jeweiligen Umsatzbeträge darstellt.

Category	Sales Amount	Rank Cat on Sales
Audio	384,518.16	6
Cameras and camcorders	7,192,581.95	2
Cell phones	1,604,610.26	5
Computers	6,741,548.73	3
Games and Toys	360,652.81	7
Home Appliances	9,600,457.04	1
Music, Movies and Audio Books	314,206.74	8
TV and Video	4,392,768.29	4
Total	**30,591,343.98**	**1**

Abbildung 7.10 *Rank Cat on Sales* zeigt das Kategorieranking nach Umsatzbetrag.

In diesem Szenario ist *RANKX* die Funktion der Wahl. *RANKX* ist ein Iterator und eine einfache Funktion. Dennoch birgt seine Verwendung einige komplexere Aspekte, die eine ausführlichere Erklärung wert sind.

Der Code von *Rank Cat on Sales* sieht wie folgt aus:

```
Rank Cat on Sales :=
RANKX (
    ALL ( 'Product'[Category] ),
    [Sales Amount]
)
```

RANKX kann in drei Schritte unterteilt werden:

1. *RANKX* erstellt eine Nachschlagetabelle, indem es über die Tabelle iteriert, die als erster Parameter angegeben wird. Während der Iteration wertet die Funktion den zweiten Parameter im Zeilenkontext der Iteration aus. Am Ende wird die Nachschlagetabelle sortiert.
2. *RANKX* wertet seinen zweiten Parameter im ursprünglichen Bewertungskontext aus.
3. *RANKX* gibt die Position des im zweiten Schritt berechneten Werts zurück, indem es dessen Platz in der sortierten Nachschlagetabelle ermittelt.

Der Algorithmus ist in Abbildung 7.11 veranschaulicht. Hier zeigen wir die Schritte, die erforderlich sind, um den Wert 2 – das Ranking von Kameras und Camcordern nach *Sales Amount* – zu berechnen.

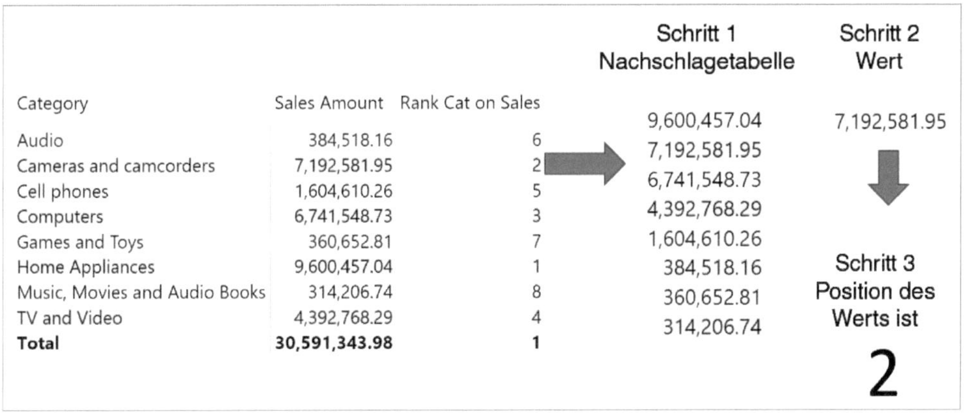

Category	Sales Amount	Rank Cat on Sales
Audio	384,518.16	6
Cameras and camcorders	7,192,581.95	2
Cell phones	1,604,610.26	5
Computers	6,741,548.73	3
Games and Toys	360,652.81	7
Home Appliances	9,600,457.04	1
Music, Movies and Audio Books	314,206.74	8
TV and Video	4,392,768.29	4
Total	**30,591,343.98**	**1**

Abbildung 7.11 *RANKX* benötigt drei Schritte, um das Ranking von Kameras und Camcordern zu ermitteln.

Hier nun eine ausführlichere Beschreibung des Verhaltens von *RANKX* in unserem Beispiel:

- Die Nachschlagetabelle wird während der Iteration erstellt. Im Code mussten wir *ALL* für die Produktkategorie verwenden, um den aktuellen Filterkontext zu ignorieren. Andernfalls nämlich würde die einzige sichtbare Kategorie gefiltert, was zu einer Nachschlagetabelle mit nur einer Zeile führen würde.

- Der Wert von *Sales Amount* ist aufgrund des Kontextübergangs für jede Kategorie unterschiedlich. Während der Iteration gibt es sogar einen Zeilenkontext. Weil der zu bewertende Ausdruck ein Measure ist, das ein verstecktes *CALCULATE* enthält, kann DAX den Wert von *Sales Amount* aufgrund des Kontextübergangs nur für die angegebene Kategorie berechnen.
- Die Nachschlagetabelle enthält nur Werte. Jeder Verweis auf die Kategorie geht verloren: Das Ranking erfolgt nur anhand der Werte, sobald diese korrekt sortiert wurden.
- Der in Schritt 2 ermittelte Wert stammt aus der Auswertung des Measures *Sales Amount* außerhalb der Iteration, d.h. im ursprünglichen Auswertungskontext. Der ursprüngliche Filterkontext filtert Kameras und Camcorder. Folglich ist das Ergebnis die Umsatzhöhe bei Kameras und Camcordern.
- Der Wert von 2 ist das Ergebnis der Suche der Position von *Sales Amount* für Kameras und Camcorder in der sortierten Nachschlagetabelle.

Sie haben vielleicht bemerkt, dass *RANKX* für die Gesamtsumme 1 angibt. Dieser Wert ist aus menschlicher Sicht nicht sinnvoll, da ein Ranking überhaupt keine Summe haben sollte. Trotzdem ist dieser Wert das Ergebnis desselben Auswertungsprozesses, der in der Gesamtsumme immer einen – bedeutungslosen – Wert anzeigt. In Abbildung 7.12 sehen Sie den Bewertungsprozess als Gesamtsumme.

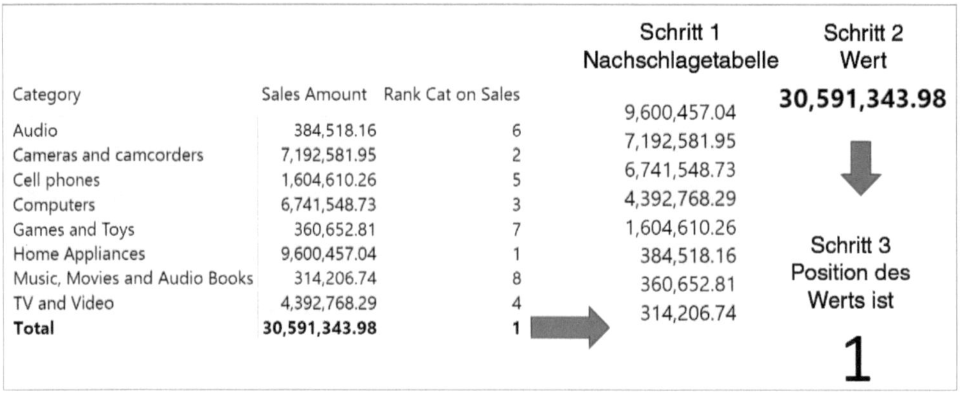

Schritt 1
Nachschlagetabelle
Schritt 2
Wert
Category | Sales Amount | Rank Cat on Sales
Audio | 384,518.16 | 6
Cameras and camcorders | 7,192,581.95 | 2
Cell phones | 1,604,610.26 | 5
Computers | 6,741,548.73 | 3
Games and Toys | 360,652.81 | 7
Home Appliances | 9,600,457.04 | 1
Music, Movies and Audio Books | 314,206.74 | 8
TV and Video | 4,392,768.29 | 4
Total | 30,591,343.98 | 1
9,600,457.04
7,192,581.95
6,741,548.73
4,392,768.29
1,604,610.26
384,518.16
360,652.81
314,206.74
30,591,343.98
Schritt 3
Position des
Werts ist
1

Abbildung 7.12 Die Gesamtsumme gibt immer 1 an, wenn die Nachschlagetabelle absteigend sortiert ist.

Der in Schritt 2 berechnete Wert ist die Gesamtsumme der Umsätze, die immer größer ist als die Summe der einzelnen Kategorien. Daher ist der als Gesamtsumme angezeigte Wert also kein Fehler, sondern stellt das Standardverhalten von *RANKX* dar, das seine vorgesehene Bedeutung auf der Ebene der Gesamtsumme verliert. Der korrekte Umgang mit der Summe besteht darin, sie mithilfe des DAX-Codes zu verbergen. Tatsächlich hat das Ranking einer Kategorie gegenüber allen anderen Kategorien eine Bedeutung, wenn der aktuelle Filterkontext nur genau eine Kategorie filtert – aber eben auch nur dann. Folglich könnte eine bessere Formulierung der Maßnahme auf *HASONVALUE* zurückgreifen, um zu vermeiden, dass das Ranking in einem Filterkontext berechnet wird, der ein bedeutungsloses Ergebnis liefert:,

```
Rank Cat on Sales :=
IF (
    HASONEVALUE ( 'Product'[Category] ),
    RANKX (
        ALL ( 'Product'[Category] ),
        [Sales Amount]
    )
)
```

Dieser Code erzeugt einen Blank, wenn es im aktuellen Filterkontext mehrere Kategorien gibt. Hierdurch wird die gesamte Zeile entfernt. Wenn man *RANKX* verwendet – oder allgemeiner ausgedrückt: Wenn das berechnete Measure von bestimmten Merkmalen des Filterkontexts abhängt –, dann sollte man das Measure mit einem bedingten Ausdruck schützen, der dafür sorgt, dass die Berechnung nur dann erfolgt, wenn sie es sollte, und in jedem anderen Fall einen Leerwert oder eine Fehlermeldung zurückgibt. Das ist genau das, was das obige Measure bewirkt.

Wie bereits erwähnt, akzeptiert *RANKX* nicht nur die ersten beiden, sondern viele Argumente. Es gibt noch drei weitere Argumente, die wir hier vorstellen wollen. Die Beschreibung folgt weiter hinten in diesem Abschnitt.

- Der dritte Parameter ist der Wertausdruck. Er kann nützlich sein, wenn verschiedene Ausdrücke zur Auswertung der Nachschlagetabelle bzw. des Werts für das Ranking verwendet werden.
- Der vierte Parameter ist die Sortierreihenfolge der Nachschlagetabelle. Diese kann *ASC* (aufsteigend) oder *DESC* (absteigend) sein. Standardmäßig ist *DESC* voreingestellt, das heißt, die höheren Werte stehen oben und führen demzufolge zu einem niedrigeren Rang.
- Der fünfte Parameter definiert, wie Werte im Falle von Gleichständen berechnet werden. Diese kann *DENSE* oder *SKIP* sein. Bei *DENSE* werden Gleichstände aus der Nachschlagetabelle entfernt, andernfalls werden sie beibehalten.

Wir wollen die verbleibenden Parameter anhand einiger Beispiele beschreiben.

Der dritte Parameter ist nützlich, wenn man einen anderen Ausdruck verwenden muss, um die Nachschlagetabelle zu erstellen bzw. den Wert für den Rang zu berechnen. Betrachten wir beispielsweise die Anforderung einer benutzerdefinierten Tabelle für das Ranking, wie sie in Abbildung 7.13 dargestellt ist.

Sales
0
100,000
500,000
1,000,000
2,000,000
5,000,000
10,000,000

Abbildung 7.13 Statt eine dynamische Nachschlagetabelle zu erstellen, muss möglicherweise eine feste Nachschlagetabelle verwendet werden.

Wenn man diese Tabelle zur Berechnung der Nachschlagetabelle verwenden möchte, dann sollte sich der Ausdruck, mit dem sie erstellt wurde, vom Measure *Sales Amount* unterscheiden. Das ist ein Szenario, in dem wir den dritten Parameter gut brauchen können. Um den Umsatzbetrag anhand dieser speziellen Nachschlagetabelle mit dem Namen *Sales Ranking* zu bewerten, brauchen wir folgenden Code:

```
Rank On Fixed Table :=
RANKX (
    'Sales Ranking',
    'Sales Ranking'[Sales],
    [Sales Amount]
)
```

In diesem Fall wird die Nachschlagetabelle aufgebaut, indem der Wert von *'Sales Ranking'[Sale]* im Zeilenkontext von *Sales Ranking* ermittelt wird. Nach Abschluss der Erstellung der Nachschlagetabelle wertet *RANKX [Sales Amount]* im ursprünglichen Auswertungskontext aus. Das Ergebnis dieser Berechnung ist in Abbildung 7.14 dargestellt.

Category	Sales Amount	Rank On Fixed Table
Audio	384,518.16	6
Cameras and camcorders	7,192,581.95	2
Cell phones	1,604,610.26	4
Computers	6,741,548.73	2
Games and Toys	360,652.81	6
Home Appliances	9,600,457.04	2
Music, Movies and Audio Books	314,206.74	6
TV and Video	4,392,768.29	3
Total	**30,591,343.98**	**1**

Abbildung 7.14 *Rank On Fixed Table* ordnet den *Sales Amount* entsprechend der festen Tabelle *Sales Ranking* an.

Der gesamte Vorgang ist in Abbildung 7.15 dargestellt. Hier ist auch zu erkennen, dass die Nachschlagetabelle vor der Verwendung sortiert wird.

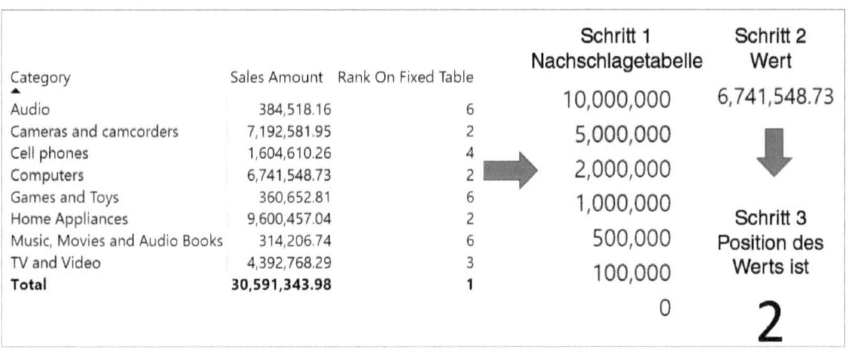

Category	Sales Amount	Rank On Fixed Table
Audio	384,518.16	6
Cameras and camcorders	7,192,581.95	2
Cell phones	1,604,610.26	4
Computers	6,741,548.73	2
Games and Toys	360,652.81	6
Home Appliances	9,600,457.04	2
Music, Movies and Audio Books	314,206.74	6
TV and Video	4,392,768.29	3
Total	**30,591,343.98**	**1**

Abbildung 7.15 Bei einer festen Nachschlagetabelle unterscheidet sich der Ausdruck, der zu ihrem Aufbau verwendet wird, von demjenigen, der für Schritt 2 verwendet wurde.

Der vierte Parameter kann *ASC* oder *DESC* sein. Hiermit ändern Sie die Sortierreihenfolge der Nachschlagetabelle. Voreingestellt ist *DESC*, das heißt, höhere Werte erhalten ein niedrigeres Ranking. Verwenden Sie dagegen *ASC*, dann wird dem niedrigeren Wert ein niedrigerer Rang zugewiesen, die Nachschlagetabelle wird also umgekehrt sortiert.

Der fünfte Parameter schließlich ist bei Gleichständen praktisch. Um einen solchen Gleichstand gezielt in die Rechnung einzubringen, verwenden wir ein anderes Measure namens *Rounded Sales*. *Rounded Sales* rundet die Werte auf das nächstgelegene Vielfache von 1 Million ab. Hierbei erfolgt eine Aufschlüsselung nach Marke:

```
Rounded Sales := MROUND ( [Sales Amount], 1000000 )
```

Nun definieren wir zwei verschiedene Rankings: Eines verwendet die Standardrangfolge (*SKIP*), das andere hingegen *DENSE*:

```
Rank On Rounded Sales :=
RANKX (
    ALL ( 'Product'[Brand] ),
    [Rounded Sales]
)

Rank On Rounded Sales Dense :=
RANKX (
    ALL ( 'Product'[Brand] ),
    [Rounded Sales],
    ,
    ,
    DENSE
)
```

Das Ergebnis der beiden Measures ist unterschiedlich. Eigentlich wird standardmäßig die Anzahl der Gleichstände geprüft und das Ranking entsprechend erhöht. Bei *DENSE* hingegen erhöht sich das Ranking unabhängig von einem Gleichstand um eins. Sie sehen das unterschiedliche Ergebnis in Abbildung 7.16.

Brand	Rounded Sales	Rank On Rounded Sales	Rank On Rounded Sales Dense
Contoso	7,000,000.00	1	1
Fabrikam	6,000,000.00	2	2
Adventure Works	4,000,000.00	3	3
Litware	3,000,000.00	4	4
Proseware	3,000,000.00	4	4
A. Datum	2,000,000.00	6	5
Wide World Importers	2,000,000.00	6	5
Northwind Traders	1,000,000.00	8	6
Southridge Video	1,000,000.00	8	6
The Phone Company	1,000,000.00	8	6
Tailspin Toys	0.00	11	7

Abbildung 7.16 Die Verwendung von *DENSE* oder *SKIP* erzeugt verschiedene Ranglistenwerte bei Gleichständen in der Nachschlagetabelle.

Grundsätzlich führt *DENSE* vor der Verwendung eine *DISTINCT*-Anweisung für die Nachschlagetabelle durch. *SKIP* tut dies hingegen nicht, sondern verwendet die Nachschlagetabelle genau so, wie sie während der Iteration generiert wurde.

Bei *RANKX* ist es wichtig, zu berücksichtigen, welche Tabelle als erster Parameter verwendet werden muss, um das gewünschte Ergebnis zu erhalten. In den obigen Abfragen war es notwendig, *ALL (Product[Brand])* anzugeben, da wir das Ranking jeder Marke erhalten wollten. Um die Angelegenheit zu verkürzen, haben wir auf den üblichen Test mit *HASONEVALUE* verzichtet. In der Praxis sollten Sie das jedoch niemals tun, da andernfalls die Gefahr besteht, dass das Measure unerwartete Ergebnisse berechnet. Beispielsweise erzeugt ein Measure wie das folgende einen Fehler, wenn es nicht in einem Bericht verwendet wird, der nach Marke aufschlüsselt:

```
Rank On Sales :=
RANKX (
    ALL ( 'Product'[Brand] ),
    [Sales Amount]
)
```

In Abbildung 7.17 gliedern wir das Measure nach Produktfarbe und das Ergebnis ist immer 1.

Color	Sales Amount	Rank On Sales
Azure	97,389.89	1
Black	5,860,066.14	1
Blue	2,435,444.62	1
Brown	1,029,508.95	1
Gold	361,496.01	1
Green	1,403,184.38	1
Grey	3,509,138.09	1
Orange	857,320.28	1
Pink	828,638.54	1
Purple	5,973.84	1

Abbildung 7.17 Ein Ranking nach Marken führt zu unerwarteten Ergebnissen, wenn es nach *Color* gegliedert ist.

Der Grund dafür besteht darin, dass die Nachschlagetabelle den Umsatzbetrag nach Marke und Farbe aufgeschlüsselt enthält, während die in der Nachschlagetabelle gesuchten Werte die Summe nur nach Farbe enthalten. Somit ist die Summe nach Farbe immer größer als eine ihrer Teilmengen nach Marke, was zu einem Ranking von 1 führt. Das Hinzufügen des Schutzcodes per *IF HASONEVALUE* stellt sicher, dass, wenn der Bewertungskontext keine einzelne Marke filtert, das Ergebnis Blank ist.

Auch *ALLSELECTED* wird oft mit *RANKX* verwendet. Wenn ein Benutzer eine Auswahl einiger Marken aus der Gesamtzahl aller Marken durchführt, kann ein Ranking über *ALL* zu Lücken in der Rangfolge führen. Das liegt daran, dass *ALL* alle Marken unabhängig davon zurückgibt, welche Filterung der Slicer vornimmt. Betrachten Sie beispielsweise die folgenden Measures:

```
Rank On Selected Brands :=
RANKX (
    ALLSELECTED ( 'Product'[Brand] ),
    [Sales Amount]
)

Rank On All Brands :=
RANKX (
    ALL ( 'Product'[Brand] ),
    [Sales Amount]
)
```

In Abbildung 7.18 sehen Sie den Vergleich zwischen den beiden Measures bei Vorhandensein eines Slicers, der bestimmte Marken filtert.

Brand
- ■ A. Datum
- ■ Adventure Works
- ■ Contoso
- ■ Fabrikam
- □ Litware
- ■ Northwind Traders
- ■ Proseware
- ■ Southridge Video
- ■ Tailspin Toys
- □ The Phone Company
- □ Wide World Importers

Brand	Sales Amount	Rank On All Brands	Rank On Selected Brands
Contoso	7,352,399.03	1	1
Fabrikam	5,554,015.73	2	2
Adventure Works	4,011,112.28	3	3
Proseware	2,546,144.16	5	4
A. Datum	2,096,184.64	6	5
Southridge Video	1,384,413.85	8	6
Northwind Traders	1,040,552.13	10	7
Tailspin Toys	325,042.42	11	8

Abbildung 7.18 Durch *ALLSELECTED* werden Lücken im Ranking beseitigt, die durch *ALL* entstanden sind.

RANK.EQ verwenden

Die Funktion *RANK.EQ* in DAX entspricht der gleichnamigen Excel-Funktion. Es gibt das Ranking einer Zahl innerhalb einer Liste mit Zahlenwerten zurück und unterstützt die bei *RANKX* verfügbaren Funktionen teilweise. Diese Funktion werden Sie in DAX nur selten verwenden, wenn Sie nicht gerade eine Excel-Formel migrieren. Die Syntax sieht wie folgt aus:

```
RANK.EQ ( <value>, <column> [, <order>] )
```

Das Argument *<value>* (Wert) kann ein DAX-Ausdruck sein, der ausgewertet werden muss. *<column>* ist der Name einer vorhandenen Spalte, bei der die Rangliste ermittelt wird. Die Reihenfolge ist optional; *0* steht für eine absteigende, *1* für eine aufsteigende Sortierung. In Excel kann die gleiche Funktion einen Zellenbereich als Spaltenargument entgegennehmen. In DAX wird jedoch oft dieselbe Spalte für den Wertausdruck verwendet, das heißt, Sie berechnen dann das Ranking einer Spalte für sich selbst. Ein Szenario, in dem Sie eine andere Spalte verwenden, liegt vor, wenn Sie zwei Tabellen haben: Eine Tabelle enthält Elemente, die Sie auswerten möchten (z. B. eine bestimmte Produktgruppe), die andere enthält die Gesamtmenge der Elemente, die für das Ranking verwendet werden soll, beispielsweise die Liste aller dieser Produkte. Aufgrund der Einschränkungen, die für den Spaltenparameter gelten – es darf sich nicht um einen Ausdruck oder eine Spalte handeln, die mit *ADDCOLUMNS*, *SELECTCOLUMNS* oder anderen Tabellenfunktionen erstellt wurde –, wird *RANK.EQ* üblicherweise verwendet, indem dieselbe Spalte als Wert- und Spaltenparameter in einem berechneten Spaltenausdruck übergeben wird, wobei wie im folgenden Beispiel gezeigt auf Spalten in derselben Tabelle verwiesen wird:

```
Product[Price Rank] =
RANK.EQ ( Product[Unit Price], Product[Unit Price] )
```

RANKX ist sehr viel mächtiger als *RANK.EQ*. Wenn Sie also erst einmal wissen, wie *RANKX* funktioniert, werden Sie wahrscheinlich nicht mehr allzu viel Zeit damit verbringen, eine weniger leistungsfähige Version derselben Funktion zu erlernen.

Berechnungsgranularität ändern

Es gibt verschiedene Szenarien, in denen die Berechnung einer Formel auf der Gesamtsummenebene nicht ganz trivial ist. Stattdessen könnte die gleiche Berechnung mit höherer Granularität durchgeführt und dann später aggregiert werden.

Stellen Sie sich vor, Sie müssten den Umsatzbetrag pro Arbeitstag berechnen. Die Anzahl der Arbeitstage pro Monat ist unterschiedlich, je nach Anzahl der Samstage, Sonntage und Feiertage im betreffenden Monat. Der Einfachheit halber betrachten wir in diesem Beispiel nur die Samstage und Sonntage, aber selbstverständlich können Sie das Konzept leicht auf Feiertage ausdehnen.

Die Tabelle *Date* enthält eine Spalte *IsWorkingDay*, die je nachdem, ob dieser Tag ein Werktag ist oder nicht, 1 oder 0 angibt. Es ist sinnvoll, die Information als Integer zu speichern, da dies die Berechnung von Tagen und Arbeitstagen sehr einfach macht. So berechnen die beiden folgenden Measures die Anzahl der Tage im aktuellen Filterkontext und die entsprechende Anzahl der Arbeitstage:

```
NumOfDays := COUNTROWS ( 'Date' )
NumOfWorkingDays := SUM ( 'Date'[IsWorkingDay] )
```

In Abbildung 7.19 sehen Sie einen Bericht mit den beiden Measures.

Calendar Year	Sales Amount	NumOfDays	NumOfWorkingDays
CY 2007	**4,694,127.73**	**365**	**261**
January		31	23
February		28	20
March		31	22
April		30	21
May		31	23
June		30	21
July		31	22
August	952,834.59	31	23
September	1,009,868.98	30	20
October	914,273.54	31	23
November	825,601.87	30	22
December	991,548.75	31	21
CY 2008	**9,927,582.99**	**366**	**262**
January	656,766.69	31	23
February	600,080.00	29	21
Total	**20,844,079.45**	**1,096**	**784**

Abbildung 7.19 Die Anzahl der Arbeitstage unterscheidet sich abhängig von den Wochenendtagen von Monat zu Monat.

Auf der Grundlage dieser Measures wollen wir nun den Umsatz pro Arbeitstag berechnen. Dies ist eine einfache Division des Umsatzbetrags durch die Anzahl der Arbeitstage. Die Berechnung ist nützlich, um für jeden Monat einen Leistungsindikator zu erstellen, der sowohl den Bruttoumsatz als auch die Anzahl der Tage berücksichtigt, an denen Umsätze möglich waren. Zwar sieht die Berechnung einfach aus, doch verbirgt sie eine gewisse Komplexität, die wir durch den Einsatz von Iteratoren lösen. Wie in diesem Buch schon häufiger geschehen, zeigen wir die

Lösung Schritt für Schritt und weisen gezielt auf potenzielle Fehlerquellen beim Formulieren des Codes hin. Es geht dabei nicht darum, ein Muster zu vermitteln, sondern wir wollen verschiedene Fehler zeigen, die ein Entwickler beim Erstellen eines DAX-Ausdrucks machen kann.

Wie erwartet, führt eine einfache Division von *Sales Amount* durch die Anzahl der Arbeitstage nur auf Monatsebene zu korrekten Ergebnissen. Bei der Gesamtsumme ist das Ergebnis dagegen überraschenderweise niedriger als in jedem Monat:

```
SalesPerWorkingDay := DIVIDE ( [Sales Amount], [NumOfWorkingDays] )
```

In Abbildung 7.20 sehen Sie das Ergebnis.

Calendar Year	Sales Amount	NumOfDays	NumOfWorkingDays	SalesPerWorkingDay
CY 2007	**4,694,127.73**	**365**	**261**	**17,985.16**
January		31	23	
February		28	20	
March		31	22	
April		30	21	
May		31	23	
June		30	21	
July		31	22	
August	952,834.59	31	23	41,427.59
September	1,009,868.98	30	20	50,493.45
October	914,273.54	31	23	39,751.02
November	825,601.87	30	22	37,527.36
December	991,548.75	31	21	47,216.61
CY 2008	**9,927,582.99**	**366**	**262**	**37,891.54**
January	656,766.69	31	23	28,555.07
February	600,080.00	29	21	28,575.24
Total	**20,844,079.45**	**1,096**	**784**	**26,586.84**

Abbildung 7.20 Während die Monatswerte gut aussehen, ist die jahresbezogene Zwischensumme definitiv falsch.

Richten Sie Ihre Aufmerksamkeit auf das Gesamtjahr 2007: Hier steht der Wert 17.985,16. Das ist erstaunlich niedrig angesichts der Tatsache, dass alle Monatswerte über 37.000 liegen. Der Grund dafür ist, dass die Anzahl der Arbeitstage bezogen auf das Gesamtjahr bei 261 liegt. Das schließt allerdings auch solche Monate ein, in denen es überhaupt keine Umsätze gibt. In diesem Modell begann der Verkauf im August 2007. Deswegen wäre es falsch, die Vormonate einzubeziehen, in denen keine weiteren Umsätze hätten auftreten können. Das gleiche Problem tritt auch in dem Zeitraum auf, der den letzten Tag mit Daten enthält. So wird die Summe der Arbeitstage im laufenden Jahr wahrscheinlich künftige Monate ebenfalls als Arbeitstage einbeziehen.

Es gibt mehrere Möglichkeiten, die Formel zu korrigieren. Wir haben einen einfachen Ansatz gewählt: Wenn es in einem Monat keine Verkäufe gibt, dann soll die Formel die Tage in diesem Monat nicht einbeziehen. Diese Formel geht davon aus, dass allen Monaten zwischen der ältesten und der letzten vorhandenen Transaktion tatsächlich Transaktionen zugeordnet sind.

Da die Berechnung auf Monatsbasis erfolgen muss, muss sie über Monate iterieren und dabei prüfen, ob es im jeweiligen Monat Umsätze gibt. Ist dies der Fall, dann wird die Anzahl der Arbeitstage hinzuaddiert, andernfalls werden die Tage in diesem Monat übersprungen. *SUMX* kann diesen Algorithmus implementieren:

```
SalesPerWorkingDay :=
VAR WorkingDays =
    SUMX (
        VALUES ( 'Date'[Month] ),
        IF (
            [Sales Amount] > 0,
            [NumOfWorkingDays]
        )
    )
VAR Result =
    DIVIDE (
        [Sales Amount],
        WorkingDays
    )
RETURN
    Result
```

Diese neue Version des Codes liefert – auch wenn sie noch nicht perfekt ist –, ein korrektes Ergebnis für das Jahr (Abbildung 7.21).

Calendar Year	Sales Amount	NumOfDays	NumOfWorkingDays	SalesPerWorkingDay
CY 2007	**4,694,127.73**	**365**	**261**	**43,065.39**
January		31	23	
February		28	20	
March		31	22	
April		30	21	
May		31	23	
June		30	21	
July		31	22	
August	952,834.59	31	23	41,427.59
September	1,009,868.98	30	20	50,493.45
October	914,273.54	31	23	39,751.02
November	825,601.87	30	22	37,527.36
December	991,548.75	31	21	47,216.61
CY 2008	**9,927,582.99**	**366**	**262**	**37,891.54**
January	656,766.69	31	23	28,555.07
February	600,080.00	29	21	28,575.24
Total	**20,844,079.45**	**1,096**	**784**	**26,586.84**

Abbildung 7.21 Dank eines Iterators ist die Summe auf Jahresebene nun korrekt.

Wenn man die Berechnung mit einer anderen Granularität durchführt, muss man diese passend wählen. Die von *SUMX* gestartete Iteration iteriert über die Werte der Spalte *Month*, die von Januar bis Dezember reichen. Auf Jahresebene funktioniert alles einwandfrei, aber die Gesamtsumme ist nach wie vor falsch. Sie können dieses Verhalten in Abbildung 7.22 erkennen.

Calendar Year	Sales Amount	NumOfDays	NumOfWorkingDays	SalesPerWorkingDay
CY 2007	4,694,127.73	365	261	43,065.39
CY 2008	9,927,582.99	366	262	37,891.54
CY 2009	6,222,368.73	365	261	35,967.45
Total	**20,844,079.45**	**1,096**	**784**	**26,586.84**

Abbildung 7.22 Jahr für Jahr liegt die jeweilige Gesamtsumme über 35.000, und trotzdem ist die Gesamtsumme auch hier überraschend niedrig.

Wenn der Filterkontext das Jahr enthält, funktioniert eine Iteration über Monate einwandfrei, da – nach dem Kontextübergang – der neue Filterkontext sowohl ein Jahr als auch einen Monat enthält. Auf der Ebene des Gesamtbetrags hingegen ist das Jahr nicht mehr Teil des Filterkontexts. Folglich enthält der Filterkontext nur den aktuell iterierten Monat, und die Formel prüft gar nicht, ob im betreffenden Jahr und Monat Umsätze vorhanden sind. Stattdessen wird ermittelt, ob es in diesem Monat Umsätze für *irgendein* Jahr gibt.

Das Problem dieser Formel ist die Iteration über die Monatsspalte. Die richtige Granularität für die Iteration ist nicht der Monat, sondern ein Paar, das aus Jahr *und* Monat gebildet wird. Die beste Lösung besteht darin, über eine Spalte zu iterieren, die für jedes Jahr und jeden Monat einen anderen Wert enthält. Es zeigt sich, dass wir eine solche Spalte im Datenmodell haben: die Spalte *Calendar Year Month*. Um den Code zu berichtigen, genügt es, über die Spalte *Calendar Year Month* statt über *Month* zu iterieren:

```
SalesPerWorkingDay :=
VAR WorkingDays =
    SUMX (
        VALUES ( 'Date'[Calendar Year Month] ),
        IF (
            [Sales Amount] > 0,
            [NumOfWorkingDays]
        )
    )
VAR Result =
    DIVIDE (
        [Sales Amount],
        WorkingDays
    )
RETURN
    Result
```

Diese finale Version des Codes funktioniert einwandfrei, weil sie die Summe mit einer Iteration auf der richtigen Granularitätsstufe berechnet. Das Ergebnis sehen Sie in Abbildung 7.23.

Calendar Year	Sales Amount	NumOfDays	NumOfWorkingDays	SalesPerWorkingDay
CY 2007	4,694,127.73	365	261	43,065.39
CY 2008	9,927,582.99	366	262	37,891.54
CY 2009	6,222,368.73	365	261	35,967.45
Total	**20,844,079.45**	**1,096**	**784**	**38,316.32**

Abbildung 7.23 Die Berechnung auf der richtigen Granularitätsebene ergibt korrekte Werte auch auf der Gesamtebene.

Fazit

Wie üblich wollen wir dieses Kapitel mit einer Zusammenfassung der wichtigsten Konzepte abschließen:

- Iteratoren sind ein wesentlicher Bestandteil von DAX. Je mehr Sie DAX verwenden, desto häufiger werden Sie sie einsetzen.
- In DAX gibt es hauptsächlich zwei Arten von Iterationen: solche für einfache Berechnungen auf Zeilenbasis und solche, die einen Kontextübergang nutzen. Die Definition von *Sales Amount*, die wir bisher im Buch verwendet haben, nutzt eine Iteration, um die Menge multipliziert mit dem Nettopreis auf Zeilenbasis zu berechnen. In diesem Kapitel haben wir Iteratoren mit einem Kontextübergang vorgestellt – ein leistungsstarkes Werkzeug zum Berechnen komplexerer Ausdrücke.
- Wenn Sie einen Iterator mit Kontextübergang verwenden, müssen Sie immer die Kardinalität im Auge behalten, bei der die Iteration stattfinden soll. Diese Kardinalität sollte möglichst klein sein. Außerdem müssen Sie sicherstellen, dass die Zeilen in der Tabelle in jedem Fall eindeutig sind. Andernfalls besteht die Gefahr, dass der Code langsam wird oder falsche Ergebnisse liefert.
- Wenn Sie Durchschnittswerte im zeitlichen Verlauf berechnen, sollten Sie immer abwägen, ob ein Iterator die passende Lösung ist. *AVERAGEX* berücksichtigt Leerwerte in der Berechnung nicht, und bei zeitlichen Abläufen kann das zu falschen Ergebnissen führen. Überprüfen Sie dennoch immer die Formelanforderungen, denn jede Aufgabenstellung ist anders.
- Wie Sie im letzten Beispiel gesehen haben, sind Iteratoren praktisch, um Werte mit einer anderen Granularität zu berechnen. Bei Berechnungen mit unterschiedlichen Granularitäten ist es daher von größter Bedeutung, die richtige Granularität zu verwenden, um Fehler im Code zu vermeiden.

Sie werden im weiteren Verlauf des Buchs noch viele andere Beispiele für Iteratoren zu sehen bekommen. Beginnend mit dem nächsten Kapitel, wo es um Zeitintelligenzberechnungen gehen wird, werden wir uns mit verschiedenen Berechnungsformen befassen, von denen die meisten auf Iterationen basieren.

KAPITEL 8

Zeitintelligenzberechnungen

Fast alle Datenmodelle beinhalten eine Form der Berechnung bezogen auf Datumsangaben. DAX bietet mehrere Funktionen zur Vereinfachung solcher Berechnungen, die nützlich sind, wenn das zugrunde liegende Datenmodell bestimmten Anforderungen entspricht. Auf der anderen Seite sind benutzerdefinierte Berechnungen immer eine Möglichkeit, wenn das Modell Besonderheiten im Umgang mit der Zeit enthält, die Standardfunktionen für die Zeitintelligenzberechnung verhindern würden.

In diesem Kapitel erfahren Sie, wie Sie gängige datumsbezogene Berechnungen wie zum seit Jahresbeginn verstrichenen Zeitraum, zum Jahresverlauf und weitere einschließlich nicht- und semiadditiver Measures durchführen können. Sie lernen sowohl die Verwendung bestimmter Zeitintelligenzfunktionen als auch den Einsatz von benutzerdefiniertem DAX-Code für maßgeschneiderte Kalender und wochenbasierte Berechnungen kennen.

Einführung in die Zeitintelligenz

Normalerweise enthält ein Datenmodell eine Datumstabelle. Tatsächlich sollte man bei der Aufschlüsselung von Daten nach Jahr und Monat besser die Spalten einer Tabelle verwenden, die speziell für die Datumsgliederung entworfen wurde. Das Extrahieren der Datumsanteile aus einer einzelnen Spalte vom Typ *Date* oder *DateTime* in berechneten Spalten ist dagegen ein weniger wünschenswerter Ansatz.

Es gibt hierfür mehrere Gründe. Bei einer Datumstabelle wird das Durchsuchen des Modells erleichtert, und Sie können bestimmte DAX-Funktionen verwenden, die Zeitintelligenzberechnungen durchführen. Tatsächlich benötigen die meisten Zeitintelligenzfunktionen in DAX eine separate Datumstabelle, um richtig zu funktionieren.

Wenn ein Modell mehrere Datumsangaben enthält – beispielsweise das Auftrags- und das Lieferdatum –, dann können Sie entweder mehrere Beziehungen mit derselben Datumstabelle erstellen oder aber die Datumstabelle duplizieren. Die resultierenden Modelle sind unterschiedlich, und Gleiches gilt auch für die Berechnungen. Weiter hinten in diesem Kapitel werden wir diese beiden Alternativen näher erläutern.

In jedem Fall sollte man immer dann eine Datumstabelle anlegen, wenn es mindestens eine Datumsspalte in den Daten gibt. Power BI und Power Pivot für Excel bieten integrierte Funktionen zum automatischen Erstellen von Tabellen oder Spalten, mit denen sich Datumsangaben im Modell verwalten lassen; Analysis Services dagegen hat keine spezielle Funktion für die Handhabung von Zeitintelligenz. Die Implementierung dieser Features folgt jedoch nicht immer der bewährten Praxis, nur eine Datumstabelle im Datenmodell zu verwenden. Da diese Funktionen mit verschiedenen Einschränkungen verbunden sind, ist es in der Regel besser, eine eigene Datumstabelle zu verwenden. Diese letzte Aussage werden wir in den kommenden Abschnitten ausführlich analysieren.

Automatik für Datum/Uhrzeit in Power BI

Power BI verfügt über eine Funktion namens *Autom. Datum/Uhrzeit*, die über die Optionen im Bereich *Daten laden* konfiguriert werden kann (Abbildung 8.1).

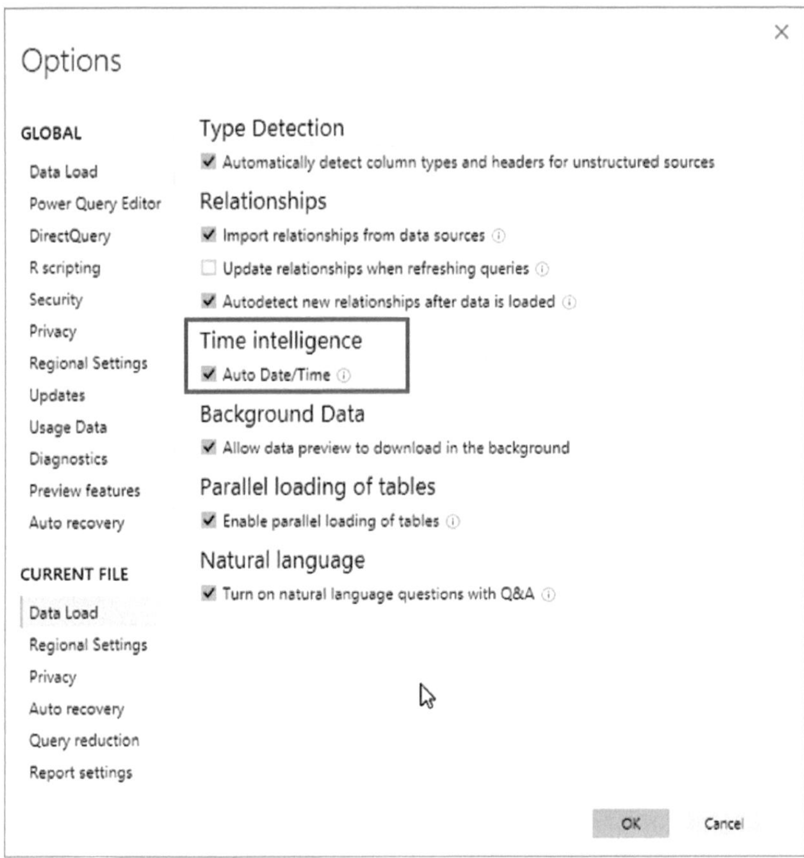

Abbildung 8.1 Die Einstellung *Autom. Datum/Uhrzeit* ist in einem neuen Modell standardmäßig aktiviert.

Wenn die Einstellung aktiviert ist (was standardmäßig der Fall ist), erstellt Power BI automatisch eine Datumstabelle für jede *Date*- und *DateTime*-Spalte im Modell. Wir werden dies von nun an »Datumsspalte« nennen. Hiermit lässt sich jedes Datum nach Jahr, Quartal, Monat und Tag aufschlüsseln. Diese automatisch erstellten Tabellen sind für den Benutzer unsichtbar und können nicht geändert werden. Die Verbindung zur Power BI Desktop-Datei aus DAX Studio macht sie für alle Entwickler sichtbar, die sich ihre Struktur gerne einmal ansehen möchten.

Die Funktion *Autom. Datum/Uhrzeit* hat zwei grundsätzliche Nachteile:

- Power BI Desktop generiert eine Tabelle je Datumsspalte. Dadurch entsteht eine unnötig große Anzahl von Datumstabellen im Modell, die nicht miteinander verbunden sind. Die

Erstellung eines einfachen Berichts, der die Bestellmenge und die Verkaufsmenge in derselben Matrix zeigt, stellt eine echte Herausforderung dar.

- Die Tabellen sind verborgen und können vom Entwickler nicht verändert werden. Es ist daher etwa nicht möglich, eine Spalte für den Wochentag hinzuzufügen.

Wenn Sie also, um die totale Freiheit zu genießen, eine richtige Datumstabelle erstellen wollen, nur zu: Dies erfordert nur einige Zeilen DAX-Code, und Sie erlernen es auf den nächsten Seiten. Es ist definitiv nicht empfehlenswert, sich bei der Datenmodellierung an schlechten Praktiken zu orientieren, nur um beim ersten Erstellen des Modells ein paar Minuten Zeit zu sparen.

Automatische Datumsspalten in Power Pivot für Excel

Auch Power Pivot für Excel verfügt über eine Funktion zur automatischen Erstellung von Datumsstrukturen, die das Durchsuchen von Datumsangaben erleichtert. Hier wird jedoch eine andere Technik verwendet, die noch schlechter ist als die von Power BI. Wenn man eine Datumsspalte in einer Pivot-Tabelle verwendet, erstellt Power Pivot automatisch eine Anzahl berechneter Spalten in der Tabelle, die auch die Datumsspalte enthält. So werden berechnete Spalten jeweils für das Jahr, den Monatsnamen, das Quartal und die für die Sortierung erforderliche Monatsnummer erstellt. Es werden insgesamt vier Spalten zur Tabelle hinzugefügt.

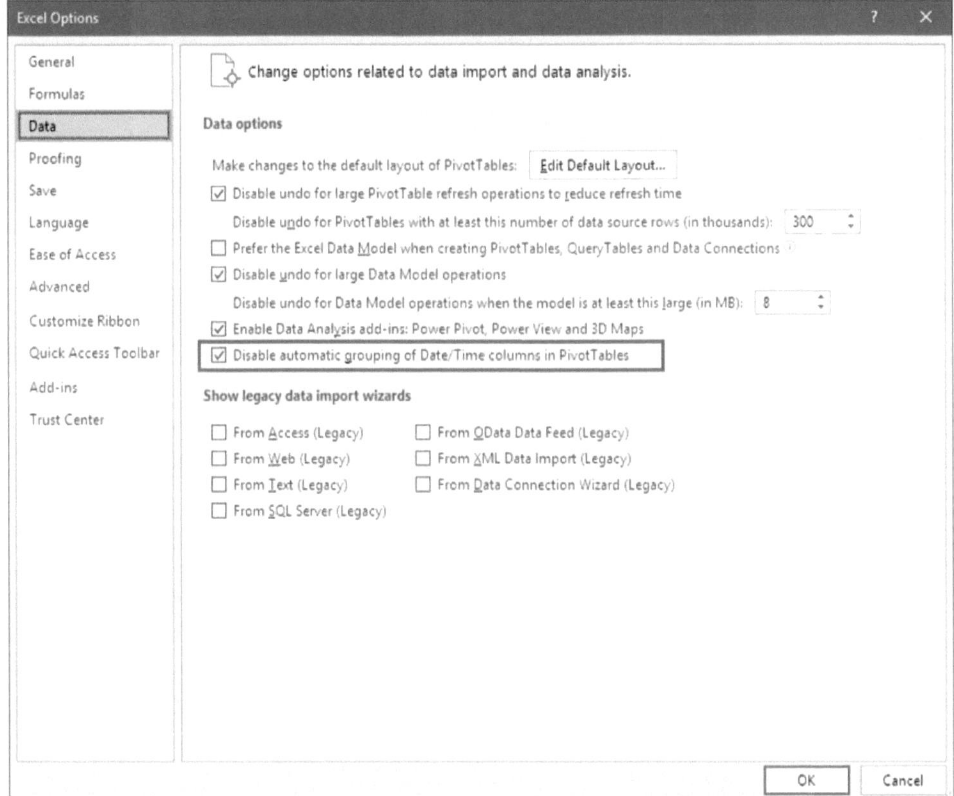

Abbildung 8.2 Die Excel-Optionen enthalten eine Einstellung zum Deaktivieren der automatischen Gruppierung von *DateTime*-Spalten.

Als nicht empfehlenswerte Praxis teilt dieser Ansatz alle schlechten Eigenschaften von Power BI und fügt noch eine weitere hinzu. Wenn es mehrere Datumsspalten in derselben Tabelle gibt, dann nimmt die Anzahl dieser berechneten Spalten zu. Anders als bei Power BI gibt es keine Möglichkeit, die gleichen Spaltenmengen zu verwenden, um verschiedene Datumswerte aufzuschlüsseln. Schließlich erhöhen, wenn sich die Datumsspalte in einer Tabelle mit Millionen von Zeilen befindet (und das kommt ja durchaus häufig vor), diese berechneten Spalten die Dateigröße und den Speicherbedarf des Modells. Diese Funktion kann in Excel in den Optionen deaktiviert werden (Abbildung 8.2).

Datumstabellenvorlage in Power Pivot für Excel

Excel bietet noch eine weitere Funktion, die viel besser funktioniert als die oben beschriebene. Seit 2017 gibt es in Power Pivot für Excel die Möglichkeit, eine Datumstabelle zu erstellen, die über das Power Pivot-Fenster aktiviert werden kann (Abbildung 8.3).

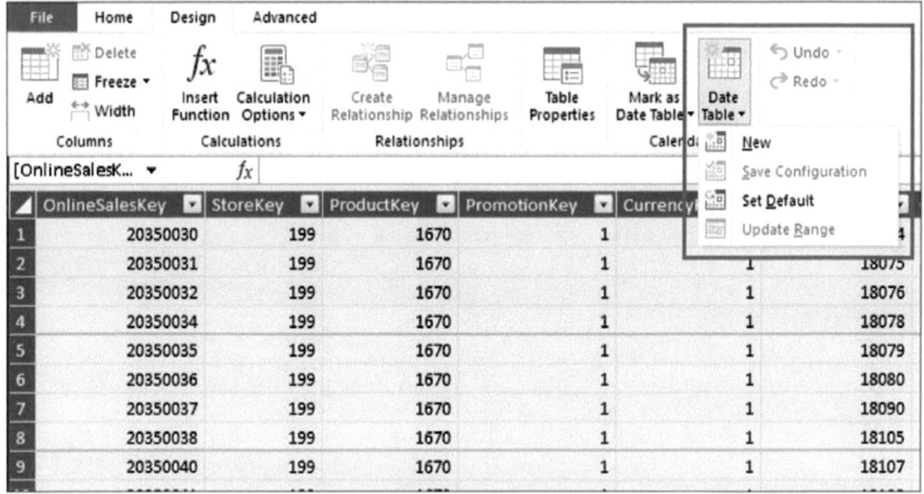

Abbildung 8.3 Power Pivot für Excel ermöglicht das Erstellen einer neuen Datumstabelle über eine Menüoption.

In Power Pivot erstellt ein Klick auf *Neu* eine neue Tabelle im Modell mit einer Menge berechneter Spalten, die Jahr, Monat und Wochentag enthalten. Die richtige Menge von Beziehungen im Modell zu erstellen, ist Aufgabe des Entwicklers. Außerdem hat man bei Bedarf die Möglichkeit, die Namen und Formeln der berechneten Spalten zu ändern und weitere hinzuzufügen.

Es besteht auch die Möglichkeit, die aktuelle Tabelle als neue Vorlage zu speichern, die Sie dann in Zukunft für neu erstellte Datumstabellen verwenden können. Insgesamt funktioniert diese Technik gut. Die von Power Pivot generierte Tabelle ist eine normale Datumstabelle, die alle Anforderungen an eine gute derartige Tabelle erfüllt. Dies verbunden mit der Tatsache, dass Power Pivot für Excel keine berechneten Tabellen unterstützt, macht die Funktion so nützlich.

Datumstabelle erstellen

Wie Sie gesehen haben, ist der erste Schritt bei Datumsberechnungen in DAX die Erstellung einer Datumstabelle. Aufgrund ihrer Relevanz sollte man bei der Erstellung der Datumstabelle auf einige Details achten. In diesem Abschnitt stellen wir Best Practices dafür vor. Dabei sind zwei verschiedene Aspekte zu berücksichtigen: einer auf der technischen Ebene und ein weiterer bei der Datenmodellierung.

In technischer Sicht muss die Datumstabelle den folgenden Richtlinien entsprechen:

- Die Datumstabelle enthält alle Datumsangaben, die in den Analysezeitraum fallen. Wenn beispielsweise die in *Sales* enthaltenen Anfangs- und Enddaten der 3. Juli 2016 bzw. der 27. Juli 2019 sind, dann liegt der Datumsbereich der Tabelle zwischen dem 1. Januar 2016 und dem 31. Dezember 2019. Mit anderen Worten, die Datumstabelle muss alle Tage für alle Jahre enthalten, für die Umsatzdaten vorhanden sind. Die Datumsabfolge darf keine Lücken aufweisen. Alle Daten müssen unabhängig davon vorhanden sein, ob am betreffenden Tag Transaktionen stattgefunden haben oder nicht.
- Die Datumstabelle enthält eine Spalte vom Typ *DateTime* mit eindeutigen Werten. Der Datentyp *Datum* ist eine bessere Wahl, da er garantiert, dass die Zeitangabe leer ist. Wenn die Spalte *DateTime* auch eine Zeitangabe enthält, dann müssen alle Zeitangaben in der gesamten Tabelle identisch sein.
- Es ist nicht erforderlich, dass die Beziehung zwischen *Sales* und der Datumstabelle auf der *DateTime*-Spalte basiert. Sie können eine ganze Zahl verwenden, um die beiden Tabellen in eine Beziehung zu setzen, aber die *DateTime*-Spalte muss vorhanden sein.
- Die Tabelle sollte als *Date*-Tabelle gekennzeichnet sein. Dies ist zwar kein zwingend erforderlicher Schritt, erleichtert aber das Schreiben korrekten Codes erheblich. Wir werden die Details dieser Funktionalität später in diesem Kapitel behandeln.

Anfänger erstellen meistens eine riesige Datumstabelle mit sehr viel mehr Jahren als nötig. Das ist ein Fehler. Man könnte natürlich – für alle Fälle – eine Datumstabelle erstellen, die zweihundert Jahre umfasst (etwa von 1900 bis 2100). Technisch gesehen funktioniert eine solche Tabelle sicher einwandfrei, aber Sie werden ernsthafte Performanceprobleme bekommen, wenn Sie sie in Berechnungen verwenden. Bewährte Praxis ist es deswegen, eine Tabelle zu verwenden, die lediglich die benötigten Jahre enthält.

In technischer Hinsicht genügt eine Tabelle, die eine einzige Datumsspalte mit allen erforderlichen Datumsangaben enthält. Allerdings werden die meisten Benutzer die Informationsverteilung nach Jahr, Monat, Quartal, Wochentag und weiteren Attributen analysieren wollen. Daher sollte eine gute Datumstabelle eine umfangreiche Spaltenmenge enthalten. Diese Spalten werden zwar von der Engine nicht verwendet, verbessern das Benutzererlebnis jedoch erheblich.

Wenn Sie die Datumstabelle aus einer vorhandenen Datenquelle laden, dann sind wahrscheinlich alle Spalten, die ein Datum beschreiben, bereits in der Quelldatumstabelle vorhanden.

Bei Bedarf können weitere Spalten als berechnete Spalten oder durch Änderung der Quellabfrage angelegt werden. Einfache Berechnungen in der Datenquelle sind nach Möglichkeit vorzuziehen, um berechnete Spalten auf das unbedingt nötige Maß zu beschränken. Alternativ können Sie die Datumstabelle auch mithilfe einer von DAX berechneten Tabelle erstellen. In den folgenden Abschnitten beschreiben wir die Technik der berechneten Tabelle zusammen mit den Funktionen *CALENDAR* und *CALENDARAUTO*.

Das Wort »Date« (»Datum«) ist in DAX ein reserviertes Schlüsselwort und entspricht der Funktion *DATE*. Daher sollten Sie den Namen *Date* in Anführungszeichen setzen, wenn Sie sich auf den Tabellennamen beziehen, obwohl dieser weder Leer- noch Sonderzeichen enthält. Alternativ könnten Sie zur Umgehung dieser Anforderung den Tabellennamen *Dates* anstelle von *Date* verwenden. Es ist jedoch besser, bei Tabellennamen konsistent zu bleiben: Wenn Sie die Singularform für alle anderen Tabellennamen verwenden, sollten Sie diese Regel auch bei der Benennung der Datumstabelle beibehalten.

CALENDAR und *CALENDARAUTO* verwenden

Wenn Sie noch keine Datumstabelle in Ihrer Datenquelle haben, können Sie sie entweder mit *CALENDAR* oder *CALENDARAUTO* erstellen. Diese Funktionen geben eine Tabelle mit einer Spalte vom Datentyp *DateTime* zurück. *CALENDAR* erfordert die Angaben der oberen und unteren Grenzen der Datumsmenge. *CALENDARAUTO* scannt alle Datumsspalten im gesamten Datenmodell, findet die referenzierten kleinsten und größten Jahreszahlen und generiert schließlich den Datumssatz zwischen diesen Jahren.

So kann beispielsweise eine einfache Kalendertabelle mit allen Terminen in der Tabelle *Sales* mit dem folgenden Code erstellt werden:

```
Date =
CALENDAR (
    DATE ( YEAR ( MIN ( Sales[Order Date] ) ), 1, 1 ),
    DATE ( YEAR ( MAX ( Sales[Order Date] ) ), 12, 31 )
)
```

Um die Aufnahme aller Daten vom 1. Januar bis zum 31. Dezember zu erzwingen, extrahiert der Code nur die kleinste und die größte Jahreszahl und gibt dann jeweils das erste bzw. letzte Datum des betreffenden Jahres an. Ein ähnliches Ergebnis kann mit dem einfacheren *CALENDARAUTO* erzielt werden:

```
Date = CALENDARAUTO ( )
```

CALENDARAUTO durchsucht alle Datumsspalten mit Ausnahme berechneter Spalten. Wenn man beispielsweise mit *CALENDARAUTO* eine *Date*-Tabelle in einem Modell erstellt, das Verkäufe zwischen 2007 und 2011 angibt und in der Tabelle *Product* ab 2004 eine Spalte *AvailableForSaleDate* enthält, dann ist das Ergebnis die Menge aller Tage zwischen dem 1. Januar 2004 und dem 31. Dezember 2011. Wenn das Datenmodell jedoch noch weitere Datumsspalten enthält, wirken sich auch diese ggf. auf den von *CALENDARAUTO* berücksichtigten Datumsbereich aus. Das Speichern von Daten, die für Slice & Dice ungeeignet sind, ist weit verbreitet. Wenn beispielsweise ein Modell in den vielen Datumsangaben auch die Geburtsdaten der Kunden enthält, dann startet das Ergebnis von *CALENDARAUTO* beim Geburtsjahr des ältesten Kunden. Hierdurch entsteht eine sehr große Datumstabelle, die sich wiederum negativ auf die Performance auswirkt.

CALENDARAUTO akzeptiert einen optionalen Parameter, der die letzte Monatsnummer eines Geschäftsjahres angibt. Wenn dieser Parameter angegeben ist, generiert *CALENDARAUTO* Datumsangaben vom ersten Tag des folgenden Monats bis zum letzten Tag des als Argument angegebenen Monats. Dies ist praktisch, wenn Ihr Geschäftsjahr in einem anderen Monat als Dezember endet. Der folgende Ausdruck erzeugt beispielsweise eine *Date*-Tabelle für Geschäftsjahre, die am 1. Juli beginnen und am 30. Juni enden:

```
Date = CALENDARAUTO ( 6 )
```

CALENDARAUTO ist etwas einfacher zu nutzen als *CALENDAR*, da die Grenzen der Datumsmenge automatisch bestimmt werden. Allerdings kann die Funktion diese Menge durch Berücksichtigung nicht benötigter Spalten erweitern. Sie erhalten das Beste aus beiden Welten, indem Sie das Ergebnis von *CALENDARAUTO* wie folgt auf die gewünschten Datumsangaben beschränken:

```
Date =
VAR MinYear = YEAR ( MIN ( Sales[Order Date] ) )
VAR MaxYear = YEAR ( MAX ( Sales[Order Date] ) )
RETURN
FILTER (
    CALENDARAUTO ( ),
    YEAR ( [Date] ) >= MinYear &&
    YEAR ( [Date] ) <= MaxYear
)
```

Die resultierende Tabelle enthält nur die sinnvollen Daten. Die Ermittlung des ersten und letzten Tages des Jahres ist nicht so wichtig, da *CALENDARAUTO* dies intern erledigt.

Hat der Entwickler die richtige Datumsliste erhalten, dann muss er noch weitere Spalten mit DAX-Ausdrücken anlegen. Nachfolgend finden Sie eine Liste häufig verwendeter Ausdrücke für diesen Bereich, ein Beispiel für die Ergebnisse sehen Sie zudem in Abbildung 8.4:

```
Date =
VAR MinYear = YEAR ( MIN ( Sales[Order Date] ) )
VAR MaxYear = YEAR ( MAX ( Sales[Order Date] ) )
RETURN
ADDCOLUMNS (
      FILTER (
          CALENDARAUTO ( ),
          YEAR ( [Date] ) >= MinYear &&
```

```
            YEAR ( [Date] ) <= MaxYear
        ),
        "Year", YEAR ( [Date] ),
        "Quarter Number", INT ( FORMAT ( [Date], "q" ) ),
        "Quarter", "Q" & INT ( FORMAT ( [Date], "q" ) ),
        "Month Number", MONTH ( [Date] ),
        "Month", FORMAT ( [Date], "mmmm" ),
        "Week Day Number", WEEKDAY ( [Date] ),
        "Week Day", FORMAT ( [Date], "dddd" ),
        "Year Month Number", YEAR ( [Date] ) * 100 + MONTH ( [Date] ),
        "Year Month", FORMAT ( [Date], "mmmm" ) & " " & YEAR ( [Date] ),
        "Year Quarter Number", YEAR ( [Date] ) * 100 + INT ( FORMAT ( [Date], "q" ) ),
        "Year Quarter", "Q" & FORMAT ( [Date], "q" ) & "-" & YEAR ( [Date] )
    )
```

Date	Year	Month	Month Number	Quarter	Quarter Number	Week Day	Week Day Number	Year Month	Year Month Number
01/01/07	2007	January	1	Q1	1	Monday	2	January 2007	200701
01/02/07	2007	January	1	Q1	1	Tuesday	3	January 2007	200701
01/03/07	2007	January	1	Q1	1	Wednesday	4	January 2007	200701
01/04/07	2007	January	1	Q1	1	Thursday	5	January 2007	200701
01/05/07	2007	January	1	Q1	1	Friday	6	January 2007	200701
01/06/07	2007	January	1	Q1	1	Saturday	7	January 2007	200701
01/07/07	2007	January	1	Q1	1	Sunday	1	January 2007	200701
01/08/07	2007	January	1	Q1	1	Monday	2	January 2007	200701
01/09/07	2007	January	1	Q1	1	Tuesday	3	January 2007	200701
01/10/07	2007	January	1	Q1	1	Wednesday	4	January 2007	200701
01/11/07	2007	January	1	Q1	1	Thursday	5	January 2007	200701
01/12/07	2007	January	1	Q1	1	Friday	6	January 2007	200701
01/13/07	2007	January	1	Q1	1	Saturday	7	January 2007	200701
01/14/07	2007	January	1	Q1	1	Sunday	1	January 2007	200701
01/15/07	2007	January	1	Q1	1	Monday	2	January 2007	200701
01/16/07	2007	January	1	Q1	1	Tuesday	3	January 2007	200701
01/17/07	2007	January	1	Q1	1	Wednesday	4	January 2007	200701

Abbildung 8.4 *ADDCOLUMNS* ermöglicht die Erstellung einer vollständigen Datumstabelle mit einem einzigen Ausdruck.

Statt eine einzige *ADDCOLUMNS*-Funktion zu verwenden, könnte man das gleiche Ergebnis auch dadurch erzielen, dass man mehrere berechnete Spalten über die Benutzeroberfläche erstellt. Der wesentliche Vorteil von *ADDCOLUMNS* besteht darin, dass der gleiche DAX-Ausdruck wiederverwendet werden kann, um eine Datumstabelle in anderen Projekten zu erstellen.

DAX-Vorlagen für Datumstabellen verwenden

Der angegebene Code ist ein für Lehrzwecke entworfenes Beispiel, bei dem wir die Anzahl der Spalten in der Datumstabelle begrenzt haben, damit der Code in das Buch passt. Im Web gibt es einige Vorlagen für Datumstabellen. Beispielsweise haben wir eine solche Vorlage als Power BI-Vorlagendatei erstellt. Sie finden sie unter *https://www.sqlbi.com/tools/dax-date-template*. Natürlich können Sie den DAX-Code auch extrahieren und in einem Analysis Services-Projekt implementieren.

Mit mehreren Datumsangaben arbeiten

Wenn es mehrere Datumsspalten im Modell gibt, sollten Sie zwei Entwurfsoptionen in Betracht ziehen: entweder das Erstellen mehrerer Beziehungen mit derselben Datumstabelle oder das Erstellen mehrerer Datumstabellen. Die Wahl zwischen den beiden Optionen ist eine wichtige Entscheidung, da sie sich auf den erforderlichen DAX-Code und auch auf die Art der Analysen auswirkt, die danach vorgenommen werden können.

Betrachten Sie eine *Sales*-Tabelle mit den folgenden drei Datumsangaben für jede Umsatztransaktion:

- *Order Date*: Datum, an dem eine Bestellung eingegangen ist
- *Due Date*: Datum, an dem die Lieferung der Bestellung voraussichtlich erfolgt
- *Delivery Date*: Datum des tatsächlichen Liefertermins

Der Entwickler kann die drei Daten mit derselben Datumstabelle verknüpfen, da er weiß, dass nur eine der drei Beziehungen aktiv sein kann. Alternativ kann er auch drei Datumstabellen erstellen, um danach Aufschlüsselungen vorzunehmen. Außerdem ist es wahrscheinlich, dass andere Tabellen andere Datumsangaben enthalten. Beispielsweise könnte eine Tabelle *Purchase* andere Datumsangaben zum Kaufprozess enthalten, eine Tabelle *Budget* wiederum andere Daten usw. Letztendlich enthält jedes Datenmodell normalerweise mehrere Datumsangaben, und Sie müssen wissen, wie Sie damit am besten verfahren.

In den nächsten Abschnitten zeigen wir zwei Entwurfsvarianten für dieses Szenario und skizzieren deren Auswirkungen auf den DAX-Code.

Umgang mit mehreren Beziehungen zur *Date*-Tabelle

Zwischen zwei Tabellen lassen sich mehrere Beziehungen herstellen. Allerdings kann immer nur eine Beziehung aktiv sein. Die anderen Beziehungen müssen inaktiv bleiben. Inaktive Beziehungen können in *CALCULATE* durch den in Kapitel 5, »*CALCULATE* und *CALCULATETABLE* verstehen«, vorgestellten *USERELATIONSHIP*-Modifizierer aktiviert werden.

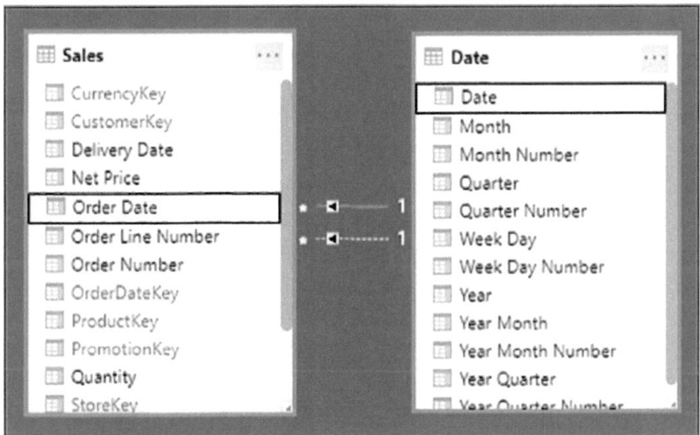

Abbildung 8.5 Die aktive Beziehung verbindet *Sales[Order Date]* mit *Date[Date]*.

Betrachten Sie etwa das in Abbildung 8.5 gezeigte Datenmodell. Es gibt zwei verschiedene Beziehungen zwischen *Sales* und *Date*, aber nur eine kann aktiv sein. Im Beispiel ist die aktive Beziehung diejenige zwischen *Sales[Order Date]* und *Date[Date]*.

Sie können zwei Measures für den Umsatzbetrag anlegen, die auf einer anderen Beziehung zur *Date*-Tabelle basieren:

```
Ordered Amount :=
SUMX ( Sales, Sales[Net Price] * Sales[Quantity] )

Delivered Amount :=
CALCULATE (
    SUMX ( Sales, Sales[Net Price] * Sales[Quantity] ),
    USERELATIONSHIP ( Sales[Delivery Date], 'Date'[Date] )
)
```

Das erste Measure *Ordered Amount* verwendet die aktive Beziehung zwischen *Sales* und *Date* basierend auf *Sales[Order Date]*, das zweite Measure *Delivered Amount* führt den gleichen DAX-Ausdruck für die auf *Sales[Delivery Date]* basierende Beziehung aus. *USERELATIONSHIP* ändert die aktive Beziehung zwischen *Sales* und *Date* in dem durch *CALCULATE* definierten Filterkontext. Sie können in Abbildung 8.6 ein Beispiel für einen Bericht sehen, der diese Measures verwendet.

Mehrere Beziehungen bei derselben Datumstabelle erhöhen die Anzahl der Measures im Datenmodell. In der Regel definiert man nur die Measures, die bei bestimmten Datumsangaben sinnvoll sind. Wenn Sie nicht mit einer großen Zahl von Measures jonglieren möchten oder die volle Freiheit brauchen, ein Measure in Verbindung mit einem beliebigen Datum zu verwenden, dann sollten Sie die Implementierung von Kalkulationsgruppen in Betracht ziehen, die wir im nächsten Kapitel erläutern werden.

Year	Ordered Amount	Delivered Amount
2007	**11,309,946.12**	**11,034,860.44**
January	794,248.24	624,650.61
February	891,135.91	790,981.53
March	961,289.24	992,760.62
April	1,128,104.82	1,140,575.75
May	936,192.74	839,658.92
June	982,304.46	991,050.56
July	922,542.98	1,078,819.68
August	952,834.59	776,586.75
September	1,009,868.98	1,082,690.27
October	914,273.54	901,968.98
November	825,601.87	872,217.70
December	991,548.75	942,899.08
2008	**9,927,582.99**	**9,901,407.94**

Abbildung 8.6 Die Measures *Ordered Amount* und *Delivery Date* unterscheiden sich für jeden Monat, da das Lieferdatum auch im folgenden Monat liegen kann.

Mehrere Datumstabellen verwalten

Statt jedes einzelne Measure zu duplizieren, können Sie alternativ auch verschiedene Datumstabellen erstellen – nämlich je eine für jedes Datum im Modell –, damit jedes Measure die Daten entsprechend dem im Bericht ausgewählten Datum aggregiert. Im Hinblick auf die Codepflege mag dies als bessere Lösung erscheinen, da hierbei die Anzahl der Measures reduziert wird und die Auswahl von Umsätzen möglich ist, die sich über zwei Monate erstrecken, aber das resultierende Modell ist schwieriger zu benutzen. Beispielsweise lässt sich ganz einfach ein Bericht mit der Gesamtzahl der im Januar eingegangenen und im Februar desselben Jahres ausgelieferten Bestellungen erstellen; es ist jedoch weitaus schwieriger, die bestellten und gelieferten Mengen nach Monat im selben Diagramm darzustellen.

Dieser Ansatz wird auch als »Dimension mit unterschiedlichen Rollen« bezeichnet. Die Datumstabelle ist eine Dimension, die Sie einmal pro Beziehung duplizieren, d. h. einmal für jede ihrer Rollen. Diese beiden Optionen (mit inaktiven Beziehungen und Duplizierung der Datumstabelle) ergänzen sich gegenseitig.

Zum Erstellen einer Tabelle *Delivery Date* und einer Tabelle *Order Date* fügen Sie die gleiche Tabelle zweimal im Datenmodell hinzu. Dabei müssen Sie zumindest den Tabellennamen der einen Tabelle ändern. In Abbildung 8.7 ist das Datenmodell gezeigt, das zwei verschiedene Datumstabellen mit Beziehung zu *Sales* enthält.

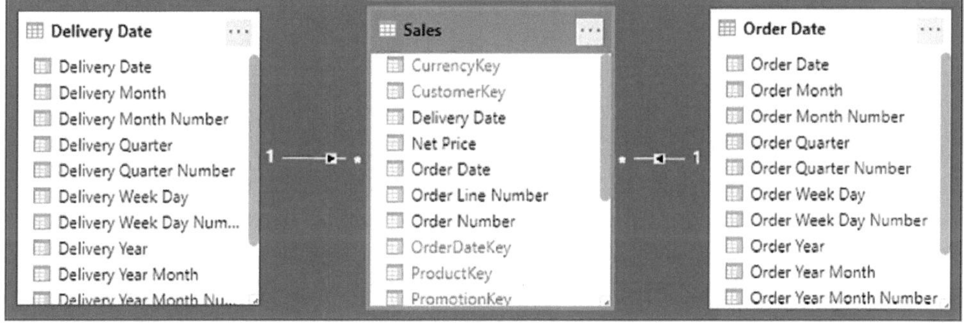

Abbildung 8.7 Jede Datumsspalte in *Sales* hat eine Beziehung zu einer anderen Datumstabelle.

Sie müssen die Tabelle *Date* physisch duplizieren. Als Best Practice gilt daher, in der Datenquelle verschiedene Ansichten – nämlich je eine für jede Rollendimension – zu erstellen, sodass jede Datumstabelle unterschiedliche Spaltennamen und Inhalte hat. So könnten Sie etwa, statt in allen Datumstabellen die gleiche Spalte *Year* zu verwenden, Spaltennamen wie *Order Year* (Auftragsjahr) und *Delivery Year* (Lieferjahr) verwenden. Dies vereinfacht die Navigation im Bericht. Sie sehen dies in Abbildung 8.7. Zudem gilt es als empfohlene Praxis, den Inhalt von Spalten zu ändern. Je nach Rolle des Datums könnten Sie beispielsweise ein Präfix für das Jahr voranstellen. So könnte man etwa das Präfix *CY* für den Inhalt der Spalte *Order Year* und das Präfix *DY* für den Inhalt der Spalte *Delivery Year* verwenden.

Abbildung 8.8 zeigt exemplarisch eine Matrix mit mehreren Datumstabellen. Ein solcher Bericht kann nicht über mehrere Beziehungen mit derselben *Date*-Tabelle erstellt werden. Wie Sie sehen, ist die Umbenennung von Spaltennamen und Inhalten wichtig, um ein lesbares Ergebnis zu erzielen. Um Verwechslungen zwischen Bestell- und Lieferterminen zu vermeiden, haben wir *CY* als Präfix für Auftragsjahre und *DY* als Präfix für Lieferjahre verwendet.

Order Year	DY 2007	DY 2008	DY 2009	DY 2010	**Total**
CY 2007	11,034,860.44	275,085.69			**11,309,946.12**
CY 2008		9,626,322.26	301,260.73		**9,927,582.99**
CY 2009			9,141,025.36	212,789.51	**9,353,814.87**
Total	**11,034,860.44**	**9,901,407.94**	**9,442,286.09**	**212,789.51**	**30,591,343.98**

Abbildung 8.8 Die verschiedenen Präfixe für das Jahr helfen dem Benutzer, zu erkennen, welches das Bestelljahr (*CY*) und welches das Lieferjahr (*DY*) ist.

Unter Verwendung mehrerer Datumstabellen zeigt dasselbe Measure abhängig davon, welche Spalten für Slice & Dice verwendet werden, unterschiedliche Ergebnisse an. Es wäre jedoch falsch, nur deshalb mehrere Datumstabellen zu wählen, um die Anzahl der Measures zu reduzieren, denn dies würde es unmöglich machen, einen Bericht zu erstellen, in dem dieselben Measures nach zwei Datumsangaben gruppiert wären. Denken Sie beispielsweise an ein einzelnes Liniendiagramm, das *Sales Amount* nach *Order Date* und *Delivery Date* anzeigt. Hier benötigen wir eine einzige *Date*-Tabelle in der Datumsachse des Diagramms, und dies wäre mit einem Muster mit mehreren Datumstabellen äußerst komplex.

Wenn Ihre erste Priorität darin besteht, die Anzahl der Measures in einem Modell zu reduzieren, sodass der Benutzer jedes Measure zu einem beliebigen Datum durchsuchen kann, dann sollten Sie die in Kapitel 9, »Berechnungsgruppen«, beschriebenen Berechnungsgruppen verwenden und eine einzige Datumstabelle im Modell implementieren. Das Hauptszenario, in dem mehrere Datumstabellen sich als nützlich erweisen, besteht darin, dasselbe Measure nach verschiedenen Datumsangaben in derselben Visualisierung zu schneiden (Abbildung 8.8). In den meisten anderen Szenarien ist eine einzelne Datumstabelle mit mehreren Beziehungen die bessere Wahl.

Grundlegende Zeitintelligenzberechnungen verstehen

In den vorangegangenen Abschnitten haben Sie gelernt, wie man eine Datumstabelle korrekt erstellt. Die Datumstabelle ist nützlich, um eine beliebige Zeitintelligenzberechnung durchzuführen. DAX bietet mehrere Zeitintelligenzfunktionen, mit denen sich solche Berechnungen vereinfachen lassen. Es ist recht einfach, mithilfe dieser Funktionen nützliche Berechnungen zu erstellen. Dennoch sollten Sie sich nicht dazu hinreißen lassen, diese Funktionen ohne ein umfassendes Verständnis ihrer internen Details zu nutzen. Zur Veranschaulichung zeigen wir in diesem Abschnitt, wie man Intelligenzberechnungen mithilfe von DAX-Standardfunktionen wie *CALCULATE, CALCULATETABLE, FILTER* und *VALUES* jederzeit erstellt. Im weiteren Verlauf dieses Kapitels erfahren Sie dann, wie die Zeitintelligenz in DAX Ihnen hilft, Ihren Code zu verkürzen und die Lesbarkeit zu verbessern.

Es gibt mehrere Gründe, warum wir uns für diesen Ansatz entschieden haben. Der wichtigste ist, dass es in Sachen Zeitintelligenz viele verschiedene Berechnungen gibt, die sich nicht einfach mit den DAX-Standardfunktionen ausdrücken lassen. Irgendwann in Ihrer DAX-Karriere werden Sie ein Measure schreiben müssen, das komplexer ist als eine einfache Summenberechnung seit Jahresbeginn (Year-to-Date, YTD), und dann stellen Sie fest, dass DAX überhaupt keine vordefinierten Funktionen für Ihre Anforderungen umfasst. In diesem Fall können Sie von Glück reden, wenn Sie das Programmieren von Zeitintelligenzfunktionen vorher auf die harte Tour gelernt haben. Dann werden Sie die Ärmel aufkrempeln und die richtige Filterfunktion ohne Hilfe vordefinierter DAX-Berechnungen schreiben. Haben Sie dagegen bis dahin einfach nur die DAX-Standardfunktionen genutzt, dann stehen Ihnen ernsthafte Probleme ins Haus.

Nachfolgend finden Sie eine allgemeine Erklärung der Funktionsweise von Zeitintelligenzberechnungen. Betrachten Sie das folgende einfache Measure, dessen Auswertung im aktuellen Filterkontext erfolgt:

```
Sales Amount :=
SUMX ( Sales, Sales[Net Price] * Sales[Quantity] )
```

Da *Sales* eine Beziehung zu *Date* hat, bestimmt die aktuelle Auswahl in *Date* den Filter für *Sales*. Um die Berechnung über *Sales* in einem anderen Zeitraum durchzuführen, muss der Programmierer den vorhandenen Filter für *Date* ändern. Um beispielsweise eine YTD-Summe zu berechnen, wenn der Filterkontext den Februar 2007 filtert, müsste der Programmierer den Filterkontext so ändern, dass er Januar und Februar 2007 einschließt, bevor er die Iteration über *Sales* durchführt.

Eine Lösung hierfür ist ein Filterargument in einer *CALCULATE*-Funktion, die das Jahr bis Februar 2007 zurückgibt:

```
Sales Amount Jan-Feb 2007 :=
CALCULATE (
    SUMX ( Sales, Sales[Net Price]  * Sales[Quantity] ),
    FILTER (
        ALL ( 'Date' ),
        AND (
            'Date'[Date] >= DATE ( 2007, 1, 1 ),
            'Date'[Date] <= DATE ( 2007, 2, 28 )
        )
    )
)
```

Das Ergebnis sehen Sie in Abbildung 8.9.

Year	Sales Amount	Sales Amount Jan-Feb 2007
2007	**11,309,946.12**	**1,685,384.15**
January	794,248.24	1,685,384.15
February	891,135.91	1,685,384.15
March	961,289.24	1,685,384.15
April	1,128,104.82	1,685,384.15
May	936,192.74	1,685,384.15
June	982,304.46	1,685,384.15
July	922,542.98	1,685,384.15
August	952,834.59	1,685,384.15
September	1,009,868.98	1,685,384.15
October	914,273.54	1,685,384.15

Abbildung 8.9 Das Ergebnis ist die Summe für Januar und Februar 2007, und zwar unabhängig von der Datumsbereichsauswahl in den Zeilen.

Die *FILTER*-Funktion, die als Filterargument von *CALCULATE* verwendet wird, gibt eine Datenmenge zurück, die die Auswahl der *Date*-Tabelle ersetzt. Mit anderen Worten: Obwohl der aus den Zeilen der Matrix stammende ursprüngliche Filterkontext einen einzelnen Monat filtert, berechnet das Measure den Wert für eine andere Datenmenge.

Offensichtlich ist also ein Measure, das die Summe für zwei Monate zurückgibt, nicht sinnvoll. Trotzdem können Sie, sobald Sie den Grundmechanismus verstanden haben, eine andere Berechnung schreiben, die die YTD-Summe berechnet. Betrachten Sie den folgenden Code:

```
Sales Amount YTD :=
VAR LastVisibleDate = MAX ( 'Date'[Date] )
VAR CurrentYear = YEAR ( LastVisibleDate )
VAR SetOfDatesYtd =
    FILTER (
        ALL ( 'Date' ),
        AND (
            'Date'[Date] <= LastVisibleDate,
            YEAR ( 'Date'[Date] ) = CurrentYear
        )
    )
VAR Result =
    CALCULATE (
        SUMX ( Sales, Sales[Net Price]  * Sales[Quantity] ),
        SetOfDatesYtd
    )
RETURN
    Result
```

Obwohl dieser Code etwas komplexer ist als der vorherige, ist das Muster das gleiche. Das Measure ruft zuerst das letzte Datum, das im aktuellen Filterkontext ausgewählt wurde, in *LastVisibleDate* ab.

Sobald das Datum bekannt ist, extrahiert es die Jahresangabe und speichert sie in der Variablen *CurrentYear*. Die dritte Variable *SetOfDatesYtd* enthält alle Datumsangaben des aktuellen Jahres bis zum Ende des aktuellen Zeitraums. Diese Menge wird verwendet, um den Filterkontext für das Datum zu ersetzen, um die YTD-Summe zu berechnen (Abbildung 8.10).

Year	Sales Amount	Sales Amount YTD
2007	**11,309,946.12**	**11,309,946.12**
January	794,248.24	794,248.24
February	891,135.91	1,685,384.15
March	961,289.24	2,646,673.39
April	1,128,104.82	3,774,778.20
May	936,192.74	4,710,970.95
June	982,304.46	5,693,275.41
July	922,542.98	6,615,818.39
August	952,834.59	7,568,652.98
September	1,009,868.98	8,578,521.96
October	914,273.54	9,492,795.50
November	825,601.87	10,318,397.37
December	991,548.75	11,309,946.12

Abbildung 8.10 *Sales Amount YTD* berechnet die YTD-Summe mittels einer einfachen *FILTER*-Funktion.

Wie bereits erläutert, könnte man eine Zeitintelligenzberechnung auch schreiben, ohne Zeitintelligenzfunktionen zu verwenden. Der wesentliche Aspekt ist, dass sich Zeitintelligenzberechnungen nicht von sonstigen Berechnungen mit Filterkontextmanipulationen unterscheiden. Da das Measure Werte aus einer anderen Datenmenge aggregieren muss, erfolgt die Berechnung in zwei Schritten: Zuerst wird der neue Filter für das Datum bestimmt, dann wird der Filterkontext angewendet, bevor das Measure selbst berechnet wird. Alle Zeitintelligenzberechnungen verhalten sich gleich. Sobald Sie das Grundkonzept verstanden haben, werden Zeitintelligenzberechnungen ihren Schrecken für Sie verloren haben.

Bevor Sie mit weiteren Zeitintelligenzberechnungen fortfahren, ist es wichtig, ein spezielles Verhalten von DAX beim Umgang mit Beziehungen zu beschreiben, die auf einem Datum basieren. Betrachten Sie diese geringfügig geänderte Formulierung desselben Codes, bei der wir nicht die gesamte Datumstabelle filtern, sondern nur die Spalte *Date[Date]*:

```
Sales Amount YTD :=
VAR LastVisibleDate = MAX ( 'Date'[Date] )
VAR CurrentYear = YEAR ( LastVisibleDate )
VAR SetOfDatesYtd =
    FILTER (
        ALL ( 'Date'[Date] ),
        AND (
            'Date'[Date] <= LastVisibleDate,
            YEAR ( 'Date'[Date] ) = CurrentYear
        )
```

```
    )
VAR Result
    CALCULATE (
        SUMX ( Sales, Sales[Net Price]  * Sales[Quantity] ),
        SetOfDatesYtd
    )
RETURN
    Result
```

Wenn jemand in einem Bericht dieses Measure anstelle des vorherigen verwendet, sieht er keine Änderungen. Tatsächlich berechnen die beiden Versionen dieses Measures genau den gleichen Wert, aber eigentlich sollten sie das gar nicht. Sehen wir uns eine bestimmte Zelle genauer an – z. B. April 2007.

Der Filterkontext der Zelle ist das Jahr 2007 und der Monat April. Daher enthält *LastVisibleDate* den 30. April 2007 und *CurrentYear* das Jahr 2007. Folglich enthält *SetOfDatesYtd* aufgrund seiner Formulierung alle Daten vom 1. Januar 2007 bis zum 30. April 2007. Mit anderen Worten ist in der Zelle vom April 2007 der ausgeführte Code äquivalent zum folgenden:

```
CALCULATE (
    CALCULATE (
        [Sales Amount],
        AND (                                       -- Dieser Filter ist äquivalent
            'Date'[Date] >= DATE ( 2007, 1, 1),     -- zum Ergebnis der FILTER-
            'Date'[Date] <= DATE ( 2007, 04, 30 )   -- Funktion
        )
    ),
    'Date'[Year] = 2007,                            -- Dies hier kommt aus den Zeilen
    'Date'[Month] = "April"                         -- der Matrix für April 2007
)
```

Erinnern Sie sich daran, was Sie über Filterkontexte und das Verhalten von *CALCULATE*- gelernt haben, und überprüfen Sie, ob dieser Code nicht das korrekte YTD berechnen sollte. Tatsächlich gibt das innere *CALCULATE*-Filterargument eine Tabelle mit der Spalte *Date[Date]* zurück. Daher sollte es jeden ggf. vorhandenen Filter für *Date[Date]* überschreiben und sonstige Filter für andere Spalten unberührt lassen. Da das äußere *CALCULATE* einen Filter auf *Date[Year]* und *Date[Month]* anwendet, sollte der endgültige Filterkontext, in dem *[Sales Amount]* berechnet wird, nur den April 2007 enthalten. Dennoch berechnet das Measure tatsächlich ein korrektes Ergebnis einschließlich der weiteren seit Januar 2007 verstrichenen Monate.

Der Grund dafür ist ein besonderes Verhalten von DAX in dem Fall, dass die Beziehung zwischen zwei Tabellen auf einer Datumsspalte basiert. Und genau das ist bei der Beziehung zu *Date* im hier verwendeten Anschauungsmodell der Fall. Wenn ein Filter auf eine Spalte vom Typ *Date* oder *DateTime* angewendet wird, die in einer Beziehung zwischen zwei Tabellen verwendet wird, fügt DAX automatisch ein *ALL* für die gesamte *Date*-Tabelle als zusätzliches Filterargument zu *CALCULATE* hinzu. Deswegen sollte der obige Code eigentlich so aussehen:

```
CALCULATE (
    CALCULATE (
        [Sales Amount],
        AND (                                      -- Dieser Filter ist äquivalent
            'Date'[Date] >= DATE ( 2007, 1, 1),    -- zum Ergebnis der FILTER-
            'Date'[Date] <= DATE ( 2007, 04, 30 )  -- Funktion
        ),
        ALL ( 'Date' )    -- Wird von der Engine automatisch hinzugefügt
    ),
    'Date'[Year] = 2007,                           -- Dies hier kommt aus den Zeilen
    'Date'[Month] = "April"                        -- der Matrix für April 2007
)
```

Jedes Mal, wenn ein Filter auf die Spalte angewendet wird, die eine 1:n-Beziehung mit einer anderen Tabelle definiert, und die Spalte den Datentyp *Date* oder *DateTime* hat, sorgt DAX für eine automatische Fortpflanzung des Filters auf die andere Tabelle und überschreibt alle ggf. für andere Spalten derselben Nachschlagetabelle vorhandenen Filter.

Der Grund für dieses Verhalten besteht darin, dass Zeitintelligenzberechnungen einfacher funktionieren, wenn die Beziehung zwischen der Datumstabelle und der Umsatztabelle auf einer Datumsspalte basiert. Im nächsten Abschnitt beschreiben wir das Verhalten der Funktion *Als Datumstabelle markieren*, die ein ähnliches Verhalten für Beziehungen einführt, die nicht auf einer Datumsspalte basieren.

Als Datumstabelle markieren verwenden

Die Anwendung eines Filters auf die Datumsspalte einer Kalendertabelle funktioniert einwandfrei, wenn die Datumsspalte auch die Beziehung definiert. Oft basiert die Beziehung jedoch auf einer anderen Spalte. Viele vorhandene Datumstabellen verwenden eine ganzzahlige Spalte – typischerweise im Format JJJJMMTT –, um die Beziehung zu anderen Tabellen herzustellen.

Um das Verhalten zu veranschaulichen, haben wir die Spalte *DateKey* in beiden Tabellen *Date* und *Sales* erstellt. Dann haben wir die beiden Tabellen über die Spalte *DateKey* anstelle der Datumsspalte verknüpft. Das resultierende Modell sehen Sie in Abbildung 8.11.

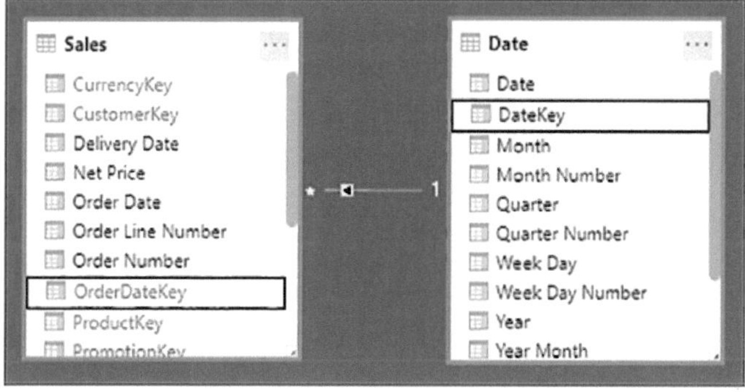

Abbildung 8.11 Die Beziehung zwischen *Sales* und *Date* verwendet die *DateKey*-Spalte mit dem Datentyp *Integer*.

Code, der in früheren Beispielen zur YTD-Berechnung benutzt wurde, würde in Abbildung 8.11 zu einer falschen Berechnung führen. Sie sehen dies in Abbildung 8.12.

Year	Sales Amount	Sales Amount YTD
2007	**11,309,946.12**	**11,309,946.12**
January	794,248.24	794,248.24
February	891,135.91	891,135.91
March	961,289.24	961,289.24
April	1,128,104.82	1,128,104.82
May	936,192.74	936,192.74
June	982,304.46	982,304.46
July	922,542.98	922,542.98
August	952,834.59	952,834.59
September	1,009,868.98	1,009,868.98
October	914,273.54	914,273.54
November	825,601.87	825,601.87
December	991,548.75	991,548.75

Abbildung 8.12 Eine ganze Zahl für die Beziehung führt dazu, dass der obige Code nicht mehr funktioniert.

Wie Sie sehen, zeigt der Bericht nun denselben Wert für *Sales Amount* und *Sales Amount YTD* an. Da die Beziehung nicht mehr auf einer *DateTime*-Spalte basiert, fügt DAX der Datumstabelle *keine* automatische *ALL*-Funktion hinzu. Daher kommt sich der Filter mit dem Datum mit dem vorherigen Filter ins Gehege, und der Effekt des Measures läuft ins Leere.

In solchen Fällen gibt es zwei mögliche Lösungen. Eine besteht darin, *ALL* allen Zeitintelligenzberechnungen manuell hinzuzufügen. Das ist jedoch etwas umständlich, da der DAX-Programmierer immer daran denken muss, *ALL* in allen Berechnungen zu ergänzen. Die andere mögliche Lösung ist deutlich komfortabler: Sie markieren die *Date*-Tabelle einfach als Datumstabelle.

Denn auch in diesem Fall fügt DAX automatisch *ALL* hinzu, und zwar auch dann, wenn die Beziehung nicht auf einer Datumsspalte basiert. Beachten Sie jedoch, dass, sobald die Tabelle als Datumstabelle markiert ist, das automatische *ALL* für die Tabelle immer dann hinzugefügt wird, wenn man den Filterkontext für die Datumsspalte ändert. Es gibt Szenarien, in denen dieser Effekt unerwünscht ist. In solchen Fällen kommt man nicht umhin, komplexen Code zu schreiben, um den richtigen Filter zu entwerfen. Wir werden dies weiter hinten in diesem Kapitel behandeln.

Einführung in grundlegende Zeitintelligenzberechnungen

Da Sie den grundlegenden Mechanismus für die Ausführung von Zeitintelligenzberechnungen nun kennen, wollen wir uns jetzt der Vereinfachung des Codes zuwenden. Schließlich hätten DAX-Entwickler ein schweres Los zu tragen, müssten sie jedes Mal, wenn sie eine einfache YTD-Berechnung benötigten, komplexe *FILTER*-Ausdrücke schreiben.

Zum vereinfachten Erstellen von Zeitintelligenzberechnungen bietet DAX eine ganze Reihe von Funktionen, die die Filterung, die wir in den obigen Beispielen manuell vorgenommen haben, automatisch durchführen. Hier sehen Sie etwa die Version von *Sales Amount YTD*, die wir zuvor geschrieben haben:

```
Sales Amount YTD :=
VAR LastVisibleDate = MAX ( 'Date'[Date] )
VAR CurrentYear = YEAR ( LastVisibleDate )
VAR SetOfDatesYTD =
    FILTER (
        ALL ( 'Date'[Date] ),
        AND (
            'Date'[Date] <= LastVisibleDate,
            YEAR ( 'Date'[Date] ) = CurrentYear
        )
    )
VAR Result =
    CALCULATE (
        SUMX ( Sales, Sales[Net Price]  * Sales[Quantity] ),
        SetOfDatesYTD
    )
RETURN
    Result
```

Dasselbe Verhalten lässt sich sehr viel einfacher mit der *DATESYTD*-Funktion ausdrücken:

```
Sales Amount YTD :=
CALCULATE (
    SUMX ( Sales, Sales[Net Price]  * Sales[Quantity] ),
    DATESYTD ( 'Date'[Date] )
)
```

Dabei erledigt *DATESYTD* genau das, was auch der komplexere Code tut. Hierbei erzielen wir also weder bei der Leistung des Codes noch bei seinem Verhalten irgendwelche Vorteile. Da solche Funktionen jedoch sehr viel einfacher zu schreiben sind, sollte klar sein, dass es durchaus lohnenswert ist, die Zeitintelligenzfunktionen in DAX zu erlernen.

Einfache Berechnungen wie »Jahr-bis-heute«, »Quartal-bis-heute« oder »Monat-bis-heute« oder der Vergleich der Umsätze des laufenden Jahres mit dem Vorjahr können mit einfachem

Code erstellt werden, da sie alle auf grundlegenden Zeitintelligenzfunktionen basieren. Auch lassen sich komplexere Berechnungen durch das Mischen von Standardzeitintelligenzfunktionen ausdrücken. Die einzigen Szenarien, bei denen der Entwickler tatsächlich komplexen Code schreiben muss, sind der Einsatz nicht standardmäßiger Kalender (z. B. eines Wochenkalenders) und der Bedarf an sehr komplexen Zeitintelligenzberechnungen, wenn die Standardfunktionen die Anforderungen nicht erfüllen können.

Alle Zeitintelligenzfunktionen in DAX wenden eine Filterbedingung auf die Datumsspalte einer *Date*-Tabelle an. Beispiele dafür, wie Sie solche Berechnungen in DAX schreiben, finden Sie im weiteren Verlauf des Buchs. Eine vollständige Liste aller Zeitintelligenzfunktionen, geschrieben in einfachem DAX-Code, ist unter *http://www.daxpatterns.com/time-patterns* vorhanden.

In den folgenden Abschnitten stellen wir grundlegende Zeitintelligenzberechnungen vor, die mit den Standardzeitintelligenzfunktionen in DAX erstellt wurden. Im weiteren Verlauf des Kapitels werden wir uns dann komplexeren Berechnungen zuwenden.

YTD, QTD und MTD verwenden

Die Berechnungen von Year-to-Date (YTD), Quarter-to-Date (QTD) und Month-to-Date (MTD) sind sehr ähnlich. MTD ist nur dann sinnvoll, wenn Sie Daten auf Tagesebene betrachten, während YTD- und QTD-Berechnungen häufig zur Analyse von Daten auf Monatsebene dienen. Sie können den kumulierten YTD-Umsatz für jeden Monat berechnen, indem Sie den Filterkontext für Daten für einen Bereich ändern, der am 1. Januar beginnt und in dem Monat endet, der der berechneten Zelle entspricht. Dies sehen Sie in der folgenden DAX-Formel:

```
Sales Amount YTD :=
CALCULATE (
    [Sales Amount],
    DATESYTD ( 'Date'[Date] )
)
```

DATESYTD ist eine Funktion, die eine Tabelle mit allen Datumsangaben vom Jahresanfang bis zum letzten Datum im aktuellen Filterkontext zurückgibt. Diese Tabelle wird als Filterargument in *CALCULATE* verwendet, um den neuen Filter für die Berechnung von *Sales Amount* festzulegen. Es gibt zwei weitere *DATESYTD* ähnelnde Funktionen, die die MTD- bzw. QTD-Mengen zurückgeben: *DATESMTD* und *DATESQTD*. In Abbildung 8.1 sehen Sie Measures, die auf *DATESYTD* und *DATESQTD* basieren.

Year	Sales Amount	Sales Amount YTD	Sales Amount QTD
2007	**11,309,946.12**	**11,309,946.12**	**2,731,424.16**
January	794,248.24	794,248.24	794,248.24
February	891,135.91	1,685,384.15	1,685,384.15
March	961,289.24	2,646,673.39	2,646,673.39
April	1,128,104.82	3,774,778.20	1,128,104.82
May	936,192.74	4,710,970.95	2,064,297.56
June	982,304.46	5,693,275.41	3,046,602.02
July	922,542.98	6,615,818.39	922,542.98
August	952,834.59	7,568,652.98	1,875,377.57
September	1,009,868.98	8,578,521.96	2,885,246.55
October	914,273.54	9,492,795.50	914,273.54
November	825,601.87	10,318,397.37	1,739,875.41
December	991,548.75	11,309,946.12	2,731,424.16

Abbildung 8.13 Die Measures *Sales Amount YTD* und *Sales Amount QTD* im Vergleich mit dem bekannten Measure *Sales Amount*.

Dieser Ansatz erfordert *CALCULATE*. DAX bietet zudem eine Reihe von Funktionen zur Vereinfachung der Syntax von xTD-Berechnungen: *TOTALYTD, TOTALQTD* und *TOTALMTD*. Im folgenden Code sehen Sie die YTD-Berechnung, ausgedrückt mit *TOTALYTD*:

```
YTD Sales :=
TOTALYTD (
    [Sales Amount],
    'Date'[Date]
)
```

Die Syntax ist geringfügig anders, da *TOTALYTD* den zu aggregierenden Ausdruck als ersten Parameter und die Datumsspalte als zweiten Parameter erfordert. Trotzdem ist das Verhalten identisch mit dem ursprünglichen Measure. Der Name *TOTALYTD* verbirgt die zugrunde liegende *CALCULATE*-Funktion, was ein guter Grund dafür ist, die Verwendung auf das notwendige Maß zu beschränken. Tatsächlich ist es, wenn *CALCULATE* im Code vorhanden ist, stets zu empfehlen, die Funktion sichtbar zu machen – zum Beispiel für den damit verbundenen Kontextübergang.

Ähnlich wie YTD können Sie auch QTD und MTD mit integrierten Funktionen definieren. Die folgenden Measures zeigen dies:

```
QTD Sales := TOTALQTD ( [Sales Amount], 'Date'[Date] )
QTD Sales := CALCULATE ( [Sales Amount], DATESQTD ( 'Date'[Date] ) )
MTD Sales := TOTALMTD ( [Sales Amount], 'Date'[Date] )
MTD Sales := CALCULATE ( [Sales Amount], DATESMTD ( 'Date'[Date] ) )
```

Die Berechnung eines YTD-Measures für ein Geschäftsjahr, das nicht am 31. Dezember endet, erfordert einen optionalen dritten Parameter, der den Schlusstag des Geschäftsjahres angibt. Beispielsweise berechnen die beiden folgenden Measures das kumulierte Geschäftsjahr für *Sales*:

```
Fiscal YTD Sales := TOTALYTD ( [Sales Amount], 'Date'[Date], "06-30" )
Fiscal YTD Sales := CALCULATE ( [Sales Amount], DATESYTD ( 'Date'Date], "06-30" ) )
```

Der letzte Parameter entspricht dem 30. Juni, d.h. dem Schlusstermin des Geschäftsjahres. Es gibt verschiedene Zeitintelligenzfunktionen, die zu diesem Zweck einen letzten optionalen Parameter für das Jahresenddatum haben. Es sind dies *STARTOFYEAR, ENDOFYEAR, PREVIOUSYEAR, NEXTYEAR, DATESYTD, TOTALYTD, OPENINGBALANCEYEAR* und *CLOSINGBALANCEYEAR*.

Je nach Kultureinstellungen müssen Sie möglicherweise zuerst die Nummer für den Tag verwenden. Sie können auch eine Zeichenfolge im Format JJJJ-MM-TT verwenden, um jede durch die Kultureinstellungen verursachte Mehrdeutigkeit zu vermeiden. In diesem Fall spielt die Jahreszahl für die Ermittlung des letzten Tages des Jahres, für die YTD-Berechnung verwendet werden soll, keine Rolle.

```
Fiscal YTD Sales := TOTALYTD ( [Sales Amount], 'Date'[Date], "30-06" )
Fiscal YTD Sales := CALCULATE ( [Sales Amount], DATESYTD ( 'Date'[Date], "30-06" ) )
Fiscal YTD Sales := CALCULATE ( [Sales Amount], DATESYTD ( 'Date'[Date], "2018-06-30" ) )
```

Berücksichtigen Sie aber, dass ab Juni 2018 ein Fehler vorliegt, falls das Geschäftsjahr im März beginnt und im Februar endet. Weitere Details und ein Workaround werden im weiteren Verlauf des Kapitels im Abschnitt »Fortgeschrittene Zeitintelligenzberechnungen verstehen« beschrieben.

Zeiträume aus früheren Zeiträumen berechnen

Um einen Wert aus dem gleichen Zeitraum des Vorjahres (engl. *Prior year*, PY) zu erhalten, sind mehrere Berechnungen erforderlich. Dies kann nützlich sein, um Trends in einem Zeitraum dieses Jahres mit jenen im entsprechenden Vorjahreszeitraum zu vergleichen. Hier erweist sich *SAMEPERIODLASTYEAR* als nützliche Funktion:

```
PY Sales := CALCULATE ( [Sales Amount], SAMEPERIODLASTYEAR ( 'Date'[Date] ) )
```

SAMEPERIODLASTYEAR gibt eine Datumsmenge zurück, die um ein Jahr in der Zeit verschoben wurde. Im Grunde genommen ist *SAMEPERIODLASTYEAR* eine Spezialversion der allgemeiner gehaltenen Funktion *DATEADD*, die Anzahl und Art der zu verschiebenden Periode entgegennimmt. Unterstützt werden hiervon die Zeiträume *YEAR* (Jahr), *QUARTER* (Quartal), *MONTH* (Monat) und *DAY* (Tag). Sie können das Measure *PY Sales* beispielsweise alternativ mit dem folgenden äquivalenten Ausdruck definieren, der den aktuellen Filterkontext mit *DATEADD* um ein Jahr zurücksetzt:

```
PY Sales := CALCULATE( [Sales Amount], DATEADD ( 'Date'[Date], -1, YEAR ) )
```

DATEADD ist leistungsfähiger als *SAMEPERIODLASTYEAR*, da es in analoger Weise den Wert aus einem Vorquartal (PQ), einem Vormonat (PM) oder einem Vortag (PD) berechnen kann:

```
PQ Sales := CALCULATE ( [Sales Amount], DATEADD ( 'Date'[Date], -1, QUARTER ) )
PM Sales := CALCULATE ( [Sales Amount], DATEADD ( 'Date'[Date], -1, MONTH ) )
PD Sales := CALCULATE ( [Sales Amount], DATEADD ( 'Date'[Date], -1, DAY ) )
```

In Abbildung 8.14 sehen Sie Ergebnisse einiger dieser Measures.

Year	Sales Amount	PY Sales	PQ Sales	PM Sales
2007	**11,309,946.12**		**8,578,521.96**	**10,318,397.37**
January	794,248.24			
February	891,135.91			794,248.24
March	961,289.24			891,135.91
April	1,128,104.82		794,248.24	961,289.24
May	936,192.74		891,135.91	1,128,104.82
June	982,304.46		961,289.24	936,192.74
July	922,542.98		1,128,104.82	982,304.46
August	952,834.59		936,192.74	922,542.98
September	1,009,868.98		982,304.46	952,834.59
October	914,273.54		922,542.98	1,009,868.98
November	825,601.87		952,834.59	914,273.54
December	991,548.75		1,009,868.98	825,601.87
2008	**9,927,582.99**	**11,309,946.12**	**9,861,395.69**	**9,997,422.60**
January	656,766.69	794,248.24	914,273.54	991,548.75
February	600,080.00	891,135.91	825,601.87	656,766.69
March	559,538.52	961,289.24	991,548.75	600,080.00

Abbildung 8.14 Mit *DATEADD* können Sie den aktuellen Filterkontext auf verschiedene Zeiträume verschieben.

Eine weitere nützliche Funktion ist *PARALLELPERIOD*. Sie ähnelt *DATEADD*, gibt aber – anstelle des von *DATEADD* zurückgegebenen Teilzeitraums – den gesamten mit dem dritten Parameter angegebenen Zeitraum zurück. Das bedeutet, dass im aktuellen Filterkontext zwar nur ein einziger Monat ausgewählt ist, aber das folgende Measure mit *PARALLELPERIOD* trotzdem das Umsatzvolumen für das gesamte Vorjahr berechnet:

```
PY Total Sales :=
CALCULATE ( [Sales Amount], PARALLELPERIOD ( 'Date'[Date], -1, YEAR ) )
```

So kann man durch Angabe unterschiedlicher Parameterwerte mit verschiedenen Zeiträumen arbeiten:

```
PQ Total Sales :=
CALCULATE ( [Sales Amount], PARALLELPERIOD ( 'Date'[Date], -1, QUARTER ) )
```

In Abbildung 8.15 sehen Sie, wie mit *PARALLELPERIOD* die Berechnung für das Vorjahr und Vorquartal erfolgt.

Year	Sales Amount	PY Total Sales	PQ Total Sales
2007	**11,309,946.12**		**8,578,521.96**
Q1	**2,646,673.39**		
January	794,248.24		
February	891,135.91		
March	961,289.24		
Q2	**3,046,602.02**		**2,646,673.39**
April	1,128,104.82		2,646,673.39
May	936,192.74		2,646,673.39
June	982,304.46		2,646,673.39
Q3	**2,885,246.55**		**3,046,602.02**
July	922,542.98		3,046,602.02
August	952,834.59		3,046,602.02
September	1,009,868.98		3,046,602.02
Q4	**2,731,424.16**		**2,885,246.55**
October	914,273.54		2,885,246.55
November	825,601.87		2,885,246.55
December	991,548.75		2,885,246.55
2008	**9,927,582.99**	**11,309,946.12**	**9,861,395.69**
Q1	**1,816,385.21**	**11,309,946.12**	**2,731,424.16**
January	656,766.69	11,309,946.12	2,731,424.16
February	600,080.00	11,309,946.12	2,731,424.16
March	559,538.52	11,309,946.12	2,731,424.16

Abbildung 8.15 *PARALLELPERIOD* gibt den Gesamtzeitraum anstelle des zeitlich verschobenen Teilzeitraums an.

Es gibt eine Reihe von Funktionen, die *PARALLELPERIOD* ähneln, aber nicht identisch sind. Es sind dies *PREVIOUSYEAR*, *PREVIOUSQUARTER*, *PREVIOUSMONTH*, *PREVIOUSDAY*, *NEXTYEAR*, *NEXTQUARTER*, *NEXTMONTH* und *NEXTDAY*. Diese Funktionen verhalten sich wie *PARALLELPERIOD*, wenn die Auswahl ein einzelnes Element enthält, das dem Funktionsnamen entspricht, also ein Jahr, Quartal, Monat oder Tag. Werden mehrere Zeiträume ausgewählt, dann gibt *PARALLELPERIOD* ein entsprechend verschobenes Ergebnis für sie alle zurück. Andererseits geben die spezifischen Funktionen für Jahr, Quartal, Monat und Tag ein einzelnes Element zurück, das unabhängig von der Länge an den ausgewählten Zeitraum angrenzt. Der folgende Code beispielsweise gibt März, April und Mai 2008 zurück, falls das zweite Quartal 2008 (April, Mai und Juni) ausgewählt wurde:

```
PM Total Sales :=
CALCULATE ( [Sales Amount], PARALLELPERIOD ( 'Date'[Date], -1, MONTH ) )
```

Umgekehrt gibt der folgende Code für den Fall, dass das zweite Quartal 2008 (April, Mai und Juni) ausgewählt wurde, nur März 2008 zurück.

```
Last PM Sales :=
CALCULATE ( [Sales Amount], PREVIOUSMONTH( 'Date'[Date] ) )
```

Der Unterschied zwischen den beiden Measures ist in Abbildung 8.16 dargestellt. Das Measure *Last PM Sales* gibt sowohl für 2008 als auch für Q1 2008 den Dezember 2007 zurück, während

PM Total Sales immer den Wert für die Anzahl der Monate in der Auswahl (drei für ein Quartal, zwölf für ein Jahr) zurückgibt. Dies geschieht, obwohl die Erstauswahl um einen Monat nach vorne verschoben ist.

Year	Sales Amount	Last PM Sales	PM Total Sales
Q4	**2,731,424.16**	**1,009,868.98**	**2,749,744.39**
October	914,273.54	1,009,868.98	1,009,868.98
November	825,601.87	914,273.54	914,273.54
December	991,548.75	825,601.87	825,601.87
2008	**9,927,582.99**	**991,548.75**	**9,997,422.60**
Q1	**1,816,385.21**	**991,548.75**	**2,248,395.44**
January	656,766.69	991,548.75	991,548.75
February	600,080.00	656,766.69	656,766.69
March	559,538.52	600,080.00	600,080.00
Q2	**2,738,040.73**	**559,538.52**	**2,452,437.65**
April	999,667.17	559,538.52	559,538.52
May	893,231.96	999,667.17	999,667.17
June	845,141.60	893,231.96	893,231.96
Q3	**2,575,545.59**	**845,141.60**	**2,457,249.97**
July	890,547.41	845,141.60	845,141.60

Abbildung 8.16 *PREVIOUSMONTH* gibt genau einen Monat zurück, auch wenn die Auswahl ein Quartal oder ein Jahr umfasst.

Zeitintelligenzfunktionen kombinieren

Ein praktisches Merkmal von Zeitintelligenzfunktionen ist die Möglichkeit, komplexere Formeln durch die gemeinsame Nutzung solcher Funktionen zu entwerfen. Der erste Parameter der meisten Zeitintelligenzfunktionen ist die Datumsspalte in der Datumstabelle. Dies ist jedoch nur syntaktischer Zucker für die Gesamtsyntax. Tatsächlich erfordert die vollständige Syntax der Zeitintelligenzfunktionen immer eine Tabelle als ersten Parameter. Sie sehen dies in den folgenden beiden äquivalenten Versionen desselben Measures. Wird die referenzierte Datumsspalte verwendet, dann wird sie in eine Tabelle mit eindeutigen Werten übersetzt, die nach einem Kontextübergang im Filterkontext aktiv sind, sofern ein Zeilenkontext vorhanden ist:

```
PY Sales :=
CALCULATE (
    [Sales Amount],
    DATESYTD ( 'Date'[Date] )
)

-- ist äquivalent zu

PY Sales :=
CALCULATE (
    [Sales Amount],
    DATESYTD ( CALCULATETABLE ( DISTINCT ( 'Date'[Date] ) ) )
)
```

Die Zeitintelligenzfunktionen nehmen als ersten Parameter eine Tabelle entgegen und fungieren als »Zeitverschieber«. Diese Funktionen können den Inhalt der Tabelle auf der Zeitachse um beliebig viele Jahre, Quartale, Monate oder Tage hin und her verschieben. Da Zeitintelligenzfunktionen eine Tabelle entgegennehmen, kann anstelle einer Tabelle auch jeglicher Tabellenausdruck verwendet werden – auch einschließlich einer anderen Zeitintelligenzfunktion. Dadurch ist es möglich, mehrere Zeitintelligenzfunktionen zu kombinieren, wobei deren einzelne Ergebnisse kaskadiert werden.

Der folgende Code etwa vergleicht den YTD-Wert mit dem entsprechenden Wert aus dem Vorjahr. Dies geschieht durch die Kombination von *SAMEPERIODLASTYEAR* und *DATESYTD*. Es ist interessant festzustellen, dass das Ergebnis sich nicht ändert, wenn die Reihenfolge der Funktionen ausgetauscht wird:

```
PY YTD Sales :=
CALCULATE (
    [Sales Amount],
    SAMEPERIODLASTYEAR ( DATESYTD ( 'Date'[Date] ) )
)

-- ist äquivalent zu

PY YTD Sales :=
CALCULATE (
    [Sales Amount],
    DATESYTD ( SAMEPERIODLASTYEAR ( 'Date'[Date] ) )
)
```

Zudem ist es möglich, den aktuellen Filterkontext mit *CALCULATE* in einen anderen Zeitraum zu verschieben und dann eine Funktion aufzurufen, die ihrerseits den Filterkontext analysiert und in einen anderen Zeitraum verschiebt. Die folgenden beiden Definitionen von *PY YTD Sales* entsprechen den beiden vorangegangenen (die Measures *YTD Sales* und *PY Sales* wurden bereits an früherer Stelle in diesem Kapitel definiert):

```
PY YTD Sales :=
CALCULATE (
    [YTD Sales],
    SAMEPERIODLASTYEAR ( 'Date'[Date] )
)
-- ist äquivalent zu

PY YTD Sales :=
CALCULATE (
    [PY Sales],
    DATESYTD ( 'Date'[Date] )
)
```

Die Ergebnisse von *PY YTD Sales* sehen Sie in Abbildung 8.17. Die Werte von *YTD Sales* werden für das um ein Jahr verschobene *PY YTD Sales* ausgewiesen.

Year	Sales Amount	YTD Sales	PY YTD Sales
2007	**11,309,946.12**	**11,309,946.12**	
January	794,248.24	794,248.24	
February	891,135.91	1,685,384.15	
March	961,289.24	2,646,673.39	
April	1,128,104.82	3,774,778.20	
May	936,192.74	4,710,970.95	
June	982,304.46	5,693,275.41	
July	922,542.98	6,615,818.39	
August	952,834.59	7,568,652.98	
September	1,009,868.98	8,578,521.96	
October	914,273.54	9,492,795.50	
November	825,601.87	10,318,397.37	
December	991,548.75	11,309,946.12	
2008	**9,927,582.99**	**9,927,582.99**	**11,309,946.12**
January	656,766.69	656,766.69	794,248.24
February	600,080.00	1,256,846.69	1,685,384.15
March	559,538.52	1,816,385.21	2,646,673.39
April	999,667.17	2,816,052.38	3,774,778.20
May	893,231.96	3,709,284.34	4,710,970.95
June	845,141.60	4,554,425.94	5,693,275.41
July	890,547.41	5,444,973.35	6,615,818.39

Abbildung 8.17 Die YTD-Berechnung für den Vorjahreszeitraum kann durch Kombination von Zeitintelligenzfunktionen berechnet werden.

Alle bislang in diesem Abschnitt aufgeführten Beispiele funktionieren auf Jahres-, Quartals-, Monats- und Tagesebene, nicht aber auf Wochenebene. Zeitintelligenzfunktionen für wochenbasierte Berechnungen sind nicht verfügbar, da es zu viele mögliche Variationen von Jahren, Quartalen und Monaten auf Wochenbasis gibt. Aus diesem Grund müssen Sie DAX-Ausdrücke implementieren, um wochenbasierte Berechnungen durchzuführen. Ausführliche Informationen und ein Beispiel hierzu finden Sie im Abschnitt »Mit benutzerdefinierten Kalendern arbeiten« weiter hinten in diesem Kapitel.

Differenz über frühere Zeiträume berechnen

Eine häufig benötigte Operation ist die Berechnung der Differenz zwischen einem Measure und seinem Vorjahreswert. Sie können diese Differenz als absoluten oder prozentualen Wert ausdrücken. Sie haben bereits gesehen, wie Sie mit dem Measure *PY Sales* den Wert des Vorjahres erhalten:

```
PY Sales := CALCULATE ( [Sales Amount], SAMEPERIODLASTYEAR ( 'Date'[Date] ) )
```

Für *Sales Amount* ist die absolute Differenz zum Vorjahr (engl. *Year-over-Year*, YOY) eine einfache Subtraktion. Sie müssen jedoch eine Sicherheitsmaßnahme integrieren, falls Sie die Differenz nur dann anzeigen möchten, wenn beide Werte verfügbar sind. In diesem Fall sind Variablen wichtig, um zu vermeiden, dass das gleiche Measure zweimal berechnet wird. Sie können ein Measure *YOY Sales* mit folgendem Ausdruck definieren:

```
YOY Sales :=
VAR CySales = [Sales Amount]
VAR PySales = [PY Sales]
VAR YoySales =
    IF (
        NOT ISBLANK ( CySales ) && NOT ISBLANK ( PySales ),
        CySales - PySales
    )
RETURN
    YoySales
```

Die äquivalente Berechnung für den Vergleich des YTD-Measures mit dem entsprechenden Wert aus dem Vorjahr ist eine einfache Subtraktion von zwei Measures: *YTD Sales* und *PY YTD Sales*. Sie haben das im vorangegangenen Abschnitt gesehen:

```
YTD Sales := TOTALYTD ( [Sales Amount], 'Date'[Date] )

PY YTD Sales :=
CALCULATE (
    [Sales Amount],
    DATESYTD ( SAMEPERIODLASTYEAR ( 'Date'[Date] ) )
)

YOY YTD Sales :=
VAR CyYtdSales = [YTD Sales]
VAR PyYtdSales = [PY YTD Sales]
VAR YoyYtdSales =
    IF (
        NOT ISBLANK ( CyYtdSales ) && NOT ISBLANK ( PyYtdSales ),
        CyYtdSales - PyYtdSales
    )
RETURN
    YoyYtdSales
```

Häufig wird die YOY-Differenz aber auch als Prozentwert ausgedrückt. Sie können diese Berechnung definieren, indem Sie *YOY Sales* durch *PY Sales* dividieren. Auf diese Weise verwendet die Differenz den Vorjahreswert als Bezug für die prozentuale Differenz (100 Prozent würden dann einem Wert entsprechen, der sich in einem Jahr verdoppelt). In den folgenden Ausdrücken, die das Measure *YOY Sales%* definieren, vermeidet die Funktion *DIVIDE* einen Fehler aufgrund einer Division durch null, wenn im Vorjahr keine entsprechenden Daten vorliegen:

```
YOY Sales% := DIVIDE ( [YOY Sales], [PY Sales] )
```

Eine ähnliche Berechnung zeigt die prozentuale Differenz eines YOY-Vergleichs für die YTD-Aggregation. Die folgende Definition von *YOY YTD Sales%* implementiert diese Berechnung:

```
YOY YTD Sales% := DIVIDE ( [YOY YTD Sales], [PY YTD Sales] )
```

In Abbildung 8.18 sehen Sie die Ergebnisse dieser Measures in einem Bericht.

Year	Sales Amount	PY Sales	YOY Sales	YOY Sales%	YTD Sales	PY YTD Sales	YOY YTD Sales	YOY YTD Sales%
2007	**11,309,946.12**		**11,309,946.12**		**11,309,946.12**		**11,309,946.12**	
January	794,248.24		794,248.24		794,248.24		794,248.24	
February	891,135.91		891,135.91		1,685,384.15		1,685,384.15	
March	961,289.24		961,289.24		2,646,673.39		2,646,673.39	
April	1,128,104.82		1,128,104.82		3,774,778.20		3,774,778.20	
May	936,192.74		936,192.74		4,710,970.95		4,710,970.95	
June	982,304.46		982,304.46		5,693,275.41		5,693,275.41	
July	922,542.98		922,542.98		6,615,818.39		6,615,818.39	
August	952,834.59		952,834.59		7,568,652.98		7,568,652.98	
September	1,009,868.98		1,009,868.98		8,578,521.96		8,578,521.96	
October	914,273.54		914,273.54		9,492,795.50		9,492,795.50	
November	825,601.87		825,601.87		10,318,397.37		10,318,397.37	
December	991,548.75		991,548.75		11,309,946.12		11,309,946.12	
2008	**9,927,582.99**	**11,309,946.12**	**-1,382,363.13**	**-12.22%**	**9,927,582.99**	**11,309,946.12**	**-1,382,363.13**	**-12.22%**
January	656,766.69	794,248.24	-137,481.55	-17.31%	656,766.69	794,248.24	-137,481.55	-17.31%
February	600,080.00	891,135.91	-291,055.92	-32.66%	1,256,846.69	1,685,384.15	-428,537.46	-25.43%
March	559,538.52	961,289.24	-401,750.72	-41.79%	1,816,385.21	2,646,673.39	-830,288.18	-31.37%
April	999,667.17	1,128,104.82	-128,437.65	-11.39%	2,816,052.38	3,774,778.20	-958,725.82	-25.40%

Abbildung 8.18 Der Bericht zeigt alle YOY-Measures, die in derselben Matrix verwendet werden.

Gleitende Jahresgesamtsumme berechnen

Eine weitere häufig benötigte Berechnung, die saisonale Umsatzveränderungen ausklammert, ist der gleitende Mittelwert über die letzten 12 Monate (engl. *Moving Annual Total*, MAT). Sie haben in Kapitel 7, »Mit Iteratoren und *CALCULATE* arbeiten«, eine Technik zur Berechnung eines gleitenden Durchschnitts erlernt. Hier wollen wir eine Formel beschreiben, mit der ein ähnlicher Durchschnitt mithilfe von Zeitintelligenzfunktionen berechnet wird.

Die Summierung des Datumsbereichs von April 2007 bis März 2008 berechnet beispielsweise den Wert von *MAT Sales* für März 2008. Am einfachsten ist es, hier die Funktion *DATESINPERIOD* zu verwenden. *DATESINPERIOD* gibt alle Datumswerte zurück, die in einem Zeitraum enthalten sind. Das kann eine Anzahl von Jahren, Quartalen, Monaten oder Tagen sein.

```
MAT Sales :=
CALCULATE (                        -- Berechnet den Umsatzbetrag in einem neuen
    [Sales Amount],                -- Filterkontext, der vom nächsten Argument geändert
wird
    DATESINPERIOD (                -- Gibt eine Tabelle mit Date[Date]-
        'Date'[Date],              -- Werten zurück, die beim
        MAX ( 'Date'[Date] ),      -- letzten sichtbaren Datum beginnt
        -1,                        -- und 1 Jahr rückwärts-
        YEAR                       -- geht.
    )
)
```

DATESINPERIOD ist in der Regel die beste Option für die Berechnung des gleitenden Jahresgesamtbetrags. Zu Demonstrationszwecken ist es aber nützlich, auch andere Techniken zu sehen, mit denen sich der gleiche Filter erhalten lässt. Betrachten Sie diese alternative Definition von *MAT Sales*, die den gleitenden Jahresgesamtumsatz berechnet:

```
MAT Sales :=
CALCULATE (
    [Sales Amount],
    DATESBETWEEN (
        'Date'[Date],
        NEXTDAY ( SAMEPERIODLASTYEAR ( LASTDATE ( 'Date'[Date] ) ) ),
        LASTDATE ( 'Date'[Date] )
    )
)
```

Die Umsetzung dieses Measures erfordert eine gewisse Aufmerksamkeit. Die Formel verwendet die Funktion *DATESBETWEEN*, die aus einer Spalte Datumsangaben zwischen zwei angegebenen Datumswerten zurückgibt. Da *DATESBETWEEN* auch dann tagesbezogen funktioniert, wenn der Bericht Datumswerte auf Monatsebene abfragt, muss der Code den ersten und den letzten Tag des gewünschten Intervalls berechnen. Eine Möglichkeit, den letzten Tag zu erhalten, ist die Funktion *LASTDATE*. *LASTDATE* ähnelt *MAX*, aber statt eines Werts wird eine Tabelle zurückgegeben. Daher kann sie als Parameter für andere Zeitintelligenzfunktionen verwendet werden. Von diesem Datum ausgehend wird der erste Tag des Intervalls berechnet, indem – durch Aufruf von *NEXTDAY* – der auf das entsprechende Datum folgende Tag im Vorjahr (mithilfe von *SAMEPERIODLASTYEAR*) abgerufen wird.

Ein Problem bei gleitenden Jahresgesamtbeträgen besteht darin, dass sie den aggregierten Wert – also die Summe – berechnen. Dividiert man diesen Wert durch die Anzahl der im Zeitraum enthaltenen Monate, so erhält man den Durchschnittswert über den Gesamtzeitraum. Damit erhalten Sie einen gleitenden Jahresdurchschnitt (MAA):

```
MAA Sales :=
CALCULATE (
    DIVIDE ( [Sales Amount], DISTINCTCOUNT ( 'Date'[Year Month] ) ),
    DATESINPERIOD (
        'Date'[Date],
        MAX ( 'Date'[Date] ),
        -1,
        YEAR
    )
)
```

Wie Sie gesehen haben, ermöglicht der Einsatz von Zeitintelligenzfunktionen die Programmierung leistungsfähiger Measures. In Abbildung 8.19 sehen Sie einen Bericht, der die Berechnungen für den gleitenden Jahresgesamtbetrag und die Durchschnittswerte enthält.

Year	Sales Amount	MAT Sales	MAA Sales
2007	**11,309,946.12**	**11,309,946.12**	**942,495.51**
January	794,248.24	794,248.24	794,248.24
February	891,135.91	1,685,384.15	842,692.08
March	961,289.24	2,646,673.39	882,224.46
April	1,128,104.82	3,774,778.20	943,694.55
May	936,192.74	4,710,970.95	942,194.19
June	982,304.46	5,693,275.41	948,879.23
July	922,542.98	6,615,818.39	945,116.91
August	952,834.59	7,568,652.98	946,081.62
September	1,009,868.98	8,578,521.96	953,169.11
October	914,273.54	9,492,795.50	949,279.55
November	825,601.87	10,318,397.37	938,036.12
December	991,548.75	11,309,946.12	942,495.51
2008	**9,927,582.99**	**9,927,582.99**	**827,298.58**
January	656,766.69	11,172,464.58	931,038.71
February	600,080.00	10,881,408.66	906,784.06
March	559,538.52	10,479,657.94	873,304.83

Abbildung 8.19 Die Measures *MAT Sales* und *MAA Sales* lassen sich mithilfe von Zeitintelligenzfunktionen recht einfach erstellen.

Die richtige Aufrufreihenfolge für verschachtelte Zeitintelligenzfunktionen nutzen

Beim Schachteln von Zeitintelligenzfunktionen ist es wichtig, auf die Reihenfolge zu achten. Im obigen Beispiel haben wir den folgenden DAX-Ausdruck verwendet, um den ersten Tag für den gleitenden Jahresgesamtbetrag abzurufen:

```
NEXTDAY ( SAMEPERIODLASTYEAR ( LASTDATE ( 'Date'[Date] ) ) )
```

Dasselbe Verhalten erzielen Sie, indem Sie die Aufrufreihenfolge zwischen *NEXTDAY* und *SAMEPERIOD-LASTYEAR* wie im folgenden Code gezeigt umdrehen:

```
SAMEPERIODLASTYEAR ( NEXTDAY ( LASTDATE ( 'Date'[Date] ) ) )
```

Das Ergebnis ist fast immer dasselbe, doch birgt diese Auswertungsreihenfolge die Gefahr, dass am Ende des Zeitraums falsche Ergebnisse generiert werden. Der MAT-Codes mit dieser Reihenfolge würde zur folgenden – falschen! – Version führen:

```
MAT Sales Wrong :=
CALCULATE (
    [Sales Amount],
    DATESBETWEEN (
        'Date'[Date],
        SAMEPERIODLASTYEAR ( NEXTDAY ( LASTDATE ( 'Date'[Date] ) ) ),
        LASTDATE ( 'Date'[Date] )
    )
)
```

Diese Version der Formel berechnet das falsche Ergebnis am oberen Ende des Datumsbereichs. Sie können dies einem Bericht wie dem in Abbildung 8.20 gezeigten entnehmen.

Year	Sales Amount	MAT Sales Wrong
12/20/09	386.51	9,410,763.07
12/21/09	65,730.00	9,430,959.15
12/22/09	14,818.07	9,423,905.05
12/23/09	10,483.74	9,411,255.28
12/24/09	35,297.95	9,424,346.89
12/25/09	52,181.37	9,446,383.19
12/26/09	21,490.72	9,456,772.35
12/27/09	19,949.44	9,465,159.42
12/28/09	21,174.80	9,463,422.23
12/29/09	15,790.76	9,343,878.70
12/30/09	16,428.63	9,340,739.84
12/31/09	40,930.59	30,591,343.98
Total	**9,353,814.87**	**30,591,343.98**

Abbildung 8.20 Das Measure *MAT Sales Wrong* erzeugt am Ende des Jahres 2009 ein fehlerhaftes Ergebnis.

Das Measure berechnet bis zum 30. Dezember 2009 den korrekten Wert. Am 31. Dezember hingegen wird ein überraschend hohes Resultat berechnet. Grund hierfür ist, dass *NEXTDAY* am 31. Dezember 2009 eine Tabelle mit dem 1. Januar 2010 zurückgeben sollte. Leider enthält die Datumstabelle keine Zeile mit dem 1. Januar 2010; weswegen *NEXTDAY* das Ergebnis nicht errechnen kann. Ohne gültiges Ergebnis jedoch gibt *NEXTDAY* eine leere Tabelle zurück. Ein ähnliches Verhalten sehen Sie bei der folgenden Funktion: *SAMEPERIODLASTYEAR*. Diese nimmt eine leere Tabelle entgegen und gibt folglich auch eine leere Tabelle zurück. Da *DATESBETWEEN* einen skalaren Wert benötigt, wird das leere Ergebnis von *SAMEPERIODLASTYEAR* als leerer Wert betrachtet. Bei *DateTime*-Werten ist ein leerer Wert jedoch gleich null – und das bedeutet: gleich dem 30. Dezember 1899. Insofern gibt *DATESBETWEEN* am 31. Dezember 2009 sämtliche Datumswerte aus der Tabelle *Date* zurück. Der Leerwert definiert als Startdatum keine Grenzen für dieses erste Datum, weswegen das Ergebnis fehlerhaft ist.

Die Lösung ist allerdings recht einfach: Sie müssen lediglich darauf achten, die richtige Auswertungsreihenfolge zu verwenden. Wenn *SAMEPERIODLASTYEAR* als erste Funktion aufgerufen wird, gibt sie am 31. Dezember 2009 ein gültiges Datum zurück, nämlich den 31. Dezember 2008. Daraufhin gibt *NEXTDAY* den 1. Januar 2009 zurück, der diesmal in der Tabelle *Date* existiert.

Grundsätzlich geben alle Zeitintelligenzfunktionen Mengen existierender Datumswerte zurück. Gehört ein Datum nicht zur Tabelle *Date*, dann geben diese Funktionen eine leere Tabelle zurück, die einem leeren skalaren Wert entspricht. In manchen Szenarien kann, wie Sie in diesem Abschnitt gesehen haben, dieses Verhalten zu unerwarteten Ergebnissen führen. Für das konkrete Beispiel des gleitenden Jahresgesamtbetrags ist *DATESINPERIOD* einfacher und sicherer, aber trotzdem ist dieses Konzept für den Fall wichtig, dass die Zeitintelligenzfunktionen für andere angepasste Berechnungen kombiniert werden.

Semiadditive Berechnungen verstehen

Die bisher erlernten Techniken zur Aggregation von Werten aus verschiedenen Zeiträumen funktionieren gut bei regulären additiven Measures. Ein additives Measure ist eine Berechnung, bei der die Werte mithilfe einer regulären Summe aggregiert werden, wenn sie nach einem beliebigen Attribut aufgeschlüsselt werden. Denken Sie zum Beispiel an die Umsatzhöhe. Der Umsatzbetrag aller Kunden ist die Summe der Umsatzbeträge jedes einzelnen Kunden. Gleichzeitig ist der Umsatz für ein Jahr die Summe der Umsätze an allen Tagen in diesem Jahr. Additive Maßnahmen sind trivial: Sie sind intuitiv zu nutzen und leicht zu verstehen.

Allerdings sind nicht alle Berechnungen additiv. Einige Measures sind nicht additiv. Ein Beispiel wäre die diskrete Anzahl der Geschlechterangaben von Kunden. Für jeden einzelnen Kunden lautet das Ergebnis 1. Wenn jedoch die Berechnung für eine Menge von Kunden unterschiedlichen Geschlechts erfolgt, wird das Ergebnis niemals größer sein als die Anzahl der Geschlechter (im Falle von Contoso wären das drei, nämlich Leerwert, »M« und »F«). Daher kann das Ergebnis für eine Gruppe von Kunden, Datumswerten oder jegliche andere Spalte nicht durch Summierung der einzelnen Werte berechnet werden. Nichtadditive Measures sind häufig in Berichten zu finden, die in der Regel mit Berechnungen einer diskreten Anzahl verbunden sind. Sie sind in der Anwendung schwieriger und lassen sich im Vergleich zu regulären additiven Measures auch nicht so einfach nachvollziehen. Hinsichtlich der Additivität sind sie jedoch noch nicht die schwierigsten. Es gibt nämlich noch eine dritte Variante: das semiadditive Measure. Und dieses stellt eine echte Herausforderung dar.

Ein semiadditives Measure verwendet einen Aggregationstyp (meist eine Summe), wenn es nach bestimmten Spalten aufgeschlüsselt wird, bei Aufschlüsselung nach anderen Spalten dagegen – etwa bei Datumsspalten – erfolgt eine andere Form der Aggregation. Ein gutes Beispiel ist der Saldo eines Bankkontos. Der Saldo aller Kunden ist die Summe der einzelnen Salden. Allerdings ist der Saldo über ein ganzes Jahr nicht die Summe der Monatssalden, sondern der Saldo am letzten Tag des Jahres. Die Aufschlüsselung des Saldos nach Kunde führt zu einer regulären Berechnung, die Aufschlüsselung nach Datum hingegen geht einen anderen Weg. Sehen Sie sich etwa die Daten in Abbildung 8.21 an.

Name	Date ▲	Balance
Katie Jordan	1/31/2010	1,687.00
Luis Bonifaz	1/31/2010	1,470.00
Maurizio Macagno	1/31/2010	1,500.00
Katie Jordan	2/28/2010	2,812.00
Luis Bonifaz	2/28/2010	2,450.00
Maurizio Macagno	2/28/2010	2,500.00
Katie Jordan	3/31/2010	3,737.00
Luis Bonifaz	3/31/2010	3,430.00
Maurizio Macagno	3/31/2010	3,500.00

Abbildung 8.21 Die Abbildung zeigt einen Auszug der Beispieldaten, die für semiadditive Berechnungen verwendet werden.

Die Beispieldaten zeigen, dass der Saldo von Katie Jordan Ende Januar 1.687,– betrug, Ende Februar hingegen 2.812,–. Betrachten wir Januar und Februar nun gemeinsam, dann ist der Saldo keineswegs die Summe beider Werte. Vielmehr handelt es sich um den letzten verfügbaren Saldenwert. Andererseits beläuft sich der Gesamtsaldo aller Kunden im Januar auf die gemeinsame Summe aller drei Kunden.

Würde man hier eine einfache Summenfunktion verwenden, um Werte zu aggregieren, dann wäre das Ergebnis eine Summe für alle Attribute (Abbildung 8.22).

Year	Katie Jordan	Luis Bonifaz	Maurizio Macagno	**Total**
CY 2010	**17,742.00**	**15,631.00**	**15,650.00**	**49,023.00**
Q1	**8,236.00**	**7,350.00**	**7,500.00**	**23,086.00**
January	1,687.00	1,470.00	1,500.00	**4,657.00**
February	2,812.00	2,450.00	2,500.00	**7,762.00**
March	3,737.00	3,430.00	3,500.00	**10,667.00**
Q2	**6,975.00**	**6,076.00**	**6,200.00**	**19,251.00**
April	2,250.00	1,960.00	2,000.00	**6,210.00**
May	2,025.00	1,764.00	1,800.00	**5,589.00**
June	2,700.00	2,352.00	2,400.00	**7,452.00**
Q3	**2,531.00**	**2,205.00**	**1,950.00**	**6,686.00**
July	2,531.00	2,205.00	1,950.00	**6,686.00**
Total	**17,742.00**	**15,631.00**	**15,650.00**	**49,023.00**

Abbildung 8.22 Die Abbildung zeigt zwei Arten von Summen: die Summen im zeitlichen Verlauf für jeden einzelnen Kunden und die Summen für alle Kunden über verschiedene Zeiträume.

Wie Sie sehen, sind die einzelnen Monatswerte korrekt. Aber auf aggregierter Ebene – sowohl bei den Quartalen als auch auf Jahresebene – ist das Ergebnis auch hier eine Summe ohne jegliche Aussagekraft. Das richtige Ergebnis ist in Abbildung 8.23 zu sehen: Hier zeigt der Bericht auf jeder Summierebene korrekterweise den letzten bekannten Wert an.

Year	Katie Jordan	Luis Bonifaz	Maurizio Macagno	**Total**
CY 2010	**2,531.00**	**2,205.00**	**1,950.00**	**6,686.00**
Q1	**3,737.00**	**3,430.00**	**3,500.00**	**10,667.00**
January	1,687.00	1,470.00	1,500.00	**4,657.00**
February	2,812.00	2,450.00	2,500.00	**7,762.00**
March	3,737.00	3,430.00	3,500.00	**10,667.00**
Q2	**2,700.00**	**2,352.00**	**2,400.00**	**7,452.00**
April	2,250.00	1,960.00	2,000.00	**6,210.00**
May	2,025.00	1,764.00	1,800.00	**5,589.00**
June	2,700.00	2,352.00	2,400.00	**7,452.00**
Q3	**2,531.00**	**2,205.00**	**1,950.00**	**6,686.00**
July	2,531.00	2,205.00	1,950.00	**6,686.00**
Total	**2,531.00**	**2,205.00**	**1,950.00**	**6,686.00**

Abbildung 8.23 Hier sehen Sie die erwarteten Werte.

Der Umgang mit semiadditiven Measures ist ein komplexes Thema. Das liegt gleichermaßen an den verschiedenen möglichen Berechnungen wie auch daran, dass verschiedene Details beachtet werden müssen. In den nächsten Abschnitten beschreiben wir die grundlegenden Techniken zur Handhabung semiadditiver Berechnungen.

LASTDATE und *LASTNONBLANK* verwenden

DAX bietet mehrere Funktionen zur Abwicklung semiadditiver Berechnungen. Allerdings ist das Schreiben richtigen Codes für semiadditive Berechnungen nicht nur eine Frage des Auffindens der richtigen Funktionen. Ist der Programmierer unaufmerksam, dann gibt es eine ganze Reihe subtiler Fallstricke, die die Berechnung unbrauchbar machen können. In diesem Abschnitt zeigen wir verschiedene Versionen desselben Codes, die je nach Daten funktionieren – oder eben auch nicht funktionieren. Der Zweck der Darstellung »falscher« Lösungen ist insofern lehrreich, als die »richtige« stets von den im Datenmodell vorhandenen Daten abhängt. Zudem macht die Lösung komplexerer Szenarien das Nachdenken in Phasen erforderlich.

Die erste Funktion, die wir beschreiben wollen, ist *LASTDATE*. Wir haben die *LASTDATE*-Funktion bereits weiter vorn verwendet, als wir die Berechnung des gleitenden Jahresumsatzes beschrieben haben. *LASTDATE* gibt eine Tabelle mit nur einer Zeile zurück, die das letzte im aktuellen Filterkontext sichtbare Datum angibt. Als Filterargument von *CALCULATE* überschreibt *LASTDATE* den Filterkontext für die Datumstabelle, sodass nur der letzte Tag des ausgewählten Zeitraums sichtbar bleibt. Der folgende Code berechnet den letzten Saldo, indem er mit *LASTDATE* den Filterkontext auf *Date* überschreibt:

```
LastBalance :=
CALCULATE (
    SUM ( Balances[Balance] ),
    LASTDATE ( 'Date'[Date] )
)
```

LASTDATE ist einfach zu bedienen, eignet sich aber leider nicht für alle semiadditiven Berechnungen. Eigentlich durchsucht *LASTDATE* nämlich die Datumstabelle und gibt immer das letzte Datum in dieser Tabelle zurück. So wird beispielsweise auf Monatsebene immer der letzte Tag des Monats zurückgegeben, auf Quartalsebene hingegen das letzte Datum im Quartal. Wenn für das von *LASTDATE* zurückgegebene Datum keine Daten vorhanden sind, ist das Ergebnis der Berechnung ein Leerwert. Sie sehen dies in Abbildung 8.24, wo die Summe von Q3 und die Gesamtsumme nicht sichtbar sind. Da die Summe von Q3 leer ist, zeigt der Bericht Q3 noch nicht einmal an, was den Nutzer im Zweifelsfall verwirrt zurücklässt.

Year	Katie Jordan	Luis Bonifaz	Maurizio Macagno	**Total**
CY 2010				
Q1	**3,737.00**	**3,430.00**	**3,500.00**	**10,667.00**
January	1,687.00	1,470.00	1,500.00	**4,657.00**
February	2,812.00	2,450.00	2,500.00	**7,762.00**
March	3,737.00	3,430.00	3,500.00	**10,667.00**
Q2	**2,700.00**	**2,352.00**	**2,400.00**	**7,452.00**
April	2,250.00	1,960.00	2,000.00	**6,210.00**
May	2,025.00	1,764.00	1,800.00	**5,589.00**
June	2,700.00	2,352.00	2,400.00	**7,452.00**
Total				

Abbildung 8.24 Das Ergebnis von *LASTDATE* ist verwirrend, wenn am letzten Tag des Monats keine Daten vorhanden sind.

Wenn wir zur Aufschlüsselung der Daten auf der untersten Ebene statt des Monats das Datum verwenden, wird das Problem von *LASTDATE* noch deutlicher (Abbildung 8.25). Die Q3-Zeile ist jetzt sichtbar, obwohl das Ergebnis nach wie vor der Leerwert ist.

Year	Katie Jordan	Luis Bonifaz	Maurizio Macagno	**Total**
CY 2010				
Q1	**3,737.00**	**3,430.00**	**3,500.00**	**10,667.00**
01/31/2010	1,687.00	1,470.00	1,500.00	**4,657.00**
02/28/2010	2,812.00	2,450.00	2,500.00	**7,762.00**
03/31/2010	3,737.00	3,430.00	3,500.00	**10,667.00**
Q2	**2,700.00**	**2,352.00**	**2,400.00**	**7,452.00**
04/30/2010	2,250.00	1,960.00	2,000.00	**6,210.00**
05/31/2010	2,025.00	1,764.00	1,800.00	**5,589.00**
06/30/2010	2,700.00	2,352.00	2,400.00	**7,452.00**
Q3				
07/15/2010	2,531.00	2,205.00		**4,736.00**
07/18/2010			1,950.00	**1,950.00**
Total				

Abbildung 8.25 Bei der Aufschlüsselung nach Datum erkennt man, dass Daten zwar auf Tagesebene, nicht aber auf der aggregierten Ebene vorhanden sind.

Enthält die Tabelle *Date* Werte für Tage vor dem letzten Tag, dieser letzte Tag aber keine Daten, dann bietet sich alternativ die Funktion *LASTNONBLANK* an. *LASTNONBLANK* ist ein Iterator, der eine Tabelle durchsucht und den letzten Wert der Tabelle zurückgibt, für den der zweite Parameter nicht als *BLANK* ausgewertet wird. In unserem Beispiel verwenden wir *LASTNONBLANK* zum Durchsuchen der Tabelle *Date*. Dort wird nach dem letzten Datum gesucht, für das Zeilen in der Tabelle *Balances* vorhanden sind:

```
LastBalanceNonBlank :=
CALCULATE (
    SUM ( Balances[Balance] ),
    LASTNONBLANK (
        'Date'[Date],
        COUNTROWS ( RELATEDTABLE ( Balances ) )
    )
)
```

Auf Monatsebene iteriert *LASTNONBLANK* über jedes Datum im Monat und prüft für jede dieser Datumsangaben, ob die zugehörige Tabelle mit den Salden leer ist. Die innerste *RELATEDTABLE*-Funktion wird im Zeilenkontext des *LASTNONBLANK*-Iterators ausgeführt, sodass *RELATEDTABLE* nur die Salden für das angegebene Datum zurückgibt. Wenn keine Daten vorhanden sind, liefert *RELATEDTABLE* eine leere Tabelle und *COUNTROWS* einen leeren Wert zurück. Am Ende der Iteration gibt *LASTNONBLANK* das letzte Datum zurück, für das ein nicht leeres Ergebnis berechnet wurde.

Wenn alle Kundensalden zum gleichen Datum erfasst werden, löst *LASTNONBLANK* das Problem. In unserem Beispiel haben wir jedoch unterschiedliche Datumswerte für die verschiedenen Kunden innerhalb desselben Monats, und so entsteht ein weiteres Problem. Wie wir bereits zu Beginn dieses Abschnitts anmerkten, steckt bei den semiadditiven Berechnungen der Teufel im Detail. Bei unseren Beispieldaten funktioniert *LASTNONBLANK* sehr viel besser als *LASTDATE*, da es aktiv nach dem letzten Datum sucht. Allerdings scheitert es an der Berechnung der korrekten Summen (Abbildung 8.26).

Das Ergebnis für die einzelnen Kunden sieht richtig aus. Tatsächlich beträgt der letzte bekannte Saldo für Katie Jordan jetzt 2.531,–, was die Formel korrekt als ihre Summe ausweist. Dasselbe Verhalten führt auch bei Luis Bonifaz und Maurizio Macagno zu korrekten Ergebnissen. Dennoch scheint der Gesamtbetrag falsch zu sein. Dieser beläuft sich auf 1.950,–, das heißt, es wird nur der Wert von Maurizio Macagno dargestellt. Es ist verwirrend, wenn ein Bericht eine theoretisch aus drei Werten (2.531,–, 2.205,– und 1.950,–) zusammengesetzte Summe zeigt, die tatsächlich nur den letzten Wert angibt.

Der Grund ist nicht schwer zu erklären. Wenn der Filterkontext Katie Jordan filtert, ist das letzte Datum mit Werten der 15. Juli. Filtert der Filterkontext Maurizio Macagno, dann ist das letzte Datum mit Werten der 18. Juli. Trotzdem ist, wenn der Filterkontext den Kundennamen nicht mehr filtert, das letzte Datum das von Maurizio Macagno, also der 18. Juli. Weder für Katie Jordan noch für Luis Bonifaz gibt es am 18. Juli Werte. Daher wird in der Formel für den Monat Juli nur der Wert von Maurizio Macagno angegeben.

Year	Katie Jordan	Luis Bonifaz	Maurizio Macagno	**Total**
CY 2010	**2,531.00**	**2,205.00**	**1,950.00**	**1,950.00**
Q1	**3,737.00**	**3,430.00**	**3,500.00**	**10,667.00**
01/31/2010	1,687.00	1,470.00	1,500.00	**4,657.00**
02/28/2010	2,812.00	2,450.00	2,500.00	**7,762.00**
03/31/2010	3,737.00	3,430.00	3,500.00	**10,667.00**
Q2	**2,700.00**	**2,352.00**	**2,400.00**	**7,452.00**
04/30/2010	2,250.00	1,960.00	2,000.00	**6,210.00**
05/31/2010	2,025.00	1,764.00	1,800.00	**5,589.00**
06/30/2010	2,700.00	2,352.00	2,400.00	**7,452.00**
Q3	**2,531.00**	**2,205.00**	**1,950.00**	**1,950.00**
07/15/2010	2,531.00	2,205.00		**4,736.00**
07/18/2010			1,950.00	**1,950.00**
Total	**2,531.00**	**2,205.00**	**1,950.00**	**1,950.00**

Abbildung 8.26 Dieser Bericht ist *fast* korrekt. Die einzigen unerwarteten Ergebnisse liegen auf Jahresebene und auf Quartalsebene für Q3.

Wie so oft ist an dem Verhalten von DAX nichts auszusetzen. Das Problem besteht vielmehr darin, dass unser Code noch nicht vollständig ist, denn die Tatsache, dass verschiedene Kunden unterschiedliche letzte Datumswerte in unserem Datenmodell haben könnten, wird bislang nicht berücksichtigt.

Je nach Bedarf kann die Formel auf unterschiedliche Weise korrigiert werden. Tatsächlich muss genau definiert werden, was auf der Gesamtebene gezeigt werden soll. Angesichts der Tatsache, dass es Daten am 18. Juli gibt, besteht die Grundidee darin,

- entweder den 18. Juli als das letzte Datum für alle Kunden unabhängig von ihrem individuellen letzten Datum zu verwenden, das heißt, Kunden, die an einem bestimmten Tag keine Beträge aufweisen, haben am betreffenden Tag einen ausgeglichenen Saldo, oder
- das letzte Datum jedes einzelnen Kunden zu betrachten und dann die Gesamtsumme zu aggregieren, indem Sie als letztes Datum das letzte Datum des jeweiligen Kunden verwenden, was bedeutet, dass das Guthabenkonto eines Kunden somit immer das letzte für diesen Kunden verfügbare Guthaben ist.

Beide Definitionen sind korrekt, und alles hängt von den Anforderungen des Berichts ab. Und weil beides interessant zu lernen ist, zeigen wir hier für beide Varianten den passenden Code. Der einfachere der beiden Ansätze ist die Betrachtung des letzten Datums, für das unabhängig vom Kunden Daten vorliegen. Für die richtige Formel muss nur die Art und Weise geändert werden, wie *LASTNONBLANK* sein Ergebnis berechnet:

```
LastBalanceAllCustomers :=
VAR LastDateAllCustomers =
    CALCULATETABLE (
        LASTNONBLANK (
            'Date'[Date],
```

```
            COUNTROWS ( RELATEDTABLE ( Balances ) )
        ),
        ALL ( Balances[Name] )
    )
VAR Result =
    CALCULATE (
        SUM( Balances[Balance] ),
        LastDateAllCustomers
    )
RETURN
    Result
```

In diesem Code haben wir bei der Auswertung von *LASTNONBLANK* den Filter aus dem Kundennamen mit *CALCULATETABLE* entfernt. In diesem Fall liefert *LASTNONBLANK* beim Gesamtbetrag unabhängig vom Kunden im Filterkontext immer den 18. Juli zurück. Daher wird der Gesamtbetrag nun korrekt berechnet, und der Endsaldo von Katie Jordan und Luis Bonifaz ist leer, wie Sie in Abbildung 8.27 sehen können.

Year	Katie Jordan	Luis Bonifaz	Maurizio Macagno	**Total**
CY 2010			**1,950.00**	**1,950.00**
Q1	**3,737.00**	**3,430.00**	**3,500.00**	**10,667.00**
01/31/2010	1,687.00	1,470.00	1,500.00	**4,657.00**
02/28/2010	2,812.00	2,450.00	2,500.00	**7,762.00**
03/31/2010	3,737.00	3,430.00	3,500.00	**10,667.00**
Q2	**2,700.00**	**2,352.00**	**2,400.00**	**7,452.00**
04/30/2010	2,250.00	1,960.00	2,000.00	**6,210.00**
05/31/2010	2,025.00	1,764.00	1,800.00	**5,589.00**
06/30/2010	2,700.00	2,352.00	2,400.00	**7,452.00**
Q3			**1,950.00**	**1,950.00**
07/15/2010	2,531.00	2,205.00		**4,736.00**
07/18/2010			1,950.00	**1,950.00**
Total			**1,950.00**	**1,950.00**

Abbildung 8.27 Die Verwendung des letzten Datums für alle Kunden liefert ein anderes Spaltensummenergebnis.

Für die zweite Option müssen wir etwas mehr Hirnschmalz aufwenden. Wenn Sie für jeden Kunden ein anderes Datum verwenden, kann der Gesamtbetrag nicht einfach über den zugehörigen Filterkontext berechnet werden. Die Formel muss vielmehr für jeden Kunden die Zwischensumme berechnen und die Ergebnisse dann aggregieren. Dies ist ein Szenario, in dem ein Iterator eine ebenso einfache wie effektive Lösung darstellt. In der Tat wird beim folgenden Measure ein äußeres *SUMX* verwendet, um durch Addition der Einzelwerte für jeden Kunden die Summe zu bilden:

```
LastBalanceIndividualCustomer :=
SUMX (
    VALUES ( Balances[Name] ),
    CALCULATE (
        SUM ( Balances[Balance] ),
        LASTNONBLANK (
            'Date'[Date],
            COUNTROWS ( RELATEDTABLE ( Balances ) )
        )
    )
)
```

Das Ergebnis dieses letzteren Measures berechnet für jeden Kunden den Wert am jeweils letzten Datum. Anschließend wird die Gesamtsumme durch Addition der Einzelwerte berechnet. Das Ergebnis sehen Sie in Abbildung 8.28.

Year	Katie Jordan	Luis Bonifaz	Maurizio Macagno	**Total**
CY 2010	**2,531.00**	**2,205.00**	**1,950.00**	**6,686.00**
Q1	**3,737.00**	**3,430.00**	**3,500.00**	**10,667.00**
01/31/2010	1,687.00	1,470.00	1,500.00	**4,657.00**
02/28/2010	2,812.00	2,450.00	2,500.00	**7,762.00**
03/31/2010	3,737.00	3,430.00	3,500.00	**10,667.00**
Q2	**2,700.00**	**2,352.00**	**2,400.00**	**7,452.00**
04/30/2010	2,250.00	1,960.00	2,000.00	**6,210.00**
05/31/2010	2,025.00	1,764.00	1,800.00	**5,589.00**
06/30/2010	2,700.00	2,352.00	2,400.00	**7,452.00**
Q3	**2,531.00**	**2,205.00**	**1,950.00**	**6,686.00**
07/15/2010	2,531.00	2,205.00		**4,736.00**
07/18/2010			1,950.00	**1,950.00**
Total	**2,531.00**	**2,205.00**	**1,950.00**	**6,686.00**

Abbildung 8.28 Die Matrix zeigt nun die Zwischensumme jedes Kunden zum jeweiligen letzten Datum.

Bei einer großen Anzahl von Kunden können beim Measure *LastBalanceIndividualCustomer* Performanceprobleme auftreten. Der Grund hierfür besteht darin, dass die Formel zwei geschachtelte Iteratoren enthält und der äußere der beiden Iteratoren eine umfassende Granularität aufweist. Ein schnellerer Ansatz zur Erfüllung derselben Anforderung ist in Kapitel 10, »Mit dem Filterkontext arbeiten«, enthalten. Dort werden Funktionen wie *TREATAS* verwendet, die erst in späteren Kapiteln auftauchen.

Wie Sie gesehen haben, liegt die Komplexität der semiadditiven Berechnungen nicht im Code, sondern in der Definition des gewünschten Verhaltens. Sobald das Verhalten klar ist, ist die Wahl zwischen dem einen oder anderen Muster einfach.

In diesem Abschnitt haben wir die am häufigsten verwendeten Funktionen *LASTDATE* und *LASTNONBLANK* gezeigt. Es stehen zwei ähnliche Funktionen zur Verfügung, um das erste Datum eines Zeitraums anstelle des letzten zu erhalten. Diese Funktionen sind *FIRSTDATE* und *FIRSTNONBLANK*. Zudem gibt es weitere Funktionen, deren Ziel es ist, Berechnungen wie die bisher gezeigten zu vereinfachen. Diese werden wir im nächsten Abschnitt behandeln.

Mit Eröffnungs- und Abschlusssaldo arbeiten

DAX bietet viele Funktionen wie z. B. *LASTDATE*, mit denen sich Berechnungen dadurch vereinfachen lassen, dass sie den Wert eines Measures für das Anfangs- oder Enddatum eines Zeitraums abrufen. Diese Zusatzfunktionen sind zwar nützlich, unterliegen aber den gleichen Einschränkungen wie *LASTDATE*. Sie funktionieren gut, wenn der Datensatz Werte für alle Datumsangaben enthält – aber eben auch nur dann.

Diese Funktionen sind *STARTOFYEAR*, *STARTOFQUARTER*, *STARTOFMONTH* und die zugehörigen Abschlussfunktionen *ENDOFYEAR*, *ENDOFQUARTER* und *ENDOFMONTH*. Intuitiv liefert *STARTOFYEAR* immer den 1. Januar des aktuell ausgewählten Jahres im Filterkontext zurück. Ähnlich liefern *STARTOFQUARTER* und *STARTOFMONTH* den Beginn des Quartals bzw. des Monats.

Als Beispiel haben wir ein anderes Dataset vorbereitet, das ein anderes Szenario auflösen soll, bei dem semiadditive Berechnungen sinnvoll sind. Die Demodatei enthält die Kurse der Microsoft-Aktie zwischen 2013 und 2018. Der Wert ist auf Tagesebene eindeutig bekannt. Was aber sollte ein Bericht auf einer aggregierten Ebene – etwa auf Quartalsebene – zeigen? In diesem Fall ist der meistverwendete Wert der letzte Wert des Aktienkurses. Mit anderen Worten sind Aktienkurse ein weiteres Beispiel, bei dem das semiadditive Muster nützlich ist.

Eine einfache Implementierung des letzten Aktienkurses funktioniert für einfache Berichte einwandfrei. Die folgende Formel berechnet den letzten Wert der Microsoft-Aktie unter Einbeziehung eines Durchschnitts der Preise für den Fall, dass mehrere Zeilen für denselben Tag vorhanden sind:

```
Last Value :=
CALCULATE (
    AVERAGE ( MSFT[Value] ),
    LASTDATE ( 'Date'[Date] )
)
```

Das Ergebnis ist korrekt, wenn es in einem Tagesdiagramm wie in Abbildung 8.29 verwendet wird.

Dieses ansprechende Resultat ist jedoch nicht auf das gute Funktionieren des DAX-Codes zurückzuführen. Das Diagramm sieht richtig aus, weil wir die Datumsebene auf der X-Achse verwendet haben und das Clienttool – in unserem Fall Power BI – alles Erdenkliche tut, um die leeren Werte in unserem Dataset zu ignorieren. Dadurch entsteht eine durchgehende Linie. Würde man hingegen dasselbe Measure in einer nach Jahr und Monat aufgeschlüsselten Matrix verwenden, dann würden die Lücken in der Berechnung schnell offensichtlich werden. Betrachten Sie hierzu Abbildung 8.30.

Abbildung 8.29 Dieses Liniendiagramm, das den Kurs nach Tag zeigt, sieht vollkommen in Ordnung aus.

Month	CY 2013	CY 2014	CY 2015	CY 2016	CY 2017	CY 2018	**Total**
January		37.84			64.65	95.01	**95.01**
February		38.31		50.88	63.98	93.77	**93.77**
March		40.99	40.66	55.23	65.86		
April		40.40	48.64			93.52	**93.52**
May	34.90			53.00	69.84		
June		41.70	44.15	51.17	68.93		
July	31.84	43.16	46.70		72.70		
August			43.52	57.46	74.77		
September	33.28	46.36	44.26	57.60			
October	35.41	46.95		59.92	83.18		
November			54.35	60.26	84.17		
December	37.41	46.45	55.48				
Total	**37.41**	**46.45**	**55.48**				

Abbildung 8.30 Die Matrix mit Jahren und Monaten dagegen enthält mehrere leere Werte.

Wenn Sie *LASTDATE* verwenden, können Sie immer dann mit leeren Werten rechnen, wenn am exakt letzten Tag des Monats kein Wert vorhanden ist. Ein solcher Tag könnte aufs Wochenende fallen oder ein Feiertag sein. Die richtige Version von *Last Value* sieht wie folgt aus:

```
Last Value :=
CALCULATE (
    AVERAGE ( MSFT[Value] ),
    LASTNONBLANK (
        'Date'[Date],
        COUNTROWS ( RELATEDTABLE ( MSFT ) )
    )
)
```

Wenn Sie die Funktionen mit Umsicht verwenden, können Sie unerwartete Ergebnisse verhindern. Stellen Sie sich zum Beispiel vor, Sie würden den Anstieg der Microsoft-Aktie zu Beginn des Quartals berechnen. Eine Möglichkeit, die sich aber ebenfalls als falsch erweisen wird, ist folgende:

```
SOQ :=
CALCULATE (
    AVERAGE ( MSFT[Value] ),
    STARTOFQUARTER ( 'Date'[Date] )
)

SOQ% :=
DIVIDE (
    [Last Value] - [SOQ],
    [SOQ]
)
```

STARTOFQUARTER gibt das Datum zurück, an dem das aktuelle Quartal begonnen hat, und zwar vollkommen unabhängig vom Vorhandensein von Daten an diesem Datum. So ist beispielsweise der 1. Januar Quartalsbeginn, aber auch Neujahrstag. Daher wird es für dieses Datum niemals einen Preis für welche Aktie auch immer geben, und die bislang beschriebenen Measures führen zu dem in Abbildung 8.31 gezeigten Ergebnis.

Year	Last Value	SOQ	SOQ%
CY 2016	**62.14**		
Q1	**55.23**		
January	55.09		
February	50.88		
March	55.23		
Q2	**51.17**	**55.57**	**-7.92%**
April	49.87	55.57	-10.26%
May	53.00	55.57	-4.62%
June	51.17	55.57	-7.92%
Q3	**57.60**	**51.16**	**12.59%**
July	56.68	51.16	10.79%
August	57.46	51.16	12.31%
September	57.60	51.16	12.59%
Q4	**62.14**		
October	59.92		
November	60.26		
December	62.14		

Abbildung 8.31 *STARTOFQUARTER* gibt ein Datum unabhängig davon zurück, ob es sich um einen Feiertag handelt oder nicht.

Sie werden feststellen, dass es im ersten Quartal keine Werte für *SOQ* gibt. Außerdem betrifft dieses Problem jedes Quartal, das an einem Tag beginnt, für den keine Daten vorliegen. Um also den Anfang oder das Ende eines Zeitraums zu berechnen und dabei nur Datumsangaben mit vorhandenen Daten zu berücksichtigen, sind die zu verwendenden Funktionen *FIRSTNONBLANK* und *LASTNONBLANK* in Kombination mit anderen Zeitintelligenzfunktionen wie z. B. *DATESINPERIOD*.

Eine sehr viel bessere Umsetzung der *SOQ*-Berechnung wäre die folgende:

```
SOQ :=
VAR FirstDateInQuarter =
    CALCULATETABLE (
        FIRSTNONBLANK (
            'Date'[Date],
            COUNTROWS ( RELATEDTABLE( MSFT ) )
        ),
        PARALLELPERIOD ( 'Date'[Date], 0, QUARTER )
    )
VAR Result =
    CALCULATE (
        AVERAGE ( MSFT[Value] ),
        FirstDateInQuarter
    )
RETURN
    Result
```

Diese letztere Version ist sowohl im Hinblick auf das Coden als auch auf das Verstehen viel komplexer. Sie funktioniert allerdings in jedem Szenario, in dem nur Datumsangaben mit verfügbaren Daten berücksichtigt werden. Das Ergebnis der Matrix mit der neuen Implementierung von *SOQ* können Sie in Abbildung 8.32 sehen.

Auf die Gefahr hin, pedantisch zu wirken, lohnt es sich, das Konzept zu wiederholen, das bei der Einführung der semiadditiven Measures verwendet wurde. Der Teufel steckt im Detail. DAX bietet verschiedene Funktionen, die für Modelle mit Daten für alle Datumsangaben arbeiten. Leider enthalten nicht alle Modelle Daten für alle Tage. In solchen Szenarien ist es immer äußerst wichtig, alle möglichen Auswirkungen dieser einfachen Funktionen zu berücksichtigen. Betrachten Sie Zeitintelligenzfunktionen als Bausteine für komplexere Berechnungen. Die Kombination verschiedener derartiger Funktionen ermöglicht die genaue Berechnung verschiedener Zeiträume, auch wenn es keine vordefinierte Funktion gibt, die das Problem in einem einzigen Schritt löst.

Year	Last Value	SOQ	SOQ%
CY 2016	**62.14**	**54.80**	**13.39%**
Q1	**55.23**	**54.80**	**0.78%**
January	55.09	54.80	0.53%
February	50.88	54.80	-7.15%
March	55.23	54.80	0.78%
Q2	**51.17**	**55.57**	**-7.92%**
April	49.87	55.57	-10.26%
May	53.00	55.57	-4.62%
June	51.17	55.57	-7.92%
Q3	**57.60**	**51.16**	**12.59%**
July	56.68	51.16	10.79%
August	57.46	51.16	12.31%
September	57.60	51.16	12.59%
Q4	**62.14**	**57.42**	**8.22%**
October	59.92	57.42	4.35%
November	60.26	57.42	4.95%
December	62.14	57.42	8.22%

Abbildung 8.32 Die neue Version von *SOQ* gibt unabhängig von Wochenenden und Feiertagen korrekte Zahlen aus.

Das ist auch der Grund dafür, weswegen wir Schritt für Schritt durch verschiedene Trial-&-Error-Szenarien führen, statt Ihnen nur ein reibungsloses Beispiel für die einzelnen Funktionen zu zeigen. Ziel dieses Abschnitts – wie auch des gesamten Buchs – ist es nicht nur, Ihnen die Nutzung von Funktionen zu zeigen. Wir wollen Ihnen vielmehr die Fähigkeit vermitteln, in DAX zu *denken*, zu erkennen, welche Details Sie beachten müssen, und eigene Berechnungen zu erstellen, wenn die Grundfunktionalitäten der Sprache für Ihre Bedürfnisse nicht ausreichen.

Im nächsten Abschnitt machen wir einen weiteren Schritt in dieselbe Richtung: Wir zeigen Ihnen, wie die meisten Zeitintelligenzberechnungen ohne Zuhilfenahme irgendwelcher Zeitintelligenzfunktionen ausgeführt werden können. Dabei verfolgen wir nicht ausschließlich pädagogische Ziele. Bei der Arbeit mit benutzerdefinierten Kalendern, wie z. B. Wochenkalendern, sind Zeiterfassungsfunktionen nicht sinnvoll. Um das gewünschte Ergebnis zu erzielen, müssen Sie deswegen willens sein, komplexen DAX-Code zu schreiben.

Fortgeschrittene Zeitintelligenzberechnungen verstehen

In diesem Abschnitt werden viele wichtige Details zu den Zeitintelligenzfunktionen beschrieben. Um diese zu demonstrieren, schreiben wir Zeitintelligenzberechnungen mithilfe einfacherer DAX-Funktionen wie *FILTER*, *ALL*, *VALUES*, *MIN* und *MAX*. Dabei wollen wir Sie keineswegs dazu drängen, die vorhandenen Zeitintelligenzfunktionen zugunsten einfacherer Funktionen wegzulassen. Ziel soll es vielmehr sein, das genaue Verhalten von Zeitintelligenzfunktionen auch in bestimmten Nebenfällen zu verstehen. Mit diesem Wissen können Sie dann benutzerdefinierte

Berechnungen schreiben, wenn sich diese mit den verfügbaren Funktionen nicht hundertprozentig umsetzen lassen. Sie werden auch feststellen, dass die Übersetzung in einfacheres DAX aufgrund bestimmter versteckter Funktionalitäten in Zeitintelligenzberechnungen manchmal mehr Code benötigt als erwartet.

Der Grund für die Neufassung einer Zeitintelligenzberechnung in DAX könnte etwa darin bestehen, dass Sie es mit einem nicht standardisierten Kalender zu tun haben, bei dem der erste Tag des Jahres nicht in allen Jahren derselbe ist. Dies gilt beispielsweise für ISO-Kalender auf Wochenbasis. Die von der Zeitintelligenzfunktion getroffene Annahme, dass aus dem Datumswert immer Jahr, Monat und Quartal extrahiert werden können, gilt hier nicht mehr. Sie können eine andere Logik schreiben, indem Sie den DAX-Code in den Filterbedingungen ändern, oder Sie nutzen ganz einfach die Vorteile anderer Spalten in der Datumstabelle und vermeiden so das Erstellen eines komplexen DAX-Ausdrucks. Weitere Beispiele für den letztgenannten Ansatz finden Sie unter der Überschrift »Mit benutzerdefinierten Kalendern arbeiten« weiter hinten in diesem Kapitel.

To-Date-Zeiträume verstehen

Weiter vorn haben wir DAX-Funktionen beschrieben, die monats-, quartals- und jahresbezogene Berechnungen vornehmen, namentlich *DATESMTD*, *DATESQTD* und *DATESYTD*. Jede dieser Filterfunktionen entspricht dem Ergebnis einer *FILTER*-Anweisung, die in DAX geschrieben werden kann. Betrachten Sie etwa die folgende *DATESYTD*-Funktion:

```
DATESYTD ( 'Date'[Date] )
```

Sie entspricht einem Filter über die Datumsspalte mit *FILTER*, die von *CALCULATETABLE* aufgerufen wird. Das könnte etwa so aussehen:

```
CALCULATETABLE (
    VAR LastDateInSelection = MAX ( 'Date'[Date] )
    RETURN
        FILTER (
            ALL ( 'Date'[Date] ),
            'Date'[Date] <= LastDateInSelection
                && YEAR ( 'Date'[Date] ) = YEAR ( LastDateInSelection )
        )
)
```

Die Funktion *DATESMTD* wird ganz ähnlich verwendet:

```
DATESMTD ( 'Date'[Date] )
```

Dies entspricht dem folgenden Code:

```
CALCULATETABLE (
    VAR LastDateInSelection = MAX ( 'Date'[Date] )
    RETURN
        FILTER (
            ALL ( 'Date'[Date] ),
```

```
            'Date'[Date] <= LastDateInSelection
                && YEAR ( 'Date'[Date] ) = YEAR ( LastDateInSelection )
                && MONTH ( 'Date'[Date] ) = MONTH ( LastDateInSelection )
        )
)
```

Auch die Funktion *DATESQTD* folgt diesem Muster. Diese alternativen Implementierungen weisen ein gemeinsames Merkmal auf: Sie extrahieren Angaben zu Jahr, Monat und Quartal aus dem letzten in der aktuellen Auswahl vorhandenen Tag. Mithilfe dieses Datums erstellen sie dann einen geeigneten Filter.

Kontextübergang bei Zeitintelligenzfunktionen

Sie haben vielleicht bemerkt, dass wir in den vorherigen Ausdrücken immer ein äußeres *CALCULATETABLE* verwenden, das den gesamten Code umgibt. Der Grund für *CALCULATETABLE* ist die Durchführung eines Kontextübergangs, der bei der Angabe einer Datumsspalte als Spaltenbezug erforderlich ist. Weiter vorn in diesem Kapitel haben Sie gesehen, dass eine Spaltenreferenz im ersten Argument einer Zeitintelligenzfunktion in eine Tabelle übersetzt wird, die durch den Aufruf von *CALCULATETABLE* und *DISTINCT* abgerufen wird:

```
DATESYTD ( 'Date'[Date] )

-- entspricht

DATESYTD ( CALCULATETABLE ( DISTINCT ( 'Date'[Date] ) ) )
```

Der Kontextübergang findet also nur statt, um den Spaltenverweis in eine Tabelle zu übersetzen. Er erfolgt nicht, wenn eine Tabelle als Argument einer Zeitintelligenzfunktion anstelle eines Datumsspaltenverweises verwendet wird. Eine genauere Übersetzung von *DATESYTD* sehen Sie hier:

```
DATESYTD ( 'Date'[Date] )

-- entspricht

VAR LastDateInSelection =
    MAXX ( CALCULATETABLE ( DISTINCT ( 'Date'[Date] ) ), [Date] )
RETURN
    FILTER (
        ALL ( 'Date'[Date] ),
        'Date'[Date] <= LastDateInSelection
            && YEAR ( 'Date'[Date] ) = YEAR ( LastDateInSelection )
    )
```

Der Kontextübergang findet nicht statt, wenn das Argument einer Zeitintelligenzfunktion eine Tabelle ist.

Die *CALCULATETABLE*-Anweisung, die als in den Zeitintelligenzfunktionen verwendeter Spaltenverweis generiert wird, ist immer dann wichtig, wenn es einen Zeilenkontext gibt. Betrachten Sie die folgenden berechneten Spalten, die beide in der Tabelle *Date* erstellt wurden:

```
'Date'[CountDatesYTD] = COUNTROWS ( DATESYTD ( 'Date'[Date] ) )

'Date'[CountFilter] =
COUNTROWS (
    VAR LastDateInSelection =
        MAX ( 'Date'[Date] )
    RETURN
        FILTER (
            ALL ( 'Date'[Date] ),
            'Date'[Date] <= LastDateInSelection
                && YEAR ( 'Date'[Date] ) = YEAR ( LastDateInSelection )
        )
)
```

Sie sehen zwar ähnlich aus, sind es aber nicht. Das Ergebnis sehen Sie in Abbildung 8.33.

Date	CountDatesYTD	CountFilter
01/01/07	1	365
01/02/07	2	365
01/03/07	3	365
01/04/07	4	365
01/05/07	5	365
01/06/07	6	365
01/07/07	7	365
01/08/07	8	365
01/09/07	9	365
01/10/07	10	365
01/11/07	11	365
01/12/07	12	365
01/13/07	13	365

Abbildung 8.33 *CountFilter* führt keinen Kontextübergang aus, *CountDatesYTD* hingegen schon.

CountDatesYTD gibt die Anzahl der Tage vom Jahresanfang bis zum Datum in der aktuellen Zeile zurück. Für dieses Ergebnis muss *DATESYTD* den aktuellen Filterkontext untersuchen und den ausgewählten Zeitraum daraus extrahieren. Da jedoch die Berechnung in einer berechneten Spalte erfolgt, gibt es gar keinen Filterkontext. Das Verhalten von *CountFilter* lässt sich einfacher erklären: Wenn *CountFilter* das späteste zulässige Datum berechnet, ruft es immer das letzte Datum der gesamten Datumstabelle ab, da es keine Filter im Filterkontext gibt. *CountDatesYTD* verhält sich anders, da *DATESYTD* einen Kontextübergang durchführt, der mit einem Datumsspaltenverweis aufgerufen wird. Dadurch wird ein Filterkontext erzeugt, der nur das Datum enthält, über das aktuell iteriert wird.

Wenn Sie *DATESYTD* neu schreiben und dabei berücksichtigen, dass der Code nicht innerhalb eines Zeilenkontexts ausgeführt wird, können Sie die äußere *CALCULATETABLE*-Anweisung entfernen, was andernfalls ein sinnloser Vorgang wäre. Dies wäre ein Fall für ein Filterargument in einem *CALCULATE*-Aufruf, der nicht innerhalb eines Iterators erfolgt – eine typische Anwendung für *DATESYTD*. In solchen Fällen könnten Sie anstelle von *DATESYTD* auch wie folgt formulieren:

```
VAR LastDateInSelection = MAX ( 'Date'[Date] )
RETURN
    FILTER (
        ALL ( 'Date'[Date] ),
        'Date'[Date] <= LastDateInSelection
            && YEAR ( 'Date'[Date] ) = YEAR ( LastDateInSelection )
    )
```

Andererseits ist es zum Abrufen des Datums aus dem Zeilenkontext – beispielsweise in einer berechneten Spalte – einfacher, den Datumswert der aktuellen Zeile in einer Variablen abzurufen, statt *MAX* zu verwenden:

```
VAR CurrentDate = 'Date'[Date]
RETURN
    FILTER (
        ALL ( 'Date'[Date] ),
        'Date'[Date] <= CurrentDate
            && YEAR ( 'Date'[Date] ) = YEAR ( CurrentDate )
    )
```

DATESYTD erlaubt die Angabe eines Jahresenddatums, was für YTD-Berechnungen für Fiskaljahre sinnvoll ist. Sollte das Fiskaljahr beispielsweise zum 1. Juli beginnen, dann müsste im zweiten Argument der 30. Juni in einer der folgenden Versionen angegeben werden:

```
DATESYTD ( 'Date'[Date], "06-30" )
DATESYTD ( 'Date'[Date], "30-06" )
```

Unabhängig von der lokalen Kultur wollen wir annehmen, dass der Programmierer <*Monat*> und <*Tag*> angegeben hat. Der entsprechende *FILTER* von *DATESYTD*, bei dem diese Platzhalter verwendet werden, sieht dann wie folgt aus:

```
VAR LastDateInSelection = MAX ( 'Date'[Date] )
RETURN
    FILTER (
        ALL ( 'Date'[Date] ),
        'Date'[Date] > DATE ( YEAR ( LastDateInSelection ) - 1, <month>, <day> )
            && 'Date'[Date] <= LastDateInSelection
    )
```

Beachten Sie in jedem Fall, dass *DATESYTD* immer mit dem Tag nach dem angegebenen Ende des Geschäftsjahres beginnt. Problematisch ist dies in dem Sonderfall, dass ein Unternehmen ein am 1. März beginnendes Geschäftsjahr hat. Das Ende des Geschäftsjahres kann dann der 28. oder der 29. Februar sein, je nachdem, ob die Berechnung in einem Schaltjahr erfolgt oder nicht. Seit April 2019 wird dieses spezielle Szenario von *DATESYTD* nicht mehr unterstützt. Wenn Sie also Code verfassen und der Fiskalkalender am 1. März beginnen soll, kann *DATESYTD* nicht verwendet werden. Einen Workaround finden Sie unter *http://sql.bi/fymarch*.

DATEADD verstehen

DATEADD liefert eine Menge von Datumsangaben zurück, die zeitlich um einen bestimmten Versatz verschoben sind. Für die Analyse des aktuellen Filterkontexts enthält *DATEADD* eine spezielle Routine, die erkennt, ob die aktuelle Auswahl einen Monat oder einen anderen konkreten Zeitraum umfasst, wie z. B. den Anfang oder das Ende eines Monats. Wenn *DATEADD* beispielsweise einen ganzen Monat um ein Quartal zurückversetzt abruft, wird oft eine andere Anzahl von Tagen zurückgegeben als die aktuelle Auswahl. *DATEADD* ist nämlich clever genug zu verstehen, dass die aktuelle Auswahl ein Monat ist, und deswegen wird unabhängig von der Anzahl der Tage ein kompletter entsprechender Monat abgerufen.

Dieses spezielle Verhalten äußert sich in drei Regeln, die wir in diesem Abschnitt beschreiben. Es sind diese Regeln, die es schwierig machen, *DATEADD* für eine generische Datumstabelle neu zu entwickeln. Ein solcher Code wäre unfassbar schwierig zu schreiben, und die Verwaltung würde nach und nach immer komplexer und am Ende unmöglich werden. *DATEADD* verwendet nur die Werte der Datumsspalte und extrahiert die benötigten Informationen – wie Jahr, Quartal und Monat – aus dem vorhandenen Datumswert. Diese Logik wäre mit einfachem DAX-Code schwerlich zu reproduzieren. Andererseits kann man durch zusätzliche Spalten in der Tabelle *Date* eine alternative Version von *DATEADD* entwerfen. Wir werden diese Technik in diesem Kapitel im Abschnitt über benutzerdefinierte Kalender näher erläutern.

Betrachten Sie folgende Formel:

```
DATEADD ( 'Date'[Date], -1, MONTH )
```

Die inhaltlich nächstliegende – und trotzdem nicht vollkommen äquivalente – DAX-Formel lautet:

```
VAR OffsetMonth = -1
RETURN TREATAS (
    SELECTCOLUMNS (
        CALCULATETABLE ( DISTINCT ( 'Date'[Date] ) ),
        "Date", DATE (
            YEAR ( 'Date'[Date] ),
            MONTH ( 'Date'[Date] ) + OffsetMonth,
            DAY ( 'Date'[Date] )
```

```
        )
    ),
    'Date'[Date]
)
```

Im vorherigen Beispiel und in weiteren Formeln in diesem Kapitel verwenden wir die Funktion *TREATAS*, die einen Tabellenausdruck auf den Filterkontext der durch das zweite und alle nachfolgenden Argumente angegebenen Spalten anwendet. Eine ausführlichere Beschreibung dieser Funktion können Sie in Kapitel 10 nachlesen.

Die Formel funktioniert auch im Januar, da ein Wert kleiner als 1 für den Monatsparameter als Offset in das Vorjahr betrachtet wird. Diese Implementierung funktioniert jedoch nur dann einwandfrei, wenn der Zielmonat die gleiche Anzahl von Tagen wie der aktuelle Monat hat. Wenn Sie von Februar zu Januar verschieben, fehlen der Formel je nach Jahr zwei oder drei Tage. In ähnlicher Weise kann, wenn Sie von März auf Februar wechseln, das Ergebnis Tage im März enthalten.

DATEADD dagegen hat kein derartiges Problem, sondern liefert den gesamten Monat mit dem angewandten Offset zurück, falls vor dessen Anwendung ein kompletter Monat ausgewählt wurde. Um dies zu erreichen, verwendet *DATEADD* drei Regeln:

1. *DATEADD* gibt nur Tage zurück, die in der Datumsspalte vorhanden sind. Wenn einige erwartete Daten fehlen, dann gibt *DATEADD* nur die Daten zurück, die in der Datumsspalte nicht fehlen.
2. Ist ein Tag im entsprechenden Monat nach dem Verschiebevorgang nicht mehr vorhanden, dann schließt *DATEADD* den letzten Tag des entsprechenden Monats in das Ergebnis ein.
3. Enthält die Auswahl die letzten beiden Tage eines Monats, dann umfasst das Ergebnis von *DATEADD* alle Tage zwischen den entsprechenden Tagen im verschobenen Monat und dem Ende des verschobenen Monats.

Am besten erklären wir die Auswirkungen dieser Verhaltensweisen anhand einiger Beispiele. Betrachten Sie die folgenden Measures: *Day count* zählt die Anzahl der ausgewählten Tage, *PM Day count* die Anzahl der zurückverschobenen Tage im Vormonat, und *PM Range* gibt den mit *DATEADD* ausgewählten Datumsbereich zurück.

```
Day count :=
COUNTROWS ( 'Date' )

PM Day count :=
CALCULATE ( [Day count], DATEADD ( 'Date'[Date], -1, MONTH ) )

PM Range :=
CALCULATE (
    VAR MinDate = MIN ( 'Date'[Date] )
```

```
    VAR MaxDate = MAX ( 'Date'[Date] )
    VAR Result =
        FORMAT ( MinDate, "MM/DD/YYYY - " ) & FORMAT ( MaxDate, "MM/DD/YYYY" )
    RETURN
        Result,
    DATEADD ( 'Date'[Date], -1, MONTH )
)
```

- **Regel 1** wird angewendet, wenn sich die Auswahl nahe den Grenzen des in der Datumsspalte enthaltenen Datumsbereichs befindet. Beispielsweise zeigt Abbildung 8.34, wie die Measures *PM Day count* und *PM Range* im Februar 2007 gültige Werte zurückgeben, weil Daten im Januar 2007 in der Datumsspalte vorhanden sind; im Januar 2007 dagegen geben dieselben Measures Leerwerte zurück, weil Datumsangaben aus dem Dezember 2006 in der Datumsspalte nicht vorhanden sind.

Year	Day count	PM Day count	PM Range
01/27/07	1		
01/28/07	1		
01/29/07	1		
01/30/07	1		
01/31/07	1		
February	**28**	**31**	**01/01/2007 - 01/31/2007**
02/01/07	1	1	01/01/2007 - 01/01/2007
02/02/07	1	1	01/02/2007 - 01/02/2007
02/03/07	1	1	01/03/2007 - 01/03/2007
02/04/07	1	1	01/04/2007 - 01/04/2007
02/05/07	1	1	01/05/2007 - 01/05/2007
02/06/07	1	1	01/06/2007 - 01/06/2007

Abbildung 8.34 Die ausgewählten Datumsangaben werden um einen Monat zurückversetzt.

Der Hauptgrund dafür, warum die Tabelle *Date* alle Tage innerhalb eines Jahres enthalten sollte, liegt im Verhalten von *DATEADD*. Beachten Sie, dass mehrere Zeitintelligenzfunktionen in DAX *DATEADD* intern verwenden. Daher ist eine vollständige Datumstabelle unverzichtbar, damit sich die DAX-Zeitintelligenzfunktionen wie erwartet verhalten.

- **Regel 2** ist relevant, weil Monate jeweils eine unterschiedliche Anzahl von Tagen aufweisen. Der 31. Tag existiert nicht für alle Monate. Ist er ausgewählt, dann erfolgt eine Verschiebung auf den letzten Tag des Monats in der verschobenen Periode. In Abbildung 8.35 sind beispielsweise die letzten Tage des März alle auf den letzten Tag im Februar verschoben, weil es den 29. bis 31. Februar 2007 nicht gibt.

Year	Day count	PM Day count	PM Range
03/22/07	1	1	02/22/2007 - 02/22/2007
03/23/07	1	1	02/23/2007 - 02/23/2007
03/24/07	1	1	02/24/2007 - 02/24/2007
03/25/07	1	1	02/25/2007 - 02/25/2007
03/26/07	1	1	02/26/2007 - 02/26/2007
03/27/07	1	1	02/27/2007 - 02/27/2007
03/28/07	1	1	02/28/2007 - 02/28/2007
03/29/07	1	1	02/28/2007 - 02/28/2007
03/30/07	1	1	02/28/2007 - 02/28/2007
03/31/07	1	1	02/28/2007 - 02/28/2007

Abbildung 8.35 Ein Datum, das im Zielmonat nicht existiert, wird durch den letzten Tag des Zielmonats ersetzt.

Die Folge dieser Regel ist, dass Sie möglicherweise eine geringere Anzahl von Tagen erhalten als die ursprüngliche Auswahl. Dies ist intuitiv, wenn die Auswahl von 31 Tagen im März zu einer entsprechenden Auswahl von 28 bzw. 29 Tagen im Februar führen soll. Wenn die Auswahl jedoch eine geringere Anzahl Tage umfasst, entspricht das Ergebnis möglicherweise nicht dem erwarteten. In Abbildung 8.36 sehen Sie etwa, dass eine Auswahl von fünf Tagen im März 2007 zu nur zwei Tagen im Februar 2007 führt.

Year	Day count	PM Day count	PM Range
2007	**5**	**2**	**02/27/2007 - 02/28/2007**
March	**5**	**2**	**02/27/2007 - 02/28/2007**
03/27/07	1	1	02/27/2007 - 02/27/2007
03/28/07	1	1	02/28/2007 - 02/28/2007
03/29/07	1	1	02/28/2007 - 02/28/2007
03/30/07	1	1	02/28/2007 - 02/28/2007
03/31/07	1	1	02/28/2007 - 02/28/2007
Total	**5**	**2**	**02/27/2007 - 02/28/2007**

Abbildung 8.36 Die anfängliche Auswahl mehrerer Tage kann bei *DATEADD* dazu führen, dass derselbe Tag im Ergebnis enthalten ist.

- **Regel 3** erzeugt eine spezielle Form der Verarbeitung, wenn der letzte Tag eines Monats in einem Datumsbereich enthalten ist. Betrachten Sie beispielsweise die erste Auswahl von drei Tagen vom 29. Juni 2007 bis zum 1. Juli 2007. Die Auswahl umfasst nur drei Tage, aber darunter ist der letzte Tag des Monats: der 30. Juni. Wenn *DATEADD* die Daten zurückverschiebt, wird der letzte Tag im Mai (31. Mai) eingeschlossen. Abbildung 8.37 zeigt dieses Verhalten. Diese Abbildung hat eine genauere Betrachtung verdient. Sie werden feststellen, dass der 30. Juni tatsächlich auf den 30. Mai verschoben wird. Nur wenn die Auswahl sowohl den 29. als auch den 30. Juni enthält, wird der letzte Tag des Vormonats (31. Mai) in das Ergebnis einbezogen. In diesem Fall ist die Anzahl der Tage des Vormonats größer als die ursprünglich gewählte Anzahl Tage: Zwei im Juni 2017 ausgewählte Tage geben drei Tage des Vormonats (Mai 2007) zurück.

Year	Day count	PM Day count	PM Range
2007	**3**	**4**	**05/29/2007 - 06/01/2007**
June	**2**	**3**	**05/29/2007 - 05/31/2007**
06/29/07	1	1	05/29/2007 - 05/29/2007
06/30/07	1	1	05/30/2007 - 05/30/2007
July	**1**	**1**	**06/01/2007 - 06/01/2007**
07/01/07	1	1	06/01/2007 - 06/01/2007
Total	**3**	**4**	**05/29/2007 - 06/01/2007**

Abbildung 8.37 Das Ergebnis von *DATEADD* umfasst alle Tage zwischen dem ersten und dem letzten Tag der Auswahl nach dem Verschiebungsvorgang.

Der Grund für diese Regeln besteht darin, beim Arbeiten mit einer Formel auf Monatsebene ein intuitives Verhalten zu generieren. Wie Sie in Abbildung 8.38 sehen, ist das Ergebnis, wenn Sie die Auswahl auf Monatsebene vergleichen, intuitiv und entspricht dem, was wir erwarten würden. Die komplette Tagesspanne des Vormonats wird angezeigt.

Year	Day count	PM Day count	PM Range
2007	**365**	**334**	**01/01/2007 - 11/30/2007**
January	31		
February	28	31	01/01/2007 - 01/31/2007
March	31	28	02/01/2007 - 02/28/2007
April	30	31	03/01/2007 - 03/31/2007
May	31	30	04/01/2007 - 04/30/2007
June	30	31	05/01/2007 - 05/31/2007
July	31	30	06/01/2007 - 06/30/2007
August	31	31	07/01/2007 - 07/31/2007
September	30	31	08/01/2007 - 08/31/2007
October	31	30	09/01/2007 - 09/30/2007
November	30	31	10/01/2007 - 10/31/2007
December	31	30	11/01/2007 - 11/30/2007
2008	**366**	**366**	**12/01/2007 - 11/30/2008**
January	31	31	12/01/2007 - 12/31/2007
February	29	31	01/01/2008 - 01/31/2008
March	31	29	02/01/2008 - 02/29/2008
April	30	31	03/01/2008 - 03/31/2008

Abbildung 8.38 Das Measure *PM Day count* zeigt die Anzahl der Tage im Vormonat.

Es ist wichtig, die in diesem Abschnitt beschriebenen Regeln zu verstehen, um mit Nebenbedingungen umgehen zu können, die bei einer Teilauswahl von Tagen in Monaten auftreten können. Betrachten Sie zum Beispiel einen Filter über Werktage in einem Bericht. Dieser Filter schließt möglicherweise nicht die letzten Tage eines Monats ein, was garantieren würde, dass der gesamte Vormonat ausgewählt wird. Außerdem berücksichtigt die von *DATEADD* durchgeführte Verschiebung der Daten nur die Anzahl der Tage innerhalb des Monats und nicht die Werktage. Die Anwendung eines Filters auf die Datumsspalte der Tabelle *Date* erzeugt auch ein implizites *ALL* über die Tabelle *Date* selbst, wobei ein eventuell vorhandener Filter über andere

Spalten der Tabelle *Date* einschließlich der Wochentage entfernt wird. So ist ein Slicer, der Wochentage filtert, nicht mit *DATEADD* kompatibel, weil er nicht das erwartete Ergebnis liefert.

Betrachten Sie etwa die folgende Definition von *PM Sales DateAdd*, womit *Sales Amount* für den Vormonat angezeigt wird (Abbildung 8.39):

```
PM Sales DateAdd :=
CALCULATE (
    [Sales Amount],
    DATEADD ( 'Date'[Date], -1, MONTH )
)
```

Year	Sales Amount	PM Sales DateAdd
2007	**8,522,387.91**	**7,577,161.01**
January	512,658.97	
February	733,016.32	525,255.79
March	812,661.96	735,642.52
April	938,504.90	718,494.01
May	764,664.76	961,369.32
June	614,322.15	565,356.50
July	623,356.94	619,184.77
August	760,652.04	777,717.96
September	755,777.34	638,583.64
October	565,028.19	890,962.06
November	641,518.91	599,002.38
December	800,225.43	538,999.02
Total	**8,522,387.91**	**7,577,161.01**

Abbildung 8.39 Das Measure *PM Sales DateAdd* entspricht nicht dem *Sales Amount* des Vormonats.

PM Sales DateAdd erzeugt einen Filter mit Tagen, die nicht dem gesamten Monat entsprechen. Es übersetzt die ausgewählten Tage des Monats einschließlich ggf. zusätzlicher Tage am Monatsende gemäß Regel 3. Dieser Filter überschreibt und ignoriert die Auswahl *Day of Week* für den Wert des Vormonats. Das Ergebnis ergibt unterschiedliche Werte, die sogar größer sind als *Sales Amount*, beispielsweise im März und Mai 2007.

In diesem Fall erfordert die korrekte Ermittlung eine benutzerdefinierte Berechnung, wie sie im Measure *PM Sales Weekday* implementiert ist. Es wendet einen Filter über die Spalte *YearMonthNumber* an, wobei der Filter für *Day of Week* beibehalten und aus allen anderen Spalten der Tabelle *Date* mit *ALLEXCEPT* entfernt wird. Die berechnete Spalte *YearMonthNumber* ist eine fortlaufende Zahl über Monate und Jahre:

```
Date[YearMonthNumber] =
'Date'[Year] * 12 + 'Date'[Month Number] – 1

PM Sales Weekday :=
VAR CurrentMonths = DISTINCT ( 'Date'[YearMonthNumber] )
VAR PreviousMonths =
    TREATAS (
        SELECTCOLUMNS (
```

```
            CurrentMonths,
            "YearMonthNumber", 'Date'[YearMonthNumber] - 1
        ),
        'Date'[YearMonthNumber]
    )
VAR Result =
    CALCULATE (
        [Sales Amount],
        ALLEXCEPT ( 'Date', 'Date'[Week Day] ),
        PreviousMonths
    )
RETURN
    Result
```

Das Ergebnis sehen Sie in Abbildung 8.40.

Year	Sales Amount	PM Sales Weekday
2007	**8,522,387.91**	**7,722,162.48**
January	512,658.97	
February	733,016.32	512,658.97
March	812,661.96	733,016.32
April	938,504.90	812,661.96
May	764,664.76	938,504.90
June	614,322.15	764,664.76
July	623,356.94	614,322.15
August	760,652.04	623,356.94
September	755,777.34	760,652.04
October	565,028.19	755,777.34
November	641,518.91	565,028.19
December	800,225.43	641,518.91
Total	**8,522,387.91**	**7,722,162.48**

Abbildung 8.40 Das Measure *PM Sales Weekday* entspricht dem *Sales Amount* des Vormonats.

Diese Lösung ist jedoch speziell auf diesen Bericht zugeschnitten. Würde die Auswahl der Tage nach anderen Kriterien erfolgen – wie z. B. den ersten sechs Tagen des Monats –, dann würde das Ergebnis von *PM Sales Weekday* den gesamten Monat erfassen, während das Ergebnis von *PM Sales DateAdd* in diesem Fall funktionieren würde. Je nach den für den Benutzer sichtbaren Spalten lassen sich aufgrund der getroffenen Auswahl unterschiedliche Berechnungen durchführen. Beispielsweise prüft das folgende Measure *PM Sales* mit der Funktion *ISFILTERED*, ob ein Filter für die Spalte *Day of Week* aktiv ist. Eine ausführlichere Erläuterung von *ISFILTERED* finden Sie in Kapitel 10.

```
PM Sales :=
IF (
    ISFILTERED ( 'Date'[Day of Week] ),
    [PM Sales Weekday],
    [PM Sales DateAdd]
)
```

FIRSTDATE, LASTDATE, FIRSTNONBLANK und *LASTNONBLANK* verstehen

Im Abschnitt »Semiadditive Berechnungen verstehen« weiter vorn in diesem Kapitel haben Sie zwei Funktionen kennengelernt, die sich scheinbar ähneln: *LASTDATE* und *LASTNONBLANK*. Tatsächlich jedoch zeigen diese Funktionen ein recht unterschiedliches Verhalten, ebenso wie ihre beiden Begleiter *FIRSTDATE* und *FIRSTNONBLANK*.

FIRSTDATE und *LASTDATE* funktionieren nur bei Datumsspalten. Sie geben das erste bzw. letzte Datum im aktiven Filterkontext zurück und ignorieren dabei alle Daten, die in anderen verknüpften Tabellen vorhanden sind:

```
FIRSTDATE ( 'Date'[Date] )
LASTDATE ( 'Date'[Date] )
```

FIRSTDATE gibt den kleinsten Wert der im aktuellen Filterkontext erhaltenen Spalte zurück, *LASTDATE* dagegen den größten. Insofern verhalten sich *FIRSTDATE* und *LASTDATE* ein wenig wie *MIN* und *MAX*, jedoch mit einem wichtigen Unterschied: *FIRSTDATE* und *LASTDATE* geben eine Tabelle zurück und führen einen Kontextübergang durch, während *MIN* und *MAX* einen skalaren Wert zurückgeben, ohne dass ein Kontextübergang stattfindet.

Betrachten Sie beispielsweise den folgenden Ausdruck:

```
CALCULATE (
    SUM ( Inventory[Quantity] ),
    LASTDATE ( 'Date'[Date] )
)
```

Sie können die Formel mit *MAX* anstelle von *LASTDATE* umschreiben, aber dies würde zu unnötig langem Code führen:

```
CALCULATE (
    SUM ( Inventory[Quantity] ),
    FILTER (
        ALL ( 'Date'[Date] ),
        'Date'[Date] = MAX ( 'Date'[Date] )
    )
)
```

Außerdem führt *LASTDATE* ebenfalls einen Kontextübergang durch. Daher sähe das exakte Äquivalent von *LASTDATE* in simplem DAX-Code wie folgt aus:

```
CALCULATE (
    SUM ( Inventory[Quantity] ),
    VAR LastDateInSelection =
        MAXX ( CALCULATETABLE ( DISTINCT ( 'Date'[Date] ) ), 'Date'[Date] )
    RETURN
        FILTER (
            ALL ( 'Date'[Date] ),
            'Date'[Date] = LastDateInSelection
        )
)
```

Der Kontextübergang ist wichtig, wenn Sie *FIRSTDATE/LASTDATE* in einem Zeilenkontext ausführen. Bewährt hat sich *FIRSTDATE/LASTDATE* beim Schreiben eines Filterausdrucks, eben weil ein Tabellenausdruck erwartet wird, während *MIN/MAX*-Funktionen sich besser eignen, wenn Sie einen logischen Ausdruck in einem Zeilenkontext schreiben, der normalerweise einen skalaren Wert erfordert. Tatsächlich impliziert *LASTDATE* mit einem Spaltenverweis einen Kontextübergang, der den externen Filterkontext ausblendet.

Sie würden beispielsweise *FIRSTDATE/LASTDATE* in einem Filterargument der *CALCULATE/CALCULATETABLE*-Funktionen *MIN/MAX* gegenüber bevorzugen, weil die Syntax einfacher ist. Trotzdem sollten Sie *MIN/MAX* verwenden, wenn der durch *FIRSTDATE/LASTDATE* implizierte Kontextübergang das Ergebnis verändern würde. Dies ist etwa bei der Bedingung in einer *FILTER*-Funktion der Fall. Der folgende Ausdruck filtert die Daten für die Berechnung einer kumulierten Gesamtsumme:

```
FILTER (
    ALL ( 'Date'[Date] ),
    'Date'[Date] <= MAX ( 'Date'[Date] )
)
```

Hier ist *MAX* die Funktion der Wahl. Tatsächlich würde das Ergebnis von *LASTDATE* anstelle von *MAX* wegen des ungewollten Kontextübergangs immer alle Datumswerte unabhängig von der aktuellen Auswahl enthalten. Der folgende Ausdruck gibt also immer alle Daten zurück. Der Grund dafür ist, dass *LASTDATE* – wegen des Kontextübergangs – den Wert von *Date[Date]* in jeder Zeile der *FILTER*-Iteration zurückgibt:

```
FILTER (
    ALL ( 'Date'[Date] ),
    'Date'[Date] <= LASTDATE ( 'Date'[Date] ) -- Diese Bedingung ist immer TRUE
)
```

LASTNONBLANK und *FIRSTNONBLANK* unterscheiden sich von *FIRSTDATE* und *LASTDATE*. Es handelt sich bei *LASTNONBLANK* und *FIRSTNONBLANK* nämlich um Iteratoren, das heißt, sie durchsuchen eine Tabelle Zeile für Zeile in einem Zeilenkontext und geben den letzten (oder ersten) der Werte zurück, bei denen der zweite Parameter kein Leerwert ist. Normalerweise ist der zweite Parameter dieser Funktionen entweder ein Measure oder ein Ausdruck mit *CALCULATE*, um den Kontextübergang nutzen zu können.

Um den richtigen Wert für das letzte nicht leere Datum für ein gegebenes Measure oder eine gegebene Tabelle zu erhalten, verwenden Sie einen Ausdruck wie den folgenden:

```
LASTNONBLANK ( 'Date'[Date], CALCULATE ( COUNTROWS ( Inventory ) ) )
```

Es gibt das letzte Datum (im aktuellen Filterkontext) zurück, für das Zeilen in der Tabelle *Inventory* vorhanden sind. Sie können aber auch eine gleichwertige Formel einsetzen:

```
LASTNONBLANK ( 'Date'[Date], COUNTROWS ( RELATEDTABLE ( Inventory ) ) )
```

Der letzte Ausdruck gibt das letzte Datum (im aktuellen Filterkontext) zurück, für das eine verknüpfte Zeile in der Tabelle *Inventory* vorhanden ist.

Es ist bemerkenswert, dass die *FIRSTNONBLANK/LASTNONBLANK*-Funktionen jeden beliebigen Datentyp als erstes Argument annehmen, während *FIRSTDATE/LASTDATE* eine Spalte mit *DateTime-* oder *Date*-Daten benötigen. Daher können, auch wenn es nicht übliche Praxis ist, *FIRSTNONBLANK* und *LASTNONBLANK* auch mit verschiedenen Tabellen etwa für Kunden oder Produkte oder jeglicher sonstige Tabelle verwendet werden.

Drillthrough mit Zeitintelligenz verwenden

Ein *Drillthroughvorgang* ist eine Anforderung der Datenquellenzeilen, die dem in einer bestimmten Berechnung verwendeten Filterkontext entsprechen. Jedes Mal, wenn Sie eine Zeitintelligenzfunktion verwenden, ändern Sie den Filterkontext der Tabelle *Date*. Dies führt für das Measure zu einem anderen Ergebnis als demjenigen, das mit dem Ursprungsfilterkontext erzielt wurde. Wenn Sie einen Client verwenden, der einen Drillthrough über einen Bericht ausführt – z. B. eine Pivot-Tabelle in Excel –, könnten Sie ein Verhalten beobachten, das nicht dem entspricht, was Sie erwarten würden. Tatsächlich berücksichtigt ein in MDX durchgeführter Drillthrough keine Änderungen im Filterkontext, die durch das Measure selbst definiert sind. Vielmehr wird nur der Filterkontext berücksichtigt, der durch die Zeilen, Spalten, Filter und Slicer der Pivot-Tabelle definiert ist.

Beispielsweise gibt der Drillthrough für März 2007 standardmäßig immer die gleichen Zeilen zurück, unabhängig von der im Measure verwendeten Zeitintelligenzfunktion. Bei *TOTALYTD* würde man sämtliche Tage von Januar bis März 2007 erwarten, bei *SAMEPERIODLASTYEAR* den März 2006 und bei *LASTDATE* nur die Zeilen für den 31. März 2007. Stattdessen gibt jeder dieser Filter im Standard-Drillthrough immer alle Zeilen für März 2007 zurück. Dieses Verhalten kann durch die Eigenschaft *Detail Rows* im tabellarischen Modell gesteuert werden. Zum Zeitpunkt der Abfassung dieses Dokuments (April 2019) kann die Eigenschaft *Detail Rows* in einem Analysis Services 2017- oder Azure Analysis Services-Datenmodell festgelegt werden, während sie weder in Power BI noch in Power Pivot für Excel verfügbar ist.

Die Eigenschaft *Detail Rows* muss denselben Filter anwenden, der für das entsprechende Zeitintelligenzmeasure verwendet wird. Betrachten Sie beispielsweise das folgende YTD-Measure:

```
CALCULATE (
    [Sales Amount],
    DATESYTD ( 'Date'[Date] )
)
```

Seine Eigenschaft *Detail Rows* sollte festgelegt sein auf:

```
CALCULATETABLE (
    Sales,                      -- Dieser Ausdruck steuert auch die zurückgegebenen
Spalten
    DATESYTD ( 'Date'[Date] )
)
```

Mit benutzerdefinierten Kalendern arbeiten

Wie Sie bisher gesehen haben, unterstützen die standardmäßigen Zeitintelligenzfunktionen in DAX nur den gewohnten Gregorianischen Kalender. Dieser basiert auf einem Sonnenkalender, der in zwölf Monate mit jeweils unterschiedlicher Anzahl von Tagen unterteilt ist. Diese Funktionen machen beim Analysieren von Daten nach Jahr, Quartal, Monat und Tag einen guten Job. Es gibt jedoch auch Modelle, die eine andere Definition von Zeiträumen haben, z. B. wochenbasierte Kalender wie das ISO-Wochendatumssystem. Wenn jemand einen benutzerdefinierten Kalender benötigt, muss er die Zeitintelligenzlogik in DAX neu schreiben, da die Standardzeitintelligenzberechnung nutzlos wäre.

Es gibt so viele Varianten nicht standardmäßiger Kalender, dass es unmöglich wäre, sie alle abzudecken. Deshalb zeigen wir Ihnen exemplarisch, wie Sie Zeitintelligenzberechnungen in DAX implementieren, wenn Sie die Standardfunktionen nicht nutzen können.

Zur Vereinfachung der Formeln besteht eine gängige Technik darin, einen Teil der Geschäftslogik in der Datumstabelle mithilfe dedizierter Spalten zu verschieben. Die Standardzeitintelligenzfunktionen in DAX verwenden außer der Datumsspalte keine Informationen aus der Datumstabelle. Dies ist eine bewusst implementierte DAX-Eigenschaft, weil auf diese Weise das Verhalten der Sprache nicht vom Vorhandensein zusätzlicher Metadaten abhängt, mit denen Spalten zur Feststellung von Jahr, Quartal und Monat eines Datums benannt werden, wie es bei MDX und Analysis Services Multidimensional der Fall war. Da Sie Besitzer Ihres Modells und DAX-Codes sind, können Sie weitere Annahmen treffen. Hierdurch wird der Code vereinfacht, mit dem benutzerdefinierte zeitbezogene Berechnungen verarbeitet werden.

In diesem letzten Abschnitt werden Sie einige Beispiele für die Formeln für benutzerdefinierte Kalender sehen. Bei Bedarf finden Sie in den folgenden Artikeln weitere Informationen, Beispiele und fertige DAX-Formeln:

- »Time Patterns« (*http://www.daxpatterns.com/time-patterns*)
- »Week-Based Time Intelligence in DAX« (*http://sql.bi/isoweeks*)

Mit Wochen arbeiten

DAX bietet keine Zeitintelligenzfunktionen, die mit Wochen umgehen können. Der Grund dafür ist, dass es viele verschiedene Standards und Verfahren gibt, um Wochen innerhalb eines Jahres und auch den Begriff der Berechnung mit Wochen zu definieren. Häufig überschreitet eine einzelne Woche die Grenzen von Jahren, Quartalen und Monaten. Daher müssen Sie den Code selbst schreiben, mit dem Sie *Ihre* Definition eines wochenbasierten Kalenders in den Griff bekommen. Beispielsweise gehört bei einem Wochendatumssystem nach ISO-Standard der 1. und 2. Januar 2011 zur 52. Kalenderwoche des Jahres 2010 – die erste Kalenderwoche des Jahres 2011 beginnt erst am 3. Januar.

Obwohl es verschiedene Standards gibt, können Sie einen generischen Ansatz erlernen, der in den meisten Fällen funktionieren wird. Der Ansatz besteht darin, zusätzliche Spalten in der Tabelle *Date* zu erstellen, um die Beziehung zwischen Wochen und dem zugehörigen Monat, Quartal oder Jahr zu speichern. Eine Änderung der Zuordnungsregel erfordert lediglich eine Änderung des Inhalts der Tabelle *Date*, ohne den DAX-Code der Measures zu ändern.

Beispielsweise können Sie eine Tabelle *Date* mithilfe der folgenden berechneten Spalten um Unterstützung für ISO-Wochen erweitern:

```
'Date'[Calendar Week Number] = WEEKNUM ( 'Date'[Date], 1 )

'Date'[ISO Week Number] = WEEKNUM ( 'Date'[Date], 21 )

'Date'[ISO Year Number] = YEAR ( 'Date'[Date] + ( 3 - WEEKDAY ( 'Date'[Date], 3 ) ) )

'Date'[ISO Week] = "W" & 'Date'[ISO Week Number] & "-" & 'Date'[ISO Year Number]

'Date'[ISO Week Sequential] = INT ( ( 'Date'[Date] - 2 ) / 7 )

'Date'[ISO Year Day Number] =
VAR CurrentIsoYearNumber = 'Date'[ISO Year Number]
VAR CurrentDate = 'Date'[Date]
VAR DateFirstJanuary = DATE ( CurrentIsoYearNumber, 1, 1 )
VAR DayOfFirstJanuary = WEEKDAY ( DateFirstJanuary, 3 )
VAR OffsetStartIsoYear = - DayOfFirstJanuary + ( 7 * ( DayOfFirstJanuary > 3 ) )
VAR StartOfIsoYear = DateFirstJanuary + OffsetStartIsoYear
VAR Result = CurrentDate - StartOfIsoYear
RETURN
    Result
```

In Abbildung 8.41 sehen Sie das Ergebnis dieser Spalten. Die Spalte *ISO Week* ist für die Benutzer sichtbar, während *ISO Week Sequential Number* nur für den internen Gebrauch vorgesehen ist. *ISO Year Day Number* ist die Anzahl der Tage seit Beginn des ISO-Jahres. Diese zusätzlichen Spalten machen es einfach, verschiedene Zeiträume miteinander zu vergleichen.

Date	ISO Week Number	Calendar Week Number	ISO Year Number	ISO Week	ISO Week Sequential	ISO Year Day Number
12/27/07	52	52	2007	W52-2007	5634	361
12/28/07	52	52	2007	W52-2007	5634	362
12/29/07	52	52	2007	W52-2007	5634	363
12/30/07	52	53	2007	W52-2007	5634	364
12/31/07	1	53	2008	W1-2008	5635	1
01/01/08	1	1	2008	W1-2008	5635	2
01/02/08	1	1	2008	W1-2008	5635	3
01/03/08	1	1	2008	W1-2008	5635	4
01/04/08	1	1	2008	W1-2008	5635	5
01/05/08	1	1	2008	W1-2008	5635	6
01/06/08	1	2	2008	W1-2008	5635	7
01/07/08	2	2	2008	W2-2008	5636	8
01/08/08	2	2	2008	W2-2008	5636	9
01/09/08	2	2	2008	W2-2008	5636	10

Abbildung 8.41 Die berechneten Spalten erweitern die Tabelle *Date* um eine Unterstützung von ISO-Wochen.

Mit den neuen Spalten kann ein Entwickler die YTD-Aggregation schreiben, indem er die Spalte *ISO Year Number* verwendet, statt die Jahreszahl aus dem Datum zu extrahieren. Diese Technik entspricht derjenigen, die Sie im Abschnitt »To-Date-Zeiträume verstehen« weiter vorn in diesem Kapitel erlernt haben. Wir haben einfach nur eine zusätzliche Prüfung hinzugefügt, um dafür zu sorgen, dass nur genau ein Wert für *ISO Year* ausgewählt wird, bevor die Funktion *VALUES* aufgerufen wird:

```
ISO YTD Sales :=
IF (
    HASONEVALUE ( 'Date'[ISO Year Number] ),
    VAR LastDateInSelection = MAX ( 'Date'[Date] )
    VAR YearSelected = VALUES ( 'Date'[ISO Year Number] )
    VAR Result =
        CALCULATE (
            [Sales Amount],
            'Date'[Date] <= LastDateInSelection,
            'Date'[ISO Year Number] = YearSelected,
            ALL ( 'Date' )
        )
    RETURN
        Result
)
```

Abbildung 8.42 zeigt das Ergebnis des Measures *ISO YTD Sales* am Anfang 2008 im Vergleich zu einem YTD-Standardwert, der über *DATESYTD* berechnet wurde. Die ISO-Version schließt korrekterweise den 31. Dezember 2007 ein, der zum ISO-Jahr 2008 gehört.

ISO Year Number	Sales Amount	ISO YTD Sales	CAL YTD Sales
2008	**9,751,677.59**	**9,751,677.59**	**9,744,825.64**
W1-2008	**121,701.75**	**121,701.75**	**114,849.81**
12/31/07	6,851.94	6,851.94	11,309,946.12
01/01/08	19,143.33	25,995.27	19,143.33
01/02/08	14,731.14	40,726.41	33,874.46
01/03/08	54,558.58	95,284.98	88,433.04
01/04/08		95,284.98	88,433.04
01/05/08	18,047.97	113,332.96	106,481.01
01/06/08	8,368.80	121,701.75	114,849.81

Abbildung 8.42 *ISO YTD Sales* enthält richtigerweise den 31. Dezember 2007 als Teil der ersten Woche des Jahres 2008.

Beim Vorjahresvergleich sollen die relativen Wochen des Jahres mit den entsprechenden Wochen im Vorjahr verglichen werden. Da die Daten sich unterscheiden können, ist es zur Implementierung der Vergleichslogik einfacher, andere Spalten in der Datumstabelle zu verwenden. Die Verteilung der Wochen innerhalb eines Jahres erfolgt regelmäßig, da jede Woche immer sieben Tage hat, während die Kalendermonate unterschiedlich lang sind und diese nützliche Annahme für sie deswegen nicht gelten kann. In wochenbasierten Kalendern können Sie die Berechnung vereinfachen, indem Sie im Vorjahr nach den gleichen relativen Tagen suchen, die im aktuellen Filterkontext ausgewählt wurden.

Das folgende Measure *ISO PY Sales* filtert die gleiche Tagesauswahl im Vorjahr. Diese Technik funktioniert auch, wenn die Auswahl ganze Wochen umfasst, da die Tage anhand des Werts von *ISO Year Day Number* und nicht des nominellen Datums ausgewählt werden.

```
ISO PY Sales :=
IF (
    HASONEVALUE ( 'Date'[ISO Year Number] ),
    VAR DatesInSelection = VALUES ( 'Date'[ISO Year Day Number] )
    VAR YearSelected = VALUES ( 'Date'[ISO Year Number] )
    VAR PrevYear = YearSelected - 1
    VAR Result =
        CALCULATE (
            [Sales Amount],
            DatesInSelection,
            'Date'[ISO Year Number] = PrevYear,
            ALL ( 'Date' )
        )
    RETURN
        Result
)
```

Abbildung 8.43 zeigt das Ergebnis des Measures *ISO PY Sales*. Rechts haben wir den Umsatzbetrag von 2007 hinzugefügt, um die Quelle von *ISO PY Sales* besser zu verstehen.

ISO Year Number	Sales Amount	CAL PY Sales	ISO PY Sales	ISO Year Number	Sales Amount
2008	**9,751,677.59**	**11,243,758.33**	**11,303,094.18**	2007	**11,303,094.18**
W1-2008	**121,701.75**	**216,891.21**	**240,196.84**	W1-2007	**240,196.84**
12/31/07	6,851.94			01/02/07	48,646.02
01/01/08	19,143.33		48,646.02	01/03/07	92,244.07
01/02/08	14,731.14	48,646.02	92,244.07	01/04/07	13,950.29
01/03/08	54,558.58	92,244.07	13,950.29	01/05/07	62,050.83
01/04/08		13,950.29	62,050.83	01/07/07	23,305.63
01/05/08	18,047.97	62,050.83		W2-2007	**77,368.65**
01/06/08	8,368.80		23,305.63	01/09/07	20,543.35
W2-2008	**121,345.28**	**100,674.28**	**77,368.65**	01/10/07	6,565.56
01/07/08	16,425.61	23,305.63		01/11/07	22,693.05
01/08/08	23,523.00		20,543.35	01/12/07	16,251.63
01/09/08	41,778.21	20,543.35	6,565.56	01/13/07	11,315.05
01/10/08	942.56	6,565.56	22,693.05	W3-2007	**281,655.20**
01/11/08	22,059.58	22,693.05	16,251.63	01/15/07	58,224.87
01/12/08		16,251.63	11,315.05	01/16/07	45,595.65
01/13/08	16.616.33	11.315.05		01/17/07	29.600.55

Abbildung 8.43 *ISO PY Sales* zeigt den Wert der gleichen Wochen im Vorjahr an.

Wochenkalender sind einfach zu verwalten, da man von einer Symmetrie der Tage in verschiedenen Jahren ausgehen kann. Dies ist in der Regel nicht mit dem Kalendermonat kompatibel. Wenn Sie also beide Hierarchien (Monate und Wochen) verwenden möchten, sollten Sie für jede Hierarchie verschiedene Zeitintelligenzberechnungen erstellen.

YTD, QTD und MTD benutzerdefiniert

Wie Sie *DATESYTD* und ähnliche Funktionen neu schreiben, haben Sie weiter vorn in diesem Kapitel im Abschnitt »To-Date-Zeiträume verstehen« gelernt. Dort könnten wir auch weiterhin Datumsattribute – wie etwa das Jahr – aus der Datumsspalte extrahieren. Bei ISO-Kalendern steht diese Logik nicht mehr in der Datumsspalte. Stattdessen haben wir zusätzliche Spalten nur für diese Berechnung erstellt. In diesem Abschnitt werden Sie nun sehen, wie die Logik, die Informationen aus dem Datumswert extrahiert, durch andere Spalten der Tabelle *Date* ersetzt werden kann.

Betrachten Sie beispielsweise das folgende Measure *YTD Sales*:

```
YTD Sales :=
CALCULATE (
    [Sales Amount],
    DATESYTD ( 'Date'[Date] )
)
```

Die entsprechende Syntax in DAX ohne Zeitintelligenz lautet wie folgt:

```
YTD Sales :=
VAR LastDateInSelection = MAX ( 'Date'[Date] )
VAR Result =
    CALCULATE (
        [Sales Amount],
        'Date'[Date] <= LastDateInSelection
           && YEAR ( 'Date'[Date] ) = YEAR ( LastDateInSelection )
    )
RETURN
    Result
```

Wenn Sie einen benutzerdefinierten Kalender verwenden, müssen Sie den Funktionsaufruf *YEAR* durch einen Zugriff auf die Spalte *Year* ersetzen. Dies kann beispielsweise so aussehen wie im folgenden Measure *YTD Sales Custom*:

```
YTD Sales Custom :=
VAR LastDateInSelection = MAX ( 'Date'[Date] )
VAR LastYearInSelection = MAX ( 'Date'[Calendar Year Number] )
VAR Result =
    CALCULATE (
        [Sales Amount],
        'Date'[Date] <= LastDateInSelection,
        'Date'[Calendar Year Number] = LastYearInSelection,
```

```
        ALL ( 'Date' )
    )
RETURN
    Result
```

Sie können dieselbe Vorlage verwenden, um QTD- oder MTD-Berechnungen durchzuführen. Der einzige Unterschied besteht in der Spalte, die anstelle von *Calendar Year Number* verwendet wird:

```
QTD Sales Custom :=
VAR LastDateInSelection = MAX ( 'Date'[Date] )
VAR LastYearQuarterInSelection = MAX ( 'Date'[Calendar Year Quarter Number] )
VAR Result =
    CALCULATE (
        [Sales Amount],
        'Date'[Date] <= LastDateInSelection,
        'Date'[Calendar Year Quarter Number] = LastYearQuarterInSelection,
        ALL ( 'Date' )
    )
RETURN
    Result

MTD Sales Custom :=
VAR LastDateInSelection = MAX ( 'Date'[Date] )
VAR LastYearMonthInSelection = MAX ( 'Date'[Calendar Year Month Number] )
VAR Result =
    CALCULATE (
        [Sales Amount],
        'Date'[Date] <= LastDateInSelection,
        'Date'[Calendar Year Month Number] = LastYearMonthInSelection,
        ALL ( 'Date' )
    )
RETURN
    Result
```

Mit diesen Formeln können Sie Berechnungen sowohl für Standardkalender – etwa zur Performancesteigerung mithilfe von *DirectQuery* – als auch für eigene Kalender (falls die betrachteten Zeiträume keine Standardperioden sind) durchführen.

Fazit

In diesem sehr langen Kapitel haben Sie die Grundlagen der Zeitintelligenzberechnungen in DAX kennengelernt. Dabei haben wir die folgenden wichtigen Punkte behandelt:

- Sowohl Power Pivot als auch Power BI verfügen über Mechanismen zur automatisierten Erstellung einer Datumstabelle. Allerdings ist ihr Einsatz nur dann sinnvoll, wenn Ihre Anforderungen wirklich unkompliziert sind. Es ist wichtig, die Kontrolle über Ihre Datumstabelle zu behalten, und mit den vorhandenen Tools können Sie die Tabellen nicht an Ihre Bedürfnisse anpassen.
- Das Erstellen einer Datumstabelle mit *CALENDARAUTO* und ein wenig einfachem DAX-Code ist trivial. Es lohnt sich, etwas Zeit zu investieren, um eine eigene Datumstabelle zu erstellen, da Sie den Code in vielen verschiedenen Projekten wiederverwenden können. Sie können auch DAX-Vorlagen für eine Datumstabelle aus dem Internet herunterladen.
- Eine Datentabelle sollte als Datumstabelle gekennzeichnet werden, um Zeitintelligenzberechnungen zu vereinfachen.
- Es gibt eine ganze Reihe von Zeitintelligenzfunktionen. Die meisten davon geben einfach nur eine Tabelle zurück, die als Filterargument für *CALCULATE* verwendet werden kann.
- Lernen Sie, Zeitintelligenzfunktionen als Bausteine für komplexere Berechnungen zu betrachten. Durch das Mischen von Zeitintelligenzfunktionen können Sie viele unterschiedliche und komplexe Berechnungen erstellen.
- Wenn Ihre Anforderungen die standardmäßigen Zeitintelligenzberechnungen nicht mehr zulassen, sollten Sie die Ärmel hochkrempeln und lernen, solche Berechnungen mit einfachen DAX-Funktionen selbst zu erstellen.
- In diesem Buch finden Sie bereits einige Beispiele für Zeitintelligenzberechnungen. Ein sehr viel größerer Fundus existiert jedoch unter *https://www.daxpatterns.com/time-patterns*.

KAPITEL 9

Berechnungsgruppen

Im Jahr 2019 fand ein wichtiges DAX-Update statt: Von nun an konnte man auch Berechnungsgruppen einsetzen. Berechnungsgruppen sind eine Hilfsfunktion, die von einer ähnlichen Funktion in MDX inspiriert wurde, die dort als »berechnete Elemente« bezeichnet wird. Wenn Sie bereits wissen, was berechnete Elemente in MDX sind, dann sollte Ihnen das Erlernen der Berechnungsgruppen etwas einfacher fallen. Allerdings unterscheidet sich die DAX-Implementierung von der in MDX. Daher erfahren Sie in diesem Kapitel unabhängig von Ihren Vorkenntnissen, was Berechnungsgruppen sind, wofür sie konzipiert wurden und wie sie Ihnen helfen können, beeindruckende Berechnungen zu erstellen.

Die Verwendung von Berechnungsgruppen an sich ist einfach, jedoch kann das korrekte Entwerfen eines Modells mit Berechnungsgruppen eine anspruchsvolle Aufgabe sein, wenn Sie mehrere erstellen müssen oder Berechnungselemente in Measures verwenden. Aus diesem Grund vermitteln wir Ihnen Best Practices, die Ihnen helfen sollen, Probleme zu vermeiden. Für ein Abweichen von diesen Best Practices brauchen Sie ein umfassendes Verständnis für das Entwerfen von Berechnungsgruppen, wenn Sie nicht Gefahr laufen wollen, ein ungeeignetes oder fehlerhaftes Modell zu erstellen.

Berechnungsgruppen sind ein neues Feature in DAX, das zum Zeitpunkt der Abfassung dieses Kapitels (April 2019) noch nicht fertiggestellt und freigegeben ist. Wir werden deswegen im Verlauf des Kapitels Elemente umfassend beschreiben, die sich in der finalen Version dieser Funktion durchaus noch ändern können. Daher sollten Sie die Webseite *https://www.sqlbi.com/calculation-groups* besuchen, wo Sie aktuelles Material und Beispiele zu Berechnungsgruppen in DAX finden.

Einführung in Berechnungsgruppen

Bevor wir Berechnungsgruppen ausführlich beschreiben, ist es durchaus sinnvoll, einige Zeit auf die Analyse der geschäftlichen Anforderung zu verwenden, derentwegen diese Funktion überhaupt erst Eingang in DAX gefunden hat. Da wir das Kapitel zu den Zeitintelligenzfunktionen gerade erst abgeschlossen haben, bietet sich ein Beispiel mit zeitbezogenen Berechnungen durchaus an.

In unserem Beispielmodell haben wir Berechnungen zur Ermittlung des Umsatzbetrags, der Gesamtkosten, der Marge und der Gesamtverkaufsmenge mit folgendem DAX-Code definiert:

```
Sales Amount := SUMX ( Sales, Sales[Quantity] * Sales[Net Price] )
Total Cost := SUMX ( Sales, Sales[Quantity] * Sales[Unit Cost] )
Margin := [Sales Amount] - [Total Cost]
Sales Quantity := SUM ( Sales[Quantity] )
```

Alle vier Measures sind sinnvoll und vermitteln unterschiedliche Erkenntnisse zum Geschäft. Darüber hinaus sind alle vier Measures geeignete Kandidaten für Zeitintelligenzberechnungen. Eine YTD-Berechnung über die Umsatzmenge kann ebenso interessant sein wie eine YTD-Berechnung über Umsatzbetrag und Marge. Dieselben Überlegungen gelten auch für viele andere Zeitintelligenzberechnungen: gleicher Zeitraum im Vorjahr, prozentualer Zuwachs gegenüber dem Vorjahr usw.

Wenn man jedoch all die verschiedenen Zeitintelligenzberechnungen für alle Measures entwerfen möchte, kann ihre Anzahl im Datenmodell sehr schnell ins Uferlose wachsen. Tatsächlich birgt die Verwaltung eines Datenmodells mit Hunderten von Measures für Anwender wie für Entwickler großen Schrecken. Schließlich ist auch zu bedenken, dass all die verschiedenen Measures für die Zeitintelligenzberechnungen einfache Variationen eines gemeinsamen Musters sind. Die YTD-Versionen der obigen Liste mit vier Measures würden beispielsweise wie folgt aussehen:

```
YTD Sales Amount :=
CALCULATE (
    [Sales Amount],
    DATESYTD ( 'Date'[Date] )
)

YTD Total Cost :=
CALCULATE (
    [Total Cost],
    DATESYTD ( 'Date'[Date] )
)

YTD Margin :=
CALCULATE (
    [Margin],
    DATESYTD ( 'Date'[Date] )
)

YTD Sales Quantity :=
CALCULATE (
    [Sales Quantity],
    DATESYTD ( 'Date'[Date] )
)
```

Alle obigen Measures unterscheiden sich nur in ihrem Basismeasure, doch wenden sie alle denselben *DATESYTD*-Filterkontext auf unterschiedliche Basismeasures an. Es wäre doch toll, wenn Entwickler die Möglichkeit hätten, eine allgemeinere Berechnung zu definieren und dabei einen Platzhalter für das Measure zu verwenden:

```
YTD <Measure> :=
CALCULATE (
    <Measure>,
    DATESYTD ( 'Date'[Date] )
)
```

Der obige Code ist keine gültige DAX-Syntax, aber er beschreibt sehr gut, was Berechnungselemente sind. Sie können ihn wie folgt lesen: *Wenn Sie die YTD-Berechnung auf ein Measure anwenden müssen, rufen Sie es nach der Anwendung von DATESYTD auf die Spalte Date[Date] auf*. Genau das ist es, was ein Berechnungselement ist: ein DAX-Ausdruck, der einen speziellen Platzhalter enthält. Der Platzhalter wird von der Engine unmittelbar vor der Auswertung des Ergebnisses durch ein Measure ersetzt. Anders formuliert: Ein Berechnungselement ist eine Variation eines Ausdrucks, die auf jedes Measure angewendet werden kann.

Darüber hinaus wird ein Entwickler wahrscheinlich mehrere Zeitintelligenzberechnungen benötigen. Wie wir zu Beginn dieses Abschnitts festgestellt haben, handelt es sich bei den YTD- und QTD-Berechnungen sowie bei Berechnungen, die auf den Vorjahreszeitraum bezogen sind, samt und sonders um Berechnungen, die irgendwie zur selben Gruppe gehören. Daher bietet DAX Berechnungselemente und Berechnungsgruppen an. Eine Berechnungsgruppe umfasst mehrere Berechnungselemente, die praktischerweise gruppiert sind, weil sie quasi Variationen desselben Themas sind.

Fahren wir mit unserem DAX-Pseudocode fort:

```
CALCULATION GROUP "Time Intelligence"
    CALCULATION ITEM CY := <Measure>
    CALCULATION ITEM PY := CALCULATE ( <Measure>, SAMPEPERIODLASTYEAR ( 'Date'[Date] ) )
    CALCULATION ITEM QTD := CALCULATE ( <Measure>, DATESQTD ( 'Date'[Date] ) )
    CALCULATION ITEM YTD := CALCULATE ( <Measure>, DATESYTD ( 'Date'[Date] ) )
```

Wie Sie sehen, haben wir vier zeitbezogene Berechnungen in einer Gruppe namens *Time Intelligence* zusammengefasst. In nur vier Zeilen definiert der Code Dutzende verschiedener Measures, da die Berechnungselemente ihre Variation auf jedes Measure im Modell anwenden. Sobald ein Entwickler ein neues Measure erstellt, stehen die Varianten CY, PY, QTD und YTD direkt und ohne Mehraufwand zur Verfügung.

Es fehlen noch ein paar Details in unserem Berechnungsgruppenkonzept, aber wir brauchen eigentlich nur ein einziges, um die erste Berechnungsgruppe definieren zu können: Wie wählt der Benutzer eine Variante aus? Wie erwähnt: Ein Berechnungselement ist kein Measure, sondern vielmehr eine Measurevariation. Daher benötigt ein Benutzer eine Möglichkeit, in einem Bericht ein bestimmtes Measure mit einer oder mehreren Variationen anzugeben. Da Benutzer die Gewohnheit haben, Spalten aus Tabellen auszuwählen, werden Berechnungsgruppen so implementiert, als wären sie Tabellenspalten, während Berechnungselemente wie Werte in diesen Spalten agieren. Auf diese Weise kann der Benutzer die Berechnungsgruppe in den Spalten einer Matrix verwenden, um verschiedene Varianten eines Measures im Bericht anzuzeigen. Beispielsweise werden die oben beschriebenen Berechnungselemente auf die Spalten der Matrix in Abbildung 9.1 angewendet. So werden verschiedene Variationen des Measures *Sales Amount* angezeigt.

Calendar Year	Month	CY	PY	QTD	YTD
CY 2005	January	656,766.69	794,248.24	656,766.69	656,766.69
CY 2006	February	600,080.00	891,135.91	1,256,846.69	1,256,846.69
CY 2007	March	559,538.52	961,289.24	1,816,385.21	1,816,385.21
■ CY 2008	April	999,667.17	1,128,104.82	999,667.17	2,816,052.38
CY 2009	May	893,231.96	936,192.74	1,892,899.13	3,709,284.34
	June	845,141.60	982,304.46	2,738,040.73	4,554,425.94
	July	890,547.41	922,542.98	890,547.41	5,444,973.35
	August	721,560.95	952,834.59	1,612,108.36	6,166,534.30
	September	963,437.23	1,009,868.98	2,575,545.59	7,129,971.53
	October	719,792.99	914,273.54	719,792.99	7,849,764.52
	November	1,156,109.32	825,601.87	1,875,902.31	9,005,873.85
	December	921,709.14	991,548.75	2,797,611.46	9,927,582.99
	Total	**9,927,582.99**	**11,309,946.12**	**2,797,611.46**	**9,927,582.99**

Abbildung 9.1 Der Benutzer kann eine Berechnungsgruppe wie eine Spalte im Modell verwenden, indem er sie auf Matrixspalten anwendet.

Berechnungsgruppen erstellen

Die Implementierung von Berechnungsgruppen in ein tabellarisches Modell ist abhängig von der Benutzeroberfläche des zugehörigen Editors. Zum Zeitpunkt der Abfassung dieses Dokuments (April 2019) verfügen weder Power BI noch SQL Server Data Tools (SSDT) für Analysis Services über eine Benutzeroberfläche für diese Funktion, die nur auf der API-Ebene des Tabellenobjektmodells (TOM) verfügbar ist. Das erste Tool, das einen Editor für diese Funktion bietet, ist Tabular Editor, ein Open-Source-Tool, das kostenlos unter *https://tabulareditor.github.io* erhältlich ist.

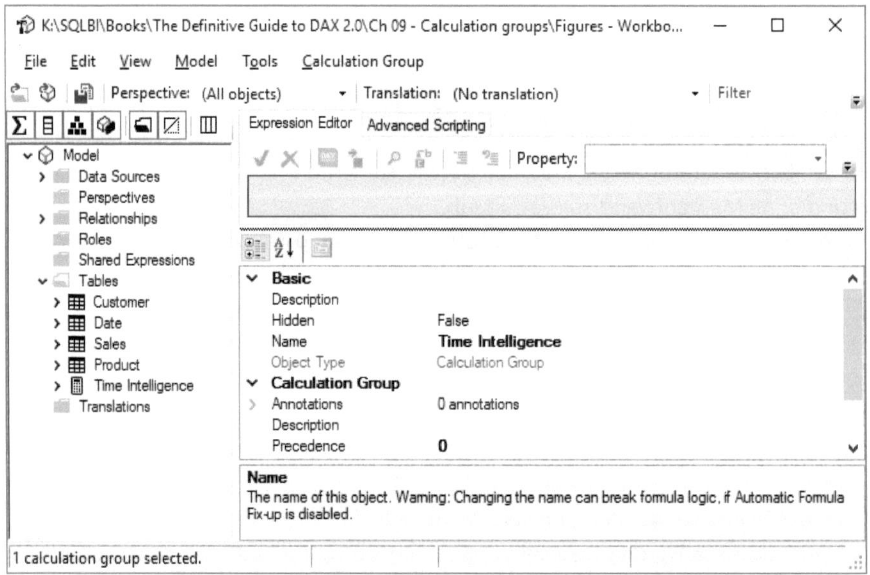

Abbildung 9.2 Tabular Editor mit der Berechnungsgruppe *Time Intelligence* als Sondertabelle

In Tabular Editor wird mit dem Menüeintrag *Model > New Calculation Group* (Modell > Neue Berechnungsgruppe) eine neue Berechnungsgruppe angelegt, die im Modell als Tabelle mit einem besonderen Symbol erscheint. Dieses sehen Sie in Abbildung 9.2, wo die Berechnungsgruppe in *Time Intelligence* umbenannt wurde.

Eine Berechnungsgruppe ist eine spezielle Tabelle mit einer einzigen Spalte, die in Tabular Editor standardmäßig als *Attribut* bezeichnet wird. In unserem Beispielmodell haben wir diese Spalte in *Time calc* umbenannt. Danach haben wir drei Elemente (**YTD**, **QTD** und **SPLY** für den entsprechenden Vorjahreszeitraum) hinzugefügt. Hierzu haben wir den Kontextmenüeintrag *New Calculation Item* (Neues Berechnungselement) verwendet, der nach einem Rechtsklick auf die Spalte *Time calc* sichtbar wird. Jedes Berechnungselement hat einen DAX-Ausdruck (Abbildung 9.3).

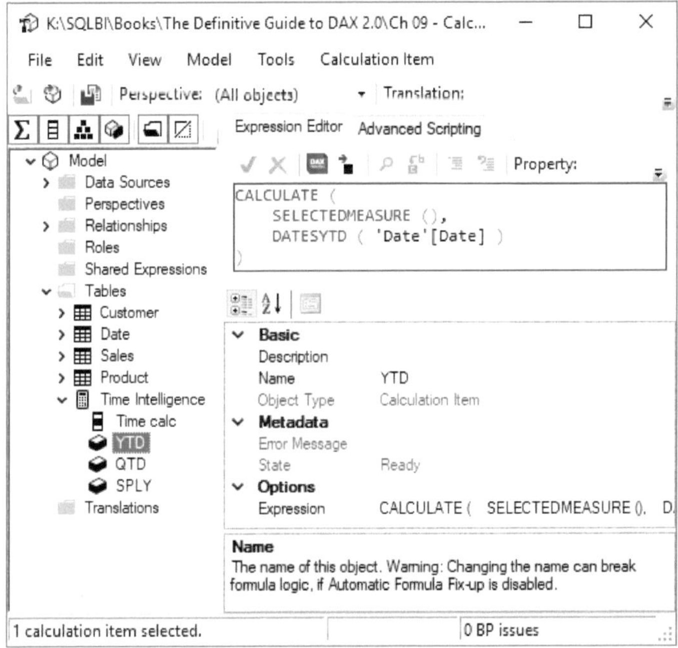

Abbildung 9.3 Jedes Berechnungselement hat einen DAX-Ausdruck, der in Tabular Editor geändert werden kann.

Die Funktion *SELECTEDMEASURE* ist die DAX-Implementierung des Platzhalters <*Measure*>, den wir oben im DAX-Pseudocode verwendet haben. Der DAX-Code für jedes Berechnungselement wird im folgenden Code beschrieben. Der Kommentar vor jedem DAX-Ausdruck gibt dazu das entsprechende Berechnungselement an:

Es ist bewährte Praxis, die Geschäftslogik immer durch Measures im Modell zugänglich zu machen. Wenn das Modell Berechnungsgruppen enthält, erlaubt der Power BI-Client den Entwicklern keine Aggregation von Spalten, da Berechnungsgruppen ausschließlich auf Measures angewendet werden können – bei Aggregationsfunktionen zeigen sie keinerlei Wirkung.

```
--
-- Berechnungselement: YTD
--
    CALCULATE (
        SELECTEDMEASURE (),
        DATESYTD ( 'Date'[Date] )
    )

--
-- Berechnungselement: QTD
--
    CALCULATE (
        SELECTEDMEASURE (),
        DATESQTD ( 'Date'[Date] )
    )

--
-- Berechnungselement: SPLY
--
    CALCULATE (
        SELECTEDMEASURE (),
        SAMEPERIODLASTYEAR ( 'Date'[Date] )
    )
```

Mit dieser Definition erhält der Benutzer eine neue Tabelle namens *Time Intelligence* mit einer Spalte namens *Time calc*, die drei Werte enthält: **YTD**, **QTD** und **SPLY**. Der Benutzer kann einen Slicer für diese Spalte erstellen oder sie für Zeilen und Spalten von Visuals verwenden, so als ob es eine echte Spalte im Modell wäre. Wählt der Benutzer z. B. **YTD** aus, dann wendet die Engine das **YTD**-Berechnungselement auf jedes im Bericht enthaltene Measure an. In Abbildung 9.4 sehen Sie eine Matrix mit dem Measure *Sales Amount*. Da der Slicer die **YTD**-Variation des Measures auswählt, sind die angezeigten Zahlen die YTD-Werte.

Time calc
- ☐ QTD
- ☐ SPLY
- ■ YTD

Month	CY 2007	CY 2008	CY 2009
January	794,248.24	656,766.69	580,901.05
February	1,685,384.15	1,256,846.69	1,203,482.19
March	2,646,673.39	1,816,385.21	1,699,620.05
April	3,774,778.20	2,816,052.38	2,378,513.27
May	4,710,970.95	3,709,284.34	3,445,678.50
June	5,693,275.41	4,554,425.94	4,318,264.70
July	6,615,818.39	5,444,973.35	5,386,661.27
August	7,568,652.98	6,166,534.30	6,222,368.73
September	8,578,521.96	7,129,971.53	6,931,979.13
October	9,492,795.50	7,849,764.52	7,738,717.35
November	10,318,397.37	9,005,873.85	8,606,881.36
December	11,309,946.12	9,927,582.99	9,353,814.87
Total	**11,309,946.12**	**9,927,582.99**	**9,353,814.87**

Abbildung 9.4 Wenn der Benutzer **YTD** auswählt, stellen die Werte in der Matrix die **YTD**-Variation des Measures *Sales Amount* dar.

Wählt der Benutzer im selben Bericht **SPLY** aus, dann wird das Ergebnis ganz anders ausfallen – Abbildung 9.5 zeigt dies.

Time calc	Month ▲	CY 2008	CY 2009	CY 2010
□ QTD	January	794,248.24	656,766.69	580,901.05
■ SPLY	February	891,135.91	600,080.00	622,581.14
□ YTD	March	961,289.24	559,538.52	496,137.87
	April	1,128,104.82	999,667.17	678,893.22
	May	936,192.74	893,231.96	1,067,165.23
	June	982,304.46	845,141.60	872,586.20
	July	922,542.98	890,547.41	1,068,396.58
	August	952,834.59	721,560.95	835,707.46
	September	1,009,868.98	963,437.23	709,610.40
	October	914,273.54	719,792.99	806,738.22
	November	825,601.87	1,156,109.32	868,164.01
	December	991,548.75	921,709.14	746,933.50
	Total	**11,309,946.12**	**9,927,582.99**	**9,353,814.87**

Abbildung 9.5 Durch Auswahl von **SPLY** ändern sich die Ergebnisse des Measures *Sales Amount*, da nun eine andere Variation verwendet wird. Die Werte sind die um ein Jahr zurückversetzten Ursprungswerte von *Sales Amount*.

Wählt der Benutzer keinen Wert oder aber mehrere Werte gemeinsam, dann wendet die Engine keine Variation auf das ursprüngliche Measure an. Abbildung 9.6 zeigt dies.

Time calc	Month ▲	CY 2007	CY 2008	CY 2009
□ QTD	January	794,248.24	656,766.69	580,901.05
□ SPLY	February	891,135.91	600,080.00	622,581.14
□ YTD	March	961,289.24	559,538.52	496,137.87
	April	1,128,104.82	999,667.17	678,893.22
	May	936,192.74	893,231.96	1,067,165.23
	June	982,304.46	845,141.60	872,586.20
	July	922,542.98	890,547.41	1,068,396.58
	August	952,834.59	721,560.95	835,707.46
	September	1,009,868.98	963,437.23	709,610.40
	October	914,273.54	719,792.99	806,738.22
	November	825,601.87	1,156,109.32	868,164.01
	December	991,548.75	921,709.14	746,933.50
	Total	**11,309,946.12**	**9,927,582.99**	**9,353,814.87**

Abbildung 9.6 Wenn kein Berechnungselement ausgewählt ist, zeigt der Bericht das Ursprungsmeasure an.

Das Verhalten von Berechnungsgruppen ohne Auswahl oder mit mehreren ausgewählten Elementen kann sich künftig noch ändern. Stand April 2019 entspricht das Verhalten bei der Auswahl mehrerer Berechnungselemente dem, was geschehen würde, wenn für eine Berechnungsgruppe keine Auswahl erfolgt wäre. Dennoch kann diese Bedingung in künftigen Versionen zu anderen Ergebnissen führen, z. B. zu einem Fehler bei einer Mehrfachauswahl.

Berechnungsgruppen können darüber noch hinausgehen. Zu Beginn dieses Abschnitts haben wir vier verschiedene Measures eingeführt: *Sales Amount*, *Total Cost*, *Margin* und *Sales Quantity*. Es wäre extrem praktisch, wenn der Benutzer über einen Slicer zusätzlich zur anzuwendenden Zeitintelligenzberechnung die anzuzeigende Metrik auswählen könnte. Wir möchten Ihnen einen generischen Bericht präsentieren, der jede der vier Metriken nach Monat und Jahr aufschlüsselt, wobei der Benutzer die gewünschte Metrik auswählen kann. Mit anderen Worten: Wir wollen den Bericht in Abbildung 9.7 erhalten.

Time calc
- QTD
- SPLY
- ■ YTD

Metric
- ■ Margin
- Sales Amount
- Sales Quantity
- Total Cost

Month	CY 2007	CY 2008	CY 2009
January	411,542.33	329,414.92	283,697.42
February	883,064.36	637,218.14	602,841.63
March	1,387,425.09	925,460.26	855,248.48
April	1,987,901.79	1,445,669.78	1,203,631.81
May	2,514,206.64	1,930,431.61	1,811,248.06
June	3,055,699.88	2,393,304.49	2,299,080.65
July	3,579,035.50	2,879,436.96	2,902,951.43
August	4,111,793.71	3,277,582.86	3,360,057.10
September	4,687,776.20	3,796,855.62	3,742,990.25
October	5,189,581.59	4,187,403.58	4,198,974.31
November	5,598,058.99	4,757,022.88	4,606,252.00
December	6,075,652.35	5,212,190.14	4,954,796.26
Total	**6,075,652.35**	**5,212,190.14**	**4,954,796.26**

Abbildung 9.7 Der Bericht zeigt die **YTD**-Zeitintelligenzberechnung, die auf *Margin* angewendet wird, aber der Benutzer kann über die Slicer auch jede andere Kombination wählen.

In dem in Abbildung 9.7 gezeigten Beispiel durchsucht der Benutzer den Gewinnbetrag mithilfe einer YTD-Variation. Er kann natürlich auch jede andere Slicerkombination wählen, die mit den beiden Berechnungsgruppen *Metric* und *Time calc* verknüpft ist.

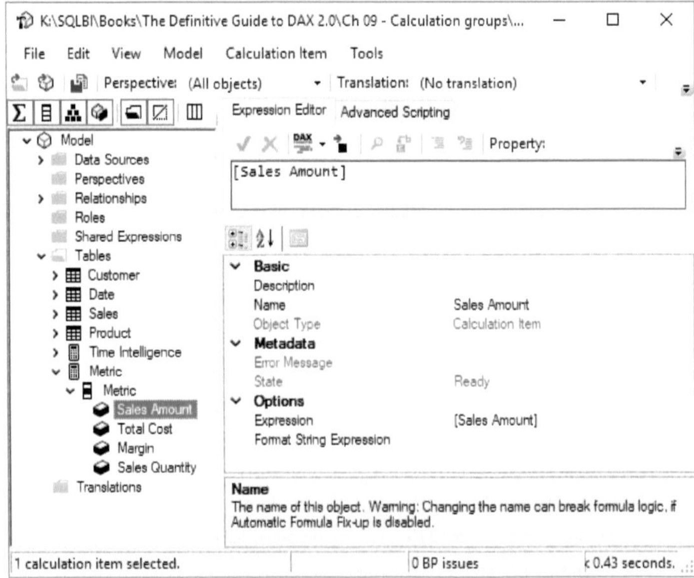

Abbildung 9.8 Die Berechnungsgruppe *Metric* enthält vier Berechnungselemente, die jeweils einfach nur ein entsprechendes Measure auswerten.

Um diesen Bericht zu generieren, haben wir eine zusätzliche Berechnungsgruppe namens *Metric* erstellt, die die Berechnungselemente **Sales Amount**, **Total Cost**, **Margin** und **Sales Quantity** enthält. Der Ausdruck für jedes Berechnungselement wertet nur das entsprechende Measure aus – Abbildung 9.8 zeigt dies für **Sales Amount**.

Sind mehrere Berechnungsgruppen im selben Datenmodell enthalten, dann ist es wichtig zu definieren, in welcher Reihenfolge sie von der DAX-Engine angewendet werden sollen. Die Eigenschaft *Precedence* der Berechnungsgruppe definiert die Reihenfolge der Anwendung: Die Gruppe mit dem höchsten Wert wird als erste angewendet. Um das gewünschte Ergebnis zu erhalten, haben wir die Eigenschaft *Precedence* der Berechnungsgruppe *Time Intelligence* auf 10 erhöht (Abbildung 9.9). Daher wendet die Engine die Berechnungsgruppe *Time Intelligence* vor der Berechnungsgruppe *Metric* an, bei der die Eigenschaft *Precedence* den Standardwert 0 behält. Wir werden uns im weiteren Verlauf dieses Kapitels noch ausführlicher mit der Abarbeitungsreihenfolge von Berechnungsgruppen befassen.

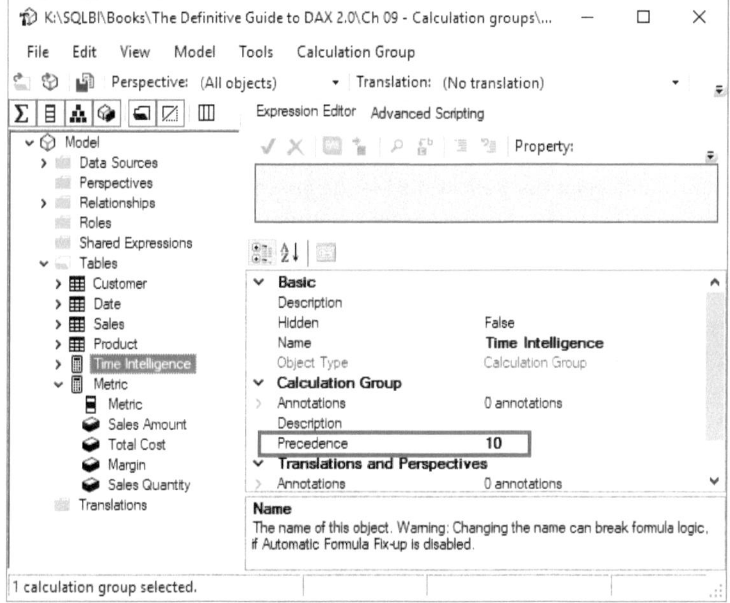

Abbildung 9.9 Die Eigenschaft *Precedence* definiert die Reihenfolge, in der jede Berechnungsgruppe auf ein Measure angewendet wird.

Der folgende DAX-Code enthält die Definition der einzelnen Berechnungselemente in der Berechnungsgruppe *Metric*:

```
--
-- Berechnungselement: Margin
--
    [Margin]


--
-- Berechnungselement: Sales Amount
```

```
--
    [Sales Amount]

--
-- Berechnungselement: Sales Quantity
--
    [Sales Quantity]

--
-- Berechnungselement: Total Cost
--
    [Total Cost]
```

Diese Berechnungselemente sind keine Modifizierer des ursprünglichen Measures, sondern ersetzen es vollständig durch ein neues. Um dieses Verhalten zu erzielen, haben wir einen Verweis auf *SELECTEDMEASURE* im Ausdruck weggelassen. *SELECTEDMEASURE* wird sehr oft in Berechnungselementen verwendet, ist aber nicht obligatorisch.

Dieses letzte Beispiel ist nützlich, um den ersten der vielen komplexen Aspekte einzuführen, die wir im Zusammenhang mit Berechnungsgruppen behandeln müssen. Wenn der Benutzer **Quantity** auswählt, zeigt der Bericht die Menge an, verwendet aber trotzdem die gleichen Formatzeichenfolgen (mit zwei Dezimalstellen) wie die anderen Measures. Da das Measure *Quantity* eine Ganzzahl ist, wäre es sinnvoll, die Nachkommastellen zu entfernen oder generell eine andere Formatzeichenfolge zu verwenden. Wir haben vorn bereits darüber geschrieben, dass mehrere Berechnungsgruppen in einer Berechnung die Definition einer Rangfolge erfordern, wie es im obigen Beispiel der Fall war. Dies ist das erste von mehreren Details, die zu beachten sind, um sinnvolle Berechnungsgruppen zu erstellen.

Wenn Sie Analysis Services verwenden, sollten Sie bedenken, dass das Hinzufügen einer Berechnungsgruppe zu einem Modell ein Vorgang ist, der eine Aktualisierung der der Berechnungsgruppe entsprechenden Tabelle erfordert, um die Berechnungselemente für den Client sichtbar zu machen. Dies wird vielen Benutzern womöglich abwegig erscheinen, da die Bereitstellung von Measures keine solche Aktualisierung erfordert: Measures sind für die Clients unmittelbar nach der Bereitstellung sichtbar. Da die Berechnungsgruppen und -elemente dem Client jedoch in Tabellen und Spalten präsentiert werden, muss nach der Bereitstellung ein Aktualisierungsvorgang durchgeführt werden, um die internen Strukturen der Tabellen und Spalten zu füllen. In Power BI wird dieser Vorgang wahrscheinlich automatisch von der Benutzeroberfläche erledigt (diese Aussage ist allerdings reine Spekulation, da zum Zeitpunkt der Drucklegung Berechnungsgruppen noch gar nicht in Power BI vorhanden sind).

Berechnungsgruppen verstehen

In den vorangegangenen Abschnitten haben wir uns auf die Verwendung von Berechnungsgruppen und deren Implementierung mit Tabular Editor konzentriert. In diesem Abschnitt werden wir die Eigenschaften und das Verhalten von Berechnungsgruppen und Berechnungselementen näher behandeln.

Es sind zwei Konzepte zu unterscheiden: Berechnungsgruppen und Berechnungselemente. Eine Berechnungsgruppe ist eine Sammlung von Berechnungselementen, die nach einem benutzerdefinierten Kriterium gruppiert sind. Sowohl für die Berechnungsgruppen als auch für Berechnungselemente gibt es Eigenschaften, die der Entwickler korrekt festlegen muss. Wir stellen diese Entitäten und ihre Eigenschaften hier vor und bieten weitere Beispiele und Details im verbleibenden Teil dieses Kapitels.

Eine Berechnungsgruppe ist eine einfache Entität, die definiert ist durch:

- den **Namen** der Berechnungsgruppe. Dies ist der Name der Tabelle, die die Berechnungsgruppe auf der Clientseite darstellt.
- die Eigenschaft **Precedence** (Vorrang) der Berechnungsgruppe. Bei Vorhandensein mehrerer aktiver Berechnungsgruppen eine Zahl, die die Priorität definiert, mit der jede Berechnungsgruppe auf einen Measureverweis angewendet wird.
- das Berechnungsgruppenattribut **Name**. Dies ist der Name der Spalte, die die Berechnungselemente enthält, die dem Client als eindeutige, in der Spalte verfügbare Positionen angezeigt werden.

Ein Berechnungselement ist eine deutlich stärker differenzierte Entität. Es folgt die Liste ihrer Eigenschaften:

- der **Name** des Berechnungselements. Dieser wird zu einem Wert in der Berechnungsgruppenspalte. Eigentlich ist ein Berechnungselement quasi eine Zeile in der Berechnungsgruppentabelle.
- der **Ausdruck** des Berechnungselements. Dies ist ein DAX-Ausdruck, der spezielle Funktionen wie *SELECTEDMEASURE* enthalten kann. Der Ausdruck definiert, wie das Berechnungselement anzuwenden ist.
- Die Sortierreihenfolge des Berechnungselements wird durch den **Ordinalwert** definiert. Diese Eigenschaft bestimmt, wie die verschiedenen Berechnungselemente zu sortieren sind, wenn sie dem Benutzer präsentiert werden. Sie ähnelt der Sortierfunktion des Datenmodells. *Diese Funktion ist Stand April 2019 nicht verfügbar, sollte aber vor der Freigabe der Berechnungsgruppen implementiert sein.*
- **Formatzeichenfolge**. Sofern nicht angegeben, erbt ein Berechnungselement die Formatzeichenfolge seines Basismeasures. Trotzdem ist es, wenn der Modifizierer die Berechnung ändert, möglich, die Formatzeichenfolge des Measures mit dem Format des Berechnungselements zu überschreiben.

Die Eigenschaft *Format String* ist wichtig, um ein konsistentes Verhalten der Measures im Modell entsprechend des auf sie angewandten Berechnungselements zu erzielen. Betrachten Sie zum Beispiel die folgende Berechnungsgruppe, die zwei Berechnungselemente für die Zeitintelligenz enthält: **YOY** ist die Differenz zwischen einem ausgewählten Zeitraum und dem entsprechenden Zeitraum des Vorjahres, **YOY%** ist der Prozentwert von **YOY** verglichen mit dem Betrag im Vorjahreszeitraum:

```
--
-- Berechnungselement: YOY
--
    VAR CurrYear =
        SELECTEDMEASURE ()
    VAR PrevYear =
        CALCULATE (
            SELECTEDMEASURE (),
            SAMEPERIODLASTYEAR ( 'Date'[Date] )
        )
    VAR Result =
        CurrYear - PrevYear
    RETURN Result


--
-- Berechnungselement: YOY%
--
    VAR CurrYear =
        SELECTEDMEASURE ()
    VAR PrevYear =
        CALCULATE (
            SELECTEDMEASURE (),
            SAMEPERIODLASTYEAR ( 'Date'[Date] )
        )
    VAR Result =
        DIVIDE (
            CurrYear - PrevYear,
            PrevYear
        )
    RETURN Result
```

Das Ergebnis, das durch diese beiden Berechnungselemente in einem Bericht erzeugt wird, ist zwar korrekt, aber wenn die Eigenschaft *Format String* die vorgegebene Formatzeichenfolge nicht überschreibt, wird **YOY%** als Dezimalzahl statt als Prozentwert angezeigt (Abbildung 9.10).

Calendar Year	Month	YOY	YOY%
CY 2005	January	-75,865.64	-0.12
CY 2006	February	22,501.14	0.04
CY 2007	March	-63,400.65	-0.11
CY 2008	April	-320,773.95	-0.32
■ CY 2009	May	173,933.27	0.19
CY 2010	June	27,444.59	0.03
CY 2011	July	177,849.17	0.20
	August	114,146.50	0.16
	September	-253,826.83	-0.26
	October	86,945.23	0.12
	November	-287,945.31	-0.25
	December	-174,775.64	-0.19
	Total	**-573,768.12**	**-0.06**

Abbildung 9.10 Die beiden Berechnungselemente **YOY** und **YOY%** haben dasselbe Format wie das Measure *Sales Amount*.

Das in Abbildung 9.10 gezeigte Beispiel stellt die Auswertung von **YOY** für das Measure *Sales Amount* unter Verwendung derselben Formatzeichenfolge wie beim ursprünglichen Measure *Sales Amount* dar. Dies ist das korrekte Verhalten zur Darstellung einer Differenz. Allerdings zeigt das Berechnungselement **YOY%** denselben Betrag als Prozentwert des Vorjahreswerts an. Die angezeigte Zahl ist also korrekt, aber für Januar würde man -12% statt -0,12 erwarten. In diesem Fall sollte die erwartete Formatzeichenfolge unabhängig vom Format des ursprünglichen Measures ein Prozentwert sein. Um das gewünschte Verhalten zu erzielen, setzen Sie die Eigenschaft *Format String* des Berechnungselements **YOY%** auf Prozent. Dadurch wird das Verhalten des zugrunde liegenden Measures überschrieben. Das Ergebnis sehen Sie in Abbildung 9.11. Wenn die Eigenschaft *Format String* keinem Berechnungselement zugewiesen ist, wird die vorhandene Formatzeichenfolge verwendet.

Calendar Year	Month	YOY	YOY%
CY 2005	January	-75,865.64	-12%
CY 2006	February	22,501.14	4%
CY 2007	March	-63,400.65	-11%
CY 2008	April	-320,773.95	-32%
■ CY 2009	May	173,933.27	19%
CY 2010	June	27,444.59	3%
CY 2011	July	177,849.17	20%
	August	114,146.50	16%
	September	-253,826.83	-26%
	October	86,945.23	12%
	November	-287,945.31	-25%
	December	-174,775.64	-19%
	Total	**-573,768.12**	**-6%**

Abbildung 9.11 Das Berechnungselement **YOY%** überschreibt das Format des Measures *Sales Amount* und zeigt deswegen einen Prozentwert an.

Die Formatzeichenfolge kann als feste Zeichenfolge oder – in komplexeren Szenarien – mithilfe eines DAX-Ausdrucks definiert werden, der die Formatzeichenfolge zurückgibt. Wenn man einen DAX-Ausdruck schreibt, kann man mit der Funktion *SELECTEDMEASUREFORMATSTRING* die Formatzeichenfolge des aktuellen Measures referenzieren. Die Funktion gibt die Formatzeichenfolge des Measures zurück. Wenn das Modell beispielsweise ein Measure enthält, das die aktuell ausgewählte Währung zurückgibt, und Sie das Währungssymbol als Teil der Formatzeichenfolge einfügen möchten, können Sie den folgenden Code verwenden, um das Währungssymbol an die aktuelle Formatzeichenfolge anzuhängen:

```
SELECTEDMEASUREFORMATSTRING () & " " & [Ausgewählte Währung]
```

Das Anpassen der Formatzeichenfolge eines Berechnungselements ist nützlich, um beim Durchsehen des Modells eine konsistente Benutzererfahrung aufrechtzuerhalten. Ein vorsichtiger Entwickler sollte jedoch bedenken, dass die Formatzeichenfolge für jedes Measure gilt, das mit dem Berechnungselement verwendet wird. Sind mehrere Berechnungsgruppen in einem Bericht vorhanden, dann hängt das Ergebnis, das durch diese Eigenschaften erzeugt wird, auch von der Priorität der Berechnungsgruppe ab – wir werden dies in einem späteren Abschnitt dieses Kapitels erläutern.

Anwendung von Berechnungselementen verstehen

Bislang war unsere Beschreibung der Funktionsweise eines Berechnungselements ausgesprochen unpräzise. Der Grund dafür ist vor allem pädagogischer Natur: Wir wollten das Konzept der Berechnungselemente einführen, ohne zu tief in potenziell ablenkende Details einzutauchen. Vielmehr haben wir festgestellt, dass die Berechnungselemente vom Benutzer z. B. mithilfe eines Slicers angewendet werden können. Ein Berechnungselement wird durch Ersetzen von Measureverweisen angewendet, die aufgerufen werden, wenn ein Berechnungselement im Filterkontext aktiv ist. Im folgenden Szenario schreibt das Berechnungselement den Measureverweis neu, indem es den im Berechnungselement selbst definierten Ausdruck anwendet.

Betrachten Sie beispielsweise das folgende Berechnungselement:

```
--
-- Berechnungselement: YTD
--
    CALCULATE (
        SELECTEDMEASURE (),
        DATESYTD ( 'Date'[Date] )
    )
```

Um das Berechnungselement in einem Ausdruck anzuwenden, müssen Sie die Berechnungsgruppe filtern. Sie können diesen Filter wie im folgenden Beispiel gezeigt mit *CALCULATE* erstellen. Dies entspricht der Technik, die das Clienttool bei der Verwendung von Slicern und Visuals nutzt:

```
CALCULATE (
    [Sales Amount],
    'Time Intelligence'[Time calc] = "YTD"
)
```

Berechnungsgruppen sind keine Hexerei: Es handelt sich um Tabellen, und daher können sie wie jede andere Tabelle mit *CALCULATE* gefiltert werden. Wenn *CALCULATE* einen Filter auf ein Berechnungselement anwendet, schreibt DAX den Ausdruck vor der Auswertung anhand der Definition des Berechnungselements um.

Ausgehend von der Definition des Berechnungselements wird der obige Code daher wie folgt interpretiert:

```
CALCULATE (
    CALCULATE (
        [Sales Amount],
        DATESYTD ( 'Date'[Date] )
    )
)
```

Innerhalb des inneren *CALCULATE* kann man mit *ISFILTERED* prüfen, ob das Berechnungselement gefiltert wurde oder nicht. Im Beispiel haben wir der Einfachheit halber den äußeren Filter für das Berechnungselement entfernt, um zu zeigen, dass es bereits angewendet wurde. Trotzdem behält ein Berechnungselement seine Filter bei, und unter Umständen werden Measures durch weitere Unterausdrücke ersetzt.

Obwohl dieses Verhalten bei einfachen Beispielen sehr intuitiv ist, verbirgt sich dahinter eine gewisse Komplexität. Ein Berechnungselement ersetzt einen Measureverweis durch seinen Ausdruck. Achten Sie vor allem auf diesen letzten Satz: *Ein Measureverweis wird ersetzt*. Das bedeutet, dass ein Berechnungselement keine Änderung vornimmt, wenn kein Measureverweis vorhanden ist. Der folgende Code beispielsweise wird von keinem Berechnungselement modifiziert, weil schlicht kein Measureverweis da ist:

```
CALCULATE (
    SUMX ( Sales, Sales[Quantity] * Sales[Net Price] ),
    'Time Intelligence'[Time calc] = "YTD"
)
```

In diesem Beispiel führt das Berechnungselement keine Transformation durch, da der Code innerhalb von *CALCULATE* kein Measure verwendet. Der folgende Code ist derjenige, der nach der Anwendung des Berechnungselements ausgeführt wird:

```
CALCULATE (
    SUMX ( Sales, Sales[Quantity] * Sales[Net Price] )
)
```

Enthält der Ausdruck innerhalb von *CALCULATE* mehrere Measureverweise, dann werden sie alle durch die Definition des Berechnungselements ersetzt. Beispielsweise enthält der Ausdruck im folgenden Measure *Cost Ratio YTD* zwei Measureverweise: *Total Cost* und *Sales Amount*:

```
CR YTD :=
CALCULATE (
    DIVIDE (
        [Total Cost],
        [Sales Amount]
    ),
    'Time Intelligence'[Time calc] = "YTD"
)
```

Um den tatsächlich ausgeführten Code zu erhalten, ersetzen Sie die Measureverweise durch die Erweiterung der Berechnungselementdefinition – wie im folgenden Measure *CR YTD Actual Code*:

```
CR YTD Actual Code :=
CALCULATE (
    DIVIDE (
        CALCULATE (
            [Total Cost],
            DATESYTD ( 'Date'[Date] )
        ),
        CALCULATE (
            [Sales Amount],
            DATESYTD ( 'Date'[Date] )
        )
    )
)
```

In diesem Beispiel führt der generierte Code zum selben Ergebnis wie die nächste Version im Measure *CR YTD Simplified*, die aber etwas intuitiver ist:

```
CR YTD Simplified :=
CALCULATE (
    CALCULATE (
        DIVIDE (
            [Total Cost],
            [Sales Amount]
        ),
        DATESYTD ( 'Date'[Date] )
    )
)
```

Diese drei Measures geben dasselbe Ergebnis zurück – Abbildung 9.12 zeigt es.

Calendar Year	Month	CR YTD	CR YTD Actual Code	CR YTD Simplified
□ CY 2005	January	49.84 %	49.84 %	49.84 %
□ CY 2006	February	49.30 %	49.30 %	49.30 %
□ CY 2007	March	49.05 %	49.05 %	49.05 %
■ CY 2008	April	48.66 %	48.66 %	48.66 %
□ CY 2009	May	47.96 %	47.96 %	47.96 %
□ CY 2010	June	47.45 %	47.45 %	47.45 %
□ CY 2011	July	47.12 %	47.12 %	47.12 %
	August	46.85 %	46.85 %	46.85 %
	September	46.75 %	46.75 %	46.75 %
	October	46.66 %	46.66 %	46.66 %
	November	47.18 %	47.18 %	47.18 %
	December	47.50 %	47.50 %	47.50 %
	Total	**47.50 %**	**47.50 %**	**47.50 %**

Abbildung 9.12 Die Measures *CR YTD*, *CR YTD Actual Code* und *CR YTD Simplified* führen zum selben Ergebnis.

Trotzdem müssen Sie sehr vorsichtig sein, da das Measure *CR YTD Simplified* eigentlich nicht dem Code entspricht, der durch das Berechnungselement erzeugt wird (nämlich dem Code in *CR YTD Actual Code*). In diesem ganz speziellen Fall sind die beiden Versionen gleichwertig. In komplexeren Szenarien ist der Unterschied jedoch signifikant, und ein derart großer Unterschied kann zu unbeabsichtigten Ergebnissen führen, die nur schwer zu verfolgen und zu verstehen sind. Analysieren wir ein paar Beispiele. Im ersten Beispiel enthält das Measure *Sales YTD 2008 2009* zwei verschachtelte *CALCULATE*-Funktionen: Das äußere *CALCULATE* legt einen Filter für das Jahr 2008 fest, das innere *CALCULATE* einen Filter für 2009:

```
Sales YTD 2008 2009 :=
CALCULATE (
    CALCULATE (
        [Sales Amount],
        'Date'[Calendar Year] = "CY 2009"
    ),
    'Time Intelligence'[Time calc] = "YTD",
    'Date'[Calendar Year] = "CY 2008"
)
```

Das äußere *CALCULATE* filtert das Berechnungselement für den **YTD**-Wert. Das Berechnungselement ändert jedoch nichts an dem Ausdruck, weil dieser nicht direkt ein Measure enthält. *CALCULATE* filtert das Berechnungselement, führt aber zu keinen Änderungen im Code.

Beachten Sie, dass das Measure *Sales Amount* im Geltungsbereich des inneren *CALCULATE* liegt. Ein Berechnungselement verändert die Measures im aktuellen Bereich des Filterkontexts, hat aber keine Auswirkungen auf die Geltungsbereiche verschachtelter Filterkontexte. Diese werden durch ihre eigene *CALCULATE*-Funktion – oder einen gleichwertigen Code wie etwa *CALCULATETABLE* oder Kontextübergänge – behandelt, die denselben Filter für das Berechnungselement beibehalten können, aber nicht müssen.

Wenn das innere *CALCULATE* seinen Filterkontext anwendet, ändert es den Filterstatus des Berechnungselements nicht. Daher stellt die Engine fest, dass das Berechnungselement nach wie vor gefiltert wird, und das bleibt auch so, sofern kein anderes *CALCULATE* sie ändert. Also ganz wie bei einer normalen Spalte. Das innere *CALCULATE* enthält einen Measureverweis, und DAX sorgt für die Anwendung des Berechnungselements. Der resultierende Code entspricht der Definition des Measures *Sales YTD 2008 2009 Actual Code*:

```
Sales YTD 2008 2009 Actual Code :=
CALCULATE (
    CALCULATE (
        CALCULATE (
            [Sales Amount],
            DATESYTD ( 'Date'[Date] )
        ),
        'Date'[Calendar Year] = "CY 2009"
    ),
    'Date'[Calendar Year] = "CY 2008"
)
```

Das Ergebnis dieser beiden Measures ist in Abbildung 9.13 dargestellt. Die vom Slicer auf der linken Seite getroffene Auswahl gilt für die Matrix in der Mitte der Abbildung, die die Measures *Sales YTD 2008 2009* und *Sales YTD 2008 2009 Actual Code* enthält. Allerdings wird die Auswahl für das Jahr CY 2008 von CY 2009 überschrieben. Dies lässt sich anhand der Matrix auf der rechten Seite verifizieren, in der das Measure *Sales Amount* mit dem Berechnungselement **YTD** transformiert für die Jahre CY 2008 und CY 2009 dargestellt ist. Die Zahlen in der mittleren Matrix entsprechen der Spalte CY 2009 der Matrix auf der rechten Seite.

Calendar Year
- ☐ CY 2005
- ☐ CY 2006
- ☐ CY 2007
- ■ CY 2008
- ☐ CY 2009
- ☐ CY 2010
- ☐ CY 2011

Month	Sales YTD 2008 2009	Sales YTD 2008 2009 Actual Code
January	580,901.05	580,901.05
February	1,203,482.19	1,203,482.19
March	1,699,620.05	1,699,620.05
April	2,378,513.27	2,378,513.27
May	3,445,678.50	3,445,678.50
June	4,318,264.70	4,318,264.70
July	5,386,661.27	5,386,661.27
August	6,222,368.73	6,222,368.73
September	6,931,979.13	6,931,979.13
October	7,738,717.35	7,738,717.35
November	8,606,881.36	8,606,881.36
December	9,353,814.87	9,353,814.87
Total	**9,353,814.87**	**9,353,814.87**

Month	CY 2008	CY 2009
January	656,766.69	580,901.05
February	1,256,846.69	1,203,482.19
March	1,816,385.21	1,699,620.05
April	2,816,052.38	2,378,513.27
May	3,709,284.34	3,445,678.50
June	4,554,425.94	4,318,264.70
July	5,444,973.35	5,386,661.27
August	6,166,534.30	6,222,368.73
September	7,129,971.53	6,931,979.13
October	7,849,764.52	7,738,717.35
November	9,005,873.85	8,606,881.36
December	9,927,582.99	9,353,814.87
Total	**9,927,582.99**	**9,353,814.87**

Abbildung 9.13 Die Measures *Sales YTD 2008 2009* und *Sales YTD 2008 2009 Actual Code* führen zum selben Ergebnis.

Die Funktion *DATESYTD* wird angewendet, wenn der Filterkontext das Jahr 2009 (und nicht 2008) filtert. Obwohl das Berechnungselement zusammen mit dem Filter für das Jahr 2008 gefiltert wurde, erfolgte seine Anwendung eigentlich in einem anderen, nämlich dem inneren Filterkontext. Das Verhalten ist gelinde ausgedrückt nicht besonders intuitiv. Je komplexer der in *CALCULATE* verwendete Ausdruck ist, desto schwieriger wird es, die Funktionsweise der Anwendung zu verstehen.

Das Verhalten der Berechnungselemente führt uns zu einer sehr wichtigen Best Practice: Sie müssen Berechnungselemente verwenden, um einen Ausdruck zu modifizieren, wenn – und auch nur dann, wenn – dieser Ausdruck ein einzelnes Measure ist. Das obige Beispiel sollte lediglich der Einführung der Regel dienen. Nun wollen wir diese Best Practice mit einem komplexeren Ausdruck analysieren. Der nächste Ausdruck berechnet die Anzahl der Arbeitstage ausschließlich für jene Monate, in denen Umsätze erfolgten:

```
SUMX (
    VALUES ( 'Date'[Calendar Year month] ),
    IF (
        [Sales Amount] > 0, -- Measureverweis
        [# Working Days]    -- Measureverweis
    )
)
```

Diese Berechnung ist nützlich, um *Sales Amount* für jeden Arbeitstag zu berechnen, wobei nur die Monate mit Umsätzen berücksichtigt werden. Das folgende Beispiel verwendet diese Berechnung in einem komplexeren Ausdruck:

```
DIVIDE (
    [Sales Amount], -- Measureverweis
    SUMX (
        VALUES ( 'Date'[Calendar Year month] ),
        IF (
            [Sales Amount] > 0, -- Measureverweis
            [# Working Days]    -- Measureverweis
        )
    )
)
```

Wenn dieser Ausdruck innerhalb eines äußeren *CALCULATE* ausgeführt wird, das die Berechnung in ein **YTD** ändert, ist das Ergebnis die folgende neue Formel, die ein unerwartetes Resultat zurückgibt:

```
Sales WD YTD 2008 :=
CALCULATE (
    DIVIDE (
        [Sales Amount], -- Measureverweis
        SUMX (
            VALUES ( 'Date'[Calendar Year month] ),
            IF (
                [Sales Amount] > 0, -- Measureverweis
                [# Working Days]    -- Measureverweis
            )
        )
    ),
    'Time Intelligence'[Time calc] = "YTD",
    'Date'[Calendar Year] = "CY 2008"
)
```

Intuitiv würde man erwarten, dass der obige Ausdruck das Measure *Sales Amount* für jeden Arbeitstag unter Berücksichtigung aller Monate vor dem aktuellen berechnet. Eigentlich also würde man von der Ausführung des folgenden Codes ausgehen:

```
Sales WD YTD 2008 Expected Code :=
CALCULATE (
    CALCULATE (
        DIVIDE (
            [Sales Amount],  -- Measureverweis
            SUMX (
                VALUES ( 'Date'[Calendar Year month] ),
                IF (
                    [Sales Amount] > 0, -- Measureverweis
                    [# Working Days]    -- Measureverweis
                )
            )
        ) ,
        DATESYTD ( 'Date'[Date] )
    ),
    'Date'[Calendar Year] = "CY 2008"
)
```

Trotzdem haben Sie vielleicht bemerkt, dass wir die drei Measureverweise per Kommentar hervorgehoben haben. Das war kein Zufall. Ein Berechnungselement wird auf die Measureverweise angewendet, nicht auf den gesamten Ausdruck. Daher unterscheidet sich der Code, der durch Ersetzen der Measureverweise durch die im Filterkontext aktiven Berechnungselemente ausgeführt wird, ganz erheblich:

```
Sales WD YTD 2008 Actual Code :=
CALCULATE (
    DIVIDE (
        CALCULATE (
            [Sales Amount],
            DATESYTD ( 'Date'[Date] )
        ),
        SUMX (
            VALUES ( 'Date'[Calendar Year month] ),
            IF (
                CALCULATE (
                    [Sales Amount],
                    DATESYTD ( 'Date'[Date] )
                ) > 0,
                CALCULATE (
                    [# Working Days],
                    DATESYTD ( 'Date'[Date] )
```

```
                )
            )
        )
    ),
    'Date'[Calendar Year] = "CY 2008"
)
```

Diese letztere Version des Codes ergibt einen abwegigen Wert für die Anzahl der Arbeitstage, da sie die Summe der Anzahl der Arbeitstage seit Jahresbeginn für alle im aktuellen Kontext sichtbaren Monate bildet. Die Wahrscheinlichkeit, ein fehlerhaftes Ergebnis zu erhalten, ist extrem hoch. Wenn ein einzelner Monat ausgewählt wird, ist das Ergebnis richtig (was pures Glück ist), während es auf der Quartals- und Jahresebene geradezu unfassbar falsch ist. Abbildung 9.14 zeigt dies.

	Q1-2008	Q2-2008	Q3-2008	Q4-2008
Sales Amount	1,816,385.21	2,738,040.73	2,575,545.59	2,797,611.46
# Working Days	91	91	92	92
Sales WD YTD 2008	9,980.14	10,009.73	9,753.72	9,868.37
Sales WD YTD 2008 Expected Code	19,960.28	25,024.32	26,021.79	27,124.54
Sales WD YTD 2008 Actual Code	9,980.14	10,009.73	9,753.72	9,868.37
Sales WD YTD 2008 Fixed	19,960.28	25,024.32	26,021.79	27,124.54

Abbildung 9.14 Unterschiedliche Versionen der *Sales WD*-Berechnung für alle Quartale des Jahres 2008

Das Measure *Sales WD YTD 2008 Expected Code* gibt für jedes Quartal die korrekte Zahl zurück, während die Measures *Sales WD YTD 2008* und *Sales WD YTD 2008 Actual Code* einen zu kleinen Wert produzieren. Tatsächlich wird die Anzahl der Arbeitstage im Nenner des Verhältnisses als Summe der seit Jahresbeginn für jeden Monat der Periode berechneten Anzahl von Arbeitstagen berechnet.

Sie können dieses hohe Maß an Komplexität leicht vermeiden, wenn Sie sich an die Best Practice halten: Verwenden Sie *CALCULATE* mit Berechnungselementen nur, um ein einzelnes Measure aufzurufen. Wenn man das Measure *Sales WD YTD 2008 Fixed* verfasst, das den vollständigen Ausdruck enthält, und dieses Measure dann in einer einzelnen *CALCULATE*-Funktion verwendet, sieht der Code ganz anders aus – und ist sehr viel einfacher zu verwenden:

```
--
-- Measure Sales WD
--
Sales WD :=
DIVIDE (
    [Sales Amount],
    SUMX (
        VALUES ( 'Date'[Calendar Year month] ),
        IF (
            [Sales Amount] > 0,
            [# Working Days]
        )
```

```
    )
)

--
-- Measure Sales WD YTD 2008 Fixed
-- Neue Version des Measures Sales WD YTD 2008, das das YTD-Berechnungselement anwendet
--
Sales WD YTD 2008 Fixed :=
CALCULATE (
    [Sales WD],                              -- Measureverweis
    'Time Intelligence'[Time calc] = "YTD",
    'Date'[Calendar Year] = "CY 2008"
)
```

In diesem Fall ist der durch die Anwendung des Berechnungselements erzeugte Code viel intuitiver:

```
Sales WD YTD 2008 Fixed Actual Code :=
CALCULATE (
    CALCULATE (
        [Sales WD],
        DATESYTD ( 'Date'[Date] )
    ),
    'Date'[Calendar Year] = "CY 2008"
)
```

In letztgenanntem Beispiel umgibt der von *DATESYTD* angegebene Filter den gesamten Ausdruck. So erhalten wir den Code, den man intuitiv von der Anwendung des Berechnungselements erwarten würde. Das Ergebnis der Measures *Sales WD YTD 2008 Fixed* und *Sales WD YTD 2008 Fixed Actual Code* ist in Abbildung 9.14 gezeigt.

Bei sehr einfachen Berechnungen, die unkomplizierte Ausdrücke enthalten, kann von dieser Best Practice abgewichen werden. Allerdings muss der Entwickler sich dabei jedoch immer recht viele Gedanken machen, denn sobald der Ausdruck auch nur ein kleines bisschen komplexer wird, steigt die Wahrscheinlichkeit von Berechnungsfehlern immens.

Bei der Verwendung von Clienttools wie Power BI müssen Sie sich um solche Details nie kümmern. Diese Tools stellen zuverlässig sicher, dass die Berechnungselemente auf die richtige Weise angewendet werden, da sie immer einzelne Measures als Teil der von ihnen ausgeführten Abfrage aufrufen. Dennoch werden Sie als DAX-Entwickler am Ende Berechnungselemente als Filter in *CALCULATE* verwenden. Wenn Sie das tun, achten Sie dabei auf den in *CALCULATE* verwendeten Ausdruck. Wenn Sie auf Nummer sicher gehen wollen, verwenden Sie die Berechnungselemente in *CALCULATE*, um ein einzelnes Measure zu modifizieren. Dagegen sollten Sie keinesfalls Berechnungselemente auf einen Ausdruck anwenden.

Abschließend möchten wir Ihnen vorschlagen, Berechnungselemente zu erlernen, indem Sie den Ausdruck manuell neu schreiben, das Berechnungselement anwenden und den dann vollständigen Code notieren, der ausgeführt wird. Dies ist eine mentale Übung, die sich als sehr nützlich erweist, wenn Sie exakt nachvollziehen möchten, was im Inneren der Engine geschieht.

Priorität bei Berechnungsgruppen verstehen

Im vorigen Abschnitt haben wir beschrieben, wie Sie mit *CALCULATE* ein Berechnungselement auf ein Measure anwenden können. Sie können auch mehrere Berechnungselemente auf dasselbe Measure anwenden. Zwar kann jede Berechnungsgruppe nur ein aktives Berechnungselement enthalten, doch bei mehreren Berechnungsgruppen können mehrere Berechnungselemente gleichzeitig aktiviert werden. Dies geschieht, wenn ein Benutzer mehrere Slicer über verschiedene Berechnungsgruppen verwendet oder eine *CALCULATE*-Funktion Berechnungselemente in verschiedenen Berechnungsgruppen filtert. Zu Beginn dieses Kapitels haben wir beispielsweise zwei Berechnungsgruppen definiert: eine zur Definition des Basismeasures und eine weitere zur Definition der Zeitintelligenzberechnung, die auf das Basismeasure angewendet werden soll.

Wenn im aktuellen Filterkontext mehrere Berechnungselemente aktiv sind, ist es wichtig, zu definieren, welches Berechnungselement zuerst angewendet wird. Zu diesem Zweck werden Prioritätsregeln definiert. DAX erzwingt dies, indem es die *Precedence*-Eigenschaft in einer Berechnungsgruppe bei Modellen mit mehreren Berechnungsgruppen zwingend vorschreibt. In diesem Abschnitt wird beschrieben, wie die Eigenschaft *Precedence* einer Berechnungsgruppe korrekt konfiguriert wird, und zwar anhand von Beispielen, bei denen die Prioritätsdefinition das Ergebnis der Berechnungen ändert.

Wir haben hierzu bereits zwei verschiedene Berechnungsgruppen vorbereitet, die jeweils nur ein Berechnungselement enthalten:

```
------------------------------------------------------
-- Berechnungsgruppe: 'Time Intelligence'[Time calc]
------------------------------------------------------

--
-- Berechnungselement: YTD
--
    CALCULATE (
        SELECTEDMEASURE (),
        DATESYTD ( 'Date'[Date] )
    )

------------------------------------------------------
-- Berechnungsgruppe: 'Averages'[Averages]
------------------------------------------------------

--
-- Berechnungselement: Daily AVG
--
    DIVIDE (
        SELECTEDMEASURE (),
        COUNTROWS ( 'Date' )
    )
```

YTD ist eine ganz normale YTD-Berechnung, **Daily AVG** berechnet dagegen den Tagesdurchschnitt, indem das ausgewählte Measure durch die Anzahl der Tage im Filterkontext geteilt wird. Beide Berechnungselemente funktionieren einwandfrei. Sie sehen dies in Abbildung 9.15, wo zwei Measures verwendet werden, um die beiden Berechnungselemente einzeln aufzurufen:

```
YTD :=
CALCULATE (
    [Sales Amount],
    'Time Aggregation'[Aggregation] = "YTD"
)

Daily AVG :=
CALCULATE (
    [Sales Amount],
    'Averages'[Averages] = "Daily AVG"
)
```

Calendar Year	Month	Sales Amount	Daily AVG	YTD
CY 2005				
CY 2006	January	580,901.05	18,738.74	580,901.05
CY 2007	February	622,581.14	22,235.04	1,203,482.19
CY 2008	March	496,137.87	16,004.45	1,699,620.05
■ CY 2009	April	678,893.22	22,629.77	2,378,513.27
CY 2010	May	1,067,165.23	34,424.68	3,445,678.50
CY 2011	June	872,586.20	29,086.21	4,318,264.70
	July	1,068,396.58	34,464.41	5,386,661.27
	August	835,707.46	26,958.31	6,222,368.73
	September	709,610.40	23,653.68	6,931,979.13
	October	806,738.22	26,023.81	7,738,717.35
	November	868,164.01	28,938.80	8,606,881.36
	December	746,933.50	24,094.63	9,353,814.87
	Total	**9,353,814.87**	**25,626.89**	**9,353,814.87**

Abbildung 9.15 Die Berechnungselemente *Daily AVG* und *YTD* funktionieren einwandfrei, wenn sie einzeln in getrennten Measures aufgerufen werden.

Werden allerdings beide Berechnungselemente gleichzeitig verwendet, dann wird das Szenario auf einen Schlag sehr viel komplexer. Betrachten Sie die folgende Definition des Measures *Daily YTD AVG*:

```
Daily YTD AVG :=
CALCULATE (
    [Sales Amount],
    'Time Intelligence'[Time calc] = "YTD",
    'Averages'[Averages] = "Daily AVG"
)
```

Das Measure ruft beide Berechnungselemente gleichzeitig auf, was jedoch die Frage der Priorisierung aufwirft. Soll die Engine zuerst **YTD** und erst dann **Daily AVG** anwenden oder umgekehrt? Anders formuliert: Welcher dieser beiden Ausdrücke soll ausgewertet werden?

```
--
-- Zuerst wird YTD angewendet, dann DIVIDE
--
DIVIDE (
    CALCULATE (
        [Sales Amount],
        DATESYTD ( 'Date'[Date] )
    ),
    COUNTROWS ( 'Date' )
)

--
-- Zuerst wird DIVIDE angewendet, dann YTD
--
CALCULATE (
    DIVIDE (
        [Sales Amount],
        COUNTROWS ( 'Date' )
    ),
    DATESYTD ( 'Date'[Date] )
)
```

Wahrscheinlich ist der zweite Ausdruck eher der korrekte. Trotzdem kann sich DAX ohne weitere Informationen nicht zwischen beiden entscheiden. Daher muss der Entwickler die korrekte Anwendungsreihenfolge für die Berechnungsgruppen festlegen.

Dies ist abhängig von der Eigenschaft *Precedence* der beiden Berechnungsgruppen: Die Berechnungsgruppe mit dem höchsten Wert wird zuerst angewendet, danach folgen die weiteren Berechnungsgruppen entsprechend ihrem *Precedence*-Wert in absteigender Reihenfolge. Abbildung 9.16 zeigt das falsche Ergebnis, das mit den folgenden Einstellungen erzeugt wurde:

- Berechnungsgruppe *Time Intelligence* mit *Precedence*-Wert 0
- Berechnungsgruppe *Averages* mit *Precedence*-Wert 10

Calendar Year	Month	Sales Amount	Daily AVG	YTD	Daily YTD AVG
CY 2005	January	580,901.05	18,738.74	580,901.05	18,738.74
CY 2006	February	622,581.14	22,235.04	1,203,482.19	42,981.51
CY 2007	March	496,137.87	16,004.45	1,699,620.05	54,826.45
CY 2008	April	678,893.22	22,629.77	2,378,513.27	79,283.78
■ CY 2009	May	1,067,165.23	34,424.68	3,445,678.50	111,150.92
CY 2010	June	872,586.20	29,086.21	4,318,264.70	143,942.16
CY 2011	July	1,068,396.58	34,464.41	5,386,661.27	173,763.27
	August	835,707.46	26,958.31	6,222,368.73	200,721.57
	September	709,610.40	23,653.68	6,931,979.13	231,065.97
	October	806,738.22	26,023.81	7,738,717.35	249,636.04
	November	868,164.01	28,938.80	8,606,881.36	286,896.05
	December	746,933.50	24,094.63	9,353,814.87	301,735.96
	Total	**9,353,814.87**	**25,626.89**	**9,353,814.87**	**25,626.89**

Abbildung 9.16 Das Measure *Daily YTD AVG* führt nicht zu einem korrekten Ergebnis.

Der Wert von *Daily YTD AVG* ist bei allen angezeigten Monaten mit Ausnahme des Januars eindeutig falsch. Wir wollen uns einmal genauer ansehen, was hier geschehen ist. *Averages* hat den Prioritätswert 10 und wird daher zuerst angewendet. Das Berechnungselement **Daily AVG** führt zu diesem Ausdruck, der dem Measureverweis *Daily YTD AVG* entspricht:

```
CALCULATE (
    DIVIDE (
        [Sales Amount],
        COUNTROWS ( 'Date' )
    ),
    'Time Intelligence'[Time calc] = "YTD"
)
```

An dieser Stelle aktiviert DAX das Berechnungselement **YTD** aus der Berechnungsgruppe *Time Intelligence*. Durch **YTD** wird der einzige Measureverweis in der Formel – nämlich *Sales Amount* – neu geschrieben. Daher wird der endgültige Code, der dem Measure *Daily YTD AVG* entspricht, wie folgt aussehen:

```
DIVIDE (
    CALCULATE (
        [Sales Amount],
        DATESYTD ( 'Date'[Date] )
    ),
    COUNTROWS ( 'Date' )
)
```

Folglich erhält man die angezeigte Zahl, indem man das Measure *Sales Amount*, das anhand des **YTD**-Berechnungselements berechnet wurde, durch die Anzahl der Tage des angezeigten Monats teilt. Der für Dezember angezeigte Wert ergibt sich beispielsweise durch Division von 9.353.814,87 (**YTD** von *Sales Amount*) durch 31 (Anzahl der Tage im Dezember). Die Zahl sollte sehr viel niedriger sein, da die **YTD**-Variation sowohl auf den Zähler als auch auf den Nenner der Funktion *DIVIDE* angewendet werden muss, die im Berechnungselement **Daily AVG** verwendet wird.

Um das Problem zu lösen, muss das Berechnungselement **YTD** vor **Daily AVG** angewendet werden. Auf diese Weise erfolgt die Transformation des Filterkontexts für die Spalte *Date* vor der Auswertung von *COUNTROWS* über die Tabelle *Date*. Zu diesem Zweck setzen wir die Eigenschaft *Precedence* der Berechnungsgruppe *Time Intelligence* auf 20.

- Berechnungsgruppe *Time Intelligence* mit *Precedence*-Wert 20
- Berechnungsgruppe *Averages* mit *Precedence*-Wert 10

Mit diesen Einstellungen gibt das Measure *Daily YTD AVG* die richtigen Werte zurück (Abbildung 9.17).

Calendar Year	Month	Sales Amount	Daily AVG	YTD	Daily YTD AVG
CY 2005					
CY 2006	January	580,901.05	18,738.74	580,901.05	18,738.74
CY 2007	February	622,581.14	22,235.04	1,203,482.19	20,398.00
CY 2008	March	496,137.87	16,004.45	1,699,620.05	18,884.67
■ CY 2009	April	678,893.22	22,629.77	2,378,513.27	19,820.94
CY 2010	May	1,067,165.23	34,424.68	3,445,678.50	22,819.06
CY 2011	June	872,586.20	29,086.21	4,318,264.70	23,857.82
	July	1,068,396.58	34,464.41	5,386,661.27	25,408.78
	August	835,707.46	26,958.31	6,222,368.73	25,606.46
	September	709,610.40	23,653.68	6,931,979.13	25,391.87
	October	806,738.22	26,023.81	7,738,717.35	25,456.31
	November	868,164.01	28,938.80	8,606,881.36	25,769.11
	December	746,933.50	24,094.63	9,353,814.87	25,626.89
	Total	**9,353,814.87**	**25,626.89**	**9,353,814.87**	**25,626.89**

Abbildung 9.17 Das Measure *Daily YTD AVG* führt nun zum richtigen Ergebnis.

Diesmal sind die beiden Anwendungsschritte die folgenden: DAX wendet zunächst die Berechnung **YTD** aus der Berechnungsgruppe *Time Intelligence* an und ändert den Ausdruck wie folgt:

```
CALCULATE (
    CALCULATE (
        [Sales Amount],
        DATESYTD ( 'Date'[Date] )
    ),
    'Averages'[Averages] = "Daily AVG"
)
```

Dann wendet DAX das Berechnungselement **Daily AVG** aus der Berechnungsgruppe *Averages* an, ersetzt den Measureverweis durch die Funktion *DIVIDE* und erhält den folgenden Ausdruck:

```
CALCULATE (
    DIVIDE (
        [Sales Amount],
        COUNTROWS ( 'Date' )
    ),
    DATESYTD ( 'Date'[Date] )
)
```

Der für Dezember angezeigte Wert berücksichtigt nun 365 Tage im Nenner von *DIVIDE*, weswegen wir die richtige Zahl erhalten. Bevor wir fortfahren, beachten Sie bitte, dass wir uns in diesem Beispiel an der Best Practice der Verwendung von Berechnungselementen mit genau einem Measure orientiert haben. Tatsächlich stammt der erste Aufruf vom Power BI-Visual. Eines der beiden Berechnungselemente schrieb das Measure *Sales Amount* jedoch so um, dass das Problem auftrat. In diesem Szenario reicht es nicht aus, sich an die Best Practice zu halten. Es ist zwingend erforderlich, dass der Entwickler die Priorisierung der Berechnungsgruppenanwendung genau verstanden hat und präzise definiert.

Alle Berechnungselemente in einer Berechnungsgruppe haben dieselbe Priorität. Es ist nicht möglich, für verschiedene Berechnungselemente innerhalb derselben Gruppe unterschiedliche Prioritätswerte zu definieren.

Die Eigenschaft *Precedence* ist ein ganzzahliger Wert, der einer Berechnungsgruppe zugewiesen wird. Ein höherer Wert bedeutet eine höhere Priorität bei der Anwendung: Die Berechnungsgruppe mit der höchsten Priorität wird zuerst angewendet. Mit anderen Worten: DAX wendet die Berechnungsgruppen entsprechend ihrem jeweiligen *Precedence*-Wert in absteigender Reihenfolge an. Der Absolutwert, der *Precedence* zugewiesen wird, spielt dabei keine Rolle; wichtig ist vielmehr, wie dieser sich im Vergleich zum *Precedence*-Wert anderer Berechnungsgruppen darstellt. Es darf in einem Modell keine zwei Berechnungsgruppen mit demselben *Precedence*-Wert geben.

Da die Zuweisung unterschiedlicher *Precedence*-Werte an mehrere Berechnungsgruppen obligatorisch ist, müssen Sie diese Entscheidung beim Entwerfen eines Modells sorgsam treffen. Die Wahl der richtigen *Precedence* im Vorfeld ist wichtig, da eine Änderung dieser Eigenschaft für eine Berechnungsgruppe die vorhandenen Berichte eines bereits in der Produktion eingesetzten Modells beeinflussen kann. Wenn Sie mehrere Berechnungsgruppen in einem Modell verwenden, sollten Sie sich immer etwas Zeit nehmen, um zu überprüfen, ob die Ergebnisse der Berechnungen den bei jeder Kombination von Berechnungselementen erwarteten Ergebnissen entsprechen. Die Wahrscheinlichkeit von Fehlern bei der Definition der Prioritätswerte ist ohne korrekte Prüfung und Validierung recht hoch.

Measures in Berechnungselemente ein- und aus ihnen ausschließen

Es gibt Szenarien, in denen ein Berechnungselement eine Variation implementiert, die nicht für alle Measures sinnvoll ist. Standardmäßig wendet ein Berechnungselement seine Auswirkungen auf alle Measures an. Trotzdem sollte der Entwickler die Measures einschränken, die von einem Berechnungselement betroffen sind.

Sie können hierzu in DAX Bedingungen verfassen, die das aktuelle im Modell ausgewertete Measure analysieren. Hierzu verwenden Sie wahlweise *ISSELECTEDMEASURE* oder *SELECTEDMEASURENAME*. Erwägen Sie etwa die Implementierung der Anforderung, die vom Berechnungselement **Daily AVG** betroffenen Measures so zu beschränken, dass ein Measure, das einen Prozentwert berechnet, nicht in einen Tagesdurchschnitt umgewandelt wird. Die Funktion *ISSELECTEDMEASURE* gibt *True* zurück, wenn das durch *SELECTEDMEASURE* ausgewertete Measure in der Liste der als Argumente angegebenen Measures enthalten ist:

```
--------------------------------------------------------
-- Berechnungsgruppe: 'Averages'[Averages]
--------------------------------------------------------

--
-- Berechnungselement: Daily AVG
--
IF (
    ISSELECTEDMEASURE (
        [Sales Amount],
        [Gross Amount],
        [Discount Amount],
        [Sales Quantity],
        [Total Cost],
        [Margin]
    ),
    DIVIDE (
        SELECTEDMEASURE (),
        COUNTROWS ( 'Date' )
    )
)
```

Wie Sie sehen, gibt der Code das Measure an, für das der Tagesdurchschnitt berechnet werden soll. Hierbei wird ein Leerwert zurückgegeben, wenn das Berechnungselement **Daily AVG** auf irgendein anderes Measure angewendet wird. Wenn nun die Anforderung lediglich darin besteht, bestimmte Measures auszuschließen (einschließlich standardmäßig jegliches andere Measure), dann kann der Code wie folgt formuliert werden:

```
--------------------------------------------------------
-- Berechnungsgruppe: 'Averages'[Averages]
--------------------------------------------------------

--
-- Berechnungselement: Daily AVG
--
IF (
    NOT ISSELECTEDMEASURE ( [Margin %] ),
    DIVIDE (
        SELECTEDMEASURE (),
        COUNTROWS ( 'Date' )
    )
)
```

In beiden Fällen schließt das Berechnungselement **Daily AVG** die Berechnung für das Measure *Margin %* aus (Abbildung 9.18).

Calendar Year
- CY 2005
- CY 2006
- CY 2007
- CY 2008
- CY 2009
- CY 2010
- CY 2011

Averages
- ■ Daily AVG

Month	Sales Quantity	Sales Amount	Margin	Margin %
January	50	9,363.67	4,721.91	
February	54	10,729.93	5,575.99	
March	48	9,294.77	4,815.71	
April	56	13,365.07	6,995.57	
May	58	13,348.34	7,459.37	
June	55	12,857.30	7,105.71	
July	61	13,278.74	7,434.74	
August	54	11,567.29	6,396.36	
September	54	12,775.79	7,038.99	
October	50	11,247.95	6,213.54	
November	57	13,570.83	6,597.02	
December	60	12,258.95	5,904.63	
Total	**55**	**11,968.44**	**6,354.71**	

Abbildung 9.18 Das Berechnungselement **Daily AVG** wird nicht auf *Margin %* angewendet.

Eine weitere Funktion, die zur Analyse des ausgewählten Measures im Ausdruck eines Berechnungselements herangezogen werden kann, ist *SELECTEDMEASURENAME*. Diese Funktion gibt eine Zeichenfolge anstelle eines *booleschen* Werts zurück. Sie kann anstelle von *ISSELECTEDMEASURE* wie im folgenden Beispiel verwendet werden:

```
-------------------------------------------------------
-- Berechnungsgruppe: 'Averages'[Averages]
-------------------------------------------------------

--
-- Berechnungselement: Daily AVG
--
IF (
    NOT ( SELECTEDMEASURENAME () = "Margin %" ),
    DIVIDE (
        SELECTEDMEASURE (),
        COUNTROWS ( 'Date' )
    )
)
```

Das Ergebnis wäre dasselbe, aber die Lösung *ISSELECTEDMEASURE* ist aus mehreren Gründen vorzuziehen:

- Wenn der Name des Measures beim Vergleich mit *SELECTEDMEASURENAME* falsch geschrieben ist, gibt der DAX-Code einfach *False* zurück, ohne einen Fehler auszulösen.
- Wenn der Measurename bei *ISSELECTEDMEASURE* falsch geschrieben ist, tritt bei Ausführung des Ausdrucks der Fehler *Ungültige Eingabeargumente für ISSELECTEDMEASURE* auf.
- Wenn ein Measure im Modell umbenannt wird, werden alle Ausdrücke, die *ISSELECTEDMEASURE* verwenden, im Modell-Editor automatisch umbenannt (Formelkorrektur), während die mit *SELECTEDMEASURENAME* verglichenen Zeichenfolgen manuell geändert werden müssen.

Die Funktion *SELECTEDMEASURENAME* sollte dann in Betracht gezogen werden, wenn die Geschäftslogik eines Berechnungselements eine auf einer externen Konfiguration basierende Transformation anwenden muss. Die Funktion kann beispielsweise nützlich sein, wenn es eine Tabelle mit einer Liste von Measures gibt, die ein bestimmtes Verhalten in einem Berechnungselement ermöglichen sollen, damit das Modell eine externe Konfiguration hat, die geändert werden kann, ohne dass eine Aktualisierung des DAX-Codes erforderlich wäre.

Seitwärtsrekursion verstehen

DAX-Berechnungselemente bieten keine vollständige Rekursion. Es gibt jedoch eine eingeschränkte Form der Rekursion, die als Seitwärtsrekursion bezeichnet wird. Wir werden dieses komplexe Thema anhand von Beispielen beschreiben. Zunächst einmal müssen Sie verstehen, was Rekursion ist und warum ihre Erläuterung so wichtig ist. Eine Rekursion kann auftreten, wenn ein Berechnungselement auf sich selbst verweist, was zu einer Endlosschleife führt. Wir wollen uns dies etwas genauer ansehen.

Betrachten Sie eine Berechnungsgruppe *Time Intelligence* mit zwei wie folgt definierten Berechnungselementen:

```
------------------------------------------------------
-- Berechnungsgruppe: 'Time Intelligence'[Time calc]
------------------------------------------------------

--
-- Berechnungselement: YTD
--
    CALCULATE (
        SELECTEDMEASURE (),
        DATESYTD ( 'Date'[Date] )
    )

--
-- Berechnungselement: SPLY
--
    CALCULATE (
        SELECTEDMEASURE (),
        SAMEPERIODLASTYEAR ( 'Date'[Date] )
    )
```

Die Anforderung besteht nun darin, ein drittes Berechnungselement hinzuzufügen, das den YTD-Wert für das Vorjahr (»Previous Year-to-Date, **PYTD**) berechnet. Wie Sie in Kapitel 8, »Zeitintelligenzberechnungen«, gelernt haben, kann dies durch das Vermischen zweier Zeitintelligenzfunktionen erreicht werden: *DATESYTD* und *SAMEPERIODLASTYEAR*. Das folgende Berechnungselement löst dieses Szenario:

```
--
-- Berechnungselement: PYTD
--
    CALCULATE (
        SELECTEDMEASURE (),
        DATESYTD ( SAMEPERIODLASTYEAR ( 'Date'[Date] ) )
    )
```

Angesichts der Trivialität der Berechnung ist diese Lösung bereits optimal. Dennoch können wir – sozusagen als Denksportaufgabe – versuchen, den gleichen Code auf andere Art und Weise zu verfassen. Tatsächlich gibt es bereits ein Berechnungselement **YTD**, das das Jahr bis heute berechnet; daher könnte man darauf verfallen, das Berechnungselement zu verwenden, statt die Zeitintelligenzberechnungen innerhalb derselben Formel zu vermischen. Sehen Sie sich die folgende Definition desselben Berechnungselements **PYTD** an:

```
--
-- Berechnungselement: PYTD
--
    CALCULATE (
        SELECTEDMEASURE (),
        SAMEPERIODLASTYEAR ( 'Date'[Date] ),
        'Time Intelligence'[Time calc] = "YTD"
    )
```

Das Berechnungselement führt zum selben Ergebnis wie die vorherige Definition, jedoch mit einer anderen Technik. *SAMEPERIODLASTYEAR* verschiebt den Filterkontext zurück auf das Vorjahr, während die YTD-Berechnung durch ein vorhandenes Berechnungselement in der Berechnungsgruppe *Time calc* ermittelt wird: **YTD**. Wie bereits erwähnt, ist der Code in diesem Beispiel weniger gut lesbar und unnötig komplexer. Sie können sich jedoch leicht vorstellen, dass in einem komplexeren Szenario die Möglichkeit sehr praktisch sein kann, zuvor definierte Berechnungselemente aufzurufen, wenn Sie etwa vermeiden möchten, denselben Code mehrfach in Ihren Measures zu wiederholen.

Dies ist ein leistungsstarker Mechanismus zur Definition komplexer Berechnungen. Wir stoßen hier auf ein recht komplexes Element, das Sie gut kennen müssen: die *Rekursion*. Wie Sie im Berechnungselement **PYTD** gesehen haben, ist es möglich, ein Berechnungselement auf der Basis eines anderen Berechnungselements aus derselben Berechnungsgruppe zu definieren. Mit anderen Worten: Innerhalb einer Berechnungsgruppe können bestimmte Elemente unter Verweis auf andere Elemente in derselben Berechnungsgruppe definiert werden. Wäre die Funktionalität ohne jede Einschränkung verfügbar, könnte dies zu äußerst komplexen Situationen führen, in denen das Berechnungselement A von B abhängt, dieses wiederum von C abhängig ist, das seinerseits von A abhängen kann. Das folgende fiktive Beispiel veranschaulicht die Problematik:

```
------------------------------------------------------
-- Berechnungsgruppe: Infinite[Loop]
------------------------------------------------------

--
-- Berechnungselement: Loop A
--
    CALCULATE (
        SELECTEDMEASURE (),
        Infinite[Loop] = "Loop B"
    )

--
-- Berechnungselement: Loop B
--
    CALCULATE (
        SELECTEDMEASURE (),
        Infinite[Loop] = "Loop A"
    )
```

Bei Verwendung in einem Ausdruck wie im folgenden Beispiel wäre DAX nicht in der Lage, die Berechnungselemente anzuwenden, da A die Anwendung von B erfordert, das wiederum A erfordert usw.

```
CALCULATE (
    [Sales Amount],
    Infinite[Loop] = "Loop A"
)
```

Einige Programmiersprachen erlauben solche Zirkelbezüge bei der Definition von Ausdrücken – typischerweise in Funktionen –, die zu *rekursiven Definitionen* führen. Eine rekursive Funktionsdefinition ist eine Definition, bei der die Funktion unter Verweis auf sich selbst definiert ist. Die Rekursion ist äußerst leistungsfähig, aber auch äußerst komplex sowohl für Entwickler, die Code schreiben, als auch für Optimierer, die nach dem besten Ausführungspfad suchen.

Daher lässt DAX die Definition rekursiver Berechnungselemente nicht zu. In DAX kann ein Entwickler ein anderes Berechnungselement in derselben Berechnungsgruppe referenzieren, allerdings darf dasselbe Berechnungselement nicht zweimal referenziert werden. Das bedeutet, dass es möglich ist, mit *CALCULATE* ein Berechnungselement aufzurufen, aber das aufgerufene Berechnungselement kann weder direkt noch indirekt das ursprüngliche Berechnungselement aufrufen. Diese Funktion wird als Seitwärtsrekursion bezeichnet. Ihr Zweck besteht nicht in der Implementierung einer vollständigen Rekursion, sondern sie zielt auf die Wiederverwendung komplexer Berechnungselemente ab, ohne die umfassende Leistungsfähigkeit (und Komplexität) der Rekursion zu bieten.

Wenn Sie mit MDX vertraut sind, sollten Sie wissen, dass MDX sowohl Seitwärtsrekursion als auch vollständige Rekursion unterstützt. Dies ist einer der Gründe dafür, warum MDX als Sprache komplexer ist als DAX. Außerdem führt die vollständige Rekursion oft zu erheblichen Leistungseinbußen. Aus diesen Gründen unterstützt DAX ganz bewusst keine vollständige Rekursion.

Beachten Sie, dass Rekursionen auch deshalb auftreten können, weil ein Measure einen Filter auf ein Berechnungselement und nicht nur zwischen Berechnungselementen festlegt. Betrachten Sie z. B. die folgenden Measuredefinitionen (*Sales Amount*, *MA*, *MB*) und Berechnungselemente (**A** und **B**):

```
--
-- Measuredefinition
--
Sales Amount := SUMX ( Sales, Sales[Quantity] * Sales[Net Price] )
MA := CALCULATE ( [Sales Amount], Infinite[Loop] = "A" )
MB := CALCULATE ( [Sales Amount], Infinite[Loop] = "B" )

------------------------------------------------------
-- Berechnungsgruppe: Infinite[Loop]
------------------------------------------------------

--
-- Berechnungselement: A
--
    [MB]

--
-- Berechnungselement: B
--
    [MA]
```

Die Berechnungselemente referenzieren nicht einander, sondern sie referenzieren ein Measure, das seinerseits die Berechnungselemente referenziert, wodurch eine Endlosschleife entsteht. Sie können dies beobachten, indem Sie die Anwendung des Berechnungselements Schritt für Schritt verfolgen. Betrachten Sie den folgenden Ausdruck:

```
CALCULATE (
    [Sales Amount],
    Infinite[Loop] = "A"
)
```

Das Berechnungselement **A** führt zu folgendem Ergebnis:

```
CALCULATE (
    CALCULATE ( [MB] )
)
```

Allerdings verweist das Measure *MB* intern sowohl auf *Sales Amount* als auch auf das Berechnungselement **B**; es entspricht dem folgenden Code:

```
CALCULATE (
    CALCULATE (
        CALCULATE (
            [Sales Amount],
            Infinite[Loop] = "B"
        )
    )
)
```

An dieser Stelle führt das Berechnungselement **B** zu folgendem Ergebnis:

```
CALCULATE (
    CALCULATE (
        CALCULATE (
            CALCULATE ( [MA] )
        )
    )
)
```

Auch hier verweist das Measure *MB* intern auf *Sales Amount* und auf das Berechnungselement **A** und entspricht folgendem Code:

```
CALCULATE (
    CALCULATE (
        CALCULATE (
            CALCULATE (
                CALCULATE (
                    [Sales Amount],
                    Infinite[Loop] = "A"
                )
            )
        )
    )
)
```

Nun sind wir wieder beim ursprünglichen Ausdruck angelangt und treten möglicherweise in eine Endlosschleife mit Berechnungselementen ein, die auf den Ausdruck angewendet werden. Und dies, obwohl die Berechnungselemente einander nicht referenzieren. Vielmehr verweisen sie auf ein Measure, das seinerseits auf die Berechnungselemente verweist. Die Engine ist clever genug, um zu erkennen, dass in diesem Fall eine Endlosschleife vorhanden ist. Daher löst DAX einen Fehler aus.

Die Seitwärtsrekursion kann zu sehr komplexen Ausdrücken führen, die schwierig zu lesen sind und mit hoher Wahrscheinlichkeit zu unerwarteten Ergebnissen führen. Die Komplexität von Berechnungselementen mit Seitwärtsrekursion zeigt sich vor allem, wenn es um Measures geht, die intern Berechnungselemente mit *CALCULATE* anwenden – und all dies, während Benutzer das Berechnungselement über die Benutzeroberfläche des Tools ändern, wie etwa bei der Verwendung eines Slicers in Power BI.

Wir schlagen daher vor, die Seitwärtsrekursion im Code möglichst stark zu beschränken, auch wenn dies zur Folge haben sollte, dass Sie denselben Code an mehreren Stellen wiederholen müssen. Nur in verborgenen Berechnungsgruppen können Sie die Seitwärtsrekursion sicher nutzen, sodass sie zwar durch Code, nicht aber durch Benutzer verwaltet werden kann. Vergessen Sie nicht, dass Power BI-Benutzer eigene Measures in einem Bericht definieren können. Wenn Sie sich eines komplexen Sachverhalts wie etwa einer Rekursion dann nicht bewusst sind, erzeugen Sie womöglich Fehler, ohne zu wissen, wieso.

Best Practices verwenden

Wie wir in der Einleitung geschrieben haben, gibt es nur zwei bewährte Verfahren, die man beachten muss, um Probleme mit Berechnungselementen zu vermeiden:

- Verwenden Sie Berechnungselemente ausschließlich, um das Verhalten von Ausdrücken zu ändern, die nur ein Measure umfassen. Verwenden Sie Berechnungselemente dagegen niemals, um das Verhalten komplexerer Ausdrücke zu ändern.

```
--
-- Dies ist eine BEST PRACTICE
--
SalesPerWd :=
CALCULATE (
    [Sales Amount],                            -- Nur ein Measure. Genau richtig.
    'Time Intelligence'[Time calc] = "YTD"
)

--
-- Das ist KEINE Best Practice. Tun Sie das nicht!
--
SalesPerWd :=
CALCULATE (
    SUMX ( Customer, [Sales Amount] ),         -- Komplexer Ausdruck, kein einzelner
    'Time Intelligence'[Time calc] = "YTD"     -- Measureverweis
)
```

- Vermeiden Sie die Seitwärtsrekursion in jeder Berechnungsgruppe, die öffentlich und für Benutzer verfügbar bleibt. Die Seitwärtsrekursion in verborgenen Berechnungsgruppen ist dagegen unproblematisch. Wenn Sie jedoch die Seitwärtsrekursion verwenden, achten Sie darauf, keine vollständige Rekursion einzuführen, da dies zu einem Fehler führen würde.

Fazit

Berechnungsgruppen sind ein äußerst leistungsfähiges Tool, um das Entwickeln komplexer Modelle zu vereinfachen. Da der Entwickler Measurevariationen definieren kann, stellen Berechnungsgruppen eine sehr kompakte Möglichkeit dar, Hunderte von Measures zu generieren, ohne Code zu duplizieren. Außerdem lieben Benutzer Berechnungsgruppen, da sie ihnen die Möglichkeit bieten, eigene Kombinationen aus Berechnungen zu erstellen.

Als DAX-Entwickler sollten Sie ihre Leistungsfähigkeit, aber auch ihre Grenzen verstehen. Folgendes haben Sie in diesem Kapitel gelernt:

- Berechnungsgruppen setzen sich aus Berechnungselementen zusammen.
- Berechnungselemente sind Variationen eines Measures. Mithilfe der Funktion *SELECTEDMEASURE* können Berechnungselemente den Ablauf einer Berechnung ändern.
- Ein Berechnungselement kann den Ausdruck und die Formatzeichenfolge des aktuellen Measures überschreiben.
- Wenn mehrere Berechnungsgruppen in einem Modell verwendet werden, muss der Entwickler die Anwendungsreihenfolge der Berechnungselemente konfigurieren, um deren Verhalten eindeutig festzulegen.
- Berechnungselemente werden auf Measureverweise und nicht auf Ausdrücke angewandt. Ein Berechnungselement zur Änderung des Verhaltens eines Ausdrucks, der nicht aus einem einzelnen Measureverweis besteht, führt wahrscheinlich zu unerwarteten Ergebnissen. Daher hat es sich bewährt, Berechnungselemente nur auf Ausdrücke anzuwenden, die aus einem einzelnen Measureverweis bestehen.
- Ein Entwickler kann bei der Definition eines Berechnungselements eine Seitwärtsrekursion verwenden, was jedoch die Komplexität des gesamten Ausdrucks unvermittelt erhöht. Deswegen sollte der Entwickler eine Seitwärtsrekursion auf verborgene Berechnungsgruppen beschränken, sie in für den Benutzer sichtbaren Berechnungsgruppen hingegen vermeiden.
- Die Beachtung der Best Practices ist der einfachste Weg, um die den Berechnungsgruppen innewohnende Komplexität zu umgehen.

Denken Sie schließlich auch daran, dass Berechnungsgruppen ein relativ neues Element der DAX-Sprache sind. Es handelt sich hierbei um ein sehr mächtiges Feature, und Sie haben gerade erst begonnen, seine vielfältigen Einsatzmöglichkeiten zu entdecken. Wir werden die in der Einleitung dieses Kapitels erwähnte Webseite fortlaufend mit Links auf neue Artikel und Blogeinträge erweitern, mit deren Hilfe Sie an weitere Informationen über Berechnungsgruppen gelangen.

KAPITEL 10

Mit dem Filterkontext arbeiten

In den vorangegangenen Kapiteln haben Sie gelernt, wie man Filterkontexte erstellt, um fortgeschrittene Berechnungen durchzuführen. Im Kapitel über Zeitintelligenz etwa haben Sie gesehen, wie man Zeitintelligenzberechnungen mischt, um einen Vergleich verschiedener Zeiträume zu ermöglichen. In Kapitel 9, »Berechnungsgruppen«, haben wir uns damit befasst, wie Sie mithilfe von Berechnungsgruppen Benutzererlebnis und DAX-Code gleichermaßen vereinfachen können. In diesem Kapitel werden Sie viele Funktionen kennenlernen, die den Zustand des aktuellen Filterkontexts auslesen, um das Verhalten Ihrer Formeln der getroffenen Auswahl und den Filtern entsprechend zu ändern. Diese Funktionen sind zwar leistungsstark, werden aber nicht allzu häufig verwendet. Dennoch ist ein korrektes Verständnis dieser Funktionen erforderlich, um Measures zu kreieren, die nicht nur in dem Bericht, in dem sie zum ersten Mal verwendet werden, sondern in vielen weiteren unterschiedlichen Berichten gut funktionieren.

Je nachdem, wie der Filterkontext eingestellt ist, kann eine Formel funktionieren oder auch nicht. Sie können beispielsweise eine Formel schreiben, die auf Monatsebene einwandfrei funktioniert, auf Jahresebene jedoch ein fehlerhaftes Ergebnis zurückgibt. Ein weiteres Beispiel wäre die Einstufung eines Kunden in einer Rangfolge bezogen auf alle anderen Kunden. Diese Formel funktioniert, wenn nur ein einziger Kunde im Filterkontext ausgewählt wird; wären dagegen mehrere Kunden sichtbar, dann würde sie ein falsches Ergebnis liefern. Daher sollte ein Measure, das in jedem Bericht gut funktionieren soll, den Filterkontext vor der Rückgabe eines Werts überprüfen. Wenn der Filterkontext die Anforderungen der Formel erfüllt, kann er einen sinnvollen Wert zurückgeben. Andernfalls jedoch ist, wenn der Filterkontext Filter enthält, die nicht mit dem Code kompatibel sind, die Rückgabe eines Leerwerts eine bessere Entscheidung.

Sorgen Sie stets dafür, dass keine Formel einen falschen Wert zurückgibt. Es ist immer besser, gar keinen Wert zurückzugeben, als einen falschen Wert zu berechnen. Die Benutzer gehen davon aus, dass sie Ihr Modell ohne jegliche Vorkenntnisse über die Interna des Codes durchsuchen können. Als DAX-Autor sind Sie dafür verantwortlich, dass Ihr Code in jeder Situation funktioniert.

Für jede in diesem Kapitel vorgestellte Funktion zeigen wir verschiedene Szenarien auf, in denen es sinnvoll und logisch sein könnte, die Funktion selbst zu verwenden. Allerdings unterscheidet sich Ihr Szenario sicherlich von jedem unserer Beispiele. Wenn Sie also unsere Ausführungen zu diesen Funktionen lesen, sollten Sie sich auch immer Gedanken darüber machen, wie Sie die Eigenschaften Ihres Modells verbessern könnten.

Außerdem stellen wir in diesem Kapitel zwei wichtige Konzepte vor: die Datenherkunft und die *TREATAS*-Funktion. Die Datenherkunft ist ein intuitives Konzept, das Sie bereits eingesetzt haben, ohne eine vollständige Erklärung zu erhalten. In diesem Kapitel betrachten wir dieses Konzept genauer, beschreiben sein Verhalten und verschiedene Szenarien, bei denen seine Berücksichtigung sinnvoll ist.

HASONEVALUE und *SELECTEDVALUE* verwenden

Wie in der Einleitung erläutert, geben viele Berechnungen auf der Grundlage der aktuellen Auswahl aussagekräftige Werte zurück. Bei einer anderen Auswahl jedoch liefert dieselbe Berechnung falsche Werte. Betrachten Sie beispielsweise die folgende Formel, die eine einfache QTD-Berechnung des Umsatzbetrags berechnet:

```
QTD Sales :=
CALCULATE (
    [Sales Amount],
    DATESQTD ( 'Date'[Date] )
)
```

Wie Sie in Abbildung 10.1 sehen können, funktioniert der Code für Monate und Quartale einwandfrei, aber auf Jahresebene (CY 2007) erhalten wir ein Ergebnis, das den QTD-Wert von *Sales Amount* für 2017 mit 2.731.424,16 angibt.

Calendar Year	Sales Amount	QTD Sales
CY 2007	**11,309,946.12**	**2,731,424.16**
Q1-2007	**2,646,673.39**	**2,646,673.39**
January	794,248.24	794,248.24
February	891,135.91	1,685,384.15
March	961,289.24	2,646,673.39
Q2-2007	**3,046,602.02**	**3,046,602.02**
April	1,128,104.82	1,128,104.82
May	936,192.74	2,064,297.56
June	982,304.46	3,046,602.02
Q3-2007	**2,885,246.55**	**2,885,246.55**
July	922,542.98	922,542.98
August	952,834.59	1,875,377.57
September	1,009,868.98	2,885,246.55
Q4-2007	**2,731,424.16**	**2,731,424.16**
October	914,273.54	914,273.54
November	825,601.87	1,739,875.41
December	991,548.75	2,731,424.16

Abbildung 10.1 *QTD Sales* meldet auch Werte für die Jahresebene, aber diese könnten manche Benutzer verwirren.

Tatsächlich ist der von *QTD Sales* auf Jahresebene zurückgegebene Wert derjenige des letzten Jahresquartals, und dieser entspricht dem *QTD Sales*-Wert für Dezember. Man könnte nun einwenden, dass – auf Jahresebene – der Wert von QTD nicht sinnvoll ist und er daher nicht auf

Quartalsebene erscheinen sollte. Vielmehr ist eine QTD-Aggregation nur auf Monatsebene und darunter sinnvoll, aber nicht auf Quartalsebene und darüber. Mit anderen Worten sollte die Formel den Wert von QTD auf Monatsebene angeben und ansonsten einen Leerwert zurückgeben.

In einem solchen Szenario erweist sich die Funktion *HASONEVALUE* als sehr praktisch. Um beispielsweise die Summe auf Quartalsebene und darüber zu entfernen, reicht es aus, mehrere ausgewählte Monate zu erkennen. Dies ist auf Jahres- und Quartalsebene der Fall, während auf der Monatsebene immer nur ein Monat ausgewählt ist. Wir können folglich mithilfe einer *IF*-Anweisung das gewünschte Verhalten erzielen und unseren Code schützen. Das sieht dann wie folgt aus:

```
QTD Sales :=
IF (
    HASONEVALUE ( 'Date'[Month] ),
    CALCULATE (
        [Sales Amount],
        DATESQTD ( 'Date'[Date] )
    )
)
```

Das Ergebnis dieser neuen Formel ist in Abbildung 10.2 dargestellt.

Calendar Year	Sales Amount	QTD Sales
CY 2007	**11,309,946.12**	
Q1-2007	**2,646,673.39**	
January	794,248.24	794,248.24
February	891,135.91	1,685,384.15
March	961,289.24	2,646,673.39
Q2-2007	**3,046,602.02**	
April	1,128,104.82	1,128,104.82
May	936,192.74	2,064,297.56
June	982,304.46	3,046,602.02
Q3-2007	**2,885,246.55**	
July	922,542.98	922,542.98
August	952,834.59	1,875,377.57
September	1,009,868.98	2,885,246.55

Abbildung 10.2 Wir schützen *QTD Sales* mit *HASONEVALUE* und schließen unerwünschte Werte so aus.

Dieses erste Beispiel ist bereits recht wichtig. Statt die Berechnung einfach so zu lassen, wie sie ist, haben wir beschlossen, einen Schritt weiterzugehen und genau zu hinterfragen, »wann« die Berechnung einen sinnvollen Wert ergibt. Sollte sich herausstellen, dass eine bestimmte Formel in einem Filterkontext keine korrekten Ergebnisse liefert, ist es besser, zu überprüfen, ob der Filterkontext die Mindestanforderungen erfüllt und entsprechend arbeitet.

In Kapitel 7, »Mit Iteratoren und *CALCULATE* arbeiten«, haben wir ein ähnliches Szenario betrachtet, als wir die *RANKX*-Funktion vorstellten. Dort mussten wir eine Einstufung des aktuellen Kunden im Vergleich zu anderen Kunden erstellen und haben mit *HASONEVALUE* dafür gesorgt, dass dies nur dann geschieht, wenn genau ein Kunde im aktuellen Filterkontext ausgewählt ist.

Zeitintelligenz ist ein Szenario, in dem *HASONEVALUE* häufig verwendet wird, weil viele Aggregationen – wie beispielsweise YTD – nur dann sinnvoll sind, wenn der Filterkontext genau ein Quartal, genau einen Monat oder allgemein genau einen bestimmten Zeitraum filtert. In allen anderen Fällen darf die Formel keinen Wert zurückgeben: Vielmehr muss *BLANK* zurückgegeben werden.

Ein weiteres häufiges Szenario, in dem *HASONEVALUE* seinen Nutzen zeigt, ist die Extraktion genau eines ausgewählten Werts aus dem Filterkontext. Früher gab es viele Szenarien, in denen dies nützlich sein konnte, aber ihre Zahl ist mit dem Aufkommen von Berechnungsgruppen erheblich gesunken. Wir werden ein Szenario beschreiben, in dem eine Art von Was-wäre-wenn-Analyse durchgeführt wird. In einem solchen Fall erstellt der Entwickler normalerweise eine Parametertabelle, die es dem Benutzer ermöglicht, genau einen Wert mithilfe eines Slicers auszuwählen. Diesen Parameter verwendet der Code dann zur Anpassung der Berechnung.

Sie könnten etwa eine Auswertung des Umsatzbetrags durch Anpassung der Werte für die Vorjahre auf Grundlage der Inflationsrate vornehmen. Zur Durchführung der Analyse ermöglicht der Bericht dem Benutzer die Auswahl einer jährlichen Inflationsrate, die vom jeweiligen Transaktionsdatum bis zum heutigen Tag verwendet werden soll. Die Inflationsrate ist ein Parameter des Algorithmus. Eine Lösung für dieses Szenario besteht darin, eine Tabelle mit allen Werten zu erstellen, die der Benutzer auswählen kann. In unserem Beispiel haben wir eine Tabelle mit allen Werten von 0% bis 20% und einer Schrittweite von 0,5% erstellt. Dadurch haben wir die Tabelle erhalten, die Sie ausschnittsweise in Abbildung 10.3 sehen.

Inflation ▲
0.00%
0.50%
1.00%
1.50%
2.00%
2.50%
3.00%
3.50%
4.00%
4.50%

Abbildung 10.3 *Inflation* enthält alle Werte zwischen 0 % und 20 % mit einer Schrittweite von 0,5 %.

Der Benutzer wählt den gewünschten Wert mit einem Slicer aus, und dann muss die Formel die gewählte Inflationsrate für alle Jahre vom Transaktionsdatum bis zum aktuellen Datum anwenden. Führt der Benutzer keine Auswahl durch oder wählt er mehrere Werte aus, dann sollte die Formel eine vorgegebene Inflationsrate von 0% verwenden, um den tatsächlichen Verkaufsbetrag zu melden.

Der fertige Bericht sieht dann so aus wie in Abbildung 10.4 gezeigt.

Inflation

3.00% ⌄ **Reporting year: 2009**

Calendar Year	Sales Amount	Inflation Adjusted Sales
CY 2007	**11,309,946.12**	**11,998,721.84**
Q1-2007	**2,646,673.39**	**2,807,855.80**
January	794,248.24	842,617.96
February	891,135.91	945,406.09
March	961,289.24	1,019,831.75
Q2-2007	**3,046,602.02**	**3,232,140.08**
April	1,128,104.82	1,196,806.40
May	936,192.74	993,206.88
June	982,304.46	1,042,126.80
Q3-2007	**2,885,246.55**	**3,060,958.07**
July	922,542.98	978,725.85
August	952,834.59	1,010,862.21
September	1,009,868.98	1,071,370.00
Q4-2007	**2,731,424.16**	**2,897,767.89**
October	914,273.54	969,952.80
November	825,601.87	875,881.02
December	991,548.75	1,051,934.07
CY 2008	**9,927,582.99**	**10,225,410.48**
Total	**30,591,343.98**	**31,577,947.19**

Abbildung 10.4 Der Parameter *Inflation* steuert den Multiplikator für die Vorjahre.

Die Was-wäre-wenn-Parameterfunktion in Power BI generiert eine Tabelle und einen Slicer unter Verwendung exakt der hier beschriebenen Technik.

Es sind einige interessante Feststellungen zu diesem Bericht zu treffen:

- Ein Benutzer kann die Inflationsrate auswählen, die über den Slicer oben links angewendet werden soll.
- Der Bericht zeigt das Jahr, das für die Anpassung verwendet wurde. Dazu gibt er das Jahr des letzten Umsatzes im Datenmodell in der Beschriftung oben rechts an.
- *Inflation Adjusted Sales* (Inflationsbereinigte Umsätze) multipliziert den Umsatzbetrag für das jeweilige Jahr mit einem Faktor, der von der vom Benutzer gewählten Inflation abhängt.
- Auf der Ebene der Gesamtsumme muss die Berechnung für jedes Jahr einen anderen Multiplikator anwenden.

Der Code für die Beschriftung, die das Jahr angibt, ist die einfachste Berechnung im Bericht: Es muss lediglich das Jahr des höchsten Auftragsdatums aus der Tabelle *Sales* abgerufen werden:

```
Reporting year := "Reporting year: " & YEAR ( MAX ( Sales[Order Date] ) )
```

In ähnlicher Weise könnte man die ausgewählte benutzerdefinierte Inflation durch *MIN* oder *MAX* abrufen, denn wenn der Benutzer genau einen Wert mit dem Slicer filtert, dann geben *MIN* und *MAX* denselben Wert zurück (nämlich den einzigen ausgewählten Wert). Dennoch kann ein Benutzer eine ungültige Auswahl treffen, wenn er etwa mehrere Werte filtert oder gar keinen Filter anwendet. In diesem Fall muss sich die Formel korrekt verhalten und auch dann einen Standardwert zurückgeben.

Daher besteht eine bessere Möglichkeit darin, mit *HASONEVALUE* zu prüfen, ob der Benutzer einen einzigen Wert aktiv mit dem Slicer gefiltert hat, und das Verhalten des Codes passend zum Ergebnis von *HASONEVALUE* zu definieren:

```
User Selected Inflation :=
IF (
    HASONEVALUE ( 'Inflation Rate'[Inflation] ),
    VALUES ( 'Inflation Rate'[Inflation] ),
    0
)
```

Da dieses Muster sehr verbreitet ist, bietet DAX eine weitere Auswahloption. Die Funktion *SELECTEDVALUE* realisiert das Verhalten des vorangegangenen Codes in einem einzigen Funktionsaufruf:

```
User Selected Inflation := SELECTEDVALUE ( 'Inflation Rate'[Inflation], 0 )
```

SELECTEDVALUE hat zwei Argumente. Das zweite Argument ist dabei der Vorgabewert, der zurückgegeben wird, wenn in der als erstes Argument übergebenen Spalte mehr als ein Element ausgewählt ist.

Sobald das Measure *User Selected Inflation* im Modell enthalten ist, muss der Multiplikator für das ausgewählte Jahr berechnet werden. Gehen wir davon aus, dass das letzte Jahr im Modell als das für die Anpassung zu verwendende Jahr zu betrachten ist, dann muss der Multiplikator über alle Jahre zwischen dem letzten Jahr und dem ausgewählten Jahr iterieren und die Multiplikation von *1+Inflation* für jedes Jahr durchführen:

```
Inflation Multiplier :=
VAR ReportingYear =
    YEAR ( CALCULATE ( MAX ( Sales[Order Date] ), ALL ( Sales ) ) )
VAR CurrentYear =
    SELECTEDVALUE ( 'Date'[Calendar Year Number] )
VAR Inflation = [User Selected Inflation]
VAR Years =
    FILTER (
        ALL ( 'Date'[Calendar Year Number] ),
        AND (
            'Date'[Calendar Year Number] >= CurrentYear,
```

```
            'Date'[Calendar Year Number] < ReportingYear
        )
    )
VAR Multiplier =
    MAX ( PRODUCTX ( Years, 1 + Inflation ), 1 )
RETURN
    Multiplier
```

Der letzte Schritt ist die Verwendung des Multiplikators auf einer jährlichen Basis. Hier folgt nun der Code für *Inflation Adjusted Sales*:

```
Inflation Adjusted Sales :=
SUMX (
    VALUES ( 'Date'[Calendar Year] ),
    [Sales Amount] * [Inflation Multiplier]
)
```

Einführung zu *ISFILTERED* und *ISCROSSFILTERED*

Manchmal besteht das Ziel gar nicht darin, einen einzelnen Wert aus dem Filterkontext zu erfassen, sondern zu prüfen, ob eine Spalte oder eine Tabelle einen aktiven Filter enthält. Der Grund hierfür besteht gewöhnlich darin, festzustellen, ob alle Werte einer Spalte aktuell sichtbar sind. Bei einem Filter könnten einige Werte ausgeblendet und die Zahl – zumindest an dieser Stelle – inkorrekt sein.

Eine Spalte kann gefiltert werden, weil darauf ein Filter angewendet oder eine andere Spalte gefiltert wird, weswegen es einen indirekten Filter für die Spalte gibt. Wir können dies an einem einfachen Beispiel erläutern:

```
RedColors :=
CALCULATE (
    [Sales Amount],
    'Product'[Color] = "Red"
)
```

Bei der Auswertung von *Sales Amount* wendet die äußere *CALCULATE*-Anweisung einen Filter auf die Spalte *Product[Color]* an. Folglich ist *Product[Color]* gefiltert. Es gibt eine spezielle Funktion in DAX, die prüft, ob eine Spalte gefiltert ist oder nicht: *ISFILTERED*. *ISFILTERED* gibt je nachdem, ob die als Argument übergebene Spalte einen direkten Filter hat oder nicht, *TRUE* oder *FALSE* zurück. Wenn ISFILTERED eine Tabelle als Argument empfängt, gibt es TRUE zurück, sofern mindestens eine Spalte der Tabelle direkt gefiltert wird; andernfalls wird FALSE zurückgegeben.

Obwohl der Filter für *Product[Color]* gilt, werden alle Spalten der Tabelle *Product* indirekt gefiltert. Die Spalte *Brand* (Marke) zeigt beispielsweise nur die Marken an, für die es mindestens ein rotes Produkt gibt. Sämtliche Marken ohne rote Produkte sind aufgrund des Filters in der Farbspalte nicht sichtbar. Abgesehen von *Product[Color]* haben alle anderen Spalten der Tabelle *Product* keinen direkten Filter. Dennoch sind ihre sichtbaren Werte begrenzt. Tatsächlich sind alle Spalten von *Product* kreuzgefiltert. Eine Spalte ist kreuzgefiltert, wenn es einen Filter gibt, der die Menge der sichtbaren Werte reduzieren kann. Dies kann wahlweise ein direkter oder ein indirekter Filter sein. Die Funktion, mit der geprüft werden kann, ob eine Spalte kreuzgefiltert ist, heißt *ISCROSSFILTERED*.

Es ist wichtig zu beachten, dass eine gefilterte Spalte auch kreuzgefiltert ist. Das Gegenteil stimmt dagegen nicht unbedingt: Eine Spalte kann kreuzgefiltert werden, auch wenn sie nicht gefiltert ist. Außerdem funktioniert *ISCROSSFILTERED* entweder mit einer Spalte oder mit einer Tabelle. Im Grunde genommen sind, wenn eine Spalte in einer Tabelle kreuzgefiltert ist, alle übrigen Spalten der Tabelle ebenfalls kreuzgefiltert. Daher sollte *ISCROSSFILTERED* eher für eine Tabelle und nicht unbedingt für eine Spalte verwendet werden. Es kann allerdings trotzdem sein, dass Sie auf eine mit einer Spalte verwendete *ISCROSSFILTERED*-Funktion stoßen, weil *ISCROSSFILTERED* anfangs tatsächlich nur bei Spalten funktionierte. Erst später wurde *ISCROSSFILTERED* auch für Tabellen eingeführt. Insofern kann es sein, dass älterer Code *ISCROSSFILTERED* immer noch nur bei einer Spalte verwendet.

Weil Filter über das gesamte Datenmodell arbeiten, wirkt sich ein Filter für die Tabelle *Product* auch auf die verknüpften Tabellen aus. Daher wirkt der Filter für *Product[Color]* auch auf die Tabelle *Sales*. Aus diesem Grund wird jede Spalte in der Tabelle *Sales* durch den Filter auf *Product[Color]* kreuzgefiltert.

Um das Verhalten dieser Funktionen zu demonstrieren, verwenden wir hier ein geringfügig anderes Modell als dasjenige, das wir ansonsten in diesem Buch nutzen. Wir haben einige Tabellen entfernt und die Beziehung zwischen *Sales* und *Product* durch bidirektionale Querfilterung verbessert. Das resultierende Modell sehen Sie in Abbildung 10.5.

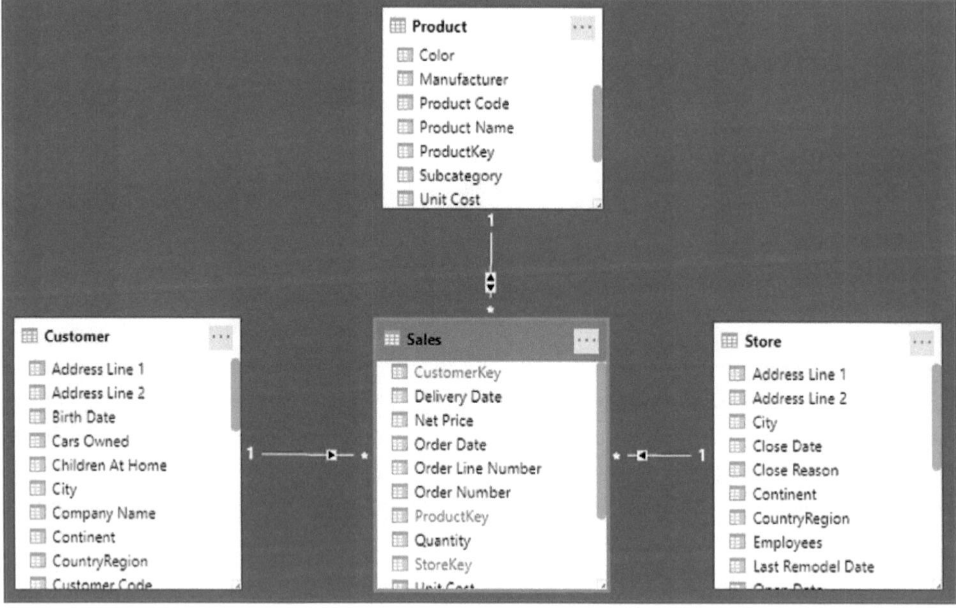

Abbildung 10.5 In diesem Modell ist die Beziehung zwischen *Sales* und *Product* bidirektional.

In diesem Modell haben wir die folgenden Measures verfasst:

```
Filter Gender := ISFILTERED ( Customer[Gender] )
Cross Filter Customer := ISCROSSFILTERED ( Customer )
Cross Filter Sales := ISCROSSFILTERED ( Sales )
Cross Filter Product := ISCROSSFILTERED ( 'Product' )
Cross Filter Store := ISCROSSFILTERED ( Store )
```

Schließlich haben wir alle Measures in einer Matrix mit *Customer[Continent]* und *Customer [Gender]* in den Zeilen fortgeschrieben. Das Ergebnis sehen Sie in Abbildung 10.6.

Continent	Filter Gender	Cross Filter Customer	Cross Filter Sales	Cross Filter Store	Cross Filter Product
Asia	**False**	**True**	**True**	**False**	**True**
	True	True	True	False	True
F	True	True	True	False	True
M	True	True	True	False	True
Europe	**False**	**True**	**True**	**False**	**True**
	True	True	True	False	True
F	True	True	True	False	True
M	True	True	True	False	True
North America	**False**	**True**	**True**	**False**	**True**
	True	True	True	False	True
F	True	True	True	False	True
M	True	True	True	False	True
Total	**False**	**False**	**False**	**False**	**False**

Abbildung 10.6 Die Matrix zeigt das Verhalten von *ISFILTERED* und *ISCROSSFILTERED*.

An dieser Stelle folgen einige Überlegungen zu den Ergebnissen:

- *Customer[Gender]* wird nur in den Zeilen gefiltert, in denen ein aktiver Filter für *Customer-[Gender]* vorhanden ist. Auf der Zwischensummenebene – dort, wo der Filter nur *Custom-er[Continent]* betrifft – wird die Spalte nicht gefiltert.
- Die gesamte Tabelle *Customer* wird kreuzgefiltert, wenn ein Filter entweder für *Customer-[Continent]* oder *Customer[Gender]* vorhanden ist.
- Dasselbe gilt für die Tabelle *Sales*. Ein Filter für eine beliebige Spalte der Tabelle *Customer* wendet einen Kreuzfilter auf die Tabelle *Sales* an, da *Sales* auf der n-Seite einer n:1-Beziehung mit *Customer* steht.
- *Store* wird nicht kreuzgefiltert, da der Filter auf *Sales* sich nicht zu *Customer* fortpflanzt. Tatsächlich ist die Beziehung zwischen *Sales* und *Store* unidirektional, sodass sich der Filter nicht von *Sales* zu *Store* fortpflanzt.
- Weil die Beziehung zwischen *Sales* und *Product* bidirektional ist, pflanzt sich der Filter auf *Sales* zu *Product* fort. Aus diesem Grund wird *Product* durch einen beliebigen Filter in anderen Tabellen dieses Datenmodells kreuzgefiltert.

ISFILTERED und *ISCROSSFILTERED* werden in DAX-Ausdrücken nicht allzu häufig verwendet. Sie werden vor allem dann eingesetzt, wenn eine erweiterte Optimierung durch Prüfung der Filter für eine Spalte durchgeführt wird. Hiermit soll dafür gesorgt werden, dass der Code je nach Filter unterschiedlichen Pfaden folgt. Ein weiteres häufiges Szenario ist die Arbeit mit Hierarchien, wie wir sie in Kapitel 11, »Mit Hierarchien arbeiten«, zeigen werden

Beachten Sie, dass man nicht vom Vorhandensein eines Filters darauf schließen kann, dass nicht alle Werte einer Spalte sichtbar sind. Eine Spalte kann vielmehr sowohl gefiltert als auch kreuzgefiltert sein und trotzdem alle Werte anzeigen. Ein einfaches Measure veranschaulicht dies:

```
Test :=
CALCULATE (
    ISFILTERED ( Customer[City] ),
    Customer[City] <> "DAX"
)
```

In der Tabelle *Customer* gibt es keine Stadt mit dem Namen DAX. Daher hat der Filter also keinerlei Auswirkung auf die Tabelle *Customer*, denn es werden ja alle Zeilen angezeigt. Aus diesem Grund zeigt *Customer[City]* alle möglichen Werte in der Spalte an, obwohl ein Filter für diese Spalte aktiv ist und das Measure *Test* den Wert *TRUE* zurückgibt.

Um zu prüfen, ob alle möglichen Werte in einer Spalte oder Tabelle sichtbar sind, ist es am besten, die Zeilen in verschiedenen Kontexten zu zählen. In diesem Fall sind allerdings einige wichtige Details zu beachten, die wir in den folgenden Abschnitten behandeln werden.

Unterschiede zwischen *VALUES* und *FILTERS* verstehen

FILTERS ist eine Funktion wie *VALUES*, weist jedoch einen wichtigen Unterschied auf: *VALUES* gibt die im Filterkontext sichtbaren Werte zurück, *FILTERS* dagegen die gerade vom Filterkontext gefilterten Werte.

Zwar mögen diese beiden Beschreibungen gleich aussehen, sie sind es aber nicht. Angenommen, wir wollten mit einem Slicer vier Produktfarben filtern, sagen wir Schwarz, Braun, Azurfarben und Blau. Stellen wir uns nun vor, dass aufgrund anderer Filter im Filterkontext nur zwei dieser Farben in den Daten sichtbar sind, weil etwa die anderen beiden bei keinem Produkt verwendet werden. In diesem Szenario gibt *VALUES* zwei Farben zurück, *FILTER* hingegen alle gefilterten vier Farben. Wir wollen dieses Konzept an einem Beispiel verdeutlichen.

Hierfür verwenden wir eine Excel-Datei, die mit einem Power BI-Modell verbunden ist. Der Grund dafür ist, dass – zum Zeitpunkt der Abfassung dieses Dokuments – *FILTERS* nicht wie erwartet funktioniert, wenn es von *SUMMARIZECOLUMNS* (der von Power BI zur Abfrage des Modells verwendeten Funktion) benutzt wird. Daher würde dieses Beispiel in Power BI nicht funktionieren.

Microsoft ist sich des Problems der Verwendung von *FILTERS* in Power BI bewusst. Deswegen ist es durchaus möglich, dass das Problem in Zukunft behoben wird. Um das Konzept in diesem Buch zu veranschaulichen, mussten wir jedoch Excel als Client verwenden, da Excel keine *SUMMARIZECOLUMNS* nutzt.

In Kapitel 7 haben wir demonstriert, wie man mit *CONCATENATEX* eine Beschriftung in einem Bericht anzeigt, die die mit einem Slicer ausgewählten Farben angibt. Dort hatten wir am Ende eine komplexe Formel, mit der sich die Verwendung von Iteratoren und Variablen demonstrieren ließ. Hier verwenden wir dagegen die einfachere Version dieses Codes:

```
Selected Colors :=
"Showing " &
CONCATENATEX (
    VALUES ( 'Product'[Color] ),
    'Product'[Color],
    ", ",
    'Product'[Color],
    ASC
) & " colors."
```

Denken Sie an einen Bericht mit zwei Slicern: Der eine filtert nur genau eine Kategorie, der andere mehrere Farben (Abbildung 10.7).

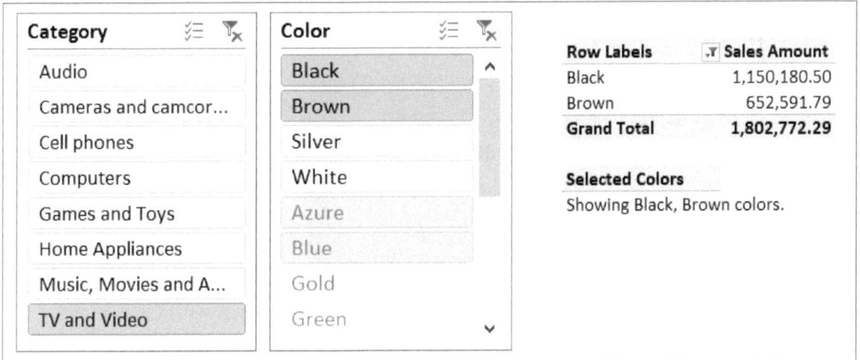

Abbildung 10.7 Zwar wurden vier Farben ausgewählt, doch zeigt das Measure *Selected Colors* nur zwei davon an.

Obwohl im Slicer vier Farben ausgewählt werden, liefert das Measure *Selected Colors* nur zwei davon zurück. Der Grund dafür ist, dass *VALUES* die Werte einer Spalte unter dem aktuellen Filterkontext zurückgibt. Es gibt aber keine TV- und Videoprodukte, die blau oder azurblau sind. Deswegen filtert der Filterkontext zwar vier Farben, aber *VALUES* gibt nur zwei davon zurück.

Würde man das Measure so ändern, dass *FILTERS* anstelle von *VALUES* verwendet würde, dann gäbe *FILTERS* die gefilterten Werte zurück, und zwar unabhängig davon, ob es im aktuellen Filterkontext ein Produkt mit passenden Werten gibt:

```
Selected Colors :=
"Showing " &
CONCATENATEX (
    FILTERS ( 'Product'[Color] ),
    'Product'[Color],
    ", ",
    'Product'[Color],
```

```
    ASC
) & " colors."
```

Mit dieser neuen Version von *Selected Colors* zeigt der Bericht nun alle vier Farben als ausgewählt an. Abbildung 10.8 zeigt dies.

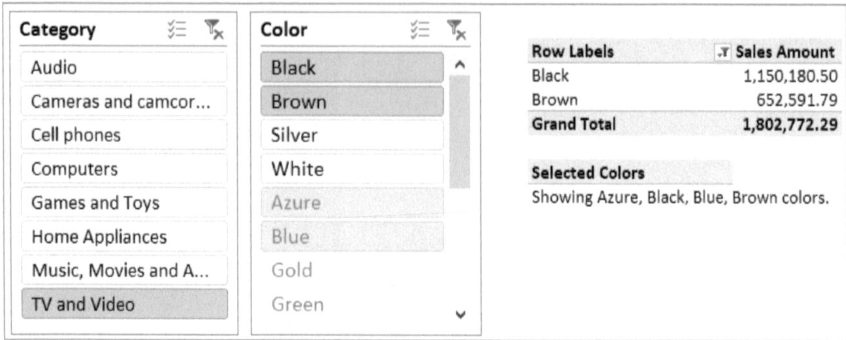

Abbildung 10.8 Das Measure *Selected Colors* gibt dank *FILTERS* jetzt alle vier ausgewählten Farben zurück.

Ähnlich wie *HASONEVALUE* bietet DAX auch eine Funktion, mit der sich überprüfen lässt, ob eine Spalte nur einen einzigen aktiven Filter hat: *HASONEFILTER*. Verwendung und Syntax ähneln denen von *HASONEVALUE*. Der einzige Unterschied besteht darin, dass *HASONEFILTER* möglicherweise *TRUE* zurückgibt, wenn genau ein Filter aktiv ist, während *HASONEVALUE* gleichzeitig *FALSE* zurückgibt, weil der Wert – obwohl gefiltert – nicht zu den sichtbaren Werten gehört.

Unterschied zwischen *ALLEXCEPT* und *ALL/VALUES* verstehen

Weiter vorn haben wir *ISFILTERED* und *ISCROSSFILTERED* eingeführt, um auf Vorhandensein eines Filters zu prüfen. Zu wissen, dass ein Filter vorhanden ist, reicht aber nicht aus, um zu überprüfen, ob alle Werte einer Spalte – oder Tabelle – sichtbar sind. Besser ist es, die Anzahl der Zeilen im aktuellen Filterkontext zu zählen und mit der Anzahl aller Zeilen ohne Filter zu vergleichen.

Betrachten Sie exemplarisch Abbildung 10.9. Das Measure *Filtered Gender* prüft die Spalte *Customer[Gender]* auf *ISFILTERED*, während *NumOfCustomers* einfach nur die Anzahl der Zeilen in der Tabelle *Customer* zählt:

```
NumOfCustomers := COUNTROWS ( Customer )
```

Customer Type	Filtered Gender	NumOfCustomers
Company	**False**	**385**
	True	385
Person	**False**	**18,484**
F	True	9,133
M	True	9,351
Total	**False**	**18,869**

Abbildung 10.9 Obwohl *Customer[Gender]* gefiltert wird, sind alle Kunden sichtbar.

Man kann beobachten, dass immer dann, wenn ein Kunde ein Unternehmen ist, der Wert für das Geschlecht erwartungsgemäß ein Leerwert ist. In der zweiten Zeile der Matrix ist der Filter für *Gender* aktiv: *Filtered Gender* gibt *TRUE* zurück. Gleichzeitig aber filtert der Filter eigentlich gar nichts, weil es nur einen möglichen Wert für *Gender* gibt, und dieser ist sichtbar.

Das Vorhandensein eines Filters bedeutet also nicht, dass die Tabelle tatsächlich gefiltert ist. Es besagt lediglich, dass ein Filter aktiv ist. Um zu überprüfen, ob alle Kunden sichtbar sind, verlassen Sie sich besser auf eine einfache Zählung. Indem Sie prüfen, ob die Anzahl der Kunden mit und ohne Filter auch für *Gender* gleich ist, können Sie feststellen, dass der Filter zwar aktiv, aber nicht wirksam ist.

Bei solchen Berechnungen muss man auf die Details des Filterkontexts und des Verhaltens von *CALCULATE* achten. Es gibt zwei Möglichkeiten, die Bedingung zu überprüfen:

- Sie zählen mit *ALL* die Kunden jeden Geschlechts.
- Sie zählen die Kunden desselben Kundentyps (*Company* oder *Person*).

Auch wenn im Bericht von Abbildung 10.9 die beiden Berechnungen denselben Wert zurückgeben, werden bei einer Änderung der in der Matrix verwendeten Spalten unterschiedliche Ergebnisse berechnet. Außerdem haben beide Berechnungen ihre Vor- und Nachteile. Diese sollten Sie kennen, da sie in verschiedenen Szenarien durchaus von Nutzen sein könnten. Wir beginnen mit dem ersten Ansatz, der auch einfacher ist:

```
All Gender :=
CALCULATE (
    [NumOfCustomers],
    ALL ( Customer[Gender] )
)
```

ALL entfernt den Filter in der Spalte *Gender* und lässt alle übrigen Filter so, wie sie sind. Infolgedessen wird die Anzahl der Kunden im aktuellen Filter berechnet, und zwar unabhängig vom Geschlecht. In Abbildung 10.10 sehen Sie das Ergebnis, zusammen mit dem Measure *All customers visible*, das die beiden Werte vergleicht.

Customer Type	Filtered Gender	NumOfCustomers	All Gender	All customers visible
Company	**False**	**385**	**385**	**True**
	True	385	385	True
Person	**False**	**18,484**	**18,484**	**True**
F	True	9,133	18,484	False
M	True	9,351	18,484	False
Total	**False**	**18,869**	**18,869**	**True**

Abbildung 10.10 In der zweiten Zeile gibt *All Customers visible* als Wert *TRUE* zurück, obwohl *Gender* gefiltert ist.

All Gender ist ein Measure, das einwandfrei funktioniert. Es hat jedoch den Nachteil, dass nur der Filter von *Gender* entfernt werden kann – dies ist fest in den Code einprogrammiert. Würden wir beispielsweise dasselbe Measure für eine Matrix verwenden, die nach *Continent* aufschlüsselt, erhalten wir nicht das gewünschte Ergebnis. Sie sehen dies in Abbildung 10.11, wo das Measure *All customers visible* immer *TRUE* ist.

Customer Type	Filtered Gender	NumOfCustomers	All Gender	All customers visible
Company	**False**	**385**	**385**	**True**
Asia	False	67	67	True
Europe	False	42	42	True
North America	False	276	276	True
Person	**False**	**18,484**	**18,484**	**True**
Asia	False	3,591	3,591	True
Europe	False	5,504	5,504	True
North America	False	9,389	9,389	True
Total	**False**	**18,869**	**18,869**	**True**

Abbildung 10.11 Wenn wir nach Kontinent filtern, liefert *All customers visible* falsche Ergebnisse.

Beachten Sie, dass das Measure eigentlich nicht falsch ist. Es berechnet den Wert korrekt, funktioniert aber eben nur, wenn der Bericht nach Geschlecht aufschlüsselt. Um ein Measure zu erhalten, das von *Gender* unabhängig ist, müssen wir den anderen Weg einschlagen: Wir entfernen alle Filter aus der Tabelle *Customer* mit Ausnahme der Spalte *Customer Type*.

Das Entfernen aller Filter bis auf einen ist scheinbar relativ trivial. Allerdings gibt es hier einen Fallstrick, den Sie kennen müssen. In aller Regel wird dem Lernenden als Erstes höchstwahrscheinlich die Funktion *ALLEXCEPT* in den Sinn kommen. Leider gibt *ALLEXCEPT* in diesem Szenario unter Umständen unerwartete Ergebnisse zurück. Betrachten Sie folgende Formel:

```
AllExcept Type :=
CALCULATE (
    [NumOfCustomers],
    ALLEXCEPT ( Customer, Customer[Customer Type] )
)
```

ALLEXCEPT entfernt mit Ausnahme der Spalte *Customer Type* alle vorhandenen Filter aus der Tabelle *Customer*. Bei Verwendung im obigen Bericht wird ein korrektes Ergebnis berechnet (Abbildung 10.12).

Customer Type	NumOfCustomers	AllExcept Type	All customers visible
Company	**385**	**385**	**True**
Asia	67	385	False
Europe	42	385	False
North America	276	385	False
Person	**18,484**	**18,484**	**True**
Asia	3,591	18,484	False
Europe	5,504	18,484	False
North America	9,389	18,484	False
Total	**18,869**	**18,869**	**True**

Abbildung 10.12 *ALLEXCEPT* entfernt die Abhängigkeit von der Geschlechtsangabe und funktioniert bei jeder beliebigen Spalte.

Das Measure funktioniert nicht nur bei *Continent*, sondern gibt auch dann ein korrektes Ergebnis zurück, wenn der Kontinent durch das Geschlecht ersetzt wird (Abbildung 10.13).

Customer Type	NumOfCustomers	AllExcept Type	All customers visible
Company	**385**	**385**	**True**
	385	385	True
Person	**18,484**	**18,484**	**True**
F	9,133	18,484	False
M	9,351	18,484	False
Total	**18,869**	**18,869**	**True**

Abbildung 10.13 *ALLEXCEPT* funktioniert auch beim Geschlecht.

Zwar ist der Bericht korrekt, doch gibt es in der Formel eine versteckte Falle. Wenn nämlich *ALL**-Funktionen als Filterargumente in *CALCULATE* verwendet werden, wirken sie als *CALCULATE*-Modifizierer. Wir haben dies in Kapitel 5, »*CALCULATE* und *CALCULATETABLE* verstehen«, erläutert. Diese Modifizierer geben keine Tabelle zurück, die als Filter verwendet wird, sondern entfernen nur Filter aus dem Filterkontext.

Richten Sie Ihre Aufmerksamkeit auf die Zeile mit dem Leerwert für das Geschlecht. Es gibt 385 Kunden in dieser Gruppe, und sie alle sind Unternehmen. Wenn wir nun die Spalte *Customer Type* aus dem Bericht entfernen, bleibt als einzige Spalte im Filterkontext die Angabe des Geschlechts übrig. Wird nun hierfür eine Zeile mit *Leerwert* angezeigt, dann wissen wir, dass nur Unternehmen im Filterkontext sichtbar sind. Dennoch hält Abbildung 10.14 für uns eine Überraschung bereit, da sie für alle Zeilen im Bericht denselben Wert anzeigt: die Gesamtzahl der Kunden.

Gender	NumOfCustomers	AllExcept Type
	385	18,869
F	9,133	18,869
M	9,351	18,869
Total	**18,869**	**18,869**

Abbildung 10.14 *ALLEXCEPT* generiert unerwartete Werte, wenn der Kundentyp nicht Teil des Berichts ist.

An dieser Stelle eine Warnung: *ALLEXCEPT* hat aus der Tabelle *Customer* alle Filter mit Ausnahme desjenigen für den Kundentyp entfernt. Es gibt jedoch keinen Filter für den Kundentyp, der beibehalten werden müsste. Tatsächlich ist der einzige Filter im Filterkontext der Filter für *Gender*, und dieser wird von *ALLEXCEPT* entfernt.

Customer Type ist kreuzgefiltert, aber nicht gefiltert. Folglich hat *ALLEXCEPT* keinen beizubehaltenden Filter, und deswegen entspricht seine Wirkung im Endeffekt der einer *ALL*-Funktion für die Kundentabelle. Korrekt lässt sich diese Bedingung dagegen mithilfe eines Paares aus *ALL* und *VALUES* anstelle von *ALLEXCEPT* ausdrücken. Betrachten Sie folgende Formel:

```
All Values Type :=
CALCULATE (
    [NumOfCustomers],
```

```
        ALL ( Customer ),
        VALUES ( Customer[Customer Type] )
    )
```

Obwohl sie der vorherigen Definition ähnlich ist, ist ihre Semantik anders. *ALL* entfernt jeglichen Filter aus der Tabelle *Customer*. *VALUES* wertet die Werte von *Customer[Customer Type]* im aktuellen Filterkontext aus. Es gibt keinen Filter für den Kundentyp, aber dieser wird kreuzgefiltert. Daher gibt *VALUES* nur diejenigen Werte zurück, die im aktuellen Filterkontext sichtbar sind, und zwar unabhängig davon, welche Spalte den Filter erzeugt, der den Kundentyp kreuzfiltert. Das Ergebnis sehen Sie in Abbildung 10.15.

Gender	NumOfCustomers	AllExcept Type	All Values Type
	385	18,869	385
F	9,133	18,869	18,484
M	9,351	18,869	18,484
Total	**18,869**	**18,869**	**18,869**

Abbildung 10.15 Mit einer Kombination aus *ALL* und *VALUES* kommen wir zum Ziel.

Die wichtige Lektion besteht hier darin, dass es einen großen Unterschied zwischen *ALLEXCEPT* und dem kombinierten Einsatz von *ALL* und *VALUES* als Filterargumente in *CALCULATE* gibt. Der Grund dafür ist, dass die Semantik einer *ALL**-Funktion immer die Entfernung von Filtern ist. *ALL**-Funktionen fügen dem Kontext niemals Filter hinzu, sondern können sie nur entfernen.

Der Unterschied zwischen den beiden Verhaltensweisen – dem Hinzufügen und dem Entfernen von Filtern – ist in vielen Szenarien nicht relevant. Es gibt aber andere Situationen, in denen er sich stark in den Vordergrund spielt – wie etwa im obigen Beispiel.

Ähnlich wie bei vielen anderen Beispielen in diesem Buch sehen Sie hier, dass DAX von Ihnen verlangt, bei der Definition Ihres Codes sehr präzise vorzugehen. Wenn Sie eine Funktion wie *ALLEXCEPT* verwenden, ohne sorgfältig über alle Auswirkungen nachzudenken, kann Ihr Code unerwartete Ergebnisse erzeugen. DAX verbirgt einen großen Teil seiner Komplexität, indem es in den meisten Situationen intuitive Ansätze verfolgt. Dennoch ist diese Komplexität vorhanden – wenn auch versteckt. Deswegen müssen Sie, um DAX wirklich zu beherrschen, das Verhalten von Filterkontexten und *CALCULATE* verstehen.

Mit *ALL* Kontextübergänge vermeiden

An dieser Stelle des Buchs sollte der Leser ein solides Verständnis von Kontextübergängen entwickelt haben. Es handelt sich hierbei um ein extrem leistungsfähiges Feature, und wir haben es schon oft zur Berechnung nützlicher Werte eingesetzt. Dennoch ist es manchmal sinnvoll, sie zu umgehen oder ihre Auswirkungen zumindest abzufedern. Wenn Sie die Effekte von Kontextwechseln vermeiden wollen, sind die *ALL**-Funktionen das Werkzeug der Wahl.

Sie dürfen dabei nicht vergessen, dass *CALCULATE* bei seinen Operationen jeden Schritt in einer genauen Reihenfolge ausführt: Zuerst werden die Filterargumente ausgewertet, dann erfolgt der Kontextübergang, sofern Zeilenkontexte vorhanden sind, darauf werden die *CALCULATE*-Modifizierer angewendet, und schließlich wendet *CALCULATE* das Ergebnis der Filterargumente auf den Filterkontext an. Sie können sich diese Ausführungsreihenfolge zunutze machen, wenn Sie berücksichtigen, dass die *CALCULATE*-Modifizierer (zu denen wir die *ALL**-Funktionen zählen) nach dem Kontextübergang angewendet werden. Aus diesem Grund kann ein Filtermodifizierer die Wirkung des Kontextübergangs überschreiben.

Betrachten Sie beispielsweise den folgenden Codeausschnitt:

```
SUMX (
    Sales,
    CALCULATE (
        …,
        ALL ( Sales )
    )
)
```

CALCULATE wird im von *SUMX* erzeugten Zeilenkontext ausgeführt, der über *Sales* iteriert. Daher sollte ein Kontextübergang erfolgen. Da *CALCULATE* mit einem Modifizierer aufgerufen wird – nämlich *ALL (Sales)* –, weiß die DAX-Engine, dass jeglicher Filter für die Tabelle Sales entfernt werden soll.

Als wir das Verhalten von *CALCULATE* beschrieben, hielten wir fest, dass *CALCULATE* zuerst den Kontextübergang durchführt (das heißt, alle Spalten in *Sales* filtert) und diese Filter dann mit *ALL* entfernt. Dennoch ist der DAX-Optimierer noch etwas cleverer. Er weiß nämlich, dass *ALL* jeden Filter aus *Sales* entfernt. Deswegen ist auch klar, dass es völlig nutzlos wäre, einen Filter anzuwenden und ihn direkt danach zu entfernen. Daher **führt *CALCULATE* in diesem Fall keinen Kontextübergang durch**, auch wenn es alle vorhandenen Zeilenkontexte entfernt.

Dieses Verhalten ist in vielen Szenarien wichtig. Besonders nützlich wird es in berechneten Spalten. In einer berechneten Spalte gibt es immer einen Zeilenkontext. Daher wird, wenn der Code in einer berechneten Spalte ein Measure aufruft, dieses immer in einem Filterkontext nur für die aktuelle Zeile ausgeführt.

Stellen Sie sich zum Beispiel vor, Sie berechnen den prozentualen Anteil der Umsätze des aktuellen Produkts im Vergleich zu allen Produkten in einer berechneten Spalte. Innerhalb einer berechneten Spalte kann man den Wert der Verkäufe des aktuellen Produkts recht leicht berechnen, indem man einfach das Measure *Sales Amount* aufruft. Der Kontextübergang stellt dabei sicher, dass der zurückgegebene Wert nur den Umsatz des aktuellen Produkts darstellt. Trotzdem muss der Nenner die Verkäufe aller Produkte berechnen. Hierbei wird der Kontextübergang zum Problem. Wir können den Kontextübergang aber mithilfe von *ALL* vermeiden – wie im folgenden Code:

```
'Product'[GlobalPct] =
VAR SalesProduct = [Sales Amount]
VAR SalesAllProducts =
    CALCULATE (
        [Sales Amount],
        ALL ( 'Product' )
    )
VAR Result =
```

```
        DIVIDE ( SalesProduct, SalesAllProducts )
RETURN
    Result
```

Zur Erinnerung: Der Grund, warum *ALL* die Wirkung des Kontextübergangs aufhebt, besteht darin, dass *ALL* – als Modifizierer für *CALCULATE* – erst nach dem Kontextübergang ausgeführt wird. Daher kann *ALL* die Auswirkungen des Kontextübergangs außer Kraft setzen.

Auch die Berechnung des Prozentsatzes bezogen auf alle Produkte derselben Kategorie ist nur eine kleine Variation des obigen Codes:

```
'Product'[CategoryPct] =
VAR SalesProduct = [Sales Amount]
VAR SalesCategory =
    CALCULATE (
        [Sales Amount],
        ALLEXCEPT ( 'Product', 'Product'[Category] )
    )
VAR Result
    DIVIDE ( SalesProduct, SalesCategory )
RETURN
    Result
```

Das Ergebnis dieser beiden berechneten Spalten sehen Sie in Abbildung 10.16.

Product Name	GlobalPct	CategoryPct
Adventure Works 26" 720p LCD HDTV M140 Silver	4.26%	29.68%
A. Datum SLR Camera X137 Grey	2.37%	10.09%
Contoso Telephoto Conversion Lens X400 Silver	2.24%	9.51%
SV 16xDVD M360 Black	1.19%	8.30%
Contoso Projector 1080p X980 White	0.84%	3.81%
Contoso Washer & Dryer 21in E210 Pink	0.60%	1.90%
Fabrikam Independent filmmaker 1/3" 8.5mm X200 White	0.54%	2.30%
Proseware Projector 1080p LCD86 Silver	0.53%	2.38%
NT Washer & Dryer 27in L2700 Blue	0.50%	1.58%
Contoso Washer & Dryer 21in E210 Green	0.49%	1.58%
Fabrikam Laptop19 M9000 Black	0.47%	2.14%
NT Washer & Dryer 27in L2700 Green	0.45%	1.43%

Abbildung 10.16 *GlocalPct* und *CategoryPct* verwenden *ALL* und *ALLEXCEPT*, um die Auswirkungen des Kontextübergangs zu umgehen.

ISEMPTY verwenden

ISEMPTY ist eine Funktion, mit der geprüft wird, ob eine Tabelle leer ist, das heißt keine Werte enthält, die im aktuellen Filterkontext sichtbar wären. Ohne *ISEMPTY* würde der folgende Ausdruck darauf prüfen, ob ein Tabellenausdruck null Zeilen zurückgibt:

```
COUNTROWS ( VALUES ( 'Product'[Color] ) ) = 0
```

Mit *ISEMPTY* wird der Code viel einfacher:

```
ISEMPTY ( VALUES ( 'Product'[Color] ) )
```

Im Hinblick auf die Performance ist *ISEMPTY* immer die bessere Wahl, da es der Engine präzise mitteilt, was überprüft werden soll. *COUNTROWS* erfordert das Zählen aller Zeilen in der Tabelle, während *ISEMPTY* effizienter ist und gewöhnlich kein vollständiges Prüfen aller sichtbaren Werte in der Zieltabelle erfordert.

Stellen Sie sich zum Beispiel vor, Sie würden die Anzahl der Kunden berechnen, die bestimmte Produkte noch nie gekauft haben. Eine Lösung für diese Anforderung wäre das folgende Measure *NonBuyingCustomers*:

```
NonBuyingCustomers :=
VAR SelectedCustomers =
    CALCULATETABLE (
        DISTINCT ( Sales[CustomerKey] ),
        ALLSELECTED ()
    )
VAR CustomersWithoutSales =
    FILTER (
        SelectedCustomers,
        ISEMPTY ( RELATEDTABLE ( Sales ) )
    )
VAR Result =
    COUNTROWS ( CustomersWithoutSales )
RETURN
    Result
```

In Abbildung 10.17 sehen Sie einen Bericht, der die Gesamtzahl der Kunden und die Anzahl der Kunden ohne Kauf nebeneinander zeigt.

Brand	Sales Amount	NumOfCustomers	NonBuyingCustomers
A. Datum	2,096,184.64	1,144	9,897
Adventure Works	4,011,112.28	2,587	8,454
Contoso	7,352,399.03	4,346	6,695
Fabrikam	5,554,015.73	526	10,515
Litware	3,255,704.03	994	10,047
Northwind Traders	1,040,552.13	1,002	10,039
Proseware	2,546,144.16	495	10,546
Southridge Video	1,384,413.85	5,200	5,841
Tailspin Toys	325,042.42	4,278	6,763
The Phone Company	1,123,819.07	318	10,723
Wide World Importers	1,901,956.66	517	10,524
Total	**30,591,343.98**	**11,041**	

Abbildung 10.17 *NonBuyingCustomers* zählt diejenigen Kunden, die noch nie eines der ausgewählten Produkte gekauft haben.

ISEMPTY ist eine einfache Funktion. Hier verwenden wir sie als Beispiel, um die Aufmerksamkeit des Lesers auf ein bestimmtes Detail zu lenken. Der obige Code speicherte eine Liste von Kundenschlüsseln in einer Variablen und iterierte später mit *FILTER* über diese Liste, um zu überprüfen, ob das Ergebnis von *RELATEDTABLE* leer war oder nicht.

Wenn wir annehmen, dass der Inhalt der Tabelle in der Variablen *SelectedCustomer* die Liste der Kundenschlüssel wäre, wie könnte DAX dann wissen, dass diese Werte in einer Beziehung zu *Sales* stehen? Als Wert unterscheidet sich ein Kundenschlüssel ja nicht von einer Produktmenge. Eine Zahl ist eine Zahl. Der Unterschied liegt in der Bedeutung der Zahl. Als Kundenschlüssel steht 120 für den Kunden mit dem Schlüssel 120, als Menge gibt der Wert dagegen die Anzahl der verkauften Produkte wieder.

Eine Liste von Zahlen hat also keine klare Bedeutung als Filter, sofern man nicht weiß, woher diese Zahlen kommen. Das Wissen über den Ursprung der Spaltenwerte erhält DAX jedoch über die Datenherkunft, der wir uns im nächsten Abschnitt widmen werden.

Einführung zu Datenherkunft und *TREATAS*

Wie wir im vorigen Abschnitt »*ISEMPTY* verwenden« angedeutet haben, hat eine Liste mit Werten keine Aussagekraft, wenn man nicht weiß, was diese Werte darstellen. Stellen Sie sich zum Beispiel eine Zeichenfolgentabelle vor, die die Strings »Red« und »Blue« enthält – so wie die folgende anonyme Tabelle:

```
{ "Red", "Blue" }
```

Als Menschen wissen wir, dass dies Farben sind. Fast ebenso wahrscheinlich ist, dass an dieser Stelle des Buchs alle Leser wissen, dass wir uns auf Produktfarben beziehen. Für DAX hingegen ist das nur eine Tabelle mit zwei Zeichenfolgen. Daher ergibt das folgende Measure immer die Umsatzgesamtsumme, da die Tabelle mit zwei Werten nichts filtern kann:

```
Test :=
CALCULATE (
    [Sales Amount],
    { "Red", "Blue" }
)
```

Das obige Measure führt zu keinem Fehler. Das Filterargument wird auf eine anonyme Tabelle angewendet, ohne dass dies Auswirkungen auf die physischen Tabellen des Datenmodells hätte.

In Abbildung 10.18 sehen Sie, dass das Ergebnis mit *Sales Amount* übereinstimmt, da *CALCULATE* keine weitere Filterung vornimmt.

Color	Sales Amount	Test
Azure	97,389.89	97,389.89
Black	5,860,066.14	5,860,066.14
Blue	2,435,444.62	2,435,444.62
Brown	1,029,508.95	1,029,508.95
Gold	361,496.01	361,496.01
Green	1,403,184.38	1,403,184.38
Grey	3,509,138.09	3,509,138.09
Orange	857,320.28	857,320.28
Pink	828,638.54	828,638.54
Purple	5,973.84	5,973.84
Red	1,110,102.10	1,110,102.10
Silver	6,798,560.86	6,798,560.86
Silver Grey	371,908.92	371,908.92
Transparent	3,295.89	3,295.89
White	5,829,599.91	5,829,599.91
Yellow	89,715.56	89,715.56
Total	**30,591,343.98**	**30,591,343.98**

Abbildung 10.18 Die Filterung mit einer anonymen Tabelle erzeugt keinen Filter.

Damit ein Wert das Modell filtern kann, muss DAX die *Datenherkunft* des Werts selbst kennen. Ein Wert, der eine Spalte im Datenmodell repräsentiert, übernimmt die Datenherkunft dieser Spalte. Dagegen ist ein Wert, der mit keiner Spalte im Datenmodell verknüpft ist, ein anonymer Wert. Im vorherigen Beispiel verwendete das Measure *Test* eine anonyme Tabelle zur Filterung des Modells. Daher wurde keine Spalte des Datenmodells gefiltert.

Nachfolgend sehen Sie die korrekte Anwendung eines Filters. Beachten Sie, dass wir zur Veranschaulichung die vollständige Syntax des *CALCULATE*-Filterarguments verwenden – eigentlich würde ein Prädikat zur Filterung von *Product[Color]* genügen:

```
Test :=
CALCULATE (
    [Sales Amount],
    FILTER (
        ALL ( 'Product'[Color] ),
        'Product'[Color] IN { "Red", "Blue" }
    )
)
```

Die Datenherkunft funktioniert wie folgt: *ALL* gibt eine Tabelle zurück, die alle Produktfarben enthält. Das Ergebnis enthält die Werte aus der ursprünglichen Spalte, sodass DAX die Bedeutung jedes Werts kennt. *FILTER* durchsucht die Tabelle mit allen Farben und prüft, ob jede Farbe in der anonymen Tabelle mit »Red« und »Blue« enthalten ist. Als Ergebnis gibt *FILTER* daher eine Tabelle mit den Werten von *Product[Color]* zurück, damit *CALCULATE* weiß, dass der Filter auf die Spalte *Product[Color]* angewendet wird.

Man kann sich die Datenherkunft als einen speziellen Marker vorstellen, der jeder Spalte hinzugefügt wird und ihre Position im Datenmodell kennzeichnet.

Normalerweise können Sie die Datenherkunft ignorieren, da DAX sich auf natürliche und intuitive Weise selbst um deren Komplexität kümmert. Wenn beispielsweise ein Tabellenwert einer Variablen zugeordnet wird, enthält die Tabelle Datenherkunftsinformationen, die während der gesamten Auswertung dieser Variablen in DAX beibehalten werden.

Der Grund dafür, warum es wichtig ist, die Datenherkunft zu erlernen, besteht darin, dass Sie so die Möglichkeit erhalten, die Datenherkunft nach Belieben beizubehalten oder zu ändern. In manchen Szenarien ist es wichtig, die Datenherkunft beizubehalten, in anderen dagegen kann es sich empfehlen, die Herkunft einer Spalte zu ändern.

Die Funktion, mit der Sie die Datenherkunft einer Spalte ändern, heißt *TREATAS*. *TREATAS* nimmt als erstes Argument eine Tabelle und dann eine Reihe von Spaltenverweisen entgegen. Dann ändert *TREATAS* die Datenherkunft der Tabelle und kennzeichnet jede Spalte mit der entsprechenden Zielspalte. So lässt sich etwa das obige Measure *Test* wie folgt neu schreiben:

```
Test :=
CALCULATE (
    [Sales Amount],
    TREATAS ( { "Red", "Blue" }, 'Product'[Color] )
)
```

TREATAS gibt eine Tabelle mit Werten zurück, die mit der Spalte *Product[Color]* gekennzeichnet wurden. Daher filtert diese neue Version von *Test* nur die Farben Rot und Blau. Abbildung 10.19 zeigt dies.

Color	Sales Amount	Test
Azure	97,389.89	3,545,546.72
Black	5,860,066.14	3,545,546.72
Blue	2,435,444.62	3,545,546.72
Brown	1,029,508.95	3,545,546.72
Gold	361,496.01	3,545,546.72
Green	1,403,184.38	3,545,546.72
Grey	3,509,138.09	3,545,546.72
Orange	857,320.28	3,545,546.72
Pink	828,638.54	3,545,546.72
Purple	5,973.84	3,545,546.72
Red	1,110,102.10	3,545,546.72
Silver	6,798,560.86	3,545,546.72
Silver Grey	371,908.92	3,545,546.72
Transparent	3,295.89	3,545,546.72
White	5,829,599.91	3,545,546.72
Yellow	89,715.56	3,545,546.72
Total	**30,591,343.98**	**3,545,546.72**

Abbildung 10.19 *TREATAS* ändert die Datenherkunft der anonymen Tabelle, damit die Filterung nachfolgend wie erwartet funktioniert.

Die Regeln für die Datenherkunft sind einfach. Ein einfacher Spaltenverweis behält seine Datenherkunft bei, während ein Ausdruck immer anonym ist. Tatsächlich erzeugt ein Ausdruck einen Verweis auf eine anonyme Spalte. Der folgende Ausdruck beispielsweise gibt eine Tabelle mit zwei Spalten zurück, die den gleichen Inhalt haben. Der Unterschied zwischen diesen beiden Spalten besteht darin, dass die erste die Datenherkunftsinformationen enthält, die zweite hingegen nicht (weil es sich ja um eine neue Spalte handelt):

```
ADDCOLUMNS (
    VALUES ( 'Product'[Color] ),
    "Color without lineage", 'Product'[Color] & ""
)
```

TREATAS ist praktisch, um die Datenherkunft einer oder mehrerer Spalten in einem Tabellenausdruck zu ändern. Das bisher verwendete Beispiel diente nur der Veranschaulichung. Wir kommen jetzt zu einem besseren Beispiel, das im Zusammenhang mit Zeitintelligenzberechnungen steht. In Kapitel 8, »Zeitintelligenzberechnungen«, zeigten wir die folgende Formel zur Berechnung des *LASTNONBLANK*-Datums für semiadditive Berechnungen:

```
LastBalanceIndividualCustomer :=
SUMX (
    VALUES ( Balances[Name] ),
    CALCULATE (
        SUM ( Balances[Balance] ),
```

```
            LASTNONBLANK (
                'Date'[Date],
                COUNTROWS ( RELATEDTABLE ( Balances ) )
            )
        )
    )
```

Dieser Code funktioniert zwar, hat aber einen wesentlichen Nachteil: Er enthält zwei Iterationen, und der Optimierer wird wahrscheinlich einen Ausführungsplan für das Measure verwenden, der nicht optimal ist. Besser wäre es, eine Tabelle mit dem Kundennamen und dem Datum des letzten Saldos zu erstellen und diese dann als Filterargument in *CALCULATE* zu verwenden, um das letzte für jeden Kunden vorhandene Datum zu filtern. Es zeigt sich, dass dies mit *TREATAS* möglich ist:

```
LastBalanceIndividualCustomer Optimized :=
VAR LastCustomerDate =
    ADDCOLUMNS (
        VALUES ( Balances[Name] ),
        "LastDate", CALCULATE (
            MAX ( Balances[Date] ),
            DATESBETWEEN ( 'Date'[Date], BLANK(), MAX ( Balances[Date] ) )
        )
    )
VAR FilterCustomerDate =
    TREATAS (
        LastCustomerDate,
        Balances[Name],
        'Date'[Date]
    )
VAR SumLastBalance =
    CALCULATE (
        SUM ( Balances[Balance] ),
        FilterCustomerDate
    )
RETURN
    SumLastBalance
```

Das Measure führt die folgenden Operationen aus:

- *LastCustomerDate* enthält das letzte Datum, für das Daten für den jeweiligen Kunden vorhanden sind. Das Ergebnis ist eine Tabelle, die zwei Spalten enthält. Die erste ist die Spalte *Balances[Name]*, während die zweite eine anonyme Spalte ist, da sie das Ergebnis eines Ausdrucks ist.
- *FilterCustomerDate* hat den gleichen Inhalt wie *LastCustomerDate*. Durch *TREATAS* werden nun beide Spalten mit der gewünschten Datenherkunft versehen. Die erste Spalte hat *Balances[Name]* als Ziel, die zweite Spalte *Date[Datum]*.

- Der letzte Schritt besteht darin, *FilterCustomerDate* als Filterargument von *CALCULATE* zu verwenden. Da die Tabelle nun korrekt mit der Datenherkunft gekennzeichnet ist, filtert *CALCULATE* das Modell so, dass für jeden Kunden nur ein Datum ausgewählt ist. Dieses Datum ist das letzte Datum mit Daten in der Tabelle *Balances* für den jeweiligen Kunden.

Normalerweise wird *TREATAS* angewendet, um die Datenherkunft einer Tabelle mit einer einzelnen Spalte zu ändern. Das obige Beispiel zeigt ein komplexeres Szenario, bei dem die Datenherkunft in einer Tabelle mit zwei Spalten geändert wird. Die resultierende Datenherkunft einer Tabelle, die aus einem DAX-Ausdruck resultiert, kann Spalten verschiedener Tabellen enthalten. Wenn diese Tabelle auf den Filterkontext angewendet wird, erzeugt sie oft einen beliebig geformten Filter, der im nächsten Abschnitt beschrieben wird.

Beliebig geformte Filter verstehen

Bei Filtern im Filterkontext werden zwei verschiedene Formen unterschieden: einfache Filter und beliebig geformte Filter. Alle bislang von uns verwendeten Filter waren einfache Filter. In diesem Abschnitt beschreiben wir beliebig geformte Filter und kurz die Auswirkungen ihrer Verwendung in Ihrem Code. Beliebig geformte Filter lassen sich mithilfe einer PivotTable in Excel oder durch das Schreiben von DAX-Code in einem Measure erstellen. Die Power BI-Benutzeroberfläche dagegen benötigt derzeit ein benutzerdefiniertes Visual zur Erstellung beliebig geformter Filter. In diesem Abschnitt wird beschrieben, was diese Filter sind und wie sie in DAX verwaltet werden.

Wir wollen zunächst den Unterschied zwischen einem einfachen und einem beliebig geformten Filter im Filterkontext beschreiben.

- Ein ***Spaltenfilter*** ist eine Liste von Werten für nur eine Spalte. Eine Liste mit drei Farben, wie Rot, Blau und Grün, ist ein Spaltenfilter. Die folgende *CALCULATE*-Anweisung beispielsweise erzeugt einen Spaltenfilter im Filterkontext, der nur die Spalte *Product[Color]* betrifft:

```
CALCULATE (
    [Sales Amount],
    'Product'[Color] IN { "Red", "Blue", "Green" }
)
```

- Ein ***einfacher Filter*** ist ein Filter über eine oder mehrere Spalten, der einer Gruppe einfacher Spaltenfilter entspricht. Fast alle bislang in diesem Buch verwendeten Filter sind Spaltenfilter. Spaltenfilter werden ganz einfach dadurch erstellt, dass mehrere Filterargumente in *CALCULATE* verwendet werden:

```
CALCULATE (
    [Sales Amount],
    'Product'[Color] IN { "Red", "Blue" },
    'Date'[Calendar Year Number] IN { 2007, 2008, 2009 }
)
```

Der obige Code könnte mit einem einfachen Filter mit zwei Spalten geschrieben werden:

```
CALCULATE (
    [Sales Amount],
    TREATAS (
        {
            ( "Red", 2007 ),
            ( "Red", 2008 ),
            ( "Red", 2009 ),
            ( "Blue", 2007 ),
            ( "Blue", 2008 ),
            ( "Blue", 2009 )
        },
        'Product'[Color],
        'Date'[Calendar Year Number]
    )
)
```

Da ein einfacher Filter alle möglichen Kombinationen zweier Spalten enthält, ist es einfacher, ihn mit zwei Spaltenfiltern auszudrücken.

- Ein ***beliebig geformter Filter*** ist jeder Filter, der nicht als einfacher Filter ausgedrückt werden kann. Betrachten Sie beispielsweise den folgenden Ausdruck:

```
CALCULATE (
    [Sales Amount],
    TREATAS (
        {
            ( "CY 2007", "December" ),
            ( "CY 2008", "January" )
        },
        'Date'[Calendar Year],
        'Date'[Month]
    )
)
```

Der Filter nach Jahr und Monat ist kein Spaltenfilter, da er zwei Spalten umfasst. Außerdem enthält der Filter nicht alle im Datenmodell vorhandenen Kombinationen beider Spalten. Tatsächlich lassen sich Jahr und Monat nicht separat filtern. Vielmehr gibt es zwei Jahres- und zwei Monatsverweise, und die Tabelle *Date* enthält vier bestehende Kombinationen für die angegebenen Werte, während der Filter nur zwei dieser Kombinationen umfasst. Mit anderen Worten, bei zwei Spaltenfiltern würde der resultierende Filterkontext auch den Januar 2007 und den Dezember 2008 umfassen, die nicht in dem im obigen Code beschriebenen Filter enthalten sind. Daher handelt es sich um einen beliebig geformten Filter.

Ein beliebig geformter Filter ist nicht einfach nur ein Filter mit mehreren Spalten. Natürlich kann ein Filter mit mehreren Spalten ein beliebig geformter Filter sein, aber man kann einen Filter mit mehreren Spalten entwerfen, der die Form eines einfachen Filters beibehält. Das folgende Beispiel ist ein einfacher Filter, auch wenn er mehrere Spalten umfasst:

```
CALCULATE (
    [Sales Amount],
    TREATAS (
        {
            ( "CY 2007", "December" ),
            ( "CY 2008", "December" )
        },
        'Date'[Calendar Year],
        'Date'[Month]
    )
)
```

Der obige Ausdruck kann folgendermaßen als Kombination zweier Spaltenfilter umgeschrieben werden:

```
CALCULATE (
    [Sales Amount],
    'Date'[Calendar Year] IN { "CY 2007",  "CY 2008" },
    'Date'[Month] = "December"
)
```

Auch wenn sie dem Autor komplex erscheinen mögen, können beliebig geformte Filter über die Benutzeroberfläche von Excel und Power BI recht einfach definiert werden. Zum Zeitpunkt der Abfassung dieses Buchs kann Power BI nur mithilfe des benutzerdefinierten Visuals Hierarchy Slicer, das Filter auf Grundlage einer Hierarchie mit mehreren Spalten definiert, einen beliebig geformten Filter generieren. In Abbildung 10.20 sehen Sie beispielsweise, wie Hierarchy Slicer verschiedene Monate in den Jahren 2007 und 2008 filtert.

Calendar Year	Sales Amount
CY 2007	**3,741,293.14**
September	1,009,868.98
October	914,273.54
November	825,601.87
December	991,548.75
CY 2008	**1,816,385.21**
January	656,766.69
February	600,080.00
March	559,538.52
Total	**5,557,678.35**

Abbildung 10.20 Das Filtern einer Hierarchie erlaubt das Erstellen eines beliebig geformten Filters.

In Microsoft Excel finden Sie eine native Funktion, um beliebig geformte Sätze aus Hierarchien zu erstellen (Abbildung 10.21).

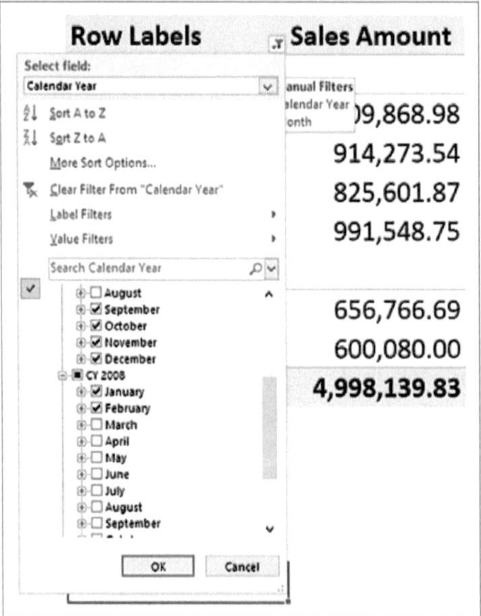

Abbildung 10.21 Microsoft Excel erstellt beliebig geformte Filter unter Verwendung des nativen Hierarchiefilters.

Die Verwendung beliebig geformter Filter ist in DAX aufgrund der Art und Weise, wie *CALCULATE* sie im Filterkontext verändern könnte, ausgesprochen komplex. Wenn *CALCULATE* einen Filter auf eine Spalte anwendet, entfernt es eigentlich nur die vorherigen Filter für diese Spalte und ersetzt sie samt und sonders durch den neuen Filter. In der Folge geht die ursprüngliche Form des beliebig geformten Filters verloren. Dieses Verhalten führt zu Formeln, die fehlerhafte

Ergebnisse liefern und schwer zu debuggen sind. Um das Problem zu veranschaulichen, werden wir daher die Komplexität des Codes Schritt für Schritt erhöhen, bis das Problem sichtbar wird.

Stellen Sie sich vor, Sie definieren ein einfaches Measure, das das Jahr überschreibt und die Angabe des Jahres 2007 erzwingt:

```
Sales Amount 2007 :=
CALCULATE (
    [Sales Amount],
    'Date'[Calendar Year] = "CY 2007"
)
```

CALCULATE überschreibt den Filter für das Jahr, ändert aber nicht den Filter für den Monat. Wenn dieser Code in einem Bericht verwendet wird, können die Ergebnisse des Measures ungewöhnlich erscheinen. Abbildung 10.22 zeigt dies.

Calendar Year	Sales Amount	Sales Amount 2007
CY 2007	**3,741,293.14**	**3,741,293.14**
September	1,009,868.98	1,009,868.98
October	914,273.54	914,273.54
November	825,601.87	825,601.87
December	991,548.75	991,548.75
CY 2008	**1,816,385.21**	**2,646,673.39**
January	656,766.69	794,248.24
February	600,080.00	891,135.91
March	559,538.52	961,289.24
Total	**5,557,678.35**	**6,387,966.53**

Abbildung 10.22 Das Jahr 2007 ersetzt den vorherigen Filter für das Jahr.

Bei der Auswahl von 2007 sind die Ergebnisse der beiden Measures gleich. Wenn hingegen das Jahr 2008 gewählt wird, wird es durch 2007 ersetzt, während die Monate unangetastet bleiben. Daraus ergibt sich, dass der für Januar 2008 ausgewiesene Wert dem Umsatzbetrag vom Januar 2007 entspricht. Gleiches gilt für Februar und März. Der springende Punkt ist, dass der ursprüngliche Filter die ersten drei Monate des Jahres 2007 gar nicht enthielt, und wenn wir den Filter für das Jahr ersetzen, ergibt unsere Formel deren Wert. So weit, so gut.

Komplizierter wird es aber bereits, wenn man die durchschnittlichen Monatsumsätze berechnen will. Eine mögliche Lösung für diese Berechnung besteht darin, über die Monate zu iterieren und die Teilergebnisse mithilfe von *AVERAGEX* zu mitteln:

```
Monthly Avg :=
AVERAGEX (
    VALUES ( 'Date'[Month] ),
    [Sales Amount]
)
```

Das Ergebnis sehen Sie in Abbildung 10.23. Diesmal ist die Gesamtsumme überraschend hoch.

Calendar Year

- ☐ July
- ☐ August
- ☑ September
- ☑ October
- ☑ November
- ☑ December
- ■ CY 2008
  - ☑ January
  - ☑ February
  - ☑ March
  - ☐ April
  - ☐ May
  - ☐ June

Calendar Year	Sales Amount	Monthly Avg
CY 2007	**3,741,293.14**	**935,323.29**
September	1,009,868.98	1,009,868.98
October	914,273.54	914,273.54
November	825,601.87	825,601.87
December	991,548.75	991,548.75
CY 2008	**1,816,385.21**	**605,461.74**
January	656,766.69	656,766.69
February	600,080.00	600,080.00
March	559,538.52	559,538.52
Total	**5,557,678.35**	**1,709,342.92**

Abbildung 10.23 Die Gesamtsumme ist definitiv zu hoch, um als Monatsdurchschnitt infrage zu kommen.

Dieses Problem zu verstehen ist viel schwieriger, als es zu lösen. Richten Sie Ihre Aufmerksamkeit auf die Zelle, die den falschen Wert berechnet: die Gesamtsumme von *Monthly Avg*. Der Filterkontext der Zeile *Total* des Berichts lautet wie folgt:

```
TREATAS (
    {
        ( "CY 2007", "September" ),
        ( "CY 2007", "October" ),
        ( "CY 2007", "November" ),
        ( "CY 2007", "December" ),
        ( "CY 2008", "January" ),
        ( "CY 2008", "February" ),
        ( "CY 2008", "March" )
    },
    'Date'[Calendar Year],
    'Date'[Month]
)
```

Um der Ausführung des DAX-Codes zu folgen, erweitern wir die vollständige Berechnung in dieser Zelle, indem wir den entsprechenden Filterkontext in einer *CALCULATE*-Anweisung definieren, die das Measure *Monthly Avg* auswertet. Darüber hinaus erweitern wir den Code von *Monthly Avg*, um eine einzige Formel zu erstellen, die die Ausführung simuliert:

```
CALCULATE (
    AVERAGEX (
        VALUES ( 'Date'[Month] ),
        CALCULATE (
            SUMX (
                Sales,
                Sales[Quantity] * Sales[Net Price]
            )
        )
    ),
```

```
        TREATAS (
            {
                ( "CY 2007", "September" ),
                ( "CY 2007", "October" ),
                ( "CY 2007", "November" ),
                ( "CY 2007", "December" ),
                ( "CY 2008", "January" ),
                ( "CY 2008", "February" ),
                ( "CY 2008", "March" )
            },
            'Date'[Calendar Year],
            'Date'[Month]
        )
    )
```

Der Schlüssel zur Behebung des Problems besteht darin, zu verstehen, was passiert, wenn die hervorgehobene *CALCULATE*-Anweisung ausgeführt wird. Dieses *CALCULATE* wird in einem Zeilenkontext ausgeführt, der über die Spalte *Date[Month]* iteriert. Folglich findet ein Kontextübergang statt und der aktuelle Wert des Monats wird dem Filterkontext hinzugefügt. In einem bestimmten Monat – sagen wir Januar – fügt *CALCULATE* »January« in den Filterkontext ein und ersetzt den aktuellen Filter des Monats, lässt aber alle anderen Filter unberührt.

Wenn *AVERAGEX* über »January« iteriert, ist der resultierende Filterkontext sowohl für 2007 als auch für 2008 der Januar; dies liegt daran, dass der ursprüngliche Filterkontext für die Jahresspalte zwei Jahre filtert. Daher berechnet DAX bei jeder Iteration den Umsatz von einem Monat in zwei verschiedenen Jahren. Aus diesem Grund ist der Wert so viel höher als irgendein Monatsumsatz.

Die ursprüngliche Form des beliebig geformten Filters geht verloren, weil *CALCULATE* eine der am beliebig geformten Filter beteiligten Spalten überschreibt. In der Summe liefert die Berechnung dann ein falsches Ergebnis.

Die Lösung des Problems ist viel einfacher als erwartet. Es reicht nämlich aus, über eine Spalte zu iterieren, die für jeden Monat garantiert einen eindeutigen Wert hat. Wenn die Formel nicht über den Monatsnamen iteriert, der jahresübergreifend nicht eindeutig ist, sondern über die Spalte *Calendar Year Month*, dann liefert der Code das richtige Ergebnis:

```
Monthly Avg :=
AVERAGEX (
    VALUES ( 'Date'[Calendar Year Month] ),
    [Sales Amount]
)
```

Bei dieser Version von *Monthly Avg* überschreibt der Kontextübergang bei jeder Iteration den Filter auf *Calendar Year Month*, der sowohl Jahres- als auch Monatswerte in derselben Spalte darstellt. So ist gewährleistet, dass immer die Umsätze eines einzelnen Monats zurückgegeben werden, was zu dem in Abbildung 10.24 dargestellten korrekten Ergebnis führt.

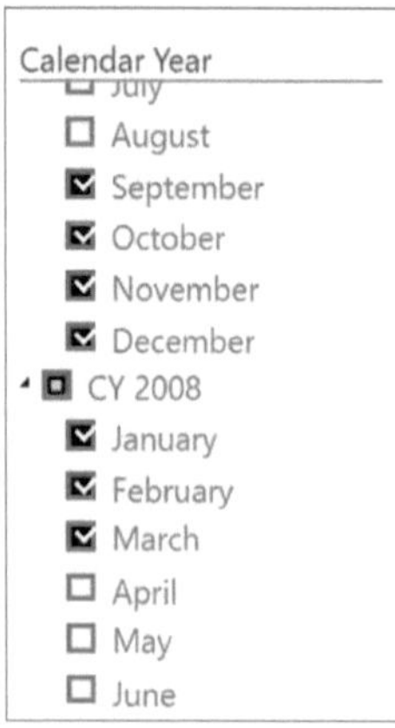

Calendar Year
July
☐ August
☑ September
☑ October
☑ November
☑ December
CY 2008
☑ January
☑ February
☑ March
☐ April
☐ May
☐ June

Calendar Year	Sales Amount	Monthly Avg
CY 2007	**3,741,293.14**	**935,323.29**
September	1,009,868.98	1,009,868.98
October	914,273.54	914,273.54
November	825,601.87	825,601.87
December	991,548.75	991,548.75
CY 2008	**1,816,385.21**	**605,461.74**
January	656,766.69	656,766.69
February	600,080.00	600,080.00
March	559,538.52	559,538.52
Total	**5,557,678.35**	**793,954.05**

Abbildung 10.24 Das Iterieren über eine eindeutige Spalte führt dazu, dass der Code das richtige Ergebnis berechnet.

Wenn eine eindeutige Spalte für die Kardinalität des Iterators nicht verfügbar ist, besteht eine andere praktikable Lösung in der Verwendung von *KEEPFILTERS*. Die folgende alternative Version des Codes funktioniert ordnungsgemäß, denn anstatt den vorherigen Filter zu ersetzen, fügt sie den Monatsfilter zur zuvor vorhandenen, beliebig geformten Filtergruppe hinzu. Dadurch wird das Format des ursprünglichen Filters beibehalten.

```
Monthly Avg KeepFilters :=
AVERAGEX (
    KEEPFILTERS ( VALUES ( 'Date'[Month] ) ),
    [Sales Amount]
)
```

Wie erwartet, werden willkürlich geformte Filtersätze in der Praxis nicht oft in Berichten verwendet. Dennoch gibt es für Benutzer verschiedene zulässige Möglichkeiten, sie zu erzeugen. Um zu gewährleisten, dass ein Measure auch bei beliebig geformten Filtergruppen korrekt funktioniert, ist es wichtig, einige Best Practices zu befolgen:

- Beim Iterieren über eine Spalte müssen Sie dafür sorgen, dass die Spalte bei der Granularität, in der die Berechnung durchgeführt wird, eindeutige Werte aufweist. Wenn eine Tabelle *Date* z. B. mehr als zwölf Monate umfasst, muss eine Spalte *YearMonth* (Jahr und Monat) für Monatsberechnungen verwendet werden.
- Wenn die obige Best Practice nicht angewendet werden kann, schützen Sie Ihren Code mit *KEEPFILTERS*, um zu garantieren, dass der beliebig geformte Filter im Filterkontext beibehalten wird. Beachten Sie dabei, dass *KEEPFILTERS* die Semantik der Berechnungen verändern kann. Es ist in der Tat wichtig, sich noch einmal zu vergewissern, dass *KEEPFILTERS* keine Fehler in das Measure einbringt.

Bei Beachtung dieser einfachen Regeln ist Ihr Code selbst bei Verwendung beliebig geformter Filter sicher.

Fazit

Wir haben in diesem Kapitel mehrere Funktionen beschrieben, die nützlich sind, um den Inhalt des Filterkontexts zu untersuchen und/oder das Verhalten eines Measures kontextabhängig zu modifizieren. Außerdem haben wir wichtige Techniken zur Manipulation des Filterkontexts eingeführt und uns dabei unser neues Wissen über die möglichen Zustände des Filterkontexts zunutze gemacht. Hier nun folgt eine Zusammenfassung der wichtigsten Konzepte, die Sie in diesem Kapitel gelernt haben:

- Eine Spalte kann entweder gefiltert oder kreuzgefiltert sein. Sie ist gefiltert, wenn es einen direkten Filter gibt; stammt der Filter hingegen von einem direkten Filter für eine andere Spalte oder Tabelle, dann liegt eine Kreuzfilterung vor. Sie können mit *ISFILTERED* und *ISCROSSFILTERED* überprüfen, ob eine Spalte gefiltert ist oder nicht.
- *HASONEVALUE* prüft, ob eine Spalte genau einen im Filterkontext sichtbaren Wert hat. Dies ist nützlich, um diesen Wert dann mit *VALUES* abzurufen. Die Funktion *SELECTEDVALUE* vereinfacht das *HASONEVALUE/VALUES*-Muster.
- Die Verwendung von *ALLEXCEPT* ist nicht identisch mit der Verwendung des Paares *ALL* und *VALUES*. Bei einer Kreuzfilterung ist *ALL/VALUES* sicherer, da hierbei auch die Kreuzfilterung als Teil ihrer Auswertung berücksichtigt wird.
- *ALL* und alle *ALL**-Funktionen sind nützlich, um die Auswirkungen eines Kontextübergangs zu umgehen. Tatsächlich informiert *ALL* in einer berechneten Spalte oder auch grundsätzlich in einem Zeilenkontext DAX darüber, dass der Kontextübergang nicht erforderlich ist.
- Jede Spalte in einer Tabelle ist mit einer Datenherkunft markiert. Die Datenherkunft erlaubt DAX die Anwendung von Filtern und Beziehungen. Sie wird immer dann beibehalten, wenn auf eine Spalte verwiesen wird, während sie bei der Verwendung von Ausdrücken verloren geht.
- Die Datenherkunft kann mithilfe von *TREATAS* einer oder mehreren Spalten zugeordnet werden.
- Nicht alle Filter sind einfache Filter. Ein Benutzer kann komplexere Filter entweder über die Benutzeroberfläche oder mithilfe von Code erstellen. Die komplexeste Art von Filtern sind die beliebig geformten Filter, deren Einsatz aufgrund ihrer Interaktion mit der Funktion *CALCULATE* und dem Kontextübergang potenziell eine hohe Komplexität aufweist.

Sie werden wahrscheinlich nicht alle in diesem Kapitel beschriebenen Konzepte und Funktionen beim erstmaligen Lesen verinnerlicht haben. Trotzdem ist es von entscheidender Bedeutung, dass Sie beim Erlernen von DAX auch mit diesen Konzepten konfrontiert werden. Mit Sicherheit werden Sie, wenn Sie Erfahrungen mit DAX sammeln, früher oder später auf das eine oder andere der hier beschriebenen Themen treffen. Das ist dann der Zeitpunkt, an dem Sie dieses Buch noch einmal zur Hand nehmen und Ihr Wissen über das konkrete Problem auffrischen sollten.

Im nächsten Kapitel verwenden wir viele der hier beschriebenen Funktionen, um Berechnungen auf Hierarchien anzuwenden. Sie werden dort erfahren, dass die Arbeit mit Hierarchien hauptsächlich eine Frage des Verständnisses der Form des aktuellen Filterkontexts ist.

KAPITEL 11

Mit Hierarchien arbeiten

Hierarchien treten in Datenmodellen häufig auf, um dem Benutzer Slice-&-Dice-Analysen mithilfe vordefinierter Untersuchungspfade zu erleichtern. Dennoch hat DAX keine eingebaute Funktion, die eine Berechnung über Hierarchien ermöglicht. Eine einfache Berechnung wie das Verhältnis zu einem übergeordneten Element erfordert einen komplexen DAX-Code, und die Unterstützung von Berechnungen über Hierarchien erweist sich generell als anspruchsvolle Herausforderung.

Trotzdem lohnt es sich, den für den Umgang mit Hierarchien erforderlichen DAX-Code zu lernen, denn Berechnungen über Hierarchien sind sehr verbreitet. In diesem Kapitel zeigen wir, wie man Berechnungen über Hierarchien grundsätzlich erstellt und mit DAX eine Hierarchie über- und untergeordneter Elemente in eine reguläre Hierarchie umwandelt.

Prozentwerte über Hierarchien berechnen

Eine häufige Anforderung beim Umgang mit Hierarchien besteht darin, ein Measure zu erstellen, das sich je nach Ebene des ausgewählten Elements unterschiedlich verhält. Ein Beispiel ist die Berechnung des Verhältnisses zum übergeordneten Element. Das Verhältnis zum übergeordneten Element zeigt für jede Ebene den prozentualen Anteil dieser Ebene an der übergeordneten Ebene an.

Betrachten Sie beispielsweise eine Hierarchie aus Produktkategorie, Unterkategorie und Produktname. Die Berechnung des Verhältnisses zum übergeordneten Element zeigt den prozentualen Anteil einer Kategorie an der Gesamtsumme, einer Unterkategorie an ihrer Kategorie und eines Produkts an der zugehörigen Unterkategorie. Daher wird also je nach Hierarchieebene eine unterschiedliche Berechnung angezeigt.

Ein Beispiel für einen solchen Bericht sehen Sie in Abbildung 11.1.

In Excel könnte man diese Berechnung mithilfe der PivotTable-Funktion Werte anzeigen als erstellen, sodass die Berechnung von Excel durchgeführt wird. Wenn Sie die Berechnung jedoch unabhängig von spezifischen Merkmalen des Clients verwenden möchten, ist es besser, ein neues Measure zu erstellen, das die Berechnung durchführt, damit der Wert im Datenmodell berechnet wird. Außerdem ist das Erlernen der Technik für viele ähnliche Szenarien nützlich.

Leider ist die Berechnung des Verhältnisses zum übergeordneten Element in DAX nicht so einfach. Wir stoßen hier auf die erste große Einschränkung in DAX: Es gibt keine Möglichkeit, ein allgemeines Measure für die Berechnung des Verhältnisses zum übergeordneten Element zu erstellen, das für jede beliebige Kombination von Spalten in einem Bericht funktioniert. Das liegt daran, dass es innerhalb von DAX nicht möglich ist, zu erfahren, wie der Bericht erstellt oder wie die Hierarchie im Clienttool verwendet wurde. DAX weiß schlicht nicht, wie ein Anwender einen Bericht erstellt. Es erhält eine DAX-Abfrage, die keinerlei Informationen darüber enthält, was sich in den Zeilen oder Spalten befindet oder welche Slicer zum Erstellen des Berichts verwendet wurden.

Category ▲	Sales Amount	PercOnParent
Audio	**21,544.69**	**2.60%**
Bluetooth Headphones	**4,444.69**	**20.63%**
NT Bluetooth Stereo Headphones E52 Pink	904.29	20.35%
NT Wireless Bluetooth Stereo Headphones E302 Pink	324.40	7.30%
WWI Wireless Bluetooth Stereo Headphones M170 Pink	1,560.00	35.10%
WWI Wireless Bluetooth Stereo Headphones M270 Pink	1,656.00	37.26%
MP4&MP3	**5,846.40**	**27.14%**
Contoso 16GB New Generation MP5 Player M1650 Pink	5,846.40	100.00%
Recording Pen	**11,253.60**	**52.23%**
WWI 1GB Digital Voice Recorder Pen E100 Pink	2,995.20	26.62%
WWI 4GB Video Recording Pen X200 Pink	8,258.40	73.38%
Cameras and camcorders	**364,444.58**	**43.98%**
Cameras & Camcorders Accessories	**3,940.47**	**1.08%**
Contoso Carrying Case E312 Pink	1,351.42	34.30%
Contoso Conversion Lens M550 Pink	184.50	4.68%
Contoso Cyber Shot Digital Cameras Adapter E306 Pink	1,937.52	49.17%
Contoso Lens Cap Keeper E314 Pink	467.04	11.85%

Abbildung 11.1 Das Measure *PercOnParent* erleichtert das Verstehen von Werten in einer Tabelle.

Zwar kann keine generische Formel erstellt werden, dennoch ist es möglich, ein Measure zu entwerfen, das bei richtiger Anwendung die korrekten Prozentsätze berechnet. Da wir hier drei Hierarchieebenen haben – Kategorie, Unterkategorie und Produkt –, beginnen wir mit drei verschiedenen Measures, die drei verschiedene Prozentsätze berechnen, nämlich je einen pro Ebene:

```
PercOnSubcategory :=
DIVIDE (
    [Sales Amount],
    CALCULATE (
        [Sales Amount],
        ALLSELECTED ( Product[Product Name] )
    )
)

PercOnCategory :=
DIVIDE (
    [Sales Amount],
    CALCULATE (
        [Sales Amount],
        ALLSELECTED ( Product[Subcategory] )
    )
)
```

```
PercOnTotal :=
DIVIDE (
    [Sales Amount],
    CALCULATE (
        [Sales Amount],
        ALLSELECTED ( Product[Category] )
    )
)
```

Mit diesen drei Measures werden die erforderlichen Prozentsätze berechnet. Abbildung 11.2 zeigt die Ergebnisse in einem Bericht.

Category	Sales Amount	PercOnTotal	PercOnCategory	PercOnSubcategory
Audio	**21,544.69**	**2.60%**	**100.00%**	**100.00%**
Bluetooth Headphones	**4,444.69**	**100.00%**	**20.63%**	**100.00%**
NT Bluetooth Stereo Headphones E52 Pink	904.29	100.00%	100.00%	20.35%
NT Wireless Bluetooth Stereo Headphones E302 Pink	324.40	100.00%	100.00%	7.30%
WWI Wireless Bluetooth Stereo Headphones M170 Pink	1,560.00	100.00%	100.00%	35.10%
WWI Wireless Bluetooth Stereo Headphones M270 Pink	1,656.00	100.00%	100.00%	37.26%
MP4&MP3	**5,846.40**	**100.00%**	**27.14%**	**100.00%**
Contoso 16GB New Generation MP5 Player M1650 Pink	5,846.40	100.00%	100.00%	100.00%
Recording Pen	**11,253.60**	**100.00%**	**52.23%**	**100.00%**
WWI 1GB Digital Voice Recorder Pen E100 Pink	2,995.20	100.00%	100.00%	26.62%
WWI 4GB Video Recording Pen X200 Pink	8,258.40	100.00%	100.00%	73.38%
Cameras and camcorders	**364,444.58**	**43.98%**	**100.00%**	**100.00%**
Cameras & Camcorders Accessories	**3,940.47**	**100.00%**	**1.08%**	**100.00%**
Contoso Carrying Case E312 Pink	1,351.42	100.00%	100.00%	34.30%
Contoso Conversion Lens M550 Pink	184.50	100.00%	100.00%	4.68%
Contoso Cyber Shot Digital Cameras Adapter E306 Pink	1,937.52	100.00%	100.00%	49.17%

Abbildung 11.2 Die drei Measures funktionieren jeweils nur auf der Ebene, auf der sie sinnvoll sind.

Sie sehen, dass die Measures nur dort die richtigen Werte anzeigen, wo sie relevant sind. Andernfalls geben sie immer 100 % zurück, was keinen Sinn ergibt. Außerdem gibt es drei verschiedene Measures, während wir uns eigentlich lieber mit einem einzigen Measure bescheiden würden, das auf den verschiedenen Ebenen jeweils unterschiedliche Prozentsätze angibt. Das ist der nächste Schritt.

Zunächst löschen wir die 100 % aus dem Measure *PercOnSubcategory*. Die Berechnung soll nicht durchgeführt werden, wenn die Hierarchie die Spalte *Product Name* in den Zeilen nicht anzeigt. Das bedeutet, dass zu prüfen ist, ob *Product Name* derzeit von der Abfrage, die die Matrix erzeugt, gefiltert wird. Für diesen Zweck gibt es eine spezielle Funktion namens *ISINSCOPE*. *ISINSCOPE* gibt *TRUE* zurück, wenn die als Argument übergebene Spalte gefiltert ist und zu den Spalten gehört, die für die Gruppierung verwendet werden. Setzen wir diesen neuen Ausdruck also in unsere Formel ein:

```
PercOnSubcategory :=
IF (
    ISINSCOPE ( Product[Product Name] ),
    DIVIDE (
        [Sales Amount],
```

```
        CALCULATE (
            [Sales Amount],
            ALLSELECTED ( Product[Product Name] )
        )
    )
)
```

Abbildung 11.3 zeigt den Bericht mit dieser neuen Formel.

Category	Sales Amount	PercOnTotal	PercOnCategory	PercOnSubcategory
Audio	**21,544.69**	**2.60%**	**100.00%**	
Bluetooth Headphones	**4,444.69**	**100.00%**	**20.63%**	
NT Bluetooth Stereo Headphones E52 Pink	904.29	100.00%	100.00%	20.35%
NT Wireless Bluetooth Stereo Headphones E302 Pink	324.40	100.00%	100.00%	7.30%
WWI Wireless Bluetooth Stereo Headphones M170 Pink	1,560.00	100.00%	100.00%	35.10%
WWI Wireless Bluetooth Stereo Headphones M270 Pink	1,656.00	100.00%	100.00%	37.26%
MP4&MP3	**5,846.40**	**100.00%**	**27.14%**	
Contoso 16GB New Generation MP5 Player M1650 Pink	5,846.40	100.00%	100.00%	100.00%
Recording Pen	**11,253.60**	**100.00%**	**52.23%**	
WWI 1GB Digital Voice Recorder Pen E100 Pink	2,995.20	100.00%	100.00%	26.62%
WWI 4GB Video Recording Pen X200 Pink	8,258.40	100.00%	100.00%	73.38%
Cameras and camcorders	**364,444.58**	**43.98%**	**100.00%**	
Cameras & Camcorders Accessories	**3,940.47**	**100.00%**	**1.08%**	
Contoso Carrying Case E312 Pink	1,351.42	100.00%	100.00%	34.30%
Contoso Conversion Lens M550 Pink	184.50	100.00%	100.00%	4.68%
Contoso Cyber Shot Digital Cameras Adapter E306 Pink	1,937.52	100.00%	100.00%	49.17%

Abbildung 11.3 Mit *ISINSCOPE* entfernen wir die sinnlosen 100-%-Werte aus der Spalte *ZercOnSubcategory*.

Mit derselben Technik können wir auch die übrigen 100-%-Werte aus den anderen Measures entfernen. Beachten Sie, dass wir in *PercOnCategory* überprüfen müssen, ob *Subcategory* im Geltungsbereich liegt und *Product Name* dies nicht tut. Wenn der Bericht nämlich unter Verwendung der Hierarchie nach *Product Name* aufschlüsselt, erfolgt gleichzeitig eine Aufschlüsselung nach *Subcategory*, das heißt, es wird ein Produkt anstelle einer Unterkategorie angezeigt. Um doppelten Code zur Überprüfung dieser Bedingungen zu vermeiden, ist es besser, ein einzelnes Measure zu schreiben, das je nach sichtbarer Hierarchieebene eine andere Operation ausführt. Dies geschieht mit der *ISINSCOPE*-Bedingung, die von der untersten bis zur obersten Hierarchieebene prüft. Hier folgt der Code für das Measure *PercOnParent*:

```
PercOnParent :=
VAR CurrentSales = [Sales Amount]
VAR SubcategorySales =
    CALCULATE (
        [Sales Amount],
        ALLSELECTED ( Product[Product Name] )
    )
VAR CategorySales =
    CALCULATE (
        [Sales Amount],
        ALLSELECTED ( Product[Subcategory] )
```

```
    )
VAR TotalSales =
    CALCULATE (
        [Sales Amount],
        ALLSELECTED ( Product[Category] )
    )
VAR RatioToParent =
    IF (
        ISINSCOPE ( Product[Product Name] ),
        DIVIDE ( CurrentSales, SubcategorySales ),
        IF (
            ISINSCOPE ( Product[Subcategory] ),
            DIVIDE ( CurrentSales, CategorySales ),
            IF (
                ISINSCOPE ( Product[Category] ),
                DIVIDE ( CurrentSales, TotalSales )
            )
        )
    )
RETURN RatioToParent
```

Bei Verwendung des Measures *PercOnParent* sieht das Ergebnis wie erwartet aus (siehe Abbildung 11.4).

Category	Sales Amount	PercOnParent
Audio	**21,544.69**	**2.60%**
Bluetooth Headphones	**4,444.69**	**20.63%**
NT Bluetooth Stereo Headphones E52 Pink	904.29	20.35%
NT Wireless Bluetooth Stereo Headphones E302 Pink	324.40	7.30%
WWI Wireless Bluetooth Stereo Headphones M170 Pink	1,560.00	35.10%
WWI Wireless Bluetooth Stereo Headphones M270 Pink	1,656.00	37.26%
MP4&MP3	**5,846.40**	**27.14%**
Contoso 16GB New Generation MP5 Player M1650 Pink	5,846.40	100.00%
Recording Pen	**11,253.60**	**52.23%**
WWI 1GB Digital Voice Recorder Pen E100 Pink	2,995.20	26.62%
WWI 4GB Video Recording Pen X200 Pink	8,258.40	73.38%
Cameras and camcorders	**364,444.58**	**43.98%**
Cameras & Camcorders Accessories	**3,940.47**	**1.08%**
Contoso Carrying Case E312 Pink	1,351.42	34.30%
Contoso Conversion Lens M550 Pink	184.50	4.68%
Contoso Cyber Shot Digital Cameras Adapter E306 Pink	1,937.52	49.17%
Contoso Lens Cap Keeper E314 Pink	467.04	11.85%

Abbildung 11.4 Das Measure *PercOnParent* fasst die drei zuvor berechneten Spalten zu einer einzigen Spalte zusammen.

Die drei oben erstellten Measures sind jetzt nicht mehr sinnvoll. Mit einem einzigen Measure berechnen wir alles, was wir brauchen. Es setzt den richtigen Wert in eine einzige Spalte, denn es erkennt die durchsuchte Hierarchieebene.

Die Reihenfolge der *IF*-Bedingungen ist wichtig. Wir wollen die innerste Hierarchieebene testen und uns dann Schritt für Schritt zu den äußeren Ebenen vorarbeiten. Würden wir die Reihenfolge der Bedingungen umkehren, dann wären die erhaltenen Ergebnisse falsch. Denken Sie immer daran, dass bei der Filterung der Unterkategorie durch die Hierarchie auch die Kategorie gefiltert wird.

Das in DAX geschriebene Measure *PercOnParent* funktioniert nur, wenn der Benutzer die korrekte Hierarchie für die Zeilen festlegt. Wenn der Benutzer beispielsweise die Kategoriehierarchie durch die Farbe ersetzt, sind die Zahlen im Bericht schwer verständlich. Das Measure berücksichtigt nämlich die Produkthierarchie immer unabhängig davon, ob sie im Bericht verwendet wird oder nicht.

Mit über-/untergeordneten Hierarchien arbeiten

Das von DAX verwendete native Datenmodell unterstützt keine echten Hierarchien mit über- und untergeordneten Elementen, wie sie etwa in einer mehrdimensionalen Datenbank in Analysis Services zu finden sind. Es stehen jedoch mehrere DAX-Funktionen zur Verfügung, um solche Hierarchien in reguläre spaltenbasierte Hierarchien umzuwandeln. Dies ist für die meisten Szenarien ausreichend, auch wenn es bedeutet, dass man zur Entwurfszeit eine fundierte Vermutung darüber anstellen muss, wie tief die Hierarchie maximal sein wird. In diesem Abschnitt erfahren Sie, wie Sie die DAX-Funktionen zur Erstellung einer Hierarchie mit über- und untergeordneten Elementen (Parent-Child-Hierarchie, oft abgekürzt als »P/C«) verwenden.

In Abbildung 11.5 sehen Sie eine klassische P/C-Hierarchie.

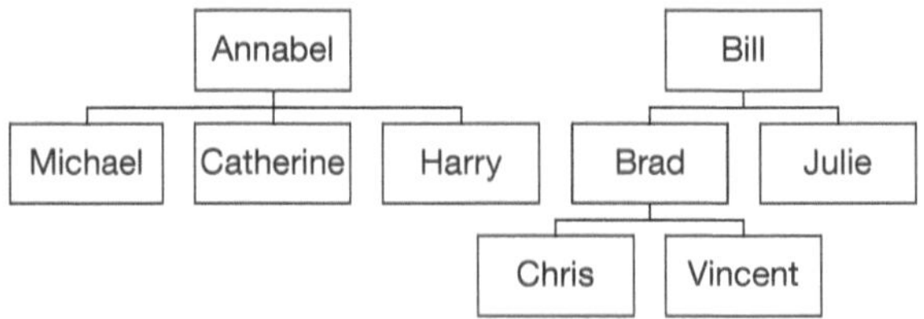

Abbildung 11.5 Das Diagramm zeigt die grafische Darstellung einer P/C-Hierarchie.

P/C-Hierarchien weisen bestimmte einmalige Eigenschaften auf:

- Die Anzahl der Ebenen ist in der gesamten Hierarchie nicht unbedingt gleich. So hat etwa der Pfad von Annabel zu Michael eine Tiefe von zwei Ebenen, während in derselben Hierarchie der Weg von Bill zu Chris eine Tiefe von drei Ebenen hat.

- Die Hierarchie wird normalerweise in einer einzigen Tabelle dargestellt, wobei für jede Zeile ein Link zum übergeordneten Element gespeichert wird.

Die kanonische Darstellung von P/C-Hierarchien ist in Abbildung 11.6 zu sehen.

PersonKey	Name	ParentKey
1	Bill	
2	Brad	1
3	Julie	1
4	Chris	2
5	Vincent	2
6	Annabel	
7	Catherine	6
8	Harry	6
9	Michael	6

Abbildung 11.6 Eine Tabelle mit einer P/C-Hierarchie

Es ist leicht zu erkennen, dass *ParentKey* der Schlüssel des übergeordneten Elements jedes Knotens ist. Beispielsweise ist für Catherine 6 angegeben, was dem Schlüssel des übergeordneten Elements (Annabel) entspricht. Das Problem bei diesem Datenmodell besteht darin, dass die Beziehung diesmal selbstreferenziell ist, das heißt, die beiden an der Beziehung beteiligten Tabellen sind in Wirklichkeit dieselbe Tabelle.

Ein tabellarisches Datenmodell unterstützt allerdings keine selbstreferenzierenden Beziehungen. Folglich muss das Datenmodell selbst geändert werden: Die Hierarchie mit über- und untergeordneten Elementen muss in eine reguläre Hierarchie umgewandelt werden, basierend auf einer Spalte je Hierarchieebene.

Bevor wir auf die Einzelheiten des Umgangs mit P/C-Hierarchien eingehen, sei noch ein letzter Punkt erwähnt. Sehen Sie sich die Tabelle in Abbildung 11.7 an. Sie enthält die Werte, die wir mithilfe der Hierarchie aggregieren wollen.

PersonKey	Name	Amount
2	Brad	200
2	Brad	200
3	Julie	300
4	Chris	400
5	Vincent	500
6	Annabel	600
7	Catherine	600
7	Catherine	600
8	Harry	400
8	Harry	400
9	Michael	300
9	Michael	300

Abbildung 11.7 Diese Tabelle enthält die Daten für die P/C-Hierarchie.

Die Zeilen in der Faktentabelle enthalten Verweise sowohl auf Blattebene als auch auf mittlere Knoten in der Hierarchie. Die hervorgehobene Zeile verweist beispielsweise auf Annabel. Annabel hat nicht nur selbst einen Wert, sondern auch drei untergeordnete Knoten. Daher muss die Formel bei der Zusammenfassung aller ihrer Daten sowohl ihren als auch die Werte ihrer untergeordneten Elemente aggregieren.

Abbildung 11.8 zeigt das von uns angestrebte Ergebnis.

Level1	FinalFormula
Annabel	**3,200**
Annabel	**600**
Catherine	**1,200**
Harry	**800**
Michael	**600**
Bill	**1,600**
Brad	**1,300**
Brad	400
Chris	400
Vincent	500
Julie	**300**
Total	**4,800**

Abbildung 11.8 Dieser Bericht zeigt das Ergebnis des Durchsuchens einer P/C-Hierarchie mit einem Matrixvisual.

Bis zum Erreichen des Endziels sind noch eine Menge Schritte zurückzulegen. Nachdem die Tabellen in das Datenmodell geladen wurden, wird zunächst eine berechnete Spalte erstellt, die den Pfad zu jedem Knoten enthält. Da wir keine Standardbeziehungen verwenden können, müssen wir auf eine Reihe spezieller DAX-Funktionen zurückgreifen, die für die Handhabung von P/C-Hierarchien entwickelt wurden.

Die neue berechnete Spalte mit dem Namen *FullPath* verwendet die Funktion *PATH*:

```
Persons[FullPath] = PATH ( Persons[PersonKey], Persons[ParentKey] )
```

PATH ist eine Funktion, die zwei Parameter entgegennimmt. Der erste Parameter ist der Schlüssel der Tabelle (in diesem Fall *Persons[PersonKey]*), der zweite der Name der Spalte, die den Schlüssel des übergeordneten Elements enthält. *PATH* durchläuft die Tabelle rekursiv und erstellt für jeden Knoten den Pfad als Liste von Schlüsseln, die durch das Pipe-Zeichen(|) getrennt sind. In Abbildung 11.9 sehen Sie die berechnete Spalte *FullPath*.

PersonKey	Name	FullPath
1	Bill	1
2	Brad	1|2
3	Julie	1|3
4	Chris	1|2|4
5	Vincent	1|2|5
6	Annabel	6
7	Catherine	6|7
8	Harry	6|8
9	Michael	6|9

Abbildung 11.9 Die Spalte *FullPath* enthält den vollständigen Pfad, über den der jeweilige Knoten erreicht werden kann.

Die Spalte *FullPath* ist für sich genommen nicht sinnvoll. Trotzdem ist sie wichtig, weil sie als Grundlage für weitere berechnete Spalten dient, die für den Aufbau der Hierarchie erforderlich sind. Der nächste Schritt besteht in der Erstellung von drei berechneten Spalten, nämlich jeweils eine für jede Hierarchieebene:

```
Persons[Level1] = LOOKUPVALUE(
    Persons[Name],
    Persons[PersonKey], PATHITEM ( Persons[FullPath], 1, INTEGER )
)

Persons[Level2] = LOOKUPVALUE(
    Persons[Name],
    Persons[PersonKey], PATHITEM ( Persons[FullPath], 2, INTEGER )
)

Persons[Level3] = LOOKUPVALUE(
    Persons[Name],
    Persons[PersonKey], PATHITEM ( Persons[FullPath], 3, INTEGER )
)
```

Die drei Spalten sind *Level1*, *Level2*und *Level3*. Dabei besteht der einzige Unterschied im zweiten Parameter *PATHITEM*, der jeweils 1, 2 oder 3 ist. Die berechnete Spalte verwendet *LOOKUPVALUE*, um nach einer Zeile zu suchen, in der *PersonKey* dem Ergebnis von *PATHITEM* entspricht. *PATHITEM* gibt das n-te Element in einer Spalte, die mit *PATH* erstellt wurde, oder aber einen Leerwert zurück, wenn es kein solches Element gibt, weil wir eine Zahl anfordern, die größer als die Länge des Pfades ist. Die resultierende Tabelle ist in Abbildung 11.10 dargestellt.

PersonKey ▲	Name	FullPath	Level1	Level2	Level3
1	Bill	1	Bill		
2	Brad	1|2	Bill	Brad	
3	Julie	1|3	Bill	Julie	
4	Chris	1|2|4	Bill	Brad	Chris
5	Vincent	1|2|5	Bill	Brad	Vincent
6	Annabel	6	Annabel		
7	Catherine	6|7	Annabel	Catherine	
8	Harry	6|8	Annabel	Harry	
9	Michael	6|9	Annabel	Michael	

Abbildung 11.10 Die *Level*-Spalten enthalten die Werte, die in der Hierarchie angezeigt werden sollen.

In diesem Beispiel haben wir drei Spalten verwendet, weil die maximale Tiefe der Hierarchie drei Ebenen beträgt. In einem praktischen Szenario müsste man die maximale Anzahl der Hierarchieebenen zählen und eine Anzahl von Spalten erstellen, die groß genug ist, um alle Ebenen aufzunehmen. Deswegen muss diese maximale Anzahl festgelegt sein, obwohl die Anzahl der Ebenen in einer P/C-Hierarchie eigentlich flexibel sein sollte, um Hierarchien in einem Datenmodell zu implementieren. Daher empfiehlt es sich, einige weitere Ebenen hinzuzufügen, um Platz zu schaffen und ein zukünftiges Wachstum der Hierarchie zu ermöglichen, ohne das Datenmodell ändern zu müssen.

Als Nächstes müssen wir die Ebenenspalten in eine Hierarchie umwandeln. Da auch keine der anderen Spalten in der P/C-Hierarchie sinnvoll ist, sollten wir alles andere vor den Clienttools verbergen. Jetzt können wir bereits einen Bericht erstellen, bei dem wir die Hierarchie in den Zeilen und die der Summe der Beträge in den Werten verwenden. Das führt aber noch nicht zum gewünschten Ergebnis. Abbildung 11.11 zeigt die Ergebnisse in einer Matrix an.

Bei diesem Bericht gibt es einige Probleme:

- Unter Annabel enthalten zwei leere Zeilen den Wert von Annabel selbst.
- Unter Catherine enthält eine leere Zeile den Wert von Catherine selbst. Dasselbe ist bei vielen anderen Zeilen zu sehen.

Die Hierarchie zeigt immer drei Ebenen an – und zwar auch bei Pfaden, bei denen die maximale Tiefe nur 2 betragen sollte, wie z. B. bei Harry, der keine Kinder hat.

Diese Probleme betreffen die Visualisierung der Ergebnisse. Abgesehen davon berechnet die Hierarchie die korrekten Werte, denn unter Annabels Zeile sehen Sie die Werte aller ihrer Kinder. Der wesentliche Aspekt dieser Lösung besteht darin, dass wir in der Lage waren, eine selbstreferenzierende Beziehung (auch als rekursive Beziehung bekannt) nachzuahmen, indem wir mit der Funktion *PATH* eine berechnete Spalte erstellt haben. Der verbleibende Teil löst die Präsentationsprobleme. Wir sind zumindest auf dem richtigen Weg.

Level1	Amount
Annabel	**3200**
	600
	600
Catherine	**1200**
	1200
Harry	**800**
	800
Michael	**600**
	600
Bill	**1600**
Brad	**1300**
	400
Chris	400
Vincent	500
Julie	**300**
	300
Total	**4800**

Abbildung 11.11 Die P/C-Hierarchie entspricht nicht dem Gewünschten, denn sie weist zu viele Zeilen auf.

Unsere erste Aufgabe ist die Beseitigung aller Leerwerte. In der zweiten Zeile der Matrix im Bericht sehen Sie einen Betrag von 600, der für Annabel sichtbar sein sollte, nicht aber für den Leerwert. Dieses Problem können wir lösen, indem wir die Formel für die *Level*-Spalten modifizieren. Zunächst entfernen wir alle Leerwerte und wiederholen dies für die vorherige Ebene, wenn wir das Ende des Pfades erreicht haben. Hier sehen Sie das Muster für *Level2*:

```
PC[Level2] =
IF ( PATHLENGTH ( Persons[FullPath] ) >= 2,
    LOOKUPVALUE(
        Persons[Name],
        Persons[PersonKey], PATHITEM ( Persons[FullPath], 2, INTEGER )
    ),
    Persons[Level1]
)
```

Level1 muss nicht geändert werden, da es immer eine erste Ebene gibt. Spalten aus *Level3* müssen dem gleichen Muster folgen wie *Level2*. Mit dieser neuen Formel sieht die Tabelle aus wie in Abbildung 11.12.

PersonKey ▲	Name	FullPath	Level1	Level2	Level3
1	Bill	1	Bill	Bill	Bill
2	Brad	1|2	Bill	Brad	Brad
3	Julie	1|3	Bill	Julie	Julie
4	Chris	1|2|4	Bill	Brad	Chris
5	Vincent	1|2|5	Bill	Brad	Vincent
6	Annabel	6	Annabel	Annabel	Annabel
7	Catherine	6|7	Annabel	Catherine	Catherine
8	Harry	6|8	Annabel	Harry	Harry
9	Michael	6|9	Annabel	Michael	Michael

Abbildung 11.12 Mit der neuen Formel enthalten die *Level*Spalten keinesfalls einen Leerwert.

Wenn Sie sich den Bericht jetzt ansehen, stellen Sie fest, dass die leeren Zeilen verschwunden sind. Es sind aber immer noch zu viele Zeilen vorhanden. In Abbildung 11.13 sehen Sie einen Bericht mit zwei hervorgehobenen Zeilen.

Level1	Amount
Annabel	**3200**
Annabel	**600**
Annabel	600
Catherine	**1200**
Catherine	1200
Harry	**800**
Harry	800
Michael	**600**
Michael	600

Abbildung 11.13 Der neue Bericht enthält keine leeren Zeilen.

Achten Sie auf die zweite und die dritte Zeile des Berichts. In beiden Fällen zeigt die Matrix eine einzelne Zeile der Hierarchie (nämlich die Zeile von Annabel). Wir sollten auch die zweite Zeile anzeigen, weil sie einen relevanten Wert für Annabel enthält. Die dritte Zeile wollen wir aber sicher nicht sehen, weil die Hierarchie zu tief durchlaufen würde und der Pfad von Annabel nicht mehr sinnvoll ist. Wie Sie sehen, hängt die Entscheidung, ob ein Knoten der Hierarchie ein- oder ausgeblendet werden soll, von der Knotentiefe ab. Wir können Annabel bis zur zweiten Hierarchieebene fortführen, aber die dritte Ebene für sie muss sicherlich entfernt werden.

Wir können die Länge des Pfades, der zum Erreichen der Zeile benötigt wird, in einer berechneten Spalte speichern. Aus der Pfadlänge geht hervor, dass Annabel ein Stammknoten ist. Eigentlich handelt es sich um einen Knoten der Ebene 1 mit einem Pfad, der nur einen Wert enthält. Catherine hingegen ist ein Knotenpunkt der Ebene 2, weil sie eine Tochter von Annabel ist und der Pfad zu ihr die Länge 2 hat. Außerdem ist Catherine, auch wenn es vielleicht nicht auf den ersten Blick offensichtlich ist, auf Ebene 1 sichtbar, weil ihr Wert unter dem ersten Knoten von Annabel aggregiert ist. Mit anderen Worten: Obwohl der Name Catherine im Bericht nicht auf Ebene 1 erscheint, wird ihr Betrag unter ihrem Elternteil Annabel aggregiert. Der Name von Catherine ist sichtbar, weil in ihrer Zeile für *Level1* Annabel steht.

Sobald wir die Ebene jedes Knotens in der Hierarchie kennen, können wir festlegen, dass er sichtbar ist, wenn der Bericht die Hierarchie bis zu seiner Ebene durchläuft. Zeigt der Bericht eine zu tiefe Ebene an, muss der Knoten ausgeblendet werden. Um diesen Algorithmus zu implementieren, benötigen wir zwei Werte:

- Die Tiefe jedes Knotens. Dies ist ein fester Wert für jede Zeile in der Hierarchie, und als solcher kann er sicher in einer berechneten Spalte gespeichert werden.
- Die aktuelle Suchtiefe des Berichtsvisuals. Dies ist ein dynamischer Wert, der vom aktuellen Filterkontext abhängt. Es muss sich hierbei um ein Measure handeln, da sich sein Wert je nach Bericht ändert und er für jede Zeile des Berichts einen anderen Wert aufweist. Beispielsweise ist Annabel ein Knoten auf Ebene 1, aber sie erscheint in drei Zeilen, weil die aktuelle Tiefe des Berichts drei verschiedene Werte aufweist.

Die Tiefe jedes Knotens ist leicht zu berechnen. Mit dem folgenden einfachen Ausdruck können wir eine neue berechnete Spalte zur Tabelle *Persons* hinzufügen:

```
Persons[NodeDepth] = PATHLENGTH ( Persons[FullPath] )
```

PATHLENGTH gibt die Länge eines mit *PATH* berechneten Werts zurück. Die resultierende berechnete Spalte sehen Sie in Abbildung 11.14.

PersonKey	Name	FullPath	Level1	Level2	Level3	NodeDepth
1	Bill	1	Bill	Bill	Bill	1
2	Brad	1|2	Bill	Brad	Brad	2
3	Julie	1|3	Bill	Julie	Julie	2
4	Chris	1|2|4	Bill	Brad	Chris	3
5	Vincent	1|2|5	Bill	Brad	Vincent	3
6	Annabel	6	Annabel	Annabel	Annabel	1
7	Catherine	6|7	Annabel	Catherine	Catherine	2
8	Harry	6|8	Annabel	Harry	Harry	2
9	Michael	6|9	Annabel	Michael	Michael	2

Abbildung 11.14 Die Spalte *NodeDepth* speichert die Tiefe jedes Knotens in einer berechneten Spalte.

Die Spalte *NodeDepth* ist einfach zu erstellen. Die Berechnung der Suchtiefe ist schwieriger, weil sie in einem Measure erfolgen muss. Dennoch ist die Logik dahinter nicht besonders komplex: Sie ähnelt der Technik, die Sie bereits für Standardhierarchien gelernt haben. Das Measure verwendet *ISINSCOPE*, um herauszufinden, welche der Hierarchiespalten gefiltert werden und welche nicht.

Außerdem profitiert die Formel von der Tatsache, dass ein *boolescher* Wert in eine Zahl umgewandelt werden kann, wobei *TRUE* den Wert 1 und *FALSE* den Wert 0 hat:

```
BrowseDepth :=
ISINSCOPE ( Persons[Level1] ) +
ISINSCOPE ( Persons[Level2] ) +
ISINSCOPE ( Persons[Level3] )
```

Wenn also nur *Level1* gefiltert wird, ist das Ergebnis 1. Werden sowohl *Level1* als auch *Level2* gefiltert, nicht aber *Level3*, dann ist das Ergebnis 2 usw. Das Ergebnis für das Measure *BrowseDepth* ist in Abbildung 11.15 zu sehen.

Level1	Amount	BrowseDepth
Annabel	**3200**	**1**
Annabel	**600**	**2**
Annabel	600	3
Catherine	**1200**	**2**
Catherine	1200	3
Harry	**800**	**2**
Harry	800	3
Michael	**600**	**2**
Michael	600	3

Abbildung 11.15 Das Measure *BrowseDepth* berechnet die Suchtiefe im Bericht.

Wir nähern uns der Auflösung des Szenarios. Die letzte Information, die wir noch benötigen, ist, dass ein Bericht standardmäßig alle Zeilen ausblendet, die für alle angezeigten Measures einen Leerwert ergeben. Wir werden uns dieses Verhalten zunutze machen, um die unerwünschten Zeilen auszublenden. Indem wir den Wert von *Amount* in einen Leerwert umwandeln, können wir Zeilen aus der Matrix ausblenden, wenn wir nicht wollen, dass er im Bericht erscheint. So verwendet unsere Lösung die folgenden Elemente:

- Tiefe des jeweiligen Knotens in der berechneten Spalte *NodeDepth*
- Tiefe der aktuellen Zelle im Bericht im Measure *BrowseDepth*
- Möglichkeit zum Ausblenden unerwünschter Zeilen, indem der Wert des Ergebnisses in einen Leerwert umgewandelt wird

Nun wollen wir all diese Informationen in einem einzigen Measure zusammenführen:

```
PC Amount :=
IF (
    MAX (Persons[NodeDepth]) < [BrowseDepth],
    BLANK (),
    SUM(Sales[Amount])
)
```

Um zu sehen, wie dieses Measure funktioniert, betrachten Sie den Bericht in Abbildung 11.16. Er enthält alle Werte, die sinnvoll sind, um das Verhalten der Formel zu erfassen.

Level1	Amount	BrowseDepth	MaxNodeDepth	PC Amount
Annabel	**3200**	**1**	**2**	**3,200**
Annabel	**600**	**2**	**1**	
Annabel	600	3	1	
Catherine	**1200**	**2**	**2**	**1,200**
Catherine	1200	3	2	
Harry	**800**	**2**	**2**	**800**
Harry	800	3	2	
Michael	**600**	**2**	**2**	**600**
Michael	600	3	2	
Bill	**1600**	**1**	**3**	**1,600**
Bill		**2**	**1**	
Bill		3	1	

Abbildung 11.16 Dieser Bericht zeigt das Ergebnis und alle von der Formel verwendeten Teilmeasures.

Wenn Sie sich Annabel in der ersten Zeile ansehen, stellen Sie fest, dass *BrowseDepth* gleich 1 ist, weil dies der Stamm der Hierarchie ist. *MaxNodeDepth*, das als *MAX (Persons[NodeDepth])* definiert ist, hat einen Wert von 2, das heißt, der aktuelle Knoten zeigt nicht nur Daten auf Ebene 1, sondern auch Daten für einige untergeordnete Elemente auf Ebene 2 an. Das bedeutet, dass der aktuelle Knoten auch Daten für untergeordnete Elemente anzeigt, und aus diesem Grund muss er sichtbar sein. Die zweite Zeile von Annabel hingegen hat einen *BrowseDepth*-Wert von 2 und den *MaxNodeDepth*-Wert 1. Der Grund dafür ist, dass der Filterkontext alle Zeilen filtert, bei denen sowohl *Level1* als auch *Level2* gleich Annabel ist. Es gibt nur eine Zeile in der Hierarchie, die diese Bedingung erfüllt, nämlich Annabel selbst. Allerdings hat Annabel den *NodeDepth*-Wert 1, und da der Bericht Ebene 2 durchsucht, müssen wir den Knoten ausblenden. Tatsächlich gibt das Measure *PC Amount* einen Leerwert zurück.

Wir empfehlen, das Verhalten für andere Knoten selbst zu überprüfen. Auf diese Weise können Sie Ihr Verständnis für die Funktionsweise der Formel verbessern. Zwar könnten Sie diesen Teil des Buchs einfach erneut aufschlagen und die Formel kopieren, wann immer Sie sie brauchen, aber das Verständnis dieser Formel stellt eine gute Übung dar, denn Sie werden dadurch gezwungen, sich damit auseinanderzusetzen, wie der Filterkontext mit verschiedenen Teilen der Formel interagiert.

Um das gewünschte Resultat zu erzielen, besteht der letzte Schritt darin, alle nicht benötigten Spalten aus dem Bericht zu entfernen, sodass am Ende nur noch *PC Amount* übrig bleibt. So erhalten wir die gewünschte Visualisierung (Abbildung 11.17).

Level1	PC Amount
Annabel	**3,200**
Catherine	**1,200**
Harry	**800**
Michael	**600**
Bill	**1,600**
Brad	**1,300**
Chris	400
Vincent	500
Julie	**300**
Total	**4,800**

Abbildung 11.17 Sobald das Measure im Bericht allein gelassen wird, verschwinden alle unerwünschten Zeilen.

Der größte Nachteil dieses Ansatzes besteht darin, dass für jedes Measure, das ein Benutzer nach der Implementierung der P/C-Hierarchie in den Bericht einfügen muss, dasselbe Muster zu verwenden ist. Wenn ein Measure, das keinen Leerwert für unerwünschte Zeilen angibt, als Wert verwendet wird, werden plötzlich alle Zeilen angezeigt, und das Muster wird beeinträchtigt.

An dieser Stelle ist das Ergebnis bereits zufriedenstellend. Dennoch gibt es noch ein kleines Problem. Wenn Sie sich die Summe für Annabel ansehen, stellen Sie fest, dass sie sich auf 3.200 beläuft. Die aggregierte Summe für ihre Kinder (also die untergeordneten Elemente) weist einen Betrag von 2.600 aus. Es fehlt also ein Betrag von 600, was dem Wert von Annabel selbst entspricht. Viele Benutzer werden vielleicht schon mit dieser Visualisierung zufrieden sein: Der Wert eines Knotens lässt sich leicht berechnen, indem man einfach die Differenz zwischen seiner Summe und der Summe der untergeordneten Elemente betrachtet. Wenn Sie diese Abbildung jedoch mit unserem ursprünglichen Ziel vergleichen, werden Sie feststellen, dass in der endgültigen Formel der Wert jedes Knotens eindeutig als untergeordnetes Element des Knotens selbst sichtbar ist. Den Vergleich sehen Sie in Abbildung 11.18, die das aktuelle und das gewünschte Ergebnis gemeinsam zeigt.

An diesem Punkt sollte die grundsätzliche Technik klar sein. Um einen Wert für Annabel zu zeigen, müssen wir eine Bedingung finden, mit deren Hilfe wir sie als Knoten erkennen können, der sichtbar sein soll. In diesem Fall ist die Bedingung etwas komplex. Die Knoten, die sichtbar gemacht werden müssen, sind keine Blattknoten, das heißt, sie haben selbst untergeordnete Elemente mit eigenen Werten. Der Code macht diese Knoten für eine weitere Ebene sichtbar. Alle anderen Knoten – d. h. Blattknoten oder Knoten ohne zugehörigen Wert – folgen der ursprünglichen Regel und werden ausgeblendet, wenn die Hierarchie in ihrer Tiefe durchsucht wird.

Level1	PC Amount	FinalFormula
Annabel	**3,200**	**3,200**
Annabel		**600**
Catherine	**1,200**	**1,200**
Harry	**800**	**800**
Michael	**600**	**600**
Bill	**1,600**	**1,600**
Brad	**1,300**	**1,300**
Brad		400
Chris	400	400
Vincent	500	500
Julie	**300**	**300**
Total	**4,800**	**4,800**

Abbildung 11.18 Das ursprüngliche Ziel wurde noch nicht erreicht. Wir müssen noch ein paar Reihen mehr zeigen.

Zunächst müssen wir eine berechnete Spalte in der Tabelle *PC* erstellen, die angibt, ob ein Knoten ein Blatt ist. Der DAX-Ausdruck hierfür ist einfach: Blätter sind Knoten, die nicht übergeordnete Elemente eines anderen Knotens sind. Zur Überprüfung dieser Bedingung können wir die Anzahl der Knoten zählen, für die der aktuelle Knoten ein übergeordnetes Element ist. Beläuft sich der Wert auf null, dann wissen wir, dass der aktuelle Knoten ein Blatt ist. Das erledigen wir mit dem folgenden Code:

```
Persons[IsLeaf] =
VAR CurrentPersonKey = Persons[PersonKey]
VAR PersonsAtParentLevel =
    CALCULATE (
        COUNTROWS ( Persons ),
        ALL ( Persons ),
        Persons[ParentKey] = CurrentPersonKey
    )
VAR Result = ( PersonsAtParentLevel = 0 )
RETURN Result
```

In Abbildung 11.19 wurde die Spalte *IsLeaf* zum Datenmodell hinzugefügt.

PersonKey	Name	ParentKey	FullPath	Level1	Level2	Level3	NodeDepth	IsLeaf
1	Bill		1	Bill	Bill	Bill	1	False
2	Brad	1	1|2	Bill	Brad	Brad	2	False
3	Julie	1	1|3	Bill	Julie	Julie	2	True
4	Chris	2	1|2|4	Bill	Brad	Chris	3	True
5	Vincent	2	1|2|5	Bill	Brad	Vincent	3	True
6	Annabel		6	Annabel	Annabel	Annabel	1	False
7	Catherine	6	6|7	Annabel	Catherine	Catherine	2	True
8	Harry	6	6|8	Annabel	Harry	Harry	2	True
9	Michael	6	6|9	Annabel	Michael	Michael	2	True

Abbildung 11.19 Die Spalte *IsLeaf* zeigt an, welche Knoten in der Hierarchie Blattknoten sind.

Nachdem wir nun erkennen können, welche Knoten Blätter sind, wollen wir die endgültige Formel für den Umgang mit einer P/C-Hierarchie notieren:

```
FinalFormula =
VAR TooDeep = [MaxNodeDepth] + 1 < [BrowseDepth]
VAR AdditionalLevel = [MaxNodeDepth] + 1 = [BrowseDepth]
VAR Amount =
    SUM ( Sales[Amount] )
VAR HasData =
    NOT ISBLANK ( Amount )
VAR Leaf =
    SELECTEDVALUE (
        Persons[IsLeaf],
        FALSE
    )
VAR Result =
    IF (
        NOT TooDeep,
        IF (
            AdditionalLevel,
            IF (
                NOT Leaf && HasData,
                Amount
            ),
            Amount
        )
    )
RETURN
    Result
```

Variablen erleichtern die Lesbarkeit der Formel. Hier sind einige Anmerkungen zu ihrer Verwendung:

- *TooDeep* prüft, ob die Suchtiefe größer ist als die maximale Knotentiefe plus 1, das heißt, ob der Suchvorgang für den Bericht über die zusätzliche Ebene hinausgeht.
- *AdditionalLevel* prüft, ob die aktuelle Suchebene die zusätzliche Ebene für Knoten ist, die selbst Werte aufweisen und keine Blätter sind.
- *HasData* prüft, ob ein Knoten selbst einen Wert hat.
- *Leaf* prüft, ob ein Knoten ein Blatt ist oder nicht.
- *Result* ist das Endergebnis der Formel. Dies macht es einfach, das Ergebnis des Measures zu ändern, um während der Entwicklung Zwischenschritte zu überprüfen.

Der verbleibende Teil des Codes ist lediglich eine Abfolge von *IF*-Anweisungen, die die verschiedenen Szenarien überprüfen und sich entsprechend verhalten.

Es ist klar, dass wir uns diese ganze Arbeit hätten sparen können, wenn das Datenmodell in der Lage wäre, P/C-Hierarchien nativ zu handhaben. Schließlich ist diese Formel nicht ganz leicht zu bewältigen, da sie ein umfassendes Verständnis von Auswertungskontexten und Datenmodellen erfordert.

Wenn sich das Modell auf der Kompatibilitätsstufe 1400 befindet, können Sie das Verhalten einer speziellen Eigenschaft namens *Hide Members* aktivieren. *Hide Members* verbirgt leere Member automatisch. Stand April 2019 ist diese Eigenschaft in Power BI und Power Pivot nicht verfügbar. Eine vollständige Anleitung zur Verwendung dieser Eigenschaft in einem tabellarischen Modell finden Sie unter *https://docs.microsoft.com/en-us/sql/analysis-services/what-s-new-in-sql-server-analysis-services-2017?view=sql-server-2017*. Falls das von Ihnen verwendete Tool diese wichtige Funktion implementiert, dann empfehlen wir dringend, die Eigenschaft *Hide Members* zu verwenden, statt Ebenen einer unsymmetrischen Hierarchie mit dem oben gezeigten komplexen DAX-Code auszublenden.

Fazit

In diesem Kapitel haben Sie gelernt, wie man Berechnungen über Hierarchien korrekt entwickelt. Wie üblich wollen wir nun die wichtigsten Themen rekapitulieren, die in diesem Kapitel behandelt wurden:

- Hierarchien sind kein Teil von DAX. Sie können in das Modell eingebaut werden, aber aus der DAX-Perspektive gibt es keine Möglichkeit, eine Hierarchie zu referenzieren und sie innerhalb eines Ausdrucks zu verwenden.

- Um eine Hierarchieebene zu erkennen, muss man *ISINSCOPE* verwenden. Das ist zwar ein einfacher Workaround, doch erkennt *ISINSCOPE* eigentlich nicht die Suchebene, sondern vielmehr das Vorhandensein eines Filters in einer Spalte.
- Die Berechnung einfacher Prozentsätze über ein übergeordnetes Element erfordert die Fähigkeit, sowohl die aktuelle Hierarchieebene zu analysieren als auch geeignete Filter zu erstellen, um den Filter des übergeordneten Elements neu anzulegen.
- Hierarchien mit über- und untergeordneten Elementen bekommen Sie in DAX durch die vordefinierte *PATH*-Funktion und die Implementierung geeigneter Spalten (jeweils eine je Hierarchieebene) in den Griff.
- Unäre Operatoren, die oft in Hierarchien mit über- und untergeordneten Elementen verwendet werden, können ein Problem darstellen. Durch den Einsatz ihrer einfacheren Form (nur ±) können Sie sie unter Ihre Kontrolle bringen, was allerdings die Entwicklung relativ komplexen DAX-Codes erfordert. Für komplexere Szenarien ist dann dementsprechend noch komplizierterer DAX-Code erforderlich, was jedoch den Rahmen dieses Kapitels sprengt.

KAPITEL 12

Mit Tabellen arbeiten

Tabellen sind ein wesentlicher Teil der DAX-Formeln. In den vorangegangenen Kapiteln haben Sie gelernt, wie Sie über Tabellen iterieren, berechnete Tabellen erstellen und verschiedene andere Berechnungstechniken durchführen, die eine Tabelle als Ausgangspunkt benötigen. Außerdem sind auch *CALCULATE*-Filterargumente Tabellen: Bei der Erstellung komplexer Formeln ist die Fähigkeit, die richtige Filtertabelle zu erstellen, von höchster Bedeutung. DAX bietet für die Verwaltung von Tabellen viele unterschiedliche Funktionen. In diesem Kapitel stellen wir eine Reihe von DAX-Funktionen vor, die zum Erstellen und Verwalten von Tabellen hilfreich sind.

Für die meisten der neuen Funktionen gibt es Beispiele, die zweierlei Zweck erfüllen sollen: Sie sollen zeigen, wie die Funktion verwendet wird, und sie stellen eine gute Übung dar, damit Sie besser verstehen, wie man komplexe Measures verfasst.

CALCULATETABLE verwenden

Die erste Funktion zur Manipulation von Tabellen ist *CALCULATETABLE*. Wir haben *CALCULATETABLE* in diesem Buch bereits mehrfach verwendet. In diesem Abschnitt finden Sie eine umfangreichere Abhandlung zu dieser Funktion. Dazu gehören auch Überlegungen, wann sie am besten einzusetzen ist.

CALCULATETABLE führt die gleichen Operationen wie *CALCULATE* aus – der einzige Unterschied besteht im Ergebnis. *CALCULATETABLE* gibt immer eine Tabelle zurück, *CALCULATE* dagegen einen einzelnen Wert, z. B. eine ganze Zahl oder eine Zeichenfolge. Wenn man etwa eine Tabelle erstellen muss, die nur rote Produkte enthält, dann kann *CALCULATETABLE* zu diesem Zweck verwendet werden:

```
CALCULATETABLE (
    'Product',
    'Product'[Color] = "Red"
)
```

Eine häufig gestellte Frage lautet, worin der Unterschied zwischen *CALCULATETABLE* und *FILTER* besteht. Tatsächlich kann der obige Ausdruck auch mit *FILTER* geschrieben werden:

```
FILTER (
    'Product',
    'Product'[Color] = "Red"
)
```

Zwar scheint der einzige Unterschied im Funktionsnamen zu bestehen, doch ist die Semantik beider Funktionen in Wirklichkeit höchst unterschiedlich. *CALCULATETABLE* ändert zunächst den Filterkontext und wertet erst dann den Ausdruck aus. *FILTER* hingegen iteriert über das Ergebnis seines ersten Arguments und ruft diejenigen Zeilen ab, die die Bedingung erfüllen. Anders ausgedrückt: *FILTER* ändert den Filterkontext nicht.

Sie können den Unterschied erkennen, indem Sie sich das folgende Beispiel ansehen:

```
Red Products CALCULATETABLE =
CALCULATETABLE (
    ADDCOLUMNS (
        VALUES ( 'Product'[Color] ),
        "Num of Products", COUNTROWS ( 'Product' )
    ),
    'Product'[Color] = "Red"
)
```

Abbildung 12.1 zeigt das Ergebnis.

Color	Num of Products
Red	99

Abbildung 12.1 Die Contoso-Datenbank enthält 99 rote Produkte.

Mit *CALCULATETABLE* filtert der Filterkontext, indem sowohl *ADDCOLUMNS* als auch COUNTROWS ausgewertet werden, rote Produkte. Daher besteht das Ergebnis nur aus einer Zeile, die »Red« als Farbe und 99 als Anzahl der Produkte angibt. Folglich hat *COUNTROWS* nur die roten Produkte gezählt, ohne dass ein Kontextübergang von der durch die *VALUES*-Funktion erzeugten Zeile erforderlich gewesen wäre.

Wenn man nun *CALCULATETABLE* durch *FILTER* ersetzt, sieht das Ergebnis anders aus. Betrachten Sie folgende Tabelle:

```
Red Products FILTER external =
FILTER (
    ADDCOLUMNS (
        VALUES ( 'Product'[Color] ),
        "Num of Products", COUNTROWS ( 'Product' )
    ),
    'Product'[Color] = "Red"
)
```

Dieses Mal beträgt das Ergebnis nicht mehr 99, sondern zeigt die Gesamtzahl der Produkte an (Abbildung 12.2).

Color	Num of Products
Red	2517

Abbildung 12.2 Auch wenn nur eine einzige Zeile mit »Red« angezeigt wird, zählt *Num of Products* alle Produkte.

Diese Tabelle enthält immer noch »Red« als Produktfarbe, aber jetzt wird 2517 als Produktanzahl berechnet – die Gesamtzahl aller Produkte. Der Grund dafür ist, dass *FILTER* den Filterkontext nicht ändert. Außerdem wird *FILTER* nach *ADDCOLUMNS* ausgewertet. Folglich iteriert *ADDCOLUMNS* über alle Produkte, und *COUNTROWS* berechnet die Gesamtzahl der Produkte, da es keinen Kontextübergang gibt. Erst später wählt *FILTER* aus allen Farben die Zeile »Red« aus. Verwendet man also *FILTER* anstelle von *CALCULATETABLE*, dann muss der Ausdruck anders geschrieben werden. Dabei muss der Kontextübergang mithilfe von *CALCULATE* erzwungen werden:

```
Red Products FILTER internal =
ADDCOLUMNS (
    FILTER (
        VALUES ( 'Product'[Color] ),
        'Product'[Color] = "Red"
    ),
    "Num of Products", CALCULATE ( COUNTROWS ( 'Product' ) )
)
```

Jetzt lautet das Ergebnis wieder 99. Um das gleiche Verhalten wie bei *CALCULATETABLE* zu erhalten, mussten wir die Ausführungsreihenfolge umkehren. So wird zuerst *FILTER* ausgeführt, und dann erfolgt die Berechnung der Zeilenanzahl anhand des Kontextübergangs, um den Zeilenkontext von *ADDCOLUMNS* zu zwingen, zum Filterkontext für *COUNTROWS* zu werden.

Bei *CALCULATETABLE* wird der Filterkontext geändert. Dies ist eine mächtige Funktionalität, weil ihre Wirkung sich auf mehrere Funktionen in einem DAX-Ausdruck fortpflanzt. Erkauft wird diese Leistungsfähigkeit mit Einschränkungen bei der Art der Filterung, die erzeugt werden kann. So kann *CALCULATETABLE* beispielsweise Filter nur auf Spalten anwenden, die zum Datenmodell gehören. Wenn man nur den Kunden ermitteln möchte, dessen Umsatz größer als eine Million ist, dann ist *CALCULATETABLE* nicht die richtige Wahl, denn *Sales Amount* ist ein Measure. Aus diesem Grund kann *CALCULATETABLE* anders als *FILTER* keinen Filter auf ein Measure anwenden. Dies wird im folgenden Ausdruck gezeigt: Das Ersetzen von *FILTER* durch *CALCULATETABLE* ist keine Option, da dies zu einem Syntaxfehler führen würde:

```
Large Customers =
FILTER (
    Customer,
    [Sales Amount] > 1000000
)
```

CALCULATETABLE führt – ähnlich wie *CALCULATE* – einen Kontextübergang durch und kann dazu alle *CALCULATE*-Modifizierer wie *ALL*, *USERELATIONSHIPS* oder *CROSSFILTER* und viele andere aufweisen. Die Funktion ist wesentlich leistungsfähiger als *FILTER*. Das bedeutet nicht, dass man immer versuchen sollte, *CALCULATETABLE* zu verwenden und auf *FILTER* zu verzichten. Jede der beiden Funktionen hat Vor- und Nachteile, und deswegen müssen Sie eine fundierte Entscheidung treffen.

Als Faustregel gilt, dass man *CALCULATETABLE* immer dann verwendet, wenn man einen Filter auf eine Modellspalte anwenden muss und/oder die anderen Funktionalitäten von *CALCULATETABLE* benötigt, etwa Kontextübergänge und Filterkontextmodifizierer.

Tabellen manipulieren

DAX bietet mehrere Funktionen zur Manipulation von Tabellen. Mit diesen Funktionen können neue berechnete Tabellen erstellt werden, über die iteriert werden kann oder deren Ergebnisse als Filterargumente in *CALCULATE* verwendet werden können. In diesem Abschnitt bieten wir eine vollständige Referenz dieser Funktionen sowie eine Reihe von Beispielen. Es gibt noch weitere Tabellenfunktionen, die hauptsächlich bei Abfragen nützlich sind. Damit werden wir uns in Kapitel 13, »Abfragen erstellen«, befassen.

ADDCOLUMNS verwenden

ADDCOLUMNS ist ein Iterator, der alle Zeilen und Spalten seines ersten Arguments zurückgibt und neu erstellte Spalten zur Ausgabe hinzufügt. Beispielsweise führt die folgende Definition einer berechneten Tabelle zu einer Tabelle mit allen Farben und dem Umsatzbetrag je Farbe:

```
ColorsWithSales =
ADDCOLUMNS (
    VALUES ( 'Product'[Color] ),
    "Sales Amount", [Sales Amount]
)
```

Das Ergebnis sehen Sie in Abbildung 12.3.

Color	Sales Amount
Silver	6,798,560.86
Blue	2,435,444.62
White	5,829,599.91
Red	1,110,102.10
Black	5,860,066.14
Green	1,403,184.38
Orange	857,320.28
Pink	828,638.54
Yellow	89,715.56
Purple	5,973.84
Brown	1,029,508.95
Grey	3,509,138.09
Gold	361,496.01
Azure	97,389.89
Silver Grey	371,908.92
Transparent	3,295.89

Abbildung 12.3 Das Ergebnis enthält alle Produktfarben und den Umsatzbetrag für jede Farbe.

Als Iterator wertet *ADDCOLUMNS* die Spaltenausdrücke in einem Zeilenkontext aus. In diesem Beispiel wird der Umsatz der gegebenen Produktfarbe berechnet, da der Ausdruck *Sales Amount* ein Measure verwendet. Daher gibt es eine automatische *CALCULATE*-Anweisung, die *Sales Amount* umfasst und den Kontextübergang erzeugt. Verwendet man anstelle eines Measures einen regulären Ausdruck, dann wird *CALCULATE* häufig zur Erzwingung eines Kontextübergangs benutzt.

ADDCOLUMNS wird häufig in Verbindung mit *FILTER* verwendet, um Filter auf temporär berechnete Spalten zu erhalten. Um beispielsweise diejenigen Produkte zu berechnen, mit denen mehr als 150.000,– Dollar umgesetzt wurden, könnte eine Implementierung beispielsweise so aussehen:

```
HighSalesProducts =
VAR ProductsWithSales =
    ADDCOLUMNS (
        VALUES ( 'Product'[Product Name] ),
        "Product Sales", [Sales Amount]
    )
VAR Result =
    FILTER (
        ProductsWithSales,
        [Product Sales] >= 150000
    )
RETURN Result
```

Das Ergebnis sehen Sie in Abbildung 12.4.

Product Name	Product Sales
Adventure Works 26" 720p LCD HDTV M140 Silver	1,303,983.46
SV 16xDVD M360 Black	364,714.41
Proseware Projector 1080p LCD86 Silver	160,627.05
Contoso Projector 1080p X980 White	257,154.75
A. Datum SLR Camera X137 Grey	725,840.28
Fabrikam Independent filmmaker 1/3" 8.5mm X200 White	165,594.00
Contoso Telephoto Conversion Lens X400 Silver	683,779.95
NT Washer & Dryer 27in L2700 Blue	151,427.53
Contoso Washer & Dryer 21in E210 Green	151,265.40
Contoso Washer & Dryer 21in E210 Pink	182,094.12

Abbildung 12.4 Das Ergebnis enthält alle Namen und den Umsatzbetrag je Name.

Derselbe Ausdruck kann auf mehrere verschiedene Arten geschrieben werden, und zwar auch ohne *ADDCOLUMNS*. Der folgende Code etwa ist noch einfacher gehalten als der vorherige, obwohl er keine Spalte *Product Sales* zur Ausgabe hinzufügt:

```
FILTER (
    VALUES ( 'Product'[Product Name] ),
    [Sales Amount] >= 150000
)
```

ADDCOLUMNS ist nützlich, um mehrere Spalten zu berechnen, sowie immer dann, wenn nach diesem ersten Schritt weitere Berechnungen erforderlich sind. Betrachten Sie beispielsweise die Berechnung der Produkte, die zusammen 15 % des Gesamtumsatzes ausmachen. Diese Berechnung ist nicht trivial, da mehrere Schritte erforderlich sind:

1. Berechnung des Umsatzbetrags für jedes Produkt
2. Berechnung einer laufenden Gesamtumsatzsumme, wofür jedes Produkt mit allen Produkten aggregiert wird, die höhere Umsätze erzielten als das Produkt im Fokus
3. Umwandlung der laufenden Summe in einen prozentualen Anteil an der Gesamtumsatzsumme
4. Rückgabe nur derjenigen Produkte, deren Anteil maximal 15 % beträgt

Das Erstellen der vollständigen Abfrage in nur einem Schritt ist unnötig komplex – die Unterteilung der Auswertung in vier Schritte dagegen sehr viel einfacher:

```
Top Products =
VAR TotalSales = [Sales Amount]
VAR ProdsWithSales =
    ADDCOLUMNS (
        VALUES ( 'Product'[Product Name] ),
        "ProductSales", [Sales Amount]
    )
VAR ProdsWithRT =
    ADDCOLUMNS (
        ProdsWithSales,
        "RunningTotal",
        VAR SalesOfCurrentProduct = [ProductSales]
        RETURN
            SUMX (
                FILTER (
                    ProdsWithSales,
                    [ProductSales] >= SalesOfCurrentProduct
                ),
                [ProductSales]
            )
    )
VAR Top15Percent =
    FILTER (
        ProdsWithRT,
        [RunningTotal] / TotalSales <= 0.15
    )
RETURN Top15Percent
```

Das Ergebnis sehen Sie in Abbildung 12.5.

Product Name	ProductSales	RunningTotal
Adventure Works 26" 720p LCD HDTV M140 Silver	1,303,983.46	1,303,983.46
SV 16xDVD M360 Black	364,714.41	3,078,318.10
Fabrikam Laptop19 M9000 Black	144,133.85	4,290,614.80
Proseware Projector 1080p LCD86 Silver	160,627.05	3,843,788.02
Contoso Projector 1080p X980 White	257,154.75	3,335,472.85
A. Datum SLR Camera X137 Grey	725,840.28	2,029,823.74
Fabrikam Independent filmmaker 1/3" 8.5mm X200 White	165,594.00	3,683,160.97
Contoso Telephoto Conversion Lens X400 Silver	683,779.95	2,713,603.69
NT Washer & Dryer 27in L2700 Blue	151,427.53	3,995,215.55
NT Washer & Dryer 27in L2700 Green	137,605.92	4,428,220.72
Contoso Washer & Dryer 21in E210 Green	151,265.40	4,146,480.95
Contoso Washer & Dryer 21in E210 Pink	182,094.12	3,517,566.97
Litware Refrigerator 24.7CuFt X980 White	135,039.58	4,563,260.30

Abbildung 12.5 Das Ergebnis enthält die Spitzenprodukte, die 15 % des Umsatzes generieren.

In dem Beispiel haben wir das Ergebnis als berechnete Tabelle implementiert, aber es sind auch andere Verwendungen möglich. Beispielsweise könnte man mit *SUMX* über die Variable *Top-15Percent* iterieren, um ein Measure zu erstellen, das die Umsätze dieser Produkte berechnet.

Wie bei den meisten anderen Funktionen in DAX sollte man sich *ADDCOLUMNS* als einen der vielen Bausteine der Sprache vorstellen. Die echte Leistungsstärke von DAX entfaltet sich erst, wenn Sie lernen, wie Sie diese Bausteine nutzen und sie in komplexeren Berechnungen interagieren lassen.

SUMMARIZE verwenden

SUMMARIZE ist eine der meistverwendeten Funktionen in DAX. Sie durchsucht eine Tabelle (ihr erstes Argument) und gruppiert deren Spalten oder weitere verknüpfte Tabellen zu Gruppen mit mindestens einem Element. Der Hauptzweck von *SUMMARIZE* besteht darin, statt einer vollständigen Werteliste nur eine bestehende Kombination von Werten abzurufen.

Ein Beispiel wäre die Berechnung der Anzahl der eindeutigen Farben, um auf dieser Basis einen Bericht zu erstellen, der die Anzahl der verfügbaren Farben und die Anzahl der mindestens einmal verkauften Farben anzeigt. Die folgenden Measures würden das gewünschte Ergebnis bringen:

```
Num of colors :=
COUNTROWS (
    VALUES ( 'Product'[Color] )
)

Num of colors sold :=
COUNTROWS (
    SUMMARIZE ( Sales, 'Product'[Color] )
)
```

Das Ergebnis dieser beiden Measures nach Marken können Sie im in Abbildung 12.6 gezeigten Bericht sehen.

Calendar Year Month

February 2007

Brand	Num of colors	Num of colors sold
A. Datum	10	7
Adventure Works	7	6
Contoso	15	9
Fabrikam	12	7
Litware	12	7
Northwind Traders	9	2
Proseware	7	6
Southridge Video	10	5
Tailspin Toys	11	3
The Phone Company	6	4
Wide World Importers	12	6
Total	**16**	**13**

Abbildung 12.6 *Num of colors sold* verwendet *SUMMARIZE*, um die Anzahl der verkauften Farben zu berechnen.

In diesem Fall haben wir mit *SUMMARIZE* die Verkäufe nach *Product[Color]* gruppiert und dann die Anzahl der Zeilen im Ergebnis gezählt. Da *SUMMARIZE* eine Gruppierung durchführt, gibt es nur die von *Sales* referenzierten Farben zurück. Dagegen gibt *VALUES (Product[Color])* alle vorhandenen Farben unabhängig davon zurück, ob hierfür Umsätze vorliegen oder nicht.

Mit *SUMMARIZE* können Daten nach einer beliebigen Anzahl von Spalten gruppiert werden, sofern die als Parameter verwendeten Spalten nur dann von *Sales* erreichbar sind, wenn sie einer n:1- oder 1:1-Beziehung folgen. So könnte beispielsweise eine mögliche Implementierung zur Berechnung der durchschnittlichen Umsatzmenge pro Produkt und Tag wie folgt aussehen:

```
AvgDailyQty :=
VAR ProductsDatesWithSales =
    SUMMARIZE (
        Sales,
        'Product'[Product Name],
        'Date'[Date]
    )
VAR Result =
    AVERAGEX (
        ProductsDatesWithSales,
        CALCULATE (
            SUM ( Sales[Quantity] )
        )
    )
RETURN Result
```

In Abbildung 12.7 sehen Sie das Ergebnis dieses Measures.

Brand	CY 2007	CY 2008	CY 2009	**Total**
A. Datum	17.68	13.76	15.78	**15.93**
Adventure Works	24.07	13.77	17.85	**18.93**
Contoso	19.88	20.41	31.37	**23.99**
Fabrikam	12.02	14.13	15.69	**13.91**
Litware	9.67	12.99	18.50	**13.99**
Northwind Traders	24.24	12.84	13.87	**16.99**
Proseware	10.28	13.38	16.70	**13.41**
Southridge Video	28.07	17.28	22.86	**23.56**
Tailspin Toys	12.33	20.24	35.85	**22.44**
The Phone Company	11.32	12.77	13.13	**12.37**
Wide World Importers	11.79	15.19	16.70	**14.78**
Total	**17.20**	**16.37**	**22.79**	**18.75**

Abbildung 12.7 Der Bericht zeigt die durchschnittliche tägliche Verkaufsmenge pro Jahr und Marke.

In diesem Fall haben wir *SUMMARIZE* verwendet, um *Sales* zu scannen und nach Produktname und Datum zu gruppieren. Die resultierende Tabelle enthält den Produktnamen und das Datum, wobei nur die Tage mit Umsätzen für dieses Produkt berücksichtigt werden. *AVERAGEX* kümmert sich um die Berechnung des Durchschnitts über alle Zeilen der von *SUMMARIZE* zurückgegebenen Temporärtabelle. Wenn an einem bestimmten Tag keine Umsätze für ein bestimmtes Produkt getätigt wurden, enthält die resultierende Tabelle dieses Datum nicht.

SUMMARIZE kann wie auch *ADDCOLUMNS* verwendet werden, um dem Ergebnis weitere Spalten hinzuzufügen. Zum Beispiel könnte das obige Measure auch so formuliert werden:

```
AvgDailyQty :=
VAR ProductsDatesWithSalesAndQuantity =
    SUMMARIZE (
        Sales,
        'Product'[Product Name],
        'Date'[Date],
        "Daily qty", SUM ( Sales[Quantity] )
    )
VAR Result =
    AVERAGEX (
        ProductsDatesWithSalesAndQuantity,
        [Daily qty]
    )
RETURN Result
```

In diesem Fall gibt *SUMMARIZE* eine Tabelle zurück, die den Produktnamen, das Datum und eine neu eingeführte Spalte mit dem Namen *Daily qty* enthält. Der Durchschnitt für *Daily qty* wird später mit *AVERAGEX* gebildet. Allerdings ***ist SUMMARIZE zum Erstellen von Temporärspalten***

veraltet, da es gleichzeitig einen Zeilen- und einen Filterkontext erzeugt. Aus diesem Grund sind die Ergebnisse sehr schwierig zu verstehen, wenn im Ausdruck ein Kontextübergang durch Referenzierung eines Measures oder einer expliziten *CALCULATE-Funktion* erzeugt wird. Wenn Sie zusätzliche Spalten berechnen müssen, nachdem *SUMMARIZE* die Gruppierungsoperation ausgeführt hat, sollten Sie besser eine Kombination aus *ADDCOLUMNS* und *SUMMARIZE* verwenden:

```
AvgDailyQty :=
VAR ProductsDatesWithSales =
    SUMMARIZE (
        Sales,
        'Product'[Product Name],
        'Date'[Date]
    )
VAR ProductsDatesWithSalesAndQuantity =
    ADDCOLUMNS (
        ProductsDatesWithSales,
        "Daily qty", CALCULATE ( SUM ( Sales[Quantity] ) )
    )
VAR Result =
    AVERAGEX (
        ProductsDatesWithSalesAndQuantity,
        [Daily qty]
    )
RETURN Result
```

Zwar ist der Code umfangreicher, aber sehr viel leichter zu lesen und zu schreiben, da in einem Kontextübergang ein einzeiliger Kontext verwendet wird. Dieser Zeilenkontext wird von *ADDCOLUMNS* eingeführt, wenn über das Ergebnis von *SUMMARIZE* iteriert wird. Dieses Muster führt zu einem einfacheren Code, der zudem meist auch schneller ist.

Mit *SUMMARIZE* können weitere optionale Parameter verwendet werden. Sie existieren für die Dauer der Berechnung von Zwischensummen und zum Hinzufügen von Spalten zum Ergebnis. Wir haben uns bewusst dagegen entschieden, sie hier zu beschreiben, weil wir den folgenden Aspekt noch stärker betonen möchten: *SUMMARIZE funktioniert gut beim Gruppieren von Tabellen, sollte aber nicht zur Berechnung zusätzlicher Spalten verwendet werden.* Natürlich werden Sie im Web Code finden, der *SUMMARIZE* immer noch zum Erstellen neuer Spalten verwendet, aber Sie sollten dies als sehr schlechte Praxis betrachten und stattdessen besser auf eine *ADDCOLUMNS/SUMMARIZE*-Kombination setzen.

CROSSJOIN verwenden

CROSSJOIN bildet das Kreuzprodukt zweier Tabellen und gibt das kartesische Produkt der beiden Eingabetabellen zurück. Es werden also alle möglichen Kombinationen der Werte in den Eingabetabellen zurückgegeben. Der folgende Ausdruck gibt beispielsweise alle Kombinationen aus Produktnamen und Jahren zurück:

```
CROSSJOIN (
    ALL ( 'Product'[Product Name] ),
    ALL ( 'Date'[Calendar Year] )
)
```

Wenn das Modell tausend Produktnamen und fünf Jahre enthält, finden sich in der resultierenden Tabelle 5.000 Zeilen. *CROSSJOIN* wird eher in Abfragen als in Measures verwendet. Dennoch gibt es einige Szenarien, in denen der Einsatz von *CROSSJOIN* relevant ist – und zwar vor allem aufgrund seiner Leistungseigenschaften.

Sehen wir uns beispielshalber die Notwendigkeit einer *OR*-Bedingung zwischen zwei verschiedenen Spalten in einem *CALCULATE*-Filterargument an. Da *CALCULATE* seine Filterargumente mit einer Schnittmenge zusammenführt, erfordert die Implementierung der *OR*-Bedingung größere Aufmerksamkeit. Hier sehen Sie beispielsweise eine mögliche Implementierung von *CALCULATE*, bei der alle Produkte gefiltert werden, die zur Kategorie »Audio« gehören oder schwarz sind:

```
AudioOrBlackSales :=
VAR CategoriesColors =
    SUMMARIZE (
        'Product',
        'Product'[Category],
        'Product'[Color]
    )
VAR AudioOrBlack =
    FILTER (
        CategoriesColors,
        OR (
            'Product'[Category] = "Audio",
            'Product'[Color] = "Black"
        )
    )
VAR Result =
    CALCULATE (
        [Sales Amount],
        AudioOrBlack
    )
RETURN Result
```

Der obige Code funktioniert gut, und er ist auch unter Leistungsaspekten optimal. *SUMMARIZE* durchsucht die Tabelle *Product*, die voraussichtlich eine geringe Anzahl von Zeilen enthält. Dadurch verläuft die Auswertung des Filters sehr schnell.

Wenn die Anforderung darin besteht, Spalten aus verschiedenen Tabellen wie Farbe und Jahr zu filtern, dann sieht die Sache allerdings schon anders aus. Tatsächlich könnte man das obige Beispiel erweitern; aber um eine Zusammenfassung nach Spalten aus zwei getrennten Tabellen durchzuführen, muss *SUMMARIZE* die Tabelle *Sales* prüfen:

```
AudioOr2007 Sales :=
VAR CategoriesYears =
    SUMMARIZE (
        Sales,
        'Product'[Category],
        'Date'[Calendar Year]
    )
VAR Audio2007 =
    FILTER (
        CategoriesYears,
        OR (
            'Product'[Category] = "Audio",
            'Date'[Calendar Year] = "CY 2007"
        )
    )
VAR Result =
    CALCULATE (
        [Sales Amount],
        Abbildung Audio2007
    )
RETURN Result
```

Sales ist keine kleine Tabelle, sondern kann viele Hundert Millionen Zeilen enthalten. Das Durchsuchen dieser Tabelle mit dem Ziel, vorhandene Kombinationen aus Kategorie und Jahr zu finden, kann ausgesprochen aufwendig werden. Davon abgesehen ist der resultierende Filter wohl nicht allzu umfangreich, da die Anzahl von Kategorien wie von Jahren übersichtlich ist, doch trotzdem muss die Engine eine sehr große Tabelle durchsuchen, um den Filter abzurufen.

In diesem Szenario empfehlen wir Ihnen stattdessen, alle Kombinationen aus Kategorie und Jahr zu bilden und dann eine kleine Tabelle zu erstellen, die Sie dann wie im folgenden Code gezeigt filtern:

```
AudioOr2007 Sales :=
VAR CategoriesYears =
    CROSSJOIN (
        VALUES ( 'Product'[Category] ),
        VALUES ( 'Date'[Calendar Year] )
    )
VAR Audio2007 =
    FILTER (
        CategoriesYears,
        OR (
            'Product'[Category] = "Audio",
            'Date'[Calendar Year] = "CY 2007"
        )
    )
VAR Result =
    CALCULATE (
        [Sales Amount],
```

```
        Abbildung Audio2007
    )
RETURN Result
```

Der vollständige *CROSSJOIN* der Kategorien und Jahre enthält ein paar Hundert Zeilen, und die Ausführung dieser letzten Measureversion erfolgt sehr viel schneller.

CROSSJOIN eignet sich aber nicht nur dazu, Berechnungen zu beschleunigen. Manchmal möchte man Zeilen auch dann abrufen, wenn gar kein Ereignis eingetreten ist. Wenn Sie z. B. mit *SUMMARIZE* die Umsätze nach Kategorie und Land durchsuchen, enthält das Ergebnis nur diejenige Kategorien und Länder, bei denen Umsätze für bestimmte Produkte vorhanden sind. Dies ist das beabsichtigte Verhalten von *SUMMARIZE*, mithin auch keine Überraschung. Manchmal jedoch ist das Fehlen eines Ereignisses wichtiger als sein Vorhandensein. Vielleicht möchten Sie ja untersuchen, welche Marken in bestimmten Regionen keine Umsätze verzeichnen. In diesem Fall muss das Measure einen komplexeren Ausdruck mit einem *CROSSJOIN* bilden, um auch nicht vorhandene Wertekombinationen abrufen zu können. Im nächsten Kapitel werden wir weitere Beispiele für *CROSSJOIN* skizzieren.

UNION verwenden

UNION ist eine Mengenfunktion, die die Vereinigungsmenge zweier Tabellen bildet. Die Möglichkeit, verschiedene Tabellen in einer einzigen Tabelle zusammenzuführen, kann unter bestimmten Umständen wichtig sein. Sie wird hauptsächlich bei berechneten Tabellen verwendet, sehr viel seltener in Measures. Die folgende Tabelle etwa enthält alle Länder aus den Tabellen *Customer* und *Store*:

```
AllCountryRegions =
UNION (
    ALL ( Customer[CountryRegion] ),
    ALL ( Store[CountryRegion] )
)
```

Das Ergebnis sehen Sie in Abbildung 12.8.

CountryRegion
Australia
Australia
United States
United States
Canada
Canada
Germany
Germany
United Kingdom
United Kingdom

Abbildung 12.8 *UNION* entfernt keine Duplikate.

UNION entfernt vor dem Zurückgeben des Ergebnisses keine Duplikate. Wenn also Australien sowohl zu den Ländern mit Kunden als auch zu denen mit mindestens einem Ladengeschäft gehört, taucht es in der resultierenden Tabelle zweimal auf. Gegebenenfalls können Sie Duplikate mit der *DISTINCT*-Funktion entfernen.

Wir haben *DISTINCT* schon früher beschrieben und häufiger verwendet, um die eindeutigen Werte einer Spalte zu erhalten, wie sie im aktuellen Filterkontext sichtbar sind. *DISTINCT* kann aber auch mit einem Tabellenausdruck als Parameter verwendet werden. In diesem besonderen Fall gibt es die einzelnen Zeilen der Tabelle zurück. Daher eignet sich die folgende Implementierung gut, um mögliche Dubletten aus der Spalte *CountryRegion* zu entfernen:

```
DistinctCountryRegions =
VAR CountryRegions =
    UNION (
        ALL ( Customer[CountryRegion] ),
        ALL ( Store[CountryRegion] )
    )
VAR UniqueCountryRegions =
    DISTINCT ( CountryRegions )
RETURN UniqueCountryRegions
```

Die resultierende Tabelle sehen Sie in Abbildung 12.9.

CountryRegion
Australia
United States
Canada
Germany
United Kingdom
France
the Netherlands
Greece
Switzerland

Abbildung 12.9 Mit *DISTINCT* entfernen Sie Duplikate aus einer Tabelle.

UNION behält die Datenherkunft der Eingabetabellen bei, sofern diese identisch ist. In der obigen Formel hat das Ergebnis von *DISTINCT* keine Herkunft, da die erste Tabelle *Customer[CountryRegion]* und die zweite Tabelle *Store[CountryRegion]* enthält. Da sich die Datenherkunft der Eingabetabellen unterscheidet, hat das Ergebnis eine neue Herkunft, die keiner der vorhandenen Spalten entspricht. Daher gibt die folgende berechnete Tabelle die gleiche Umsatzgesamtsumme für alle Zeilen zurück:

```
DistinctCountryRegions =
VAR CountryRegions =
    UNION (
        ALL ( Customer[CountryRegion] ),
        ALL ( Store[CountryRegion] )
```

```
    )
VAR UniqueCountryRegions =
    DISTINCT ( CountryRegions )
VAR Result =
    ADDCOLUMNS (
        UniqueCountryRegions,
        "Sales Amount", [Sales Amount]
    )
RETURN Result
```

Abbildung 12.10 zeigt das Ergebnis.

CountryRegion	Sales Amount
Australia	30,591,343.98
United States	30,591,343.98
Canada	30,591,343.98
Germany	30,591,343.98
United Kingdom	30,591,343.98
France	30,591,343.98
the Netherlands	30,591,343.98
Greece	30,591,343.98

Abbildung 12.10 *CountryRegion* ist keine Spalte im Modell. Daher wird *Sales Amount* nicht gefiltert.

Wenn die berechnete Tabelle sowohl den Umsatzbetrag als auch die Anzahl der Geschäfte einschließlich aller Regionen von Kunden und Geschäften enthalten soll, muss die Filterung manuell über einen komplexeren Ausdruck erfolgen:

```
DistinctCountryRegions =
VAR CountryRegions =
    UNION (
        ALL ( Customer[CountryRegion] ),
        ALL ( Store[CountryRegion] )
    )
VAR UniqueCountryRegions =
    DISTINCT ( CountryRegions )
VAR Result =
    ADDCOLUMNS (
        UniqueCountryRegions,
        "Customer Sales Amount",
            VAR CurrentRegion = [CountryRegion]
            RETURN
                CALCULATE (
                    [Sales Amount],
                    Customer[CountryRegion] = CurrentRegion
                ),
```

```
        "Number of stores",
            VAR CurrentRegion = [CountryRegion]
            RETURN
                CALCULATE (
                    COUNTROWS ( Store ),
                    Store[CountryRegion] = CurrentRegion
                )
    )
RETURN Result
```

Das Ergebnis sehen Sie in Abbildung 12.11.

CountryRegion	Customer Sales Amount	Number of stores
Australia	7,638,059.94	3
United States	10,312,118.25	198
Canada	885,208.07	11
Germany	2,519,890.80	12
United Kingdom	3,621,032.16	15
France	1,109,665.43	8
the Netherlands	191,358.54	1
Greece	162,284.00	1
Switzerland	174,910.99	1
Ireland	130,595.28	1
Portugal	184,888.06	1
Spain	107,124.20	1
Italy	115,086.61	5

Abbildung 12.11 Durch komplexere *CALCULATE*-Anweisungen kann man den Filter auf Geschäfte und Umsätze verschieben.

Im vorangegangenen Beispiel wendet *CALCULATE* einen Filter entweder auf die Region des Kunden oder die der Ladengeschäfte an. Verwendet wird dabei der Wert im Ergebnis von *UNION*, über den *ADDCOLUMN* gerade iteriert. Eine weitere Möglichkeit, dieses Ergebnis zu erzielen, besteht in der Wiederherstellung der Herkunft mithilfe von *TREATAS* (weitere Informationen zu *TREATAS* finden Sie in Kapitel 10, »Mit dem Filterkontext arbeiten«). Der folgende äquivalente Ausdruck zeigt dies:

```
DistinctCountryRegions =
VAR CountryRegions =
    UNION (
        ALL ( Customer[CountryRegion] ),
        ALL ( Store[CountryRegion] )
    )
VAR UniqueCountryRegions =
    DISTINCT ( CountryRegions )
VAR Result =
    ADDCOLUMNS (
        UniqueCountryRegions,
        "Customer Sales Amount", CALCULATE (
```

```
            [Sales Amount],
            TREATAS (
                { [CountryRegion] },
                Customer[CountryRegion]
            )
        ),
        "Number of stores", CALCULATE (
            COUNTROWS ( Store ),
            TREATAS (
                { [CountryRegion] },
                Store[CountryRegion]
            )
        )
    )
RETURN Result
```

Das Ergebnis unserer letzten beiden Beispiele ist identisch; der Unterschied besteht in der Technik, die verwendet wurde, um den Filter von einer neuen Spalte auf eine Spalte zu verschieben, die Teil des Modells ist. Außerdem werden Sie in diesem letzten Beispiel vielleicht die Verwendung eines Tabellenkonstruktors bemerkt haben: Die geschweiften Klammern machen aus *CountryRegion* eine Tabelle, die als Parameter von *TREATAS* verwendet werden kann.

Da *UNION* die Datenherkunft verliert, wenn Werte aus verschiedenen Spalten stammen, ist *TREATAS* eine praktische Funktion zur Kontrolle der Datenherkunft des Ergebnisses. Es sei darauf hingewiesen, dass *TREATAS* Werte ignoriert, die in den Zielspalten nicht vorhanden sind.

INTERSECT verwenden

INTERSECT ist eine Mengenfunktion ähnlich wie *UNION*. Statt jedoch eine Tabelle an eine andere anzuhängen, gibt sie die Schnittmenge der beiden Tabellen zurück, d.h. nur diejenigen Zeilen, die in beiden Tabellen erscheinen. Die Funktion war vor der Einführung von *TREATAS* ausgesprochen beliebt, weil sie es erlaubt, das Ergebnis eines Tabellenausdrucks als Filter auf andere Tabellen und Spalten anzuwenden. Seit es jedoch *TREATAS* gibt, hat sich die Zahl der Anwendungsfälle von *INTERSECT* deutlich reduziert.

Wenn man zum Beispiel die Kunden, die sowohl 2007 als auch 2008 eingekauft haben, abrufen muss, könnte eine mögliche Implementierung wie folgt aussehen:

```
CustomersBuyingInTwoYears =
VAR Customers2007 =
    CALCULATETABLE (
        SUMMARIZE ( Sales, Customer[Customer Code] ),
        'Date'[Calendar Year] = "CY 2007"
    )
VAR Customers2008 =
    CALCULATETABLE (
        SUMMARIZE ( Sales, Customer[Customer Code] ),
        'Date'[Calendar Year] = "CY 2008"
```

```
    )
VAR Result =
    INTERSECT ( Customers2007, Customers2008 )
RETURN Result
```

INTERSECT behält die Datenherkunft der ersten Tabelle bei. Im obigen Beispiel haben beide Tabellen die gleiche Herkunft. Wenn man aber eine Tabelle mit verschiedenen Datenzeilen erstellt, dann wird nur die Datenherkunft der ersten Tabelle beibehalten. Die Länder, in denen es sowohl Kunden als auch Geschäfte gibt, lassen sich beispielsweise wie folgt ausdrücken:

```
INTERSECT (
    ALL ( Store[CountryRegion] ),
    ALL ( Customer[CountryRegion] )
)
```

In diesem letzten Beispiel wird als Herkunft die von *Store[CountryRegion]* übernommen. Folglich gibt ein komplexerer Ausdruck wie der folgende die nach *Store[CountryRegion]* und nicht nach *Customer[CountryRegion]* gefilterten Umsätze zurück:

```
SalesStoresInCustomersCountries =
VAR CountriesWithStoresAndCustomers =
    INTERSECT (
        ALL ( Store[CountryRegion] ),
        ALL ( Customer[CountryRegion] )
    )
VAR Result =
    ADDCOLUMNS (
        CountriesWithStoresAndCustomers,
        "StoresSales", [Sales Amount]
    )
RETURN Result
```

Das Ergebnis dieses Ausdrucks sehen Sie in Abbildung 12.12.

CountryRegion	StoresSales
United States	11,195,063.06
United Kingdom	
France	
Australia	
Canada	
Germany	8,670,581.01
Turkmenistan	
Thailand	
China	10,725,699.91
Kyrgyzstan	

Abbildung 12.12 *StoresSales* enthält die Umsätze im Geschäftsland, nicht im Land des Kunden.

In diesem letzteren Beispiel enthält die Spalte *StoresSales* die Umsätze, die sich auf das jeweilige Land des Ladengeschäfts beziehen.

EXCEPT verwenden

EXCEPT ist die letzte Mengenfunktion, die wir in diesem Abschnitt vorstellen wollen. *EXCEPT* entfernt die in der zweiten Tabelle vorhandenen Zeilen aus der ersten Tabelle. Es wird also im Grunde genommen die Restmenge der ersten Tabelle gebildet. Möchte man beispielsweise wissen, welche Kunden im Jahr 2007, nicht aber im Jahr 2008 ein Produkt gekauft haben, dann könnte eine mögliche Implementierung wie folgt aussehen:

```
CustomersBuyingIn2007butNotIn2008 =
VAR Customers2007 =
    CALCULATETABLE (
        SUMMARIZE ( Sales, Customer[Customer Code] ),
        'Date'[Calendar Year] = "CY 2007"
    )
VAR Customers2008 =
    CALCULATETABLE (
        SUMMARIZE ( Sales, Customer[Customer Code] ),
        'Date'[Calendar Year] = "CY 2008"
    )
VAR Result =
    EXCEPT ( Customers2007, Customers2008 )
RETURN Result
```

Die ersten Zeilen der berechneten Tabelle sind in Abbildung 12.13 zu sehen.

Customer Code
11005
11006
11007
11008

Abbildung 12.13 Ausschnitt einer Liste mit Kunden, die 2007, nicht aber 2008 ein Produkt gekauft haben.

Wie üblich kann man die vorherige Berechnung als Filterargument von *CALCULATE* verwenden, um den Umsatzbetrag für diese Kunden zu ermitteln. *EXCEPT* wird häufig zur Analyse des Kundenverhaltens verwendet. Eine in vielen Unternehmen verbreitete Berechnung ist zum Beispiel die Ermittlung der Anzahl von Neukunden, wiederkehrenden Kunden und verlorenen Kunden.

Es gibt mehrere mögliche Implementierungen derselben Berechnungen, die jeweils auf ein bestimmtes Datenmodell ausgerichtet sind. Die folgende Implementierung ist nicht immer die optimale, aber sie ist flexibel und leicht verständlich. Um die Anzahl der Kunden zu berechnen, die in diesem Jahr etwas gekauft haben, im vergangenen Jahr aber nicht, werden mit dem folgenden Measure die Kunden, die im Vorjahr ein Produkt gekauft haben, aus der Menge der aktuellen Kunden entfernt:

```
SalesOfNewCustomers :=
VAR CurrentCustomers =
    VALUES ( Sales[CustomerKey] )
VAR CustomersLastYear =
    CALCULATETABLE (
        VALUES ( Sales[CustomerKey] ),
        DATESINPERIOD ( 'Date'[Date], MIN ( 'Date'[Date] ) - 1, -1, YEAR )
    )
VAR CustomersNotInLastYear =
    EXCEPT ( CurrentCustomers, CustomersLastYear )
VAR Result =
    CALCULATE ( [Sales Amount], CustomersNotInLastYear )
RETURN Result
```

Die Implementierung dieses Codes als Measure funktioniert mit jedem Filter und bietet die Möglichkeit, flexibel nach einer beliebigen Spalte aufzuschlüsseln. Bitte beachten Sie, dass diese Implementierung zu den Neukunden leistungstechnisch sicherlich nicht optimal ist. Wir benutzen sie hier lediglich, um eine mögliche Verwendung von *EXCEPT* zu demonstrieren. Weiter hinten in diesem Kapitel zeigen wir eine sehr viel schnellere Version derselben Berechnung, die allerdings etwas komplexer zu durchschauen ist.

Ähnlich wie *INTERSECT* behält *EXCEPT* die Datenherkunft der ersten Tabelle bei. Der folgende Ausdruck berechnet z. B. die Umsätze mit Kunden, die in Ländern leben, die keine Geschäfte beherbergen:

```
SalesInCountriesWithNoStores :=
VAR CountriesWithActiveStores =
    CALCULATETABLE (
        SUMMARIZE ( Sales, Store[CountryRegion] ),
        ALL ( Sales )
    )
VAR CountriesWithSales =
    SUMMARIZE ( Sales, Customer[CountryRegion] )
VAR CountriesWithNoStores =
    EXCEPT ( CountriesWithSales, CountriesWithActiveStores )
VAR Result =
    CALCULATE (
        [Sales Amount],
        CountriesWithNoStores
    )
RETURN Result
```

Das Ergebnis von *EXCEPT* filtert die Spalte *Customer[CountryRegion]*, da dies die Spalte ist, die von der als erstes Argument von *EXCEPT* angegebenen Tabelle verwendet wird.

Tabellen als Filter verwenden

Mit Funktionen, die Tabellen manipulieren, werden häufig komplexe Filter für *CALCULATE*-Parameter erstellt. In diesem Abschnitt stellen wir Ihnen weitere Beispiele vor, die Ihr Verständnis von DAX Schritt für Schritt erweitern.

OR-Bedingungen implementieren

Nachfolgend beschrieben ist ein erstes Beispiel, bei dem sich die Manipulation von Tabellen als eine nützliche Fähigkeit erweist. Stellen Sie sich vor, Sie müssten eine *OR*-Bedingung zwischen den mit verschiedenen Slicern getroffenen Auswahlen implementieren, statt das *AND*-Standardverhalten nutzen zu können, dass Clienttools wie Excel und Power BI anbieten.

Der Bericht in Abbildung 12.14 enthält zwei Slicer. In Power BI wird standardmäßig die Schnittmenge dieser beiden Bedingungen gebildet. Daher stellen die präsentierten Zahlen den Umsatz bei Haushaltsgeräten an Kunden mit einem Highschoolabschluss dar.

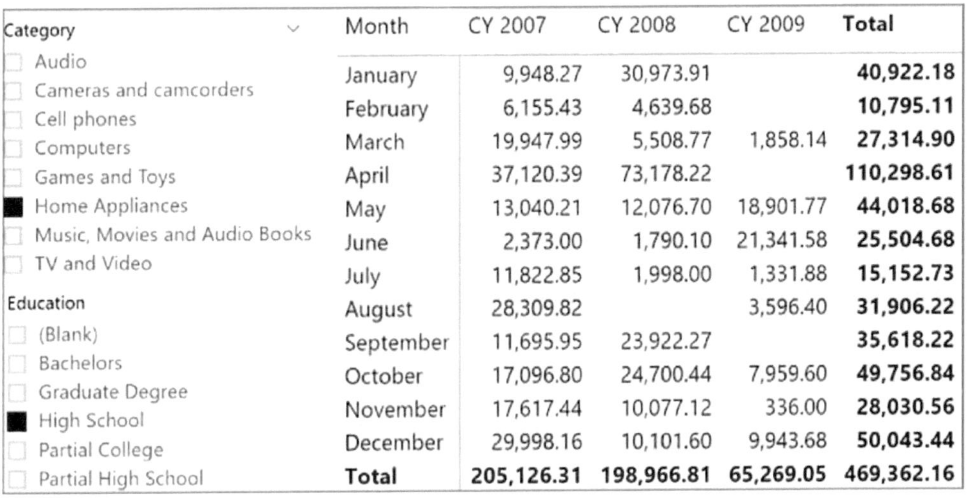

Category
- [ ] Audio
- [ ] Cameras and camcorders
- [ ] Cell phones
- [ ] Computers
- [ ] Games and Toys
- [x] Home Appliances
- [ ] Music, Movies and Audio Books
- [ ] TV and Video

Education
- [ ] (Blank)
- [ ] Bachelors
- [ ] Graduate Degree
- [x] High School
- [ ] Partial College
- [ ] Partial High School

Month	CY 2007	CY 2008	CY 2009	**Total**
January	9,948.27	30,973.91		**40,922.18**
February	6,155.43	4,639.68		**10,795.11**
March	19,947.99	5,508.77	1,858.14	**27,314.90**
April	37,120.39	73,178.22		**110,298.61**
May	13,040.21	12,076.70	18,901.77	**44,018.68**
June	2,373.00	1,790.10	21,341.58	**25,504.68**
July	11,822.85	1,998.00	1,331.88	**15,152.73**
August	28,309.82		3,596.40	**31,906.22**
September	11,695.95	23,922.27		**35,618.22**
October	17,096.80	24,700.44	7,959.60	**49,756.84**
November	17,617.44	10,077.12	336.00	**28,030.56**
December	29,998.16	10,101.60	9,943.68	**50,043.44**
Total	**205,126.31**	**198,966.81**	**65,269.05**	**469,362.16**

Abbildung 12.14 Standardmäßig wird die Schnittmenge der Slicerbedingungen gebildet, sodass alle Bedingungen gemeinsam angewendet werden.

Möglicherweise wollen Sie aber gar nicht die Schnittmenge bilden, sondern die beiden Bedingungen zusammenführen. Mit anderen Worten: Die in dem Bericht vorhandenen Zahlen müssen entweder die Produkte, die an Kunden mit einem Highschoolabschluss verkauft wurden, oder die verkauften Haushaltsgeräte angeben. Da Power BI keine ODER-Bedingungen zwischen Slicern unterstützt, kann man das Problem mit DAX lösen.

Denken Sie daran, dass jede Zelle des Berichts einen Filterkontext hat, der je einen Filter für die Kategorie und den Bildungsabschluss enthält. Beide Filter müssen ersetzt werden. Es gibt mehrere mögliche Lösungen für das Muster. Wir werden uns drei verschiedene Formeln ansehen.

Der erste und wahrscheinlich einfachste Ausdruck dieses Filters ist der folgende:

```
OR 1 :=
VAR CategoriesEducations =
    CROSSJOIN (
        ALL ( 'Product'[Category] ),
        ALL ( Customer[Education] )
    )
VAR CategoriesEducationsSelected =
    FILTER (
        CategoriesEducations,
        OR (
            'Product'[Category] IN VALUES ( 'Product'[Category] ),
            Customer[Education] IN VALUES ( Customer[Education] )
        )
    )
VAR Result =
    CALCULATE (
        [Sales Amount],
        CategoriesEducationsSelected
    )
RETURN Result
```

Das Measure bildet zunächst das Kreuzprodukt aller Kategorien und Bildungsabschlüsse. Nach der Vorbereitung der Tabelle filtert es diejenigen Zeilen heraus, die die Bedingung nicht erfüllen, und verwendet schließlich die resultierende Tabelle als Filterargument für *CALCULATE*. *CALCULATE* überschreibt den aktuellen Filter sowohl für die Kategorie als auch für den Abschluss. Am Ende steht daher der in Abbildung 12.15 gezeigte Bericht.

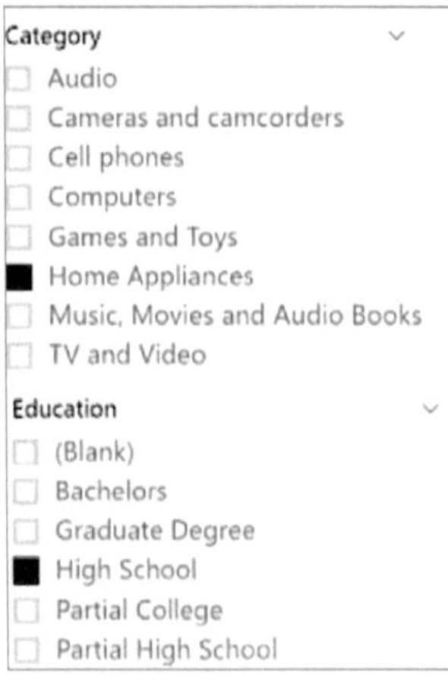

Category
- Audio
- Cameras and camcorders
- Cell phones
- Computers
- Games and Toys
- Home Appliances (ausgewählt)
- Music, Movies and Audio Books
- TV and Video

Education
- (Blank)
- Bachelors
- Graduate Degree
- High School (ausgewählt)
- Partial College
- Partial High School

Month	CY 2007	CY 2008	CY 2009	**Total**
January	262,512.08	260,921.71	262,686.39	**786,120.18**
February	225,024.45	181,594.36	203,901.13	**610,519.94**
March	242,516.02	235,588.38	155,285.26	**633,389.66**
April	432,992.41	510,691.71	237,981.77	**1,181,665.89**
May	258,641.80	406,915.71	481,154.70	**1,146,712.21**
June	201,855.29	350,851.26	339,850.92	**892,557.47**
July	251,993.38	407,779.81	361,962.95	**1,021,736.13**
August	287,874.68	338,909.58	245,665.31	**872,449.58**
September	186,553.63	342,886.85	224,487.70	**753,928.18**
October	306,477.40	307,138.26	370,054.52	**983,670.18**
November	235,081.21	306,800.23	178,155.71	**720,037.15**
December	330,435.87	385,719.06	262,530.19	**978,685.13**
Total	**3,221,958.21**	**4,035,796.92**	**3,323,716.54**	**10,581,471.68**

Abbildung 12.15 Der Bericht zeigt nun das Umsatzvolumen für die Kategorie Haushaltsgeräte *ODER* für Kunden mit Highschool-Abschluss.

Die erste Implementierung des Measures ist bereits recht einfach gehalten – und zwar sowohl in der Anwendung als auch, was das Verständnis angeht. Falls es eine große Anzahl von Zeilen in den Spalten gibt, die zum Filtern der *OR*-Bedingung verwendet werden, oder es mehr als nur zwei Bedingungen gibt, würde die resultierende Temporärtabelle schnell sehr groß werden. In einem solchen Fall kann man ihre Größe begrenzen, indem man die *CROSSJOIN*-Anweisung zugunsten von *SUMMARIZE* entfernt. Diesen Ansatz verfolgt die zweite Implementierung desselben Measures:

```
OR 2 :=
VAR CategoriesEducations =
    CALCULATETABLE (
        SUMMARIZE (
            Sales,
            'Product'[Category],
            Customer[Education]
        ),
        ALL ( 'Product'[Category] ),
        ALL ( Customer[Education] )
    )
VAR CategoriesEducationsSelected =
    FILTER (
        CategoriesEducations,
        OR (
            'Product'[Category] IN VALUES ( 'Product'[Category] ),
            Customer[Education] IN VALUES ( Customer[Education] )
        )
    )
VAR Result =
    CALCULATE (
         [Sales Amount],
        CategoriesEducationsSelected
    )
RETURN Result
```

Die Logik dieser zweiten Implementierung ist der ersten sehr ähnlich. Der einzige merkliche Unterschied besteht im Vorhandensein von *SUMMARIZE* anstelle von *CROSSJOIN*. Außerdem sei darauf hingewiesen, dass *SUMMARIZE* in einem Filterkontext ohne den Filter auf *Category* und *Education* ausgeführt werden muss. Andernfalls nämlich würde der Slicer die von *SUMMARIZE* ausgeführte Berechnung beeinflussen und die Arbeit des Filters zunichtemachen.

Es gibt noch (mindestens) eine dritte Lösung für dieses Szenario. Sie ist zwar vielleicht nicht ganz so leicht zu durchschauen, aber potenziell schneller. Derselbe Filter kann nämlich auch dadurch ausgedrückt werden, dass jede Angabe zum Bildungsniveau in Ordnung ist, wenn die Kategorie zu den ausgewählten Kategorien gehört. Gleiches gilt auch umgekehrt: Solange das Bildungsniveau zu den gewählten Werten für den Bildungsabschluss gehört, ist jede Kategorie in Ordnung. Diese Überlegungen führen zur dritten Formulierung desselben Ausdrucks:

```
OR 3 :=
VAR Categories =
    CROSSJOIN (
        VALUES ( 'Product'[Category] ),
        ALL ( Customer[Education] )
    )
VAR Educations =
    CROSSJOIN (
        ALL ( 'Product'[Category] ),
        VALUES ( Customer[Education] )
    )
VAR CategoriesEducationsSelected =
    UNION ( Categories, Educations )
VAR Result =
    CALCULATE (
         [Sales Amount],
        CategoriesEducationsSelected
    )
RETURN Result
```

Wie Sie sehen, kann man die gleiche Formel auf mehrere Arten erstellen. Der Unterschied liegt gleichermaßen in der Lesbarkeit und der Leistung. Die Fähigkeit, die gleiche Formel mit verschiedenen Methoden zu schreiben, wird sich in den abschließenden Kapiteln zur Optimierung als äußerst nützlich erweisen, wenn Sie lernen, die Leistung verschiedener Versionen desselben Codes zu bewerten, um die bestmögliche zu finden.

Aufschlüsselung der Umsatzberechnung nach den Kunden des ersten Jahres

Als weiteres Beispiel für eine nützliche Berechnung, die die Manipulation von Tabellen beinhaltet, zeigen wir nun, wie man Umsätze im zeitlichen Verlauf analysieren kann, wobei nur Kunden berücksichtigt werden sollen, die einen Kauf im ersten Jahr eines ausgewählten Zeitraums getätigt haben. Anders formuliert: Wir betrachten das erste Jahr mit Umsätzen in Visual, werten die Kunden aus, die in diesem ersten Jahr gekauft haben, und analysieren dann nur die Umsätze dieser Kunden über die Folgejahre, während wir all diejenigen ignorieren, die frühestens im zweiten Jahr zu Kunden wurden.

Der Code muss drei Schritte ausführen:

1. Überprüfen, welches Jahr das erste war, in dem überhaupt irgendein Produkt Umsätze aufwies
2. Speichern der Kunden aus jenem ersten Jahr in einer Variablen, wobei alle anderen Filter ignoriert werden
3. Berechnen der Umsätze der in Schritt 2 ermittelten Kunden im aktuellen Zeitraum

Der folgende Code implementiert diesen Algorithmus mit Variablen zur Speicherung von Zwischenergebnissen:

```
SalesOfFirstYearCustomers :=
VAR FirstYearWithSales =
    CALCULATETABLE (
        FIRSTNONBLANK (
            'Date'[Calendar Year],
            [Sales Amount]
        ),
        ALLSELECTED ()
    )
VAR CustomersFirstYear =
    CALCULATETABLE (
        VALUES ( Sales[CustomerKey] ),
        FirstYearWithSales,
        ALLSELECTED ()
    )
VAR Result =
    CALCULATE (
        [Sales Amount],
        KEEPFILTERS ( CustomersFirstYear )
    )
RETURN Result
```

Die Variable *FirstYearWithSales* speichert das erste Jahr mit Umsätzen. Beachten Sie, dass *FIRSTNONBLANK* als Ergebnis eine Tabelle mit der Datenherkunft *Date[Calendar Year]* zurückgibt. Die Variable *CustomerFirstYear* ruft die Liste aller Kunden im ersten Jahr ab. Der letzte Schritt ist der einfachste, da hier nur der Filter auf den Kunden angewendet wird; in jeder Zelle des Berichts wird der Wert von *Sales Amount* auf die im zweiten Schritt ermittelten Kunden beschränkt. Mit dem Modifizierer *KEEPFILTERS* könnten diese Kunden beispielsweise nach Ländern gefiltert werden.

Das Ergebnis ist in Abbildung 12.16 zu sehen. Es lässt den Schluss zu, dass die Umsätze dieser Kunden nach Verstreichen des ersten Jahres allmählich zurückgehen.

Category	CY 2007	CY 2008	CY 2009	Total
Audio	102,722.07	61,558.94	27,853.52	**192,134.53**
Cameras and camcorders	3,274,847.26	481,456.84	733.10	**3,757,037.20**
Cell phones	477,451.74	105,582.66	7,268.40	**590,302.81**
Computers	2,660,318.87	397,317.15	6,258.20	**3,063,894.22**
Games and Toys	89,860.07	53,309.30	43,023.91	**186,193.27**
Home Appliances	2,347,281.80	975,860.25	177,173.74	**3,500,315.79**
Music, Movies and Audio Books	87,874.44	26,083.81	700.80	**114,659.05**
TV and Video	2,269,589.88	248,960.74	38,640.26	**2,557,190.88**
Total	**11,309,946.12**	**2,350,129.69**	**301,651.93**	**13,961,727.74**

Abbildung 12.16 Der Bericht zeigt den Umsatz und den zeitlichen Verlauf, konzentriert sich dabei aber nur auf die im Jahr 2007 gewonnenen Kunden.

Dieses letzte Beispiel sollten Sie unbedingt genau studieren. Es gibt nämlich mehrere Szenarien, in denen man einen Filter im zeitlichen Verlauf festlegen, eine Menge berechnen und schließlich das Verhalten dieser Menge (von Kunden, Produkten, Geschäften) über verschiedene Jahre hinweg analysieren muss. Mit diesem Muster kann man leicht Analysen zum selben Geschäft oder jede andere Berechnung mit ähnlichen Anforderungen implementieren.

Neukunden berechnen

Weiter vorn in diesem Kapitel, als es um *EXCEPT* ging, haben Sie gesehen, wie man Neukunden berechnet. In diesem Abschnitt nun stellen wir eine sehr viel bessere Implementierung derselben Berechnung vor, die – wieder einmal – von Tabellenfunktionen umfassenden Gebrauch macht.

Die Idee hinter diesem neuen Algorithmus ist die folgende: Zunächst bestimmen wir den frühesten Tag, an dem der jeweilige Kunde einen Kauf getätigt hat. Wenn diese Tabelle verfügbar ist, prüft die Formel, ob dieser erste Kundenumsatz in den aktuellen Zeitraum fällt. Wenn dies zutrifft, bedeutet dies, dass der Kunde in der aktuellen Periode ein Neukunde ist.

Hier folgt der Code für das Measure:

```
New Customers :=
VAR CustomersFirstSale =
    CALCULATETABLE (
        ADDCOLUMNS (
            VALUES ( Sales[CustomerKey] ),
            "FirstSale", CALCULATE (
                MIN ( Sales[Order Date] )
            )
        ),
        ALL ( 'Date' )
    )
VAR CustomersWith1stSaleInCurrentPeriod =
    FILTER (
```

```
        CustomersFirstSale,
        [FirstSale] IN VALUES ( 'Date'[Date] )
    )
VAR Result =
    COUNTROWS ( CustomersWith1stSaleInCurrentPeriod )
RETURN Result
```

Die Variable *CustomersFirstSale* muss *ALL* in der Tabelle *Date* verwenden, um zuerst die Umsätze zu berechnen, die vor dem aktuellen Zeitraum stattgefunden haben. Den resultierenden Bericht sehen Sie in Abbildung 12.17.

Calendar Year	Num of Customers	New Customers
CY 2007	**7,999**	**7,999**
January	1,375	1,375
February	1,153	1,037
March	1,038	900
April	1,197	960
May	1,049	774
June	643	436
July	823	592
August	630	423
September	675	436
October	489	268
November	693	397
December	689	401

Abbildung 12.17 Der Bericht zeigt die Anzahl der Bestands- und Neukunden im Jahr 2007.

So wie der Code jetzt verfasst ist, gilt, wenn ein Benutzer andere Tabellen wie etwa die Produktkategorie filtert, ein Kunde dann als »neu«, wenn er ein Produkt aus der ausgewählten Kategorie zum ersten Mal kauft. So kann ein einzelner Kunde je nach den verwendeten Filtern auch mehrfach zum Neukunden im Sinne dieser Definition werden. Durch Hinzufügen weiterer *CALCULATE*-Modifizierer zur Berechnung der ersten Variablen ist es möglich, mehrere verschiedene Varianten desselben Codes zu implementieren. So könnte man beispielsweise *ALL (Product)* hinzufügen, woraufhin Kunden nur dann als neu betrachtet würden, wenn sie ein beliebiges Produkt kaufen. Durch das Hinzufügen von *ALL (Store)* werden Kunden erst dann erstmalig zu Neukunden, wenn sie in einem beliebigen Ladengeschäft einkaufen.

IN, *CONTAINSROW* und *CONTAINS* verwenden

Im obigen Beispiel haben wir, wie in vielen anderen auch, das Schlüsselwort *IN* verwendet, um zu prüfen, ob ein Wert in einer Tabelle vorhanden ist. Intern wird *IN* in einen Aufruf der *CONTAINSROW*-Funktion übersetzt, sodass es keine Performanceunterschiede zwischen den beiden Syntaxen gibt. Die beiden folgenden Ausdrücke sind äquivalent:

```
Product[Color] IN { "Red", "Blue", "Yellow" }
CONTAINSROW ( { "Red", "Blue", "Yellow" }, Product[Color] )
```

Die Syntax funktioniert auch bei Tabellen mit mehreren Spalten:

```
( 'Date'[Year], 'Date'[MonthNumber] ) IN { ( 2018, 12 ), ( 2019, 1 ) }
CONTAINSROW ( { ( 2018, 12 ), ( 2019, 1 ) }, 'Date'[Year], 'Date'[MonthNumber] )
```

IN und *CONTAINSROW* sind in älteren DAX-Versionen nicht vorhanden. Eine Alternative zu diesen Funktionen ist *CONTAINS*, bei der wir Paare aus Spalten und Werten angeben müssen, um eine Tabelle auf Vorhandensein einer bestimmten Zeile zu prüfen. Allerdings ist *CONTAINS* weniger effizient als *IN* und *CONTAINSROW*. Da die Syntax von Tabellenkonstruktoren in den DAX-Versionen ohne *IN* und *CONTAINSROW* nicht vorhanden ist, erfordert *CONTAINS* eine sehr viel umfassendere Syntax:

```
VAR Colors =
    UNION (
        ROW ( "Color", "Red" ),
        ROW ( "Color", "Blue" ),
        ROW ( "Color", "Yellow" )
    )
RETURN
    CONTAINS ( Colors, [Color], Product[Color] )
```

Zum Zeitpunkt der Abfassung dieses Buchs stellt *IN* die bequemste Art und Weise der Suche nach einem Wert in einer Tabelle dar: Sie ist viel leichter zu lesen als jede andere Funktion dieser Kategorie und bietet die gleiche Leistung wie *CONTAINSROW*.

Tabellenausdrücke mit *DETAILROWS* wiederverwenden

Die PivotTable in Excel bietet eine Funktion zum Abrufen der zugrunde liegenden Daten, die zur Berechnung einer Zelle verwendet werden. Diese Funktion wird auf der Excel-Benutzeroberfläche Details anzeigen genannt, ihr technischerer Name lautet »Drillthrough«. Dieser Name könnte etwas verwirrend sein, da Drillthrough in Power BI eine Funktion bezeichnet, die es dem Benutzer ermöglicht, auf eine vom Berichtsautor kontrollierte Weise von einer Berichtsseite zu einer anderen zu wechseln. Aus diesem Grund wurde eine Funktion, die die Kontrolle über das Ergebnis von Details anzeigen ermöglicht, im tabellarischen Modell als »Detailzeilenausdruck« bezeichnet und in SQL Server Analysis Services 2017 eingeführt. Stand April 2019 ist sie noch nicht in Power BI verfügbar, sollte aber für eine künftige Version berücksichtigt werden.

Der Detailzeilenausdruck ist ein DAX-Tabellenausdruck, der mit einem Measure verknüpft ist und aufgerufen wird, um die Tabelle für die Funktion Details anzeigen abzurufen. Dieser Ausdruck wird im Filterkontext des Measures ausgeführt. Das Konzept besteht darin, dass, wenn ein Measure den Filterkontext ändert, um eine Variable zu berechnen, der Detailzeilenausdruck eine ähnliche Transformation auf den Filterkontext anwendet. Betrachten Sie beispielsweise *Sales YTD*, womit der YTD-Wert von *Sales Amount* berechnet wird:

```
Sales YTD :=
CALCULATE (
    [Sales Amount],
    DATESYTD ( 'Date'[Date] )
)
```

Der entsprechende Detailzeilenausdruck sollte ein *CALCULATABLE* sein, das die gleiche Filterkontexttransformation anwendet wie das entsprechende Measure. Der folgende Ausdruck beispielsweise gibt alle Spalten der Tabelle *Sales* seit Beginn des in der Berechnung betrachteten Jahres zurück:

```
CALCULATETABLE (
    Sales,
    DATESYTD ( 'Date'[Date] )
)
```

Ein DAX-Clienttool führt dieses Measure aus, indem es eine bestimmte DAX-Funktion namens *DETAILROWS* aufruft und dabei das Measure angibt, zu dem der Detailzeilenausdruck gehört:

```
DETAILROWS ( [Sales YTD] )
```

Die Funktion *DETAILROWS* ruft einen in einem Measure gespeicherten Tabellenausdruck auf. Daher kann man versteckte Measures zur Speicherung langer Tabellenausdrücke definieren, wie sie oft als Filterargumente für viele andere DAX-Measures verwendet werden. Betrachten Sie etwa ein Measure namens *Cumulative Total* mit einem Detailzeilenausdruck, der jedes Datum abruft, das kleiner als oder gleich dem im Filterkontext verfügbaren Datum des Höchstwerts ist:

```
-- Detailzeilenausdruck für Measure "Cumulative Total"
VAR LastDateSelected = MAX ( 'Date'[Date] )
RETURN
    FILTER (
        ALL ( 'Date'[Date] ),
        'Date'[Date] <= LastDateSelected
    )
```

Mit der Funktion *DETAILROWS* kann man diesen Tabellenausdruck in verschiedenen Measures referenzieren:

```
Cumulative Sales Amount :=
CALCULATE (
    [Sales Amount],
    DETAILROWS ( [Cumulative Total] )
)

Cumulative Total Cost :=
CALCULATE (
    [Total Cost],
    DETAILROWS ( [Cumulative Total] )
)
```

Ausführlichere Beispiele für diese Technik finden Sie unter *https://www.sqlbi.com/articles/creating-table-functions-in-dax-using-detailrows.* Die Wiederverwendung von Tabellenausdrücken mit *DETAILROWS* ist jedoch nur ein Workaround für das Fehlen benutzerdefinierter Funktionen in DAX und kann zudem die Leistung beeinträchtigen. Viele Anwendungsfälle für *DETAILROWS* lassen sich mithilfe von Berechnungsgruppen lösen, und diese Technik wird obsolet, sobald Measures, die Tabellen zurückgeben, oder benutzerdefinierte Funktionen in DAX eingeführt werden.

Berechnete Tabellen erstellen

Alle in den obigen Abschnitten gezeigten Tabellenfunktionen können wahlweise als Tabellenfilter in *CALCULATE* oder zur Erstellung berechneter Tabellen und Abfragen verwendet werden. Weiter vorn haben wir diejenigen Funktionen beschrieben, die eher als Tabellenfilter verwendet werden; in diesem Abschnitt kommen wir zu einigen zusätzlichen Funktionen, die in erster Linie bei der Erstellung berechneter Tabellen benutzt werden. Es gibt noch weitere Tabellenfunktionen, die hauptsächlich zum Erstellen von Abfragen verwendet werden. Darauf werden wir im nächsten Kapitel eingehen. Dennoch sollten Sie immer im Hinterkopf behalten, dass es bei der Verwendung von Tabellenfunktionen keine Grenzen gibt. Nichts und niemand hindert Sie daran, *DATATABLE*, *SELECTCOLUMNS* oder *GENERATESERIES* (einige der später beschriebenen Funktionen) in einem Measure oder als Tabellenfilter zu verwenden. Es ist lediglich eine Frage der Bequemlichkeit: Einige Funktionen passen schlicht besser zu bestimmten Bedürfnissen als andere.

SELECTCOLUMNS verwenden

SELECTCOLUMNS ist nützlich, um die Anzahl der Spalten in einer Tabelle zu verringern. Zudem bietet es die Möglichkeit, ähnlich wie *ADDCOLUMNS* neue Spalten hinzuzufügen. Praktisch betrachtet implementiert *SELECTCOLUMNS* die Fortschreibung von Spalten, wie man es von der SQL-Anweisung *SELECT* her kennt.

Die häufigste Anwendung von *SELECTCOLUMNS* ist das Durchsuchen einer Tabelle und die Rückgabe bestimmter Spalten. Der folgende Ausdruck etwa gibt nur den Bildungsstand und das Geschlecht des Kunden zurück, mithin zwei Spalten:

```
SELECTCOLUMNS (
    Customer,
    "Education", Customer[Education],
    "Gender", Customer[Gender]
)
```

Das Ergebnis enthält, wie Sie in Abbildung 12.18 sehen können, eine große Zahl Dubletten.

Education	Gender
Partial College	M
Partial College	F
Partial College	F
Partial College	M
Partial College	F
Partial College	M
Partial College	M
Partial College	M

Abbildung 12.18 *SELECTCOLUMNS* gibt doppelte Werte zurück.

SELECTCOLUMNS unterscheidet sich erheblich von *SUMMARIZE*. *SUMMARIZE* führt eine Gruppierung des Ergebnisses durch, während *SELECTCOLUMNS* nur die Anzahl der Spalten reduziert. Daher kann die Ausgabe von *SELECTCOLUMNS* Duplikate enthalten, die Ausgabe von *SUMMARIZE* hingegen nicht. *SELECTCOLUMNS* muss mit Name-Ausdrucks-Paaren für jede Spalte in der Ergebnismenge versehen werden. Die resultierenden Spalten können auch neue sein. So gibt etwa die folgende Formel eine neue Spalte namens *Customer* zurück, die den Namen enthält, gefolgt vom zugehörigen Code in Klammern:

```
SELECTCOLUMNS (
    Customer,
    "Education", Customer[Education],
    "Gender", Customer[Gender],
    "Customer", Customer[Name] & " (" & Customer[Customer Code] & ")"
)
```

Das Ergebnis sehen Sie in Abbildung 12.19.

Education	Gender	Customer
Partial College	M	Xie, Russell (11024)
Partial College	F	Russell, Jennifer (11036)
Partial College	F	Carter, Amanda (11041)
Partial College	M	Simmons, Nathan (11043)
Partial College	F	Morris, Isabella (11928)
Partial College	M	Alexander, Seth (11938)
Partial College	M	Garcia, Joseph (11954)
Partial College	M	Green, Gabriel (11955)

Abbildung 12.19 *SELECTCOLUMNS* kann auch neue Spalten berechnen, so wie *ADDCOLUMNS* es tut.

SELECTCOLUMNS behält die Datenherkunft bei, wenn der Ausdruck ein einzelner Spaltenverweis ist; wird dagegen ein Ausdruck verwendet, dann wird eine neue Herkunft erstellt. Folglich enthält das folgende Ergebnis zwei Spalten: Die erste Spalte erhält die Herkunft *Customer-[Name]*, während die zweite Spalte eine andere Datenherkunft hat, die die ursprünglichen Spalten nicht filtern kann, obwohl der Inhalt beider Spalten gleich ist:

```
SELECTCOLUMNS (
    Customer,
    "Customer Name with lineage", Customer[Name],
    "Customer Name without lineage", Customer[Name] & ""
)
```

Statische Tabellen mit *ROW* erstellen

ROW ist eine einfache Funktion, die eine Tabelle mit nur einer Zeile zurückgibt. *ROW* benötigt Namen-Ausdrucks-Paare, und das Ergebnis ist eine Tabelle mit einer Zeile und einer passenden Anzahl von Spalten. Der folgende Ausdruck ist beispielsweise eine Tabelle mit einer Zeile und zwei Spalten, die den Umsatzbetrag und die Absatzmenge enthält:

```
ROW (
    "Sales", [Sales Amount],
    "Quantity", SUM ( Sales[Quantity] )
)
```

Das Ergebnis ist eine Tabelle mit einer Zeile und zwei Spalten, wie Sie in Abbildung 12.20 sehen können.

Sales	Quantity
30,591,343.98	140,180

Abbildung 12.20 *ROW* erstellt eine Tabelle mit nur einer einzigen Zeile.

ROW wird seit der Einführung der Tabellenkonstruktorsyntax nicht mehr häufig verwendet. Der obige Ausdruck kann nämlich auch wie folgt geschrieben werden:

```
{
    ( [Sales Amount], SUM ( Sales[Quantity] ) )
}
```

Die Spaltennamen werden automatisch durch die Syntax des Tabellenkonstruktors generiert (Abbildung 12.21).

Value1	Value2
30,591,343.98	140,180

Abbildung 12.21 Der Tabellenkonstruktor erzeugt Spaltennamen automatisch.

In der Tabellenkonstruktorsyntax werden die Zeilen durch Kommata getrennt. Um mehrere Spalten einzuschließen, müssen Sie Klammern verwenden, mit denen mehrere Spalten in einer einzigen Zeile gekapselt werden. Der Hauptunterschied zwischen der *ROW*-Funktion und der Syntax mit den geschweiften Klammern besteht darin, dass *ROW* Namen für die Spalten angibt, während die geschweiften Klammern diese Spaltennamen automatisch erzeugen. Letzteres erschwert das spätere Referenzieren von Spaltenwerten.

Statische Tabellen mit *DATATABLE* erstellen

ROW ist nützlich, wenn Sie eine Tabelle mit nur einer Zeile erstellen möchten. Geht es dagegen um eine Tabelle mit mehreren Zeilen, dann greift man besser zu *DATATABLE*. *DATATABLE* legt eine Tabelle an, die nicht nur die Spaltennamen, sondern auch den Datentyp jeder Spalte und ihren Inhalt angibt. Wenn man zum Beispiel eine Tabelle mit drei Zeilen für einen Preiscluster benötigt, ist der folgende Ausdruck der richtige Weg dorthin:

```
DATATABLE (
    "Segment", STRING,
    "Min", DOUBLE,
    "Max", DOUBLE,
    {
        { "LOW", 0, 20 },
        { "MEDIUM", 20, 50 },
        { "HIGH", 50, 99 }
    }
)
```

Das Ergebnis sehen Sie in Abbildung 12.22.

Segment	Min	Max
LOW	0.00	20.00
MEDIUM	20.00	50.00
HIGH	50.00	99.00

Abbildung 12.22 Die Abbildung zeigt die mit *DATATABLE* erzeugte resultierende Tabelle.

Der Datentyp der Spalten kann einen der folgenden Werte annehmen: *INTEGER*, *DOUBLE*, *STRING*, *BOOLEAN*, *CURRENCY* oder *DATETIME*. Leider ist die Syntax nicht ganz konsistent mit dem neuen Tabellenkonstruktor, der geschweifte Klammern verwendet. *DATATABLE* benutzt geschweifte Klammern nämlich zur Zeilentrennung, während der anonyme Tabellenkonstruktor zu diesem Zweck runde Klammern einsetzt und mit den geschweiften Klammern nur die Gesamttabelle abgrenzt.

Eine starke Einschränkung von *DATATABLE* besteht darin, dass in der Tabelle nur konstante Werte auftreten dürfen: Ein DAX-Ausdruck würde zu einem Fehler führen. Deswegen ist *DATATABLE* eine Funktion, die nicht allzu oft verwendet wird. Die Tabellenkonstruktorsyntax bietet Entwicklern sehr viel mehr Flexibilität im Hinblick auf den Einsatz von Ausdrücken.

Mit *DATATABLE* können Sie einfache, mit Konstanten berechnete Tabellen definieren. In den SQL Server Data Tools (SSDT) for Analysis Services Tabular wird eine berechnete Tabelle mit *DATATABLE* generiert, wenn der Entwickler den Inhalt der Zwischenablage in das Modell einfügt; Power BI verwendet zur Definition von Konstantentabellen dagegen Power Query. Auch dies ist ein Grund dafür, warum *DATATABLE* unter Power-BI-Anwendern keine große Verbreitung erfahren hat.

GENERATESERIES verwenden

GENERATESERIES ist eine Hilfsfunktion, die eine Werteabfolge erzeugt, wenn der Entwickler jeweils eine Unter- oder Obergrenze sowie eine Schrittweite angibt. Der folgende Ausdruck generiert beispielsweise eine Tabelle mit zwanzig Werten von 1 bis 20:

```
GENERATESERIES ( 1, 20, 1 )
```

Der resultierende Datentyp hängt von der Eingabe ab, ist aber entweder eine Zahl oder *DateTime*. Wenn der Entwickler beispielsweise eine Tabelle mit der Tageszeit benötigt, stellt der folgende Ausdruck eine Möglichkeit dar, innerhalb kürzester Zeit eine Tabelle mit 86.400 Zeilen zu erzeugen (das ist eine Zeile für jede Sekunde des Tages):

```
Time =
GENERATESERIES (
    TIME ( 0, 0, 0 ),         -- Startwert
    TIME ( 23, 59, 59 ),      -- Endwert
    TIME ( 0, 0, 1 )          -- Schrittweite: 1 Sekunde
)
```

Durch Ändern der Schrittweite und Hinzufügen weiterer Spalten könnte man eine kleinere Tabelle erstellen, die als geeignete Dimension dient, um z. B. den Umsatz nach Zeit aufzuschlüsseln:

```
Time =
SELECTCOLUMNS (
    GENERATESERIES (
        TIME ( 0, 0, 0 ),
        TIME ( 23, 59, 59 ),
        TIME ( 0, 30, 0 )
    ),
    "Time", [Value],
    "HH:MM AMPM", FORMAT ( [Value], "HH:MM AM/PM" ),
    "HH:MM", FORMAT ( [Value], "HH:MM" ),
    "Hour", HOUR ( [Value] ),
    "Minute", MINUTE ( [Value] )
)
```

Das Ergebnis sehen Sie in Abbildung 12.23.

Time	HH:MM AMPM	HH:MM	Hour	Minute
12:00:00 AM	12:00 AM	00:00	0	0
12:30:00 AM	12:30 AM	00:30	0	30
01:00:00 AM	01:00 AM	01:00	1	0
01:30:00 AM	01:30 AM	01:30	1	30
02:00:00 AM	02:00 AM	02:00	2	0
02:30:00 AM	02:30 AM	02:30	2	30
03:00:00 AM	03:00 AM	03:00	3	0
03:30:00 AM	03:30 AM	03:30	3	30

Abbildung 12.23 Mit *GENERATESERIES* und *SELECTCOLUMNS* kann man ganz einfach einen Zeitplan erstellen.

Der Einsatz von *GENERATESERIES* in einem Measure kommt eher selten vor. Dagegen wird die Funktion aufgerufen, um einfache Tabellen zu erstellen, die als Slicer nützlich sind, damit der Benutzer verschiedene Parameter auswählen kann. Power BI verwendet z. B. *GENERATESERIES*, um Parameter zur Was-wäre-wenn-Analyse hinzuzufügen.

Fazit

In diesem Kapitel haben wir viele neue Tabellenfunktionen vorgestellt. Aber auch im nächsten Kapitel warten noch viele weitere auf Sie. Hier haben wir unsere Aufmerksamkeit auf Tabellenfunktionen gerichtet, die häufig verwendet werden, um berechnete Tabellen zu erstellen oder komplexe Filterargumente für *CALCULATE* und *CALCULATETABLE* zu implementieren. Denken Sie immer daran, dass der von uns präsentierte Code exemplarisch zeigen soll, was mit DAX möglich ist. Wir überlassen es der Fantasie des Lesers, praktische Anwendungsszenarien zu finden, die Code in einem bestimmten Modell erforderlich machen.

Die wichtigsten Funktionen, die Sie in diesem Kapitel kennengelernt haben, sind:

- *ADDCOLUMNS* zum Hinzufügen neuer Spalten zur Eingabetabelle
- *SUMMARIZE* zum Gruppieren nach dem Durchsuchen einer Tabelle
- *CROSSJOIN* zur Bildung des kartesischen Produkts zweier Tabellen
- *UNION*, *INTERSECT* und *EXCEPT* zur Anwendung grundlegender Mengenoperationen auf Tabellen
- *SELECTCOLUMNS* zum Auswählen bestimmter Spalten einer Tabelle
- *ROW*, *DATATABLE* und *GENERATESERIES* zum Generieren weitgehend konstanter Tabellen als berechnete Tabellen

Im nächsten Kapitel werden wir weitere Tabellenfunktionen beschreiben, deren Schwerpunkt eher auf komplexen Abfragen oder komplexen berechneten Tabellen liegt.

KAPITEL 13

Abfragen erstellen

In diesem Kapitel setzen wir unseren Weg fort und zeigen Ihnen neue Tabellenfunktionen in DAX. Hier liegt der Schwerpunkt auf Funktionen, die eher zur Erstellung von Abfragen und berechneten Tabellen als für Measures nützlich sind. Denken Sie trotzdem daran, dass die meisten Funktionen, die Sie in diesem Kapitel kennenlernen, auch in Measures verwendet werden können, obwohl einige davon Einschränkungen haben, die wir jeweils beschreiben werden.

Für jede Funktion bieten wir praktische Abfragebeispiele. Mit diesem Kapitel verfolgen wir zwei Ziele: Sie sollen einerseits neue Funktionen kennenlernen, andererseits stellen wir nützliche Muster vor, die Sie in Ihrem Datenmodell implementieren können.

Alle Vorführdateien aus diesem Kapitel werden als Textdatei bereitgestellt, die die mit DAX Studio für eine ganz normale Power BI-Datei ausgeführte Abfrage enthält. Die Power BI-Datei enthält dabei das übliche Contoso-Datenmodell, das im gesamten Buch verwendet wird.

Einführung in DAX Studio

DAX Studio ist ein Tool, das unter www.daxstudio.org kostenfrei verfügbar ist und Hilfe bei der Erstellung von Abfragen, beim Debuggen von Code und bei der Messung der Abfrageperformance bietet.

DAX Studio ist ein fortlaufend erweitertes Projekt, das ständig neue Funktionen zur Verfügung stellt. Nachfolgend sind einige der wichtigsten Merkmale aufgeführt:

- Konnektivität zu Analysis Services, Power BI oder Power Pivot für Excel
- Volltext-Editor zum Erstellen von Abfragen und Code
- Automatische Codeformatierung per daxformatter.com-Dienst
- Automatische Measuredefinition zum Debuggen oder zur Performanceoptimierung
- Detaillierte Performanceinformationen zu Ihren Anfragen

Zwar gibt es noch andere Tools zum Testen und Schreiben von Abfragen in DAX, doch empfehlen wir dem Leser dringend, DAX Studio herunterzuladen, zu installieren und zu erlernen. Wenn Sie noch zweifeln, sei Ihnen gesagt, dass wir den gesamten DAX-Code in diesem Buch mit diesem Tool geschrieben haben. Wir arbeiten den lieben langen Tag mit DAX, und wir sind gerne produktiv. Eine vollständige Dokumentation von DAX Studio ist unter *http://daxstudio.org/documentation* verfügbar.

EVALUATE verstehen

EVALUATE ist eine DAX-Anweisung, die zur Ausführung einer Abfrage benötigt wird. *EVALUATE* mit nachgestelltem Tabellenausdruck gibt das Ergebnis dieses Ausdrucks zurück. Außerdem können *EVALUATE*-Anweisungen spezielle Definitionen wie lokale Tabellen, Spalten, Measures und Variablen vorangestellt werden, die den Geltungsbereich aller gemeinsam ausgeführten *EVALUATE*-Anweisungen angeben.

So gibt etwa die folgende Abfrage die roten Produkte zurück, die wir mithilfe von *EVALUATE* gefolgt von einer einfachen *CALCULATETABLE*-Funktion ermitteln:

```
EVALUATE
CALCULATETABLE (
    'Product',
    'Product'[Color] = "Red"
)
```

Bevor wir tiefer in die Beschreibung fortgeschrittener Tabellenfunktionen einsteigen, wollen wir die *EVALUATE*-Syntax und die verfügbaren Optionen vorstellen, die wir beim Schreiben komplexer Abfragen verwenden werden.

Einführung in die *EVALUATE*-Syntax

Eine *EVALUATE*-Anweisung ist in drei Teile gegliedert:

- **Definitionsabschnitt:** Dieser wird mit dem Schlüsselwort *DEFINE* eingeleitet und enthält die Definition lokaler Entitäten wie Tabellen, Spalten, Variablen und Measures. Oft gibt es nur einen einzigen Definitionsabschnitt für die gesamte Abfrage, auch wenn diese mehrere *EVALUATE*-Anweisungen enthalten kann.
- **Abfrageausdruck:** Eingeleitet durch das Schlüsselwort *EVALUATE* enthält er den Tabellenausdruck, der ausgewertet und als Ergebnis zurückgegeben werden soll. Es kann mehrere Abfrageausdrücke geben, die jeweils mit *EVALUATE* eingeleitet werden und eigene Ergebnismodifizierer haben.
- **Ergebnismodifizierer:** Ein optionaler zusätzlicher Abschnitt für *EVALUATE*, der mit dem Schlüsselwort *ORDER BY* eingeleitet wird. Er gibt die Sortierreihenfolge des Ergebnisses zurück und definiert optional, welche Zeilen zurückgegeben werden sollen, wenn er mit *START AT* einen Anfangspunkt angibt.

Der erste und der dritte Teil der Anweisung sind optional. Man kann also einfach mit *EVALUATE* gefolgt von einem beliebigen Tabellenausdruck eine Abfrage erstellen. Wenn der Entwickler sich jedoch darauf beschränkt, kann er die vielen praktischen Eigenschaften von *EVALUATE* nicht nutzen. Daher ist die Zeit, die man mit dem Erlernen der vollständigen Syntax verbringt, gut investiert.

Hier sehen Sie ein Beispiel für eine Abfrage.

```
DEFINE
    VAR MinimumAmount = 2000000
    VAR MaximumAmount = 8000000
EVALUATE
FILTER (
    ADDCOLUMNS (
        SUMMARIZE ( Sales, 'Product'[Category] ),
        "CategoryAmount", [Sales Amount]
    ),
    AND (
        [CategoryAmount] >= MinimumAmount,
        [CategoryAmount] <= MaximumAmount
    )
)
ORDER BY [CategoryAmount]
```

Die vorherige Abfrage gibt das in Abbildung 13.1 gezeigte Ergebnis zurück.

Category	CategoryAmount
TV and Video	4,392,768.29
Computers	6,741,548.73
Cameras and camcorders	7,192,581.95

Abbildung 13.1 Das Ergebnis enthält nur den Betrag der Kategorie, der zwischen 2.000.000 und 8.000.000 enthalten ist.

Das Beispiel definiert zwei Variablen, die die obere und untere Grenze des Umsatzbetrags speichern. Die Abfrage ruft dann alle Kategorien ab, deren Gesamtumsatz zwischen den durch die Variablen definierten Grenzen liegt. Abschließend wird das Ergebnis nach der Höhe der Umsätze sortiert. Die Syntax ist gleichermaßen einfach wie mächtig, und in den kommenden Abschnitten werden wir einige wichtige Überlegungen zur Verwendung der einzelnen Bestandteile der *EVALUATE*-Syntax anstellen.

Ein wichtiges Detail ist, dass der Definitionsabschnitt und die Ergebnismodifizierer nur in Verbindung mit *EVALUATE* zur Verfügung stehen. Daher sind diese Funktionen nur beim Erstellen von Abfragen verfügbar. Wenn ein Entwickler eine Abfrage schreibt, die später als berechnete Tabelle verwendet werden soll, dann wird er – so er sorgfältig arbeitet – es tunlichst vermeiden, sich auf die *DEFINE*- und *ORDER BY*-Abschnitte zu verlassen, und sich stattdessen ausschließlich auf den Abfrageausdruck konzentrieren. Eine berechnete Tabelle wird durch einen Tabellenausdruck definiert, nicht durch eine DAX-Abfrage.

VAR in *DEFINE* verwenden

Im Definitionsabschnitt ist es möglich, mithilfe des Schlüsselworts *VAR* Variablen zu definieren. Jede Variable ist einfach ein Name gefolgt von einem Ausdruck. Variablen, die in Abfragen eingeführt werden, können auf den *RETURN*-Teil verzichten, der bei Verwendung von Variablen als Teil eines Ausdrucks obligatorisch ist. Das Ergebnis wird nämlich durch den *EVALUATE*-Abschnitt definiert. Wir unterscheiden zwischen regulären Variablen (das sind solche, die in Ausdrücken verwendet werden) und Variablen, die im *DEFINE*-Abschnitt definiert sind. Erstere werden als *Ausdrucksvariablen* bezeichnet, Letztere als *Abfragevariablen*.

Wie bei den Ausdrucksvariablen können auch die Abfragevariablen uneingeschränkt sowohl Werte als auch Tabellen enthalten. Beispielsweise kann die im vorangegangenen Abschnitt gezeigte Abfrage auch mit einer Abfragetabellenvariablen erstellt werden:

```
DEFINE
    VAR MinimumAmount = 2000000
    VAR MaximumAmount = 8000000
    VAR CategoriesSales =
        ADDCOLUMNS (
            SUMMARIZE ( Sales, 'Product'[Category] ),
            "CategoryAmount", [Sales Amount]
        )
EVALUATE
FILTER (
    CategoriesSales,
    AND (
        [CategoryAmount] >= MinimumAmount,
        [CategoryAmount] <= MaximumAmount
    )
)
ORDER BY [CategoryAmount]
```

Der Geltungsbereich einer Abfragevariablen entspricht dem des gesamten Batchs gemeinsam ausgeführter *EVALUATE*-Anweisungen. Das bedeutet, dass die Variable nach ihrer Definition überall in den folgenden Abfragen verwendet werden kann. Die einzige Einschränkung besteht darin, dass eine Variable erst referenziert werden kann, nachdem sie definiert wurde. Wenn Sie in der obigen Abfrage *CategoriesSales* vor *MinimumAmount* oder *MaximumAmount* definieren, ist das Ergebnis ein Syntaxfehler, denn der Ausdruck von *CategoriesSales* referenziert zwei Variablen, die noch gar nicht definiert sind. Dies ist nützlich, um Zirkelbezüge zu vermeiden. Zudem gilt diese Beschränkung auch für Ausdrucksvariablen, was nichts anderes bedeutet, als dass Abfragevariablen denselben Beschränkungen unterliegen wie Ausdrucksvariablen.

Wenn die Abfrage mehrere *EVALUATE*-Abschnitte enthält, sind die Abfragevariablen abschnittsübergreifend verfügbar. Von Power BI generierte Abfragen verwenden beispielsweise den *DEFINE*-Teil, um Slicerfilter in Abfragevariablen zu speichern, und schließen dann mehrere *EVALUATE*-Anweisungen ein, um die verschiedenen Teile des Visuals zu berechnen.

Variablen können auch im *EVALUATE*-Abschnitt definiert werden; in diesem Fall sind sie als Ausdrucksvariablen für den Tabellenausdruck lokal. So kann die obige Abfrage äquivalent zur oberen wie folgt definiert werden:

```
EVALUATE
VAR MinimumAmount = 2000000
VAR MaximumAmount = 8000000
VAR CategoriesSales =
    ADDCOLUMNS (
        SUMMARIZE ( Sales, 'Product'[Category] ),
        "CategoryAmount", [Sales Amount]
    )
RETURN
    FILTER (
        CategoriesSales,
        AND (
            [CategoryAmount] >= MinimumAmount,
            [CategoryAmount] <= MaximumAmount
        )
    )
ORDER BY [CategoryAmount]
```

Wie Sie sehen, sind die Variablen jetzt als Teil des Tabellenausdrucks definiert, und das Schlüsselwort *RETURN* wird benötigt, um das Ergebnis des Ausdrucks zu definieren. Der Geltungsbereich der Ausdrucksvariablen ist in diesem Fall der *RETURN*-Abschnitt.

Egal ob Sie sich für eine Abfrage- oder eine Ausdrucksvariable entscheiden: Beides hat Vor- und Nachteile. Wenn die Variable in weiteren Tabellen- oder Spaltendefinitionen benötigt wird, dann müssen Sie eine Abfragevariable verwenden. Wird die Variable dagegen nicht in anderen Definitionen (oder in mehreren *EVALUATE*-Abschnitten) benötigt, dann sollten Sie sich besser für eine Ausdrucksvariable entscheiden. Tatsächlich ist es, wenn die Variable Teil des Ausdrucks ist, viel einfacher, den Ausdruck zur Berechnung einer berechneten Tabelle zu verwenden oder ihn in ein Measure einzubetten. Andernfalls wird immer die Notwendigkeit bestehen, die Syntax der Abfrage zu ändern, um sie in einen Ausdruck umzuwandeln.

Die Faustregel für die Entscheidung zwischen Abfrage- und Ausdrucksvariablen ist einfach. Verwenden Sie möglichst immer Ausdrucksvariablen und setzen Sie Abfragevariablen nur dann ein, wenn dies unbedingt erforderlich ist, denn Abfragevariablen machen bei der Wiederverwendung des Codes in einer anderen Formel sehr viel mehr Arbeit.

MEASURE in *DEFINE* verwenden

Eine weitere Entität, die man lokal für eine Abfrage definieren kann, ist ein Measure. Dies wird durch das Schlüsselwort *MEASURE* erreicht. Ein Abfragemeasure verhält sich in jeder Hinsicht wie ein reguläres Measure, existiert aber nur für die Lebensdauer der Abfrage. In der Definition der Maßnahme ist es zwingend erforderlich, die Tabelle anzugeben, in der das Measure untergebracht wird. Nachfolgend sehen Sie ein Beispiel für ein Abfragemeasure:

```
DEFINE
    MEASURE Sales[LargeSales] =
        CALCULATE (
            [Sales Amount],
            Sales[Net Price] >= 200
        )
EVALUATE
ADDCOLUMNS (
    VALUES ( 'Product'[Category] ),
    "Large Sales", [LargeSales]
)
```

Das Ergebnis dieser Abfrage ist in Abbildung 13.2 dargestellt.

Category	Large Sales
Audio	85,029.32
Cameras and camcorders	6,424,083.52
Cell phones	1,110,860.57
Computers	5,571,044.77
Games and Toys	
Home Appliances	8,167,467.64

Abbildung 13.2 Das Abfragemeasure *LargeSales* wird für jedes *Category*-Element in der Spalte *Large Sales* des Ergebnisses ausgewertet.

Abfragemeasures sind in zweierlei Hinsicht praktisch: Der erste – offensichtliche – Zweck ist das Schreiben komplexer Ausdrücke, die innerhalb der Abfrage mehrfach aufgerufen werden können. Der zweite Grund besteht darin, dass Abfragemeasures für die Fehlersuche und die Leistungsoptimierung äußerst nützlich sind. Wenn ein Abfragemeasure den gleichen Namen wie ein Modellmeasure hat, genießt es in der Abfrage Vorrang. Verweise auf den Measurenamen in der Abfrage verwenden also das Abfrage- anstelle des Modellmeasures. Alle anderen Modellmeasures, die das neu definierte Measure referenzieren, verwenden jedoch weiterhin das Ursprungsmeasure. Daher sollten Sie alle abhängigen Measures als Abfragemeasures einbinden, um die Auswirkungen der Änderung eines Measures im Modell zu bewerten.

Aus diesem Grund besteht beim Testen des Verhaltens eines Measures die beste Strategie darin, eine Abfrage zu verfassen, die das Measure verwendet, die lokale Definition des Measures hinzuzufügen und dann verschiedene Tests durchzuführen, um den Code zu debuggen oder zu optimieren. Sobald der Vorgang abgeschlossen ist, kann der Code des Measures im Modell mit der neuen Version aktualisiert werden. DAX Studio bietet hierfür eine spezielle Funktion: Es erlaubt dem Entwickler, automatisch die *DEFINE MEASURE*-Anweisung zu einer Abfrage hinzuzufügen, um diese Schritte zu beschleunigen.

Gängige DAX-Abfragemuster implementieren

Nachdem wir nun die Syntax von *EVALUATE* beschrieben haben, wollen wir eine Reihe weiterer Funktionen vorstellen, die bei der Erstellung von Abfragen üblich sind. Für die am häufigsten verwendeten Funktionen stellen wir auch Beispielabfragen bereit, die eine weitere Vertiefung zur Nutzung ermöglichen.

Mit *ROW* Measures testen

Das im vorigen Kapitel eingeführte *ROW* wird normalerweise verwendet, um den Wert eines Measures abzurufen oder den Measureabfrageplan zu untersuchen. *EVALUATE* erfordert eine Tabelle als Argument und gibt das Ergebnis ebenfalls in Form einer Tabelle zurück. Wenn Sie nur den Wert eines Measures benötigen, wird *EVALUATE* dieses allerdings nicht als Argument akzeptieren. Vielmehr benötigt es eine Tabelle. Daher können Sie mit *ROW* jeden beliebigen Wert wie im folgenden Beispiel gezeigt in eine Tabelle umwandeln:

```
EVALUATE
ROW ( "Result", [Sales Amount] )
```

Das Ergebnis sehen Sie in Abbildung 13.3.

Result
30,591,343.98

Abbildung 13.3 *ROW* gibt eine Tabelle mit genau einer Zeile zurück.

Beachten Sie, dass sich dasselbe Verhalten auch durch die Verwendung der Tabellenkonstruktorsyntax erreichen lässt:

```
EVALUATE
{ [Sales Amount] }
```

Abbildung 13.4 zeigt das Resultat des obigen Beispiels.

Value
30,591,343.98

Abbildung 13.4 Der Tabellenkonstruktor gibt eine Zeile mit einer Spalte namens *Value* zurück.

ROW gibt dem Entwickler die Kontrolle über den Namen der resultierenden Spalte, der beim Tabellenkonstruktor dagegen automatisch generiert wird. Mit *ROW* kann der Entwickler eine Tabelle mit mehr als einer Spalte generieren, wobei er für jede Spalte einen Spaltennamen und den entsprechenden Ausdruck angeben kann. Wenn Sie einen Slicer simulieren möchten, ist *CALCULATETABLE* sehr nützlich:

```
EVALUATE
CALCULATETABLE (
    ROW (
```

```
            "Sales", [Sales Amount],
            "Cost", [Total Cost]
        ),
        'Product'[Color] = "Red"
    )
```

Das Ergebnis sehen Sie in Abbildung 13.5.

Sales	Cost
1,110,102.10	545,018.43

Abbildung 13.5 Die *ROW*-Funktion kann mehrere Spalten zurückgeben, und die angegebenen Werte werden in einem Filterkontext berechnet.

SUMMARIZE verwenden

Wir haben *SUMMARIZE* bereits in früheren Kapiteln des Buchs eingeführt und verwendet. Dabei erwähnten wir, dass *SUMMARIZE* zwei Operationen durchführt: Es kann nach Spalten gruppieren und Werte hinzufügen. Das Gruppieren von Tabellen mit *SUMMARIZE* ist eine sichere Operation, während das Hinzufügen neuer Spalten mit demselben Befehl zu unerwarteten Ergebnissen führen kann, die schwer zu debuggen sind.

Obwohl es also nicht empfehlenswert ist, mit *SUMMARIZE* Spalten hinzuzufügen, stellen wir an dieser Stelle zwei zusätzliche Eigenschaften von *SUMMARIZE* vor, die tatsächlich zum Hinzufügen von Spalten verwendet werden können. Unsere Absicht besteht darin, unsere Leser dabei zu unterstützen, Code zu verstehen, auf den sie stoßen könnten und der von jemand anderem geschrieben wurde. Wir möchten an dieser Stelle jedoch ausdrücklich wiederholen, dass ***SUMMARIZE* zum Hinzufügen von Spalten, die Werte aggregieren, unbedingt vermieden werden sollte**.

Bei *SUMMARIZE* zur Berechnung von Werten besteht die Möglichkeit, zusätzliche Zeilen, die Zwischensummen darstellen, von *SUMMARIZE* berechnen zu lassen. Es gibt einen *SUMMARIZE*-Modifizierer namens *ROLLUP*, der die Aggregationsfunktion solcher Spalten ändert, die eine Addition der Zwischensummen zum Ergebnis erfordern. Betrachten Sie folgende Abfrage:

```
EVALUATE
SUMMARIZE (
    Sales,
    ROLLUP (
        'Product'[Category],
        'Date'[Calendar Year]
    ),
    "Sales", [Sales Amount]
)
ORDER BY
    'Product'[Category],
    'Date'[Calendar Year]
```

ROLLUP weist *SUMMARIZE* an, nicht nur den Wert von *Sales* für jede Kategorie und jedes Jahr zu berechnen, sondern auch zusätzliche Zeilen hinzuzufügen, die einen Leerwert für das Jahr enthalten und die Zwischensumme auf der Kategorieebene darstellen. Da die Kategorie auch als *ROLLUP* gekennzeichnet ist, enthält eine Zeile einen Leerwert sowohl für die Kategorie als auch für das betreffende Jahr sowie die Gesamtsumme von *Sales*. Abbildung 13.6 zeigt dies.

Category	Calendar Year	Sales
		30,591,343.98
Audio		384,518.16
Audio	CY 2007	102,722.07
Audio	CY 2008	105,363.42
Audio	CY 2009	176,432.67
Cameras and camcorders		7,192,581.95
Cameras and camcorders	CY 2007	3,274,847.26

Abbildung 13.6 Die *ROLLUP*-Funktion erzeugt zusätzliche Summenzeilen im *SUMMARIZE*-Ergebnis.

Die durch *ROLLUP* hinzugefügten Zeilen enthalten einen Leerwert anstelle des Werts der Spalte, die sie summieren. Falls in der Spalte Leerwerte vorhanden sind, enthält die Ausgabe zwei Zeilen mit einem Leerwert in der Kategorie: eine mit dem Wert für die leere Kategorie und eine mit der Summe nach Kategorie. Um zwischen diesen beiden zu unterscheiden und die Kennzeichnung von Zwischensummenzeilen zu vereinfachen, kann man mit der Funktion *ISSUBTOTAL* eine neue Spalte hinzufügen:

```
EVALUATE
SUMMARIZE (
    Sales,
    ROLLUP (
        'Product'[Category],
        'Date'[Calendar Year]
    ),
    "Sales", [Sales Amount],
    "SubtotalCategory", ISSUBTOTAL ( 'Product'[Category] ),
    "SubtotalYear", ISSUBTOTAL ( 'Date'[Calendar Year] )
)
ORDER BY
    'Product'[Category],
    'Date'[Calendar Year]
```

Die letzten beiden Spalten der obigen Abfrage enthalten einen *booleschen* Wert, der auf *TRUE* festgelegt wird, wenn die Zeile eine Zwischensumme (für Kategorie oder Jahr) enthält, und andernfalls *FALSE* wird (Abbildung 13.7).

Category	Calendar Year	Sales	SubtotalCategory	SubtotalYear
		30,591,343.98	True	True
Audio		384,518.16	False	True
Audio	CY 2007	102,722.07	False	False
Audio	CY 2008	105,363.42	False	False
Audio	CY 2009	176,432.67	False	False
Cameras and camcorders		7,192,581.95	False	True
Cameras and camcorders	CY 2007	3,274,847.26	False	False

Abbildung 13.7 Die Funktion *ISSUBTOTAL* gibt immer dann *TRUE* zurück, wenn eine Spalte eine Zwischensumme im Ergebnis von *SUMMARIZE* ist.

Durch Hinzufügen dieser zusätzlichen Spalten mit *ISSUBTOTAL* ist es möglich, eindeutig zwischen Zeilen mit tatsächlichen Daten und solchen mit Zwischensummen zu unterscheiden.

SUMMARIZE darf nicht zum Hinzufügen neuer Spalten verwendet werden. Deshalb erwähnen wir die Syntax von _ROLLUP_ und _ISSUBTOTAL_, damit Sie bestehenden Code lesen können. Sie sollten _SUMMARIZE_ niemals auf diese Weise verwenden, sondern stattdessen _SUMMARIZECOLUMNS_ den Vorzug geben oder – wenn das nicht möglich ist – _ADDCOLUMNS_ und _SUMMARIZE_ in Kombination verwenden.

SUMMARIZECOLUMNS verwenden

SUMMARIZECOLUMNS ist eine ausgesprochen leistungsfähige Abfragefunktion, die als »Universalfunktion« zum Ausführen von Abfragen gedacht ist. *SUMMARIZECOLUMNS* enthält in einer einzigen Funktion alle Merkmale, die zur Ausführung einer Abfrage erforderlich sind. Mit *SUMMARIZECOLUMNS* können Sie Folgendes angeben:

- Eine Anzahl von Spalten, die wie in *SUMMARIZE* für eine Gruppierung verwendet werden kann, wobei optional auch Zwischensummen erstellt werden können.
- Eine Anzahl neuer Spalten, die dem Ergebnis hinzugefügt werden (wie bei *SUMMARIZE* und *ADDCOLUMNS*).
- Eine Anzahl von Filtern, die vor der Gruppierung auf das Modell angewendet werden (z. B. *CALCULATETABLE*).

Abschließend entfernt *SUMMARIZECOLUMNS* automatisch alle Zeilen aus der Ausgabe, in denen alle hinzugefügten Spalten einen Leerwert aufweisen. Es ist keine Überraschung, dass Power BI für fast alle von ihm ausgeführten Abfragen *SUMMARIZECOLUMNS* verwendet.

Es folgt nun eine erste einfache Abfrage mit *SUMMARIZECOLUMNS*:

```
EVALUATE
SUMMARIZECOLUMNS (
    'Product'[Category],
    'Date'[Calendar Year],
```

```
        "Amount", [Sales Amount]
)
ORDER BY
    'Product'[Category],
    'Date'[Calendar Year]
```

Diese Abfrage gruppiert die Daten nach Kategorie und Jahr und berechnet die Umsatzmenge in einem Filterkontext, der die gegebene Kategorie und das Jahr für jede Zeile des Ergebnisses enthält. Das Ergebnis sehen Sie in Abbildung 13.8.

Category	Calendar Year	Amount
Audio	CY 2007	102,722.07
Audio	CY 2008	105,363.42
Audio	CY 2009	176,432.67
Cameras and camcorders	CY 2007	3,274,847.26
Cameras and camcorders	CY 2008	2,184,189.54
Cameras and camcorders	CY 2009	1,733,545.15
Cell phones	CY 2007	477,451.74
Cell phones	CY 2008	462,713.47
Cell phones	CY 2009	664,445.05

Abbildung 13.8 Das Ergebnis enthält die Kategorie, das Jahr und den Betrag für die gegebene Kategorie und das Jahr.

Jahre ohne Umsatz (wie 2005) erscheinen nicht im Ergebnis. Der Grund hierfür ist, dass die neue Betragsspalte für diese bestimmte Ergebniszeile einen Leerwert zurückgab, sodass *SUMMARIZECOLUMNS* die Zeile aus dem Ergebnis entfernte. Wenn der Entwickler dieses Verhalten für bestimmte Spalten ignorieren möchte, kann er den *IGNORE*-Modifizierer wie in der folgenden Variante derselben Abfrage verwenden:

```
EVALUATE
SUMMARIZECOLUMNS (
    'Product'[Category],
    'Date'[Calendar Year],
    "Amount", IGNORE ( [Sales Amount] )
)
ORDER BY
    'Product'[Category],
    'Date'[Calendar Year]
```

Daher ignoriert *SUMMARIZECOLUMNS* die Tatsache, dass *Sales Amount* einen Leerwert zurückgibt; das Ergebnis enthält auch die Umsätze für Audioprodukte in den Jahren 2005 und 2006 (Abbildung 13.9).

Category	Calendar Year	Amount
Audio	CY 2005	
Audio	CY 2006	
Audio	CY 2007	102,722.07
Audio	CY 2008	105,363.42
Audio	CY 2009	176,432.67
Audio	CY 2010	
Audio	CY 2011	
Cameras and camcorders	CY 2005	
Cameras and camcorders	CY 2006	
Cameras and camcorders	CY 2007	3,274,847.26
Cameras and camcorders	CY 2008	2,184,189.54
Cameras and camcorders	CY 2009	1,733,545.15

Abbildung 13.9 Bei *IGNORE* werden immer noch Kombinationen zurückgegeben, die in einem Measure Leerwertergebnisse generieren.

Falls von *SUMMARIZECOLUMNS* mehrere Spalten hinzugefügt werden, ist es möglich, auszuwählen, welche dieser Spalten mit *IGNORE* markiert und welche für Leerwertprüfungen verwendet werden soll. Die übliche Praxis besteht darin, Leerwerte trotzdem zu entfernen, um leere Ergebnisse zu vermeiden.

SUMMARIZECOLUMNS bietet auch die Möglichkeit, Zwischensummen zu berechnen, wobei sowohl *ROLLUPADDSUBTOTAL* als auch *ROLLUPGROUP* verwendet werden können. In der obigen Abfrage sollten Sie, wenn Sie eine Zwischensumme für das Jahr benötigen, die Spalte *Date[Calendar Year]* mit *ROLLUPADDISSUBTOTAL* markieren und auch den Namen einer Spalte angeben, der zu entnehmen ist, ob eine bestimmte Zeile eine Zwischensumme ist oder nicht:

```
EVALUATE
SUMMARIZECOLUMNS (
    'Product'[Category],
    ROLLUPADDISSUBTOTAL (
        'Date'[Calendar Year],
        "YearTotal"
    ),
    "Amount", [Sales Amount]
)
ORDER BY
    'Product'[Category],
    'Date'[Calendar Year]
```

Das Ergebnis enthält nun zusätzliche Zeilen, die die Zwischensumme auf Jahresebene darstellen, sowie eine zusätzliche Spalte namens *YearTotal*, die nur für die Zwischensummenzeilen den Wert *TRUE* enthält. Sie sehen dies in Abbildung 13.10, wo die Zwischensummenzeilen hervorgehoben sind.

Category	Calendar Year	YearTotal	Amount
Audio		True	384,518.16
Audio	CY 2007	False	102,722.07
Audio	CY 2008	False	105,363.42
Audio	CY 2009	False	176,432.67
Cameras and camcorders		True	7,192,581.95
Cameras and camcorders	CY 2007	False	3,274,847.26
Cameras and camcorders	CY 2008	False	2,184,189.54
Cameras and camcorders	CY 2009	False	1,733,545.15
Cell phones		True	1,604,610.26
Cell phones	CY 2007	False	477,451.74
Cell phones	CY 2008	False	462,713.47
Cell phones	CY 2009	False	664,445.05

Abbildung 13.10 *ROLLUPADDISSUBTOTAL* erstellt eine boolesche Spalte, die das Vorhandensein einer Zwischensumme signalisiert, sowie neue Zeilen mit den Zwischensummenbeträgen.

Bei der Zusammenfassung über viele Spalten können Sie mehrere Spalten mit *ROLLUPADDISSUBTOTAL* markieren. Hierdurch entstehen mehrere Gesamtgruppen. Die folgende Abfrage liefert beispielsweise sowohl die Zwischensumme einer Kategorie für alle Jahre als auch die Zwischensumme eines Jahres über alle Kategorien zurück:

```
EVALUATE
SUMMARIZECOLUMNS (
    ROLLUPADDISSUBTOTAL (
        'Product'[Category],
        "CategoryTotal"
    ),
    ROLLUPADDISSUBTOTAL (
        'Date'[Calendar Year],
        "YearTotal"
    ),
    "Amount", [Sales Amount]
)
ORDER BY
    'Product'[Category],
    'Date'[Calendar Year]
```

Die Zwischensumme für ein Jahr über alle Kategorien und ein Beispiel für eine Zwischensumme einer Kategorie für alle Jahre sind in dieser Reihenfolge in Abbildung 13.11 hervorgehoben.

Category	Calendar Year	CategoryTotal	YearTotal	Amount
		True	True	30,591,343.98
	CY 2007	True	False	11,309,946.12
	CY 2008	True	False	9,927,582.99
	CY 2009	True	False	9,353,814.87
Audio		False	True	384,518.16
Audio	CY 2007	False	False	102,722.07
Audio	CY 2008	False	False	105,363.42
Audio	CY 2009	False	False	176,432.67
Cameras and camcorders		False	True	7,192,581.95
Cameras and camcorders	CY 2007	False	False	3,274,847.26
Cameras and camcorders	CY 2008	False	False	2,184,189.54
Cameras and camcorders	CY 2009	False	False	1,733,545.15

Abbildung 13.11 *ROLLUPADDISSUBTOTAL* kann mehrere Spalten gruppieren.

Wenn Sie Zwischensummen für eine Gruppe von Spalten statt nur für eine Spalte benötigen, dann wird Ihnen der Modifizierer *ROLLUPGROUP* sehr gelegen kommen. Die folgende Abfrage erzeugt nur genau eine Zwischensumme für Kategorie und Jahr und fügt dem Ergebnis folglich nur eine zusätzliche Zeile hinzu:

```
EVALUATE
SUMMARIZECOLUMNS (
    ROLLUPADDISSUBTOTAL (
        ROLLUPGROUP (
            'Product'[Category],
            'Date'[Calendar Year]
        ),
        "CategoryYearTotal"
    ),
    "Amount", [Sales Amount]
)
ORDER BY
    'Product'[Category],
    'Date'[Calendar Year]
```

Sie sehen das Ergebnis mit nur einer Summenzeile in Abbildung 13.12.

Category	Calendar Year	CategoryYearTotal	Amount
		True	30,591,343.98
Audio	CY 2007	False	102,722.07
Audio	CY 2008	False	105,363.42
Audio	CY 2009	False	176,432.67
Cameras and camcorders	CY 2007	False	3,274,847.26
Cameras and camcorders	CY 2008	False	2,184,189.54
Cameras and camcorders	CY 2009	False	1,733,545.15
Cell phones	CY 2007	False	477,451.74
Cell phones	CY 2008	False	462,713.47

Abbildung 13.12 *ROLLUPADDISSUBTOTAL* erzeugt sowohl neue Zeilen als auch eine neue Spalte mit den Zwischensummen.

Die letzte Eigenschaft von *SUMMARIZECOLUMNS* ist die Möglichkeit, das Ergebnis ähnlich wie *CALCULATETABLE* zu filtern. Man kann einen oder auch mehrere Filter angeben, indem man Tabellen als zusätzliche Argumente verwendet. Die folgende Abfrage beispielsweise ruft nur die Umsätze von Kunden mit einem höheren Schulabschluss ab. Das Ergebnis ähnelt dem in Abbildung 13.13, jedoch sind die Beträge kleiner:

```
EVALUATE
SUMMARIZECOLUMNS (
    ROLLUPADDISSUBTOTAL (
        ROLLUPGROUP (
            'Product'[Category],
            'Date'[Calendar Year]
        ),
        "CategoryYearTotal"
    ),
    FILTER (
        ALL ( Customer[Education] ),
        Customer[Education] = "High School"
    ),
    "Amount", [Sales Amount]
)
```

Bitte beachten Sie, dass bei *SUMMARIZECOLUMNS* die kompakte Syntax von Filterargumenten mit Prädikaten in *CALCULATE* und *CALCULATETABLE* nicht verfügbar ist. Deswegen erzeugt der folgende Code einen Syntaxfehler:

```
EVALUATE
SUMMARIZECOLUMNS (
    ROLLUPADDISSUBTOTAL (
        ROLLUPGROUP (
            'Product'[Category],
            'Date'[Calendar Year]
        ),
        "CategoryYearTotal"
```

```
    ),
    Customer[Education] = "High School",     -- Diese Syntax existiert hier nicht
    "Amount", [Sales Amount]
)
```

Der Grund dafür besteht darin, dass die Filterargumente von *SUMMARIZECOLUMNS* Tabellen sein müssen, und in diesem Fall gibt es keine Verkürzungen. Eine einfache und kompakte Art, einen Filter mit *SUMMARIZECOLUMNS* auszudrücken, ist die Verwendung von *TREATAS*:

```
EVALUATE
SUMMARIZECOLUMNS (
    ROLLUPADDISSUBTOTAL (
        ROLLUPGROUP (
            'Product'[Category],
            'Date'[Calendar Year]
        ),
        "CategoryYearTotal"
    ),
    TREATAS ( { "High School" }, Customer[Education] ),
    "Amount", [Sales Amount]
)
```

SUMMARIZECOLUMNS ist extrem leistungsfähig, hat aber eine erhebliche Einschränkung: Es kann nicht aufgerufen werden, wenn der externe Filterkontext einen Kontextübergang durchgeführt hat. Aus diesem Grund ist *SUMMARIZECOLUMNS* für das Verfassen von Abfragen nützlich, steht jedoch nicht als Ersatz für *ADDCOLUMNS* und *SUMMARIZE* in Measures zur Verfügung, da es in den meisten Berichten nicht funktionieren wird. Tatsächlich wird ein Measure oft in einem Visual wie einer Matrix oder einem Diagramm verwendet, das dieses Measure intern für jeden im Bericht angezeigten Wert in einem Zeilenkontext ausführt.

Als weiteres Beispiel für die Einschränkungen von *SUMMARIZECOLUMNS* in einem Zeilenkontext wollen wir die folgende Abfrage betrachten, die den Gesamtumsatz aller Produkte unter Verwendung eines zwar gültigen, aber ziemlich ineffizienten Ansatzes zurückgibt:

```
EVALUATE
{
    SUMX (
        VALUES ( 'Product'[Category] ),
        CALCULATE (
            SUMX (
                ADDCOLUMNS (
                    VALUES ( 'Product'[Subcategory] ),
                    "SubcategoryTotal", [Sales Amount]
                ),
                [SubcategoryTotal]
            )
        )
    )
}
```

Ersetzt man die innersten *ADDCOLUMNS*-Anweisungen durch *SUMMARIZECOLUMNS*, dann schlägt die Abfrage fehl, weil *SUMMARIZECOLUMNS* in einem Kontext aufgerufen wird, in dem *CALCULATE* den Kontextübergang erzwingt. Folgende Abfrage wäre mithin ungültig:

```
EVALUATE
{
    SUMX (
        VALUES ( 'Product'[Category] ),
        CALCULATE (
            SUMX (
                SUMMARIZECOLUMNS (
                    'Product'[Subcategory],
                    "SubcategoryTotal", [Sales Amount]
                ),
                [SubcategoryTotal]
            )
        )
    )
}
```

Grundsätzlich ist *SUMMARIZECOLUMNS* in Measures ungeeignet, da das Measure innerhalb einer wesentlich komplexeren Abfrage aufgerufen wird, die vom Clienttool generiert wird. Diese Abfrage wird wahrscheinlich Kontextübergänge enthalten, und deswegen schlägt *SUMMARIZECOLUMNS* fehl.

TOPN verwenden

TOPN ist eine Funktion, die eine Tabelle sortiert und dann nur eine Teilmenge der ersten Zeilen zurückgibt. Sie ist immer dann nützlich, wenn man die Anzahl der Zeilen einer Menge verringern muss. Wenn Power BI beispielsweise das Ergebnis einer Tabelle anzeigt, ruft es nicht das vollständige Ergebnis, sondern nur die ersten paar Zeilen, die für die Erstellung der Seite auf dem Bildschirm benötigt werden, aus der Datenbank ab. Der verbleibende Teil des Ergebnisses wird nur bei Bedarf abgerufen, wenn der Benutzer im Visual nach unten scrollt. Ein weiteres Szenario, in dem *TOPN* nützlich ist, ist die Suche nach Spitzenwerten, z. B. die bestverkauften Produkte, die kaufstärksten Kunden usw.

Die drei umsatzstärksten Produkte können mit der folgenden Abfrage berechnet werden, die das Measure *Sales Amount* für jede Zeile der Tabelle *Product* auswertet:

```
EVALUATE
TOPN (
    3,
    'Product',
    [Sales Amount]
)
```

Die resultierende Tabelle enthält alle Spalten der Quelltabelle. Wenn eine Tabelle in einer Abfrage verwendet wird, sind selten alle Spalten interessant. Daher sollte die Eingabetabelle von *TOPN* die Spalten auf das notwendige Maß reduzieren. Die folgende Variante erzeugt weniger Spalten als in der gesamten Tabelle *Product* vorhanden. Dies ist in Abbildung 13.13 dargestellt:

```
EVALUATE
VAR ProductsBrands =
    SUMMARIZE (
        Sales,
        'Product'[Product Name],
        'Product'[Brand]
    )
VAR Result =
    TOPN (
        3,
        ProductsBrands,
        [Sales Amount]
    )
RETURN Result
ORDER BY 'Product'[Product Name]
```

Product Name	Brand
A. Datum SLR Camera X137 Grey	A. Datum
Adventure Works 26" 720p LCD HDTV M140 Silver	Adventure Works
Contoso Telephoto Conversion Lens X400 Silver	Contoso

Abbildung 13.13 *TOPN* filtert die Zeilen eines Tabellenausdrucks basierend auf dem Wert des Measures »Sales Amount«.

Mit hoher Wahrscheinlichkeit wird auch der Wert von *Sales Amount* im Ergebnis benötigt, um die resultierenden drei Zeilen richtig zu sortieren. In einem solchen Fall ist es am besten, den Wert innerhalb des Parameters von *SUMMARIZE* vorauszuberechnen und ihn dann in *TOPN* zu referenzieren. Das meistverwendete Muster von *TOPN* sieht daher wie folgt aus:

```
EVALUATE
VAR ProductsBrands =
    SUMMARIZE (
        Sales,
        'Product'[Product Name],
        'Product'[Brand]
    )
VAR ProductsBrandsSales =
    ADDCOLUMNS (
        ProductsBrands,
        "Product Sales", [Sales Amount]
```

```
    )
VAR Result =
    TOPN (
        3,
        ProductsBrandsSales,
        [Product Sales]
    )
RETURN Result
ORDER BY [Product Sales] DESC
```

In Abbildung 13.14 sehen Sie das Ergebnis dieser Abfrage.

Product Name	Brand	Product Sales
Adventure Works 26" 720p LCD HDTV M140 Silver	Adventure Works	1,303,983.46
A. Datum SLR Camera X137 Grey	A. Datum	725,840.28
Contoso Telephoto Conversion Lens X400 Silver	Contoso	683,779.95

Abbildung 13.14 *TOPN* gibt die oberen n Zeilen einer Tabelle sortiert nach einem Ausdruck zurück.

Die Tabelle kann für die Anwendung dieses Filters aufsteigend oder absteigend sortiert werden. Standardmäßig erfolgt die Sortierung in absteigender Reihenfolge, sodass die Zeilen mit den größten Werten zuerst ausgegeben werden. Der dritte, optionale Parameter kann zur Änderung der Sortierreihenfolge herangezogen werden. Die Werte sind 0 bzw. *FALSE* für die standardmäßige absteigende Reihenfolge oder 1 bzw. *TRUE* für die aufsteigende Reihenfolge.

Verwechseln Sie die Sortierreihenfolge von *TOPN* nicht mit der Sortierreihenfolge des Ergebnisses der Abfrage. Letztere wird durch die *ORDER BY*-Bedingung der *EVALUATE*-Anweisung verwaltet. Der dritte Parameter von *TOPN* wirkt sich nur auf die Art und Weise aus, wie die von *TOPN* selbst erzeugte Tabelle intern sortiert wird.

Bei mehreren gleichen Werten ist nicht garantiert, dass *TOPN* die exakte Anzahl der angeforderten Zeilen zurückgibt. Stattdessen werden alle Zeilen zurückgegeben, die denselben Wert aufweisen. In der folgenden Abfrage fordern wir beispielsweise die vier wichtigsten Marken an und haben dazu eine modifizierte Berechnung eingeführt, bei der *MROUND* zur fiktiven Einführung von Gleichständen verwendet wird:

```
EVALUATE
VAR SalesByBrand =
    ADDCOLUMNS (
        VALUES ( 'Product'[Brand] ),
        "Product Sales", MROUND ( [Sales Amount], 1000000 )
    )
VAR Result =
    TOPN (
```

```
            4,
            SalesByBrand,
            [Product Sales]
    )
RETURN Result
ORDER BY [Product Sales] DESC
```

Das Ergebnis enthält vier statt fünf Zeilen, denn sowohl Litware als auch Proseware weisen ein Ergebnis von 3.000.000 aus. Wenn *TOPN* solche Gleichstände findet und nicht weiß, wie man zwischen ihnen differenzieren soll, gibt die Funktion alle beteiligten Werte zurück (Abbildung 13.15).

Brand	Product Sales
Contoso	7,000,000.00
Fabrikam	6,000,000.00
Adventure Works	4,000,000.00
Litware	3,000,000.00
Proseware	3,000,000.00

Abbildung 13.15 Bei Gleichständen gibt *TOPN* möglicherweise mehr Werte zurück als angefordert.

Eine gängige Technik zur Vermeidung dieses Problems ist das Hinzufügen zusätzlicher Spalten zum Ausdruck von *TOPN*. Im dritten Parameter können nämlich mehrere Spalten zur Sortierung des Ergebnisses von *TOPN* angegeben werden. Um zum Beispiel die vier wichtigsten Marken abzurufen und bei einem Gleichstand die erste Marke in alphabetischer Reihenfolge auszuwählen, können Sie zusätzliche Sortierreihenfolgen verwenden:

```
EVALUATE
VAR SalesByBrand =
    ADDCOLUMNS (
        VALUES ( 'Product'[Brand] ),
        "Product Sales", MROUND ( [Sales Amount], 1000000 )
    )
VAR Result =
    TOPN (
        4,
        SalesByBrand,
        [Product Sales], 0,
        'Product'[Brand], 1
    )
RETURN Result
ORDER BY [Product Sales] DESC
```

Beim in Abbildung 13.16 gezeigten Ergebnis wird Proseware entfernt, weil es im Alphabet nach Litware kommt. Bitte beachten Sie, dass wir in der Abfrage eine absteigende Reihenfolge für den Umsatz und eine aufsteigende für die Marke verwendet haben.

Brand	Product Sales
Contoso	7,000,000.00
Fabrikam	6,000,000.00
Adventure Works	4,000,000.00
Litware	3,000,000.00

Abbildung 13.16 Mit zusätzlichen Sortierreihenfolgen kann man Gleichstände aus der Tabelle entfernen.

Beachten Sie, dass auch das Hinzufügen von Spalten zur Sortierreihenfolge nicht garantiert, dass immer die korrekte Anzahl Zeilen zurückgegeben wird. *TOPN* kann bei Gleichstand immer mehrere Zeilen zurückgeben. Das Hinzufügen von Spalten zur Sortierreihenfolge lindert dieses Problem nur dadurch, dass die Anzahl der Gleichstände reduziert wird. Wenn Sie garantiert eine exakte Anzahl von Zeilen erhalten möchten, dann muss eine Spalte mit eindeutigen Werten zur Sortierreihenfolge hinzugefügt werden, wodurch mögliche Gleichstände entfernt würden.

Betrachten wir noch ein etwas komplexeres Beispiel, bei dem *TOPN* mit Mengenfunktionen und Variablen gemischt wird. Benötigt wird ein Bericht, der die Umsätze der zehn stärksten Produkte sowie eine zusätzliche Zeile für »Others« (»Sonstige«) enthält, die die Umsatzsumme für alle anderen Produkte zusammen angibt. Eine mögliche Implementierung wäre die folgende:

```
EVALUATE
VAR NumOfTopProducts = 10
VAR ProdsWithSales =
    ADDCOLUMNS (
        VALUES ( 'Product'[Product Name] ),
        "Product Sales", [Sales Amount]
    )
VAR TopNProducts =
    TOPN (
        NumOfTopProducts,
        ProdsWithSales,
        [Product Sales]
    )
VAR RemainingProducts =
    EXCEPT ( ProdsWithSales, TopNProducts )
VAR OtherRow =
    ROW (
        "Product Name", "Others",
        "Product Sales", SUMX (
            RemainingProducts,
            [Product Sales]
        )
    )
```

```
VAR Result =
    UNION ( TopNProducts, OtherRow )
RETURN Result
ORDER BY [Product Sales] DESC
```

Die Variable *ProdsWithSales* berechnet eine Tabelle mit Produkten und Umsätzen. Dann berechnet *TopNProducts* nur die Top 10 der Produkte. Die Variable *RemainingProducts* verwendet *EXCEPT*, um die Produkte zu berechnen, die nicht in den Top 10 sind. Nachdem der Code die Produkte in zwei Mengen (*TopNProducts* und *RemainingProducts*) aufgeteilt hat, wird eine einzeilige Tabelle mit der Zeichenfolge »Others« erstellt. Außerdem werden alle Produkte in der Variablen *RemainingProducts* aggregiert, wodurch die Umsatzsumme für die restlichen Produkte ermittelt wird. Das Ergebnis ist dann die in der Formel berechnete *UNION* der Top-10-Produkte mit der zusätzlichen Zeile. Sie sehen es in Abbildung 13.17.

Product Name	Product Sales
Others	26,444,863.03
Adventure Works 26" 720p LCD HDTV M140 Silver	1,303,983.46
A. Datum SLR Camera X137 Grey	725,840.28
Contoso Telephoto Conversion Lens X400 Silver	683,779.95
SV 16xDVD M360 Black	364,714.41
Contoso Projector 1080p X980 White	257,154.75
Contoso Washer & Dryer 21in E210 Pink	182,094.12
Fabrikam Independent filmmaker 1/3" 8.5mm X200 White	165,594.00
Proseware Projector 1080p LCD86 Silver	160,627.05
NT Washer & Dryer 27in L2700 Blue	151,427.53
Contoso Washer & Dryer 21in E210 Green	151,265.40

Abbildung 13.17 Die zusätzliche Zeile mit »Others« wird durch die Abfrage erstellt.

Dieses Ergebnis ist korrekt, aber noch nicht optimal. Die Zeile »Others« erscheint zwar am Anfang des Berichts, aber theoretisch könnte sie je nach Wert an jeder Stelle angezeigt werden. Deswegen sollten die Zeilen so sortiert werden, dass die Zeile »Others« immer am Ende des Berichts steht, während die Spitzenprodukte nach Umsatz sortiert sind, wobei das umsatzstärkste Produkt an erster Stelle steht.

Dieses Ergebnis kann durch das Einbringen einer Sortierspalte erreicht werden, die die Zeile »Others« an das Ende verschiebt. Hierzu wird ein Ranking für die Top-10-Zeilen auf der Grundlage von *Product Sales* verwendet:

```
EVALUATE
VAR NumOfTopProducts = 10
VAR ProdsWithSales =
    ADDCOLUMNS (
        VALUES ( 'Product'[Product Name] ),
        "Product Sales", [Sales Amount]
    )
VAR TopNProducts =
    TOPN (
```

```
        NumOfTopProducts,
        ProdsWithSales,
        [Product Sales]
    )
VAR RemainingProducts =
    EXCEPT ( ProdsWithSales, TopNProducts )
VAR RankedTopProducts =
    ADDCOLUMNS(
        TopNProducts,
        "SortColumn", RANKX ( TopNProducts, [Product Sales] )
    )
VAR OtherRow =
    ROW (
        "Product Name", "Others",
        "Product Sales", SUMX (
            RemainingProducts,
            [Product Sales]
        ),
        "SortColumn", NumOfTopProducts + 1
    )
VAR Result =
    UNION ( RankedTopProducts, OtherRow )
RETURN
    Result
ORDER BY [SortColumn]
```

Die Sortierung in Abbildung 13.18 sieht jetzt deutlich besser aus.

Product Name	Product Sales	SortColumn
Adventure Works 26" 720p LCD HDTV M140 Silver	1,303,983.46	1
A. Datum SLR Camera X137 Grey	725,840.28	2
Contoso Telephoto Conversion Lens X400 Silver	683,779.95	3
SV 16xDVD M360 Black	364,714.41	4
Contoso Projector 1080p X980 White	257,154.75	5
Contoso Washer & Dryer 21in E210 Pink	182,094.12	6
Fabrikam Independent filmmaker 1/3" 8.5mm X200 White	165,594.00	7
Proseware Projector 1080p LCD86 Silver	160,627.05	8
NT Washer & Dryer 27in L2700 Blue	151,427.53	9
Contoso Washer & Dryer 21in E210 Green	151,265.40	10
Others	26,444,863.03	11

Abbildung 13.18 Der *SortColumn*-Index gibt an, wie ein Entwickler die Ergebnisse wie gewünscht sortieren kann.

GENERATE und *GENERATEALL* verwenden

GENERATE ist eine leistungsstarke Funktion, die die OUTER APPLY-Logik aus der SQL-Sprache implementiert. *GENERATE* benötigt zwei Argumente: eine Tabelle und einen Ausdruck. Die Funktion iteriert über die Tabelle, wertet den Ausdruck im Zeilenkontext der Iteration aus und verknüpft dann die Zeile der Iteration mit den vom Tabellenausdruck zurückgegebenen Zeilen. Das Verhalten entspricht weitgehend einem normalen Join, der aber nicht mit einer Tabelle, sondern mit einem für jede Zeile ausgewerteten Ausdruck erfolgt. Diese Funktion ist äußerst vielseitig.

Zur Veranschaulichung ihres Verhaltens erweitern wir das obige *TOPN*-Beispiel. Statt die Spitzenprodukte für alle Zeiten zu berechnen, wollen wir diesmal die drei Top-Produkte nach Jahr ermitteln. Wir können dieses Problem in zwei Schritte aufteilen: Zunächst berechnen wir die drei umsatzstärksten Produkte, dann wiederholen wir diese Berechnung für jedes Jahr. Eine mögliche Lösung für die drei Top-Produkte sieht so aus:

```
EVALUATE
VAR ProductsSold =
    SUMMARIZE (
        Sales,
        'Product'[Product Name]
    )
VAR ProductsSales =
    ADDCOLUMNS (
        ProductsSold,
        "Product Sales", [Sales Amount]
    )
VAR Top3Products =
    TOPN (
        3,
        ProductsSales,
        [Product Sales]
    )
RETURN
    Abbildung Top3Products
ORDER BY [Product Sales] DESC
```

Das in Abbildung 13.19 gezeigte Ergebnis enthält nur drei Produkte.

Product Name	Product Sales
Adventure Works 26" 720p LCD HDTV M140 Silver	1,303,983.46
A. Datum SLR Camera X137 Grey	725,840.28
Contoso Telephoto Conversion Lens X400 Silver	683,779.95

Abbildung 13.19 *TOPN* gibt die drei besten Produkte ohne zeitliche Beschränkung zurück.

Wird die vorherige Abfrage in einem Filterkontext ausgewertet, der das Jahr filtert, dann sieht das Ergebnis anders aus: Nun werden die drei am besten performenden Produkte für das jeweilige Jahr zurückgegeben. Und hier nun kommt *GENERATE* ins Spiel: Wir iterieren mit *GENERATE* über die Jahre und berechnen für jedes Jahr den *TOPN*-Ausdruck. Bei jeder Iteration gibt *TOPN* die drei besten Produkte des ausgewählten Jahres zurück. *GENERATE* schließlich verknüpft die Jahre mit dem Ergebnis des Ausdrucks bei jeder Iteration. Hier die vollständige Abfrage:

```
EVALUATE
GENERATE (
    VALUES ( 'Date'[Calendar Year] ),
    CALCULATETABLE (
        VAR ProductsSold =
            SUMMARIZE ( Sales, 'Product'[Product Name] )
        VAR ProductsSales =
            ADDCOLUMNS ( ProductsSold, "Product Sales", [Sales Amount] )
        VAR Top3Products =
            TOPN ( 3, ProductsSales, [Product Sales] )
        RETURN Top3Products
    )
)
ORDER BY
    'Date'[Calendar Year],
    [Product Sales] DESC
```

Das Ergebnis dieser Abfrage ist in Abbildung 13.20 dargestellt.

Calendar Year	Product Name	Product Sales
CY 2007	Adventure Works 26" 720p LCD HDTV M140 Silver	1,289,602.38
CY 2007	A. Datum SLR Camera X137 Grey	716,435.28
CY 2007	Contoso Telephoto Conversion Lens X400 Silver	675,449.95
CY 2008	Litware Refrigerator 24.7CuFt X980 White	135,039.58
CY 2008	Litware Refrigerator 24.7CuFt X980 Blue	100,479.69
CY 2008	Litware Refrigerator 24.7CuFt X980 Grey	93,759.71
CY 2009	Fabrikam Refrigerator 24.7CuFt X9800 White	109,759.66
CY 2009	Fabrikam Refrigerator 24.7CuFt X9800 Grey	89,599.72
CY 2009	Contoso Projector 1080p X980 White	71,374.50

Abbildung 13.20 *GENERATE* verknüpft die Jahre mit den jeweiligen drei Top-Produkten.

Wenn Sie die Top-Produkte nach Kategorie berechnen wollen, muss nur die Tabelle, über die *GENERATE* iteriert, in der Formel aktualisiert werden. Im Folgenden werden die drei besten Produkte nach Kategorien aufgeführt:

```
EVALUATE
GENERATE (
    VALUES ( 'Product'[Category] ),
    CALCULATETABLE (
```

```
        VAR ProductsSold =
            SUMMARIZE ( Sales, 'Product'[Product Name] )
        VAR ProductsSales =
            ADDCOLUMNS ( ProductsSold, "Product Sales", [Sales Amount] )
        VAR Top3Products =
            TOPN ( 3, ProductsSales, [Product Sales] )
        RETURN Top3Products
    )
)
ORDER BY
    'Product'[Category],
    [Product Sales] DESC
```

Wie Abbildung 13.21 zeigt, enthält das Ergebnis nun drei Produkte je Kategorie.

Category	Product Name	Product Sales
Audio	Contoso 4G MP3 Player E400 Silver	47,952.41
Audio	NT Bluetooth Stereo Headphones E52 Blue	22,820.17
Audio	WWI 2GB Pulse Smart pen M100 Silver	17,655.59
Cameras and camcorders	A. Datum SLR Camera X137 Grey	725,840.28
Cameras and camcorders	Contoso Telephoto Conversion Lens X400 Silver	683,779.95
Cameras and camcorders	Fabrikam Independent filmmaker 1/3'' 8.5mm X200 White	165,594.00
Cell phones	The Phone Company Touch Screen Phone 1600 TFT-1.4'' L250 Grey	32,400.89
Cell phones	The Phone Company PDA Handheld 4.7 inch L650 Silver	29,953.00
Cell phones	The Phone Company PDA Phone 4.7 inches L360 White	29,888.70

Abbildung 13.21 Das Ergebnis der Iterationen über die Kategorien zeigt die jeweils drei besten Produkte pro Kategorie an.

Wenn der als zweites Argument von *GENERATE* angegebene Ausdruck eine leere Tabelle erzeugt, dann überspringt *GENERATE* die Zeile aus dem Ergebnis. Wenn Sie auch Zeilen der ersten Tabelle abrufen müssen, die ein leeres Ergebnis liefert, dann brauchen Sie *GENERATEALL*. Beispielsweise gibt es 2005 keine Umsätze, sodass im betreffenden Jahr auch keine Top-Produkte existieren. Daher gibt *GENERATE* für 2005 keine Zeile zurück. Die folgende Abfrage nutzt *GENERATEALL* und gibt die Jahre 2005 und 2006 zurück:

```
EVALUATE
GENERATEALL (
    VALUES ( 'Date'[Calendar Year] ),
    CALCULATETABLE (
        VAR ProductsSold =
            SUMMARIZE ( Sales, 'Product'[Product Name] )
        VAR ProductsSales =
            ADDCOLUMNS ( ProductsSold, "Product Sales", [Sales Amount] )
        VAR Top3Products =
            TOPN ( 3, ProductsSales, [Product Sales] )
```

```
        RETURN Top3Products
    )
)
ORDER BY
    'Date'[Calendar Year],
    [Product Sales] DESC
```

Das Ergebnis dieser Abfrage zeigt Abbildung 13.22.

Calendar Year	Product Name	Product Sales
CY 2005		
CY 2006		
CY 2007	Adventure Works 26" 720p LCD HDTV M140 Silver	1,289,602.38
CY 2007	A. Datum SLR Camera X137 Grey	716,435.28
CY 2007	Contoso Telephoto Conversion Lens X400 Silver	675,449.95
CY 2008	Litware Refrigerator 24.7CuFt X980 White	135,039.58
CY 2008	Litware Refrigerator 24.7CuFt X980 Blue	100,479.69
CY 2008	Litware Refrigerator 24.7CuFt X980 Grey	93,759.71
CY 2009	Fabrikam Refrigerator 24.7CuFt X9800 White	109,759.66
CY 2009	Fabrikam Refrigerator 24.7CuFt X9800 Grey	89,599.72
CY 2009	Contoso Projector 1080p X980 White	71,374.50
CY 2010		
CY 2011		

Abbildung 13.22 *GENERATEALL* gibt auch Jahre zurück, in denen es keine Umsätze gab; *GENERATE* tut dies hingegen nicht.

ISONORAFTER verwenden

ISONORAFTER ist eine Hilfsfunktion. Sie wird in Power BI und in Tools zur Berichterstellung vor allem für die Paginierung verwendet, von Entwicklern dagegen nur selten in Abfragen und Measures eingesetzt. Wenn ein Benutzer einen Bericht in Power BI durchsucht, ruft die Engine nur die für die aktuelle Seite benötigten Zeilen aus dem Datenmodell ab. Hierzu wird immer eine *TOPN*-Funktion verwendet.

Wenn ein Benutzer eine Produkttabelle durchsucht, erreicht er dabei im Zweifelsfall früher oder später einen bestimmten Punkt. Beispielsweise ist in Abbildung 13.23 die letzte gezeigte Zeile »Stereo-Bluetooth-Kopfhörer Gen«. Der Pfeil zeigt die relative Position in der Liste an.

Category	Color	Product Name	Sales Amount
Audio	White	WWI 2GB Pulse Smart pen M100 White	13,206.70
Audio	White	WWI 2GB Spy Video Recorder Pen M300 White	[illegible]
Audio	White	WWI Stereo Bluetooth Headphones E1000 W...	2,217.46
Audio	White	WWI Wireless Bluetooth Stereo Headphones ...	612.00
Audio	White	WWI Wireless Bluetooth Stereo Headphones ...	1,012.00
Audio	White	WWI Wireless Transmitter and Bluetooth Hea...	9,112.14
Audio	Yellow	Contoso 4GB Portable MP3 Player M450 Yellow	1,247.35
Audio	Yellow	Contoso 8GB MP3 Player new model M820 Ye...	1,782.20
Audio	Yellow	NT Bluetooth Stereo Headphones E52 Yellow	385.35
Audio	Yellow	NT Wireless Bluetooth Stereo Headphones E3...	1,986.95
Audio	Yellow	WWI 4GB Video Recording Pen X200 Yellow	6,541.60
Audio	Yellow	WWI Stereo Bluetooth Headphones New Gen...	1,861.86
Total			**30,591,343.98**

Abbildung 13.23 Der Benutzer durchblättert die Tabelle *Product* und hat einen bestimmten Punkt in der Liste erreicht.

Wenn der Benutzer nun weiter nach unten scrollt, gelangt er möglicherweise zum Ende der zuvor abgerufenen Zeilen. Hier nun muss Power BI die nächsten Zeilen abrufen. Auch die Abfrage, die die nächsten Zeilen abruft, wird immer eine *TOPN*-Funktion sein, da Power BI immer nur eine Teilmenge der gesamten Daten abruft. Außerdem muss es das nächste *TOPN* sein. Hier kommt *ISONORAFTER* ins Spiel. Dies ist die vollständige Abfrage, die von Power BI beim Herunterscrollen ausgeführt wird. Das Ergebnis sehen Sie in Abbildung 13.24:

```
EVALUATE
TOPN (
    501,
    FILTER (
        KEEPFILTERS (
            SUMMARIZECOLUMNS (
                'Product'[Category],
                'Product'[Color],
                'Product'[Product Name],
                "Sales_Amount", 'Sales'[Sales Amount]
            )
        ),
        ISONORAFTER (
            'Product'[Category], "Audio", ASC,
            'Product'[Color], "Yellow", ASC,
            'Product'[Product Name],
                "WWI Stereo Bluetooth Headphones New Generation M370 Yellow", ASC
        )
    ),
    'Product'[Category], 1,
    'Product'[Color], 1,
    'Product'[Product Name], 1
)
```

```
ORDER BY
    'Product'[Category],
    'Product'[Color],
    'Product'[Product Name]
```

Category	Color	Product Name	Sales_Amount
Audio	Yellow	WWI Stereo Bluetooth Headphones New Generation M370 Yellow	1,861.86
Cameras and camcorders	Azure	A. Datum Advanced Digital Camera M300 Azure	2,723.83
Cameras and camcorders	Azure	A. Datum All in One Digital Camera M200 Azure	6,504.80
Cameras and camcorders	Azure	A. Datum Bridge Digital Camera M300 Azure	10,242.12
Cameras and camcorders	Azure	A. Datum Compact Digital Camera M200 Azure	7,301.40
Cameras and camcorders	Azure	A. Datum Consumer Digital Camera E100 Azure	6,406.80
Cameras and camcorders	Azure	A. Datum Consumer Digital Camera M300 Azure	7,121.70

Abbildung 13.24 Dies ist der nächste Satz mit Zeilen, beginnend mit der letzten Zeile aus der vorherigen Abbildung.

Der Code führt eine *TOPN 501*-Anweisung für eine *FILTER*-Funktion aus. Mit *FILTER* werden die zuvor abgerufenen Zeilen entfernt, mit *ISONORAFTER* wird der Geltungsbereich abgerufen. Die *ISONORAFTER*-Bedingung hätte auch mit der booleschen Standardlogik ausgedrückt werden können. Der gesamte obige *ISONORAFTER*-Ausdruck hätte nämlich auch wie folgt formuliert werden können:

```
'Product'[Category] > "Audio"
|| ( 'Product'[Category] = "Audio" && 'Product'[Color] > "Yellow" )
|| ( 'Product'[Category] = "Audio"
        && 'Product'[Color] = "Yellow"
        && 'Product'[Product Name]
                >= "WWI Stereo Bluetooth Headphones New Generation M370 Yellow"
   )
```

ISONORAFTER bietet zwei Vorteile: Der Code ist einfacher zu schreiben, und der Abfrageplan ist potenziell besser.

ADDMISSINGITEMS verwenden

ADDMISSINGITEMS ist eine weitere Funktion, die von Power BI häufig und zur Erstellung von Datenmodellen nur selten verwendet wird. Ihr Zweck besteht darin, Zeilen hinzuzufügen, die von *SUMMARIZECOLUMNS* möglicherweise übersprungen wurden. So verwendet beispielsweise die folgende Abfrage *SUMMARIZECOLUMNS* für eine Gruppierung nach Jahr; das Ergebnis ist in Abbildung 13.25 zu sehen.

```
EVALUATE
SUMMARIZECOLUMNS (
    'Date'[Calendar Year],
    "Amt", [Sales Amount]
)
ORDER BY 'Date'[Calendar Year]
```

Calendar Year	Amt
CY 2007	11,309,946.12
CY 2008	9,927,582.99
CY 2009	9,353,814.87

Abbildung 13.25 *SUMMARIZECOLUMNS* schließt Jahre ohne Umsätze, in denen die Spalte *Amt* leer wäre, nicht ein.

Jahre, in denen keine Umsätze getätigt wurden, werden von *SUMMARIZECOLUMNS* nicht zurückgegeben. Um die von *SUMMARIZECOLUMNS* entfernten Zeilen abzurufen, können Sie *ADDMISSINGITEMS* verwenden:

```
EVALUATE
ADDMISSINGITEMS (
    'Date'[Calendar Year],
    SUMMARIZECOLUMNS (
        'Date'[Calendar Year],
        "Amt", [Sales Amount]
    ),
    'Date'[Calendar Year]
)
ORDER BY 'Date'[Calendar Year]
```

Das Ergebnis dieser Abfrage ist in Abbildung 13.26 zu sehen, wo wir die von *SUMMARIZECOLUMNS* zurückgegebenen Zeilen hervorgehoben haben. Die Zeilen mit einem Leerwert in der Spalte *Amt* wurden von *ADDMISSINGITEMS* hinzugefügt.

Calendar Year	Amt
CY 2005	
CY 2006	
CY 2007	11,309,946.12
CY 2008	9,927,582.99
CY 2009	9,353,814.87
CY 2010	
CY 2011	

Abbildung 13.26 *ADDMISSINGITEMS* hat Zeilen mit einem Leerwert für *Amt* hinzugefügt.

ADDMISSINGITEMS akzeptiert verschiedene Modifizierer und Parameter, um das Ergebnis für Zwischensummen und andere Filter besser kontrollieren zu können.

TOPNSKIP verwenden

Die *TOPNSKIP*-Funktion wird von Power BI ausgiebig genutzt, um nur einige wenige Zeilen eines großen Datasets an die Power BI-Datensicht zu senden. Andere Tools wie z. B. Power Pivot und SQL Server Data Tools verwenden andere Verfahren, um Rohdaten einer Tabelle schnell zu durchsuchen und zu filtern. Die Funktion wird verwendet, um eine große Tabelle schnell zu durchblättern, ohne darauf warten zu müssen, dass alle Zeilen vollständig erzeugt wurden. *TOPNSKIP* und weitere Techniken werden in dem Artikel unter *http://www.sqlbi.com/articles/querying-raw-data-to-tabular* beschrieben.

GROUPBY verwenden

GROUPBY ist eine Funktion, die dazu dient, eine Tabelle nach einer oder mehreren Spalten zu gruppieren, wobei andere Daten ähnlich wie bei *ADDCOLUMNS* und *SUMMARIZE* aggregiert werden können. Der wesentliche Unterschied zwischen *SUMMARIZE* und *GROUPBY* besteht darin, dass *GROUPBY* Spalten gruppieren kann, deren Datenherkunft nicht mit der von Spalten im Datenmodell übereinstimmt; *SUMMARIZE* dagegen kann nur im Datenmodell definierte Spalten nutzen. Außerdem müssen die von *GROUPBY* hinzugefügten Spalten einen Iterator verwenden, der Daten wie *SUMX*, *AVERAGEX* oder andere »X«-Aggregationsfunktionen aggregiert.

Angenommen, wir wollen Umsätze nach Jahr und Monat gruppieren und den Umsatzbetrag berechnen. Nachfolgend sehen Sie eine mögliche Lösung mit *GROUPBY*. Das Abfrageergebnis ist in Abbildung 13.27 zu sehen:

```
EVALUATE
GROUPBY (
    Sales,
    'Date'[Calendar Year],
    'Date'[Month],
    'Date'[Month Number],
    "Amt", AVERAGEX (
        CURRENTGROUP (),
        Sales[Quantity] * Sales[Net Price]
    )
)
ORDER BY
    'Date'[Calendar Year],
    'Date'[Month Number]
```

Calendar Year	Month	Month Number	Amt
CY 2007	January	1	285.19
CY 2007	February	2	329.44
CY 2007	March	3	355.51
CY 2007	April	4	394.44
CY 2007	May	5	327.68
CY 2007	June	6	398.66

Abbildung 13.27 In diesem Beispiel aggregiert *GROUPBY* den Umsatzdurchschnitt nach Jahr und Monat.

Im Hinblick auf die Leistung kann *GROUPBY* bei der Verarbeitung größerer Datasets (mit mehreren Zehntausend oder noch mehr Zeilen) recht langsam sein. GROUPBY führt die Gruppierung nämlich nach der physischen Erstellung der Tabelle durch. Daher ist dies keine bevorzugte Option zum Durchsuchen größerer Datensätze. Außerdem lassen sich die meisten Abfragen einfacher mithilfe von Kombinationen aus *ADDCOLUMNS* und *SUMMARIZE* formulieren. Die obige Abfrage könnte nämlich auch wie folgt geschrieben werden:

```
EVALUATE
ADDCOLUMNS (
    SUMMARIZE (
        Sales,
        'Date'[Calendar Year],
        'Date'[Month],
        'Date'[Month Number],
    ),
    "Amt", AVERAGEX (
        RELATEDTABLE ( Sales ),
        Sales[Quantity] * Sales[Net Price]
    )
)
ORDER BY
    'Date'[Calendar Year],
    'Date'[Month Number]
```

In der obigen Abfrage ist zu beachten, dass das Ergebnis von *SUMMARIZE* eine Tabelle ist, die Spalten aus der Tabelle *Date* enthält. Daher ist, wenn *AVERAGEX* später über das Ergebnis von *RELATEDTABLE* iteriert, die von *RELATEDTABLE* zurückgegebene Tabelle diejenige des Jahres und Monats, die gerade von *ADDCOLUMNS* über das Ergebnis von *SUMMARIZE* iteriert wird. Denken Sie daran, dass die Datenherkunft beibehalten wird; daher ist das Ergebnis von *SUMMARIZE* eine Tabelle mit ihrer Datenherkunft.

Ein Vorteil von *GROUPBY* ist die Möglichkeit, nach Spalten zu gruppieren, die von *ADDCOLUMNS* oder *SUMMARIZE* zur Abfrage hinzugefügt wurden. Nachfolgend sehen Sie ein Beispiel, bei dem *SUMMARIZE* keine Alternative wäre:

```
EVALUATE
VAR AvgCustomerSales =
    AVERAGEX (
        Customer,
        [Sales Amount]
    )
VAR ClassifiedCustomers =
    ADDCOLUMNS (
```

```
        VALUES ( Customer[Customer Code] ),
        "Customer Category", IF (
            [Sales Amount] >= AvgCustomerSales,
            "Above Average",
            "Below Average"
        )
    )
VAR GroupedResult =
    GROUPBY (
        ClassifiedCustomers,
        [Customer Category],
        "Number of Customers", SUMX (
            CURRENTGROUP (),
            1
        )
    )
RETURN GroupedResult
ORDER BY [Customer Category]
```

Das Ergebnis sehen Sie in Abbildung 13.28.

Customer Category	Number of Customers
Above Average	807
Below Average	18,062

Abbildung 13.28 *GROUPBY* kann während der Abfrage berechnete Spalten gruppieren.

Die obige Formel zeigt gleichzeitig die Vor- und Nachteile von *GROUPBY*. Der Code erzeugt nämlich zuerst eine neue Spalte in der Kundentabelle, mit der geprüft wird, ob die Kundenumsätze über oder unter dem Durchschnittsumsatz liegen. Dann gruppiert sie nach dieser temporären Spalte und gibt die Anzahl der Kunden zurück.

Die Gruppierung nach einer temporären Spalte ist eigentlich ein nützliches Feature, aber um die Anzahl der Kunden zu berechnen, muss der Code ein *SUMX* über ein *CURRENTGROUP* mit dem konstanten Ausdruck 1 verwenden. Der Grund hierfür ist, dass die von *GROUPBY* hinzugefügten Spalten Iterationen über *CURRENTGROUP* sein müssen. Eine einfache Funktion wie *COUNTROWS (CURRENTGROUP ())* würde hier nicht funktionieren.

Es gibt nur einige wenige Szenarien, in denen *GROUPBY* nützlich ist. Im Allgemeinen kann *GROUPBY* verwendet werden, wenn es notwendig ist, nach einer in der Abfrage hinzugefügten Spalte zu gruppieren. Dabei ist allerdings zu beachten, dass die Spalte, nach der gruppiert werden soll, eine kleine Kardinalität aufweisen sollte. Andernfalls nämlich könnten Sie Probleme mit der Leistung und dem Speicherverbrauch bekommen.

NATURALINNERJOIN und *NATURALLEFTOUTERJOIN* verwenden

DAX verwendet, wenn ein Entwickler eine Abfrage ausführt, automatisch Modellbeziehungen. Dennoch kann es unter Umständen sinnvoll sein, zwei Tabellen zu verknüpfen, die keine Beziehungen aufweisen. Beispielsweise könnte man eine Variable definieren, die eine Tabelle enthält, und dann eine berechnete Tabelle mit dieser Variablen verknüpfen.

Denken Sie etwa an eine Aufgabenstellung, bei der die Durchschnittsumsätze je Kategorie berechnet werden sollen und dann ein Bericht erstellt werden soll, der die unter- und überdurchschnittlichen Kategorien sowie solche Kategorien zeigt, die sich im Durchschnittsbereich bewegen. Diese Spalte lässt sich mit einer einfachen *SWITCH*-Funktion leicht berechnen. Müssen die Ergebnisse jedoch auf eine bestimmte Art und Weise sortiert werden, dann ist es notwendig, sowohl die Kategoriebeschreibung als auch die Sortierreihenfolge (als neue Spalte) gleichzeitig zu berechnen, wozu ein ähnlicher Code verwendet wird.

Ein anderer Ansatz bestünde darin, nur einen der beiden Werte zu berechnen und dann eine Temporärtabelle mit einer temporären Beziehung zum Abrufen der Beschreibung zu verwenden. Und genau das tut die folgende Abfrage:

```
EVALUATE
VAR AvgSales =
    AVERAGEX (
        VALUES ( 'Product'[Brand] ),
        [Sales Amount]
    )
VAR LowerBoundary = AvgSales * 0.8
VAR UpperBoundary = AvgSales * 1.2
VAR Categories =
    DATATABLE (
        "Cat Sort", INTEGER,
        "Category", STRING,
        {
            { 0, "Below Average" },
            { 1, "Around Average" },
            { 2, "Above Average" }
        }
    )
VAR BrandsClassified =
    ADDCOLUMNS (
        VALUES ( 'Product'[Brand] ),
        "Sales Amt", [Sales Amount],
        "Cat Sort", SWITCH (
            TRUE (),
            [Sales Amount] <= LowerBoundary, 0,
            [Sales Amount] >= UpperBoundary, 2,
```

```
            1
        )
    )
VAR JoinedResult =
    NATURALINNERJOIN (
        Categories,
        BrandsClassified
    )
RETURN JoinedResult
ORDER BY
    [Cat Sort],
    'Product'[Brand]
```

Es ist durchaus sinnvoll, sich das in Abbildung 13.29 gezeigte Ergebnis der Abfrage anzusehen, bevor man sich dazu äußert.

Cat Sort	Category	Brand	Sales Amt
0	Below Average	A. Datum	2,096,184.64
0	Below Average	Northwind Traders	1,040,552.13
0	Below Average	Southridge Video	1,384,413.85
0	Below Average	Tailspin Toys	325,042.42
0	Below Average	The Phone Company	1,123,819.07
0	Below Average	Wide World Importers	1,901,956.66
1	Around Average	Litware	3,255,704.03
1	Around Average	Proseware	2,546,144.16
2	Above Average	Adventure Works	4,011,112.28
2	Above Average	Contoso	7,352,399.03
2	Above Average	Fabrikam	5,554,015.73

Abbildung 13.29 Die Spalte *Cat Sort* muss als Argument für das Sortieren nach Spalte für *Category* verwendet werden.

Die Abfrage erstellt zunächst eine Tabelle, die die Marken, die Umsatzbeträge und eine Spalte mit Werten zwischen 0 und 2 enthält. Der Wert wird als Schlüssel in der Variablen *Categories* verwendet, um die Kategoriebeschreibung abzurufen. Dieser finale Join zwischen der Temporärtabelle und der Variablen wird von *NATURALINNERJOIN* durchgeführt. Dadurch werden die beiden Tabellen auf Grundlage der Spalte *Cat Sort* verknüpft.

NATURALINNERJOIN führt den Join zwischen zwei Tabellen basierend auf Spalten durch, die in beiden Tabellen den gleichen Namen haben. *NATURALLEFTOUTERJOIN* führt die gleiche Operation durch, verwendet aber statt eines inneren einen linken äußeren Join. Hierdurch behält *NATURALLEFTOUTERJOIN* die Zeilen der ersten Tabelle auch dann bei, wenn es in der zweiten Tabelle keine Übereinstimmung gibt.

Sind beide Tabellen im Datenmodell physisch definiert, dann können sie nur über eine Beziehung verknüpft werden. Dies kann nützlich sein, um das Ergebnis eines Joins zwischen zwei Tabellen zu erhalten – Ähnliches ist etwa auch in einer SQL-Abfrage möglich. *NATURALINNERJOIN* und *NATURALLEFTOUTERJOIN* verwenden die Beziehung zwischen den Tabellen, sofern diese existiert. Andernfalls benötigen sie zur Durchführung des Joins dieselbe Datenherkunft.

Beispielsweise gibt die folgende Abfrage alle Zeilen in *Sales* zurück, für die entsprechende Zeilen in *Product* enthalten sind. Dabei werden alle Spalten der beiden Tabellen nur einmal eingeschlossen:

```
EVALUATE
NATURALINNERJOIN ( Sales, Product )
```

Die folgende Abfrage gibt alle Zeilen in *Product* zurück und zeigt auch Produkte an, für die in *Sales* kein Umsatz vermerkt ist:

```
EVALUATE
NATURALLEFTOUTERJOIN ( Product, Sales )
```

In beiden Fällen ist die Spalte, die die Beziehung definiert, nur einmal im Ergebnis vorhanden, das ansonsten alle anderen Spalten der beiden Tabellen umfasst.

Eine wichtige Einschränkung dieser Joinfunktionen besteht allerdings darin, dass sie keine zwei Spalten des Datenmodells mit unterschiedlicher Datenherkunft und ohne Beziehung vergleichen. In der Praxis heißt das, dass zwei Tabellen des Datenmodells, die mindestens eine Spalte gleichen Namens aufweisen, aber in keiner Beziehung zueinander stehen, nicht verknüpft werden können. Als Workaround kann man mit *TREATAS* die Datenherkunft einer Spalte so ändern, dass eine solche Verknüpfung möglich wird. Der Artikel unter *https://www.sqlbi.com/articles/from-sql-to-dax-joining-tables* beschreibt diese Einschränkung und eine mögliche Abhilfe ausführlich.

Die Möglichkeiten einer sinnvollen Nutzung von *NATURALINNERJOIN* und *NATURALLEFTOUTERJOIN* sind begrenzt, weswegen diese Funktionen in DAX nicht so häufig vorkommen wie die entsprechende Join-Funktion in SQL.

NATURALINNERJOIN **und** ***NATURALLEFTOUTERJOIN*** **sind nützlich, um das Ergebnis von Temporärtabellen zu verknüpfen, bei denen die Datenherkunft bestimmter Spalten nicht auf physische Spalten des Datenmodells verweist. Um Tabellen im Modell zu verknüpfen, die keine echte Beziehung haben, ist es notwendig, die Datenherkunft der Spalten, die im Join verwendet werden sollen, mit** ***TREATAS*** **zu ändern.**

SUBSTITUTEWITHINDEX verwenden

Die Funktion *SUBSTITUTEWITHINDEX* kann die Spalten in einem Zeilensatz, die den Spaltenüberschriften einer Matrix entsprechen, durch Indizes ersetzen, die ihre Positionen darstellen. *SUBSTITUTEWITHINDEX* ist keine Funktion, die ein Entwickler in einer regulären Abfrage verwenden würde, da ihr Verhalten recht verzwickt ist. Eine mögliche Anwendung könnte in der Erstellung einer dynamischen Benutzeroberfläche für die Abfrage von DAX bestehen. Tatsächlich verwendet Power BI intern *SUBSTITUTEWITHINDEX* für Matrixdiagramme.

Betrachten Sie beispielsweise die Power BI-Matrix in Abbildung 13.30.

Category	CY 2007	CY 2008	CY 2009
Audio	102,722.07	105,363.42	176,432.67
Cameras and camcorders	3,274,847.26	2,184,189.54	1,733,545.15
Cell phones	477,451.74	462,713.47	664,445.05
Computers	2,660,318.87	2,066,341.75	2,014,888.11
Games and Toys	89,860.07	105,738.23	165,054.51
Home Appliances	2,347,281.80	3,962,572.24	3,290,603.00
Music, Movies and Audio Books	87,874.44	120,717.83	105,614.47
TV and Video	2,269,589.88	919,946.50	1,203,231.91

Abbildung 13.30 Eine Matrix in Power BI wird über eine Abfrage mit *SUBSTITUTEWITHINDEX* gefüllt.

Das Ergebnis einer DAX-Abfrage ist immer eine Tabelle. Jede Zelle der Matrix im Bericht entspricht einer einzelnen Zeile der von der DAX-Abfrage zurückgegebenen Tabelle. Zur korrekten Darstellung der Daten im Bericht übersetzt Power BI die Spaltennamen der Matrix (»CY 2007«, »CY 2008« und »CY 2009«) mithilfe von *SUBSTITUTEWITHINDEX* in fortlaufende Zahlen. Dies vereinfacht das Auffüllen der Matrix beim Lesen des Ergebnisses. Nachfolgend sehen Sie eine vereinfachte Version der DAX-Anforderung, die für die obige Matrix generiert wurde:

```
DEFINE
    VAR SalesYearCategory =
        SUMMARIZECOLUMNS (
            'Product'[Category],
            'Date'[Calendar Year],
            "Sales_Amount", [Sales Amount]
        )
    VAR MatrixRows =
        SUMMARIZE (
            SalesYearCategory,
            'Product'[Category]
        )
    VAR MatrixColumns =
        SUMMARIZE (
            SalesYearCategory,
            'Date'[Calendar Year]
        )
    VAR SalesYearCategoryIndexed =
        SUBSTITUTEWITHINDEX (
            SalesYearCategory,
            "ColumnIndex", MatrixColumns,
            'Date'[Calendar Year], ASC
        )
```

```
-- Erstes Ergebnis: Matrixspaltenüberschriften
EVALUATE
MatrixColumns
ORDER BY 'Date'[Calendar Year]

-- Zweites Ergebnis: Matrixzeilen und Inhalt
EVALUATE
NATURALLEFTOUTERJOIN (
    MatrixRows,
    SalesYearCategoryIndexed
)
ORDER BY
    'Product'[Category],
    [ColumnIndex]
```

Die Anforderung enthält zwei *EVALUATE*-Anweisungen. Die erste *EVALUATE*-Anweisung gibt den Inhalt der Spaltenüberschriften zurück (Abbildung 13.31).

Calendar Year
CY 2007
CY 2008
CY 2009

Abbildung 13.31 Ergebnis der Spaltenüberschriften einer Matrix in Power BI

Die zweite *EVALUATE*-Anweisung gibt den verbleibenden Inhalt der Matrix zurück, wobei für jede Zelle des Matrixinhalts eine Zeile vorhanden ist. Jede Ergebniszeile umfasst die Spalten, die zum Füllen der Zeilenüberschriften in der Matrix benötigt werden, gefolgt von den anzuzeigenden Zahlenwerten. Ferner gibt es eine Spalte mit dem Spaltenindex, der mit der Funktion *SUBSTITUTEWITHINDEX* berechnet wurde. Dies ist in Abbildung 13.32 dargestellt.

Category	Sales_Amount	ColumnIndex
Audio	102,722.07	0
Audio	105,363.42	1
Audio	176,432.67	2
Cameras and camcorders	3,274,847.26	0
Cameras and camcorders	2,184,189.54	1
Cameras and camcorders	1,733,545.15	2
Cell phones	477,451.74	0
Cell phones	462,713.47	1

Abbildung 13.32 Ergebnis des Zeileninhalts einer Matrix in Power BI, die mit *SUBSTITUTEWITHINDEX* erzeugt wurde.

SUBSTITUTEWITHINDEX wird hauptsächlich zum Erstellen von Visuals wie der Matrix in Power BI verwendet.

SAMPLE verwenden

SAMPLE gibt eine Stichprobe der Zeilen in einer Tabelle zurück. Seine Argumente sind die Anzahl der zurückzugebenden Zeilen, der Tabellenname und eine Sortierreihenfolge. *SAMPLE* gibt die erste und die letzte Zeile der Tabelle sowie so viele weitere Zeilen zurück, bis die angeforderte Anzahl Zeilen erreicht ist. *SAMPLE* wählt dazu in der Quelltabelle gleichmäßig verteilte Zeilen aus.

So gibt die folgende Abfrage beispielsweise genau zehn Produkte zurück, nachdem die Eingabetabelle nach *Product Name* sortiert wurde:

```
EVALUATE
SAMPLE (
    10,
    ADDCOLUMNS (
        VALUES ( 'Product'[Product Name] ),
        "Sales", [Sales Amount]
    ),
    'Product'[Product Name]
)
ORDER BY 'Product'[Product Name]
```

Das Ergebnis der obigen Abfrage ist in Abbildung 13.33 dargestellt.

Product Name	Sales
A. Datum Advanced Digital Camera M300 Azure	2,723.83
Adventure Works Laptop16 M1601 Red	25,445.52
Contoso DVD 9-Inch Player Portable M300 White	1,119.93
Contoso Rubberized Skin BlackBerry E100 Black	8,152.01
Fabrikam Independent Filmmaker 1/3" 8.5mm X200 Blue	69,156.00
Litware Home Theater System 2.1 Channel E212 Silver	18,866.71
MGS Rise of Nations: Gold Edition 2009 E143	3,311.00
Proseware Projector 720p LCD56 Black	14,189.70
The Phone Company PDA Phone Unlocked 3.7 inches M510 Black	8,175.30
WWI Wireless Transmitter and Bluetooth Headphones X250 White	9,112.14

Abbildung 13.33 *SAMPLE* gibt eine Teilmenge gleichmäßig verteilter Zeilen aus einer Tabelle zurück.

Mit *SAMPLE* kann ein DAX-Clienttool relativ unkompliziert Werte für die Achse eines Diagramms generieren. Ein weiteres Szenario ist eine Analyse, bei der der Benutzer eine Stichprobe aus einer Tabelle benötigt, um eine statistische Berechnung durchzuführen.

Auto-Exists-Verhalten bei DAX-Abfragen verstehen

Viele DAX-Funktionen verwenden ein Verhalten, das als *Auto-Exists* bekannt ist. Auto-Exists ist ein Mechanismus, der verwendet wird, wenn eine Funktion zwei Tabellen miteinander verknüpft. Er spielt eine wichtige Rolle beim Verfassen von Abfragen, denn auch wenn er eigentlich intuitiv ist, kann er unerwartete Ergebnisse liefern.

Betrachten Sie den folgenden Ausdruck:

```
EVALUATE
SUMMARIZECOLUMNS (
    'Product'[Category],
    'Product'[Subcategory]
)
ORDER BY
    'Product'[Category],
    'Product'[Subcategory]
```

Das Ergebnis kann entweder ein vollständiges Kreuzprodukt von Kategorien und Unterkategorien oder aber nur der vorhandenen Kombinationen aus Kategorien und Unterkategorien sein. Jede Kategorie enthält nämlich nur eine Teilmenge der Unterkategorien. Daher ist die Liste der vorhandenen Kombinationen kleiner als das vollständige Kreuzprodukt.

Die intuitivste Antwort würde lauten, dass *SUMMARIZECOLUMNS* nur die vorhandene Kombination zurückgibt. Und genau dies geschieht aufgrund der Auto-Exists-Funktionalität. Das Ergebnis in Abbildung 13.34 zeigt nur drei Unterkategorien für die Kategorie »Audio«, nicht jedoch eine Liste aller Unterkategorien.

Category	Subcategory
Audio	Bluetooth Headphones
Audio	MP4&MP3
Audio	Recording Pen
Cameras and camcorders	Camcorders
Cameras and camcorders	Cameras & Camcorders Accessories
Cameras and camcorders	Digital Cameras
Cameras and camcorders	Digital SLR Cameras
Cell phones	Cell phones Accessories

Abbildung 13.34 *SUMMARIZECOLUMNS* gibt nur die vorhandenen Wertekombinationen zurück.

Die Auto-Exists-Funktionalität wird immer dann aktiviert, wenn eine Abfrage nach Spalten gruppiert, die aus derselben Tabelle stammen. Bei Verwendung der Auto-Exists-Logik werden ausschließlich bestehende Wertekombinationen generiert. Dadurch wird die Anzahl der auszuwertenden Zeilen verringert, wodurch bessere Abfragepläne entstehen. Verwendet man hingegen Spalten aus verschiedenen Tabellen, so sieht das Ergebnis anders aus. Wenn die in *SUMMARIZECOLUMNS* verwendeten Spalten aus verschiedenen Tabellen stammen, dann ist das Ergebnis das vollständige Kreuzprodukt beider Tabellen. Dies lässt sich an der folgenden Abfrage veranschaulichen, deren Ergebnis in Abbildung 13.35 dargestellt ist:

```
EVALUATE
SUMMARIZECOLUMNS (
    'Product'[Category],
    'Date'[Calendar Year]
)
ORDER BY
    'Product'[Category],
    'Date'[Calendar Year]
```

Obwohl die beiden Tabellen über Beziehungen mit der Tabelle *Sales* verknüpft sind und es Jahre ohne Transaktionen gibt, kommt Auto-Exists nicht zum Einsatz, weil die Spalten nicht aus derselben Tabelle stammen.

Category	Calendar Year
Audio	CY 2005
Audio	CY 2006
Audio	CY 2007
Audio	CY 2008
Audio	CY 2009
Audio	CY 2010
Audio	CY 2011
Cameras and camcorders	CY 2005
Cameras and camcorders	CY 2006
Cameras and camcorders	CY 2007
Cameras and camcorders	CY 2008
Cameras and camcorders	CY 2009
Cameras and camcorders	CY 2010
Cameras and camcorders	CY 2011
Cell phones	CY 2005

Abbildung 13.35 Spalten, die aus verschiedenen Tabellen stammen, erzeugen ein vollständiges Kreuzprodukt.

Beachten Sie, dass *SUMMARIZECOLUMNS* die Spalten entfernt, wenn alle zusätzlichen Spalten zur Berechnung von Aggregationsausdrücken leer sind. Daher würde, wenn die vorangegangene Abfrage auch das Measure *Sales Amount* enthielte, *SUMMARIZECOLUMNS* Jahre und Kategorien ohne Umsatz entfernen. Das sähe dann wie folgt aus (Abbildung 13.36):

```
DEFINE
    MEASURE Sales[Sales Amount] =
        SUMX (
            Sales,
            Sales[Quantity] * Sales[Net Price]
        )
EVALUATE
SUMMARIZECOLUMNS (
```

```
    'Product'[Category],
    'Date'[Calendar Year],
    "Sales", [Sales Amount]
)
ORDER BY
    'Product'[Category],
    'Date'[Calendar Year]
```

Category	Calendar Year	Sales
Audio	CY 2007	102,722.07
Audio	CY 2008	105,363.42
Audio	CY 2009	176,432.67
Cameras and camcorders	CY 2007	3,274,847.26
Cameras and camcorders	CY 2008	2,184,189.54
Cameras and camcorders	CY 2009	1,733,545.15
Cell phones	CY 2007	477,451.74

Abbildung 13.36 Ein Aggregationsausdruck entfernt Leerwertzeilen.

Das Verhalten der obigen Abfrage entspricht keiner Auto-Exists-Logik, da es auf dem Ergebnis eines Ausdrucks basiert, der eine Aggregation enthält. Konstante Ausdrücke werden auf dieser Basis ignoriert. So führt etwa eine 0 anstelle eines Leerwerts zu einer Liste mit allen Jahren und Kategorien. Das Ergebnis der folgenden Abfrage ist in Abbildung 13.37 dargestellt.

```
DEFINE
    MEASURE Sales[Sales Amount] =
        SUMX (
            Sales,
            Sales[Quantity] * Sales[Net Price]
        )
EVALUATE
SUMMARIZECOLUMNS (
    'Product'[Category],
    'Date'[Calendar Year],
    "Sales", [Sales Amount] + 0 -- Gibt 0 anstelle von BLANK zurück
)
ORDER BY
    'Product'[Category],
    'Date'[Calendar Year]
```

Category	Calendar Year	Sales
Audio	CY 2005	0.00
Audio	CY 2006	0.00
Audio	CY 2007	102,722.07
Audio	CY 2008	105,363.42
Audio	CY 2009	176,432.67
Audio	CY 2010	0.00
Audio	CY 2011	0.00
Cameras and camcorders	CY 2005	0.00
Cameras and camcorders	CY 2006	0.00
Cameras and camcorders	CY 2007	3,274,847.26
Cameras and camcorders	CY 2008	2,184,189.54
Cameras and camcorders	CY 2009	1,733,545.15
Cameras and camcorders	CY 2010	0.00
Cameras and camcorders	CY 2011	0.00
Cell phones	CY 2005	0.00

Abbildung 13.37 Ein Aggregationsausdruck, der 0 anstelle des Leerwerts zum Ergebnis hat, behält die Zeilen in den *SUMMARIZECOLUMNS*-Ergebnissen bei.

Der gleiche Ansatz führt jedoch nicht dazu, dass zusätzliche Kombinationen für Spalten generiert werden, die aus derselben Tabelle stammen. Das Auto-Exists-Verhalten wird immer auf Spalten derselben Tabelle angewendet. Die folgende Abfrage generiert lediglich bestehende Kombinationen von *Category*- und *Subcategory*-Werten, obwohl der Measureausdruck 0 anstelle eines Leerwerts zurückgibt:

```
DEFINE
    MEASURE Sales[Sales Amount] =
        SUMX (
            Sales,
            Sales[Quantity] * Sales[Net Price]
        )
EVALUATE
SUMMARIZECOLUMNS (
    'Product'[Category],
    'Product'[Subcategory],
    "Sales", [Sales Amount] + 0
)
ORDER BY
    'Product'[Category],
    'Product'[Subcategory]
```

Das Ergebnis sehen Sie in Abbildung 13.38.

Category	Subcategory	Sales
Audio	Bluetooth Headphones	124,450.79
Audio	MP4&MP3	170,194.00
Audio	Recording Pen	89,873.37
Cameras and camcorders	Camcorders	3,157,075.19
Cameras and camcorders	Cameras & Camcorders Accessories	800,534.42
Cameras and camcorders	Digital Cameras	784,935.68
Cameras and camcorders	Digital SLR Cameras	2,450,036.66
Cell phones	Cell phones Accessories	274,049.03

Abbildung 13.38 *SUMMARIZECOLUMNS* wendet Auto-Exists auf Spalten aus derselben Tabelle auch dann an, wenn die Aggregationsausdrücke 0 zurückgeben.

Es ist wichtig, bei *ADDMISSINGITEMS* die Auto-Exists-Logik zu berücksichtigen. *ADDMISSINGITEMS* fügt nämlich nur Zeilen hinzu, die aufgrund von Leerwertergebnissen in *SUMMARIZECOLUMNS* entfernt werden. *ADDMISSINGITEMS* fügt keine Zeilen hinzu, die für Spalten derselben Tabelle von Auto-Exists entfernt wurden. Die folgende Abfrage liefert daher das gleiche Ergebnis wie die in Abbildung 13.38 gezeigte:

```
DEFINE
    MEASURE Sales[Sales Amount] =
        SUMX (
            Sales,
            Sales[Quantity] * Sales[Net Price]
        )
EVALUATE
ADDMISSINGITEMS (
    'Product'[Category],
    'Product'[Subcategory],
    SUMMARIZECOLUMNS (
        'Product'[Category],
        'Product'[Subcategory],
        "Sales", [Sales Amount] + 0
    ),
    'Product'[Category],
    'Product'[Subcategory]
)
ORDER BY
    'Product'[Category],
    'Product'[Subcategory]
```

Auto-Exists ist ein wichtiger Aspekt, der bei *SUMMARIZECOLUMNS* zu berücksichtigen ist. Das Verhalten von *SUMMARIZE* dagegen unterscheidet sich. *SUMMARIZE* erfordert immer eine Tabelle, die als Brücke zwischen den Spalten verwendet wird und als Auto-Exists zwischen verschiedenen Tabellen fungiert. Die folgende *SUMMARIZE*-Anweisung gibt beispielsweise nur diejenigen Kombinationen von Kategorie und Jahr zurück, für die es entsprechende Zeilen in der Tabelle *Sales* gibt – dies zeigt das Ergebnis in Abbildung 13.39:

```
EVALUATE
SUMMARIZE (
    Sales,
    'Product'[Category],
    'Date'[Calendar Year]
)
```

Category	Calendar Year
Audio	CY 2007
Audio	CY 2008
Audio	CY 2009
TV and Video	CY 2007
TV and Video	CY 2008
TV and Video	CY 2009
Computers	CY 2007
Computers	CY 2008
Computers	CY 2009

Abbildung 13.39 *SUMMARIZE* gibt nur Kombinationen aus Kategorien und Jahr zurück, bei denen es passende Zeilen in *Sales* gibt.

Dass nicht vorhandene Kombinationen nicht zurückgegeben werden, liegt darin begründet, dass *SUMMARIZE* die Tabelle *Sales* als Ausgangspunkt für die Gruppierung verwendet. Daher ist kein Wert für Kategorie oder Jahr, der nicht in *Sales* aufgeführt ist, Teil des Ergebnisses. Auch wenn das Ergebnis identisch ist, unterscheiden sich die Techniken, mit denen *SUMMARIZE* und *SUMMARIZECOLUMNS* dorthin gelangen.

Beachten Sie, dass Aussehen und Verhalten sich bei bestimmten Clienttools unterscheiden können. Wenn nämlich ein Benutzer die Kategorie und das Jahr in einen Power BI-Bericht eingibt, ohne ein Measure einzuschließen, dann zeigt das Ergebnis nur die vorhandenen Kombinationen in der Tabelle *Sales* an. Der Grund dafür ist nicht, dass Auto-Exists vorhanden ist, sondern dass Power BI seine eigenen Geschäftsregeln zur Auto-Exists-Logik von DAX hinzufügt. Ein einfacher Bericht, der lediglich *Year* und *Category* in einer Tabelle aufführt, erzeugt eine komplexe Abfrage wie die folgende:

```
EVALUATE
TOPN (
    501,
    SELECTCOLUMNS (
        KEEPFILTERS (
            FILTER (
                KEEPFILTERS (
                    SUMMARIZECOLUMNS (
                        'Date'[Calendar Year],
```

```
                    'Product'[Category],
                    "CountRowsSales", CALCULATE ( COUNTROWS ( 'Sales' ) )
                )
            ),
            OR (
                NOT ( ISBLANK ( 'Date'[Calendar Year] ) ),
                NOT ( ISBLANK ( 'Product'[Category] ) )
            )
        )
    ),
    "'Date'[Calendar Year]", 'Date'[Calendar Year],
    "'Product'[Category]", 'Product'[Category]
),
'Date'[Calendar Year], 1,
'Product'[Category], 1
)
```

Die hervorgehobene Zeile zeigt, dass Power BI eine verborgene Berechnung hinzufügt, die die Anzahl der Zeilen in *Sales* berechnet. Da *SUMMARIZECOLUMNS* alle Zeilen entfernt, in denen der Aggregationsausdruck einen Leerwert hat, ergibt sich ein ähnliches Verhalten wie bei Auto-Exists, die durch Kombination von Spalten derselben Tabelle erhalten werden.

Power BI fügt diese Berechnung nur dann hinzu, wenn keine Measures im Bericht enthalten sind, und schließt eine Tabelle ein, die eine n:1-Beziehung mit allen in *SUMMARIZECOLUMNS* verwendeten Tabellen hat. Sobald man mithilfe eines Measures eine Berechnung hinzufügt, beendet Power BI dieses Verhalten und prüft auf den Measurewert statt auf die Anzahl der Zeilen in *Sales*.

Insgesamt betrachtet ist das Verhalten von *SUMMARIZECOLUMNS* und *SUMMARIZE* meistens intuitiv. In komplexen Szenarien wie etwa n:n-Beziehungen können die Ergebnisse jedoch überraschend sein. In diesem kurzen Abschnitt haben wir Auto-Exists nur angerissen. Eine ausführlichere Erläuterung der Funktionsweise in komplexen Szenarien finden Sie im Artikel »Understanding DAX Auto-Exist«, der unter *https://www.sqlbi.com/articles/understanding-dax-auto-exist* zu finden ist. Der Artikel zeigt auch, wie dieses Verhalten zu Berichten mit unerwarteten (oder schlicht kontraintuitiven) Ergebnissen führen kann.

Fazit

In diesem Kapitel wurden mehrere Funktionen vorgestellt, die für die Erstellung von Abfragen nützlich sind. Denken Sie immer daran, dass jede dieser Funktionen (mit Ausnahme von *SUMMARIZECOLUMNS* und *ADDMISSINGITEMS*) auch in Measures verwendet werden kann. Es ist eine gewisse Erfahrung erforderlich, um zu lernen, wie man diese Funktionen miteinander kombinieren kann, um komplexere Abfragen zu erstellen.

Nachfolgend finden Sie die Liste der wichtigsten Themen, die in diesem Kapitel behandelt wurden:

- Einige Funktionen sind eher bei Abfragen nützlich. Andere sind derart technisch und spezialisiert, dass sie im Grunde genommen fast ausschließlich in Clienttools zur Erzeugung von Abfragen eingesetzt werden, damit Entwickler von Datenmodellen DAX-Ausdrücke nicht manuell schreiben müssen. Trotzdem ist es wichtig, alle genannten Funktionen zumindest kurz zu skizzieren. Früher oder später werden Sie nämlich Codes anderer Entwickler zu lesen bekommen, und dann müssen Sie alle Funktionen zumindest in Grundzügen kennen.
- *EVALUATE* führt eine Abfrage ein. Mit *EVALUATE* können Sie Variablen und Measures definieren, die nur für die Dauer der Abfrage existieren.
- *EVALUATE* kann nicht zum Erstellen berechneter Tabellen verwendet werden. Eine berechnete Tabelle entstammt einem Ausdruck. Daher können Sie, wenn Sie eine Abfrage für eine berechnete Tabelle erstellen, keine lokalen Measures oder Spalten erstellen.
- *SUMMARIZE* ist praktisch, um eine Gruppierung durchzuführen, und wird gewöhnlich immer zusammen mit *ADDCOLUMNS* verwendet.
- *SUMMARIZECOLUMNS* ist ein echtes Universalgenie. Es erweist sich als nützlich und leistungsstark bei der Generierung komplexer Abfragen und wird von Power BI ausgiebig genutzt. Allerdings kann *SUMMARIZECOLUMNS* nicht in einem Filterkontext verwendet werden, der einen Kontextübergang enthält. Dies verhindert normalerweise die Verwendung von *SUMMARIZECOLUMNS* in Measures.
- *TOPN* ist äußerst nützlich, um die am besten (oder am schlechtesten) performenden Mitglieder einer Kategorie abzurufen.
- *GENERATE* implementiert die OUTER APPLY-Logik von SQL. Seine Verwendung bietet sich immer dann an, wenn Sie eine Tabelle erstellen müssen, bei der eine erste Gruppe von Spalten als Filter agiert, während eine zweite Spaltengruppe von den Werten der ersten abhängt.
- Viele andere Funktionen sind vor allem für Abfragegeneratoren nützlich.

Abschließend sollten Sie im Gedächtnis behalten, dass alle in den vorhergehenden Kapiteln beschriebenen Tabellenfunktionen auch zum Verfassen von Abfragen verwendet werden können. Die zur Erstellung von Abfragen verfügbaren Möglichkeiten sind nicht auf die in diesem Kapitel gezeigten Funktionen beschränkt.

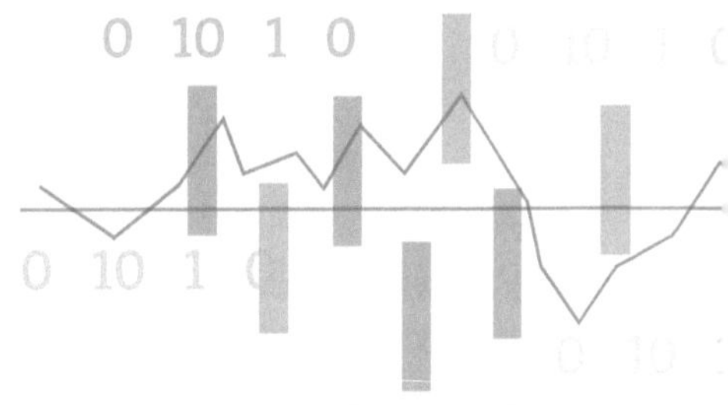

KAPITEL 14

Fortgeschrittene DAX-Konzepte

Bislang haben wir Ihnen in diesem Buch eine umfassende Beschreibung der Eckpfeiler von DAX vermittelt: Zeilenkontext, Filterkontext und Kontextübergang. Wir haben außerdem bereits früher mehrfach auf dieses Kapitel verwiesen und dabei erwähnt, dass wir hier alle Geheimnisse von DAX aufdecken würden. Möglicherweise müssen Sie dieses Kapitel mehrmals lesen, um bestimmte Konzepte vollständig zu verstehen. Unserer Erfahrung nach stellt sich mancher Entwickler nach der ersten Lektüre die Frage: »Warum muss das so kompliziert sein?« Wenn die Leser sich jedoch die Erklärungen in diesem Kapitel zum ersten Mal zu Gemüte geführt haben, wird den meisten von ihnen klar, dass die Konzepte, mit denen sie beim Lernen zu kämpfen hatten, einen gemeinsamen Nenner aufweisen. Und wenn sie das erst einmal begriffen haben, wird ihnen alles klar.

Am Anfang einiger früherer Kapitel stand jeweils unsere Aussage, das Ziel des jeweiligen Kapitels bestehe darin, den Wissensstand des Lesers zu steigern. Um es in Gamersprache auszudrücken: Wenn jedes Kapitel ein Level ist, ist dies hier der Bosslevel! Die Konzepte der erweiterten Tabellen und der Schattenfilterkontexte sind in der Tat schwer zu verstehen. Aber wenn Sie diese erst einmal gelernt haben, werden Sie alles bislang Beschriebene in einem ganz anderen Licht sehen. Fairerweise müssen wir festhalten, dass nach Abschluss dieses Kapitels eine zweite Lektüre des gesamten Buchs dringend zu empfehlen ist. Sie werden dabei nämlich mit hoher Wahrscheinlichkeit auf viele Details stoßen, deren Sinn sich Ihnen beim ersten Lesen noch nicht erschlossen hat. Wir sind uns der Tatsache bewusst, dass es sehr aufwendig ist, das ganze Buch ein zweites Mal komplett zu lesen. Andererseits haben wir versprochen, dass die Lektüre von *Das ultimative DAX-Handbuch* aus dem Leser einen DAX-Guru machen wird. Niemand hat je behauptet, dass das ein Kinderspiel sein würde.

Einführung in erweiterte Tabellen

Das erste – und wichtigste – zu erlernende Konzept sind die *erweiterten Tabellen*. In DAX gibt es zu jeder Tabelle eine zugehörige erweiterte Version. Die erweiterte Version einer Tabelle enthält alle Spalten der Ursprungstabelle sowie alle Spalten derjenigen Tabellen, die sich auf der 1-Seite einer Abfolge von n:1-Beziehungen befinden, die von der Quelltabelle ausgehen.

Betrachten Sie das Modell in Abbildung 14.1. Die Tabellenerweiterung erfolgt in Richtung der 1-Seite. Um eine Tabelle zu erweitern, geht man daher von der Basistabelle aus und fügt dieser alle Spalten der verknüpften Tabellen hinzu, die sich auf der 1-Seite jeglicher Beziehung befinden. So steht beispielsweise *Sales* in einer n:1-Beziehung zu *Product*, sodass die erweiterte

Version von *Sales* auch alle Spalten aus *Product* enthält. Dagegen enthält die erweiterte Version von *Product Category* nur die Basistabelle. Die einzige Tabelle mit einer Beziehung zu *Product Category* ist nämlich *Product Subcategory*, aber diese wiederum befindet sich auf der n-Seite der Beziehung. Daher erfolgt die Tabellenerweiterung also von *Product Subcategory* zu *Product Category*, aber nicht umgekehrt.

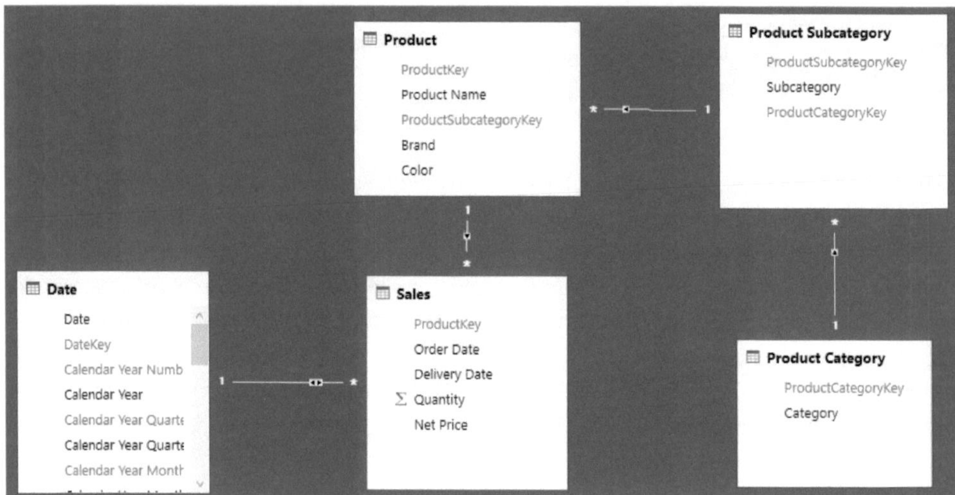

Abbildung 14.1 Die Abbildung zeigt das zur Beschreibung des Konzepts der erweiterten Tabellen verwendete Modell.

Die Tabellenerweiterung endet aber nicht auf der ersten Ebene. So kann man beispielsweise ausgehend von *Sales* die Tabelle *Product Category* erreichen, indem man ausschließlich n:1-Beziehungen verwendet. Daher enthält die erweiterte Version von *Sales* Spalten aus *Product*, *Product Subcategory* und *Product Category*. Da *Sales* sich zudem auf der n-Seite einer n:1-Beziehung mit *Date* befindet, enthält die erweiterte Version von *Sales* auch *Date*. Mit anderen Worten: Die erweiterte Version von *Sales* enthält das gesamte Datenmodell.

Die Tabelle *Date* erfordert etwas mehr Aufmerksamkeit. Sie kann nämlich nach *Sales* gefiltert werden, da die Beziehung, die *Sales* und *Date* verbindet, eine bidirektionale Filterrichtung aufweist. Trotzdem ist sie keine n:1-, sondern vielmehr eine 1:n-Beziehung. Die erweiterte Version von *Date* enthält nur *Date* selbst, obwohl *Date* nach *Sales*, *Product*, *Product Subcategory* und *Product Category* gefiltert werden kann. Wenn eine Filterung erfolgt, weil eine Beziehung bidirektional ist, hat der Mechanismus, der die Filterung anwendet, nichts mit den erweiterten Tabellen zu tun. Stattdessen werden die Filter durch den DAX-Code unter Verwendung eines anderen Mechanismus injiziert, den wir in diesem Kapitel nicht behandeln werden. Es geht um die bidirektionale Filterfortpflanzung, die wir in Kapitel 15, »Fortgeschrittene Beziehungen«, behandeln werden.

Wenn wir dieselbe Übung für die anderen Tabellen im Datenmodell wiederholen, erstellen wir dadurch die in Tabelle 14.1 gezeigten erweiterten Tabellen.

Tabelle	Erweiterte Version
Date	Date
Sales	Alle Tabellen des gesamten Modells
Product	Product, Product Subcategory, Product Category
Product Subcategory	Product Subcategory, Product Category
Product Category	Product Category

Tabelle 14.1 Erweiterte Versionen der Tabellen

In einem Datenmodell kann es verschiedene Arten von Beziehungen geben, nämlich 1:1-Beziehungen, 1:n-Beziehungen und n:n-Beziehungen. Die Regel bleibt aber immer gleich: Die Erweiterung verläuft in Richtung der 1-Seite einer Beziehung. Dennoch könnten einige Beispiele zum besseren Verständnis des Konzepts beitragen. Betrachten Sie zum Beispiel das Datenmodell in Abbildung 14.2, das nicht den Best Practices der Datenmodellierung folgt, aber für Demonstrationszwecke gut geeignet ist.

Abbildung 14.2 In diesem Modell haben beide Beziehungen einen bidirektionalen Filter. Die eine Beziehung ist eine 1:1-, die andere eine n:n-Beziehung.

Wir haben in diesem Modell absichtlich komplexe Beziehungsformen verwendet. Dabei enthält die Tabelle *Product Category* eine Zeile für jeden Wert in *Subcategory*, sodass es in einer solchen Tabelle mehrere Zeilen für jede Kategorie gibt und die Spalte *ProductCategoryKey* keine eindeutigen Werte enthält. Beide Beziehungen haben einen bidirektionalen Filter. Die Beziehung zwischen *Product* und *Product Details* ist eine 1:1-Beziehung, während die Beziehung zwischen *Product* und *Product Category* eine schwache Beziehung ist, bei der beide Seiten sich auf der n-Seite befinden. Die Regel bleibt aber immer gleich: Die Erweiterung verläuft unabhängig davon, wo sie ihren Anfang nimmt, in Richtung der 1-Seite einer Beziehung.

Infolgedessen wird *Product Details* auf *Product* und gleichzeitig *Product* auf *Product Details* erweitert. Die erweiterte Version der beiden Tabellen *Product* und *Product Details* ist tatsächlich die gleiche. Darüber hinaus wird *Product Category* nicht auf *Product* erweitert, und ebenso wenig wird *Product* auf *Product Category* erweitert. Der Grund dafür ist, dass sich beide Tabellen auf der n-Seite einer schwachen Beziehung befinden. Wenn beide Seiten einer Beziehung sich jeweils auf der n-Seite befinden, erfolgt keine Erweiterung. In diesem Fall spricht man von einer sogenannten *schwachen Beziehung*. Dabei geht es gar nicht darum, dass solche Beziehungen irgendeinen Makel hätten: Schwache Beziehungen (wie z. B. die bidirektionale Filterung) verfolgen ein ganz anderes Ziel als die Tabellenerweiterung.

Erweiterte Tabellen sind ein nützliches Konzept, denn sie geben eine ganz eindeutige Erklärung dafür, wie die Fortpflanzung von Filterkontexten innerhalb einer DAX-Formel funktioniert. Sobald ein Filter auf eine Spalte angewendet wird, werden alle erweiterten Tabellen, die diese Spalte enthalten, gefiltert. Wir wollen diese Aussage etwas ausführlicher erläutern.

Wir stellen die erweiterten Tabellen des in Abbildung 14.1 verwendeten Modells in einem Diagramm dar, das in Abbildung 14.3 gezeigt ist.

	Product Category	Product Subcategory	Product	Sales	Date
Category					
ProductCategoryKey					
ProductCategoryKey					
Subcategory					
ProductSubcategoryKey					
ProductSubcategoryKey					
Product Name					
Manufacturer					
Color					
ProductKey					
ProductKey					
Unit Price					
Quantity					
Orde rDate					
Date					
Date Key					
Calendar Year					
Month					

Legend: Native Columns | Related Columns

Abbildung 14.3 Die Darstellung des Datenmodells in einem Diagramm erleichtert die Veranschaulichung erweiterter Tabellen.

Das Diagramm in Abbildung 14.3 listet alle Spalten des Modells auf den horizontalen Linien und die Tabellennamen auf den vertikalen Linien auf. Bitte beachten Sie, dass einige Spaltennamen mehrfach erscheinen. Doppelt vorhandene Spaltennamen ergeben sich daraus, dass verschiedene Tabellen Spalten mit identischen Namen haben können. Wir haben die Zellen eingefärbt, um zwischen den Spalten der Basistabelle und den zur erweiterten Tabelle gehörenden Spalten zu unterscheiden. Es gibt zwei Arten von Spalten:

- **Native Spalten** sind die Spalten, die ursprünglich zur Basistabelle gehören und in einem etwas dunkleren Grau abgesetzt sind.
- **Verknüpfte Spalten** sind solche, die der erweiterten Tabelle hinzugefügt werden, indem sie den bestehenden Beziehungen folgen. Diese Spalten erscheinen in der Abbildung hellgrau.

Mithilfe dieses Diagramms soll die Ermittlung der Tabellen unterstützt werden, die nach einer Spalte gefiltert sind. Das folgende Measure wendet beispielsweise mit *CALCULATE* einen Filter auf die Spalte *Product[Color]* an:

```
RedSales :=
CALCULATE (
    SUM ( Sales[Quantity] ),
    'Product'[Color] = "Red"
)
```

Unter Verwendung dieses Diagramms können wir die Tabellen hervorheben, die die Spalte *Product[Color]* enthalten. Wenn Sie sich Abbildung 14.4 ansehen, können Sie direkt erschließen, dass *Product* und *Sales* die betroffenen Tabellen sind.

	Product Category	Product Subcategory	Product	Sales	Date
Category					
ProductCategoryKey					
ProductCategoryKey					
Subcategory					
ProductSubcategoryKey					
ProductSubcategoryKey					
Product Name					
Manufacturer					
Color					
ProductKey					
ProductKey					
Unit Price					
Quantity					
Order Date					
Date					
Date Key					
Calendar Year					
Month					
Legend	Native Columns	Related Columns			

Abbildung 14.4 Durch Einfärben der Zeile, die einer Spalte entspricht, wird deutlich, welche Tabellen gefiltert werden.

Mit demselben Diagramm können Sie überprüfen, wie sich der Filterkontext durch Beziehungen fortpflanzt. Sobald DAX irgendeine Spalte auf der 1-Seite einer Beziehung filtert, werden alle Tabellen gefiltert, die diese Spalte in ihrer erweiterten Version enthalten. Dies schließt sämtliche Tabellen ein, die auf der n-Seite der Beziehung stehen.

Das Denken in erweiterten Tabellen vereinfacht die gesamte Filterkontextfortpflanzung erheblich. *Der Filterkontext beeinflusst nämlich alle erweiterten Tabellen, die die gefilterten Spalten enthalten.* Im Hinblick auf erweiterte Tabellen können wir die Frage der Berücksichtigung von Beziehungen in Zukunft außer Acht lassen. Zwar verwendet die Tabellenerweiterung Beziehungen, aber sobald eine Tabelle erweitert wurde, sind die Beziehungen in die erweiterten Tabellen aufgenommen worden. Daher brauchen wir sie nicht mehr zu berücksichtigen.

Bitte beachten Sie, dass sich der Filter für *Color* auch zu *Date* fortpflanzt, obwohl *Color* technisch betrachtet nicht zur erweiterten Version von *Date* gehört. Hier sehen Sie die Wirkung der bidirektionalen Filterung in der Praxis. Beachten Sie auf jeden Fall, dass der Filter für *Color Date* nicht mithilfe erweiterter Tabellen, sondern über einen vollkommen anderen Prozess erreicht. Intern injiziert DAX einen bestimmten Filtercode, damit bidirektionale Beziehungen funktionieren, während die Filterung für erweiterte Tabellen automatisch erfolgt. Der Unterschied ist nur interner Natur, aber es ist trotzdem wichtig, darauf hinzuweisen. Gleiches gilt für schwache Beziehungen: Sie verwenden keine erweiterten Tabellen. Schwache Beziehungen setzen stattdessen auf die Filterinjektion.

RELATED verstehen

Wenn eine Tabelle in DAX referenziert wird, ist es immer die erweiterte Tabelle. Aus der semantischen Perspektive führt das Schlüsselwort *RELATED* keine Operation aus, sondern gewährt dem Entwickler Zugriff auf die verknüpften Spalten einer erweiterten Tabelle. Daher gehört im folgenden Code die Spalte *Unit Price* zur erweiterten Tabelle von *Sales*, und *RELATED* erlaubt den Zugriff darauf über den Zeilenkontext, der auf die Tabelle *Sales* zeigt:

```
SUMX (
    Sales,
    Sales[Quantity] * RELATED ( 'Product'[Unit Price] )
)
```

Ein wichtiger Aspekt der Tabellenerweiterung besteht darin, dass sie bereits bei der Definition einer Tabelle und nicht bei deren Verwendung erfolgt. Betrachten Sie beispielsweise die folgende Abfrage:

```
EVALUATE
VAR SalesA =
    CALCULATETABLE (
        Sales,
        USERELATIONSHIP ( Sales[Order Date], 'Date'[Date] )
    )
VAR SalesB =
    CALCULATETABLE (
        Sales,
        USERELATIONSHIP ( Sales[Delivery Date], 'Date'[Date] )
    )
RETURN
    GENERATE (
        VALUES ( 'Date'[Calendar Year] ),
        VAR CurrentYear = 'Date'[Calendar Year]
        RETURN
            ROW (
                "Sales From A", COUNTROWS (
                    FILTER (
                        SalesA,
                        RELATED ( 'Date'[Calendar Year] ) = CurrentYear
                    )
                ),
                "Sales From B", COUNTROWS (
                    FILTER (
                        SalesB,
                        RELATED ( 'Date'[Calendar Year] ) = CurrentYear
                    )
                )
            )
    )
```

SalesA und *SalesB* sind zwei Kopien der Tabelle *Sales*, die in einem Filterkontext ausgewertet werden, in dem zwei verschiedene Beziehungen aktiv sind: *SalesA* verwendet die Beziehung zwischen *Order Date* und *Date*, während *SalesB* die Beziehung zwischen *Delivery Date* und *Date* aktiviert.

Wenn die beiden Variablen ausgewertet werden, iteriert *GENERATE* über die Jahre und erstellt dann zwei weitere Spalten. Diese beiden zusätzlichen Spalten enthalten die Anzahl von *SalesA* bzw. *SalesB*, wobei ein weiterer Filter für die Zeilen angewendet wird, bei denen *RELATED ('Date'[Calendar Year])* dem aktuellen Jahr entspricht. Bitte beachten Sie, dass wir einen ziemlich verschachtelten Code genau so schreiben mussten, um jeglichen Kontextübergang zu vermeiden. Im gesamten Funktionsaufruf von *GENERATE* finden nämlich keine Kontextübergänge statt.

Die Frage ist hier, was passiert, wenn die beiden hervorgehobenen *RELATED*-Funktionen aufgerufen werden. Wenn man das Konzept der erweiterten Tabellen nicht einbezieht, ist die Antwort problematisch. Wenn *RELATED* ausgeführt wird, ist die aktive Beziehung diejenige zwischen *Sales[Order Date]* und *Date[Date]*, da die beiden Variablen bereits früher berechnet wurden und beide *USERELATIONSHIP*-Modifizierer ihre Arbeit bereits abgeschlossen haben. Trotzdem sind *SalesA* wie auch *SalesB* erweiterte Tabellen, und die Erweiterung erfolgte, als zwei andere Beziehungen aktiv waren. Da *RELATED* nur auf eine erweiterte Spalte zugreift, hat dies zur Folge, dass bei der Iteration über *SalesA* das Auftragsjahr zurückgibt, bei der Iteration über *SalesB* hingegen das Lieferjahr.

Sie können den Unterschied erkennen, wenn Sie sich das Ergebnis in Abbildung 14.5 ansehen. Ohne erweiterte Tabelle hätten wir in beiden Spalten die gleiche Anzahl von Zeilen für jedes Auftragsjahr erwartet.

Calendar Year	Sales From A	Sales From B
CY 2005		
CY 2006		
CY 2007	31,682	30,918
CY 2008	28,756	28,759
CY 2009	39,793	39,580
CY 2010		974
CY 2011		

Abbildung 14.5 Die beiden Berechnungen filtern verschiedene Jahre.

RELATED in berechneten Spalten verwenden

Die Funktion *RELATED* greift auf die erweiterten Spalten einer Tabelle zu. Die Tabellenerweiterung erfolgt bei der Definition der Tabelle, nicht bei ihrer Verwendung. Aufgrund dieser Tatsachen erweist sich die Änderung der Beziehungen in einer berechneten Spalte als problematisch.

Sehen Sie sich beispielsweise das Modell in Abbildung 14.6 an, das zwei Beziehungen zwischen *Sales* und *Date* enthält. Ein Entwickler könnte nun eine berechnete Spalte in *Sales* hinzufügen wollen, mit der überprüft wird, ob die Lieferung im gleichen Quartal wie die Bestellung erfolgte. Die Tabelle *Date* enthält eine Spalte – *Date[Calendar Year Quarter]* –, die für den

Vergleich verwendet werden kann. Leider ist zwar das Abrufen des Quartals mit dem Bestelldatum einfach, das Abrufen des Lieferquartals jedoch ungleich schwieriger.

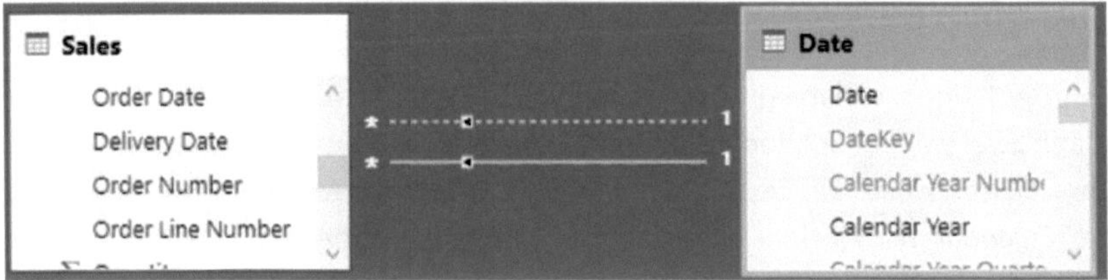

Abbildung 14.6 Es gibt zwei verschiedene Beziehungen zwischen *Sales* und *Date*, aber nur eine kann aktiv sein.

RELATED ('Date'[Calendar Year Quarter]) gibt nämlich das Quartal des Bestelldatums zurück, indem es die standardmäßig aktive Beziehung verwendet. Das Schreiben eines Ausdrucks wie des folgenden führt allerdings nicht dazu, dass die für *RELATED* verwendete Beziehung sich ändert:

```
Sales[DeliveryQuarter] =
CALCULATE (
    RELATED ( 'Date'[Calendar Year Quarter] ),
    USERELATIONSHIP (
        Sales[Delivery Date],
        'Date'[Date]
    )
)
```

Hier gibt es mehrere Probleme. Das erste besteht darin, dass *CALCULATE* den Zeilenkontext entfernt; allerdings wird *CALCULATE* benötigt, um die aktive Beziehung für *RELATED* zu ändern. Daher kann *RELATED* nicht innerhalb des Formelarguments von *CALCULATE* verwendet werden, denn *RELATED* benötigt einen Zeilenkontext. Es gibt noch ein zweites, ziemlich hinterhältiges Problem: Selbst wenn dies möglich wäre, würde *RELATED* nicht funktionieren, da der Zeilenkontext einer berechneten Spalte bei der Definition der Tabelle erstellt wird. Der Zeilenkontext einer berechneten Spalte wird automatisch generiert, sodass die Tabelle immer mit der Standardbeziehung erweitert wird.

Für dieses Problem gibt es keine perfekte Lösung. Die beste Option besteht immer noch darin, auf *LOOKUPVALUE* zurückzugreifen. *LOOKUPVALUE* ist eine Suchfunktion, die einen Wert aus einer Tabelle abruft und dabei nach Spalten sucht, die bestimmten angegebenen Werten entsprechen. Das Lieferquartal kann mit dem folgenden Code berechnet werden:

```
Sales[DeliveryQuarter] =
LOOKUPVALUE (
    'Date'[Calendar Year Quarter],     -- Gibt das Quartal im Kalenderjahr zurück,
    'Date'[Date],                      -- wobei die Spalte Date[Date] gleich
    Sales[Delivery Date]               -- dem Wert von Sales[Delivery Date] ist.
)
```

LOOKUPVALUE sucht nach Werten, die gleich sind. Komplexere Bedingungen lassen sich nicht hinzufügen. Andernfalls wäre wieder ein komplexerer Ausdruck mit *CALCULATE* erforderlich. Außerdem haben wir in diesem Fall *LOOKUPVALUE* in einer berechneten Spalte verwendet, das heißt, der Filterkontext ist leer. Aber selbst in Fällen, in denen der Filterkontext das Modell aktiv filtert, würde *LOOKUPVALUE* dies ignorieren. *LOOKUPVALUE* sucht immer nach einer Zeile in einer Tabelle und ignoriert dabei jeglichen Filterkontext. Schließlich nimmt *LOOKUPVALUE* ein letztes Argument entgegen, das, wenn es allein angegeben wird, den Standardwert für den Fall spezifiziert, dass keine Übereinstimmung gefunden wird.

Den Unterschied zwischen Tabellen- und Spaltenfiltern verstehen

In DAX gibt es einen erheblichen Unterschied zwischen dem Filtern einer Tabelle und dem Filtern einer Spalte. Tabellenfilter sind in den Händen eines erfahrenen DAX-Entwicklers mächtige Werkzeuge, aber bei unsachgemäßer Anwendung können sie recht verwirrend werden. Wir beginnen mit einem Szenario, in dem Tabellenfilter ein falsches Ergebnis liefern. Später in diesem Abschnitt werden wir zeigen, wie man Tabellenfilter in komplexen Szenarien richtig einsetzt.

Häufig macht ein DAX-Neuling den Fehler, zu glauben, dass die beiden folgenden Ausdrücke denselben Wert berechnen:

```
CALCULATE (
    [Sales Amount],
    Sales[Quantity] > 1
)

CALCULATE (
    [Sales Amount],
    FILTER (
        Sales,
        Sales[Quantity] > 1
    )
)
```

Eigentlich nämlich sind die beiden Definitionen sehr unterschiedlich. Die eine filtert eine Spalte, die andere eine Tabelle. Auch wenn die beiden Versionen des Codes in mehreren Szenarien dasselbe Ergebnis liefern, berechnen sie in Wirklichkeit einen völlig anderen Ausdruck. Um ihr Verhalten zu demonstrieren, haben wir die beiden Definitionen in eine Abfrage aufgenommen:

```
EVALUATE
ADDCOLUMNS (
    VALUES ( 'Product'[Brand] ),
    "FilterCol", CALCULATE (
        [Sales Amount],
        Sales[Quantity] > 1
    ),
```

```
        "FilterTab", CALCULATE (
            [Sales Amount],
            FILTER (
                Sales,
                Sales[Quantity] > 1
            )
        )
    )
```

Das in Abbildung 14.7 gezeigte Ergebnis ist gelinde ausgedrückt überraschend. *FilterCol* gibt die erwarteten Werte zurück, *FilterTab* dagegen gibt immer die gleiche Zahl zurück: die Gesamtsumme aller Marken. Wenn es darum geht, den Grund für dieses Ergebnis zu verstehen, spielen erweiterte Tabellen eine wichtige Rolle.

Wir können das Verhalten der *FilterTab*-Berechnung im Detail untersuchen. Das Filterargument von *CALCULATE* iteriert über *Sales* und gibt alle Zeilen daraus mit einer Mengenangabe zurück, die 1 überschreitet. Das Ergebnis von *FILTER* ist eine Teilmenge von Zeilen aus der Tabelle *Sales*. Merken Sie sich das: In DAX referenziert ein Tabellenverweis immer die erweiterte Tabelle. Da *Sales* eine Beziehung zu *Product* hat, enthält die erweiterte Tabelle von *Sales* auch die gesamte Tabelle *Product*. Neben vielen anderen Spalten enthält sie auch *Product[Brand]*.

Brand	FilterCol	FilterTab
Contoso	3,149,599.81	13,021,408.33
Wide World Importers	814,205.21	13,021,408.33
Northwind Traders	403,528.07	13,021,408.33
Adventure Works	1,706,002.29	13,021,408.33
Southridge Video	598,872.55	13,021,408.33
Litware	1,380,558.35	13,021,408.33
Fabrikam	2,365,917.61	13,021,408.33
Proseware	1,078,439.49	13,021,408.33
A. Datum	906,209.66	13,021,408.33
The Phone Company	479,841.37	13,021,408.33
Tailspin Toys	138,233.93	13,021,408.33

Abbildung 14.7 In der ersten Spalte werden die korrekten Ergebnisse berechnet, während in der zweiten Spalte immer eine höhere Zahl angezeigt wird, die der Gesamtsumme entspricht.

Die Filterargumente von *CALCULATE* werden im ursprünglichen Filterkontext ausgewertet, wobei der Kontextübergang ignoriert wird. Der Filter auf *Brand* wird wirksam, nachdem *CALCULATE* den Kontextübergang durchgeführt hat. Folglich enthält das Ergebnis von *FILTER* die Werte aller Marken, die sich auf Zeilen mit einer Menge größer 1 beziehen. Es gibt nämlich während der von *FILTER* durchgeführten Iteration keine Filter für *Product[Brand]*.

Bei der Erstellung des neuen Filterkontexts führt *CALCULATE* zwei aufeinanderfolgende Schritte durch:

1. Es führt den Kontextübergang aus.
2. Es wendet die Filterargumente an.

Daher könnten Filterargumente die Wirkung des Kontextübergangs überschreiben. Da *ADDCOLUMNS* über die Produktmarke iteriert, sollten die Auswirkungen des Kontextübergangs auf jede Zeile in der Filterung einer einzelnen Marke bestehen. Da das Ergebnis von *FILTER* jedoch auch die Produktmarke enthält, überschreibt es die Auswirkungen des Kontextübergangs. Summa summarum ist daher der angezeigte Wert immer der Gesamtbetrag von *Sales Amount* für alle Transaktionen, deren Menge größer als 1 ist – unabhängig von der Produktmarke.

Tabellenfilter stellen aufgrund der Tabellenerweiterung grundsätzlich eine echte Herausforderung dar. Immer wenn man einen Filter auf eine Tabelle anwendet, wird er eigentlich auf die erweiterte Tabelle angewendet, was verschiedene Nebenwirkungen haben kann. Die goldene Regel ist einfach: Versuchen Sie, Tabellenfilter nach Möglichkeit zu vermeiden. Die Arbeit mit Spalten hat einfachere Berechnungen zur Folge, während die Arbeit mit Tabellen wesentlich anspruchsvoller ist.

Das in diesem Abschnitt gezeigte Beispiel lässt sich möglicherweise nicht ohne Weiteres auf ein in einem Datenmodell definiertes Measure anwenden. Dies liegt daran, dass das Measure immer in einem impliziten *CALCULATE* ausgeführt wird, um den Kontextübergang zu erzeugen. Betrachten Sie beispielsweise das folgende Measure:

```
Multiple Sales :=
CALCULATE (
    [Sales Amount],
    FILTER (
        Sales,
        Sales[Quantity] > 1
    )
)
```

Bei der Ausführung in einem Bericht könnte eine mögliche DAX-Abfrage wie folgt aussehen:

```
EVALUATE
ADDCOLUMNS (
    VALUES ( 'Product'[Brand] ),
    "FilterTabMeasure", [Multiple Sales]
)
```

Die Erweiterung der Tabelle führt zur Ausführung der folgenden entsprechenden Abfrage:

```
EVALUATE
ADDCOLUMNS (
    VALUES ( 'Product'[Brand] ),
    "FilterTabMeasure", CALCULATE (
        CALCULATE (
            [Sales Amount],
            FILTER (
                Sales,
                Sales[Quantity] > 1
```

```
                )
            )
        )
    )
```

Das erste *CALCULATE* führt den Kontextübergang durch, der beide Argumente des zweiten *CALCULATE* (einschließlich des *FILTER*-Arguments) betrifft. Zwar führt dies zum gleichen Ergebnis wie *FilterCol*, aber ein Tabellenfilter hat einen negativen Einfluss auf die Leistung. Daher ist es, sofern möglich, immer besser, Spaltenfilter zu verwenden.

Tabellenfilter in Measures verwenden

Im vorigen Abschnitt haben wir ein erstes Beispiel dafür gezeigt, wie die Kenntnis erweiterter Tabellen dazu beiträgt, ein Ergebnis zu verstehen. Es gibt allerdings noch eine Reihe weiterer Szenarien, in denen sich erweiterte Tabellen als ausgesprochen praktisch erweisen. Außerdem haben wir in den vorangegangenen Kapiteln das Konzept der erweiterten Tabellen mehrfach verwendet, auch wenn wir noch nicht beschreiben konnten, was dort im Einzelnen geschieht.

In Kapitel 5, »*CALCULATE* und *CALCULATETABLE* verstehen«, haben wir beispielsweise, als wir erläuterten, wie man alle auf das Modell angewandten Filter entfernt, den folgenden Code in einem Bericht verwendet, der Measures nach Kategorien aufschlüsselt:

```
Pct All Sales :=
VAR CurrentCategorySales =
    [Sales Amount]
VAR AllSales =
    CALCULATE (
        [Sales Amount],
        ALL ( Sales )
    )
VAR Result =
    DIVIDE (
        CurrentCategorySales,
        AllSales
    )
RETURN
    Result
```

Warum entfernt *ALL (Sales)* jeglichen Filter? Lässt man die erweiterten Tabellen unberücksichtigt, dann sollte *ALL* nur Filter aus der Tabelle *Sales* entfernen und alle anderen Filter unberührt lassen. Allerdings ergibt sich aus der Verwendung von *ALL* für die Tabelle *Sales*, dass jeder Filter aus der erweiterten Tabelle *Sales* entfernt wird. Da *Sales* auf alle verknüpften Tabellen, einschließlich *Product*, *Customer*, *Date*, *Store* und jegliche sonstigen verknüpften Tabellen, erweitert wird, wird durch *ALL (Sales)* jeder Filter aus dem gesamten Datenmodell entfernt, das in diesem Beispiel verwendet wird.

Meistens ist dieses Verhalten das gewünschte, und es funktioniert intuitiv. Trotzdem ist das Verstehen des internen Verhaltens erweiterter Tabellen unverzichtbar, denn das Fehlen dieses Wissens kann eine zentrale Ursache für fehlerhafte Berechnungen sein. Im nächsten Beispiel zeigen wir, wie eine einfache Berechnung schlicht an den subtilen Eigenheiten erweiterter Tabellen scheitern kann. Sie sehen dort, warum es besser ist, Tabellenfilter in *CALCULATE*-Anweisungen zu vermeiden. (Ausgenommen sind natürlich Fälle, in denen der Entwickler gezielt versucht, sich die Nebenwirkungen erweiterter Tabellen zunutze zu machen. Diese werden wir in den nächsten Abschnitten beschreiben.)

Sehen Sie sich nun die Anforderungen eines Berichts wie dem in Abbildung 14.8 gezeigten genauer an. Der Bericht enthält einen Slicer, der *Category* filtert, sowie eine Matrix, die die Umsätze der Unterkategorien und ihren jeweiligen prozentualen Anteil am Gesamtwert zeigt.

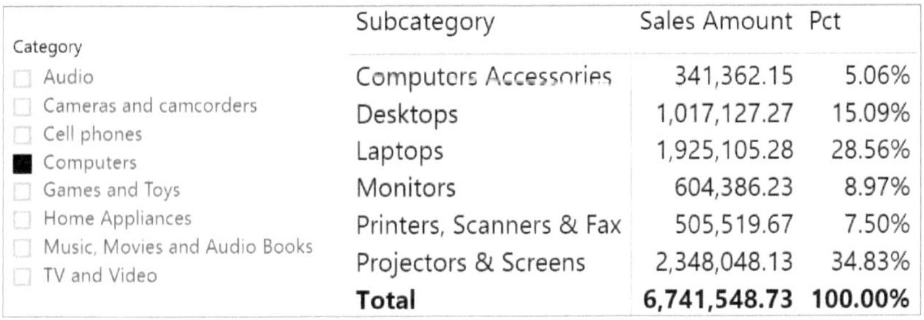

Category
- ☐ Audio
- ☐ Cameras and camcorders
- ☐ Cell phones
- ■ Computers
- ☐ Games and Toys
- ☐ Home Appliances
- ☐ Music, Movies and Audio Books
- ☐ TV and Video

Subcategory	Sales Amount	Pct
Computers Accessories	341,362.15	5.06%
Desktops	1,017,127.27	15.09%
Laptops	1,925,105.28	28.56%
Monitors	604,386.23	8.97%
Printers, Scanners & Fax	505,519.67	7.50%
Projectors & Screens	2,348,048.13	34.83%
Total	**6,741,548.73**	**100.00%**

Abbildung 14.8 Die Spalte *Pct* stellt den prozentualen Anteil einer Unterkategorie am Gesamtumsatz dar.

Da der Prozentwert den aktuellen *Sales Amount*-Wert durch den entsprechenden *Sales Amount*-Wert für alle Unterkategorien der ausgewählten Kategorie dividieren muss, könnte eine erste Lösung wie folgt aussehen, wobei der gezeigte Code noch nicht funktioniert:

```
Pct :=
DIVIDE (
    [Sales Amount],
    CALCULATE (
        [Sales Amount],
        ALL ( 'Product Subcategory' )
    )
)
```

Die Idee besteht darin, dass DAX durch Entfernen des Filters für *Product Subcategory* den Filter auf *Category* beibehält und das richtige Ergebnis generiert. Das Ergebnis ist jedoch falsch, wie Sie in Abbildung 14.9 sehen.

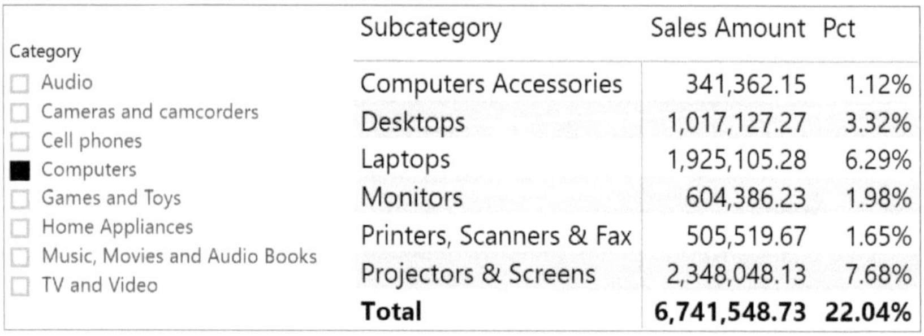

Category

- [ ] Audio
- [ ] Cameras and camcorders
- [ ] Cell phones
- [x] Computers
- [ ] Games and Toys
- [ ] Home Appliances
- [ ] Music, Movies and Audio Books
- [ ] TV and Video

Subcategory	Sales Amount	Pct
Computers Accessories	341,362.15	1.12%
Desktops	1,017,127.27	3.32%
Laptops	1,925,105.28	6.29%
Monitors	604,386.23	1.98%
Printers, Scanners & Fax	505,519.67	1.65%
Projectors & Screens	2,348,048.13	7.68%
Total	**6,741,548.73**	**22.04%**

Abbildung 14.9 Die erste Implementierung von *Pct* führt zum falschen Ergebnis.

Das Problem bei dieser Formel besteht darin, dass *ALL ('Product Subcategory')* die erweiterte Tabelle *Product Subcategory* referenziert. *Product Subcategory* erweitert auf *Product Category*. Folglich entfernt *ALL* den Filter nicht nur aus der Tabelle *Product Subcategory*, sondern auch aus *Product Category*. Daher gibt der Nenner die Gesamtsumme aller Kategorien zurück, wodurch wiederum der falsche Prozentwert berechnet wird.

Hierfür gibt es mehrere Lösungen. Im aktuellen Bericht berechnen sie alle den gleichen Wert, auch wenn sie geringfügig unterschiedliche Ansätze verwenden. Das folgende Measure *Pct Of Categories* etwa berechnet den prozentualen Anteil der ausgewählten Unterkategorien bezogen auf die Summe der verknüpften Kategorien. Nachdem der Filter aus der erweiterten Tabelle von *Product Subcategory* entfernt wurde, stellt *VALUES* den Filter der Tabelle *Product Category* wieder her:

```
Pct Of Categories :=
DIVIDE (
    [Sales Amount],
    CALCULATE (
        [Sales Amount],
        ALL ( 'Product Subcategory' ),
        VALUES ( 'Product Category' )
    )
)
```

Eine andere mögliche Lösung ist das Measure *Pct Of Visual Total*, das *ALLSELECTED* ohne Argument verwendet. *ALLSELECTED* stellt den Filterkontext der Slicer außerhalb des Visuals wieder her, ohne dass sich der Entwickler um erweiterte Tabellen kümmern müsste:

```
Pct Of Visual Total :=
DIVIDE (
    [Sales Amount],
    CALCULATE (
        [Sales Amount],
        ALLSELECTED ()
    )
)
```

ALLSELECTED ist wegen seiner Einfachheit attraktiv. Allerdings werden wir in einem späteren Abschnitt dieses Kapitels Schattenfilterkontexte einführen. Dort wird dem Leser ein umfassenderes Verständnis von *ALLSELECTED* vermittelt. *ALLSELECTED* ist potenziell leistungsstark, gleichzeitig aber auch eine komplexe Funktion, die in verschachtelten Ausdrücken mit besonderer Sorgfalt verwendet werden muss.

Schließlich gibt es noch eine Lösung mit *ALLEXCEPT*, bei der die ausgewählten Unterkategorien mit den im Slicer ausgewählten Kategorien verglichen werden:

```
Pct :=
DIVIDE (
    [Sales Amount],
    CALCULATE (
        [Sales Amount],
        ALLEXCEPT ( 'Product Subcategory', 'Product Category' )
    )
)
```

Diese letzte Formel nutzt eine ganz bestimmte *ALLEXCEPT*-Syntax, die wir in diesem Buch bislang noch nicht verwendet haben: *ALLEXCEPT* mit zwei Tabellen anstelle einer Tabelle und einer Spaltenliste.

ALLEXCEPT entfernt Filter aus der Quelltabelle. Ausgenommen hiervon sind Spalten, die als weitere Argumente angegeben wurden. Diese Spaltenliste kann jede Spalte (oder Tabelle) enthalten, die zur erweiterten Tabelle des ersten Arguments gehört. Da die erweiterte Tabelle von *Product Subcategory* die gesamte Tabelle *Product Category* enthält, hat der angegebene Code eine gültige Syntax. Er entfernt jeden Filter aus der gesamten erweiterten Tabelle von *Product Subcategory* mit Ausnahme der Spalten der erweiterten Tabelle von *Product Category*.

Wir möchten an dieser Stelle darauf hinweisen, dass erweiterte Tabellen mehr Probleme verursachen, wenn das Datenmodell nicht korrekt denormalisiert wurde. In diesem Buch verwenden wir nämlich größtenteils eine Version von Contoso, bei der *Category* und *Subcategory* als Spalten in der Tabelle *Product* gespeichert sind, statt selbst Tabellen zu sein. Wir haben also die Tabellen mit den Kategorien und Unterkategorien als Attribute der Tabelle *Product* denormalisiert. In einem korrekt denormalisierten Modell erfolgt die Tabellenerweiterung zwischen *Sales* und *Product* auf natürlichere Weise. Wie so oft, erleichtern Sie sich das Verfassen von DAX-Code, indem Sie sich vorher Gedanken über das Modell gemacht haben.

Aktive Beziehungen verstehen

Bei der Arbeit mit erweiterten Tabellen ist ein weiterer wichtiger Aspekt zu berücksichtigen, nämlich das Konzept der aktiven Beziehungen. Wenn ein Modell mehrere Beziehungen aufweist, ist das schnell verwirrend. Wir wollen in diesem Abschnitt ein Beispiel vorstellen, bei dem sich das Vorhandensein mehrerer Beziehungen als echte Herausforderung erweist.

Stellen Sie sich vor, Sie müssen *Sales Amount* und *Delivered Amount* berechnen. Diese beiden Measures können berechnet werden, wenn mit *USERELATIONSHIP* die korrekte Beziehung aktiviert wird. Die folgenden zwei Measures funktionieren einwandfrei:

```
Sales Amount :=
SUMX (
    Sales,
    Sales[Quantity] * Sales[Net Price]
)

Delivered Amount :=
CALCULATE (
    [Sales Amount],
    USERELATIONSHIP ( Sales[Delivery Date], 'Date'[Date] )
)
```

Abbildung 14.10 zeigt das Ergebnis.

Calendar Year	Sales Amount	Delivered Amount
CY 2007	11,309,946	11,034,860
CY 2008	9,927,583	9,901,408
CY 2009	9,353,815	9,442,286
CY 2010		212,790
Total	**30,591,344**	**30,591,344**

Abbildung 14.10 *Sales Amount* und *Delivered Amount* verwenden unterschiedliche Beziehungen.

Es ist interessant, sich eine Variante des Measures *Delivered Amount* anzusehen, die nicht funktioniert, weil sie einen Tabellenfilter verwendet:

```
Delivered Amount =
CALCULATE (
    [Sales Amount],
    CALCULATETABLE (
        Sales,
        USERELATIONSHIP ( Sales[Delivery Date], 'Date'[Date] )
    )
)
```

Diese neue – und unglückliche – Formulierung des Measures hat einen Leerwert zum Ergebnis, wie Sie in Abbildung 14.11 sehen können.

Calendar Year	Sales Amount	Delivered Amount
CY 2007	11,309,946	
CY 2008	9,927,583	
CY 2009	9,353,815	
Total	**30,591,344**	

Abbildung 14.11 Bei einem Tabellenfilter erzeugt *Delivered Amount* nur einen Leerwert.

Wir wollen nun untersuchen, warum das Ergebnis ein Leerwert ist. Dabei müssen Sie auch und vor allem erweiterte Tabellen im Blick behalten. Das Ergebnis von *CALCULATETABLE* ist die erweiterte Version von *Sales*, die unter anderem die Tabelle *Date* enthält. Wenn *Sales* von *CALCULATETABLE* ausgewertet wird, ist die aktive Beziehung diejenige mit *Sales[Delivery Date]*. *CALCULATETABLE* gibt daher alle in einem bestimmten Jahr gelieferten Umsätze als erweiterte Tabelle zurück.

Wenn *CALCULATETABLE* vom äußeren *CALCULATE* als Filterargument verwendet wird, filtert das Ergebnis von *CALCULATETABLE Sales* und *Date* durch die erweiterte Tabelle von *Sales*, die die Beziehung zwischen *Sales[Delivery Date]* und *Date[Date]* nutzt. Trotzdem wird, sobald die Ausführung von *CALCULATETABLE* endet, die Standardbeziehung zwischen *Sales[Order Date]* und *Date[Date]* wieder zur aktiven Beziehung. Daher sind die gefilterten Daten jetzt die Auftragsdaten und nicht mehr die Lieferdaten. Anders formuliert: Eine Tabelle mit Lieferdaten wird zum Filtern von Auftragsdaten verwendet. Gegenwärtig sind nur noch diejenigen Zeilen sichtbar, in denen *Sales[Order Date]* gleich *Sales[Delivery Date]* ist. Es gibt keine Zeilen im Modell, die diese Bedingung erfüllen; folglich ist das Ergebnis leer.

Um das Konzept weiter zu verdeutlichen, stellen Sie sich vor, die Tabelle *Sales* enthielte nur einige wenige Zeilen (Tabelle 14.2).

Order Date	Delivery Date	Quantity
31.12.2007	07.01.2008	100
05.01.2008	10.01.2008	200

Tabelle 14.2 Exemplarische Tabelle *Sales* mit nur zwei Zeilen

Wenn das Jahr 2008 ausgewählt wird, gibt das innere *CALCULATETABLE* die erweiterte Version von *Sales* zurück, die neben vielen anderen die in Tabelle 14.3 gezeigten Spalten enthält.

Order Date	Delivery Date	Quantity	Date
31.12.2007	07.01.2008	100	07.01.2008
05.01.2008	10.01.2008	200	10.01.2008

Tabelle 14.3 Das Ergebnis von *CALCULATETABLE* ist die erweiterte Tabelle *Sales* einschließlich *Date[Date]* unter Verwendung der Beziehung *Sales[Delivery Date]*.

Wenn diese Tabelle als Filter verwendet wird, verwendet die Spalte *Date[Date]* die aktive Beziehung, d. h. die Beziehung zwischen *Date[Date]* und *Sales[Order Date]*. An diesem Punkt sieht die erweiterte Tabelle von *Sales* wie in Tabelle 14.4 aus.

Order Date	Delivery Date	Quantity	Date
31.12.2007	07.01.2008	100	31.12.2007
05.01.2008	10.01.2008	200	05.01.2008

Tabelle 14.4 Die erweiterte Tabelle von *Sales* mit der standardmäßig aktiven Beziehung in der Spalte *Sales[Order Date]*.

Die in Tabelle 14.3 sichtbaren Zeilen versuchen, die in Tabelle 14.4 sichtbaren Zeilen zu filtern. Allerdings ist die Spalte *Date* in den beiden Tabellen für jede entsprechende Zeile immer unterschiedlich. Da sie nicht den gleichen Wert haben, wird die erste Zeile aus den aktiven Zeilen entfernt. Nach der gleichen Argumentationskette wird auch die zweite Zeile ausgeschlossen.

Am Ende bleiben nur Zeilen übrig, bei denen *Sales[Order Date]* gleich *Sales[Delivery Date]* ist; sie erzeugen denselben Wert in der Spalte *Date[Date]* der beiden erweiterten Tabellen, die für die verschiedenen Beziehungen generiert wurden. Diesmal kommt die komplexe Filterwirkung aus der aktiven Beziehung. Die Änderung der aktiven Beziehung innerhalb einer *CALCULATE*-Anweisung wirkt sich nur auf die Berechnung innerhalb von *CALCULATE* aus; wenn aber das Ergebnis außerhalb von *CALCULATE* verwendet wird, kehrt die Beziehung zur Voreinstellung zurück.

Wie gewöhnlich wollen wir auch an dieser Stelle darauf hinweisen, dass dies das korrekte Verhalten ist. Es ist komplex, aber es ist richtig. Es gibt eine Reihe guter Gründe dafür, Tabellenfilter möglichst wegzulassen. Ihre Verwendung kann durchaus korrektes Verhalten nach sich ziehen, aber sie haben ebenso das Potenzial, ein äußerst komplexes und unvorhersehbares Szenario zu schaffen. Außerdem funktioniert das Measure mit einem Spaltenfilter anstelle eines Tabellenfilters gut und ist auch leichter zu lesen.

Die goldene Regel bei Tabellenfiltern lautet: Lassen Sie sie weg, wenn es geht. Entwickler, die sich nicht an diese simple Empfehlung halten, zahlen einen doppelten Preis: Sie werden einen beträchtlichen Teil ihrer Zeit darauf verwenden, das Filterverhalten zu verstehen, und sie können sich darauf verlassen, eine unfassbar schlechte Leistung zu erzielen.

Tabellenerweiterung und Filterung: die Unterschiede

Wie bereits erläutert, erfolgt die Tabellenerweiterung ausschließlich von der n- zur 1-Seite einer Beziehung. Betrachten Sie das Modell in Abbildung 14.12, bei dem wir die bidirektionale Filterung in allen Beziehungen des Datenmodells aktiviert haben.

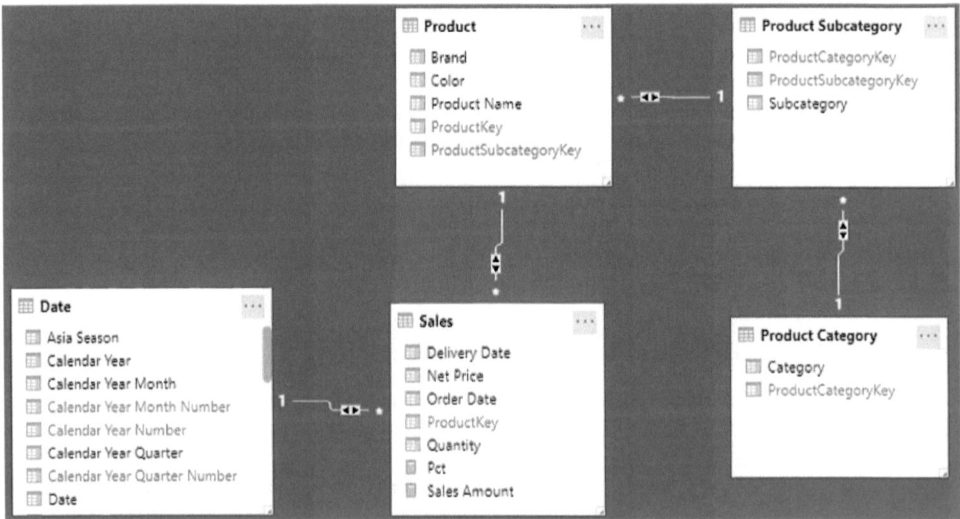

Abbildung 14.12 Für alle Beziehungen in diesem Modell ist ein bidirektionaler Kreuzfilter festgelegt.

Obwohl die Beziehung zwischen *Product* und *Product Subcategory* mit bidirektionaler Filterung festgelegt ist, enthält die erweiterte Tabelle von *Product* Unterkategorien, während die erweiterte Tabelle *Product Subcategory* kein *Product* enthält.

Die DAX-Engine injiziert Filtercode in die Ausdrücke, damit die bidirektionale Filterung so funktioniert, als ob die Erweiterung in beide Richtungen erfolgen würde. Ein ähnliches Verhalten sehen Sie, wenn Sie die Funktion *CROSSFILTER* verwenden. Daher funktioniert ein Measure in den meisten Fällen so, als ob die Tabellenerweiterung in beide Richtungen erfolgt. Beachten Sie dabei jedoch immer, dass die Tabellenerweiterung nicht in Richtung der n-Seite erfolgt.

Der Unterschied wird dann wichtig, wenn wir *SUMMARIZE* oder *RELATED* verwenden. Wenn ein Entwickler *SUMMARIZE* einsetzt, um eine Tabelle auf der Grundlage einer anderen Tabelle zu gruppieren, dann muss er eine der Spalten der erweiterten Tabelle verwenden. Die folgende *SUMMARIZE*-Anweisung hat sich hierfür als brauchbar erwiesen:

```
EVALUATE
SUMMARIZE (
    'Product',
    'Product Subcategory'[Subcategory]
)
```

Dagegen funktioniert die nachfolgend aufgeführte Anweisung, mit der wir versuchen, Unterkategorien nach Produktfarbe zusammenzufassen, nicht:

```
EVALUATE
SUMMARIZE (
    'Product Subcategory',
    'Product'[Color]
)
```

Der Fehler lautet: »Die in der Funktion "*SUMMARIZE*" angegebene Spalte "*Color*" wurde in der Eingabetabelle nicht gefunden.« Das bedeutet, dass *Product[Color]* nicht in der erweiterten Version von *Product Subcategory* enthalten ist. Wie *SUMMARIZE* arbeitet auch *RELATED* ausschließlich mit Spalten, die zur erweiterten Tabelle gehören.

Außerdem ist es nicht möglich, die Tabelle *Date* unter Verwendung von Spalten aus anderen Tabellen zu gruppieren, und zwar auch dann nicht, wenn diese Tabellen durch eine Kette bidirektionaler Beziehungen verknüpft sind:

```
EVALUATE
SUMMARIZE ( 'Date', 'Product'[Color] )
```

Es gibt nur einen Spezialfall, in dem die Tabellenerweiterung in beide Richtungen verläuft, nämlich bei einer 1:1-Beziehung. In diesem Fall nämlich werden beide Tabellen in die jeweils andere erweitert, weil eine solche Beziehung die beiden Tabellen semantisch identisch macht: Jede Zeile in der einen Tabelle hat eine direkte Beziehung zu genau einer Zeile in der anderen Tabelle. Daher ist es naheliegend, sich diese beiden Tabellen als eine einzige vorzustellen, die lediglich in zwei Spaltengruppen unterteilt ist.

Kontextübergang in erweiterten Tabellen

Die erweiterte Tabelle beeinflusst auch den Kontextübergang. Der Zeilenkontext wird in einen gleichwertigen Filterkontext für alle Spalten umgewandelt, die zur erweiterten Tabelle gehören. Betrachten Sie z. B. die folgende Abfrage, die die Kategorie eines Produkts mithilfe zweier Techniken zurückgibt: die Funktion *RELATED* in einem Zeilenkontext und die Funktion *SELECTEDVALUE* mit einem Kontextübergang:

```
EVALUATE
SELECTCOLUMNS (
    'Product',
    "Product Key", 'Product'[ProductKey],
    "Product Name", 'Product'[Product Name],
    "Category RELATED", RELATED ( 'Product Category'[Category] ),
    "Category Context Transition", CALCULATE (
        SELECTEDVALUE ( 'Product Category'[Category] )
    )
)
ORDER BY [Product Key]
```

Das Ergebnis der Abfrage umfasst die beiden identischen Spalten *Category RELATED* und *Category Context Transition* (Abbildung 14.13).

Product Key	Product Name	Category RELATED	Category Context Transition
113	WWI Wireless Transmitter and Bluetooth Headphones X250 White	Audio	Audio
114	WWI Wireless Transmitter and Bluetooth Headphones X250 Red	Audio	Audio
115	WWI Wireless Transmitter and Bluetooth Headphones X250 Silver	Audio	Audio
116	Adventure Works 20" CRT TV E15 Silver	TV and Video	TV and Video
117	Adventure Works 20" CRT TV E15 Black	TV and Video	TV and Video
118	Adventure Works 20" CRT TV E15 White	TV and Video	TV and Video

Abbildung 14.13 Die Kategorie jedes Produkts wird in zwei Spalten angezeigt, die mit unterschiedlichen Techniken berechnet wurden.

Die Spalte *Category RELATED* zeigt die Kategorie an, die dem in derselben Zeile des Berichts angezeigten Produkt entspricht. Dieser Wert wird durch *RELATED* abgerufen, wenn der Zeilenkontext für *Product* verfügbar ist. Die Spalte *Category Context Transition* verwendet dagegen einen anderen Ansatz: Sie erzeugt durch den Aufruf von *CALCULATE* einen Kontextübergang. Der Kontextübergang filtert nur eine Zeile in der Tabelle *Product*. Derselbe Filter wird auch auf *Product Subcategory* und *Product Category* angewandt und filtert die entsprechenden Zeilen für das Product. Da der Filterkontext zu diesem Zeitpunkt nur eine Zeile in *Product Category* filtert, gibt *SELECTEDVALUE* den Wert der Spalte *Product Category* in der einzigen in der Tabelle *Product Category* gefilterten Zeile zurück.

Dieser Nebeneffekt ist zwar bekannt, aber wenn Sie einen Wert aus einer verknüpften Tabelle abrufen möchten, ist es nicht empfehlenswert, auf dieses Verhalten zurückzugreifen. Das Ergebnis mag zwar identisch sein, aber das gilt nicht für die Leistung. Die Lösung unter Verwendung eines Kontextübergangs ist dabei besonders kostspielig, wenn sie für viele Zeilen in *Product* verwendet wird, denn der Kontextübergang ist mit einem erheblichen Rechenaufwand verbunden. Es ist, wie

Sie an späterer Stelle in diesem Buch noch sehen werden, daher wichtig, die Anzahl der Kontextübergänge zu verringern, um die Leistung zu verbessern. Aus diesem Grund ist *RELATED* eine bessere Lösung für dieses konkrete Problem, denn so wird der Kontextübergang vermieden, der für *SELECTEDVALUE* erforderlich wäre.

ALLSELECTED und Schattenfilterkontexte verstehen

ALLSELECTED ist eine praktische Funktion, die einen riesigen Fallstrick birgt. Unserer Meinung nach handelt es sich bei *ALLSELECTED* um die komplexeste Funktion in der gesamten DAX-Sprache, und mag sie auch noch so harmlos aussehen. In diesem Abschnitt vermitteln wir eine ausführliche technische Beschreibung der Interna von *ALLSELECTED*. Außerdem erhalten Sie hier einige Vorschläge, wann *ALLSELECTED* verwendet werden sollte – und wann besser nicht.

ALLSELECTED kann wie jede andere *ALL**-Funktion auf zweierlei Weise verwendet werden: als Tabellenfunktion und als *CALCULATE*-Modifizierer. Das Verhalten unterscheidet sich in diesen beiden Szenarien voneinander. Darüber hinaus ist *ALLSELECTED* die einzige DAX-Funktion, die *Schattenfilterkontexte* nutzt. In diesem Abschnitt untersuchen wir zunächst das Verhalten von *ALLSELECTED*, stellen dann das Konzept der Schattenfilterkontexte vor und geben schließlich ein paar Tipps zur optimalen Verwendung von *ALLSELECTED*.

ALLSELECTED kann ganz intuitiv benutzt werden. Betrachten Sie beispielsweise die Anforderungen für den Bericht in Abbildung 14.14.

Brand
- [ ] A. Datum
- [x] Adventure Works
- [x] Contoso
- [x] Fabrikam
- [x] Litware
- [x] Northwind Traders
- [x] Proseware
- [ ] Southridge Video
- [ ] Tailspin Toys
- [ ] The Phone Company
- [ ] Wide World Importers

Brand	Sales Amount	Pct
Adventure Works	4,011,112.28	16.88%
Contoso	7,352,399.03	30.94%
Fabrikam	5,554,015.73	23.38%
Litware	3,255,704.03	13.70%
Northwind Traders	1,040,552.13	4.38%
Proseware	2,546,144.16	10.72%
Total	**23,759,927.34**	**100.00%**

Abbildung 14.14 Der Bericht zeigt den Umsatzbetrag für einige ausgewählte Marken sowie deren jeweiligen prozentualen Anteil am Gesamtumsatz.

Der Bericht verwendet zur Filterung bestimmter Marken einen Slicer. Er stellt den Umsatzbetrag für jede Marke sowie den prozentualen Anteil der betreffenden Marke an der Summe aller ausgewählten Marken dar. Die Prozentwertformel ist einfach:

```
Pct :=
DIVIDE (
    [Sales Amount],
    CALCULATE (
        [Sales Amount],
        ALLSELECTED ( 'Product'[Brand] )
    )
)
```

Intuitiv erkennen Sie wahrscheinlich, dass *ALLSELECTED* die Werte der ausgewählten Marken außerhalb des aktuellen Visuals wiedergibt, d.h. der zwischen Adventure Works und Proseware ausgewählten Marken. Allerdings sendet Power BI nur eine einzige DAX-Abfrage, die über keine Vorstellung verfügt, was das »aktuelle Visual« ist, an die Engine.

Woher weiß DAX also, was im Slicer und was in der Matrix ausgewählt ist? Die Antwort lautet: gar nicht. *ALLSELECTED* gibt die Werte einer Spalte (oder Tabelle), die außerhalb eines Visuals gefiltert wurde, nicht zurück. Seine Aufgabe ist eine ganz andere, und dass meistens dasselbe Ergebnis zurückgeliefert wird, ist im Grunde genommen ein Nebeneffekt. Die korrekte Definition von *ALLSELECTED* umfasst die beiden folgenden Aussagen:

- Als Tabellenfunktion gibt *ALLSELECTED* die Menge der Werte zurück, die im letzten Schattenfilterkontext sichtbar war.
- Als *CALCULATE*-Modifizierer stellt *ALLSELECTED* den letzten Schattenfilterkontext für seinen Parameter wieder her.

Diese beiden Aussagen verdienen eine sehr viel umfassendere Erläuterung.

Einführung in Schattenfilterkontexte

Zu Beginn unserer Einführung in Schattenfilterkontexte sollten Sie sich die Abfrage genau ansehen, die von Power BI ausgeführt wird, um das in Abbildung 14.14 gezeigte Ergebnis zu erzeugen:

```
DEFINE
    VAR __DSOFilterTable =
        TREATAS (
            {
                "Adventure Works",
                "Contoso",
                "Fabrikam",
                "Litware",
                "Northwind Traders",
                "Proseware"
            },
            'Product'[Brand]
        )
EVALUATE
TOPN (
    502,
    SUMMARIZECOLUMNS (
        ROLLUPADDISSUBTOTAL (
            'Product'[Brand],
            "IsGrandTotalRowTotal"
        ),
        __DSOFilterTable,
        "Sales_Amount", 'Sales'[Sales Amount],
```

```
        "Pct", 'Sales'[Pct]
    ),
    [IsGrandTotalRowTotal], 0,
    'Product'[Brand], 1
)
ORDER BY
    [IsGrandTotalRowTotal] DESC,
    'Product'[Brand]
```

Die Abfrage ist für eine Analyse ein bisschen zu komplex. Das liegt nicht daran, dass sie an sich kompliziert wäre, sondern daran, dass sie von einer Engine generiert wurde und deswegen gar nicht dafür gedacht ist, von einem menschlichen Entwickler gelesen zu werden. Im Folgenden führen wir daher eine Version der Formel auf, die dem Original ausreichend ähnlich, aber leichter zu verstehen und zu beschreiben ist:

```
EVALUATE
VAR Brands =
    FILTER (
        ALL ( 'Product'[Brand] ),
        'Product'[Brand]
            IN {
                "Adventure Works",
                "Contoso",
                "Fabrikam",
                "Litware",
                "Northwind Traders",
                "Proseware"
            }
    )
RETURN
    CALCULATETABLE (
        ADDCOLUMNS (
            VALUES ( 'Product'[Brand] ),
            "Sales_Amount", [Sales Amount],
            "Pct", [Pct]
        ),
        Brands
    )
```

Das Ergebnis dieser letzten Abfrage ist mit dem Bericht, den wir weiter vorn untersucht haben, weitgehend identisch. Allerdings gibt es einen merklichen Unterschied: Die Gesamtsumme fehlt. Sie sehen dies in Abbildung 14.15.

Brand	Sales_Amount	Pct
Contoso	7,352,399.03	30.94%
Northwind Traders	1,040,552.13	4.38%
Adventure Works	4,011,112.28	16.88%
Litware	3,255,704.03	13.70%
Fabrikam	5,554,015.73	23.38%
Proseware	2,546,144.16	10.72%

Abbildung 14.15 Die Abfrage liefert beinahe dasselbe Ergebnis wie der obige Bericht. Das Einzige, was hier fehlt, ist die Summe.

An dieser Stelle folgen einige nützliche Anmerkungen zu der Abfrage:

- Das äußere *CALCULATETABLE* generiert einen Filterkontext, der sechs Marken enthält.
- *ADDCOLUMNS* iteriert über die sechs Marken, die in *CALCULATETABLE* sichtbar sind.
- Sowohl *Sales Amount* als auch *Pct* sind Measures, die bei einer Iteration ausgeführt werden. Daher findet vor der Ausführung beider Measures ein Kontextübergang statt, und der Filterkontext jedes dieser Measures enthält nur die Marke, über die gerade iteriert wird.
- *Sales Amount* ändert den Filterkontext nicht, während *Pct* dies mit *ALLSELECTED* tut.
- Nachdem *ALLSELECTED* den Filterkontext in *Pct* geändert hat, zeigt der aktualisierte Filterkontext alle sechs Marken anstelle derjenigen Marke an, über die aktuell iteriert wird.

Wenn es darum geht, zu verstehen, was ein Schattenfilterkontext ist und wie DAX ihn in *ALLSELECTED* verwendet, ist der letztgenannte Aspekt der wohl aufschlussreichste. Der Schlüssel zum Verständnis besteht nämlich darin, zu wissen, dass *ADDCOLUMNS* über sechs Marken iteriert, der Kontextübergang nur eine davon sichtbar macht und *ALLSELECTED* deswegen eine Möglichkeit braucht, um einen Filterkontext wiederherzustellen, der alle sechs iterierten Marken umfasst.

Hier nun eine ausführlichere Beschreibung der Abfrageausführung, wobei wir die Schattenfilterkontexte in Schritt 3 einführen:

1. Das äußere *CALCULATETABLE* generiert einen Filterkontext, der sechs Marken enthält.
2. *VALUES* gibt die sechs sichtbaren Marken zurück und gibt das Ergebnis an *ADDCOLUMNS* zurück.
3. Als Iterator erstellt *ADDCOLUMNS* einen *Schattenfilterkontext*, der das Ergebnis von *VALUES* unmittelbar vor dem Beginn der Iteration enthält.
   - Der Schattenfilterkontext ähnelt einem Filterkontext, bleibt aber inaktiv und beeinflusst die Auswertung in keiner Weise.
   - Ein Schattenfilterkontext kann nur durch *ALLSELECTED* aktiviert werden, was wir im Folgenden erläutern werden. Behalten Sie vorerst nur im Hinterkopf, dass der Schattenfilterkontext die sechs iterierten Marken enthält.
   - Wir unterscheiden zwischen einem Schattenfilterkontext und einem regulären Filterkontext, indem wir Letzteren als *expliziten Filterkontext* bezeichnen.

4. Während der Iteration erfolgt der Kontextübergang für genau eine bestimmte Zeile. Daher erstellt der Kontextübergang einen neuen expliziten Filterkontext, der ausschließlich die iterierte Marke enthält.

5. Wenn *ALLSELECTED* bei der Auswertung des Measures *Pct* aufgerufen wird, passiert Folgendes: ***ALLSELECTED*** **stellt den letzten Schattenfilterkontext für die als Parameter übergebene Spalte oder Tabelle oder – wenn keine Argumente für** ***ALLSELECTED*** **vorhanden sind – für alle Spalten wieder her.** (Das Verhalten von *ALLSELECTED* ohne Parameter wird im nächsten Abschnitt erklärt.) Da der letzte Schattenfilterkontext sechs Marken enthielt, werden die ausgewählten Marken wieder sichtbar.

Dieses einfache Beispiel erlaubt es uns, das Konzept des Schattenfilterkontexts vorzustellen. Die obige Abfrage zeigt, wie *ALLSELECTED* Schattenfilterkontexte nutzt, um den Filterkontext außerhalb des aktuellen Visuals abzurufen. Bitte beachten Sie, dass die Beschreibung der Ausführung an keiner Stelle die Power BI-Visuals nutzt. Tatsächlich weiß die DAX-Engine nicht, für die Erstellung welches Visuals sie Unterstützung leistet. Sie erhält lediglich eine DAX-Abfrage.

Normalerweise ruft *ALLSELECTED* immer den richtigen Filterkontext ab. Das liegt daran, dass alle Visuals in Power BI und grundsätzlich die meisten in den verschiedenen Clienttools generierten Visuals Abfragen desselben Typs erzeugen. Diese automatisch erzeugten Abfragen enthalten immer einen Iterator der obersten Ebene, der einen Schattenfilterkontext für die von ihm angezeigten Elemente erzeugt. Dies ist der Grund, warum *ALLSELECTED* den Filterkontext außerhalb des Visuals wiederherzustellen scheint.

Nachdem wir unsere Leser auf dem Weg zum Verständnis von *ALLSELECTED* einen Schritt weiter gebracht haben, wollen wir als Nächstes die Bedingungen genauer untersuchen, die erfüllt sein müssen, damit *ALLSELECTED* einwandfrei funktioniert:

- Die Abfrage muss einen Iterator enthalten. Wenn es keinen Iterator gibt, gibt es auch keinen Schattenfilterkontext, und *ALLSELECTED* führt keine Operation aus.

- Wenn vor der Ausführung von *ALLSELECTED* mehrere Iteratoren vorhanden sind, stellt es den letzten Schattenfilterkontext wieder her. Mit anderen Worten: Die Verschachtelung von *ALLSELECTED* innerhalb einer Iteration in einem Measure wird mit hoher Wahrscheinlichkeit zu unerwünschten Ergebnissen führen, da das Measure fast immer in einer anderen Iteration der von einem Clienttool erzeugten DAX-Abfrage ausgeführt wird.

- Wenn die an *ALLSELECTED* übergebenen Spalten nicht durch einen Schattenfilterkontext gefiltert werden, dann bewirkt es gar nichts.

An dieser Stelle wird der Leser erkennen, dass das Verhalten von *ALLSELECTED* relativ komplex ist. Entwickler verwenden *ALLSELECTED* in erster Linie, um den äußeren Filterkontext eines Visuals abzurufen. Zu diesem Zweck haben wir *ALLSELECTED* bereits an früherer Stelle in diesem Buch verwendet. Dabei haben wir grundsätzlich sichergestellt, dass *ALLSELECTED* in der korrekten Umgebung verwendet wurde, auch wenn wir nicht im Detail erklärt haben, was dort passierte.

Die Gesamtsemantik von *ALLSELECTED* bezieht sich auf Schattenfilterkontexte, und nur durch Zufall (oder – offen gestanden – durch einen sorgfältigen und meisterhaft ausgeführten Entwurf) ist es in der Lage, den Filterkontext außerhalb des aktuellen Visuals abzurufen.

Ein guter Entwickler weiß genau, was *ALLSELECTED* macht, und setzt es deswegen nur dort ein, wo es wie gewünscht funktioniert. Die übermäßige Nutzung von *ALLSELECTED*, einfach weil man es unter Bedingungen einsetzt, unter denen die Funktion eigentlich nicht funktionieren kann, wird in jedem Fall zu unerwünschten Ergebnissen führen. Und daran ist nicht *ALLSELECTED* Schuld, sondern nur der Entwickler selbst.

Die goldene Regel für *ALLSELECTED* ist ganz einfach: ***ALLSELECTED kann zum Abrufen des äußeren Filterkontexts verwendet werden, wenn (und nur dann, wenn) es in einem Measure verwendet wird, das direkt in eine Matrix oder ein Visual fortgeschrieben wird.*** Auf keinen Fall darf der Entwickler davon ausgehen, korrekte Ergebnisse zu erhalten, wenn er ein Measure, das *ALLSELECTED* enthält, innerhalb einer Iteration verwendet. Dies veranschaulichen wir in den nächsten Abschnitten. Aus diesem Grund verwenden wir als DAX-Entwickler eine einfache Regel: Wenn ein Measure an irgendeiner Stelle im Code *ALLSELECTED* enthält, dann darf es nicht durch ein anderes Measure aufgerufen werden. Damit soll das Risiko umgangen werden, dass ein Entwickler in einer Abfolge von Measureaufrufen eine Iteration startet, die den Aufruf eines Measures mit *ALLSELECTED* enthält.

ALLSELECTED gibt die iterierten Zeilen zurück

Um das Verhalten von *ALLSELECTED* weiter zu veranschaulichen, nehmen wir eine kleine Änderung an der obigen Abfrage vor. Statt über *VALUES (Product[Brand])* zu iterieren, lassen wir *ADDCOLUMNS* über *ALL (Product[Brand])* iterieren:

```
EVALUATE
VAR Brands =
    FILTER (
        ALL ( 'Product'[Brand] ),
        'Product'[Brand]
            IN {
                "Adventure Works",
                "Contoso",
                "Fabrikam",
                "Litware",
                "Northwind Traders",
                "Proseware"
            }
    )
RETURN
    CALCULATETABLE (
        ADDCOLUMNS (
            ALL ( 'Product'[Brand] ),
            "Sales_Amount", [Sales Amount],
            "Pct", [Pct]
        ),
        Brands
    )
```

In diesem neuen Szenario enthält der von *ADDCOLUMNS* vor der Iteration erstellte Schattenfilterkontext nicht nur die ausgewählten, sondern alle Marken. Daher stellt *ALLSELECTED*, wenn es im Measure *Pct* aufgerufen wird, den Schattenfilterkontext wieder her und macht so alle Marken sichtbar. Das in Abbildung 14.16 gezeigte Ergebnis unterscheidet sich von dem der vorherigen Abfrage in Abbildung 14.15.

Brand	Sales_Amount	Pct
Contoso	7,352,399.03	24.03%
Wide World Importers	1,901,956.66	6.22%
Northwind Traders	1,040,552.13	3.40%
Adventure Works	4,011,112.28	13.11%
Southridge Video	1,384,413.85	4.53%
Litware	3,255,704.03	10.64%
Fabrikam	5,554,015.73	18.16%
Proseware	2,546,144.16	8.32%
A. Datum	2,096,184.64	6.85%
The Phone Company	1,123,819.07	3.67%
Tailspin Toys	325,042.42	1.06%

Abbildung 14.16 *ALLSELECTED* stellt anstelle des vorherigen Filterkontexts die aktuell iterierten Werte wieder her.

Wie Sie sehen, sind alle Marken sichtbar, was ja auch zu erwarten ist; die Zahlen dagegen unterscheiden sich, obwohl sie mit demselben Code berechnet wurden. Das Verhalten von *ALLSELECTED* in diesem Szenario ist korrekt. Allerdings könnten viele Entwickler meinen, dass es sich um ein unerwartetes Verhalten handelt, weil der durch die Variable *Brands* definierte Filterkontext durch das Measure *Pct* ignoriert wird. Trotzdem verhält sich *ALLSELECTED* so, wie es entworfen wurde: Es gibt immer den letzten Schattenfilterkontext zurück, und in dieser letzten Version der Abfrage enthält der letzte Schattenfilterkontext nicht nur die gefilterten, sondern alle Marken. *ADDCOLUMNS* hat nämlich einen Schattenfilterkontext für die Zeilen eingeführt, über die es iteriert, und dieser schließt alle Marken ein.

Daher können Sie sich, wenn der vorherige Filterkontext beibehalten werden soll, nicht allein auf *ALLSELECTED* verlassen. Der *CALCULATE*-Modifizierer, der den vorherigen Filterkontext beibehält, heißt *KEEPFILTERS*. Es ist interessant, die Auswirkungen zu betrachten, wenn *KEEPFILTERS* ins Spiel kommt:

```
EVALUATE
VAR Brands =
    FILTER (
        ALL ( 'Product'[Brand] ),
        'Product'[Brand]
            IN {
                "Adventure Works",
                "Contoso",
                "Fabrikam",
                "Litware",
                "Northwind Traders",
```

```
                "Proseware"
            }
    )
RETURN
    CALCULATETABLE (
        ADDCOLUMNS (
            KEEPFILTERS ( ALL ( 'Product'[Brand] ) ),
            "Sales_Amount", [Sales Amount],
            "Pct", [Pct]
        ),
        Brands
    )
```

Wenn *KEEPFILTERS* als Modifizierer eines Iterators verwendet wird, ändert sich das Ergebnis der iterierten Tabelle nicht. Stattdessen wird der Iterator angewiesen, *KEEPFILTERS* immer dann, wenn während der Iteration über die Tabelle ein Kontextübergang stattfindet, als impliziten *CALCULATE*-Modifizierer anzuwenden. Als Ergebnis liefert *ALL* alle Marken zurück, und der Schattenfilterkontext enthält ebenfalls alle Marken. Beim Kontextübergang wird der vorherige Filter, der durch die äußere *CALCULATETABLE* mit der *Brands*-Variablen angewendet wurde, beibehalten. Die Abfrage gibt also alle Marken zurück, aber die Werte werden nur unter Berücksichtigung der ausgewählten Marken berechnet – Sie sehen dies in Abbildung 14.17.

Brand	Sales_Amount	Pct
Contoso	7,352,399.03	30.94%
Wide World Importers		
Northwind Traders	1,040,552.13	4.38%
Adventure Works	4,011,112.28	16.88%
Southridge Video		
Litware	3,255,704.03	13.70%
Fabrikam	5,554,015.73	23.38%
Proseware	2,546,144.16	10.72%
A. Datum		
The Phone Company		
Tailspin Toys		

Abbildung 14.17 *ALLSELECTED* mit *KEEPFILTERS* ergibt ein anderes Ergebnis mit vielen Leerwerten.

ALLSELECTED ohne Parameter

Wie der Name schon sagt, gehört *ALLSELECTED* zur *ALL**-Familie. Daher agiert es, wenn es als *CALCULATE*-Modifizierer verwendet wird, als Filterentferner. Wenn die als Parameter verwendete Spalte in einem Schattenfilterkontext enthalten ist, wird der letzte Schattenfilterkontext nur für diese Spalte wiederhergestellt. Andernfalls – also wenn es keinen Schattenfilterkontext gibt – geschieht nichts.

Als *CALCULATE*-Modifizierer kann *ALLSELECTED* wie *ALL* auch ohne Parameter verwendet werden. In diesem Fall stellt *ALLSELECTED* den letzten Schattenfilterkontext für eine beliebige Spalte wieder her. Vergessen Sie nicht, dass dies nur dann geschieht, wenn die Spalte in einem Schattenfilterkontext enthalten ist. Wenn eine Spalte nur durch explizite Filter gefiltert wird, bleibt ihr Filter unangetastet.

Die Familie der *ALL**-Funktionen

Aufgrund der hohen Komplexität der *ALL**-Funktionen vermitteln wir in diesem Abschnitt eine Zusammenfassung ihres Verhaltens. Jede *ALL**-Funktion verhält sich geringfügig anders, sodass es Zeit und Erfahrung braucht, sie zu beherrschen. In diesem Kapitel über fortgeschrittene DAX-Konzepte ist nun der Zeitpunkt gekommen, die wichtigsten Ideen zusammenzufassen.

Die *ALL**-Familie umfasst die folgenden Funktionen: *ALL*, *ALLEXCEPT*, *ALLNOBLANKROW*, *ALLCROSSFILTERED* und *ALLSELECTED*. Alle diese Funktionen können entweder als Tabellenfunktionen oder als *CALCULATE*-Modifizierer verwendet werden. Als Tabellenfunktion sind sie erheblich leichter zu verstehen als beim Einsatz als *CALCULATE*-Modifizierer. Werden sie als *CALCULATE*-Modifizierer verwendet, dann können sie tatsächlich unerwartete Ergebnisse erzeugen, da sie auch Filter entfernen.

Tabelle 14.5 fasst die *ALL**-Funktionen zusammen. Im Anschluss werden wir die einzelnen Funktionen ausführlich beschreiben.

Funktion	Tabellenfunktion	*CALCULATE*-Modifizierer
ALL	Gibt alle eindeutigen Werte einer Spalte oder Tabelle zurück.	Entfernt alle Filter aus Spalten oder erweiterten Tabellen. Fügt niemals einen Filter hinzu, sondern entfernt nur ggf. vorhandene Filter.
ALLEXCEPT	Gibt alle eindeutigen Werte einer Tabelle zurück, wobei Filter für einige Spalten der erweiterten Tabelle ignoriert werden.	Entfernt Filter aus einer erweiterten Tabelle mit Ausnahme derjenigen Spalten (oder Tabellen), die als zusätzliche Argumente übergeben wurden.
ALLNOBLANKROW	Gibt alle eindeutigen Werte einer Spalte oder Tabelle zurück, wobei die für ungültige Beziehungen hinzugefügte leere Zeile ignoriert wird.	Entfernt alle Filter aus Spalten oder erweiterten Tabellen und fügt einen Filter hinzu, der nur die leere Zeile entfernt. Das bedeutet, dass auch dann, wenn gar keine Filter vorhanden sind, dem Kontext aktiv ein Filter hinzugefügt wird.
ALLSELECTED	Gibt die eindeutigen Werte einer Spalte oder Tabelle zurück, wie sie im letzten Schattenfilterkontext sichtbar sind.	Stellt den letzten Schattenfilterkontext für Tabellen oder Spalten wieder her, sofern ein solcher vorhanden ist. Andernfalls passiert nichts. Fügt immer Filter hinzu, d. h. auch dann, wenn der Filter alle Werte anzeigt.

→

Funktion	Tabellenfunktion	*CALCULATE*-Modifizierer
ALLCROSSFILTERED	Nicht als Tabellenfunktion verfügbar.	Entfernt alle ggf. vorhandenen Filter aus einer erweiterten Tabelle. Dies schließt solche Tabellen ein, die direkt oder indirekt über bidirektionale Kreuzfilter erreicht werden können. *ALLCROSSFILTERED* fügt niemals einen Filter hinzu, sondern entfernt nur ggf. vorhandene Filter.

Tabelle 14.5 Zusammenfassung der *ALL**-Funktionen

Die Spalte »Tabellenfunktion« in Tabelle 14.5 entspricht dem Szenario, in dem die *ALL**-Funktion in einem DAX-Ausdruck verwendet wird. Die Spalte *CALCULATE*-Modifizierer bezieht sich dagegen auf den konkreten Fall, wenn die *ALL**-Funktion die oberste Funktion eines Filterarguments in *CALCULATE* ist.

Ein weiterer wesentlicher Unterschied zwischen den beiden Anwendungen besteht darin, dass beim Abrufen des Ergebnisses dieser *ALL**-Funktionen durch eine *EVALUATE*-Anweisung das Ergebnis nur die Spalten der Basistabelle, nicht aber der erweiterten Tabelle enthält. Dennoch verwenden interne Berechnungen wie der Kontextübergang immer die entsprechende erweiterte Tabelle. Die folgenden DAX-Codebeispiele zeigen die verschiedenen Anwendungen der *ALL*-Funktion. Dieselben Konzepte lassen sich auf jede Funktion der *ALL**-Familie anwenden.

Im folgenden Beispiel wird *ALL* als einfache Tabellenfunktion verwendet.

```
SUMX (
    ALL ( Sales ),                          -- ALL ist eine Tabellenfunktion
    Sales[Quantity] * Sales[Net Price]
)
```

Im nächsten Beispiel gibt es zwei Formeln, die Iterationen beinhalten. In beiden Fällen erzeugt der Verweis auf das Measure *Sales Amount* den Kontextübergang, und dieser erfolgt für die erweiterte Tabelle. Als Tabellenfunktion gibt *ALL* die gesamte erweiterte Tabelle zurück.

```
FILTER (
    Sales,
    [Sales Amount] > 100                    -- Der Kontextübergang erfolgt
                                            -- über die erweiterte Tabelle
)
FILTER (
    ALL ( Sales ),                          -- ALL ist eine Tabellenfunktion
    [Sales Amount] > 100                    -- Der Kontextübergang erfolgt
                                            -- trotzdem über die erweiterte Tabelle
)
```

Im nächsten Beispiel verwenden wir *ALL* als *CALCULATE*-Modifizierer, um jeglichen Filter für die erweiterte Version von *Sales* zu entfernen:

```
CALCULATE (
    [Sales Amount],
    ALL ( Sales )                                   -- ALL ist ein CALCULATE-Modifizierer
)
```

Dieses letzte Beispiel scheint zwar dem vorherigen auf dem ersten Blick sehr zu ähneln, unterscheidet sich jedoch erheblich davon. *ALL* wird hier nicht als *CALCULATE*-Modifizierer, sondern als Argument von *FILTER* verwendet. In einem solchen Fall verhält sich *ALL* wie eine normale Tabellenfunktion, die die gesamte erweiterte Tabelle *Sales* zurückgibt.

```
CALCULATE (
    [Sales Amount],
    FILTER ( ALL ( Sales ), Sales[Quantity] > 0 )  -- ALL ist eine Tabellenfunktion
                                                    -- Der Filterkontext erhält die
                                                    -- erweiterte Tabelle als Filter
sowieso
)
```

Im Folgenden werden wir die Funktionen der *ALL**-Familie ausführlich beschreiben. Diese Funktionen sehen einfach aus, sind aber relativ komplex. Meistens entspricht ihr Verhalten genau dem, was man braucht, aber es gibt Grenzfälle, in denen sie unerwünschte Auswirkungen haben können. Es ist sicherlich nicht leicht, sich all diese Regeln und die konkreten Verhaltensweisen zu merken. Deswegen hoffen wir, dass unsere Leser von Tabelle 14.5 profitieren können, wenn Unklarheiten hinsichtlich einer *ALL**-Funktion bestehen.

ALL

Als Tabellenfunktion ist *ALL* eine einfache Funktion. Sie gibt alle eindeutigen Werte einer oder mehrerer Spalten oder alle Werte einer Tabelle zurück. Als *CALCULATE*-Modifizierer wirkt die Funktion wie eine hypothetische *REMOVEFILTER*-Funktion. Wenn eine Spalte gefiltert wird, wird der Filter entfernt. Dagegen ist wichtig zu beachten, dass der Filter nicht entfernt wird, wenn eine gefilterte Spalte auch kreuzgefiltert ist. *ALL* entfernt nur direkte Filter. Wenn Sie also *ALL (Product[Color])* als *CALCULATE*-Modifizierer verwenden, kann es vorkommen, dass *Product[Color]* trotzdem kreuzgefiltert wird, falls in einer anderen Spalte der Tabelle *Product* ein Filter existiert. *ALL* arbeitet auf Grundlage der erweiterten Tabelle. Aus diesem Grund entfernt *ALL (Sales)* jegliche Filter aus den Tabellen des Beispielmodells, denn die erweiterte Tabelle *Sales* enthält alle Tabellen des gesamten Modells. *ALL* ohne Argumente entfernt jegliche Filter aus dem gesamten Modell.

ALLEXCEPT

Als Tabellenfunktion gibt *ALLEXCEPT* alle eindeutigen Werte der Spalten in einer Tabelle zurück. Ausgenommen sind lediglich aufgeführte Spalten. Als Filter enthält das Ergebnis die vollständige erweiterte Tabelle. Wird es als Filterargument in *CALCULATE* verwendet, dann verhält sich *ALLEXCEPT* exakt wie *ALL*, nur entfernt es nicht den Filter aus den als Argument übergebenen Spalten. Behalten Sie immer im Hinterkopf, dass *ALL/VALUES* nicht dasselbe ist wie *ALLEXCEPT*. *ALLEXCEPT* entfernt Filter nur, wohingegen *ALL* Filter entfernt, während *VALUES* die Kreuzfilterung durch Implementieren eines neuen Filters beibehält. Dieser Unterschied ist zwar subtil, aber wichtig.

ALLNOBLANKROW

Als Tabellenfunktion verhält sich *ALLNOBLANKROW* wie *ALL*, gibt jedoch nicht die Leerzeile zurück, die ggf. aufgrund ungültiger Beziehungen hinzugefügt wurde. Allerdings gibt *ALLNOBLANKROW* möglicherweise eine Leerzeile zurück, wenn Leerwerte in der Tabelle vorhanden sind. Die einzige Zeile, die nie zurückgegeben wird, ist diejenige, die automatisch von der Engine hinzugefügt wird, um ungültige Beziehungen zu korrigieren. Als *CALCULATE*-Modifizierer ersetzt *ALLNOBLANKROW* alle Filter durch einen neuen Filter, der nur die leere Zeile entfernt. Daher werden alle Spalten nur den Leerwert herausfiltern.

ALLSELECTED

Als Tabellenfunktion gibt *ALLSELECTED* die Werte einer Spalte (oder einer Tabelle) zurück, die im letzten Schattenfilterkontext gefiltert waren. Als *CALCULATE*-Modifizierer stellt es den letzten Schattenfilterkontext für die jeweilige Spalte wieder her. Wenn mehrere Spalten in verschiedenen Schattenfilterkontexten vorhanden sind, wird für jede Spalte der letzte Schattenfilterkontext verwendet.

ALLCROSSFILTERED

ALLCROSSFILTERED kann nur als *CALCULATE*-Modifizierer, nicht aber als Tabellenfunktion verwendet werden. *ALLCROSSFILTERED* hat nur ein Argument, das eine Tabelle sein muss. Die Funktion*ALLCROSSFILTERED* entfernt alle Filter für eine erweiterte Tabelle (wie *ALL*) sowie für Spalten und Tabellen, die aufgrund bidirektionaler Kreuzfilter, die für direkt oder indirekt mit der erweiterten Tabelle verknüpfte Beziehungen festgelegt wurden, kreuzgefiltert sind.

Datenherkunft verstehen

Wir haben die Datenherkunft bereits in Kapitel 10, »Mit dem Filterkontext arbeiten«, vorgestellt und gezeigt, wie sie mit *TREATAS* gesteuert werden kann. In den Kapiteln 12, »Mit Tabellen arbeiten«, und 13, »Abfragen erstellen«, haben wir beschrieben, wie bestimmte Tabellenfunktionen die Datenherkunft des Ergebnisses manipulieren können. Dieser Abschnitt nun fasst die Regeln zusammen, die man sich zur Datenherkunft merken sollte. Außerdem finden Sie hier weitere Informationen, die wir in den vorherigen Kapiteln noch nicht vermitteln konnten.

Folgende Grundregeln gelten für die Datenherkunft:

- Jede Spalte einer Tabelle in einem Datenmodell hat eine eindeutige Datenherkunft.
- Wenn ein Filterkontext das Modell filtert, filtert er die Modellspalte mit derselben Datenherkunft der im Filterkontext enthaltenen Spalten.
- Da ein Filter das Ergebnis einer Tabelle ist, ist es wichtig, zu wissen, wie eine Tabellenfunktion die Datenherkunft des Ergebnisses beeinflussen kann:
  - Im Allgemeinen behalten Spalten, die zum Gruppieren von Daten verwendet werden, ihre Datenherkunft im Ergebnis bei.
  - Spalten, die das Ergebnis einer Aggregation enthalten, haben immer eine neue Datenherkunft.
  - Spalten, die durch *ROW* oder *ADDCOLUMNS* erstellt werden, haben immer eine neue Datenherkunft.
  - Von *SELECTEDCOLUMNS* erstellte Spalten behalten die Datenherkunft der Originalspalte bei, wenn der Ausdruck lediglich die Kopie einer Spalte im Datenmodell ist; andernfalls erhalten sie eine neue Datenherkunft.

Der folgende Code scheint z. B. eine Tabelle zu erzeugen, in der jede Produktfarbe einen entsprechenden Wert für *Sales Amount* aufweist, der alle Umsätze für diese Farbe zusammenfasst. Da jedoch *C2* eine von *ADDCOLUMNS* erstellte Spalte ist, hat sie nicht die gleiche Herkunft wie *Product[Color]*, auch wenn sie denselben Inhalt aufweist. Bitte beachten Sie, dass der gesamte Vorgang mehrere Schritte umfasst: Zuerst erstellen wir die Spalte *C2* und wählen dann nur diese Spalte aus. Wenn andere Spalten in derselben Tabelle verbleiben, dann sähe das Ergebnis ganz anders aus.

```
DEFINE
    MEASURE Sales[Sales Amount] =
        SUMX ( Sales, Sales[Quantity] * Sales[Net Price] )
EVALUATE
VAR NonBlueColors =
    FILTER (
        ALL ( 'Product'[Color] ),
        'Product'[Color] <> "Blue"
    )
VAR AddC2 =
```

```
    ADDCOLUMNS (
        NonBlueColors,
        "[C2]", 'Product'[Color]
    )
VAR SelectOnlyC2 =
    SELECTCOLUMNS ( AddC2, "C2", [C2] )
VAR Result =
    ADDCOLUMNS ( SelectOnlyC2, "Sales Amount", [Sales Amount] )
RETURN Result
ORDER BY [C2]
```

Die obige Abfrage liefert ein Ergebnis, bei dem die Spalte *Sales Amount* immer den gleichen Wert enthält, der der Summe aller Zeilen in der Tabelle *Sales* entspricht. Abbildung 14.18 zeigt dies.

C2	Sales Amount
Azure	30,591,343.98
Black	30,591,343.98
Brown	30,591,343.98
Gold	30,591,343.98
Green	30,591,343.98
Grey	30,591,343.98
Orange	30,591,343.98
Pink	30,591,343.98
Purple	30,591,343.98
Red	30,591,343.98
Silver	30,591,343.98
Silver Grey	30,591,343.98
Transparent	30,591,343.98
White	30,591,343.98
Yellow	30,591,343.98

Abbildung 14.18 Die Spalte *C2* hat nicht dieselbe Datenherkunft wie *Product[Color]*.

Mit *TREATAS* lässt sich die Datenherkunft einer Tabelle steuern. Der folgende Code stellt beispielsweise die Datenherkunft für *Product[Color]* wieder her, sodass die letzte *ADDCOLUMNS*-Anweisung *Sales Amount* mithilfe des Kontextübergangs über die Spalte *Color* berechnet:

```
DEFINE
    MEASURE Sales[Sales Amount] =
        SUMX ( Sales, Sales[Quantity] * Sales[Net Price] )
```

```
EVALUATE
VAR NonBlueColors =
    FILTER (
        ALL ( 'Product'[Color] ),
        'Product'[Color] <> "Blue"
    )
VAR AddC2 =
    ADDCOLUMNS (
        NonBlueColors,
        "[C2]", 'Product'[Color]
    )
VAR SelectOnlyC2 =
    SELECTCOLUMNS ( AddC2, "C2", [C2] )
VAR TreatAsColor =
    TREATAS ( SelectOnlyC2, 'Product'[Color] )
VAR Result =
    ADDCOLUMNS ( TreatAsColor, "Sales Amount", [Sales Amount] )
RETURN Result
ORDER BY 'Product'[Color]
```

Als Nebeneffekt ändert *TREATAS* auch den Spaltennamen, der in der *ORDER BY*-Bedingung korrekt referenziert werden muss. Das Ergebnis sehen Sie in Abbildung 14.19.

Color	Sales Amount
Azure	97,389.89
Black	5,860,066.14
Brown	1,029,508.95
Gold	361,496.01
Green	1,403,184.38
Grey	3,509,138.09
Orange	857,320.28
Pink	828,638.54
Purple	5,973.84
Red	1,110,102.10
Silver	6,798,560.86
Silver Grey	371,908.92
Transparent	3,295.89
White	5,829,599.91
Yellow	89,715.56

Abbildung 14.19 Die Spalte *Color* im Ergebnis hat dieselbe Datenherkunft wie *Product[Color]*.

Fazit

In diesem Kapitel haben wir zwei komplexe Konzepte vorgestellt: erweiterte Tabellen und Schattenfilterkontexte.

Erweiterte Tabellen bilden ein Kernstück von DAX. Es dauert einige Zeit, bis man sich daran gewöhnt, in erweiterten Tabellen zu denken. Wenn das Konzept der erweiterten Tabellen jedoch erst einmal vertraut geworden ist, ist es viel einfacher, damit zu arbeiten, als mit Beziehungen. Nur selten wird sich ein Entwickler mit erweiterten Tabellen befassen müssen. Trotzdem sind entsprechende Kenntnisse nicht zu unterschätzen, denn manchmal ermöglichen erst sie es, ein Ergebnis korrekt zu interpretieren.

Ähnlich verhält es sich bei Schattenfilterkontexten: Auch sie sind schwer zu erkennen und zu verstehen, aber wenn sie bei der Auswertung einer Formel ins Spiel kommen, machen sie die Berechnung der Zahlen exakt nachvollziehbar. Eine komplexe Formel zu verstehen, die *ALLSELECTED* verwendet, ist ohne Beherrschung von Schattenfilterkontexten nahezu unmöglich.

Beide Konzepte sind jedoch so komplex, dass man ihnen möglichst aus dem Weg gehen sollte. Wir zeigen trotzdem einige Beispiele für erweiterte Tabellen, die in Kapitel 15 nützlich sein werden. Schattenfilterkontexte sind im Code selbst sinnlos. Sie stellen vielmehr lediglich ein technisches Hilfsmittel dar, mit dem DAX Entwicklern das Berechnen von Summen auf visueller Ebene ermöglicht.

Versuchen Sie, den Einsatz erweiterter Tabellen zu vermeiden, indem Sie sich auf Spaltenfilter beschränken und in *CALCULATE*-Filterargumenten keine Tabellenfilter verwenden. Auf diese Weise wird der Code viel leichter verständlich. Normalerweise ist es möglich, erweiterte Tabellen zu ignorieren, solange Sie sie für ein komplexes Measure benötigen.

Zur empfohlenen Umgehung von Schattenfilterkontexten sollten Sie *ALLSELECTED* niemals innerhalb einer Iteration aufrufen lassen. Die einzige Iteration vor *ALLSELECTED* muss die äußerste Iteration sein, die von der Abfrage-Engine erstellt wird (normalerweise ist das Power BI). Der Aufruf eines Measures, das *ALLSELECTED* enthält, aus einer Iteration heraus macht die Berechnung komplexer.

Wenn Sie diese beiden Ratschläge befolgen, wird Ihr DAX-Code korrekt und auch leicht verständlich sein. Denken Sie daran, dass es viele Experten gibt, die Komplexität zu schätzen wissen, denen aber auch klar ist, wann man sich besser davon fernhalten sollte. Einem Entwickler, der Tabellenfilter und *ALLSELECTED* in Iterationen vermeidet, mangelt es nicht an Wissen, sondern er ist derjenigen Kategorie von Fachleuten zuzuordnen, die Wert auf einen reibungslos funktionierenden Code legen.

KAPITEL 15

Fortgeschrittene Beziehungen

Ab hier gibt es keine DAX-Geheimnisse mehr, die wir noch mit Ihnen teilen könnten. In den vorangegangenen Kapiteln haben wir alles Wissenswerte über Syntax und Funktionalitäten von DAX behandelt. Und doch: Der Weg, der vor Ihnen liegt, ist noch lang. Es folgen nun zwei weitere Kapitel, die sich DAX widmen. Danach werden wir uns den Optimierungen zuwenden. Das nachfolgende Kapitel gilt den fortgeschrittenen DAX-Berechnungen. In diesem Kapitel dagegen beschreiben wir, wie man mithilfe von DAX fortgeschrittene Beziehungen erstellt. Dazu gehören berechnete physische Beziehungen und virtuelle Beziehungen. Wenn es dann gerade um Beziehungen geht, wollen wir noch ein paar Aspekte von physischen Beziehungen unterschiedlicher Art erklären, nämlich 1:1-, 1:n- und n:n-Beziehungen. Jede dieser Beziehungen hat es verdient, ausführlich und einschließlich ihrer speziellen Eigenschaften beschrieben zu werden. Außerdem gibt es noch ein Thema, das einer gewissen Aufmerksamkeit bedarf: die Mehrdeutigkeit. Ein DAX-Modell kann nämlich mehrdeutig sein (oder werden). Dies ist ein ernstes Problem, das man kennen muss, um es bewältigen zu können.

Am Ende dieses Kapitels behandeln wir dann noch ein Thema, das eher für die Datenmodellierung als für DAX relevant ist, nämlich Beziehungen unterschiedlicher Granularität. Wenn ein Entwickler Budgets und Umsätze analysieren muss, arbeitet er wahrscheinlich mit mehreren Tabellen unterschiedlicher Granularität. Zu wissen, wie man sie richtig verwaltet, ist eine nützliche Kompetenz von DAX-Entwicklern.

Berechnete physische Beziehungen implementieren

Der erste Beziehungstyp, den wir beschreiben werden, sind *berechnete physische Beziehungen*. In Szenarien, in denen die Beziehung nicht festgelegt werden kann, weil ein Schlüssel fehlt oder erst mithilfe komplexer Formeln berechnet werden muss, bietet es sich an, berechnete Spalten zur Bestimmung der Beziehung zu nutzen. Das Ergebnis ist immer noch eine physische Beziehung; der einzige Unterschied zu einer Standardbeziehung besteht darin, dass der Beziehungsschlüssel eine berechnete Spalte statt einer Spalte aus der Datenquelle ist.

Mehrspaltige Beziehungen berechnen

Ein tabellarisches Modell ermöglicht die Erstellung von Beziehungen, die nur auf einer einzigen Spalte basieren. Dagegen unterstützt es keine Beziehungen, die auf mehreren Spalten fußen. Dennoch sind Beziehungen, die auf mehreren Spalten basieren, nützlich, wenn sie in Datenmodellen erscheinen, die nicht geändert werden können. Hier folgen nun zwei Methoden, um mit Beziehungen zu arbeiten, die auf mehreren Spalten basieren:

- Definieren einer berechneten Spalte, die die zusammengesetzten Schlüssel enthält, und nachfolgende Verwendung dieser Spalte als neuer Schlüssel für die Beziehung
- Denormalisieren der Spalten der Zieltabelle (die 1-Seite einer 1:n-Beziehung) mit der Funktion *LOOKUPVALUE*

Betrachten wir exemplarisch den Fall, dass Contoso eine Werbeaktion unter dem Motto »Produkte des Tages« durchführt. An bestimmten Tagen wird für eine Reihe von Produkten ein Rabatt gewährt. Das Modell hierzu sehen Sie in Abbildung 15.1.

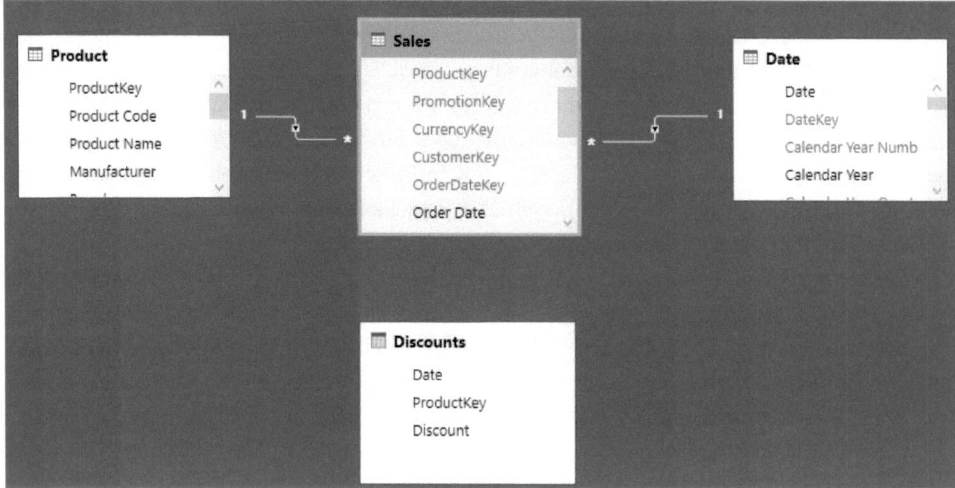

Abbildung 15.1 Die Tabelle *Discounts* (Rabatte) benötigt eine Beziehung basierend auf zwei Spalten bei *Sales*.

Die Tabelle *Discounts* enthält drei Spalten: *Date*, ProductKey und *Discount*. Wenn ein Entwickler diese Informationen benötigt, um die Höhe des Rabatts zu berechnen, steht er vor einem Problem: Bei jedem Verkauf hängt der Rabatt von *ProductKey* und *Order Date* ab. Daher ist es nicht möglich, die Beziehung zwischen *Sales* und *Discounts* zu erstellen, denn sie würde zwei Spalten betreffen, und DAX unterstützt nur auf einer einzigen Spalte basierende Beziehungen.

Die erste Option besteht darin, eine neue Spalte sowohl in *Discount* als auch in *Sales* zu erstellen, die die Kombination der beiden Spalten enthält:

```
Sales[DiscountKey] =
COMBINEVALUES (
    "-",
    Sales[Order Date],
    Sales[ProductKey]
)

Discounts[DiscountKey] =
```

```
COMBINEVALUES(
    "-",
    Discounts[Date],
    Discounts[ProductKey]
)
```

Die berechneten Spalten verwenden hierzu die Funktion *COMBINEVALUES*. *COMBINEVALUES* erfordert ein Trennzeichen und eine Anzahl von Ausdrücken, die als Zeichenfolgen verkettet und durch das angegebene Trennzeichen getrennt sind. Im Hinblick auf die Spaltenwerte könnte man dasselbe Ergebnis auch durch eine einfachere Zeichenfolgenverkettung erzielen, aber *COMBINEVALUES* bietet einige zusätzliche Vorteile. Die Funktion ist nämlich besonders nützlich beim Erstellen von auf berechneten Spalten basierenden Beziehungen, wenn das Modell DirectQuery verwendet. *COMBINEVALUES* geht davon aus, dass bei unterschiedlichen Eingabewerten auch die Ausgabezeichenfolgen unterschiedlich sind (auch wenn es nicht darauf prüft). Gemäß dieser Annahme wird bei *COMBINEVALUES* zum Erstellen berechneter Spalten für das Aufbauen einer Beziehung, die mehrere Spalten aus zwei DirectQuery-Tabellen verknüpft, zum Abfragezeitpunkt eine optimierte Join-Bedingung erzeugt.

Weitere Informationen zu Optimierungen, die durch *COMBINEVALUES* mit DirectQuery erzielt werden können, finden Sie unter *https://www.sqlbi.com/articles/using-combinevalues-to-optimize-directquery-performance*.

Sobald die beiden Spalten vorhanden sind, kann die Beziehung zwischen den beiden Tabellen endlich hergestellt werden. Das Erstellen einer Beziehung auf Grundlage berechneter Spalten ist nämlich sicher möglich.

Diese Lösung ist unkompliziert und funktioniert reibungslos. Es gibt jedoch auch Szenarien, in denen sie nicht die optimale Lösung ist, denn hierzu ist die Erstellung von zwei berechneten Spalten mit potenziell sehr vielen verschiedenen Werten erforderlich. Wie Sie in späteren Kapiteln zur Optimierung erfahren, kann sich dies sowohl auf die Modellgröße als auch auf die Abfragegeschwindigkeit negativ auswirken.

Die zweite Möglichkeit ist die Funktion *LOOKUPVALUE*. Mit *LOOKUPVALUE* können Sie den Rabatt in der Tabelle *Sales* denormalisieren, indem Sie eine neu berechnete Spalte definieren, die den Rabatt enthält:

```
Sales[Discount] =
LOOKUPVALUE (
    Discounts[Discount],
    Discounts[ProductKey], Sales[ProductKey],
    Discounts[Date], Sales[Order Date]
)
```

Im Anschluss an dieses zweite Muster wird keine Beziehung erstellt. Stattdessen wird der Wert von *Discount* in der Tabelle *Sales* durch einen Lookup denormalisiert.

Beide Optionen funktionieren zufriedenstellend; wofür man sich am besten entscheidet, hängt von verschiedenen Faktoren ab. Wenn *Discount* die einzige benötigte Spalte ist, dann ist die Denormalisierung die bessere Option, weil sie den Code stark vereinfacht und den Speicherverbrauch verringert. Sie benötigt nämlich nur eine einzige berechnete Spalte mit im Vergleich zu den beiden berechneten Spalten, die für eine Beziehung erforderlich sind, weniger unterschiedlichen Werten.

Wenn die Tabelle *Discounts* jedoch viele im Code benötigte Spalten enthält, dann sollte jede davon in der Tabelle *Sales* denormalisiert werden. Dies wiederum vergeudet jedoch Arbeitsspeicher und reduziert möglicherweise auch die Verarbeitungsleistung. Daher ist die berechnete Spalte mit dem neuen zusammengesetzten Schlüssel ggf. vorzuziehen.

Dieses erste, einfach gehaltene Beispiel ist wichtig, denn es veranschaulicht ein häufig verwendetes und wichtiges Merkmal von DAX: seine Fähigkeit, Beziehungen auf Grundlage berechneter Spalten zu erstellen. Dies zeigt, dass ein Benutzer eine neue Beziehung erstellen kann, sofern er den Schlüssel in einer berechneten Spalte berechnen und implementieren kann. Das nächste Beispiel zeigt, wie Beziehungen auf der Grundlage statischer Bereiche erstellt werden können. Durch die Erweiterung des Konzepts ist es möglich, Beziehungen unterschiedlicher Art zu erstellen.

Beziehungen auf der Grundlage von Bereichen implementieren

Um zu zeigen, warum berechnete physische Beziehungen ein nützliches Werkzeug sind, wollen wir ein Szenario untersuchen, in dem eine statische Segmentierung von Produkten auf der Grundlage ihres Listenpreises durchgeführt werden muss. Der Preis eines Produkts hat viele verschiedene Werte, und eine Analyse mit einer Aufschlüsselung nach dem Preis liefert keine sinnvollen Erkenntnisse. In diesem Fall besteht eine gängige Technik darin, die verschiedenen Preise in separate Abschnitte (»Buckets«) zu unterteilen, wozu eine Konfigurationstabelle wie die in Abbildung 15.2 gezeigte verwendet wird.

PriceRangeKey	PriceRange	MinPrice	MaxPrice
1	Very low		10
2	Low	10	30
3	Medium	30	80
4	High	80	150
5	Very high	150	99,999

Abbildung 15.2 Dies ist die Tabelle *Configuration* für die Preisspannen.

Wie im vorangegangenen Beispiel ist es nicht möglich, eine direkte Beziehung zwischen der Tabelle *Sales* und der Tabelle *Configuration* herzustellen. Grund hierfür ist, dass der Schlüssel in der Konfigurationstabelle von einer Beziehung abhängt, die auf einem Wertebereich (auch »Zwischenbedingung« genannt) basiert, was von DAX nicht unterstützt wird. Wir könnten einen Schlüssel in der Tabelle *Sales* berechnen, indem wir verschachtelte *IF*-Anweisungen verwenden; dazu müssten jedoch die Werte der Konfigurationstabelle wie im folgenden Beispiel in die Formel aufgenommen werden, was nicht die empfohlene Lösung ist:

```
Sales[PriceRangeKey] =
SWITCH (
    TRUE (),
    Sales[Net Price] <=  10, 1,
    Sales[Net Price] <=  30, 2,
    Sales[Net Price] <=  80, 3,
    Sales[Net Price] <= 150, 4,
    5
)
```

Eine sinnvolle Lösung sollte die Grenzen nicht zum Bestandteil der Formel machen. Stattdessen sollte der Code so gestaltet werden, dass er sich an den Inhalt der Tabelle anpasst, damit bei Aktualisierung der Konfigurationstabelle das gesamte Modell angepasst wird.

In diesem Fall bietet es sich eher an, die Preisspanne direkt in der Tabelle *Sales* mithilfe einer berechneten Spalte zu denormalisieren. Das Codemuster ist dem vorhergehenden recht ähnlich; der Unterschied besteht vor allem in der Formel, die diesmal kein einfaches *LOOKUP-VALUE* sein kann:

```
Sales[PriceRange] =
VAR FilterPriceRanges =
    FILTER (
        PriceRanges,
        AND (
            PriceRanges[MinPrice] <= Sales[Net Price],
            PriceRanges[MaxPrice] > Sales[Net Price]
        )
    )
VAR Result =
    CALCULATE (
        VALUES ( PriceRanges[PriceRange] ),
        FilterPriceRanges
    )
RETURN
    Result
```

Es ist interessant, sich das Abrufen des einzelnen Werts mithilfe von *VALUES* einmal genauer anzusehen. Schließlich gibt *VALUES* keinen Wert, sondern eine Tabelle zurück. Wie jedoch in Kapitel 3, »Grundlegende Tabellenfunktionen verwenden«, erläutert wurde, wird die Tabelle, wenn sie nur jeweils eine Zeile und eine Spalte enthält, automatisch in einen Einzelwert umgewandelt, sofern der Ausdruck dies erfordert.

Aufgrund der Art und Weise, wie *FILTER* sein Ergebnis berechnet, wird immer eine einzelne Zeile aus der Konfigurationstabelle zurückgegeben. Daher ist garantiert, dass *VALUES* immer genau eine Zeile zurückgibt; das Ergebnis von *CALCULATE* ist somit die Beschreibung der

Preisspanne, die den Nettopreis der aktuellen Zeile in der Tabelle *Sales* enthält. Dieser Ausdruck funktioniert gut, wenn die Konfigurationstabelle sauber aufgebaut ist. Wenn die Bereiche jedoch Lücken aufweisen oder sich die Wertebereiche überlappen, gibt *VALUES* möglicherweise mehrere Zeilen zurück, was bei der Auswertung des Ausdrucks zu einem Fehler führt.

Die obige Technik denormalisiert die Werte in der Tabelle *Sales*. Einen Schritt weiter zu gehen bedeutet, den Schlüssel statt der Beschreibung zu denormalisieren und dann eine physische Beziehung auf Grundlage der neuen berechneten Spalte aufzubauen. Dieser zusätzliche Schritt erfordert ein gewisses Maß an Aufmerksamkeit bei der Definition der berechneten Spalte. Eine einfache Änderung der Spalte *PriceRange* reicht aus, um den Schlüssel abzurufen, nicht jedoch für das Herstellen der Beziehung. Nachfolgend finden Sie den Code, der zum Abrufen des Schlüssels sowie dafür erforderlich ist, das Ergebnis im Fehlerfall mit einem Leerwert zu ersetzen:

```
Sales[PriceRangeKey] =
VAR FilterPriceRanges =
    FILTER (
        PriceRanges,
        AND (
            PriceRanges[MinPrice] <= Sales[Net Price],
            PriceRanges[MaxPrice] > Sales[Net Price]
        )
    )
VAR Result =
    CALCULATE (
        IFERROR (
            VALUES ( PriceRanges[PriceRangeKey] ),
            BLANK ()
        ),
        FilterPriceRanges
    )
RETURN
    Result
```

Die Spalte berechnet den korrekten Wert. Leider führt der Versuch, die Beziehung zwischen *PriceRanges* und *Sales* auf Grundlage der neu erstellten Spalte *PriceRangeKey* aufzubauen, aufgrund eines Zirkelbezugs zu einem Fehler. Zirkelbezüge treten beim Erstellen von Beziehungen auf Grundlage berechneter Spalten oder Tabellen häufig auf.

Im vorliegenden Beispiel ist die Korrektur unproblematisch: Sie müssen in der hervorgehobenen Zeile der Formel lediglich *DISTINCT* anstelle von *VALUES* verwenden. Danach kann die Beziehung sofort hergestellt werden. Das Ergebnis sehen Sie in Abbildung 15.3.

PriceRange	Sales Amount
Very low	139,686.63
Low	495,522.26
Medium	855,390.66
High	2,130,309.01
Very high	26,970,435.41
Total	**30,591,343.98**

Abbildung 15.3 Die Aufschlüsselung nach Preisspanne ist möglich, sobald die Beziehung korrekt konfiguriert ist.

Vor der Verwendung von *DISTINCT* würde *VALUES* zu einem Zirkelbezug führen. Das Ersetzen von *VALUES* durch *DISTINCT* funktioniert reibungslos. Die zugrunde liegenden Mechanismen sind dagegen recht knifflig. Im nächsten Abschnitt finden Sie eine vollständige Erklärung zu Zirkelbezügen, die infolge von Beziehungen mit berechneten Spalten oder Tabellen auftreten können, sowie eine vollständige Erklärung, warum *DISTINCT* dieses Problem beseitigt.

Zirkelbezüge in berechneten physischen Beziehungen verstehen

Im obigen Beispiel haben wir eine berechnete Spalte erstellt und sie dann in einer Beziehung verwendet. Dies führte zu einem Fehler aufgrund eines Zirkelbezugs. Sobald Sie sich auf das Arbeiten mit berechneten physischen Beziehungen einlassen, werden Sie unter Umständen recht häufig mit diesem Fehler konfrontiert werden. Daher ist es durchaus sinnvoll, ein wenig Zeit zu opfern, um sich mit der konkreten Fehlerquelle auseinanderzusetzen. Gleichzeitig lernen Sie dadurch, wie Sie sie vermeiden können.

Vergegenwärtigen wir uns noch einmal den Code der berechneten Spalte in seiner kürzeren Form:

```
Sales[PriceRangeKey] =
CALCULATE (
    VALUES ( PriceRanges[PriceRangeKey] ),
    FILTER (
        PriceRanges,
        AND (
            PriceRanges[MinPrice] <= Sales[Net Price],
            PriceRanges[MaxPrice] > Sales[Net Price]
        )
    )
)
```

Die Spalte *PriceRangeKey* hängt von der Tabelle *PriceRanges* ab. Wenn in der Tabelle *PriceRanges* eine Änderung erkannt wird, muss *Sales[PriceRangeKey]* neu berechnet werden. Da die Formel mehrere Verweise auf die Tabelle *PriceRanges* enthält, ist die Abhängigkeit eindeutig.

Weniger offensichtlich ist, dass das Erstellen einer Beziehung zwischen dieser Spalte und der Tabelle *PriceRanges* eine Abhängigkeit in umgekehrter Richtung schafft.

In Kapitel 3 erwähnten wir, dass die DAX-Engine eine Zeile mit einem Leerwert auf der 1-Seite einer Beziehung erzeugt, wenn diese Beziehung ungültig ist. Wenn eine Tabelle also auf der 1-Seite einer Beziehung steht, hängt ihr Inhalt von der Gültigkeit der Beziehung ab. Die Gültigkeit der Beziehung wiederum hängt vom Inhalt der Spalte ab, die zur Festlegung der Beziehung verwendet wurde.

Wenn in unserem Szenario eine Beziehung zwischen *Sales* und *PriceRanges* auf der Grundlage von *Sales[PriceRangeKey]* erstellt werden könnte, dann könnte *PriceRanges* je nach dem Wert von *Sales[PriceRangeKey]* eine Zeile mit Leerwert aufweisen oder auch nicht. Mit anderen Worten: Wenn sich der Wert von *Sales[PriceRangeKey]* ändert, kann sich auch der Inhalt der Tabelle *PriceRanges* ändern. Ändert sich hingegen der Wert von *PriceRanges*, dann könnte für *Sales[PriceRangeKey]* eine Aktualisierung erforderlich werden. Das gilt auch, obwohl die hinzugefügte Leerzeile niemals verwendet werden sollte. Und genau das ist der Grund dafür, warum die Engine einen Zirkelbezug erkennt. Dieser ist für einen Menschen oft schwer zu erfassen, aber der DAX-Algorithmus findet ihn sofort.

Hätten sich die Ingenieure, die DAX entwickelt haben, nicht dieses Problems angenommen, dann wäre es unmöglich gewesen, Beziehungen auf Grundlage berechneter Spalten zu erstellen. Sie statteten DAX also mit einer Logik aus, die speziell für solche Szenarien geschaffen wurde.

Es gibt in DAX nicht nur eine, sondern zwei Arten von Abhängigkeiten: die Formelabhängigkeit und die Abhängigkeit von Leerzeilen. In unserem Beispiel herrscht folgende Situation:

- *Sales[PriceRangeKey]* hängt von *PriceRanges* sowohl aufgrund der Formel (die die Tabelle *PriceRanges* referenziert) als auch wegen der Leerzeile ab (weil die Funktion *VALUES* verwendet wird, die potenziell die zusätzliche Leerzeile zurückgibt).
- *PriceRanges* wiederum hängt nur wegen der Leerzeile von *Sales[PriceRangeKey]* ab. Eine Änderung des Werts von *Sales[PriceRangeKey]* ändert den Inhalt von *PriceRanges* nicht, sondern betrifft nur das Vorhandensein der Leerzeile.

Um den Zirkelbezug zu durchbrechen, genügt es, die Abhängigkeit von *Sales[PriceRangeKey]* vom Vorhandensein der Leerzeile in *PriceRanges* zu unterbrechen. Dies lässt sich erreichen, indem man sicherstellt, dass keine der in der Formel verwendeten Funktionen von der Leerzeile abhängt. *VALUES* enthält ggf. die zusätzliche Leerzeile. Daher ist *VALUES* von der Leerzeile abhängig. *DISTINCT* dagegen hat unabhängig vom Vorhandensein der zusätzlichen Leerzeile immer denselben Wert. Folglich ist *DISTINCT* nicht von der Leerzeile abhängig.

Wenn Sie *DISTINCT* anstelle von *VALUES* verwenden, ist *Sales[PriceRangeKey]* nicht mehr von der Leerzeile abhängig. Der Gesamteffekt besteht darin, dass die beiden Entitäten – die Tabelle und die Spalte – immer noch voneinander abhängig sind, aber aus anderen Gründen. *PriceRanges* hängt nämlich wegen der Leerzeile von *Sales[PriceRangeKey]* ab, während *Sales[PriceRangeKey]* aufgrund der Formel von *Sales* abhängig ist. Da es sich um zwei separate Abhängigkeiten handelt, ist der Zirkelbezug eliminiert, und die Beziehung kann hergestellt werden.

Beim Anlegen von Spalten, die möglicherweise später für Beziehungen benötigt werden, müssen Sie die folgenden Details besonders beachten:

- Verwendung von *DISTINCT* anstelle von *VALUES*
- Verwendung von *ALLNOBLANKROW* anstelle von *ALL*
- Vorsicht bei *CALCULATE* mit Filtern, die die kompakte Syntax verwenden

Die ersten beiden Punkte sollten klar sein. Den letzten Punkt, der die Aufmerksamkeit auf *CALCULATE* lenkt, werden wir nun näher erläutern. Betrachten Sie beispielsweise den folgenden Ausdruck:

```
=
CALCULATE (
    MAX ( Customer[YearlyIncome] ),
    Customer[Education] = "High school"
)
```

Auf den ersten Blick sieht es so aus, als ob diese Formel nicht von der Leerzeile in *Customer* abhängig ist. Und doch ist es so. Ursächlich dafür ist, dass DAX die Syntax von *CALCULATE* mit der kompakten Syntax eines Filterarguments zu einem vollständigen Filter für eine Tabelle erweitert. Dies entspricht dem folgenden Code:

```
=
CALCULATE (
    MAX ( Customer[YearlyIncome] ),
    FILTER (
        ALL ( Customer[Education] ),
        Customer[Education] = "High school"
    )
)
```

Die markierte Zeile, die die Funktion *ALL* enthält, erzeugt eine Abhängigkeit von der Leerzeile. Grundsätzlich sind Abhängigkeiten von Leerzeilen ggf. schwer zu erkennen. Wenn man aber das Grundprinzip der Zirkelbezüge erst einmal verstanden hat, ist es nicht mehr so kompliziert, sie zu beseitigen. Das obige Beispiel kann ganz einfach wie folgt umgeschrieben werden:

```
=
CALCULATE (
    MAX ( Customer[YearlyIncome] ),
    FILTER (
        ALLNOBLANKROW ( Customer[Education] ),
        Customer[Education] = "High school"
    )
)
```

Durch *ALLNOBLANKROW* anstelle von *ALL* wird die Abhängigkeit von der zusätzlichen Leerzeile in der Tabelle *Customer* entfernt.

Wichtig zu beachten ist dabei, dass Funktionen, die von der Leerzeile abhängig sind, oft gut im Code versteckt sind. Betrachten Sie beispielshalber den im vorigen Abschnitt verwendeten Code, bei dem wir die berechnete physische Beziehung auf Grundlage der Preisspanne erstellt haben. Hier ist der Originalcode dazu:

```
Sales[PriceRangeKey] =
CALCULATE (
    VALUES ( PriceRanges[PriceRangeKey] ),
    FILTER (
        PriceRanges,
        AND (
            PriceRanges[MinPrice] <= Sales[Net Price],
            PriceRanges[MaxPrice] > Sales[Net Price]
        )
    )
)
```

In der obigen Formel ist das Vorhandensein von *VALUES* augenfällig. Eine andere Möglichkeit, diesen Code ohne *VALUES* zu formulieren, besteht im Rückgriff auf *SELECTEDVALUE*, da diese Funktion keinen Fehler zurückgibt, wenn mehrere Zeilen sichtbar sind:

```
Sales[PriceRangeKey] =
VAR FilterPriceRanges =
    FILTER (
        PriceRanges,
        AND (
            PriceRanges[MinPrice] <= Sales[Net Price],
            PriceRanges[MaxPrice] > Sales[Net Price]
        )
    )
VAR Result =
    CALCULATE (
        SELECTEDVALUE ( PriceRanges[PriceRangeKey] ),
        FilterPriceRanges
    )
RETURN Result
```

Leider löst auch dieser Code einen Zirkelbezugsfehler aus, sobald Sie versuchen, die Beziehung zu erstellen, obwohl es den Anschein hat, dass *VALUES* nicht vorhanden ist. Tatsächlich jedoch ist *VALUES* – wenn auch versteckt – durchaus vorhanden. Der Grund dafür ist, dass *SELECTEDVALUE* intern die folgende Logik umsetzt:

```
Sales[PriceRangeKey] =
VAR FilterPriceRanges =
    FILTER (
        PriceRanges,
        AND (
```

```
            PriceRanges[MinPrice] <= Sales[Net Price],
            PriceRanges[MaxPrice] > Sales[Net Price]
        )
    )
VAR Result =
    CALCULATE (
        IF (
            HASONEVALUE ( PriceRanges[PriceRangeKey] ),
            VALUES ( PriceRanges[PriceRangeKey] ),
            BLANK ()
        ),
        FilterPriceRanges
    )
RETURN
    Result
```

Durch die Erweiterung des Codes von *SELECTEDVALUE* können wir das Vorhandensein von *VALUES* nun deutlich erkennen – und damit auch die Abhängigkeit von der Leerzeile, die den Zirkelbezug erzeugt.

Virtuelle Beziehungen implementieren

In den vorangegangenen Abschnitten haben wir erörtert, wie man berechnete Spalten zur Herstellung physischer Beziehungen nutzt. Es gibt jedoch Szenarien, in denen eine physische Beziehung nicht die passende Lösung ist und man besser auf virtuelle Beziehungen zurückgreift. Eine virtuelle Beziehung ahmt eine reale Beziehung nach. Aus der Sicht des Benutzers sieht eine virtuelle Beziehung wie eine reale Beziehung aus, obwohl im physischen Modell keinerlei Beziehung vorhanden ist. Aufgrund dieses Fehlens einer Beziehung müssen Sie DAX-Code verfassen, um einen Filter von einer Tabelle auf eine andere zu übertragen.

Filter in DAX übertragen

Eines der mächtigsten Merkmale von DAX ist die Fähigkeit, einen Filter von einer Tabelle zu einer anderen zu verschieben, indem man Beziehungen folgt. Trotzdem gibt es Szenarien, in denen es schwierig – wenn nicht gar unmöglich – ist, eine physische Beziehung zwischen zwei Entitäten herzustellen. Ein DAX-Ausdruck kann die Beziehung jedoch auf vielfältige Weise nachahmen. Der vorliegende Abschnitt skizziert verschiedene Techniken auf Grundlage eines ausgeklügelten Szenarios.

Contoso wirbt in lokalen Zeitungen und im Internet und wählt jeden Monat mindestens eine Marke aus, für die gezielt Werbung gemacht wird. Diese Information wird in einer Tabelle namens *Advertised Brands* gespeichert, die das Jahr, den Monat und ggf. die beworbene Marke enthält. Einen Ausschnitt aus dieser Tabelle sehen Sie in Abbildung 15.4.

Calendar Year	Month	Brand
CY 2007	February	A. Datum
CY 2007	February	Tailspin Toys
CY 2007	March	A. Datum
CY 2007	March	Northwind Traders
CY 2007	March	Proseware
CY 2007	March	Southridge Video
CY 2007	March	Tailspin Toys
CY 2007	March	The Phone Company
CY 2007	March	Wide World Importers
CY 2007	April	A. Datum
CY 2007	April	Contoso
CY 2007	April	Proseware
CY 2007	May	Adventure Works

Abbildung 15.4 Die Tabelle enthält jeweils eine Zeile für jede Marke in dem Monat, in dem sie beworben wurde.

Wichtig ist es, festzuhalten, dass es keine eindeutige Spalte in der Tabelle gibt. Zwar sind alle Zeilen eindeutig, doch hat jede Spalte viele Duplikate. Daher kann die Tabelle nicht auf der 1-Seite einer Beziehung existieren. Diese Tatsache wird umso bedeutsamer, wenn wir die Anforderungen weiter umreißen.

Die Aufgabe besteht darin, ein Measure zu erstellen, das den Umsatzbetrag der Produkte ausschließlich in dem Zeitraum berechnet, in dem sie beworben wurden. Um dieses Szenario zu lösen, muss ermittelt werden, ob eine Marke in einem bestimmten Monat beworben wird oder nicht. Wenn es möglich wäre, eine Beziehung zwischen *Sales* und der Tabelle *Advertised Brands* herzustellen, wäre der Code einfach zu erstellen. Leider ist die Beziehung nicht leicht herzustellen (was im Sinne einer Veranschaulichung auch der Zweck der Übung ist).

Eine mögliche Lösung besteht darin, in beiden Tabellen eine neue berechnete Spalte zu erstellen, die die Verkettung von Jahr, Monat und Marke enthält. Dies entspricht dem zuvor in diesem Kapitel beschriebenen Verfahren, eine Beziehung zwischen zwei Tabellen auf Grundlage mehrerer Spalten herzustellen. Dennoch gibt es in diesem Szenario noch andere interessante Alternativen, die es wert sind, untersucht zu werden, damit wir nicht auf die Erstellung neuer berechneter Spalten zurückgreifen müssen.

Eine erste, jedoch suboptimale Lösung besteht im Einsatz von Iterationen. Man könnte zeilenweise über die Tabelle *Sales* iterieren und bei jeder Zeile prüfen, ob die Marke des verkauften Produkts im betreffenden Monat beworben wurde. Das folgende Measure löst also das Problem, ist aber nicht die beste Lösung:

```
Advertised Brand Sales :=
SUMX (
    FILTER (
        Sales,
        CONTAINS (
            'Advertised Brands',
            'Advertised Brands'[Brand], RELATED ( 'Product'[Brand] ),
```

```
            'Advertised Brands'[Calendar Year], RELATED ( 'Date'[Calendar Year] ),
            'Advertised Brands'[Month], RELATED ( 'Date'[Month] )
        )
    ),
    Sales[Quantity] * Sales[Net Price]
)
```

Das Measure verwendet die Funktion *CONTAINS*, die nach dem Vorhandensein einer Zeile in einer Tabelle sucht. *CONTAINS* nimmt die Tabelle, in der gesucht werden soll, als ersten Parameter entgegen. Darauf folgen Parameterpaare. Der erste Parameter ist jeweils eine zu durchsuchende Spalte in der Tabelle, der zweite der zu suchende Wert. Im Beispiel wird *True* von *CONTAINS* zurückgegeben, wenn es in *Advertised Brands* mindestens eine Zeile gibt, in der die Marke, das Jahr und der Monat den Werten in der Tabelle *Sales* entsprechen, über die *FILTER* gerade iteriert.

Das Measure berechnet ein korrektes Ergebnis (Abbildung 15.5), aber es gibt verschiedene Probleme.

Calendar Year	Sales Amount	Advertised Brand Sales
CY 2007	**30,591,343.98**	**2,670,647.22**
Audio	384,518.16	22,607.34
Cameras and camcorders	7,192,581.95	1,031,119.78
Cell phones	1,604,610.26	133,897.59
Computers	6,741,548.73	499,697.11
Games and Toys	360,652.81	22,971.36
Home Appliances	9,600,457.04	561,845.41
Music, Movies and Audio Books	314,206.74	10,591.25
TV and Video	4,392,768.29	387,917.40
CY 2008	**30,591,343.98**	**2,861,643.84**
Audio	384,518.16	29,084.79
Cameras and camcorders	7,192,581.95	349,467.40

Abbildung 15.5 *Advertised Brand Sales* gibt nur die Umsätze der beworbenen Marken zurück.

Die beiden problematischsten Aspekte des obigen Codes sind die folgenden:

- *FILTER* iteriert über die sehr große Tabelle *Sales*, und für jede Zeile wird die Funktion *CONTAINS* aufgerufen. Auch wenn *CONTAINS* eine schnelle Funktion ist, beeinträchtigt der millionenfache Aufruf die Leistung erheblich.
- Das Measure bedient sich dabei nicht des vorhandenen Measures *Sales Amount*, das den Umsatzbetrag bereits berechnet. In diesem Fall handelt es sich beim duplizierten Code um eine einfache Multiplikation, aber wenn das zu berechnende Measure komplexer wäre, wäre dieser Ansatz nicht der beste. Um die Duplizierung des Ausdrucks für die Berechnung während der Iteration kommen wir in diesem Fall nicht herum.

Eine sehr viel bessere Option zur Lösung des Szenarios ist *CALCULATE* zur Übertragung des Filters von der Tabelle *Advertised Brands* auf die Tabellen *Product* (mit der Marke als Filter) und

Date (mit dem Jahr und dem Monat als Filter). Dies lässt sich auf verschiedene Weise erreichen – wie, das zeigen wir in den nächsten Abschnitten.

Filter mit *TREATAS* übertragen

Die erste und beste Option ist *TREATAS*, um den Filter von *Advertised Brands* auf die anderen Tabellen zu verschieben. Wie in den Kapiteln 10, »Mit dem Filterkontext arbeiten«, 12, »Mit Tabellen arbeiten«, und 13, »Abfragen erstellen«, erläutert, ändert *TREATAS* die Datenherkunft einer Tabelle, sodass ihr Inhalt als Filter auf bestimmte Spalten des Datenmodells angewandt werden kann.

Advertised Brands hat keine Beziehung zu einer anderen Tabelle im Modell. Daher kann der Inhalt normalerweise nicht als Filter verwendet werden. Mit *TREATAS* können wir die Datenherkunft von *Advertised Brands* jedoch so ändern, dass die Tabelle als Filterargument von *CALCULATE* verwendet werden kann und der Filter sich auf das gesamte Modell fortpflanzt. Das folgende Measure führt genau diesen Vorgang aus:

```
Advertised Brand Sales TreatAs :=
VAR AdvertisedBrands =
    SUMMARIZE (
        'Advertised Brands',
        'Advertised Brands'[Brand],
        'Advertised Brands'[Calendar Year],
        'Advertised Brands'[Month]
    )
VAR FilterAdvertisedBrands =
    TREATAS (
        AdvertisedBrands,
        'Product'[Brand],
        'Date'[Calendar Year],
        'Date'[Month]
    )
VAR Result =
    CALCULATE ( [Sales Amount], KEEPFILTERS ( FilterAdvertisedBrands ) )
RETURN
    Result
```

SUMMARIZE ruft die beworbene Marke, das Jahr und den Monat ab. *TREATAS* nimmt diese Tabelle entgegen und ändert ihre Herkunft so, dass sie die Produktmarke sowie das Jahr und den Monat in *Date* filtert. Die resultierende Tabelle in *FilterAdvertisedBrands* hat die korrekte Datenherkunft. Daher filtert sie das Modell und zeigt nur diejenigen Marken in dem Jahr und Monat an, in dem sie beworben werden.

Es ist wichtig zu beachten, dass *KEEPFILTERS* hier unverzichtbar ist. Wenn man es vergisst, wird *CALCULATE* den Filterkontext für die Marke, das Jahr und den Monat überschreiben, und das wollen wir nicht. Die Tabelle *Sales* muss sowohl den Filter aus dem Visual (der möglicherweise nur ein Jahr oder nur eine Marke filtert) als auch den Filter aus der Tabelle *Advertised Brands* erhalten. Daher ist *KEEPFILTERS* obligatorisch, um ein korrektes Ergebnis zu erhalten.

Diese Version des Codes ist viel besser als diejenige, die die Iteration verwendet. Dank des Measures *Sales Amount* muss der Code nicht neu geschrieben werden, und es erfolgt für den Lookup auch keine Iteration über die Tabelle *Sales*. Dieser Code scannt nur die Tabelle *Advertised Brands*, die sich im Zweifelsfall auf der kleineren Seite befindet; dann wendet er den Filter auf das Modell an und ruft nachfolgend das Measure *Sales Amount* auf. Auch wenn diese Version vielleicht weniger intuitiv ist, ist sie doch deutlich besser als das im vorigen Abschnitt gezeigte, auf *CONTAINS* basierende Beispiel.

Filter mit *INTERSECT* übertragen

Eine weitere Möglichkeit, das gewünschte Ergebnis zu erzielen, ist die Verwendung der *INTERSECT*-Funktion. Verglichen mit dem obigen Beispiel mit *TREATAS* ist die Logik ähnlich, lediglich bei der Leistung gibt es einen geringfügigen Unterschied zugunsten der *TREATAS*-Variante, die so die beste Option bleibt. Der folgende Code implementiert die auf *INTERSECT* basierende Technik:

```
Advertised Brand Sales Intersect :=
VAR SelectedBrands =
    SUMMARIZE (
        Sales,
        'Product'[Brand],
        'Date'[Calendar Year],
        'Date'[Month]
    )
VAR AdvertisedBrands =
    SUMMARIZE (
        'Advertised Brands',
        'Advertised Brands'[Brand],
        'Advertised Brands'[Calendar Year],
        'Advertised Brands'[Month]
    )
VAR Result =
    CALCULATE (
        [Sales Amount],
        INTERSECT (
            SelectedBrands,
            AdvertisedBrands
        )
    )
RETURN
    Result
```

INTERSECT behält die Datenherkunft der ersten Tabelle bei, die es erhält. Daher kann auch die resultierende Tabelle immer noch *Product* und *Date* filtern. Hier wird *KEEPFILTERS* nicht benötigt, da das erste *SUMMARIZE* bereits nur die sichtbaren Marken und Monate enthält; *INTERSECT* entfernt aus dieser Liste nur diejenigen, die nicht beworben werden.

Noch eine Anmerkung zur Leistung. Dieser Code erfordert ein zweimaliges Durchsuchen von *Sales*: einmal, um die Liste der vorhandenen Marken und Monate zu erstellen, und ein weiteres Mal, um den Umsatzbetrag zu berechnen. Daher ist sie langsamer als die Version mit *TREATAS*. Trotzdem lohnt es sich, diese Technik zu erlernen, denn sie kann auch in anderen Szenarien mit anderen Mengenfunktionen wie *UNION* oder *EXCEPT* nützlich sein. Die Mengenfunktionen in DAX können kombiniert werden, um Filter zu erstellen und so auf relativ einfache Weise leistungsfähige Measures zu verfassen.

Filter mit *FILTER* übertragen

Eine dritte Alternative steht dem DAX-Entwickler zur Verfügung: *FILTER* und *CONTAINS*. Der Code ähnelt der ersten Version mit *SUMX*. Dabei besteht der wesentliche Unterschied darin, dass *CALCULATE* anstelle von *SUMX* verwendet und die Iteration über die Tabelle *Sales* vermieden wird. Der folgende Code setzt diese Alternative um:

```
Advertised Brand Sales Contains :=
VAR SelectedBrands =
    SUMMARIZE (
        Sales,
        'Product'[Brand],
        'Date'[Calendar Year],
        'Date'[Month]
    )
VAR FilterAdvertisedBrands =
    FILTER (
        SelectedBrands,
        CONTAINS (
            'Advertised Brands',
            'Advertised Brands'[Brand], 'Product'[Brand],
            'Advertised Brands'[Calendar Year], 'Date'[Calendar Year],
            'Advertised Brands'[Month], 'Date'[Month]
        )
    )
VAR Result =
    CALCULATE (
        [Sales Amount],
        FilterAdvertisedBrands
    )
RETURN
    Result
```

Die Funktion *FILTER* verwendet als Filterargument für *CALCULATE* dieselbe *CONTAINS*-Technik wie im ersten Beispiel. Diesmal wird allerdings nicht über *Sales* iteriert, sondern über das Ergebnis von *SUMMARIZE*. Wie in Kapitel 14, »Fortgeschrittene DAX-Konzepte«, erläutert, wäre die Verwendung der Tabelle *Sales* als Filterargument in *CALCULATE* aufgrund der erweiterten Tabelle falsch. Daher ist die Filterung von nur drei Spalten ein besserer Ansatz. Das Ergebnis von *SUMMARIZE* hat bereits die passende Datenherkunft. Außerdem ist *KEEPFILTERS* nicht erforderlich, da *SUMMARIZE* bereits nur die existierenden Werte für Marke, Jahr und Monat enthält.

Leistungstechnisch ist dies die schlechteste der drei zuletzt beschriebenen Lösungen, auch wenn sie schneller ist als der ursprüngliche, auf *SUMX* basierende Code. Darüber hinaus bieten alle Lösungen, die auf *CALCULATE* basieren, den bedeutenden Vorteil, dass sie nicht die Geschäftslogik der Berechnung, die im Measure *Sales Amount* enthalten ist, nachbilden müssen, so wie es unser erster Versuch mit *SUMX* getan hat.

Dynamische Segmentierung unter Verwendung virtueller Beziehungen implementieren

In allen bislang gezeigten Varianten haben wir den DAX-Code zur Berechnung von Werten und zur Übertragung eines Filters ohne vorhandene Beziehung verwendet, auch wenn es möglich gewesen wäre, eine physische Beziehung zu erstellen, die das Datenmodell geändert hätte. Es gibt jedoch Szenarien, in denen eine Beziehung überhaupt nicht hergestellt werden kann. Dazu gehört die in diesem Abschnitt beschriebene Situation.

Die virtuelle Beziehung löst eine Variation der statischen Segmentierung, die Sie weiter vorn in diesem Kapitel kennengelernt haben. Bei der statischen Segmentierung haben wir jeden Umsatz anhand einer berechneten Spalte einem bestimmten Segment zugeordnet. Bei der dynamischen Segmentierung dagegen erfolgt die Zuordnung – wie der Name schon sagt – dynamisch; außerdem basiert sie nicht auf einer Spalte wie dem Nettopreis, sondern auf einer Berechnung wie dem Umsatzbetrag. Die dynamische Segmentierung braucht dabei ein Filterziel. In unserem Beispiel filtert die Segmentierung Kunden basierend auf dem Measure *Sales Amount*.

Die Konfigurationstabelle enthält die Segmentnamen und ihre Grenzen entsprechend Abbildung 15.6.

Segment	MinSale	MaxSale
Very Low	0	75
Low	75	100
Medium	100	500
High	500	1,000
Very High	1,000	99,999,999

Abbildung 15.6 Konfigurationstabelle für die dynamische Segmentierung

Wenn ein Kunde bei einem Kauf zwischen 75 und 100 Dollar ausgibt, wird er gemäß der Konfigurationstabelle dem untersten Segment (Low) zugeordnet. Ein wichtiges Detail der dynamischen Segmentierung besteht darin, dass der Wert des Measures von der Benutzerauswahl im Bericht abhängt. Wenn ein Benutzer beispielsweise genau eine Farbe auswählt, dann darf die Zuordnung eines Kunden zu einem Segment nur unter Berücksichtigung des Umsatzes für Produkte dieser Farbe erfolgen. Aufgrund dieser dynamischen Berechnung ist die Verwendung einer Beziehung keine Option. Betrachten Sie den folgenden Bericht in Abbildung 15.7, der zeigt, wie viele Kunden jedes Jahr zu den jeweiligen Segmenten gehören, wobei nur eine Auswahl von Kategorien gefiltert wird.

Category
- ■ Audio
- □ Cameras and camcorders
- ■ Cell phones
- □ Computers
- □ Games and Toys
- □ Home Appliances
- □ Music, Movies and Audio Books
- □ TV and Video

Segment	CY 2007	CY 2008	CY 2009	**Total**
Very Low	210	1	3	**213**
Low	258	33	3	**289**
Medium	427	133	88	**641**
High	28	13	29	**63**
Very High	49	78	119	**231**
Total	**972**	**258**	**242**	**1,437**

Abbildung 15.7 Jedem Kunden wird ein Segment zugewiesen, wobei dies jedes Jahr ein anderes sein kann.

Ein Kunde kann im Laufe der Jahre zu wechselnden Segmenten gehören. So könnte er etwa im Jahr 2008 zum Segment Very Low gehören und im Folgejahr dann im Segment Medium landen. Außerdem müssen bei einer Änderung der Auswahl in den Kategorien alle Nummern entsprechend aktualisiert werden.

Ein Benutzer, der das Modell durchsucht, nimmt also trotzdem eine bestehende Beziehung wahr, denn jeder Kunde ist ja eindeutig einem Segment zugeordnet. Allerdings kann diese Zuordnung nicht über eine physische Beziehung erfolgen. Das liegt daran, dass derselbe Kunde in verschiedenen Zellen des Berichts verschiedenen Segmenten zugeordnet sein kann. In diesem Szenario ist DAX die einzige Möglichkeit, das Problem zu lösen.

Das zu berechnende Measure ist die Anzahl der Kunden, die zu einem bestimmten Segment gehören. Konkret zählt das Measure, wie viele Kunden zu einem Segment gehören, wenn man alle Filter im aktuellen Filterkontext berücksichtigt. Die Formel sieht einfach aus, und doch müssen wir ihr Verhalten ein wenig erläutern:

```
CustInSegment :=
SUMX (
    Segments,
    COUNTROWS (
        FILTER (
            Customer,
            VAR SalesOfCustomer = [Sales Amount]
            VAR IsCustomerInSegment =
                AND (
                    SalesOfCustomer > Segments[MinSale],
                    SalesOfCustomer <= Segments[MaxSale]
```

```
                )
            RETURN
                IsCustomerInSegment
        )
    )
)
```

Abgesehen von der Gesamtsumme hat jede Zeile des Berichts in Abbildung 15.7 einen Filterkontext, der nur genau ein Segment filtert. *SUMX* iteriert also nur über eine Zeile. *SUMX* ist praktisch, um die Segmentgrenzen *(MinSale* und *MaxSale*) unkompliziert abzurufen und bei Vorhandensein von Filtern die Gesamtsumme korrekt zu berechnen. Innerhalb von *SUMX* zählt *COUNTROWS* die Anzahl der Kunden, deren Umsätze (die aus Performancegründen in der Variablen *SalesOfCustomer* gespeichert sind) innerhalb der Grenzen des aktuellen Segments liegen.

Das resultierende Measure verhält sich additiv gegenüber Segmenten und Kunden und nichtadditiv gegenüber allen anderen Filtern. Beachten Sie, dass das Gesamtergebnis in der ersten Zeile des Berichts (213) kleiner ist als die Summe der drei Jahre (214). Der Grund dafür ist, dass die Formel auf der Summenebene die Anzahl der Kunden zählt, die über die drei Jahre im Segment Very Low liegen. Offenbar hat einer dieser Kunden in drei Jahren genug Produkte gekauft, um auf der Gesamtebene in das nächste Segment verschoben werden zu können.

Obwohl es etwas kontraintuitiv ist, ist das nichtadditive Verhalten im zeitlichen Verlauf eine gute Eigenschaft. Damit die Formel über mehrere Jahre hinweg additiv agiert, müsste man sie so ändern, dass die Zeit in die Berechnung einbezogen wird. So ist beispielsweise die folgende Version des Codes für den zeitlichen Verlauf additiv. Trotzdem ist sie weniger leistungsfähig, weil man keine sinnvollen Ergebnisse mehr erzielen kann, wenn das Jahr nicht Teil des Berichts ist:

```
CustInSegment Additive :=
SUMX (
    VALUES ( 'Date'[Calendar Year] ),
    SUMX (
        Segments,
        COUNTROWS (
            FILTER (
                Customer,
                VAR SalesOfCustomer = [Sales Amount]
                VAR IsCustomerInSegment =
                    AND (
                        SalesOfCustomer > Segments[MinSale],
                        SalesOfCustomer <= Segments[MaxSale]
                    )
                RETURN
                    IsCustomerInSegment
            )
        )
    )
)
```

Wie in Abbildung 15.8 dargestellt, summieren sich die Zeilen jetzt korrekt in der Spalte Total, obwohl Grand Total – also die Summe für alle Jahre und Segmente – möglicherweise nicht korrekt ist.

Category
- ■ Audio
- □ Cameras and camcorders
- ■ Cell phones
- □ Computers
- □ Games and Toys
- □ Home Appliances
- □ Music, Movies and Audio Books
- □ TV and Video

Segment	CY 2007	CY 2008	CY 2009	**Total**
Very Low	210	1	3	**214**
Low	258	33	3	**294**
Medium	427	133	88	**648**
High	28	13	29	**70**
Very High	49	78	119	**246**
Total	**972**	**258**	**242**	**1,472**

Abbildung 15.8 Die Zeilen werden nun korrekt aufsummiert, aber die Spaltensumme könnte trotzdem falsch sein.

Das Problem ist, dass man zwar die korrekte Summe für ein Segment erhalten kann, dafür aber die Gesamtsumme opfern muss, die sich aus mehreren Segmenten und Jahren zusammensetzt. Ein Kunde könnte sich beispielsweise im Jahr 2009 im Cluster Very Low, dafür aber 2008 im Cluster Very High befinden. In diesem Fall würde er in der Gesamtsumme doppelt gezählt. Die in Abbildung 15.8 dargestellte Gesamtsumme beträgt 1.472, während die Gesamtzahl der Kunden sich auf 1.437 beläuft (wie in Abbildung 15.7 korrekt angegeben).

Leider ist bei einer solchen Berechnung die Additivität eher ein Hindernis denn ein Vorteil. Von Natur aus sind diese Berechnungen nämlich nichtadditiv. Sie additiv zu machen, mag auf den ersten Blick seinen Reiz haben, hat aber wahrscheinlich irreführende Ergebnisse zur Folge. Deshalb ist es immer wichtig, diese Details zu beachten. Wir schlagen daher vor, kein Measure zu erzwingen, ohne die Auswirkungen dieser Entscheidung vorher sorgfältig zu prüfen.

Physische Beziehungen in DAX verstehen

Eine Beziehung kann *stark* oder *schwach* sein. In einer *starken* Beziehung weiß die Engine, dass die 1-Seite der Beziehung eindeutige Werte enthält. Wenn die Engine nicht überprüfen kann, ob die 1-Seite der Beziehung eindeutige Werte für den Schlüssel enthält, dann ist die Beziehung *schwach*. Eine Beziehung kann schwach sein, weil entweder die Engine aus technischen Gründen, die wir weiter hinten in diesem Abschnitt erläutern, die Eindeutigkeit der Beschränkung nicht gewährleisten kann oder der Entwickler sie als solche definiert hat. Eine schwache Beziehung wird nicht als Teil der in Kapitel 14 beschriebenen Tabellenerweiterung verwendet.

Seit 2018 erlaubt Power BI zusammengesetzte Modelle. In einem zusammengesetzten Modell ist es möglich, Tabellen in einem Modell zu erstellen, das Daten sowohl im VertiPaq-Modus (eine Kopie der Daten aus der Datenquelle wird vorgeladen und im Arbeitsspeicher zwischengespeichert) als auch im DirectQuery-Modus (in dem nur zur Abfragezeit auf die Datenquelle zugegriffen wird) enthält. Die DirectQuery- und VertiPaq-Engines werden in Kapitel 17, »Die DAX-Engines«, erläutert.

Ein einzelnes Datenmodell kann einige in VertiPaq und einige andere in DirectQuery gespeicherte Tabellen enthalten. Darüber hinaus können Tabellen in DirectQuery aus verschiedenen Datenquellen stammen, wodurch mehrere DirectQuery-Dateninseln entstehen.

Um zwischen Daten in VertiPaq und solchen in DirectQuery zu unterscheiden, sprechen wir von Daten *auf dem Kontinent* (VertiPaq) bzw. *auf den Inseln* (DirectQuery-Datenquellen). Abbildung 15.9 zeigt dies.

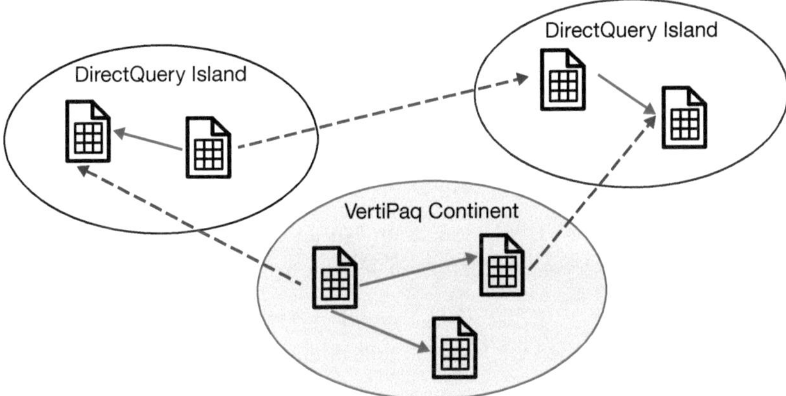

Abbildung 15.9 Ein zusammengesetztes Modell enthält Tabellen auf verschiedenen Inseln.

Der VertiPaq-Speicher ist nichts anderes als eine weitere Dateninsel. Wir nennen ihn nur deshalb Kontinent, weil er die meistgenutzte Dateninsel ist.

Eine Beziehung verknüpft zwei Tabellen. Wenn beide Tabellen zur selben Insel gehören, dann ist die Beziehung eine inselinterne Beziehung. Gehören die beiden Tabellen zu verschiedenen Inseln, dann handelt es sich um eine inselübergreifende Beziehung. Inselübergreifende Beziehungen sind immer schwache Beziehungen. Daher werden die Inseln bei der Tabellenerweiterung niemals verlassen.

Beziehungen haben eine Kardinalität, von der es drei Arten gibt. Der Unterschied zwischen ihnen ist sowohl technischer als auch semantischer Natur. Wir gehen hier nicht auf die Argumentation ein, die diesen Beziehungen zugrunde liegt, da dies viele Abschweifungen zum Thema Datenmodellierung bedingen würde, die den Rahmen dieses Buchs sprengen würden. Wir wollen hingegen die technischen Eigenschaften der physischen Beziehungen und deren Auswirkungen auf den DAX-Code behandeln.

Wir unterscheiden mithin die folgenden drei Arten der Beziehungskardinalität:

- **1:n-Beziehungen:** Dies ist die häufigste Art der Beziehungskardinalität. Auf der 1-Seite der Beziehung muss die Spalte eindeutige Werte enthalten; auf der n-Seite hingegen dürfen auch doppelte Werte auftreten (was in der Regel auch geschieht). Einige Clienttools unterscheiden zwischen 1:n- und n:1-Beziehungen. Dennoch handelt es sich dabei um den gleichen Beziehungstyp. Alles hängt von der Reihenfolge der Tabellen ab: Eine 1:n-Beziehung zwischen *Product* und *Sales* ist gleichbedeutend mit einer n:1-Beziehung zwischen *Sales* und *Product*.

- **1:1-Beziehungen:** Dies ist eine eher ungewöhnliche Art der Beziehungskardinalität. Auf beiden Seiten der Beziehung müssen die Spalten eindeutige Werte haben. Eine passendere Bezeichnung wäre »[0-oder-1]:[0-oder-1]-Beziehung«, da das Vorhandensein einer Zeile in der einen Tabelle nicht das Vorhandensein einer entsprechenden Zeile in der anderen Tabelle impliziert.
- **n:n-Beziehungen:** Auf beiden Seiten der Beziehung können die Spalten Duplikate aufweisen. Diese Eigenschaft wurde 2018 eingeführt, und leider ist ihr Name etwas verwirrend. Tatsächlich verweist in der üblichen Datenmodellierungssprache die Bezeichnung »n:n« auf eine andere Art der Implementierung, die durch die Verwendung von Paaren von 1:n- und n:1-Beziehungen geschaffen wird. Es ist wichtig zu verstehen, dass sich in diesem Szenario n:n nicht auf die n:n-Beziehung bezieht, sondern auf die n:n-Kardinalität der Beziehung.

Um Mehrdeutigkeiten zwischen der kanonischen Terminologie zu vermeiden, die n:n für eine andere Art der Umsetzung verwendet, benutzen wir Akronyme, um die Kardinalität einer Beziehung zu beschreiben:

- 1:n-Beziehung: Diese nennen wir **SMR** (»Single-Many Relationship«).
- 1:1-Beziehung: Diese Beziehung bezeichnen wir als **SSR** (»Single-Single Relationship«).
- n:n-Beziehung: Hier werden wir von nun an von einer **MMR** (»Many-Many Relationship«) schreiben.

Ein weiteres wichtiges Detail: Eine MMR-Beziehung ist immer schwach, ganz gleich, ob die beiden Tabellen zur selben Insel gehören oder nicht. Wenn der Entwickler beide Seiten der Beziehung als n-Seiten definiert, dann wird die Beziehung automatisch als schwache Beziehung behandelt, ohne dass eine Tabellenerweiterung stattfindet.

Darüber hinaus hat jede Beziehung eine Kreuzfilterrichtung. Die Kreuzfilterrichtung ist die Richtung, in der sich die Wirkung des Filterkontexts fortpflanzt. Der Kreuzfilter kann auf einen von zwei Werten festgelegt werden:

- **Single:** Der Filterkontext pflanzt sich immer in eine Richtung der Beziehung fort, niemals in Gegenrichtung. In einer 1:n-Beziehung verläuft die Richtung immer von der 1-Seite der Beziehung zur n-Seite. Dies ist das übliche und wünschenswerte Verhalten.
- **Both:** Der Filterkontext pflanzt sich in beide Richtungen der Beziehung fort. Dies wird auch als **bidirektionaler Kreuzfilter**, manchmal auch einfach als bidirektionale Beziehung bezeichnet. In einer 1:n-Beziehung behält der Filterkontext die Eigenschaft bei, sich von der 1- zur n-Seite fortzupflanzen, aber die Fortpflanzung erfolgt auch von der n- zur 1-Seite. Welche Kreuzfilterrichtungen verfügbar sind, hängt von der Art der Beziehung ab.
- In einer **SMR-Beziehung** kann man immer zwischen einfach oder bidirektional wählen.
- Eine **SSR-Beziehung** verwendet grundsätzlich eine bidirektionale Filterung. Da beide Seiten der Beziehung die 1-Seite sind und es keine n-Seite gibt, ist eine bidirektionale Filterung die einzige Möglichkeit.

- In einer **MMR-Beziehung** schließlich sind beide Seiten die n-Seite. Dieses Szenario ist das Gegenteil der SSR-Beziehung: Beide Seiten können Quelle und Ziel einer Filterkontextfortpflanzung sein. So kann man die bidirektionale Kreuzfilterrichtung wählen, wobei die Fortpflanzung immer in beide Richtungen erfolgt. Entscheidet sich der Entwickler dagegen für den Fortpflanzungsmodus Single, dann muss er auch festlegen, in welcher Tabelle die Filterfortpflanzung starten soll. Wie bei allen anderen Beziehungen gilt die unidirektionale Fortpflanzung als Best Practice. Wir werden dieses Thema im weiteren Verlauf des Kapitels noch ausführlicher erörtern.

Tabelle 15.1 fasst die verschiedenen Arten von Beziehungen mit den verfügbaren Kreuzfilterrichtungen, ihre Auswirkung auf die Fortpflanzung des Filterkontexts und die Optionen für eine schwache bzw. starke Beziehung zusammen.

Beziehungstyp	Kreuzfilter-richtung	Fortpflanzung des Filterkontexts	Schwach/stark
SMR	Single	Von der 1- zur n-Seite	Schwach, wenn inselübergreifend, andernfalls stark
SMR	Both	Bidirektional	Schwach, wenn inselübergreifend, andernfalls stark
SSR	Both	Bidirektional	Schwach, wenn inselübergreifend, andernfalls stark
MMR	Single	Muss die Quelltabelle auswählen	Immer schwach
MMR	Both	Bidirektional	Immer schwach

Tabelle 15.1 Verschiedene Arten von Beziehungen

Wenn zwei Tabellen durch eine starke Beziehung miteinander verbunden sind, kann die Tabelle auf der 1-Seite die zusätzliche Leerzeile enthalten, falls die Beziehung ungültig ist. Wenn also die n-Seite einer starken Beziehung Werte enthält, die in der Tabelle auf der 1-Seite nicht vorhanden sind, dann wird eine Leerzeile an die Tabelle auf der 1-Seite angehängt. Wir haben dies in Kapitel 3 ausführlich erläutert. Die zusätzliche Leerzeile wird dagegen nie bei einer schwachen Beziehung hinzugefügt.

Wie bereits erwähnt, werden wir nicht behandeln, warum man eine Art von Beziehung einer anderen vorzieht. Die Wahl zwischen verschiedenen Beziehungstypen und Filterfortpflanzungen liegt in den Händen des Gestalters des Datenmodells: Seine Entscheidung ist das Resultat eines tiefgreifenden Denkprozesses über die Semantik des Modells selbst. Aus der Sicht von DAX verhält sich jede Beziehung jedoch anders, und es ist wichtig, die Unterschiede zwischen den Beziehungen und deren Auswirkungen auf den DAX-Code zu verstehen.

Die kommenden Abschnitte enthalten nützliche Informationen zu den Unterschieden zwischen diesen Beziehungstypen sowie diverse Tipps zu der Frage, welche Beziehung Sie in Ihren Modellen verwenden sollten.

Bidirektionale Kreuzfilter verwenden

Bidirektionale Kreuzfilter können auf zwei Arten aktiviert werden: im Datenmodell oder durch den *CROSSFILTER*-Modifizierer in einer *CALCULATE*-Funktion, wie wir es in Kapitel 5, »*CALCULATE* und *CALCULATETABLE* verstehen«, erklärt haben. In der Regel sollte ein bidirektionaler Kreuzfilter nur dann im Datenmodell aktiviert werden, wenn dies unbedingt erforderlich ist. Der Grund dafür ist, dass bidirektionale Kreuzfilter die Komplexität der Filterkontextfortpflanzung schnell erhöhen – bis hin zu einem Punkt, an dem schwierig zu prognostizieren und zu steuern ist, wie sich der Filterkontext fortpflanzen wird.

Dennoch gibt es Szenarien, in denen eine bidirektionale Kreuzfilterung eine nützliche Funktion ist. Sehen Sie sich beispielsweise den Bericht in Abbildung 15.10 an. Er basiert auf dem üblichen Contoso-Modell, wobei alle Beziehungen auf eine einzige Kreuzfilterfortpflanzung eingestellt sind.

Brand
- ☐ A. Datum
- ☐ Adventure Works
- ☐ Contoso
- ☐ Fabrikam
- ☐ Litware
- ■ Northwind Traders
- ☐ Proseware
- ☐ Southridge Video
- ☐ Tailspin Toys
- ☐ The Phone Company
- ☐ Wide World Importers

CountryRegion
- ☐ Armenia
- ☐ Australia
- ☐ Bhutan
- ☐ Canada
- ☐ China
- ☐ France
- ☐ Germany
- ☐ Greece
- ☐ India
- ☐ Iran
- ☐ Ireland
- ☐ Italy

CountryRegion	Sales Amount
Australia	375,091.54
Bhutan	13,598.64
Canada	52,201.68
China	1,135.40
France	29,783.07
Germany	94,998.72
Greece	5,551.82
India	721.05
Iran	9,519.41

Abbildung 15.10 Der Slicer *CountryRegion* zeigt Länder ohne Umsatz an.

Es gibt hier zwei Slicer: *Brand*, der die Spalte *Product[Brand]* filtert, und *CountryRegion* zum Filtern der Spalte *Customer[CountryRegion]*. Auch wenn es keine Umsätze für Northwind Traders aus Armenien gibt, zeigt der Slicer *CountryRegion* Armenien als gültige Option zur Auswahl an.

Der Grund dafür ist, dass *Sales* durch den Filterkontext für *Product[Brand]* aufgrund der 1:n-Beziehung zwischen *Product* und *Brand* beeinflusst wird. Allerdings verschiebt sich der Filter von *Sales* nicht weiter zu *Customer*, weil *Customer* sich auf der 1-Seite der 1:n-Beziehung zwischen *Customer* und *Sales* befindet. Daher zeigt der Slicer alle möglichen Werte von *CountryRegion* an. Offensichtlich sind die beiden Slicer also nicht synchronisiert. Die Matrix zeigt Armenien nicht an, da der Wert von *Sales Amount* für dieses Land ein Leerwert ist und eine Matrix standardmäßig keine Zeilen mit Leerwerten aus Measures darstellt.

Wenn die Slicersynchronisierung wichtig ist, können Sie den bidirektionalen Kreuzfilter zwischen *Customer* und *Sales* aktivieren und so ein Modell wie das in Abbildung 15.11 gezeigte erstellen.

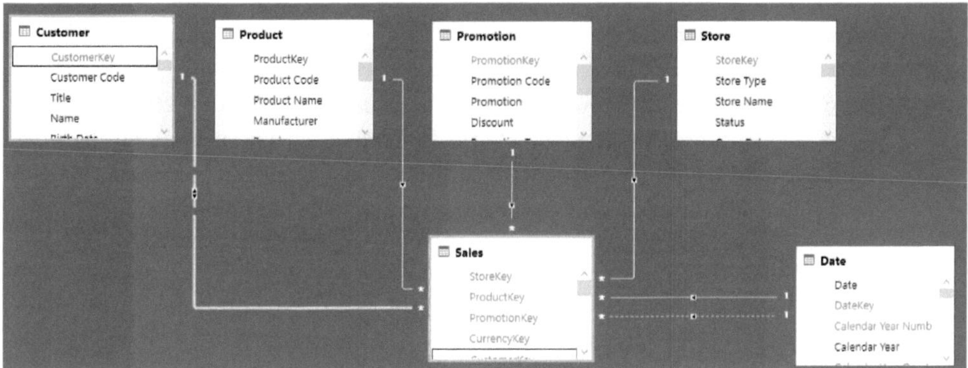

Abbildung 15.11 Die Kreuzfilterrichtung zwischen *Customer* und *Sales* ist jetzt auf bidirektional festgelegt.

Dadurch, dass Sie die Kreuzfilterrichtung der Beziehung auf bidirektional festlegen, sorgen Sie dafür, dass der Slicer *CountryRegion* nur diejenigen Zeilen anzeigt, die von *Sales* referenziert werden. Wie in Abbildung 15.12 zu sehen, sind die Slicer nun synchronisiert, was die Benutzerfreundlichkeit verbessert.

Brand
- A. Datum
- Adventure Works
- Contoso
- Fabrikam
- Litware
- Northwind Traders
- Proseware
- Southridge Video
- Tailspin Toys
- The Phone Company
- Wide World Importers

CountryRegion
- Australia
- Bhutan
- Canada
- China
- France
- Germany
- Greece
- India
- Iran
- Japan
- Kyrgyzstan
- Singapore

CountryRegion	Sales Amount
Australia	375,091.54
Bhutan	13,598.64
Canada	52,201.68
China	1,135.40
France	29,783.07
Germany	94,998.72
Greece	5,551.82
India	721.05
Iran	9,519.41

Abbildung 15.12 Durch die Aktivierung des bidirektionalen Kreuzfilters sind die Slicer jetzt synchronisiert.

Die bidirektionale Filterung ist bequem, aber sie hat ihren Preis. Erstens verlangsamt der bidirektionale Kreuzfilter in leistungstechnischer Hinsicht das Modell, da der Filterkontext sich auf beide Seiten der Beziehung fortpflanzen muss. Die Filterung der n-Seite ausgehend von der 1-Seite erfolgt deutlich schneller als in entgegengesetzter Richtung. Deswegen sollte, wer eine optimale Leistung zum Ziel hat, die bidirektionale Kreuzfilterung möglichst vermeiden. Darüber hinaus erhöhen bidirektionale Kreuzfilter das Risiko, uneindeutige Datenmodelle zu erstellen. Wir werden diese Mehrdeutigkeit weiter hinten in diesem Kapitel behandeln.

Mithilfe von Filtern auf Visualebene ist es möglich, die in einem Power BI-Visual sichtbaren Member zu reduzieren, ohne den bidirektionalen Filter in einer Beziehung zu verwenden. Leider werden Filter auf Visualebene seit April 2019 für Slicer in Power BI nicht mehr unterstützt. Sobald auch Filter auf Visualebene für Slicer zur Verfügung stehen, wird es nicht mehr notwendig sein, einen bidirektionalen Filter zu verwenden, um die in einem Slicer sichtbaren Elemente zu reduzieren.

1:n-Beziehungen verstehen

1:n-Beziehungen sind der meistverwendete und -gewünschte Beziehungstyp in einem Datenmodell. Eine 1:n-Beziehung setzt beispielsweise *Product* mit *Sales* in eine Beziehung. Das liegt daran, dass für ein Produkt viele Umsätze erzielt werden können, während jeder Umsatz mit genau einem Produkt verknüpft ist. Folglich befindet sich *Product* auf der 1-Seite und *Sales* auf der n-Seite.

Darüber hinaus gehen Benutzer bei der Analyse von Daten davon aus, nach einem Produktattribut aufschlüsseln und Werte aus *Sales* berechnen zu können. Daher gibt das Standardverhalten vor, dass sich ein Filter für *Product* (1-Seite) zu *Sales* (n-Seite) fortpflanzt. Bei Bedarf lässt sich dieses Verhalten ändern, indem man einen bidirektionalen Kreuzfilter in der Beziehung aktiviert.

Bei starken 1:n-Beziehungen erfolgt die Tabellenerweiterung immer in Richtung der 1-Seite. Darüber hinaus kann im Falle einer ungültigen Beziehung die Tabelle auf der 1-Seite der Beziehung die Leerzeile erhalten. Semantisch betrachtet verhalten sich schwache 1:n-Beziehungen mit Ausnahme der Leerzeile identisch. Zudem werden Abfragen bei solchen Beziehungen langsamer verarbeitet, was im Hinblick auf die Performance bedenklich sein kann.

1:1-Beziehungen verstehen

1:1-Beziehungen kommen in Datenmodellen recht selten vor. Zwei Tabellen, die über eine 1:1-Beziehung verknüpft sind, bilden im Grunde genommen eigentlich nur eine einzige Tabelle, die in zwei Teile aufgeteilt ist. In einem sauber konzipierten Modell wären diese beiden Tabellen vor dem Laden in das Datenmodell zusammengeführt worden.

Aus diesem Grund sollten Sie genau dies tun und 1:1-Beziehungen dadurch meiden. Eine Ausnahme von dieser Best Practice liegt vor, wenn Daten aus verschiedenen Datenquellen in derselben Geschäftseinheit zusammengeführt werden, diese Quellen jedoch unabhängig voneinander aktualisiert werden. In einem solchen Fall wäre es ggf. vorzuziehen, zwei getrennte Tabellen in das Datenmodell zu importieren, um bei Aktualisierungen komplexe und kostspielige Transformationen zu umgehen. In jedem Fall sollten die Benutzer beim Umgang mit 1:1-Beziehungen die folgenden Details beachten:

- Die Kreuzfilterrichtung ist immer bidirektional. Bei einer 1:1-Beziehung lässt sie sich auch nicht als unidirektional festlegen. Daher pflanzt sich ein Filter für eine der beiden Tabellen auch immer auf die andere Tabelle fort, sofern die Beziehung nicht – durch *CROSSFILTER* oder im Modell – deaktiviert wurde.
- Wie Sie aus Kapitel 14 wissen, erweitert in einer starken 1:1-Beziehung jede Tabelle die jeweils andere Tabelle, die Teil der Beziehung ist. Das bedeutet, dass eine starke 1:1-Beziehung zu zwei identischen erweiterten Tabellen führt.
- Da beide Seiten der Beziehung auf der 1-Seite stehen, können, wenn die Beziehung sowohl stark als auch ungültig ist – das heißt, es Werte für den Schlüssel in der einen Tabelle gibt, die in der anderen Tabelle keine Entsprechung haben –, beide Tabellen die Leerzeile enthalten. Außerdem müssen die Werte der für die Beziehung verwendeten Spalte in beiden Tabellen eindeutig sein.

MMRs verstehen

MMRs (Many-to-Many Relationships, auch n:n-Beziehungen) sind ein extrem leistungsfähiges Modellierungswerkzeug. Sie treten wesentlich häufiger auf als 1:1-Beziehungen. Der korrekte Umgang damit ist nicht trivial, doch sollten Sie sie angesichts ihrer Leistungsfähigkeit im Analysebereich beherrschen.

Eine MMR liegt in einem Modell immer dann vor, wenn zwei Entitäten nicht durch eine einfache 1:n-Beziehung (SMR) verknüpft werden können. Es gibt zwei verschiedene Arten von MMRs und verschiedene Wege zur Lösung beider Szenarien. In den nachfolgenden Abschnitten werden wir verschiedene Techniken vorstellen, um MMRs in den Griff zu bekommen.

MMRs mit einer Brückentabelle implementieren

Das folgende Beispiel entstammt einem Szenario aus der Welt der Finanzinstitute. Eine Bank speichert Konten in einer Tabelle und Kunden in einer anderen. Ein Konto kann mehreren Kunden gehören, und ein Kunde kann auch mehrere Konten besitzen. Daher ist ebenso wenig möglich, den Kundennamen im Konto zu speichern, wie die Kontonummer in der Kundentabelle abzulegen. Dieses Szenario lässt sich nicht mit regulären Beziehungen zwischen Konten und Kunden modellieren.

Die kanonische Lösung hierfür besteht darin, eine Tabelle zur Speicherung der Beziehung zwischen Kunden und Konten zu erstellen. Dies wird als Brückentabelle bezeichnet. Im Modell in Abbildung 15.13 ist eine solche Tabelle dargestellt.

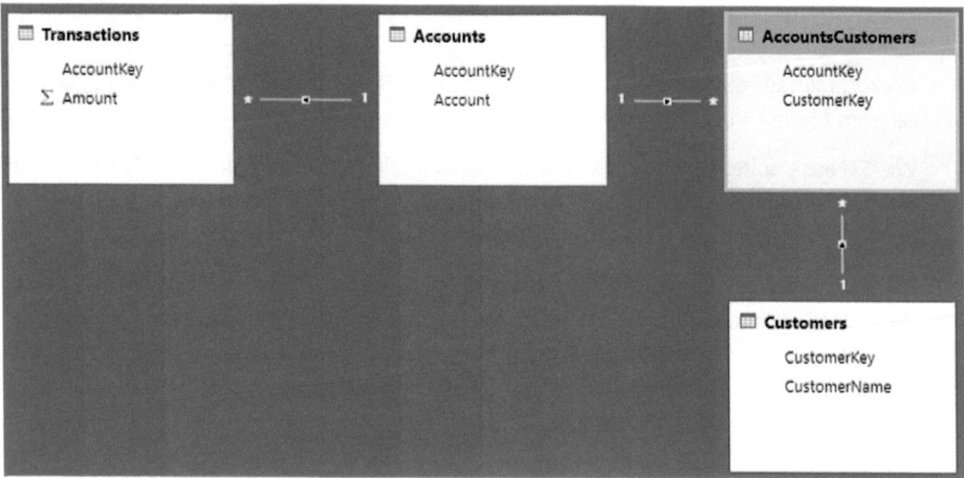

Abbildung 15.13 Die Tabelle *AccountsCustomers* steht sowohl mit *Accounts* als auch mit *Customers* in Beziehung.

In diesem Modell wird die MMR zwischen *Accounts* und *Customers* über die Brückentabelle *AccountsCustomers* implementiert. Eine Zeile in der Brückentabelle zeigt an, dass ein Konto einem Kunden gehört.

In der dargestellten Weise funktioniert das Modell allerdings noch nicht. Ein nach *Accounts* aufgeschlüsselter Bericht funktioniert nämlich deswegen gut, weil *Accounts* auf der 1-Seite einer 1:n-Beziehung steht und *Transactions* filtert. Andererseits funktioniert die Aufschlüsselung nach *Customers* nicht, weil *Customers AccountsCustomers* filtert, der Filter auf *AccountsCustomers* sich aber nicht zu *Accounts* fortpflanzt, weil der Kreuzfilter in die andere Richtung verläuft. Darüber hinaus muss letztere Beziehung ihre 1-Seite bei der Tabelle *Accounts* haben, da *AccountKey* eindeutige Werte in *Accounts*, jedoch Duplikate in *AccountsCustomers* enthält.

Abbildung 15.14 zeigt, dass die Werte für *CustomerName* keinen Filter auf die Summe der in der Matrix erscheinenden Spalte *Amount* anwenden.

Account	Luke	Mark	Paul	Robert	**Total**
Luke	800.00	800.00	800.00	800.00	**800.00**
Mark	800.00	800.00	800.00	800.00	**800.00**
Mark-Paul	1,000.00	1,000.00	1,000.00	1,000.00	**1,000.00**
Mark-Robert	1,000.00	1,000.00	1,000.00	1,000.00	**1,000.00**
Paul	700.00	700.00	700.00	700.00	**700.00**
Robert	700.00	700.00	700.00	700.00	**700.00**
Total	**5,000.00**	**5,000.00**	**5,000.00**	**5,000.00**	**5,000.00**

Abbildung 15.14 *Accounts* für Zeilen filtert den Betrag, während *Customers* dies für Spalten nicht tut.

Dieses Szenario kann durch die Aktivierung des bidirektionalen Kreuzfilters in der Beziehung zwischen *AccountsCustomers* und *Accounts* korrigiert werden. Hierzu wird entweder das Datenmodell aktualisiert oder *CROSSFILTER* wie im folgenden Measure gezeigt verwendet:

```
-- Version mit CROSSFILTER
SumOfAmt CF :=
CALCULATE (
    SUM ( Transactions[Amount] ),
    CROSSFILTER (
        AccountsCustomers[AccountKey],
        Accounts[AccountKey],
        BOTH
    )
)
```

So oder so liefert die Formel nun das erwartete Ergebnis, wie in Abbildung 15.15 dargestellt.

Account	Luke	Mark	Paul	Robert	**Total**
Luke	800.00				**800.00**
Mark		800.00			**800.00**
Mark-Paul		1,000.00	1,000.00		**1,000.00**
Mark-Robert		1,000.00		1,000.00	**1,000.00**
Paul			700.00		**700.00**
Robert				700.00	**700.00**
Total	**800.00**	**2,800.00**	**1,700.00**	**1,700.00**	**5,000.00**

Abbildung 15.15 Durch Aktivierung des bidirektionalen Kreuzfilters liefert das Measure nun das korrekte Ergebnis.

Das Festlegen des bidirektionalen Kreuzfilters im Datenmodell bietet den Vorteil, dass dieser automatisch auf jede Berechnung angewendet wird. Das bedeutet, dass er auch auf implizite Measures angewendet wird, die von Clienttools wie Excel oder Power BI erzeugt werden. Allerdings erhöhen bidirektionale Kreuzfilter in einem Datenmodell die Komplexität der Filterfortpflanzung und können sich negativ auf die Leistung von Measures auswirken, die von diesem Filter nicht beeinflusst werden sollten. Wenn dem Datenmodell später neue Tabellen hinzugefügt werden, können außerdem Mehrdeutigkeiten entstehen, die eine Änderung des Kreuzfilters erforderlich machen. Dadurch wiederum könnten andere, bereits vorhandene Berichte unbrauchbar werden. Daher sollten Sie sich, bevor Sie bidirektionale Kreuzfilter für eine Beziehung aktivieren, umfassend Gedanken darüber machen, ob Ihr Modell so noch funktioniert.

Natürlich steht es Ihnen frei, in Ihren Modellen bidirektionale Kreuzfilter zu verwenden, aber unserer Meinung nach, die auf den zahlreichen in diesem Buch bereits beschriebenen Gründen basiert, sollte ein bidirektionaler Kreuzfilter in einer Beziehung keinesfalls aktiviert werden. Da wir uns für Einfachheit und solide Modelle begeistern, bevorzugen wir die *CROSSFILTER*-Lösung, die bei jedem Measure angewendet wird. Im Hinblick auf die Performance ist es einerlei, ob Sie sich für die Aktivierung des bidirektionalen Kreuzfilters im Datenmodell oder für *CROSSFILTER* entscheiden.

Eine weitere Möglichkeit, unser Ziel zu erreichen, erfordert einen komplexeren DAX-Code. Doch trotz seiner Komplexität bringt dieser Code auch ein erhöhtes Maß an Flexibilität mit sich.

Eine Möglichkeit, das Measure *SumOfAmt* ohne *CROSSFILTER* zu verfassen, besteht darin, auf *SUMMARIZE* zurückzugreifen und es als Filterargument für *CALCULATE* zu verwenden:

```
-- Version mit SUMMARIZE
SumOfAmt SU :=
CALCULATE (
    SUM ( Transactions[Amount] ),
    SUMMARIZE (
        AccountsCustomers,
        Accounts[AccountKey]
    )
)
```

SUMMARIZE gibt eine Spalte mit der Datenherkunft von *Accounts[AccountKey]* zurück. Dabei werden die Tabelle *Accounts* und nachfolgend die Tabelle *Transactions* aktiv gefiltert. Ein ähnliches Ergebnis lässt sich durch *TREATAS* erzielen:

```
-- Version mit TREATAS
SumOfAmt TA :=
CALCULATE (
    SUM ( Transactions[Amount] ),
    TREATAS (
        VALUES ( AccountsCustomers[AccountKey] ),
        Accounts[AccountKey]
    )
)
```

Auch in diesem Fall gibt *VALUES* die Werte von *AccountsCustomers[AccountKey]* zurück, die von der Tabelle *Customers* gefiltert wurden, und *TREATAS* ändert die Datenherkunft, sodass zunächst die Tabelle *Accounts* und dann die Tabelle *Transactions* gefiltert werden.

Abschließend zeigen wir eine noch einfachere Formulierung desselben Ausdrucks mithilfe der Tabellenerweiterung. Da die Brückentabelle sowohl auf die Tabelle *Kunden* als auch auf die Tabelle *Accounts* erweitert wird, führt der folgende Code beinahe zum gleichen Ergebnis wie die vorherigen. Er ist jedoch deutlich kürzer:

```
-- Version mit erweiterter Tabelle
SumOfAmt ET :=
CALCULATE (
    SUM ( Transactions[Amount] ),
    AccountsCustomers
)
```

Trotz der vielen Varianten lassen sich alle diese Lösungen zu zwei Optionen zusammenfassen:

- Verwendung der bidirektionalen Kreuzfilterfunktion in DAX
- Verwendung einer Tabelle als Filterargument in *CALCULATE*

Diese beiden Gruppen verhalten sich unterschiedlich, wenn die Beziehung zwischen *Transactions* und *Accounts* ungültig ist. Wenn eine Beziehung ungültig ist, enthält die Tabelle auf der 1-Seite der Beziehung eine zusätzliche Leerzeile. Referenziert die Tabelle *Transactions* Konten, die in der Tabelle *Accounts* nicht vorhanden sind, dann ist die Beziehung zwischen *Transactions* und *Accounts* ungültig, und die Leerzeile wird der Tabelle *Accounts* hinzugefügt. Dieser Effekt pflanzt sich nicht zu *Customers* fort. Daher hat in diesem Fall die Tabelle *Customers* keine Leerzeile – diese taucht lediglich in der Tabelle *Accounts* auf.

Folglich zeigt das Aufschlüsseln von *Transactions* nach *Account* die Leerzeile an, während eine Aufschlüsselung von *Transactions* nach *CustomerName* keine mit der Leerzeile verknüpften Transaktionen angibt. Dieses Verhalten könnte verwirrend sein; um es zu veranschaulichen, haben wir der Tabelle *Transactions* eine Zeile mit einem ungültigen *AccountKey* und dem Wert 10.000,00 hinzugefügt. Die unterschiedlichen Ergebnisse sind in Abbildung 15.16 zu sehen, wobei die Matrix auf der linken Seite nach *Account* und die auf der rechten Seite nach *CustomerName* aufgeschlüsselt ist. Das gezeigte Measure ist dasjenige, das *CROSSFILTER* verwendet.

Account	SumOfAmt CF
	10,000.00
Luke	800.00
Mark	800.00
Mark-Paul	1,000.00
Mark-Robert	1,000.00
Paul	700.00
Robert	700.00
Total	**15,000.00**

CustomerName	SumOfAmt CF
Luke	800.00
Mark	2,800.00
Paul	1,700.00
Robert	1,700.00
Total	**15,000.00**

Abbildung 15.16 *CustomerName* enthält keine Leerzeile, weswegen die Summe auf der rechten Seite falsch aussieht.

Wenn die Matrix nach *Account* aufschlüsselt, ist die Leerzeile vorhanden, und der Wert 10.000,00 ist sichtbar. Wenn die Matrix dagegen nach *CustomerName* aufschlüsselt, erscheint keine Leerzeile. Der Filter beginnt bei der Spalte *CustomerName* in der Tabelle *Customers*, aber es gibt keine Werte in *AccountsCustomers*, die die Leerzeile in *Accounts* in den Filter aufnehmen könnten. Der Wert, der sich auf die Leerzeile bezieht, ist nur in der Gesamtsumme sichtbar, da der Filter auf *CustomerName* dort nicht mehr vorhanden ist. Folglich wird auf der Ebene der Gesamtsumme die Tabelle *Accounts* nicht mehr kreuzgefiltert: Alle Zeilen von *Accounts*, einschließlich der Leerzeile, werden aktiv, und als Ergebnis wird 15.000,00 angezeigt.

Beachten Sie, dass wir die Leerzeile als Beispiel verwenden: Dieses Szenario würde aber immer dann eintreten, wenn es Konten gibt, die mit keinem Kunden verknüpft sind. Wenn Sie den Filter beginnend beim Kunden starten, erscheint der Wert nur in der Gesamtsumme. Der Grund dafür ist, dass der Filter für die Kunden Konten, die mit keinem Kunden verknüpft sind, aus jeder Zeile entfernt. Dieser Aspekt ist wichtig, weil das in Abbildung 15.16 beobachtete Verhalten nicht unbedingt mit einer ungültigen Beziehung zusammenhängt. Wenn sich die Transaktion mit dem Wert 10.000,00 beispielsweise auf ein in der Tabelle *Accounts* definiertes Servicekonto bezieht, aber nicht auf ein *Customer*-Element, dann ist der Name von *Account* im

Bericht sichtbar, obwohl dieser Wert noch immer nicht auf einen einzelnen Kunden bezogen ist. Abbildung 15.17 zeigt dies.

Account	SumOfAmt CF
Luke	800.00
Mark	800.00
Mark-Paul	1,000.00
Mark-Robert	1,000.00
Paul	700.00
Robert	700.00
Service	10,000.00
Total	**15,000.00**

CustomerName	SumOfAmt CF
Luke	800.00
Mark	2,800.00
Paul	1,700.00
Robert	1,700.00
Total	**15,000.00**

Abbildung 15.17 Der mit dem Servicekonto verbundene Wert scheint sich nicht auf einen einzelnen *CustomerName* zu beziehen.

Das in Abbildung 15.17 dargestellte Szenario verstößt anders als das aus Abbildung 15.16 nicht gegen Einschränkungen der referenziellen Integrität in einer relationalen Datenbank. Daher erfordert die Validierung von Daten, mit denen sichergestellt wird, dass diese Bedingung nicht vorliegt, eine zusätzliche Validierungslogik in der relationalen Datenbank.

Wenn wir uns, statt auf die *CROSSFILTER*-Technik zurückzugreifen, in *CALCULATE* auf die Tabellenfilterung verlassen, ist das Verhalten anders. Die Zeilen, die von der Brückentabelle aus nicht erreichbar sind, werden immer herausgefiltert. Da der Filter immer durch *CALCULATE* erzwungen wird, werden sie auch auf der Ebene der Gesamtsumme nicht angezeigt. Das bedeutet, dass der Filter immer gezwungen ist, aktiv zu sein. Das Ergebnis sehen Sie in Abbildung 15.18.

Account	SumOfAmt ET
Luke	800.00
Mark	800.00
Mark-Paul	1,000.00
Mark-Robert	1,000.00
Paul	700.00
Robert	700.00
Total	**5,000.00**

CustomerName	SumOfAmt ET
Luke	800.00
Mark	2,800.00
Paul	1,700.00
Robert	1,700.00
Total	**5,000.00**

Abbildung 15.18 Bei der Tabellenfiltertechnik verschwindet die Leerzeile überall und wird nicht in die Gesamtsumme einbezogen.

Es ist nicht nur so, dass die Gesamtsumme jetzt einen niedrigeren Wert anzeigt: Diesmal wird selbst bei der Aufschlüsselung nach *Account* die Leerzeile nicht mehr angezeigt. Der Grund dafür ist, dass die Leerzeile durch den von *CALCULATE* angewandten Tabellenfilter herausgefiltert wird.

Keiner dieser Werte ist völlig richtig oder völlig falsch. Wenn die Brückentabelle alle Zeilen in *Transactions* ab *Customers* referenziert, verhalten sich die beiden Measures gleich. Entwickler sollten sich für diejenige Technik entscheiden, die ihren Bedürfnissen am nächsten kommt. Dabei müssen sie allerdings die Details beachten und ggf. unerwartete Werte berücksichtigen.

Die Leistung wird bei Lösungen, die auf einer Tabelle als Filterargument in *CALCULATE* basieren, immer durch das erforderliche Prüfen der Brückentabelle (*AccountsCustomers*) geschmälert. Dies bedeutet, dass für jeden Bericht, der das Measure ohne Filter über *Customer* verwendet, ein maximaler Mehraufwand erforderlich ist. Dies ist jedoch sinnlos, wenn jedes Konto mindestens einen Kunden hat. Daher sollten die Lösungen, die auf dem bidirektionalen Kreuzfilter basieren, immer dann die Standardoption sein, wenn die Datenkonsistenz bei beiden Techniken das gleiche Ergebnis garantiert. Denken Sie außerdem daran, dass jede Lösung, die eine Tabellenerweiterung beinhaltet, nur bei starken Beziehungen funktioniert. Daher ist es möglich, dass aufgrund schwacher Beziehungen eine Lösung mit dem bidirektionalen Kreuzfilter erzwungen wird. Weitere Einzelheiten zu diesen Überlegungen finden Sie im Artikel unter *https://www.sqlbi.com/articles/many-to-many-relationships-in-power-bi-and-excel-2016*.

MMR mithilfe einer gemeinsamen Dimension implementieren

Es gibt noch ein weiteres Szenario, in dem MMRs ein nützliches Werkzeug ist, auch wenn es sich in technischer Hinsicht nicht um eine n:n-Beziehung handelt. Das folgende Szenario definiert eine Beziehung zwischen zwei Entitäten mit einer Granularität, die sich vom Primärschlüssel unterscheidet.

Das Beispiel stammt aus einem Budgetierungsszenario, bei dem die Budgetinformationen in einer Tabelle gespeichert sind, die Land, Marke und Budget für genau ein Jahr enthält. Das Modell ist in Abbildung 15.19 gezeigt.

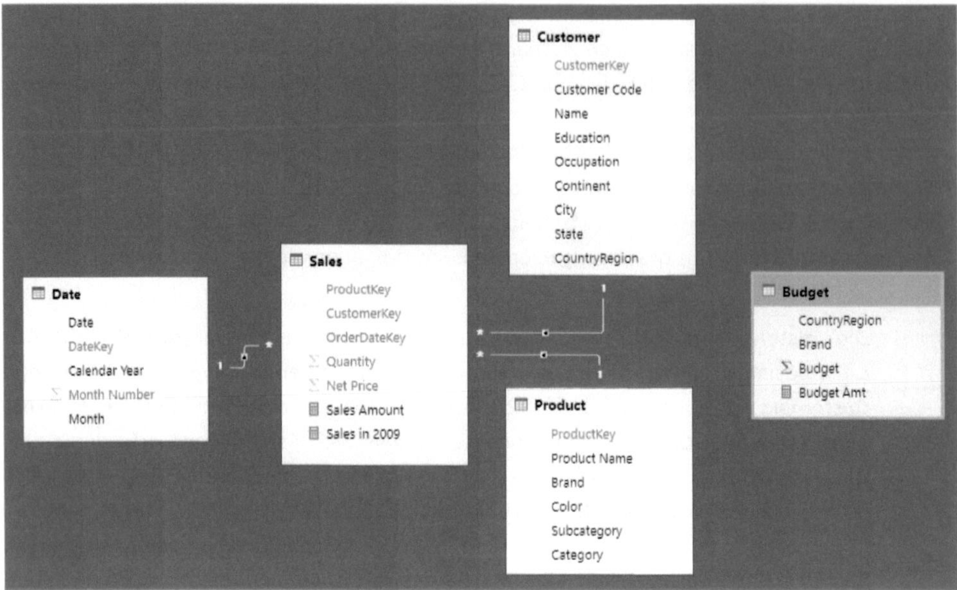

Abbildung 15.19 Die Tabelle *Budget* enthält die Spalten *CountryRegion*, *Brand* und *Budget*.

Wenn die Anforderung darin besteht, einen Bericht zu generieren, der die Umsätze und die Budgetwerte nebeneinander anzeigt, ist es notwendig, sowohl die Tabelle *Budget* als auch die Tabelle *Sales* gleichzeitig zu filtern. Die Tabelle *Budget* enthält *CountryRegion*, und diese Spalte ist auch in *Customer* vorhanden. Die Spalte *CountryRegion* ist jedoch weder in der Tabelle *Customer* noch in der Tabelle *Budget* eindeutig. Ebenso ist *Brand* eine Spalte in *Product*, aber auch sie ist in beiden Tabellen nicht eindeutig. Man könnte nun ein Measure *Budget Amt* (Budgetbetrag) erstellen, das einfach die Spalte *Budget* der Tabelle *Budget* summiert.

```
Budget Amt :=
SUM ( Budget[Budget] )
```

Eine Matrixaufschlüsselung nach *Customer[CountryRegion]* ergibt bei diesem Datenmodell das in Abbildung 15.20 sichtbare Ergebnis. Das Measure *Budget Amt* zeigt immer denselben Wert an, der der Summe aller Zeilen der Tabelle *Budget* entspricht.

CountryRegion	Sales in 2009	Budget Amt
China	4,606,828.52	39,004,512.00
Germany	3,715,974.54	39,004,512.00
United States	32,296,069.79	39,004,512.00
Total	**40,618,872.86**	**39,004,512.00**

Abbildung 15.20 *Budget Amt* ist nicht nach *Customer[CountryRegion]* gefiltert und zeigt immer denselben Wert an.

Es gibt mehrere Lösungen für dieses Szenario. Eine davon bedingt das Implementieren einer virtuellen Beziehung mithilfe einer der zuvor in diesem Kapitel beschriebenen Techniken, wodurch der Filter von einer Tabelle zu einer anderen verschoben wird. Mit *TREATAS* könnte man beispielsweise den Filter mit folgendem Code aus den Tabellen *Customers* und *Product* auf *Budget* verschieben:

```
Budget Amt :=
CALCULATE (
    SUM ( Budget[Budget] ),
    TREATAS (
        VALUES ( Customer[CountryRegion] ),
        Budget[CountryRegion]
    ),
    TREATAS (
        VALUES ( 'Product'[Brand] ),
        Budget[Brand]
    )
)
```

Das Measure *Budget Amt* verwendet nun den von *Customers* und/oder *Product* kommenden Filter ordnungsgemäß und führt so zu dem in Abbildung 15.21 dargestellten – korrekten – Ergebnis.

CountryRegion	Sales in 2009	Budget Amt
China	4,606,828.52	4,393,380.00
Germany	3,715,974.54	3,631,310.00
United States	32,296,069.79	30,979,822.00
Total	**40,618,872.86**	**39,004,512.00**

Abbildung 15.21 *Budget Amt* ist jetzt nach *Customer[CountryRegion]* gefiltert.

Diese Lösung weist jedoch einige Einschränkungen auf:

- Wenn eine neue Marke in der Tabelle *Budget*, nicht aber der Tabelle *Product* vorhanden ist, wird ihr Wert immer ausgefiltert. Dadurch werden die Budgetzahlen falsch.
- Statt sich auf das effizienteste Verfahren – die Verwendung der physischen Beziehungen – zu verlassen, verwendet der Code DAX zum Verschieben des Filters. Bei großen Modellen kann dies zu einer schlechten Leistung führen.

Eine bessere Lösung für dieses Szenario besteht darin, das Datenmodell geringfügig zu ändern und dabei eine neue Tabelle hinzuzufügen, die als Filter für die Tabellen *Budget* und *Customer* fungiert. Dies lässt sich mit einer berechneten DAX-Tabelle leicht umsetzen:

```
CountryRegions =
DISTINCT (
    UNION (
        DISTINCT ( Budget[CountryRegion] ),
        DISTINCT ( Customer[CountryRegion] )
    )
)
```

Diese Formel ruft alle Werte von *CountryRegion* sowohl aus *Customers* als auch aus *Budget* ab und führt sie dann in einer einzigen Tabelle zusammen, die Duplikate enthält. Abschließend entfernt die Formel dann die Duplikate aus der Tabelle. Als Ergebnis enthält diese neue Tabelle alle Werte von *CountryRegion* unabhängig davon, ob sie aus *Budget* oder aus *Customers* stammen. In ähnlicher Weise wird eine Tabelle benötigt, die mit *Product* und *Budget* verknüpft ist. Wir führen für *Product[Brand]* und *Budget[Brand]* dann den gleichen Vorgang aus:

```
Brands =
DISTINCT (
    UNION (
        DISTINCT ( 'Product'[Brand] ),
        DISTINCT ( Budget[Brand] )
    )
)
```

Sobald die Tabelle im Datenmodell vorhanden ist, muss man die passenden Beziehungen erstellen. Das resultierende Modell sehen Sie in Abbildung 15.22.

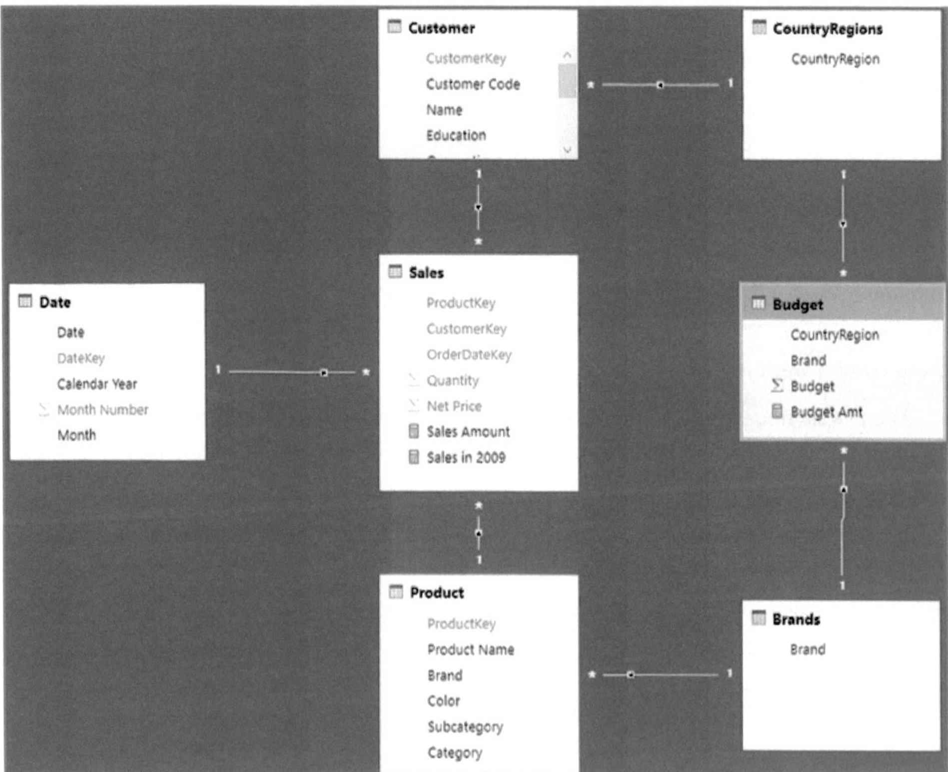

Abbildung 15.22 Das Datenmodell enthält zwei zusätzliche Tabellen: *CountryRegions* und *Brands*.

Mit dem neuen Modell werden durch die Tabelle *Brands* sowohl *Product* als auch *Budget*gefiltert, während die neue Tabelle *CountryRegions* ihrerseits *Customer* und *Budget* filtert. Daher ist es nicht notwendig, das im vorigen Beispiel gezeigte *TREATAS*-Muster zu verwenden. Eine einfache *SUM*-Anweisung berechnet den korrekten Wert aus *Budget* und *Sales*; die folgende Version des Measures *Budget Amt* zeigt dies. Dazu müssen die Spalten aus den Tabellen *CountryRegions* und *Brands* im Bericht verwendet werden, der wie in Abbildung 15.21 dargestellt aussehen sollte.

```
Budget Amt :=
SUM ( Budget[Budget] )
```

Durch die Implementierung des bidirektionalen Kreuzfilters zwischen *Customer* und *CountryRegions* sowie zwischen *Product* und *Brands* ist es möglich, die Tabellen *CountryRegions* und *Brands* in der Berichtsansicht auszublenden und den Filter von *Customer* und *Product* auf *Budget* zu verschieben, ohne zusätzlichen DAX-Code schreiben zu müssen. Das resultierende Modell in Abbildung 15.23 stellt eine logische Beziehung zwischen *Customer* und *Budget* mit der Granularität der Spalte *CountryRegion* her. Dasselbe geschieht zwischen *Product* und *Budget* mit der Granularität der Spalte *Brand*.

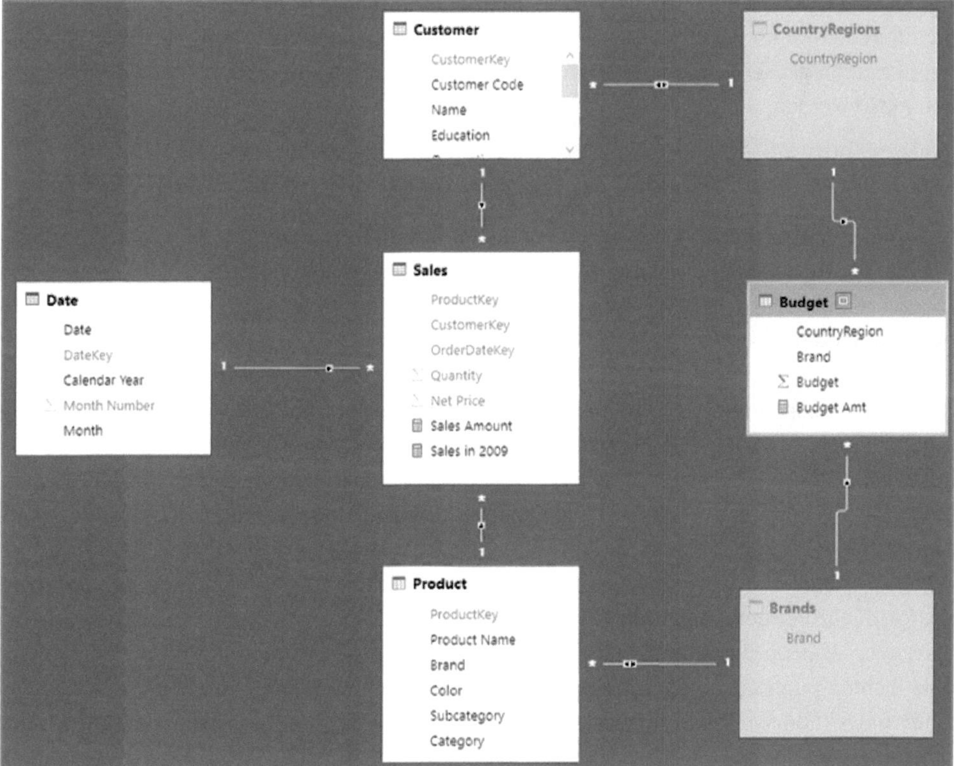

Abbildung 15.23 Nach Aktivierung der bidirektionalen Kreuzfilterung können die technischen Tabellen ausgeblendet werden.

Das Ergebnis des mit diesem Modell erstellten Berichts ist identisch mit Abbildung 15.21. Die Beziehung zwischen *Customer* und *Budget* ist eine Abfolge einer n:1- und einer 1:n-Beziehung. Der bidirektionale Kreuzfilter zwischen *Customer* und *CountryRegions* überträgt den Filter letztlich von *Customer* zu *Budget* und nicht umgekehrt. Wäre der bidirektionale Filter auch zwischen *CountryRegions* und *Budget* aktiv, dann würde das Modell ein gewisses Maß an Mehrdeutigkeit aufweisen, wodurch die Erstellung eines ähnlichen Musters zwischen *Product* und *Budget* verhindert würde.

Das Modell in Abbildung 15.23 leidet unter den gleichen Einschränkungen wie dasjenige in Abbildung 15.19: Wenn es Marken oder Länder im Budget gibt, die nicht in den Tabellen *Customer* und *Product* definiert sind, kann dieser Budgetwert im Bericht verschwinden. Dieses Problem wird im nächsten Abschnitt ausführlicher beschrieben.

Beachten Sie, dass es sich hierbei technisch gesehen nicht um ein n:n-Muster handelt. In diesem Modell verknüpfen wir *Product* mit *Budget* (dasselbe gilt auch für *Customer*) und verwenden dabei eine Granularität, die nicht das einzelne Produkt ist. Vielmehr verknüpfen wir die beiden Tabellen auf der Granularitätsebene von *Brand*. Derselbe Vorgang kann auch auf einfachere, wenn auch weniger effektive Weise mithilfe schwacher Beziehungen realisiert werden; darauf gehen wir im nächsten Abschnitt ein. Außerdem blendet die Verknüpfung von Tabellen mit unterschiedlicher Granularität mehrere komplexe Aspekte aus, die später in diesem Kapitel behandelt werden.

n:n mithilfe schwacher MMR-Beziehungen implementieren

Im vorigen Beispiel haben wir *Products* mit *Budget* verknüpft, indem wir eine Zwischentabelle – auch »Ad-hoc-Tabelle« genannt – verwendet haben. In seit Oktober 2018 erschienenen DAX-Versionen sind schwache Beziehungen verfügbar. Mit ihnen lässt sich dasselbe Szenario besser automatisieren.

Man kann eine schwache MMR-Beziehung zwischen zwei Tabellen erstellen, sofern die beiden an der Beziehung beteiligten Spalten in beiden Tabellen Duplikate aufweisen. Anders formuliert: Das in Abbildung 15.23 gezeigte Modell kann durch direkte Verknüpfung von *Budget* mit *Product* über die Spalte *Product[Brand]* erstellt werden. Hierdurch umgehen wir die Erstellung der im vorherigen Abschnitt verwendeten Zwischentabelle *Brands*. Das resultierende Modell sehen Sie in Abbildung 15.24.

Beim Erstellen einer schwachen MMR-Beziehung können Sie die Richtung der Filterkontextfortpflanzung auswählen. Diese kann bidirektional oder unidirektional sein, ganz wie bei einer normalen 1:n-Beziehung. In diesem Beispiel müssen wir uns natürlich für die unidirektionale Richtung von *Customer* zu *Budget* und von *Product* zu *Budget* entscheiden. Das Setzen eines bidirektionalen Filters in beiden Beziehungen würde eine Mehrdeutigkeit im Modell schaffen.

In MMR-Beziehungen stellen beide Seiten der Beziehung die n-Seite dar. Aus diesem Grund können die Spalten in beiden Tabellen Duplikate enthalten. Das Modell funktioniert genau wie das in Abbildung 15.23 abgebildete: Es berechnet die korrekten Werte, ohne dass zusätzlicher DAX-Code in Measures oder berechneten Tabellen erforderlich wäre.

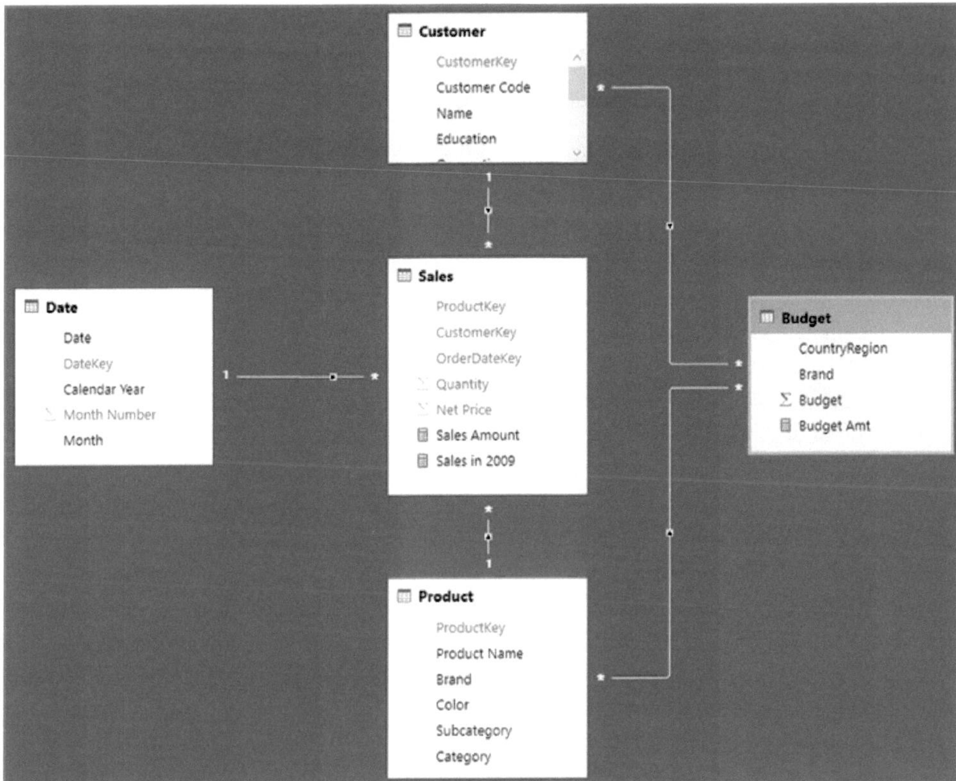

Abbildung 15.24 *Budget* ist über zwei schwache Beziehungen direkt mit *Customer* und *Product* verknüpft.

Dennoch enthält dieses Modell einen Fallstrick, dessen sich der Leser bewusst sein sollte. Da die Beziehung schwach ist, wird im Falle einer ungültigen Beziehung keine der beiden Tabellen die Leerzeile enthalten. Mit anderen Worten: Wenn *Budget* ein Land oder eine Marke enthält, die weder in *Customer* noch in *Product* vorhanden ist, dann werden seine Werte ausgeblendet, wie es ja auch beim Modell in Abbildung 15.24 der Fall ist.

Um dieses Verhalten zu veranschaulichen, haben wir den Inhalt der Tabelle *Budget* geändert und Deutschland durch Italien ersetzt. In dem für dieses Beispiel verwendeten Modell gibt es aber keine Kunden, denen Italien zugeordnet ist. Das Ergebnis dieser Änderung ist in Abbildung 15.25 dargestellt und etwas überraschend.

CountryRegion	Sales in 2009	Budget Amt
China	4,606,828.52	4,393,380.00
Germany	3,715,974.54	
United States	32,296,069.79	30,979,822.00
Total	**40,618,872.86**	**39,004,512.00**

Abbildung 15.25 Wenn die Beziehung zwischen *Budget* und *Customer* ungültig ist, erzeugt das Fehlen der Leerzeile überraschende Ergebnisse.

Die Zeile mit Deutschland ist leer. Das ist korrekt, denn wir haben das gesamte Budget für Deutschland zu Italien verschoben. Allerdings müssen Sie zwei Details beachten:

- Es gibt keine Zeile, die das Budget für Italien zeigt.
- Die Gesamtsumme des Budgets ist größer als die Summe der beiden sichtbaren Zeilen.

Wenn es einen Filter auf *Customer[CountryRegion]* gibt, wird der Filter durch die schwache Beziehung auf die Tabelle *Budget* verschoben. Daher zeigt die Tabelle *Budget* nur die Werte des jeweiligen Landes an. Weil aber Italien in *Customer[CountryRegion]* nicht vorhanden ist, wird kein Wert angezeigt. Folglich erhält, weil es keinen Filter auf *Customer[CountryRegion]* gibt, auch *Budget* keinen Filter. Insofern zeigt die Tabelle die Gesamtsumme an, die auch Italien einschließt.

Das Ergebnis von *Budget Amt* hängt also von einem Filter auf *Customer[CountryRegion]* ab; bei ungültigen Beziehungen können überraschende Zahlen erscheinen.

Schwache MMR-Beziehungen stellen ein leistungsstarkes Werkzeug dar, das die Erstellung von Datenmodellen erheblich vereinfacht, da es den Bedarf an zusätzlichen Tabellen reduziert. Dennoch kann die Tatsache, dass den Tabellen keine Leerzeile hinzugefügt wird, zu unerwarteten Ergebnissen führen, wenn die Eigenschaft nicht richtig verwendet wird. Wir haben die komplexere Technik der Erstellung zusätzlicher Tabellen vor den schwachen Beziehungen erläutert, weil sie im Grunde dasselbe sind: Der Unterschied besteht darin, dass durch die zusätzlichen Tabellen Werte sichtbar werden, die nur in einer der beiden verknüpften Tabellen vorhanden sind – etwas, das bei schwachen MMR-Beziehungen nicht möglich ist, das aber in bestimmten Szenarien notwendig sein kann.

Wenn wir im Datenmodell mit den Tabellen *Brands* und *CountryRegions* (Abbildung 15.23) dieselbe Ersetzung von Deutschland durch Italien vornehmen, werden die Auswirkungen klarer. Sie sehen dies in Abbildung 15.26.

CountryRegion	Sales in 2009	Budget Amt
China	4,606,828.52	4,393,380.00
Germany	3,715,974.54	
Italy		3,631,310.00
United States	32,296,069.79	30,979,822.00
Total	**40,618,872.86**	**39,004,512.00**

Abbildung 15.26 Dank der Zwischentabelle erscheinen Italien und Deutschland im Bericht mit ihren korrekten Werten.

Den richtigen Beziehungstyp auswählen

Komplexe Beziehungen stellen ein leistungsfähiges Mittel dar, um fortgeschrittene Modelle zu generieren. Wenn Sie mit komplexen Szenarien arbeiten, müssen Sie sich zwischen dem Herstellen einer physischen (gegebenenfalls berechneten) Beziehung und dem einer virtuellen Beziehung entscheiden.

Physische und virtuelle Beziehungen sind einander ähnlich, weil sie dasselbe Ziel erfüllen: einen Filter von einer Tabelle auf eine andere zu übertragen. Sie unterscheiden sich jedoch in der Leistungsfähigkeit und haben zudem unterschiedliche Auswirkungen auf der Ebene des Datenmodells.

- **Im Datenmodell wird eine physische Beziehung definiert. Eine virtuelle Beziehung existiert dagegen nur im DAX-Code.** Die Diagrammansicht eines Datenmodells zeigt deutlich die Beziehungen zwischen den Tabellen. Virtuelle Beziehungen sind jedoch in der Diagrammansicht nicht zu sehen; um sie zu finden, muss der in Measures, berechneten Spalten und berechneten Tabellen verwendete DAX-Ausdruck ausführlich geprüft werden. Wenn eine logische Beziehung in mehreren Measures verwendet wird, muss ihr Code in jedes Measure kopiert werden, das sie benötigt, sofern die logische Beziehung nicht in einem Berechnungselement einer Berechnungsgruppe implementiert ist. Physische Beziehungen sind einfacher zu verwalten und weniger fehleranfällig als virtuelle Beziehungen.
- **Eine physische Beziehung definiert eine Einschränkung bei der Tabelle auf der 1-Seite der Beziehung.** Bei 1:n- und 1:1-Beziehungen muss die Spalte, die auf der 1-Seite einer Beziehung verwendet wird, eindeutige und nicht leere Werte haben. Der Aktualisierungsvorgang eines Datenmodells schlägt fehl, wenn die neuen Daten gegen diese Einschränkung verstoßen würden. Von diesem Standpunkt aus gesehen besteht ein sehr großer Unterschied zu der in einer relationalen Datenbank definierten Fremdschlüsseleinschränkung. Eine Fremdschlüsselbeziehung definiert eine Einschränkung auf der n-Seite einer Beziehung, die nur solche Werte enthalten kann, die in der anderen Tabelle vorhanden sind. Eine Beziehung in einem tabellarischen Modell erzwingt niemals eine Fremdschlüsseleinschränkung.
- **Eine physische Beziehung ist schneller als eine virtuelle Beziehung.** Die physische Beziehung definiert eine zusätzliche Struktur, die die Abfrageausführung beschleunigt und es der Speicher-Engine ermöglicht, einen Teil der Abfrage auszuführen, der mindestens zwei Abfragen umfasst. Eine virtuelle Beziehung erfordert immer Mehrarbeit aufseiten der Formel-Engine, die zudem langsamer als die Speicher-Engine ist. Die Unterschiede zwischen Formel- und Speicher-Engine werden in Kapitel 17 behandelt.

Im Allgemeinen sind physische Beziehungen die bessere Variante. In Bezug auf die Abfrageleistung besteht kein Unterschied zwischen einer Standardbeziehung (auf Basis einer aus der Datenquelle stammenden Spalte) und einer berechneten physischen Beziehung (die auf einer berechneten Spalte basiert). Die Engine ermittelt die Ergebnisse der berechneten Spalten zur Verarbeitungszeit (wenn die Daten neu geladen werden), sodass es eigentlich nicht wichtig ist, wie komplex der Ausdruck ist – schließlich handelt es sich um eine physische Beziehung, und die Engine kann diese optimal nutzen.

Eine virtuelle Beziehung ist dagegen nur ein abstrakter Begriff. Technisch gesehen wird jedes Mal, wenn man einen Filter per DAX-Code von einer Tabelle auf eine andere überträgt, eine virtuelle Beziehung implementiert. Virtuelle Beziehungen werden zum Abfragezeitpunkt aufgelöst, und die Engine verfügt über keinerlei zusätzliche Strukturen, wie sie für physische Beziehungen zur Optimierung der Abfrageausführung erstellt werden. Wenn Sie also die Möglichkeit haben, sollten Sie eine physische Beziehung einer virtuellen Beziehung vorziehen.

Die MMRs befinden sich in einer Zwischenstellung zwischen physischen und virtuellen Beziehungen. Man kann im Modell MMRs definieren, indem man bidirektionale Beziehungen oder Tabellenerweiterungen nutzt. Im Allgemeinen ist eine Beziehung besser als ein Ansatz, der auf einer Tabellenerweiterung basiert, da die Engine bessere Chancen hat, den Abfrageplan durch Entfernen unnötiger Filterfortpflanzungen zu optimieren. Dennoch sind die Aufwendungen für Tabellenerweiterung und bidirektionale Kreuzfilter bei aktivem Filter ähnlich, auch wenn sie technisch gesehen zwei verschiedene Abfragepläne ausführen, die lediglich ähnliche Kosten aufweisen.

Bei Berücksichtigung der Leistung sollte die Priorisierung der Beziehungen folgendermaßen aussehen:

- Physische 1:n-Beziehungen ermöglichen optimale Leistung durch bestmögliche Nutzung der VertiPaq-Engine. Berechnete physische Beziehungen weisen die gleiche Abfrageleistung wie Beziehungen bei nativen Spalten auf.
- Bidirektionale Kreuzfilterbeziehungen, MMRs mit Tabellenerweiterung und schwache Beziehungen stellen eine zweite Option dar. Sie bieten eine gute Leistung bei ebenfalls guter Engine-Nutzung, auch wenn diese nicht optimal ist.
- Virtuelle Beziehungen stellen die letzte Option dar, da hier das Risiko einer unzureichenden Leistung besteht. Bitte beachten Sie: »Risiko« bedeutet hier nicht, dass in jedem Fall ein Leistungsabfall auftreten wird, sondern nur, dass Sie sich um verschiedene Aspekte der Abfrage kümmern müssen, die Sie in den kommenden Kapiteln über die Optimierung kennenlernen werden.

Granularitäten verwalten

Wie in früheren Abschnitten bereits angemerkt, können Sie durch Zwischentabellen oder schwachen MMR-Beziehungen zwei Tabellen mithilfe einer Beziehung auf einer Granularitätsebene verknüpfen, die niedriger ist als der Primärschlüssel einer Tabelle. In einem früheren Beispiel haben wir die Tabelle *Budget* sowohl mit *Product* als auch mit *Customer* verknüpft. Die Beziehung zu *Product* ist auf der Ebene von *Brand*, die Beziehung zu *Customer* auf der *CountryRegion*-Ebene angesiedelt.

Wenn ein Datenmodell Beziehungen in einer geringeren Granularität enthält, müssen Sie bei der Erstellung von Measures, die diese Beziehung verwenden, besondere Vorsicht walten lassen. Exemplarisch zeigt Abbildung 15.27 das Ausgangsmodell mit zwei schwachen MMR-Beziehungen zwischen *Customer*, *Product* und *Budget*.

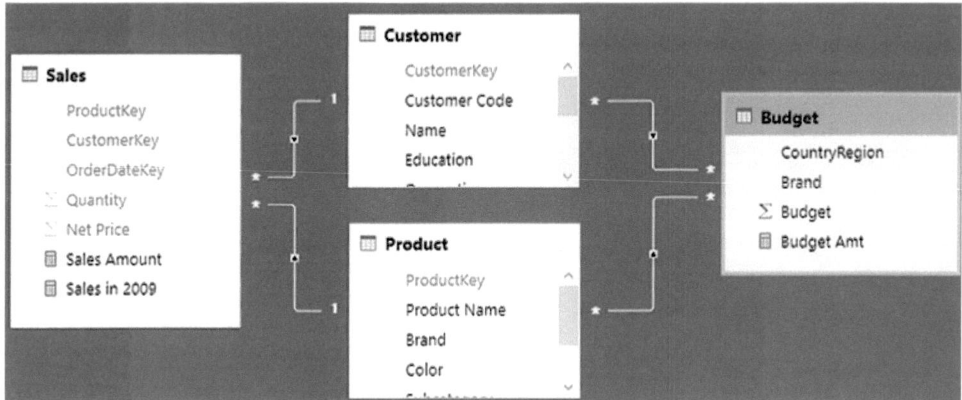

Abbildung 15.27 Die Beziehungen zwischen *Customer*, *Product* und *Budget* sind schwache Beziehungen.

Eine schwache Beziehung überträgt den Filter von einer Tabelle auf eine andere und berücksichtigt dabei die Spaltengranularität. Diese Aussage gilt erst einmal für jede Beziehung. So überträgt die Beziehung zwischen *Customer* und *Sales* auch den Filter mit der Granularität der an der Beziehung beteiligten Spalte. Trotzdem ist das Verhalten intuitiv, wenn die Spalte, die zur Erstellung der Beziehung verwendet wird, der Schlüssel der Tabelle ist. Wird die Beziehung bei einer niedrigeren Granularität festgelegt – wie es etwa bei schwachen Beziehungen der Fall ist –, dann haben Sie hingegen im Handumdrehen Berechnungen erzeugt, die schwierig zu verstehen sind.

Betrachten Sie beispielsweise die Tabelle *Product*. Die Beziehung zu *Budget* wird auf der Ebene von *Brand* festgelegt. Daher lässt sich eine Matrix erstellen, die *Budget Amt* nach *Brand* aufschlüsselt und ein korrektes Ergebnis abruft (Abbildung 15.28).

Brand	Budget Amt
A. Datum	1,777,784.00
Adventure Works	4,985,172.00
Contoso	7,127,903.00
Fabrikam	8,667,819.00
Litware	4,284,028.00
Northwind Traders	911,918.00
Proseware	3,192,659.00
Southridge Video	1,643,555.00
Tailspin Toys	600,524.00
The Phone Company	2,233,721.00
Wide World Importers	3,579,429.00
Total	**39,004,512.00**

Abbildung 15.28 Aufschlüsselung des Budgets nach Marke. Alle Berechnungen geben ein korrektes Ergebnis zurück.

Allerdings laufen die Dinge unvermittelt aus dem Ruder, wenn weitere Spalten aus der Tabelle *Product* in die Analyse einbezogen werden. In Abbildung 15.29 haben wir einen Slicer hinzugefügt, um einige Farben zu filtern, und die Farbe dann den Spalten der Matrix hinzugefügt. Das Ergebnis ist gelinde ausgedrückt verwirrend.

Color
- ☐ (Blank)
- ☐ Azure
- ■ Black
- ■ Blue
- ☐ Brown
- ☐ Gold
- ■ Green
- ☐ Grey
- ☐ Orange
- ☐ Pink
- ☐ Purple
- ☐ Red
- ☐ Silver
- ☐ Silver Grey
- ☐ Transparent
- ☐ White
- ☐ Yellow

Brand	Black	Blue	Green	**Total**
A. Datum	1,777,784.00	1,777,784.00	1,777,784.00	**1,777,784.00**
Adventure Works	4,985,172.00	4,985,172.00		**4,985,172.00**
Contoso	7,127,903.00	7,127,903.00	7,127,903.00	**7,127,903.00**
Fabrikam	8,667,819.00	8,667,819.00	8,667,819.00	**8,667,819.00**
Litware	4,284,028.00	4,284,028.00	4,284,028.00	**4,284,028.00**
Northwind Traders	911,918.00	911,918.00	911,918.00	**911,918.00**
Proseware	3,192,659.00	3,192,659.00	3,192,659.00	**3,192,659.00**
Southridge Video	1,643,555.00	1,643,555.00		**1,643,555.00**
Tailspin Toys	600,524.00	600,524.00	600,524.00	**600,524.00**
The Phone Company	2,233,721.00			**2,233,721.00**
Wide World Importers	3,579,429.00	3,579,429.00	3,579,429.00	**3,579,429.00**
Total	**39,004,512.00**	**36,770,791.00**	**30,142,064.00**	**39,004,512.00**

Abbildung 15.29 Aufschlüsselung des Budgets nach Marke und Farbe. Die angezeigten Zahlen sind verwirrend.

Bitte beachten Sie, dass bei *Brand* der Wert – sofern vorhanden – unabhängig vom Filter für die Farbe immer derselbe ist. Die Summe jeder Farbe ist anders, aber die angezeigte Gesamtsumme entspricht ganz klar nicht der Summe der einzelnen Farben.

Damit diese Zahlen an Aussagekraft gewinnen, verwenden wir eine vereinfachte Version der Matrix, in der die Marke nicht vorhanden ist. In Abbildung 15.30 ist *Budget Amt* nur nach *Product[Color]* aufgeschlüsselt.

Color	Budget Amt
Black	39,004,512.00
Blue	36,770,791.00
Green	30,142,064.00
Total	**39,004,512.00**

Abbildung 15.30 Eine Aufschlüsselung nur nach Farbe macht es einfacher, sich auf einzelne Zellen zu konzentrieren.

Betrachten Sie das Budget für »Blue« in Abbildung 15.30. Zu Beginn der Auswertung filtert der Filterkontext die Tabelle *Product* so, dass nur blaue Produkte angezeigt werden. Es gibt aber nicht für alle Marken blaue Produkte. So bietet etwa The Phone Company kein Produkt an, das blau ist (Abbildung 15.29). Die Spalte *Product[Brand]* ist also nach *Product[Color]* kreuzgefiltert und zeigt alle Marken außer The Phone Company. Wenn der Filterkontext auf die Tabelle *Budget* verschoben wird, erfolgt der Vorgang mit der Granularität von *Brand*. Folglich wird die Tabelle *Budget* gefiltert und zeigt alle Marken mit Ausnahme von The Blue Company.

Der angezeigte Wert ist die Summe aller Marken mit Ausnahme von The Blue Company. Beim Durchlaufen der Beziehung sind die Informationen zur Farbe verloren gegangen. Die Beziehung zwischen *Color* und *Brand* wird verwendet, wenn eine Kreuzfilterung von *Brand* nach *Color* vorgenommen wird. Dann aber basiert der Filter für *Budget* nur auf *Brand*. Das bedeutet, dass jede Zelle die Summe aller Marken enthält, die mindestens ein Produkt mit der gegebenen Farbe haben. Dieses Verhalten ist selten wünschenswert. Es gibt nur wenige Szenarien, in denen genau diese Berechnung erforderlich ist; meistens sind die Zahlen ganz einfach falsch.

Das Problem tritt immer dann auf, wenn ein Benutzer eine Aggregation von Werten bei einer Granularität durchsucht, die von der Beziehung gar nicht unterstützt wird. Eine empfohlene Praxis besteht darin, den Wert auszublenden, wenn die Unterstützung der Suchgranularität nicht gegeben ist. Dies wirft allerdings das Problem auf, dass erst einmal erkannt werden muss, ob der Bericht Daten mit der richtigen Granularität analysiert oder nicht. Hierzu erstellen wir weitere Measures.

Wir beginnen mit einer Matrix, die die Marke (korrekte Granularität) und die Farbe (falsche Granularität) enthält. Im Bericht haben wir auch ein neues Measure namens *NumOfProducts* hinzugefügt, das nur die Anzahl der Zeilen in der Tabelle *Product* zählt:

```
NumOfProducts :=
COUNTROWS ( 'Product' )
```

Den resultierenden Bericht sehen Sie in Abbildung 15.31.

Brand	Budget Amt	NumOfProducts
A. Datum	**1,777,784.00**	**132**
Azure	1,777,784.00	14
Black	1,777,784.00	18
Blue	1,777,784.00	4
Gold	1,777,784.00	4
Green	1,777,784.00	14
Grey	1,777,784.00	18
Orange	1,777,784.00	18
Pink	1,777,784.00	18
Silver	1,777,784.00	18
Silver Grey	1,777,784.00	6
Adventure Works	**4,985,172.00**	**192**
Black	4,985,172.00	54
Blue	4,985,172.00	12
Brown	4,985,172.00	15

Abbildung 15.31 Der Wert von *Budget Amt* ist für *Brand* richtig und für die einzelnen Farben falsch.

Der Schlüssel zur Lösung des Problems ist das Measure *NumOfProducts*. Wenn die Marke A. Datum ausgewählt wird, sind 132 Produkte sichtbar, bei denen es sich ausschließlich um Produkte von A. Datum handelt. Wenn der Benutzer weiter nach der Farbe (oder einer anderen Spalte) filtert, wird die Anzahl der sichtbaren Produkte reduziert. Die Werte aus *Budget* ergeben nur Sinn, wenn alle 132 Produkte sichtbar sind. Bei Auswahl von weniger Produkten verlieren sie an Aussagekraft. Daher verbergen wir den Wert des Measures *Budget Amt*, wenn die Anzahl der sichtbaren Produkte nicht exakt der Anzahl aller Produkte der ausgewählten Marke entspricht.

Ein Measure, das die Anzahl der Produkte bei Markengranularität berechnet, sieht folgendermaßen aus:

```
NumOfProducts Budget Grain :=
CALCULATE (
    [NumOfProducts],
    ALL ( 'Product' ),
    VALUES ( 'Product'[Brand] )
)
```

In diesem Fall muss *ALL/VALUES* anstelle von *ALLEXCEPT* verwendet werden; Informationen zu den Unterschieden finden Sie in Kapitel 10. Mit diesem neuen Measure ist es jetzt ausreichend, mit einer einfachen *IF*-Anweisung zu prüfen, ob die beiden Zahlen identisch sind, um das Measure *Budget Amt* anzuzeigen; andernfalls wird ein Leerwert zurückgegeben und die Zeile wird im Bericht ausgeblendet. Das Measure *Corrected Budget* setzt diese Logik um:

```
Corrected Budget :=
IF (
    [NumOfProducts] = [NumOfProducts Budget Grain],
    [Budget Amt]
)
```

Abbildung 15.32 zeigt den gesamten Bericht mit den neu eingeführten Measures. Der Wert von *Corrected Budget* wird ausgeblendet, wenn die Granularität des Berichts nicht mit der der Tabelle *Budget* kompatibel ist.

Brand	Budget Amt	NumOfProducts	NumOfProducts Budget Grain	Corrected Budget
A. Datum	**1,777,784.00**	**132**	**132**	**1,777,784.00**
Azure	1,777,784.00	14	132	
Black	1,777,784.00	18	132	
Blue	1,777,784.00	4	132	
Gold	1,777,784.00	4	132	
Green	1,777,784.00	14	132	
Grey	1,777,784.00	18	132	
Orange	1,777,784.00	18	132	
Pink	1,777,784.00	18	132	
Silver	1,777,784.00	18	132	
Silver Grey	1,777,784.00	6	132	
Adventure Works	**4,985,172.00**	**192**	**192**	**4,985,172.00**
Black	4,985,172.00	54	192	
Blue	4,985,172.00	12	192	
Brown	4,985,172.00	15	192	

Abbildung 15.32 Der Wert von *Corrected Budget* wird ausgeblendet, wenn der Bericht bei inkompatibler Granularität durchsucht wird.

Dasselbe Muster muss auch auf die Tabelle *Customer* angewendet werden, bei der die Granularität auf der Ebene von *CountryRegion* festgelegt wird. Bei Bedarf sind weitere Informationen über dieses Muster unter *https://www.daxpatterns.com/budget-patterns* verfügbar.

Grundsätzlich sollte man bei der Verwendung von Beziehungen bei einer Granularität, die sich von der des Tabellenschlüssels unterscheidet, die Berechnungen immer überprüfen und dafür sorgen, dass jeglicher Wert ausgeblendet wird, wenn die Granularität nicht unterstützt wird. Schwache MMR-Beziehungen erfordern immer Ihre Aufmerksamkeit für diese Details.

Mehrdeutigkeit in Beziehungen in den Griff bekommen

Im Zusammenhang mit Beziehungen spielt auch die Mehrdeutigkeit eine wichtige Rolle. Mehrdeutigkeit kann in einem Modell auftreten, wenn zwei Tabellen über mehrere Pfade miteinander verbunden sind. Leider ist Mehrdeutigkeit in einem komplexen Datenmodell oft schwierig zu erkennen.

Die einfachste Form der Mehrdeutigkeit, die man in ein Modell einbringen kann, ist die Schaffung von mindestens zwei Beziehungen zwischen zwei Tabellen. Angenommen, wir haben eine Tabelle *Sales*, die sowohl Bestell- als auch Liefertermine enthält. Wenn Sie nun versuchen, zwei Beziehungen zwischen *Date* und *Sales* auf Grundlage der beiden Spalten zu erstellen, wird die zweite deaktiviert. Abbildung 15.33 zeigt exemplarisch, wie eine der beiden Beziehungen zwischen *Date* und *Sales* durch eine gestrichelte Linie dargestellt wird, weil sie nicht aktiv ist.

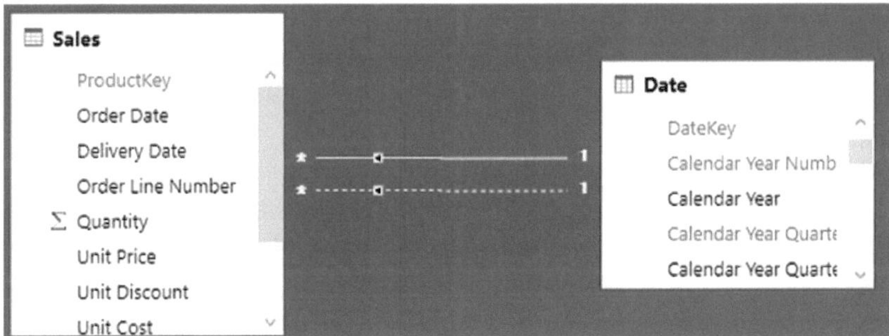

Abbildung 15.33 Zwischen zwei beliebigen Tabellen kann immer nur eine Beziehung aktiv sein.

Wären beide Beziehungen gleichzeitig aktiv, dann wäre das Modell mehrdeutig. Die Engine wüsste in diesem Fall nicht, welchem Pfad sie folgen müsste, um einen Filter vom *Date* auf *Sales* zu übertragen.

Das Verstehen von Mehrdeutigkeiten ist bei der Arbeit mit nur zwei Tabellen relativ einfach, aber mit zunehmender Tabellenanzahl ist eine Mehrdeutigkeit wesentlich schwieriger zu erkennen. Die Engine erkennt eine Mehrdeutigkeit in einem Modell automatisch und verhindert, dass Entwickler mehrdeutige Modelle erstellen. Hierfür verwendet sie jedoch einen komplexen Algorithmus, der auf Regeln fußt, die für den Menschen nicht leicht nachzuvollziehen sind. Infolgedessen wird ein Modell, das eigentlich mehrdeutig ist, manchmal nicht als solches erkannt.

Betrachten Sie etwa das in Abbildung 15.34 gezeigte Modell. Bevor wir fortfahren, betrachten Sie die Abbildung genau und beantworten Sie dann die folgende einfache Frage: Ist dieses Modell mehrdeutig?

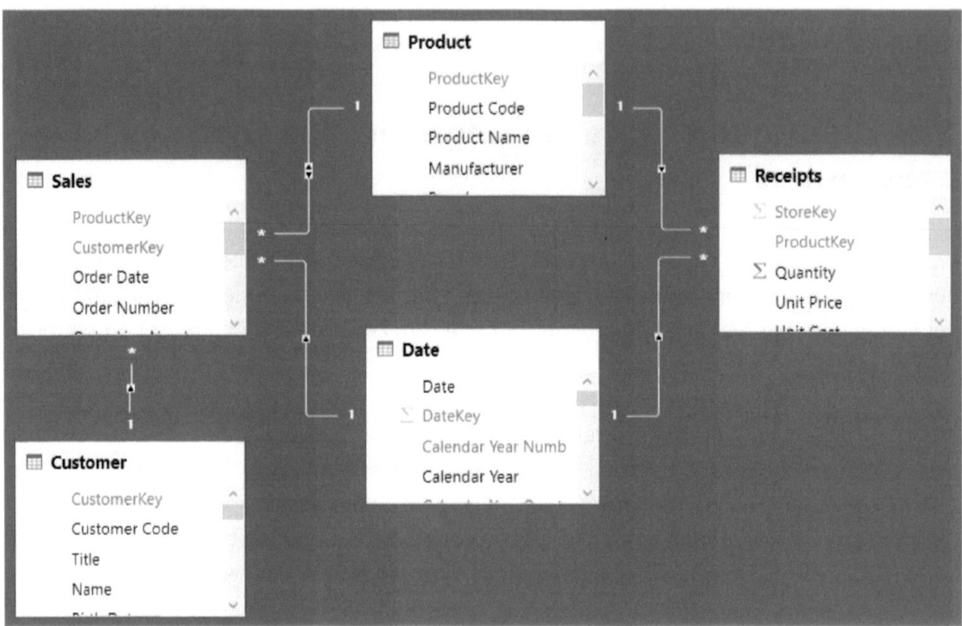

Abbildung 15.34 Ist das Modell mehrdeutig? Kann ein Entwickler es erstellen oder wird dabei ein Fehler ausgelöst?

Die Antwort auf die Frage ist selbst nicht eindeutig: Das Modell ist nämlich für den Menschen mehrdeutig, für DAX hingegen nicht. Dennoch ist es ein schlechtes Datenmodell, weil es extrem schwierig zu analysieren ist. Stellen wir zunächst fest, wo die Mehrdeutigkeit vorliegt.

Es gibt einen bidirektionalen Kreuzfilter in der Beziehung zwischen *Product* und *Sales*, das heißt, der Filterkontext von *Sales* wird zuerst zu *Product* und dann zu *Receipts* (Quittungen) übertragen. Und jetzt konzentrieren Sie sich auf *Date*. Ausgehend von *Date* kann der Filter auf legitimem Wege zunächst zu *Sales*, dann zu *Product* und schließlich zu *Receipts* gelangen. Gleichzeitig könnte der Filter von *Date* bis zu *Receipts* fließen, indem er einfach der Beziehung zwischen den beiden Tabellen folgt. Das aber bedeutet, dass das Modell mehrdeutig ist, da es mehrere Pfade gibt, um den Filter von *Date* bis zu *Receipts* fortzupflanzen.

Dennoch ist es möglich, solche Modelle zu erstellen und zu verwenden, denn die DAX-Engine implementiert spezielle Regeln, um die Anzahl der erkannten mehrdeutigen Modelle zu reduzieren. In diesem Fall gilt die Regel, dass sich der Filter nur über den kürzesten Weg fortpflanzt. Daher ist das Modell zulässig, obwohl es nicht eindeutig ist. Das soll nicht heißen, dass der Umgang mit solchen Modellen in irgendeiner Weise empfehlenswert wäre. Es handelt sich vielmehr um eine ziemlich schlechte Idee, und wir raten unseren Lesern dringend davon ab, ihre Modelle überhaupt mehrdeutig zu gestalten.

Außerdem liegen die Dinge in der Realität sehr viel schwieriger als hier beschrieben. Mehrdeutigkeit kann in einem Modell aufgrund der Art und Weise auftreten, wie Beziehungen gestaltet werden. Auch während der Ausführung von DAX-Code kann Mehrdeutigkeit entstehen, wenn etwa ein DAX-Entwickler die Beziehungsarchitektur mit *CALCULATE*-Modifizierern wie *USERELATIONSHIP* oder *CROSSFILTER* ändert. Sie schreiben beispielsweise ein Measure, das perfekt funktioniert. Dann rufen Sie es aus einem anderen Measure heraus auf, das *CROSSFILTER* verwendet, um eine Beziehung herzustellen, und prompt beginnt Ihr Measure aufgrund der mit *CROSSFILTER* in das Modell eingeführten Mehrdeutigkeit, falsche Werte zu berechnen. Wir wollen unsere Leser nicht erschrecken, sondern lediglich dafür sorgen, dass sie sich der Komplexität bewusst werden, die in einem Modell entstehen kann, sobald Mehrdeutigkeit ins Spiel kommt.

Mehrdeutigkeit in aktiven Beziehungen verstehen

Das erste Beispiel basiert auf dem in Abbildung 15.34 gezeigten Modell. Der Bericht schreibt *Sales Amount* und *Receipts Amount* (einfaches *SUMX* über die beiden Tabellen) in einer Matrix fort, die nach Jahr aufgeschlüsselt ist. Das Ergebnis sehen Sie in Abbildung 15.35.

Calendar Year	Sales Amt	Receipts Amt
CY 2007	11,309,946.12	92,929,563.18
CY 2008	9,927,582.99	88,287,767.29
CY 2009	9,353,814.87	79,908,559.19
Total	**30,591,343.98**	**261,125,889.66**

Abbildung 15.35 *Calendar Year* filtert *Receipts*, aber über welchen Pfad?

Der Filter kann von *Date* über zwei Pfade zu *Receipts* gelangen:

- Über einen direkten Pfad (*Date* zu *Receipts*).
- Über einen Pfad, der von *Date* zu *Sales*, dann von *Sales* zu *Product* und schließlich von *Product* zu *Receipts* verläuft.

Das Modell wird nicht als mehrdeutig angesehen, da die DAX-Engine den kürzesten Pfad zwischen den beiden Tabellen wählt. Da die Möglichkeit besteht, den Filter direkt von *Date* zu *Receipts* zu verschieben, wird jeglicher andere Pfad ignoriert. Ist der kürzeste Pfad nicht verfügbar, dann verwendet die Engine den längeren Pfad. Sehen Sie sich an, was geschieht, wenn Sie ein neues Measure erstellen, das *Receipts Amt* aufruft, nachdem Sie die Beziehung zwischen *Date* und *Receipts* deaktiviert haben:

```
Rec Amt Longer Path :=
CALCULATE (
    [Receipts Amt],
    CROSSFILTER ( 'Date'[Date], Receipts[Sale Date], NONE )
)
```

Das Measure *Rec Amt Longer Path* deaktiviert die Beziehung zwischen *Date* und *Receipts*, sodass die Engine den längeren Pfad nehmen muss. Das Ergebnis sehen Sie in Abbildung 15.36.

Calendar Year	Sales Amt	Receipts Amt	Rec Amt Longer Path
CY 2007	11,309,946.12	92,929,563.18	155,636,856.07
CY 2008	9,927,582.99	88,287,767.29	172,390,011.89
CY 2009	9,353,814.87	79,908,559.19	159,020,856.51
Total	**30,591,343.98**	**261,125,889.66**	**261,125,889.66**

Abbildung 15.36 *Rec Amt Longer Path* verwendet den längeren Pfad, um *Receipts* beginnend bei *Date* zu filtern.

Eine interessante Übung für den Leser könnte an dieser Stelle darin bestehen, genau zu beschreiben, was die von *Rec Amt Longer Path* gemeldeten Zahlen bedeuten. Wir möchten Sie dazu ermutigen, dies zu tun, bevor Sie weiterlesen, denn die Antwort folgt in Kürze weiter hinten.

Der Filter beginnt bei *Date* und erreicht dann *Sales*. Von *Sales* geht es weiter zu *Product*. Die gefilterten Produkte sind diejenigen, die an einem der ausgewählten Daten verkauft wurden. Mit anderen Worten: Wenn der Filter auf 2007 festgelegt ist, zeigt *Product* nur die im Jahr 2007 verkauften Produkte an. Dann bewegt sich der Filter einen Schritt weiter und erreicht *Receipts*. Mit anderen Worten: Die Zahl ist die Gesamtsumme von *Receipts* für alle in einem bestimmten Jahr verkauften Produkte. Dieser Wert ist weit davon entfernt, intuitiv zu sein!

Das komplexeste Detail der Formel besteht darin, dass sie *CROSSFILTER NONE* verwendet. Daher würde ein Entwickler eher zu der Annahme neigen, dass der Code nur eine Beziehung deaktiviert. In Wirklichkeit jedoch wird durch die Deaktivierung des einen Pfades ein anderer aktiv. Das Measure hebt also eigentlich keine Beziehung auf, sondern aktiviert lediglich eine andere, die an keiner Stelle im Code angegeben ist.

In diesem Szenario entsteht die Mehrdeutigkeit durch den bidirektionalen Kreuzfilter zwischen *Product* und *Sales*. Ein bidirektionaler Kreuzfilter ist eine ziemlich gefährliche Funktion, da hierdurch eine Mehrdeutigkeit entstehen kann, die zwar von der Engine aufgelöst wird, aber sich vor den Augen des Entwicklers weitgehend verbirgt. Wir setzen DAX jetzt bereits seit vielen Jahren ein und sind mittlerweile zu dem Schluss gekommen, dass man den bidirektionalen Kreuzfilter wirklich nur dann verwenden sollte, wenn es gar nicht anders geht. Außerdem sollte man in den wenigen Szenarien, in denen ein bidirektionaler Kreuzfilter sinnvoll ist, das gesamte Modell auf Herz und Nieren prüfen, damit keinesfalls irgendwelche Mehrdeutigkeiten entstehen. Es ist selbstverständlich, dass der gesamte Prüfvorgang von vorne beginnen muss, sobald eine zusätzliche Tabelle oder Beziehung zum Modell hinzugefügt wird. Diese Übung an einem Modell mit sagen wir 50 Tabellen ist ausgesprochen mühsam, kann aber leicht umgangen werden, indem man bei der Definition des Datenmodells die Finger von bidirektionalen Kreuzfiltern lässt.

Mehrdeutigkeit in nichtaktiven Beziehungen in den Griff bekommen

Bidirektionale Kreuzfilter sind sicherlich die fragwürdigste Funktionalität, durch die Mehrdeutigkeit entstehen kann, aber gewiss nicht die einzige. Ein Entwickler kann ein absolut zulässiges Modell ohne Mehrdeutigkeiten erstellen und trotzdem zur Abfragezeit mit dem Problem der Mehrdeutigkeit konfrontiert werden.

Sehen Sie sich beispielsweise das Modell in Abbildung 15.37 an. Es ist nicht mehrdeutig.

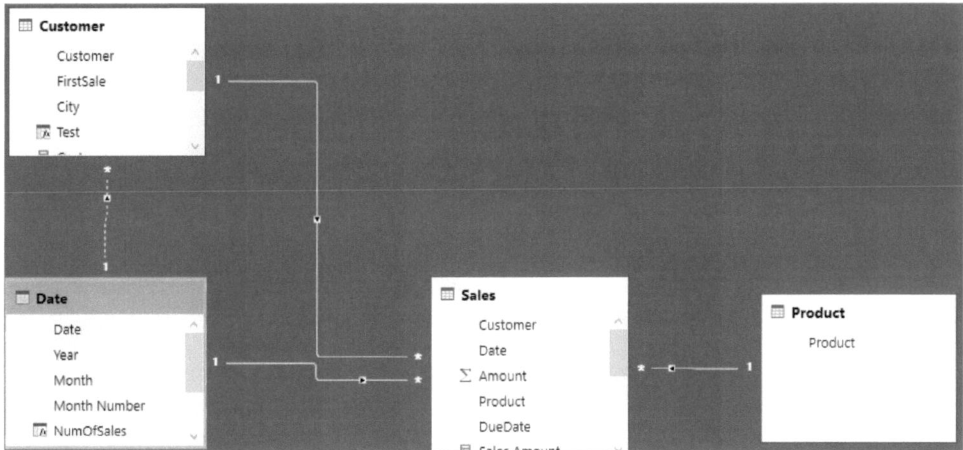

Abbildung 15.37 Das Modell ist nicht mehrdeutig, da die potenziell störenden Beziehungen deaktiviert wurden.

Sehen Sie sich die Tabelle *Date* etwas genauer an. *Date* filtert *Sales* über die einzige aktive Beziehung (von *Date[Date]* zu *Sales[Date]*). Zwischen *Date* und *Sales* bestehen zwei Beziehungen. Eine davon ist inaktiv, um Mehrdeutigkeit zu vermeiden. Ferner besteht eine Beziehung zwischen *Date* und *Customer*, die auf *Customer[FirstSale]* basiert. Diese Beziehung muss inaktiv sein. Wenn letztere Beziehung aktiviert würde, könnte der Filter von *Date* aus *Sales* auf zwei Wegen erreichen: Das Modell würde mehrdeutig. Dieses Modell funktioniert also gut, weil es nur die aktiven Beziehungen nutzt.

Was aber passiert, wenn man nun mindestens eine der inaktiven Beziehungen innerhalb einer *CALCULATE*-Anweisung aktivieren würde? Das Modell würde sofort mehrdeutig. Beispielsweise aktiviert das folgende Measure die Beziehung zwischen *Date* und *Customer*:

```
First Date Sales :=
CALCULATE (
    [Sales Amount],
    USERELATIONSHIP ( Customer[FirstSale], 'Date'[Date] )
)
```

Da *USERELATIONSHIP* die Beziehung aktiviert, wird das Modell innerhalb von *CALCULATE* mehrdeutig. Die Engine kann nicht auf Grundlage eines mehrdeutigen Modells arbeiten, muss also die anderen Beziehungen deaktivieren. In diesem Fall benutzt sie nicht den kürzesten Pfad. Dieser wäre nämlich der zwischen *Date* und *Sales* – die direkte Beziehung. Eine vernünftige Schlussfolgerung könnte lauten, dass – um das Modell eindeutig zu machen – die Engine wie im vorherigen Beispiel die direkte Beziehung verwenden müsste. Da der Entwickler jedoch ausdrücklich darum gebeten hat, die Beziehung zwischen *Customer* und *Date* durch *USERELATIONSHIP* zu aktivieren, entscheidet die Engine, stattdessen die Beziehung zwischen *Date* und *Sales* zu deaktivieren.

Daher kann sich der Filter aufgrund von *USERELATIONSHIP* nicht von *Date* zu *Sales* – also über die direkte Beziehung – fortpflanzen. Stattdessen pflanzt sich der Filter von *Date* zu

Customer und dann von *Customer* zu *Sales* fort. Daher zeigt das Measure für einen Kunden und ein Datum alle Umsätze dieses Kunden, jedoch nur zu dem Datum des ersten Einkaufs dieses Kunden. Sie sehen dies in Abbildung 15.38.

Customer	Sales Amount	First Date Sales
Alberto	**1,000**	**1,000**
02/01/2018	500	1,000
03/01/2018	500	
Daniele	**2,000**	**2,000**
03/01/2018	2,000	2,000
Marco	**300**	**300**
01/01/2018	100	300
02/01/2018	100	
03/01/2018	100	
Total	**3,300**	**3,300**

Abbildung 15.38 *First Date Sales* zeigt alle Umsätze eines Kunden, jedoch nur am Tag des ersten Einkaufs.

Das Measure *First Date Sales* zeigt immer die Gesamtsumme von *Sales* für den jeweiligen Kunden sowie Leerwerte für Tage an, die nicht dem Datum des ersten Einkaufs dieses Kunden entsprechen. Aus BI-Perspektive zeigt dieses Measure den künftigen Wert eines Kunden an, wie er zum Zeitpunkt der Gewinnung dieses Kunden prognostiziert wurde. Obwohl diese Beschreibung sinnvoll ist, ist die Wahrscheinlichkeit, dass dies die gewünschte Anforderung ist, doch eher gering.

Wie schon weiter vorne geht es auch hier nicht darum, genau zu verstehen, wie die Engine die Mehrdeutigkeit aufgelöst hat. Die Regeln zur Vermeidung von Mehrdeutigkeiten wurden nie dokumentiert und können sich daher in Zukunft ändern. Das eigentliche Problem solcher Modelle besteht darin, dass die Mehrdeutigkeit in einem gültigen Modell aufgrund der Aktivierung einer inaktiven Beziehung auftreten könnte. Eigentlich ist es eher ein Ratespiel als eine Wissenschaft, herauszufinden, welchen der vielen Pfade die Engine zur Lösung von Mehrdeutigkeiten buchstäblich beschreiten wird.

Bei Mehrdeutigkeiten und Beziehungen lautet die simple Faustregel, die Dinge einfach zu halten. DAX verfügt möglicherweise über einen leistungsstarken Algorithmus zur Vermeidung von Mehrdeutigkeiten und kann diese in fast jedem Modell beseitigen. Um einen Mehrdeutigkeitsfehler zur Laufzeit auszulösen, muss man nämlich eine Anzahl von *USERELATIONSHIP*-Funktionen verwenden, die eine Mehrdeutigkeit des Modells erzwingen. Nur in solchen Fällen gibt die Engine einen Fehler aus. Das folgende Measure erfordert beispielsweise ganz klar ein mehrdeutiges Modell:

```
First Date Sales ERROR :=
CALCULATE (
    [Sales Amount],
    USERELATIONSHIP ( Customer[FirstSale], 'Date'[Date] ),
    USERELATIONSHIP ( 'Date'[Date], Sales[Date] )
)
```

Zum gegenwärtigen Zeitpunkt ist DAX nicht in der Lage, Mehrdeutigkeiten in einem Modell aufzulösen, in dem beide Beziehungen aktiv sind, und gibt daher einen Fehler aus. Unabhängig davon kann das Measure im Datenmodell definiert werden, ohne eine Ausnahme auszulösen: Der Fehler tritt erst dann auf, wenn das Measure ausgeführt und nach Datum gefiltert wird.

Ziel dieses Abschnitts war es nicht, die Möglichkeiten zur Entwicklung tabellarischer Modelle zu beschreiben, sondern wir wollten Ihre Aufmerksamkeit auf Probleme lenken, die auftreten können, wenn der Aufbau des Datenmodells nicht korrekt ist. Die Erstellung des richtigen Modells für eine Analyse ist eine komplexe Aufgabe. Bidirektionale Kreuzfilter und inaktive Beziehungen ohne umfassendes Verständnis ihrer Auswirkungen sind vielleicht der schnellste Weg, ein Modell mit unvorhersehbarem Verhalten zu erstellen.

Fazit

Beziehungen sind ein wesentlicher Teil jedes Datenmodells. Der tabellarische Modus bietet verschiedene Arten von Beziehungen. Hierzu gehören 1:n-Beziehungen (SMR), 1:1-Beziehungen (SSR) und schwache MMR-Beziehungen. MMR-Beziehungen werden gelegentlich auch als »n:n-Beziehungen« bezeichnet, was ein irreführender Name ist, der mit einem anderen Datenmodellierungskonzept kollidiert. In jeder Beziehung kann sich der Filter entweder in eine einzige Richtung oder aber bidirektional fortpflanzen. Die einzige Ausnahme sind 1:1-Beziehungen, die immer bidirektional sind.

Die verfügbaren Werkzeuge können in einem logischen Datenmodell durch Implementierung berechneter physischer Beziehungen oder aber virtueller Beziehungen mithilfe von *TREATAS*, *SUMMARIZE* oder eine Tabellenerweiterung erweitert werden. Die MMRs zwischen Geschäftssparten lassen sich mit einer Brückentabelle implementieren und greifen dabei auf bidirektionale Kreuzfilter zurück, die auf die Beziehungen in der Kette angewendet werden.

Alle diese Funktionen sind extrem leistungsfähig, und aus genau diesem Grund sind sie auch sehr risikobehaftet. Beziehungen müssen mit Sorgfalt behandelt werden. Der Entwickler sollte die Modelle immer auf Mehrdeutigkeit prüfen und sich zudem vergewissern, dass er eine Mehrdeutigkeit – etwa mit *USERELATIONSHIP* oder *CROSSFILTER* – nicht selbst eingebracht hat.

Je umfangreicher das Modell ist, desto höher ist das Fehlerrisiko. Wenn ein Modell eine inaktive Beziehung enthält, prüfen Sie den Grund für die Inaktivität und machen Sie sich klar, was im Falle der Aktivierung geschehen würde. Denken Sie daran, dass Sie genügend Zeit investieren müssen, um Ihr Modell korrekt zu entwickeln und erfolgreich DAX-Berechnungen durchzuführen. Ein fehlerhaft gestaltetes Modell wird dem Entwickler dagegen in der Regel viele Kopfschmerzen bereiten.

KAPITEL 16

Fortgeschrittene Berechnungen in DAX

In diesem letzten Kapitel über die Eigenschaften der Sprache DAX wollen wir, bevor wir uns der Optimierung zuwenden, einige Beispiele für Berechnungen mit DAX präsentieren. Ziel dieses Kapitels ist es nicht, gebrauchsfertige Muster zu liefern, die man sofort verwenden kann; diese finden Sie eher auf *https://www.daxpatterns.com*. Stattdessen geht es uns darum, Formeln unterschiedlicher Komplexität zu zeigen, um Ihren Geist in der faszinierenden Kunst des »Denkens in DAX« zu schulen.

Für DAX brauchen Sie tatsächlich ein Gehirn, das zur Kreativität fähig ist. Nachdem Sie nun alle Geheimnisse der Sprache gelernt haben, wird es Zeit, sie in die Praxis umzusetzen. Im nächsten Kapitel werden wir mit der Optimierung beginnen. Hier jedoch wollen wir uns zunächst mit der Leistungsmessung befassen. Sie finden hier erste Hinweise darauf, wie die Komplexität einer Formel gemessen werden kann.

Es geht dabei noch nicht darum, die beste Leistung zu erzielen, denn die Leistungsanalyse erfordert Kenntnisse, die Sie erst in späteren Kapiteln vermittelt bekommen werden. Trotzdem werden Sie in diesem Kapitel unterschiedliche Formulierungen für dasselbe Measure sehen, deren Komplexität wir analysieren werden. Die Tatsache, dass es möglich ist, mehrere verschiedene Versionen desselben Measures zu verfassen, ist für die Leistungsoptimierung von größter Bedeutung.

Arbeitstage zwischen zwei Datumsangaben berechnen

Bei zwei Datumsangaben kann man die Differenz in Tagen durch einfache Subtraktion berechnen. In der Tabelle *Sales* gibt es zwei Datumsangaben: das Lieferdatum und das Auftragsdatum. Die durchschnittliche Anzahl von Tagen, die für die Lieferung benötigt wird, kann mit dem folgenden Measure ermittelt werden:

```
Avg Delivery :=
AVERAGEX (
    Sales,
    INT ( Sales[Delivery Date] - Sales[Order Date] + 1)
)
```

Aufgrund des internen Formats eines *DateTime*-Werts gibt dieses Measure ein korrektes Ergebnis zurück. Allerdings wäre es nicht fair zu behaupten, eine am Freitag eingegangene und am Montag versandte Bestellung hätte drei Tage für die Lieferung benötigt, denn schließlich gelten Samstage und Sonntage als arbeitsfreie Tage. Tatsächlich also dauerte der Versand der Bestellung nur einen Werktag: Dieselbe Bestellung – am Montag eingegangen – wäre analog am Dienstag versandt worden. Daher muss bei korrekter Berechnung die Differenz zwischen den beiden Datumsangaben ausgedrückt in Arbeitstagen betrachtet werden. Wir zeigen hier mehrere Versionen dieser Berechnung und versuchen herauszufinden, welche im Hinblick auf Leistung und Flexibilität die beste ist.

Excel bietet eine spezielle Funktion zur Durchführung dieser Berechnung namens *NETTOARBEITSTAGE*. DAX hat leider keine derartige Funktion. Allerdings bietet DAX alle Bausteine, um einen komplexen Ausdruck zu verfassen, der das Äquivalent von *NETTOARBEITSTAGE* berechnet, und vieles mehr. Eine erste Möglichkeit, die Anzahl der Arbeitstage zwischen zwei Datumsangaben zu ermitteln, besteht beispielsweise darin, die Anzahl der Tage zwischen den beiden Datumsangaben zu zählen, die Arbeitstage sind:

```
Avg Delivery WD :=
AVERAGEX (
    Sales,
    VAR RangeOfDates =
        DATESBETWEEN (
            'Date'[Date],
            Sales[Order Date],
            Sales[Delivery Date]
        )
    VAR WorkingDates =
        FILTER (
            RangeOfDates,
            NOT ( WEEKDAY ( 'Date'[Date] ) IN { 1, 7 } )
        )
    VAR NumberOfWorkingDays =
        COUNTROWS ( WorkingDates )
    RETURN
        NumberOfWorkingDays
)
```

Für jede Zeile in *Sales* erstellt das Measure eine Temporärtabelle in *RangeOfDates* mit allen Datumsangaben, die zwischen dem Auftrags- und dem Lieferdatum liegen. Dann werden Samstage und Sonntage in *WorkingDates* ausgefiltert, und schließlich zählt das Measure die Anzahl der Zeilen, die nach getaner Arbeit des Filters noch in *NumberOfWorkingDays* vorhanden sind. Abbildung 16.1 zeigt ein Liniendiagramm mit der Differenz zwischen der durchschnittlichen Lieferzeit in Tagen und in Arbeitstagen.

Das Measure funktioniert gut, weist aber ein paar Mängel auf. Zunächst einmal werden Feiertage nicht berücksichtigt. Da nur Samstage und Sonntage gestrichen werden, wird beispielsweise der 1. Januar als regulärer Arbeitstag gewertet, sofern er nicht auf ein Wochenende fällt. Gleiches gilt für alle übrigen Feiertage des Jahres. Zweitens bietet die Formel Optimierungspotenzial in Sachen Leistung.

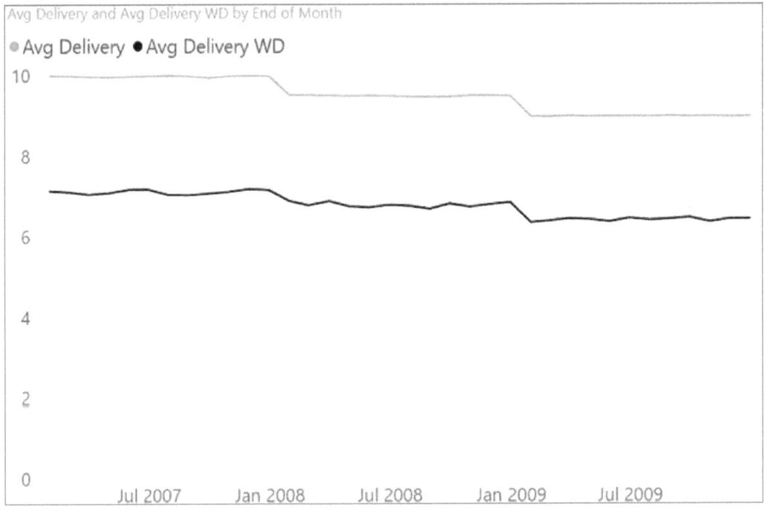

Abbildung 16.1 Die Durchschnittswerte für Lieferdauer und Arbeitstage unterscheiden sich.

Damit Feiertage ordnungsgemäß verwaltet werden können, muss die Information, ob ein bestimmter Tag ein Feiertag ist oder nicht, in einer Tabelle gespeichert werden. Die Tabelle *Date* ist der perfekte Ort dafür – in einer Spalte mit dem Namen *Is Holiday*. Danach müsste die Formel dann anders als beim vorherigen Measure andere Spalten der Tabelle *Date* statt nur die Spalte *Date[Date]* verwenden:

```
Avg Delivery WD DT :=
AVERAGEX (
    Sales,
    VAR RangeOfDates =
        DATESBETWEEN (
            'Date'[Date],
            Sales[Order Date],
            Sales[Delivery Date]
        )
    VAR NumberOfWorkingDays =
        CALCULATE (
            COUNTROWS ( 'Date' ),
            RangeOfDates,
            NOT ( WEEKDAY ( 'Date'[Date] ) IN { 1, 7 } ),
            'Date'[Is Holiday] = 0
        )
    RETURN
        NumberOfWorkingDays
)
```

Nachdem das Measure nun noch stärker datengestützt ist, könnte man auch die Informationen zu den Wochenenden in der Tabelle *Date* speichern und den Test mit *WEEKDAY* durch eine neue Spalte mit *Workday* (Arbeitstag) oder *Weekend* (Wochenende) ersetzen. Dadurch wird die Komplexität des Measures reduziert, und ein Großteil der Logik wird in die Daten verlagert, was die Flexibilität erhöht.

Hinsichtlich der Komplexität führt das Measure zwei Operationen durch:

- Eine Iteration über die Tabelle *Sales*
- Für jede Zeile in *Sales* die Erstellung einer Temporärtabelle mit allen Datumsangaben, die zwischen dem Auftrags- und dem Lieferdatum liegen

Wenn *Sales* eine Million Zeilen enthält und die durchschnittliche Lieferdauer sieben Tage beträgt, beläuft sich die Komplexität des Measures auf ca. 7 Millionen. Die Engine muss nämlich eine Million Mal eine Temporärtabelle mit etwa sieben Zeilen erstellen.

Es ist möglich, die Komplexität der Formel zu reduzieren, indem entweder die Anzahl der von *AVERAGEX* durchgeführten Iterationen oder aber die Anzahl der Zeilen in der Temporärtabelle mit den Werktagen reduziert wird. Dabei ist es interessant, festzustellen, dass die Berechnung auf der Ebene des Einzelumsatzes gar nicht notwendig ist. Das liegt daran, dass alle Bestellungen mit denselben Werten für *Order Date* und *Delivery Date* dieselbe Dauer haben. Daher ist es möglich, zunächst alle Bestellungen nach *Order Date* und *Delivery Date* zu gruppieren und dann die Dauer dieser Datumspaare für eine reduzierte Anzahl von Zeilen zu berechnen. Auf diese Weise können wir die Anzahl der von *AVERAGEX* durchgeführten Iterationen reduzieren, gleichzeitig aber verlieren wir Informationen darüber, wie viele Aufträge für jedes Datumspaar vorlagen. Dieses Problem lässt sich durch Umwandlung des einfachen in einen gewichteten Durchschnitt lösen, wobei die Anzahl der Bestellungen als Gewichtung für den Durchschnitt verwendet wird.

Diese Idee wird im folgenden Code umgesetzt:

```
Avg Delivery WD WA :=
VAR NumOfAllOrders =
    COUNTROWS ( Sales )
VAR CombinationsOrderDeliveryDates =
    SUMMARIZE (
        Sales,
        Sales[Order Date],
        Sales[Delivery Date]
    )
VAR DeliveryWeightedByNumOfOrders =
    SUMX (
        CombinationsOrderDeliveryDates,
        VAR RangeOfDates =
            DATESBETWEEN (
                'Date'[Date],
                Sales[Order Date],
                Sales[Delivery Date]
```

```
            )
        VAR NumOfOrders =
            CALCULATE (
                COUNTROWS ( Sales )
            )
        VAR WorkingDays =
            CALCULATE (
                COUNTROWS ( 'Date' ),
                RangeOfDates,
                NOT ( WEEKDAY ( 'Date'[Date] ) IN { 1, 7 } ),
                'Date'[Is Holiday] = 0
            )
        VAR NumberOfWorkingDays = NumOfOrders * WorkingDays
        RETURN
            NumberOfWorkingDays
    )
VAR AverageWorkingDays =
    DIVIDE (
        DeliveryWeightedByNumOfOrders,
        NumOfAllOrders
    )
RETURN
    AverageWorkingDays
```

Der Code ist jetzt sehr viel schwieriger zu lesen. Eine wichtige Frage lautet: Lohnt es sich, den Code noch komplexer zu machen, nur um die Leistung zu verbessern? Wie immer gilt: Es kommt darauf an. Bevor man sich mit dieser Form der Optimierung näher befasst, ist es immer sinnvoll, mit einigen Tests festzustellen, ob die Anzahl der Iterationen sich tatsächlich verringert. Im vorliegenden Fall könnte man den Nutzen bewerten, indem man die folgende Abfrage ausführt. Diese gibt die Gesamtanzahl der Zeilen und die Anzahl der eindeutigen Kombinationen von *Order Date* und *Delivery Date* zurück:

```
EVALUATE
{ (
    COUNTROWS ( Sales ),
    COUNTROWS (
        SUMMARIZE (
            Sales,
            Sales[Order Date],
            Sales[Delivery Date]
        )
    )
) }

-- Das Ergebnis lautet:
```

```
--
-- Value1  |  Value2
--------------------
-- 100231  |    6073
```

In der Demodatenbank gibt es 100.231 Zeilen in *Sales* und nur 6.073 verschiedene Kombinationen von Bestell- und Lieferdaten. Der komplexere Code im Measure *Avg Delivery WD WA* reduziert die Anzahl der Iterationen um etwas mehr als eine Größenordnung. Daher lohnt es sich in diesem Fall, komplexeren Code zu schreiben. In späteren Kapiteln werden Sie erfahren, wie Sie die Auswirkungen auf die Ausführungsdauer bewerten können. Zunächst jedoch konzentrieren wir uns auf die Komplexität des Codes.

Die Komplexität des Measures *Avg Delivery WD WA* hängt von der Anzahl der Kombinationen aus Bestell- und Lieferdatum und der durchschnittlichen Auftragsdauer ab. Wenn die durchschnittliche Auftragsdauer nur wenige Tage beträgt, dann läuft die Formel sehr schnell durch. Bewegt sich die durchschnittliche Auftragsdauer jedoch im Bereich mehrerer Jahre, dann kann dies Leistungsprobleme verursachen, weil das Ergebnis von *DATESBETWEEN* eine große Tabelle mit Hunderten von Zeilen ist.

Da die Anzahl der arbeitsfreien Tage in der Regel kleiner ist als die der Arbeitstage, könnte man auf die Idee kommen, die arbeitsfreien Tage anstelle der Arbeitstage zu zählen. Daher könnte ein anderer Algorithmus sich wie folgt gestalten:

1. Wir berechnen die Differenz zwischen den beiden Datumsangaben in Tagen.
2. Wir berechnen die Anzahl der arbeitsfreien Tage zwischen den beiden Datumsangaben.
3. Wir ziehen die in (1) und (2) berechneten Werte voneinander ab.

Dies lässt sich mit dem folgenden Measure umsetzen:

```
Avg Delivery WD NWD :=
VAR NonWorkingDays =
    CALCULATETABLE (
        VALUES ( 'Date'[Date] ),
        WEEKDAY ( 'Date'[Date] ) IN { 1, 7 },
        ALL ( 'Date' )
    )
VAR NumOfAllOrders =
    COUNTROWS ( Sales )
VAR CombinationsOrderDeliveryDates =
    SUMMARIZE (
        Sales,
        Sales[Order Date],
        Sales[Delivery Date]
    )
VAR DeliveryWeightedByNumOfOrders =
    CALCULATE (
        SUMX (
```

```
                CombinationsOrderDeliveryDates,
                VAR NumOfOrders =
                    CALCULATE (
                        COUNTROWS ( Sales )
                    )
                VAR NonWorkingDaysInPeriod =
                    FILTER (
                        NonWorkingDays,
                        AND (
                            'Date'[Date] >= Sales[Order Date],
                            'Date'[Date] <= Sales[Delivery Date]
                        )
                    )
                VAR NumberOfNonWorkingDays =
                    COUNTROWS ( NonWorkingDaysInPeriod )
                VAR DeliveryWorkingDays =
                    Sales[Delivery Date] - Sales[Order Date] - NumberOfNonWorkingDays + 1
                VAR NumberOfWorkingDays =
                    NumOfOrders * DeliveryWorkingDays
                RETURN
                    NumberOfWorkingDays
            )
        )
    VAR AverageWorkingDays =
        DIVIDE (
            DeliveryWeightedByNumOfOrders,
            NumOfAllOrders
        )
    RETURN
        AverageWorkingDays
```

Dieser Code braucht bei der in diesem Buch verwendeten Datenbank mehr Zeit als der vorherige. Trotzdem könnte diese Version der Berechnung bei einer anderen Datenbank, in der die Aufträge jeweils deutlich länger dauern, besser funktionieren. Um das herauszufinden, kommen wir um einen Test nicht herum.

Warum in der Variablen *NonWorkingDays* verwendet wird

Im vorangegangenen Beispiel ruft die Variable *NonWorkingDays* eine *ALL*-Anweisung für die Tabelle *Date* auf. Diese *ALL*-Funktion war in früheren Formulierungen ähnlicher Tabellen, die als Filter verwendet wurden, nicht vorhanden. Der Grund dafür ist, dass wir in früheren Versionen des Measures *DATESBETWEEN* verwendet haben, das darauf ausgelegt ist, den Filterkontext zu ignorieren.

In einer Matrix kann die Tabelle *Date* gefiltert werden, um einen kleineren Zeitraum anzuzeigen. In dieser Situation würden Aufträge, deren Auftragsdatum außerhalb des gewählten Zeitraums liegt, zu einem falschen Ergebnis führen. Daher sollten Sie, bevor Sie die Tabelle mit den arbeitsfreien Tagen erstellen, zunächst den Filterkontext für *Date* loswerden.

Es ist interessant festzustellen, dass *ALL* vielleicht nicht unbedingt notwendig ist. Betrachten Sie den folgenden Ausdruck der Variablen:

```
VAR NonWorkingDays =
    CALCULATETABLE (
        VALUES ( 'Date'[Date] ),
        NOT ( WEEKDAY ( 'Date'[Date] ) IN { 1, 7 } )
    )
```

Die Filterbedingung von *CALCULATE* scheint an keiner Stelle ein *ALL* zu enthalten. Trotzdem ist *ALL* vorhanden – dies wird durch die Erweiterung der kompakten Syntax des Filterprädikats auf die vollständige Syntax deutlich:

```
VAR NonWorkingDays =
    CALCULATETABLE (
        VALUES ( 'Date'[Date] ),
        FILTER (
            ALL ( 'Date'[Date] ),
            NOT ( WEEKDAY ( 'Date'[Date] ) IN { 1, 7 } )
        )
    )
```

Da *ALL* in der Spalte *Date* der Tabelle *Date* operiert, die im Modell als Datumstabelle gekennzeichnet ist, fügt die Engine automatisch ein *ALL* für die gesamte Tabelle *Date* hinzu.

Wir hätten den Code zwar auf diese Weise formulieren können, aber wir wollen nicht, dass unsere Measures kryptisch und schwer zu lesen sind. Deshalb haben wir eine explizitere Formulierung desselben Codes gewählt, die die Lesbarkeit erleichtert.

Schließlich sollten Sie auch immer daran denken, dass es nichts Besseres gibt als vorausberechnete Werte, wenn eine optimale Leistung für Sie höchste Priorität genießt. Die Differenz bei den Arbeitstagen zwischen zwei Datumsangaben führt nämlich immer zum selben Ergebnis. Sie wissen bereits, dass es in unserem Demo-Datenmodell etwa 6.000 Kombinationen aus Bestell- und Lieferterminen gibt. Man könnte nun die Differenz in Arbeitstagen zwischen diesen

6.000 Datumspaaren vorberechnen und das Ergebnis in einer physischen verborgenen Tabelle speichern. Dann muss der Wert zur Abfragezeit nicht berechnet werden: Ein einfaches Nachschlagen des Ergebnisses liefert den benötigten Wert.

Daher besteht eine Möglichkeit darin, eine mit dem folgenden Code verborgene physische Tabelle zu erstellen:

```
WD Delta =
ADDCOLUMNS (
    SUMMARIZE (
        Sales,
        Sales[Order Date],
        Sales[Delivery Date]
    ),
    "Duration", [Avg Delivery WD WA]
)
```

Sobald die Tabelle im Modell vorhanden ist, nutzen wir die vorberechneten Differenzen in Arbeitstagen. Hierzu modifizieren wir die obige beste Formel wie folgt:

```
Avg Delivery WD WA Precomp :=
VAR NumOfAllOrders =
    COUNTROWS ( Sales )
VAR CombinationsOrderDeliveryDates =
    SUMMARIZE (
        Sales,
        Sales[Order Date],
        Sales[Delivery Date]
    )
VAR DeliveryWeightedByNumOfOrders =
    SUMX (
        CombinationsOrderDeliveryDates,
        VAR NumOfOrders =
            CALCULATE (
                COUNTROWS ( Sales )
            )
        VAR WorkingDays =
            LOOKUPVALUE (
                'WD Delta'[Duration],
                'WD Delta'[Order Date], Sales[Order Date],
                'WD Delta'[Delivery Date], Sales[Delivery Date]
            )
        VAR NumberOfWorkingDays = NumOfOrders * WorkingDays
        RETURN
            NumberOfWorkingDays
    )
VAR AverageWorkingDays =
```

```
        DIVIDE (
            DeliveryWeightedByNumOfOrders,
            NumOfAllOrders
        )
    RETURN
        AverageWorkingDays
```

Dass ein solcher Optimierungsaufwand für eine einfache Berechnung der Arbeitstage zwischen zwei Datumsangaben erforderlich ist, ist eher unwahrscheinlich. Uns ging es jedoch nicht darum, zu zeigen, wie man ein Measure perfekt optimiert, sondern wir wollten mehrere unterschiedliche Möglichkeiten aufzeigen, wie dasselbe Ergebnis erzielt werden kann – von einer sehr intuitiven bis hin zu einer extrem technischen und hochoptimierten Version, die in den meisten Szenarien kaum sinnvoll sein dürfte.

Budget und Umsätze zusammen anzeigen

Stellen Sie sich ein Datenmodell vor, das neben den tatsächlichen Umsätzen auch Budgetinformationen für das laufende Jahr enthält. Am Jahresbeginn sind die einzigen vorhandenen Informationen die Budgetzahlen. Im Laufe der Zeit erfolgen Umsätze, und es wird interessant, diese mit dem Budget zu vergleichen und die Prognose bis zum Jahresende durch einen Abgleich von Budget und Umsätzen anzupassen.

Um dieses Szenario zu simulieren, haben wir alle Umsätze nach dem 15. August 2009 entfernt und eine Tabelle *Budget* mit dem Tagesbudget für das gesamte Jahr 2009 erstellt. Die resultierenden Daten sehen Sie in Abbildung 16.2.

Month	Budget Amt	Sales Amount
January	3,312,711.98	1,984,496.21
February	2,992,126.95	2,424,777.23
March	3,312,711.98	2,072,712.51
April	3,205,850.30	4,259,638.78
May	3,312,711.98	4,073,469.82
June	3,205,850.30	5,081,121.32
July	3,312,711.98	3,297,393.79
August	3,312,711.98	1,632,927.46
September	3,205,850.30	
October	3,312,711.98	
November	3,205,850.30	
December	3,312,711.98	
Total	**39,004,512.00**	**24,826,537.11**

Abbildung 16.2 Die Umsätze enden im August, während das Budget bis zum Ende des Jahres läuft.

Aus geschäftlicher Perspektive lautet die Frage: Wie sollte, wenn sich *Sales Amount* am 15. August auf 24 Millionen beläuft, die angepasste Prognose für das Jahresende aussehen, wenn man die

Istdaten für die Vergangenheit und das Budget für die Zukunft ansetzt? Beachten Sie dabei, dass es im August einen Mix aus Umsätzen und Budget geben muss, da die Umsätze zum 15. August endeten.

Der erste Schritt ist die Feststellung des Datums, an dem die Umsätze enden. Eine einfache Funktion wie *TODAY* wäre irreführend, da die Daten im Modell nicht unbedingt für den aktuellen Tag aktualisiert werden. Ein besserer Ansatz besteht in der Suche nach dem letzten Datum mit beliebigen Daten in der Tabelle *Sales*. Ein einfaches *MAX* sollte grundsätzlich funktionieren, aber es ist zu beachten, dass die Benutzerauswahl das Ergebnis negativ beeinflussen könnte. Betrachten Sie beispielsweise das folgende Measure:

```
LastDateWithSales := MAX ( 'Sales'[OrderDateKey] )
```

Für unterschiedliche Marken – oder grundsätzlich unterschiedliche Auswahlmöglichkeiten – können auch unterschiedliche Datumsangaben zurückgegeben werden. Abbildung 16.3 zeigt dies.

Brand	LastDateWithSales
A. Datum	20090814
Adventure Works	20090815
Contoso	20090814
Fabrikam	20090814
Litware	20090814
Northwind Traders	20090809
Proseware	20090814
Southridge Video	20090814
Tailspin Toys	20090815
The Phone Company	20090814
Wide World Importers	20090814
Total	**20090815**

Abbildung 16.3 Nicht alle Marken haben dasselbe letzte Umsatzdatum.

Eine geeignete Methode zur Berechnung des letzten Umsatzdatums überhaupt besteht darin, alle Filter vor der Berechnung des Datums mit dem Höchstwert zu entfernen. Auf diese Weise wird der 15. August 2009 für alle Produkte verwendet. Wenn eine Marke am 15. August keinen Umsatz verzeichnet, ist der zu verwendende Wert 0 und nicht das Budget des letzten Tages mit Umsätzen für diese Marke. Die korrekte Formulierung für *LastDateWithSales* lautet daher:

```
LastDateWithSales :=
CALCULATE (
    MAX ( 'Sales'[OrderDateKey] ),
    ALL ( Sales )
)
```

Durch das Entfernen des Filters aus *Sales* (wobei es sich um die erweiterte Tabelle von *Sales* handelt) ignoriert der Code jeglichen Filter, der von der Abfrage kommt, und gibt immer den 15. August 2009 zurück. An dieser Stelle muss man einen Code schreiben, der den Wert von

Sales Amount für alle Datumsangaben vor dem letzten Datum mit Umsätzen, den Wert von *Budget Amt* hingegen für alle nachfolgenden Datumsangaben verwendet. Eine einfache Implementierung wäre die folgende:

```
Adjusted Budget :=
VAR LastDateWithSales =
    CALCULATE (
        MAX ( Sales[OrderDateKey] ),
        ALL ( Sales )
    )
VAR AdjustedBudget =
    SUMX (
        'Date',
        IF (
            'Date'[DateKey] <= LastDateWithSales,
            [Sales Amount],
            [Budget Amt]
        )
    )
RETURN AdjustedBudget
```

Abbildung 16.4 zeigt das Ergebnis des neuen Measures *Adjusted Budget*.

Month	Budget Amt	Sales Amount	Adjusted Budget
January	3,312,711.98	1,984,496.21	1,984,496.21
February	2,992,126.95	2,424,777.23	2,424,777.23
March	3,312,711.98	2,072,712.51	2,072,712.51
April	3,205,850.30	4,259,638.78	4,259,638.78
May	3,312,711.98	4,073,469.82	4,073,469.82
June	3,205,850.30	5,081,121.32	5,081,121.31
July	3,312,711.98	3,297,393.79	3,297,393.79
August	3,312,711.98	1,632,927.46	3,342,714.28
September	3,205,850.30		3,205,850.30
October	3,312,711.98		3,312,711.98
November	3,205,850.30		3,205,850.30
December	3,312,711.98		3,312,711.98
Total	**39,004,512.00**	**24,826,537.11**	**39,573,448.50**

Abbildung 16.4 *Adjusted Budget* verwendet je nach Datum Ist- oder Budgetangaben.

Jetzt können wir die Komplexität des Measures untersuchen. Die äußere Iteration, die von *SUMX* durchgeführt wird, iteriert über die Tabelle *Date*. Diese Iteration erfolgt in einem Jahr 365 Mal. Bei jeder Iteration wird je nach Datumswert entweder die Tabelle *Sales* oder die Tabelle *Budget* geprüft, wobei ein Kontextübergang stattfindet. Es wäre wünschenswert, die

Anzahl der Iterationen und damit auch die Zahl der Kontextübergänge und/oder Aggregationen der größeren Tabellen *Sales* und *Budget* zu reduzieren.

In einer guten Lösung müsste nämlich nicht über die Datumsangaben iteriert werden, besteht doch der einzige Grund für die Iteration darin, dass der Code intuitiver zu lesen ist. Ein etwas anderer Algorithmus ist der folgende:

1. Wir teilen die aktuelle Auswahl in *Date* in zwei Gruppen auf: jene vor und nach dem letzten Umsatzdatum.
2. Wir berechnen den im Umsatzzeitraum erzielten Umsatz.
3. Wir berechnen das Budget für die Zukunft.
4. Wir bilden die Summe von Umsatz und Budget, die in den Schritten (2) bzw. (3) berechnet wurden.

Außerdem ist es gar nicht notwendig, Umsätze nur für den Zeitraum bis zum letzten Datum zu berechnen. Da es künftig keine Umsätze mehr geben wird, brauchen wir bei der Umsatzberechnung die Datumsangaben nicht zu filtern. Das einzige Measure, das eingeschränkt werden muss, ist das Budget. Die Formel kann also den Umsatzgesamtbetrag mit dem Budget für den Zeitraum nach dem letzten Umsatzdatum summieren. Dies führt zu einer anderen Formulierung des Measures *Adjusted Budget*:

```
Adjusted Budget Optimized :=
VAR LastDateWithSales =
    CALCULATE (
        MAX ( Sales[OrderDateKey] ),
        ALL ( Sales )
    )
VAR SalesAmount = [Sales Amount]
VAR BudgetAmount =
    CALCULATE (
        [Budget Amt],
        KEEPFILTERS ( 'Date'[DateKey] > LastDateWithSales )
    )
VAR AdjustedBudget = SalesAmount + BudgetAmount
RETURN
    AdjustedBudget
```

Die Ergebnisse von *Adjusted Budget Optimized* sind identisch mit denen des Measures *Adjusted Budget*, nur ist die Komplexität des Codes wesentlich geringer. Der Code von *Adjusted Budget Optimized* erfordert nämlich nur jeweils eine Überprüfung der Tabellen *Sales* und *Budget*, wobei in Letzterer ein zusätzlicher Filter für die Tabelle *Date* vorhanden ist. Es ist wichtig zu beachten, dass *KEEPFILTERS* hier unverzichtbar ist. Andernfalls nämlich würde die Bedingung in der Tabelle *Date* den aktuellen Kontext überschreiben, wodurch fehlerhafte Zahlen entstünden. Diese endgültige Version des Codes ist etwas schwieriger zu lesen und zu verstehen, leistungstechnisch aber unbedingt zu bevorzugen.

Wie bei den vorherigen Beispielen gibt es verschiedene Möglichkeiten, denselben Algorithmus zu implementieren. Um die beste davon zu finden, brauchen wir Erfahrung und ein grundlegendes Verständnis für das Innenleben der Engine. Dabei helfen bereits einfache Überlegungen etwa zur in einem DAX-Ausdruck erforderlichen Kardinalität bei der Optimierung des Codes.

Umsätze im selben Geschäft berechnen

Dieses Szenario ist ein konkreter Fall aus einer wesentlich breiter gefächerten Berechnungsfamilie. Contoso betreibt weltweit verschiedene Ladengeschäfte, und jedes davon umfasst verschiedene Abteilungen, die jeweils Produkte einer bestimmten Kategorie verkaufen. Die Zusammensetzung dieser Abteilungen ändert sich ständig: Neue kommen hinzu, bestehende werden umgestaltet oder geschlossen. Bei der Analyse der Umsatzleistung ist es wichtig, nicht Äpfel mit Birnen zu vergleichen, das heißt, wir können immer nur das Umsatzverhalten vergleichbarer Abteilungen analysieren. Andernfalls nämlich könnte man zu dem Schluss gelangen, dass eine Abteilung eine sehr schlechte Leistung erbracht hat, nur weil sie im betrachteten Zeitraum für ein paar Tage oder Wochen geschlossen war.

Dieses Konzept des sogenannten »bereinigten« Vergleichs kann auf jedes Unternehmen zugeschnitten werden. In unserem Beispiel besteht die Anforderung darin, ausschließlich Geschäfte und Produktkategorien zu vergleichen, die in den bei der Analyse betrachteten Zeiträumen Umsätze aufwiesen. Für jede Produktkategorie darf ein Bericht nur solche Geschäfte enthalten, die in denselben Jahren Umsätze erzielt haben. Variationen dieser Anforderungen könnten alternativ Monate oder Wochen als Granularität für den bereinigten Vergleich verwenden, ohne dass der nachfolgend beschriebene Grundansatz hierfür geändert werden müsste.

Betrachten Sie zum Beispiel den Bericht in Abbildung 16.5, der den Umsatz einer Produktkategorie (»Audio«) in Geschäften in Deutschland über drei Kalenderjahre analysiert.

Category

Audio

Store Name	CY 2007	CY 2008	CY 2009	**Total**
Contoso Baumholder Store	3,920.40	539.20	2,589.64	**7,049.24**
Contoso Berlin Store		1,199.92	2,754.90	**3,954.82**
Contoso Dusseldorf Store	1,915.07		1,999.00	**3,914.07**
Contoso Giebelstadt Store	994.10	1,224.00	1,499.90	**3,718.00**
Contoso Hofheim Store	1,019.35		3,219.84	**4,239.19**
Contoso koln No.1 Store	1,179.49	1,340.00	2,960.00	**5,479.49**
Contoso koln No.2 Store	836.05		1,204.70	**2,040.75**
Contoso Landstuhl Store	478.77	421.96		**900.73**
Contoso Munich Store	377.44		310.61	**688.05**
Contoso obamberg Store	3,491.21	2,131.20	1,783.72	**7,406.13**
Contoso Ramstein Store	1,925.48	1,654.80		**3,580.28**
Total	**16,137.35**	**8,511.08**	**18,322.31**	**42,970.74**

Abbildung 16.5 Im Laufe der Jahre wurden mehrere Geschäfte eröffnet und geschlossen, wodurch die Analyse kontaminiert wurde.

Das Geschäft in Berlin wurde 2007 geschlossen. Von den beiden Geschäften in Köln wurde 2008 eines renoviert, weswegen es nur in zwei der drei betrachteten Jahre geöffnet war. Um einen fairen Vergleich der berechneten Werte zu erreichen, muss jede Analyse der Umsatztrends auf Geschäfte innerhalb der Auswahl beschränkt werden, die immer geöffnet waren.

Da die Regeln eines bereinigten Vergleichs komplex sein und verschiedene Anpassungen erfordern können, empfehlen wir, den Status vergleichbarer Elemente in einer eigenen Tabelle zu speichern. Auf diese Weise wirkt sich jegliche Komplexität in der Geschäftslogik nicht auf die Abfrageleistung, sondern nur auf die Zeit aus, die zum Aktualisieren der Statustabelle benötigt wird. In diesem Beispiel enthält die Tabelle *StoresStatus* eine Zeile für jede Kombination aus Jahr, Kategorie und Geschäft sowie den Status, der Open (Geöffnet) oder Closed (Geschlossen) sein kann. Abbildung 16.6 zeigt den Status der deutschen Filialen, wobei zur besseren Lesbarkeit nur der Status Open angezeigt wird, der Status Closed hingegen ausgeblendet ist.

Category

Audio

Store Name	CY 2007	CY 2008	CY 2009	**Total**
Contoso Baumholder Store	Open	Open	Open	**Open**
Contoso Berlin Store		Open	Open	
Contoso Dusseldorf Store	Open		Open	
Contoso Giebelstadt Store	Open	Open	Open	**Open**
Contoso Hofheim Store	Open		Open	
Contoso koln No.1 Store	Open	Open	Open	**Open**
Contoso koln No.2 Store	Open		Open	
Contoso Landstuhl Store	Open	Open		
Contoso Munich Store	Open		Open	
Contoso obamberg Store	Open	Open	Open	**Open**
Contoso Ramstein Store	Open	Open		

Abbildung 16.6 Die Tabelle *StoresStatus* zeigt an, ob ein Geschäft in einem bestimmten Jahr und für eine bestimmte Produktkategorie geöffnet ist.

Am interessantesten ist wohl die letzte Spalte: Nur vier Geschäfte waren in allen drei Jahren durchgehend geöffnet. Eine relevante Trendanalyse sollte im Hinblick auf Umsätze für Audioprodukte folglich ausschließlich diese vier Geschäfte berücksichtigen. Wenn man die Auswahl auf die Jahre ändert, ändert sich außerdem auch der Status. Wählt man nur zwei Jahre aus (2007 und 2008), dann unterscheidet sich der Status der Geschäfte nämlich, wie in Abbildung 16.7 dargestellt.

Category			
Audio			
Store Name	**CY 2007**	**CY 2008**	**Total**
Contoso Baumholder Store	Open	Open	**Open**
Contoso Berlin Store		Open	
Contoso Dusseldorf Store	Open		
Contoso Giebelstadt Store	Open	Open	**Open**
Contoso Hofheim Store	Open		
Contoso koln No.1 Store	Open	Open	**Open**
Contoso koln No.2 Store	Open		
Contoso Landstuhl Store	Open	Open	**Open**
Contoso Munich Store	Open		
Contoso obamberg Store	Open	Open	**Open**
Contoso Ramstein Store	Open	Open	**Open**

Abbildung 16.7 Die Spalte *Total* berücksichtigt den Status der im Bericht enthaltenen Jahre.

Im Measure für den bereinigten Vergleich müssen folgende Schritte durchgeführt werden:

- Bestimmen der in allen betrachteten Jahren geöffneten Geschäfte für jede Produktkategorie.
- Filtern des Measures *Amount* unter Verwendung des Ergebnisses aus dem ersten Schritt. Dabei werden die Werte auf Geschäfte und Produktkategorien beschränkt, die in allen im Bericht enthaltenen Jahren Umsätze aufweisen.

Bevor wir mit diesem Beispiel fortfahren, müssen wir das Datenmodell genauer analysieren. Die Diagrammansicht sehen Sie in Abbildung 16.8. Lassen Sie uns auf ein paar Aspekte des Modells hinweisen:

- Die Beziehung zwischen *Date* und *StoreStatus* ist eine schwache MMR-Beziehung, die auf *Year* (Jahr) basiert. Dabei verläuft die Kreuzfilterrichtung zu *StoreStatus*. *Date* filtert also *StoreStatus*, nicht umgekehrt.
- Die Beziehung zwischen *Product Category* und *StoreStatus* ist eine ganz normale 1:n-Beziehung.
- Alle anderen Beziehungen sind normale 1:n-Beziehungen mit einem einzelnen Kreuzfilter, wie Sie sie schon in zahlreichen anderen Beispielen in diesem Buch gesehen haben.
- *StoreStatus* enthält eine Zeile für jede Kombination aus Geschäft, Produktkategorie und Jahr. Der Status jeder Zeile ist entweder Open oder Closed. Die Tabelle weist folglich keine Lücken auf. Dies ist wichtig, um die Komplexität der Formel zu reduzieren.

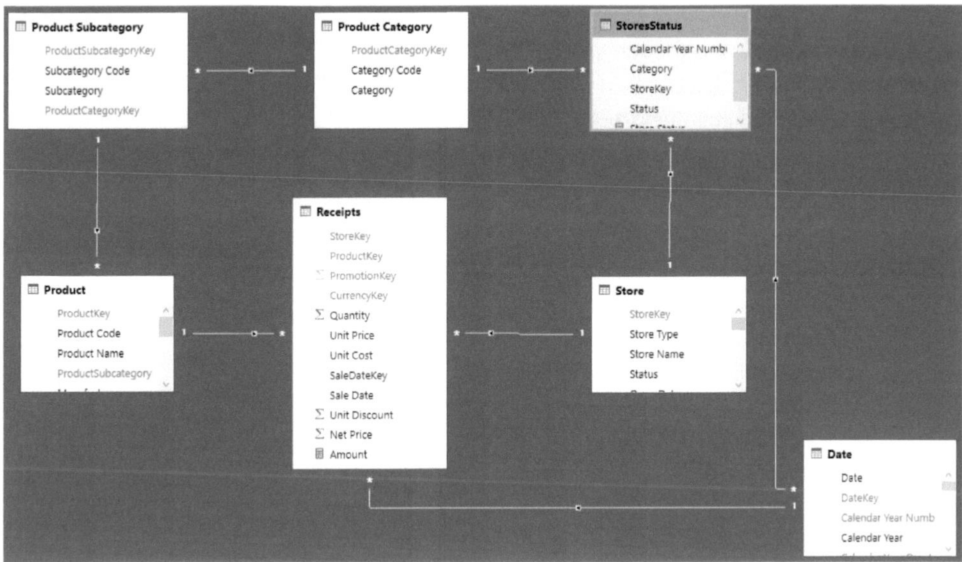

Abbildung 16.8 Die Tabelle *StoreStatus* enthält den Status jedes Geschäfts für jede Kombination aus Jahr und Produktkategorie.

Der erste Schritt ist die Ermittlung der Abteilungen, die während aller betrachteten Jahre geöffnet sind. Hierzu muss der Code die Tabelle *StoresStatus* mit der gegebenen Produktkategorie und allen ausgewählten Jahren filtern. Wenn nach der Anwendung dieses Filters alle gefilterten Zeilen den Status Open enthalten, dann war die betreffende Abteilung über den gesamten Zeitraum geöffnet. Andernfalls – also wenn sowohl Open als auch Closed erscheinen – war die Abteilung zu einem Zeitpunkt in den ausgewählten Jahren geschlossen. Die folgende Abfrage führt diese Berechnung durch:

```
EVALUATE
VAR StatusGranularity =
    SUMMARIZE (
        Receipts,
        Store[Store Name],
        'Product Category'[Category]
    )
VAR Result =
    FILTER (
        StatusGranularity,
        CALCULATE (
            SELECTEDVALUE ( StoresStatus[Status] ),
            ALLSELECTED ( 'Date'[Calendar Year] )
        ) = "Open"
    )
RETURN
    Result
```

Die Abfrage iteriert über die Kardinalität von Geschäft und Kategorie und prüft für jedes dieser Paare, ob *Status* für alle ausgewählten Jahre den Wert Open hat. Falls es mehrere Werte für *StoreStatus[Status]* gibt, ist das Ergebnis von *SELECTEDVALUE* ein Leerwert, das heißt, das betreffende Paar wird vom Filter aussortiert.

Sobald wir alle durchgehend geöffneten Abteilungen ermittelt haben, kann diese Menge als Filter für *CALCULATE* verwendet werden, um das Ergebnis zu erhalten:

```
OpenStoresAmt :=
VAR StatusGranularity =
    SUMMARIZE (
        Receipts,
        Store[Store Name],
        'Product Category'[Category]
    )
VAR OpenStores =
    FILTER (
        StatusGranularity,
        CALCULATE (
            SELECTEDVALUE ( StoresStatus[Status] ),
            ALLSELECTED ( 'Date'[Calendar Year] )
        ) = "Open"
    )
VAR AmountLikeForLike =
    CALCULATE (
        [Amount],
        OpenStores
    )
RETURN
    AmountLikeForLike
```

Nach der Fortschreibung in eine Matrix ergibt das Measure den Bericht in Abbildung 16.9.

Category	CountryRegion	Store Type
Audio	Germany	Store

Store Name	CY 2007	CY 2008	CY 2009	**Total**
Contoso Baumholder Store	3,920.40	539.20	2,589.64	**7,049.24**
Contoso Giebelstadt Store	994.10	1,224.00	1,499.90	**3,718.00**
Contoso koln No.1 Store	1,179.49	1,340.00	2,960.00	**5,479.49**
Contoso obamberg Store	3,491.21	2,131.20	1,783.72	**7,406.13**
Total	**9,585.19**	**5,234.40**	**8,833.26**	**23,652.85**

Abbildung 16.9 *OpenStoreAmt* gibt nur dann einen Wert zurück, wenn das Geschäft in allen ausgewählten Jahren geöffnet war.

Geschäfte, die nicht fortlaufend geöffnet waren, wurden aus dem Bericht entfernt. Es ist wichtig, diese Technik gründlich zu erlernen, denn es handelt sich hierbei um eines der mächtigsten und nützlichsten Werkzeuge in DAX. Die Möglichkeit, eine Tabelle mit enthaltenem Filter zu berechnen und diese dann zur Einschränkung der Berechnung zu verwenden, ist Grundlage vieler fortgeschrittener Berechnungen in DAX.

In diesem Beispiel haben wir eine zusätzliche Tabelle verwendet, um Informationen darüber zu speichern, ob ein Geschäft geöffnet oder geschlossen war. Wir hätten dieses Ziel etwa auch erreichen können, indem wir allein die Tabelle *Receipts* geprüft hätten, um anhand der Umsätze abzuleiten, ob ein Geschäft geöffnet oder geschlossen war. Sind Umsätze verzeichnet, dann kann davon ausgegangen werden, dass das Geschäft geöffnet war. Leider ist das Gegenteil nicht unbedingt richtig: Das Fehlen von Umsätzen bedeutet nicht zwingend, dass die Abteilung des Geschäfts, in der Produkte dieser Kategorie verkauft werden, geschlossen war. In einem etwas unglücklichen und grenzwertigen Szenario könnte das Ausbleiben von Umsätzen schlichtweg bedeuten, dass die Abteilung zwar geöffnet war, aber nichts verkauft hat.

Bei diesem letzten Aspekt geht es jedoch eher um die Datenmodellierung als um DAX, doch trotzdem halten wir es für wichtig, ihn zu erwähnen. Falls man die Informationen über die geöffnete Filiale aus der Tabelle *Receipts* abrufen muss, müssen wir die Formel etwas sorgfältiger entwerfen.

Das folgende Measure implementiert das Measure *OpenStoresAmt* ohne die Tabelle *StoresStatus*. Für jedes Paar aus Geschäft und Produktkategorie muss das Measure prüfen, ob die Anzahl der Jahre, in denen Umsätze vorhanden sind, mit der Anzahl der ausgewählten Jahre übereinstimmt. Wenn ein Geschäft nur für zwei von drei Jahren Umsätze aufweist, bedeutet dies, dass die betreffende Abteilung ein Jahr lang geschlossen war. Der folgende Code stellt eine mögliche Implementierung dar:

```
OpenStoresAmt Dynamic :=
VAR SelectedYears =
    CALCULATE (
        DISTINCTCOUNT ( 'Date'[Calendar Year] ),
        CROSSFILTER ( Receipts[SaleDateKey], 'Date'[DateKey], BOTH ),
        ALLSELECTED ()
    )
VAR StatusGranularity =
    SUMMARIZE (
        Receipts,
        Store[Store Name],
        'Product Category'[Category]
    )
VAR OpenStores =
    FILTER (
        StatusGranularity,
        VAR YearsWithSales =
            CALCULATE (
                DISTINCTCOUNT ( 'Date'[Calendar Year] ),
```

```
                CROSSFILTER ( Receipts[SaleDateKey], 'Date'[DateKey], BOTH ),
                ALLSELECTED ( 'Date'[Calendar Year] )
            )
        RETURN
            YearsWithSales = SelectedYears
    )
VAR AmountLikeForLike =
    CALCULATE (
        [Amount],
        OpenStores
    )
RETURN
    AmountLikeForLike
```

Die Komplexität dieser letzten Version ist deutlich höher. Es ist nämlich notwendig, den Filter für jede Produktkategorie von der Tabelle *Receipts* auf die Tabelle *Date* zu verschieben, um die Anzahl der Jahre mit Umsätzen zu berechnen. Da die Tabelle *Receipts* normalerweise viel größer ist als eine Tabelle, die nur den Status für das Geschäft enthält, ist dieser Code langsamer als die vorangegangene Lösung, die auf der Tabelle *StoresStatus* basiert. Dennoch ist es sinnvoll, darauf hinzuweisen, dass der einzige Unterschied zwischen der vorherigen und dieser Version nur in der in *FILTER* formulierten Bedingung besteht. Statt eine bestimmte Tabelle zu prüfen, muss die Formel die Tabelle *Receipts* durchsuchen. Das Muster ist aber trotzdem dasselbe.

Ein weiteres wichtiges Detail dieses Codes ist die Art und Weise, wie die Variable *SelectedYears* berechnet wird. Ein einfacher *DISTINCTCOUNT* für alle ausgewählten Jahre wäre an dieser Stelle ungeeignet. Der zu berechnende Wert ist nämlich nicht die Anzahl aller ausgewählten Jahre, sondern nur derjenigen mit Umsätzen. Wenn in der Tabelle *Date* zehn Jahre enthalten sind und nur drei davon Umsätze aufweisen, würde ein einfacheres *DISTINCTCOUNT* auch die Jahre ohne Umsätze berücksichtigen, was zu einem Leerwert in jeder Zelle führen würde.

Ereignisfolgen nummerieren

In diesem Abschnitt werden wir ein Muster analysieren, das erstaunlich häufig anzutreffen ist. Es geht darum, dass Abfolgen von Ereignissen nummeriert werden müssen, um ohne Probleme etwa das erste, das letzte oder ein vorangegangenes Ereignis auffinden zu können. In diesem Beispiel besteht die Anforderung darin, alle Bestellungen nach Kunden in der Contoso-Datenbank zu nummerieren. Am Ende soll eine neue berechnete Spalte stehen, die den Wert 1 für die erste Bestellung eines Kunden, 2 für seine zweite Bestellung usw. enthält. Verschiedene Kunden erhalten also bei ihrer ersten Bestellung dieselbe Nummer (1).

Am Anfang steht eine strikte Warnung: Einige dieser Formeln sind langsam. Wir zeigen Codebeispiele, um ihre Komplexität zu diskutieren und gleichzeitig nach einer besseren Lösung zu suchen. Wenn Sie vorhaben, sie bei Ihrem Modell auszuprobieren, sollten Sie sich auf eine sehr lange Berechnungszeit einstellen. Mit »lang« meinen wir

stundenlange Berechnungen mit einem Arbeitsspeicherbedarf von mehreren Gbyte RAM für das bereitgestellte Demomodell. Falls Sie das nicht wünschen, lesen Sie einfach weiter: Am Ende des Abschnitts finden Sie einen wesentlich besseren Code.

Das gewünschte Ergebnis sehen Sie in Abbildung 16.10.

Name	Order Number	Order Position
Hill, Wyatt	20080518711016	1
Hill, Wyatt	20080821711016	2
Hill, Wyatt	20081104711016	3
Murphy, Jesse	20070316811040	1
Murphy, Jesse	20080518711040	2
Murphy, Jesse	20080821711040	3
Murphy, Jesse	20081104711040	4
Young, Chloe	20070823711015	1
Young, Chloe	20080331711015	2
Young, Chloe	20080821711015	3
Young, Chloe	20081104711015	4

Abbildung 16.10 Innerhalb aller Aufträge eines Kunden gibt *Order Position* (Auftragsposition) die relative Position jedes Auftrags in der Abfolge an.

Eine erste Möglichkeit, die Auftragsposition zu berechnen, ist die folgende: Für ein und denselben Kunden könnte der Code die Anzahl der Bestellungen zählen, die vor der aktuellen Bestellung getätigt wurden. Leider können wir das Datum zu diesem Zweck nicht heranziehen, weil es Kunden gibt, die am selben Tag mehrere Bestellungen aufgegeben haben; so würde eine falsche Nummerierungsfolge erzeugt werden. Die Auftragsnummer dagegen ist zum Glück eindeutig, und ihr Wert erhöht sich mit jeder Bestellung. Daher berechnet die Formel den korrekten Wert, indem sie für denselben Kunden die Anzahl der Aufträge mit einer Auftragsnummer kleiner oder gleich der aktuellen Auftragsnummer zählt.

Der folgende Code implementiert diese Logik:

```
Sales[Order Position] =
VAR CurrentOrderNumber = Sales[Order Number]
VAR Position =
    CALCULATE (
        DISTINCTCOUNT ( Sales[Order Number] ),
        Sales[Order Number] <= CurrentOrderNumber,
        ALLEXCEPT (
            Sales,
            Sales[CustomerKey]
        )
    )
RETURN
    Position
```

Das sieht zwar einfach aus, ist aber äußerst komplex. *CALCULATE* verwendet nämlich einen Filter für die Auftragsnummer und den von der berechneten Spalte erzeugten Kontextübergang. Für jede Zeile in *Sales* muss die Engine die Tabelle *Sales* selbst filtern. Daher beläuft sich die Komplexität des Codes auf die Größe von *Sales* zum Quadrat. Und da *Sales* 100.000 Zeilen enthält, beträgt die Gesamtkomplexität 100.000 multipliziert mit 100.000; mithin 10 Milliarden. Aus diesem Grund würde die Erstellung der berechneten Spalte viele Stunden dauern, und ein noch größerer Datenbestand würde jeden Server in die Knie zwingen.

Die Verwendung von *CALCULATE* und des Kontextübergangs bei großen Tabellen haben wir in Kapitel 5, »*CALCULATE* und *CALCULATETABLE* verstehen«, ausführlich behandelt. Ein guter Entwickler sollte immer versuchen, einen Kontextübergang bei großen Tabellen zu vermeiden, da er sonst Gefahr läuft, eine schlechte Leistung zu erzielen.

Eine bessere Umsetzung dieser Idee wäre die folgende: Statt *CALCULATE* zu verwenden, um einen Filter mit dem aufwendigen Kontextübergang anzuwenden, könnte der Code eine Tabelle erstellen, die alle Kombinationen aus *CustomerKey* und *Order Number* enthält. Daraufhin könnte er eine ähnliche Logik auf diese Tabelle anwenden, indem er die Anzahl der Auftragsnummern für denselben Kunden zählt, die niedriger sind als die aktuelle. Hier ist der Code dazu.

```
Sales[Order Position] =
VAR CurrentCustomerKey = Sales[CustomerKey]
VAR CurrentOrderNumber = Sales[Order Number]
VAR CustomersOrders =
    ALL (
        Sales[CustomerKey],
        Sales[Order Number]
    )
VAR PreviousOrdersCurrentCustomer =
    FILTER (
        CustomersOrders,
        AND (
            Sales[CustomerKey] = CurrentCustomerKey,
            Sales[Order Number] <= CurrentOrderNumber
        )
    )
VAR Position =
    COUNTROWS ( PreviousOrdersCurrentCustomer )
RETURN
    Position
```

Diese neue Formulierung ist viel schneller. Erstens beträgt die Anzahl eindeutiger Kombinationen von *CustomerKey* und *Order Number* 26.000 statt 100.000. Außerdem kann der Optimierer durch Vermeidung von Kontextübergängen einen viel besseren Ausführungsplan erstellen.

Die Komplexität dieser Formel ist nach wie vor hoch, und der Code ist etwas schwieriger nachzuvollziehen. Eine deutlich bessere Implementierung derselben Logik verwendet die *RANKX*-Funktion. *RANKX* ist praktisch, um einen Wert bezogen auf eine Tabelle einzuordnen.

Hierdurch wird das Berechnen einer Sequenznummer kinderleicht. Die Sequenznummer eines Auftrags ist nämlich derselbe Wert wie der Rankingwert der Bestellung in der Liste aller Bestellungen desselben Kunden bei aufsteigender Reihenfolge.

Im Folgenden sehen Sie die Implementierung derselben Berechnung wie bei der vorherigen Formel, diesmal jedoch unter Verwendung von *RANKX*:

```
Sales[Order Position] =
VAR CurrentCustomerKey = Sales[CustomerKey]
VAR CustomersOrders =
    ALL (
        Sales[CustomerKey],
        Sales[Order Number]
    )
VAR OrdersCurrentCustomer =
    FILTER (
        CustomersOrders,
        Sales[CustomerKey] = CurrentCustomerKey
    )
VAR Position =
    RANKX (
        OrdersCurrentCustomer,
        Sales[Order Number],
        Sales[Order Number],
        ASC,
        DENSE
    )
RETURN
    Position
```

RANKX ist sehr gut optimiert. Es verfügt über einen effizienten internen Sortieralgorithmus, der eine schnelle Ausführung auch bei sehr großen Datasets ermöglicht. Bei der Demodatenbank ist der Unterschied zwischen den letzten beiden Formeln nicht besonders groß, aber eine umfassendere Analyse des Abfrageplans zeigt, dass die Version mit *RANKX* am effizientesten ist. Die Analyse von Abfrageplänen ist ein Thema, das wir in den nächsten Kapiteln des Buchs behandeln werden.

Ferner gibt es in diesem Beispiel mehrere Möglichkeiten, den gleichen Code auszudrücken. *RANKX* zur Berechnung einer Sequenznummer mag für den DAX-Neuling nicht offensichtlich sein, weswegen wir dieses Beispiel in das Buch aufgenommen haben. Die Präsentation verschiedener Versionen desselben Codes bietet Denkanstöße.

Vorjahresumsätze bis zum letzten Umsatzdatum berechnen

Das folgende Beispiel erweitert die Zeitintelligenzberechnungen um ein wenig Geschäftslogik. Ziel ist es, einen präzisen Vergleich bezogen auf den Jahresverlauf zu berechnen. Dabei sollen alle Umsätze aus dem Vorjahr, die nach einem bestimmten Datum stattgefunden haben, ignoriert werden. Um das Szenario zu veranschaulichen, haben wir alle Umsätze nach dem 15. August 2009 aus der Demodatenbank entfernt. Daher ist das letzte Jahr (2009) unvollständig, ebenso wie der Monat August 2009.

Abbildung 16.11 zeigt, dass für Umsätze nach August 2009 nur Leerwerte vorhanden sind.

Month	CY 2007	CY 2008	CY 2009	**Total**
January	794,248.24	656,766.69	580,901.05	**2,031,915.98**
February	891,135.91	600,080.00	622,581.14	**2,113,797.05**
March	961,289.24	559,538.52	496,137.87	**2,016,965.62**
April	1,128,104.82	999,667.17	678,893.22	**2,806,665.20**
May	936,192.74	893,231.96	1,067,165.23	**2,896,589.93**
June	982,304.46	845,141.60	872,586.20	**2,700,032.26**
July	922,542.98	890,547.41	1,068,396.58	**2,881,486.97**
August	952,834.59	721,560.95	338,971.06	**2,013,366.60**
September	1,009,868.98	963,437.23		**1,973,306.21**
October	914,273.54	719,792.99		**1,634,066.53**
November	825,601.87	1,156,109.32		**1,981,711.19**
December	991,548.75	921,709.14		**1,913,257.89**
Total	**11,309,946.12**	**9,927,582.99**	**5,725,632.34**	**26,963,161.45**

Abbildung 16.11 Nach August 2009 gibt es keine Umsätze mehr.

Wenn der Monat wie im gezeigten Bericht angegeben ist, sind die Zahlen eindeutig. Ein Benutzer würde sofort verstehen, dass das letzte Jahr unvollständig ist; daher würde er keinen Vergleich zwischen der Gesamtsumme von 2009 und der Gesamtsumme der Vorjahre anstellen. Dennoch könnte ein Entwickler einen Code schreiben, der zwar sinnvoll wäre, aber falsche Entscheidungen trifft. Betrachten Sie die folgenden beiden Measures:

```
PY Sales :=
CALCULATE (
    [Sales Amount],
    SAMEPERIODLASTYEAR ( 'Date'[Date] )
)

Growth :=
DIVIDE (
    [Sales Amount] - [PY Sales],
    [PY Sales]
)
```

Ein Anwender könnte ganz leicht einen Bericht wie den in Abbildung 16.12 gezeigten erstellen und aus diesem fälschlicherweise ableiten, dass die Umsätze für alle Marken dramatisch zurückgehen.

Calendar Year	Brand	Sales Amount	PY Sales	Growth
CY 2009	A. Datum	282,029.42	463,721.61	-39.18%
	Adventure Works	423,639.36	892,674.52	-52.54%
	Contoso	1,478,194.20	2,369,167.68	-37.61%
	Fabrikam	1,111,065.95	1,993,123.48	-44.26%
	Litware	765,737.20	1,487,846.74	-48.53%
	Northwind Traders	87,281.65	469,827.70	-81.42%
	Proseware	546,032.88	763,586.23	-28.49%
	Southridge Video	241,796.89	294,635.04	-17.93%
	Tailspin Toys	90,391.24	97,193.87	-7.00%
	The Phone Company	298,658.25	355,629.36	-16.02%
	Wide World Importers	400,805.30	740,176.76	-45.85%
	Total	**5,725,632.34**	**9,927,582.99**	**-42.33%**

Abbildung 16.12 Der Bericht scheint auf einen dramatischen Umsatzrückgang bei allen Marken hinzudeuten.

Der Bericht führt allerdings keinen fairen Vergleich zwischen 2008 und 2009 durch. Für das gewählte Jahr (2009) werden die Umsätze bis zum 15. August 2009 gemeldet, während für das Vorjahr die Umsätze des Gesamtjahres – also auch der Zeit nach dem 15. August – berücksichtigt werden.

Ein angemessener Vergleich dürfte, um aussagekräftige Wachstumswerte zu erhalten, ausschließlich Umsätze einbeziehen, die in allen vorangegangenen Jahren vor dem 15. August getätigt wurden. Die Daten aus den Vorjahren sollten also auf den Zeitraum bis zum letzten Verkaufstag im Jahr 2009 beschränkt werden. Der Stichtag ist das letzte Datum, für das in der Datenbank Umsätze vermerkt sind.

Wie üblich gibt es mehrere Möglichkeiten, das Problem zu lösen. Wir werden in diesem Abschnitt einige davon vorstellen. Der erste Ansatz besteht darin, das Measure *PY Sales* so zu ändern, dass nur die Datumsangaben berücksichtigt werden, die im Vorjahr vor dem entsprechenden letzten Umsatzdatum des aktuellen Jahres liegen. Eine Möglichkeit, den Code zu schreiben, wäre folgende:

```
PY Sales :=
VAR LastDateInSales =
    CALCULATETABLE (
        LASTDATE ( Sales[Order Date] ),
        ALL ( Sales )
    )
VAR LastDateInDate =
    TREATAS (
        LastDateInSales,
        'Date'[Date]
    )
VAR PreviousYearLastDate =
```

```
    SAMEPERIODLASTYEAR ( LastDateInDate )
VAR PreviousYearSales =
    CALCULATE (
        [Sales Amount],
        SAMEPERIODLASTYEAR ( 'Date'[Date] ),
        'Date'[Date] <= PreviousYearLastDate
    )
RETURN
    PreviousYearSales
```

Die erste Variable berechnet das letzte *Order Date* in allen Umsätzen. Im Beispieldatenmodell wird der 15. August 2009 abgerufen. Die zweite Variable (*LastDateInDate*) ändert die Datenherkunft des vorherigen Ergebnisses in *Date[Date]*. Dieser Schritt ist notwendig, weil die Zeitintelligenzfunktionen die Datumstabelle bearbeiten werden. Ihre Verwendung für andere Tabellen kann, wie Sie später noch sehen werden, zu falschem Verhalten führen. Sobald *LastDateInDate* den 15. August 2009 mit der richtigen Datenherkunft enthält, verschiebt *SAMEPERIODLASTYEAR* dieses Datum um ein Jahr zurück. Schließlich verwendet *CALCULATE* diesen Wert, um die Vorjahresumsätze zu berechnen, wobei zwei Filter kombiniert werden: die aktuelle, jedoch um ein Jahr zurückversetzte Auswahl und jeder Tag vor dem 15. August 2008.

Das Ergebnis dieser neuen Formel ist in Abbildung 16.13 dargestellt.

Calendar Year	Brand	Sales Amount	PY Sales	Growth
CY 2009	A. Datum	282,029.42	281,929.56	0.04%
	Adventure Works	423,639.36	548,902.82	-22.82%
	Contoso	1,478,194.20	1,486,074.44	-0.53%
	Fabrikam	1,111,065.95	1,073,377.56	3.51%
	Litware	765,737.20	754,046.93	1.55%
	Northwind Traders	87,281.65	298,321.72	-70.74%
	Proseware	546,032.88	421,903.10	29.42%
	Southridge Video	241,796.89	176,612.65	36.91%
	Tailspin Toys	90,391.24	63,602.42	42.12%
	The Phone Company	298,658.25	221,633.71	34.75%
	Wide World Importers	400,805.30	415,097.96	-3.44%
	Total	**5,725,632.34**	**5,741,502.86**	**-0.28%**

Abbildung 16.13 Betrachtet man den richtigen Jahresanteil, dann sind die Ergebnisse vergleichbar.

Wichtig ist es, zu verstehen, warum die vorherige Formel *TREATAS* erfordert. Ein unerfahrener DAX-Entwickler hätte das Measure vielleicht mit dem folgenden, etwas einfacheren Code geschrieben:

```
PY Sales Wrong :=
VAR LastDateInSales =
    CALCULATETABLE (
        LASTDATE ( Sales[Order Date] ),
        ALL ( Sales )
```

```
    )
VAR PreviousYearLastDate =
    SAMEPERIODLASTYEAR ( LastDateInSales )
VAR PreviousYearSales =
    CALCULATE (
        [Sales Amount],
        SAMEPERIODLASTYEAR ( 'Date'[Date] ),
        'Date'[Date] <= PreviousYearLastDate
    )
RETURN
    PreviousYearSales
```

Erschwerend kommt hinzu, dass im Demomodell, das wir als Beispiel verwenden, dieses letztere Measure und das vorhergehende die gleichen Zahlen zurückgeben. Daher gibt es einen Fehler, der nicht auf den ersten Blick erkennbar ist. Das Problem ist das folgende: Das Ergebnis von *SAMEPERIODLASTYEAR* ist eine Tabelle mit einer Spalte mit derselben Datenherkunft wie die Eingabespalte. Wenn man eine Spalte mit der Datenherkunft *Sales[Order Date]* an *SAMEPERIODLASTYEAR* übergibt, muss die Funktion einen Wert zurückgeben, der innerhalb der möglichen Werte von *Sales[Order Date]* vorhanden ist. Da es sich um eine Spalte in *Sales* handelt, ist nicht davon auszugehen, dass *Order Date* alle möglichen Werte enthält. Wenn z. B. an einem Wochenende kein Umsatz erfolgt, dann ist das betreffende Wochenenddatum nicht unter den möglichen Werten von *Sales[Order Date]* vorhanden. In diesem Szenario gibt *SAMEPERIODLASTYEAR* einen Leerwert zurück.

Abbildung 16.14 zeigt, was mit dem Bericht geschieht: Zu Demonstrationszwecken werden alle Transaktionen ab dem 15. August 2008 aus der Tabelle *Sales* entfernt.

Calendar Year
CY 2009

Brand	Sales Amount	PY Sales Wrong	Growth
A. Datum	282,029.42		
Adventure Works	423,639.36		
Contoso	1,478,194.20		
Fabrikam	1,111,065.95		
Litware	765,737.20		
Northwind Traders	87,281.65		
Proseware	546,032.88		
Southridge Video	241,796.89		
Tailspin Toys	90,391.24		
The Phone Company	298,658.25		
Wide World Importers	400,805.30		
Total	**5,725,632.34**		

Abbildung 16.14 Der eingerahmte Bereich enthält den Wert *PY Sales Wrong*, der immer ein Leerwert ist.

Da das letzte Datum der 15. August 2009 ist, führt uns die Verschiebung dieses Datums um ein Jahr zurück zum 15. August 2008, der absichtlich nicht in *Sales[Order Date]* existiert. Daher hat *SAMEPERIODLASTYEAR* einen Leerwert zurückgegeben. Dies ist nun der Grund dafür, dass die zweite Bedingung in *CALCULATE* verlangt, dass das Datum kleiner oder gleich dem Leerwert sein muss. Es gibt kein Datum, das diese Bedingung erfüllt; daher gibt das Measure *PY Sales Wrong* immer einen Leerwert zurück.

Im Beispiel haben wir ein Datum aus *Sales* entfernt, um das Problem zu veranschaulichen. In der realen Welt könnte dieses Problem an jedem beliebigen Tag auftreten, wenn am entsprechenden Tag des Vorjahres keine Umsätze erfolgten. Wie erwähnt: Für ein einwandfreies Arbeiten der Zeitintelligenzfunktionen ist eine wohlentworfene Datumstabelle erforderlich. Verwendet man diese Funktionen dagegen für Spalten aus verschiedenen Tabellen, dann kann dies zu unerwarteten Ergebnissen führen.

Natürlich kann es viele Möglichkeiten geben, den gleichen Code auszudrücken, sobald die Gesamtlogik klarer wird. Wir haben eine Version vorgeschlagen, aber trotzdem dürfen Sie sich durchaus berufen fühlen, zu experimentieren.

Schließlich gibt es für Szenarien wie diese eine viel bessere Lösung, wenn man das Datenmodell aktualisieren kann. Wenn nämlich das letzte Datum mit Umsätzen jedes Mal erneut berechnet werden muss, wenn eine Berechnung erforderlich ist, und nachfolgend eine Verschiebung um ein Jahr (oder um welchen Offset auch immer) erfolgt, ist das gleichermaßen mühsam und fehleranfällig. Eine viel bessere Lösung besteht darin, für jedes Datum im Voraus zu berechnen, ob es in den Vergleich einbezogen werden soll oder nicht, und den zugehörigen Wert dann direkt in der Tabelle *Date* zu konsolidieren.

Man könnte eine neue berechnete Spalte in der Tabelle *Date* erstellen, die angibt, ob ein gegebenes Datum in den Vergleich mit dem letzten Jahr einbezogen werden soll oder nicht. In diesem Fall hätten alle Datumsangaben vor dem 15. August den Wert *TRUE*, während alle Zeilen nach dem 15. August den Wert *FALSE* hätten.

Die neue berechnete Spalte kann wie folgt erstellt werden:

```
'Date'[IsComparable] =
VAR LastDateInSales =
    MAX ( Sales[Order Date] )
VAR LastMonthInSales =
    MONTH ( LastDateInSales )
VAR LastDayInSales =
    DAY ( LastDateInSales )
VAR LastDateCurrentYear =
    DATE ( YEAR ( 'Date'[Date] ), LastMonthInSales, LastDayInSales )
VAR DateIncludedInCompare =
    'Date'[Date] <= LastDateCurrentYear
RETURN
    DateIncludedInCompare
```

Ist die Spalte erst einmal vorhanden, dann kann das Measure *PY Sales* viel einfacher erstellt werden:

```
PY Sales :=
CALCULATE (
    [Sales Amount],
    SAMEPERIODLASTYEAR ( 'Date'[Date] ),
    'Date'[IsComparable] = TRUE
)
```

Dieser Code ist nicht nur einfacher zu lesen und zu debuggen, sondern auch wesentlich schneller als die vorherige Implementierung. Grund hierfür ist, dass es nicht mehr notwendig ist, den komplexen Code zu verwenden, der erforderlich ist, um das letzte Datum in *Sales* zu berechnen, es als Filter auf *Date* zu verschieben und dann auf das Modell anzuwenden. Der Code wird nun mit einem einfachen Filterargument von *CALCULATE* ausgeführt, das auf einen *booleschen* Wert prüft. Das Besondere an diesem Beispiel ist, dass es möglich ist, eine komplexe Logik für einen Filter in einer berechneten Spalte zu verschieben, die bei der Datenaktualisierung und nicht erst dann berechnet wird, wenn ein Benutzer auf den Bericht wartet.

Fazit

Wie Sie festgestellt haben, beschreibt dieses Kapitel keine neuen DAX-Funktionen. Wir wollten vielmehr zeigen, dass dasselbe Problem auf unterschiedliche Weise angegangen werden kann. Wir sind nicht auf das Innenleben der Engine eingegangen, das ein wichtiges Thema für die Einführung von Optimierungen ist, aber durch einfache Codeanalysen und die Simulation seines Verhaltens ist es häufig möglich, eine bessere Formel für dasselbe Szenario zu finden.

Bitte denken Sie daran, dass es in diesem Kapitel nicht um Muster geht. Sie können diesen Code in Ihren Modellen frei verwenden, aber gehen Sie nicht davon aus, dass es die beste Implementierung des Musters ist. Unser Ziel war es, Sie dazu zu bewegen, mehrere Lösungsansätze für ein und dasselbe Szenario zu finden.

Wie Sie in den nächsten Kapiteln erfahren werden, ist es fast unmöglich, einmalige Muster in DAX bereitzustellen. Ein Code, der in einem Datenmodell schneller abläuft, ist in einem anderen Datenmodell oder vielleicht sogar im selben Modell, aber mit einer anderen Datenverteilung möglicherweise nicht optimal.

Wenn Sie es mit der Optimierung des DAX-Codes ernst meinen, dann sollten Sie sich darauf vorbereiten, tief in das Innenleben der Engine einzutauchen, um so die komplexesten Details der DAX-Abfrage-Engines zu entdecken. Wir stehen jetzt am Anfang dieser faszinierenden und komplexen Reise. Auf der nächsten Seite geht's los.

KAPITEL 17

Die DAX-Engines

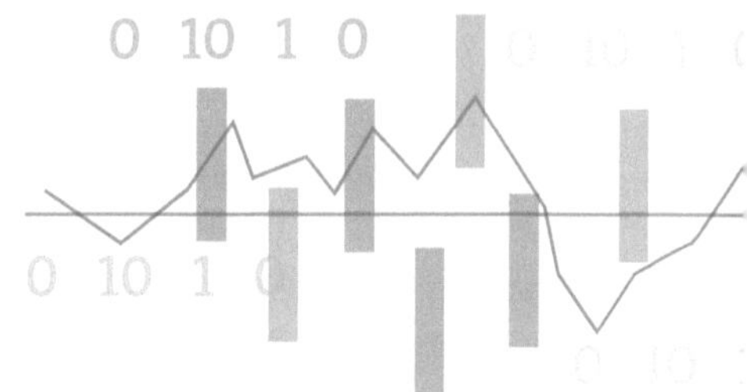

Ziel des Buchs war es bislang, ein solides Verständnis der DAX-Sprache zu vermitteln. Ab hier sollen Sie aber nicht mehr nur weitere Erfahrung durch praktische Übungen sammeln, sondern auch und vor allem lernen, nicht einfach nur funktionierenden DAX-Code zu schreiben, sondern solchen, der auch effizient ist. Zu diesem Zweck ist es notwendig, das Innenleben der Engine zu kennen. Die nun folgenden Kapitel zielen darauf ab, das grundlegende Wissen zu vermitteln, das Sie benötigen, um die Leistung Ihres DAX-Codes zu messen und zu verbessern.

Konkret widmet sich dieses Kapitel der internen Architektur der Engines, auf denen DAX-Abfragen ausgeführt werden. Eine DAX-Abfrage kann nämlich für ein Modell, das im Speicher enthalten ist, vollständig für die Ursprungsdatenquelle oder für einen Mix dieser beiden Optionen ausgeführt werden.

Beginnend mit diesem Kapitel weichen wir ein wenig von DAX ab und werden uns stattdessen mit konkreten technischen Details zur Implementierung von Produkten befassen, die DAX nutzen. Dies ist ein wichtiges Thema. Wir müssen aber auch beachten, dass Details einer Implementierung sich häufig ändern. Wir haben unser Bestes getan, um Informationen auf einer Ebene zu vermitteln, die sich im Zweifelsfall nicht so bald ändern wird, und dabei sorgfältig zwischen Detailgenauigkeit und Nutzen einerseits und der Konsistenz im zeitlichen Verlauf andererseits abgewogen. Trotzdem ist es durchaus möglich, dass die hier vermittelten Informationen angesichts der Schnelligkeit, mit der sich die Technologie heutzutage ändert, bereits in wenigen Jahren veraltet sind. Die aktuellsten Informationen sind immer online – in Blogbeiträgen und Artikeln – verfügbar.

Jeden Monat kommen neue Versionen der Engines auf den Markt, und der Abfrageoptimierer kann die Abfrageausführung ändern und verbessern. Aus diesem Grund wollen wir lieber vermitteln, wie die Engines funktionieren, statt Ihnen lediglich ein paar Regeln für das Schreiben von DAX-Code an die Hand zu geben, die ohnehin schon in absehbarer Zeit veraltet sein werden. Hier und dort werden wir Best Practices beschreiben, aber trotzdem sollten Sie immer sehr genau prüfen, inwieweit sich unsere Vorschläge auf Ihr konkretes Szenario anpassen lassen.

Die Architektur der DAX-Engines verstehen

Die DAX-Sprache wird in verschiedenen Microsoft-Produkten verwendet, die auf der Tabulartechnologie basieren. Trotzdem sind bestimmte Funktionen möglicherweise nur bestimmten Editionen vorbehalten oder unter bestimmten Lizenzbedingungen zugänglich. Ein tabellarisches Modell verwendet sowohl DAX als auch MDX als Abfragesprache. Dieser Abschnitt beschreibt die allgemeine Architektur eines tabellarischen Modells unabhängig von der Abfragesprache und von den Einschränkungen bestimmter Produkte.

Jeder Bericht sendet Abfragen an das tabellarische Modell wahlweise über DAX oder MDX. Ungeachtet der verwendeten Abfragesprache verwendet das tabellarische Modell zwei Engines zur Verarbeitung einer Abfrage:

- Die **Formel-Engine** (FE), die die Anfrage verarbeitet und einen Abfrageplan generiert und ausführt
- Die **Speicher-Engine** (SE), die Daten aus dem Tabellenmodell abruft, um die Anfragen der Formel-Engine zu beantworten. Die Speicher-Engine hat zwei Implementierungen:
  - **VertiPaq** hostet eine Kopie der Daten im Speicher, die regelmäßig von der Datenquelle aktualisiert wird.
  - **DirectQuery** leitet bei jeder Anforderung die Abfragen direkt an die ursprüngliche Datenquelle weiter. Von DirectQuery wird also keine zusätzliche Kopie der Daten erstellt.

Abbildung 17.1 stellt die Architektur dar, die eine DAX- oder MDX-Abfrage ausführt.

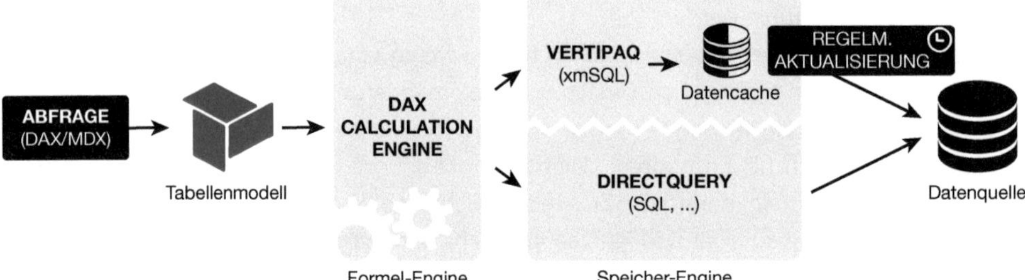

Abbildung 17.1 Eine Abfrage wird von einer Architektur verarbeitet, die eine Formel- und eine Speicher-Engine verwendet.

Die Formel-Engine ist in einem tabellarischen Modell die übergeordnete Ausführungseinheit der Abfrage-Engine. Sie kann alle von DAX- und MDX-Funktionen angeforderten Operationen ausführen und komplexe DAX- und MDX-Ausdrücke auflösen. Wenn die Formel-Engine jedoch Daten aus den zugrunde liegenden Tabellen abrufen muss, leitet sie einen Teil dieser Anfragen an die Speicher-Engine weiter.

Die Bandbreite der an die Speicher-Engine gesendeten Abfragen reicht vom einfachen Abrufen von Rohdaten der Tabelle bis hin zu komplexeren Abfragen, bei denen Daten aggregiert und Tabellen verknüpft werden. Die Speicher-Engine kommuniziert ausschließlich mit der Formel-Engine. Die Speicher-Engine gibt Daten unabhängig von deren Ursprungsformat in unkomprimierter Form zurück.

Ein tabellarisches Modell speichert Daten normalerweise entweder mit der VertiPaq- oder der DirectQuery-Speicher-Engine. Allerdings können zusammengesetzte Modelle beide Technologien innerhalb desselben Datenmodells und für dieselben Tabellen verwenden. Die Wahl der zu verwendenden Engine wird auf Grundlage der konkreten Abfrage getroffen.

Gegenstand dieses Buchs ist ausschließlich DAX. Beachten Sie, dass MDX beim Abfragen eines tabellarischen Modells dieselbe Architektur verwendet. Dieses Kapitel beschreibt die verschiedenen Arten von Speicher-Engines, die in einem tabellarischen Modell verfügbar sind. Dabei wird die VertiPaq-Engine etwas ausführlicher beschrieben, da sie die native und auch die schnellere Engine für DAX ist.

Einführung in die Formel-Engine

Die Formel-Engine ist zweifelsfrei das Herzstück der DAX-Ausführung. Sie allein ist in der Lage, die DAX-Sprache zu verstehen (sie versteht allerdings auch MDX). Die Formel-Engine wandelt eine DAX- oder MDX-Abfrage in einen Abfrageplan um, der eine Liste der auszuführenden physischen Schritte beschreibt. Der Speicher-Engine-Teil eines tabellarischen Modells weiß nicht, dass seine Abfragen von einem Modell stammen, das DAX unterstützt.

Jeder Schritt im Abfrageplan entspricht einer bestimmten Operation, die von der Formel-Engine ausgeführt wird. Zu den typischen Operatoren der Formel-Engine gehören Joins zwischen Tabellen, Filterungen mit komplexen Bedingungen, Aggregationen und Lookups. Diese Operatoren benötigen in der Regel Daten aus Spalten im Datenmodell. In diesen Fällen sendet die Formel-Engine eine Anforderung an die Speicher-Engine, die als Antwort einen Datencache zurückgibt. Ein Datencache ist ein temporärer Speicherbereich, der von der Speicher-Engine erstellt und von der Formel-Engine gelesen wird.

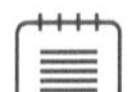

Datencaches sind nicht komprimiert, sondern einfache In-Memory-Tabellen, die unabhängig von der Speicher-Engine, aus der sie stammen, in einem unkomprimierten Format gespeichert werden.

Die Formel-Engine arbeitet immer mit Datencaches, die von der Speicher-Engine zurückgegeben werden, oder mit Datenstrukturen, die von anderen Formel-Engine-Operatoren berechnet werden. Das Ergebnis einer Formel-Engine-Operation wird nicht ausführungsübergreifend im Speicher vorgehalten, auch nicht innerhalb derselben Sitzung. Datencaches dagegen verbleiben im Speicher und können bei nachfolgenden Abfragen wiederverwendet werden. Die Formel-Engine verfügt nicht über ein Cachesystem zur abfrageübergreifenden Wiederverwendung von Ergebnissen. DAX ist also vollständig auf die Cachefunktionen der Speicher-Engine angewiesen.

Schließlich ist die Formel-Engine ein Singlethread-System. Dies bedeutet, dass unabhängig von der Anzahl vorhandener Kerne jede in der Formel-Engine ausgeführte Operation nur einen Thread und einen Kern verwendet. Die Formel-Engine sendet ihre Anforderungen an die Speicher-Engine sequenziell, also eine Anforderung nach der anderen. Ein gewisser Grad an Parallelität ist nur innerhalb der jeweiligen Anforderung an die Speicher-Engine verfügbar, die eine andere Architektur aufweist und ihrerseits die Vorteile mehrerer verfügbarer Kerne nutzen kann. Dies werden wir im Folgenden genauer beschreiben.

Einführung in die Speicher-Engine

Der Zweck der Speicher-Engine besteht darin, die tabellarische Datenbank zu überprüfen und die von der Formel-Engine benötigten Datencaches zu erzeugen. Die Speicher-Engine ist unabhängig von DAX. Beispielsweise setzt DirectQuery auf SQL Server auf und verwendet SQL als Speicher-Engine. SQL gibt es schon sehr viel länger als DAX. Es mag seltsam erscheinen, aber auch die interne Speicher-Engine für tabellarische Modelle (VertiPaq) ist unabhängig von DAX. Die Gesamtarchitektur ist ausgesprochen sauber und solide. Die Speicher-Engine führt ausschließlich Abfragen aus, die durch den Engine-eigenen Operatorsatz zugelassen wurden. Abhängig von der Art der verwendeten Speicher-Engine erstreckt sich die Bandbreite der Operatoranzahl von sehr begrenzt (VertiPaq) bis sehr reichhaltig (SQL). Dies wiederum wirkt sich auf die Leistung und die Art der Optimierungen aus, die ein Entwickler bei der Analyse von Abfrageplänen berücksichtigen muss.

Ein Entwickler kann die für jede Tabelle verwendete Speicher-Engine mit einer der drei folgenden Optionen definieren:

- **Import:** Heißt auch »In-Memory« oder VertiPaq. Der Inhalt der Tabelle wird von der VertiPaq-Engine gespeichert, wobei die Daten bei der Datenaktualisierung aus der Datenquelle kopiert und umstrukturiert werden.
- **DirectQuery:** Der Inhalt der Tabelle wird zur Abfragezeit aus der Datenquelle gelesen und bei der Datenaktualisierung nicht im Speicher abgelegt.
- **Dual:** Die Tabelle kann sowohl in VertiPaq als auch in DirectQuery abgefragt werden. Bei der Datenaktualisierung wird die Tabelle in den Speicher geladen, aber zur Abfragezeit kann sie auch im DirectQuery-Modus mit den aktuellsten Informationen gelesen werden.

Außerdem könnte eine Tabelle in einem Tabellenmodell als Aggregation für eine andere Tabelle verwendet werden. Aggregationen sind nützlich, um die Anforderungen der Speicher-Engine zu optimieren, nicht jedoch, um einen Engpass in der Formel-Engine zu beseitigen. Aggregationen können sowohl in VertiPaq als auch in DirectQuery definiert werden, auch wenn die Definition üblicherweise in VertiPaq erfolgt, um die beste Abfrageleistung zu erzielen.

Die Speicher-Engine verfügt über eine parallele Implementierung. Anfragen erhält sie jedoch von der Formel-Engine, die diese synchron sendet. Daher wartet die Formel-Engine auf den Abschluss einer Speicher-Engine-Abfrage, bevor sie die nächste Abfrage sendet. Aus diesem Grund kann die Parallelität in der Speicher-Engine durch die fehlende Parallelität der Formel-Engine reduziert werden.

Einführung in die VertiPaq-Speicher-Engine

Die VertiPaq- oder In-Memory-Speicher-Engine ist die native maschinennahe Ausführungseinheit der DAX-Abfrage-Engine. Bei bestimmten Produkten wurde sie offiziell als xVelocity In-Memory Analytical Engine bezeichnet. Bekannt ist sie trotzdem unter dem Namen VertiPaq, bei dem es sich um den ursprünglichen, während der Entwicklung verwendeten Codenamen handelt. VertiPaq speichert eine Kopie der aus der Datenquelle gelesenen Daten in einem komprimierten In-Memory-Format, das auf einer einspaltigen Datenbankstruktur basiert.

VertiPaq-Abfragen werden mit einer internen Pseudo-SQL-Sprache namens xmSQL ausgedrückt. xmSQL ist keine echte Abfragesprache, sondern eher eine textliche Darstellung einer Speicher-Engine-Abfrage. Zweck von xmSQL ist es, den Menschen einen Einblick in die Art und Weise zu gewähren, wie die Formel-Engine VertiPaq abfragt. VertiPaq bietet eine sehr begrenzte Anzahl von Operatoren: Wenn die Berechnung eine komplexere Auswertung innerhalb einer internen Datenüberprüfung erfordert, kann VertiPaq einen Rückruf an die Formel-Engine absetzen.

Die VertiPaq-Speicher-Engine unterstützt Multithreading. Die von der VertiPaq-Speicher-Engine ausgeführten Operationen sind sehr effizient und können auf mehrere Kerne skaliert werden. Eine einzelne Speicher-Engine-Abfrage kann ihre Parallelität bis zu einem Thread je Segment einer Tabelle erhöhen. Segmente werden wir weiter hinten in diesem Kapitel behandeln. Wenn man bedenkt, dass die Speicher-Engine pro Spaltensegment einen Thread ansetzen kann, liegt auf der Hand, dass man von der Parallelität der Speicher-Engine nur dann profitiert, wenn viele Segmente an der Abfrage beteiligt sind. Mit anderen Worten: Bei acht Speicher-Engine-Abfragen, die für eine kleine Tabelle (mit genau einem Segment) ausgeführt werden, werden diese Abfragen aufgrund der synchronen Kommunikationsform zwischen der Formel-Engine und der Speicher-Engine nicht parallel, sondern sequenziell ausgeführt.

Ein Cachesystem speichert die von der VertiPaq-Speicher-Engine generierten Ergebnisse. Dabei ist die Anzahl der Ergebnisse begrenzt, und zwar normalerweise auf die letzten 512 internen Abfragen je Datenbank. Es ist jedoch möglich, dass andere Versionen der Engine einen anderen Wert verwenden. Wenn die Speicher-Engine eine xmSQL-Abfrage erhält, die mit einer bereits im Cache vorhandenen identisch ist, gibt sie den entsprechenden Datencache zurück, ohne zuvor eine Überprüfung der Daten im Speicher vorgenommen zu haben. Der Cache bleibt bei Sicherheitsüberlegungen unberücksichtigt, da das Sicherheitssystem auf Zeilenebene nur das Verhalten der Formel-Engine beeinflusst und verschiedene xmSQL-Abfragen erzeugt, falls der Benutzer nur bestimmte Zeilen einer Tabelle anzeigen darf.

Ein von der Speicher-Engine durchgeführter Überprüfungsvorgang ist normalerweise schneller als der entsprechende von der Formel-Engine durchgeführte Vorgang, selbst wenn nur ein einziger Thread verfügbar ist. Dies liegt daran, dass die Speicher-Engine für solche Operationen besser optimiert ist und über komprimierte Daten iteriert; die Formel-Engine kann dagegen nur über unkomprimierte Datencaches iterieren.

Einführung der DirectQuery-Speicher-Engine

Die DirectQuery-Speicher-Engine hat eine allgemein gehaltene Definition, die das Szenario beschreibt, in dem die Daten in der Originaldatenquelle aufbewahrt werden, statt in den VertiPaq-Speicher kopiert zu werden. Wenn die Formel-Engine im DirectQuery-Modus eine Anfrage an die Speicher-Engine sendet, überträgt sie eine in der jeweiligen Abfragesprache formulierte Abfrage an die Datenquelle. Meistens handelt es sich dabei um SQL, es kann aber auch anders sein.

Die Formel-Engine erkennt die Verwendung von DirectQuery und generiert daher einen anderen Abfrageplan als VertiPaq, denn sie kann die Vorteile der erweiterten Funktionen nutzen, die in der von der Datenquelle verwendeten Abfragesprache zur Verfügung stehen. Beispielsweise ist SQL in der Lage, Zeichenfolgentransformationen wie *UPPER* und *LOWER* zu verarbeiten, während die VertiPaq-Engine keine derartigen Funktionen zur Manipulation von Zeichenfolgen zur Verfügung stellt.

Jegliche Optimierung der Speicher-Engine mit DirectQuery erfordert eine Optimierung der Datenquelle, z.B. durch Indizes in einer relationalen Datenbank. Ausführliche Informationen zu DirectQuery und den möglichen Optimierungen finden Sie in folgendem Whitepaper: *https://www.sqlbi.com/whitepapers/directquery-in-analysis-services-2016*. Die Überlegungen gelten sowohl für Power BI als auch für Analysis Services, da ihnen jeweils die gleiche Engine zugrunde liegt.

Datenaktualisierung verstehen

DAX läuft auf SQL Server Analysis Services (SSAS) Tabular, Azure Analysis Services (bezogen auf die Inhalte im vorliegenden Buch identisch mit SSAS), Power BI Service (auf dem Server wie auch auf dem lokalen Power BI-Desktop) und im Add-In Power Pivot für Microsoft Excel. Technisch gesehen verwenden Power Pivot für Excel und Power BI eine angepasste Version von SSAS Tabular. Aus diesem Grund sind Ausführungen über »unterschiedliche« Engines eigentlich nicht ganz zutreffend: Power Pivot und Power BI entsprechen im Grunde genommen SSAS, auch wenn SSAS in einem versteckten Modus läuft. In diesem Buch unterscheiden wir nicht zwischen diesen Engines; wenn wir SSAS erwähnen, sollte der Leser Power Pivot und Power BI im Kopf immer mitdenken. Soweit es Unterschiede gibt, die es wert sind, hervorgehoben zu werden, werden wir im jeweiligen Abschnitt konkret darauf hinweisen.

Wenn SSAS den Inhalt einer Quelltabelle in den Speicher lädt, sprechen wir davon, dass es die Tabelle verarbeitet. Dies geschieht während des Prozessvorgangs von SSAS bzw. bei der Datenaktualisierung in Power Pivot für Excel und Power BI. Der Tabellenprozess für DirectQuery löscht einfach den internen Cache, ohne auf die Datenquelle zuzugreifen. Wenn die Verarbeitung dagegen im VertiPaq-Modus erfolgt, liest die Engine die Inhalte der Datenquellen und wandelt sie in die interne VertiPaq-Datenstruktur um.

VertiPaq verarbeitet eine Tabelle anhand der folgenden Schritte:

1. Einlesen des Quelldatensatzes, Transformation in die einspaltige VertiPaq-Datenstruktur, Codierung und Komprimierung jeder Spalte
2. Erstellen von Wörterbüchern und Indizes für jede Spalte
3. Anlegen der Datenstrukturen für Beziehungen
4. Berechnen und Komprimieren aller berechneten Spalten und berechneten Tabellen

Die letzten beiden Schritte erfolgen nicht unbedingt direkt hintereinander. Es kann nämlich entweder eine Beziehung auf einer berechneten Spalte basieren oder berechnete Spalten können von einer Beziehung abhängen, weil sie *RELATED* oder *CALCULATE* verwenden. Daher erstellt SSAS einen komplexen Graphen der Abhängigkeiten, um die Schritte in der richtigen Reihenfolge auszuführen.

In den nächsten Abschnitten werden diese Schritte ausführlicher beschrieben. Wir behandeln dort auch das Format der internen Strukturen, die von SSAS bei der Transformation der Datenquelle in das VertiPaq-Modell erstellt wurden.

VertiPaq-Speicher-Engine verstehen

Die VertiPaq-Engine ist die in Tabellenmodellen meistverwendete Speicher-Engine. VertiPaq wird immer dann eingesetzt, wenn sich eine Tabelle im Import-Speichermodus befindet. Dies ist bei vielen Datenmodellen gängige Wahl, und bei Power Pivot für Excel gibt es auch keine Alternative. In zusammengesetzten Modellen impliziert das Vorhandensein von Tabellen oder Aggregationen im Dual-Speichermodus auch die Verwendung der VertiPaq-Speicher-Engine in Kombination mit DirectQuery.

Aus diesen Gründen ist eine solide Kenntnis der VertiPaq-Speicher-Engine eine grundlegende Fähigkeit. Sie brauchen sie, um zu verstehen, wie sowohl der Speicherverbrauch des Modells als auch die Ausführungszeit der Abfragen optimiert werden kann. In diesem Abschnitt erfahren Sie, wie der VertiPaq-Speicher funktioniert.

Einführung in einspaltige Datenbanken

VertiPaq ist eine einspaltige In-Memory-Datenbank. In-Memory bedeutet, dass sich alle Daten, die ein Modell verwendet, im RAM befinden. Aber VertiPaq ist nicht nur In-Memory, sondern auch eine einspaltige Datenbank. Daher ist es für das Verständnis von VertiPaq wichtig zu wissen, was genau eine einspaltige Datenbank ist.

Wir stellen uns eine Tabelle als eine Liste mit Zeilen vor, die jeweils in Spalten unterteilt sind. Betrachten Sie etwa die in Abbildung 17.2 gezeigte Tabelle *Product*.

Product

ID	Name	Color	Unit Price
1	Camcorder	Red	112.25
2	Camera	Red	97.50
3	Smartphone	White	100.00
4	Console	Black	112.25
5	TV	Blue	1,240.85
6	CD	Red	39.99
7	Touch screen	Blue	45.12
8	PDA	Black	120.25
9	Keyboard	Black	120.50

Abbildung 17.2 Die Abbildung zeigt die Tabelle *Product* mit vier Spalten und neun Zeilen.

Wenn wir uns eine Tabelle als Menge von Zeilen vorstellen, verwenden wir die natürlichste Darstellung einer Tabellenstruktur. Technisch gesehen handelt es sich um einen sogenannten *Rowstore* (Zeilenspeicher). In einem Rowstore werden Daten in Zeilen organisiert. Wenn die Tabelle im Speicher abgelegt wird, könnte man zu der Ansicht gelangen, dass der Wert der Spalte *Name* in der ersten Zeile neben den Werten der Spalten *ID* und *Color* in derselben Zeile liegt. Dagegen ist der Wert in der zweiten Zeile der Spalte *Name* etwas weiter vom Wert von *Name* in der ersten Zeile entfernt, weil dazwischen *Color* und *Unit Price* (Einzelpreis) in der ersten Zeile und der Wert der Spalte *ID* in der zweiten Zeile stehen. Exemplarisch stellt der folgende Code das physische Speicher-Layout eines Rowstores schematisch dar:

```
ID,Name,Color,Unit Price|1,Camcorder,Red,112.25|2,Camera,Red,97.50|3,Smartphone,
White,100.00|4,Console,Black,112.25|5,TV,Blue,1,240.85|6,CD,Red,39.99|7,
Touch screen,Blue,45.12|8,PDA,Black,120.25,9,Keyboard,Black,120.50
```

Nehmen wir nun an, ein Entwickler müsse die Summe von *Unit Price* berechnen: Die Engine muss den gesamten Speicherbereich durchsuchen und dabei viele irrelevante Werte lesen. Stellen Sie sich jetzt vor, dass Sie den Speicher der Datenbank sequenziell überprüfen: Um den ersten Wert von *Unit Price* zu lesen, muss die Engine die erste Zeile mit *ID, Name* und *Color* lesen (und überspringen). Erst dann findet sie einen interessanten Wert. Dieser Vorgang wird für alle Zeilen wiederholt. Nutzt man diese Technik, dann muss die Engine viele Spalten lesen und ignorieren, um die relevanten Werte für die Summe zu finden.

Das Lesen und Ignorieren von Werten braucht jedoch Zeit. Wenn wir jemanden bitten würden, die Summe von *Unit Price* zu berechnen, würde er diesen Algorithmus im Zweifelsfall links liegen lassen. Stattdessen würde er sich als Mensch wahrscheinlich die erste Zeile in Abbildung 17.2 ansehen, um nach der Position von *Unit Price* zu suchen, und dann seine Augen nach unten gleiten lassen, die Werte einzeln ablesen und sie im Kopf zusammenzählen, um die Summe zu bilden. Der Grund für dieses ganz natürliche Verhalten liegt darin, dass wir Zeit sparen, indem wir nicht Zeile für Zeile, sondern vertikal lesen.

Eine einspaltige Datenbank organisiert die Daten im Hinblick auf eine optimale vertikale Überprüfung. Um dieses Ergebnis zu erhalten, muss es eine Möglichkeit geben, die verschiedenen Werte einer Spalte nebeneinander zu stellen. In Abbildung 17.3 sehen Sie die gleiche Tabelle *Product*, diesmal jedoch als einspaltige Datenbank.

Product Columns

ID
1
2
3
4
5
6
7
8
9

Name
Camcorder
Camera
Smartphone
Console
TV
CD
Touch screen
PDA
Keyboard

Color
Red
Red
White
Black
Blue
Red
Blue
Black
Black

Unit Price
112.25
97.50
100.00
112.25
1,240.85
39.99
45.12
120.25
120.50

Abbildung 17.3 Tabelle *Product*, spaltenweise strukturiert

Bei Speicherung in einer einspaltigen Datenbank hat jede Spalte ihre eigene Datenstruktur – sie ist physisch von den anderen getrennt. Die verschiedenen Werte von *Unit Price* liegen also nebeneinander und sind von *Color, Name* und *ID* separiert. Der folgende Code stellt das physische Speicherlayout eines Rowstores schematisch dar:

```
ID,1,2,3,4,5,6,7,8,9
Name,Camcorder,Camera,Smartphone,Console,TV,CD,Touch screen,PDA,Keyboard
Color,Red,Red,White,Black,Blue,Red,Blue,Black,Black
Unit Price,112.25,97.50,100.00,112.25,1240.85,39.99,45.12,120.25,120.50
```

Mit dieser Datenstruktur ist die Berechnung der Summe von *Unit Price* sehr viel einfacher, da die Engine sofort zu der Struktur wechselt, die *Unit Price* enthält. Sie findet dort alle Werte, die für die Berechnung benötigt werden, nebeneinander angeordnet. Das bedeutet, dass die anderen Spaltenwerte gar nicht mehr gelesen werden müssen und ignoriert werden können. Mit nur einer einzigen Überprüfung erhalten wir ausschließlich die gewünschten Werte und können diese schnell aggregieren.

Im nächsten Szenario berechnen wir statt der Gesamtsumme von *Unit Price* nur die Summe von *Unit Price* für die roten Produkte. Bevor Sie weiterlesen, sollten Sie selbst einmal probieren, dieses Problem zu lösen, um den Algorithmus besser zu verstehen.

Allerdings ist das gar nicht mehr so einfach. Es ist nämlich nicht mehr möglich, die gewünschte Anzahl durch einfaches Überprüfen der Spalte *Unit Price* zu erhalten. Normalerweise würden Entwickler nun hingehen, die Spalte *Color* überprüfen und immer dann, wenn der Wert Red ist, den entsprechenden Wert in *Unit Price* abrufen. Am Ende würden alle Werte zusammengezählt, um das Ergebnis zu berechnen.

Obwohl dieser Algorithmus sehr intuitiv ist, erfordert er eine ständige Bewegung der Augen von einer Spalte in Abbildung 17.3 zur nächsten, möglicherweise mit einem Finger als Hilfsmittel, um die zuletzt gescannte Position von *Color*zu speichern. Das ist kein optimaler Ansatz zur Wertberechnung. Grund hierfür ist, dass die Engine ständig von einem Speicherbereich zum nächsten springen muss, was die Leistung erheblich beeinträchtigt. Eine bessere Methode – die aber nur von Computern verwendet wird – besteht darin, zuerst die Spalte *Color* zu durchsuchen, die Positionen zu ermitteln, an denen die Farbe Rot ist, und dann die Spalte *Unit Price* zu überprüfen, wobei nur die Werte der im vorherigen Schritt gefundenen Positionen summiert werden.

Dieser letzte Algorithmus ist viel besser, weil er die erste und die zweite Spalte durchsucht und dabei immer auf Speicherplätze zugreift, die nebeneinander liegen – anders als der Sprung bei der abwechselnden Überprüfung der ersten und zweiten Spalte. Das sequenzielle Auslesen des Speichers ist viel schneller als der wahlfreie Zugriff.

Bei einem komplexeren Ausdruck, wie z. B. der Summe aller Produkte, die entweder blau oder schwarz sind und deren Preis 50 Dollar übersteigt, sind die Probleme noch größer. Diesmal gibt es keine Möglichkeit, die Spalte einzeln zu überprüfen, da die Bedingung von viel zu vielen Spalten abhängt. Wie üblich hilft es auch hier, sich das Problem zum besseren Verständnis mit Stift und Zettel zu skizzieren.

Der einfachste Algorithmus, der das gewünschte Ergebnis liefert, legt nahe, die Tabelle nicht spalten-, sondern zeilenweise zu überprüfen. Als Menschen neigen wir dazu, die Tabelle Zeile für Zeile durchzugehen, obwohl die interne Organisation der Tabelle auf Spalten basiert. Auf dem Papier umgesetzt, handelt es sich um einen kinderleichten Vorgang; wird er dagegen von einem Computer im RAM ausgeführt, dann erfordert er eine Menge zufälliger Speicherlesevorgänge, was zu einer im Vergleich zur Berechnung per sequenzieller Überprüfung schlechteren Leistung führt.

Wie bereits erwähnt, bietet eine einspaltige Speicherung sowohl Vor- als auch Nachteile. Einspaltige Datenbanken gewähren zwar einen sehr schnellen Zugriff auf eine einzelne Spalte, aber sobald man eine Berechnung mit mehreren Spalten benötigt, brauchen sie nach dem Einlesen der Spalteninhalte einige Zeit, um die Informationen neu zu organisieren, damit der endgültige Ausdruck berechnet werden kann. Auch wenn dieses Beispiel sehr einfach war, eignet es sich gut zur Charakterisierung der wichtigsten Merkmale einspaltiger Speicher:

- Der einspaltige Zugriff ist sehr schnell: Ein einzelner Speicherblock wird sequenziell gelesen, und dann wird die dafür erforderliche Aggregation berechnet.
- Wenn ein Ausdruck viele Spalten verwendet, ist der Algorithmus komplexer, da die Engine hierfür zu unterschiedlichen Zeiten auf verschiedene Speicherbereiche zugreifen muss, um den Fortschritt in einem temporären Bereich im Auge zu behalten.
- Je mehr Spalten zur Berechnung eines Ausdrucks benötigt werden, desto schwieriger wird es, zu einem Ergebnis zu kommen. Ab einem bestimmten Punkt ist es schlicht einfacher, zur Berechnung des Ausdrucks den Rowstore aus dem Columnstore (Spaltenspeicher) neu zu erstellen.

Columnstores sollen die Lesezeit verkürzen. Sie verbrauchen allerdings mehr CPU-Zyklen, um die Daten neu anzuordnen, wenn viele Spalten aus derselben Tabelle verwendet werden. Rowstores hingegen haben einen eher linearen Algorithmus zum Scannen von Daten, führen aber viele sinnlose Lesevorgänge aus. In der Regel ist die Reduzierung der Lesevorgänge auf Kosten einer erhöhten CPU-Nutzung eine empfehlenswerte Vorgehensweise, da bei modernen Computern eine Erhöhung der CPU-Geschwindigkeit immer mit in jeder Hinsicht weniger Aufwand verbunden ist als eine Verringerung der E/A-Zeit (oder Speicherzugriffszeit).

Darüber hinaus bieten, wie Sie im Folgenden sehen werden, einspaltige Datenbanken weitere Optionen, um den Zeitaufwand für das Überprüfen von Daten zu reduzieren. Die relevanteste Technik, die von VertiPaq verwendet wird, ist die Komprimierung.

VertiPaq-Komprimierung verstehen

Im vorigen Abschnitt haben Sie gelernt, dass VertiPaq jede Spalte in einer separaten Datenstruktur speichert. Diese simple Tatsache ermöglicht es der Engine, einige extrem wichtige Komprimierungen und Codierungen zu implementieren, die in diesem Abschnitt beschrieben werden.

Die konkreten Eigenschaften des VertiPaq-Komprimierungsalgorithmus sind proprietär. Daher dürfen wir sie nicht in einem Buch veröffentlichen. Allerdings ist das, was wir in diesem Kapitel erklären, bereits eine gute Annäherung an die Abläufe in der Engine, und unsere Beschreibung, wie die VertiPaq-Engine Daten speichert, ist für alle unsere Zwecke ausreichend.

VertiPaq-Komprimierungsalgorithmen zielen darauf ab, den Speicherbedarf eines Datenmodells zu reduzieren. Die Reduzierung des Speicherverbrauchs ist vor allem aus zwei Gründen eine sehr wichtige Aufgabe:

- Ein kleineres Modell nutzt die Hardware besser aus. Warum Geld für 1 TB RAM ausgeben, wenn dasselbe Modell, einmal komprimiert, problemlos in 256 GB Arbeitsspeicher gehostet werden kann? Sofern möglich, ist die Einsparung von RAM immer eine gute Option.
- Die Überprüfung des kleineren Modells erfolgt schneller. Das ist zwar eine sehr einfache Regel, doch ist sie im Hinblick auf die Leistung sehr wichtig. Wenn eine Spalte komprimiert wird, muss die Engine weniger Arbeitsspeicher auslesen, um ihren Inhalt zu erfassen, was wiederum die Leistung verbessert.

Wertcodierung verstehen

Die Wertcodierung ist die erste Form der Codierung, die VertiPaq zur Reduzierung des Speicherbedarfs einer Spalte verwenden kann. Betrachten Sie eine Spalte mit Produktpreisen, die als ganzzahlige Werte gespeichert sind. Die Spalte enthält viele verschiedene Werte, und es ist eine bestimmte Anzahl Bits erforderlich, um sie alle darzustellen.

Im in Abbildung 17.4 gezeigten Beispiel beträgt der Höchstwert von *Unit Price* 216. Um jeden ganzzahligen Wert bis maximal zu dieser Zahl zu speichern, sind 8 Bits erforderlich. Dennoch könnten wir durch eine einfache mathematische Operation den Speicherbedarf auf 5 Bits reduzieren.

Abbildung 17.4 Durch einfache mathematische Operationen reduziert VertiPaq die Anzahl der für eine Spalte benötigten Bits.

Im Beispiel stellte VertiPaq fest, dass es durch Subtraktion des Mindestwerts (194) von allen Werten der Spalte ihren Wertebereich verändern und auf einen Bereich von 0 bis 22 verringern kann. Das Speichern ganzer Zahlen bis 22 erfordert weniger Bits als das Speichern von Zahlen bis 216. Zwar mögen 3 Bits auf den ersten Blick als unbedeutende Einsparung erscheinen, doch wenn wir dies mit einigen Milliarden Zeilen multiplizieren, ist die Bedeutung dieser Differenz gut zu erkennen.

Aber die VertiPaq-Engine kann noch viel mehr. Sie entdeckt mathematische Beziehungen zwischen den Werten einer Spalte und ändert anhand dieser die Speicherung, alles mit dem Ziel, den Speicherbedarf zu reduzieren. Wenn die Spalte verwendet wird, muss sie natürlich die Transformation in entgegengesetzter Richtung erneut anwenden, um den ursprünglichen Wert zu erhalten. Je nach Transformation kann dies vor oder nach der Aggregation der Werte geschehen. Auch dies erhöht die CPU-Auslastung und reduziert die Anzahl der Lesevorgänge, ist also eine empfehlenswerte Option.

Die Wertcodierung erfolgt nur für ganzzahlige Spalten, da sie nicht auf Zeichenfolgen oder Gleitkommawerte angewendet werden kann. Beachten Sie, dass VertiPaq den DAX-Datentyp *Currency* (auch feste Dezimalzahl genannt) als ganzzahligen Wert speichert. Daher können auch Währungen wertcodiert werden, während dies bei Gleitkommazahlen nicht möglich ist.

Hashcodierung verstehen

Die Hashcodierung (auch als Wörterbuchcodierung bekannt) ist eine weitere Technik, mit der VertiPaq die Anzahl der für die Speicherung einer Spalte erforderlichen Bits reduziert. Hierbei wird ein Wörterbuch mit den verschiedenen Werten einer Spalte erstellt, woraufhin die Spaltenwerte durch Indizes auf das Wörterbuch ersetzt werden. In Abbildung 17.5 sehen Sie den Speicher der Spalte *Color*, die Zeichenfolgen verwendet und nicht wertcodiert werden kann.

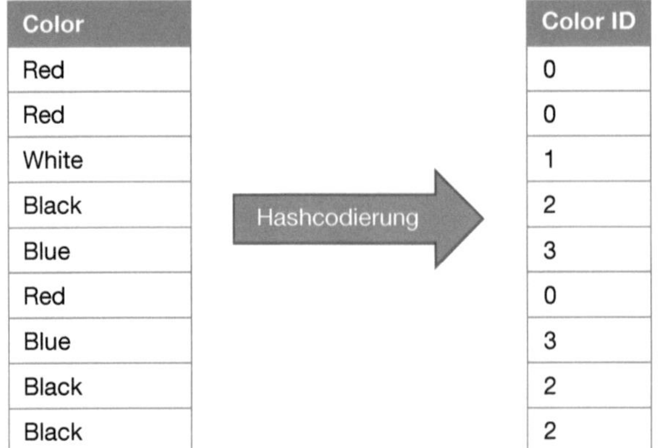

Abbildung 17.5 Die Hashcodierung umfasst den Aufbau eines Wörterbuchs und das Ersetzen von Werten durch Indizes.

Wenn VertiPaq eine Spalte mit Hashcodierung codiert, finden die folgenden Vorgänge statt:

- Es wird ein Wörterbuch erstellt, das die verschiedenen Werte der Spalte enthält.
- Die Werte werden durch ganze Zahlen ersetzt, wobei jede Zahl dem Wörterbuchindex des ursprünglichen Werts entspricht.

Die Hashcodierung bietet einige Vorteile:

- Alle Spalten enthalten ausschließlich ganzzahlige Werte. Dies macht es einfacher, den internen Code der Engine zu optimieren. Es bedeutet aber auch, dass VertiPaq datentypunabhängig ist.
- Die Anzahl der Bits, die zum Speichern eines einzelnen Werts verwendet werden, ist die Mindestanzahl der Bits, die zum Speichern eines Indexeintrags erforderlich ist. In dem angegebenen Beispiel reichen 2 Bits aus, da es nur vier verschiedene Werte gibt.

Diese beiden Aspekte sind für VertiPaq von größter Wichtigkeit. Es spielt keine Rolle, ob eine Spalte eine Zeichenfolge, eine 64-Bit-Ganzzahl oder einen Gleitkommawert zur Darstellung eines Werts verwendet. Alle diese Datentypen können hashcodiert werden und bieten so dieselbe Leistung in Bezug auf Überprüfungsgeschwindigkeit und Speicherplatz. Der einzige Unterschied könnte in der Größe des Wörterbuchs liegen. Dieses ist in der Regel sehr klein, wenn man es mit der Größe der Ursprungsspalte vergleicht.

Der primäre Faktor bei der Definition der Spaltengröße ist nicht der Datentyp, sondern die Anzahl verschiedener Werte in der Spalte. Diese Anzahl bezeichnen wir als *Kardinalität* der Spalte. Die Wiederholung eines so wichtigen Konzepts ist immer eine gute Sache: Von all den Aspekten einer einzelnen Spalte ist der wichtigste beim Entwerfen eines Datenmodells die Kardinalität.

Je niedriger die Kardinalität, desto weniger Bits sind zur Speicherung eines Einzelwerts erforderlich und desto geringer ist folglich auch der Speicherbedarf der Spalte. Wenn eine Spalte kleiner ist, ist es nicht nur möglich, mehr Daten in der gleichen Menge RAM zu speichern, sondern sie lässt sich auch wesentlich schneller überprüfen, wenn die Engine ihre Werte in einem DAX-Ausdruck aggregieren muss.

Lauflängencodierung (RLE) verstehen

Die Hash- und die Wertcodierung sind zwei sehr gute Komprimierungstechniken. Es gibt jedoch noch eine andere, ergänzende Komprimierungstechnik, die von VertiPaq verwendet wird: die Lauflängencodierung (Run Length Encoding, RLE). Diese Technik zielt darauf ab, die Größe eines Datasets zu reduzieren, indem wiederholte Werte vermieden werden. Betrachten Sie z. B. eine Spalte, in der die Quartale gespeichert sind, in denen die verschiedenen in der Tabelle *Sales* gespeicherten Umsätze erfolgten. Diese Spalte kann die Zeichenfolge »Q1« enthalten, die sich für alle Umsätze im selben Quartal in aneinandergrenzenden Zeilen vielfach wiederholt. In einem solchen Fall speichert VertiPaq keine sich wiederholenden Werte, sondern ersetzt sie durch eine etwas komplexere Struktur, die den Wert nur einmal enthält, jedoch auch die Anzahl der aneinandergrenzenden Zeilen angibt, die diesen Wert enthalten. Abbildung 17.6 zeigt dies.

Die Effizienz der RLE hängt stark vom Wiederholungsmuster der Spalte ab. In einigen Spalten wiederholt sich derselbe Wert für viele Zeilen, was zu einem hervorragenden Komprimierungsverhältnis führt. Für andere Spalten mit schnell wechselnden Werten hingegen ist das Komprimierungsverhältnis deutlich geringer. Die Sortierung der Daten ist äußerst wichtig, um das RLE-Komprimierungsverhältnis zu verbessern. Daher ist das Finden einer optimalen Sortierreihenfolge ein wichtiger Schritt bei der von VertiPaq durchgeführten Datenaktualisierung.

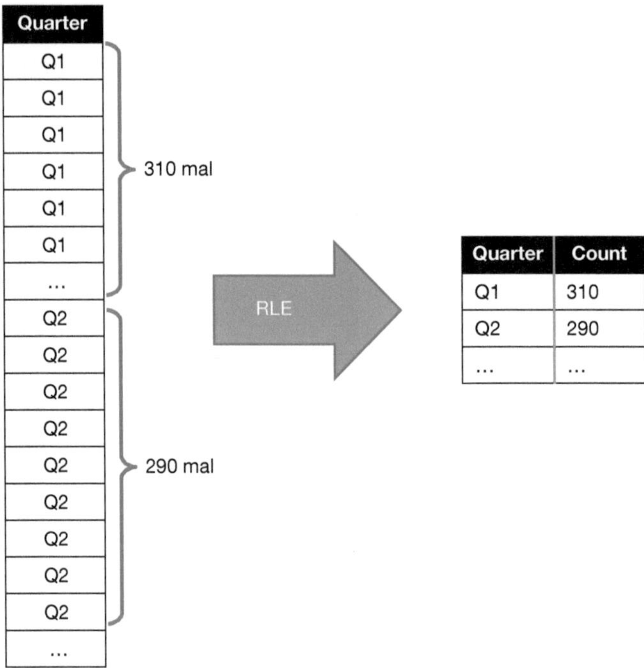

Abbildung 17.6 RLE ersetzt sich wiederholende Werte durch die Information zur Anzahl zusammenhängender Zeilen, die den jeweiligen Wert enthalten.

Schließlich sind möglicherweise auch Spalten vorhanden, deren Inhalt sich so häufig ändert, dass der Platzbedarf am Ende deutlich höher wäre als der der ursprünglichen Spalten, wenn VertiPaq diese RLE-komprimieren würde. Ein naheliegendes Beispiel hierfür ist der Primärschlüssel einer Tabelle. Er weist in jeder Zeile einen anderen Wert auf, weswegen die RLE-Version umfangreicher ist als die Spalte selbst. In solchen Fällen überspringt VertiPaq die RLE-Komprimierung und speichert die Spalte so, wie sie ist. Daher überschreitet die Größe des VertiPaq-Speichers einer Spalte keinesfalls die ursprüngliche Spaltengröße. Schlimmstenfalls wären beide gleich groß.

In unserem Beispiel haben wir die RLE-Komprimierung einer Spalte *Quarter* mit Zeichenfolgen gezeigt. RLE kann aber auch die bereits hashcodierte Version einer Spalte verarbeiten. Jede Spalte kann sowohl RLE- als auch entweder hash- oder wertcodiert sein. Daher besteht der VertiPaq-Speicher für eine hashcodierte Spalte aus zwei separaten Einheiten: dem Wörterbuch und den Datenzeilen. Letztere sind das RLE-codierte Ergebnis der hashcodierten Version der Originalspalte, wie in Abbildung 17.7 dargestellt.

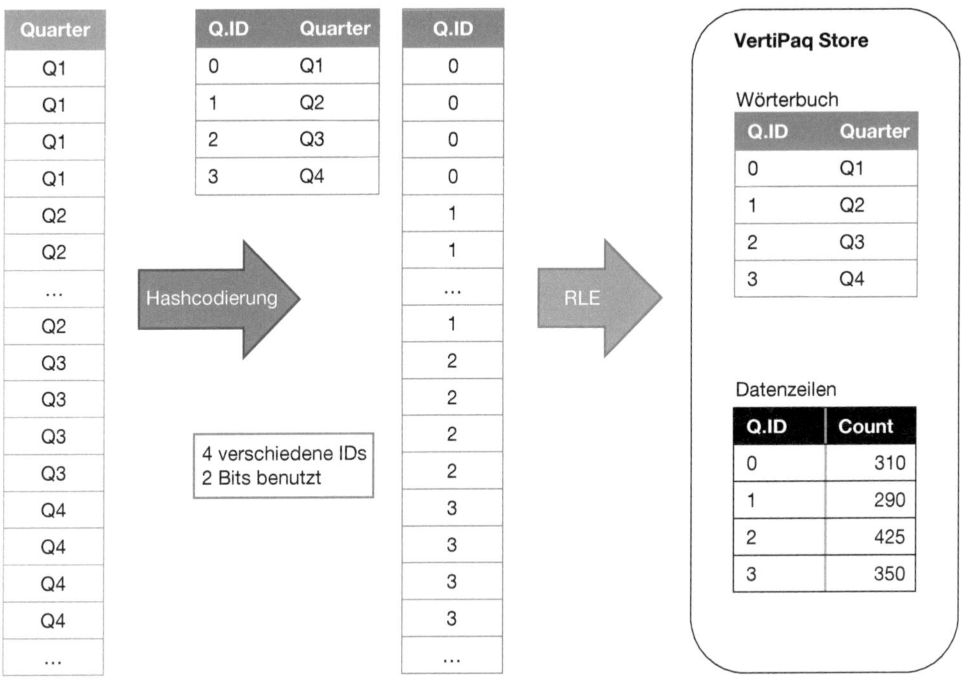

Abbildung 17.7 RLE wird auf die wörterbuchcodierte Version einer Spalte angewendet.

VertiPaq wendet RLE auch auf wertcodierte Spalten an. In diesem Fall fehlt das Wörterbuch, weil die Spalte bereits wertcodierte ganze Zahlen enthält.

Die Faktoren, die das Komprimierungsverhältnis eines tabellarischen Modells beeinflussen, sind in der Reihenfolge ihrer Bedeutung:

1. Die Kardinalität der Spalte, die die Anzahl der Bits definiert, die zur Speicherung eines Werts verwendet werden
2. Die Anzahl der Wiederholungen, d.h. die Verteilung von Daten in einer Spalte. Eine Spalte mit vielen sich wiederholenden Werten wird stärker komprimiert als eine Spalte mit sehr häufig wechselnden Werten.
3. Die Anzahl der Zeilen in der Tabelle
4. Der Datentyp der Spalte, der sich jedoch nur auf die Größe des Wörterbuchs auswirkt

Angesichts all dieser Überlegungen ist es quasi unmöglich, das Komprimierungsverhältnis einer Tabelle vorherzusagen. Außerdem hat ein Entwickler zwar die volle Kontrolle über bestimmte Aspekte einer Tabelle – er kann die Anzahl der Zeilen begrenzen und die Datentypen ändern –, aber das sind die am wenigsten wichtigen Aspekte. Wie Sie jedoch im nächsten Kapitel erfahren werden, kann man auch Kardinalität und Wiederholungen manipulieren und so die Komprimierung und Leistung eines Modells verbessern.

Abschließend sei angemerkt, dass die Reduzierung der Kardinalität einer Spalte auch die Wahrscheinlichkeit von Wiederholungen erhöht. Wenn beispielsweise eine Zeitspalte mit Sekundengranularität gespeichert wird, enthält sie bis zu 86.400 verschiedene Werte. Speichert der Entwickler dieselbe Zeitspalte hingegen mit Stundengranularität, dann hat er nicht nur die Kardinalität reduziert, sondern auch sich wiederholende Werte eingeführt. Tatsächlich werden aus 3.600 Sekunden eine Stunde. All dies führt zu einem sehr viel besseren Komprimierungsverhältnis. Dagegen hat die Umstellung des Datentyps von *DateTime* auf *Integer* oder womöglich *String* nur einen vernachlässigbaren Einfluss auf die Spaltengröße.

Neucodierung verstehen

SSAS muss feststellen, welcher Algorithmus zur Codierung der jeweiligen Spalte verwendet werden soll. Konkret muss zwischen Werte- oder Wörterbuchcodierung entschieden werden. Um eine fundierte Entscheidung zu treffen, liest SSAS deswegen beim ersten Überprüfen der Quelle eine Anzahl Zeilen als Stichprobe ein und wählt abhängig von den gefundenen Werten einen Komprimierungsalgorithmus aus.

Wenn der Datentyp der Spalte nicht *Integer* ist, ist die Auswahl einfach: SSAS setzt auf die Wörterbuchverschlüsselung. Für ganzzahlige Werte werden dagegen einige Heuristiken wie beispielsweise die folgenden verwendet:

- Wenn die Zahlen in der Spalte linear ansteigen, handelt es sich wahrscheinlich um einen Primärschlüssel, für den die Wertcodierung die beste Option darstellt.
- Fallen alle Zahlen in einen definierten Wertebereich, dann ist ebenfalls die Wertcodierung der richtige Weg.
- Wenn die Zahlen einen sehr großen Wertebereich abdecken und die Werte sehr unterschiedlich sind, kommt eigentlich nur die Wörterbuchcodierung infrage.

Sobald die Entscheidung gefallen ist, beginnt SSAS mit der Komprimierung der Spalte unter Verwendung des gewählten Algorithmus. Leider wird hin und wieder die falsche Entscheidung getroffen, und SSAS erkennt dies bei der Bearbeitung erst sehr spät. Zum Beispiel könnte SSAS einige Millionen Zeilen lesen, bei denen die Werte im Bereich zwischen 100 und 201 liegen, sodass die Wertcodierung die beste Wahl ist. Nach diesen mehreren Millionen Zeilen tritt plötzlich ein Ausreißer auf, etwa eine große Zahl wie 60.000.000. Offensichtlich war die anfängliche Wahl falsch, denn die Anzahl der Bits, die zum Speichern einer so großen Zahl benötigt werden, ist riesig. Was muss SSAS nun tun? Anstatt mit der falschen Wahl fortzufahren, kann SSAS eine Neucodierung der Spalte ins Auge fassen. Hierbei wird die gesamte Spalte mithilfe einer Wörterbuchcodierung neu codiert. Dieser Vorgang kann sehr lange dauern, da SSAS die gesamte Spalte von Anfang an neu verarbeiten muss.

Bei sehr großen Datasets, bei denen die Verarbeitungszeit eine wichtige Rolle spielt, gilt folgendes Verfahren: Die Datenverteilung in den ersten von SSAS gelesenen Zeilen sollte sich so darstellen, dass alle Wertetypen vorhanden sind. Hierdurch wird die Neucodierung auf ein Minimum reduziert. Entwickler tun dies, indem sie ein Qualitätsmuster in der ersten verarbeiteten Partition oder einen sogenannten Codierungshinweis für die Spalte angeben.

Die Eigenschaft *Encoding Hint* wurde in Analysis Services 2017 eingeführt und ist nicht in allen Produkten verfügbar.

Optimale Sortierung finden

Wie Sie gesehen haben, hängt die Effizienz der RLE stark von der Sortierreihenfolge der Tabelle ab. Alle Spalten einer Tabelle werden auf dieselbe Weise sortiert, um die Integrität der Daten auf Tabellenebene zu erhalten. Bei großen Tabellen ist es wichtig, die optimale Sortierung der Daten zu bestimmen, um die Effizienz von RLE zu verbessern und den Speicherbedarf des Modells zu reduzieren.

Wenn SSAS eine Tabelle ausliest, werden verschiedene Sortierreihenfolgen durchprobiert, um die Komprimierung zu verbessern. Bei einer Tabelle mit vielen Spalten ist dies ein sehr aufwendiger Vorgang. SSAS legt dann eine Maximaldauer für die Ermittlung der besten Sortierreihenfolge fest. Die Voreinstellung kann bei verschiedenen Versionen der Engine unterschiedlich sein. Zum Zeitpunkt der Drucklegung beträgt die Voreinstellung zehn Sekunden pro einer Million Zeilen. Sie können diesen Wert über den Eintrag *ProcessingTimeboxSecPerMRow* in der Konfigurationsdatei des SSAS-Diensts ändern. Power BI und Power Pivot bieten keinen Zugriff auf diesen Wert.

SSAS ermittelt die beste Sortierreihenfolge in den Daten und verwendet hierzu einen heuristischen Algorithmus, der sicherlich auch die physische Reihenfolge der empfangenen Zeilen berücksichtigt. Aus diesem Grund kann man zwar nicht die von VertiPaq für RLE verwendete Sortierreihenfolge erzwingen, aber es ist möglich, der Engine beliebig sortierte Daten zur Verfügung zu stellen. Die VertiPaq-Engine enthält diese Sortierreihenfolge in den zu berücksichtigenden Optionen.

Um eine maximale Komprimierung zu erreichen, kann man den Wert von *ProcessingTimeboxSecPerMRow* auf 0 setzen. In diesem Fall beendet SSAS die Suche erst, wenn es den besten Komprimierungsfaktor findet. Der Nutzen im Hinblick auf Speicherauslastung und Abfragegeschwindigkeit kann variieren. Die Verarbeitung dagegen dauert viel länger, weil die Engine angewiesen wird, vor der Entscheidung alle möglichen Sortierreihenfolgen auszuprobieren.

Im Allgemeinen sollten Entwickler die Spalten mit der geringsten Anzahl eindeutiger Werte in der Sortierreihenfolge an die erste Stelle setzen, da sie wahrscheinlich viele sich wiederholende Werte erzeugen. Denken Sie jedoch daran, dass die Ermittlung der besten Sortierreihenfolge kein Kinderspiel ist. Es ist nur dann sinnvoll, sich damit zu beschäftigen, wenn das Datenmodell wirklich groß ist (d. h. in der Größenordnung einiger Milliarden Zeilen). Ansonsten ist der Nutzen dieser extremen Optimierungen begrenzt.

Sobald alle Spalten komprimiert sind, schließt SSAS die Verarbeitung ab, indem es berechnete Spalten, Tabellen, Hierarchien und Beziehungen aufbaut. Hierarchien und Beziehungen sind zusätzliche Datenstrukturen, die von VertiPaq zur Ausführung von Abfragen benötigt werden, während berechnete Spalten und Tabellen dem Modell mithilfe von DAX-Ausdrücken hinzugefügt werden.

Berechnete Spalten werden wie andere Spalten auch nach der Berechnung komprimiert, jedoch gibt es einen Unterschied zu Standardspalten. Berechnete Spalten werden nämlich erst in der letzten Phase der Verarbeitung komprimiert, wenn die Komprimierung aller anderen

Spalten bereits abgeschlossen ist. Das bedeutet auch, dass VertiPaq bei der Auswahl der besten Sortierreihenfolge für eine Tabelle keine berechneten Spalten berücksichtigt.

Sie sollten darüber nachdenken, eine berechnete Spalte zu erstellen, die einen *Boolean*-Wert ergibt. Da es nur zwei Werte gibt, kann diese berechnete Spalte sehr gut komprimiert werden (ein einziges Bit reicht aus, um einen *Boolean*-Wert zu speichern). Außerdem bietet es sich an, eine solche Spalte an die erste Stelle in der Liste der Sortierreihenfolge zu stellen. Dabei zeigt die Tabelle zunächst alle *TRUE*- und erst danach alle *FALSE*-Werte an. Da es sich um eine berechnete Spalte handelt, ist die Sortierreihenfolge bereits durch andere Spalten definiert; es kann sein, dass die berechnete Spalte ihren Wert aufgrund der definierten Sortierreihenfolge häufig ändert. In diesem Fall wird die Spalte ggf. nicht optimal komprimiert.

Wann immer eine Spalte in DAX oder in der Datenquelle (einschließlich Power Query) berechnet werden kann, sollten Sie daran denken, dass die Berechnung in der Datenquelle zu einer etwas besseren Komprimierung führt. Es gibt viele weitere Faktoren, die die Wahl von DAX anstelle von Power Query oder SQL zur Berechnung der Spalte bestimmen können. Beispielsweise berechnet die Engine automatisch eine berechnete Spalte in einer großen Tabelle in Abhängigkeit von einer Spalte in einer kleinen Tabelle, wenn diese kleine Tabelle teilweise oder vollständig aktualisiert wird. Dies geschieht, ohne dass die gesamte große Tabelle neu verarbeitet werden muss, was notwendig wäre, wenn die Berechnung in Power Query oder SQL erfolgen würde. Dies ist ein Aspekt, den man bei der Suche nach der optimalen Komprimierung berücksichtigen sollte.

Eine berechnete Tabelle weist dieselbe Komprimierung wie eine reguläre Tabelle auf, jedoch ohne die für berechnete Spalten beschriebenen Nebenwirkungen. Die Erstellung einer berechneten Tabelle kann allerdings ziemlich aufwendig sein. Eine berechnete Tabelle benötigt nämlich genügend Speicherplatz, um vor der Komprimierung eine Kopie der gesamten unkomprimierten Tabelle im Speicher zu halten. Machen Sie sich ausreichend Gedanken im Hinblick auf den bei der Aktualisierung exorbitant steigenden Arbeitsspeicherbedarf, bevor Sie eine große berechnete Tabelle erstellen.

Hierarchien und Beziehungen verstehen

Wie Sie in den vorherigen Abschnitten gesehen haben, baut SSAS am Ende der Tabellenverarbeitung zwei zusätzliche Datenstrukturen auf: Hierarchien und Beziehungen.

Es gibt zwei Arten von Hierarchien, nämlich Attributhierarchien und Benutzerhierarchien. Hierarchien sind Datenstrukturen, die in erster Linie dazu dienen, die Leistung von MDX-Abfragen und auch bestimmte Suchvorgänge in DAX zu optimieren. Da das Konzept der Hierarchie in der DAX-Sprache nicht vorhanden ist, werden wir in diesem Buch nicht weiter darauf eingehen.

Beziehungen hingegen spielen eine wichtige Rolle in der VertiPaq-Engine, und es ist wichtig, zu verstehen, wie sie sich in Bezug auf extreme Optimierungen auswirken. In den folgenden Kapiteln wird die Rolle der Beziehungen in einer Abfrage beschrieben. An dieser Stelle sind wir zunächst einmal nur daran interessiert, zu definieren, was Beziehungen im Hinblick auf Speicherung und Verhalten bei VertiPaq sind.

Eine Beziehung ist eine Datenstruktur, die IDs aus einer Tabelle Zeilennummern in einer anderen Tabelle zuordnet (»mappt«). Betrachten Sie z. B. die Spalten *ProductKey* in *Sales* und *ProductKey* in *Product*. Diese beiden Spalten werden verwendet, um die Beziehung zwischen den beiden Tabellen aufzubauen. *Product[ProductKey]* ist ein Primärschlüssel. Aus diesem Grund hat die Engine eine Wertcodierung verwendet und die Komprimierung weggelassen. Die RLE könnte die Größe der Spalte nämlich ohnehin nicht reduzieren, weil keine doppelten Werte vorhanden sind. Dagegen ist *Sales[ProductKey]* wahrscheinlich wörterbuchcodiert und komprimiert worden, denn hier sind im Zweifelsfall viele Wiederholungen enthalten. Daher sind die internen Datenstrukturen der Spalten trotz gleichen Namens und Datentyps völlig unterschiedlich.

Da sie Teil einer Beziehung sind, weiß VertiPaq außerdem, dass die Abfragen wahrscheinlich die Spalten verwenden werden, die sehr oft einen Filter für *Product* festlegen und außerdem davon ausgehen, dass sie auch *Sales* filtern. VertiPaq wäre sehr langsam, wenn es jedes Mal beim Verschieben eines Filters von *Product* zu *Sales* alle folgenden Schritte durchführen müsste: Werte aus *Product[ProductKey]* abrufen, sie im Wörterbuch zu *Sales[ProductKey]* suchen und schließlich die IDs aus *Sales[ProductKey]* abrufen, um den Filter zu setzen.

Um die Abfrageleistung zu verbessern, speichert VertiPaq daher Beziehungen als Paare aus IDs und Zeilennummern. Anhand der ID eines *Sales[ProductKey]* können die Zeilen in *Product*, die der Beziehung entsprechen, sofort gefunden werden. Die Beziehungen werden wie jede andere VertiPaq-Datenstruktur im Speicher abgelegt. Abbildung 17.8 stellt dar, wie die Beziehung zwischen *Sales* und *Product* in VertiPaq gespeichert wird.

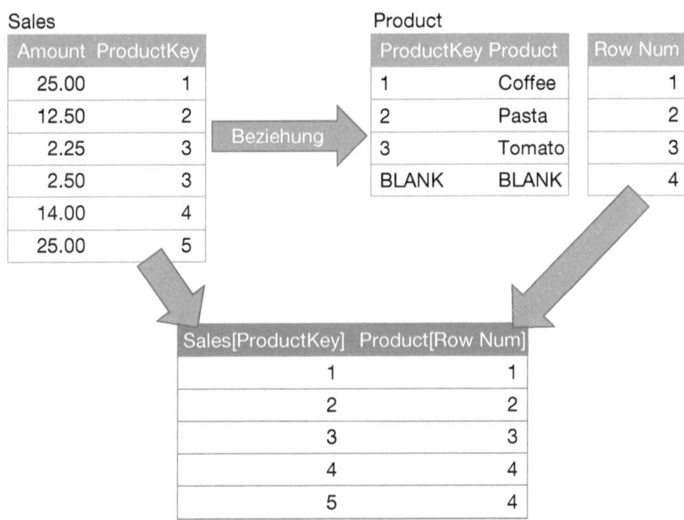

Abbildung 17.8 Die Abbildung zeigt die Beziehung zwischen *Sales* und *Product*.

Obwohl die Struktur nicht besonders intuitiv zu sein scheint, werden wir später in diesem Kapitel beschreiben, wie VertiPaq Beziehungen verwendet und warum Beziehungen diese sehr spezielle Struktur haben. Es liegt auf der Hand, dass es sich um eine komplexe, leistungsoptimierte Struktur handelt.

Segmentierung und Partitionierung verstehen

Eine Tabelle mit mehreren Milliarden Zeilen in einem einzigen Schritt zu komprimieren, wäre äußerst speicherintensiv und zeitaufwendig. Daher wird die Tabelle nicht als Einheit verarbeitet, sondern bei der Verarbeitung durch SSAS in Segmente zerlegt, die standardmäßig jeweils 8 Millionen Zeilen enthalten. Wenn ein Segment vollständig gelesen ist, beginnt die Engine mit seiner Segmentierung, während sie gleichzeitig das nächste Segment einliest.

Es ist möglich, die Segmentgröße in SSAS mit dem Eintrag *DefaultSegmentRowCount* in der Konfigurationsdatei des Diensts (oder in den Servereigenschaften in Management Studio) zu ändern. Bei Power BI Desktop und Power Pivot hat die Segmentgröße einen festen Wert von einer Million Zeilen und kann nicht geändert werden.

Die Segmentierung ist aus mehreren Gründen wichtig, z. B. aufgrund der Abfrageparallelität und der Komprimierungseffizienz. Bei der Abfrage einer Tabelle verwendet VertiPaq die Segmente als Grundlage für die Parallelität: Beim Überprüfen einer Spalte wird ein Kern pro Segment verwendet. Standardmäßig verwendet SSAS immer nur einen Thread, um eine Tabelle mit maximal 8 Millionen Zeilen zu überprüfen. Doch erst bei sehr viel größeren Tabellen fangen wir an, Parallelität in Aktion zu beobachten.

Je größer das Segment, desto besser die Komprimierung. Da VertiPaq die Möglichkeit hat, mehr Zeilen in einem einzigen Komprimierungsschritt zu analysieren, werden bessere Komprimierungsstufen erzielt. Bei sehr großen Tabellen ist es wichtig, verschiedene Segmentgrößen zu testen und die Speichernutzung zu messen, um eine optimale Komprimierung zu erreichen. Denken Sie aber daran, dass eine Erhöhung der Segmentgröße die Verarbeitungszeit negativ beeinflussen kann: Je größer das Segment, desto langsamer erfolgt die Verarbeitung.

Zwar gilt das Wörterbuch global für die gesamte Tabelle, doch die Festlegung der Bitbreite erfolgt auf Segmentebene. Wenn also eine Spalte 1.000 verschiedene Werte hat, aber nur zwei verschiedene Werte in einem bestimmten Segment verwendet werden, dann wird diese Spalte für dieses Segment auf ein einziges Bit komprimiert.

Sind die Segmente klein, dann wird die Parallelität zur Abfragezeit erhöht. Das ist nicht immer positiv zu bewerten. Es stimmt zwar, dass das Überprüfen der Spalte schneller ist, weil mehr Kerne dies parallel tun können, aber VertiPaq braucht nach Abschluss der Überprüfung mehr Zeit, um die von den verschiedenen Threads berechneten Teilergebnisse zu aggregieren. Wenn eine Partition zu klein ist, ist die Zeit, die für die Verwaltung der Taskumschaltung und der finalen Aggregation benötigt wird, länger als die Zeit, die für das Überprüfen der Daten benötigt wird. Dies wirkt sich negativ auf die Gesamtabfrageleistung aus.

Bei der Verarbeitung ist die Behandlung des ersten Segments wichtig, wenn die Tabelle nur eine Partition hat. Das erste Segment kann nämlich größer als *DefaultSegmentRowCount* sein. VertiPaq liest die doppelte Größe von *DefaultSegmentRowCount* ein und beginnt mit der Segmentierung einer Tabelle nur dann, wenn diese weitere Zeilen enthält. Dies gilt nicht für eine partitionierte Tabelle. In diesem Fall nämlich sind alle Segmente kleiner als der Standardwert für die Segmentzeilen. Folglich wird in SSAS eine nicht partitionierte Tabelle mit 10 Millionen Zeilen als ein einziges Segment gespeichert. Andererseits ergibt eine Tabelle mit 20 Millionen Zeilen drei Segmente: zwei mit je acht Millionen und eines mit vier Millionen Zeilen. In Power BI Desktop und Power Pivot verwendet VertiPaq mehrere Segmente für Tabellen mit mehr als zwei Millionen Zeilen.

Segmente können die Partitionsgröße nicht überschreiten. Wenn das Partitionierungsschema eines Modells Partitionen mit einer Größe von nur einer Million Zeilen erzeugt, dann sind alle Segmente kleiner als acht Millionen Zeilen, das heißt, sie entsprechen der Größe der Partition. Die Überpartitionierung einer Tabelle ist ein häufiger Fehler, den Neulinge machen, um die Leistung zu optimieren. Sie erreichen hierdurch jedoch den gegenteiligen Effekt: Das Erstellen von zu vielen kleinen Partitionen führt in der Regel zu einem Leistungsrückgang.

Dynamische Verwaltungssichten verwenden

SSAS ermöglicht das Auffinden aller Informationen über das Datenmodell mithilfe dynamischer Verwaltungssichten (Dynamic Management Views, DMVs). DMVs sind äußerst nützlich, um festzustellen, wie ein Modell komprimiert wird, wie viel Speicherplatz von den verschiedenen Spalten und Tabellen verbraucht wird, wie viele Segmente eine Tabelle enthält oder wie viele Bits die Spalten in verschiedenen Segmenten verwenden.

DMVs können in SQL Server Management Studio ausgeführt werden. Trotzdem empfehlen wir Ihnen, DAX Studio zu verwenden, denn hiermit erhalten Sie auf einfachere Art und Weise eine Liste aller DMVs, ohne sich diese merken oder das Buch erneut zur Hand nehmen zu müssen, um nach dem DMV-Namen zu suchen. Eine noch effizientere Art und Weise, DMVs zu nutzen, besteht jedoch in der Verwendung des kostenlosen Tools VertiPaq Analyzer (*http://www.sqlbi.com/tools/vertipaq-analyzer*). Dieses zeigt Daten von DMVs an und organisiert sie in sinnvollen Berichten (Abbildung 17.9).

Row Labels	Cardinality	Table Size	Columns Total Size	Data Size	Dictionary Size	Columns Hierai	Encoding
⊞ ExchangeRate	773	63,144	63,064	6,224	45,520	11,320	Many
⊞ Geography	674	155,624	141,736	2,640	127,736	11,360	Many
⊟ Inventory	8,013,099	108,978,244	108,973,588	76,679,640	188,556	32,105,392	Many
Aging	7		15,780	14,312	1,372	96	HASH
CurrencyKey	1		1,476	64	1,348	64	HASH
Datekey	156		4,240,320	4,229,328	9,696	1,296	HASH
DaysInStock	115		7,126,300	7,122,512	2,828	960	HASH
ETLLoadID	1		1,476	64	1,348	64	HASH
InventoryKey	8,013,099		53,420,840	21,368,304	120	32,052,416	VALUE
LoadDate	1		1,416	64	1,288	64	HASH
MaxDayInStock	60		6,412,616	6,410,504	1,584	528	HASH
MinDayInStock	55		6,412,484	6,410,440	1,564	480	HASH

Abbildung 17.9 VertiPaq Analyzer zeigt Statistiken zu einem Datenmodell auf effiziente Weise an.

Zwar verwenden DMVs eine SQL-ähnliche Syntax, doch ist die vollständige SQL-Syntax nicht verfügbar. DMVs werden nicht innerhalb von SQL Server ausgeführt, sondern stellen nur eine bequeme Möglichkeit dar, den Status von SSAS zu ermitteln und Informationen über Datenmodelle zu sammeln.

Es gibt verschiedene DMVs, die in zwei Hauptkategorien unterteilt sind:

- **SCHEMA-Sichten:** Diese zeigen Informationen über SSAS-Metadaten, etwa zu Datenbanknamen, Tabellen und einzelne Spalten. Sie werden verwendet, um Informationen über Datentypen, Namen usw. zu sammeln. Dies schließt auch Statistiken über die Anzahl der Zeilen und die in den Spalten gespeicherten eindeutigen Werte ein.

- **DISCOVER-Sichten:** Diese sind dazu gedacht, Informationen über die SSAS-Engine und/oder Statistiken zu Objekten in einer Datenbank zu erfassen. Beispielsweise kann man Sichten im Ermittlungsbereich verwenden, um DAX-Schlüsselwörter, die Anzahl der derzeit geöffneten Verbindungen und Sitzungen oder die laufenden Traces aufzulisten.

In diesem Buch beschreiben wir nicht alle Sichten im Detail, weil wir dadurch zu weit abschweifen würden. Weitere Informationen finden Sie in der Microsoft-Dokumentation im Internet. Stattdessen möchten wir einige Hinweise geben und die nützlichsten DMVs im Zusammenhang mit den von DAX verwendeten Datenbanken aufzeigen. Zwar geben viele DMVs in vielen Spalten nützliche Informationen an, doch beschreiben wir in diesem Buch nur die interessantesten, die sich auf die interne Struktur beziehen.

Eine erste nützliche DMV zur Ermittlung der Speicherauslastung aller Objekte in der SSAS-Instanz ist *DISCOVER_OBJECT_MEMORY_USAGE*. Diese DMV gibt Informationen zu allen Objekten in allen Datenbanken in der SSAS-Instanz zurück. *DISCOVER_OBJECT_MEMORY_USAGE* ist nicht auf die aktuelle Datenbank beschränkt. Beispielsweise kann die folgende Abfrage in DAX Studio oder in SQL Server Management Studio ausgeführt werden:

```
SELECT * FROM $SYSTEM.DISCOVER_OBJECT_MEMORY_USAGE
```

Abbildung 17.10 zeigt einen kleinen Auszug des Ergebnisses der obigen Abfrage. Es gibt noch viel mehr Spalten und Zeilen, sodass die Analyse dieser ausführlichen Informationen sehr zeitaufwendig sein kann.

OBJECT_PARENT_PATH	OBJECT_ID	OBJECT_MEMORY_SHRINKABLE	OBJECT_MEMORY_NONSHRINKABLE	OBJECT_VER
GAP\AnalysisServicesWor...	H$DaxBook Sales...	0	0	
MessageManager	French (France)	0	37084	13796
Global	TMPersistenceSQ...	0	368	10477
	Global	0	6357634	
GAP\AnalysisServicesWor...	ID_TO_POS	0	0	

Abbildung 17.10 Teilergebnis der DMV *DISCOVER_OBJECT_MEMORY_USAGE*

Die Ausgabe der DMV ist eine Tabelle mit vielen Zeilen, die sehr schwer zu lesen sind. Die Ausgabestruktur ist eine Hierarchie mit über- und untergeordneten Elementen, die beim Instanznamen beginnt und bei den einzelnen Spalteninformationen endet. Obwohl der Rohdatensatz fast unmöglich zu lesen ist, kann man ein Power Pivot-Datenmodell auf dieser Abfrage aufbauen, die Hierarchiestruktur implementieren und die gesamte Arbeitsspeicherübersicht der Instanz durchsuchen. Kasper de Jonge hat in seinem Blog ein Arbeitsbuch veröffentlicht, das genau dies tut. Es ist unter *http://www.powerpivotblog.nl/what-is-using-all-that-memory-on-my-analysis-server-instance* verfügbar.

Weitere nützliche DMVs zur Überprüfung des aktuellen Status der Tabellen-Engine sind *DISCOVER_SESSIONS*, *DISCOVER_CONNECTIONS* und *DISCOVER_COMMANDS*. Diese DMVs liefern Informationen über aktive Sitzungen, Verbindungen und ausgeführte Befehle. Diese Sichten werden von einem Open-Source-Tool namens SSAS Activity Monitor verwendet, das unter *https://github.com/RichieBzzzt/SSASActivityMonitor/tree/master/Download* verfügbar ist. Es vermittelt dieselben Informationen (und eine Menge mehr) auf bequemere Art und Weise.

Es gibt auch DMVs, die die Verteilung von Daten in Spalten und Tabellen sowie den für komprimierte Daten benötigten Speicherplatz analysieren. Dies sind *TMSCHEMA_COLUMN_*

STORAGES und *DISCOVER_STORAGE_TABLE_COLUMNS*. Erstere ist die neuere Variante, Letztere ist aus Gründen der Kompatibilität mit älteren Engine-Versionen (Kompatibilitätsstufe 1103 oder niedriger) vorhanden.

Abschließend wollen wir noch eine sehr nützliche DMV zur Analyse der Berechnungsabhängigkeit vorstellen: *DISCOVER_CALC_DEPENDENCY*. Mit dieser DMV kann ein Graph mit Abhängigkeiten zwischen den Berechnungen im Datenmodell erstellt werden, einschließlich berechneter Spalten, berechneter Tabellen und Measures. Abbildung 17.11 zeigt einen Auszug des Ergebnisses dieser DMV.

OBJECT_TYPE	TABLE	OBJECT	EXPRESSION	REFERENCED_OBJECT_TYPE	REFERENCED_TABLE	REFERENCED_OBJECT
MEASURE	Sales	Sales Amo...	SUMX (Sales, Sales[Quantity] * Sales[Net Price])	COLUMN	Sales	Quantity
MEASURE	Sales	Sales Amo...	SUMX (Sales, Sales[Quantity] * Sales[Net Price])	COLUMN	Sales	Net Price
MEASURE	Sales	Total Cost	SUMX (Sales, Sales[Quantity] * Sales[Unit Cost])	TABLE	Sales	Sales
MEASURE	Sales	Total Cost	SUMX (Sales, Sales[Quantity] * Sales[Unit Cost])	COLUMN	Sales	Quantity
MEASURE	Sales	Total Cost	SUMX (Sales, Sales[Quantity] * Sales[Unit Cost])	COLUMN	Sales	Unit Cost

Abbildung 17.11 Teilergebnis der DMV *DISCOVER_CALC_DEPENDENCY*

Verwendung von Beziehungen in VertiPaq verstehen

Wenn eine DAX-Abfrage Anfragen an die VertiPaq-Speicher-Engine generiert, ermöglichen Beziehungen im Datenmodell eine schnellere Übertragung des Filterkontexts von einer Tabelle auf eine andere. Die interne Implementierung einer Beziehung in VertiPaq sollten Sie kennen, da Beziehungen die Leistung einer Abfrage beeinflussen können, auch wenn der größte Teil der Berechnung in der Speicher-Engine erfolgt.

Um zu verstehen, wie Beziehungen funktionieren, beginnen wir bei der Analyse einer Abfrage, die nur eine Tabelle – nämlich *Sales* – betrifft:

```
EVALUATE
ROW (
    "Result", CALCULATE (
        COUNTROWS ( Sales ),
        Sales[Quantity] > 1
    )
)

-- Ergebnis
-- 20016
```

Ein Entwickler, der es gewohnt ist, mit Tabellen in relationalen Datenbanken zu arbeiten, könnte nun annehmen, dass das Programm über die Tabelle *Sales* iteriert, den Wert der Spalte *Quantity* für jede Zeile in *Sales* testet und den zurückgegebenen Wert erhöht, wenn der Wert von *Quantity* größer als 1 ist. VertiPaq macht das aber sogar noch besser: Es wird nur die Spalte *Quantity* überprüft, da die Anzahl der Zeilen für die gesamte Tabelle bereits angegeben wurde. Daher reicht eine einzige Spaltenüberprüfung zur Lösung der Gesamtabfrage aus.

Wenn wir eine ähnliche Abfrage schreiben und dabei die Spalte einer anderen Tabelle als Filter verwenden, reicht das Überprüfen einer einzelnen Spalte zur Ermittlung des Ergebnisses nicht mehr aus. Betrachten Sie z. B. die folgende Abfrage, die die Anzahl der Zeilen in *Sales* zählt, die sich auf Produkte der Marke Contoso beziehen:

```
EVALUATE
ROW (
    "Result", CALCULATE (
        COUNTROWS ( Sales ),
        'Product'[Brand] = "Contoso"
    )
)

-- Ergebnis
-- 37984
```

Dieses Mal verwenden wir zwei verschiedene Tabellen: *Sales* und *Product*. Die Lösung dieser Abfrage erfordert etwas mehr Aufwand. Da der Filter sich auf *Product* bezieht, die zu aggregierende Tabelle aber *Sales* ist, ist es nicht möglich, nur eine einzelne Spalte zu überprüfen.

Wenn Sie nicht tagtäglich mit einspaltigen Datenbanken zu tun haben, nehmen Sie jetzt wahrscheinlich an, dass die Engine zur Lösung der Abfrage über die Tabelle *Sales* iterieren, die Beziehung mit *Product* verfolgen und, wenn die Produktmarke Contoso ist, 1 hinzuaddieren und andernfalls nichts tun sollte. Dies wäre ein Algorithmus wie der folgende DAX-Code:

```
EVALUATE
ROW (
    "Result", SUMX (
        Sales,
        IF ( RELATED ( 'Product'[Brand] ) = "Contoso", 1, 0 )
    )
)

-- Ergebnis
-- 37984
```

Obwohl es sich um einen einfachen Algorithmus handelt, enthält er viel mehr Komplexität als erwartet. Wenn Sie sich nun das einspaltige Prinzip von VertiPaq vergegenwärtigen, erkennen Sie, dass diese Anfrage eigentlich drei verschiedene Spalten umfasst:

- *Product[Brand]*, die zum Filtern der Tabelle *Product* verwendet wird
- *Product[ProductKey]*, die von der Beziehung zwischen *Product* und *Sales* verwendet wird
- *Sales[ProductKey]*, die auf der *Sales*-Seite der Beziehung verwendet wird

Das Iterieren über *Sales[ProductKey]*, die Suche nach der Zeilennummer in *Product* beim Überprüfen von *Product[ProductKey]* und die abschließende Erfassung der Marke in *Product[Brand]* wären extrem aufwendig. Der Prozess erfordert viele zufällige Lesezugriffe im Speicher mit negativen Folgen für die Leistung. Daher verwendet VertiPaq einen völlig anderen Algorithmus, der für einspaltige Datenbanken optimiert ist.

Zunächst überprüft VertiPaq die Spalte *Product[Brand]* und ruft die Zeilennummern der Tabelle *Product* ab, in denen *Product[Brand]* »Contoso« ist. Wie in Abbildung 17.12 dargestellt, überprüft VertiPaq das Wörterbuch *Brand* (1), ruft die Codierung von Contoso ab und überprüft schließlich die Segmente (2), indem es nach den Zeilennummern in der Produkttabelle sucht, bei denen die Wörterbuch-ID gleich 0 ist (entspricht Contoso), und die Indizes zu den gefundenen Zeilen zurückgibt (3).

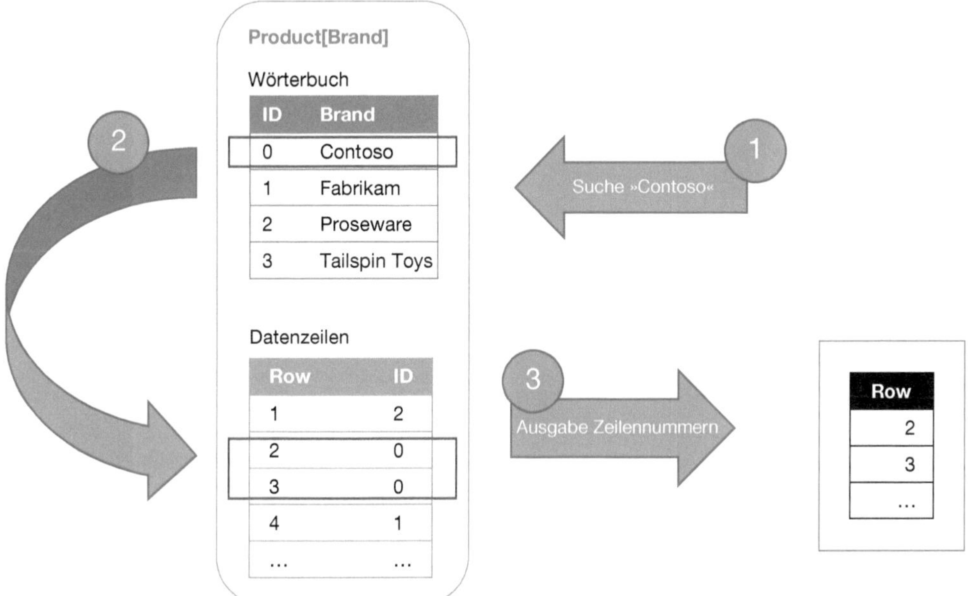

Abbildung 17.12 Die Ausgabe einer Markenüberprüfung ist die Liste der Zeilen, in denen *Brand* gleich »Contoso« ist.

Nun weiß VertiPaq, welche Zeilen in der Tabelle *Product* die betreffende Marke enthalten. Die Beziehung zwischen *Product* und *Sales* ermöglicht es VertiPaq, die Zeilennummern von *Product* in interne Daten-IDs für *Sales[ProductKey]* zu übersetzen. VertiPaq führt einen Lookup der ausgewählten Zeilennummern durch, um die für diese Zeilen gültigen Werte von *Sales[ProductKey]* zu bestimmen (Abbildung 17.13).

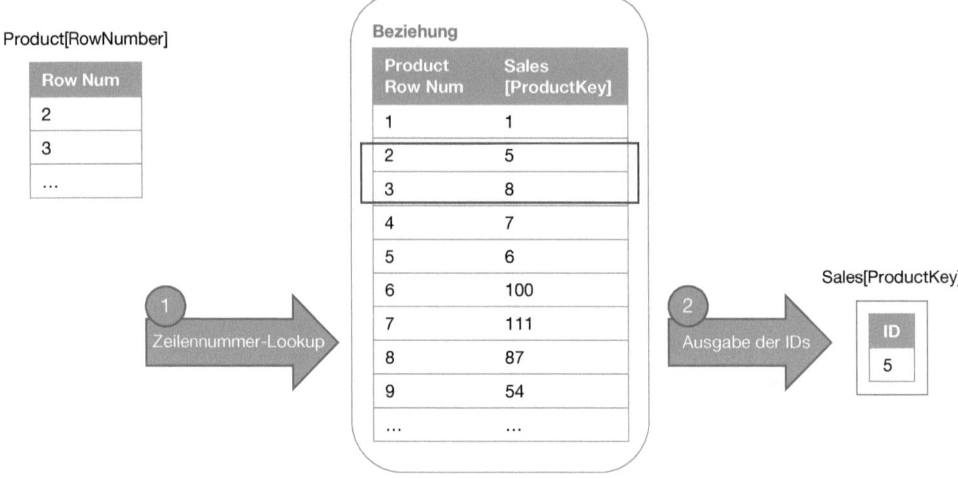

Abbildung 17.13 VertiPaq überprüft die Produktschlüssel in der Beziehung, um die IDs abzurufen, bei denen die Marke gleich »Contoso« ist.

Der letzte Schritt besteht in der Anwendung des Filters in der Tabelle *Sales*. Da VertiPaq bereits über die Werteliste von *Sales[ProductKey]*verfügt, reicht es aus, die Spalte *Sales[ProductKey]* zu überprüfen, um diese Werteliste in Zeilennummern umzuwandeln und schließlich zu zählen. Wenn VertiPaq für eine Spalte ein *SUM* anstelle der Berechnung von *COUNTROWS* durchführen müsste, dann würde dies einen zusätzlichen Schritt erfordern, bei dem die Zeilennummern in Spaltenwerte umgewandelt werden, um den letzten Schritt durchzuführen.

Der wesentliche Gesichtspunkt ist, dass die Kosten einer Beziehung von der Kardinalität der Spalte abhängen, die die Beziehung definiert. Auch wenn bei der vorherigen Abfrage nur eine Marke gefiltert wurde, entsprachen die Kosten der Beziehung der Anzahl der Produkte dieser Marke. Es gilt: Je niedriger die Kardinalität einer Beziehung, desto besser. Wenn die Kardinalität einer Beziehung mehr als eine Million Einzelwerte aufweist, kann sich die Performance für den Endbenutzer verschlechtern. Eine solche Leistungsbeeinträchtigung ist bereits messbar, wenn die Beziehung 100.000 eindeutige Werte hat. VertiPaq-Aggregationen können die Auswirkungen von Beziehungen mit hoher Kardinalität abfedern, indem Daten bei einer anderen Granularität voraggregiert werden. Hierdurch entfallen die Kosten für das aufwendige Durchlaufen von Beziehungen zur Abfragezeit. Wir werden im weiteren Verlauf dieses Kapitels kurz auf Aggregationen eingehen.

Einführung in die Materialisierung

Nachdem wir nun erst einmal grundsätzlich erläutert haben, wie VertiPaq Daten im Speicher ablegt, kommen wir jetzt zu einem Konzept, das als *Materialisierung* bezeichnet wird. Die Materialisierung ist ein Schritt der Abfrageausführung, der bei einspaltigen Datenbanken stattfindet. Zu verstehen, wann und wie dies geschieht, ist von größter Wichtigkeit.

Das Grundprinzip der Materialisierung besagt, dass die Formel-Engine jedes Mal, wenn sie eine Anforderung an die Speicher-Engine sendet, eine unkomprimierte Tabelle zurückerhält, die von der Speicher-Engine dynamisch erzeugt wird. Diese besondere Temporärtabelle heißt *Datencache*. Ein Datencache entspricht immer der Materialisierung von Daten, die von der Formel-Engine verarbeitet werden, und zwar unabhängig von der verwendeten Speicher-Engine. Sowohl VertiPaq als auch DirectQuery generieren Datencaches.

Eine umfangreiche Materialisierung erfolgt, wenn eine einzelne Speicher-Engine-Abfrage einen großen Datencache zum Ergebnis hat. Die Bedingungen für eine DAX-Abfrage zur Erzeugung einer umfangreichen Materialisierung hängen von zahlreichen Faktoren ab; im Grunde genommen erledigt die Formel-Engine den Job mit einer Kopie der Daten, die sich im Besitz der Speicher-Engine befinden, wenn sie nicht in der Lage ist, alle von der DAX-Abfrage benötigten Operationen auszuführen. Beachten Sie, dass die Formel-Engine weder bei VertiPaq noch bei DirectQuery direkt auf die Rohdaten zugreifen kann. Hierzu muss die Formel-Engine vielmehr die Speicher-Engine auffordern, die Daten abzurufen und in einem Datencache zu speichern. Umfang und Typ der Materialisierung können je nach verwendeter Speicher-Engine sehr unterschiedlich sein. In diesem Buch beschränken wir uns darauf, zu beschreiben, wie die Materialisierung in VertiPaq reduziert werden kann. Bei DirectQuery können Unterschiede zwischen verschiedenen Datenquellentreibern auftreten. Allerdings sind die Tools, die zur Messung der von der Speicher-Engine erzeugten Materialisierung verwendet werden, dieselben wie bei VertiPaq.

In den nächsten Kapiteln wird beschrieben, wie die Materialisierung, die durch eine DAX-Abfrage erzeugt wird, mit geeigneten Tools und Metriken gemessen werden kann. Hier wollen wir erst einmal nur das Konzept der Materialisierung vorstellen und beschreiben, inwieweit es mit dem Ergebnis einer Abfrage zusammenhängt. Die Kardinalität des Ergebnisses jeder DAX-Abfrage definiert die optimale Materialisierung. Beispielsweise gibt die folgende Abfrage eine einzelne Zeile zurück, wobei die Anzahl der Zeilen in einer Tabelle gezählt wird:

```
EVALUATE
ROW (
   "Result", COUNTROWS ( Sales )
)

-- Ergebnis
-- 100231
```

Die optimale Materialisierung für die obige Abfrage ist ein Datencache mit nur einer Zeile. Daher wird die gesamte Berechnung innerhalb der Speicher-Engine durchgeführt. Die nächste Abfrage gibt je eine Zeile für jedes Jahr zurück; daher beläuft sich die optimale Materialisierung auf drei Zeilen (nämlich eine für jedes Jahr mit Umsatz):

```
EVALUATE
SUMMARIZECOLUMNS (
    'Date'[Calendar Year],
    "Sales Amount", [Sales Amount]
)
```

```
-- Calendar Year |  Sales Amount
-----------------|---------------
-- CY 2007       | 11,309,946.12
-- CY 2008       |  9,927,582.99
-- CY 2009       |  9,353,814.87
```

Immer dann, wenn die Speicher-Engine nur einen einzigen Datencache mit derselben Kardinalität wie das Ergebnis der DAX-Abfrage erzeugt, spricht man von einer *späten Materialisierung*. Generiert die Speicher-Engine dagegen mehrere Datencaches und/oder hat der erzeugte Datencache mehr Zeilen, als im Ergebnis angezeigt werden, liegt eine *frühe Materialisierung* vor. Bei einer späten Materialisierung muss die Formel-Engine Daten nicht aggregieren, während sie bei einer frühen Materialisierung beispielsweise Verknüpfungs- und Gruppierungsoperationen ausführen muss, was die Abfragebearbeitung für den Endbenutzer verlangsamt.

Prognosen zur Materialisierung zu treffen, ist nicht einfach, wenn man sich nicht hundertprozentig mit der VertiPaq-Engine auskennt. Beispielsweise ist die Materialisierung der folgenden Abfrage optimal, da die gesamte Berechnung innerhalb der Speicher-Engine ausgeführt wird:

```
EVALUATE
VAR LargeOrders =
    CALCULATETABLE (
        DISTINCT ( Sales[Order Number] ),
        Sales[Quantity] > 1
    )
VAR Result =
    ROW (
        "Orders", COUNTROWS ( LargeOrders )
    )
RETURN
    Result

-- Orders
-- 8388
```

Die nächste Abfrage dagegen erstellt eine Temporärtabelle, die der Anzahl eindeutiger Kombinationen zwischen Kunden und Datumsangaben entspricht, die sich auf Umsätze mit einer Menge größer als 1 beziehen (das sind dann insgesamt 6.290 Kombinationen):

```
EVALUATE
VAR LargeSalesCustomerDates =
    CALCULATETABLE (
        SUMMARIZE ( Sales, Sales[CustomerKey], Sales[Order Date] ),
        Sales[Quantity] > 1
    )
VAR Result =
    ROW (
```

```
        "CustomerDates", COUNTROWS ( LargeSalesCustomerDates )
    )
RETURN
    Result

-- CustomerDates
-- 6290
```

Die letztgenannte Abfrage hat eine Materialisierung von 6.290 Zeilen, obwohl nur eine Zeile im Ergebnis enthalten ist. Die beiden Abfragen ähneln einander: Eine Tabelle wird ausgewertet und dann werden ihre Zeilen gezählt. Der Grund für die frühere Materialisierung der ersten Abfrage liegt darin, dass es sich nur um eine einzelne Spalte handelt, während die Berechnung, die die Kombinationen zweier Spalten erfordert, von der Speicher-Engine nicht durch einfaches Überprüfen dieser Spalten gelöst werden kann. Im Allgemeinen hat jede Operation, die eine einzelne Spalte betrifft, eine größere Chance, in der Speicher-Engine gelöst zu werden. Trotzdem wäre es falsch zu glauben, dass mehrere Spalten grundsätzlich problematisch sind. Die folgende Abfrage beispielsweise hat eine optimale späte Materialisierung, obwohl sie zwei Spalten aus zwei Tabellen (*Sales* und *Product*) multipliziert:

```
DEFINE
    MEASURE Sales[Sales Amount] =
        SUMX (
            Sales,
            Sales[Quantity] * RELATED ( 'Product'[Unit Price] )
        )
EVALUATE
ROW ( "Sales Amount", [Sales Amount] )

-- Sales Amount
-- 33.690.148,51
```

Bei komplexen Abfragen ist es fast unmöglich, eine optimale späte Materialisierung zu erreichen. Daher reduziert der Aufwand für die Optimierung einer Abfrage die Materialisierung, wobei die Arbeit so weit wie möglich auf die Speicher-Engine verlagert werden sollte.

Einführung von Aggregationen

Ein Datenmodell kann mehrere Tabellen aufweisen, die sich auf dieselben ursprünglichen Rohdaten beziehen. Der Zweck dieser Redundanz besteht darin, der Speicher-Engine alternative Möglichkeiten zum schnelleren Datenabruf zu bieten. Die dazu verwendeten Tabellen werden als *Aggregationen* bezeichnet.

Eine Aggregation ist nichts anderes als eine vorab gruppierte Version der ursprünglichen Tabelle. Durch die vorab durchgeführte Aggregation von Daten wird die Anzahl der Spalten (und daher auch die Anzahl der Zeilen) verringert, und Werte werden durch ihr Aggregat ersetzt.

Betrachten Sie als Beispiel die Tabelle *Sales* in Abbildung 17.14. Sie enthält je eine Zeile für jedes Datum, jedes Produkt und jeden Kunden.

Sales

Date	Product	Customer	Quantity	Amount
2018-09-01	AV010	C092	3	29.97
2018-09-01	AV022	C092	1	16.40
2018-09-01	AV010	C054	2	19.98
2018-09-01	FL892	C248	1	190.00
2018-09-01	GT400	C127	1	999.00
2018-09-02	AV010	C115	3	29.97
2018-09-02	FL580	C127	1	790.00
2018-09-02	AV022	C772	2	32.80
2018-09-02	KB723	C614	2	59.98
2018-09-02	FL580	C614	1	790.00
...	...	...	...	...

Abbildung 17.14 Die ursprüngliche Tabelle *Sales* hat eine große Anzahl von Zeilen.

Wenn eine Abfrage die Summe von *Quantity* oder *Amount* nach *Date* benötigt, muss die Speicher-Engine alle Zeilen mit demselben Wert für *Date* auswerten und aggregieren. In VertiPaq ist diese Operation dank der Komprimierung und der optimierten Algorithmen, die den Speicher überprüfen, relativ schnell abgeschlossen. In DirectQuery dagegen wird der Vorgang in der Regel sehr viel langsamer als in VertiPaq durchgeführt. Aber natürlich braucht auch VertiPaq eine gewisse Zeit, wenn statt einiger Millionen viele Milliarden Zeilen überprüft werden müssen. Daher kann es von Vorteil sein, eine alternative (kleinere!) Tabelle zu erstellen und anstelle der ursprünglichen Tabelle zu verwenden.

Abbildung 17.15 zeigt den Inhalt einer nach *Date* aggregierten Tabelle *Sales*. In diesem Fall gibt es nur eine Zeile für jedes Datum, und die Spalten *Quantity* und *Amount* speichern die Summe der in den ursprünglichen Zeilen enthaltenen Werte, voraggregiert nach *Date*.

Sales Agg Date

Date	Quantity	Amount
2018-09-01	8	1,255.35
2018-09-02	9	1,702.75
...	...	...

Abbildung 17.15 Die Tabelle *Sales Agg Date* enthält eine Zeile für jedes Datum.

In einer aggregierten Tabelle ist jede Spalte entweder eine per GroupBy erstellte Gruppierung oder eine Aggregation der ursprünglichen Tabelle. Wenn eine Anfrage an die Speicher-Engine nur Spalten benötigt, die in einer Aggregationstabelle vorhanden sind, verwendet die Engine die Aggregation anstelle der ursprünglichen Quelle. Die in Abbildung 17.15 gezeigte Tabelle *Sales Agg Date* kann als Aggregation der Tabelle *Sales* abgebildet werden, indem die Rolle jeder Spalte angegeben wird:

- *Date*: GroupBy *Sales[Date]*
- *Quantity*: Sum *Sales[Quantity]*
- *Amount*: Sum *Sales[Amount]*

Der Aggregationstyp muss für jede Spalte angegeben werden, die keine »GroupBy« ist. Die verfügbaren Aggregationstypen sind Count, Min, Max, Sum und das Zählen der Tabellenzeilen. Eine Spalte in einer Aggregationstabelle kann nur native Spalten in der Originaltabelle abbilden; die Angabe einer Aggregation für eine berechnete Spalte ist nicht möglich.

Aggregationen können nicht dazu verwendet werden, die Ausführung komplexer Berechnungen in DAX zu optimieren. Der einzige Zweck von Aggregationen besteht darin, die Ausführungszeit von Abfragen der Speicher-Engine zu reduzieren. Aggregationen können für relativ kleine Tabellen in DirectQuery nützlich sein, während sie bei VertiPaq nur für Tabellen mit mehreren Milliarden Zeilen in Betracht gezogen werden sollten.

Eine Tabelle in einem tabellarischen Modell kann mehrere Aggregationen mit unterschiedlichen Prioritäten für den Fall haben, dass mehrere Aggregationen mit einer konkreten Anforderung der Speicher-Engine kompatibel sind. Darüber hinaus können Aggregationen und Ursprungstabellen mit unterschiedlichen Speicher-Engines gespeichert werden. Ein häufiges Szenario ist die Speicherung von Aggregationen in VertiPaq, um die Leistung großer Tabellen, auf die über DirectQuery zugegriffen wird, zu verbessern. Dennoch ist es auch möglich, Aggregationen in derselben Speicher-Engine zu erstellen, die für die Ursprungstabelle verwendet wurde.

Je nach Version und Lizenz des verwendeten Produkts können die Speicher-Engines, die für Aggregationen und Originaltabellen zur Verfügung stehen, zu Einschränkungen kommen. Dieser Abschnitt enthält allgemeine Hinweise zum Konzept der Aggregationen, die eines der Hilfsmittel zur in den folgenden Kapiteln beschriebenen Optimierung der Performance einer DAX-Abfrage sind.

Aggregationen sind ein mächtiges Tool, aber sie erfordern viel Aufmerksamkeit für die Details. Eine fehlerhafte Definition von Aggregationen führt zu falschen oder inkonsistenten Ergebnissen. Es liegt in der Zuständigkeit des Datenmodellerstellers, dafür Sorge zu tragen, dass eine in einer Aggregation ausgeführte Abfrage dasselbe Ergebnis wie eine äquivalente, für die Originaltabelle ausgeführte Abfrage liefert. Aggregationen sind ein Optimierungswerkzeug und sollten nur dann eingesetzt werden, wenn es unbedingt notwendig ist. Aggregationen erfordern einen Mehraufwand zur Definition und Pflege der Aggregationstabellen im Datenmodell. Man sollte sie daher erst dann einsetzen, wenn dies eindeutig zu Leistungsvorteilen führt.

Hardware für VertiPaq auswählen

Die Auswahl der passenden Hardware ist entscheidend für eine Lösung, die auf einem tabellarischen Modell mit der VertiPaq-Speicher-Engine basiert. Wenn Sie mehr Geld ausgeben, bedeutet das noch lange nicht, dass Sie über einen besseren Rechner verfügen. Dieser Abschnitt beschreibt, wie die geeignete Hardware für ein tabellarisches Modell ausgewählt wird.

Seit der Einführung von Analysis Services 2012 haben wir mehreren Unternehmen geholfen, das neue tabellarische Modell in ihren Lösungen zu übernehmen. Dabei standen wir häufig vor dem Problem, dass die Leistung nach dem Übergang in die Produktion langsamer als erwartet war. Schlimmer noch: Manchmal war sie sogar schlechter als in den Entwicklungsumgebungen. Meistens war der Grund dafür eine ungeeignete Hardwaredimensionierung, insbesondere wenn der Server sich in einer virtualisierten Umgebung befand. Wie Sie gleich sehen werden, liegt das Problem nicht in der Verwendung einer virtuellen Maschine an sich begründet, sondern im Zweifelsfall eher in den technischen Spezifikationen der zugrunde liegenden Hardware. Ein vollständiger und sehr ausführlicher Leitfaden zur Hardwaredimensionierung für Analysis Services Tabular ist im Whitepaper »Hardware Sizing a Tabular Solution (SQL Server Analysis Services)« (*http://msdn.microsoft.com/en-us/library/jj874401.aspx*) verfügbar. Ziel des vorliegenden Abschnitts ist es, kurz zu vermitteln, welche Probleme viele Rechenzentren betreffen, die eine tabellarische Lösung hosten. Benutzer von Power Pivot oder Power BI Desktop auf einem PC können die Details zur NUMA-Unterstützung (Non-Uniform Memory Access) überspringen, doch alle sonstigen Überlegungen zur Auswahl der passenden Hardware gelten gleichermaßen für sie.

Hardwareauswahl als Option

Die erste Frage lautet natürlich, ob Sie Ihre Hardware überhaupt auswählen können oder nicht. Das Problem bei einer virtuellen Maschine für eine tabellarische Lösung besteht nämlich häufig darin, dass die Hardware bereits ausgewählt und installiert wurde. In diesem Fall können Sie nur die Anzahl der Kerne und die Menge an RAM beeinflussen, die dem Server zugewiesen werden. Leider sind diese Parameter für die Leistung weniger relevant. Wenn die Auswahl begrenzt ist, sollten Sie unverzüglich Informationen über das CPU-Modell und den Takt des Hostservers zusammensuchen. Stehen diese Informationen nicht zur Verfügung, dann bitten Sie um Ausführung einer kleinen virtuellen Maschine auf demselben Hostserver, und starten Sie darauf den Task-Manager: Die Registerkarte *Leistung* zeigt das CPU-Modell und die Taktrate an. Anhand dieser Informationen kann man bereits prognostizieren, ob die Leistung schlechter sein wird als bei einem modernen Durchschnittslaptop. Leider ist die Wahrscheinlichkeit hoch, dass sich viele Entwickler in dieser Situation wiederfinden werden. Ist dies bei Ihnen der Fall, dann müssen Sie Ihre Überredungskunst auf Vordermann bringen, um die richtigen Leute davon zu überzeugen, dass es eine ausgesprochen schlechte Idee wäre, ein tabellarisches Modell auf diesem Server zu betreiben. Selbst wenn der Hostserver ein leistungsstarkes Modell ist, müssen Sie immer noch darauf achten, die VM nicht auf unterschiedlichen NUMA-Knoten auszuführen (mehr dazu später).

Hardwareprioritäten festlegen

Sofern Sie Einfluss auf die Auswahl der Hardware nehmen können, sollten Sie folgende Reihenfolge der Prioritäten beachten:

1. **CPU-Takt und Modell**: je schneller, desto besser.
2. **Speichergeschwindigkeit:** je höher, desto besser.
3. **Anzahl der Kerne:** je höher, desto besser. Trotzdem sind wenige schnelle Kerne viel besser als viele langsame.
4. **Arbeitsspeicherumfang**

Die E/A-Performance des Datenträgers steht nicht auf der Liste. Auch wenn sie eine wesentliche Rolle etwa bei der Geschwindigkeitsoptimierung im Fall einer Notfall-Wiederherstellung spielt, ist sie zur Abfragezeit einfach nicht wichtig. Es gibt nur eine Bedingung, bei der die Datenträger-E/A sich auf die Leistung auswirkt (nämlich die Auslagerung), und diese beschreiben wir weiter hinten in diesem Abschnitt. Allerdings sollte der Arbeitsspeicher des Systems so bemessen sein, dass überhaupt keine Auslagerung stattfindet. Deswegen sollte der geschätzte Leser sein Budget für eine schnelle CPU und viel schnellen Arbeitsspeicher ausgeben, aber kein Geld für die E/A-Bandbreite des Datenträgers verschwenden. In den folgenden Abschnitten finden Sie Informationen, die bei einer solchen Budgetverteilung zu berücksichtigen sind.

CPU-Modell

Die wichtigsten Faktoren, die die Geschwindigkeit des in VertiPaq ausgeführten Codes beeinflussen, sind CPU-Takt und -Modell. Unterschiedliche CPU-Modelle können bei gleicher Taktrate unterschiedliche Leistung bringen, sodass es nicht ausreicht, nur den Takt einzubeziehen. Eine Best Practice besteht in der Ausführung eines Benchmarks, der die Leistungsunterschiede bei für die Formel-Engine anspruchsvollen Abfragen misst. Hier sehen Sie ein Beispiel für eine solche Abfrage:

```
DEFINE
VAR t1 =
    SELECTCOLUMNS ( CALENDAR ( 1, 10000 ), "x", [Date] )
VAR t2 =
    SELECTCOLUMNS ( CALENDAR ( 1, 10000 ), "y", [Date] )
VAR c =
    CROSSJOIN ( t1, t2 )
VAR result =
    COUNTROWS ( c )
EVALUATE
    ROW ( "x", result )
```

Diese Abfrage kann in DAX Studio oder SQL Server Management Studio in Verbindung mit einem beliebigen tabellarischen Modell ausgeführt werden. Die Ausführung erfolgt absichtlich langsam und führt zu keinem sinnvollen Ergebnis. Eine Abfrage einer typischen Arbeitsbelastung für ein bestimmtes Datenmodell ist sicherlich besser, da die Leistung auf unterschiedlicher Hardware abhängig vom für die Materialisierung von Zwischenergebnissen zugewiesenen Speicher variieren kann; die Abfrage im obigen Codeblock hat dagegen einen minimalen Speicherverbrauch.

Diese Abfrage wird beispielsweise auf einem Intel i7-4770K 3,5 GHz in 9,5 Sekunden und auf einem Intel i7-6500U 2,5 GHz in 14,4 Sekunden ausgeführt. Auf diesen CPUs läuft eine Desktopworkstation bzw. ein Notebook. Gehen Sie nicht davon aus, dass ein Server schneller sein wird. Sie sollten die Leistung der Hardware immer bewerten, indem Sie denselben Test mit derselben Engine-Version durchführen und sich die Ergebnisse ansehen, da diese oft überraschend sind.

Im Allgemeinen werden auf einem Server Intel Xeon-Prozessoren der Serien E5 und E7 verwendet, und die Taktfrequenzen variieren selbst bei einer sehr großen Anzahl von Kernen gewöhnlich zwischen 2 und 2,4 GHz. Sie dagegen sollten eine Taktfrequenz von mindestens 3 GHz anstreben. Ein weiterer wichtiger Faktor ist die Größe von L2- und L3-Cache. Auch hier gilt: je größer, desto besser. Dies ist besonders wichtig für große Tabellen und Beziehungen zwischen Tabellen, die auf Spalten mit jeweils mehr als einer Million eindeutiger Werte basieren.

Der Grund dafür, dass CPU und Cache für VertiPaq so wichtig sind, wird in Tabelle 17.1 verdeutlicht. Hier werden die typischen Zugriffszeiten von Daten verglichen, die in unterschiedlichen Entfernungen von der CPU gespeichert sind. Die Spalte mit den menschlichen Metriken stellt denselben Unterschied dar – es werden lediglich Metriken verwendet, die für Menschen leichter nachzuvollziehen sind.

Zugriff	Zugriffszeit	Menschliche Metriken
1 CPU-Zyklus	0,3 ns	1 s
L1-Cache	0,9 ns	3 s
L2-Cache	2,8 ns	9 s
L3-Cache	12,9 ns	43 s
RAM-Zugriff	120 ns	6 Min.
E/A SSD	50–150 µs s	2–6 Tage
E/A Rotationsdatenträger	1–10 ms	1–12 Monate

Tabelle 17.1 Erweiterte Versionen der Tabellen

Wie Sie sehen, ist der schnellste Speicher in einem PC nicht der RAM, sondern der Kerncache. Es sollte klar sein, dass ein großer L2-Cache wichtig ist, und die CPU-Geschwindigkeit spielt eine wesentliche Rolle bei der Bestimmung der Leistung. Dieselbe Tabelle verdeutlicht auch, warum die Aufbewahrung von Daten im RAM so viel besser ist als der Zugriff auf Daten auf anderen, langsameren Speichergeräten.

Speichergeschwindigkeit

Die Speichergeschwindigkeit ist ein wichtiger Faktor für VertiPaq. Jeder Vorgang, der von der Engine durchgeführt wird, greift mit sehr hoher Geschwindigkeit auf den Speicher zu. Wenn die RAM-Bandbreite den Engpass bildet, melden Leistungsindikatoren eine hohe CPU-Auslastung anstelle von E/A-Wartezeiten. Leider gibt es keine Indikatoren, die die Wartezeit auf den RAM-Zugriff überwachen. Bei tabellarischen Modellen kann diese Zeitspanne relevant sein, und sie ist zudem schwer zu messen.

Im Allgemeinen sollten Sie RAM mit mindestens 1.833 MHz verwenden; lässt es die Hardwareplattform zu, sollten Sie sich für noch schnelleren Arbeitsspeicher (mindestens 2.133 MHz) entscheiden.

Anzahl der Kerne

VertiPaq verteilt die Ausführung nur dann auf mehrere Threads, wenn die betreffende Tabelle mehrere Segmente aufweist. Jedes Segment enthält standardmäßig 8 Millionen Zeilen (1 Million Zeilen bei Power BI und Power Pivot). Eine CPU mit acht Kernen wird sie alle nur dann für eine einzige Abfrage verwenden, wenn die betreffende Tabelle mindestens 64 Millionen Zeilen (8 Millionen Zeilen in Power BI und Power Pivot) hat.

Daher ist eine Skalierbarkeit über mehrere Kerne nur bei sehr großen Tabellen effektiv. Die Erhöhung der Anzahl der Kerne verbessert die Leistung bei einer einzelnen Abfrage nur dann, wenn diese für eine große Tabelle mit mindestens 200 Millionen Zeilen gestellt wird. In Bezug auf die Skalierbarkeit (d. h. die Anzahl gleichzeitiger Benutzer) lässt sich die Leistung durch eine höhere Anzahl von Kernen nicht verbessern, wenn Benutzer auf dieselben Tabellen zugreifen, denn hierbei käme es zu einem konkurrierenden Zugriff auf das gemeinsame RAM. Eine bessere Möglichkeit zur Erhöhung der Anzahl gleichzeitiger Benutzer ist der Einsatz mehrerer Server in einer Lastenausgleichskonfiguration.

Eine Best Practice besagt, die maximale Anzahl von Kernen auf demselben Sockel zu realisieren, um eine maximale Taktrate zu erzielen. Es ist nicht gut, zwei oder mehr Sockel auf demselben Server einzusetzen, auch wenn Analysis Services Tabular die NUMA-Architektur erkennt. NUMA erfordert eine aufwendigere sockelübergreifende Kommunikation, wenn ein Thread, der auf einem Sockel ausgeführt wird, auf Speicher zugreift, der von einem anderen Sockel reserviert wurde. Weitere Einzelheiten zur NUMA-Architektur finden Sie im Artikel »Hardware Sizing a Tabular Solution (SQL Server Analysis Services)« unter *http://msdn.microsoft.com/en-us/library/jj874401.aspx*.

Arbeitsspeichergröße

Das gesamte von VertiPaq verwaltete Datenvolumen muss im Arbeitsspeicher abgelegt werden. Zusätzlicher Speicher ist erforderlich, um Prozessoperationen auszuführen (sofern kein separater Prozessserver vorhanden ist) und Abfragen zu verarbeiten. Optimierte Abfragen haben in der Regel keinen allzu hohen Arbeitsspeicherbedarf, aber eine einzelne Abfrage kann Temporärtabellen materialisieren, die sehr groß sein können. Während Datenbanktabellen eine hohe Komprimierungsrate haben, erzeugt die Materialisierung von Zwischentabellen im Verlauf einer Abfrage unkomprimierte Daten.

Ausreichend viel Arbeitsspeicher garantiert nur, dass eine Abfrage mit der Rückgabe eines Ergebnisses endet; einen Leistungszugewinn bringt die Erhöhung des Arbeitsspeichers hingegen nicht. Der von Tabular genutzte Cache vergrößert sich nicht bereits, nur weil mehr RAM verfügbar wäre. Allerdings kann sich eine Situation, in der wenig Speicher verfügbar ist, negativ auf die Abfrageleistung auswirken, wenn der Server mit dem Auslagern von Daten beginnt. Entwickler sollten über genügend Arbeitsspeicher verfügen, um alle Daten ihrer Datenbank aufzunehmen und eine Materialisierung während der Abfrageausführung zu vermeiden. Mehr Speicher vorzuhalten ist allerdings lediglich eine Vergeudung von Ressourcen.

Datenträger-E/A und Auslagerung

Bei Analysis Services Tabular sollten Sie kein Budget für Speicher-E/A ausweisen. Dies ist ein erheblicher Unterschied zu Analysis Services Multidimensional, wo insbesondere in bestimmten Measures wahlfreie E/A-Operationen auf dem Datenträger sehr häufig vorkommen. Beim tabellarischen Modell hingegen erfolgen während einer Abfrage keine direkten Speicher-E/A-Operationen. Die einzige Situation, in der dies vorkommen kann, ist ein Mangel an Arbeitsspeicher. Es ist jedoch weniger aufwendig und auch effektiver, einem Server mehr RAM zur Verfügung zu stellen, als zu versuchen, die Leistung durch Erhöhung des Speicher-E/A-Durchsatzes zu verbessern, wenn es aufgrund geringen verfügbaren Arbeitsspeichers zu einer systematischen Auslagerung kommt.

Best Practices bei der Hardwareauswahl

Messen Sie die Leistung, bevor Sie die Hardware für SSAS Tabular auswählen. Es ist immer wieder festzustellen, dass auch ein Server, der funkelnagelneu ist, nur halb so schnell wie eine Entwicklerworkstation läuft. Das liegt daran, dass Aktivitäten, die nur durch einen einzigen Thread durchgeführt werden, auf einem Server nicht besonders gut verarbeitet werden, denn dieser ist schließlich – insbesondere im Hinblick auf virtuelle Maschinen – auf Skalierbarkeit ausgelegt. Allerdings stoßen wir in VertiPaq sehr häufig auf genau solche Workloads. Wenn Sie ein Unternehmen davon überzeugen möchten, dass ein Server von der Stange nicht der Weisheit letzter Schluss für eine ordentliche BI-Lösung sein wird, brauchen Sie Zeit, Geduld und Zahlenmaterial.

Fazit

In diesem ersten Kapitel zur Optimierung haben wir die interne Architektur einer tabellarischen Engine beschrieben und grundlegendes Wissen über die Speicherung von Daten in VertiPaq vermittelt. Dass diese Kenntnisse sehr wichtig sind, um Ihren Code zu optimieren, werden Sie in den kommenden Kapiteln feststellen.

Die wichtigsten Themen, die Sie in diesem Kapitel erlernt haben, sind:

- Es gibt bei tabellarischen Modellen zwei Engines, die sich auf demselben Server befinden: die Formel-Engine und die Speicher-Engine.
- Die Formel-Engine ist die Abfrage-Engine der obersten Ebene. Sie ist sehr leistungsfähig, aber als Singlethread-System in ihrer Geschwindigkeit begrenzt.
- Es gibt zwei Speicher-Engines: VertiPaq und DirectQuery.
- VertiPaq ist eine einspaltige In-Memory-Datenbank. Sie speichert Informationen spaltenweise und erlaubt so einen sehr schnellen Zugriff auf einzelne Spalten. Mehrere Spalten in derselben DAX-Formel können eine Materialisierung notwendig machen.
- VertiPaq komprimiert Spalten, um die Speicherüberprüfung zu verkürzen. Die Optimierung eines Modells bedeutet, die Komprimierung zu optimieren, indem die Kardinalität einer Spalte so weit wie möglich reduziert wird.
- Die Speicher-Engines VertiPaq und DirectQuery können im selben Modell koexistieren. In diesem Fall ist von einem zusammengesetzten Modell die Rede. Eine einzelne Abfrage kann je nach Speichermodell der an der Abfrage beteiligten Tabellen nur VertiPaq, nur DirectQuery oder beide verwenden.

Nachdem wir nun das Grundwissen über die internen Abläufe der Engine vermittelt haben, wollen wir uns im nächsten Kapitel an das Erlernen verschiedener Techniken zur Optimierung des VertiPaq-Speichers machen, um sowohl die Größe eines Datenmodells als auch seine Ausführungszeit zu reduzieren.

KAPITEL 18

VertiPaq optimieren

Im vorigen Kapitel wurden verschiedene interne Abläufe der VertiPaq-Engine vorgestellt. Dieses Wissen ist nützlich, um ein Datenmodell zu entwerfen und im Hinblick auf eine schnellere Ausführung von DAX-Abfragen zu optimieren. Während das vorherige Kapitel eher theoretischer Natur war, werden wir in diesem Kapitel wieder praktischer ans Werk gehen. Hier werden nämlich die wichtigsten Empfehlungen zur Speichereinsparung und damit auch zur Leistungsverbesserung eines Datenmodells behandelt. Das Hauptziel bei der Erstellung eines effizienten Datenmodells besteht darin, die Kardinalität der Spalten zu reduzieren, um die Größe des Wörterbuchs zu verringern, die Komprimierung zu verbessern und Iterationen und Filterungen zu beschleunigen.

Das zweite Ziel des Kapitels ist die Optimierung eines Modells. Bevor wir uns jedoch daran machen, müssen Sie zuerst eine sehr wichtige Fähigkeit erlernen: die Bewertung der Vor- und Nachteile von Entwurfsentscheidungen. *Folgen Sie niemals blindlings den Regeln, ohne ihre Auswirkungen zu bewerten!* Aus diesem Grund wird im ersten Teil des Kapitels veranschaulicht, wie die Größe einzelner Objekte in einem Modell im Arbeitsspeicher gemessen wird. Dies ist wichtig, um zu beurteilen, ob sich eine Entscheidung für ein Modell im Hinblick auf die Arbeitsspeicherlast lohnt oder nicht.

Bevor wir fortfahren, wollen wir dieses wichtige Konzept noch einmal betonen: *Sie müssen die in jedem Datenmodell beschriebenen Techniken immer testen!* Die Datenverteilung spielt in VertiPaq eine wichtige Rolle. Dieselbe Tabellenstruktur *Sales* kann aufgrund der Datenverteilung auf verschiedene Weise komprimiert werden, was bei denselben Optimierungstechniken zu unterschiedlichen Ergebnissen führt. Sie erlernen hier keine Best Practices, sondern verschiedene Optimierungsverfahren in dem Wissen, dass nicht alle davon auf jedes Datenmodell anwendbar sind.

Informationen zum Datenmodell sammeln

Der erste Schritt bei der Optimierung eines Datenmodells ist das Erfassen von Informationen über die Kosten der einzelnen Objekte in der Datenbank. Dieser Abschnitt beschreibt die Tools und Verfahren zur Erfassung aller Daten, die Ihnen bei der Priorisierung der möglichen Optimierungen der physischen Struktur helfen.

Tabelle 18.1 zeigt die von jedem Objekt in einer Datenbank zu erfassenden Informationen.

Im Allgemeinen hängt die Objektgröße in hohem Maße von der Anzahl der eindeutigen Werte in den verwendeten oder referenzierten Spalten ab. Aus diesem Grund ist die Anzahl eindeutiger Werte in einer Spalte, die auch als Spaltenkardinalität bezeichnet wird, die wichtigste Einzelinformation, die für eine Datenbank erfasst werden muss.

Objekt	Zu erfassende Information
Tabelle	Anzahl von Zeilen
Spalte	Anzahl der eindeutigen Werte
	Wörterbuchgröße
	Datenumfang (Gesamtgröße aller Segmente)
Hierarchie	Umfang der Hierarchiestruktur
Beziehung	Umfang der Beziehungsstruktur

Tabelle 18.1 Für jedes Objekt in einer Datenbank zu erfassende Informationen

In Kapitel 17, »Die DAX-Engines«, haben wir die dynamischen Verwaltungssichten (Dynamic Management Views, DMVs) vorgestellt, mit denen sich Informationen über die Objekte in der VertiPaq-Speicher-Engine abrufen lassen. In den nun folgenden Abschnitten wird beschrieben, wie die relevanten Informationen mit VertiPaq Analyzer interpretiert werden können, um die Erfassung von Daten aus DMVs zu vereinfachen.

Die erste Information, die in einem Datenmodell zu berücksichtigen ist, ist die Größe der einzelnen Tabellen in Bezug auf die Kardinalität (Anzahl der Zeilen) und die Größe im Speicher. Abbildung 18.1 zeigt den Bereich *Table* (Tabelle) von VertiPaq Analyzer, der für ein Contoso-Datenmodell in Power BI ausgeführt wird. Das in diesem Beispiel verwendete Modell enthält mehr Tabellen und Daten als das vereinfachte Datenmodell, das wir bisher in diesem Buch verwendet haben.

Row Labels	Cardinality	Table Size	Columns Total Size	Data Size	Dictionary Size	Columns Hierarchies Size
Channel	4	52,368	52,368	56	51,936	376
Currency	28	58,516	58,516	136	57,204	1,176
Customer	18,869	3,202,854	3,202,214	361,688	2,236,374	604,152
Date	2,556	510,280	510,280	38,400	404,584	67,296
DateTableTemplate_	1	35,268	35,172	56	34,828	288
ExchangeRate	773	63,144	63,064	6,224	45,520	11,320
Geography	674	155,624	141,736	2,640	127,736	11,360
Inventory	8,013,099	108,978,244	108,973,588	76,679,640	188,556	32,105,392
ITMachine	23,283	258,048	242,392	93,240	24,152	125,000
ITSLA	4,925	832,404	814,660	78,200	611,252	125,208
Machine	7,816	569,847	569,495	48,352	421,951	99,192
OnlineSales	12,627,608	254,159,572	254,115,436	133,076,408	56,877,668	64,161,360
Product	2,517	858,585	857,881	58,688	706,433	92,760
ProductCategory	8	52,980	52,980	56	52,436	488
ProductSubcategory	44	78,834	78,826	232	76,834	1,760
Promotion	28	95,816	95,816	256	94,192	1,368
Sales	3,406,089	75,214,220	75,208,028	50,401,856	9,408,932	15,397,240
SalesQuota	7,465,911	196,733,872	196,729,392	72,794,816	81,569,824	42,364,752
SalesTerritory	265	163,020	156,196	1,968	145,180	9,048
Scenario	3	53,522	53,522	56	53,114	352
Store	306	326,420	325,708	5,608	295,500	24,600
StrategyPlan	2,750,628	130,468,816	130,468,728	16,393,680	86,726,368	27,348,680
Grand Total	**34,325,435**	**772,922,254**	**772,805,998**	**350,042,256**	**240,210,574**	**182,553,168**

Abbildung 18.1 Details der in VertiPaq Analyzer angezeigten Tabellen

Die Spalte *Table Size* gibt den Speicherplatz an, der zum Speichern der komprimierten Daten in VertiPaq verwendet wird, während die Spalte *Cardinality* die Anzahl der Zeilen je Tabelle darstellt. Durch Drilldown eines Tabellennamens ist es möglich, die Details jeder Spalte anzuzeigen.

Auf der Spaltenebene zeigt *Cardinality* die Anzahl eindeutiger Werte in der gesamten Tabelle an; der Wert für *Table Size* ist dagegen nicht verfügbar, da jede Spalte nur die in *Columns Total* angezeigten Kosten aufweist. Abbildung 18.2 zeigt exemplarisch die in der größten Tabelle des Datenmodells (*SalesQuota*) vorhandenen Spalten. Beachten Sie, dass die Gesamtgröße jeder Spalte innerhalb derselben Tabelle extrem variabel ist.

Row Labels	Cardinality	Table Size	Columns Total Size	Data Size	Dictionary Size	Columns Hierarchies Size	Encoding
− SalesQuota	**7,465,911**	**196,733,872**	**196,729,392**	**72,794,816**	**81,569,824**	**42,364,752**	**Many**
ChannelKey	4		1,624	184	1,360	80	HASH
CurrencyKey	1		1,476	64	1,348	64	HASH
Datekey	36		431,632	429,712	1,584	336	HASH
ETLLoadID	1		1,476	64	1,348	64	HASH
GrossMarginQuota	944,795		67,753,032	17,578,832	42,615,800	7,558,400	HASH
LoadDate	1		1,416	64	1,288	64	HASH
ProductKey	2,516		11,996,128	11,900,032	75,920	20,176	HASH
RowNumber-2662979B-			120	0	120		VALUE
SalesAmountQuota	613,799		60,602,464	16,854,808	38,837,224	4,910,432	HASH
SalesQuantityQuota	1,101		182,004	151,952	21,204	8,848	HASH
SalesQuotaKey	7,465,911		49,772,920	19,909,136	120	29,863,664	VALUE
ScenarioKey	3		2,212	792	1,356	64	HASH
StoreKey	306		5,981,472	5,969,112	9,864	2,496	HASH
UpdateDate	1		1,416	64	1,288	64	HASH
+ SalesTerritory	**265**	**163,020**	**156,196**	**1,968**	**145,180**	**9,048**	**Many**
+ Scenario	**3**	**53,522**	**53,522**	**56**	**53,114**	**352**	**Many**
+ Store	**306**	**326,420**	**325,708**	**5,608**	**295,500**	**24,600**	**Many**
+ StrategyPlan	**2,750,628**	**130,468,816**	**130,468,728**	**16,393,680**	**86,726,368**	**27,348,680**	**Many**
Grand Total	**34,325,435**	**772,922,254**	**772,805,998**	**350,042,256**	**240,210,574**	**182,553,168**	**Many**

Abbildung 18.2 Details der in VertiPaq Analyzer angezeigten Tabellen und Spalten

Jede von VertiPaq Analyzer aufgeführte Spalte hat eine bestimmte Bedeutung, die in der folgenden Liste beschrieben wird:

- **Cardinality:** Objektkardinalität; gibt je nach dem Detailgrad des Berichts die Anzahl der Zeilen in einer Tabelle oder die Anzahl eindeutiger Werte in einer Spalte an.
- **Rows:** Gibt die Anzahl der Zeilen in der Tabelle an. Diese Metrik wird im Spaltenbericht (den Sie weiter hinten in Abbildung 18.3 sehen werden) statt im Tabellenbericht (Abbildung 18.2) angezeigt, wo die gleichen Informationen in der Metrik *Cardinality* auf der Tabellendetailebene des Berichts angegeben sind.
- **Table Size:** Größe der Tabelle in Byte. Diese Metrik enthält die Summe aus *Columns Total Size*, *User Hierarchies Size* und *Relationships Size*.
- **Columns Total Size:** Größe einer Spalte in Byte. Diese Metrik enthält die Summe aus *Data Size*, *Dictionary Size* und *Columns Hierarchies Size*.
- **Data Size:** Größe aller komprimierten Daten in Segmenten und Partitionen in Byte. Enthält keine Wörterbuch- oder Spaltenhierarchien. Diese Zahl hängt von der Spaltenkomprimierung ab, die wiederum von der Anzahl eindeutiger Werte und der Verteilung der Daten in der Tabelle abhängig ist.
- **Dictionary Size:** Größe der Wörterbuchstrukturen in Byte. Diese Angabe ist nur für Spalten mit Hashcodierung relevant; bei Spalten mit Wertecodierung ist sie eine kleine feste Zahl. Die Wörterbuchgröße hängt von der Anzahl eindeutiger Werte in der Spalte und – bei einer Textspalte – von der Durchschnittslänge der Zeichenfolgen ab.

- **Columns Hierarchies Size:** Größe der automatisch generierten Attributhierarchien für Spalten in Byte. Diese Hierarchien sind notwendig, um auf eine Spalte in MDX zugreifen zu können, und werden zudem von DAX für die Optimierung von Filter- und Sortieroperationen verwendet.
- **Encoding:** Art der Codierung (Hash oder Wert), die für die Spalte verwendet wird. Die Codierung einer Spalte wird automatisch durch den VertiPaq-Komprimierungsalgorithmus ausgewählt.
- **User Hierarchies Size:** Bytes benutzerdefinierter Hierarchien. Diese Struktur wird auf Tabellenebene berechnet, und ihre Werte sind nur in einem VertiPaq Analyzer-Bericht als Tabellenebenendetail sichtbar. Die Größe der Benutzerhierarchie hängt von der Anzahl eindeutiger Werte und der durchschnittlichen Länge der Zeichenfolgen der in der Hierarchie selbst verwendeten Spalten ab.
- **Relationship Size:** Bytes von Beziehungen zwischen Tabellen. Die Beziehungsgröße steht im Zusammenhang mit der Tabelle auf der n-Seite einer Beziehung. Sie hängt von der Kardinalität der an der Beziehung beteiligten Spalten ab, obwohl diese normalerweise nur einen winzigen Bruchteil der Tabellenkosten ausmacht.
- **Table Size %:** Verhältnis von *Columns Total Size* zu *Table Size*
- **Database Size %:** Verhältnis von *Table Size* zu *Database Size*, ergibt sich aus der Summe von *Table Size* für alle Tabellen
- **Segments #:** Anzahl der Segmente. Alle Spalten einer Tabelle haben die gleiche Anzahl von Tabellensegmenten.
- **Partitions #:** Anzahl der Partitionen. Alle Spalten einer Tabelle weisen die gleiche Anzahl von Tabellenpartitionen auf.
- **Columns #:** Anzahl der Spalten

Die erste mögliche Optimierung unter Verwendung der VertiPaq Analyzer-Berichte besteht darin, alle Spalten zu entfernen, die für die Berichte nicht benötigt werden und die viel Arbeitsspeicher belegen. Die in Abbildung 18.2 dargestellten Daten zeigen beispielsweise, dass eine der kostspieligsten Spalten in der Tabelle *SalesQuota* die Spalte *SalesQuotaKey* ist. *SalesQuotaKey* wird in keinem Bericht verwendet und auch nicht von der Datenmodellstruktur benötigt (was bei Spalten, die in Beziehungen verwendet werden, nun einmal so ist). Tatsächlich könnte die Spalte *SalesQuotaKey* ohne Auswirkungen auf Berichte und Berechnungen aus dem Modell entfernt werden, wodurch sich nicht nur die Aktualisierungsdauer verkürzt, sondern auch wertvoller Arbeitsspeicher eingespart wird.

Attributhierarchien und Spaltencodierung

Zwei Spalten in VertiPaq Analyzer liefern Informationen, die zur Optimierung großer Datenmodelle verwendet werden können. Den Link zur einschlägigen Dokumentation geben wir an, da wir diese Optimierungen im vorliegenden Buch nicht behandeln.

Die Größe der Attributhierarchie, die in *Columns Hierarchies Size* gemeldet wird, hängt – ähnlich wie die Größe des Wörterbuchs – von der Anzahl der eindeutigen Werte in der Spalte und von der durchschnittlichen Länge der Zeichenfolgen ab. Die Attributhierarchie wird jedoch sowohl für die Werte- als auch für die Hashcodierung erstellt, während das Wörterbuch nur für die Hashcodierung existiert. Die Erstellung der Attributhierarchie kann deaktiviert werden, wenn die Spalte nur in Aggregationen und nicht als Filter oder Gruppierungsbedingung verwendet wird. Diese Optimierung erfordert möglicherweise erweiterte Einstellungen. Weitere Informationen über die Einstellung, mit der Attributhierarchien deaktiviert werden können, finden Sie unter *https://docs.microsoft.com/en-us/dotnet/api/microsoft.analysisservices.tabular.column.isavailableinmdx* sowie unter *https://blogs.msdn.microsoft.com/analysisservices/2018/06/08/new-memory-options-for-analysis-services*.

Die für eine Spalte im Modell ausgewählte *Codierung* kann vom Entwickler geändert werden. Das Datenmodell kann Hinweise geben, die die Verwendung eines bestimmten Codierungstyps nahelegen. Normalerweise wählt VertiPaq die Codierung aus, die mehr Arbeitsspeicher einspart; der Entwickler kann jedoch eine andere (auch kostspieligere) Codierung auswählen, um bestimmte Anforderungen zu erfüllen, wie z. B. die Optimierung der Geschwindigkeit dynamischer Aggregationen. Ein Unterschied bei der Abfrageleistung kann sich in Tabellen mit Milliarden von Zeilen zeigen; bei Tabellen mit ein paar Millionen Zeilen hingegen ist dies normalerweise nicht signifikant. Weitere Einzelheiten über Codierungshinweise finden Sie unter *https://docs.microsoft.com/en-us/sql/analysis-services/whats-new-in-sql-server-analysis-services-2017?view=sql-server-2017#encoding-hints*.

Die Ermittlung der teuersten Spalten wird durch einen weiteren in VertiPaq Analyzer verfügbaren Bericht vereinfacht, der in Abbildung 18.3 dargestellt ist. Dieser Bericht »Columns« (Spalten) zeigt alle Spalten in einer vereinfachten Liste an, wobei der gemeldete Name die Verkettung der Tabellen- und Spaltennamen ist und die Liste absteigend nach *Columns Total Size* sortiert ist.

TableColumn	Rows	Cardinality	Columns Total Size	Database Size %
StrategyPlan-Amount	2,750,628	2,042,832	108,871,288	14.09 %
OnlineSales-OnlineSalesKey	12,627,608	12,627,608	84,154,472	10.89 %
OnlineSales-SalesOrderNumber	12,627,608	1,674,320	79,176,940	10.25 %
SalesQuota-GrossMarginQuota	7,465,911	944,795	67,753,032	8.77 %
SalesQuota-SalesAmountQuota	7,465,911	613,799	60,602,464	7.84 %
Inventory-InventoryKey	8,013,099	8,013,099	53,420,840	6.91 %
SalesQuota-SalesQuotaKey	7,465,911	7,465,911	49,772,920	6.44 %
Sales-SalesKey	3,406,089	3,406,089	22,707,424	2.94 %
StrategyPlan-StrategyPlanKey	2,750,628	2,750,628	18,337,680	2.37 %
OnlineSales-SalesOrderLineNumber	12,627,608	4,972	16,544,600	2.15 %
Sales-GrossMargin	3,406,089	118,821	13,750,552	1.78 %

Abbildung 18.3 Details der Spaltendarstellung in VertiPaq Analyzer

Zwei der drei teuersten Spalten des gesamten Contoso-Datenmodells, *OnlineSalesKey* und *SalesOrderNumber* in der Tabelle *OnlineSales*, werden in einem Bericht auf aggregierter Ebene nur selten verwendet. Jede dieser beiden in VertiPaq importierten Spalten belegt 10% der Datengröße des gesamten Datenmodells. Durch das Entfernen dieser beiden Spalten ist es möglich, 20% der Datenbankgröße einzusparen. Sich die Kosten jeder Spalte klarzumachen, ermöglicht erst die Entscheidung, was im Datenmodell beibehalten werden soll und was im Verhältnis zu seinem analytischen Wert zu teuer ist.

Der Grund, warum der Bericht in Abbildung 18.3 *Rows* und *Cardinality* nebeneinander anzeigt, ist die Erkennung von Spalten, die in einer Tabelle eindeutig sind. Wenn die beiden Zahlen nahe beieinander liegen oder identisch sind, ist es nur dann sinnvoll, zusammengefasste Ergebnisse über eine Spalte zu erstellen, wenn sie Ziel einer Aggregation ist, also z. B. die Spalte *Amount* in der Tabelle *StrategyPlan*.

Eine weitere wichtige Information, die in VertiPaq Analyzer zur Verfügung steht, ist in dem in Abbildung 18.4 dargestellten Beziehungsbericht enthalten. Dieser Bericht macht es leicht, kostspielige Beziehungen in einem Datenmodell zu identifizieren, obwohl es in diesem speziellen Beispiel keine kritischen Situationen gibt.

Row Labels	Relationships Size	Max From Cardinality	Max To Cardinality
⊞ Machine	**352**	**303**	**306**
'Machine'[StoreKey] -> 'Store'[StoreKey]	352	303	306
⊞ OnlineSales	**44,136**	**18,869**	**18,869**
'OnlineSales'[CurrencyKey] -> 'Currency'[CurrencyKey]	8	1	28
'OnlineSales'[CustomerKey] -> 'Customer'[CustomerKey]	38,304	18,869	18,869
'OnlineSales'[Datekey] -> 'Date'[Datekey]	1,760	1,096	2,556
'OnlineSales'[ProductKey] -> 'Product'[ProductKey]	4,032	2,516	2,517
'OnlineSales'[PromotionKey] -> 'Promotion'[PromotionKey]	24	28	28
'OnlineSales'[StoreKey] -> 'Store'[StoreKey]	8	3	306
Grand Total	**95,488**	**18,869**	**18,869**

Abbildung 18.4 Größe und Kardinalität der in VertiPaq Analyzer gezeigten Beziehungen

Bei VertiPaq sind Beziehungen mit einer Kardinalität von mehr als einer Million Einzelwerten besonders kostenintensiv. Daher wirkt sich jede Anfrage, die diese Beziehung betrifft, auf die Kosten der Speicher-Engine aus. Eine verbreitete Faustregel lautet, eine Beziehung immer dann im Auge zu behalten, sobald ihre Kardinalität 100.000 übersteigt. Solche Beziehungen führen in der Regel nicht zu erkennbaren Leistungsproblemen, aber ihr Vorhandensein ist im Hundertstelmillisekunden-Bereich messbar und kann bei weiterem künftigem Datenbankwachstum Probleme verursachen. Während eine einzelne große Beziehung einen Bericht nicht unbedingt spürbar verlangsamt, kann sie die Leistung komplexerer Berechnungen und Berichte untergraben.

Die Kenntnis der Kardinalität von Tabellen und Spalten ist wichtig für die weitere Analyse der Performance einer DAX-Abfrage. Diese Informationen könnten zwar durch einfache DAX-Abfragen abgerufen werden; schneller und effizienter ist es aber, sie mit einem Tool wie VertiPaq Analyzer automatisiert zu erfassen. So haben Sie mehr Zeit zur Auswertung der gewonnenen Metriken, statt manuell triviale Abfragen an das Datenmodell richten zu müssen.

Denormalisierung

Die erste Optimierung, die auf ein Datenmodell angewendet werden kann, ist die Denormalisierung der Daten. Jede Beziehung ist mit Speicherbedarf und einem zusätzlichen Overhead verbunden, wenn die Engine den Filter von einer Tabelle auf eine andere überträgt. Rein aus Performancesicht wäre ein optimales Modell eine einzige Tabelle. Ein solcher Ansatz wäre jedoch wenig brauchbar und würde eine einheitliche Granularität für alle Measures erzwingen. So wird ein optimales Datenmodell als ein Sternschema um jede Tabelle herum organisiert, die für Measures mit derselben Granularität definiert ist. Aus diesem Grund sollte man unnötig verknüpfte Tabellen denormalisieren und so die Anzahl der Spalten und Beziehungen im Datenmodell verringern.

Die in einem Datenmodell für DAX erforderliche Denormalisierung ist normalerweise für jeden, der über eine gewisse Erfahrung in der Datenmodellierung für eine relationale Datenbank verfügt, kontraintuitiv. Betrachten Sie zum Beispiel ein einfaches Datenmodell, bei dem eine Tabelle *Payment* (Zahlung) zwei Spalten hat, nämlich *Payment Code* (Zahlungscode) und *Payment Description* (Zahlungsbeschreibung). In einer relationalen Datenbank wird häufig eine Tabelle mit *Code* und *Description* verwendet, um eine Duplizierung der Beschreibungsinhalte in jeder Zeile einer Tabelle *Transactions* (Transaktionen) zu vermeiden. Es ist gängige Praxis, *Payment Code* nur in *Transactions* zu speichern, um Platz in einem relationalen Modell zu sparen.

Tabelle 18.2 zeigt eine denormalisierte Version der Tabelle *Transactions*. Es gibt viele Zeilen mit doppelten Werten von Credit Card (Kreditkarte) und Cash (Barzahlung) in der Spalte *Payment Type Description* (Beschreibung der Zahlungsmethode).

Date	Amount	Payment Type Code	Payment Type Description
2015-06-21	100	00	Cash
2015-06-21	100	02	Credit Card
2015-06-22	200	02	Credit Card
2015-06-23	200	00	Cash
2015-06-23	100	03	Wire Transfer
2015-06-24	200	02	Credit Card
2015-06-25	100	00	Cash

Tabelle 18.2 Tabelle *Transactions* mit in den Spalten *Code* und *Description* denormalisiertem *Payment Type*

Durch eine separate Tabelle, die alle Zahlungsmethoden enthält, ist es möglich, nur *Payment Type Code* in der Tabelle *Transactions* zu speichern (Tabelle 18.3).

Date	Amount	Payment Type Code
2015-06-21	100	00
2015-06-21	100	02
2015-06-22	200	02
2015-06-23	200	00
2015-06-23	100	03
2015-06-24	200	02
2015-06-25	100	00

Tabelle 18.3 Tabelle *Transactions* normalisiert, nur mit *Payment Type Code*

Durch die Speicherung der Beschreibung der Zahlungsmethoden in einer separaten Tabelle (Tabelle 18.4) gibt es nur eine Zeile für jeden Zahlungsmethodencode und jede Beschreibung. Diese Tabelle in einer relationalen Datenbank reduziert den Gesamtplatzbedarf, indem die Duplizierung einer langen Zeichenfolge in der Tabelle *Transactions* vermieden wird.

Payment Type Code	Payment Type Description
00	Cash
01	Debit Card
02	Credit Card
03	Wire Transfer

Tabelle 18.4 Tabelle *Payment Type* zur Normalisierung von *Code* und *Description*

Diese Optimierung, die bei einer relationalen Datenbank einwandfrei funktioniert, könnte dagegen in einem DAX-Datenmodell eine schlechte Wahl sein. Die VertiPaq-Engine erstellt automatisch ein Wörterbuch für jede Spalte, das heißt, die Tabelle *Transactions* hat keinen Mehraufwand durch doppelte Beschreibungen – anders, als es in einem relationalen Modell der Fall wäre.

Komprimierungsverfahren auf der Grundlage von Wörterbüchern sind auch in bestimmten relationalen Datenbanken vorhanden. So bietet beispielsweise Microsoft SQL Server diese Funktion über die geclusterten Columnstore-Indizes. Standardmäßig speichern relationale Datenbanken ihre Daten jedoch ohne wörterbuchbasierte Komprimierung.

Im Hinblick auf die Platzersparnis ist die Denormalisierung immer besser, wenn eine einzelne Spalte in einer separaten Tabelle denormalisiert wird; andererseits kann die Denormalisierung vieler Spalten in einer einzigen Tabelle – wie es bei den Attributen eines *Product*-Elements der Fall ist – aufwendiger sein als die Verwendung eines normalisierten Modells. Wir können beispielsweise die Speicherkosten eines normalisierten im Vergleich zu einem denormalisierten Modell betrachten:

- Speicherkosten für das normalisierte Modell:
  - Spalte *Transactions[Type Code]*
  - Spalte *Payments[Type Code]*
  - Spalte *Payments[Type Description]*
  - Beziehung *Transactions[Type Code]* zu *Payments[Type Code]*
- Speicherkosten für das denormalisierte Modell:
  - Spalte *Transactions[Type Code]*
  - Spalte *Transactions[Type Description]*

Das denormalisierte Modell entfernt die Kosten der Spalte *Payments[Type Code]* und die Kosten der Beziehung bei *Transactions[Type Code]*. Die Kosten der Spalte *Type Description* sind jedoch bei den Tabellen *Transactions* und *Payments* unterschiedlich, und bei einer sehr großen Tabelle könnte dieser Unterschied den Ausschlag zugunsten des normalisierten Modells geben. In der Regel funktioniert jedoch die Aggregation einer Spalte besser, wenn ein Filter auf eine andere Spalte derselben Tabelle angewendet wird, als wenn ein Filter auf eine Spalte in einer anderen Tabelle angewendet würde, die durch eine Beziehung verbunden ist. Rechtfertigt dies eine vollständige Denormalisierung des Datenmodells in eine einzige Tabelle? Keineswegs! Was die Benutzerfreundlichkeit betrifft, sollte das Sternschema immer die bevorzugte Wahl sein, da es einen guten Kompromiss in Bezug auf Ressourcenverbrauch und Leistung darstellt.

Ein Sternschema enthält eine Tabelle für jeden geschäftlichen »Akteur«, wie z. B. *Customer* und *Product*, und alle Attribute, die sich auf einen Akteur beziehen, sind in solchen Tabellen vollständig denormalisiert. Beispielsweise sollte die Tabelle *Product* Attribute wie *Category*, *Subcategory*, *Model* und *Color* aufweisen. Dieses Modell funktioniert gut, wenn die Kardinalität der Beziehung nicht zu groß ist. Wie bereits erwähnt, sind eine Million eindeutige Werte die Schwelle, um eine große Kardinalität für eine Beziehung zu definieren, auch wenn eine Beziehung bereits bei 100.000 eindeutigen Werten als potenzielles Risiko für die Abfragen eingestuft wird.

Um zu verstehen, warum die Kardinalität einer Beziehung für die Leistung wichtig ist, ist es nützlich zu wissen, was passiert, wenn ein Filter auf eine Spalte angewendet wird. Betrachten Sie das Schema in Abbildung 18.5, wo es Beziehungen zwischen der Tabelle *Sales* und *Product*, *Customer* und *Date* gibt. Durch Abfragen des Datenmodells, das Kunden nach Geschlecht filtert, überträgt die Engine den Filter von *Customer* auf *Sales*, indem sie die Liste der Kundenschlüssel angibt, die zu jedem in der Abfrage enthaltenen Geschlechtstyp gehören. Wenn es 10.000 Kunden gibt, kann eine von einem Filter erzeugte Liste diesen Wert nicht übersteigen. Wenn es jedoch 6 Millionen Kunden gibt, könnte ein Filter nach einem einzelnen Geschlechtstyp eine Liste mit eindeutigen Schlüsseln erzeugen, was zu etwa 3 Millionen eindeutigen Werten für jedes Geschlecht führt. Eine große Anzahl von Schlüsseln in einer Beziehung hat immer Auswirkungen auf die Leistung, auch wenn diese Auswirkungen absolut gesehen auch von der Engine-Version und der verwendeten Hardware (CPU-Takt, Cachegröße, RAM-Frequenz) abhängen.

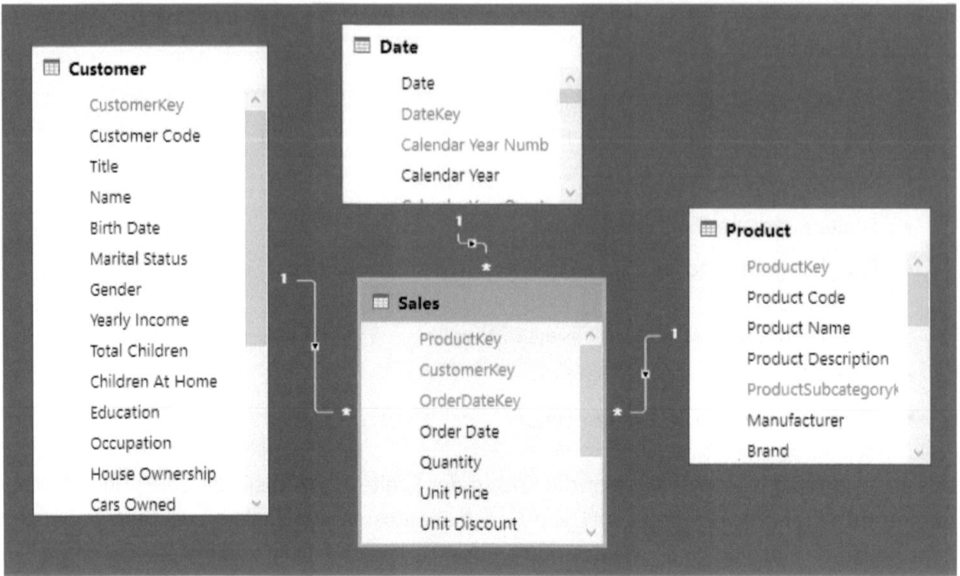

Abbildung 18.5 Die Tabelle *Sales* hat Beziehungen zu den Tabellen *Product*, *Customer* und *Date*.

Was kann man tun, um das Datenmodell zu optimieren, wenn eine Beziehung Millionen eindeutiger Werte umfasst? Wenn die gemessene Leistungsverschlechterung nicht mehr den Anforderungen an die Abfragelatenz entspricht, könnte man andere Formen der Denormalisierung in Betracht ziehen, die die Kardinalität der Beziehung reduzieren oder die Notwendigkeit einer Beziehung bei bestimmten Abfragen ganz ausschalten. Im vorherigen Beispiel könnte man eine Denormalisierung der Spalte *Gender* in der Tabelle *Sales* erwägen, falls dies der einzige Fall ist, in dem die Leistung optimiert werden müsste. Falls mehr Spalten zu optimieren sind, sollten Sie darüber nachdenken, eine weitere Tabelle mit jenen Spalten der Tabelle *Customer* zu erstellen, die von den Benutzern häufig abgefragt werden und die eine geringe Kardinalität (und eine geringe Selektivität) aufweisen.

Diese Tabelle könnte beispielsweise *Customer Info* heißen und die Spalten *Gender*, *Occupation* (Beruf) und *Education* (Ausbildung) enthalten. Wenn die Kardinalität dieser Spalten 2, 5 und 5 Werte beträgt, hat eine Tabelle mit allen möglichen Kombinationen 50 Zeilen (2 · 5 · 5). Eine Abfrage einer dieser Spalten geht dann viel schneller, da der auf *Sales* angewandte Filter eine sehr kurze Werteliste hat. Was die Benutzerfreundlichkeit betrifft, so sieht der Benutzer zwei Attributgruppen für dieselbe Entität, die den beiden Tabellen *Customer* und *Customer Info* entsprechen. Das ist nicht ideal. Aus diesem Grund sollte diese Optimierung nur dann in Betracht gezogen werden, wenn sie unbedingt notwendig ist, sofern nicht das gleiche Ergebnis durch die Aggregationsfunktion im tabellarischen Modell erzielt werden kann.

Die Aggregationsfunktion wird weiter hinten in diesem Kapitel behandelt. Es handelt sich dabei um eine Funktion, die die Erstellung der zugrunde liegenden Tabellen und Beziehungen automatisiert, deren einziger Zweck darin besteht, die Leistung der Speicher-Engine-Anforderungen zu optimieren. Stand April 2019 funktioniert die

Aggregationsfunktion nur bei Tabellen, die in DirectQuery gespeichert sind, und kann die in diesem Abschnitt beschriebenen Techniken daher nicht ersetzen. Dies wird allerdings möglich werden, wenn die Aggregationen auch bei in VertiPaq gespeicherten Tabellen funktionieren.

Es ist wichtig, dass beide Tabellen in direkter Beziehung zur Tabelle *Sales* stehen, wie in Abbildung 18.6 gezeigt.

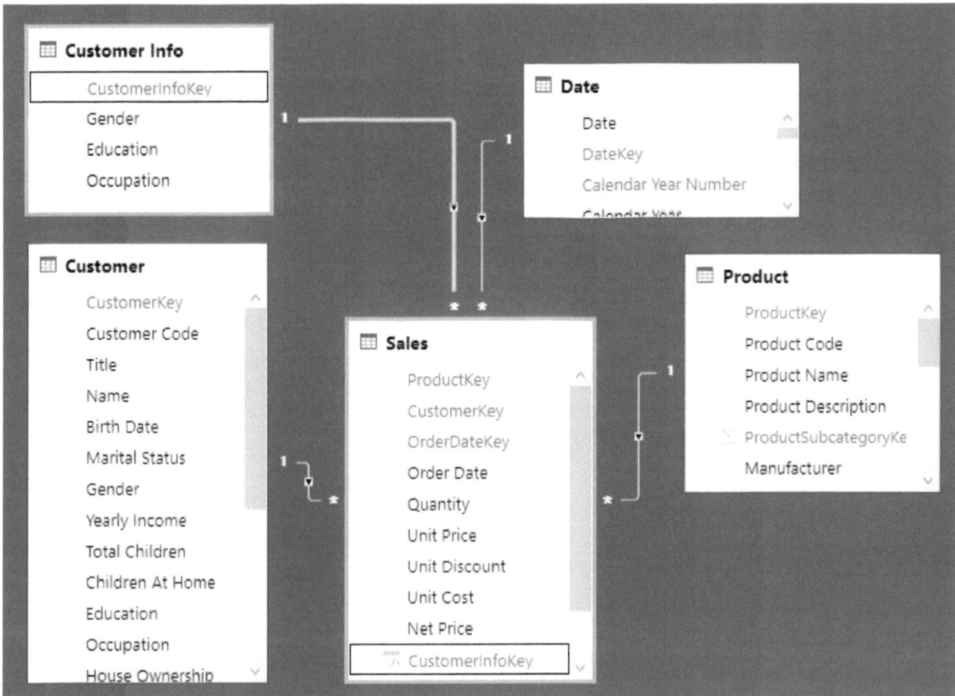

Abbildung 18.6 Sowohl die Tabelle *Customer* als auch die Tabelle *Customer Info* stehen in einer Beziehung zu *Sales*.

Die Spalte *CustomerInfoKey* sollte vor jeglichem Datenimport zur Tabelle *Sales* hinzugefügt werden, damit es sich um eine native Spalte handelt. Wie in Kapitel 17 behandelt, werden native Spalten besser komprimiert als berechnete Spalten. Allerdings ließe sich auch eine berechnete Spalte mit dem folgenden DAX-Ausdruck erstellen:

```
Sales[CustomerInfoKey] =
LOOKUPVALUE (
    'Customer Info'[CustomerInfoKey],
    'Customer Info'[Gender], RELATED ( Customer[Gender] ),
    'Customer Info'[Occupation], RELATED ( Customer[Occupation] ),
    'Customer Info'[Education], RELATED ( Customer[Education] )
)
```

Im Sinne der Benutzerfreundlichkeit sollten die in der Tabelle *Customer Info* denormalisierten Spalten in der Tabelle *Customer* ausgeblendet werden. Andernfalls würde das Vorhandensein derselben Attribute (*Gender*, *Occupation* und *Education*) in zwei Tabellen Verwirrung stiften. Durch Ausblenden dieser Attribute in der Tabelle *Customer* ist es jedoch nicht möglich, einen Bericht mit der Liste der Kunden mit einem bestimmten Wert für *Occupation* zu erstellen, ohne die Transaktionen in der Tabelle *Sales* zu berücksichtigen. Damit solche Eigenschaften nicht verloren gehen, sollte das Modell um eine inaktive Beziehung erweitert werden, die bei Bedarf aktiviert werden kann. Wir benötigen bestimmte Measures, um diese Beziehung zu aktivieren. Wie das funktioniert, werden Sie später im optimierten Measure *Sales Amount* sehen. Abbildung 18.7 zeigt, dass eine aktive Beziehung zwischen der Tabelle *Customer Info* und der Tabelle *Sales* und eine inaktive Beziehung zwischen der Tabelle *Customer Info* und der Tabelle *Customer* bestehen.

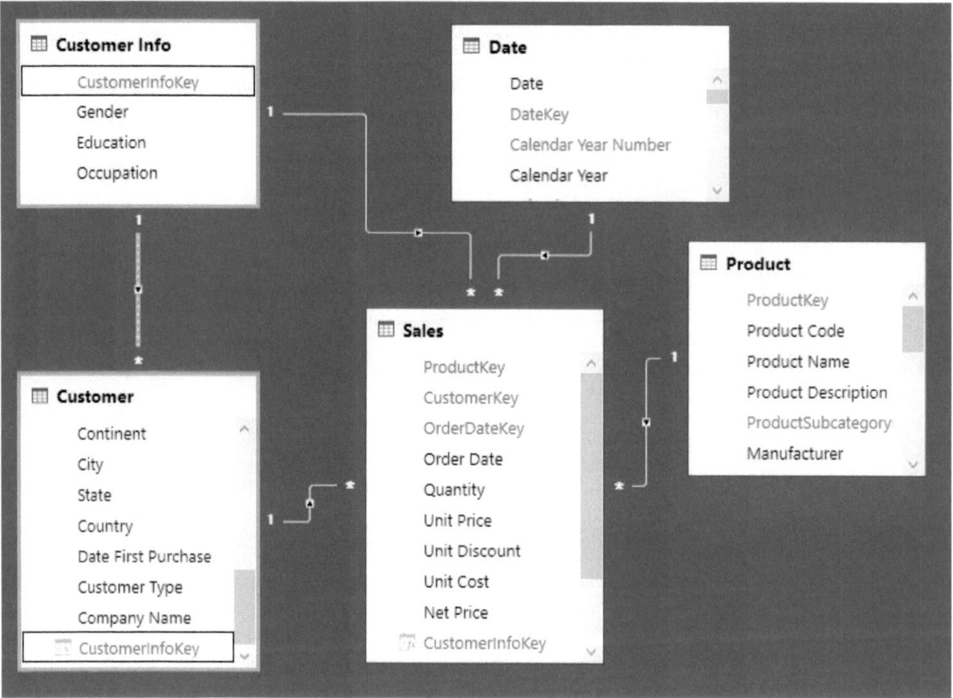

Abbildung 18.7 Eine inaktive Beziehung verknüpft die Tabellen *Customer* und *Customer Info*.

Die Beziehung zwischen *Customer Info* und *Customer* kann aktiviert werden, wenn ein anderer Filter in der Tabelle *Customer* aktiv ist. Betrachten Sie z. B. die folgende Definition des Measures *Sales Amount*:

```
Sales Amount :=
IF (
    ISCROSSFILTERED ( Customer[CustomerKey] ),
    CALCULATE (
        [Sales Internal],
```

```
        USERELATIONSHIP ( Customer[CustomerInfoKey], 'Customer Info'[CustomerInfoKey] ),
        CROSSFILTER ( Sales[CustomerInfoKey], 'Customer Info'[CustomerInfoKey], NONE )
    ),
    [Sales Internal]
)
```

Der Kreuzfilter ist in der Tabelle *Customer* nur dann aktiv, wenn ein Filter für eine beliebige Spalte der Tabelle *Customer* vorhanden ist, vorausgesetzt, die Beziehung zwischen *Sales* und *Customer* ist bidirektional. Wenn nämlich der Kreuzfilter aktiv ist, wird die Beziehung zwischen *Customer* und *Customer Info* durch *USERELATIONSHIP* aktiviert; gleichzeitig wird die andere Beziehung zwischen *Customer Info* und *Sales* automatisch deaktiviert. Darüber hinaus ist *CROSSFILTER* in der Funktion eigentlich nicht notwendig; wir belassen ihn aber trotzdem dort, weil hierdurch unsere Absicht kenntlich gemacht wird, die Filterfortpflanzung in der Beziehung zwischen *Customer Info* und *Sales* zu deaktivieren. Die Idee dahinter: Da die Engine in jedem Fall eine Liste mit *CustomerKey*-Werten verarbeiten muss, ist es besser, einen solchen Filter zu reduzieren, indem auch die in *Customer Info* verschobenen Attribute einbezogen werden. Wenn der Benutzer jedoch Spalten in *Customer Info*, nicht aber in *Customer* filtert, verwendet die aktive Standardbeziehung eine bessere Beziehung, die mit einer geringeren Anzahl eindeutiger Werte hergestellt wird. Leider muss, um die Verwendung der Beziehung zwischen *Customer* und *Sales* in einem Datenmodell zu optimieren, dieses DAX-Muster auf alle Measures angewendet werden, die Attribute aus *Customer Info* beinhalten können. Dies ist bei Aggregationen im Datenmodell nicht notwendig, da das Muster automatisch durch die Engine implementiert wird, ohne dass hierfür im DAX-Code zusätzlicher Aufwand erforderlich wäre.

Ein weiteres sehr häufiges Szenario, bei dem eine hohe Kardinalität in einer Beziehung denormalisiert werden muss, ist eine Beziehung zwischen zwei großen Tabellen. Betrachten Sie etwa die Tabellen *Sales Header* und *Sales Details* im Datenmodell in Abbildung 18.8.

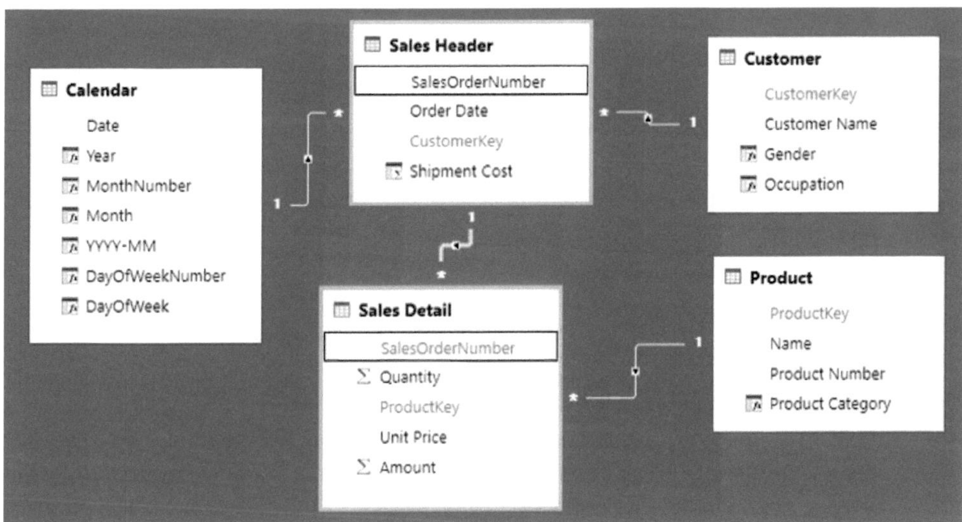

Abbildung 18.8 Die Tabelle *Customer* filtert *Sales Details*-Transaktionen durch Beziehungen mit *Sales Header*.

Diese Situation kommt häufig vor, da vielen normalisierten relationalen Datenbanken dasselbe Design zugrunde liegt. Allerdings ist vor allem die Beziehung zwischen *Sales Header* und *Sales Detail* aufgrund der hohen Anzahl eindeutiger Werte für eine DAX-Abfrage besonders problematisch. Jede Abfrage, die die Spalte *Quantity* (aus *Sales Detail*) nach *Customer[Gender]* gruppiert, überträgt über die Spalte *SalesOrderNumber* einen Filter von *Sales Header* zu *Sales Detail*. Ein besserer Entwurf ist möglich, wenn alle in *Sales Header* gespeicherten Beziehungen in *Sales Detail* denormalisiert werden. In der Praxis sollte es zwei Sternschemata mit denselben Dimensionen geben. Der einzige Zweck der Denormalisierung besteht darin, zu vermeiden, dass ein Filter durch die Beziehung zwischen *Sales Header* und *Sales Detail* übergeben wird, die in dem in Abbildung 18.9 gezeigten neuen Design nicht mehr vorhanden ist.

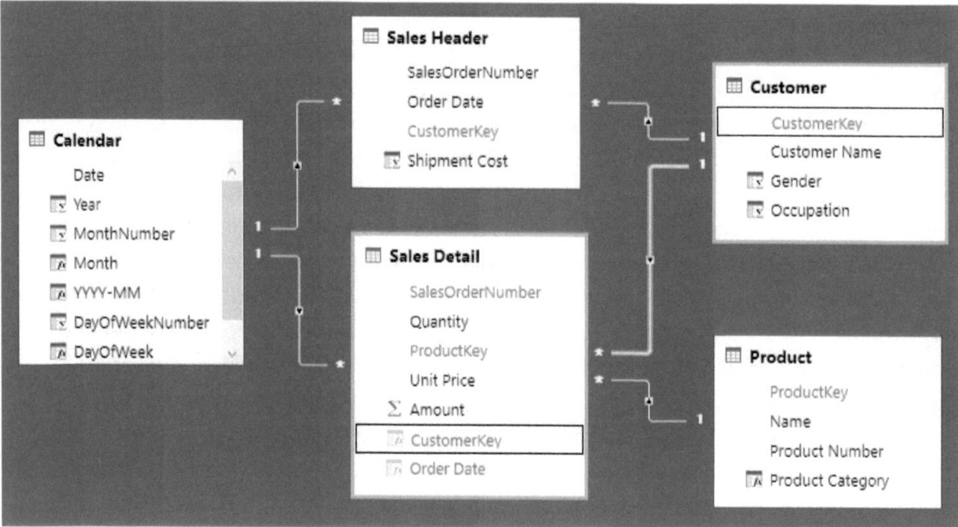

Abbildung 18.9 Es bestehen direkte Beziehungen zwischen den Tabellen *Sales Header* und *Sales Details* sowie zwischen *Customer* und *Calendar*.

Sie sollten – vor allem aus Performancegründen – die Denormalisierung in einem Datenmodell für DAX immer in einem angemessenen Maß verwenden. Die in diesem Abschnitt beschriebenen Best Practices schaffen eine ausgewogene Balance zwischen Benutzerfreundlichkeit und Leistung.

Spaltenkardinalität

Die Kardinalität einer Spalte ist die Anzahl der in ihr enthaltenen eindeutigen Werte. Diese Anzahl ist wichtig, um die Größe der Spalte zu reduzieren, was sich direkt auf die Überprüfungsleistung von VertiPaq auswirkt. Ein weiterer Grund dafür, die Kardinalität einer Spalte auf das notwendige Maß zu reduzieren, ist die Tatsache, dass viele DAX-Operationen, wie etwa Iterationen oder Filter, eine Ausführungszeit haben, die direkt von dieser Zahl abhängt. Häufig ist die Kardinalität einer Spalte wichtiger als die Anzahl der Zeilen der Tabelle, die die Spalte enthält.

Der Datenmodellentwickler sollte die Kardinalität einer Spalte ermitteln und mögliche Optimierungen in Betracht ziehen, wenn die Spalte in Beziehungen, Filtern oder Berechnungen verwendet werden soll. Es gibt mehrere übliche Szenarien, die zu berücksichtigen sind:

- **Schlüssel einer Beziehung:** Die Kardinalität der Spalte kann nur geändert werden, wenn die Kardinalität der zugehörigen Tabelle ebenfalls geändert wird. Sie haben dies gerade eben im Abschnitt »Denormalisierung« gesehen.
- **Numerischer Wert, der in einem Measure aggregiert wird:** Ändern Sie die Genauigkeit einer Zahl nicht, wenn diese eine Menge oder den Betrag einer Finanztransaktion darstellt. Repräsentiert eine Zahl dagegen ein Measure mit einem Gleitkommawert, dann könnten Sie in Erwägung ziehen, die nicht relevanten Dezimalstellen zu entfernen. Bei der Erfassung von Temperaturen könnte der Wert beispielsweise auf die nächstgelegene Dezimalstelle abgerundet werden, da der entfernte Teil im Zweifelsfall kleiner ist als die Genauigkeit des Messwerkzeugs.
- **Textbeschreibung mit niedriger Kardinalität:** Die einzige Auswirkung betrifft die Größe des Wörterbuchs, falls die Spalte viele eindeutige Werte hat. Die Spalte in eine separate Tabelle zu verschieben, bietet keine Vorteile, da das Wörterbuch dasselbe wäre. Behalten Sie diese Spalte, wenn die Benutzer sie benötigen.
- **Textnotizen mit hoher Kardinalität:** Diese sind höchstwahrscheinlich in jeder Zeile der Tabelle unterschiedlich; das ist aber kein großes Problem, sofern die meisten Zeilen einen Leerwert enthalten.
- **Bilder:** Diese Spalte wird benötigt, um Grafikelemente – z. B. das Bild eines Produkts – in einem Clienttool anzuzeigen. Dieser Datentyp ist in Power BI nicht verfügbar; die Speicherung der URL eines dynamisch zu ladenden Bilds ist eine bessere Alternative, die Speicherplatz spart.
- **Transaktions-ID:** Diese Spalte hat eine hohe Kardinalität in einer großen Tabelle. Wenn Sie sie bei DAX-Abfragen nicht benötigen, können Sie sie im Zweifelsfall entfernen. Bei der Verwendung in Drillthrough-Operationen – z. B. um die Transaktionen anzuzeigen, die eine bestimmte Aggregation bilden – sollte man die Zahl bzw. Zeichenfolge in mindestens zwei Teile mit jeweils einer geringeren Anzahl eindeutiger Werte unterteilen.
- **Datum und Uhrzeit:** Erwägen Sie die Aufteilung der Spalte in zwei Teile. Weitere Informationen dazu finden Sie im folgenden Abschnitt »Mit Datum und Uhrzeit arbeiten«.
- **Auditspalten:** Eine Tabelle in einer relationalen Datenbank enthält häufig Standardspalten, die für Auditzwecke verwendet werden, z. B. Zeitstempel oder den Benutzer, der die letzte Änderung vorgenommen hat. Diese Spalten dürfen nicht in ein von VertiPaq gespeichertes Modell importiert werden, es sei denn, sie werden für einen Drillthrough benötigt. Denken Sie in diesem Fall darüber nach, den Zeitstempel nach den gleichen Regeln zu unterteilen, die für Datum und Uhrzeit gelten.

Als Faustregel gilt, dass die Verringerung der Kardinalität einer Spalte Speicherplatz spart und die Leistung optimiert. Da hiermit aber auch ein Verlust an Informationen und/oder Genauigkeit einhergehen kann, sollten Sie die Auswirkungen dieser Optimierungen sorgfältig abwägen.

Mit Datum und Uhrzeit arbeiten

Fast jedes Datenmodell hat mindestens eine Datumsspalte. Ab und zu ist auch die Zeit eine interessante Analysedimension. Normalerweise stammen diese Spalten aus den ursprünglichen *Datetime*-Spalten in der Datenquelle. Es gibt mehrere Best Practices zur Optimierung derartiger Spalten.

Zuallererst sollten Datum und Uhrzeit immer auf zwei getrennte Spalten verteilt werden, wobei hierfür keine berechneten Spalten verwendet werden. Die Unterteilung sollte durch Einlesen der Originalspalte in zwei verschiedene Spalten des Datenmodells erfolgen: eine für das Datum, die andere für die Uhrzeit. Beim Lesen einer *TransactionExecution*-Spalte aus einer Tabelle in SQL Server sollten Sie beispielsweise die folgende Syntax in einer T-SQL-Abfrage verwenden, um die beiden Spalten *TransactionDate* und *TransactionTime* zu erstellen:

```
...
CAST ( TransactionExecution AS DATE ) AS TransactionDate,
CAST ( TransactionExecution AS TIME ) AS TransactionTime,
...
```

Es ist sehr wichtig, diesen Teilungsvorgang durchzuführen, denn andernfalls enthielte das Modell eine Spalte, in der Wörterbuch und Kardinalität Tag für Tag zunehmen würden. Darüber hinaus ist die Analyse eines Zeitstempels in einem tabellarischen Modell sehr schwierig. Eine *Date*-Tabelle benötigt eine exakte Übereinstimmung mit dem Datum, und die *Datetime*-Spalte würde in einer Beziehung mit der *Date*-Spalte einer *Date*-Tabelle nicht ordnungsgemäß funktionieren.

Eine *Date*-Spalte hat in der Regel eine gute Granularität: 10 Jahre entsprechen weniger als 3.700 Einzelwerten, und selbst 100 Jahre liegen noch in einer überschaubaren Größenordnung. Darüber hinaus erfordern die Zeitintelligenzfunktionen einen vollständigen Kalender für jedes betrachtete Jahr, sodass das Entfernen von Tagen (wenn man beispielsweise nur einen Tag pro Monat behalten will) keine erwägenswerte Optimierung darstellt.

Die *Time*-Spalte hingegen muss durchaus Gegenstand weiterer Überlegungen sein. Bei einer *Time*-Spalte sollte man die Erstellung einer *Time*-Tabelle in Betracht ziehen, die für jeden Punkt in der gewählten Granularität eine Zeile enthält. Die Uhrzeit sollte auf die gleiche Granularität gerundet werden, die auch für die *Time*-Tabelle gewählt wurde. Die *Time*-Tabelle würde die Berücksichtigung verschiedener Zeiträume – beispielsweise Morgen und Abend oder 15-minütige Intervalle – erheblich vereinfachen. Je nach vorhandenen Daten und erforderlicher Analyse könnte die Uhrzeit auf die nächste Stunde oder Millisekunde gerundet werden (auch wenn Letzteres sehr unwahrscheinlich ist). Tabelle 18.5 zeigt die verschiedenen Kardinalitäten, die den unterschiedlichen Präzisionsstufen entsprechen.

Genauigkeit	Kardinalität
Stunde	24
15 Minuten	96
5 Minuten	288
Minute	1.440
Sekunde	86.400
Millisekunde	86.400.000

Tabelle 18.5 Kardinalität entsprechend verschiedener Genauigkeitsstufen für eine *Time*-Spalte

Die Wahl der Millisekundenpräzision ist in der Regel die schlechteste, und auch eine sekundengenaue Präzision hat immer noch eine relativ hohe Anzahl eindeutiger Werte. Meistens wird die Wahl der Genauigkeit in einem Bereich zwischen Stunden und Minuten liegen. An diesem Punkt könnte man zur Ansicht gelangen, dass man mit der Entscheidung für die Minutengenauigkeit auf der sicheren Seite ist, da sie eine relativ geringe Kardinalität hat. Sie sollten sich allerdings daran erinnern, dass die Komprimierung einer Spalte vom Vorhandensein doppelter Werte in aufeinanderfolgenden Zeilen abhängt. So kann der Wechsel von der Minuten- zu einer 15-Minuten-Genauigkeit einen großen Einfluss auf die Komprimierung großer Tabellen haben.

Die Wahl zwischen dem Runden auf die nächstgelegene Sekunde oder Minute oder dem Abschneiden von für die Analyse nicht benötigten Details hängt von den Analyseanforderungen ab. Hier folgt ein Beispiel für den T-SQL-Code, der eine Uhrzeit auf verschiedene Präzisionsstufen abschneidet:

```
-- Auf Sekundengenauigkeit abschneiden
DATEADD (
    MILLISECOND,
    - DATEPART ( MILLISECOND, CAST ( TransactionExecution AS TIME(3) ) ),
    CAST ( TransactionExecution AS TIME(3) )
)
-- Auf Minutengenauigkeit abschneiden
DATEADD (
    SECOND,
    - DATEPART (SECOND, CAST ( TransactionExecution AS TIME(0) ) ),
    CAST ( TransactionExecution AS TIME(0) )
)

-- Auf fünfminütige Genauigkeit abschneiden
-- 5 in 15 ändern für 15-minütige Genauigkeit
-- 5 in 60 ändern für Stundengenauigkeit
CAST (
    DATEADD (
        MINUTE,
        ( DATEDIFF (
```

```
                MINUTE,
                0,
                DATEADD (
                    SECOND,
                    - DATEPART ( SECOND, CAST ( TransactionExecution AS TIME(0) ) ),
                    CAST ( TransactionExecution AS TIME(0) )
                )
            ) / 5 ) * 5,
          0
       ) AS TIME(0)
   )
```

Der folgende T-SQL-Code zeigt Beispiele dafür, wie Uhrzeiten gerundet werden, statt sie abzuschneiden:

```
-- Auf die Sekunde runden
CAST ( TransactionExecution AS TIME(0) )

-- Auf die Minute runden
CAST ( DATEADD (
    MINUTE,
    DATEDIFF (
        MINUTE,
        0,
        DATEADD ( SECOND, 30, CAST ( TransactionExecution AS TIME(0) ) )
    ),
    0
) AS TIME ( 0 ) )

-- Auf 5 Minuten runden
-- 5 in 15 ändern für 15-minütige Genauigkeit
-- 5 in 60 ändern für Stundengenauigkeit
CAST ( DATEADD (
    MINUTE,
    ( DATEDIFF (
        MINUTE,
        0,
        DATEADD ( SECOND, 5 * 30, CAST ( TransactionExecution AS TIME(0) ) )
      ) / 5 ) * 5,
    0
) AS TIME ( 0 ) )
```

Ähnliche Transformationen können in Power Query beim Importieren von Daten angewendet werden, auch wenn bei Tabellen mit mehreren Millionen Zeilen eine in der ursprünglichen Datenquelle vorgenommene Transformation eine bessere Leistung erbringen kann.

Wenn man täglich Millionen neuer Zeilen in einer einzigen Tabelle speichert, können diese Details einen erheblichen Unterschied bei Speichernutzung und Leistung ausmachen. Gleichzeitig sollte man nicht zu viel Zeit mit der Optimierung eines Datenmodells verbringen, das keine sehr starke Komprimierung erfordert; schließlich bedeutet eine Reduzierung der Genauigkeit, dass entfernte Informationen ggf. für eine später erforderliche präzisere Analyse nicht mehr zur Verfügung stehen.

Berechnete Spalten

Eine berechnete Spalte speichert das Ergebnis eines DAX-Ausdrucks, der bei einer Tabellenaktualisierung zeilenweise ausgewertet wurde. Aus diesem Grund könnte man auf die Idee kommen, dass berechnete Spalten ein probates Mittel zur Optimierung der Abfrageausführungszeit sein könnten. Allerdings hat eine berechnete Spalte versteckte Kosten und eignet sich nur unter bestimmten Bedingungen für eine erfolgreiche Optimierung.

Nur in den beiden folgenden Situationen sollten berechnete Spalten als brauchbare Option in Betracht gezogen werden:

- **Gruppieren oder Filtern von Daten:** Wenn eine berechnete Spalte einen Wert zurückgibt, der zum Gruppieren oder Filtern von Daten verwendet wird, gibt es keine Alternative dazu, denselben Wert vor dem Import der Daten in das Datenmodell zu erstellen. Der Preis eines Produkts kann beispielsweise in die Kategorien Low, Medium oder High (niedrig, moderat, hoch) einsortiert werden. Dieser Wert ist in der Regel eine Zeichenfolge, insbesondere wenn der Benutzer ihn als Auswahl verfügbar macht.
- **Vorabberechnung komplexer Formeln:** Eine berechnete Spalte kann das Ergebnis einer komplexen Berechnung speichern, die nicht auf zur Abfragezeit erstellte Filter reagiert. Es ist jedoch sehr schwer festzustellen, wann dies zu einem wirklichen Berechnungsvorteil führt. Daher ist es notwendig, das Vorhandensein eines echten Vorteils zur Abfragezeit zu messen, um diese Nutzung zu rechtfertigen.

Gehen Sie nicht fälschlicherweise davon aus, dass jede berechnete Spalte schneller ist als die gleiche Berechnung zur Abfragezeit. Diese Annahme ist häufig falsch. In anderen Fällen ist der Vorteil kaum messbar und gleicht die Kosten der berechneten Spalte nicht aus. Es sollte schon eine relevante Leistungsverbesserung zur Abfragezeit vorliegen, um eine berechnete Spalte zu Optimierungszwecken zu rechtfertigen. Bei der Bewertung des Kosten-Nutzen-Verhältnisses einer berechneten Spalte im Vergleich zu einer gleichwertigen Berechnung, die zur Laufzeit eines Measures durchgeführt wird, sind ebenfalls viele Faktoren zu berücksichtigen.

Eine berechnete Spalte ist nicht so optimal wie eine native Spalte. Sie hat möglicherweise eine im Vergleich zu nativen Tabellenspalten geringere Komprimierungsrate, da sie nicht von der Heuristik profitiert, die VertiPaq ausführt, um die optimale Sortierreihenfolge der Daten in jedem Segment zu ermitteln. Nur eine Spalte, die eine sehr geringe Anzahl eindeutiger Werte speichert, könnte von einer guten Komprimierung profitieren, aber dies ist normalerweise das Ergebnis logischer Bedingungen und nicht von numerischen Ausdrücken.

Betrachten Sie etwa den folgenden Fall einer einfachen berechneten Spalte:

```
Sales[Amount] = Sales[Quantity] * Sales[Price]
```

Wenn es 100 eindeutige Werte in *Quantity* und 1000 eindeutige Werte in *Price* gibt, kann die resultierende Spalte *Amount* abhängig von den tatsächlichen Werten in den Spalten und ihrer Verteilung über die Tabellenzeilen eine Kardinalität zwischen 1 und 100.000 eindeutigen Werten haben. In der Regel ist die Anzahl der eindeutigen Werte in der Spalte *Amount* umso höher, je größer die Zahl der Tabellenzeilen ist – das liegt an der statistischen Verteilung. Bei einem Wörterbuch, das eine oder zwei Größenordnungen größer ist als die ursprünglichen Spalten, ist die Komprimierung normalerweise schlechter. Und was ist mit der Abfrageleistung? Nun, es kommt darauf an. Sie sollte von Fall zu Fall gemessen werden, um eine korrekte Antwort zu erhalten, wobei zwei mögliche Berechnungen zu berücksichtigen sind: eine auf Grundlage einer berechneten Spalte und die andere vollständig dynamisch und auf Measures basierend.

Ein einfaches Measure kann die berechnete Spalte *Amount* summieren:

```
TotalAmountCC := SUM ( Sales[Amount] )
```

Die alternative dynamische Implementierung überträgt die Ausdrücke der berechneten Spalte in einen Iterator über die Tabelle:

```
TotalAmountM := SUMX ( Sales, Sales[Quantity] * Sales[Price] )
```

Sind die Kosten für das Überprüfen der einzelnen Spalte *Sales[Amount]* geringer als die für das Überprüfen der beiden ursprünglichen Spalten *Sales[Quantity]* und *Sales[Price]*? Es ist unmöglich, dies im Voraus zu schätzen, also müssen wir es messen. Normalerweise ist der Unterschied zwischen diesen beiden Optionen nur bei sehr großen Tabellen sichtbar. Bei kleinen Tabellen kann die Leistung sehr nahe aneinander liegen, sodass die berechnete Spalte ihren Speicherbedarf nicht wert ist.

Meistens können berechnete Spalten, die zur Berechnung aggregierter Werte verwendet werden, durch dieselben Ausdrücke in Iteratoren wie *SUMX* und *AVERAGEX* ersetzt werden. Im obigen Beispiel ist *TotalAmountM* ein Measure, das dynamisch genau denselben in der berechneten Spalte *Amount* definierten Ausdruck ausführt, der auch von der einfachen Aggregation in *TotalAmountCC* verwendet wird.

Eine andere Auswertung ist notwendig, wenn ein Kontextübergang in einem Iterator vorhanden ist. Betrachten Sie z. B. das folgende DAX-Measure in einem Modell, in dem die Tabellen *Sales Header* und *Sales Details* durch eine Beziehung verbunden sind:

```
AverageOrder :=
AVERAGEX (
    'Sales Header',
    CALCULATE (
        SUMX (
            'Sales Detail',
            'Sales Detail'[Quantity] * 'Sales Detail'[Unit Price]
        ),
        ALLEXCEPT ( 'Sales Detail', 'Sales Header' )
    )
)
```

In diesem Fall kann der Kontextübergang innerhalb der Schleife sehr kostspielig sein, insbesondere wenn die Tabelle *Sales Header* mehrere Millionen (oder noch mehr) Zeilen enthält. Das Speichern des Werts in einer berechneten Spalte wird wahrscheinlich eine Menge Ausführungszeit sparen.

```
'Sales Header'[Amount] =
CALCULATE (
    SUMX (
        'Sales Detail',
        'Sales Detail'[Quantity] * 'Sales Detail'[Unit Price]
    )
)

AverageOrder :=
AVERAGEX (
    'Sales Header',
    'Sales Header'[Amount]
)
```

Wir weisen ständig darauf hin, dass diese Beispiele lediglich Empfehlungen darstellen, und wir werden davon auch nicht ablassen. Sie sollten die Leistungsverbesserungen einer berechneten Spalte und die damit einhergehenden Speicherkosten messen, um zu entscheiden, ob Sie sie verwenden wollen oder nicht.

Bedenken Sie, dass eine berechnete Spalte vermieden werden kann, indem beim Füllen der Tabelle – z. B. mit einer SQL-Anweisung oder einer Power Query-Transformation – derselbe Wert für eine native Spalte in der Datenquelle erstellt wird. Eine sinnvolle berechnete Spalte sollte die VertiPaq-Engine nutzen und damit eine schnellere und flexiblere Möglichkeit zur Berechnung einer Spalte bieten als das erneute Einlesen der gesamten Tabelle aus der Datenquelle. Normalerweise geschieht dies, wenn der berechnete Spaltenausdruck Zeilen aus anderen Tabellen als derjenigen aggregiert, zu der er gehört; die obige berechnete Spalte *Amount* in der Tabelle *Sales Header* ist ein Beispiel für eine solche Bedingung.

Schließlich verlängert eine berechnete Spalte auch die zur Aktualisierung eines Datenmodells erforderliche Zeit, insbesondere weil es sich um eine Operation handelt, die nicht auf mehrere Threads skaliert werden kann (wir werden im folgenden Abschnitt »Verarbeitung berechneter Spalten« noch genauer darauf eingehen).

An diesem Punkt sollte klar sein, dass berechnete Spalten in zweierlei Hinsicht kostspielig sind:

- **Arbeitsspeicher:** Die Werte werden dauerhaft suboptimal komprimiert im Speicher gehalten.
- **Aktualisierungsdauer:** Die Verarbeitung berechneter Spalten ist eine sequenzielle Operation unter Verwendung eines einzigen Threads, was auch auf mit leistungsstarker Hardware ausgestatteten Servern keine skalierbare Operation zulässt.

Trotzdem erweisen sich berechnete Spalten in vielen Szenarien als sehr nützlich. Deswegen wollen wir Ihnen als Quintessenz nicht mitgeben, dass berechnete Spalten unter allen Umständen zu vermeiden sind. Seien Sie sich stattdessen ihrer Kosten bewusst und treffen Sie stets eine fundierte Entscheidung darüber, ob Sie sie einsetzen wollen oder nicht. Im nächsten Abschnitt beschreiben wir ein gutes Beispiel, in dem berechnete Spalten bei der Leistungsoptimierung ihre ganze Stärke ausspielen.

Komplexe Filter mit berechneten *Boolean*-Spalten optimieren

Wir wollen einen Spezialfall erwähnen, bei dem die Optimierung mithilfe berechneter Spalten erreicht wird. Ein logischer Ausdruck, der zum Filtern einer Spalte mit hoher Kardinalität verwendet wird, kann mithilfe einer berechneten Spalte konsolidiert werden, die das Ergebnis des logischen Ausdrucks selbst speichert.

Betrachten Sie beispielsweise das folgende Measure:

```
ExpensiveTransactions :=
COUNTROWS (
    FILTER (
        Sales,
        VAR UnitPrice =
            IF (
                Sales[Unit Discount] > 0,
                RELATED ( 'Product'[Unit Price] ),
                Sales[Net Price]
            )
        VAR IsLargeTransaction = UnitPrice * Sales[Quantity] > 100
        VAR IsLargePrice = UnitPrice > 70
        VAR IsExpensive = IsLargeTransaction || IsLargePrice
        RETURN
            IsExpensive
    )
)
```

Falls die Tabelle *Sales* mehrere Millionen Zeilen enthält, könnte die Filteriteration recht kostspielig werden. Ist nun der im Filter verwendete Ausdruck nicht vom vorhandenen Filterkontext abhängig (das ist hier der Fall), dann kann das Ergebnis des Ausdrucks in einer berechneten Spalte konsolidiert werden, indem ein Filter stattdessen in einer *CALCULATE*-Anweisung auf diese Spalte angewendet wird. So lässt sich etwa die obige Operation wie folgt neu schreiben:

```
Sales[IsExpensive] =
VAR UnitPrice =
    IF (
        Sales[Unit Discount] > 0,
        RELATED ( 'Product'[Unit Price] ),
        Sales[Net Price]
    )
VAR IsLargeTransaction = UnitPrice * Sales[Quantity] > 100
VAR IsLargePrice = UnitPrice > 70
VAR IsExpensive = IsLargeTransaction || IsLargePrice
```

```
RETURN
    IsExpensive

ExpensiveTransactions :=
CALCULATE (
    COUNTROWS ( Sales ),
    Sales[IsExpensive] = TRUE
)
```

Die berechnete Spalte, die einen logischen Wert (*TRUE* oder *FALSE*) enthält, profitiert in der Regel von einer guten Komprimierung und geringen Speicherkosten. Ebenfalls sehr effektiv ist dieses Verfahren zur Ausführungszeit, da es einen direkten Filter auf die Überprüfung der Tabelle *Sales* anwendet, um die Zeilen zählen zu können. In diesem Fall ist der Nutzen zur Abfragezeit normalerweise offensichtlich. Überlegen Sie einfach, ob sich die längere Verarbeitungsdauer für die Spalte lohnt; diese Zeit muss gemessen werden, bevor eine endgültige Entscheidung getroffen wird.

Berechnete Spalten verarbeiten

Berechnete Spalten verlangsamen die Aktualisierung jedes Teils einer Tabelle, der in irgendeiner Weise mit der jeweiligen berechneten Spalte zusammenhängt. In diesem Abschnitt nennen wir Gründe dafür. Außerdem finden Sie hier Hintergrundinformationen zu der Frage, warum ein inkrementeller Aktualisierungsvorgang aufgrund berechneter Spalten sehr aufwendig sein kann.

Jede Aktualisierungsoperation einer Tabelle erfordert die Neuberechnung aller berechneten Spalten im gesamten Datenmodell, die eine beliebige Spalte dieser Tabelle referenzieren. So ist beispielsweise für das Aktualisieren einer Tabellenpartition – wie bei jeder inkrementellen Aktualisierung – eine vollständige Neuberechnung aller in der Tabelle gespeicherten berechneten Spalten notwendig. Eine solche Berechnung wird für alle Zeilen der Tabelle durchgeführt, und zwar auch dann, wenn die Aktualisierung nur eine einzige Partition der Tabelle betrifft. Es spielt keine Rolle, ob der Ausdruck der berechneten Spalte nur von anderen Spalten derselben Tabelle abhängt: Die berechnete Spalte wird immer für die gesamte Tabelle und nicht nur für eine einzelne Partition berechnet.

Außerdem kann der Ausdruck einer berechneten Spalte vom Inhalt anderer Tabellen abhängen. In diesem Fall müssen auch die berechneten Spalten, die eine teilweise aktualisierte Tabelle referenzieren, neu berechnet werden, um die Konsistenz des Datenmodells zu gewährleisten. Wie kostspielig eine solche Neuberechnung ist, hängt normalerweise von der Anzahl der Zeilen der Tabelle ab, in der die Spalte gespeichert ist.

Die Verarbeitung einer berechneten Spalte ist ein Single-Thread-Job, der über alle Zeilen der Tabelle iteriert, um den Spaltenausdruck zu berechnen. Falls es mehrere berechnete Spalten gibt, werden sie nacheinander ausgewertet, was den gesamten Vorgang bei großen Tabellen zu einem echten Verarbeitungsengpass macht. Aus diesen Gründen raten wir dringend von einer berechneten Spalte in einer großen Tabelle mit mehreren Hundert Millionen Zeilen ab. Dutzende berechneter Spalten in einer großen Tabelle erhöhen die Verarbeitungsdauer extrem: Die für die Verarbeitung der nativen Daten benötigte Zeit kann sich durchaus um mehrere Minuten verlängern.

Die richtigen Spalten zur Speicherung auswählen

Im obigen Abschnitt über berechnete Spalten haben wir erläutert, dass die Speicherung einer Spalte, die Zeile für Zeile unter Verwendung anderer Spalten derselben Tabelle berechnet werden kann, nicht unbedingt von Vorteil ist. Die gleiche Überlegung gilt auch für native Spalten in der Tabelle. Berücksichtigen Sie bei der Auswahl der in einer Tabelle zu speichernden Spalten die Speichergröße und die Abfrageleistung. Eine gut optimierte Ressourcenzuweisung (insbesondere bezogen auf den Arbeitsspeicher) erzielen Sie, indem Sie in diesem Bereich die richtige Auswertung vornehmen.

Betrachten wir einmal die folgenden Spaltentypen in einer Tabelle:

- **Primär- oder Alternativschlüssel:** Die Spalte enthält in jeder Zeile der Tabelle einen eindeutigen Wert.
- **Qualitative Attribute:** Die Spalte kann Text oder eine Zahl sein und zum Gruppieren und/oder Filtern von Zeilen in einer Tabelle verwendet werden (z. B. Name, Farbe, Stadt, Land).
- **Quantitative Attribute:** Die Zahl ist ein Wert, der sowohl als Filter (z. B. kleiner als ein bestimmter Wert) als auch als Argument in einer Berechnung verwendet werden kann (z. B. Preis, Betrag, Menge).
- **Beschreibende Attribute:** Die Spalte enthält Text, der zusätzliche Informationen über eine Zeile angibt, aber ihr Inhalt wird nie zum Filtern oder zur Aggregation von Zeilen verwendet (z. B. Hinweise oder Anmerkungen).
- **Technische Attribute:** Informationen, die aus technischen Gründen in der Datenbank gespeichert sind, ohne einen geschäftlichen Wert zu haben (z. B. Name des Benutzers, der die letzte Änderung vorgenommen hat, Zeitstempel, GUID für die Replikation).

Das Grundprinzip besteht darin, zu versuchen, die Kardinalität der in eine Tabelle importierten Spalten zu minimieren, statt Spalten zu importieren, die eine hohe Kardinalität aufweisen und für die Analyse nicht relevant sind. Allerdings sind für jeden Spaltentyp weitere Überlegungen erforderlich.

Die Spalten für **Primärschlüssel** oder **Alternativschlüssel** sind notwendig, wenn mindestens eine 1:n-Beziehung mit anderen Tabellen besteht. So sind beispielsweise die Spalten für Produktcode und -schlüssel in einer Produkttabelle sicherlich obligatorisch. Eine Tabelle sollte jedoch keine Primärschlüssel- oder Alternativschlüsselspalte enthalten, die in keiner Beziehung zu anderen Tabellen verwendet wird. Beispielsweise könnte die Originaltabelle *Sales* eine eindeutige Kennung für jede Zeile haben. Eine solche Spalte hat eine Kardinalität, die der Anzahl der Zeilen in der Tabelle *Sales* entspricht. Zudem ist eine eindeutige Beziehungskennung nicht erforderlich, da keine anderen Tabellen Beziehungen mit *Sales* herstellen wollen. Daher handelt es sich im Hinblick auf den Arbeitsspeicher um eine sehr kostspielige Spalte, die deswegen nicht in den Speicher importiert werden sollte. In einem zusammengesetzten Datenmodell ließe sich auf eine derartige Spalte mit hoher Granularität nur über DirectQuery zugreifen, wenn sie nicht im Speicher abgelegt werden soll. Wir werden dies später im Abschnitt »Spaltenspeicher optimieren« dieses Kapitels beschreiben.

Eine Tabelle sollte immer **qualitative Attribute** enthalten, die eine niedrige Kardinalität aufweisen, denn sie lassen sich gut komprimieren und können für die Analyse nützlich sein. Die Produktkategorie ist beispielsweise eine Spalte mit einer niedrigen Kardinalität, die mit der Tabelle *Product* verknüpft ist. Im Falle einer hohen Kardinalität sollten Sie sorgfältig überlegen, ob Sie die Spalte importieren oder nicht, da die Kosten für den Speicherplatz hoch sein können. Die hohe Selektivität könnte die Kosten rechtfertigen, aber Sie sollten trotzdem überprüfen, ob Filter in Abfragen in der Regel eine geringe Anzahl von Werten in dieser Spalte auswählen. Die Chargennummer könnte beispielsweise eine Angabe in der Tabelle *Sales* sein, die der Benutzer zum Abfragezeitpunkt filtern sollte. Die hohen Kosten könnten durch eine geschäftliche Notwendigkeit zur Anwendung dieses Filters in bestimmten Abfragen gerechtfertigt sein.

Alle **quantitativen Attribute** werden im Allgemeinen importiert, damit jede Berechnung garantiert möglich ist, auch wenn man darüber nachdenken könnte, Spalten, die redundante Informationen bereitstellen, zu überspringen. Betrachten Sie die Spalten *Quantity*, *Price* und *Amount* einer Tabelle *Sales*, in der die Spalte *Amount* das Ergebnis des Produkts aus *Quantity* und *Price* enthält. Eigentlich sollten wir Measures erstellen, die jede dieser Spalten aggregieren; trotzdem werden wir den Preis wahrscheinlich als gewichteten Durchschnitt unter Berücksichtigung der Summe von Betrag und Menge berechnen, statt einen einfachen Preisdurchschnitt zu bilden, der alle Transaktionen auf derselben Ebene einbezieht. Nachfolgend zeigen wir ein Beispiel für das Measure, das wir definieren wollen:

```
Sum of Quantity := SUM ( Sales[Quantity] )

Sum of Amount   := SUM ( Sales[Amount] )

Average Price   := DIVIDE ( [Sum of Amount], [Sum of Quantity] )
```

Wenn Sie sich diese Measures ansehen, stellen Sie zunächst fest, dass wir nur *Quantity* und *Amount* in das Datenmodell importieren müssen; die Spalte *Price* könnten wir eigentlich weglassen, da sie von diesen Measures nicht verwendet wird. Betrachten wir jedoch die Kardinalität der Spalten, so beginnen wir zu zweifeln. Wenn in der Spalte *Quantity* 100 eindeutige Werte und in der Spalte *Price* 10.000 eindeutige Werte vorhanden sind, dann beläuft sich die Anzahl eindeutiger Werte in der Spalte *Amount* möglicherweise auf eine Million. Nun könnten wir erwägen, nur die Spalten *Quantity* und *Price* zu importieren, wobei wir die nachfolgende Definition der Measures im Datenmodell verwenden; nur *Sum of Amount* ändert sich, während die beiden anderen Measures unverändert bleiben:

```
Sum of Quantity := SUM ( Sales[Quantity] )

Sum of Amount   := SUMX ( Sales, Sales[Quantity] * Sales[Price] )

Average Price   := DIVIDE ( [Sum of Amount], [Sum of Quantity] )
```

Die neue Definition des Measures *Sum of Amount* ist potenziell langsamer, da sie statt einer zwei Spalten überprüfen muss. Allerdings könnten diese Spalten kleiner sein als die ursprüngliche Spalte *Amount*. Zu beurteilen, welche Option die schnellere ist, ist ausgesprochen schwierig, da wir nicht nur die Kardinalität der Spalte, sondern auch die Verteilung der Werte in der Tabelle berücksichtigen müssen. Daher empfehlen wir, Speichernutzung und Leistung in beiden Szenarien zu messen, bevor eine endgültige Entscheidung getroffen wird. Unserer Erfahrung nach kann das Entfernen der Spalte *Amount* in einem kleinen Datenmodell für Power BI und Power Pivot wichtiger sein. Der verfügbare Speicher ist bei PCs nämlich normalerweise stärker begrenzt als bei einem Server, und ein geringerer Speicherbedarf führt zudem dazu, dass die kleinere Datei beim Öffnen auch schneller geladen ist. Auf jeden Fall könnte in einer großen Tabelle mit mehreren Milliarden Zeilen, die in einem Analysis Services Tabular-Modell gespeichert sind, die Leistungseinbuße infolge der Multiplikation zweier Spalten(-*Quantity* und *Price*) größer sein als die erhöhte Speicherprüfdauer für die Spalte *Amount*. In diesem Fall rechtfertigt die kürzere Antwortzeit für die Abfragen die Mehrkosten für die Speicherung der Spalte *Amount* im Arbeitsspeicher. Unabhängig davon sollten Sie Größe und Leistung in jedem konkreten Fall messen, da die Verteilung der Daten eine Schlüsselrolle bei der Komprimierung spielt und jegliche damit in Zusammenhang stehende Entscheidung beeinflusst.

Die Speicherung von *Quantity* und *Price* anstelle von *Amount* ist von Vorteil, wenn die Tabelle in VertiPaq gespeichert ist. Bei DirectQuery-Modellen raten wir allerdings eher davon ab. Wenn die Tabelle in VertiPaq außerdem Milliarden Zeilen im Arbeitsspeicher enthält, kann die Spalte *Amount* eine bessere Abfrageleistung bieten und ist zudem mit zukünftigen Aggregationen über VertiPaq kompatibel. Weitere Einzelheiten finden Sie im Abschnitt »VertiPaq-Aggregationen verwalten« weiter hinten in diesem Kapitel.

Sie sollten überlegen, ob Sie **beschreibende Attribute** tatsächlich importieren wollen. Im Allgemeinen haben Sie beim Import in den Arbeitsspeicher hohe Speicherkosten für das Wörterbuch der Spalte. Beispiele für beschreibende Attribute sind das Feld *Notes* (Anmerkungen) in einer Rechnung oder die Spalte *Description* in der Tabelle *Product*. Normalerweise werden diese Attribute vor allem dazu verwendet, zusätzliche Informationen über ein bestimmtes Element zu geben. Benutzer verwenden diese Art von Spalten kaum, um Daten zu gruppieren oder zu filtern. Der typische Anwendungsfall besteht vielmehr darin, detaillierte Drillthroughinformationen zu erhalten. Das einzige Problem bei der Aufnahme dieser Spalten in das Datenmodell ist der hohe Arbeitsspeicherbedarf, der sich hauptsächlich aus dem Spaltenwörterbuch ergibt. Wenn die Spalte viele Leerwerte und eine kleine Anzahl eindeutiger nichtleerer Werte in der Tabelle enthält, dann ist ihr Wörterbuch klein und die Kosten der Spalte werden tendenziell akzeptabel sein. Dagegen ist beispielsweise eine Spalte mit den Transkriptionen von Gesprächen, die in einem Callcenter geführt wurden, wahrscheinlich zu kostspielig für eine Tabelle *Service Calls* (Kundendienstanrufe), die Angaben zu Datum, Uhrzeit, Dauer und Kundendienstmitarbeiter enthält, der den Anruf bearbeitet hat. Wenn die Kosten für die Speicherung beschreibender Attribute im Speicher zu hoch sind, können Sie alternativ nur erwägen, in einem zusammengesetzten Datenmodell über DirectQuery darauf zuzugreifen.

Eine besondere Form beschreibender Attribute sind die Informationen, die als Detail für Transaktionen in einem Drillthroughvorgang angegeben werden. Die Rechnungsnummer oder die Bestellnummer einer Transaktion sind beispielsweise Attribute mit hoher Kardinalität, die aber für bestimmte Berichte wichtig sein können. In diesem Fall sollten Sie die speziellen Optimierungen für Drillthroughattribute in Betracht ziehen, die im nächsten Abschnitt »Spaltenspeicher optimieren« beschrieben werden.

Normalerweise gibt es keinen Grund, Spalten für **technische Attribute** wie Zeitstempel, Datum, Uhrzeit oder Name des Benutzers, der die letzte Änderung vorgenommen hat, zu importieren. Diese Informationen dienen hauptsächlich Audit- und rechtlichen Anforderungen. Solange unser Datenmodell nicht speziell für die Anforderungen der Rechnungsprüfung entwickelt wurde, ist der Bedarf an derartigen Informationen in einer Analyselösung normalerweise gering. Dagegen eignen sich technische Attribute gut für Spalten, auf die nur über DirectQuery in einem zusammengesetzten Datenmodell zugegriffen wird.

Spaltenspeicher optimieren

Die beste Optimierung für eine Spalte ist ihre vollständige Entfernung aus der Tabelle. Im vorigen Abschnitt haben wir beschrieben, wann diese Entscheidung aufgrund des Spaltentyps in einer Tabelle sinnvoll ist. Wenn wir alle Spalten definiert haben, die Teil des Datenmodells sind, können wir den Speicherverbrauch mithilfe von Optimierungstechniken reduzieren, auch wenn jede Optimierung mit Nebenwirkungen verbunden ist. Falls die Eigenschaft des zusammengesetzten Datenmodells verfügbar ist, besteht eine zusätzliche Möglichkeit darin, die Spalte in der Datenquelle zu behalten und lediglich über DirectQuery zugänglich zu machen.

Durch Spaltenteilung optimieren

Der Speicherbedarf einer Spalte kann durch Verringerung der Spaltenkardinalität reduziert werden. Unter bestimmten Bedingungen können wir dieses Ergebnis erreichen, indem wir die Spalte in zwei oder mehr Teile auftrennen. Eine Spaltenteilung ist bei berechneten Spalten nicht möglich, da dies die Speicherung der Ursprungsspalte im Arbeitsspeicher erfordern würde. Wir zeigen Beispiele für den Teilungsvorgang in SQL, aber Sie können dasselbe Ergebnis auch mit jedem anderen Transformationstool (wie z. B. Power Query) erzielen.

Angenommen, wir hätten eine zehnstellige Zeichenfolge (wie etwa die Werte in *TransactionID*). In diesem Fall können wir die Spalte in zwei Teile mit jeweils fünf Zeichen unterteilen (z. B. *TransactionID_High* und *TransactionID_Low*):

```
SELECT
    LEFT ( TransactionID, 5 ) AS TransactionID_High,
    SUBSTRING ( TransactionID, 6, LEN ( TransactionID ) - 5 ) AS TransactionID_Low,
    ...
```

Im Falle ganzzahliger Werte können wir Division und Modulo für eine Zahl verwenden, wodurch eine gleichmäßige Verteilung zwischen den beiden Spalten erzeugt wird. Wenn es eine ganzzahlige

TransactionID-Spalte mit Werten zwischen 0 und 100 Millionen gibt, können wir sie wie im folgenden Beispiel durch 10.000 teilen:

```
SELECT
    TransactionID / 10000 AS TransactionID_High,
    TransactionID % 10000 AS TransactionID_Low,
    ...
```

Eine ähnliche Technik können wir für Dezimalzahlen verwenden. Eine einfache Unterteilung ist die Trennung zwischen ganzzahligem und Nachkommateil, auch wenn dies keine gleichmäßige Verteilung ergibt. Beispielsweise können wir eine Dezimalzahlspalte *UnitPrice* in die Spalten *UnitPrice_Integer* und *UnitPrice_Decimal* umwandeln:

```
SELECT
    FLOOR ( UnitPrice ) AS UnitPrice_Integer,
    UnitPrice - FLOOR ( UnitPrice ) AS UnitPrice_Decimal,
    ...
```

Wir können das Ergebnis einer Spaltenteilung direkt in einfachen Detailberichten oder Measures verwenden, die den Ursprungswert bei der Berechnung wiederherstellen. Falls im Clienttool verfügbar, können wir mit der Funktion Detailzeilen den Drillthroughvorgang steuern, indem wir dem Client die Originalspalte präsentieren und dafür die beiden geteilten Spalten verbergen.

Durch die Spaltenteilung können in Measures aggregierte Zahlen beispielsweise durch Trennung zwischen ganzzahligen und dezimalen Teilen wie oben beschrieben oder ähnliche Techniken optimiert werden. Bedenken Sie jedoch, dass bei der Aggregationsoperation mehrere Spalten überprüft werden müssen und die Gesamtdauer des Vorgangs in der Regel länger ist als bei einer einzelnen Spalte. Bei der Leistungsoptimierung kommt die Speichereinsparung in diesem Fall möglicherweise nicht zur Geltung, sofern das Wörterbuch nicht durch Erzwingen einer Wertecodierung anstelle einer Hashcodierung für einen Währungs- oder Integerdatentyp entfernt wird. Zur Bewertung eines Datenmodells ist immer eine konkrete Messung erforderlich, wenn eine solche Optimierung auch unter dem Gesichtspunkt der Leistung funktioniert.

Spalten mit hoher Kardinalität optimieren

Eine Spalte mit hoher Kardinalität ist aufgrund des großen Wörterbuchs, einer umfangreichen Hierarchiestruktur und einer geringeren Komprimierung bei der Codierung ziemlich kostspielig. Die Attributhierarchiestruktur kann teuer sein, aber unter bestimmten Bedingungen deaktiviert werden. Im nächsten Abschnitt beschreiben wir, wie man Attributhierarchien deaktiviert.

Wenn die Deaktivierung der Hierarchie nicht möglich ist oder für die Speicheroptimierung nicht ausreicht, sollten Sie eine Spalte mit hoher Kardinalität, die in einem Measure verwendet wird, per Spaltenteilung optimieren. Wir können diese Optimierung vor dem Benutzer verbergen, indem wir die geteilten Spalten ausblenden und die Berechnung in Measures entsprechend anpassen. Wenn wir beispielsweise *UnitPrice* mithilfe der Spaltenteilung optimieren, können wir das Measure *Sum of Amount* wie folgt erstellen:

```
Sum of Amount :=
SUMX (
    Sales,
    Sales[Quantity] * ( Sales[UnitPrice_Integer] + Sales[UnitPrice_Decimal] )
)
```

Denken Sie daran, dass die Berechnung teurer ist und sich nur anhand einer genauen Messung der Leistung beider Modelle (mit und ohne Optimierung durch Spaltenteilung) feststellen lässt, welche Variante sich für ein bestimmtes Datenmodell besser eignet.

Attributhierarchien deaktivieren

Die Attributhierarchiestruktur wird von MDX-Abfragen benötigt, die die Spalte als MDX-Attributhierarchie referenzieren. Diese Struktur enthält eine sortierte Liste aller Werte der Spalte, und ihre Erstellung kann während eines (auch inkrementellen) Aktualisierungsvorgangs sehr viel Zeit in Anspruch nehmen. Die Größe dieser Struktur wird in VertiPaq Analyzer in der Spalte *Columns Hierarchies Size* gemessen. Wenn eine Spalte nur von Measures und in Drillthroughergebnissen verwendet wird, sie dem Benutzer aber nicht als Attribut zum Filtern oder Gruppieren von Daten angezeigt wird, dann ist die Attributhierarchiestruktur nicht erforderlich, da sie nie verwendet wird.

Wird die Eigenschaft *Available In MDX* (In MDX verfügbar) einer Spalte auf *False* festgelegt, dann wird die Erstellung der Attributhierarchiestruktur deaktiviert. Standardmäßig hat diese Eigenschaft den Wert *True*. In TMSL und TOM lautet der Name dieser Eigenschaft *isAvailableInMdx*. Abhängig vom Entwicklungstool und vom Kompatibilitätsgrad des Datenmodells ist diese Eigenschaft möglicherweise nicht verfügbar. Ein Tool, das diese Eigenschaft anzeigt, ist Tabular Editor (*https://github.com/otykier/TabularEditor/releases/latest*).

Die Attributhierarchiestruktur wird auch in DAX verwendet, um Sortier- und Filteroperationen zu optimieren. Sie können die *isAvailableInMdx*-Eigenschaft beruhigt deaktivieren, wenn eine Spalte nur in einem Measureausdruck verwendet wird, nicht sichtbar ist und niemals zum Filtern oder Sortieren von Daten verwendet wird. Diese Eigenschaft ist auch unter *https://docs.microsoft.com/en-us/dotnet/api/microsoft.analysisservices.tabular.column.isavailableinmdx* dokumentiert.

Drillthroughattribute optimieren

Wenn eine Spalte Daten enthält, die nur für Drillthrough-Operationen verwendet werden, gibt es zwei mögliche Optimierungen. Die erste ist die Optimierung per Spaltenteilung, die zweite besteht in der Beibehaltung der Spalten, auf die nur über DirectQuery in einem zusammengesetzten Datenmodell zugegriffen werden kann.

Wenn die Spalte nicht in Measures verwendet wird, brauchen Sie sich keine Gedanken über mögliche Kosten für die Materialisierung der Ursprungswerte zu machen. Durch die Nutzung der Funktion Detail Rows (Detailzeilen) können Sie die Originalspalte im Ergebnis einer Drillthrough-Operation anzeigen und so die Existenz der beiden geteilten Spalten verbergen. Es ist allerdings nicht möglich, den Ursprungswert als Filter oder GroupBy-Spalte zu verwenden.

In einem zusammengesetzten Datenmodell kann die gesamte Tabelle über eine DirectQuery-Anforderung zugänglich gemacht werden, wohingegen die von Beziehungen und Measures verwendeten Spalten in eine von der VertiPaq-Engine verwaltete In-Memory-Aggregation eingeschlossen werden können. Auf diese Weise ist es möglich, bei der Aggregation von Daten eine optimale Leistung zu erzielen, während die Ausführungszeit der Abfrage länger ist, wenn die Drillthrough-Attribute über DirectQuery bei der Datenquelle angefordert werden. Der nächste Abschnitt »VertiPaq-Aggregationen verwalten« enthält weitere Einzelheiten zu dieser Funktionalität.

VertiPaq-Aggregationen verwalten

Die VertiPaq-Speicher-Engine kann zur Verwaltung von Aggregationen über DirectQuery-Datenquellen (sowie künftig auch über große VertiPaq-Tabellen) verwendet werden. Aggregationen wurden Ende 2018 zunächst als Power BI-Funktion eingeführt. Es ist durchaus möglich, dass diese Funktionalität zu einem späteren Zeitpunkt auch in andere Produkte übernommen wird. Der Zweck von Aggregationen besteht darin, die Kosten für eine Speicher-Engine-Anforderung zu reduzieren, sodass eine teure DirectQuery-Anforderung entfällt, wenn die Daten in einer kleineren Tabelle mit aggregierten Daten verfügbar sind.

Aggregationen sind dabei nicht unbedingt auf VertiPaq beschränkt: Es ist möglich, in einem DirectQuery-Modell Aggregationen zu definieren, sodass je nach Granularität einer Clientanfrage unterschiedliche Tabellen der Datenquelle abgefragt werden. Der typische Anwendungsfall für Aggregationen ist jedoch die Definition in einem zusammengesetzten Datenmodell, in dem jede Tabelle drei mögliche Speichermodi hat:

- **Import:** Die Tabelle wird im Speicher abgelegt und von der VertiPaq-Speicher-Engine verwaltet.
- **DirectQuery:** Die Daten werden in der Datenquelle gespeichert; zur Laufzeit kann jede DAX-Abfrage eine oder mehrere Anforderungen an die Datenquelle generieren, wobei in der Regel SQL-Abfragen gesendet werden.
- **Dual:** Die Tabelle wird von VertiPaq im Speicher abgelegt und kann auch in DirectQuery verwendet werden. Dabei werden normalerweise weitere im DirectQuery- oder Dual-Modus gespeicherte Tabellen per Join verknüpft.

Das Prinzip von Aggregationen besteht darin, verschiedene Möglichkeiten zur Lösung einer Speicher-Engine-Anforderung anzubieten. Eine Tabelle *Sales* kann z. B. die Details jeder Transaktion speichern, wie Produkt, Kunde und Datum. Wenn man eine Aggregation nach Produkt und Monat erstellt, hat die aggregierte Tabelle eine sehr viel geringere Anzahl Zeilen. Die Tabelle *Sales* kann auch mehrere Aggregationen aufweisen. Dabei hat jede dieser Aggregationen einen Prioritätswert, der in dem Fall zum Einsatz kommt, dass mehrere Aggregationen mit derselben Anfrage kompatibel sind. Betrachten wir einen Fall, in dem die folgenden Aggregationen in einem Modell mit *Sales*, *Product*, *Date* und *Store* verfügbar sind:

- *Product* und *Date*: Priorität 50
- *Store* und *Date*: Priorität 20

Wenn für eine Abfrage die Umsatzsumme nach Produktmarke und Jahr benötigt wird, wird die erste Aggregation verwendet. Gleiches wäre der Fall bei einer Drilldownanalyse auf Monats- oder Tagesebene. Die Aggregation, die die Daten aus *Sales* in *Product-Date*-Granularität aufweist, kann jede Abfrage lösen, die Zeilen unter Verwendung der in diesen Tabellen enthaltenen Attribute gruppiert. Nach derselben Logik wird eine Abfrage, die Daten nach Land und Jahr für ein Ladengeschäft aggregiert, die zweite Aggregation verwenden, die mit der Granularität von *Store* und *Date* erstellt wurde. Eine Abfrage, bei der Daten nach Geschäftsland und Produktmarke aggregiert werden, kann allerdings keine der vorhandenen Aggregationen verwenden. Solche Abfragen müssen die Tabelle *Sales* heranziehen, die alle Angaben enthält, denn keine der verfügbaren Aggregationen weist eine mit der Anfrage kompatible Granularität auf. Wenn zwei oder mehr Aggregationen mit der Anfrage kompatibel sind, erfolgt die Auswahl auf der Grundlage der für jede Aggregation definierten Prioritätseinstellung: Die Engine wählt die Aggregation mit der höchsten Priorität aus. Tabelle 18.6 fasst die Aggregationen auf der Grundlage der in den beschriebenen Beispielen verwendeten Abfrageanforderungen zusammen.

Abfrageanforderung	**Verwendete Aggregation**
Gruppieren nach Produktmarke und Jahr	*Product* und *Date*
Gruppieren nach Produktmarke und Monat	*Product* und *Date*
Gruppieren nach Land des Ladengeschäfts und Jahr	*Store* und *Date*
Gruppieren nach Land des Ladengeschäfts und Monat	*Store* und *Date*
Gruppieren nach Jahr	*Product* und *Date* (höchste Priorität)
Gruppieren nach Monat	*Product* und *Date* (höchste Priorität)
Gruppieren nach Land des Ladengeschäfts und Produktmarke	Keine Aggregation: Abfragen der Tabelle *Sales* auf Detailebene

Tabelle 18.6 Beispiele für verwendete Aggregationen basierend auf der Abfrageanforderung

Die Engine wählt die zu verwendende Aggregation nur unter Berücksichtigung der Prioritätsreihenfolge, jedoch unabhängig vom Aggregationsspeichermodus aus. Tatsächlich hat jede Aggregation eine zugrunde liegende Tabelle, die entweder in VertiPaq oder in DirectQuery gespeichert werden kann. Der gesunde Menschenverstand würde nun nahelegen, dass eine VertiPaq-Aggregation einer DirectQuery-Aggregation vorzuziehen ist. Trotzdem orientiert sich die DAX-Engine strikt an den Prioritätsregeln. Wenn eine DirectQuery-Aggregation eine höhere Priorität als eine VertiPaq-Aggregation hat und beide für die Beschleunigung einer Anfrage infrage kommen, entscheidet sich die Engine für die DirectQuery-Aggregation. Die Definition geeigneter Prioritätsregeln ist Aufgabe des Entwicklers.

Eine Aggregation kann einer Speicher-Engine-Anforderung in Abhängigkeit von verschiedenen Bedingungen entsprechen:

- Granularität der Beziehungen, die in die Speicher-Engine-Anforderung involviert sind

- Übereinstimmung von Spalten, die im Summierungstyp der Aggregation als GroupBy definiert sind
- Summierung, die einer einfachen Aggregation einer einzelnen Spalte entspricht
- Vorhandensein einer Count-Summierung der Detailtabelle

Alle diese Bedingungen können sich auf den Entwurf des Datenmodells auswirken. Ein Modell, das alle Tabellen in VertiPaq importiert, ist in der Regel so konzipiert, dass der Speicherbedarf minimiert wird. Wie im vorigen Abschnitt »Die richtigen Spalten zur Speicherung auswählen« beschrieben, ermöglicht das Speichern der Spalten *Quantity* und *Price* dem Entwickler die Berechnung des *Amount*-Werts zur Abfragezeit mithilfe eines Measures wie dem folgenden:

```
Sales Amount := SUMX ( Sales, Sales[Quantity] * Sales[Price] )
```

Diese Version des Measures *Sales Amount* verwendet möglicherweise keine Aggregation mit einer Sum-Summierung, da diese nur eine einzige Spalte referenziert. Eine Aggregation könnte der Anfrage jedoch entsprechen, wenn *Sales[Quantity]* und *Sales[Price]* die GroupBy-Summierung verwenden und eine Count-Summierung der Tabelle *Sales* vorhanden ist. Bei komplexen Ausdrücken kann es schwierig sein, eine effiziente Aggregation zu definieren, was wiederum Auswirkungen auf das Modell und den Aggregationsentwurf haben kann.

Betrachten Sie den folgenden Code als Beispiel zur Veranschaulichung. Wenn es zwei Sum-Aggregationen für die Spalten *Sales[Amount]* und *Sales[Cost]* gibt, sollte ein Measure *Margin* (Marge) unter Verwendung der Differenz zweier Aggregationen (*Margin1* und *Margin2*) implementiert werden, statt die zeilenweise berechnete Differenz (*Margin3*) zu aggregieren.

```
Sales Amount := SUM ( Sales[Amount] )                    -- Kann Sum-Aggregationen
                                                            verwenden
Total Cost   := SUM ( Sales[Cost] )                      -- Kann Sum-Aggregationen
                                                            verwenden
Margin1      := [Sales Amount] - [Total Cost]            -- Kann Sum-Aggregationen
verwenden
Margin2      := SUM ( Sales[Amount] ) - SUM ( Sales[Cost] )   -- Kann Sum-Aggregationen
                                                            verwenden

Margin3 := SUMX ( Sales, Sales[Amount] – Sales[Cost] )   -- Kann Sum-Aggregationen NICHT
                                                            verwenden
```

Das Measure *Margin3* könnte jedoch einer Aggregation entsprechen, die die GroupBy-Summierung für die Spalten *Sales[Amount]* und *Sales[Cost]* definiert und die auch eine Count-Summierung der Tabelle *Sales* enthält. Eine solche Aggregation wäre potenziell auch für die obigen Definitionen der Measures *Sales Amount* und *Total Cost* nützlich, auch wenn sie weniger effizient wäre als eine Sum-Aggregation der betreffenden Spalte.

Seit April 2019 ist die Aggregationsfunktion für DirectQuery-Tabellen verfügbar. Es ist zwar noch nicht möglich, Aggregationen für eine in den Speicher importierte Tabelle zu definieren, aber diese Funktion könnte bereits in naher Zukunft implementiert werden. Dann werden alle folgenden Kombinationen möglich sein:

- DirectQuery-Aggregation über eine DirectQuery-Tabelle
- VertiPaq-Aggregation über eine DirectQuery-Tabelle
- VertiPaq-Aggregation über eine VertiPaq-Tabelle (Stand April 2019 nicht verfügbar)

Die Möglichkeit, eine VertiPaq-Aggregation über VertiPaq-Tabellen zu erstellen, gibt uns ein Werkzeug zur Optimierung von zwei Szenarien für Modelle an die Hand, die in den Speicher importiert werden: sehr große Tabellen (mit mehreren Milliarden Zeilen) und Beziehungen mit einer hohen Kardinalität (mehrere Millionen eindeutiger Werte). Diese beiden Szenarien können durch manuelle Änderung des Datenmodells und des DAX-Codes verwaltet werden – Sie haben dies im Abschnitt »Denormalisierung« weiter vorn in diesem Kapitel gesehen. Die Aggregationen über VertiPaq-Tabellen werden diesen Prozess künftig automatisieren, was zu einer besseren Leistung, geringerem Wartungsaufwand und niedrigeren Entwicklungskosten führt.

Fazit

In diesem Kapitel lag der Schwerpunkt auf der Optimierung eines Datenmodells, das mit der VertiPaq-Speicher-Engine in den Arbeitsspeicher importiert wurde. Ziel ist es, den für ein Datenmodell benötigten Speicher zu reduzieren und als Nebeneffekt eine Verbesserung der Abfrageleistung zu erzielen. VertiPaq kann auch zum Speichern von Aggregationen in zusammengesetzten Modellen verwendet werden, wodurch die Verwendung der DirectQuery- und VertiPaq-Speicher-Engines im selben Modell ermöglicht wird.

Die wichtigsten Erkenntnisse aus diesem Kapitel sind die folgenden:

- Importieren Sie nur die für die Analyse erforderlichen Spalten in den Speicher.
- Achten Sie auf die Spaltenkardinalität, da eine Spalte mit niedriger Kardinalität besser komprimierbar ist.
- Verwalten Sie Datum und Uhrzeit in separaten Tabellen und speichern Sie sie mit der für die Analyse erforderlichen Granularität. Die Speicherung einer höheren Präzision als erforderlich (z. B. Millisekunden) verbraucht Speicherplatz und senkt die Abfrageleistung.
- Erwägen Sie den Einsatz von VertiPaq zum Speichern von In-Memory-Aggregationen für DirectQuery-Datenquellen in zusammengesetzten Modellen.

KAPITEL 19

DAX-Abfragepläne analysieren

DAX ist eine funktionale Sprache mit einer fortschrittlichen Abfrage-Engine, die verschiedene Speicher-Engines verwenden kann. Wie bei vielen Abfragesprachen ist es in der Regel möglich, mit verschiedenen DAX-Ausdrücken zum selben Ergebnis zu kommen. Dabei bieten diese Ausdrücke jeweils unterschiedliche Performanceeigenschaften. Bei der Optimierung eines Measures oder einer Abfrage geht es darum, den effizientesten Weg zu finden, um zum gewünschten Ergebnis zu kommen. Um eine effizientere Implementierung für einen Ausdruck zu finden, müssen zunächst die Engpässe des bestehenden Codes erkannt werden.

In diesem Kapitel werden die Komponenten der DAX-Abfrage-Engine näher beschrieben. Wir werden erläutern, wie Sie mit DAX Studio Informationen über Abfragepläne und Leistungsindikatoren zu einem bestimmten DAX-Ausdruck abrufen. Dieses Wissen ist unverzichtbar für die Optimierung jeder DAX-Formel.

DAX-Abfragen erfassen

Um einen Abfrageplan zu analysieren, muss zunächst einmal eine DAX-Abfrage ausgeführt werden. Ein Bericht in Power BI oder Excel generiert automatisch Abfragen, die die im Datenmodell enthaltenen Measures aufrufen. Die Optimierung eines DAX-Measures erfordert daher die Analyse und Optimierung der DAX-Abfrage, die dieses Measure aufruft. Das Erfassen der für einen Bericht generierten Abfragen ist der erste Schritt der DAX-Optimierung. Ein einziger langsamer Bericht erzeugt nämlich wahrscheinlich Dutzende von Abfragen. Der sorgfältige Entwickler sollte die langsamste aller dieser Abfragen ermitteln und sich nachfolgend zunächst auf diesen größten Engpass konzentrieren.

DAX Studio (*http://daxstudio.org*) ist ein kostenloses Open-Source-Tool, das viele nützliche Funktionen zur Erfassung und Analyse von DAX-Abfragen bietet. Im folgenden Beispiel sehen Sie, wie DAX Studio eine Verbindung mit einem Power BI-Datenmodell herstellt, um die von einer Berichtsseite generierten Abfragen zu erfassen.

Der in Abbildung 19.1 gezeigte Power BI-Bericht enthält ein Visual, dessen Darstellung die Leistung beeinträchtigt. Die Aktualisierung der Tabelle mit zwei Spalten *Product Name* und *Customers* in der linken unteren Ecke dauert einige Sekunden, wenn die Seite zum ersten Mal geöffnet wird oder der Benutzer die Auswahl des Slicers *Continent* ändert. Wir wissen das, weil wir den Bericht gezielt so erstellt haben. Wie aber kann man nun das langsamste Visual in einem Bericht ermitteln? Für diesen Zweck erweist sich DAX Studio als ausgesprochen hilfreich.

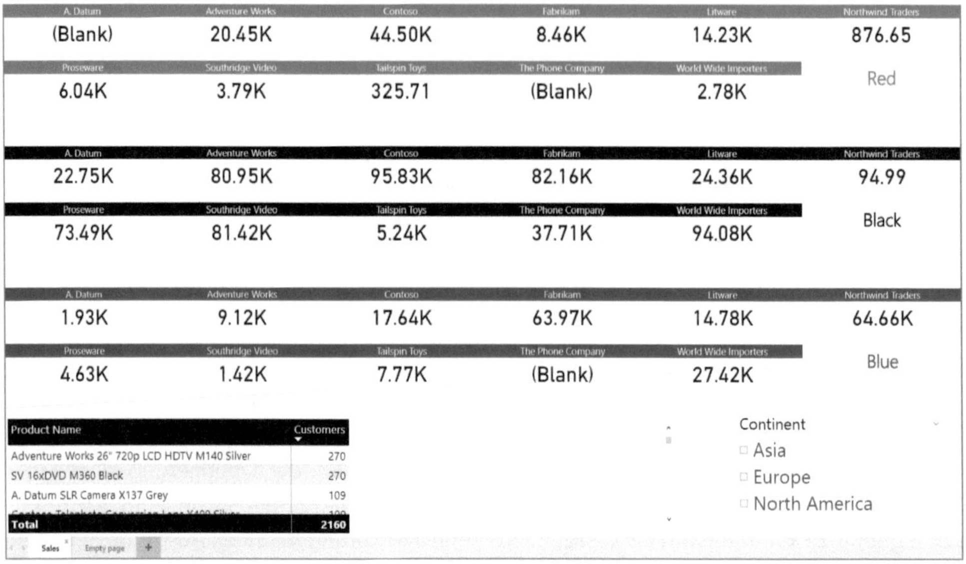

Abbildung 19.1 Ein Power BI-Bericht mit vielen Visuals, von denen eines langsamer angezeigt wird.

DAX Studio kann eine Verbindung mit einem Power BI-Modell herstellen, indem der Name einer Power BI Desktop-Datei ausgewählt wird, die bereits auf demselben Computer geöffnet ist. Abbildung 19.2 zeigt dies.

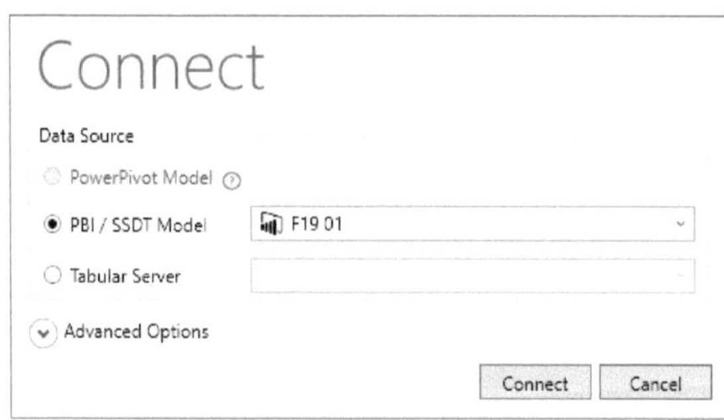

Abbildung 19.2 DAX Studio kann eine Verbindung mit unterschiedlichen Arten tabellarischer Modelle herstellen, darunter auch Power BI.

Sobald die Verbindung hergestellt ist, kann DAX Studio mit der Erfassung aller an die Tabular-Engine gesendeten Abfragen beginnen, nachdem der Benutzer die Schaltfläche *All Queries* (Alle Abfragen) auf der Registerkarte *Traces* (Ablaufverfolgungen) des Menübands *Home* (Start) aktiviert hat. Sie sehen dies in Abbildung 19.3.

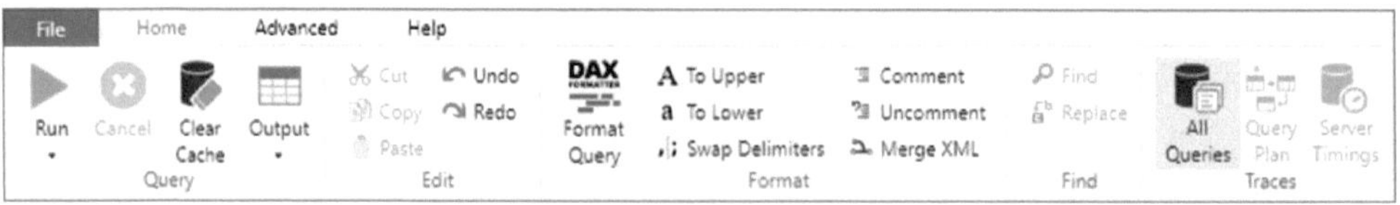

Abbildung 19.3 Die Funktion *All Queries* erfasst alle an die tabellarische Engine gesendeten Abfragen.

Nun kann jede Aktion im Client eine oder mehrere Abfragen erzeugen. Beispielsweise generiert Power BI mindestens eine DAX-Abfrage für jedes Visual auf der Seite. Abbildung 19.4 zeigt die Abfragen, die im Beispiel aus Abbildung 19.1 bei der Auswahl des Kontinents Asien im Slicer Continent erfasst wurden.

StartTime	Type	Duration	User	Database	Query
05:51:56	DAX	2.879	marco	F19 01	DEFINE VAR _DS0FilterTable = TREATAS({"Asia"}
05:51:56	DAX	63	marco	F19 01	DEFINE VAR _DS0FilterTable = TREATAS({"South
05:51:56	DAX	51	marco	F19 01	DEFINE VAR _DS0FilterTable = TREATAS({"Prose
05:51:56	DAX	65	marco	F19 01	DEFINE VAR _DS0FilterTable = TREATAS({"Adver
05:51:56	DAX	76	marco	F19 01	DEFINE VAR _DS0FilterTable = TREATAS({"Adver
05:51:56	DAX	55	marco	F19 01	DEFINE VAR _DS0FilterTable = TREATAS({"Conto
05:51:56	DAX	44	marco	F19 01	DEFINE VAR _DS0FilterTable = TREATAS({"Wide
05:51:56	DAX	47	marco	F19 01	DEFINE VAR _DS0FilterTable = TREATAS({"Wide
05:51:56	DAX	26	marco	F19 01	DEFINE VAR _DS0FilterTable = TREATAS({"A. Dat
05:51:56	DAX	43	marco	F19 01	DEFINE VAR _DS0FilterTable = TREATAS({"Litwar

Output | Results | Query History | All Queries

Abbildung 19.4 Der Bereich *All Queries* zeigt alle von DAX Studio erfassten Abfragen.

DAX Studio lauscht auf alle an den tabellarischen Server gesendeten Anfragen. Durch die Verbindung von DAX Studio mit Power BI Desktop werden die Abfragen immer vom gleichen Benutzer für dieselbe Datenbank ausgeführt. Unterschiedliche Power BI-Dateien erfordern separate Verbindungen und ein jeweils eigenes Fenster in DAX Studio. Eine Verbindung zu Analysis Services (die Administratorrechte erfordert) zeigt dagegen Abfragen an, die von verschiedenen Benutzern und für verschiedene Datenbanken ausgeführt werden. Der Abfragetyp für alle Abfragen, die von einem Client wie Excel generiert werden, ist MDX. Die Spalte *Duration* zeigt die Ausführungsdauer in Millisekunden an, die Spalte *Query* enthält den vollständigen Text der auf dem Server ausgeführten Abfrage.

Sie werden sofort erkennen, dass die erste Abfrage eine Bearbeitungsdauer von etwa drei Sekunden hat. Alle übrigen Abfragen werden sehr schnell ausgeführt, weswegen wir sie nicht weiter beachten wollen. In einem echten Bericht werden Sie wahrscheinlich mehrere langsame Abfragen aufspüren. Mit DAX Studio können Sie die langsamsten Abfragen sofort erkennen und Ihre Aufmerksamkeit darauf lenken und vergeuden keine Zeit mit Measures und Abfragen, die schnell genug sind.

Wenn Sie auf eine Zeile in der Liste *All Queries* (Alle Abfragen) doppelklicken, wird die Abfrage in das Editor-Fenster kopiert. Abbildung 19.5 zeigt exemplarisch den vollständigen Text der ersten Abfrage in der vorherigen Liste. Wenn Sie die hervorgehobene Schaltfläche *Format Query* (Abfrage formatieren) auf der Registerkarte *Home* (Start) anklicken, wird die Abfrage zudem mit dem DAX Formatter-Webdienst formatiert.

Sobald eine langsame Abfrage im Anschluss an diese Schritte identifiziert ist, kann sie in DAX Studio mehrfach ausgeführt werden. Dann würde man ihren Abfrageplan und weitere

Metriken analysieren, um die Engpässe zu bewerten und Änderungen auszuprobieren, die die Leistung verbessern könnten. In den folgenden Abschnitten werden sehr einfache Abfragen analysiert, die aus Gründen der Veranschaulichung von Grund auf neu erstellt wurden. Trotzdem sollten Sie am Ende in der Lage sein, auch Abfragen zu analysieren, die aus einer realen Workload erfasst wurden.

Abbildung 19.5 Die Schaltfläche *Format Query* ruft DAX Formatter auf, um den DAX-Code im Editor zu formatieren.

Einführung zu DAX-Abfrageplänen

Die DAX-Engine vermittelt diverse Details darüber, wie sie eine Abfrage im Abfrageplan ausführt. Der Begriff »Abfrageplan« selbst ist jedoch eine allgemeine Definition für eine Anzahl Informationen, die zwei verschiedene Arten von Abfrageplänen (nämlich logische und physische) sowie eine Liste mit Speicher-Engine-Abfragen umfasst, die vom physischen Abfrageplan verwendet werden. Sofern nicht anders angegeben, bezieht sich der Oberbegriff »Abfrageplan« auf die Gesamtheit der verfügbaren Details. Diese werden wir in diesem Abschnitt vorstellen und im Anschluss näher erläutern.

In Kapitel 17, »Die DAX-Engines«, haben Sie gesehen, dass es in der DAX-Abfrage-Engine zwei Ebenen gibt: die Formel-Engine (FE) und die Speicher-Engine (SE). Jedes Abfrageergebnis wird durch folgende Schritte erzeugt:

1. **Erstellen eines Ausdrucksbaums.** Die Engine wandelt die Abfrage aus einer Zeichenfolge in einen Ausdrucksbaum um. Dies ist eine Datenstruktur, die zur weiteren Optimierung leichter zu manipulieren ist.

2. **Erstellen eines logischen Abfrageplans.** Die Engine erstellt eine Liste der logischen Operationen, die für die Abfrage erforderlich sind. Dieser Baum mit logischen Operatoren ähnelt der ursprünglichen Abfragesyntax. Es ist recht einfach, eine Übereinstimmung zwischen einer DAX-Funktion und einer ähnlichen Operation im logischen Abfrageplan zu finden.
3. **Erstellen eines physischen Abfrageplans.** Die Engine wandelt den logischen Abfrageplan in eine Reihe physischer Operationen um. Ein physischer Abfrageplan ist nach wie vor ein Baum mit Operatoren, aber das Ergebnis kann sich vom logischen Abfrageplan unterscheiden.
4. **Ausführen des physischen Abfrageplans.** Die Engine führt abschließend den physischen Abfrageplan aus, ruft Daten aus der SE ab und führt die Abfrageberechnungen durch.

Der erste Schritt ist für eine Leistungsanalyse nicht interessant. Die Schritte 2 und 3 betreffen die Formel-Engine, während Schritt 4 auch die Speicher-Engine (SE) einbezieht. Technisch gesehen ist Schritt 3 der wichtigste für die Bestimmung der Funktionsweise der Abfrage, auch wenn der physische Abfrageplan erst nach der tatsächlichen Ausführung einer Abfrage (Schritt 4) verfügbar ist. Daher müssen Sie, um den physischen Abfrageplan zu sehen zu bekommen, die Ausführung einer Abfrage abwarten. Während der Ausführung von Schritt 4 gibt es jedoch noch weitere interessante Informationen (SE-Anforderungen), die im Vergleich zum physischen Abfrageplan leichter zu lesen sind. Aus diesem Grund steht, wie Sie sehen werden, am Anfang der Analyse einer Abfrage oft die Analyse der in Schritt 4 generierten SE-Anfragen.

Tabellarische Modelle können sowohl in MDX als auch in DAX abgefragt werden, auch wenn die natürliche Sprache DAX ist. Trotzdem übersetzt die Engine MDX nicht in DAX. Wie DAX-Abfragen generieren auch MDX-Abfragen sowohl einen logischen als auch einen physischen Abfrageplan. Denken Sie daran, dass dieselbe Abfrage in DAX und MDX trotz ähnlicher Ergebnisse in der Regel zu unterschiedlichen Abfrageplänen führt. Hier liegt der Schwerpunkt auf DAX. Allerdings sind die Informationen in diesem Kapitel nützlich, um zu analysieren, wie tabellarische Modelle mit MDX-Abfragen umgehen.

Abfragepläne erfassen

Wie im vorigen Abschnitt erläutert, generiert eine DAX-Abfrage sowohl einen logischen als auch einen physischen Abfrageplan. Diese Pläne beschreiben die von der Abfrage-Engine ausgeführten Operationen im Detail. Leider ist der Abfrageplan nur in textueller Darstellung, nicht aber grafisch visualisiert verfügbar. Aufgrund der Komplexität und Länge eines typischen Abfrageplans sollten weitere Tools und Techniken zur Optimierung eines DAX-Ausdrucks verwendet werden, bevor mit der detaillierten Analyse des Abfrageplans begonnen wird. Es ist jedoch wichtig, die Grundlagen eines DAX-Abfrageplans zu verstehen, um sowohl das Verhalten der Engine nachzuvollziehen als auch potenzielle Engpässe in längeren und komplexeren Abfrageplänen schnell zu erkennen. Wir werden nun die verschiedenen Teile eines Abfrageplans anhand einer einfachen Abfrage genauer beschreiben. Wie Sie sehen werden, erzeugt selbst die einfachste Abfrage ziemlich komplexe Pläne.

Betrachten Sie exemplarisch die folgende Abfrage, die in DAX Studio ausgeführt wird:

```
EVALUATE
{ SUM ( Sales[Quantity] ) }
```

Das Ergebnis des Tabellenkonstruktors ist eine Tabelle mit einer Zeile und einer Spalte (*Value*), die mit der Summe der Spalte *Quantity* für alle Zeilen der Tabelle *Sales* gefüllt ist (Abbildung 19.6).

Value
140180

Abbildung 19.6 Das Ergebnis einer Abfrage mit einem einfachen Tabellenkonstruktor mit einer Zeile und einer Spalte

In den nächsten Abschnitten beschreiben wir die Abfragepläne, die durch diese DAX-Abfrage generiert und ausgeführt werden. Später werden Sie sehen, wie Sie diese Informationen für jede Abfrage abrufen können. Richten Sie Ihre Aufmerksamkeit in dieser Phase einfach auf die Rolle der Abfragepläne, ihre Struktur und die Informationen, die sie liefern.

Einführung in logische Abfragepläne

Der logische Abfrageplan ist eine eng ans Original angelehnte Darstellung des DAX-Abfrageausdrucksbaums. Abbildung 19.7 zeigt den logischen Abfrageplan der obigen Abfrage.

Line	Logical Query Plan
1	AddColumns: RelLogOp DependOnCols()() 0-0 RequiredCols(0)(''[Value])
2	Sum_Vertipaq: ScaLogOp DependOnCols()() Integer DominantValue=BLANK
3	Scan_Vertipaq: RelLogOp DependOnCols()() 0-110 RequiredCols(86)('Sales'[Quantity])
4	'Sales'[Quantity]: ScaLogOp DependOnCols(86)('Sales'[Quantity]) Integer DominantValue=NONE

Abbildung 19.7 Der logische Abfrageplan einer einfachen Abfrage

Jede Zeile ist ein Operator, und die folgenden – eingerückten – Zeilen sind dessen Parameter. Wenn man die Parameter für die einzelnen Operatoren für einen Moment ignoriert, kann man sich eine einfachere Struktur vorstellen:

```
AddColumns:
        Sum_Vertipaq:
                Scan_Vertipaq:
                'Sales'[Quantity]:
```

Der äußerste Operator ist *AddColumns*. Er erstellt die einzeilige Tabelle mit der Spalte *Value*, die den von der DAX-Abfrage zurückgegebenen Wert enthält. Der Operator *Sum_VertiPaq* überprüft die Tabelle *Sales* und summiert die Spalte *Sales[Quantity]*. Die beiden in *Sum_Vertipaq* enthaltenen Operatoren sind *Scan_Vertipaq* und ein Verweis auf die überprüfte Spalte.

Im Klartext lässt sich dieser Abfrageplan wie folgt formulieren: »Erstelle eine Tabelle mit einer Spalte namens *Value*, die mit dem Inhalt einer *SUM*-Operation gefüllt ist, die von der Speicher-Engine ausgeführt wird, indem die Spalte *Quantity* in der Tabelle *Sales* überprüft wird.«

Der logische Abfrageplan zeigt, was die DAX-Abfrage-Engine plant, um die Ergebnisse zu berechnen. Es überrascht nicht, dass sie *Sales* überprüft und dabei *Quantity* mithilfe von *SUM* zusammenfasst. Komplexere Abfragepläne werden eindeutig schwieriger zu entschlüsseln sein.

Einführung in physische Abfragepläne

Der physische Abfrageplan hat ein ähnliches Format wie sein logisches Gegenstück. Jede Zeile ist ein Operator, und die zugehörigen Parameter befinden sich jeweils um einen Tabulator eingerückt in den nachfolgenden Zeilen. Abseits dieser optischen Ähnlichkeit verwenden die beiden Abfragepläne aber vollkommen unterschiedliche Operatoren. Abbildung 19.8 zeigt den physischen Abfrageplan, der durch die obige DAX-Abfrage generiert wurde.

Line	Records	Physical Query Plan
1		AddColumns: IterPhyOp LogOp=AddColumns IterCols(0)(''[Value])
2		SingletonTable: IterPhyOp LogOp=AddColumns
3	1	SpoolLookup: LookupPhyOp LogOp=Sum_Vertipaq Integer #Records=1 #KeyCo
4	1	ProjectionSpool<ProjectFusion<Copy>>: SpoolPhyOp #Records=1
5		Cache: IterPhyOp #FieldCols=0 #ValueCols=1

Abbildung 19.8 Der physische Abfrageplan einer einfachen Abfrage

Auch hier lässt sich eine vereinfachte Version des Abfrageplans erstellen, indem die Parameter der einzelnen Operatoren entfernt werden:

```
AddColumns:
        SingletonTable:
        SpoolLookup: LookupPhyOp
                ProjectionSpool<ProjectFusion<Copy>>: SpoolPhyOp
                        Cache: IterPhyOp
```

Der erste Operator *AddColumns* baut die Ergebnistabelle auf. Der erste Parameter ist ein *SingletonTable*, d. h. ein Operator, der eine vom Tabellenkonstruktor erzeugte einzeilige Tabelle zurückgibt. Der zweite Parameter *SpoolLookup* sucht nach einem Wert im Datencache, der durch eine an die Speicher-Engine gesendete Abfrage erhalten wurde. Dies ist der komplizierteste Teil eines DAX-Abfrageplans. Aus dem physischen Abfrageplan geht zwar hervor, dass er einige Daten verwendet, die zuvor von anderen SE-Abfragen gespoolt wurden, aber nicht konkret, von welchen. Mit anderen Worten kann der Code einer SE-Abfrage nicht durch das Lesen des DAX-Abfrageplans ermittelt werden. Es ist möglich, die an die Speicher-Engine gesendeten Abfragen abzurufen, sie aber dem jeweils passenden Eintrag im Abfrageplan zuzuordnen, ist nur bei einfachen DAX-Abfragen möglich. Bei komplexeren DAX-Operationen (wie sie in freier Wildbahn eher die Regel sind) könnte diese Zuordnung eine längere Analyse erfordern.

Bevor wir fortfahren, müssen wir noch einige wichtige Angaben erläutern, die im Abfrageplan enthalten sind:

```
ProjectionSpool<ProjectionFusion<Copy>>: SpoolPhyOp #Records=1
        Cache: IterPhyOp #FieldCols=0 #ValueCols=1
```

In früheren Versionen der Tabular-Engine, die keine zusammengesetzten Modelle unterstützten, waren die Operatoren *ProjectionSpool* und *Cache* unter den Bezeichnungen *AggregationSpool* bzw. *VertiPaqResult* bekannt. Abgesehen von einigen Unterschieden bei den Operatornamen hat sich die Struktur des physischen Abfrageplans nicht wesentlich geändert, und die in diesem Kapitel beschriebene Logik kann auch mit älteren Tabular-Engines eingesetzt werden.

Der *ProjectionSpool*-Operator stellt eine an die Speicher-Engine gesendete Abfrage dar; Anforderungen der Speicher-Engine werden im nächsten Abschnitt beschrieben. Der *ProjectionSpool*-Operator iteriert über das Ergebnis der Abfrage und zeigt die Gesamtzahl der iterierten Zeilen im Parameter *#Records=1* an. Die Anzahl der Datensätze stellt auch die Anzahl der vom verschachtelten *Cache*-Operator zurückgegebenen Zeilen dar.

Die Anzahl der Datensätze ist aus zwei Gründen wichtig:

- Sie gibt die Größe (in Zeilen) des von VertiPaq oder DirectQuery erzeugten Datencaches an. Ein großer Datencache verbraucht mehr Speicher zur Abfragezeit und benötigt mehr Zeit zum Überprüfen.
- Die von *ProjectionSpool* in der Formel-Engine durchgeführte Iteration läuft in einem einzelnen Thread. Wenn eine Abfrage langsam und diese Anzahl groß ist, weist dies unter Umständen auf einen Engpass bei der Abfrageausführung hin.

Aufgrund der Bedeutung der Anzahl der Datensätze verzeichnet DAX Studio diese in der Spalte *Records* des Abfrageplans. Die Anzahl der Datensätze wird mitunter auch als *Kardinalität* des Operators bezeichnet.

Einführung in Speicher-Engine-Abfragen

Der obige physische Abfrageplan enthält einen *ProjectionSpool*-Operator, der eine interne Abfrage repräsentiert, die an die Speicher-Engine (SE) gesendet wird. Da sich das Modell im Importmodus befindet, verwendet DAX die VertiPaq-SE, die Abfragen in xmSQL entgegennimmt. Nachfolgend sehen Sie die xmSQL-Abfrage, die während der in den vorherigen Abschnitten analysierten DAX-Abfrage generiert wurde:

```
SET DC_KIND="AUTO";
SELECT
SUM ( 'DaxBook Sales'[Quantity] )
FROM 'DaxBook Sales';

'Estimated size ( volume, marshalling bytes ) : 1, 16'
```

Der obige Code ist eine vereinfachte Version, die in DAX Studio angezeigt wird. Dabei wurden einige interne Details entfernt, die für die Leistungsanalyse nicht relevant sind. Das ursprüngliche, in SQL Server Profiler sichtbare xmSQL sieht wie folgt aus:

```
SET DC_KIND="AUTO";
SELECT
SUM([DaxBook Sales (905)].[Quantity (923)]) AS [$Measure0]
FROM [DaxBook Sales (905)];

[Estimated size (volume, marshalling bytes): 1, 16]
```

Diese Abfrage aggregiert alle Zeilen der Tabelle *Sales* und gibt eine einzelne Spalte mit der Summe von *Quantity* zurück. Die SE führt die gesamte Aggregationsoperation aus und gibt unabhängig von der Größe der Tabelle *Sales* einen kleinen Datencache (mit je einer Zeile und einer Spalte) zurück. Die für diesen Datencache erforderliche Materialisierung ist minimal. Außerdem sind die einzigen von dieser Abfrage gelesenen Datenstrukturen diejenigen, die die Spalte *Quantity* in der Tabelle *Sales* speichern. Eine Tabelle *Sales* mit Hunderten weiterer Spalten würde die Leistung dieser xmSQL-Abfrage nicht beeinträchtigen. Die VertiPaq-SE scannt nur Spalten, die in der xmSQL-Abfrage enthalten sind. Hätte das Modell DirectQuery verwendet, dann wäre die erzeugte Abfrage eine SQL-Abfrage wie die folgende gewesen:

```
SELECT
SUM ( [Quantity] )
FROM Sales
```

Ab hier werden wir nicht mehr auf die Details von Abfrageplänen mit DirectQuery eingehen. Wie in Kapitel 17 beschrieben, erfordert die Optimierung von DirectQuery eine Optimierung der Datenquelle. Änderungen an der DAX-Abfrage können jedoch den an die DirectQuery-Datenquelle gesendeten SQL-Code verbessern, sodass dieselben Techniken zur Analyse eines Abfrageplans, die für VertiPaq beschrieben wurden, auch auf DirectQuery angewendet werden können, auch wenn Annahmen zur Geschwindigkeit der Speicher-Engine bei DirectQuery nicht mehr gültig sind.

Weiter hinten in diesem Kapitel werden wir erklären, warum die Messung der Ausführungszeit jeder SE-Abfrage ein wesentlicher Teil des Optimierungsprozesses ist. Denken Sie daran, dass die VertiPaq-Leistung nicht nur mit der Anzahl der Zeilen der Tabelle, sondern auch mit der Größe der an einer Abfrage beteiligten Spalten zusammenhängt. Verschiedene Spalten können unterschiedliche Komprimierungsraten aufweisen und im Speicher unterschiedlich groß sein, was zu unterschiedlichen Überprüfungszeiten führt.

Profilerstellungsinformationen erfassen

Im vorigen Abschnitt wurden die DAX-Abfragepläne vorgestellt. An dieser Stelle nun wollen wir die Tools, die zur Erfassung dieser Ereignisse verwendet werden, und die Messung ihrer Ausführungsdauer beschreiben. Dies sind die ersten Schritte bei der DAX-Optimierung.

Die DAX-Engine ist als Teil von Microsoft SQL Server Analysis Services entstanden. Analysis Services bietet Ablaufverfolgungsereignisse (»Traces«), die mit SQL Server Profiler oder durch Abfangen erweiterter Ereignisse (xEvents) erfasst werden können. Andere Produkte wie Power Pivot und Power BI verwenden dieselbe Engine, bieten aber nicht dieselben Tools wie Analysis Services, um Traces oder erweiterte Ereignisse zu erfassen. Beispielsweise verfügen Power Pivot für Excel und Power BI Desktop über Diagnoseoptionen, die Trace-Ereignisse in einer Datei speichern, die danach mit SQL Server Profiler geöffnet werden kann.

Die von der Engine erzeugten Ereignisse erfordern jedoch eine gewisse Nachbehandlung, um bei der Leistungsanalyse sinnvoll eingesetzt werden zu können. SQL Server Profiler ist ein Universalwerkzeug, das nicht speziell für diese Aufgabe entwickelt wurde. Dagegen liest und interpretiert DAX Studio die Analysis Services-Ereignisse und fasst relevante Informationen leichter zusammen. Daher empfehlen wir dringend, DAX Studio als primäres Tool zum Bearbeiten, Testen und Optimieren von DAX-Abfragen und -Ausdrücken zu verwenden. Weiter hinten werden wir auch SQL Server Profiler beschreiben und dabei weitere Details für diejenigen Leser vermitteln, die die inneren Abläufe besser verstehen möchten. DAX Studio erfasst die gleichen Ereignisse wie SQL Server Profiler, verarbeitet sie und zeigt die zusammengefassten Informationen in sehr effizienter Weise an.

DAX Studio verwenden

Wie zu Beginn dieses Kapitels erläutert, kann DAX Studio auch DAX-Abfragen erfassen, die an die tabellarische Engine gesendet werden. DAX Studio kann nämlich jede gültige DAX-Abfrage ausführen – also auch die von DAX Studio selbst erfassten. Die DAX-Abfragesyntax wird in Kapitel 13, »Abfragen erstellen«, erläutert. DAX Studio erfasst Trace-Ereignisse, die durch eine oder mehrere in DAX Studio ausgeführte Abfragen generiert werden, und zeigt relevante Informationen zu den Abfrageplänen und zur Speicher-Engine an. DAX Studio kann eine Anbindung an Power BI, Analysis Services und Power Pivot für Excel herstellen.

Bevor wir eine Abfrage in DAX Studio analysieren, müssen wir die Optionen *Query Plan* (Abfrageplan) und *Server Timings* (Serverzeitmessungen) im Abschnitt *Traces* der Registerkarte *Home* aktivieren (Abbildung 19.9).

Abbildung 19.9 Die Optionen *Query Plan* und *Server Timings* aktivieren die Ablaufverfolgungsfunktionen in DAX Studio.

Wenn der Benutzer diese Optionen aktiviert, zeigt DAX Studio neben den standardmäßig sichtbaren Bereichen *Output* (Ausgabe) und *Results* (Ergebnisse) die Bereiche *Query Plan* und *Server Timings* an. DAX Studio stellt eine Verbindung mit der DAX-Engine her, so als wäre es ein Profiler, und es erfasst die im nächsten Abschnitt beschriebenen Trace-Ereignisse. Es werden automatisch nur die Ereignisse gefiltert, die sich auf die ausgeführte Abfrage beziehen, sodass wir uns keine Gedanken machen müssen, wenn andere Benutzer gleichzeitig auf demselben Server aktiv sind.

Der Bereich *Query Plan* zeigt die beiden von der Abfrage generierten Abfragepläne an (Abbildung 19.10). Der physische Abfrageplan befindet sich oben, der logische unten im Fensterbereich. Der physische Abfrageplan ist, wenn es darum geht, einen Leistungsengpass in der Formel-Engine zu analysieren, in der Regel der wichtigere. Daher enthält diese Liste auch eine Spalte, die die Anzahl der durch einen Spoolvorgang iterierten Datensätze enthält (ein Spoolvorgang ist eine von der Formel-Engine durchgeführte, normalerweise über einen Datencache erfolgende Iteration). Auf diese Weise können Sie leicht erkennen, welche Operationen über eine große Anzahl von Datensätzen in einem komplexen Abfrageplan iterieren. Wir werden später in Kapitel 20, »DAX optimieren«, beschreiben, wie diese Informationen genutzt werden können.

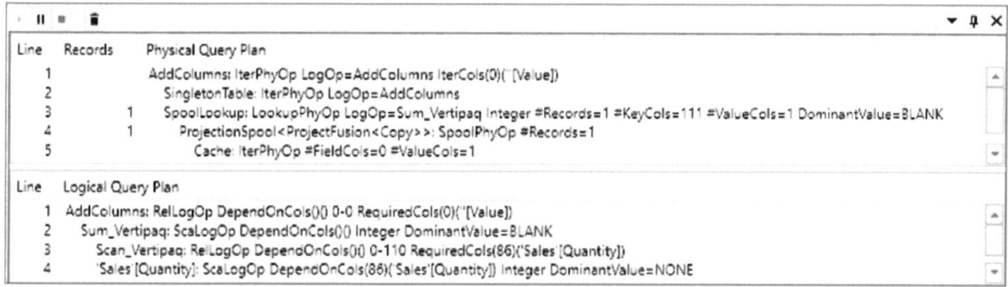

Abbildung 19.10 Der Bereich *Query Plan* zeigt den physischen und den logischen Abfrageplan an.

Im Bereich *Server Timings* sind Informationen zu SE-Abfragen und die Verteilung der Ausführungszeit zwischen FE und SE dargestellt (Abbildung 19.11).

Total 844 ms | SE CPU 6,250 ms x7.5
FE 6 ms 0.7% | SE 838 ms 99.3%
SE Queries 1 | SE Cache 0 0.0%

Line	Subclass	Duration	CPU	Rows	KB	Query
2	Scan	838	6,250	1	1	SELECT SUM ('Audien

SET DC_KIND="AUTO";
SELECT
SUM ('Audience'[Weight])
FROM 'Audience';
'Estimated size (volume, marshalling bytes) : 1, 16'

Abbildung 19.11 Der Bereich *Server Timings* zeigt eine Zusammenfassung der Zeitmessungsinformationen und die Details der Speicher-Engine-Abfragen an.

Die in Abbildung 19.11 dargestellte SE-Abfrage wird auf ein Modell mit 4 Milliarden Zeilen angewendet, um einen hohen CPU-Verbrauch zu demonstrieren. Das für dieses Beispiel verwendete Modell ist nicht in den Begleitdateien zu diesem Buch enthalten.

Die folgenden Metriken finden Sie auf der linken Seite des Bereichs *Server Timings*:

- **Total:** Verstrichene Zeit für die vollständige DAX-Abfrage. Diese entspricht der Dauer des Ereignisses *Query End*.
- **SE CPU:** Summe des Werts von CPU Time für alle VertiPaq-Überprüfungsereignisse. Außerdem wird der Grad der Parallelität bei VertiPaq-Operationen (d.h. die Anzahl der parallel verwendeten Kerne) angegeben.
- **FE:** Verstrichene Zeit in der Formel-Engine, in Millisekunden und als prozentualer Anteil an der Gesamtzeit
- **SE:** Verstrichene Zeit in der Speicher-Engine, in Millisekunden und als prozentualer Anteil an der Gesamtzeit
- **SE Queries:** Anzahl der an die Speicher-Engine gesendeten Abfragen
- **SE Cache:** Anzahl der vom Speicher-Engine-Cache aufgelösten Speicher-Engine-Abfragen, angegeben als absolute Zahl und als prozentualer Anteil des SE Queries-Werts

Die Liste in der Mitte zeigt die ausgeführten SE-Abfragen an, der Bereich auf der rechten Seite den vollständigen Code der in der mittleren Liste ausgewählten SE-Abfrage. Standardmäßig enthält die Liste nur eine Zeile für jede Abfrage, wodurch *VertiPaq Scan Internal* und weitere Cache-Ereignisse, die in SQL Server Profiler immer sichtbar sind, ausgeblendet werden. Wir können diese ausführlichen Ereignisse durch Bedienen der Schaltflächen *Cache*, *Internal* und *Batch* im Bereich *Server Timings* auf der Registerkarte *Home* ein- bzw. ausblenden (Abbildung 19.9). Diese Ereignisse sind jedoch in der Regel für die Leistungsanalyse nicht erforderlich und werden daher standardmäßig ausgeblendet.

Ausgangspunkt einer DAX-Performanceanalyse sind normalerweise die Ergebnisse, die im Fensterbereich *Server Timings* angezeigt werden. Hat die Abfrage mehr als die Hälfte der Ausführungszeit in der FE verbracht, dann könnten wir zuerst die Abfragepläne analysieren und dort nach den aufwendigsten Operationen suchen. Andernfalls – wenn also der größere Teil der Ausführungszeit in der SE verbracht wurde – suchen wir nach den kostspieligsten SE-Abfragen in der im *Server Timings*-Bereich zentral angeordneten Liste.

Die Informationen in den Spalten *Duration* (Dauer) und *CPU* sind hilfreich, um Leistungsengpässe in einer Abfrage zu identifizieren. Beide Werte sind in Millisekunden angegeben. *Duration* (Dauer) ist die Zeit, die zwischen dem Beginn und dem Ende der an die SE gerichteten Anforderung verstrichen ist. Die Spalte *CPU* zeigt die Gesamtzeit, für die ein Kern belegt war. Wenn der Wert von *CPU* größer ist als *Duration*, bedeutet dies, dass mehrere Kerne parallel verwendet wurden, um den Vorgang abzuschließen.

Den Parallelitätsgrad einer Operation erhalten Sie, indem Sie den Wert von *CPU* durch *Duration* teilen. Liegt das Ergebnis nahe an der Gesamtzahl der Kerne auf dem Server, dann lässt sich die Leistung nicht durch eine Erhöhung der Parallelität verbessern. In diesem Beispiel haben wir ein System mit acht Kernen verwendet. Bei einer Parallelität von 7,5 hat die Abfrage somit die Grenzen der Hardware erreicht. Ein anderer Benutzer, der gleichzeitig einen Vorgang ausführt, könnte so bei der Ausführung einer lang laufenden Abfrage keine optimale Leistung erzielen und zudem dazu beitragen, die Abläufe auch für andere Benutzer zu verlangsamen. Unter diesen Umständen könnte sich die Abfragegeschwindigkeit nur durch zusätzliche Kerne steigern lassen. Falls die Parallelität einer Abfrage wesentlich kleiner ist als die Anzahl der verfügbaren Kerne, brächte es keinen Vorteil, mehr Kerne für die Tabular-Engine bereitzustellen. Die Parallelität wird nur für SE-Operationen berechnet, da die FE immer nur in einem einzigen Thread läuft. Der Betrieb der Formel-Engine profitiert daher nicht von einer parallelen Ausführung.

Die Spalten *Rows* und *KB* zeigen die geschätzte Anzahl der Zeilen und die Größe des Ergebnisses (Datencache), das von jeder SE-Abfrage zurückgegeben wird. Da jeder Datencache von der FE in einem einzigen Thread verbraucht werden muss, kann ein Datencache mit einer großen Kardinalität Ursache einer langsamen FE-Operation sein. Darüber hinaus stellt die Größe eines Datencaches die Speicherkosten dar, die für die Materialisierung einer Anzahl Daten in einem unkomprimierten Format anzusetzen sind (die FE verarbeitet nämlich ausschließlich unkomprimierte Daten). Die SE-Kosten für die Erstellung eines großen Datencaches werden in der Regel durch die Notwendigkeit verursacht, unkomprimierte Daten im Speicher zuzuweisen und zu schreiben. Daher ist es wichtig, den Materialisierungsbedarf eines Datencaches zu reduzieren, um das Volumen der zwischen SE und FE ausgetauschten Daten zu verringern, die Speicherbelastung zu reduzieren und sowohl die Abfrageleistung als auch die Skalierbarkeit zu verbessern.

Die Spalten *Rows* und *KB* zeigen Schätzwerte, die unter Umständen inkorrekt sein können. Die genaue Anzahl der von einer SE-Abfrage zurückgegebenen Zeilen ist im physischen Abfrageplan verfügbar. Sie ist in der Spalte *Records* des *Projection-Spool*-Ereignisses angegeben und verbraucht ein *Cache*-Element. Die genaue Größe eines Datencaches ist nicht verfügbar, kann aber proportional zum Verhältnis zwischen *Records* im Abfrageplan und den geschätzten *Rows* der SE-Abfrage näherungsweise angegeben werden.

DAX Studio ermöglicht eine Sortierung der Abfragen nach beliebigen Spalten, sodass die teuersten Abfragen leicht zu finden sind, wenn sie je nach Analysebedarf nach *CPU*, *Duration*, *Rows* oder *KB* sortiert sind. Mit DAX Studio finden Sie Engpässe in einer DAX-Abfrage einfach sehr viel schneller. Dabei wird nicht DAX selbst optimiert, sondern die Optimierungsaufgabe wird vereinfacht. Im verbleibenden Teil des Buchs werden wir DAX Studio als Referenz verwenden. Sie könnten dieselben Informationen auch mithilfe von SQL Server Profiler gewinnen, was jedoch teurer wäre.

SQL Server Profiler verwenden

Das Tool SQL Server Profiler wird als Teil der SQL Server Management-Umgebung installiert, die von *https://docs.microsoft.com/de-de/sql/ssms/download-sql-server-management-studio-ssms* kostenlos heruntergeladen werden kann. SQL Server Profiler kann mit einer Analysis Services-Instanz verknüpft werden und erfasst alle Ereignisse im Zusammenhang mit der Ausführung einer DAX-Abfrage. SQL Server Profiler kann auch eine Datei laden, die eine Trace-Sitzung enthält, die wahlweise mit SQL Server Profiler selbst oder durch andere Dienste wie Power Pivot für Excel oder Power BI Desktop generiert wurde. In diesem Abschnitt wird erläutert, wie Sie SQL Server Profiler benutzen können, falls DAX Studio aus irgendeinem Grund nicht verwendet werden kann. Wenn DAX Studio dagegen bei Ihnen ohne Probleme läuft, können Sie ihn jedoch überspringen. Wir stellen diese Beschreibung lediglich zur Kenntnisnahme bereit, weil es interessant sein kann, das den Ereignissen, die Bestandteil der Leistungsanalyse sind, zugrunde liegende Verhalten zu verstehen.

Um DAX-Abfragepläne und Speicher-Engine-Abfragen zu erfassen, ist es notwendig, eine neue Trace-Sitzung zu konfigurieren und hierzu die interessanten Ereignisse für eine DAX-Abfrage auszuwählen. Abbildung 19.12 zeigt dies.

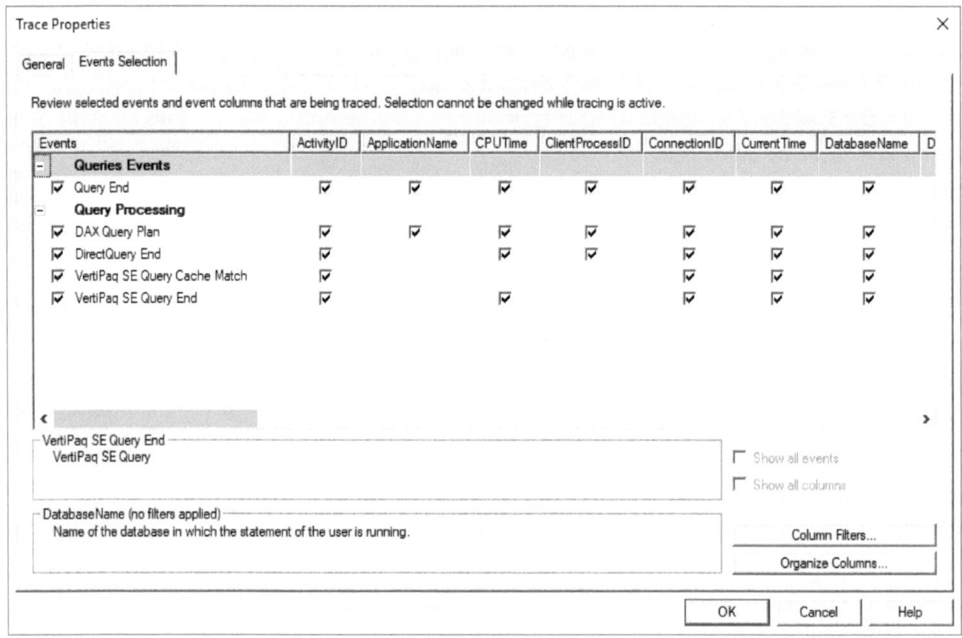

Abbildung 19.12 SQL Server Profiler-Einstellungen zur Erfassung von DAX-Abfrageplänen und SE-Abfragen

Es gibt fünf Ereignisklassen, die erfasst werden müssen, um die gleichen Informationen wie in DAX Studio zu sammeln:

- **Abfrageende:** Ereignis, das am Ende einer Abfrage ausgelöst wird. Man könnte auch das Ereignis *Abfragebeginn* einbeziehen, aber wir empfehlen, nur *Abfrageende* zu erfassen, weil dieses Ereignis auch die Ausführungszeit enthält.
- **DAX-Abfrageplan:** Ereignis, das ausgelöst wird, nachdem die Abfrage-Engine den Abfrageplan berechnet hat. Es enthält eine textliche Darstellung des Abfrageplans. Diese Ereignisklasse umfasst die beiden Unterklassen *Logischer Plan* und *Physischer Plan*. Für jede Abfrage generiert die Engine beide Klassen: einen logischen und einen physischen Abfrageplan.
- **DirectQuery – Ende:** Das Ereignis wird ausgelöst, wenn die DirectQuery-Engine eine Anfrage beantwortet. Wie beim Ereignis *Abfrageende* schlagen wir zur Erfassung von Zeitinformationen vor, das Endereignis der von der DirectQuery-Engine ausgeführten Abfragen einzubeziehen.
- **VertiPaq-SE-Abfrage – Cachetreffer:** Ein Ereignis wird ausgelöst, wenn eine VertiPaq-Abfrage durch Untersuchung der Cachedaten aufgelöst wird. Dies ist praktisch, um festzustellen, welcher Teil Ihrer Abfrage echte Berechnungen und welcher nur Cachelookups durchführt.
- **VertiPaq-SE-Abfrageende:** Das Ereignis wird ausgelöst, wenn die VertiPaq-Engine eine Abfrage beantwortet. Wie beim Ereignis *Abfrageende* schlagen wir zur Erfassung von Zeitinformationen vor, das Endereignis der von der VertiPaq-Engine ausgeführten Abfragen einzubeziehen.

Sobald Sie die benötigten Ereignisse ausgewählt haben, sollten Sie Spalten organisieren (klicken Sie hierzu auf die Schaltfläche *Organize Columns*, die Sie in Abbildung 19.12 sehen) und eine Vorlage der getroffenen Auswahl speichern, damit Sie nicht bei jedem Start einer neuen Sitzung dieselbe Auswahl wiederholen müssen. Über Datei > Vorlagen > Neue Vorlage in SQL Server Profiler können Sie eine Ablaufverfolgungsvorlage speichern.

In einer Produktionsumgebung sollten Sie die Ereignisse einer einzelnen Benutzersitzung filtern. Andernfalls nämlich wären alle Ereignisse verschiedener, gleichzeitig ausgeführter Abfragen sichtbar, was die Analyse von Ereignissen erschwert, die sich auf eine einzelne Abfrage beziehen. Wenn der Profiler dagegen in einer Entwicklungs- oder Testumgebung ausgeführt wird, in der es keine anderen aktiven Benutzer gibt, sind nur die Ereignisse im Zusammenhang mit der für die Leistungstests ausgeführten Abfrage ohne jegliche Störung im Hintergrund sichtbar. DAX Studio filtert automatisch die Ereignisse, die sich auf die analysierte Abfrage beziehen, und entfernt alle irrelevanten Ereignisse, ohne dass hierfür weitere Aktionen erforderlich wären.

Um die Abfolge der ausgelösten Ereignisse anzuzeigen, analysieren wir das Geschehen, indem wir die Abfrage, die zur Erzeugung der in Abbildung 19.11 dargestellten SE-Abfrage verwendet wurde, mit DAX Studio für eine große Tabelle mit über 4 Milliarden Zeilen ausführen:

```
EVALUATE
ROW ( "Result", SUM ( Audience[Weight] ) )
```

Das Protokollfenster von SQL Server Profiler zeigt das Ergebnis, das in Abbildung 19.13 zu sehen ist.

EventClass	EventSubclass	Duration	CPUTime
DAX Query Plan	1 - DAX VertiPaq Logical Plan		
VertiPaq SE Query End	10 - Internal VertiPaq Scan	837	6250
VertiPaq SE Query End	0 - VertiPaq Scan	838	6250
DAX Query Plan	2 - DAX VertiPaq Physical Plan		
Query End	3 - DAXQuery	844	0

Abbildung 19.13 Ablaufverfolgungsereignisse, die in einer SQL Server Profiler-Sitzung für eine einfache DAX-Abfrage erfasst wurden

Selbst bei einer so einfachen Abfrage löst die DAX-Engine fünf verschiedene Ereignisse aus:

1. Ein *DAX VertiPaq Logical Plan*-Ereignis, das den logischen Abfrageplan darstellt
2. Ein *Internal VertiPaq Scan*-Ereignis, das einer SE-Abfrage entspricht. Für jedes *VertiPaq Scan*-Ereignis (Unterklasse 0) können mehrere interne Ereignisse (Unterklasse 10) auftreten.
3. Ein *VertiPaq Scan*-Ereignis, das eine einzelne SE-Abfrage beschreibt, die von der FE empfangen wurde
4. Ein *DAX VertiPaq Physical Plan*-Ereignis, das den physischen Abfrageplan darstellt
5. Ein abschließendes *Abfrageende*-Ereignis, das die Dauer der kompletten DAX-Abfrage zurückgibt. Die von diesem Ereignis gemeldete CPU-Zeit sollte ignoriert werden. Sie sollte möglichst nah an der in der FE verbrachten Zeit liegen, ist aber nicht so genau wie die später erläuterte Berechnung.

Alle Ereignisse zeigen sowohl die CPU-Zeit als auch die Dauer (in Millisekunden) an. *CPU Time* ist die CPU-Zeit, die für die Beantwortung der Anfrage benötigt wird, während *Duration* die Zeit angibt, die der Benutzer auf das Ergebnis warten musste. Wenn *Duration* kleiner als *CPU Time* ist, wurde die Operation auf vielen Kernen parallel ausgeführt. Wenn *Duration* größer als *CPU Time* ist, musste die Operation auf den Abschluss anderer Operationen warten (diese anderen Operationen werden normalerweise in verschiedenen Ereignissen protokolliert).

Die Genauigkeit der Spalten *CPU Time* und *Duration* ist bei Werten unter 16 Millisekunden nicht besonders zuverlässig, und *CPU Time* kann unter Umständen weniger genau sein als unter Bedingungen hoher Parallelität. Darüber hinaus können diese Zeitangaben von anderen laufenden Operationen auf demselben Server abhängen. Daher ist es – insbesondere wenn möglichst exakte Zahlen benötigt werden – gängige Praxis, denselben Test mehrfach durchzuführen und einen Durchschnitt der Ausfüh-

rungszeit einzelner Operationen zu bilden. Möchte man hingegen lediglich eine Größenordnung ermitteln, dann kann man Unterschiede unter 100 Millisekunden auch einfach ignorieren.

In Anbetracht der Reihenfolge der Ereignisse geht der logische Abfrageplan allen SE-Abfragen (»VertiPaq-Scans«) voraus, und erst nach deren Ausführung wird der physische Abfrageplan ausgelöst. Somit ist der physische Abfrageplan ein echter und kein prognostizierter Abfrageplan. Er enthält nämlich die Anzahl der Zeilen, die von jeder Iteration in der FE verarbeitet werden, liefert aber keine Informationen über CPU-Zeit und Dauer jedes Schritts im Abfrageplan.

Logische und physische Abfragepläne vermitteln keine Timinginformationen; diese sind nur in den anderen vom Profiler gesammelten Ereignissen verfügbar. Die in den Spalten *CPU Time* und *Duration* angegebenen Werte sind identisch mit jenen, die von DAX Studio in *CPU* bzw. *Duration* für SE-Abfragen angezeigt werden. Die Berechnung der in DAX Studio angezeigten Zeit, die in der FE verbracht wird, erfordert bei SQL Server Profiler jedoch etwas mehr Aufwand.

Das *Abfrageende*-Ereignis gibt nur die gesamte verstrichene Zeit für eine DAX-Abfrage in der Spalte *Duration* an, wobei FE- und SE-Dauer summiert werden. Die *VertiPaq-Scan*-Ereignisse liefern die in der SE verbrachte Zeit. Die in der FE verstrichene Zeit erhält man durch Subtraktion der Dauer aller SE-Abfragen von der Dauer der gesamten DAX-Abfrage, die im Ereignis *Abfrageende* angegeben ist.

Wie in Abbildung 19.13 dargestellt, hatte das *Abfrageende*-Ereignis einen *Duration*-Wert von 844 Millisekunden. Die in der SE verbrachte Zeit betrug 838 Millisekunden. Es gab nur eine SE-Abfrage, die 838 Millisekunden dauerte; betrachten wir also nur das *VertiPaq-Scan*-Ereignis und ignorieren die internen Ereignisse. Die Differenz beträgt 6 Millisekunden, und dies ist die Zeit, die in der FE verbracht wurde. Im Falle mehrerer SE-Abfragen muss deren Ausführungszeit aggregiert werden, um die in der SE verbrachte Gesamtzeit zu berechnen. Diese muss dann von der Gesamtdauer abgezogen werden, um die in der FE verbrachte Zeit zu erhalten.

Zu guter Letzt: SQL Server Profiler kann Trace-Sitzungen speichern und laden. Zwar kann SQL Server Profiler keine Verbindung mit Power Pivot für Excel herstellen, aber eine in Power Pivot für Excel oder Power BI Desktop gespeicherte Trace-Datei öffnen. Power Pivot für Excel verfügt zudem über ein Kontrollkästchen Power Pivot-Ablaufverfolgung aktivieren im Dialogfeld Einstellungen, das eine TRC-Datei erzeugt (.trc ist die Erweiterung einer Ablaufverfolgungsdatei). Die Ereignisse, die in der so gespeicherten Profiler-Sitzung erfasst wurden, können nicht angepasst werden. Außerdem umfassen sie in der Regel mehr Ereignistypen, als zur Analyse von DAX-Abfrageplänen erforderlich wären. DAX Studio kann keine Trace-Session laden, aber ohne Einschränkung eine direkte Verbindung mit allen Tools einschließlich Power Pivot für Excel herstellen.

VertiPaq-Speicher-Engine-Abfragen lesen

In den vorangegangenen Abschnitten haben wir einige Details physischer und logischer Abfragepläne beschrieben. Zwar sind diese Pläne in einigen Szenarien durchaus nützlich, doch bilden die VertiPaq-SE-Abfragen sicherlich den interessantesten Teil eines Abfrageplans.

In diesem Abschnitt beschreiben wir, wie man VertiPaq-SE-Abfragen liest und versteht, was in VertiPaq passiert, wenn eine xmSQL-Abfrage ausgeführt wird. Diese Informationen eignen sich dazu, einen Engpass in der VertiPaq-Speicher-Engine zu beheben. Allerdings ist die Fähigkeit, diese Abfragen lesen zu können, auch nützlich, um zu verstehen, was in der FE geschieht: Wenn eine Berechnung nicht von der SE durchgeführt wird, muss sie in der FE berechnet werden. Da die Anzahl der SE-Abfragen in der Regel kleiner ist als die Zeilen im Abfrageplan, ist es unabhängig vom erkannten Engpasstyp immer produktiver, mit der Analyse der SE-Abfragen zu beginnen.

Einführung in die xmSQL-Syntax

Im vorangegangenen Abschnitt haben wir eine einfache SE-Abfrage präsentiert, die in einer vereinfachten xmSQL-Syntax beschrieben ist, die der von DAX Studio angezeigten entspricht:

```
SELECT
SUM ( Sales[Quantity] )
FROM Sales;
```

Diese Syntax sähe in Standard-ANSI-SQL ganz ähnlich aus:

```
SELECT
SUM ( Quantity )
FROM Sales;
```

Jede xmSQL-Abfrage beinhaltet eine *GROUP BY*-Bedingung, auch wenn dies nicht explizit als Teil der Syntax angegeben ist. Die folgende DAX-Abfrage etwa gibt die Liste der eindeutigen Werte der Spalte *Color* in der Tabelle *Product* zurück:

```
EVALUATE VALUES ( 'Product'[Color] )
```

Das Ergebnis ist die folgende xmSQL-Abfrage. Beachten Sie dabei, dass in der Abfrage kein *GROUP BY* erscheint:

```
SELECT Product[Color]
FROM Product;
```

Die entsprechende Abfrage in ANSI-SQL würde dagegen eine *GROUP BY*-Bedingung enthalten:

```
SELECT Color
FROM Product
GROUP BY Color
```

Der Grund, warum wir xmSQL mit einer ANSI-SQL-Abfrage mit *GROUP BY* statt *DISTINCT* vergleichen – was im obigen Beispiel möglich wäre –, besteht darin, dass xmSQL-Abfragen meist auch aggregierte Berechnungen enthalten. Betrachten Sie beispielsweise die folgende DAX-Abfrage:

```
EVALUATE
SUMMARIZECOLUMNS (
    Sales[Order Date],
    "Revenues", CALCULATE ( SUM ( Sales[Quantity] ) )
)
```

Und nun die entsprechende xmSQL-Abfrage, die an die SE gesendet wird:

```
SELECT Sales[Order Date], SUM ( Sales[Quantity] )
FROM Sales;
```

In ANSI-SQL gäbe es eine *GROUP BY*-Bedingung für die Spalte *Order Date*:

```
SELECT [Order Date], SUM ( Quantity )
FROM Sales
GROUP BY [Order Date]
```

Eine xmSQL-Abfrage gibt niemals doppelte Zeilen zurück. Wenn eine DAX-Abfrage über eine Tabelle ausgeführt wird, die keinen eindeutigen Schlüssel hat, enthält die entsprechende xmSQL-Abfrage eine spezielle *RowNumber*-Spalte, die für eindeutige Zeilen sorgt. Die *RowNumber*-Spalte ist jedoch in DAX nicht zugänglich. Betrachten Sie nun die folgende DAX-Abfrage:

```
EVALUATE Sales
```

Sie generiert den folgenden xmSQL-Code:

```
SELECT Sales[RowNumber], Sales[column1], Sales[column2], ... ,Sales[columnN]
FROM Sales
```

Aggregationsfunktionen

xmSQL umfasst die folgenden Aggregationsoperationen:

- *SUM* summiert die Werte einer Spalte.
- *MIN* gibt den kleinsten Wert in einer Spalte zurück.
- *MAX* gibt den größten Wert in einer Spalte zurück.
- *COUNT* zählt die Anzahl der Zeilen im aktuellen *GROUP BY*.
- *DCOUNT* zählt die unterschiedlichen Werte in einer Spalte.

Das Verhalten von *SUM*, *MIN*, *MAX* und *DCOUNT* ist ähnlich. Die folgende DAX-Abfrage gibt beispielsweise die Anzahl der eindeutigen Kunden für jedes Bestelldatum zurück:

```
EVALUATE
SUMMARIZECOLUMNS (
    Sales[Order Date],
    "Customers", DISTINCTCOUNT ( Sales[CustomerKey] )
)
```

Sie generiert den folgenden xmSQL-Code:

```
SELECT Sales[Order Date], DCOUNT ( Sales[CustomerKey] )
FROM Sales;
```

Was folgender ANSI-SQL-Abfrage entspricht:

```
SELECT [Order Date], COUNT ( DISTINCT CustomerKey )
FROM Sales
GROUP BY [Order Date]
```

Die Funktion *COUNT* hat kein Argument, denn sie berechnet die Anzahl der Zeilen für die aktuelle Gruppe. Betrachten Sie als Nächstes die folgende DAX-Abfrage, die die Anzahl der Produkte für jede Farbe zählt:

```
EVALUATE
SUMMARIZECOLUMNS (
    'Product'[Color],
    "Products", COUNTROWS ( 'Product' )
)
```

Dies ist der zugehörige xmSQL-Code, der an die SE gesendet wird:

```
SELECT Product[Color], COUNT ( )
FROM Product;
```

Eine entsprechende ANSI-SQL-Abfrage könnte wie folgt aussehen:

```
SELECT Color, COUNT ( * )
FROM Product
GROUP BY Color
```

Andere Aggregationsfunktionen in DAX verfügen nicht über eine entsprechende xmSQL-Aggregationsfunktion. Sehen wir uns folgende DAX-Abfrage mit *AVERAGE* an:

```
EVALUATE
SUMMARIZECOLUMNS (
    'Product'[Color],
    "Average Unit Price", AVERAGE ( 'Product'[Unit Price] )
)
```

Der entsprechende xmSQL-Code enthält zwei Aggregationen: eine für den Zähler und eine für den Nenner der Division, die einen einfachen Mittelwert in der FE berechnet:

```
SELECT Product[Color], SUM ( Product[Unit Price] ), COUNT ( )
FROM Product
WHERE Product[Unit Price] IS NOT NULL;
```

Bei einer Konvertierung der xmSQL-Abfrage nach ANSI-SQL würden wir wie folgt schreiben:

```
SELECT Color, SUM ( [Unit Price] ), COUNT ( * )
FROM Product
WHERE Product[Unit Price] IS NOT NULL
GROUP BY Color
```

Rechenoperationen

xmSQL bietet einfache Rechenoperationen: +, –, *, / (Addition, Subtraktion, Multiplikation, Division). Diese Operationen funktionieren bei einzelnen Zeilen, während die FE normalerweise Rechenoperationen zwischen den Ergebnissen von Aggregationen durchführt. Rechenoperationen treten üblicherweise in dem von einer Aggregationsfunktion verwendeten Ausdruck auf. Die folgende DAX-Abfrage gibt beispielsweise die Summe des Produkts aus *Quantity* und *Unit Price* zurück, die für die Tabelle *Sales* zeilenweise berechnet wurde:

```
EVALUATE
{ SUMX ( Sales, Sales[Quantity] * Sales[Unit Price] ) }
```

Sie generiert den folgenden xmSQL-Code:

```
WITH
    $Expr0 := ( Sales[Quantity] * Sales[Unit Price] )
SELECT
SUM ( @$Expr0 )
FROM Sales;
```

Die *WITH*-Anweisung führt Ausdrücke ein, die mit symbolischen Namen (beginnend mit dem Präfix *$Expr*) verknüpft sind, auf die später im verbleibenden Teil der Abfrage verwiesen wird. Beispielsweise entspricht im obigen Code der Ausdruck *$Expr0* der Multiplikation von *Quantity* und *Unit Price*, die später für jede Zeile der Tabelle *Sales* ausgewertet wird, wobei das Ergebnis zum aggregierten Wert addiert wird.

Der obige xmSQL-Code entspricht dieser ANSI-SQL-Abfrage:

```
SELECT SUM ( [Quantity] * [Unit Price] )
FROM Sales
```

xmSQL kann auch Umwandlungen (»Casts«) zwischen Datentypen ausführen, um Rechenoperationen durchzuführen. Vergessen Sie dabei nicht, dass diese Operationen aus der Sicht eines DAX-Ausdrucks nur innerhalb eines Zeilenkontexts stattfinden.

Filteroperationen

Eine xmSQL-Abfrage kann Filter in einer *WHERE*-Bedingung enthalten. Die Leistung eines Filters hängt von der Kardinalität der angewandten Bedingungen ab (dies wird weiter hinten im Abschnitt »Überprüfungszeit verstehen« näher erläutert).

Betrachten Sie z. B. die folgende Abfrage, die die Summe der Spalte *Quantity* für alle Umsätze mit einem Stückpreis von 42 zurückgibt:

```
EVALUATE
CALCULATETABLE (
    ROW ( "Result", SUM ( Sales[Quantity] ) ),
    Sales[Unit Price] = 42
)
```

Die resultierende xmSQL-Abfrage lautet wie folgt:

```
SELECT SUM ( Sales[Quantity] )
FROM Sales
WHERE Sales[Unit Price] = 420000;
```

Der Grund dafür, dass der Wert in der *WHERE*-Bedingung mit 10.000 multipliziert wird, besteht darin, dass die Spalte *Unit Price* als *Currency*-Datentyp gespeichert ist (in Power BI auch *feste Dezimalzahl* genannt). Diese Zahl wird als *Integer* in VertiPaq gespeichert, sodass die FE die Umwandlung in eine Dezimalzahl durch Division des Ergebnisses durch 10.000 vornimmt. Eine solche Division ist weder im Abfrageplan noch im xmSQL-Code sichtbar.

Die *WHERE*-Bedingung könnte auch einen Test auf mehrere Werte enthalten. Betrachten Sie z. B. eine kleine Variation der obigen Abfrage, die entweder die Menge oder den Umsatz mit einem Stückpreis von 16 oder 42 summiert. Dies sehen Sie in der folgenden DAX-Abfrage:

```
EVALUATE
CALCULATETABLE (
    ROW ( "Result", SUM ( Sales[Quantity] ) ),
    OR ( Sales[Unit Price] = 16, Sales[Unit Price] = 42 )
)
```

xmSQL verwendet den *IN*-Operator, um eine Liste von Werten einzubinden:

```
SELECT SUM ( Sales[Quantity] )
FROM Sales
WHERE Sales[Unit Price] IN ( 16000, 42000 );
```

Jede Filterbedingung in xmSQL schließt nur vorhandene Werte der Spalte ein. Wenn beispielsweise eine DAX-Bedingung einen Wert referenziert, der in der Spalte nicht existiert, enthält der resultierende xmSQL-Code eine Bedingung, die alle Zeilen herausfiltert. Wären weder 16 noch 42 in der Tabelle *Sales* vorhanden, dann könnte die vorherige xmSQL-Abfrage aus der FE heraus überhaupt nicht aufgerufen werden, oder sie würde etwa so aussehen:

```
SELECT SUM ( Sales[Quantity] )
FROM Sales
WHERE Sales[Unit Price] IN ( );
```

Das Ergebnis einer solchen xmSQL-Abfrage wird immer leer sein.

Es ist wichtig, sich immer wieder zu vergegenwärtigen, dass xmSQL die Textdarstellung einer SE-Abfrage ist. Die eigentliche Struktur ist stärker optimiert. Wenn beispielsweise die Liste der für eine Spalte zulässigen Werte sehr lang ist, meldet xmSQL einige Werte, wobei die Gesamtzahl der intern an die Abfrage übergebenen Werte hervorgehoben wird. Dies geschieht recht häufig bei Zeitintelligenzfunktionen. Betrachten Sie z. B. die folgende DAX-Abfrage, die die Summe der Menge für ein Umsatzjahr zurückgibt:

```
EVALUATE
CALCULATETABLE (
    ROW ( "Result", SUM ( Sales[Quantity] ) ),
    Sales[Order Date] >= DATE ( 2006, 1, 1 ) && Sales[Order Date] <= DATE ( 2006, 12, 31 )
)
```

Bei einer aktuellen Version der DAX-Engine wird die folgende xmSQL-Abfrage generiert:

```
SELECT SUM ( Sales[Quantity] )
FROM Sales
WHERE Sales[Order Date] >= 38718.000000
  VAND Sales[Order Date] <= 39082.000000
```

DAX stellt Datums- und Uhrzeitwerte als Gleitkommazahlen dar. Aus diesem Grund erfolgt der Vergleich der Spalte *Order Date* mit zwei Zahlen, die den beiden im Filterargument des DAX-Ausdrucks verwendeten Datumsangaben entsprechen.

Ältere Versionen der DAX-Engine erzeugen stattdessen möglicherweise die folgende xmSQL-Abfrage:

```
SELECT SUM ( Sales[Quantity] )
FROM Sales
WHERE Sales[Order Date] IN ( 38732.000000, 38883.000000, 38846.000000, 38997.000000,
38809.000000, 38960.000000, 38789.000000, 38923.000000, 39074.000000, 38752.000000..[365
total values, not all displayed] ) ;
```

In diesem Fall enthält die xmSQL-Abfrage anstelle einer Bereichsbedingung einen Bitmapindex, der alle im Filter enthaltenen Werte identifiziert. Die *WHERE/IN*-Bedingung stellt einen solchen Bitmapindex dar, wobei im xmSQL-Code nur ein Beispiel der Werte, gefolgt von der Gesamtzahl der Spaltenwerte, gemeldet wird. Um die Werteliste für einen Bereich zu erhalten, kann zuvor eine weitere xmSQL-Abfrage ausgeführt werden:

```
SELECT Sales[Order Date]
FROM Sales
WHERE Sales[Order Date] >= 38718.000000
    VAND Sales[Order Date] <= 39082.000000
```

Die eigentliche xmSQL-Abfrage, die in diesem letzten Beispiel erzeugt wird, könnte komplexer sein und etwa auch einen Rückruf an die FE enthalten, um das Ergebnis der *DATE*-Funktion in den entsprechenden Gleitkommawert zu transformieren. Weitere Informationen zu diesen Rückrufen finden Sie im Abschnitt »*CallbackDataID* verstehen« weiter hinten in diesem Kapitel.

Join-Operatoren

Der xmSQL-Code kann *JOIN*-Bedingungen ausführen, wenn eine DAX-Abfrage mehrere Tabellen umfasst, die durch Beziehungen im Datenmodell miteinander verbunden sind. Betrachten Sie z. B. die folgende DAX-Abfrage, die die Summe der Spalte *Quantity* in der Tabelle *Sales* für jeden *Color*-Wert in der Tabelle *Product* zurückgibt:

```
EVALUATE
SUMMARIZECOLUMNS (
    'Product'[Color],
    "Sales",  SUM ( Sales[Quantity] )
)
```

Wenn es im Datenmodell eine 1:n-Beziehung zwischen den Tabellen *Product* und *Sales* gibt, enthält der entsprechende xmSQL-Code einen *LEFT OUTER JOIN* zwischen den beiden Tabellen, wie in der folgenden SE-Abfrage dargestellt:

```
SELECT Product[Color], SUM ( Sales[Quantity] )
FROM Sales
    LEFT OUTER JOIN Product ON Sales[ProductKey] = Product[ProductKey];
```

Die *ON*-Bedingung des *JOIN* schließt automatisch die Spalten ein, die die Beziehung im Datenmodell definieren. Für jede an der Abfrage beteiligte Beziehung gibt es einen Join in xmSQL.

Temporärtabellen und flache Beziehungen in Batch-Ereignissen

VertiPaq kann xmSQL-Abfragen ausführen, deren Ergebnis für eine weitere xmSQL-Abfrage im Speicher vorgehalten wird, ohne von der FE verarbeitet zu werden. Hierdurch verbessert sich die Abfrageleistung, da dieses Zwischenergebnis für die SE nicht materialisiert wird. Wenn die Temporärtabelle in einer anderen xmSQL-Operation verwendet wird, sollte es eine *Batch*-Operation in der VertiPaq-Speicher-Engine geben, die die verschiedenen ausgeführten SE-Abfragen gruppiert. Betrachten Sie z. B. die folgende DAX-Abfrage, die das durchschnittliche Jahreseinkommen von Kunden berechnet, die im entsprechenden Jahr mindestens einen Kauf getätigt haben:

```
EVALUATE
CALCULATETABLE (
    SUMMARIZECOLUMNS (
        'Date'[Calendar Year],
        "Yearly Income", AVERAGE ( Customer[Yearly Income] )
    ),
    CROSSFILTER ( Sales[CustomerKey], Customer[CustomerKey], BOTH )
)
```

Der bidirektionale Filter zwischen den Tabellen *Sales* und *Customer* aktiviert ein spezielles Verhalten der SE, das eine in verschiedenen Schritten einer *Batch*-Anweisung ausgeführte Abfrage erzeugt. In DAX Studio ist das *Batch*-Ereignis standardmäßig ausgeblendet, kann aber aktiviert werden, um es nach einem oder mehreren *Scan*-Ereignissen anzuzeigen. Sie sehen dies in Abbildung 19.14.

Line	Subclass	Duration	CPU	Rows	KB	Query
2	Scan	3	0	14,228	56	DEFINE TABLE '$TTable3' := SELEC
4	Scan	0	0	18,880	3	DEFINE TABLE '$TTable4' := SELEC
6	Scan	5	0	3	1	DEFINE TABLE '$TTable1' := SELEC
7	Batch	9	0			DEFINE TABLE '$TTable3' := SELEC

Abbildung 19.14 In DAX Studio erfasste SE-Ereignisse, die den *Batch-Filter* in *Server Timings* aktivieren

Das in Zeile 7 gemeldete *Batch* enthält alle in den Zeilen 2, 4 und 6 gemeldeten *Scan*-Ereignisse. Die SE-Abfrage jedes *Scan*-Ereignisses wird durch ein Komma getrennt, aber das *Batch*-Ereignis könnte zusätzliche Anweisungen wie die im vollständigen Code des folgenden *Batch*-Ereignisses hervorgehobene umfassen. Die *CREATE SHALLOW RELATION*-Anweisung implementiert das Verhalten des bidirektionalen Filters auf SE-Ebene und optimiert die Ausführung einer DAX-Abfrage mit mindestens einem bidirektionalen Filter:

```
--
-- Diese Abfrage ist auch das erste verarbeitete Scan-Ereignis
--
DEFINE TABLE '$TTable3' :=
SELECT
    Customer[CustomerKey], Date[Calendar Year]
FROM Sales
    LEFT OUTER JOIN Customer
        ON Sales[CustomerKey]=Customer[CustomerKey]
    LEFT OUTER JOIN Date
        ON Sales[OrderDateKey]=Date[DateKey],


--
-- Diese Anweisung erzeugt kein Scan-Ereignis
--
CREATE SHALLOW RELATION '$TRelation1' MANYTOMANY
    FROM Customer[CustomerKey] TO '$TTable3'[Customer$CustomerKey],


--
-- Diese Abfrage ist das zweite verarbeitete Scan-Ereignis
--
DEFINE TABLE '$TTable4' :=
SELECT
    SIMPLEINDEXN ( '$TTable3'[Customer$CustomerKey] )
FROM '$TTable3',
```

```
--
-- Diese Abfrage ist das dritte und letzte Scan-Ereignis, das für diesen Batch verarbeitet
wird
--
DEFINE TABLE '$TTable1' :=
SELECT
    '$TTable3'[Date$Calendar Year],
    SUM ( '$TTable2'[$Measure0] ), SUM ( '$TTable2'[$Measure1] )
FROM '$TTable2'
    INNER JOIN '$TTable3'
        ON '$TTable2'[Customer$CustomerKey]='$TTable3'[Customer$CustomerKey]

REDUCED BY

'$TTable2' :=
SELECT
    Customer[CustomerKey],
    SUM ( Customer[Yearly Income] ),
    SUM (  ( PFDATAID ( Customer[Yearly Income] ) <> 2 )  )
FROM Customer
WHERE
Customer[CustomerKey] ININDEX '$TTable4'[$Index1];
```

Erst die letzte *DEFINE TABLE*-Anweisung in einem Batch erzeugt ein Ergebnis, das an die FE zurückgegeben wird und der *$TTable2*-Abfrage entspricht. Alle vorangegangenen *DEFINE TABLE*-Anweisungen erzeugen lediglich Temporärtabellen, die später innerhalb desselben Batchs verwendet werden. Es ist erwähnenswert, dass die letzte Abfrage bei *DEFINE TABLE $TTable1* beginnt und am Ende des Batchs – einschließlich der *REDUCED BY*-Klausel – endet. *REDUCED BY* ist eine Syntax, die eine Unterabfrage innerhalb derselben SE-Anforderung definiert, statt die Ausführung einer separaten SE-Abfrage im selben Batch zu erfordern, etwa *$TTable3* und *$TTable4* in diesem Batch. Das Ergebnis einer Temporärtabelle, die innerhalb von *DEFINE TABLE* vor der letzten Tabelle im Batch definiert wird, könnte binäre Informationen enthalten, die niemals als DAX-Ergebnis zurückgegeben werden. Die Funktion *SIMPLEINDEXN* etwa erzeugt eine Indexstruktur, die von einer nachfolgenden Abfrage verwendet werden kann, um per *ININDEX*-Operator einen Filter auf eine Spalte anzuwenden. Diese temporären Tabellen werden nicht an die FE zurückgegeben, sondern nur in der SE vorgehalten – mit einer effizienten Struktur, die ausschließlich dazu dient, die interne Auswertung anderer SE-Abfragen zu verbessern.

Überprüfungszeit verstehen

Nach der obigen Beschreibung der Syntax von xmSQL-Abfragen ist es nun Zeit, sich damit auseinanderzusetzen, wie die Speicher-Engine solche Anweisungen ausführt.

VertiPaq führt eine vollständige Überprüfung jeder an einer SE-Abfrage beteiligten Spalte durch. Je nach Anforderung kann es auch mehrere Iterationen für eine Spalte geben. Da keine Indizes vorhanden sind, hängt die für einen Scan erforderliche Zeit vom Speicherbedarf der Spalte ab. Dieser ist bedingt durch die Anzahl eindeutiger Werte in der Spalte, ihre Verteilung auf die Zeilen und die Anzahl der Zeilen in der Tabelle. Die Bedeutung dieser Faktoren hängt von der in der xmSQL-Abfrage verwendeten Aggregationsfunktion ab. Betrachten Sie zum Beispiel eine große Tabelle mit vier Spalten: *Date*, *Time*, *Age* und *Score*. Die Tabelle hat 4 Milliarden Zeilen, damit wir relevante Unterschiede in der Ausführungszeit erkennen können. Wir haben nun die folgenden DAX-Abfragen für jede Spalte ausgeführt:

```
EVALUATE
ROW ( "Sum", SUM ( Example[<column name>] ) )

EVALUATE
ROW (
    "Distinct Count",
    CALCULATE (
        DISTINCTCOUNT ( Example[<column name>] ),
        NOT ISBLANK ( Example[<column name>] )
    )
)
```

Die zweite Abfrage enthält eine *NOT ISBLANK*-Bedingung. Diese ist erforderlich, um eine SE-Abfrage zur Ausführung der Abfrage zu erhalten. Wenn die Abfrage keinen Filter hätte, wäre die Anzahl unterschiedlicher Werte in einer Spalte den Metadaten des Modells entnommen worden, ohne dass tatsächlich eine SE-Anfrage ausgeführt worden wäre.

Wir sind nicht an den Werten interessiert, die von diesen Abfragen zurückgegeben werden, sondern nur an der Zeit, die in der SE verbracht wird. Diese liegt bei solchen einfachen Abfragen immer nahe an der Gesamtausführungsdauer der DAX-Abfragen. Tabelle 19.1 zeigt für jede Spalte die gemeldeten Ergebnisse:

- **Arbeitsspeicher (MB):** Speicherbedarf der Spalte für die gesamte Tabelle (4 Milliarden Zeilen)
- **Unterschiedliche Werte:** Anzahl der eindeutigen Werte in der Spalte, ermittelt durch Ausführung der Aggregationsfunktion *DISTINCTCOUNT* in DAX
- **SUM (ms):** Ausführungszeit der Abfrage, die die *SUM*-Aggregation auf die Spalte anwendet
- **DISTINCTCOUNT (ms):** Ausführungszeit der Abfrage, die die *DISTINCTCOUNT*-Aggregation auf die Spalte anwendet

Spalte	Arbeitsspeicher (MB)	Unterschiedliche Werte	SUM (ms)	DISTINCTCOUNT (ms)
Date	0,03	1.588	9	20
Age	165,26	96	146	333
Score	2.648,40	9.766.664	837	**4.288**
Time	6.493,57	1.439	**1.330**	4.102

Tabelle 19.1 Spaltengröße, Kardinalität und Ausführungszeit von Aggregationsfunktionen

Auf den ersten Blick wirken einige Ergebnisse möglicherweise kontraintuitiv. In der Regel ist die Abfrage umso langsamer, je größer die Anzahl der eindeutigen Werte in einer Spalte ist. In diesem Fall ist *Date* schneller als *Age*, das eine geringere Anzahl eindeutiger Werte aufweist. Darüber hinaus weist die Spalte *Time*, die eine ähnliche Kardinalität wie *Date* hat, einen Leistungsunterschied von mindestens einer Größenordnung im Vergleich zu *Date* auf. Die Gründe für diese Unterschiede sind die verschiedenen Komprimierungsraten, die sich aus den unterschiedlichen Sortierreihenfolgen der Spalten ergeben.

Die Spalte *Date* hat immer die schnellere Ausführungszeit. Grund dafür ist, dass die 4 Milliarden Zeilen als nach Datum sortierte Lesezeilen verarbeitet wurden. Auch ohne Partitionierung entstanden auf diese Weise Segmente mit jeweils ein oder zwei eindeutigen Werten. Daher hatten alle Zeilen in jedem Segment eine sehr hohe Komprimierungsrate, wie der von der Spalte *Date* beanspruchte Arbeitsspeicher deutlich macht.

Die Spalte *Age* weist sowohl für *SUM* als auch für *DISTINCTCOUNT* die zweitbeste Leistung auf. Diese Spalte hat einen höheren Speicherbedarf als *Date*, da es für jeden *Date*-Wert unterschiedliche *Age*-Werte gibt und die Zeilen zunächst nach *Date* sortiert werden.

Die Spalten *Score* und *Time* haben eine geringere Leistung. Die Leistung von *SUM* hängt hauptsächlich vom Speicherbedarf ab, während *DISTINCTCOUNT* auch auf die Anzahl der unterschiedlichen Werte in der Spalte reagiert. Der Grund dafür ist, dass für diese beiden Aggregationen ein anderer Rechenalgorithmus verwendet wird.

Das wesentliche Konzept dabei ist, dass wir je nach Arbeitsspeicherbedarf einer Spalte eine unterschiedliche Leistung für eine SE-Abfrage erzielen können. Wir können eine VertiPaq-SE-Abfrage optimieren, indem wir den Speicherbedarf der verwendeten Spalten reduzieren. Zu diesem Zweck müssen wir Spalten mit einer geringeren Anzahl eindeutiger Werte oder mit einer anderen Sortierreihenfolge der Datenquelle verwenden, die Anzahl der Zeilen in der Tabelle reduzieren oder andere Techniken anwenden, die wir im verbleibenden Teil dieses Buchs beschreiben werden.

Interne Abläufe von *DISTINCTCOUNT* verstehen

Die *DISTINCTCOUNT*-Funktion in einem DAX-Ausdruck erzeugt mehrere *VertiPaq Scan Internal*-Ereignisse für ein einzelnes *VertiPaq Scan*-Ereignis. Diese internen Ereignisse können wir in DAX Studio durch Aktivieren der Schaltfläche *Internal* im Abschnitt *Server Timings* sichtbar machen.

Betrachten Sie die folgende DAX-Abfrage:

```
EVALUATE
ROW (
    "Distinct Count",
    CALCULATE (
        DISTINCTCOUNT ( Example[Score] ),
        Example[Score] <> 0
    )
)
```

Tabelle 19.2 zeigt die vollständige Liste der *VertiPaq Scan*-Ereignisse, die durch die obige Abfrage generiert wurden.

Zeile	Unterklasse	Länge	CPU	Abfrage
1	Internal	4.269	31.641	SELECT Example[Score] FROM Example;
2	Internal	4.269	31.641	SELECT Example[Score] FROM Example;
3	Internal	19	31.766	SELECT COUNT( ) FROM $DCOUNT_DATACACHE;
4	Scan	4.288	31.766	SELECT DCOUNT (Example[Score]) FROM Example;

Tabelle 19.2 *VertiPaq Scan*-Ereignisse für eine DAX-Abfrage mit einem *DISTINCTCOUNT*-Measure

Die letzte Zeile enthält die von der FE angeforderte SE-Abfrage. Intern wird die Abfrage jedoch in zwei Unterabfragen aufgeteilt. Das erste Ergebnis wird in zwei identischen Zeilen dupliziert (vgl. den Inhalt der Spalten *Duration* und *CPU*). Es folgt der xmSQL-Code der ersten internen Unterabfrage, die die Liste der eindeutigen Werte in der Spalte *Score* der Tabelle *Example* abruft:

```
SELECT Example[Score]
FROM Example
WHERE Example[Score] <> 0;
```

Das Ergebnis dieser SE-Abfrage ist eine Liste der eindeutigen Werte in der Spalte *Score* der Tabelle *Example*. Der nächste Schritt besteht im Ermitteln der Zeilenanzahl in dieser Liste. Das Zählen der von der internen Abfrage zurückgegebenen Zeilen liefert also das korrekte Ergebnis der ursprünglichen Abfrage. Diese besondere xmSQL-Abfrage verweist einfach nur auf eine spezielle Tabelle namens *$DCOUNT_DATACACHE*, die ihrerseits das vorherige Ergebnis einer SE-Abfrage referenziert:

```
SELECT COUNT ( )
FROM $DCOUNT_DATACACHE;
```

Tabelle 19.2 zeigt auch, dass die Dauer des *Scan*-Ereignisses der Summe der Dauer der beiden internen Ereignisse entspricht, obwohl das doppelte Ereignis nur einmal gezählt wird. Was *CPU Time* betrifft, so ist diese bei allen Ereignissen derselben Abfrage immer gleich. Das Parallelitätsverhältnis, das Sie durch Teilen von *CPU Time* durch *Duration* auswerten können, beträgt etwa sieben, was bedeutet, dass bis zu acht Threads parallel ausgeführt wurden. Im nächsten Abschnitt erhalten Sie eine ausführlichere Beschreibung der Parallelität innerhalb einer SE-Abfrage.

Parallelität und Datencache verstehen

Jede SE-Abfrage, die durch eine xmSQL-Anweisung beschrieben wird, gibt ein Ergebnis zurück, das als »Datencache« bezeichnet wird und eine einzelne unkomprimierte Tabelle im Arbeitsspeicher ist. Das Ergebnis einer SE-Abfrage kann entweder vollständig im Arbeitsspeicher materialisiert werden, oder seine Zeilen können während der Iteration verarbeitet werden, ohne persistent zu bleiben. Normalerweise sprechen wir von einem Datencache, wenn dieses Ergebnis materialisiert wird, was bei komplexen Abfragen meistens der Fall ist.

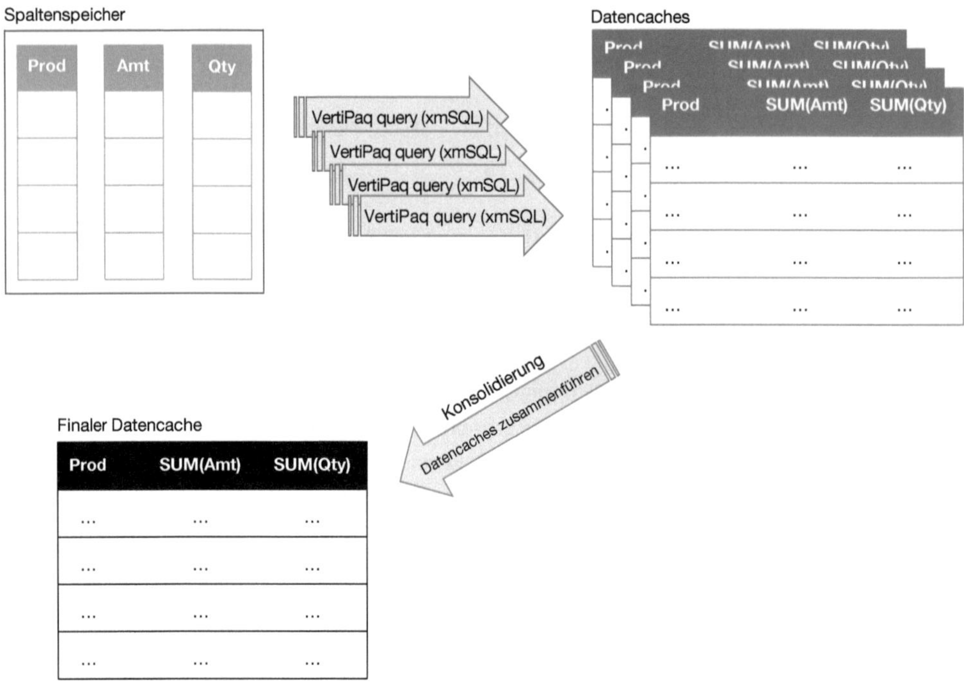

Abbildung 19.15 Der finale Datencache ist Ergebnis der Konsolidierung verschiedener Datencaches, die bei Parallelisierung der Ausführung durch die Engine durch gleichzeitige VertiPaq-Abfragen erstellt werden.

Die Ausführung der SE-Abfrage kann über mehrere Kerne hinweg parallelisiert werden, wobei separate Ausführungsthreads verwendet werden. Die Anzahl der verwendeten Threads hängt dabei von der Hardware und der physischen Struktur der an der Abfrage beteiligten Spalten ab. Die VertiPaq-Engine weist jedem an einem einzelnen Scanvorgang beteiligten Segment einen Thread zu. (Wir haben das in Kapitel 17 im Abschnitt »Segmentierung und Partitionierung verstehen« beschrieben.) Wenn die Operation in mehreren Threads ausgeführt wird, erzeugt jeder Thread ein Teilergebnis. Erst wenn alle Threads ihre Ausführung abgeschlossen haben, konsolidiert VertiPaq diese Ergebnisse in einem einzigen finalen Datencache. Die FE verbraucht den

Datencache dann in nur noch einem Thread. Auch deswegen ist für das Ergebnis einer SE-Abfrage eine solche Konsolidierung nötig. Eine Beschreibung des Parallelverarbeitungs- und Konsolidierungsverhaltens ist in dem in Abbildung 19.15 gezeigten Schema zu sehen.

Ein Segment sollte nicht zu klein sein, da der Konsolidierungsprozess Zeit benötigt. Die Effizienz der Ausführung von Überprüfungsoperationen in mehreren Threads sollte den Mehraufwand der Konsolidierung ausgleichen; dies ist aber nur dann möglich, wenn die Segmente nicht zu klein sind. Außerdem können VertiPaq-Operationen bei kleinen Tabellen die Vorteile mehrerer Kerne nicht nutzen: Der Aufwand des Konsolidierungsprozesses würde den Leistungszuwachs durch die Parallelisierung kleiner Tabellen überschreiten.

Sie sollten immer im Hinterkopf behalten, dass die SE-Abfrage lediglich Daten an die FE liefert. In einem einfachen Szenario würden die folgenden Schritte ablaufen:

1. Die SE erhält eine xmSQL-Abfrage.
2. Die SE führt die Überprüfungsoperationen – möglicherweise in vielen Threads – aus. Dabei wird ein Datencache pro Thread erzeugt.
3. Die SE konsolidiert die verschiedenen Datencaches zu einem einzigen finalen Datencache.
4. Die FE verbraucht den Datencache in einem einzigen Thread.
5. Die FE kann denselben Datencache in verschiedenen Schritten des Abfrageplans verwenden.

In Profiler sehen Sie immer die SE-Ereignisse vor dem Abfrageplan. Der physische Abfrageplan erscheint immer am Ende der mit einer Abfrage verbundenen Ereignisse. Dem logischen Abfrageplan können einige SE-Abfragen vorausgehen. Ist dies der Fall, dann liegt das daran, dass die DAX-Engine selbst Abfragen sendet, um Informationen über die Größe und Dichte der Spalten abzurufen. Die DAX-Engine verwendet diese Informationen, um einen besseren Abfrageplan zu erstellen. In DAX Studio ist ein solches Verhalten nicht sichtbar, da das Tool Abfragepläne und SE-Abfragen in verschiedenen Bereichen der Benutzeroberfläche anzeigt.

VertiPaq-Cache verstehen

Anders als die DAX-Formel-Engine verfügt die VertiPaq-Speicher-Engine über einen Cache, der naheliegenderweise »VertiPaq-Cache« heißt. Sein primärer Zweck besteht darin, die Leistung mehrerer Anforderungen desselben Datencaches innerhalb derselben Abfrage zu verbessern. Außerdem soll er die Performance verschiedener DAX-Abfragen optimieren, die denselben Datencache anfordern. Es ist wichtig, diese Ziele des VertiPaq-Caches zu verstehen, um sein Verhalten analysieren und seine Effizienz bewerten zu können.

Betrachten Sie beispielsweise die folgende DAX-Abfrage:

```
EVALUATE
ADDCOLUMNS (
    VALUES ( Example[Date] ),
    "A", CALCULATE ( SUM ( Example[Amt] ) ),
    "Q", CALCULATE ( SUM ( Example[Qty] ) )
)
```

Das Ergebnis der Abfrage umfasst zwei Spalten, *A* und *Q*, die die Spalten *Amt* und *Qty* der Tabelle *Example* für jeden *Date*-Wert summieren. Wir werden die Abfrage zweimal ausführen und dabei die unterschiedlichen Ausführungszeiten der beiden Durchläufe analysieren. Tabelle 19.3 zeigt die Reihenfolge der *Scan*-Ereignisse für die erste Ausführung, wobei sowohl *Cache*- als auch *Internal*-Ereignisse in DAX Studio aktiviert werden.

Zeile	Unterklasse	Länge	CPU	Abfrage
1	Internal	1.796	13.516	SELECT Example[Date], SUM (Example[Amt]), SUM (Example[Qty]), COUNT ( ) FROM Example;
2	Scan	1.796	13.516	SELECT Example[Date], SUM (Example[Amt]), SUM (Example[Qty]), COUNT ( ) FROM Example;
3	Internal	6	31	SELECT Example[Date], COUNT ( ) FROM Example;
4	Scan	6	31	SELECT Example[Date] FROM Example;

Tabelle 19.3 *VertiPaq*-Ereignisse für die erste Ausführung einer DAX-Abfrage mit zwei Aggregationen

Die zweite Ausführung derselben Abfrage führt zu einem anderen Ergebnis, da sie vom VertiPaq-Cache der ersten profitiert. Das Ergebnis sehen Sie in Tabelle 19.4.

Zeile	Unterklasse	Länge	CPU	Abfrage
1	Cache	0	0	SELECT Example[Date], SUM (Example[Amt]), SUM (Example[Qty]), COUNT ( ) FROM Example;
2	Scan	0	0	SELECT Example[Date], SUM (Example[Amt]), SUM (Example[Qty]), COUNT ( ) FROM Example;
3	Cache	0	0	SELECT Example[Date], COUNT ( ) FROM Example;
4	Scan	0	0	SELECT Example[Date] FROM Example;

Tabelle 19.4 *VertiPaq*-Ereignisse für die zweite Ausführung einer DAX-Abfrage mit zwei Aggregationen

Die Dauer der zweiten Ausführung beträgt 0 Millisekunden. Der Grund dafür ist, dass bei der zweiten Ausführung der Abfrage bereits ein Datencache mit den erforderlichen Daten im VertiPaq-Cache verfügbar war. Daher führte die Engine keine VertiPaq-Abfrage aus, sondern holte sich das Ergebnis einfach aus dem Cache.

Die *Cache-* und *Internal*-Ereignisse sind in DAX Studio standardmäßig deaktiviert, sodass das Ergebnis, das normalerweise sichtbar ist, wenn bei SE-Abfragen auf den Cache zurückgegriffen werden kann, in Tabelle 19.5 dargestellt ist. Die einzigen sichtbaren Ereignisse sind die *Scan*-Ereignisse mit einer Dauer von 0 Millisekunden.

Zeile	Unterklasse	Länge	CPU	Abfrage
2	Scan	0	0	SELECT Example[Date], SUM (Example[Amt]), SUM (Example[Qty]), COUNT ( ) FROM Example;
4	Scan	0	0	SELECT Example[Date] FROM Example;

Tabelle 19.5 *VertiPaq Scan*-Ereignisse, die für eine DAX-Abfrage mit zwei Aggregationen sichtbar sind

Die VertiPaq-Engine verwendet Daten im Cache nur dann wieder, wenn die Kardinalität gleich ist und die Spalten eine Teilmenge einer vorherigen Abfrage sind. Dieser Algorithmus ist sehr einfach, da Lookups im VertiPaq-Cache nicht als zusätzlicher Aufwand der Speicherüberprüfungsoperation angesehen werden dürfen, die zu vermeiden wären. Aus diesem Grund hält der VertiPaq-Cache nur eine begrenzte Anzahl von Datencaches im Arbeitsspeicher. Daher gibt es selbst dann, wenn der Abfrageplan dieselbe Speicherabfrage innerhalb derselben DAX-Abfrage mehrfach wiederholt, keine Garantie, dass eine Anforderung den Cache nutzt. Trotzdem kann der VertiPaq-Cache unter den meisten Bedingungen mehrere der Anforderungen bearbeiten, die innerhalb einer kurzen Zeitspanne auftreten.

VertiPaq ignoriert Sicherheitseinstellungen auf Zeilenebene. Die DAX-Formel-Engine verwaltet die rollenbasierte Sicherheit und generiert je nach Sicherheitseinstellungen und Benutzeranmeldeinformationen unterschiedliche Abfragen der VertiPaq-Speicher-Engine. Aus diesem Grund ist der VertiPaq-Cache eine globale Ressource und enthält benutzer- und sitzungsübergreifende Ergebnisse. Die FE garantiert die Richtigkeit des Ergebnisses und generiert je nach Anforderung unterschiedliche SE-Abfragen.

Bei der Leistungsanalyse ist es wichtig, den Cache vor dem Ausführen einer Abfrage zu leeren. Um Engpässe und Optimierungspotenziale für einen Abfrageplan zu ermitteln, ist es besser, die Zeit zu beobachten, die für eine Überprüfung im Arbeitsspeicher benötigt wird, bei der das Worst-Case-Szenario (nämlich ein leerer Cache) simuliert wird. Aufgrund der reduzierten Größe des VertiPaq-Caches ist ein fehlender Cache auf einem stark ausgelasteten Server mit vielen gleichzeitigen Benutzern, die Abfragen ausführen, ein durchaus häufig auftretendes Ereignis.

DAX Studio bietet zwei Verfahren zum Löschen des Caches vor der Ausführung einer Abfrage:

- Klicken Sie auf die Schaltfläche *Clear Cache* (Cache löschen) auf der Registerkarte *Home*, um den Cache in der DAX-Engine zu löschen, bevor Sie eine Abfrage mit der Schaltfläche *Run Query* ausführen.
- Sie können auch die Schaltfläche *Clear Cache then Run* (Vor jeder Ausführung Cache löschen) auf der Registerkarte *Home* aktivieren, sodass der Cache vor jeder Ausführung gelöscht wird. Abbildung 19.16 zeigt die beiden Schaltflächen *Run* und *Clear Cache then Run*.

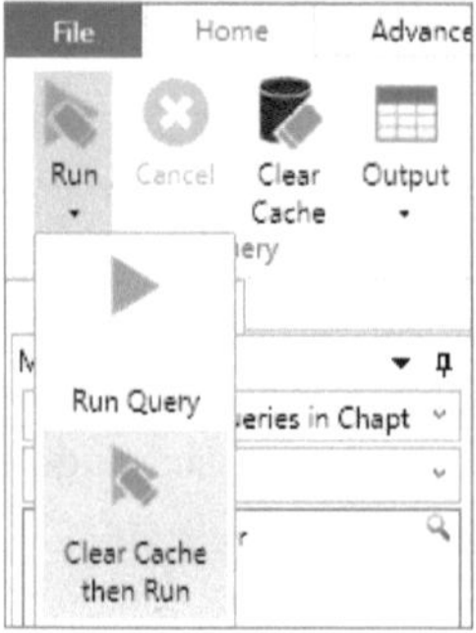

Abbildung 19.16 Die Registerkarte *Home* in DAX Studio bietet mehrere Optionen zum Löschen des Caches der DAX-Engine.

DAX Studio sendet intern einen Befehl zum Löschen des Caches an die DAX-Engine. Hierzu wird der folgende XMLA-Befehl verwendet, der den Cache mit den Ergebnissen für die angegebene Datenbank entfernt. In diesem Beispiel wird der Cache der Contoso-Datenbank gelöscht:

```
<ClearCache xmlns="http://schemas.microsoft.com/analysisservices/2003/engine">
    <Object>
        <DatabaseID>Contoso</DatabaseID>
    </Object>
</ClearCache>
```

CallbackDataID verstehen

Die VertiPaq-SE unterstützt nur eine begrenzte Anzahl von Operatoren und Funktionen in xmSQL. Daher ist es Aufgabe der FE, jede Operation durchzuführen, die nicht direkt von der SE unterstützt wird. Wenn jedoch eine komplexe Berechnung innerhalb eines VertiPaq-Iterators benötigt wird, kann die SE die FE mit einer speziellen xmSQL-Funktion namens *CallbackDataID* aufrufen.

Die in xmSQL unterstützten Operatoren umfassen die grundlegenden mathematischen Operationen (Addition, Subtraktion, Multiplikation und Division), es fehlen jedoch Rechenfunktionen wie die Quadratwurzel (*SQRT* in DAX) oder bedingte Logik wie die *IF*-Funktion. Wenn Sie einen Ausdruck, der nicht von xmSQL unterstützt wird, in einen Iterator aufnehmen, generiert der Abfrageplan eine xmSQL-Abfrage, die eine spezielle Funktion enthält: *CallbackDataID*. Während der Iteration ruft die SE die FE für jede Zeile auf, wobei sie den DAX-Ausdruck und die Werte ihrer Member als Argumente übergibt.

Betrachten Sie etwa die Summe der gerundeten Werte in der folgenden DAX-Abfrage:

```
EVALUATE
ROW (
    "Result", SUMX ( Sales, ROUND ( Sales[Line Amount], 0 ) )
)
```

In diesem Ausdruck kann die SE die Funktion *ROUND* nicht auswerten. Daher erzeugt der Abfrageplan die folgende xmSQL-Anweisung:

```
WITH
    $Expr0 := [CallbackDataID ( ROUND ( Sales[Line Amount]] ), 0 ) ]
              ( PFDATAID ( Sales[Line Amount] ) )
SELECT
    SUM ( @$Expr0 )
FROM Sales;
```

Die Funktion *CallbackDataID* enthält den DAX-Ausdruck, der einen Wert auf die nächstliegende ganze Zahl rundet. Dieser Ausdruck wird für die Spalte *Line Amount* in der Tabelle *Sales* für die aktuelle Zeile ausgewertet. Die *PFDATAID*-Syntax ist nicht relevant für die Analyse der Logik, die wir gerade beschreiben. Die SE ruft die *CallbackDataID*-Funktion für jede Zeile der Tabelle *Sales* auf. Das Ergebnis der xmSQL-Abfrage ist ein Datencache mit nur einer Zeile, die dem aggregierten Ergebnis entspricht. Auch wenn die FE nur einen einzigen Thread hat, wird die Parallelität der SE nicht beeinträchtigt, wenn die SE die FE über eine *CallbackDataID* aufruft. Es können sogar mehrere Instanzen der FE parallel ausgeführt werden: eine für jeden Thread der SE.

Parallelität von *CallbackDataID* und mögliche Alternativen

Um zu verstehen, wie die Parallelität mit *CallbackDataID* und den damit verbundenen Kosten zusammenhängt, überlegen Sie einmal, was passieren könnte, wenn es *CallbackDataID* nicht gäbe. Wir hätten dann möglicherweise einen Abfrageplan, der einen Datencache mit dem Wert der Spalte *Line Amount* für alle Zeilen der Tabelle *Sales* anfordert. Hierzu würde eine xmSQL-Abfrage wie die folgende verwendet werden:

```
SELECT
    Sales[Line Amount], COUNT( )
FROM Sales;
```

Der von der FE erhaltene Datencache würde je eine Zeile für jeden eindeutigen Wert der Spalte *Line Amount* und die Anzahl der Zeilen mit diesem Wert in der Tabelle *Sales* (zurückgegeben von *COUNT*) enthalten. Mit diesen Informationen würde die FE die Funktion *ROUND* auf den Wert von *Line Amount* für jede Zeile im Datencache anwenden und dieses Ergebnis mit der Häufigkeit der *Line Amount*-Werte in der Tabelle *Sales* multiplizieren. Das von der FE gelieferte Ergebnis wäre identisch, aber der von der SE erzeugte Datencache sollte wesentlich größer sein als die eine Zeile, die von der xmSQL-Abfrage mit der *CallbackDataID* zurückgegeben wird. Sie dürfen nicht vergessen, dass die SE oft den gesamten Datencache im Speicher materialisiert und dieser Cache in einem unkomprimierten Format vorliegen würde. Nachfolgend würde die FE in einem einzigen Thread sequenziell über diesen Datencache iterieren. Dies führt zu einer schlechteren Performance und einem höheren Speicherverbrauch.

Die Ausführung mit *CallbackDataID* beansprucht weniger Speicher (der materialisierte Datencache umfasst schließlich nur eine Zeile) und ist besser skalierbar. Wenn sich die *VertiPaq Scan*-Operation über mehrere Threads erstreckt, verwenden Aufrufe an die FE über *CallbackDataID* eine Thread-Instanz der FE. Daher könnten wir uns sogar vorstellen, dass jeder ausgeführte Thread seine eigene FE-Instanz hat – sogar innerhalb derselben Abfrage. Der einzige sequenzielle Vorgang ist die Konsolidierung, die von der SE für die von den ausgeführten Threads erstellten Datencaches durchgeführt wird. Diese Operation ist jedoch sehr schnell, da sie verschiedene Datencaches zusammenführt, die jeweils nur eine Spalte enthalten.

Aus Leistungssicht hat *CallbackDataID* drei weitere Auswirkungen:

- Ausdrücke, die durch *CallbackDataID*-Aufrufe gelöst werden, sind aufwendiger als solche, die mithilfe interner Operatoren der SE gelöst werden. Durch jeden Aufruf von *CallbackDataID* entsteht ein **Overhead**.
- In einer Trace-Sitzung **schließt ein *VertiPaq SE*-Ereignis die Zeit ein, die durch einen** *CallbackDataID*-**Aufruf in der FE verbracht wurde**. Beachten Sie, dass die Optimierung einer SE-Abfrage mit langer Ausführungszeit es erforderlich machen könnte, die Aufrufe von xmSQL-Abfragen an *CallbackDataID* zu reduzieren oder zu entfernen.

- **Der SE-Cache speichert keine Datencaches**, die von einer xmSQL-Abfrage **mit** *CallbackDataID*-**Aufrufen** erzeugt werden. Daher sollte *CallbackDataID* in einer xmSQL-Funktion sorgfältig bewertet werden, wenn der Speicher sie in einer Iteration ausführt.

Die FE hat nur einen Thread, aber wenn die SE die FE über *CallbackDataID* aufruft, wird die Ausführung des Codes in der FE durch die verschiedenen von der SE erzeugten Threads parallelisiert. Die mit dieser Technik einhergehende Parallelität reduziert die Gesamtdauer (*Duration*), aber *CPU Time* könnte sich aufgrund des Overheads der *CallbackDataID*-Aufrufe erhöhen.

Um die Auswirkung von *CallbackDataID* auf die Leistung zu verstehen, betrachten Sie die folgende DAX-Abfrage, die das Ergebnis einer zeilenweise vorgenommenen Division summiert:

```
EVALUATE
{
    SUMX (
        Example,
        IF (
            Example[Denominator] <> 0,
            Example[Numerator] / Example[Denominator]
        )
    )
}
```

Die *IF*-Funktion vermeidet einen Rechenfehler, falls eine Zeile einen Nullwert in der Nennerspalte enthält. Die an die SE gesendete xmSQL-Abfrage ähnelt der folgenden:

```
WITH
    $Expr0 := [CallbackDataID (
        IF (
            Example[Denominator] <> 0,
            Example[Numerator] / Example[Denominator]
        ) ]
        ( PFDATAID ( Example[Numerator] ), PFDATAID ( Example[Denominator] ) )
SELECT
    SUM ( @$Expr0 )
FROM Example;
```

Wir haben eine entsprechende DAX-Abfrage für unsere Tabelle *Example* mit 4 Milliarden Zeilen ausgeführt und erhielten die in Tabelle 19.6 dargestellten SE-Ereignisse.

Zeile	Unterklasse	Länge	CPU	Reihen	Abfrage
1	Internal	8.379	64.234	1	WITH $Expr0 := [**CallbackDataID** (IF (Example[Denominator] <> 0, ...
2	Scan	8.379	64.234	1	WITH $Expr0 := [**CallbackDataID** (IF (Example[Denominator] <> 0, ...

Tabelle 19.6 *VertiPaq Scan*-Ereignisse mit *CallbackDataID* einschließlich einer *IF*-Funktion in DAX

Das Parallelitätsverhältnis (*CPU Time* geteilt durch *Duration*) liegt nahe bei 8, weil wir einen Server mit acht Kernen verwendet haben. Der wesentliche Aspekt ist, dass verschiedene Threads parallele Aufrufe an die FE ausgeführt haben. In den vorangegangenen Kapiteln haben Sie gesehen, dass die *DIVIDE*-Funktion in DAX die spezifische *IF*-Bedingung ersetzen kann, mit der geprüft wird, ob der Nenner einer Division gleich null ist. Sie können sich ansehen, was passiert, wenn Sie in diesem Beispiel *DIVIDE* statt *IF* verwenden. Die DAX-Abfrage sieht dann wie folgt aus:

```
EVALUATE
{
    SUMX (
        Example,
        DIVIDE ( Example[Numerator], Example[Denominator] )
    )
}
```

Die *DIVIDE*-Funktion hat keine entsprechende Syntax in xmSQL, weswegen wir auch in diesem Fall eine *CallbackDataID* in der entsprechenden xmSQL-Abfrage haben, die an die Engines gesendet wird:

```
WITH
    $Expr0 := [CallbackDataID (
        DIVIDE ( Example[Numerator], Example[Denominator] ) ]
        ( PFDATAID ( Example[Numerator] ), PFDATAID ( Example[Denominator] ) )
SELECT
    SUM ( @$Expr0 )
FROM Example;
```

Tabelle 19.7 zeigt die SE-Ereignisse, die durch Ausführen der Abfrage über die im vorherigen Beispiel verwendete Tabelle mit den 4 Milliarden Zeilen erhalten wurden.

Zeile	Unterklasse	Länge	CPU	Reihen	Abfrage
1	Internal	6.790	51.984	1	WITH $Expr0 := [**CallbackDataID** (IF (Example[Denominator] <> 0, ...
2	Scan	6.790	51.984	1	WITH $Expr0 := [**CallbackDataID** (IF (Example[Denominator] <> 0, ...

Tabelle 19.7 *VertiPaq Scan*-Ereignisse mit einer *CallbackDataID* einschließlich einer *DIVIDE*-Funktion in DAX

Durch *DIVIDE* anstelle von *IF* erzielten wir eine Leistungsverbesserung um 19% sowohl bei *Duration* als auch bei *CPU Time*. Trotz der mit dieser Technik erreichten Parallelität ist der Overhead von *CallbackDataID* jedoch immer noch sehr hoch, da die SE eine Funktion in der FE aufruft. Wenn wir die *CallbackDataID* vollständig entfernen, löst sich dieser Overhead in Luft auf. Dann würde dies durch einfaches Anwenden eines Filters ermöglicht, sodass die Iteration Zeilen ignoriert, in deren Spalte *Denominator* (Nenner) 0 steht. Dies ist mit der folgenden DAX-Abfrage möglich:

```
EVALUATE
{
    CALCULATE (
        SUMX (
            Example,
            Example[Numerator] / Example[Denominator]
        ),
        Example[Denominator] <> 0
    )
}
```

Die entsprechende Syntax in xmSQL für diesen gesamten DAX-Ausdruck verwendet keine *CallbackDataID*:

```
WITH
    $Expr0 := Example[Numerator] / Example[Denominator]
SELECT
    SUM ( @$Expr0 )
FROM Example
WHERE Example[Denominator] <> 0;
```

Die in Tabelle 19.8 dargestellten SE-Ereignisse zeigen eine Verbesserung um mehr als 50% im Vergleich zur *DIVIDE*-Version.

Zeile	Unterklasse	Länge	CPU	Reihen	Abfrage
1	Internal	3.108	23.859	1	WITH $Expr0 := Example[Numerator] / Example[Denominator], ...
2	Scan	3.108	23.859	1	WITH $Expr0 := Example[Numerator] / Example[Denominator], ...

Tabelle 19.8 *VertiPaq Scan*-Ereignisse ohne *CallbackDataID* zur Ausführung einer sicheren Division in DAX

Diese letzte Version bietet noch einen weiteren Vorteil, denn hier wird *CallbackDataID* nicht verwendet. Der VertiPaq-Cache hält nun den Datencache für zukünftige Ausführungen vor, was nicht möglich wäre, wenn die xmSQL-Abfrage eine *CallbackDataID* enthielte. Wenn wir die letzte DAX-Abfrage zweimal ausführen, führt die zweite Ausführung zu den in Tabelle 19.9 dargestellten Ereignissen.

Zeile	Unterklasse	Länge	CPU	Reihen	Abfrage
1	Cache	0	0	1	WITH $Expr0 := Example[Numerator] / Example[Denominator], ...
2	Scan	0	0	1	WITH $Expr0 := Example[Numerator] / Example[Denominator], ...

Tabelle 19.9 *VertiPaq Scan*-Ereignisse ohne *CallbackDataID* unter Nutzung des SE-Caches

Normalerweise wird ein sorgfältig arbeitender Entwickler Aufrufe von *CallbackDataID* durch die SE vermeiden oder zumindest ihre Anzahl auf ein Minimum reduzieren. Wir werden später in Kapitel 20 einige Beispiele zu diesem fortgeschrittenen Einsatz behandeln.

Profiler-Einschränkungen für *CallbackDataID* in Analysis Services 2012/2014

Es gibt wichtige Einschränkungen bei Profiler-Ereignissen, die von Analysis Services 2012 oder 2014 erzeugt werden, sofern die xmSQL-Abfrage *CallbackDataID* enthält. Der interne DAX-Ausdruck, der an *CallbackDataID* übergeben wird, könnte Unterabfrageanweisungen im DAX-Code enthalten, die weitere Anfragen an die SE generieren. Leider bieten Versionen von Analysis Services, die vor 2015 veröffentlicht wurden, Informationen über diese Unterabfragen nur im logischen Abfrageplan. Der physische Abfrageplan enthält den in *CallbackDataID* enthaltenen Unterausdruck nicht. Die zur Auswertung dieser Unterausdrücke ausgeführten SE-Abfragen lösen kein im Profiler sichtbares Ereignis aus. Analysis Services, Excel und Power BI Desktop-Versionen, die seit 2016 veröffentlicht wurden, haben dieses Problem nicht.

DirectQuery-Speicher-Engine-Abfragen lesen

Dieser Abschnitt erläutert, wie DirectQuery-SE-Abfragen zu lesen sind. Solche Abfragen werden in der von der Datenquelle akzeptierten SQL-Sprache ausgedrückt. Es ist ratsam, vor der Lektüre dieses Abschnitts den obigen Abschnitt zu VertiPaq-SE-Abfragen zu lesen, um Ähnlichkeiten und Unterschiede zwischen beiden zu verstehen.

Betrachten Sie beispielsweise die folgende DAX-Abfrage:

```
EVALUATE
SUMMARIZECOLUMNS (
    Sales[Order Date],
    "Total Quantity", SUM ( Sales[Quantity] )
)
```

Bei der Ausführung in einem DirectQuery-Modell generiert die DAX-Engine eine einzelne SE-Abfrage, die in SQL an die Datenquelle gesendet wird. Das kann beispielsweise so aussehen:

```
SELECT
    TOP (1000001) [t4].[Order Date],
    SUM ( CAST ( [t4].[Quantity] as BIGINT ) ) AS [a0]
FROM (
    select [StoreKey],
           [ProductKey],
           … // weitere Spalten der hier ausgelassenen Tabellen
    from [dbo].[Sales] as [$Table]
) AS [t4]
GROUP BY [t4].[Order Date]
```

Eine *TOP*-Bedingung begrenzt die Anzahl der Zeilen, die von der Datenquelle an die DAX-Engine übertragen werden. Wenn die Anzahl der zurückgegebenen Zeilen mit dem Parameter der *TOP*-Bedingung identisch ist, schlägt die DAX-Abfrage fehl, weil sie nicht in der Lage ist, die gesamte Datenmenge von der Datenquelle abzurufen. Aus diesem Grund ist, wenn die Grenze der von DirectQuery akzeptierten Zeilen eine Million beträgt, das Argument von *TOPN* 1.000.001. Diese Begrenzung vermeidet den Verbrauch von zu viel Arbeitsspeicher, da das gesamte Ergebnis der SE-Abfrage nach der Übertragung von der Datenquelle zur DAX-Engine unkomprimiert in den Speicher geladen werden muss.

Das Limit – also die Anzahl der Zeilen, die in einer DirectQuery-SE-Anforderung akzeptiert werden – beträgt standardmäßig eine Million. Diese Zahl kann über die Konfigurationseinstellung *MaxIntermediateRowsetSize* geändert werden, die in Analysis Services, nicht aber in Power BI verfügbar ist. Weitere Informationen zu diesem Verhalten finden Sie im Artikel unter *https://www.sqlbi.com/articles/tuning-query-limits-for-directquery*.

Abbildung 19.17 zeigt ein Beispiel für die Informationen, die für SQL-SE-Abfragen abgerufen werden, die an eine DirectQuery-Datenquelle gesendet werden. Die Spalte *Duration* gibt die Wartezeit bis zur Rückgabe des Ergebnisses der SQL-Abfrage in Millisekunden an. *CPU* ist in der Regel eine kleine Zahl, manchmal sogar 0, sie soll die Kosten für das Abrufen des Ergebnisses an die DirectQuery-Engine melden, ignoriert aber die Istkosten für die Datenquelle. Um den tatsächlichen *CPU*-Verbrauch aufseiten der Datenquelle zu bewerten, müssen wir daher die auf der Datenquellen-Engine ausgeführte Abfrage analysieren. Hierzu können wir beispielsweise SQL Server Profiler für Microsoft SQL Server-Datenbanken heranziehen.

Total	SE CPU
3,140 ms	0 ms x0.0
FE	SE
8 ms 0.3%	3,132 ms 99.7%
SE Queries	SE Cache
1	0 0.0%

Line	Subclass	Duration	CPU	Rows	KB	Query
1	SQL	3,132	0			SELECT TOP (1000001) [t

Abbildung 19.17 DirectQuery-SE-Abfragen werden als SQL-Abfragen angezeigt.

Das SQL-Ereignis in Abbildung 19.17 enthält keine Informationen für die Spalten *Rows* und *KB*. Die *SQL*-Ereignisse umfassen nämlich anders als xmSQL-Abfragen, die an VertiPaq gesendet werden, keine Ergebnisschätzung im Hinblick auf Zeilen oder Speicherbedarf.

Zu guter Letzt wird das Ergebnis einer DirectQuery-SE-Abfrage auch nie im Cache der Speicher-Engine persistiert, weswegen der *SE Cache*-Zähler bei einem DirectQuery-Datenmodell immer null ist.

Zusammengesetzte Modelle analysieren

In einem zusammengesetzten Modell kann eine DAX-Abfrage eine Mischung aus VertiPaq- und DirectQuery-SE-Abfragen erzeugen. Betrachten Sie beispielsweise die folgende DAX-Abfrage, die in einem Modell ausgeführt wird, bei dem die Tabelle *Sales* einen DirectQuery-Speichermodus nutzt, alle anderen Tabellen dagegen den Dual-Speichermodus:

```
EVALUATE
ADDCOLUMNS (
    VALUES ( 'Date'[Calendar Year] ),
    "Quantity", CALCULATE ( SUM ( Sales[Quantity] ) )
)
```

Die Funktion *ADDCOLUMNS* erzeugt in der Regel mindestens zwei SE-Abfragen: eine für die Funktion *VALUESERTE*, die andere zur Berechnung der Umsatzgesamtsumme je Kalenderjahr. Im Screenshot in Abbildung 19.18 sehen Sie tatsächlich zwei Speicherabfragen unterschiedlicher Art.

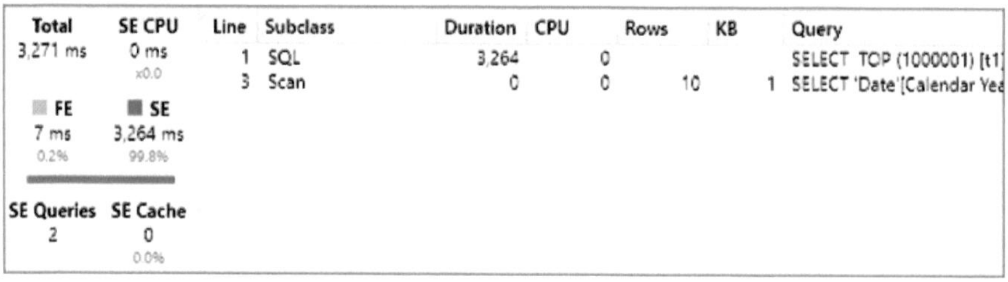

Total	SE CPU
3,271 ms	0 ms x0.0
FE	SE
7 ms 0.2%	3,264 ms 99.8%
SE Queries	SE Cache
2	0 0.0%

Line	Subclass	Duration	CPU	Rows	KB	Query
1	SQL	3,264	0			SELECT TOP (1000001) [t1]
3	Scan	0	0	10	1	SELECT 'Date'[Calendar Yea

Abbildung 19.18 DirectQuery-SE-Abfragen werden als SQL-Abfragen angezeigt.

Die Gesamtzahl pro Kalenderjahr erfordert das Senden einer SQL-Abfrage (angezeigt in Zeile 1) an die DirectQuery-Datenquelle. Die von *VALUES* angeforderte Liste der *Calendar Year*-Namen wird von der xmSQL-VertiPaq-SE-Abfrage in Zeile 3 bereitgestellt.

Achten Sie bei der Analyse eines zusammengesetzten Modells auf die Spalte *Subclass*, die den Typ der verwendeten SE angibt. SQL entspricht dabei immer einer DirectQuery-Datenquelle, die in der Regel langsamer als VertiPaq ist, aber durch Aggregationen optimiert werden kann. Dies wird im nächsten Abschnitt ausführlicher beschrieben.

Aggregationen im Datenmodell verwenden

Wie in Kapitel 18, »VertiPaq optimieren«, beschrieben, können Aggregationen in einem Datenmodell die Leistung der SE-Abfrage verbessern. Aggregationen können sowohl in VertiPaq als auch in DirectQuery definiert werden und bieten alternative Möglichkeiten zur Ausführung einer SE-Abfrage. Wenn Aggregationen verfügbar sind, versucht die Engine, die ursprüngliche SE-Abfrage mithilfe einer Aggregation umzuschreiben und eine andere Abfrage zu erstellen. Dieser Versuch der Neuformulierung ist erfolgreich, wenn eine kompatible Aggregation vorliegt. Schlägt die Neuformulierung dagegen aufgrund des Fehlens einer kompatiblen Aggregation fehl, dann führt die Engine die ursprüngliche SE-Abfrage aus.

DAX Studio kann die zu einer Aggregation passenden Umschreibungsversuche anzeigen. Diese Angaben könnten nützlich sein, um zu verstehen, warum eine bestehende Aggregation wider Erwarten nicht verwendet wird. Betrachten Sie beispielsweise die folgende Abfrage, die in einem zusammengesetzten Modell ausgeführt wird:

```
EVALUATE
SUMMARIZECOLUMNS (
    'Date'[Calendar Year],
    "Qty", SUM ( Sales[Quantity] ),
    "Qty Red", CALCULATE (
        SUM ( Sales[Quantity] ),
        'Product'[Color] = "Red"
    )
)
```

Das Modell verfügt über eine Aggregation für die Tabelle *Sales* mit der Granularität von *Date* und *Customer*. Die Abfrage berechnet für jedes Kalenderjahr zwei Ausdrücke: *Qty* ist die Gesamtzahl aller im Berichtsjahr eingegangenen Bestellungen, *Qty Red* die Anzahl der im gleichen Jahr aufgegebenen Bestellungen roter Produkte. Der Screenshot in Abbildung 19.19 zeigt die von DAX Studio gemeldeten SE-Abfragen, die die obige DAX-Abfrage ausführten.

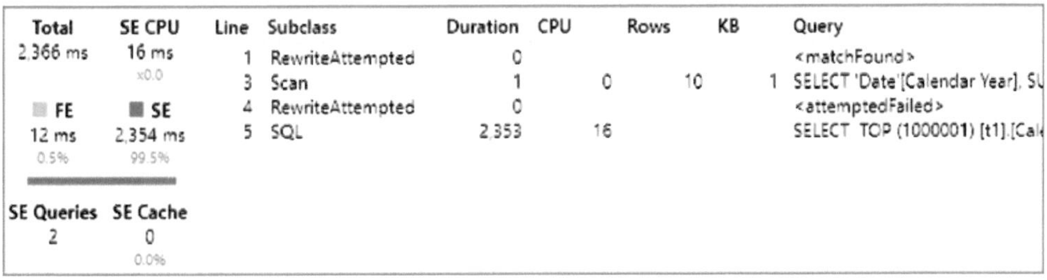

Total	SE CPU
2.366 ms	16 ms x0.0
FE	SE
12 ms 0.5%	2.354 ms 99.5%
SE Queries	SE Cache
2	0 0.0%

Line	Subclass	Duration	CPU	Rows	KB	Query
1	RewriteAttempted	0				<matchFound>
3	Scan	1	0	10	1	SELECT 'Date'[Calendar Year], SU
4	RewriteAttempted	0				<attemptedFailed>
5	SQL	2.353	16			SELECT TOP (1000001) [t1].[Cal

Abbildung 19.19 Verwendung von Aggregationen, die in DAX Studio durch *RewriteAttempted*-Ereignisse gemeldet werden

Es gibt zwei *RewriteAttempted*-Unterklassenereignisse, die die von der DAX-Engine vor der Generierung der SE-Abfrage vorgenommene Auswertung beschreiben. Die *Qty*-Berechnung erfordert einen Filter nach Jahr; diese Anfrage ist mit der bestehenden Aggregation (die nach *Date* und

Customer gruppiert) kompatibel. Dies wird in Zeile 1 gemeldet. Die Einzelheiten zur gefundenen Übereinstimmung sind in den in Abbildung 19.20 gezeigten Ereignisdetails dargestellt.

Abbildung 19.20 Eine passende Aggregation signalisiert Aggregationen durch *RewriteAttempted*-Ereignisse in DAX Studio.

Da es sich bei der Aggregation um eine in den Speicher importierte Tabelle handelt, generiert die Engine die folgende VertiPaq-SE-Abfrage, die in Zeile 3 in Abbildung 19.19 zu erkennen ist:

```
SELECT
    'Date'[Calendar Year],
    SUM ( 'Sales_Agg'[Quantity] )
FROM 'Sales_Agg'
    LEFT OUTER JOIN 'Date' ON 'Sales_Agg'[Order Date]='Date'[Date];
```

Das *RewriteAttempted*-Ereignis in Zeile 4 von Abbildung 19.19 findet keine passende Aggregation für die Berechnung von *Qty Red*, weswegen ein Filter nach *Date* und *Product* erforderlich wird. In diesem Fall muss die Originaltabelle *Sales* (mit DirectQuery-Speicher-Engine) direkt und ohne eine Aggregation abgefragt werden. Die Details in Abbildung 19.21 zeigen dies.

Abbildung 19.21 Keine passende Aggregation von *RewriteAttempted*-Ereignissen in DAX Studio gemeldet.

Da die Tabelle *Sales* über einen DirectQuery-Speicher verfügt, generiert die Engine eine SQL-Abfrage, die in Zeile 5 gemeldet wird. Dass es etwas länger dauert (nämlich mehr als zwei Sekunden), ist normal und zu erwarten. Aggregationen können in Betracht gezogen werden, um die Performance von DAX-Abfragen zu verbessern, deren Engpass die SE ist. Dagegen sind Aggregationen bei FE-Engpässen in der Regel nicht sinnvoll.

Abfragepläne lesen

Zu Beginn dieses Kapitels haben wir die beiden Abfrageplantypen beschrieben, die in DAX verfügbar sind: logische und physische. Tatsächlich verwenden wir diese Abfragepläne gar nicht so oft, weil wir unsere Aufmerksamkeit zunächst auf die SE-Abfragen richten. Wir können die Leistung der SE-Abfragen analysieren, um Probleme zu ermitteln, die durch die SE und/oder durch die Materialisierung großer Datencaches im Arbeitsspeicher verursacht werden. SE-Abfragen sind viel leichter zu lesen als DAX-Abfragepläne.

In diesem Abschnitt beschreiben wir einige wesentliche Aspekte, die in einem Abfrageplan zu überprüfen sind, um Leistungsengpässe zu ermitteln. Eine vollständige und ausführliche Behandlung aller in logischen und physischen Abfrageplänen verwendeten Operatoren würde allerdings den Rahmen dieses Buchs sprengen. Ziel ist es vielmehr, die Beziehungen zwischen einem Abfrageplan und den SE-Abfragen zu verstehen und so die eigene Kompetenz zu verbessern, Engpässe zu ermitteln und die Abfrageleistung zu optimieren.

Ein Abfrageplan erzeugt normalerweise mehr als nur eine SE-Abfrage. Die FE kombiniert die Ergebnisse verschiedener Datencaches und führt Operationen wie beispielsweise Verknüpfungen (Joins) zwischen Temporärtabellen durch. Betrachten Sie die folgende DAX-Abfrage. Sie gibt eine Tabelle mit der Anzahl verkaufter Produkte je Farbe zurück, beschränkt allerdings auf Transaktionen mit einem *Net Price*-Wert von mehr als 1000:

```
EVALUATE
CALCULATETABLE (
    ADDCOLUMNS (
        ALL ( Product[Color] ),
        "Units", CALCULATE (
            SUM ( Sales[Quantity] )
        )
    ),
    Sales[Net Price] > 1000
)
ORDER BY Product[Color]
```

Das in Abbildung 19.22 abgebildete Ergebnis umfasst alle eindeutigen *Color*-Werte einschließlich derjenigen, für die kein Artikel verkauft wurde. In dieser Hinsicht unterscheidet sich der Ansatz der DAX-Engine von dem, was wir in normaler SQL-Sprache erwarten würden; dies liegt an der unterschiedlichen Technik, die für die Verknüpfung von Tabellen in der SE verwendet wird. Wir werden diesen Unterschied später genauer betrachten; hier wollen wir uns erst einmal den Vorgang als solchen ansehen.

Color	Units
Azure	
Black	551
Blue	575
Brown	64
Gold	
Green	403
Grey	421
Orange	58

Abbildung 19.22 Das Ergebnis von *ADDCOLUMNS* enthält Zeilen mit einem Leerwert in der Spalte *Units*.

Der in Abbildung 19.23 gezeigte logische Abfrageplan enthält drei *Scan_Vertipaq*-Operationen, von denen zwei den beiden Datencaches entsprechen, die von SE-Abfragen bereitgestellt werden.

Line	Logical Query Plan
1	Order: RelLogOp DependOnCols()() 1-2 RequiredCols(1, 2)('Product'[Color], ''[Units])
2	CalculateTable: RelLogOp DependOnCols()() 1-2 RequiredCols(1, 2)('Product'[Color], ''[Units])
3	AddColumns: RelLogOp DependOnCols()() 1-2 RequiredCols(1, 2)('Product'[Color], ''[Units])
4	Scan_Vertipaq: RelLogOp DependOnCols()() 1-1 RequiredCols(1)('Product'[Color])
5	Sum_Vertipaq: ScaLogOp DependOnCols(1)('Product'[Color]) Integer DominantValue=BLANK
6	Scan_Vertipaq: RelLogOp DependOnCols(1)('Product'[Color]) 2-113 RequiredCols(1, 88)('Product'[Color], 'Sales'[Quantity])
7	'Sales'[Quantity]: ScaLogOp DependOnCols(88)('Sales'[Quantity]) Integer DominantValue=NONE
8	Filter_Vertipaq: RelLogOp DependOnCols()() 0-0 RequiredCols(0)('Sales'[Net Price])
9	Scan_Vertipaq: RelLogOp DependOnCols()() 0-0 RequiredCols(0)('Sales'[Net Price])
10	GreaterThan: ScaLogOp DependOnCols(0)('Sales'[Net Price]) Boolean DominantValue=NONE
11	'Sales'[Net Price]: ScaLogOp DependOnCols(0)('Sales'[Net Price]) Currency DominantValue=NONE
12	Constant: ScaLogOp DependOnCols()() Currency DominantValue=1000
13	ColPosition<'Product'[Color]>: ScaLogOp DependOnCols(1)('Product'[Color]) String DominantValue=NONE

Abbildung 19.23 Logischer Abfrageplan einer einfachen DAX-Abfrage

Die beiden *Scan_Vertipaq*-Operationen in den Zeilen 4 und 6 erfordern unterschiedliche Spaltenmengen. Die dritte *Scan_Vertipaq*-Operation in Zeile 9 wird dagegen für einen Filter verwendet und erzeugt keinen separaten Datencache. Die zugehörige Logik ist in einer der beiden anderen generierten SE-Abfragen enthalten.

Das *Scan_Vertipaq* in Zeile 4 verwendet nur die Produktfarbe, während das *Scan_Vertipaq* in Zeile 6 Produktfarbe und Umsatzmenge enthält: zwei Spalten in zwei separaten Tabellen. Wenn dies geschieht, ist ein Join zwischen mindestens zwei Tabellen erforderlich.

Nach dem logischen Abfrageplan erhält der Profiler die Ereignisse von der SE. Die entsprechenden xmSQL-Abfragen sehen wie folgt aus:

```
SELECT
    Product[Color],
    SUM ( Sales[Quantity] )
FROM Sales
    LEFT OUTER JOIN Product ON Sales[ProductKey] = Product[ProductKey]
WHERE Sales[Net Price] > 1000;

SELECT Product[Color] FROM Product;
```

Die erste SE-Abfrage ruft eine Tabelle ab, die eine Zeile für jede Farbe enthält, für die mindestens eine zu einem Preis von über 1000 verkaufte Einheit in der Tabelle *Sales* vorhanden ist. Dazu verknüpft die Abfrage die Spalten *Sales* und *Product* mithilfe der Spalte *ProductKey*. Die zweite xmSQL-Anweisung gibt die Liste aller Produktfarben unabhängig von der *Sales*-Tabelle zurück. Diese beiden Abfragen erzeugen zwei verschiedene Datencaches: einen mit zwei Spalten (Produktfarbe und Gesamtzahl) und einen mit nur einer Spalte (Produktfarbe).

An diesem Punkt könnten Sie sich fragen, warum eine zweite Abfrage überhaupt erforderlich ist. Warum reicht die erste xmSQL-Abfrage nicht aus? Der Grund dafür ist, dass beim *LEFT JOIN* in xmSQL *Sales* auf der linken und *Product* auf der rechten Seite steht. In SQL hätten wir eine weitere Abfrage geschrieben:

```
SELECT
    Product.Color,
    SUM ( Sales.Quantity )
FROM Product
LEFT OUTER JOIN Sales
    ON Sales.ProductKey = Product.ProductKey
WHERE Sales.NetPrice > 1000
GROUP BY Product.Color
ORDER BY Product.Color;
```

Die Tabelle *Product* auf der linken Seite eines *LEFT JOIN* würde zu einem Ergebnis führen, das alle Produktfarben enthält. Die SE kann jedoch nur Abfragen zwischen Tabellen mit einer Beziehung im Datenmodell erzeugen, und der resultierende Join in xmSQL stellt immer die Tabelle, die auf der n-Seite der Beziehung steht, auf die linke Seite der Join-Bedingung. Dadurch wird gewährleistet, dass das Ergebnis auch bei fehlenden Produktschlüsseln in der Tabelle *Product* die Umsätze für diese fehlenden Produkte enthält; diese Umsätze werden in einer Zeile mit einem Leerwert für alle Produktattribute (in diesem Fall die Produktfarbe) erfasst.

Nachdem Sie nun gesehen haben, warum die DAX-Engine zwei SE-Abfragen für die ursprüngliche DAX-Abfrage erzeugt, können wir den in Abbildung 19.24 gezeigten physischen Abfrageplan analysieren. Hier finden Sie weitere Informationen über die Abfrageausführung.

Line	Records	Physical Query Plan
1		PartitionIntoGroups: IterPhyOp LogOp=Order IterCols(1, 2)('Product'[Color], ''[Units]) #Groups=1 #Rows=16
2	1	AggregationSpool<Order>: SpoolPhyOp #Records=1
3		AddColumns: IterPhyOp LogOp=AddColumns IterCols(1, 2)('Product'[Color], ''[Units])
4	16	Spool_Iterator<SpoolIterator>: IterPhyOp LogOp=Scan_Vertipaq IterCols(1)('Product'[Color]) #Records=16 #K
5	16	ProjectionSpool<ProjectFusion<>>: SpoolPhyOp #Records=16
6		Cache: IterPhyOp #FieldCols=1 #ValueCols=0
7	10	SpoolLookup: LookupPhyOp LogOp=Sum_Vertipaq LookupCols(1)('Product'[Color]) Integer #Records=10 #Ke
8	10	ProjectionSpool<ProjectFusion<Copy>>: SpoolPhyOp #Records=10
9		Cache: IterPhyOp #FieldCols=1 #ValueCols=1
10		ColPosition<'Product'[Color]>: LookupPhyOp LogOp=ColPosition<'Product'[Color]>ColPosition<'Product'[Colo

Abbildung 19.24 Physischer Abfrageplan einer einfachen DAX-Abfrage

Der physische Abfrageplan verwendet den *Cache*-Operator (Zeilen 6 und 9), um anzugeben, wo er einen von der SE bereitgestellten Datencache verbraucht. Leider ist es nicht möglich, für jede Operation die entsprechende SE-Abfrage anzuzeigen. Trotzdem können wir zumindest in einfachen Fällen wie dem hier betrachteten diese Zuordnung mithilfe anderer vorhandener Informationen ermitteln. Ein *Cache* hat z. B. nur eine Spalte, die bei einer Gruppenoperation erstellt wurde, während der andere *Cache* zwei Spalten enthält: eine, die das Ergebnis einer Gruppenoperation ist, und eine zweite, die das Ergebnis einer Aggregation (die Gesamtanzahl) darstellt. Im physischen Abfrageplan gibt *#ValueCols* die Anzahl der Spalten an, die das Ergebnis einer Aggregation sind, während *#FieldCols* die Anzahl der anderen Spalten benennt, die zur Gruppierung des Ergebnisses verwendet wurden. Durch Betrachtung der vom jeweiligen *Cache*-Knoten verbrauchten Spalten ist es oft möglich, die zugehörige xmSQL-Abfrage zu identifizieren, auch wenn dies bei komplexen Abfrageplänen ein zeitaufwendiger Vorgang ist. In diesem Beispiel gibt der *Cache*-Knoten in Zeile 6 eine Spalte mit 16 Produktfarbnamen zurück; dagegen gibt der *Cache*-Knoten in Zeile 9 nur zehn Zeilen und zwei Spalten zurück, und zwar nur mit den Produktfarbnamen, für die in *Sales* mindestens eine Transaktion innerhalb der für den *Net Price* angegebenen Bedingung (muss größer als 1000 sein) vorhanden ist.

Die *ProjectionSpool*-Operation verbraucht die Datencaches, die den *Cache*-Knoten im physischen Abfrageplan entsprechen. Hier finden wir eine wichtige Information: die Anzahl der iterierten Datensätze, die der Anzahl der Zeilen im verwendeten Datencache entspricht. Dieser Wert folgt dem Attribut *#Records*, das auch in der Spalte *Records* in DAX Studio angegeben wird. Wir können dieses Attribut *#Records* in übergeordneten Knoten des Abfrageplans finden. Und genau hier ist ggf. der Typ der von der Engine durchgeführten Aggregation verfügbar. In diesem Beispiel hat der *Cache* in Zeile 9 zwei Spalten: einerseits *Product[Color]*, andererseits das Ergebnis einer Summenaggregation. Diese Angabe ist im *LogOp*-Argument der Knoten *Spool_Iterator* und *SpoolLookup* in Zeile 4 bzw. 7 verfügbar.

An dieser Stelle wollen wir noch einmal zusammenfassen, was wir den Abfrageplänen und SE-Abfragen bislang entnehmen konnten:

1. Die FE verbraucht zwei Datencaches, die den *Cache*-Knoten im physischen Abfrageplan entsprechen.
2. Die FE iteriert über die Liste der Produktfarben, bei der es sich um eine Tabelle mit 16 Zeilen und einer Spalte handelt. Dies ist der Datencache, der durch die zweite SE-Abfrage erhalten wird. Treffen Sie keine Annahmen über die Reihenfolge der SE-Abfragen im Profiler.
3. Für jede Zeile dieses Datencaches (d. h. für jede Produktfarbe) führt die FE einen Lookup im anderen Datencache aus, der die Produktfarben und die Anzahl verkaufter Einheiten je Farbe enthält; dies ist eine Tabelle mit zwei Spalten und zehn Zeilen.

Der gesamte von der FE ausgeführte Prozess ist sequenziell und auf einen Thread beschränkt. Die FE sendet immer nur eine Anforderung gleichzeitig an die SE. Die SE kann die Anfrage zwar parallelisieren, aber die FE sendet nie mehrere Anfragen parallel an die SE.

Die FE und die SE sind Gegenstand fortlaufender Optimierungen und Verbesserungen in neuen Versionen. Das beschriebene Verhalten könnte daher in neueren Versionen der DAX-Engine anders sein.

Die FE kann verschiedene Ergebnisse kombinieren, indem sie die im vorherigen Abfrageplan beschriebene Lookup-Operation oder andere Mengenoperatoren verwendet. In jedem Fall führt die FE diesen Vorgang sequenziell aus. Daher müssen wir, wenn wir große Datencaches kombinieren oder einen Lookup für mehrere Millionen Zeilen in einem großen Lookup-Datencache durchführen, mit längeren Ausführungszeiten rechnen. Eine ebenso einfache wie wirksame Möglichkeit, diese potenziellen Engpässe im physischen Abfrageplan zu identifizieren, ist die Suche nach der höchsten Anzahl von Datensätzen in den Operatoren eines logischen Abfrageplans. Daher extrahiert DAX Studio diesen Wert aus dem Abfrageplan und erleichtert so die Sortierung der Abfrageplanoperatoren anhand der Anzahl iterierter Datensätze. Es ist möglich, die Zeilen nach dieser Anzahl zu sortieren. Hierzu klicken Sie auf die in Abbildung 19.24 gezeigte Spalte *Records*. Wir werden in Kapitel 20 ein ausführlicheres Beispiel zu dieser Vorgehensweise präsentieren.

Beziehungen im Datenmodell sind im Sinne der Leistungsoptimierungen sehr wichtig. Wir können das Verhalten eines Joins zwischen zwei Tabellen untersuchen, wenn eine Beziehung nicht verfügbar ist. Betrachten Sie beispielsweise eine Abfrage, die dasselbe Ergebnis wie im vorherigen Beispiel liefert, aber in einem Datenmodell operiert, in dem es keine Beziehung zwischen den Tabellen *Product* und *Sales* gibt. Wir benötigen dazu eine DAX-Abfrage wie die folgende; sie verwendet das virtuelle Beziehungsmuster, das Sie im Abschnitt »Filter mit *INTERSECT* übertragen« von Kapitel 15, »Fortgeschrittene Beziehungen«, kennengelernt haben:

```
DEFINE
    MEASURE Sales[Units] =
        CALCULATE (
            SUM ( Sales[Quantity] ),
            INTERSECT (
                ALL ( Sales[ProductKey] ),
                VALUES ( 'Product'[ProductKey] )
            ),
            -- Deaktivierung der bestehenden Beziehung zwischen Sales und Product
            CROSSFILTER ( Sales[ProductKey], 'Product'[ProductKey], NONE )
        )
EVALUATE
ADDCOLUMNS (
    ALL ( 'Product'[Color] ),
    "Units", [Units]
)
ORDER BY 'Product'[Color]
```

Die Funktion in der Definition des Measures *Units* entspricht einer Beziehung zwischen *Sales* und *Product*. Der daraus resultierende Abfrageplan ist komplexer als der vorherige, da es sowohl im logischen als auch im physischen Abfrageplan wesentlich mehr Operationen gibt. Wir können an dieser Stelle nicht den vollständigen Abfrageplan abdrucken (dies würde den Rahmen dieses Buchs sprengen), aber wir können das Verhalten des Abfrageplans zu den folgenden logischen Schritten zusammenfassen:

1. Abrufen der Liste der *ProductKey*-Werte für jede Produktfarbe
2. Summieren der *Quantity*-Werte für jeden *ProductKey*
3. Aggregieren der *Quantity* der zugehörigen *ProductKey*-Werte für jede Farbe

Die FE führt vier SE-Abfragen aus (Abbildung 19.25).

Line	Subclass	Duration	CPU	Rows	KB	Query
2	Scan	1	0	2.238	18	SELECT '
4	Scan	0	0	19	1	SELECT '
6	Scan	1	0	2.517	10	SELECT '
8	Scan	2	0	2.238	35	SELECT '

Abbildung 19.25 SE-Abfragen, die für eine DAX-Berechnung mithilfe einer virtuellen Beziehung mit *INTERSECT* ausgeführt werden

Im Folgenden sind die vollständigen xmSQL-Anweisungen der vier SE-Abfragen aufgeführt:

```
SELECT
Sales[ProductKey]
FROM Sales;

SELECT
Product[Color]
FROM Product;

SELECT
Product[ProductKey], Product[Color]
FROM Product;

SELECT
Sales[ProductKey], SUM ( Sales[Quantity] )
FROM Sales
WHERE     Sales[ProductKey] IN ( 490, 479, 528, 379, 359, 332, 374, 597, 387,
                          484..[158 total values, not all displayed] );
```

Die in der letzten SE-Abfrage hervorgehobene *WHERE*-Bedingung mag auf den ersten Blick nutzlos erscheinen, da die DAX-Abfrage keinen Filter für Produkte anwendet. In der Praxis gibt es jedoch normalerweise andere Filter, die für Produkte oder andere Tabellen aktiv sind. Der Abfrageplan versucht, nur die Anzahl tatsächlich verkaufter Produkte zu extrahieren, die für die Abfrage relevant sind, und reduziert so die Größe des an die FE zurückgegebenen Datencaches. Wann immer es derartige *WHERE*-Bedingungen in der SE gibt, gilt dies ausschließlich der Größe des entsprechenden Bitmapindexes, der zwischen der FE und der SE ausgetauscht wird.

Die FE muss alle zu den einzelnen Farben gehörenden Produkte gruppieren. Die Leistung dieses auf der FE-Ebene durchgeführten Joins hängt maßgeblich von der Anzahl der Produkte und erst in zweiter Linie von der Anzahl der Farben ab. Auch hier ist die Größe eines Datencaches das erste und wichtigste Element, das bei der Suche nach einem Performanceengpass in der FE berücksichtigt werden muss.

Zum Zweck der Veranschaulichung haben Sie die virtuelle Beziehung mit *INTERSECT* betrachtet. Wir wollten die SE-Abfragen anzeigen, die für eine hauptsächlich von der FE gelöste Join-Bedingung erforderlich sind. Wenn jedoch eine physische Beziehung nicht vorhanden ist, sollte, wann immer möglich, *TREATAS* als eine stärker optimierte Alternative in Betracht gezogen werden. Betrachten Sie die folgende alternative Implementierung der obigen DAX-Abfrage:

```
DEFINE
    MEASURE Sales[Units] =
        CALCULATE (
            SUM ( Sales[Quantity] ),
            TREATAS (
                VALUES ( 'Product'[ProductKey] ),
                Sales[ProductKey]
            ),
            -- Deaktivierung der bestehenden Beziehung zwischen Sales und Product
            CROSSFILTER ( Sales[ProductKey], 'Product'[ProductKey], NONE )
        )
EVALUATE
ADDCOLUMNS (
    ALL ( 'Product'[Color] ),
    "Units", [Units]
)
ORDER BY 'Product'[Color]
```

Wie in Abbildung 19.26 zu sehen, werden nur drei statt vier SE-Abfragen generiert. Denken Sie daran, dass *Batch* nichts anderes als eine Zusammenfassung der vorherigen *Scan*-Ereignisse ist. Außerdem ist der Datencache kleiner, da ein Ergebnis allein 2517 Zeilen umfasst, die der Anzahl der Produkte in der Tabelle *Product* entsprechen. Bei der obigen Implementierung mit *INTERSECT* gab es eine größere Anzahl von Abfragen, die Tausende von Zeilen zurückgaben. Alle diese Datencaches müssen von der FE verbraucht werden.

Line	Subclass	Duration	CPU	Rows	KB	Query
2	Scan	1	0	2,517	10	DEFINE TABLE '$TTa
4	Scan	2	0	16	1	DEFINE TABLE '$TTa
5	Batch	4	16			DEFINE TABLE '$TTa
7	Scan	0	0	19	1	SELECT 'Product'[Co

Abbildung 19.26 SE-Abfragen, die für eine DAX-Berechnung mithilfe einer virtuellen Beziehung mit *TREATAS* ausgeführt werden

Nachfolgend sehen Sie den Inhalt des *Batch*-Ereignisses in Zeile 5, das die ersten beiden *Scan*-Ereignisse (Zeilen 2 und 4) einschließt:

```
DEFINE TABLE '$TTable3' := SELECT
'Product'[ProductKey], 'Product'[Color]
FROM 'Product',
```

```
CREATE SHALLOW RELATION '$TRelation1' MANYTOMANY
FROM 'Sales'[ProductKey] TO '$TTable3'[Product$ProductKey],

DEFINE TABLE '$TTable1' := SELECT
    '$TTable3'[Product$Color],
    SUM ( '$TTable2'[$Measure0] )
FROM '$TTable2'
    INNER JOIN '$TTable3' ON '$TTable2'[Sales$ProductKey]='$TTable3'[Product$ProductKey]
REDUCED BY
'$TTable2' := SELECT
    'Sales'[ProductKey],
    SUM ( 'Sales'[Quantity] ) AS [$Measure0]
FROM 'Sales';
```

Der Leistungsvorteil bei *TREATAS* besteht darin, dass es die Ausführung der Operation in die SE verlagert. Dies geschieht mit der im obigen Code hervorgehobenen *CREATE SHALLOW RELATION*-Anweisung. Auf diese Weise besteht keine Notwendigkeit, weitere Daten für die SE zu materialisieren. Der Join wird nämlich innerhalb der FE ausgeführt, wodurch die Anzahl der Zeilen des physischen Abfrageplans von den 37 für *INTERSECT* notwendigen (aber hier nicht vollständig angezeigten) auf die zehn Zeilen reduziert wird, die von *TREATAS* benötigt werden. Dies führt zu einem Abfrageplan, der dem in Abbildung 19.24 gezeigten sehr ähnlich ist.

Die Analyse komplexer und längerer Abfragepläne würde angesichts der Länge der betreffenden Abfragepläne ein weiteres Buch erfordern. Weitere Einzelheiten zu den internen Abläufen von Abfrageplänen sind in den Whitepapers »Understanding DAX Query Plans« (*http://www.sqlbi.com/articles/understanding-dax-query-plans*) und »Understanding Distinct Count in DAX Query Plans« (*http://www.sqlbi.com/articles/understanding-distinct-count-in-dax-query-plans*) zu finden.

Fazit

Sie werden bestätigen, dass sich mit dem Eintauchen in die Komplexität von Abfrageplänen eine ganz neue Welt eröffnet. In diesem Kapitel haben wir gerade einmal an der Oberfläche der Abfragepläne gekratzt: Für eine tiefgehendere Analyse müsste dieses Buch schon doppelt so dick sein. Positiv ist zu vermerken, dass es in den meisten – wenn nicht sogar allen – Szenarien vollkommen sinnlos ist, näher ins Detail zu gehen.

Ein erfahrener DAX-Entwickler, der sich zum Ziel gesetzt hat, optimalen Code zu schreiben, sollte in der Lage sein, seine Aufmerksamkeit auf die einfach umzusetzenden Maßnahmen zu lenken. Sie lassen sich durch Betrachtung der relevantesten Teile des Abfrageplans recht schnell entdecken:

- Im physischen Abfrageplan weist eine große Anzahl überprüfter Zeilen auf die Materialisierung umfangreicher Datasets hin. Dies lässt den Schluss zu, dass die Anfrage speicherintensiv und möglicherweise auch langsam ist.

- Meistens enthalten die VertiPaq-Abfragen genügend Informationen, um den Gesamtalgorithmus der Berechnung zu erschließen. Berechnungen, die nicht in einer VertiPaq-Abfrage stattfinden, müssen von der Formel-Engine erledigt werden. Wenn Sie dies wissen, sind Sie in der Lage, sich eine klare Vorstellung vom gesamten Abfrageprozess zu machen.
- *CallbackDataID* signalisiert Iterationen auf Zeilenebene, bei denen Ihr Code Berechnungen benötigt, die für die VertiPaq-Speicher-Engine zu komplex sind. Grundsätzlich sind *CallbackDataIDs* nicht immer schlecht. Trotzdem führt ihre Beseitigung fast immer zu einer Leistungssteigerung.
- VertiPaq- und DirectQuery-Modelle unterscheiden sich voneinander. Bei DirectQuery steht und fällt die DAX-Performance mit der Leistungsfähigkeit der Datenquelle. Der Einsatz von DirectQuery ist dann (und nur dann!) sinnvoll, wenn die zugrunde liegende Datenquelle speziell für solche Abfragen optimiert ist, wie sie von der DirectQuery-Speicher-Engine erzeugt werden.

Im nächsten Kapitel werden wir mit den in diesem und den vorangegangenen Kapiteln gewonnenen Erkenntnissen verschiedene Optimierungsprozesse nachvollziehen.

KAPITEL 20

DAX optimieren

Dies ist das letzte Kapitel dieses Buchs. Hier nun wird es Zeit, das gesamte bisher erworbene Wissen zu nutzen, um das faszinierendste DAX-Thema zu erforschen: die Optimierung von Formeln. Sie haben gelernt, wie die DAX-Engines funktionieren, wie man einen Abfrageplan liest und wie sich die internen Abläufe der Formel- und der Speicher-Engine gestalten. Damit verfügen Sie über alles, was Sie brauchen, um schnelleren Code zu schreiben.

Bevor wir uns jedoch dem Stoff dieses Kapitels zuwenden, eine sehr wichtige Warnung: Erwarten Sie nicht, hier Best Practices oder Patentrezepte zum Schreiben von schnellem Code zu erlernen. Kurz und gut: Es ist in DAX nicht möglich, Code zu schreiben, der immer und überall am schnellsten ist. Die Ablaufgeschwindigkeit einer DAX-Formel hängt von vielen Faktoren ab, deren wichtigster selbst leider gar nicht Bestandteil des DAX-Codes ist: die Verteilung von Daten. Sie wissen bereits, dass die VertiPaq-Komprimierung stark von der Datenverteilung abhängt. Die Größe einer Spalte (und damit auch die Geschwindigkeit, mit der sie überprüft wird) steht und fällt mit ihrer Kardinalität: je größer, desto länger dauert es. Daher kann sich dieselbe Formel bei der Ausführung auf unterschiedliche Spalten jeweils anders verhalten.

Sie werden hier lernen, wie man die Geschwindigkeit einer Formel misst. Außerdem präsentieren wir Ihnen mehrere Beispiele, bei denen eine alternative Formulierung des Ausdrucks zu einer schnelleren Ausführungszeit führt. Betrachten Sie all diese Beispiele als das, was sie sind: etwas, das Ihnen helfen soll, neue Ideen für Ihren Code zu entwickeln. Stufen Sie sie aber nicht als Faustregeln ein, denn das sind sie einfach nicht.

Wir bringen Ihnen keine Regeln bei, sondern versuchen, Ihnen zu vermitteln, wie Sie für das konkrete Szenario, dass Ihr Datenmodell darstellt, die besten Regeln finden. Seien Sie darauf vorbereitet, diese Regeln anzupassen, sobald sich das Datenmodell ändert oder Sie sich an ein neues Szenario machen. Flexibilität ist der Schlüssel zur Optimierung von DAX-Code: Flexibilität, ein umfassendes technisches Wissen über die Engine und eine gute Portion Kreativität, um sich auf das Ausprobieren von Formeln und Ausdrücke einzulassen, die vielleicht nicht so intuitiv sind.

Zu guter Letzt: Alle in diesem Buch gemachten Angaben gelten für den Zeitpunkt der Drucklegung. Monat für Monat kommen neue Versionen der DAX-Engine heraus, und das Entwicklungsteam arbeitet ständig daran, sie zu verbessern. Rechnen Sie also damit, für die von Ihnen verwendete Engine-Version abweichende Werte bei den Beispielen in diesem Buch zu messen und ggf. andere Optimierungsmethoden verwenden zu müssen. Und wenn Sie eines Tages feststellen, dass Marco und Alberto falsch liegen, weil Ihr Code viel schneller ausgeführt wird als der von uns vorgeschlagene, wird dies für uns ein Anlass zum Feiern sein, denn wir haben Ihnen alles beigebracht, was wir über DAX wissen, und in Zukunft werden Sie besseren Code schreiben als wir.

Optimierungsstrategien definieren

Der Vorgang der Optimierung einer DAX-Abfrage, eines Ausdrucks oder eines Measures erfordert eine Strategie, die darauf abzielt, ein Leistungsproblem zu reproduzieren und den Engpass zu erkennen und zu beseitigen. Die erste Feststellung, die man trifft, ist immer, dass eine komplexe Abfrage langsam ausgeführt wird. Allerdings beschränkt sich das Optimieren eines komplexen Ausdrucks, der mehrere DAX-Measures umfasst, gerade nicht auf ein einzelnes Measure. Aus diesem Grund schlagen wir vor, zunächst das langsamste Measure oder den langsamsten Ausdruck zu isolieren und mithilfe einer einfacheren Abfrage zu optimieren, die das Problem mit einem kürzeren Abfrageplan reproduziert.

Nachfolgend sehen Sie eine simple Checkliste, die Sie bei jeder DAX-Optimierung abarbeiten sollten:

1. Identifizieren Sie einen einzelnen DAX-Ausdruck, der optimiert werden kann.
2. Erstellen Sie eine Abfrage, die das Problem reproduziert.
3. Analysieren Sie Informationen zu Serverzeitbedarf und Abfrageplan.
4. Identifizieren Sie Engpässe in der Speicher- oder Formel-Engine.
5. Implementieren Sie Änderungen und führen Sie die Testabfrage erneut aus.

Jeder dieser Schritte wird in den folgenden Abschnitten ausführlich beschrieben.

Einzelnen DAX-Ausdruck mit Optimierungspotenzial ermitteln

Wenn Sie in Ihrem Modell bereits das langsamste Measure gefunden haben, können Sie diesen Abschnitt wahrscheinlich überspringen und mit dem nächsten fortfahren. Es kommt jedoch häufig vor, dass in einem Bericht ein Leistungsproblem ersichtlich wird, das mehrere Abfragen generieren könnte. Jede dieser Abfragen kann mehrere Measures umfassen. Der erste Schritt besteht darin, einen einzelnen DAX-Ausdruck zu ermitteln, der optimiert werden kann. Damit reduzieren Sie die Reproduktionsschritte auf eine einzelne Abfrage und möglicherweise auf ein einzelnes Measure, das im Ergebnis zurückgegeben wird.

Die vollständige Aktualisierung eines Berichts in Power BI oder Reporting Services oder einer Microsoft Excel-Arbeitsmappe erzeugt in der Regel mehrere Abfragen in DAX oder MDX (bei PivotTables und Diagrammen in Excel sind es immer Letztere). Wenn ein Bericht mehrere Abfragen generiert, müssen Sie zuerst die langsamste davon ermitteln. In Kapitel 19, »DAX-Abfragepläne analysieren«, haben Sie gesehen, wie DAX Studio alle an die DAX-Engine gesendeten Abfragen abfangen und die langsamste Abfrage aufgrund ihrer Ausführungsdauer (*Duration*) identifizieren kann.

Wenn Sie Excel verwenden, können Sie zur Isolierung einer Abfrage auch eine andere Technik einsetzen. Sie können die generierte MDX-Abfrage mithilfe der OLAP PivotTable Extensions extrahieren. Hierbei handelt es sich um ein kostenloses Excel-Add-In, das über *https://olappivottableextensions.github.io* bezogen werden kann.

Sobald Sie die langsamste DAX- oder MDX-Abfrage extrahiert haben, müssen Sie Ihren Fokus weiter einschränken und eingrenzen, welcher DAX-Ausdruck die langsame Ausführung verursacht. So werden Sie Ihre Bemühungen auf den problematischen Bereich konzentrieren. Sie können die in einer Abfrage enthaltenen Measures reduzieren, indem Sie die Abfrage interaktiv in DAX Studio modifizieren und ausführen.

Betrachten Sie das folgende Tabellenergebnis in Power BI mit vier Ausdrücken (zwei Distinct Counts und zwei Measures), gruppiert nach Produktmarke (Abbildung 20.1).

Brand	Count of ProductKey	Sales Amount	Margin %	Count of Order Number
A. Datum	132	251,211,515.57	58.42%	131413
Adventure Works	192	518,462,059.16	51.31%	310083
Contoso	710	871,501,804.63	53.19%	462805
Fabrikam	267	627,751,182.08	54.38%	53309
Litware	264	416,239,414.35	51.73%	118500
Northwind Traders	47	151,481,923.36	52.33%	131667
Proseware	244	312,763,353.13	54.06%	51063
Southridge Video	192	183,482,982.39	49.53%	570613
Tailspin Toys	144	42,801,223.58	48.83%	688390
The Phone Company	152	174,742,660.20	52.23%	29852
Wide World Importers	173	254,953,905.77	52.39%	49745
Total	**2517**	**3,805,392,024.21**	**53.03%**	**1663351**

Abbildung 20.1 Einfache Visualisierung in Power BI, die durch eine DAX-Abfrage mit vier Ausdrücken generiert wird

Der Bericht generiert die folgende DAX-Abfrage, die mithilfe von DAX Studio erfasst wurde:

```
EVALUATE
TOPN (
    502,
    SUMMARIZECOLUMNS (
        ROLLUPADDISSUBTOTAL ( 'Product'[Brand], "IsGrandTotalRowTotal" ),
        "DistinctCountProductKey", CALCULATE (
            DISTINCTCOUNT ( 'Product'[ProductKey] )
        ),
        "Sales_Amount", 'Sales'[Sales Amount],
        "Margin__", 'Sales'[Margin %],
        "DistinctCountOrder_Number", CALCULATE (
            DISTINCTCOUNT ( 'Sales'[Order Number] )
        )
    ),
    [IsGrandTotalRowTotal], 0,
    'Product'[Brand], 1
)
ORDER BY
    [IsGrandTotalRowTotal] DESC,
    'Product'[Brand]
```

Sie sollten die Abfrage reduzieren, indem Sie die Berechnungen jeweils nacheinander ausprobieren, um die langsamste zu finden. Wenn Sie den Bericht manipulieren können, können Sie vielleicht nur eine Berechnung auf einmal einfügen. Dank des Zugriffs auf den DAX-Code reicht es aus, immer drei der vier in der Funktion *SUMMARIZECOLUMNS* berechneten Spalten (*DistinctCountProductKey*, *Sales_Amount*, *Margin__* und *DistinctCountOrder_Number*) auszukommentieren oder zu entfernen, um die langsamste Spalte zu ermitteln. In diesem Fall ist die aufwendigste Berechnung die letzte. Die folgende Abfrage nimmt 80 % der für die Berechnung der ursprünglichen Abfrage benötigten Zeit in Anspruch, das heißt, der Distinct Count über *Sales[Order Number]* ist der teuerste Vorgang im gesamten Bericht:

```
EVALUATE
TOPN (
    502,
    SUMMARIZECOLUMNS (
        ROLLUPADDISSUBTOTAL ( 'Product'[Brand], "IsGrandTotalRowTotal" ),
//          "DistinctCountProductKey", CALCULATE (
//              DISTINCTCOUNT ( 'Product'[ProductKey] )
//          ),
//          "Sales_Amount", 'Sales'[Sales Amount],
//          "Margin__", 'Sales'[Margin %],
        "DistinctCountOrder_Number", CALCULATE (
            DISTINCTCOUNT ( 'Sales'[Order Number] )
        )
    ),
    [IsGrandTotalRowTotal], 0,
    'Product'[Brand], 1
)
ORDER BY
    [IsGrandTotalRowTotal] DESC,
    'Product'[Brand]
```

Ein weiteres Beispiel ist die folgende MDX-Abfrage, die von der Pivot-Tabelle in Excel generiert wird, die in Abbildung 20.2 zu sehen ist:

```
SELECT {
    [Measures].[Sales Amount],
    [Measures].[Total Cost],
    [Measures].[Margin],
    [Measures].[Margin %]
  } DIMENSION PROPERTIES PARENT_UNIQUE_NAME, HIERARCHY_UNIQUE_NAME ON COLUMNS,
NON EMPTY HIERARCHIZE(
    DRILLDOWNMEMBER(
        { { DRILLDOWNMEMBER(
                { { DRILLDOWNLEVEL(
                        { [Date].[Calendar].[All] },,, include_calc_members )
```

```
            } },
            { [Date].[Calendar].[Year].&[CY 2008] },,, include_calc_members )
        } },
        { [Date].[Calendar].[Quarter].&[Q4-2008] },,, include_calc_members
    )
)
DIMENSION PROPERTIES PARENT_UNIQUE_NAME,HIERARCHY_UNIQUE_NAME ON ROWS
FROM [Model]
CELL PROPERTIES VALUE, FORMAT_STRING, LANGUAGE, BACK_COLOR, FORE_COLOR, FONT_FLAGS
```

Row Labels	Sales Amount	Total Cost	Margin	Margin %
CY 2007	**1,415,298,561.42**	**656,812,625.98**	**758,485,935.44**	**53.59%**
CY 2008				
Q1-2008	**249,328,405.72**	**121,389,562.10**	**127,938,843.62**	**51.31%**
Q2-2008	**321,749,612.47**	**147,214,171.80**	**174,535,440.67**	**54.25%**
Q3-2008	**323,449,998.92**	**147,948,797.33**	**175,501,201.59**	**54.26%**
Q4-2008				
October 2008	97,130,506.81	44,062,202.41	53,068,304.40	54.64%
November 2008	96,777,975.30	50,656,942.35	46,121,032.95	47.66%
December 2008	100,890,113.59	52,797,506.05	48,092,607.54	47.67%
CY 2009	**1,200,766,849.99**	**566,553,987.10**	**634,212,862.89**	**52.82%**
Grand Total	**3,805,392,024.21**	**1,787,435,795.12**	**2,017,956,229.09**	**53.03%**

Abbildung 20.2 Einfache Pivot-Tabelle in Excel, die eine MDX-Abfrage mit vier Measures erzeugt

Sie können die Measures entweder in der Pivot-Tabelle oder direkt im MDX-Code reduzieren. Den MDX-Code können Sie manipulieren, indem Sie die Liste der Measures in geschweiften Klammern reduzieren. Um beispielsweise den Code auf das Measure *Sales Amount* zu reduzieren, ändern Sie die Liste wie im folgenden Anfangsteil der Abfrage:

```
SELECT
{ [Measures].[Sales Amount] }
DIMENSION PROPERTIES PARENT_UNIQUE_NAME, HIERARCHY_UNIQUE_NAME ON COLUMNS,
...
```

Unabhängig von der von Ihnen verwendeten Technik benötigen Sie, sobald Sie den für das Performanceproblem verantwortlichen DAX-Ausdruck (oder das entsprechende Measure) ermittelt haben, eine Reproduktionsabfrage, die Sie in DAX Studio verwenden können.

Reproduktionsabfrage erstellen

Für den Optimierungsvorgang ist eine Abfrage erforderlich, die Sie mehrmals ausführen können. Dabei müssen Sie möglicherweise die Definition des Measures ändern, um verschiedene Leistungsniveaus zu bewerten.

Wenn Sie eine Abfrage in DAX oder MDX erfasst haben, haben Sie bereits eine gute Ausgangsbasis für die Reproduktionsabfrage. Sie sollten versuchen, die Abfrage so weit wie möglich zu vereinfachen, um die Erkennung des Engpasses leichter zu machen. Eine komplexe Abfragestruktur sollten Sie nur dann beibehalten, wenn sie für die Beobachtung der Performance zwingend erforderlich ist.

Reproduktionsabfrage in DAX erstellen

Wenn ein Measure ständig zu langsam ist, sollten Sie eine Reproduktionsabfrage erstellen können, die als Ergebnis genau einen Wert erzeugt. Mit *CALCULATE* oder *CALCULATETABLE* können Sie alle benötigten Filter anwenden. Beispielsweise können Sie das Measure *Sales Amount* für November 2008 mit dem folgenden Code ausführen und erhalten dabei für den betreffenden Monat dasselbe Ergebnis wie in Abbildung 20.2 (nämlich 96.777.975,30 Dollar):

```
EVALUATE
{
    CALCULATE (
        [Sales Amount],
        'Date'[Calendar Year] = "CY 2008",
        'Date'[Calendar Year Quarter] = "Q4-2008",
        'Date'[Calendar Year Month] = "November 2008"
    )
}
```

Sie können die obige Abfrage auch mit *CALCULATETABLE* anstelle von *CALCULATE* schreiben:

```
EVALUATE
CALCULATETABLE (
    { [Sales Amount] },
    'Date'[Calendar Year] = "CY 2008",
    'Date'[Calendar Year Quarter] = "Q4-2008",
    'Date'[Calendar Year Month] = "November 2008"
)
```

Beide Ansätze führen zum selben Ergebnis. *CALCULATETABLE* sollten Sie dann in Betracht ziehen, wenn die Abfrage, die Sie zum Testen des Measures verwenden, komplexer ist als ein einfacher Tabellenkonstruktor.

Sobald Sie über eine Reproduktionsabfrage für ein bestimmtes, im Datenmodell definiertes Measure verfügen, könnten Sie darüber nachdenken, den DAX-Ausdruck des Measures als lokal für die Abfrage zu schreiben und dabei die *MEASURE*-Syntax zu verwenden. So können Sie beispielsweise die obige Reproduktionsabfrage wie folgt umwandeln:

```
DEFINE
    MEASURE Sales[Sales Amount] =
        SUMX ( Sales, Sales[Quantity] * Sales[Net Price] )
EVALUATE
CALCULATETABLE (
    { [Sales Amount] },
    'Date'[Calendar Year] = "CY 2008",
    'Date'[Calendar Year Quarter] = "Q4-2008",
    'Date'[Calendar Year Month] = "November 2008"
)
```

Ab jetzt können Sie Änderungen am DAX-Ausdruck, der dem Measure zugeordnet ist, direkt in die Abfrageanweisung übernehmen. Auf diese Weise müssen Sie vor der erneuten Ausführung der Abfrage keine Änderung des Datenmodells bereitstellen. Sie können die Abfrage ändern, den Cache leeren und die Abfrage dann in DAX Studio ausführen und die Leistungsergebnisse des geänderten Ausdrucks sofort messen.

Abfragemeasures mit DAX Studio erstellen

DAX Studio kann die *MEASURE*-Syntax für ein im Modell definiertes Measure über den Kontextmenüeintrag *Define Measure* (Measure definieren) generieren. Letzterer ist nach Auswahl eines Measures im Metadatenbereich verfügbar (Abbildung 20.3).

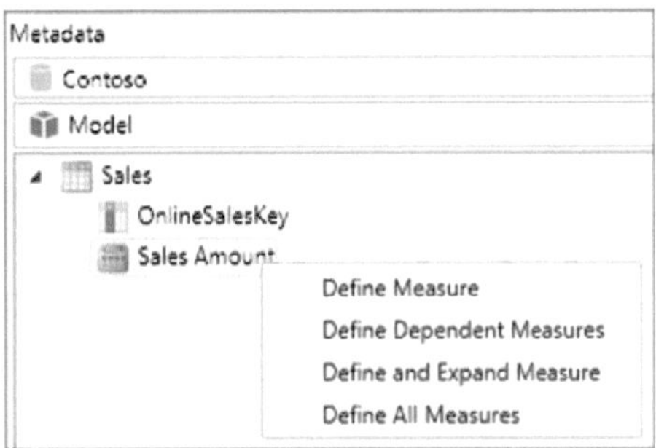

Abbildung 20.3 Aufruf des Kontextmenüeintrags *Define Measure*

Wenn ein Measure andere Measures referenziert, müssen sie alle als Abfragemeasures aufgenommen werden, um jegliche Änderungen der Reproduktionsabfrage zu ermöglichen. Die Funktion *Define Dependent Measures* (Abhängige Measures definieren) umfasst die Definition aller Measures, die vom ausgewählten Measure referenziert werden, während die Funktion *Define and Expand Measure* (Measure definieren und erweitern) jeden Measureverweis durch den entsprechenden Measureausdruck ersetzt. Betrachten Sie etwa als Beispiel die folgende Abfrage, die nur das Measure für *Margin %* auswertet:

```
EVALUATE
{ [Margin %] }
```

Wenn Sie *Define Measure* für *Margin %* anklicken, erhalten Sie den folgenden Code, der zwei weitere Verweise auf die Measures *Sales Amount* und *Margin* enthält:

```
DEFINE
    MEASURE Sales[Margin %] =
        DIVIDE ( [Margin], [Sales Amount] )
EVALUATE
{ [Margin %] }
```

Anstatt die Aktion *Define Measure* für alle weiteren Measures zu wiederholen, können Sie auf *Define Dependent Measures* für *Margin %* klicken, um die Definition aller weiteren erforderlichen Measures abzurufen. Dies schließt auch *Total Cost* ein, das in der Definition von *Margin* verwendet wird:

```
DEFINE
    MEASURE Sales[Margin] = [Sales Amount] - [Total Cost]
    MEASURE Sales[Sales Amount] =
        SUMX ( Sales, Sales[Quantity] * Sales[Net Price] )
    MEASURE Sales[Total Cost] =
        SUMX ( Sales, Sales[Quantity] * Sales[Unit Cost] )
    MEASURE Sales[Margin %] =
        DIVIDE ( [Margin], [Sales Amount] )
EVALUATE
{ [Margin %] }
```

Sie können auch einen einzelnen DAX-Ausdruck ohne Measureverweise erhalten, indem Sie für *Margin %* auf *Define and Expand Measure* klicken:

```
DEFINE
    MEASURE Sales[Margin %] =
        DIVIDE (
            CALCULATE (
                CALCULATE ( SUMX ( Sales, Sales[Quantity] * Sales[Net Price] ) )
                    - CALCULATE ( SUMX ( Sales, Sales[Quantity] * Sales[Unit Cost] ) )
            ),
            CALCULATE ( SUMX ( Sales, Sales[Quantity] * Sales[Net Price] ) )
        )
EVALUATE
{ [Margin %] }
```

Diese zuletzt beschriebene Technik kann nützlich sein, um schnell zu beurteilen, ob ein Measure verschachtelte Iteratoren enthält oder nicht, auch wenn die Ergebnisse ausgesprochen umfangreich sein können.

Reproduktionsabfrage in MDX erstellen

Unter bestimmten Bedingungen müssen Sie zur Reproduktion eines Problems, das nur in MDX, nicht aber in DAX auftritt, eine MDX-Abfrage verwenden. Dasselbe DAX-Measure generiert abhängig davon, ob es in einer DAX- oder einer MDX-Abfrage ausgeführt wird, unterschiedliche Abfragepläne und verhält sich je nach Abfragesprache unterschiedlich. Aber auch hier können Sie das DAX-Measure lokal für die Abfrage definieren. Daher ist es wirksamer, eine Bearbeitung vorzunehmen und die Ausführung dann zu wiederholen. Sie können beispielsweise das Measure *Sales Amount* lokal für die MDX-Abfrage mit der *WITH MEASURE*-Syntax definieren:

```
WITH
     MEASURE Sales[Sales Amount] = SUMX ( Sales, Sales[Quantity] * Sales[Unit Price] )
SELECT {
    [Measures].[Sales Amount],
    [Measures].[Total Cost],
    [Measures].[Margin],
    [Measures].[Margin %]
```

```
    } DIMENSION PROPERTIES PARENT_UNIQUE_NAME, HIERARCHY_UNIQUE_NAME ON COLUMNS,
NON EMPTY HIERARCHIZE(
    DRILLDOWNMEMBER(
        { { DRILLDOWNMEMBER(
                { { DRILLDOWNLEVEL(
                        { [Date].[Calendar].[All] },,, include_calc_members )
                } },
            { [Date].[Calendar].[Year].&[CY 2008] },,, include_calc_members )
        } },
        { [Date].[Calendar].[Quarter].&[Q4-2008] },,, include_calc_members
    )
)
DIMENSION PROPERTIES PARENT_UNIQUE_NAME,HIERARCHY_UNIQUE_NAME ON ROWS
FROM [Model]
CELL PROPERTIES VALUE, FORMAT_STRING, LANGUAGE, BACK_COLOR, FORE_COLOR, FONT_FLAGS
```

Wie Sie sehen, müssen Sie in MDX *WITH* anstelle von *DEFINE* verwenden. So können Sie die von DAX Studio generierte Syntax anpassen, wenn Sie eine MDX-Abfrage optimieren. Die Syntax nach *MEASURE* ist immer DAX-Code, das heißt, Sie befolgen auch bei MDX-Abfragen denselben Optimierungsprozess. Unabhängig von der Sprache der Reproduktionsabfrage (DAX oder MDX) müssen Sie immer einen DAX-Ausdruck optimieren, den Sie innerhalb einer lokalen *MEASURE*-Definition definieren können.

Servermessungen und Abfrageplaninformationen analysieren

Sobald Sie Ihre Reproduktionsabfrage entwickelt haben, führen Sie sie aus und erfassen Informationen über Ausführungszeit und Abfrageplan. Sie haben in Kapitel 19 gesehen, wie Sie die Informationen lesen können, die von DAX Studio oder SQL Server Profiler bereitgestellt werden. In diesem Abschnitt fassen wir die Schritte, die zur Analyse einer einfachen Abfrage in DAX Studio erforderlich sind, noch einmal zusammen.

Betrachten Sie beispielsweise die folgende DAX-Abfrage:

```
DEFINE
    MEASURE Sales[Sales Amount] =
        SUMX ( Sales, Sales[Quantity] * Sales[Unit Price] )
EVALUATE
ADDCOLUMNS (
    VALUES ( 'Date'[Calendar Year] ),
    "Result", [Sales Amount]
)
```

Wenn Sie diese Abfrage in DAX Studio ausführen, nachdem Sie den Cache bereinigt und *Query Plan* und *Server Timings* aktiviert haben, erhalten Sie ein Ergebnis mit einer Zeile für jedes Jahr in der Tabelle *Date* und die Summe von *Sales Amount* für alle in diesem Jahr getätigten Umsätze. Der Ausgangspunkt für eine Analyse ist immer der Bereich *Server Timings*, der Informationen über die gesamte Abfrage anzeigt (Abbildung 20.4).

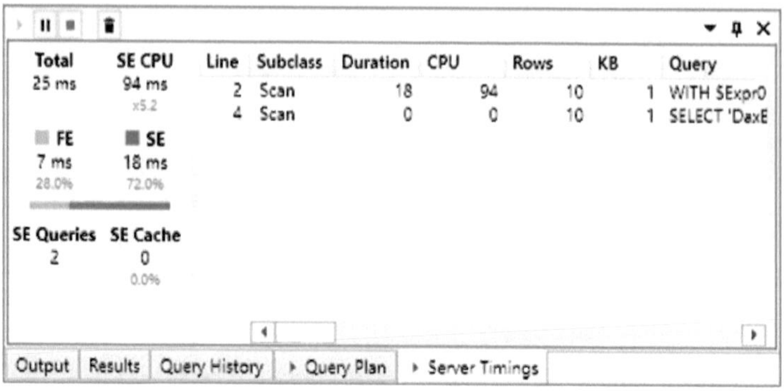

Abbildung 20.4 Fensterbereich *Server Timings* nach einfacher Abfrageausführung

Unsere Abfrage lieferte das Ergebnis in 25 Millisekunden (*Total*). Dabei wurden 72 % dieser Zeit in der Speicher-Engine (*SE*) verbracht, während die Formel-Engine (*FE*) nur 7 Millisekunden der Gesamtzeit benötigte. Dieser Fensterbereich liefert zwar nicht allzu viele Informationen über die internen Abläufe der Formel-Engine, aber er vermittelt eine Menge Details über die Aktivitäten der Speicher-Engine. So gab es beispielsweise zwei Speicher-Engine-Abfragen (*SE Queries*), die insgesamt 94 Millisekunden Verarbeitungszeit (*SEHosts CPU*) benötigten. Der Wert von *CPU Time* kann dank der Parallelität der Speicher-Engine größer als *Duration* sein. Tatsächlich verwendete die Engine 94 Millisekunden parallel arbeitender logischer Prozessoren, sodass die tatsächliche Dauer nur einen Bruchteil dieser Zahl beträgt. Die in diesem Test verwendete Hardware hat acht logische Prozessoren, und der Parallelitätsgrad dieser Abfrage (Verhältnis zwischen *SE CPU* und *SE*) beträgt 5,2. Die Parallelität kann nicht höher sein als die Anzahl vorhandener logischer Prozessoren.

Die Abfragen der Speicher-Engine sind in der Liste vorhanden, und Sie können sehen, dass eine einzelne Speicher-Engine-Operation (nämlich die erste) die gesamte Dauer und *CPU*-Zeit verbraucht. Wenn Sie die Anzeige der Unterklassenereignisse *Internal* und *Cache* aktivieren, können Sie in Abbildung 20.5 sehen, dass die beiden Abfragen der Speicher-Engine tatsächlich von der Speicher-Engine ausgeführt wurden.

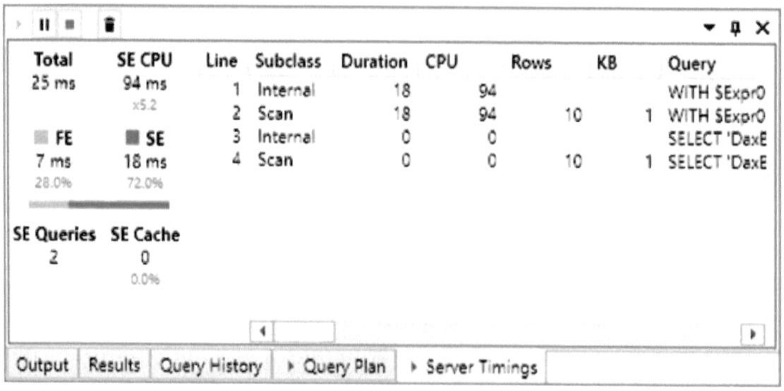

Abbildung 20.5 Fensterbereich *Server Timings* mit sichtbaren internen Unterklassenereignissen

Führen Sie dieselbe Abfrage erneut aus, ohne den Cache zu leeren, erhalten Sie die Ergebnisse in Abbildung 20.6. Beide Speicher-Engine-Abfragen haben die Werte aus dem Cache (*SE Cache*) abgerufen, und die im Cache aufgelösten Speicher-Engine-Abfragen sind in der Spalte *Subclass* (Unterklasse) zu sehen.

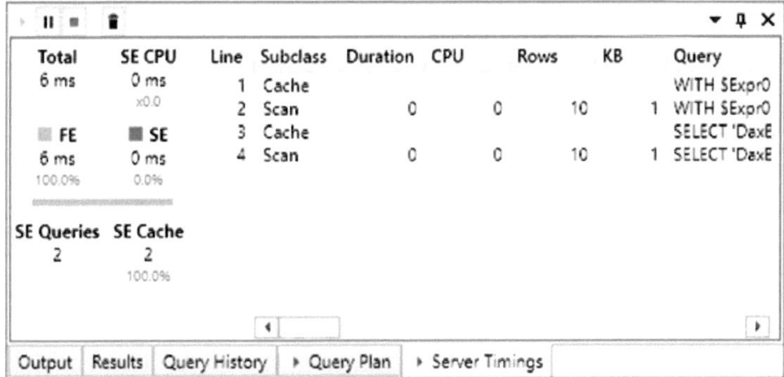

Abbildung 20.6 Fensterbereich *Server Timings* mit sichtbaren Cache-Unterklassenereignissen nach der zweiten Ausführung derselben DAX-Abfrage

Normalerweise werden wir für die Reproduktionsabfrage einen kalten (d. h. vor der Ausführung gelöschten) Cache verwenden, aber in einigen Fällen ist es wichtig zu beurteilen, ob ein bestimmter DAX-Ausdruck den Cache in einer bevorstehenden Anfrage nutzen kann oder nicht. Aus diesem Grund ist die *Cache*-Visualisierung in DAX Studio standardmäßig deaktiviert, und Sie aktivieren sie bei Bedarf.

Nun endlich können wir die Abfragepläne unter die Lupe nehmen. In Abbildung 20.7 sehen Sie die physischen und logischen Abfragepläne der im obigen Beispiel verwendeten Abfrage.

Im Zweifelsfall werden Sie den physischen Abfrageplan häufiger verwenden. In der Abfrage im obigen Beispiel gibt es zwei Datencaches, nämlich je einen für jede Abfrage der Speicher-Engine. Jede *Cache*-Zeile im physischen Abfrageplan verbraucht einen der verfügbaren Datencaches. Es gibt jedoch keine einfache Möglichkeit, einer bestimmten Abfrageplanoperation einen Datencache zuzuordnen. Sie können den Datencache erschließen, indem Sie die in denjenigen Operationen, die ein *Cache*-Ergebnis erfordern, verwendeten Spalten betrachten (Zeilen *Spool_Iterator* und *SpoolLookup* in Abbildung 20.7).

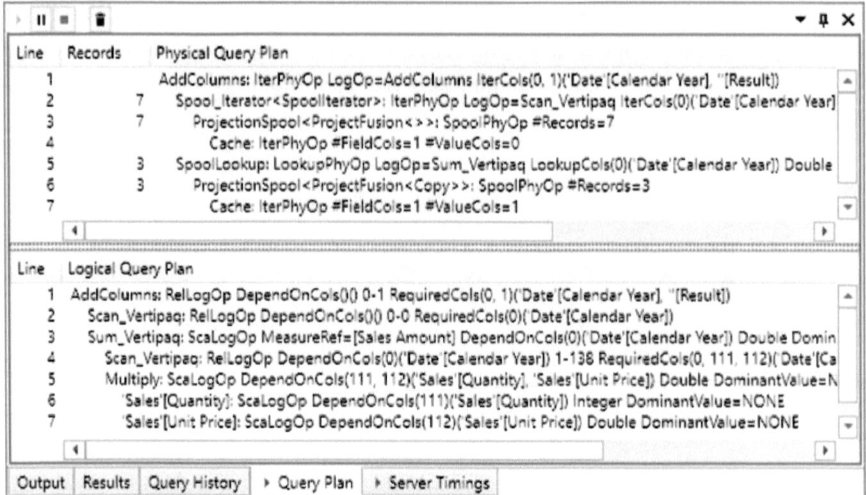

Abbildung 20.7 Fensterbereich *Query Plan* mit physischen und logischen Abfrageplänen.

Eine wichtige Angabe beim physischen Abfrageplan ist die Spalte, die die Anzahl verarbeiteter Datensätze anzeigt. Wie Sie sehen werden, kann es bei der Optimierung von Engpässen in der Formel-Engine nützlich sein, nach der Zeile mit der größten Anzahl von Datensätzen zu suchen und so die langsamste Operation in der Formel-Engine zu ermitteln. Sie können die Zeilen sortieren, indem Sie auf den Spaltenkopf *Records* klicken (Abbildung 20.8). Zur Wiederherstellung der ursprünglichen Sortierreihenfolge klicken Sie auf die Spaltenüberschrift *Line*.

Abbildung 20.8 Schritte im physischen Abfrageplan, sortiert nach der Spalte *Records*

Engpässe in der Speicher- oder Formel-Engine identifizieren

Es gibt viele mögliche Optimierungen, die normalerweise für jede Abfrage verfügbar sind. Der erste und wichtigste Schritt besteht darin, festzustellen, ob eine Abfrage die meiste Zeit in der Formel- oder der Speicher-Engine verbracht hat. Ein erster Anhaltspunkt sind die von DAX Studio für FE und SE angegebenen Prozentsätze. In der Regel ist dies ein guter Ausgangspunkt, aber Sie müssen auch die Workloadverteilung in der Formel- und der Speicher-Engine ermitteln. Bei komplexen Abfragen kann viel in der Speicher-Engine verbrachte Zeit auf eine große Anzahl kleiner Speicher-Engine-Abfragen oder aber eine geringe Anzahl von Speicher-Engine-Abfragen hindeuten, die den größten Teil der Workload in sich aufnehmen. Wie Sie sehen werden, erfordert dieser Unterschied verschiedene Ansätze bei Ihrer Optimierungsstrategie.

Wenn Sie den Ausführungsengpass einer Abfrage identifiziert haben, müssen Sie auch die Optimierungsbereiche priorisieren. So kann es z. B. verschiedene Ineffizienzen im Abfrageplan geben, die zu einer langen Ausführungsdauer in der Formel-Engine führen. Ermitteln Sie zunächst die wichtigste Ineffizienz und legen Sie den Schwerpunkt darauf. Andernfalls nämlich vergeuden Sie am Ende Ihre Zeit womöglich damit, einen Ausdruck zu optimieren, der die Ausführungszeit nur geringfügig beeinflusst. Manchmal sind die effizienteren Optimierungen einfach auszuführen, aber die Problemstellen verbergen sich in kontraintuitiven Kontextübergängen oder anderen Details der DAX-Syntax. Messen Sie die Ausführungsdauer vor und nach jedem Optimierungsversuch, um sicherzustellen, dass Sie einen echten Vorteil erhalten, statt irgendein Optimierungsmuster anzuwenden, das Sie im Web oder in diesem Buch gefunden haben, Ihnen aber keinen echten Nutzen bringt.

Vergessen Sie schließlich auch nicht, dass Ihre Analyse immer mit den Speicher-Engine-Abfragen beginnen sollte, auch wenn Ihr Problem in der Formel-Engine vorliegt. Diese Abfragen liefern wertvolle Informationen über Inhalt und Umfang der von der Formel-Engine verwendeten Datencaches. Das Lesen des Abfrageplans, der die von der Formel-Engine durchgeführten Operationen beschreibt, ist ein sehr komplexer Vorgang. Es ist einfacher zu berücksichtigen, dass die Formel-Engine den Inhalt von Datencaches verwenden wird und alle Operationen ausführen muss, die erforderlich sind, um das Ergebnis einer DAX-Abfrage zu erzeugen, die nicht bereits von der Speicher-Engine generiert wurde. Dieser Ansatz ist besonders effizient für umfangreiche und komplexe DAX-Abfragen. Diese können zwar Tausende von Zeilen in einem Abfrageplan erzeugen, aber nur eine relativ geringe Anzahl von Datencaches, die durch Speicher-Engine-Abfragen produziert werden.

Änderungen implementieren und Testabfrage erneut ausführen

Nachdem die Engpässe erkannt wurden, besteht der nächste Schritt darin, die DAX-Ausdrücke und/oder das Datenmodell zu ändern, um den Abfrageplan effizienter zu gestalten. Indem Sie die Testabfrage erneut ausführen, können Sie die Wirksamkeit der Optimierung überprüfen. Beginnen Sie daher mit der Suche nach dem nächsten Engpass und führen Sie die Optimierungsschleife beginnend beim Schritt »Analysieren Sie Informationen zu Servermessungen und Abfrageplan« erneut aus. Dieser Vorgang wird so lange fortgesetzt, bis die Leistung optimal ist oder es keine weiteren Verbesserungsmöglichkeiten mehr gibt, die der Mühe wert wären.

Engpässe bei DAX-Ausdrücken optimieren

Eine längere Ausführungsdauer in der Speicher-Engine ist in der Regel Folge mindestens einer der folgenden (in Kapitel 19 näher erläuterten) Ursachen:

- **Längere Überprüfungsdauer.** Selbst bei einer einfachen Aggregation muss eine DAX-Abfrage mindestens eine Spalte durchsuchen. Die Kosten für diese Überprüfung sind abhängig vom Spaltenumfang, der seinerseits von der Anzahl eindeutiger Werte und der Datenverteilung abhängt. Verschiedene Spalten in derselben Tabelle können sehr unterschiedliche Ausführungszeiten haben.
- **Hohe Kardinalität.** Eine große Zahl eindeutiger Werte in einer Spalte wirkt sich auf die *DISTINCTCOUNT*-Berechnung und die Filterargumente der Funktionen *CALCULATE* und *CALCULATETABLE* aus. Eine hohe Kardinalität kann auch die Überprüfungsdauer für eine Spalte beeinflussen, aber auch selbst unabhängig vom Umfang der Spaltendaten ein Problem darstellen.
- **Anhäufung von *CallbackDataID*.** Eine hohe Zahl von Aufrufen der Speicher-Engine an die Formel-Engine kann die Gesamtleistung einer Abfrage beeinträchtigen.
- **Umfangreiche Materialisierung.** Wenn eine Speicher-Engine-Abfrage einen großen Datencache erzeugt, erfordert ihre Erzeugung Zeit für das Reservieren und Beschreiben von Arbeitsspeicher. Darüber hinaus ist ihr Verbrauch (durch die Formel-Engine) ein weiterer potenzieller Engpass.

In den folgenden Abschnitten zeigen wir einige Beispiele für die Optimierung. Ausgehend von den Konzepten, die Sie in den vorangegangenen Kapiteln erlernt haben, werden wir ein typisches Problem in einer einfacheren Abfrage reproduzieren und optimieren.

Filterbedingungen optimieren

Wann immer möglich, sollte ein Filterargument einer *CALCULATE*- oder *CALCULATETABLE*-Funktion immer Spalten anstelle von Tabellen filtern. Die DAX-Engine ist im Laufe der Jahre immer besser geworden, und mehrere einfache Tabellenfilter sind in den Engine-Versionen seit 2019 relativ gut optimiert. Allerdings ist es immer noch Best Practice, eine Filterbedingung durch Spalten statt durch Tabellen auszudrücken.

Betrachten Sie beispielsweise den Bericht in Abbildung 20.9. Hier wird für jede Produktmarke die Gesamtsumme von *Sales Amount* mit der Summe der Umsatztransaktionen mit einem Wert von über 1.000 Dollar (*Big Sales Amount*) verglichen.

Brand	Sales Amount	Big Sales Amount (slow)
A. Datum	251,211,515.57	63,063,695.61
Adventure Works	518,462,059.16	204,706,066.50
Contoso	871,501,804.63	390,591,570.37
Fabrikam	627,751,182.08	296,193,218.97
Litware	416,239,414.35	228,117,264.38
Northwind Traders	151,481,923.36	133,573,773.58
Proseware	312,763,353.13	116,288,985.19
Southridge Video	183,482,982.39	20,706,704.07
Tailspin Toys	42,801,223.58	290,849.14
The Phone Company	174,742,660.20	24,106,049.40
Wide World Importers	254,953,905.77	89,883,001.77
Total	**3,805,392,024.21**	**1,567,521,178.98**

Abbildung 20.9 *Sales Amount* und *Big Sales Amount* nach Produktmarke

Da die Filterbedingung im Measure *Big Sales Amount* zwei Spalten erfordert, besteht ein triviale Ansatz der Filterdefinition darin, einen Filter über die Tabelle *Sales* zu verwenden. Die folgende Abfrage berechnet nur das Measure *Big Sales Amount* aus dem obigen Bericht und erzeugt die in Abbildung 20.10 gezeigten Ergebnisse für die Servermessungen:

```
DEFINE
    MEASURE Sales[Big Sales Amount (slow)] =
        CALCULATE (
            [Sales Amount],
            FILTER (
                Sales,
                Sales[Quantity] * Sales[Net Price] > 1000
            )
        )
EVALUATE
SUMMARIZECOLUMNS (
    ROLLUPADDISSUBTOTAL ( 'Product'[Brand], "IsGrandTotalRowTotal" ),
    "Big_Sales_Amount", 'Sales'[Big Sales Amount (slow)]
)
```

Total	SE CPU
144 ms	563 ms x4.4
FE	SE
15 ms 10.4%	129 ms 89.6%
SE Queries	SE Cache
3	0 0.0%

Line	Subclass	Duration	CPU	Rows	KB	Query
2	Scan	58	203	3,937	47	WITH $Expr0 := ((
4	Scan	37	188	3,937	16	SELECT 'DaxBook
6	Scan	34	172	1	1	WITH $Expr0 := ((

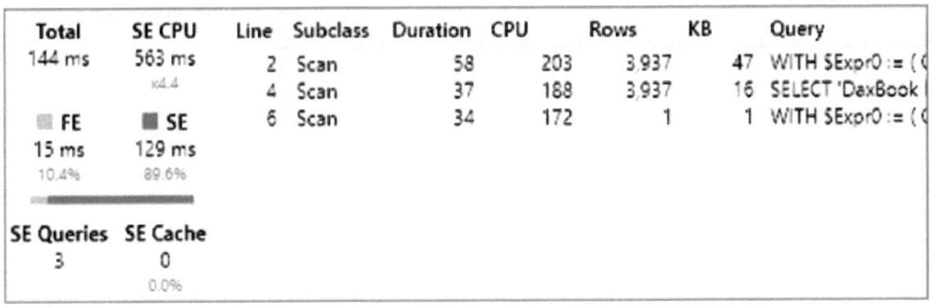

Abbildung 20.10 *Server Timings* beim Ausführen der Abfrage für das Measure *Big Sales Amount (slow)*

Da *FILTER* über eine Tabelle iteriert, erzeugt diese Abfrage einen größeren Datencache als notwendig. Das Ergebnis in Abbildung 20.9 zeigt nur elf Marken und eine zusätzliche Zeile für die Gesamtsumme. Dennoch werden nach Schätzung des Abfrageplans von den ersten beiden Datencaches 3.937 Zeilen zurückgegeben. Dies entspricht dem Wert, der auch im Bereich *Query Plan* in Abbildung 20.11 gemeldet wird.

Line	Records	Physical Query Plan
7		Union: IterPhyOp LogOp=Union IterCols(0, 1, 2, 3)('Product'[Bran
8		GroupSemijoin: IterPhyOp LogOp=GroupSemiJoin IterCols(0, 1
9	11	Spool_Iterator<SpoolIterator>: IterPhyOp LogOp=Sum_Vert
10	11	AggregationSpool<AggFusion<Sum>>: SpoolPhyOp #Re
11		CrossApply: IterPhyOp LogOp=Sum_Vertipaq IterCols(0
12	3.937	Spool_MultiValuedHashLookup: IterPhyOp LogOp=F
13	3.937	ProjectionSpool<ProjectFusion<>>: SpoolPhyOp
14		Cache: IterPhyOp #FieldCols=3 #ValueCols=0
15		Cache: IterPhyOp #FieldCols=3 #ValueCols=1
16		GroupSemijoin: IterPhyOp LogOp=GroupSemiJoin IterCols(0, 1
17	1	Spool_Iterator<SpoolIterator>: IterPhyOp LogOp=Sum_Vert
18	1	ProjectionSpool<ProjectFusion<Copy>>: SpoolPhyOp #R
19		Cache: IterPhyOp #FieldCols=0 #ValueCols=1

Abbildung 20.11 Bereich *Query Plan*, in dem die Abfrage für das Measure *Big Sales Amount (slow)* ausgeführt wird

Die Formel-Engine erhält also einen viel größeren Datencache als für das Abfrageergebnis erforderlich, da zwei zusätzliche Spalten vorhanden sind. Die xmSQL-Abfrage in Zeile 2 sieht nämlich wie folgt aus:

```
WITH
    $Expr0 := ( CAST ( PFCAST ( 'DaxBook Sales'[Quantity] AS  INT ) AS  REAL )
                  * PFCAST ( 'DaxBook Sales'[Net Price] AS  REAL )  )
SELECT
    'DaxBook Product'[Brand],
    'DaxBook Sales'[Quantity],
    'DaxBook Sales'[Net Price],
    SUM ( @$Expr0 )
FROM 'DaxBook Sales'
    LEFT OUTER JOIN 'DaxBook Product'
        ON 'DaxBook Sales'[ProductKey]='DaxBook Product'[ProductKey]
WHERE
  ( COALESCE (  ( CAST ( PFCAST ( 'DaxBook Sales'[Quantity] AS  INT ) AS  REAL )
    * PFCAST ( 'DaxBook Sales'[Net Price] AS  REAL )  )  ) > COALESCE ( 1000.000000 ) );
```

Die Struktur der xmSQL-Abfrage in Zeile 4 von Abbildung 20.10 ähnelt der obigen, es fehlt lediglich die *SUM*-Aggregation. Ein Tabellenfilter in *CALCULATE* führt zu diesem Nebeneffekt im Abfrageplan, da seine Semantik alle Spalten der erweiterten Tabelle *Sales* umfasst (erweiterte Tabellen werden in Kapitel 14, »Fortgeschrittene DAX-Konzepte«, beschrieben).

Die Optimierung des Measures erfordert nur einen Spaltenfilter. Da der Filterausdruck zwei Spalten verwendet, benötigt ein Zeilenkontext eine Tabelle mit genau diesen beiden Spalten, um ein entsprechendes und effizienteres Filterargument für *CALCULATE* zu erzeugen. Die folgende Abfrage implementiert den Spaltenfilter, der *KEEPFILTERS* hinzufügt, um dieselbe Semantik wie in der obigen Version zu implementieren, und erzeugt so die in Abbildung 20.12 gezeigten Ergebnisse für die Serverzeiten:

```
DEFINE
    MEASURE Sales[Big Sales Amount (fast)] =
        CALCULATE (
            [Sales Amount],
            KEEPFILTERS (
                FILTER (
                    ALL (
                        Sales[Quantity],
                        Sales[Net Price]
                    ),
                    Sales[Quantity] * Sales[Net Price] > 1000
                )
            )
        )
EVALUATE
SUMMARIZECOLUMNS (
    ROLLUPADDISSUBTOTAL ( 'Product'[Brand], "IsGrandTotalRowTotal" ),
    "Big_Sales_Amount", 'Sales'[Big Sales Amount (fast)]
)
```

Total	SE CPU
72 ms	391 ms x5.9
FE	SE
6 ms 8.3%	66 ms 91.7%
SE Queries	SE Cache
2	0 0.0%

Line	Subclass	Duration	CPU	Rows	KB	Query
2	Scan	42	188	14	1	WITH $Expr0 := (C
4	Scan	24	203	1	1	WITH $Expr0 := (C

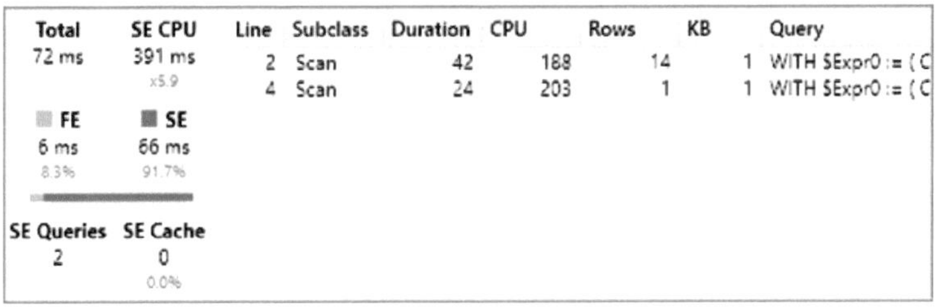

Abbildung 20.12 *Server Timings* beim Ausführen der Abfrage für das Measure *Big Sales Amount (fast)*.

Die DAX-Abfrage läuft nun schneller, aber noch wichtiger ist, dass es nur einen Datencache für die Zeilen des Ergebnisses gibt. (Ausgenommen ist lediglich die Gesamtsumme, für die es noch eine separate xmSQL-Abfrage gibt.) Die Materialisierung des Datencaches in Zeile 2 von Abbildung 20.12 gibt nur 14 geschätzte Zeilen zurück, während im Bereich *Query Plan* in Abbildung 20.13 nur elf Zeilen als tatsächliche Anzahl zu sehen sind.

Line	Records	Physical Query Plan
7		Union: IterPhyOp LogOp=Union IterCols(0, 1, 2, 3)('Product'[Bran
8		GroupSemijoin: IterPhyOp LogOp=GroupSemiJoin IterCols(0, 1
9	11	Spool_Iterator<SpoolIterator>: IterPhyOp LogOp=Sum_Vert
10	11	ProjectionSpool<ProjectFusion<Copy>>: SpoolPhyOp #R
11		Cache: IterPhyOp #FieldCols=1 #ValueCols=1
12		GroupSemijoin: IterPhyOp LogOp=GroupSemiJoin IterCols(0, 1
13	1	Spool_Iterator<SpoolIterator>: IterPhyOp LogOp=Sum_Vert
14	1	ProjectionSpool<ProjectFusion<Copy>>: SpoolPhyOp #R
15		Cache: IterPhyOp #FieldCols=0 #ValueCols=1

Abbildung 20.13 Bereich *Query Plan*, in dem die Abfrage für das Measure *Big Sales Amount (fast)* ausgeführt wird

Der Grund für diese Optimierung liegt darin, dass der Abfrageplan aufgrund der von einem Tabellenfilter benötigten Semantik eine wesentlich effizientere Berechnung in der Speicher-Engine erstellen kann, ohne zusätzliche Daten an die Formel-Engine zurückzugeben. Nachfolgend sehen Sie die xmSQL-Abfrage in Zeile 2 von Abbildung 20.12:

```
WITH
    $Expr0 := ( CAST ( PFCAST ( 'DaxBook Sales'[Quantity] AS  INT ) AS  REAL )
                  * PFCAST ( 'DaxBook Sales'[Net Price] AS  REAL )  )
SELECT
    'DaxBook Product'[Brand],
    SUM ( @$Expr0 )
FROM 'DaxBook Sales'
    LEFT OUTER JOIN 'DaxBook Product'
        ON 'DaxBook Sales'[ProductKey]='DaxBook Product'[ProductKey]
WHERE
  ( COALESCE (  ( CAST ( PFCAST ( 'DaxBook Sales'[Quantity] AS  INT ) AS  REAL )
    * PFCAST ( 'DaxBook Sales'[Net Price] AS  REAL )  )  ) > COALESCE ( 1000.000000 ) );
```

Der Datencache enthält nicht mehr die Spalten *Quantity* und *Net Price*, und seine Kardinalität entspricht der des DAX-Ergebnisses. Dies ist eine ideale Voraussetzung für eine minimale Materialisierung. Die Beibehaltung der Filterbedingungen mithilfe von Spalten anstelle von Tabellen ist ein wichtiger Schritt, um dieses Ziel zu erreichen.

Was Sie aber vor allem aus diesem Abschnitt mitnehmen sollten, ist die Empfehlung, immer auf die Zeilen zu achten, die von den Speicher-Engine-Abfragen zurückgegeben werden. Wenn deren Anzahl deutlich größer ist als die der im Ergebnis einer DAX-Abfrage enthaltenen Zeilen, dann kann es zu einem gewissen Overhead kommen, der durch die Mehrarbeit der Speicher-Engine zur Materialisierung von Datencaches und durch die Formel-Engine zum Verbrauch solcher Datencaches verursacht wird. Tabellenfilter gehören zu den häufigsten Gründen für eine übermäßige Materialisierung, obwohl sie nicht immer für eine schlechte Leistung ursächlich sind.

Wenn Sie einen DAX-Filter schreiben, berücksichtigen Sie die Kardinalität des resultierenden Filters. Wenn die Kardinalität bei der Verwendung eines Tabellenfilters mit einem Spaltenfilter identisch ist und der Tabellenfilter nicht auf andere Tabellen erweitert wird, kann er unbesorgt verwendet werden. Beispielsweise gibt es normalerweise keinen großen Unterschied zwischen dem Filtern einer *Date*-Tabelle und der Spalte *Date[Date]*.

Kontextübergänge optimieren

Die Speicher-Engine kann nur einfache Aggregationen und einfache Gruppierungen über Spalten des Modells berechnen. Alles andere muss von der Formel-Engine berechnet werden. Jedes Mal, wenn eine Iteration und ein entsprechender Kontextübergang stattfinden, materialisiert die Speicher-Engine einen Datencache auf der Granularitätsebene der iterierten Tabelle. Wenn der bei der Iteration berechnete Ausdruck einfach genug ist, um von der Speicher-Engine gelöst zu werden, ist die Leistung in der Regel gut. Ist der Ausdruck dagegen zu komplex, dann kann eine umfassende Materialisierung auftreten und/oder eine *CallbackDataID* zum Einsatz kommen, wie wir im folgenden Beispiel demonstrieren. In den folgenden Szenarien tragen die Vereinfachung des Codes durch die Reduzierung der Anzahl der Kontextübergänge und die Verringerung der Granularität der iterierten Tabelle erheblich zur Leistungsverbesserung bei. Betrachten Sie beispielsweise ein *Cashback*-Measure, das *Sales Amount* mit dem Attribut *Cashback %* multipliziert. Dieses Attribut ist jedem Wert in *Customer* (also jedem Kunden) auf Grundlage eines von der Marketingabteilung definierten Algorithmus zugewiesen. Der Bericht in Abbildung 20.14 zeigt den *Cashback*-Betrag für jedes Land an.

Country	Cashback (slow)	Cashback (fast)
Australia	1,169,963.12	1,169,963.12
Canada	372,901.28	372,901.28
France	442,965.22	442,965.22
Germany	749,048.18	749,048.18
United Kingdom	1,003,561.31	1,003,561.31
United States	1,785,417.75	1,785,417.75
Total	**5,523,856.86**	**5,523,856.86**

Abbildung 20.14 *Cashback* nach Kundenland

Die einfachste und intuitivste Art, das *Cashback*-Measure zu erstellen, ist auch die langsamste: *Cashback %* wird für jeden Kunden mit *Sales Amount* multipliziert und das Ergebnis dann summiert. Die folgende Abfrage berechnet das langsamste *Cashback*-Measure im obigen Bericht und erzeugt die in Abbildung 20.15 gezeigten Ergebnisse für die Serverzeiten:

```
DEFINE
    MEASURE Sales[Cashback (slow)] =
        SUMX (
            Customer,
```

```
            [Sales Amount] * Customer[Cashback %]
        )
EVALUATE
SUMMARIZECOLUMNS (
    ROLLUPADDISSUBTOTAL ( 'Customer'[Country], "IsGrandTotalRowTotal" ),
    "Cashback", 'Sales'[Cashback (slow)]
)
```

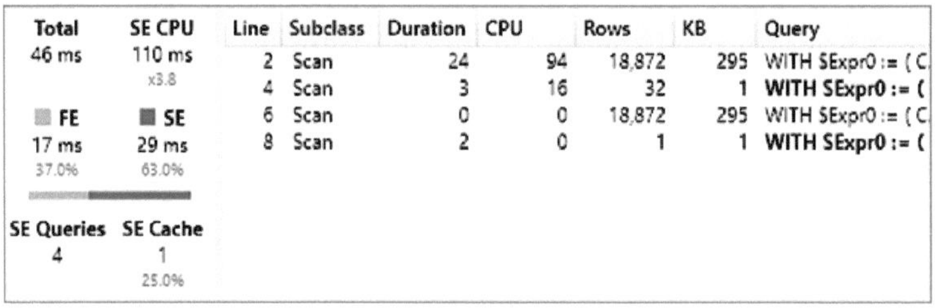

Total	SE CPU
46 ms	110 ms
	x3.8
FE	SE
17 ms	29 ms
37.0%	63.0%
SE Queries	SE Cache
4	1
	25.0%

Line	Subclass	Duration	CPU	Rows	KB	Query
2	Scan	24	94	18,872	295	WITH $Expr0 := (C
4	Scan	3	16	32	1	**WITH $Expr0 := (**
6	Scan	0	0	18,872	295	WITH $Expr0 := (C
8	Scan	2	0	1	1	**WITH $Expr0 := (**

Abbildung 20.15 *Server Timings* beim Ausführen der Abfrage für das Measure *Cashback (slow)*, aufgeschlüsselt nach Land.

Die Abfragen in den Zeilen 2 und 4 von Abbildung 20.15 berechnen das Ergebnis auf Länderebene (*Country*), während die Abfragen in den Zeilen 6 und 8 die gleiche Aufgabe für die Gesamtsumme ausführen. Wir werden uns hier ausschließlich auf die ersten beiden Speicher-Engine-Abfragen konzentrieren. Um zu überprüfen, ob die Schätzung für die materialisierten Zeilen korrekt ist, können Sie sich den Abfrageplan in Abbildung 20.16 ansehen. Dies wird Sie vielleicht ein wenig überraschen, denn offenbar werden einige Speicher-Engine-Abfragen überhaupt nicht verwendet.

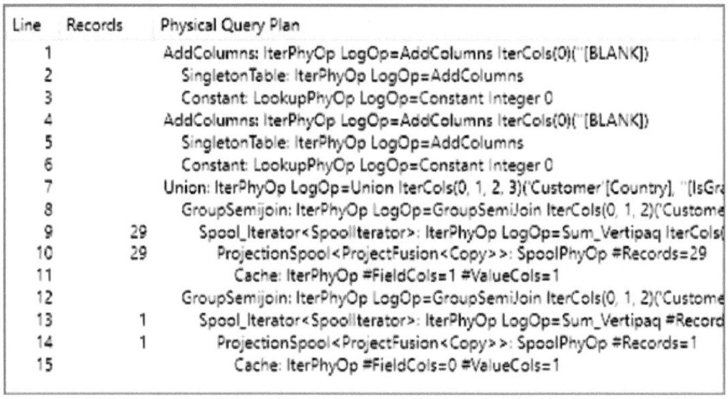

Line	Records	Physical Query Plan
1		AddColumns: IterPhyOp LogOp=AddColumns IterCols(0)(''[BLANK])
2		SingletonTable: IterPhyOp LogOp=AddColumns
3		Constant: LookupPhyOp LogOp=Constant Integer 0
4		AddColumns: IterPhyOp LogOp=AddColumns IterCols(0)(''[BLANK])
5		SingletonTable: IterPhyOp LogOp=AddColumns
6		Constant: LookupPhyOp LogOp=Constant Integer 0
7		Union: IterPhyOp LogOp=Union IterCols(0, 1, 2, 3)('Customer'[Country], ''[IsGr
8		GroupSemijoin: IterPhyOp LogOp=GroupSemiJoin IterCols(0, 1, 2)('Custome
9	29	Spool_Iterator<SpoolIterator>: IterPhyOp LogOp=Sum_Vertipaq IterCols(
10	29	ProjectionSpool<ProjectFusion<Copy>>: SpoolPhyOp #Records=29
11		Cache: IterPhyOp #FieldCols=1 #ValueCols=1
12		GroupSemijoin: IterPhyOp LogOp=GroupSemiJoin IterCols(0, 1, 2)('Custome
13	1	Spool_Iterator<SpoolIterator>: IterPhyOp LogOp=Sum_Vertipaq #Record
14	1	ProjectionSpool<ProjectFusion<Copy>>: SpoolPhyOp #Records=1
15		Cache: IterPhyOp #FieldCols=0 #ValueCols=1

Abbildung 20.16 Bereich *Query Plan* beim Ausführen der Abfrage für das Measure *Cashback (slow)*, aufgeschlüsselt nach Land

Der Abfrageplan in Abbildung 20.16 zeigt nur zwei *Cache*-Knoten an, die den Zeilen 4 und 8 des Bereichs *Server Timings* in Abbildung 20.15 entsprechen. Dies ist ein weiteres Beispiel für Fälle, in denen die Betrachtung des Abfrageplans wenig erhellend ist. Die Formel-Engine erledigt gerade eigentlich andere Arbeit, aber die Ausführung innerhalb einer *CallbackDataID* wird nicht immer im Abfrageplan angezeigt, und dies ist hier der Fall. Hier sehen Sie die xmSQL-Abfrage in Zeile 4 von Abbildung 20.15, die 29 statt der geschätzten 32 Zeilen zurückgibt:

```
WITH
    $Expr0 := ( [CallbackDataID ( SUMX ( Sales, Sales[Quantity]] * Sales[Net Price]] ) )
                ] ( PFDATAID ( 'DaxBook Customer'[CustomerKey] ) )
              * PFCAST ( 'DaxBook Customer'[Cashback %] AS  REAL )  )
SELECT
    'DaxBook Customer'[Country],
    SUM ( @$Expr0 )
FROM 'DaxBook Customer';
```

Der an *CallbackDataID* übergebene DAX-Code muss für jeden Kunden von der Formel-Engine berechnet werden, die *CustomerKey* als Argument erhält. Sie können die zusätzlichen Speicher-Engine-Abfragen sehen, aber der entsprechende Abfrageplan ist in diesem Fall nicht sichtbar. Daher können Sie sich nur vorstellen, was dieser Abfrageplan bewirkt, indem Sie sich die andere Speicher-Engine-Abfrage in Zeile 2 von Abbildung 20.15 ansehen:

```
WITH
    $Expr0 := ( CAST ( PFCAST ( 'DaxBook Sales'[Quantity] AS  INT ) AS  REAL )
              * PFCAST ( 'DaxBook Sales'[Net Price] AS  REAL )  )
SELECT
    'DaxBook Customer'[CustomerKey],
    SUM ( @$Expr0 )
FROM 'DaxBook Sales'
    LEFT OUTER JOIN 'DaxBook Customer'
        ON 'DaxBook Sales'[CustomerKey]='DaxBook Customer'[CustomerKey];
```

Das Ergebnis dieser xmSQL-Abfrage enthält nur zwei Spalten: *CustomerKey* und das Ergebnis des Measures *Sales Amount* für den betreffenden Kunden. Daher verwendet die Formel-Engine das Ergebnis dieser Abfrage, um ein Ergebnis für die *CallbackDataID*-Anforderung der früheren Abfrage zu liefern.

Auch hier ist es einfacher, das Ergebnis der Speicher-Engine-Abfragen zu analysieren und zu prüfen, ob die Materialisierung umfangreicher ist als für das Abfrageergebnis erforderlich, statt zu versuchen, die genaue Abfolge der von der Engine durchgeführten Operationen zu beschreiben. In diesem Fall lautet die Antwort ja: Die DAX-Abfrage liefert nur sechs sichtbare Länder, während insgesamt 29 Länder von der Formel-Engine berechnet wurden. In jedem Fall besteht ein erheblicher Unterschied bei der Materialisierung von 18.872 Kunden, die durch die zuletzt analysierte xmSQL-Abfrage ausgegeben wurden. Ist es möglich, einen größeren Anteil der Workload auf die Speicher-Engine zu verschieben, indem die Daten nach Land statt nach Kunden aggregiert werden? Die Antwort lautet ja, indem nämlich die Anzahl der Kontextübergänge reduziert wird. Betrachten Sie das ursprüngliche *Cashback*-Measure: Der im Zeilenkontext ausgeführte Ausdruck hängt von einer einzelnen Spalte der Tabelle *Customer* (nämlich *Cashback %*) ab:

```
Sales[Cashback (slow)] :=
SUMX (
```

```
        Customer,
        [Sales Amount] * Customer[Cashback %]
    )
```

Da das Measure *Sales Amount* für eine Gruppe von Kunden berechnet werden kann, die denselben *Cashback%* -Wert aufweisen, wird die optimale Kardinalität für den *SUMX*-Iterator durch die eindeutigen Werte der Spalte *Cashback%* definiert. Die folgende optimierte Version ersetzt lediglich das erste Argument von *SUMX* unter Verwendung der eindeutigen Werte von *Cashback%* , die im Filterkontext sichtbar sind:

```
DEFINE
    MEASURE Sales[Cashback (fast)] =
        SUMX (
            VALUES ( Customer[Cashback %] ),
            [Sales Amount] * Customer[Cashback %]
        )
EVALUATE
SUMMARIZECOLUMNS (
    ROLLUPADDISSUBTOTAL ( 'Customer'[Country], "IsGrandTotalRowTotal" ),
    "Cashback", 'Sales'[Cashback (fast)]
)
```

Auf diese Weise ist die Materialisierung viel kleiner, wie in Abbildung 20.17 zu sehen ist. Obwohl die Anzahl der materialisierten Zeilen deutlich geringer ist, ist die gesamte Ausführungsdauer ähnlich, wenn nicht sogar höher; dabei ist aber zu berücksichtigen, dass ein Unterschied von einigen Millisekunden nicht als relevant betrachtet werden sollte.

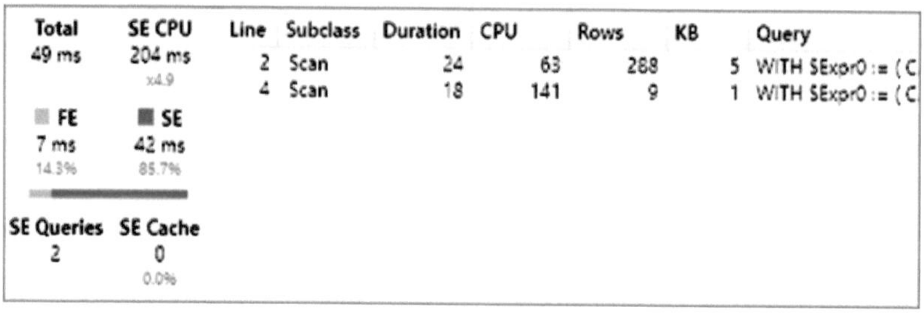

Total	SE CPU
49 ms	204 ms x4.9
FE	SE
7 ms 14.3%	42 ms 85.7%
SE Queries	SE Cache
2	0 0.0%

Line	Subclass	Duration	CPU	Rows	KB	Query
2	Scan	24	63	288	5	WITH $Expr0 := (C
4	Scan	18	141	9	1	WITH $Expr0 := (C

Abbildung 20.17 *Server Timings* beim Ausführen der Abfrage für *Cashback (fast)*, aufgeschlüsselt nach Land.

Diesmal gibt es nur eine xmSQL-Abfrage, um die Menge nach Land zu berechnen. Dies ist die xmSQL-Abfrage in Zeile 2 von Abbildung 20.17:

```
WITH
    $Expr0 := ( CAST ( PFCAST ( 'DaxBook Sales'[Quantity] AS  INT ) AS  REAL )
              * PFCAST ( 'DaxBook Sales'[Net Price] AS  REAL ) )
SELECT
    'DaxBook Customer'[Country],
    'DaxBook Customer'[Cashback %],
```

```
    SUM ( @$Expr0 )
FROM 'DaxBook Sales'
    LEFT OUTER JOIN 'DaxBook Customer'
        ON 'DaxBook Sales'[CustomerKey]='DaxBook Customer'[CustomerKey];
```

Das Ergebnis dieser Abfrage enthält drei Spalten: *Country*, *Cashback%* und den entsprechenden *Sales Amount*-Wert. Daher multipliziert die Formel-Engine *Cashback%* für jede Zeile mit *Sales Amount* und aggregiert die Zeilen, die zum selben Land gehören. Das Ergebnis zeigt eine geschätzte Anzahl von 288 Zeilen, während die Formel-Engine nur 65 Zeilen verbraucht. Dies sehen Sie im Abfrageplan in Abbildung 20.18.

Line	Records	Physical Query Plan
7		Union: IterPhyOp LogOp=Union IterCols(0, 1, 2, 3)('Customer'[Country], ''[IsGran
8		GroupSemijoin: IterPhyOp LogOp=GroupSemiJoin IterCols(0, 1, 2)('Customer'[
9	6	Spool_Iterator<SpoolIterator>: IterPhyOp LogOp=SumX IterCols(0)('Custon
10	6	AggregationSpool<Sum>: SpoolPhyOp #Records=6
11		Extend_Lookup: IterPhyOp LogOp=Multiply IterCols(0, 1)('Customer'[C
12	65	Spool_Iterator<SpoolIterator>: IterPhyOp LogOp=Sum_Vertipaq Ite
13	65	ProjectionSpool<ProjectFusion<Copy>>: SpoolPhyOp #Records=
14		Cache: IterPhyOp #FieldCols=2 #ValueCols=1
15		ColValue<'Customer'[Cashback %]>: LookupPhyOp LogOp=ColValu

Abbildung 20.18 Bereich *Query Plan* beim Ausführen der Abfrage für das *Cashback (fast)*, aufgeschlüsselt nach Land.

Auch wenn es nicht offensichtlich ist, ist dieses Measure schneller als das ursprüngliche. Da der Speicherbedarf geringer ist, ist die Leistung bei komplexeren Berichten besser. Dies wird sofort sichtbar, wenn man einen etwas anderen Bericht wie den in Abbildung 20.19 gezeigten verwendet, in dem das *Cashback*-Measure nach Produktmarke statt nach Kundenland gruppiert wird.

Brand	Cashback (slow)	Cashback (fast)
A. Datum	477,910.16	477,910.16
Adventure Works	1,025,695.46	1,025,695.46
Contoso	1,464,170.77	1,464,170.77
Fabrikam	196,534.01	196,534.01
Litware	531,080.24	531,080.24
Northwind Traders	1,046,681.00	1,046,681.00
Proseware	111,461.75	111,461.75
Southridge Video	357,256.48	357,256.48
Tailspin Toys	203,818.73	203,818.73
The Phone Company	50,731.91	50,731.91
Wide World Importers	58,516.35	58,516.35
Total	**5,523,856.86**	**5,523,856.86**

Abbildung 20.19 *Cashback* nach Produktmarke

Die folgende Abfrage berechnet das langsamste *Cashback*-Measure in dem in Abbildung 20.19 gezeigten Bericht und erzeugt die in Abbildung 20.20 gezeigten Ergebnisse für die Serverzeiten:

```
DEFINE
    MEASURE Sales[Cashback (slow)] =
        SUMX (
            Customer,
            [Sales Amount] * Customer[Cashback %]
        )
EVALUATE
SUMMARIZECOLUMNS (
    ROLLUPADDISSUBTOTAL ( Product[Brand], "IsGrandTotalRowTotal" ),
    "Cashback", 'Sales'[Cashback (slow)]
)
```

Total	SE CPU
415 ms	922 ms x3.6
FE	SE
158 ms 38.1%	257 ms 61.9%
SE Queries	SE Cache
4	0 0.0%

Line	Subclass	Duration	CPU	Rows	KB	Query
2	Scan	227	797	192.514	2.257	WITH $Expr0 := (CAST (PF
4	Scan	4	0	18.869	148	SELECT 'DaxBook Custome
6	Scan	22	109	18.872	295	WITH $Expr0 := (CAST (PF
8	Scan	4	16	1	1	**WITH $Expr0 := ([Callba**

Abbildung 20.20 *Server Timings* beim Ausführen der Abfrage für *Cashback (slow)*, aufgeschlüsselt nach Marken.

Es gibt einige Unterschiede in diesem Abfrageplan, aber wir legen den Schwerpunkt hier auf die Materialisierung von 192.514 Zeilen, die durch die folgende xmSQL-Abfrage in Zeile 2 von Abbildung 20.20 erzeugt werden:

```
WITH
    $Expr0 := ( CAST ( PFCAST ( 'DaxBook Sales'[Quantity] AS  INT ) AS  REAL )
              * PFCAST ( 'DaxBook Sales'[Net Price] AS  REAL ) )
SELECT
    'DaxBook Customer'[CustomerKey],
    'DaxBook Product'[Brand],
    SUM ( @$Expr0 )
FROM 'DaxBook Sales'
    LEFT OUTER JOIN 'DaxBook Customer'
        ON 'DaxBook Sales'[CustomerKey]='DaxBook Customer'[CustomerKey]
    LEFT OUTER JOIN 'DaxBook Product'
        ON 'DaxBook Sales'[ProductKey]='DaxBook Product'[ProductKey];
```

Der Grund für die größere Materialisierung besteht darin, dass die innere Berechnung jetzt *Sales Amount* für jede Kombination aus *CustomerKey* und *Brand* berechnet. Die geschätzte Anzahl von 192.514 Zeilen wird durch den im Abfrageplan in Abbildung 20.21 gezeigten tatsächlichen Wert bestätigt.

Line	Records	Physical Query Plan
16		CrossApply: IterPhyOp LogOp=Sum_Vertipaq IterCols(0, 2)('Product'[Brand], 'Cu
17	18,869	Spool_MultiValuedHashLookup: IterPhyOp LogOp=Scan_Vertipaq LookupCols
18	18,869	AggregationSpool<GroupBy>: SpoolPhyOp #Records=18869
19	18,869	Spool_Iterator<SpoolIterator>: IterPhyOp LogOp=Scan_Vertipaq IterCols
20	18,869	ProjectionSpool<ProjectFusion<>>: SpoolPhyOp #Records=18869
21		Cache: IterPhyOp #FieldCols=3 #ValueCols=0
22	192,514	Spool_Iterator<SpoolIterator>: IterPhyOp LogOp=Sum_Vertipaq IterCols(0, 2)
23	192,514	ProjectionSpool<ProjectFusion<Copy>>: SpoolPhyOp #Records=192514
24		Cache: IterPhyOp #FieldCols=2 #ValueCols=1

Abbildung 20.21 Bereich *Query Plan* beim Ausführen der Abfrage für das Measure *Cashback (slow)*, aufgeschlüsselt nach Land

Wenn die Testabfrage mit dem schnelleren Measure erfolgt, ist die Materialisierung erheblich kleiner und die Antwortzeit der Abfrage auch viel kürzer. Die Ausführung der folgenden DAX-Abfrage führt zu den in Abbildung 20.22 dargestellten Ergebnissen für die Serverzeiten:

```
DEFINE
    MEASURE Sales[Cashback (fast)] =
        SUMX (
            VALUES ( Customer[Cashback %] ),
            [Sales Amount] * Customer[Cashback %]
        )
EVALUATE
SUMMARIZECOLUMNS (
    ROLLUPADDISSUBTOTAL ( Product[Brand], "IsGrandTotalRowTotal" ),
    "Cashback", 'Sales'[Cashback (fast)]
)
```

Total	SE CPU
48 ms	172 ms (x4.3)
FE	SE
8 ms (16.7%)	40 ms (83.3%)
SE Queries	SE Cache
2	0 (0.0%)

Line	Subclass	Duration	CPU	Rows	KB	Query
2	Scan	26	125	126	2	WITH $Expr0 := (CAST (PF
4	Scan	14	47	9	1	WITH $Expr0 := (CAST (PF

Abbildung 20.22 *Server Timings* beim Ausführen der Abfrage für *Cashback (fast)*, aufgeschlüsselt nach Marke

Die Materialisierung ist um drei Größenordnungen kleiner (126 statt 192.000 Zeilen), und die Gesamtausführungszeit ist neunmal schneller als bei der langsamen Version (sie betrug 415 Millisekunden, bei der schnellen Version dauert die Ausführung 48 Millisekunden). Da diese Unterschiede von der Kardinalität des Berichts abhängen, sollten Sie vor allem die Formel im Auge behalten, die die Arbeit in der Formel-Engine minimiert, indem sie die meisten Aggregationen in der Speicher-Engine berechnet. Die Reduzierung der Anzahl der Kontextübergänge ist ein wesentlicher Schritt, um dieses Ziel zu erreichen.

Übermäßige Materialisierung, die durch unnötige Kontextübergänge erzeugt wird, ist die häufigste, Tabellenfilter anstelle von Spaltenfiltern die zweithäufigste Ursache für Performanceprobleme bei DAX-Measures. Daher sollten Sie bei einer Optimierung Ihrer DAX-Measures vorrangig darauf achten, dass diese beiden Probleme nicht auftreten. Wenn Sie die Serverzeiten überprüfen, sollten Sie die Symptome anhand des Materialisierungsumfangs schnell erkennen.

IF-Bedingungen optimieren

Eine *IF*-Funktion wird immer von der Formel-Engine ausgeführt. Wenn es eine *IF*-Funktion innerhalb einer Iteration gibt, könnte eine *CallbackDataID* an der Ausführung beteiligt sein. Darüber hinaus könnte die Engine die Argumente der *IF*-Funktion unabhängig vom Ergebnis der Bedingung im ersten Argument bewerten. Zwar ist das Ergebnis korrekt, aber Sie tragen die gesamten Kosten für die Verarbeitung aller möglichen Lösungen. Wie üblich kann es je nach verwendeter Version der DAX-Engine unterschiedliche Verhaltensweisen geben.

IF in Measures optimieren

Bedingte Anweisungen in einem Measure könnten einen gefährlichen Nebeneffekt im Abfrageplan bewirken: Sie könnten die Berechnung jedes bedingten Branchs unabhängig davon generieren, ob er benötigt wird oder nicht. Im Allgemeinen ist es empfehlenswert, Bedingungsanweisungen in Ausdrücken, die für Measures ausgewertet werden, zu vermeiden oder zumindest zu reduzieren, indem man, wenn möglich, Filter durch den Filterkontext anwendet.

Der Bericht in Abbildung 20.23 zeigt etwa ein Measure *Fam. Sales*, das nur Kunden mit mindestens einem Kind im Haushalt berücksichtigt. Da das Ziel darin besteht, den Wert für einzelne Kunden anzuzeigen, funktioniert die erste Implementierung (slow) nicht bei Aggregationen von zwei oder mehr Kunden (Zeile Total ist leer), während die alternative, schnellere Implementierung auch auf aggregierten Ebenen zum Ziel führt.

Date
5/10/2007 5/10/2007

Category
Audio
Cameras and camcorders
Cell phones
Computers
Games and Toys
Home Appliances
Music, Movies and Audio Bo...
TV and Video

Manufacturer
Adventure Works
Contoso, Ltd
Fabrikam, Inc.
Litware, Inc.
Northwind Traders
Proseware, Inc.
Wide World Importers

Class
Deluxe
Economy
Regular

CustomerKey	Name	Sales Amount	Fam. Sales (slow)	Fam. Sales (fast)
12189	Jai, Austin	1,599.90	1,599.90	1,599.90
12190	Moore, Megan	1,599.90		
12192	Raji, Gilbert	1,599.90		
12193	Garcia, Emily	1,599.90		
12194	Flores, Alexis	1,599.90	1,599.90	1,599.90
12195	Cook, Shelby	1,599.90	1,599.90	1,599.90
12196	Mohamed, X...	3,199.80	3,199.80	3,199.80
12197	Roberts, Carlos	1,599.90	1,599.90	1,599.90
12198	Cook, Cole	1,599.90	1,599.90	1,599.90
12199	Sanders, Jac...	1,599.90	1,599.90	1,599.90
Total		17,598.90		12,799.20

Abbildung 20.23 *Fam. Sales* nach Produktmarke

Die folgende Abfrage berechnet das Measure *Fam. Sales (slow)* in einem Bericht, der dem in Abbildung 20.1 gezeigten ähnelt. Für jeden Kunden wird in einer *IF*-Anweisung die Anzahl der Kinder im Haushalt überprüft, um die als Familie klassifizierten Kunden zu filtern. Die Ausführung der folgenden DAX-Abfrage führt zu den in Abbildung 20.22 dargestellten Ergebnissen für die Serverzeiten:

```
DEFINE
    MEASURE Sales[Fam. Sales (slow)] =
        VAR ChildrenAtHome = SELECTEDVALUE ( Customer[Children At Home] )
        VAR Result =
            IF (
                ChildrenAtHome > 0,
                [Sales Amount]
            )
        RETURN Result
EVALUATE
CALCULATETABLE (
    SUMMARIZECOLUMNS (
        ROLLUPADDISSUBTOTAL (
            ROLLUPGROUP (
                'Customer'[CustomerKey],
                'Customer'[Name]
            ), "IsGrandTotalRowTotal"
        ),
        "Fam__Sales__slow_", 'Sales'[Fam. Sales (slow)]
    ),
    'Product Category'[Category] = "Home Appliances",
    'Product'[Manufacturer] = "Northwind Traders",
    'Product'[Class] = "Regular",
    DATESBETWEEN (
        'Date'[Date],
        DATE ( 2007, 5, 10 ),
        DATE ( 2007, 5, 10 )
    )
)
ORDER BY
    [IsGrandTotalRowTotal] DESC,
    'Customer'[CustomerKey],
    'Customer'[Name]
```

Total	SE CPU
55 ms	32 ms x1.4
FE	SE
32 ms 58.2%	23 ms 41.8%
SE Queries	SE Cache
4	0 0.0%

Line	Subclass	Duration	CPU	Rows	KB	Query
2	Scan	0	0	2.559	20	SELECT 'DaxB
4	Scan	4	0	18.869	664	SELECT 'DaxB
6	Scan	5	16	18.869	74	SELECT 'DaxB
9	Scan	14	16	18.872	295	WITH $Expr0

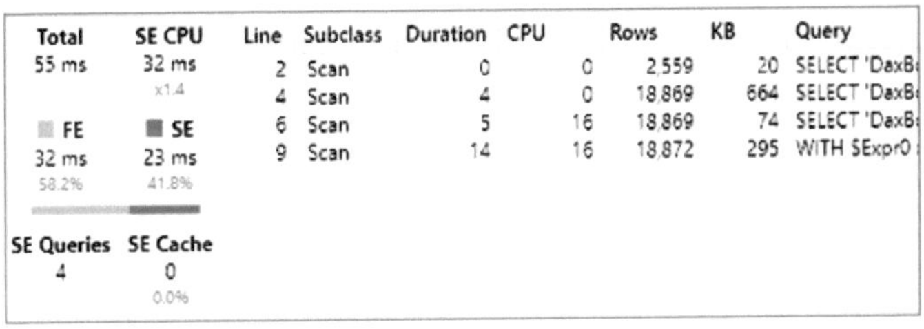

Abbildung 20.24 *Server Timings* beim Ausführen der Abfrage für *Fam. Sales (slow)*, aufgeschlüsselt nach Kunde

Die Abfrage ist nicht so langsam, aber wir wollten ein Abfrageergebnis mit einer geringen Anzahl Zeilen, weil der Schwerpunkt hauptsächlich auf der erforderlichen Materialisierung liegt. Sie können sich den Blick auf den Abfrageplan sparen, der schon jetzt 62 Zeilen lang ist, da die Informationen im Fensterbereich *Server Timings* bereits mehrere Fakten sichtbar machen:

- Obwohl das DAX-Ergebnis nur sieben Zeilen umfasst, wurden in den drei xmSQL-Abfragen mehr als 18.000 Zeilen materialisiert – eine Zahl, die der Anzahl der Kunden recht nahe kommt.
- Die von der Speicher-Engine-Abfrage in Zeile 4 von Abbildung 20.24 bewirkte Materialisierung enthält Informationen über die für jeden Kunden berechnete Anzahl von Kindern im Haushalt.
- Die durch die Speicher-Engine-Abfrage in Zeile 9 von Abbildung 20.24 bewirkte Materialisierung schließt das für jeden Kunden berechnete Measure *Sales Amount* ein.
- Die Gesamtsumme wird nicht durch eine Speicher-Engine-Abfrage berechnet, das heißt, es ist die Formel-Engine, die die Kunden aggregiert, um diese Zahl zu erhalten.

Nachfolgend sehen Sie die Speicher-Engine-Abfrage in Zeile 4 von Abbildung 20.24. Sie liefert die Informationen, die die Formel-Engine benötigt, um Kunden nach der Anzahl der Kinder im Haushalt zu filtern:

```
SELECT
    'DaxBook Customer'[CustomerKey],
    SUM (  ( PFDATAID ( 'DaxBook Customer'[Children At Home] ) <> 2 )  ),
    MIN ( 'DaxBook Customer'[Children At Home] ),
    MAX ( 'DaxBook Customer'[Children At Home] ),
    COUNT (  )
FROM 'DaxBook Customer';
```

Dieses Ergebnis wird als Argument für die folgende Speicher-Engine-Abfrage in Zeile 9 von Abbildung 20.24 verwendet, um eine Schätzung von 7.368 Kunden zu filtern, bei denen mindestens ein Kind im Haushalt lebt:

```
WITH
    $Expr0 := ( CAST ( PFCAST ( 'DaxBook Sales'[Quantity] AS  INT ) AS  REAL )
                * PFCAST ( 'DaxBook Sales'[Net Price] AS  REAL )  )
SELECT
    'DaxBook Customer'[CustomerKey],
    SUM ( @$Expr0 )
FROM 'DaxBook Sales'
    LEFT OUTER JOIN 'DaxBook Customer'
        ON 'DaxBook Sales'[CustomerKey]='DaxBook Customer'[CustomerKey]
    LEFT OUTER JOIN 'DaxBook Date'
        ON 'DaxBook Sales'[OrderDateKey]='DaxBook Date'[DateKey]
    LEFT OUTER JOIN 'DaxBook Product'
        ON 'DaxBook Sales'[ProductKey]='DaxBook Product'[ProductKey]
    LEFT OUTER JOIN 'DaxBook Product Subcategory'
```

```
        ON 'DaxBook Product'[ProductSubcategoryKey]
              ='DaxBook Product Subcategory'[ProductSubcategoryKey]
    LEFT OUTER JOIN 'DaxBook Product Category'
        ON 'DaxBook Product Subcategory'[ProductCategoryKey]
              ='DaxBook Product Category'[ProductCategoryKey]
WHERE
    'DaxBook Customer'[CustomerKey]
        IN ( 2241, 13407, 5544, 7787, 11090, 7368, 17055, 16636, 1329, 12914..
            [7368 total values, not all displayed] )
VAND 'DaxBook Date'[Date] = 39212.000000
VAND 'DaxBook Product'[Manufacturer] = 'Northwind Traders'
VAND 'DaxBook Product'[Class] = 'Regular'
VAND 'DaxBook Product Category'[Category] = 'Home Appliances';
```

Die geschätzte Anzahl der Zeilen in diesem Ergebnis ist falsch, da in der obigen Abfrage der Speicher-Engine nur sieben Zeilen empfangen wurden. Dies ist im Abfrageplan sichtbar; allerdings ist es möglicherweise nicht ganz einfach, die entsprechende xmSQL-Abfrage für jeden *Cache*-Knoten im Abfrageplan in Abbildung 20.25 zu finden.

Line	Records	Physical Query Plan
31		EmptyTable: IterPhyOp LogOp=Constant
32	7	Spool_Iterator<SpoolIterator>: IterPhyOp LogOp=Sum_Vertipaq IterCols(4)('Customer'[CustomerKey]) #
33	7	ProjectionSpool<ProjectFusion<Copy>>: SpoolPhyOp #Records=7
34		Cache: IterPhyOp #FieldCols=1 #ValueCols=1

Abbildung 20.25 *Server Timings* beim Ausführen der Abfrage für das Measure *Fam. Sales (slow)*, aufgeschlüsselt nach Kunde

Die obige Speicher-Engine-Abfrage erhält einen Filter über die Spalte *CustomerKey*. Die Formel-Engine erfordert die Materialisierung einer solchen Werteliste in *CustomerKey*, um den entsprechenden Filter in einer Speicher-Engine-Abfrage bereitzustellen. Die Materialisierung einer großen Anzahl von Kunden in der Formel-Engine ist jedoch wahrscheinlich für den größeren Kostenanteil dieser Abfrage verantwortlich. Der Umfang dieser Materialisierung hängt von der Anzahl der Kunden ab. Daher würde ein Modell mit Hunderttausenden oder Millionen von Kunden die Leistungsproblematik deutlich machen. In diesem Fall sollten Sie die Größe der Materialisierung und nicht nur die Ausführungszeit betrachten. Letzteres geht noch relativ schnell. Zu verstehen, ob die Materialisierung effizient ist, ist wichtig, um eine Formel zu erstellen, die bei einer wachsenden Anzahl von Zeilen im Modell gut skaliert.

Die *IF*-Anweisung im Measure kann nur durch die Formel-Engine ausgewertet werden. Dies erfordert entweder eine Materialisierung wie in diesem Beispiel oder *CallbackDataID*-Aufrufe, die wir später beschreiben werden. Ein besserer Ansatz besteht in der Anwendung eines Filters auf den Filterkontext mit *CALCULATE*. Dadurch entfällt die Notwendigkeit, für jede Zelle des Abfrageergebnisses eine *IF*-Bedingung auszuwerten.

Wenn die Testabfrage mit dem schnelleren Measure erfolgt, ist die Materialisierung erheblich kleiner und die Antwortzeit der Abfrage auch viel kürzer. Die Ausführung der folgenden DAX-Abfrage führt zu den in Abbildung 20.26 dargestellten Ergebnissen für die Serverzeiten:

```
DEFINE
    MEASURE Sales[Fam. Sales (fast)] =
        CALCULATE (
            [Sales Amount],
            KEEPFILTERS ( Customer[Children At Home] > 0 )
        )
EVALUATE
CALCULATETABLE (
    SUMMARIZECOLUMNS (
        ROLLUPADDISSUBTOTAL (
            ROLLUPGROUP (
                'Customer'[CustomerKey],
                'Customer'[Name]
            ), "IsGrandTotalRowTotal"
        ),
        "Fam__Sales__fast_", 'Sales'[Fam. Sales (fast)]
    ),
    'Product Category'[Category] = "Home Appliances",
    'Product'[Manufacturer] = "Northwind Traders",
    'Product'[Class] = "Regular",
    DATESBETWEEN (
        'Date'[Date],
        DATE ( 2007, 5, 10 ),
        DATE ( 2007, 5, 10 )
    )
)
ORDER BY
    [IsGrandTotalRowTotal] DESC,
    'Customer'[CustomerKey],
    'Customer'[Name]
```

Total	SE CPU
47 ms	94 ms
	x3.8
FE	SE
22 ms	25 ms
46.8%	53.2%
SE Queries	SE Cache
4	0
	0.0%

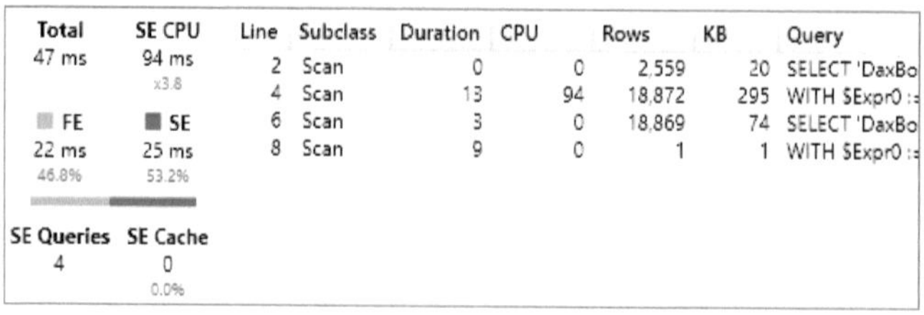

Line	Subclass	Duration	CPU	Rows	KB	Query
2	Scan	0	0	2.559	20	SELECT 'DaxBo
4	Scan	13	94	18.872	295	WITH $Expr0 :=
6	Scan	3	0	18.869	74	SELECT 'DaxBo
8	Scan	9	0	1	1	WITH $Expr0 :=

Abbildung 20.26 *Server Timings* beim Ausführen der Abfrage für *Fam. Sales (fast)*, aufgeschlüsselt nach Kunde

Obwohl es immer noch vier Speicher-Engine-Abfragen gibt, wird die Abfrage in Zeile 4 von Abbildung 20.24 nicht mehr verwendet. Die Abfrage in Zeile 4 in Abbildung 20.26 entspricht der Abfrage in Zeile 9 von Abbildung 20.24. Sie enthält den Filter über die Anzahl der Kinder, der in den letzten beiden Zeilen der folgenden xmSQL-Abfrage hervorgehoben dargestellt ist:

```
WITH
    $Expr0 := ( CAST ( PFCAST ( 'DaxBook Sales'[Quantity] AS  INT ) AS  REAL )
                * PFCAST ( 'DaxBook Sales'[Net Price] AS  REAL )  )
SELECT
    'DaxBook Customer'[CustomerKey],
    SUM ( @$Expr0 )
FROM 'DaxBook Sales'
    LEFT OUTER JOIN 'DaxBook Customer'
        ON 'DaxBook Sales'[CustomerKey]='DaxBook Customer'[CustomerKey]
    LEFT OUTER JOIN 'DaxBook Date'
        ON 'DaxBook Sales'[OrderDateKey]='DaxBook Date'[DateKey]
    LEFT OUTER JOIN 'DaxBook Product'
        ON 'DaxBook Sales'[ProductKey]='DaxBook Product'[ProductKey]
    LEFT OUTER JOIN 'DaxBook Product Subcategory'
        ON 'DaxBook Product'[ProductSubcategoryKey]
               ='DaxBook Product Subcategory'[ProductSubcategoryKey]
    LEFT OUTER JOIN 'DaxBook Product Category'
        ON 'DaxBook Product Subcategory'[ProductCategoryKey]
               ='DaxBook Product Category'[ProductCategoryKey]
WHERE
     'DaxBook Date'[Date] = 39212.000000
VAND 'DaxBook Product'[Manufacturer] = 'Northwind Traders'
VAND 'DaxBook Product'[Class] = 'Regular'
VAND 'DaxBook Product Category'[Category] = 'Home Appliances'
VAND ( PFCASTCOALESCE ( 'DaxBook Customer'[Children At Home] AS  INT )
          > COALESCE ( 0 )  );
```

Dieser alternative Abfrageplan bietet Vor- und Nachteile. Der Vorteil besteht darin, dass die Formel-Engine eine geringere Workload zu tragen hat und den Kundenfilter nicht zwischen den Speicher-Engine-Abfragen hin und her übertragen muss. Der Preis, den wir dafür zahlen müssen, ist die Ausführung der Filter auf der Ebene der Speicher-Engine, was eine Erhöhung der Kosten von vormals 32 Millisekunden *SE CPU*-Zeit auf derzeit 94 Millisekunden *SE CPU*-Zeit zur Folge hat.

Ein weiterer Nebeneffekt des neuen Abfrageplans ist die zusätzliche Speicher-Engine-Abfrage in Zeile 8 von Abbildung 20.26. Diese Abfrage berechnet die Aggregation bei der Gesamtsumme, ohne dass eine solche Aggregation in der Formel-Engine durchgeführt werden muss, wie es beim langsameren Measure der Fall war. Der Code ähnelt der obigen xmSQL-Abfrage, jedoch ohne Aggregation durch *CustomerKey*.

Als Faustregel gilt, dass das Ersetzen einer Bedingungsanweisung durch ein Filterargument in *CALCULATE* in der Regel empfehlenswert ist, wobei bei kleinen Abfragen eine kleinere Materialisierung bevorzugt wird, statt die Ausführungszeit für kleine Abfragen zu betrachten. Auf diese Weise ist der Ausdruck bei größeren Datenmodellen normalerweise besser skalierbar. Sie sollten jedoch immer die Leistung unter bestimmten Bedingungen bewerten, indem Sie die von DAX Studio bereitgestellten Metriken mit verschiedenen Implementierungen analysieren;

andernfalls wählen Sie unter Umständen eine Implementierung aus, die in einem bestimmten Szenario nicht schneller, sondern langsamer arbeitet.

Zwischen IF und DIVIDE auswählen

Eine sehr verbreitete Verwendung der *IF*-Anweisung besteht darin, sicherzustellen, dass ein Ausdruck nur mit gültigen Argumenten ausgewertet wird. Zum Beispiel kann eine *IF*-Funktion den Nenner einer Division validieren, um eine Division durch null zu verhindern Für diese spezielle Bedingung stellt die *DIVIDE*-Funktion eine schnellere Alternative dar. Es ist interessant zu überlegen, warum der Code schneller ist, wie man nach Analyse der verschiedenen Ausführungen mit DAX Studio feststellen kann.

Der Bericht in Abbildung 20.27 zeigt ein Measure *Average Price* (Durchschnittspreis) nach Kunde und Marke.

Brand	CustomerKey	Average Price (slow)	Average Price (fast)
Southridge Video	8	35.22	35.22
Tailspin Toys	8	34.22	34.22
A. Datum	9	551.76	551.76
Adventure Works	9	425.11	425.11
Contoso	9	492.78	492.78
Litware	9	1,343.16	1,343.16
Northwind Traders	9	1,047.21	1,047.21
Total		**216.98**	**216.98**

Abbildung 20.27 *Average Price* nach Produktmarke und Kunde

Die folgende Abfrage berechnet das Measure *Average Price (slow)* in dem in Abbildung 20.27 gezeigten Bericht. Für jede Kombination aus Produktmarke und Kunde wird der Umsatzbetrag durch die Gesamtanzahl geteilt – außer Letztere ist gleich null. Die Ausführung der folgenden DAX-Abfrage führt zu den in Abbildung 20.28 dargestellten Ergebnissen für die Serverzeiten:

```
DEFINE
    MEASURE Sales[Average Price (slow)] =
        VAR Quantity = SUM ( Sales[Quantity] )
        VAR SalesAmount = [Sales Amount]
        VAR Result =
            IF (
                Quantity <> 0,
                SalesAmount / Quantity
            )
        RETURN Result
EVALUATE
TOPN (
    502,
    SUMMARIZECOLUMNS (
        ROLLUPADDISSUBTOTAL (
            ROLLUPGROUP (
```

```
                'Customer'[CustomerKey],
                'Product'[Brand]
            ), "IsGrandTotalRowTotal"
        ),
        "Average_Price__slow_", 'Sales'[Average Price (slow)]
    ),
    [IsGrandTotalRowTotal], 0,
    'Customer'[CustomerKey], 1,
    'Product'[Brand], 1
)
ORDER BY
    [IsGrandTotalRowTotal] DESC,
    'Customer'[CustomerKey],
    'Product'[Brand]
```

Total 2.338 ms | SE CPU 859 ms x3.9

FE 2.119 ms 90.6% | SE 219 ms 9.4%

SE Queries 4 | SE Cache 0 0.0%

Line	Subclass	Duration	CPU	Rows	KB	Query
2	Scan	204	750	192.514	3.761	WITH $Expr0 := (CAST
4	Scan	1	0	14	1	SELECT 'DaxBook Produ
6	Scan	1	0	18.872	148	SELECT 'DaxBook Custo
8	Scan	13	109	1	1	WITH $Expr0 := (CAST

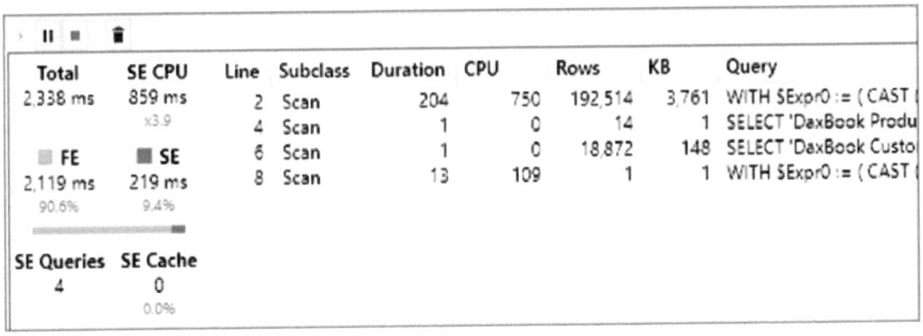

Abbildung 20.28 *Server Timings* beim Ausführen der Abfrage für *Average Price (slow)*, aufgeschlüsselt nach Produktmarke und Kunde

Obwohl das Ergebnis der Abfrage auf 500 Zeilen begrenzt ist, ist die Materialisierung der Datencaches, die von den Speicher-Engine-Abfragen zurückgegeben werden, viel größer. Die folgende xmSQL-Abfrage wird in Zeile 2 von Abbildung 20.28 ausgeführt und gibt für jede Kombination aus Kunde und Marke eine Zeile zurück:

```
WITH
    $Expr0 := ( CAST ( PFCAST ( 'DaxBook Sales'[Quantity] AS  INT ) AS  REAL )
                * PFCAST ( 'DaxBook Sales'[Net Price] AS  REAL ) )
SELECT
    'DaxBook Customer'[CustomerKey],
    'DaxBook Product'[Brand],
    SUM ( @$Expr0 ),
    SUM ( 'DaxBook Sales'[Quantity] )
FROM 'DaxBook Sales'
    LEFT OUTER JOIN 'DaxBook Customer'
        ON 'DaxBook Sales'[CustomerKey]='DaxBook Customer'[CustomerKey]
    LEFT OUTER JOIN 'DaxBook Product'
        ON 'DaxBook Sales'[ProductKey]='DaxBook Product'[ProductKey];
```

Die Abfrage verfügt über keinen Filter; daher wertet die Formel-Engine jede von diesem Datencache zurückgegebene Zeile aus, sortiert das Ergebnis und wählt schließlich die ersten 500 zurückzugebenden Zeilen aus. Dies ist sicherlich der aufwendigste Teil der Speicher-Engine-Ausführung: Er belegt 90 % der Abfragezeit. Die anderen drei Speicher-Engine-Abfragen geben die Liste der Produktmarken (Zeile 4), die Kundenliste (Zeile 6) und den Wert von Umsatzbetrag und -menge auf Ebene der Gesamtsumme (Zeile 8) zurück. Diese Abfragen sind jedoch im Optimierungsprozess weniger wichtig. Was zählt, sind die Kosten der Formel-Engine, die für die Ausführung der *IF*-Bedingung für mehr als 190.000 Zeilen erforderlich ist. Der Abfrageplan, der aus der langsamen Version des Measures resultiert, hat mehr als 80 Zeilen (hier nicht aufgeführt) und verbraucht jeden Datencache mehrfach. Dies ist ein Nebeneffekt der verschiedenen Ausführungsverzweigungen in einer *IF*-Anweisung.

Die Optimierung des Measures *Average Price* basiert auf der Ersetzung der *IF*-Funktion durch *DIVIDE*. Die Ausführung der folgenden DAX-Abfrage führt zu den in Abbildung 20.29 dargestellten Ergebnissen für die Serverzeiten:

```
DEFINE
    MEASURE Sales[Average Price (fast)] =
        VAR Quantity = SUM ( Sales[Quantity] )
        VAR SalesAmount = [Sales Amount]
        VAR Result =
            DIVIDE (
                SalesAmount,
                Menge
            )
        RETURN Result
EVALUATE
TOPN (
    502,
    SUMMARIZECOLUMNS (
        ROLLUPADDISSUBTOTAL (
            ROLLUPGROUP (
                'Customer'[CustomerKey],
                'Product'[Brand]
            ), "IsGrandTotalRowTotal"
        ),
        "Average_Price__fast_", 'Sales'[Average Price (fast)]
    ),
    [IsGrandTotalRowTotal], 0,
    'Customer'[CustomerKey], 1,
    'Product'[Brand], 1
)
ORDER BY
    [IsGrandTotalRowTotal] DESC,
    'Customer'[CustomerKey],
    'Product'[Brand]
```

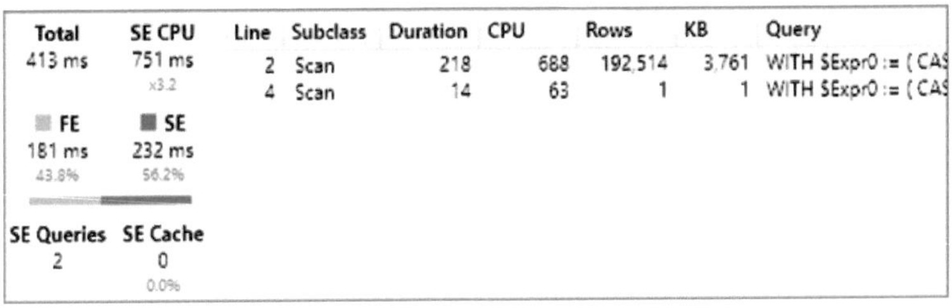

Total	SE CPU
413 ms	751 ms
	x3.2
FE	SE
181 ms	232 ms
43.8%	56.2%
SE Queries	SE Cache
2	0
	0.0%

Line	Subclass	Duration	CPU	Rows	KB	Query
2	Scan	218	688	192.514	3.761	WITH $Expr0 := (CA$
4	Scan	14	63	1	1	WITH $Expr0 := (CA$

Abbildung 20.29 *Server Timings* beim Ausführen der Abfrage für *Average Price (fast)*, aufgeschlüsselt nach Produktmarke und Kunde

Die Abfrage wird jetzt in 413 Millisekunden ausgeführt, was bei der Ausführungszeit einer Einsparung von mehr als 80 % entspricht. Auf den ersten Blick mag die Tatsache, dass es nur noch zwei statt vier Speicher-Engine-Abfragen gibt, als gute Begründung für die verbesserte Leistung erscheinen. Allerdings trügt der Schein. Insgesamt hat sich die *SE CPU*-Zeit nicht wesentlich verändert, und die größere Materialisierung ist immer noch da. Die Optimierung wird durch einen kürzeren und effizienteren Abfrageplan erzielt, der nur 36 anstelle der über 80 Zeilen aufweist, die von der langsameren Abfrage erzeugt werden. Mit anderen Worten: *DIVIDE* reduziert Größe und Komplexität des Abfrageplans und spart so bei der Ausführung der Formel-Engine Zeit im Umfang fast einer Größenordnung ein.

IF in Iteratoren optimieren

Die *IF*-Anweisung innerhalb eines umfangreichen Iterators kann teure Rückrufe an die Formel-Engine verursachen. Betrachten Sie etwa ein Measure *Discounted Sales*, das einen Preisnachlass in Höhe von 10 % auf jede Transaktion anwendet, wenn die Menge mindestens 3 beträgt. Der Bericht in Abbildung 20.30 zeigt den Betrag von *Discounted Sales* für jede Produktmarke.

Brand	Sales Amount	Discounted Sales (slow)	Discounted Sales (scalable)
A. Datum	251,211,515.57	242,822,223.32	242,822,223.32
Adventure Works	518,462,059.16	501,169,853.87	501,169,853.87
Contoso	871,501,804.63	842,438,948.01	842,438,948.01
Fabrikam	627,751,182.08	606,861,928.96	606,861,928.96
Litware	416,239,414.35	402,383,288.37	402,383,288.37
Northwind Traders	151,481,923.36	146,432,377.72	146,432,377.72
Proseware	312,763,353.13	302,307,008.81	302,307,008.81
Southridge Video	183,482,982.39	177,362,856.28	177,362,856.28
Tailspin Toys	42,801,223.58	41,376,146.41	41,376,146.41
The Phone Company	174,742,660.20	168,915,267.19	168,915,267.19
Wide World Importers	254,953,905.77	246,451,374.64	246,451,374.64
Total	**3,805,392,024.21**	**3,678,521,273.59**	**3,678,521,273.59**

Abbildung 20.30 *Discounted Sales* nach Produktmarken

Die folgende Abfrage berechnet das langsamere Measure *Discounted Sales* im obigen Bericht und erzeugt die in Abbildung 20.31 gezeigten Serverzeiten:

```
DEFINE
    MEASURE Sales[Discounted Sales (slow)] =
        SUMX (
            Sales,
            Sales[Quantity] * Sales[Net Price] * IF (
                    Sales[Quantity] >= 3,
                    .9,
                    1
                )
        )
EVALUATE
SUMMARIZECOLUMNS (
    ROLLUPADDISSUBTOTAL ( 'Product'[Brand], "IsGrandTotalRowTotal" ),
    "Sales_Amount", 'Sales'[Sales Amount],
    "Discounted_Sales__slow_", 'Sales'[Discounted Sales (slow)]
)
ORDER BY
    [IsGrandTotalRowTotal] DESC,
    'Product'[Brand]
```

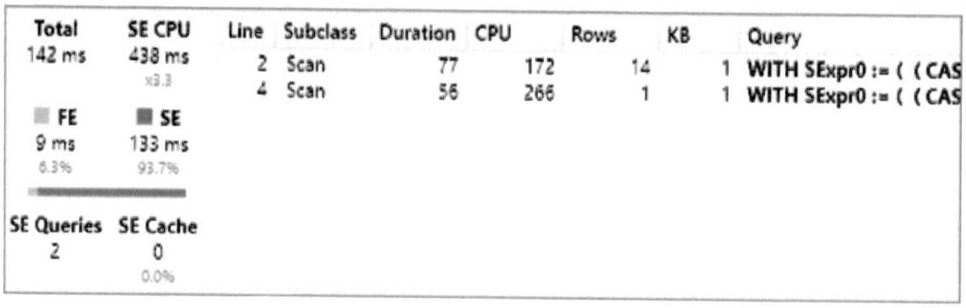

Total	SE CPU
142 ms	438 ms x3.3
FE	SE
9 ms 6.3%	133 ms 93.7%
SE Queries	SE Cache
2	0 0.0%

Line	Subclass	Duration	CPU	Rows	KB	Query
2	Scan	77	172	14	1	WITH $Expr0 := ((CAS
4	Scan	56	266	1	1	WITH $Expr0 := ((CAS

Abbildung 20.31 *Server Timings* beim Ausführen der Abfrage für *Discounted Sales (slow)*, aufgeschlüsselt nach Produktmarke

Die im *SUMX*-Iterator ausgeführte *IF*-Anweisung erzeugt zwei Speicher-Engine-Abfragen mit einem *CallbackDataID*-Aufruf. Nachfolgend sehen Sie die xmSQL-Abfrage in Zeile 2 von Abbildung 20.31:

```
WITH
    $Expr0 := (  ( CAST ( PFCAST ( 'DaxBook Sales'[Quantity] AS  INT ) AS  REAL )
                    * PFCAST ( 'DaxBook Sales'[Net Price] AS  REAL )  )
                    * [CallbackDataID ( IF ( Sales[Quantity]] >= 3, .9, 1 )  ) ]
                        ( PFDATAID ( 'DaxBook Sales'[Quantity] )  )  ) ,
    $Expr1 := ( CAST ( PFCAST ( 'DaxBook Sales'[Quantity] AS  INT ) AS  REAL )
                * PFCAST ( 'DaxBook Sales'[Net Price] AS  REAL )  )
SELECT
```

```
    'DaxBook Product'[Brand],
    SUM ( @$Expr0 ),
    SUM ( @$Expr1 )
FROM 'DaxBook Sales'
    LEFT OUTER JOIN 'DaxBook Product'
        ON 'DaxBook Sales'[ProductKey]='DaxBook Product'[ProductKey];
```

Eine *CallbackDataID* hat zwei Auswirkungen: Die Ausführungszeit ist im Vergleich zur Leistung der Speicher-Engine länger, und der Speicher-Engine-Cache ist nicht verfügbar. Der Datencache kann bei nachfolgenden Anfragen nicht genutzt werden, sondern muss jedes Mal neu berechnet werden. Das zweite Problem könnte allerdings das wichtigere sein, und in diesem Beispiel ist das auch so.

Die *CallbackDataID* kann entfernt werden, indem das Measure auf andere Weise neu geschrieben wird; dabei wird der Wert von zwei *CALCULATE*-Anweisungen mit unterschiedlichen Filtern summiert. Beispielsweise kann das Measure *Discounted Sales* mit zwei *CALCULATE*-Funktionen neu geschrieben werden, nämlich je einer für jeden Prozentwert; dabei werden die Transaktionen gefiltert, die denselben Multiplikator verwenden. Die folgende DAX-Abfrage implementiert eine Version von *Discounted Sales*, die nicht auf eine *CallbackDataID* zurückgreift. Der Code ist länger und macht *KEEPFILTERS* zur Implementierung derselben Semantik wie im ursprünglichen Measure erforderlich, wodurch die in Abbildung 20.32 gezeigten Ergebnisse für die Serverzeiten zustande kommen:

```
DEFINE
    MEASURE Sales[Discounted Sales (scalable)] =
        CALCULATE (
            SUMX (
                Sales,
                Sales[Quantity] * Sales[Net Price]
            ) * .9,
            KEEPFILTERS ( Sales[Quantity] >= 3 )
        ) + CALCULATE (
                SUMX (
                    Sales,
                    Sales[Quantity] * Sales[Net Price]
                ),
                KEEPFILTERS ( NOT ( Sales[Quantity] >= 3 ) )
            )
EVALUATE
SUMMARIZECOLUMNS (
    ROLLUPADDISSUBTOTAL ( 'Product'[Brand], "IsGrandTotalRowTotal" ),
    "Sales_Amount", 'Sales'[Sales Amount],
    "Discounted_Sales__slow_", 'Sales'[Discounted Sales (scalable)]
)
```

Total	SE CPU
159 ms	751 ms
	x5.1
FE	SE
13 ms	146 ms
8.2%	91.8%
SE Queries	SE Cache
6	0
	0.0%

Line	Subclass	Duration	CPU	Rows	KB	Query
2	Scan	34	94	14	1	WITH $Expr0 := (CAS
4	Scan	26	141	14	1	WITH $Expr0 := (CAS
6	Scan	37	172	14	1	WITH $Expr0 := (CAS
8	Scan	14	94	1	1	WITH $Expr0 := (CAS
10	Scan	15	109	1	1	WITH $Expr0 := (CAS
12	Scan	20	141	1	1	WITH $Expr0 := (CAS

Abbildung 20.32 *Server Timings* beim erstmaligen Ausführen der Abfrage für *Discounted Sales (scalable)* nach Produktmarke

Eigentlich ist das Ergebnis bei dieser einfachen Abfrage gar nicht schneller. Die Abfrage benötigte 159 statt der 142 Millisekunden der »slow«-Version. Allerdings hat dieses Measure von uns den Zusatz »scalable« (skalierbar) erhalten. Der wesentliche Vorteil besteht nämlich darin, dass eine zweite Ausführung der letzten Abfrage mit einem warmen Cache zu den in Abbildung 20.33 gezeigten Ergebnissen führt, während mehrere Ausführungen der Abfrage für die »slow«-Version stets ein ähnliches Ergebnis wie in Abbildung 20.31 erzeugen.

Total	SE CPU
8 ms	0 ms
	x0.0
FE	SE
8 ms	0 ms
100.0%	0.0%
SE Queries	SE Cache
6	6
	100.0%

Line	Subclass	Duration	CPU	Rows	KB	Query
2	Scan	0	0	14	1	WITH $Expr0 := (CAS
4	Scan	0	0	14	1	WITH $Expr0 := (CAS
6	Scan	0	0	14	1	WITH $Expr0 := (CAS
8	Scan	0	0	1	1	WITH $Expr0 := (CAS
10	Scan	0	0	1	1	WITH $Expr0 := (CAS
12	Scan	0	0	1	1	WITH $Expr0 := (CAS

Abbildung 20.33 *Server Timings* beim zweiten Ausführen der Abfrage für *Discounted Sales (scalable)* nach Produktmarke

Die Serverzeiten in Abbildung 20.33 zeigen, dass nach der ersten Ausführung der Abfrage keine *SE CPU*-Kosten mehr anfallen. Dies ist wichtig, wenn ein Modell auf einem Server veröffentlicht wird und viele Benutzer dieselben Berichte öffnen: Die Antwortzeiten verkürzen sich, und die Speicher- und CPU-Belastung auf der Serverseite wird reduziert. Diese Optimierung ist besonders in Umgebungen mit einer reservierten Festkapazität wichtig, also etwa in solchen mit Power BI Premium und Power BI Report Server.

Als Faustregel gilt, dass die *IF*-Funktion im Ausdruck eines Iterators mit hoher Kardinalität wegen des möglichen Vorhandenseins von *CallbackDataID* in den Speicher-Engine-Abfragen sorgfältig im Auge zu behalten ist. Im nächsten Abschnitt finden Sie eine ausführlichere Beschreibung der Auswirkungen von *CallbackDataID*, die für viele andere in Iteratoren verwendete DAX-Funktionen erforderlich sein könnte.

Die *SWITCH*-Funktion in DAX ähnelt einer Abfolge verschachtelter *IF*-Funktionen und kann entsprechend optimiert werden.

Wirkung von *CallbackDataID* abfedern

In Kapitel 19 haben Sie gesehen, dass die Funktion *CallbackDataID* in einer Speicher-Engine-Abfrage eine enorme Auswirkung auf die Leistung haben kann. Dies liegt daran, dass sie die Ausführung der Speicher-Engine verlangsamt und die Verwendung des Speicher-Engine-Caches für den erzeugten Datencache unterbindet. Die Erkennung der *CallbackDataID* ist wichtig, da sie häufig Ursache eines Engpasses in der Speicher-Engine ist. Dies betrifft insbesondere Modelle, deren größte Tabelle nur wenige Millionen Zeilen enthält (die Überprüfungsdauer sollte hier normalerweise in der Größenordnung von 10 bis 100 Millisekunden liegen).

Betrachten Sie z. B. die folgende Abfrage, bei der das Measure *Rounded Sales* sein Ergebnis durch Aufrunden von *Unit Price* auf die nächste ganze Zahl berechnet. Der Bericht in Abbildung 20.34 zeigt den Betrag von *Rounded Sales* für jede Produktmarke.

Brand	Rounded Sales (slow)	Rounded Sales (fast)
A. Datum	251,231,956.00	251,231,956.00
Adventure Works	518,414,395.00	518,414,395.00
Contoso	871,357,864.00	871,357,864.00
Fabrikam	627,737,296.00	627,737,296.00
Litware	416,210,111.00	416,210,111.00
Northwind Traders	151,497,660.00	151,497,660.00
Proseware	312,741,659.00	312,741,659.00
Southridge Video	183,564,219.00	183,564,219.00
Tailspin Toys	42,843,104.00	42,843,104.00
The Phone Company	174,730,262.00	174,730,262.00
Wide World Importers	254,943,149.00	254,943,149.00
Total	**3,805,271,675.00**	**3,805,271,675.00**

Abbildung 20.34 *Rounded Sales* nach Produktmarke

Die einfachere Implementierung von *Rounded Sales* wendet die Funktion *ROUND* auf jede Zeile der Tabelle *Sales* an. Dies führt zu einem *CallbackDataID*-Aufruf, der die Ausführung verlangsamt und damit die Leistung verringert. Die folgende Abfrage berechnet das langsamste Measure *Rounded Sales* aus dem obigen Bericht und erzeugt die in Abbildung 20.35 gezeigten Serverzeiten:

```
DEFINE
    MEASURE Sales[Rounded Sales (slow)] =
        SUMX (
            Sales,
            Sales[Quantity] * ROUND ( Sales[Net Price], 0 )
        )
EVALUATE
TOPN (
    502,
    SUMMARIZECOLUMNS (
        ROLLUPADDISSUBTOTAL ( 'Product'[Brand], "IsGrandTotalRowTotal" ),
        "Rounded_Sales", 'Sales'[Rounded Sales (slow)]
```

```
        ),
        [IsGrandTotalRowTotal], 0,
        'Product'[Brand], 1
    )
    ORDER BY
        [IsGrandTotalRowTotal] DESC,
        'Product'[Brand]
```

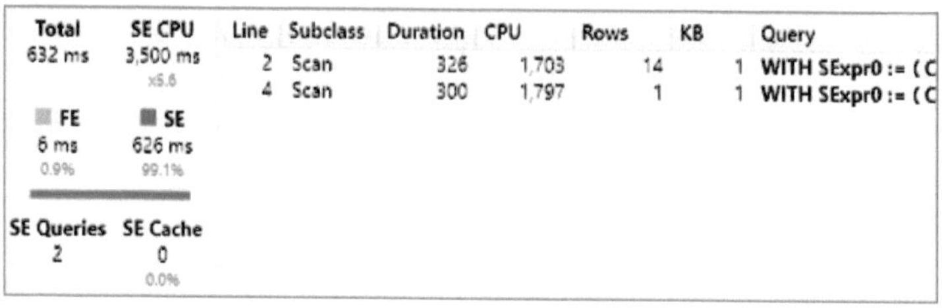

Total	SE CPU
632 ms	3,500 ms x5.6
FE	SE
6 ms 0.9%	626 ms 99.1%
SE Queries	SE Cache
2	0 0.0%

Line	Subclass	Duration	CPU	Rows	KB	Query
2	Scan	326	1,703	14	1	WITH SExpr0 := (C
4	Scan	300	1,797	1	1	WITH SExpr0 := (C

Abbildung 20.35 *Server Timings* beim Ausführen der Abfrage für *Rounded Sales (slow)*

Die beiden Speicher-Engine-Abfragen in den Zeilen 2 und 4 berechnen den Wert für jede Marke bzw. für die Gesamtsumme. Dies ist die xmSQL-Abfrage in Zeile 2 von Abbildung 20.35:

```
WITH
    $Expr0 := ( CAST ( PFCAST ( 'DaxBook Sales'[Quantity] AS  INT ) AS  REAL )
              * [CallbackDataID ( ROUND ( Sales[Net Price]], 0 )  ) ]
                    ( PFDATAID ( 'DaxBook Sales'[Net Price] )  )  )
SELECT
    'DaxBook Product'[Brand],
    SUM ( @$Expr0 )
FROM 'DaxBook Sales'
    LEFT OUTER JOIN 'DaxBook Product'
        ON 'DaxBook Sales'[ProductKey]='DaxBook Product'[ProductKey];
```

Die Tabelle *Sales* enthält mehr als 12 Millionen Zeilen, und jede Speicher-Engine-Abfrage berechnet zum Ausführen der *ROUND*-Funktion eine gleichgroße Menge an *CallbackDataID*-Aufrufen. Die Formel-Engine führt die *ROUND*-Operation nämlich aus, um die Dezimalstellen des Werts von *Unit Price* zu entfernen. Der *Server Timings*-Bericht gestattet die Schätzung, dass die Formel-Engine etwa 7.000 *ROUND*-Funktionen pro Millisekunde ausführt. Es ist wichtig, diese Zahlen im Blick zu behalten, denn nur so können Sie beurteilen, ob die Kardinalität eines Iterators, der *CallbackDataID*-Aufrufe erzeugt, von einer gewissen Optimierung profitieren würde. Wenn die Tabelle nur 12.000 statt 12 Millionen Zeilen enthielte, wäre es sicherlich sinnvoller, andere Optimierungsoptionen zu erwägen. Die Optimierung des Measures im aktuellen Modell erfordert jedoch eine Reduzierung der Anzahl der *CallbackDataID*-Aufrufe.

Wir wollen die Anzahl dieser *CallbackDataID*-Aufrufe durch ein Refactoring des Measures verringern. Wenn Sie sich die von VertiPaq Analyzer gelieferten Informationen ansehen, sehen Sie, dass die Tabelle *Sales* mehr als 12 Millionen Zeilen hat, während die Spalte *Net Price* in der Tabelle *Sales* weniger als 2.500 eindeutige Werte aufweist. Dementsprechend kann die Formel dieses Ergebnis auch berechnen, indem sie den gerundeten Wert jedes einzelnen *Unit Price*-Elements mit der Summe von *Quantity* für alle *Sales*-Transaktionen mit demselben *Unit Price*-Wert multipliziert.

Sie sollten bei der DAX-Optimierung immer die Statistiken Ihres Datenmodells zur Hand haben. Eine Möglichkeit, diese Zahlen für ein Datenmodell schnell abzurufen, ist die Verwendung von VertiPaq Analyzer (*http://www.sqlbi.com/tools/vertipaq-analyzer*).

Die folgende optimierte Version von *Rounded Sales* materialisiert bis zu 2.500 Zeilen und berechnet die Summe von *Quantity* durch Iteration über die eindeutigen Werte von *Unit Price*:

```
DEFINE
    MEASURE Sales[Rounded Sales (fast)] =
        SUMX (
            VALUES ( Sales[Net Price] ),
            CALCULATE ( SUM ( Sales[Quantity] ) ) * ROUND ( Sales[Net Price], 0 )
        )
EVALUATE
TOPN (
    502,
    SUMMARIZECOLUMNS (
        ROLLUPADDISSUBTOTAL ( 'Product'[Brand], "IsGrandTotalRowTotal" ),
        "Rounded_Sales", 'Sales'[Rounded Sales (fast)]
    ),
    [IsGrandTotalRowTotal], 0,
    'Product'[Brand], 1
)
ORDER BY
    [IsGrandTotalRowTotal] DESC,
    'Product'[Brand]
```

So führt die Formel-Engine die *ROUND*-Funktion aus, wobei sie das Ergebnis des Datencaches verwendet, der die Summe von *Quantity* für jeden *Net Price* zurückgibt. Trotz einer im Vergleich zur langsamen Version umfangreicheren Materialisierung verringert sich die für die Lösungsfindung erforderliche Zeit um fast eine Größenordnung. Darüber hinaus können die von den Speicher-Engine-Abfragen gelieferten Ergebnisse bei nachfolgenden Ausführungen wiederverwendet werden, da der Cache der Speicher-Engine das Ergebnis von xmSQL-Abfragen speichert, die keine *CallbackDataID*-Aufrufe enthalten.

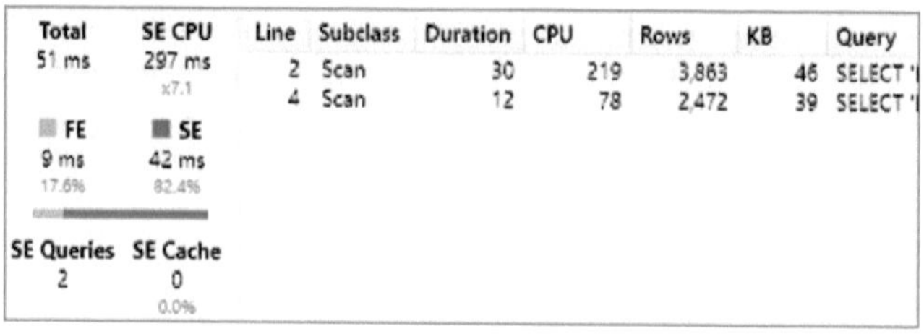

Total 51 ms | SE CPU 297 ms x7.1
FE 9 ms 17.6% | SE 42 ms 82.4%
SE Queries 2 | SE Cache 0 0.0%

Line	Subclass	Duration	CPU	Rows	KB	Query
2	Scan	30	219	3,863	46	SELECT '
4	Scan	12	78	2,472	39	SELECT '

Abbildung 20.36 *Server Timings* beim Ausführen der Abfrage für *Rounded Sales (fast)*

Nachfolgend sehen Sie die xmSQL-Abfrage in Zeile 2 von Abbildung 20.36: Diese Abfrage gibt den *Net Price*-Wert und die Summe von *Quantity* für jede Marke zurück und enthält keine *CallbackDataID*-Aufrufe:

```
SELECT
    'DaxBook Product'[Brand],
    'DaxBook Sales'[Net Price],
    SUM ( 'DaxBook Sales'[Quantity] )
FROM 'DaxBook Sales'
    LEFT OUTER JOIN 'DaxBook Product'
        ON 'DaxBook Sales'[ProductKey]='DaxBook Product'[ProductKey];
```

In dieser Version wird die Rundung von der Formel-Engine und nicht von der Speicher-Engine über die *CallbackDataID* ausgeführt. Beachten Sie, dass eine sehr große Anzahl eindeutiger Werte in *Net Price* eine umfangreichere Materialisierung erfordern würde – bis hin zu dem Punkt, an dem die obige Version mit einer anderen Datenverteilung schneller sein könnte. Wenn *Net Price* Millionen von Einzelwerten umfasste, wäre ein Benchmarkvergleich zwischen den beiden Lösungen erforderlich, um die optimale Lösung zu bestimmen. Außerdem kann das Ergebnis auch je nach Hardware unterschiedlich ausfallen. Statt davon auszugehen, dass ein Ansatz besser ist als der andere, sollten Sie die Leistung immer anhand einer echten Datenbank und nicht nur auf Grundlage einer Stichprobe bewerten, bevor Sie eine Entscheidung treffen.

Zu guter Letzt: Denken Sie daran, dass die meisten skalaren DAX-Funktionen, die keine Daten aggregieren, eine *CallbackDataID* benötigen, wenn sie in einem Iterator ausgeführt werden. Beispielsweise werden *DATE*, *VALUE*, die meisten Typkonvertierungen, *IFERROR*, *DIVIDE* und alle Rundungs-, Rechen- und DateTime-Funktionen nur in der Formel-Engine implementiert. In der Regel erzeugt ihr Vorhandensein in einem Iterator einen *CallbackDataID*-Aufruf. Sie müssen jedoch immer die xmSQL-Abfrage prüfen, um festzustellen, ob eine *CallbackDataID* vorhanden ist oder nicht.

Verschachtelte Iteratoren optimieren

Verschachtelte Iteratoren in DAX können nicht zu einer einzigen Speicher-Engine-Abfrage zusammengeführt werden. Nur der innerste Iterator kann über eine Speicher-Engine-Abfrage ausgeführt werden, während die äußeren Iteratoren normalerweise entweder eine umfangreichere Materialisierung oder zusätzliche Speicher-Engine-Abfragen benötigen.

Betrachten Sie hierzu exemplarisch ein anderes *Cashback*-Measure namens *Cashback Sim.*, das eine Rückzahlung an jeden Kunden simuliert. Hierzu wird der aktuelle Preis des jeweiligen Produkts mit dem Mengenverlauf und dem Rückzahlungsprozentsatz für den Kunden multipliziert. Der Bericht in Abbildung 20.37 zeigt den *Cashback Sim.*-Betrag für jedes Land an.

Country	Cashback Sim. (slow)	Cashback Sim. (medium)	Cashback Sim. (fast)
Australia	1,308,420.16	1,308,420.16	1,308,420.16
Canada	398,393.28	398,393.28	398,393.28
France	489,314.08	489,314.08	489,314.08
Germany	828,920.45	828,920.45	828,920.45
United Kingdom	1,110,960.36	1,110,960.36	1,110,960.36
United States	1,912,379.56	1,912,379.56	1,912,379.56
Total	**6,048,387.89**	**6,048,387.89**	**6,048,387.89**

Abbildung 20.37 *Cashback Sim.* nach Kundenland

Die erste und langsamste Implementierung iteriert über die Tabellen *Customer* und *Product*, um den Erstattungsprozentsatz für den Kunden bzw. den aktuellen Produktpreis abzurufen. Die innersten Iteratoren rufen die verkaufte Anzahl für jede Kombination aus Kunde und Produkt ab und multiplizieren sie mit *Unit Price* und *Cashback%* . Die folgende Abfrage berechnet das langsamste *Cashback Sim.*-Measure im obigen Bericht und erzeugt die in Abbildung 20.38 gezeigten Ergebnisse für die Serverzeiten:

```
DEFINE
    MEASURE Sales[Cashback Sim. (slow)] =
        SUMX (
            Customer,
            SUMX (
                'Product',
                SUMX (
                    RELATEDTABLE ( Sales ),
                    Sales[Quantity] * 'Product'[Unit Price] * Customer[Cashback %]
                )
            )
        )
EVALUATE
TOPN (
    502,
    SUMMARIZECOLUMNS (
        ROLLUPADDISSUBTOTAL ( 'Customer'[Country], "IsGrandTotalRowTotal" ),
        "Cashback Sim. (slow)", 'Sales'[Cashback Sim. (slow)]
    ),
    [IsGrandTotalRowTotal], 0,
    'Customer'[Country], 1
)
ORDER BY
    [IsGrandTotalRowTotal] DESC,
    'Customer'[Country]
```

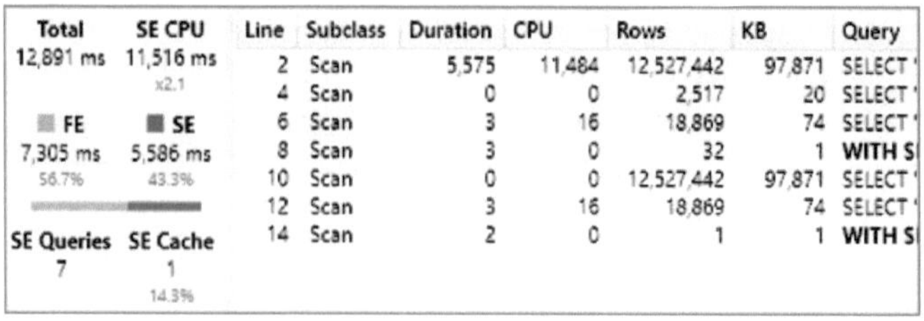

Total	SE CPU
12,891 ms	11,516 ms
	x2.1
FE	SE
7,305 ms	5,586 ms
56.7%	43.3%
SE Queries	SE Cache
7	1
	14.3%

Line	Subclass	Duration	CPU	Rows	KB	Query
2	Scan	5,575	11,484	12,527,442	97,871	SELECT '
4	Scan	0	0	2,517	20	SELECT '
6	Scan	3	16	18,869	74	SELECT '
8	Scan	3	0	32	1	WITH S
10	Scan	0	0	12,527,442	97,871	SELECT '
12	Scan	3	16	18,869	74	SELECT '
14	Scan	2	0	1	1	WITH S

Abbildung 20.38 *Server Timings* beim Ausführen der Abfrage für das Measure *Cashback Sim. (slow)*, aufgeschlüsselt nach Land

Die Ausführungskosten werden zwischen der Speicher-Engine und der Formel-Engine aufgeteilt. Für Erstere ist der Aufwand für die umfangreiche Materialisierung sehr hoch, während Letztere viel Zeit braucht, um die große Zahl materialisierter Daten zu verarbeiten. Die Speicher-Engine-Abfragen in den Zeilen 2 und 10 von Abbildung 20.38 sind identisch und materialisieren die folgenden Spalten für die gesamte Tabelle *Sales*: *CustomerKey*, *ProductKey*, *Quantity* und *RowNumber*:

```
SELECT
    'DaxBook Customer'[CustomerKey],
    'DaxBook Product'[ProductKey],
    'DaxBook Sales'[RowNumber],
    'DaxBook Sales'[Quantity]
FROM 'DaxBook Sales'
    LEFT OUTER JOIN 'DaxBook Customer'
        ON 'DaxBook Sales'[CustomerKey]='DaxBook Customer'[CustomerKey]
    LEFT OUTER JOIN 'DaxBook Product'
        ON 'DaxBook Sales'[ProductKey]='DaxBook Product'[ProductKey];
```

RowNumber ist eine spezielle, für DAX unzugängliche Spalte, die zur eindeutigen Bezeichnung einer Zeile in einer Tabelle verwendet wird. Diese vier Spalten werden in der Formel-Engine verwendet, um die Formel im innersten Iterator zu berechnen, der die Umsätze für jede Kombination aus *Customer* und *Product* berücksichtigt. Die Abfrage in Zeile 2 erzeugt den Datencache, der ebenfalls in Zeile 10 zurückgegeben wird, und nutzt diesen auch. Diese zweite Speicher-Engine-Abfrage ist für die Berechnung der Gesamtsumme in *SUMMARIZECOLUMNS* erforderlich. Ohne die beiden Granularitätsebenen im Ergebnis würden der halbe Abfrageplan und die Hälfte der Speicher-Engine-Abfragen gar nicht gebraucht.

Das DAX-Measure iteriert über zwei Tabellen (*Customer* und *Product*) und erzeugt alle möglichen Kombinationen. Für jede Kombination aus Kunde und Produkt iteriert die innerste *SUMX*-Funktion nur über die entsprechenden Zeilen in *Sales*. Die Formel berücksichtigt auch Kombinationen aus *Customer* und *Product*, für die keine Zeilen in der Tabelle *Sales* vorhanden sind, wodurch möglicherweise wertvolle CPU-Zeit vergeudet wird. Der Abfrageplan zeigt, dass es 2.517 Produkte und 18.869 Kunden gibt; diese Zahlen entsprechen den Schätzungen für die Storage-Engine-Abfragen in den Zeilen 4 und 6 von Abbildung 20.38. Daher führt die Formel-Engine 1.326.280 Aggregationen der Zeilen durch, die durch die Tabelle *Sales* materialisiert werden (siehe Auszug des Abfrageplans in Abbildung 20.39). Die Spalte *Records* zeigt die

Anzahl der Zeilen, über die von verbrauchten Datencaches iteriert wird, die von Storage-Engine-Abfragen zurückgegeben werden (siehe die *Cache*-Knoten in den Zeilen 28, 33 und 36) oder durch andere Formel-Engine-Operationen berechnet werden (siehe *CrossApply*-Knoten in Zeile 23).

Line	Records	Physical Query Plan
20	1,326,280	Spool_Iterator<SpoolIterator>: IterPhyOp LogOp=SumX IterCols(2, 27, 29, 45)('Customer'[CustomerKey].
21	1,326,280	AggregationSpool<Sum>: SpoolPhyOp #Records=1326280
22		Extend_Lookup: IterPhyOp LogOp=Multiply IterCols(27, 45, 168)('Customer'[Cashback %], 'Product'[
23		CrossApply: IterPhyOp LogOp=Multiply IterCols(27, 45, 168)('Customer'[Cashback %], 'Product'[U
24	18,869	Spool_MultiValuedHashLookup: IterPhyOp LogOp=Scan_Vertipaq LookupCols(2)('Customer'[Cu
25	18,869	AggregationSpool<GroupBy>: SpoolPhyOp #Records=18869
26	18,869	Spool_Iterator<SpoolIterator>: IterPhyOp LogOp=Scan_Vertipaq IterCols(0, 2, 27)('Custon
27	18,869	ProjectionSpool<ProjectFusion<>>: SpoolPhyOp #Records=18869
28		Cache: IterPhyOp #FieldCols=3 #ValueCols=0
29	2,517	Spool_MultiValuedHashLookup: IterPhyOp LogOp=Scan_Vertipaq LookupCols(29)('Product'[Pro
30	2,517	AggregationSpool<GroupBy>: SpoolPhyOp #Records=2517
31	2,517	Spool_Iterator<SpoolIterator>: IterPhyOp LogOp=Scan_Vertipaq IterCols(28, 29, 45)('Prod
32	2,517	ProjectionSpool<ProjectFusion<>>: SpoolPhyOp #Records=2517
33		Cache: IterPhyOp #FieldCols=3 #ValueCols=0
34	12,527,442	Spool_Iterator<SpoolIterator>: IterPhyOp LogOp=Scan_Vertipaq IterCols(2, 29, 153, 168)('Cust
35	12,527,442	ProjectionSpool<ProjectFusion<>>: SpoolPhyOp #Records=12527442
36		Cache: IterPhyOp #FieldCols=4 #ValueCols=0

Abbildung 20.39 Bereich *Query Plan* beim Ausführen der Abfrage für das Measure *Cashback Sim. (slow)*, aufgeschlüsselt nach Land

Während der DAX-Code über die Tabellen iteriert, ruft der xmSQL-Code nur diejenigen Spalten der Tabellen ab, die eine Zeile jeder Tabelle eindeutig repräsentieren. Dies reduziert die Anzahl der materialisierten Spalten, auch wenn die Kardinalität der iterierten Tabellen höher als nötig ist. An dieser Stelle sind zwei wichtige Gesichtspunkte zu berücksichtigen:

- Die Kardinalität der Iteratoren ist höher als erforderlich. Dank des Kontextübergangs ist es möglich, die Kardinalität der äußeren Iteratoren zu reduzieren. Auf diese Weise berücksichtigt der Abfragekontext alle Zeilen in *Sales* für eine bestimmte Kombination aus *Unit Price* und *Cashback %*, statt jeglicher Kombination aus Produkt und Kunde.
- Das Entfernen verschachtelter Iteratoren würde zu einem besseren Abfrageplan führen und auch die aufwendige Materialisierung beseitigen.

Der erste Aspekt sollte dazu führen, die Anwendung der zuvor beschriebenen Technik zur Optimierung von Kontextübergängen zu erwägen. Die *RELATEDTABLE*-Funktion ist nämlich eine Art *CALCULATETABLE* ohne Filterargumente, die nur einen Kontextübergang durchführt. Die erste Variante des DAX-Measures ist eine »medium«-Version (d.h. eine mittelmäßig schnelle Variante), die statt über *Customer* und *Product* über die Spalten *Cashback %* und *Unit Price* iteriert. Die Semantik der Abfrage ist immer noch dieselbe, da der innerste Ausdruck nur von diesen Spalten abhängt:

```
DEFINE
    MEASURE Sales[Cashback Sim. (medium)] =
        SUMX (
            VALUES ( Customer[Cashback %] ),
            SUMX (
                VALUES ( 'Product'[Unit Price] ),
                SUMX (
```

```
                    RELATEDTABLE ( Sales ),
                    Sales[Quantity] * 'Product'[Unit Price] * Customer[Cashback %]
                )
            )
        )
EVALUATE
TOPN (
    502,
    SUMMARIZECOLUMNS (
        ROLLUPADDISSUBTOTAL ( 'Customer'[Country], "IsGrandTotalRowTotal" ),
        "Cashback Sim. (medium)", 'Sales'[Cashback Sim. (medium)]
    ),
    [IsGrandTotalRowTotal], 0,
    'Customer'[Country], 1
)
ORDER BY
    [IsGrandTotalRowTotal] DESC,
    'Customer'[Country]
```

Abbildung 20.40 zeigt, dass die »medium«-Version um mehrere Größenordnungen schneller ist als die »slow«-Version. Dies ist einer geringeren Granularität und einer einfacheren Abhängigkeit zwischen den iterierten Tabellen und den referenzierten Spalten geschuldet.

Total	SE CPU
105 ms	375 ms x4.1
FE	SE
14 ms 13.3%	91 ms 86.7%
SE Queries	SE Cache
2	0 0.0%

Line	Subclass	Duration	CPU	Rows	KB	Query
2	Scan	52	234	18,774	221	WITH SE
4	Scan	39	141	2,444	29	WITH SE

Abbildung 20.40 *Server Timings* beim Ausführen der Abfrage für das Measure *Cashback Sim. (medium)*, aufgeschlüsselt nach Land

Die beiden Speicher-Engine-Abfragen liefern ein Ergebnis für jede der Kardinalitäten des Ergebnisses. Im Folgenden wird die Speicher-Engine-Abfrage in Zeile 2 dargestellt, während die ähnliche Abfrage in Zeile 4 die Spalte *Country* nicht enthält und für die Gesamtsumme verwendet wird:

```
WITH
    $Expr0 := (  ( CAST ( PFCAST ( 'DaxBook Sales'[Quantity] AS  INT ) AS  REAL )
                      * PFCAST ( 'DaxBook Product'[Unit Price] AS  REAL ) )
                      * PFCAST ( 'DaxBook Customer'[Cashback] AS  REAL ) )
```

```
SELECT
    'DaxBook Customer'[Country],
    'DaxBook Customer'[Cashback],
    'DaxBook Product'[Unit Price],
    SUM ( @$Expr0 )
FROM 'DaxBook Sales'
    LEFT OUTER JOIN 'DaxBook Customer'
        ON 'DaxBook Sales'[CustomerKey]='DaxBook Customer'[CustomerKey]
    LEFT OUTER JOIN 'DaxBook Product'
        ON 'DaxBook Sales'[ProductKey]='DaxBook Product'[ProductKey];
```

Die »medium«-Version des Measures *Cashback Sim.* enthält noch immer dieselbe Anzahl verschachtelter Iteratoren und berücksichtigt so ggf. alle möglichen Kombinationen zwischen den Werten der Spalten *Unit Price* und *Cashback %* . Bei diesem einfachen Measure kann der Abfrageplan die Abhängigkeiten von der Tabelle *Sales* ermitteln und die Berechnung auf vorhandene Kombinationen reduzieren. Es gibt allerdings eine alternative DAX-Syntax, mit der die Engine explizit angewiesen wird, nur die vorhandenen Kombinationen zu berücksichtigen. Statt verschachtelte Iteratoren zu verwenden, erzwingt ein einzelner Iterator über das Ergebnis einer *SUMMARIZE*-Funktion einen Abfrageplan, der nicht vorhandene Kombinationen aus der Berechnung ausschließt. Die folgende Version mit der Bezeichnung »improved« (verbessert) könnte in komplexen Szenarien einen effizienteren Abfrageplan erzeugen, auch wenn sie im vorliegenden Beispiel zum selben Abfrageplan und selben Ergebnis führt:

```
MEASURE Sales[Cashback Sim. (improved)] =
    SUMX (
        SUMMARIZE (
            Sales,
            'Product'[Unit Price],
            Customer[Cashback %]
        ),
        CALCULATE ( SUM ( Sales[Quantity] ) )
            * 'Product'[Unit Price] * Customer[Cashback %]
    )
```

Die »medium«- und die »improved«-Versionen des Measures *Cashback Sim.* können leicht angepasst werden, um vorhandene Measures in den innersten Berechnungen zu verwenden. Tatsächlich verwendet die »improved«-Version eine *CALCULATE*-Funktion, um die Summe von *Sales[Quantity]* für eine gegebene Kombination aus *Unit Price* und *Cashback %* genau so zu berechnen, wie es ein Measureverweis tun würde. Sie sollten diesen Ansatz in Betracht ziehen, um effizienten und pflegeleichten Code zu schreiben. Es gibt allerdings eine noch effizientere Version, die dadurch entsteht, dass man alle verschachtelten Iteratoren entfernt.

Eine Measuredefinition enthält oft Aggregationsfunktionen wie *SUM*. Mit Ausnahme von *DISTINCTCOUNT* sind einfache Aggregationsfunktionen nichts anderes als eine verkürzte Syntax für einen Iterator. Beispielsweise ruft *SUM* intern *SUMX* auf. Daher impliziert ein Measureverweis in einem Iterator oft die Ausführung eines weiteren verschachtelten Iterators mit einem Kontextübergang in der Mitte. Wenn dies aufgrund des Wesens der Berechnung erforderlich ist, sind die entsprechenden Kosten für die Berechnung nicht vermeidbar. Wenn die verschachtelten Iteratoren additiv sind wie die beiden verschachtelten *SUMX/SUM*-Anweisungen im Measure *Cashback-Sim. (improved)*, dann kann zur Leistungsoptimierung eine Konsolidierung der Berechnung in Betracht gezogen werden. Allerdings kann dies die Lesbarkeit und Wiederverwendbarkeit des Measures beeinträchtigen.

Die folgende »fast«-Version des Measures *Cashback Sim.* optimiert die Leistung auf Kosten der Fähigkeit, die Geschäftslogik bestehender Measures wiederzuverwenden:

```
DEFINE
    MEASURE Sales[Cashback Sim. (fast)] =
        SUMX (
            Sales,
            Sales[Quantity]
                * RELATED ( 'Product'[Unit Price] )
                * RELATED ( Customer[Cashback %] )
        )
EVALUATE
TOPN (
    502,
    SUMMARIZECOLUMNS (
        ROLLUPADDISSUBTOTAL ( 'Customer'[Country], "IsGrandTotalRowTotal" ),
        "Cashback Sim. (fast)", 'Sales'[Cashback Sim. (fast)]
    ),
    [IsGrandTotalRowTotal], 0,
    'Customer'[Country], 1
)
ORDER BY
    [IsGrandTotalRowTotal] DESC,
    'Customer'[Country]
```

Abbildung 20.41 zeigt die *Server-Timing*-Informationen der »fast«-Version, die im Vergleich zu den »medium«- und »improved«-Versionen mehr als 50% der Ausführungszeit einspart.

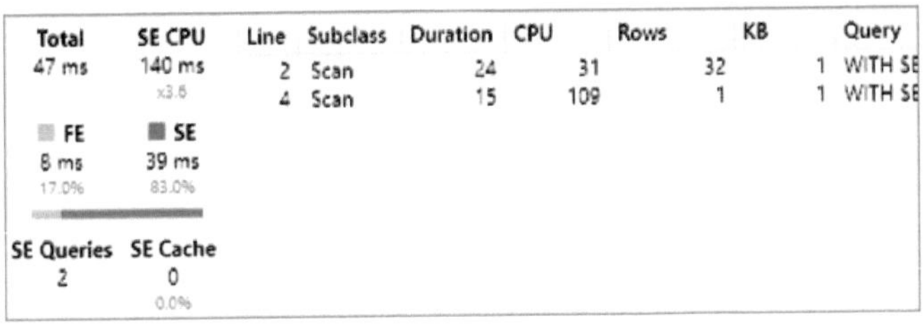

Total	SE CPU
47 ms	140 ms
	x3.6
FE	SE
8 ms	39 ms
17.0%	83.0%
SE Queries	SE Cache
2	0
	0.0%

Line	Subclass	Duration	CPU	Rows	KB	Query
2	Scan	24	31	32	1	WITH SE
4	Scan	15	109	1	1	WITH SE

Abbildung 20.41 *Server Timings* beim Ausführen der Abfrage für das Measure *Cashback Sim. (fast)*, aufgeschlüsselt nach Land

Das Measure mit einem einzelnen Iterator ohne Kontextübergänge erzeugt die folgende einfache Speicher-Engine-Abfrage, die in Zeile 2 von Abbildung 20.41 dargestellt ist:

```
WITH
    $Expr0 := (  ( CAST ( PFCAST ( 'DaxBook Sales'[Quantity] AS  INT ) AS  REAL )
                            * PFCAST ( 'DaxBook Product'[Unit Price] AS  REAL )  )
                            * PFCAST ( 'DaxBook Customer'[Cashback] AS  REAL )  )
SELECT
    'DaxBook Customer'[Country],
    SUM ( @$Expr0 )
FROM 'DaxBook Sales'
    LEFT OUTER JOIN 'DaxBook Customer'
        ON 'DaxBook Sales'[CustomerKey]='DaxBook Customer'[CustomerKey]
    LEFT OUTER JOIN 'DaxBook Product'
        ON 'DaxBook Sales'[ProductKey]='DaxBook Product'[ProductKey];
```

Die *RELATED*-Funktion erfordert keine *CallbackDataID*. Die einzige Auswirkung von *RELATED* besteht darin, dass es einen Join in der Speicher-Engine erzwingt, um den Zugriff auf die zugehörige Spalte zu ermöglichen. Dies hat gewöhnlich aber eine geringere Auswirkung auf die Leistung als eine *CallbackDataID*. Die »fast«-Version des Measures empfehlen wir dagegen nur dann, wenn es zwingend erforderlich ist, auch noch das letzte Quäntchen Leistung herauszuholen und die Materialisierung dabei auf einem minimalen Niveau zu halten.

Tabellenfilter für *DISTINCTCOUNT* vermeiden

Wir haben bereits erwähnt, dass Filterargumente in *CALCULATE*- und *CALCULATETABLE*-Funktionen auf Spalten statt auf Tabellen angewendet werden sollten. Ziel des hier beschriebenen Beispiels zum selben Thema ist es, Ihnen ein zusätzliches Abfrageplanmuster zu zeigen, das Sie möglicherweise in den Serverzeiten erkennen. Ein Nebeneffekt eines Tabellenfilters besteht darin, dass er eine umfangreiche Materialisierung an die Speicher-Engine erfordert, damit die Formel-Engine das Ergebnis berechnen kann. Bei nichtadditiven Ausdrücken könnte der Abfrageplan jedoch genau eine Speicher-Engine-Abfrage für jedes in der Ergebnisgranularität enthaltene Element erzeugen. Die *DISTINCTCOUNT*-Aggregation ist ein einfaches und verbreitetes Beispiel für einen nichtadditiven Ausdruck.

Betrachten Sie beispielsweise den Bericht in Abbildung 20.42, der die Anzahl der Kunden zeigt, die für Produkte mit dem jeweiligen Namen jeweils über 1.000 Dollar ausgegeben haben (*Customers 1k*).

Product Name	Customers 1k (slow)	Customers 1k (fast)
A. Datum SLR Camera 35" X358 Pink	59	59
A. Datum SLR Camera 35" X358 Silver	112	112
A. Datum SLR Camera 35" X358 Silver Grey	182	182
A. Datum SLR Camera M135 Black	115	115
A. Datum SLR Camera M136 Silver	116	116
A. Datum SLR Camera M137 Grey	117	117
A. Datum SLR Camera M138 Silver Grey	91	91
Total	**18.852**	**18.852**

Abbildung 20.42 Kunden mit Einkäufen im Wert von jeweils mehr als 1.000 Dollar je Produkt

Die Filterbedingung im Measure *Customers 1k* erfordert zwei Spalten. Der weniger effiziente Weg, eine solche Bedingung zu implementieren, ist ein Filter über die Tabelle *Sales*. Die folgende Abfrage berechnet das *Customers 1k*-Measure im obigen Bericht und erzeugt die in Abbildung 20.43 gezeigten Ergebnisse für die Serverzeiten:

```
DEFINE
    MEASURE Sales[Customers 1k (slow)] =
        CALCULATE (
            DISTINCTCOUNT ( Sales[CustomerKey] ),
            FILTER (
                Sales,
                Sales[Quantity] * Sales[Net Price] > 1000
            )
        )
EVALUATE
TOPN (
    502,
    SUMMARIZECOLUMNS (
        ROLLUPADDISSUBTOTAL ( 'Product'[Product Name], "IsGrandTotalRowTotal" ),
        "Customers_1k__slow_", 'Sales'[Customers 1k (slow)]
    ),
    [IsGrandTotalRowTotal], 0,
    'Product'[Product Name], 1
)
ORDER BY
    [IsGrandTotalRowTotal] DESC,
    'Product'[Product Name]
```

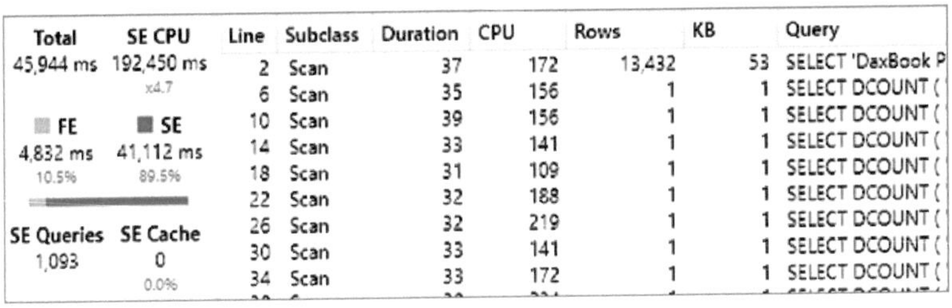

Total	SE CPU
45,944 ms	192,450 ms
	x4.7
FE	SE
4,832 ms	41,112 ms
10.5%	89.5%
SE Queries	SE Cache
1,093	0
	0.0%

Line	Subclass	Duration	CPU	Rows	KB	Query
2	Scan	37	172	13,432	53	SELECT 'DaxBook P
6	Scan	35	156	1	1	SELECT DCOUNT (
10	Scan	39	156	1	1	SELECT DCOUNT (
14	Scan	33	141	1	1	SELECT DCOUNT (
18	Scan	31	109	1	1	SELECT DCOUNT (
22	Scan	32	188	1	1	SELECT DCOUNT (
26	Scan	32	219	1	1	SELECT DCOUNT (
30	Scan	33	141	1	1	SELECT DCOUNT (
34	Scan	33	172	1	1	SELECT DCOUNT (

Abbildung 20.43 *Server Timings* beim Ausführen der Abfrage für das Measure *Customers 1k (slow)*

Diese Abfrage generiert eine große Anzahl von Speicher-Engine-Abfragen, nämlich eine Abfrage für jedes im Ergebnis enthaltene Produkt. Da jede Speicher-Engine-Abfrage 100 bis 200 Millisekunden Zeit benötigt, ergeben sich CPU-Kosten von insgesamt mehreren Minuten, und die Latenzzeit liegt nur aufgrund der Parallelität der Speicher-Engine unter einer Minute.

Die erste xmSQL-Abfrage in Zeile 2 von Abbildung 20.43 gibt die Liste der Produktnamen einschließlich *Quantity* und *Net Price* für die Umsatztransaktionen für das jeweilige Produkt zurück. Obwohl es nur 1.091 Produkte gibt, die mindestens einmal in der Tabelle *Sales* in Transaktionen mit einem Betrag von mehr als 1.000 Dollar verwendet werden, ist die Granularität des Datencaches höher, da er neben dem Produktnamen noch weitere Details enthält, wodurch mehr Zeilen für dasselbe Produkt zurückgegeben werden:

```
SELECT
    'DaxBook Product'[Product Name],
    'DaxBook Sales'[Quantity],
    'DaxBook Sales'[Net Price]
FROM 'DaxBook Sales'
    LEFT OUTER JOIN 'DaxBook Product'
        ON 'DaxBook Sales'[ProductKey]='DaxBook Product'[ProductKey]
WHERE
    ( COALESCE (  ( CAST ( PFCAST ( 'DaxBook Sales'[Quantity] AS  INT ) AS  REAL )
                           * PFCAST ( 'DaxBook Sales'[Net Price] AS  REAL )  )  )
      > COALESCE ( 1000.000000 )
    );
```

Es gibt 1.091 xmSQL-Abfragen, die der in Zeile 6 von Abbildung 20.43 sehr ähnlich sind und einen einzelnen Wert zurückgeben, der mit einem Distinct Count ermittelt wurde. In diesem Fall umfasst die Filterbedingung alle Kombinationen aus *Quantity* und *Net Price*, die einen Wert von mehr als 1.000 für das Produkt »Adventure Works 52" LCD HDTV X790W Silver« zurückgeben:

```
SELECT
    DCOUNT ( 'DaxBook Sales'[CustomerKey] )
FROM 'DaxBook Sales'
    LEFT OUTER JOIN 'DaxBook Product'
        ON 'DaxBook Sales'[ProductKey]='DaxBook Product'[ProductKey]
WHERE
```

```
    ( COALESCE (  ( CAST ( PFCAST ( 'DaxBook Sales'[Quantity] AS  INT ) AS  REAL )
                           * PFCAST ( 'DaxBook Sales'[Net Price] AS  REAL )  )  )
      > COALESCE ( 1000.000000 )
    )
VAND (
        'DaxBook Product'[Product Name],
        'DaxBook Sales'[Quantity],
        'DaxBook Sales'[Net Price] )
    IN {
        ( 'Adventure Works 52" LCD HDTV X790W Silver', 2, 1592.200000 ) ,
        ( 'Adventure Works 52" LCD HDTV X790W Silver', 4, 1432.980000 ) ,
        ( 'Adventure Works 52" LCD HDTV X790W Silver', 1, 1273.760000 ) ,
        ( 'Adventure Works 52" LCD HDTV X790W Silver', 3, 1480.746000 ) ,
        ( 'Adventure Works 52" LCD HDTV X790W Silver', 4, 1512.590000 ) ,
        ( 'Adventure Works 52" LCD HDTV X790W Silver', 3, 1592.200000 ) ,
        ( 'Adventure Works 52" LCD HDTV X790W Silver', 3, 1353.370000 ) ,
        ( 'Adventure Works 52" LCD HDTV X790W Silver', 4, 1273.760000 ) ,
        ( 'Adventure Works 52" LCD HDTV X790W Silver', 1, 1480.746000 ) ,
        ( 'Adventure Works 52" LCD HDTV X790W Silver', 1, 1592.200000 )
    ..[24 total tuples, not all displayed]};
```

Die folgende xmSQL-Abfrage unterscheidet sich in Zeile 10 von Abbildung 20.43 durch die finale Filterbedingung, die gültige Kombinationen von *Quantity* und *Net Price* für das Produkt »Contoso Washer & Dryer 21in E210 Blue« enthält:

```
SELECT
    DCOUNT ( 'DaxBook Sales'[CustomerKey] )
FROM 'DaxBook Sales'
    LEFT OUTER JOIN 'DaxBook Product'
        ON 'DaxBook Sales'[ProductKey]='DaxBook Product'[ProductKey]
WHERE
    ( COALESCE (  ( CAST ( PFCAST ( 'DaxBook Sales'[Quantity] AS  INT ) AS  REAL )
                           * PFCAST ( 'DaxBook Sales'[Net Price] AS  REAL )  )  )
      > COALESCE ( 1000.000000 )
    )
VAND (
        'DaxBook Product'[Product Name],
        'DaxBook Sales'[Quantity],
        'DaxBook Sales'[Net Price] )
    IN {
        ( 'Contoso Washer & Dryer 21in E210 Blue', 2, 1519.050000 ) ,
        ( 'Contoso Washer & Dryer 21in E210 Blue', 2, 1279.200000 ) ,
        ( 'Contoso Washer & Dryer 21in E210 Blue', 2, 1359.150000 ) ,
        ( 'Contoso Washer & Dryer 21in E210 Blue', 4, 1487.070000 ) ,
        ( 'Contoso Washer & Dryer 21in E210 Blue', 3, 1439.100000 ) ,
        ( 'Contoso Washer & Dryer 21in E210 Blue', 3, 1519.050000 ) ,
```

```
        ( 'Contoso Washer & Dryer 21in E210 Blue', 3, 1359.150000 ) ,
        ( 'Contoso Washer & Dryer 21in E210 Blue', 2, 1599.000000 ) ,
        ( 'Contoso Washer & Dryer 21in E210 Blue', 1, 1439.100000 ) ,
        ( 'Contoso Washer & Dryer 21in E210 Blue', 3, 1279.200000 )
    ..[24 total tuples, not all displayed]};
```

Mehrere ähnliche Speicher-Engine-Abfragen sind auch im Bereich *Query Plan* in Abbildung 20.44 zu sehen. Jede Zeile ab Zeile 15 entspricht einem einzelnen Datencache mit nur einer Spalte, die durch eine der oben beschriebenen Speicher-Engine-Abfragen erzeugt wird.

Line	Records	Physical Query Plan
7		PartitionIntoGroups: IterPhyOp LogOp=Order IterCols(0, 1, 2, 3)('Product'[Product Name],
8	1	AggregationSpool<Order>: SpoolPhyOp #Records=1
9		PartitionIntoGroups: IterPhyOp LogOp=TopN IterCols(0, 1, 2, 3)('Product'[Product Na
10	1	AggregationSpool<Top>: SpoolPhyOp #Records=1
11		Union: IterPhyOp LogOp=Union IterCols(0, 1, 2, 3)('Product'[Product Name], ''[Is
12		GroupSemijoin: IterPhyOp LogOp=GroupSemiJoin IterCols(0, 1, 2)('Product'[P
13	1,091	Spool_Iterator<SpoolIterator>: IterPhyOp LogOp=DistinctCount_Vertipaq I
14	1,091	ProjectionSpool<ProjectFusion<Copy>>: SpoolPhyOp #Records=1091
15		Cache: IterPhyOp #FieldCols=0 #ValueCols=1
16		Cache: IterPhyOp #FieldCols=0 #ValueCols=1
17		Cache: IterPhyOp #FieldCols=0 #ValueCols=1
18		Cache: IterPhyOp #FieldCols=0 #ValueCols=1
19		Cache: IterPhyOp #FieldCols=0 #ValueCols=1
20		Cache: IterPhyOp #FieldCols=0 #ValueCols=1

Abbildung 20.44 Bereich *Query Plan*, in dem die Abfrage für *Customers 1k (slow)* ausgeführt wird

Der auf den Filterkontext angewandte Tabellenfilter erzwingt einen Abfrageplan, der nicht effizient ist. In diesem Fall erzeugt ein Tabellenfilter mehrere Speicher-Engine-Abfragen anstelle einer einzigen umfangreichen Materialisierung. Die erforderliche Optimierung ist jedoch immer dieselbe: Spaltenfilter sind bei *CALCULATE* und *CALCULATETABLE* besser als Tabellenfilter. Die optimierte Version des Measures *Customer 1k* wendet einen Filter über die beiden Spalten *Quantity* und *Net Price* an. Dabei wird mithilfe von *KEEPFILTERS* die Filtersemantik des ursprünglichen Measures verwendet. Die folgende Abfrage führt zu den in Abbildung 20.45 dargestellten Ergebnissen für die Serverzeiten:

```
DEFINE
    MEASURE Sales[Customers 1k (fast)] =
        CALCULATE (
            DISTINCTCOUNT ( Sales[CustomerKey] ),
            KEEPFILTERS (
                FILTER (
                    ALL (
                        Sales[Quantity],
                        Sales[Net Price]
                    ),
                    Sales[Quantity] * Sales[Net Price] > 1000
                )
            )
        )
EVALUATE
```

```
TOPN (
    502,
    SUMMARIZECOLUMNS (
        ROLLUPADDISSUBTOTAL ( 'Product'[Product Name], "IsGrandTotalRowTotal" ),
        "Customers_1k__fast_", 'Sales'[Customers 1k (fast)]
    ),
    [IsGrandTotalRowTotal], 0,
    'Product'[Product Name], 1
)
ORDER BY
    [IsGrandTotalRowTotal] DESC,
    'Product'[Product Name]
```

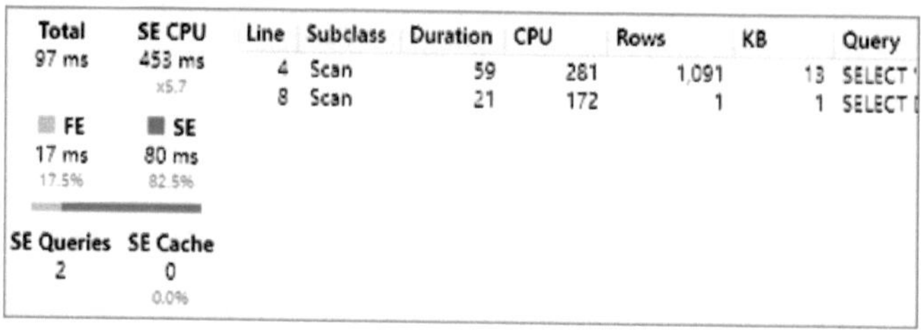

Total	SE CPU
97 ms	453 ms x5.7
FE	SE
17 ms 17.5%	80 ms 82.5%
SE Queries	SE Cache
2	0 0.0%

Line	Subclass	Duration	CPU	Rows	KB	Query
4	Scan	59	281	1,091	13	SELECT '
8	Scan	21	172	1	1	SELECT [

Abbildung 20.45 *Server Timings* beim Ausführen der Abfrage für *Customers 1k (fast)*

Der Spaltenfilter in *CALCULATE* vereinfacht den Abfrageplan, der jetzt nur noch zwei Speicher-Engine-Abfragen erfordert: eine für jede Granularitätsstufe des Ergebnisses (ein Produkt vs. die Summe aller Produkte). Nachfolgend sehen Sie die xmSQL-Abfrage in Zeile 4 von Abbildung 20.45:

```
SELECT
    'DaxBook Product'[Product Name],
    DCOUNT ( 'DaxBook Sales'[CustomerKey] )
FROM 'DaxBook Sales'
    LEFT OUTER JOIN 'DaxBook Product'
        ON 'DaxBook Sales'[ProductKey]='DaxBook Product'[ProductKey]
WHERE
    ( COALESCE (  ( CAST ( PFCAST ( 'DaxBook Sales'[Quantity] AS  INT ) AS  REAL )
                        * PFCAST ( 'DaxBook Sales'[Net Price] AS  REAL )  )  )
      > COALESCE ( 1000.000000 )
    );
```

Der abgerufene Datencache entspricht dem Ergebnis der DAX-Abfrage. Die Formel-Engine muss keine weitere Verarbeitung durchführen. Dies ist eine optimale Bedingung für die Abfrageleistung. Damit hätten Sie gelernt, dass auch die Anzahl der Speicher-Engine-Abfragen eine Rolle spielen kann. Eine große Zahl von Speicher-Engine-Abfragen kann Folge eines schlechten Abfrageplans sein. Nichtadditive Measures in Kombination mit Tabellen- oder bidirektionalen Filtern sind ein möglicher Grund für dieses Verhalten, das sich negativ auf die Leistung auswirkt.

Mehrfachauswertungen durch Variablen vermeiden

Wenn ein DAX-Ausdruck denselben Unterausdruck mehrfach auswertet, empfiehlt es sich normalerweise, das Ergebnis des Unterausdrucks in einer Variablen zu speichern und in den nachfolgenden Teilen des ursprünglichen DAX-Ausdrucks den Variablennamen zu referenzieren. Die Verwendung von Variablen ist eine Best Practice, die die Lesbarkeit des Codes verbessert und zu einem besseren und effizienteren Abfrageplan führen kann. (Es gibt allerdings ein paar Ausnahmen, die wir weiter hinten in diesem Abschnitt beschreiben werden.)

Der Bericht in Abbildung 20.46 zeigt exemplarisch ein Measure für *Sales YOY%* , das die prozentuale Differenz zwischen dem in der Berichtszeile angezeigten Wert von *Sales Amount* und dem entsprechenden Wert des Vorjahrs berechnet.

Year	Sales Amount	Sales YOY % (slow)	Sales YOY % (fast)
November 2007	108,008,618.91		
December 2007	110,436,896.10		
CY 2008	**1,189,326,612.81**	**-15.97%**	**-15.97%**
January 2008	79,431,234.29	-28.85%	-28.85%
February 2008	85,088,461.45	-27.11%	-27.11%
March 2008	84,808,709.97	-27.07%	-27.07%
April 2008	105,627,816.67	-16.83%	-16.83%
May 2008	109,011,089.35	-19.01%	-19.01%
June 2008	107,110,706.45	-12.13%	-12.13%
Total	**3,805,392,024.21**	**0.00%**	**0.00%**

Abbildung 20.46 YOY-Umsatzdifferenz nach Jahr und Monat

Das Measure *Sales YOY%* verwendet intern weitere Measures. Um jeden Teil der Berechnung modifizieren zu können, ist es sinnvoll, alle zugrunde liegenden Measures mithilfe der Funktion Define Dependent Measure in DAX Studio einzubeziehen. Die folgende Abfrage berechnet das ursprüngliche Measure *Sales YOY% (slow)* aus dem obigen Bericht und erzeugt die in Abbildung 20.47 gezeigten Ergebnisse für die Serverzeiten:

```
DEFINE
    MEASURE Sales[Sales PY] =
        CALCULATE (
            [Sales Amount],
            SAMEPERIODLASTYEAR ( 'Date'[Date] )
        )
    MEASURE Sales[Sales YOY (slow)] =
        IF (
            NOT ISBLANK ( [Sales Amount] ) && NOT ISBLANK ( [Sales PY] ),
            [Sales Amount] - [Sales PY]
        )
    MEASURE Sales[Sales Amount] =
        SUMX (
            Sales,
```

```
            Sales[Quantity] * Sales[Net Price]
        )
    MEASURE Sales[Sales YOY % (slow)] =
        DIVIDE (
            [Sales YOY (slow)],
            [Sales PY]
        )
EVALUATE
TOPN (
    502,
    SUMMARIZECOLUMNS (
        ROLLUPADDISSUBTOTAL (
            ROLLUPGROUP (
                'Date'[Calendar Year Month],
                'Date'[Calendar Year Month Number]
            ), "IsGrandTotalRowTotal"
        ),
        "Sales_YOY___slow_", 'Sales'[Sales YOY % (slow)]
    ),
    [IsGrandTotalRowTotal], 0,
    'Date'[Calendar Year Month Number], 1,
    'Date'[Calendar Year Month], 1
)
ORDER BY
    [IsGrandTotalRowTotal] DESC,
    'Date'[Calendar Year Month Number],
    'Date'[Calendar Year Month]
```

Total	SE CPU
172 ms	625 ms
	x4.6
FE	SE
35 ms	137 ms
20.3%	79.7%
SE Queries	SE Cache
14	4
	28.6%

Line	Subclass	Duration	CPU	Rows	KB	Query
2	Scan	24	156	7,569	119	WITH SE
4	Scan	0	0	2,559	20	SELECT '
6	Scan	1	0	2,556	10	SELECT '
8	Scan	26	109	2,559	40	WITH SE
10	Scan	29	125	7,569	119	WITH SE
12	Scan	0	0	731	3	SELECT '
14	Scan	0	0	7,569	60	SELECT '
16	Scan	21	141	2,559	40	WITH SE
18	Scan	13	0	1	1	WITH SE

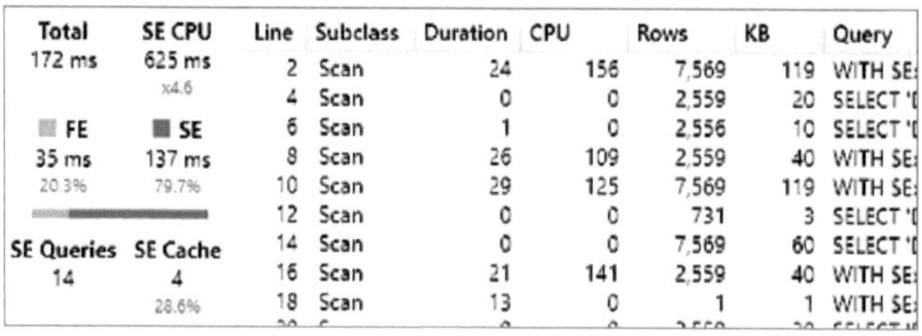

Abbildung 20.47 *Server Timings* beim Ausführen der Abfrage für das Measure *Sales YOY % (slow)*

Die Beschreibung des Abfrageplans umfasst 1.819 Zeilen, die hier nicht angegeben werden. Außerdem gibt es vier Storage-Engine-Abfragen, die vom Storage-Engine-Cache (*SE Cache*) abgerufen werden, obwohl wir vor der Ausführung der Abfrage einen Befehl zum Leeren des Caches ausgeführt haben. Dies deutet darauf hin, dass verschiedene Teile des Abfrageplans unterschiedliche Anforderungen derselben Speicher-Engine-Abfrage erzeugen. Zwar verbessert der Cache die Leistung der Speicher-Engine-Anforderung, doch ist eine solche Redundanz im Abfrageplan ein Kennzeichen dafür, dass weitere Optimierungen möglich sind.

Wenn ein Abfrageplan so komplex ist und es viele Speicher-Engine-Abfragen gibt, ist es empfehlenswert, den DAX-Code zu überprüfen und redundante Auswertungen mithilfe von Variablen zu reduzieren. Solche redundanten Auswertungen können nämlich durchaus für diese doppelten Anforderungen verantwortlich sein. Normalerweise sollte die DAX-Engine in der Lage sein, ähnliche Unterausdrücke, die innerhalb desselben Filterkontexts ausgeführt werden, zu finden und ihre Ergebnisse ohne Mehrfachauswertung wiederzuverwenden. Logische Bedingungen wie *IF* oder *SWITCH*, durch die unterschiedliche Ausführungszweige entstehen, können diese interne Optimierung jedoch schnell vereiteln.

Betrachten Sie z.B. die Implementierung des Measures *Sales YOY (slow)*: Die Measures *Sales Amount* und *Sales PY* werden in verschiedenen Zweigen der Auswertung ausgeführt. Das erste Argument der *IF*-Funktion muss immer ausgewertet werden, das zweite Argument dagegen nur dann, wenn das erste Argument als *TRUE* ausgewertet wurde. Ein DAX-Ausdruck, der sowohl im ersten als auch im zweiten Argument vorhanden ist, könnte daher im Abfrageplan zweimal ausgewertet werden, dieser Abfrageplan betrachtet das für das erste Argument ermittelte Ergebnis aber möglicherweise gar nicht als Element, das bei der Auswertung des zweiten Arguments wiederverwendet werden könnte. Eine Erläuterung, aus welchen technischen Gründen dies geschieht und wann und warum dies wünschenswert sein könnte, ist nicht Gegenstand des vorliegenden Buchs.

Im folgenden Auszug aus der obigen Anfrage sind die Measurereferenzen hervorgehoben, die ggf. doppelt ausgewertet werden, weil sie sowohl im ersten als auch im zweiten Argument enthalten sind:

```
MEASURE Sales[Sales YOY (slow)] =
    IF (
        NOT ISBLANK ( [Sales Amount] ) && NOT ISBLANK ( [Sales PY] ),
        [Sales Amount] - [Sales PY]
    )
```

Die Speicherung der Werte, die von den beiden Measures *Sales Amount* und *Sales PY* zurückgegeben werden, in zwei Variablen erlaubt es, die DAX-Engine anzuweisen, eine einzelne Bewertung der beiden Measures vor der *IF*-Bedingung durchzuführen und das Ergebnis im ersten wie auch im zweiten Argument zu verwenden. Der folgende Auszug aus dem Measure *Sales YOY (fast)* zeigt, wie diese Technik im DAX-Code umgesetzt werden kann:

```
MEASURE Sales[Sales YOY (fast)] =
    VAR SalesPY = [Sales PY]
    VAR SalesAmount = [Sales Amount]
    RETURN
        IF (
            NOT ISBLANK ( SalesAmount ) && NOT ISBLANK ( SalesPY ),
            SalesAmount - SalesPY
        )
```

Die folgende Abfrage enthält die vollständige Implementierung des Measures *Sales YOY (fast) %* , die intern auf *Sales YOY (fast)* statt *Sales YOY (slow)* zurückgreift. Die Ausführung der Abfrage führt zu den in Abbildung 20.48 dargestellten Ergebnissen für die Serverzeiten:

```
DEFINE
    MEASURE Sales[Sales PY] =
        CALCULATE (
            [Sales Amount],
            SAMEPERIODLASTYEAR ( 'Date'[Date] )
        )
    MEASURE Sales[Sales YOY (fast)] =
        VAR SalesPY = [Sales PY]
        VAR SalesAmount = [Sales Amount]
        RETURN
            IF (
                NOT ISBLANK ( SalesAmount ) && NOT ISBLANK ( SalesPY ),
                SalesAmount - SalesPY
            )
    MEASURE Sales[Sales Amount] =
        SUMX (
            Sales,
            Sales[Quantity] * Sales[Net Price]
        )
    MEASURE Sales[Sales YOY % (fast)] =
        DIVIDE (
            [Sales YOY (fast)],
            [Sales PY]
        )
EVALUATE
TOPN (
    502,
    SUMMARIZECOLUMNS (
        ROLLUPADDISSUBTOTAL (
            ROLLUPGROUP (
                'Date'[Calendar Year Month],
                'Date'[Calendar Year Month Number]
            ), "IsGrandTotalRowTotal"
        ),
        "Sales_YOY____fast_", 'Sales'[Sales YOY % (fast)]
    ),
    [IsGrandTotalRowTotal], 0,
    'Date'[Calendar Year Month Number], 1,
    'Date'[Calendar Year Month], 1
)
ORDER BY
    [IsGrandTotalRowTotal] DESC,
    'Date'[Calendar Year Month Number],
    'Date'[Calendar Year Month]
```

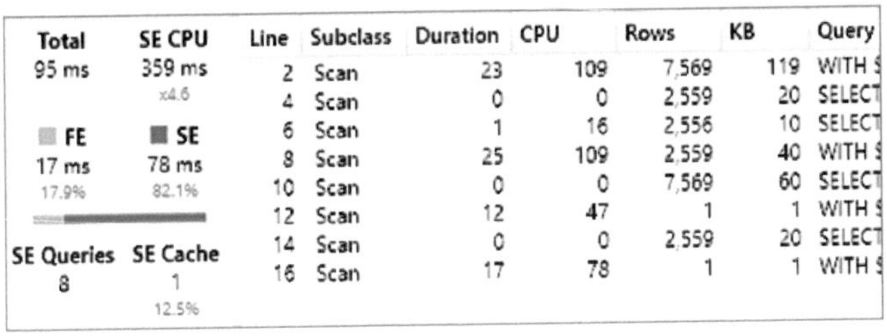

Total 95 ms | SE CPU 359 ms x4.6

FE 17 ms 17.9% | SE 78 ms 82.1%

SE Queries 8 | SE Cache 1 12.5%

Line	Subclass	Duration	CPU	Rows	KB	Query
2	Scan	23	109	7,569	119	WITH
4	Scan	0	0	2,559	20	SELECT
6	Scan	1	16	2,556	10	SELECT
8	Scan	25	109	2,559	40	WITH
10	Scan	0	0	7,569	60	SELECT
12	Scan	12	47	1	1	WITH
14	Scan	0	0	2,559	20	SELECT
16	Scan	17	78	1	1	WITH

Abbildung 20.48 *Server Timings* beim Ausführen der Abfrage für *Sales YOY % (fast)*

Die Beschreibung des Abfrageplans umfasst 488 Zeilen (hier nicht angegeben), wodurch seine Komplexität um 73 % reduziert wird (der vorangegangene Abfrageplan war 1.819 Zeilen lang). Der neue Abfrageplan reduziert die Kosten für die Speicher-Engine sowohl hinsichtlich der Ausführungszeit als auch der Anzahl der Abfragen und verkürzt die Ausführungszeit in der Formel-Engine. Insgesamt verringert das optimierte Measure die Ausführungsdauer um etwa 50 %, bei komplexeren Modellen und Ausdrücken ist die Optimierung unter Umständen sogar noch größer. Wenn dieselbe Optimierung auf verschachtelte Measures angewendet würde, könnte die Verbesserung sogar exponentiell sein.

Sie müssen allerdings auf mögliche Nebenwirkungen der Zuweisung von Variablen vor Bedingungsanweisungen achten. Nur die im ersten Argument verwendeten Unterausdrücke können Variablen zugewiesen werden, die vor einer *IF*- oder *SWITCH*-Anweisung definiert werden; andernfalls könnte der Effekt sich umkehren und die Auswertung von Ausdrücken erzwungen werden, die sonst ignoriert würden. Berücksichtigen Sie die folgenden Empfehlungen:

- Wenn derselbe DAX-Ausdruck innerhalb desselben Filterkontexts mehrfach ausgewertet wird, weisen Sie ihn einer Variablen zu und referenzieren Sie diese anstelle des DAX-Ausdrucks.
- Wenn ein DAX-Ausdruck innerhalb der Verzweigungen einer *IF*- oder *SWITCH*-Anweisung ausgewertet wird, weisen Sie ihn ggf. einer Variablen innerhalb der bedingten Verzweigung zu.
- Weisen Sie außerhalb einer *IF*- oder *SWITCH*-Anweisung keine Variable zu, wenn diese nur innerhalb der bedingten Verzweigung verwendet würde.
- Das erste Argument von *IF* und *SWITCH* kann Variablen verwenden, die vor *IF* und *SWITCH* definiert wurden, ohne dass dies die Leistung beeinträchtigen würde.

Weitere Beispiele zu diesen Empfehlungen sind im folgenden Artikel enthalten: *https://www.sqlbi.com/articles/optimizing-if-and-switch-expressions-using-variables*.

Alternative Bedingungsanweisungen implementieren

Im letzten Beispiel haben wir eine einfache *IF*-Anweisung verwendet, um eine mögliche Optimierung mithilfe von Variablen zu zeigen. Obwohl die Verwendung von Variablen bewährte Praxis ist, sollten wir erwähnen, dass es auch andere Möglichkeiten gibt, dieselbe bedingte Logik in DAX auszudrücken. Wenn beispielsweise eine *IF*-Funktion einen numerischen Wert zurückgibt und der Ausdruck des zweiten Arguments keinen Ausführungsfehler auslöst, wenn die Bedingung des ersten Arguments *TRUE* ist, ist es möglich, den Code

```
IF ( <bedingung>, <ausdruck> )
```

in Folgendes zu konvertieren:

```
<ausdruck> * <bedingung>
```

Beispielsweise kann das Measure *Sales YOY (fast)* auch mit diesem Ausdruck implementiert werden:

```
MEASURE Sales[Sales YOY (fast)] =
    ( [Sales Amount] - [Sales PY] )
        * ( NOT ISBLANK ( [Sales Amount] ) && NOT ISBLANK ( [Sales PY] ) )
```

Das Ergebnis erzeugt trotz einer sehr ähnlichen Abfragedauer nur 208 Zeilen im Abfrageplan. In komplexeren Modellen kann die Reduzierung des Abfrageplans jedoch einen sichtbareren Nutzen haben. Allerdings werden verschiedene Versionen der Engine tendenziell unterschiedliche Ergebnisse liefern. Betrachten Sie diesen alternativen Codierstil als eine der Optionen, die Ihnen zur Verfügung stehen, falls Sie Ihren Code weiter optimieren müssen. Wenden Sie solche Techniken nicht an, ohne die Auswirkungen auf die Leistung und die Abfragepläne zu prüfen und festzustellen, ob sie die Leistung wirklich verbessern und es sich lohnt, die Lesbarkeit Ihres Codes dadurch zu beeinträchtigen.

Fazit

Aus diesem letzten Kapitel (bzw. – um ehrlich zu sein – aus dem gesamten Buch) sollten Sie mitnehmen, dass Sie alle Faktoren berücksichtigen müssen, die einen Abfrageplan beeinflussen, wenn Sie den tatsächlichen Engpass finden möchten. Ein Blick auf die prozentualen Anteile von FE und SE, die im Fensterbereich *Server Timings* angezeigt werden, ist dafür ein guter Ausgangspunkt. Allerdings sollten Sie immer untersuchen, wie diese Zahlen zustande kommen. Tools wie DAX Studio und VertiPaq Analyzer bieten Ihnen die Möglichkeit, die Auswirkungen eines schlechten Abfrageplans zu messen, doch sind dies nur Anhaltspunkte und Beweisstücke, die auf die Ursachen für eine langsame Abfrage hinweisen.

Willkommen in der Welt von DAX!

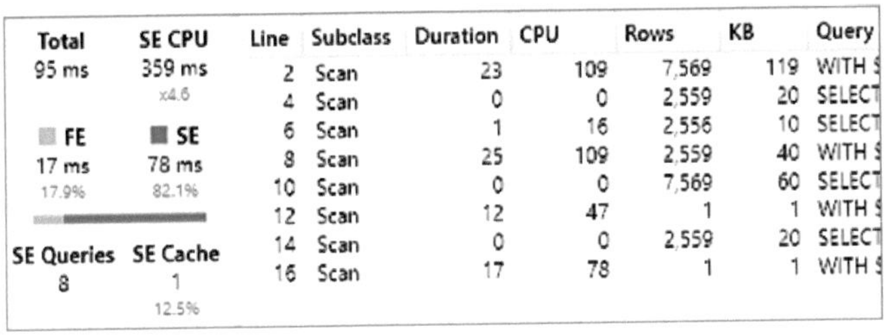

Total	SE CPU
95 ms	359 ms
	x4.6
FE	SE
17 ms	78 ms
17.9%	82.1%
SE Queries	SE Cache
8	1
	12.5%

Index

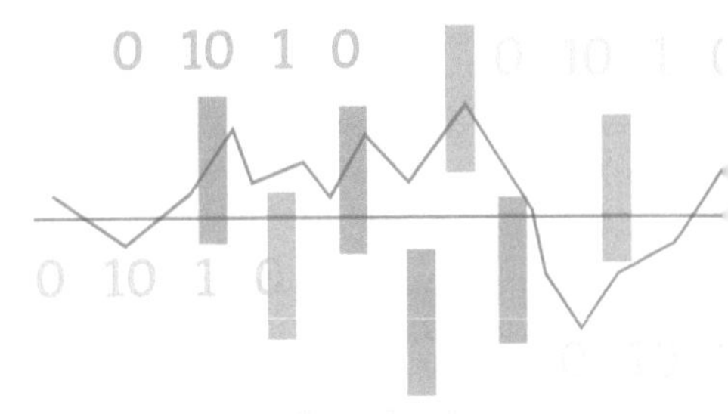

Symbole

A

B

C

D

E

Rezensieren
Sie dieses Buch

Senden
Sie uns Ihre Rezension
unter **www.dpunkt.de/rez**

Erhalten
Sie Ihr Wunschbuch aus
unserem Verlagsangebot